DE DEIS GENTIVM LIBRI SIVE SYNTAGMATA XVII.

Quibus varia ac multiplex Deorum Gentium Historia, Imagines ac Cognomina, plurimáque simul multis hactenus ignota explicantur, clarissiméque tractantur:

LILIO GREGORIO GYRALDO
Ferrariensi Auctore.

POSTREMA EDITIO, QVA QVAE IN CAETEris vel prætermissa vel breuius descripta separatim in Auctarium congesta fuerant, nunc in locum suum digesta fuere.

Omnium præterea, quæ toto Opere continentur, nominum ac rerum Index locupletissimus.

LVGDVNI,
Apud hæredes Iacobi Iunctæ.

M. D. LXV.

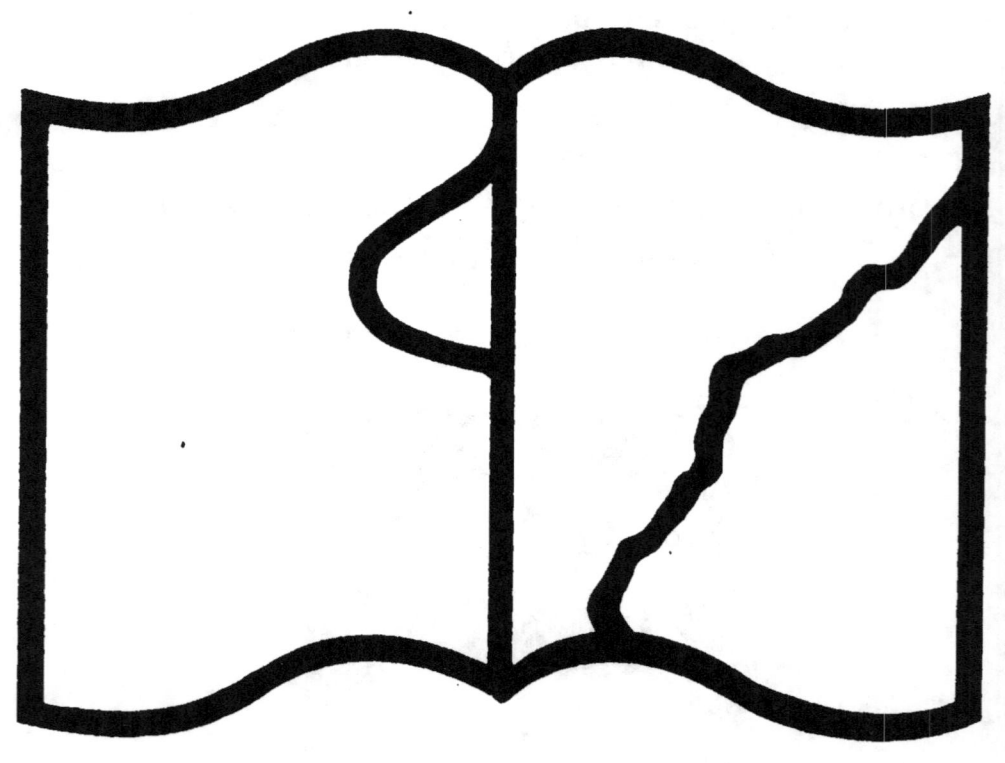

Texte détérioré — reliure défectueuse

NF Z 43-120-11

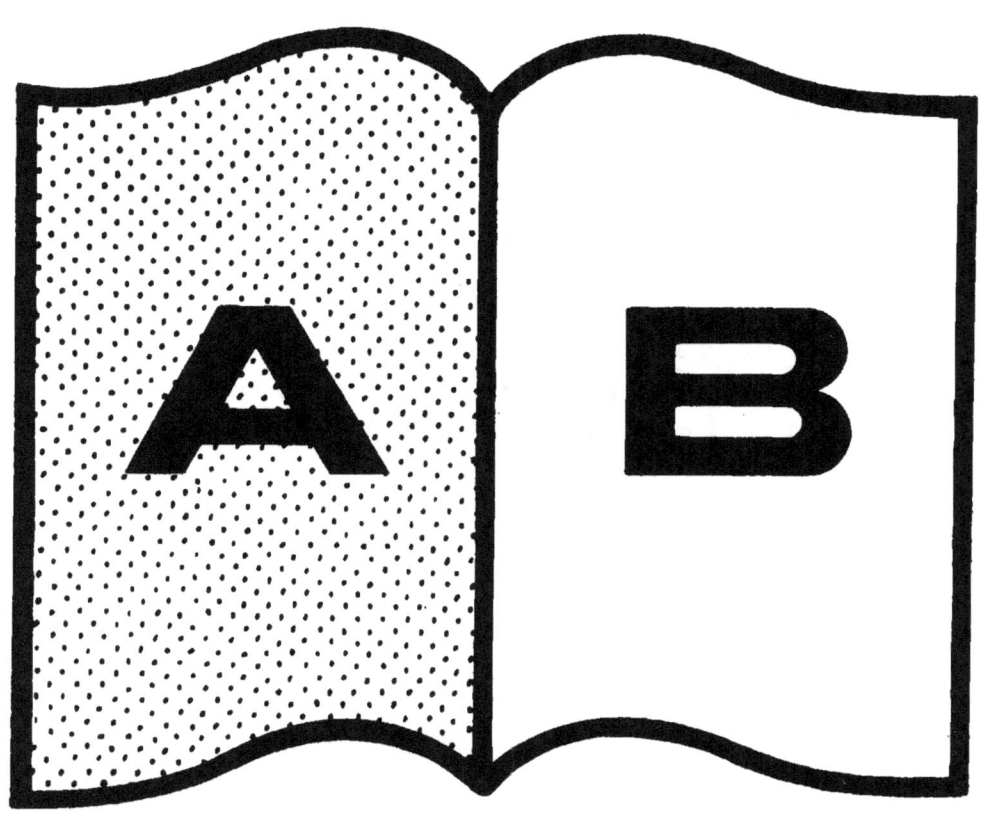

Contraste insuffisant

NF Z 43-120-14

LECTORI.

Si tibi profuerint lector studiose libelli,
  In medium pridem quos mea Musa dedit:
Gaudeo, non fuerit noster labor irritus omnis,
  Quod sic accendit nostra lucerna tuam.
Sin secus acciderit, fructus nec carpseris ullos,
  Gaudeo sic etiam: nam voluisse sat est.
Hac ratione etiam hæc de Dis Syntagmata prodo,
  Ne podagra ingenium, ceu mea membra, secet.

ILLVSTRISS. AC EXCELLENTISSIMO HERCVLI ESTENSI II. FERRARIEN. DVCI IIII.

Cynthius Ioannes Baptista Gyrald.
S. P. D.

LILIVS GREGORIVS GYRALDVS, gentilis meus, vir totius eruditionis gnarus, Excellentissime Princeps, ob tua egregia in ipsum, & in omnem Gyraldorum familiam beneficia, tibi adeò addictus fuit, ea te obseruantia prosecutus est, vt omnia ipsius ingenij monumenta tibi, veluti numini cuipiam, vouerit, ac dicauerit. Homo enim omnium gratissimus, semper aliquod grati animi testimonium apud te reponere studebat. Ne verò hæc grata ipsius mens vel morte desineret, cum extremum vitæ diem sibi imminere cognosceret, postremis tabulis, quibus me & Prosperum Pasethum, iuris vtriusque consultissimum, & in humanioribus literis optimè versatum, hæredes ex asse reliquit, mandauit, quascunque ipse lucubrationes reliquisset, siue denuò compositas, siue compositis additas, quæ adhuc vulgatæ non essent, nos hæredes tibi suo nomine offerremus. Nos verò, qui optimi ac doctissimi viri manes summa colimus pietate, & postremæ eius voluntatis cùm in omnibus, tum hac in re maximè rationem habemus: quæ ipse vulgatis operibus suis, & præsertim Historiæ de Diis gentium (variæ sanè, & ad totam antiquitatem noscendam admodum necessariæ) longo studio & multis vigiliis elaborata addidit, tibi offerimus. Sic enim & illius, & nostram etiam erga te voluntatem apud te testatam fore censemus. Tu verò, Princeps optime, hoc quicquid est muneris boni consule, vt Lilius noster ab alto Cæli loco, vbi omnia tibi, generíque tuo fausta, felicia ac fortunata precatur, sibi gaudeat, te defuncti ciuis munus non aspernari: Nos verò, qui munus hoc tibi offerimus, nobis gratulemur; eam beneuolentiam, qua ipsum, dum viueret, complectebare, ipso licet extincto, in te superuixisse. Ea etiam supersunt edenda, quæ carmine composuit: Epigrammatum scilicet libri duo, Funebrium vnus: Hymnorum item in Christum & cælites, vnus: quæ omnia propediem sub tuis etiam auspiciis in lucem prodibunt. Interea verò nos Deum optimum maximum rogamus, vt tibi semper, rebúsque omnibus tuis felix adsit, votis omnibus faueat, imperium fortunet, téque nobis incolumem quàm diutissimè conseruet. Vale. Ferrariæ, quarto nonas Martij, M. D. LV.

LILIVS GREGORIVS GYRALDVS D. HERCVLI DVCI FERRARIAE FELICITATEM, ET S. P. D.

MIRVM est, Dux Maxime, quantum ab interitu Pici & Manardi, virorum in omni disciplinarum genere sine cótrouersia eminentiss. me sensim & indies sentiam deficere, & paulatim interire. qua ex re fit, vt hac tam imbecilla omnium articulorum valetudine oppressus, nunquam ne tantulum quidem temporis à meditando, vel aliquid in literarum studiis moliendo quiescam, vt me posteritati vtcunque vixisse ostendam: atque adeò omnium quæ habere possum, non modò veterum, sed nostrorum etiam temporum scripta auidus & curiosus euoluo. quorum equidem nonnullorum quædam ita perfecta, ac summo studio elaborata conspicio, vt proximè ad Antiquitatis elegantiam & doctrinam accedere videantur: quorum ego non modò assequi cultum & elegantiam non confido, sed neque æmulari, nedum imitari præsumo. Alios verò video ex eloquentiæ viretis frondes ac flosculos adeò studiosè colligere, vt aliud nihil in his offendas, quàm foliorum & florum versicolorum meram luxuriem: & si quando ex his fructus decerpere hi velle videntur, eorum tantummodo colores, & exteriorem corticem excerpant, nihil certè saporis, aut interioris & maturi succi vt gustasse, vix libasse videantur. At plerique alij huc illuc vagantes, id agunt, vt monstrosas quasdam animalium formas effingant, quæ nusquam sint: vt mihi persimiles videri possint Chimæris & Hippocentauris: vel pictæ illi tabulæ, in qua Hercules Ioue satus monstra vitæ domare ac propellere fingitur. Inter hos & alij sunt, qui versus & poëmata pangunt, non theatris, aut illorum tabulis minus varia & prodigiosa: qualis certe Anthropographia, vel Zodiacus illorum, qui omnem vitam suis poëmatibus complecti voluerunt. Sed fortasse dicas, Princeps doctissime: Hui senex & æger Lilius delirat: quorsum nunc ista? Dicam sanè: Ego quoque dum volo hoc quicquid est reliqui cadentis ac propè iacentis vitæ producere, non valdè horum dissimile Opus hoc tempore confeci: quo opere sum omnes omnium penè gentium de Deis superstitiosas religiones complexus, non genealogias Deorum dico, sed & nomina & cognomina, effigiésque, insigniáque, & quæ patria cuique est, sacra quoque atque cæremonias. quod Opus (quoniam illud tibi offerimus) si ita tibi visum fuerit, vt ex scriptum edatur, & sub tuo nomine in vulgus appareat, in lucem dabo: vel supprimam potius, vt cum lucifugis blattis & tineis conquiescat. Vtcunque, nescio an hoc multi quidem studij, iugis lectionis, & laboris immensi libro testatus ero magis, me vixisse, an potius eo citius celeriúsque interiisse. Sed res cedat quomodocunque: liber tibi dicatus est. Igitur Princeps optime, hoc accipe qualecunque tuo nomini munus oblatum, nec ex re illud, sed ex voluntate, & animi in te mei propensione metire, magnum certè & ingens, si minus preciosum, ea ratione perpendes. Non illud tamen in hoc libro mireris volo, Dux eruditiss. quod non à Demogorgone illo famigerato meam de Deis narrationem sum scribere exorsus, quem vetustiss. Deorum putauit Buccatius, vnum (vt puto) secutus Lactantium, seu Lutatium grammaticum: nam quos cæteros citat, non minus mihi ignoti, quàm ipse est Demogorgon. Ergo Lactantius in commentario libri quarti Statianæ Thebaidos, ita scribit super ea poëtæ verba: Et triplicis, inquit, mundi summum: iuxta picturam illam veterem, in qua hæc tormenta descripta sunt, & ascensio ad Deum: Deum dicit Demogorgona summum, cuius nomen

scire

Epistola nuncupatoria.

scire non licet: infiniti autem philosophorum magnorum per se etiam confirmarunt, reuera esse praeter hos Deos cognitos, qui coluntur in templis, alium principem, & maximè dominum, caeterorum numinum ordinatorem, de cuius genere sunt soli Sol atque Luna: caeteri verò qui circunferuntur, Astra nominantur, quae eius clarescunt spiritu, maximis in auctoribus Pythagora & Platone, & ipso Tagete conuenientibus. haec quidem Lactantius. Quibus verbis motus ipse mecum saepe & diu cogitaui, quis hic magnus Deus Demogorgon, quem nusquam gentium inuenio, praeterquam apud hunc vnum grammaticum, & illum secutum Buccatium, & post hos, recentes quosdam & minutos scriptores: cum tamen ideo omnes vel latinè vel grecè qui de Deis & Deorum natura scripserunt, euoluerim, & in primis M. Tullium, & Phurnutum, & cum his Platonis Dialogos, & simul nostros scriptores, qui contra gentium Deos scripsere, si qua forte tam magni Dei sese mihi notitia offerret: nusquam Demogorgon iste, nusquam inquam apparuit. Quare mihi potius visum est Demogorgonis vocem in δημιουργόν conuertere, qua voce Plato caeteríque viri magni vsi sunt, Deum summum & opificem cunctorum significantes: cuius etiam Dei nomen & Hebraeorum religio occultum, nec vulgatum esse volebat. nam quod Buccatius Gorgon ait terram significare, & Demon Deum, sua est ipsius Buccatij interpretatio, partim vera, & partim falsa, sed tota praepostera. Quo fit, vt saepe miratus sim nescio quos, qui tantam illius Genealogiis auctoritatem impenderint, vt non illas modò in testimonium citent, sed etiam (vt audio) interpretati sint. Non tamen equidem inficias ierim, Ioannem Buccatium hominem fuisse studiosiss. & elegantis ingenij, vt ea ferebant tempora, ingeniosum etiam & eruditum, sed non in latinis, & eo minus in graecis is fuit, qui in proprio idiomate, hoc est in Hetruscis, patrio scilicet & vernaculo sermone, in quo soluta oratione omnes ante & post eum qui scripserunt, magno post se interuallo reliquit: vt veras illas esse credam aetatum conuersiones, & temporum periodos, quas philosophi quidam prodiderunt, quibus ad summum quaeque perueniunt, & dein in praeceps paulatim dilabuntur, & corruunt: quod non modò caeteris rebus omnibus, sed & in bonis artibus, & literarum, militiaeque, planè contigisse videmus. Sed de his satis. Certè Demiurgum, non Plato solùm & Trismegistus Hermes, Irenaeus, & alij, verùm etiam Latini vocem illam interpretantes, principem Deum, & opificem & fabricatorem Deum appellarunt, aliisque huiusmodi nominibus. Sed de his hactenus, mi Princeps optime, ne te pluribus obtundam.
Vale.

De Deis Gentium.   a 3   Rerum

RERVM QVAE HOC LIBRO
Continentur, Catalogus.

Tota hæc historia XVII Syntagmatibus distinguitur: & Primo quidem summatim hæc continentur.

De Diis in vniuersum, & qui primi deos colere instituerunt, & quàm variè de diis philosophi senserunt. Tum de diis Miscellaneis & Topicis, demum quàm varia & diuersa à priscis pro diis culta sunt: Syntagma primum.

De Ioue, Belo Ammone, & cæteris. Syntag. II.

De Iunone, Hymenæo, & Talassio. Syntag. III.

De Cælo, Saturno, Rhea, Magna matre, de Bona dea, de Vesta, de Iano & Vertuno diis. Syntag. IIII.

De Neptuno, & vxore, & aliis diis aquaticis, itémque de Nymphis, déque Aeolo & ventis. Syntag. V.

De Plutone & Proserpina, cæterísque Inferorum diis. Syntagma VI.

De Apolline, & variis diuinationum generibus, & de Aesculapio & Musis, & Aurora. Syntagma VII.

De Baccho, & Osiride, & Priapo. Syntag. VIII.

De Mercurio, & Somno, &c. Syntag. IX.

De Marte, Bellona, Victoria, de Hercule, déque Martis & Herculis vxoribus. Syntag. X.

De Minerua. Syntag. XI.

De Diana, & Iside, & Latona. Syntag. XII.

De Venere, Cupidine, Gratiis, Adonide & Vulcano. Syntagma XIII.

De Cerere, & Triptolemo. Syntag. XIIII.

De Dæmonibus, Geniis, Lemuribus, Laribus, Laruis, Pane, Satyris: Themide, Lamiis, cæteris. Syntag. XV.

De Fortuna, multiplicíque eius numine ac potestate, de Nemesi Rhamnusia, & Adrastea. Syntag. XVI.

De Sacrificiis, de templis, sacerdotibus, & festiuitatibus: item de expiationibus, supplicationibus, lectisterniis, aliisque eiusmodi: de mortuorum inferiis: demum particularis Sacrificiorum descriptio. Syntagma vltimum.

HISTORIAE DEORVM
GENTILIVM SYNTAGMA PRIMVM, LILIO GREG. GYRALDO AVCTORE.

Ad D. Herculem Estenſ. II. Ferrariæ Ducem IIII.

INTER multos qui hac tempeſtate ſe Theologos nuncupari volunt, conſtans ſanè opinio inualuit, vt eorum nullus qui ſe manſuetioribus Muſis, hoc eſt humanitatis ſtudiis addixerit, habeatur verus ac ſincerus Chriſtianę pietatis & religionis cultor: cùm tamẽ & hoc ipſo tempore & eſſe pleroſq;, & anteactis ſeculis plurimos fuiſſe videamus, qui huiuſmodi profeſſioni cùm addictiſſimi fuerint, in præclaros tum morũ tum ſanctimoniæ ſplendore viros euaſerunt. Sed ego cùm eius impietatis notam ne ſubirem, à teneris vſq; annis omni niſu conatúq; laborauerim: tum maximè nunc mihi cauendum video in hac mea iam ingraueſcẽte annis, & affecta morbis ætate, & hoc iniquo præſertim tempore, atque adeò hac ſcriptionis parte, qua Gentilium deorũ nomina & cognomina & imagines ſtatáſq; cæremonias rudi admodum & tumultuoſo ſtilo, meo ſcilicet, collectas perſequi inſtitui: quã quidem impietatis calumniã me duobus his argumentis facilè euaſurum ſum arbitratus. Et primò, quod tibi, Hercules, omnium quos nouerim principes, Chriſtianę religionis obſeruantiſſimo, noſtrã hanc qualemcunq; lucubrationem dicamus, cuius vel ſolum nomen mihi erit pro Mineruę clypeo: altero, quod paucioribus quàm per me fieri potuit, in prima libri fronte meam aſcripſi, quam erga vnum Deum ſententiam fidémque & nunc habeo, & ad vltimum vſque ſpiritum ſum habiturus: quam etiam (quoniam homo ſum) nihilominus moderandam corrigendámque cenſuræ piorum patrum, id eſt, Pontificum, ſubiectam eſſe volo.

Neminem adeò rudẽ, adeóq; feris moribus, & ab omni cultu tam alienum eſſe puto, qui in hoc omne quod cernitur oculos attollens ac intuens, Deum vnum ſempiternũ increatúmq; eius totius conditorem & opificem gubernatorémq; nõ eſſe fateatur, ipſúmq; eundem vi ſua ac immẽſa poteſtate cuncta regere & moderari: vnúmq; potius ad totius ipſius moderationem & regimen, quàm plures, quem Deum omnes vocauêre: Deũ, inquam, qui mens eſt ęterna perfectę abſolutæque virtutis, cui nihil accedere, nihil decedere poteſt ad perfectionem, proptereáq; illũ optimum maximũ, & omnipotentẽ & eſſe, & quotidie pio inſtituto inuocari videmus. Et cùm vnus ſit, nefas eſt exiſtimare, alios apud alios eſſe deos, ſeu barbaros illos, ſeu Græcos atque Romanos. Sed vti Sol, Luna, Cœlum, Terra, Mare, communia ſunt omnibus, licet aliis apud alios nominibus appellentur: ita eadem ratione vnus eſt Deus, cuius vbiq; vis eſt & prouidẽtia, omnia alit, ſuſtinet, exornat: alij tamẽ apud alios ſunt ritus legibus inſtituti, aliæ cæremoniæ, alia nomina, alia ſymbola, obſcurè quidem à primis auctoribus condita & conſecrata, vni tamen ſupremo & præpotẽti, quæ aptari & conuenire debent, quorum omnium interpretationem & explicationem non facilè, nec ſine periculo quilibet diſquirere, vel præſumere poteſt: quod non pauci freti ingenio facere volétes, in varias ſuperſtitiones inciderunt. & vt huius ætatis ne meminerim, plures antiqui Deos confixêre, ita vt vſq; ad triginta milia haberi prodiderint, & inter hos 300 Ioues. Hinc meritò Dionyſius & Euſebius, aliíq; per modum negãdi Deum definiũt, vt nulla dicant mũdi opera Deũ eſſe, hoc eſt, neq; Cœlũ, neq; Aethera, neq; Solẽ, neq; Lunã, neque Stellarũ fulgores, neq; Elemẽta, neq; vniuerſum deniq;, & quæ in eo ſunt, mundũ deũ eſſe, ſed Dei ipſius eſſe opera. Alij rurſus πολυθέντα, id eſt, plurium deorum impietatem fugientes, nimio inquirẽdi ſtudio in ipſam impietatem, quaſi in voraginem quandam delapſi ſunt. Hoc certè modo Euhemerus, Meſſenius an Tegeates, nunc non quæro, & Abderites

Protag

Protagoras, simili modo & Theodorus Cyrenaicus, & Melius Diagoras peccauêre, & alij apud antiquos, vtinam & non plurimi hoc nostro quoque tempore. Hunc igitur ego vnum Deum, quem dixi, qui totam molem istam cum omni elementorum instrumento, corporum, spirituum, verbo quo iussit, ratione qua disposuit, virtute qua potuit de nihilo expressit, & colo & veneror. vnum inquam Deum, æternum patrem, potestate, sapientia æternum filium à patre genitum, amore æternum spiritum ab vtroque procedentem, illúmque ipsum trinum & vnum, vel, vt ἐμφατικώτερως & expressius dicam, ἵνα θεὸν ἐν τρισὶν, καὶ τρεῖς ἐν μονάδι, pio ac sanctorum Christianorum consensu tota anima & mente, & prædicabo, & continuè adorabo. Huius vnius Dei nobis nomen sufficit ad diuinitatem, eiúsque maiestatem implorandam & celebrandam: nisi cùm distinctionis interdum causa personas ipsas nuncupamus, Patrem & Filium, & Spiritum sanctum, quod nomen CHRISTVS in sacra expiationis ablutione discipulos inuocare docuit. nec Deo nos nostro, vt gentes, tot nomina & numina imposuimus: Vnus inquam, vnus Deus est: nec quòd nos πατέρα, καὶ λόγον, καὶ ἅγιον πνεῦμα dicimus, plures deos intelligimus, vt aduersus nos calumniantur Hebræi. Vnū deinde nomen filij veneramur, per cœlestem nuncium matri Virgini significatum, IESV: à sacra & cœlesti regia vnctione Græcè CHRISTVS appellatus, à quo Christianum nomen propagatum est: Hebraicè verò Messias, seu Meschias. Sed quoniam deos Gentium scripturi sumus, par videri pollet, vt hoc loco subsignaremus, qua ratione nostra religio sanctissimæ Trinitatis, Patris & Filij & Spiritus sancti nominibus vti consueuit. Sed quoniam hæc à plerisque prodita sunt, & inter eos Isidorus libro Etymolog. 7. commodè colligit, ea ipse missa faciam: Hebræa tantum, & pauca quidem attingam, idque breuissimè, ne duris & stridentibus verbis te fastidio afficiam & quòd ante me & alij hoc fecêre. Primum ergo & sanctissimum Dei nomen apud Hebræos, ex quatuor eorum literis constat יהוה id est Iehuhe, quod nomen Hebræis nefas est ore pronunciari: sed pro eo illud similiter quatuor etiam literarum enunciare soliti sunt אדני, id est Adonai, quod numero plurium effertur, ab Adon, id est Dominus. Verum enimuero sanctum illud nomen & est & vocatur τετραγράμματον, ineffabile & inexplicabile: nostra voce, id est humana, minus potest, quo enim modo Iehuhe in articulatam nostram loquendi normam deducere possumus? Quidam tamen Ioua pronunciant, vnde & Iouis nomen volunt esse deriuatum: quos iure & merito sanioris capitis homines rident. Alij rectius Iehoua enunciant, quod apud antiquos quosdam Hebræos legimus hac figuratione notatum, tribus videlicet iod literis, quæ circulo concludebantur, supposito puncto, seu accentu chamez, hoc modo, Sed postquàm de hoc nomine tetragrammaton aliquid dicere cœpimus, libet hîc tibi quædam afferre, quæ etsi nescio quo modo superstitiosa videntur, quoniam tamen non sunt à nostris penitus aliena, non indigna visa sunt relatu. Antoninus vrbis Romæ Cos. an is postea Imperator fuerit ignoro, Rhabbenum quendam Haccados, tunc celebrem Hebræorum doctorem rogasse fertur, vt de quatuor literarum Dei nomine, & de duodecim, ac item de quadragintaduabus quid sentiret exponeret. illi Rhabbenum respondisse ferunt, vt scribit doctor Nehumias Haccanæ filius, in epistola Arcanorum ad filium: Quod Antonine petis de veritate instrui, eius scilicet quod significat nomen quatuor literarum, nomen duodecim, & nomen quadragintaduarum, tibi significo: hæc scias velim arcana & diuina esse, quæ omnibus hominibus clam esse debent. Sed quoniam te ex iis esse intelligo, cui tutò arcana creduntur, consentaneum ratus sum, tui similibus huiuscemodi res patefacere (neque enim talibus hominibus arcana hæc occultanda sunt.) Quare sic habeto. Deum nomen nō habere, cuius notionem nos mortales habere possimus; eius enim substantia nomen est ipsius, atque etiam è contrario. nam sicut eius substantiæ notitia habere nō possumus, quoniam si eam cognosceremus, ei similes efficeremur: ita nec eius nominis cognitionē habere possumus. Scito tamen, eius nomina attributa esse: nomen enim quatuor literarum operationibus eius peculiare est, ideóque ostendit eius notitiam nescio quo pacto perfectiorem illique magis accommodatam, prout noster intellectus concipere facilius potest: quare ex hoc ipso nomine, eius omnia procedunt nomina. Ideóque etiam Hebræo nomine Semhammemphoras vocatum est, non quòd nomen sit ex ipsius substantia, sed quod nos ita vocamus, prout nostra facultas comprehendere potest, cùm altius penetrare non possit. Scire igitur debes, duodecim, & quadragintaduarum literarum

rarum

rarum nomina propriè non eſſe nomina, quæ illarum literarum numero conſtent, ſed quodlibet eorum ſunt verba diuerſa,quæ verum quidem oſtendunt.atq; hactenus Rhabbenus. Moſes verò Aegyptius in lib. More inſcriptus, Omnia(inquit) nomina creatoris & opificis in libris omnibus inuenta, ab effectibus deriuata ſunt, præter vnum illud Iehuhe, quod eſt nomen peculiare creatori altiſsimo : & propterea vocatur Semhammemphoras, id eſt, nomen expoſitum. Sed hoc planius idem qui ſuprà Rhabbenus in eo qui inſcribitur, Arcanorum reuelator: Attende inquit, nomen quatuor literarum, prout eius eſt ſcriptio (ſic enim noſtra Hebraica litera ſcribitur יהוה) Iehoua, vel Iehuhe,ipſum Deum generantem ſignificare. & quia non poteſt eſſe generans abſque eo qui generatur, neceſſariò amor à generante in generatum eſt, & contrà procedere debet:quoniam ſi hoc non eſſet,non generaret: & ſi non procederet amor à generato in generantem,& ſi diſtingueretur generatus à generante, duæ ſubſtantiæ eſſent. propterea nos volumus generantem & generatum vnam eſſe ſubſtantiam : & perinde neceſſe eſt, ex altero in alterum procedere amorem. Ea propter ex hoc Semhammemphoras deriuatum eſt nomen duodecim literarum, éſtque Pater Filius, & Spiritus ſanctus, quod nomen in lingua noſtra Hebraica duodecim literis ſcribitur. Quoniam verò non inuenitur aliquid in Deo, quod non ſit Deus, ex nomine duodecim literarum emanat nomen quadragintaduarum literarum, quod eſt, Pater deus, Filius deus, Spiritus ſanctus deus, Trinitas in vnitate, & vnitas in trinitate(quæ in Hebræo, non Latino ſermone,ſunt quadragintaduæ literæ.) Notare autem debebis, hæc nomina eſſe ex diuinis arcanis, quæ à quibuſcunque occultari debent, quouſque veniat Meſsias, iuſtus noſter. Illa tibi patefeci, tu verò fortiter occule. hæc Rhabbenus. Sedenim apud Hebræos nomen duodecim literarum hoc modo profertur, Ab ben veruah haccados. quod ſic interpretatur, Ab pater, Ben filius, Veruah haccados & Spiritus ſanctus: vel vt alij pronunciant, veruah haccades, hoc eſt ſpiritus ſanctitatis, genere neutro,vt & Græci ἅγιον πνεῦμα. Verùm enimuero, vt nomine 12 literarum, quatuor literarum nomen exponere conſueuerunt antiqui Hebræi,ita nomen ipſum 12 literarum, exponebant nomine 42 literarum : id quod Moſes Aegyptius Maymonis filius pluribus oſtendit. ſed nos paucis contenti erimus, inter quæ & hoc ait: Nouit autem quicunque intellectu viget, non poſſe aliquo modo fieri, vt verbum vnum conſtet ex 42 literis. & paulò poſt idem ſubdit: Dicebantur verò iſta verba multarum literarum vnum nomen, propter vnam rem quam ſignificabant. & mox idem: Erant autem hæc duo nomina magno adiumento homini ad cognoſcendum Creatorem. tum deinde ſubiungit: Quicunque eius nominis ſcientiam habet, & ſibi in illo cauet, mira ſortitur: quæ non eſt cur ego hic repetam. Porrò nomen quadragintaduarum literarum quidam ſic interpretati ſunt, Pater Deus, Filius Deus, Spiritus ſanctus Deus,tres in vno, & vnus in tribus. Sed hanc de ſumma trinitate ſententiam ex his ſacris nominibus Athanaſium in Symbolo expreſsiſſe, veriſimile videtur. Habent præterea Iudæi & alia Dei immortalis nomina quatuor literarum, inter quæ & iſta ſunt: Adonai, vt diximus: Ehie, id eſt, qui fui, ſum & ero, licet noſtri aliter interpretentur: Agla, & alia quædam, ſed non arabaha othioth, vt ipſi dicunt, id eſt, non tetragrammata. Scribit præterea Algazelus librum de nominibus Dei, aliiſque.

Eſt & Dei nomen Hebræis El, Eloha: vnde eſt Elohim in plurali. id eſt, Dei, vt ſæpe in ſacris literis legimus, quo trinitatis myſterium planè confirmatur: nam & cum ſingulari verbo coniungitur, vt illud ſtatim in fronte Geneſeos:In principio creauit Elohim, id eſt, Dij. ſed & huiuſmodi plura extant exempla in ſacra Hebræorum ſcriptura. Eſt & Μακόμ Dei nomen,& locum ſignificat:quia Deus immortalis vbiq; locorum præſens eſt. Dayyan etiam Deus,id eſt, iudex, appellatus eſt: Czadik, hoc eſt iuſtus: item ſadai, id eſt, qui ſufficit, & nullo indigeat, omnibúſque ſuppetat: Hannum, hoc eſt gratioſus & pius vocatus eſt. Sed huiuſmodi ſylua Hebræorum nominum adeò eſt aſpera & ſenticoſa, vt admodùm difficilis videatur noſtris hominibus: quare pauca de multis ſatis erit hic tibi annotaſſe. Sunt & 72 Dei nomina,quæ iidem ipſi Hebræi ſe eliciſſe gloriantur ex tribus Exodi verſiculis, cap.14. vbi legitur, Et mouit ſe angelus deorum: vel vt alij conuerterunt, Et profectus eſt angelus Dei: vel vt vulgata habet editio, Tollénſque ſe angelus Domini, qui præcedebat. at verò Septuaginta interpretes ita, ἐξῆρε δὲ ὁ ἄγγελος † θεοῦ † προπορευόμενος. Sedenim de 72 his nominibus nos non loquemur, quoniam eorum magis mihi

commen

commenta videntur, qui Cabalæ operam nauant, quàm eorum qui piè Deum colunt, ac simplici castáque & pura mente venerantur. Nam & decem eorū modos & figuras comminiscuntur, ita vt penè in infinitū procedant, adeò (si fari liceat) vt magis insanire, quàm Deum docere velle videantur: quibus etiam 72 nominibus & Dauidis regis psalmorum versiculos singulos singulis annectunt. Quo mihi magis mirum videtur, nonnulla bene nata ingenia etiam nunc esse, & superioribus annis fuisse, qui in huiuscemodi plusquàm labyrintheis Mæandris, vt sic dicam, desipere studeant, nisi quatenus Iudæis per suamet arma respondere possint. Sed iam mittamus has Hebræorum de Dei nominibus, vt aiunt ipsi, figurationes: & quanquam videretur fortè non abs re mihi Christiano, & sacris Christi, vtinam non immeritò, initiato, non alienum esse diuina nomina recensere, quibus nostra ecclesia vti consueuit, in præpotentem Deum appellando. Sed adeò in eis recensendis sudasse videmus, vt alios nunc mittam, Dionysium magnum illum Areopagitam, vt omnino mihi abstinēdum duxerim. Te igitur, si curiosius fortasse scire desideras, ad ipsius Dionysij volumina, & eorum qui illa tum Græcè tum Latinè interpretati sunt, relego. Sed vnum illud præcipuum & mysticum est nomen apud nos tetragrammaton I E S V, in quo omnis potestas & vis diuina significatur, cui omne genu flectitur, vt ait veritatis præco, cœlestium, terrestrium & infernorum.

Porrò nec illud te latere velim, non modò Hebræis, Barbaris & Græcis: sed & Latinis & Christianis, & quibusque fermè nationibus, Dei nomē τετραγράμματον esse. & de Hebræis iam quidem dictum est, & Christianis: nunc plerosque commemorabo. A Latinis primùm Deus appellatus est, à Græcis Θεός, ab Aegyptiis Θεύθ & Θώθ, & per contractionem nonnunquam trium literarum Θεθ, vt etiam apud Hebræos aliquando obseruatū est. Persæ zben Deum vocant: Tyrrheni, seu Hetruci ιοκρ, tametsi quidam cum diphthongo scribant, vt Hesychius & Annius. Magi ιρον, Arabes ἀλλά, Assyrij ἀδάδ, Mahometes & Turcæ ἀγλή. Populi nuper reperti zimi. & si qui alij fortasse sunt, quorum nomina ad meam nōdum notitiam peruenerunt. Cæteris ergo missis, par esse videtur, nostram & Græcam vocem, hoc est Deus & Θεός, breuiter interpretari. Deum ex Latinis nonnulli à dando deductum nomen arbitrantur, quòd scilicet Deus omnia det. Alij, quòd ei nihil desit. Sunt qui ἀπὸ τοῦ δέους, hoc est à metu & timore inflexum velint: id quod Statius Papinius in Theb. & in Satyrico Petronius Arbiter innuere videntur, cùm ita canant: Primus in orbe Deos fecit timor, seu metus, vt alij legunt. Alij à Græca voce, id est Θεός, deflexum putant. Sed enim θεῶν Plato in Cratylo, & eius interpres Proclus, ἀπὸ τοῦ θέειν, hoc est à currendo deduci arbitrantur. nam cùm homines viderent Solem, Lunam, Astra, Cœlum ipsum currendo semper circumuolui, Deos esse arbitrati sunt: hoc est, vt Plato ait, ἀπὸ ταύτης τῆς φύσεως τῆς τοῦ θεῖν, θεοὺς αὐτοὺς ἐπονομάσθη: hoc est, ab hac ipsa tali currēdi natura deos nūcupauēre. Moschopolus ex Aristotelis sententia, ab eodem verbo deducit θεῖον. sed elementa ait semper currere. Alij θεὸς παρὰ τὸ θέομαι, quod speculor significat, quoniam in Deo ipso & diuinitate tanquam in speculo cuncta cernantur. Cornutus, seu Phornutus, ἀπὸ τῆς θέσεως deriuari scribit, hoc est, à positione. D E V S ergo, vt Seruius etiā notat, generale nomen est omnibus. nam, inquit, quod Græcè δέος, Latinè timor vocatur, vnde Deus dictus est, quòd omnis religio sit timori. Nunc cùm Dei nomen exposuerim, addendum tibi, quibus vocabulis diuinitatis cultus appelletur, vt res tota constet. A Latinis primùm Religionem vocatam videmus: quod nomen, si M. Tullium sequamur, à relegendo deducitur, id est diligenter retractando: si Lactantium audiamus, à religando, quòd obstricti & religati Deo simus. Si verò Aur. Augustinum audire malumus, à religendo, quasi probè eligentes. Quòd si Massurio Sabino & Gellio stemus, à relinquendo deducitur, nam id religiosum esse statuunt, quod propter sanctitatem remotū ac sepositum à nobis sit. id quod & Macrobius asserit, ex Ser. Sulpitij sententia: A relinquēdo, inquit, religio dicta, vt à carendo ceremoniæ ab aliis à Ceretanis dicantur. Transfertur hoc religionis vocabulum ad alia quæque, quæ summa animi integritate peraguntur, ad excessum vsque. Vocatur & sanctitas, & pietas, vt est in primo apud Ciceronem de Nat. deorum. hæc Græcè & εὐσέβεια & θρησκεία dicta est, vtpote à Thracibus Orpheo scilicet primùm in Græciam aduecta: quæ & à furore, notissima voce Orgia dicuntur, ab Orphicis primum & Bacchicis vsurpata. Sed & ex nostris quidam deorum cultum vocauère, Græcam illam vocem referentes θεοσέβειαν. Est & vocabulum illud iam æquè Latinis & Græcis Christianis vsitatum, λατρεία, quæ Deo ipsi

tantum

tantummodo debetur: apud gentes verò & profanos λατρεία & δουλεία eodem sensu, pro seruitute capiuntur. has Theologi nostrates distinxêre, & λατρείαν, ὑπερδουλείαν & δουλείαν dixerunt, primam Deo attribuentes: alteram, id est, hyperduliam, Virgini matri: reliquam diuis, & sanctis. Est & Græcis frequens τιμωτικὴ, qua voce & Latini nonnunquam vsi sunt. Est & nostris veneratio, & adoratio, & si quæ alia eiusmodi sunt. Sed iam quod instat agamus.

Cùm deos Gentium, & eorum cognomina hoc libro complecti proposuerim, quantum imbecilles & animi & corporis vires patientur, visum est non incongruum, nec abs re fore, si quædam altius repetam, quæ de Deis antiqui viri doctissimi statuerunt, vt facilior via præparetur ad ea quæ deinceps tractanda sunt. Diligentissimus ac probatiss. omniũ Græcorum consensu historiæ scriptor Diodorus Siculus: De deis, inquit, & qui eos primi colere docuerint, & quid de illorum immortalitate senserint, paucis propter rei difficultatem exprimi non potest. Verissimè quidem illi Diodoro & gentili, & in errorum tenebris versanti: sed verum Deum colentibus non ita difficile, vt ex iis quæ Christiani nostri scriptores contra gentium religiones pridem docuerunt. Scribit D. Cyprianus in eo, quòd idola Dei non sint: Hoc (inquit) ita esse, Alexander magnus insigni volumine ad matrem suam scribit, metu suæ potestatis, proditum sibi à piis hominibus, à sacerdote secretum: quòd maiorum Regum memoria seruata sit, inde colendi & sacrificandi ritus inoleuerit. Hæc ille.

Cùm igitur deorum Gentilium nomina & cognomina non tam interpretari, quàm ridere vanitatem meditarer, variæ eorum opiniones sese mihi offerebant: quarum hic nonnullas breuiter afferre placuit, ab eáque exordiri, quam in Asclepio Aegyptius ille Hermes ter maximus attulit, qua alios ait deos à Deo illo maximo & summo factos, alios ab hominibus: quæ verba qui audit, vt à me posita sunt, putare posset, dici de simulacris deorum: quia opera sunt (vt magnus vates & rex canit) manuum hominum. at ille visibilia & contrectabilia simulacra, velut corpora deorum: esse asserit, in quibus inesse quosdam spiritus inuitatos, qui aliquid valeant siue ad nocendum, siue ad desideria eorum nonnulla complenda, à quibus eis diuini honores & cultus obsequia deferebantur. Sed hæc ab Aur. Augustino in 8. de Ciuit. Dei redarguta & explicata sunt. quare nos Aegyptiorum theologia quid hac de re sentiret, potius afferamus: Aegyptiorum inquam, qui Platone teste, se aliorum antiquissimos haberi volunt. tametsi non desunt, qui id inficiantur, Græcósque in Aegyptum cùm alluuionis & cataclysmi temporibus, tum aliarum cladium causa transmigrasse prodiderunt. Hi ergo, vt Diodorus & Eusebius tradunt, deorum genus primum apud se extitisse volunt, duósque deos in primis affirmabant, Osirin & Isin: illum solem, hanc lunam interpretantes. dein eorum cæteram turbam commenti, adeò vt non modò homines & rationis expertes animantes, sed & hortensia ipsa & holera pro deis habuerint & coluerint. Non dissimilia à Lactantio in secundo, & Herodoto, & Strabone, & Iuuenale, vt alios mittam, traduntur.

Aethiopes, qui & ipsi antiquissimi feruntur, se primos etiam deos coluisse affirmabant: quod verisimile etiam Diodoro videtur, quòd eorum sacra omnibus gentibus grata extiterunt: atque ideo Homerus quoque Iouem & deos cæteros induxit suo carmine, tum ad sacra quæ eis de more fiebant, tum ad odorum suauitatem commigrare solitos. Eadem sacrorum ratione illis à deis concessum existimabatur, vt semper liberi fuerint, neque vnquam bello victi, nec ab exteris regibus subacti. Sed quoniam Aethiopum fuit regio amplissima, varij idcirco apud ipsos deorum cultus & sacra fuêre. quidam enim apud eos sempiternos deos, alij mortalis & corruptibilis naturæ participes esse putauêre. mitto, qui nullos esse deos credidêre, vt præsenti nostro negotio alieni.

Ad hæc Phœnices de deis & rerum principio miranda tradiderunt, quæ in eorum theologia leguntur, quam primùm Phœnicum lingua exquisitissimè conscripsit Sanchuniathon Berytius, vir inter antiquissimos connumeratus: quem vel ante tempora Troiana floruisse, prodiderũt Porphyrius Tyrius philosophus, in 4 eorum quos aduersus Christianos lib. euomuit, & Eusebius Pamphili lib. primo Præparat. euang. Eam theologiam Philon Byblius, non ille Hebræus, in Græcam linguam transtulit: licet Cyrillus Alexandrinus in 6 eorum quos contra Iulianum Cæsarem scripsit, non Philonem, sed Iosephum Hebræum scribere videatur. verùm librariorum hoc erratum, non auctoris putauerim.

Certè

Certè multos Phœnicum deos legimus, Dagona, Chamum, &c.

Atlantides etiam, qui (vt notissimum est) Africæ populi sunt, tum pietate & religione insignes habiti sunt, tum & erga aduenas & peregrinos hospitalitate cōmendati fuerunt, hi ab se deorum genus manasse asserebant, idq́ue credi volebant. Primum verò deû ὄρανόν, id est Cœlum, apud se regnasse prædicabant: & plures duxisse vxores, ex quibus 45 liberos sustulit, præcipuéque ex Titea 17, qui à matre Titanes vocati sint. Sed horum Atlantidum reliquam theologiam in 4 à Diodoro, & in 2 de Præp. euang. ab Eusebio leges. nos, vt contigerit toto hoc libro, nomina & cognomina recitabimus.

Augilæ, & ipsi Africæ populi, nullos deos putarunt præter defunctorum manes, à quibus responsa petere solebant, sepulcris incubantes, vt Mela aliique prodiderunt.

Phrygum item theologia de Deorum origine, his non valdè absimilia asserebat, eodem Diodoro & Eusebio testibus: de qua, cùm Cybelis cognomina interpretabor, plura referam.

Persarum quæ de Deis fuerit sententia, afferamus. Persæ nec statuas, nec aras erigebant: deos verò, vt Strabo scribit, putabant, Cœlum, quem Iouem existimabant: Solem colebant, quem Mithran vocabant: de quo in Apolline, quæ multa collegimus, recitabimus. colebant item Lunam & Venerem, & Ignem & Tellurem, & ventos, & aquam: quibus quomodo rem sacram facerent, cùm de sacrificiis agemus, pluribus disseremus.

Iudæi quoque, vt Cornelij Taciti verbis agā, mente sola, vnúmque numen intelligunt: profanos, qui deûm imagines mortalibus materiis in species hominum effingant: summum illud & æternum, neque mutabile, neque interiturum. igitur nulla simulacra vrbibus suis, nedum templis sunt: non regibus hæc adulatio, non cæsaribus honor. Sed quia sacerdotes eorum tibia tympanísque concinebant, hedera vinciebantur, vitísque aurea templo reperta, Liberum patrem coli, domitorem orientis, quidam arbitrati sunt, nequaquam congruentibus institutis: quippe Liber festos lætósque ritus posuit, Iudæorum mos absurdus sordidúsque. hæc quidem Tacitus, mendaciorum (vt ait Septimius) loquacissimus: cui & Plutarchum in Symposiacis paria scribentem videmus, rectè nec ne, nunc non est discutiendi locus.

Cæterum & Germani prisco tempore, vt idem etiam Tacitus scribit, nec deos cohibere parietibus, neque in vllam humanioris speciem assimilare, ex magnitudine cœlestiū fas arbitrabantur. Sed de his hactenus. nimis quippe longus sermo foret, si omnium nationum omnes sententias hac in re afferre vellemus: & propterea nos incœpta nostra sequamur. Scribit Isidorus, apud Græcos Cecropen primum omnium Iouem appellasse, simulacra reperisse, aras statuisse, victimas immolasse, visis (inquit) nequaquā istiusmodi rebus in Græcia. At verò Didimus in libris ἐγκυκλίων πινδάγεσις, colendorum deorū auctorem primum fuisse Melisseu Cretensium regem scribit, qui & illis primus sacrificauit, ac ritus nouos sacrorum ac pompas induxit. Hic autem Melisseus duas filias habuit, Amaltheam & Melissam, que Iouem infantem aluerunt: & dein Melissam Magnæ matri sacerdotem à patre constitutam, vnde & eiusdem matris antistes Melissea veteribus nuncupabatur. hæc quidem & Lactantius. de Melissa tamen, dum Nymphas scribemus, plura dicturi sumus. Alij Iouem ipsum fuisse volunt, qui rerum potitus in tantam insolentiam venerit, vt ipse sibi fana multis in locis constituerit: vt est in sacra Ennij historia traditum. Nam cùm ipse Iupiter terras circumiret, in quamcunque regionem veniret, reges & principes, vt eorum populos hospitio sibi & amicitia iungeret, cùm ab eis digrederetur, iubebat fanum construi hospitis sui nomine, quasi ita posset amicitiæ & fœderis memoria conseruari. Sic constituta sunt multa templa, ab amicis & hospitibus cognominata vt Ioui Athabyrio, Labradæo, Laprio, Casio, & aliis, vt mox referemus atque ita ille ambitiosus sibi diuinos honores comparauit, quæ copiosius à Lactantio prodita sunt.

Hoc quoque loco id tibi significandum duxi, quinam deorum filij à gentibus vocarentur: nam & in sacra Mosis historia, deorum filij dicuntur, & Dei filij, vario licet modo, quem nobis ingeniosè & piè explicat Augustinus vltimo cap. lib. 11. de Ciuit. Dei. Scribit verò Lactantius, de iis qui montium fluuiorúmve dicti sunt filij, non videri consentaneum ex rebus sensu carentibus posse generari: sed eos potius significari, qui nati sunt

ex his

ex his hominibus, qui vel montibus, vel fluuiis, & locis nomina indiderunt. id enim fuit apud veteres maximè vsitatum. Hinc Atlas, Auentinus, Tiberinus, Inachus, & similia.

Fuerunt &, qui hos in dæmonas succubos & incubos retulerunt, quod scilicet potestas ea malis spiritibus ante CHRISTI aduentum permissa esset: sed & post Christum vt aliqui astruunt, de Merlino, aliisque nonnullis. Minutius Felix in eo lib. qui Octauius inscribitur. Qui liber nuper impressus Romæ, sub nomine Arnobij perperam nuncupatus est. quod liquidò is cognoscet, qui Hieronymum, & Sophronium de viris illustribus, & Lactantium legerit. Eos ille ait, quorum virtutes miramur, ac eos qui repentinè aduenerint, de cœlo cecidisse dici: terræ autem, quòd ignotis parentibus natos, Terræ fi-
10 lios nominemus. quod & Tertullianus, & Fabius Quintilianus, aliique tradunt, variè licet, vt Politianus & Merula. Gellius præterea præstantissimos virtute, prudentia, viribus, appellatos Iouis filios: ferocissimos & immanes, & ab omni humanitate alienos, tanquam è mari genitos, Neptuni filios. Sed & Seruius Neptunum prodigiorum omnium patrem scribit: Hinc etiam fit, ait, vt quotiescunque desunt parentes, redeatur in generalitatem. Sic & peregrinos, Neptuni filios dicimus, quorum ignoramus parentes. Vnde autem singuli deorum extiterint, an cuncti semper fuerint, aut qua specie, hactenus (scribit Herodotus) ignoratum est, nisi nuper atq; heri, vt sic dicam. nam Hesiodus atq; Homerus, quos 400 non amplius annis ante me (ait Herodotus) opinor extitisse, fuere, qui Græcis deorum sobolem introduxerunt, eisq; & cognomina & honores & diuersa officia & figuras
20 attribuerunt, alij Orpheum existimauerunt, qui hos ætate antecesserit. Scribit D. Epiphanius, non modò vir sanctitate insignis, sed & eruditione, cùm primùm falsa religio per dæmonum maleficia innouata est, & deorum simulacra expressa, quémque pro artificij sui materia deos sibi effinxisse: figulum ex luto & argilla, fabrum lignarium ex ligno, aurificem ex auro, argentariū ex argento, & cæteros simili ratione: amplius verò vnumquenque proprium affectù ad formæ oculorū similitudinem descripsisse, sanguinarium quendam virum, Martem: adulterum & adulterum, Pandemum: Venerem, id est, communem & vulgarem: tyrannum, Victoriam deam extulisse: sordidum autem, & huiusmodi rebus inhiantem, Saturni imaginem præscripsisse: effœminatos & molles, Cybelem & Rheam, propter fluxus multiplicis mixturæ à corporibus: gulosum verò, aut gulosam, Dianam ve-
30 natricem proposuisse: bibacem & ebriosum, Bacchum: ærumnosum, Herculem: sectantes promiscuos coitus, Iouem & Apollinem, & eiusmodi reliquos.

Sed cùm eos nos qui se deos primùm coluisse existimauerunt, attulerimus, de industria silui, quæ in sacra historia Hebræorum & nostra pariter traduntur, ne fontanam limpidissimam cloacæ immitterem. Nostræ verò huic tractationi conuenire videtur, vt philosophorum etiam & eorum qui sapientes habiti sunt, sententias de deis breuiter recenseamus. Scribit Origenes libro aduersus Celsum quinto, Mundum quosdam vniuersum, deum esse affirmasse: & Stoicos quidem primum Deum esse mundum, & Platonicos secundum, ex cæteris Græcis aliquos tertium mundum dixisse. At nos hîc potius singulorum philosophorum quas opiniones & sententias legimus, afferamus.

40 Inter hos primus habitus Thales Milesius, qui Deum dixit mentem, qui ex aqua cuncta formauerit, nec principium nec finem habiturus. Huius Thaletis sententiam sic exprimit Minutius Felix in dialogo: Thales, inquit rerum initium aquam dixit: Deum autem eam mentem, quæ ex aqua cuncta formauerit, & altior & sublimior aquæ & spiritus ratio, quàm vt ab homine poterit inueniri, à Deo tradita.

Anaximander, & ipse Milesius, Praxiadæ filius, stellas & astra deos esse cœlestes putauit. nihil hic diuinæ menti attribuit, vt ait Augustinus. Sed Cicero in primo de Nat. deorum, eius ait opinionem fuisse, natiuos deos esse longis interuallis orientes, occidentésq;. Vt verò ait Epiphanius, infinitum voluit esse vniuersorum principium: ex hoc enim omnia fieri, & in ipsum resolui.

50 Anaximenes, Eurystatæ filius, & ipse Milesius, infinitum aëra dixit, cui omnes causas attribuit, & Deos ex aëre ortos, vt ait Augustinus. At M. Cicer. Aëra ipsum Deum statuisse scribit, alij æthera dixêre.

Democritus Abderites Deum existimauit mentem esse igneam, & mundi animam. Sed ab his diuersa Tullius, imagines & earum circuitus in deorum numero refert, ita vt imagines atomos intelligat. Democritus (inquit Arnobius) quamuis atomorum primus

De Deis Gentium.   b   inuenit

inuentor, nonne plerunque naturam quæ imagines fundat, & intelligentiam, Deum loquitur?

Pythagoras Mnesarchi filius, Deum ita definiuit: animus, qui per vniuersas mundi partes, omnémque naturam commeans atque diffusus, ex quo omnia quæ nascuntur animalia vitam capiant. Sunt qui scribant, ipsum vnum tantum principium, & Deum ipsum esse. Plutarchus in Numa: Pythagoras, inquit, primum principium, neque sensui, neque perturbationi subiectum, sed mentem inuisibilem & increatam esse censuit. Eius quoque discipuli, Lysis & Philolaus, diuersa dixere: alter numerum ineffabilem, alter (vt sic dicam) maximi intimique numeri summitatem. communis certè omnium opinio tenet, eum in numeris Deum constituisse. & vt Origenes scribit, monada Deum putauit, & sine hac nihil factum esse.

Archelaus Apollodori, vel vt alij dicunt, Miltonis, Atheniensis physicus, ex terra omnia facta dicit, vt ait Epiphanius: eámque voluit vniuersorum esse principium.

Pherecydes quoque, eodem auctore tradente, terram dixit ante omnia factam fuisse.

Heraclitus Ephesius, deos ex igne credidit, vt Varro & Augustinus tradunt. Origenes intelligibilem dixit ignem. Simplicius idem sensisse Hippasum Metapontinum tradit.

Anaxagoras, Hegesibuli filius, Clazomenius, discipulus Anaximenis, homœomerias rerum principia putauit, vt Lucret. cecinit, & notant cum Epiphanio alij plerique. hic & diuinum animum sensit omnium rerum quas videmus effectorem: ita quidem Augustinus. alij verò infinitam mentem Deum statuisse scribunt, quæ per seipsa moueatur. Hunc tamen, quod Solem lapidem ignitum dixisset, morte mulctârunt Athenienses.

Prodicus Ceus quatuor elementa deos statuit, & Solem & Lunam, vt Epiphanius scribit. ex ijs enim vitalem virtutem existere credebat.

Diogenes Apolloniates, Anaximenis alter auditor, aërem quidem dixit rerum esse materiam, de qua omnia fierent: sed aërem ipsum compotem diuinæ rationis, sine qua nihil ex eo fieri possit: Augustinus, plura Simplicius. At verò Diogenes Babylonius, exponendi curam habuit: ante Iouis partum, & exortum Mineruæ: & hoc genus cæterarum rerum vocabula esse ait, non deorum, vt auctor est Arnobius.

Cleanthes Assius, Stoicus, æthera esse statuit summum Deum: vt verò Arnobius ait, mentem modò, animum modò, modò æthera, plerunque rationem Deum esse disseruit. Straton, Naturam statuit deum, vt idem prodit Arnobius.

Antisthenes Atheniensis, multos quidem esse ait populares deos, vnum tamen naturalem, summæ totius artificem.

Chrysippus Cilix (nam à quibusdam Solensis, ab alijs Tarsensis dictus) Stoicus, nunc naturalem vim diuina ratione præditam, nunc diuinam necessitatem Deum prædicabat. Zeno verò Citticus, diuinam naturalémque legem Deum esse putauit, & simul (vt Arnobius tradit) æthera: interdúmque rationem vult omnium esse principium. Idem, interpretando Iunonem aëra, Iouem cœlum, Neptunum mare, ignem esse Vulcanum, & cæteros similiter vulgi deos elementa esse monstrando, publicum grauiter arguit & reuincit errorem. Vt verò scribit Origenes ἐν τῷ περὶ φιλοσοφουμένων, hos Deum putasse principium omnium, corpus purissimum, & per omnia ipsius prouidentiam penetrare.

Xenophanes, Orthomenis filius, Colophonius, omne quod esset infinitum, adiuncta mente, Deum esse voluit, Theophrastus, vnum & vniuersum, omnéque, Deum Xenophanem dixisse prodidit, vt pluribus ostendit Simplicius in Physicis.

Parmenides, Pyretis filius, Eleates, commentitium quiddam ensemue similitudine efficit, quam στεφάνην appellat, continentem ardorem lucis, orbem qui cingit cœlum, quem Deum vocat, in quo neque figuram diuinam, neque sensum (ait Cic.) quisquam suspicari potest. nam bellum, discordiam, & cupiditatem, cæteráque generis eiusdem ad Deum reuocat, quæ vel morbo, vel somno, vel obliuione, vel vetustate delentur. Sed de Parmenide & Melisso ferè consentanea affert Simplicius in primo Physicorum, eorum etiam versus & verba ascribens. Idem & ex Alexandro ait, à Parmenide libros duos conscriptos, in altero de ente vno intellectibili obscurè & iuxta veritatem, in altero

iuxta

iuxta vulgi opinionem plura ſtatuit. Epiphanius Parmenidem ait ſtatuiſſe, infinitum vnum eſſe omnium principium. Idem verò de Meliſſo ita retulit: Meliſſus, inquit, Ithagenis filius, Samius genere, vnum infinitum eſſe vniuerſum, nihilque firmum eſſe natura, ſed omnia corruptibilia in potentia. Leucippus eadem penè, omniáque imaginaria eſſe nihilqueverè, ſed apparere, vt remus in aqua inflexus.

 Empedocles Agrigentinus, quatuor naturas, ex quibus omnia conſtare cenſet, diuinas eſſe voluit, quas & naſci & extingui perſpicuum, & ſenſu omni carere, vt in primo de Nat. deorum tradit Cicero. Origenes verò ait, Empedoclem conſtituiſſe litem & inimicitiam, & vnitatis intelligibilem ignem, vniuerſi principia. Simplicius vtraque commiſcuit, hoc eſt quatuor elementa, & litem & concordiam: quo loco & eius verſus affert Cicero, & Plato in Theæt. Eadem Diogenes Smyrnæus, vel Cyrenæus, vt ait Epiphanius. Idem & Theodorus, qui ἄθεος cognominatus eſt. dicebat enim nugas eſſe, qui de deis ſermones habentur, nec eos eſſe: quare omnes ad furta, periuria & rapinas hortabatur. ac ne quidem pro patria mori: vnam enim patriam mundum eſſe. & felicem, bonum dicebat: infelicem fugiendum eſſe, etiam ſi ſit ſapiens: & fatuum diuitem præferendum. hæc Theodorus, vt ait Epiphanius.

 Protagoras Abderita, negabat ſeſe omnino habere de deis quid liqueat, ſint, non ſint, qualéſue ſint.

 Xenocrates Chalcedonius libros ſcripſit de Natura deorum, in quibus nulla ſpecies diuina deſcripta eſt. Deos octo eſſe prodidit, quinque in ſtellis vagis, vnum qui ex omnibus ſideribus, ſeptimum Solem, octauum Lunam conſtituit. Ex Pyrrhone Elienſi nihil certi haberi poteſt, nec ab eius ſectæ philoſophis.

 Plato Athenienſis, qui omnium eius ſectæ philoſophorum ſapientiſſimus iudicatus eſt, planè monarchiam defendit, nec æthera, nec rationem, aut naturam, ſed vt eſt, Deum appellat, abeóque mundum hunc perfectum, mirabilémque eſſe fabricatum quem noſter eſt ſecutus M. Cicero, & imitatus, vt alicubi de Nat. deorum, & de Legibus. quin & in conſolatione ſua de morte filiæ Tulliæ, Deum ita definit: Nec verò Deus ipſe, qui intelligitur à nobis, alio modo intelligi poteſt, niſi mens ſoluta quædam & libera, & ſegregata ab omni concretione mortali, omnia ſentiens, & omnia mouens. Nihilominus Platonis quoque ſententiam variam fuiſſe cùm alij, tum in iis quæ Philoſophumenon inſcripſit, oſtendit Origenes: certè & in dialogis varius eſt, pro varietate loquentium.

 Xenophon Socraticus formam Dei veri negabat videri poſſe, & ideo quæri non oportere, vt prodit Arnobius: qui & Ariſtonem Stoicum ſimiliter ait, Deum omnino comprehendi non poſſe, affirmaſſe.

 Ariſtoteles Stagirites, non eſt Platonem doctorem ſecutus. nam ſecum ipſe diſſidere, & ſibi inuicem repugnantia dicere & ſentire videtur. in ſumma tamen, vnam mentem mundo præeſſe, & omnium cauſam ſtatuit. Alia quidem Cicero: ſed omnino certi aliquid de Deo, ab Ariſtotele afferre non poſſumus, licet in hoc multi laborauerint, inter quos Fr. Picus meus in libro de Prouidentia.

 Speuſippus, ex Platonis ſorore natus, vim naturalem, animalem, qua omnia regnantur, Deum eſſe ſtatuit, vt in octauo ſcribit Arnobius.

 Alcmæon Crotoniates, Soli & Lunæ, reliquíſque ſideribus, animóque præterea diuinitatem dedit: qui, vt ait Cicero, non ſenſit, ſeſe mortalibus rebus immortalitatem dare.

 Ecphantus Syracuſius, Deum mentem & animũ eſſe exiſtimauit, vt Origenes ſcribit.

 Epicurus Athenienſis, ex atomis deos ſuos conſtituit, & eos quidem corporeos putauit, ab hominibus tamen diſcretos, hominum tamen figura. Origenes ex Epicuri ſententia ſempiternos deos & incorruptos ait, ſed nihil prouidere. M. Tullius libro ſecundo de Nat. deor. de deis ab Epicuro conſtitutis: Non ſunt, inquit, de iis corporibus, vt aut caſus, aut ictus extimeſcant, aut morbos metuant, ex defatigatione membrorum: quæ verens Epicurus, monogrammos deos dixit, quod ſemper iidem ſint, nec ira lætitiáve mutari. tractum ab eo picturæ genere videtur, quod monochroma eſt, vnius ſemper coloris, de quo Plinius libro trigeſimotertio & trigeſimoquinto Natural. hiſt. vel vt Nonius Marcellus exponit, macie pertenues, ac decolores: tractum ait à pictura, quæ priusquam coloribus corporetur, lineis ex vmbra fingitur. Lucilius, Vix viuo homini, ac monogrammo. & idem alibi, Quæ pictas monogrammi. Quasi id dicat Cicero, Deos qui semper sint eiusdem tenoris. & de deo Epicuri canit Lucretius: Nec bene pro meritis capitur, nec tangitur ira: & reliqua, quæ ait idem poëta. Arrisit ita hæc monogrammi vox Erasmo, vt in sua Prouerbia induxerit.

Brachmanæ Indiæ sapientes, Deum lumen dicebant, non vt Solem, vel ignem, sed rationem, qua occulta mysteria sapientibus videntur, vt ait Origenes.

Stoici vt plurimùm Deum diuinam substantiam, intelligibilem, & igneam esse decreuerunt, forma carentem, sed transmutari in quæcunque velit, & assimilem fieri. Origenes quidem contra Celsum libro 4. videtur Stoicos dicere deos putasse corporeos. Iidem philosophi astra & coelestia omnia quæ mouentur, deos putabant: quod & Lactantius scribit. M. Tullius in primo de Nat. deorum ostendit quantum inter se dissiderent, nec modò Zenonem secum ipsum, sed & illius sectatores, Aristonem Cleanthem, Perseum, Chrysippum, & Diogenem Babylonium.

Aristoteles Ponticus, varia de Deo agens, vt scribit Arnobius. Sed rectius Minutius Felix, vt antè ostendimus. Nam aliàs mundo, aliàs menti tribuit principatum.

Heraclides Ponticus, Platonicus, suos libros fabulis refersit, & tum mundum, tum mentem diuinam esse putauit, & mutabilem Dei formam esse voluit: quin & terram & coelum in deos retulit. Arcesilaus Deum solùm dixit assequi posse veritatem, minimè verò hominem, vt ait Epiphanius.

M. Varro Terentius, Deum ait se arbitrari Animam esse mundi, ipsúmque mundum Deum esse. mox adiungit: mundum diuidi in partes duas, id est, in coelum & terram: & coelum ipsum quoque bifariàm, in æthera & aëra, terram verò in aquam & humum, è quibus summum esse æthera, secundum aëra, tertium aquam, infimam terram: quas omnes quatuor partes animarum esse plenas, in æthere & aëre immortalium, à summo autem circuitu coeli, vsque ad circulum Lunæ æthereas animas esse astra ac stellas, eásque coelestes deos non modò intelligi esse, sed etiam videri. Inter Lunæ verò gyrum, & nimborum ac ventorum cacumina, aëreas esse animas: sed eas animo, non oculis videri, & vocari Heroas, & Laruas; & Genios. hæc quidem breuiter ex Varrone. Has itaque de deis opiniones philosophorum, ex multis paucas collegimus. Sed Tertullianus Septimius, vir acutus & eruditus, longè paucioribus in Apologetico persenuit: Inuentum, inquit, solummodo Deum, vt non inuenerant, philosophi disputauerunt, vt & de qualitate & de natura eius & de sede disceptarent. Alij (ait) incorporalem asseuerant, alij corporalem, vt tam Platonici, quàm Stoici, alij ex atomis, alij ex numeris, sicut Epicurus & Pythagoras, alij ex igne, qualiter Heraclito visum est. & Platonici quidem curantem rerum, contrà Epicurei ociosum & inexercitum, & (vt ita dixerim) neminem humanis rebus, positum verò extra mundum. Stoici, qui figuli modo extrinsecus torqueat molem hanc intra mundum: Platonici, qui gubernatoris exemplo intra illud maneat quod regat.

Sed gentium deos commemoranti, liceat & Plinij ridiculam penè de deis sententiam ascribere. Is igitur libro secundo ita propémodum scribit: Effigiem formámque quærere, imbecillitatis humanæ reor. Quisquis est Deus, si modò est alius, quàm scilicet Sol, & quacunque in parte, totus est sensus, totus est visus, totus auditus, totus animæ, totus animi, totus sui. Innumeros quidem credere, atque etiam ex virtutibus vitiísque hominum, vt pudicitiam, concordiam, mentem, spem, honorem, clementiam, fidem, aut (vt Democrito placuit) duos omnino Poenam & Beneficium, maiorem ad socordiam accedit. Fragilis & laboriosa mortalitas in partes ista digessit, infirmitatis suæ memor, vt portionibus coleret quisque quo maximè indigeret. itaque nomina alia aliis gentibus, & numina in iisdem innumerabilia reperimus: inferis quoque in genera descriptis, morbísque & multis etiam pestibus, dum esse placata trepido metu cupimus. & cætera non minus impia, quàm ridicula. Sed hic tibi Panegyristæ verba de Deo subscribam, magis aliquanto pia quàm Plinij: Te, inquit, summe rerum sator, cuius tot nomina sunt, quot gentium linguas esse voluisti, quem enim te ipse dici velis, scire non possumus: siue in te quædam vis ménsque diuina est, quæ toto infusa mundo, omnibus misceris clementis, & sine vllo extrinsecus accidente vigoris impulsu, per te ipse mouearis:

ris: siue aliqua supra omne cœlum potestas es, quæ hoc opus totum ex altiore Naturæ arce despicias: te inquam oramus, & reliqua.

Poëtarum vero opiniones hîc tibi non ascripserim, quoniam nec fixæ nec ratæ sunt sententiæ: nunc hanc, nunc illam, pro persona vel tempore, aliáue occasione, afferunt, vt ex Homero & Vergilio in primis, cæterísque colligimus. Orpheus tamen & Musæus, Hesiodúsque, aliíque pauci, vt in Poëtarum historia ostendimus, nonnihil attulisse videntur, sed sublustri luce. At his omnibus mihi longè sapientius Simonides Ceus, poëta lyricus, de Deo Hieroni Siciliæ tyranno respondisse videtur. cùm enim de ipso Hiero quæsiuisset, quid aut qualis Deus esset, deliberandi sibi vnum diem postulauit, cùm idem ex eo postridie quæreret, biduum petiuit, cùm sæpius duplicaret numerum dierum, admiránsque Hiero quæreret, cur ita faceret? Quia quanto, inquit, diutius considero, tanto mihi res videtur obscurior. atque ita tacendo Simonides mihi videtur sapientius de Deo statuisse, quàm cæteri philosophi. Hanc tamen eandem sententiam Tertullianus in Apol. Thaleti ascribit, his verbis: Quid enim Thales ille princeps physicorum, sciscitanti Cræso de diuinitate, certum renuntiauit? commeatus deliberandi sæpe frustratus. Hactenus ille.

Sed vt institutum de deis sequamur, à me susceptum, multa M. Cicero ex Stoicorum sententia in secundo de Nat. deorum enumerat: inter quæ ea est reposita ratio, quæ physica appellata est, ex qua plurima deorum multitudo effluxit, qui specie humana inducti fabulas poëtis, si non & historicis, suppeditauerunt, & hominum vitam omni superstitione referserunt: quæ vetus quidem opinio non modò Græciam, sed & nostros, & totum denique orbem oppleuit, vt procedente Opere ostendemus.

Martianus libro secundo Nuptiarum, cùm animaduertisset M. Tullium in secundo de Diuinatione, ex Hetruscorum disciplina cœlum in sedecim regiones diuisisse, deos deásque plerósq; ex his 16 regionibus enumerat, quam particulam hîc ego ascribam: alio enim quàm Varro, quámue Hierocles, & alij, deos recenset. ita ille igitur: In 16 (inquit) discernitur cœlum omne regiones, in quarum prima sedes habere memorantur post Iouem dei Consentes, Penates, Salus ac Lares, Ianus, Fauores, Opertanei, Nocturnúsque. In secunda itidem mansitabant, præter domum Iouis, quæ ibi quoque sublimis est, vt est in omnibus prædiatus, Quirinus, Mars, Laris militaris: Iuno quoque ibi domicilium possidebat, Fons, & Nymphæ, deíque Nouensiles. Sed de tertia regione vnum placuit corrogari. nam Iouis secundani, & Iouis opulenti, Mineruæque domus illic sunt constitutæ. Sed omnes circa Iouem fuerant in præsenti. Discordiam verò, ac Seditionem, quis ad sacras nuptias corrogarit? præsertim cùm ipsæ Philologiæ semper fuerint inimicæ. De eadem igitur regione solus Pluton, quòd patruus sponsi est, conuocatur: tunc Lympha syluestris, Mulciber, Lar cœlestis, necnon Familiaris, & Fauor, ex quarta regione venerunt. Corrogantur ex proxima transuersis domibus coniugum regum, Ceres, Tellus, Terræque pater, Vulcanus, Genius: vos quoque Iouis filij, Pales & Fauor, cum Celebritate Solis filia, ex sexta poscimini: nam Mars Quirinus, & Genius, superius sunt postulati: sic etiam Liber, ac Secundanus, & Pales vocantur ex septima. Fraudem quippe ex eadem post longam deliberationem placuit adhiberi, quod crebrò ipsi Cyllenio fuerit obsecuta. Octaua verò transcurritur, quod ex eadem cuncti superius corrogati, solúsque ex illa veris fructus adhibetur. Iunonis verò Hospitæ Genius, accitus ex nona. Neptune autem, Lar omnium cunctalis, ac Nerita, túque Conse, ex decima conueniistis. Venit ex altera Fortuna, & Valetudo, Fauórque, Pauore & Manibus refutatis: quippe hi in conspectum Iouis non poterant aduenire. Ex duodecima Sancus tantummodo aduocatur. Fata verò ex altera postulantur: cæteri quippe illic dei Manium demorati. Ex bisseptena Saturnus, eiúsque cœlestis Iuno consequenter acciti, Veiouis ac dei publici ter quino ex limite conuocantur. Ex vltima regione, Nocturnus, Ianitorésque terrestres similiter aduocati. Atque hactenus de 16 cœli regionibus, Martiani ipsius verbis potius, quàm vel nostris, vel à Crinito interpolatis, vt ab eo deos quosdam commemoratos videres, qui minimè sunt ab aliis. Alij porrò Dei qui non essent in 16 his regionibus ascripti, ab eodem Martiano & Seruio *ἄζωνοι* vocati fuerant, quasi non continerentur in his 16 zonis, id est, circulis: de quibus quidem deis alio loco non multò pòst disseremus.

Fuerunt qui deos breuius hac diuisione notarent, Cœlestes, Terrestres, Infernos, Marinos, Fontanos, Fluuiales. Scæuola verò, apud Romanos vir doctissimus, vt Augustinus in 4 de ciuitate Dei refert, deorum tria genera tradi ait: vnum à poëtis, alterum à philosophis, tertium à principibus ciuitatis. Primum genus nugatorium fuisse dicit, quòd multa de deis fingerentur indigna, &c. His commodè afferre possumus eam theologiæ diuisionem, quam M. Varro in libris Antiquitatum diuinarum humanarúmque rerum fecisse legimus apud Augustinum: Mythicon scilicet, hoc est, fabulosum: Physicon, id est, naturale: & πολιτικὸν, id est, ciuile. Primum ait mendacissimum, & turpissimum: secundum à populis remotum, parietibus inclusum: tertium ciuile & populare, ab antiquis institutum. primum pertinet ad theatra, secundum ad mundum, tertium ad vrbes & sacerdotes.

Scribit Dionysius Alicarn. libro 2 Antiquit. Romanos, videlicet veteres, poëtarum commenta de deis eiecisse, quibus Dei inter se pugnantes dissidentésque, & adulteria perpetrantes, eiusmodíque facere finguntur, quæ non modò de deis ipsis, sed nec de viris quoque probis digna essent vt dicerentur. Similia his & Eusebius Pamphili scribit in Præparatione euang. Aegrè fert M. Cicero libro secundo de Nat. deorum, sub persona Q. Lucilij Balbi, commentitios deos ita institutos. ita enim ait: Videtísne igitur vt à Physicis rebus bene atque vtiliter inuentis, ratio sit tracta ad commentitios & fictos deos?quæ res genuit falsas opiniones, erroresque turbulentas, & superstitiones penè aniles. Et formæ enim deorum nobis, & ætates, & vestes, & ornatus noti sunt: & cætera quæ subiungit. Quin etiam Varro, Antiquos ait simulacra deorum & insignia ornatúsque finxisse, quæ cùm oculis animaduertissent hi qui adiissent doctrinæ mysteria, possent animam mundi ac partes eius, id est, deos veros animo videre: quorum qui simulacra specie hominis fecerunt, hoc videri secuto, quòd mortalium animus, qui est in corpore humano, similimus est immortalis animi, tanquam si vasa ponerentur causa notandorum deorum: & in Liberi ædem œnophorum sisteretur, quod significaret vinum: per id quod continet, id quod continetur: ita per simulacrum, quod formam haberet humanam, significari animam rationalem, eo quòd velut vase natura ista soleat contineri, cuius naturæ Deum volebant esse, vel deos. hæc ex Varrone. Adhæc & suos colores deis, & ætates attribuebant, vt in secundo Plin. ostendit: quo loco irrisa deorum multitudine, alios ex eis creditos scribit grandæuos, semperque canos, alios iuuenes atque pueros, atri coloris, aligeros, claudos, ouo editos, & reliqua. Porphyrius quoque philosophus, cùm Deus (inquit) lux sit, & ignem æthereum habitet, nullóque sensu capi possit, lucida quidem materia, aut crystallo, Pariòue lapide ad comprehendendum lumen ipsius excipiunt. auro verò ignis, illáque immaculata natura intelligitur. multi autem nigris lapidibus inuisibile illius substantiæ significarunt. Hominis quidem formam deis attribuerunt, quoniam Deus ratio. Pulchros fingunt, propter eminentissimam & indeficientem illius pulchritudinem. Diuersis præterea figuris & ætatibus, & alios sedentes, & alios stantes, mares alios, alios fœminas, aut virgines, aut coniuges: diuerso quoque amictu simulacra constituebant, vt eorum diuersitates significarent. Quin & alio loco idem Porphyrius, quæ deis attribuantur, ea allegoricè interpretanda docet: quam rem & Eusebius Pamphili repetit. Sunt etiam qui tradant, gentes effingere solere suos deos, prout earum erant instituta & mores. vnde Lacedæmonij plerosque deos deásque armatos afformabant, quia ipsi armis delectarentur. Phœnices, quia mercimoniis & mercaturæ dediti erant, deos cum nummariis loculis effingere solebant, eò quòd ipsi pecuniosum beatum putabant: itaque cæteræ nationes. Atque adeò hinc est factum, vt mihi in Syntagmatibus his nonnihil laborandum sit, vt hæc de deorum habitu & ornatu, picturáque antiquorum, figmenta patefacerem, irridendi scilicet & exsibilandi causa: quanquam & vereor, ne & aliqui mihi (vt hoc nunc tempore permulti sunt, qui aliò res transferunt, piè institutas) vitio vertant, tot diuorum diuarúmque imagines, tot effigies, non in templis modò & sacrarum ædium parietibus parum honestè & sanctè confictas, sed passim etiam locis publicis & profanis, & irreligiosis. At de istiusmodi magis mutire possumus, quàm palàm loqui: & idcirco satius ea fuerit Harpocrati & Angeronæ consignare. Illud certè non prætermittam, nos dico Christianos, vt aliquando Romanos, fuisse sine imaginibus in primitiua, quæ vocatur,

tur, ecclesia. Nam Varrone teste, & Augustino referente, Romani plusquàm centum & septuaginta annos, deos sine simulacris coluêre: quod & Plutarchus in Numa ait. id quod tamen mihi non fit verisimile, si vera sunt quæ de Iani statua à scriptoribus Plinio, Macrobio & Suida traduntur. Sed & Origenes libro aduersus Celsum septimo scribit, Persas, Scythas & Lybicos, atque Syros, neque statuas arásque, sed nec templa & simulacra intueri solitos: quo loco multa acutissimè differit. At verò & illud quidam quærunt, quo pacto vana hominibus irrepserit religio, quæ homines deos & nominarit & coluerit. & quanquam alibi attigi, paucis tamen & hoc tibi loco ascribendum duxi, quòd eam Græci & Latini pluribus sunt executi. Rudes ergo & simplices homines cùm quosdam inter ipsos cernerent, qui magna & admiranda vel virtutum, vel cæterarum rerum præclara facinora efficerent, illos ipsos plusquàm homines, hoc est, deos putabant: vel vt fieri solet, interdum in admirationem præsentis potentiæ ac fortunæ, siue ob beneficia etiam quibus erant affecti, ac bene ad humanitatem compositi. deinde cùm reges ipsi his chari fuissent, quibus vitam composuissent, magnum sui desiderium mortui reliquerunt: vnde & simulacra primùm eorum finxerunt ad solatium. inde etiam defunctorum memoriam colere cœperunt, vt etiam in Sepulcralibus ostendimus. hinc Marcus Cicero de Natura deorum, inter alia & hoc: Suscepit autem vita hominum, consuetudóque communis, vt beneficiis excellentes viros in cœlum fama ac voluntate tolleret. Hinc (inquit) Hercules, hinc Castor & Pollux, hinc Aesculapius, hinc Liber. Hæc Cicero.

Sed illam quoque ethnicorum superstitionem tibi significandam, antequàm cætera aggrediar, duxi, qua existimabant singulas in homine partes, & membra, singulos deos obtinere, vt ait Placiades Fulgentius: Iouem caput, Mineruam oculos, Iunonem brachia, pectus Neptunum, cinctum Martem, renes & inguina Venerem, pedes Mercurium, sicut Democritus in Physiologumenis scripsit. vnde Homerus ait,

ὄμματα καὶ κεφαλὴν ἴκελος Διὶ τερπικεραύνῳ,
ἄρεϊ δὲ ζώνην, στέρνα δὲ ποσειδάωνι. hoc est,

Oculos & caput similis Ioui terpsicerauno,
Marti cingulum, & pectus Neptuno.

Nam & Tyberianus poëta in Prometheo fabula ait, deos singula sua homini tribuisse. Quin & Seruius in Bucolic. Vergilij etiam illud obseruat, ideo à poëta dictum, Cynthius aurem vellit, quia auris Memoriæ consecrata sit, quod & Plin. scribit: quam auris partem antestantes, seu attestantes (vtroque enim modo legimus) reo attingere solebant, dum in ius vocabant. quod apud Horatium notant grammatici, super eo versu, Magna Exclamat voce: & licet antestari? ego verò Oppono auriculam, rapit in ius. Meminit & Plautus in Persa & Curgulione. nos plura in annotatione osculi chytræ, quo aures attingebantur: quare ad nostra redeo. Consecrata & frons Genio. Hinc Deum venerantes frontem tangere, & ad frontem manu indita, numina adire solebant. Dextra Fidei consecrata est, vt in Fidei imagine dicam. Digiti Minernæ, genua Misericordiæ: vnde hæc rogantes tangimus. quæ idem repetit in tertio Comment. Aeneidos, ex Physicis excerpta. hinc etiam supplicantes, ad ea procumbere & amplecti moris fuit. quanquam & Græcos mentum attingere vna, & altera manu genua apprehendere aliquando solitos, accepimus. Sed enim alio modo Astrologi, hominum membra signis cœlestibus assignant, vt Firmicus, & Mar. Manilius. Sed & hunc & illum mecum rideas licebit. Versus hi sunt Manilij:

Nanque Aries capiti, Taurus ceruicibus hæret,
Brachia sub Geminis censentur, pectora Cancro,
Te scapulæ Nemeæ vocant, téque ilia, Virgo,
Libra colit clunes, & Scorpius inguine regnat,
Et femur Arcitenens, genua & Capricornus amauit,
Crurá que defendit iuuenis, vestigia Pisces.

Sic autem Firmicus attribuit, caput quidem Arieti, & ceruicem Tauro, humeros Geminis, cor Cancro, pectus Leoni, ventrem Virgini, renes Libræ, inguina Scorpio, femur Sagittario, genua Capricorno, tibias Aquario, pedes Piscibus. Addam & hoc curiositatis gratia, quod ab Hygino de hominis formatione scribitur, in libro Fabularū quod Mythologicon

logicon poëticon inscribitur, cap. c c x. Cura, inquit, cùm quendam fluuium transiret, vidit cretosum lutum. Sustulit cogitabunda, & coepit fingere hominem. Dum deliberat secum, quidnam fecisset, interuenit Iupiter: rogat eum Cura, vt ei daret spiritum. quod facile ab Ioue impetrauit. Cui cùm vellet Cura nomen suum imponere, Iupiter prohibuit, suúmque nomen ei dandum esse dixit. Dum de nomine Cura & Iupiter disceptarent, surrexit & Tellus, suúmque nomen ei imponi debere dicebat: quandoquidem corpus suum praebuisset. Sumpserunt Saturnum iudicem. quibus Saturnus secus videtur iudicasse: Tu Iupiter, quoniam spiritum dedisti, corpus recipito: Cura quoniam eum prima finxit, quandiu vixerit, Cura eum possideat. Sed quoniam de nomine eius controuersia est, Homo vocetur, quoniam ex humo videtur esse factus. Licet Lactantius Firmianus non ab humo, sed à similitudine hominem dictum arbitretur. Potuissem hoc de hominis formatione, cùm de Prometheo & Vulcano agendum esset, scribere: verùm iam hoc loco apposueram. Sed de his hactenus, licet etiam videri possint addita: quare iamdudum in viam redeo. Illúdque primùm tibi dixerim, Deum Iunoni innominabilem ab antiquis nuncupatum: hoc est, vt Plato ait, θεὸς ἀνόμαστος, καὶ ἄῤῥητος, καὶ ἀνώνυμος. hoc est, vt Apuleius interpretatur, incorporeus, indicibilis, & innominabilis. Eum etiam literis scribi non posse, Martianus ostendit, qui ἀγράμματον illum appellat. Plato etiam in Parmenide, ait nullum Deo nomen esse inditum, non definiri posse, non scientia capi, non in sensus nostros incurrere, nullam de eo haberi opinionem: quocirca neque nominari, neque dici, neque cogitatione comprehendi, neque cognosci, neque ab vllo ente sentiri. quin & ante Platonem Hermes Trismegistus, & ipse θεὸν ἀνώνυμον dixit. ita enim scribit, ὁ ἢ θεὸς ἒς ὀνόμαζος ἒ προςδέεται. ἔςι ἢ ὁ ὢν ἀνώνυμος. hoc est, Deus vnus, hic autem vnus nomine non eget, est enim ens sine nomine. Idem Trismegistus alibi, ὃ τὸ ὄνομα ὃ δύναται ἀνθρωπίνῳ ςόματι λαληθῆναι. hoc est, Cuius nomen non potest humano ore efferri. qua ex re & Apollinis Delphicum oraculum ita cecinit, ὃ τὸ ὄνομα μηδὲ λόγῳ χωρέμενον. hoc est, Cuius nomen nec oratione capi potest. Lactantius autem Firmianus: Deo, inquit, nomen non est, quia solus est. & paulò post: Deo autem, quia semper vnus est, proprium nomen Deus est. D. Dionysius verò, ἄῤῥητόν τε λόγῳ παντὶ τὸ ὑπὲρ λόγυ, ἀγαθόν. hoc est, omni sermone ineffabile, super omne verbum, bonum. & huiusmodi mille alia. Libet hic rem miram tibi afferre, fides sit penes auctorem. Lactantius quarto Theb. comment. Hetruscos confirmare ait, nympham, quae cùm nupta fuisset, praedicasse, maximi Dei nomen exaudire hominem per naturae fragilitatem pollutionémque fas non esse: quod vt documentis assereret, conspectu caeterorum ad aurem tauri, Dei nomen nominasse, quem illicò vt dementia correptum, & nimio turbine coactum exanimasse: & reliqua. Sed vt rem nostram planius patefaciamus, altius aliquanto repetam. Varro in iis libris quos Rerum diuinarum & humanarum scripsit, deos diuisit in certos & incertos. nam trium extremorum librorum primum de deis certis absoluit, alterum verò de deis incertis. In iis igitur ita scribit: De deis populi Romani publicis, quibus aedes dedicauerunt, eósque pluribus signis ornatos notauerunt, in hoc libro scribam: sed vt Xenophanes Colophonius scribit, quid putem, non quid contendam, ponam. Hominis enim est, opinari: Dei, scire. Sic Varro. *Horum verò deorum etiã mentio facta est à Septimio Tertulliano, lib. primo aduersus Marcionem.* Patet igitur, deos incertos vocasse, quorũ certa ratio reddi nõ possit, qui sint, certos verò, de quibus nullo modo dubitari potest, Solé, Lunã, Coelum, Terrã, &c. vnde Lucanus in Pharsalia, de Haebreorum deo, Incerti Iudaea dei, dixit. Nec tamen incerti dei, & incogniti dei, idé habebátur, qui à Graecis θεοὶ ἄγνωςοι vocati sunt, quorũ Pausanias in Attica meminit, eorúmque aras celebrat, hoc est, θεῶν ἀνώνυμων βωμὸς, quae arae Epimenidis vatis Cretesis suasione erectae fuerũt. Cùm enim terra Attica pestilentia laboraret, consultum est ab Atheniensibus oraculum, quibus Pythia respondit, vrbémque & agros expiari oportere, non expresso cui Deo sacra res esset facienda. Epimenides ab Atheniensibus per Niciam Nicerati filium accitus, iussit per agros oues nigras dimitti, sacerdotésque eas subsequi, & quo quaeque loco constitissent, ibi Deo ignoto propitio immolari debere. Itaque ex eo tempore, vt ait Diogen. Laërtius, frequens per agros Atticae, arae sine nomine Dei videbantur. Id actum esse 27 Olympiade, idem scribit Diogenes: Suidas 42. nisi forte duae fuerint expiationes: nam senem Epimenidem eo fuisse tempore, Suidas ait,

Syntagma I.

ait, & Athenas expiasse ab scelere Cylonio, de quo scelere historiam recitat Thucydides, & post eum Cicero Hesychius, aliique. Meminit & de deis ignotis Pausanias in Eliacis. Ait enim, cùm de aris magnis & paruis in Olympia, & Ioue Olympio, πρὸς αὐτῷ δ᾽ ὕψιν ἀγνώστων θεῶν βωμός. Apud hunc, inquit, deorum ignotorum ara. Meminit & D. Lucas in Actis apostolicis, capite 17, ita de Paulo loquens: Præteriens & conspiciens vestros cultus, inueni & aram in qua erat inscriptum, ἀγνώστῳ θεῷ, id est, Ignoto Deo. Meminit & de deis ignotis Tertullianus aduersùs Marcionem. Sed nec illud intactum relinquam, deos nullis cognominibus cultos fuisse à Pelasgis, vt Herodotus in secundo scribit. Nec id præterea te lateat velim, peregrinos & hospites deos, ipsos etiam Athenienses (adeò erant religionibus addicti) coluisse, & iis aras fecisse, quos & ξενικοὺς θεοὺς vocabant, vt Apollophanes scriptis prodidit, & notat Hesychius. Hos verò Deos Latinè Cicero aliegenas vocat. Suidas etiam de Xenicis deis cùm alibi, tum in Hye deo, quem ait ab Aristophane inter eos deos connumeratum. Meminit & Cicero secundo de legibus. Sed iam cætera exequamur. Cœlites dei ij dicti fuêre, qui à superiore æthere ad Solem vsque demeant, & causarum latentium arcana componunt, ἀπαλοὶ ἰςque perhibentur. Dei autem secundi, à Sole ad Lunam vsque: hi vaticiniis, somniis ac prodigiis, cæterísque similibus præesse credebantur. Fuerunt & dei reputati Maiorum gentium, vt est apud M. Tull. in Tusc. & Lactantium in primo: qui & Maiores dei dicti fuerunt, vt puto, vt est apud D. August. sicuti etiam Minuti, qui & Minores, & Minorum gentium vocabantur: qui & Minuscularij dicti sunt, vt est apud eundem Augustinum legere ex Varrone. tametsi in plerísque exemplaribus non Minuscularios, sed Munuscularios legatur, quasi à Munusculis, id est, paruis muneribus, quæ hominibus præstent, appellentur. Alij sunt Augustini codices, qui neutram prædictorum habent lectionem, sed Numuscularios habent, vocem (vt videtur) à numo deductam: quæ mihi vtcunque suspecta est, donec apud idoneum aliquem scriptorem eam comprobem, Minorum verò gentium quos appellabant, ex hominibus in deorum numerum tralatos, qui & Ascriptitij dici possunt. Hos Græci παρεγγεγραμμένους, & μετοίκους: illos verò, id est, maiorum gentium, ἐγγεγραμμένους vocitabant. nam & Lucianus ἐγγεγραμμένον Apollinem ait, id est, scriptum in 12 deorum albo. Consentes & dei fuêre, quorum crebra mentio apud auctores: vnde & sacra Consentia, quæ tamen Festus existimat consentientium esse. Consentes quidem deos, eos dicebant veteres, vt Augustinus in 4 de Ciuit. Dei scribit, qui in consilium Iouis adhiberi putabantur. Hi & Penates, & Vrbani etiam dicti.duodecim hi fuerunt, sex mares, & sex fœminæ: quorum imagines auratæ stabant apud forum, vt Varro ait lib.1.de Re rustica. Hos Ennius, vt Apuleius & Martianus scribunt, duobus versibus complexus est:

Iuno, Vesta, Minerua, Ceres, Diana, Venus: Mars,
Mercurius, Iouis, Neptunus, Vulcanus, Apollo.

Dicti Consentes, quasi consentientes. De 12 his deis, quos in consilium habet Iupiter, Anneus Seneca meminit libro secundo Quæstion. Natural. ex Hetruscorum disciplina. Quod autem hi 12 dei, 12 mensibus præsiderent, docuimus in lib. de Annis & mensibus. Siquidem Ianuarij tutelam, vel (vt aiunt) pontificium habere Iuno credebatur, Februarij Neptunus, Martij Minerua, Aprilis Venus, Maij Apollo, Iunij Mercurius, Iulij Iupiter, Augusti Ceres, Septembris Vulcanus, Octobris Mars, Nouembris Diana, Decembris Vesta. M. quoque Manlius mathematicus libro Astronomicôn secundo, eosdem duodecim deos signis cœlestibus eorundem mensium his versibus assignat:

His anima duersis rebus, quæ proxima cura
Noscere tutelas, adiectáque numina signis,
Et quæ cuique Deo rerum natura dicauit,
Cum diuina dedit magnis virtutibus ora,
Condidit & varias sacro sub nomine vires,
Pondus vti rebus persona imponere possit.
Lanigerum Pallas, Taurum Cytheræa tuetur.
Formosos Phœbus Geminos, Cyllenie Cancrum.
Iuppiter & cum Matre deûm regit ipse Leonem.

Spiciferæ

Spiciferæ est Virgo Cereris, fabricatáque Libra
Vulcano, pugnax Mauorti Scorpius hæret.
Venantem Diana virum, sed partis equinæ
Atque angusta fouet Capricorni sidera Vesta,
Et Iouis aduersum Iunonis Aquarius astrum est,
Agnoscítque suos Neptunus in æquore Pisces.

Hæc bis vates cecinit Manlius. Sed & 12 deos alios Consenteis agricolarum duces, hos Varro enumerat: primò Iouem & Tellurem, qui & parentes magni dicuntur, Iupiter scilicet pater, & Tellus mater: secundò Solem & Lunam, quorum tempora obseruantur: tertiò Cererem & Liberum, quòd ab his cibus & potio venit è 10 fundo: quartò Robigum & Floram, quibus propitiis neque robigo frumenta, neque arbores corrumpit, neque non tempestiuè florent, vnde Robigalia & Floralia: tum Mineruam & Venerem, quarum vnius procuratio oleti, alterius hortorum, vnde & rustica Vinalia instituta: demum Lympham & Bonumeuentum, quoniam sine aqua & successu misera est agricultura, & frustratio quædam. Duodecim præterea deorum apud Græcos crebra est mentio, Herodotum, Strabonem, Pausaniam, alios. quin & eis 13 adiectum, Alexandrum Macedonem, refert Diodorus Siculus in Alexandro, hoc est 17 lib. Bibliothecæ, quib. lib. (vt ait Plin.) desiit apud Græcos nugari Diodorus. Quidam hos maiorum gentium deos crediderunt. Sanè & hos duodecim deos in Italiam deportatos quidam scribunt, & Pisis aram habuisse communem, quæ δώδεκα θεῶν βωμὸς, 20 id est 12 deorum ara vocaretur.

Semidei etiam fuerunt, quos Græci ἡμιθέους vocabant, hi animas cœlestes credebantur gerere, sacrásque mentes, atque sub humana effigie in totius mundi commoda procreatos antiquitas existimauit. Hi quidem ab Heroibus, teste Labeone apud Aurel. Augustinum, diuersi, & antè positi putabantur. Heroes verò dicti sunt ἀπὸ τῆς Ἥρας, id est Iunone, vt communis opinio tenet. Augustinus libro 10, capite 21, ita scribit: Heroum nomen ab Iunone dicitur tractum, quòd Græcè Iuno Ἥρα appellatur: & ideo nescio quis filius eius secundum Græcorum fabulas Heros fuit nuncupatus. Martianus tamen: Heroes, inquit, nuncupati, quòd Heram veteres terram dixerunt. Idem & Græcus Theophilus, item Iamblicus, & vetus Homeri interpres, Ἥρα ἡ γῆ, κ[αὶ] διαλεκτικῶς. ἐκ δὲ τῆς γῆς 30 ἐπλάσθη τὸ γένος τῶν ἀνθρώπων. Heram inquit terram, secundum linguæ proprietatem: ex terra enim humanum genus effectum est. Plato tamen in Cratylo, ἀπὸ τοῦ ἔρωτος heroas vocatos ait, id est ab amore: quòd videlicet heroes, vel ex amore eorum erga mulieres humanas, vel amore virorum erga deas sunt geniti: vel, vt idem ait, si secundum priscam Atticorum linguam hoc consideremus, reperiemus parum mutatum esse nominis gratia ex ἔρωτος, id est amore, vnde sunt heroes geniti. vel dicti, inquit, Heroes παρὰ τὸ ἐρεῖν, quod dicere significat: quòd Heroes facundi fuerunt, & ad interrogandum dicendúmque paratissimi. & reliqua, quæ summus philosophus exequitur, & quæ ex Proclo excerpta, Græca dicuntur scholia. Fuêre demùm qui Heroes ἀπὸ τῆς ἀρετῆς, hoc est, à virtute nuncupatos dicerent, quòd scilicet virtute Heroes præditi essent. Hiero- 40 cles quidem insignis philosophus, & ipse ἀπὸ τοῦ ἔρωτος, vt Plato, heroas denominatos ait, non quòd amore sint geniti, sed quod ipsi planè amore pleni essent. Grammaticus porrò Seruius, potestates supernas existimauit corporibus sese humanis infundere, vnde procrearentur Heroes.

Indigetes dei antiquis vocati: Seruius in 12 Aeneid. duplici ratione indigetes dici asseuerat: vel secundum Lucret. quòd nullius rei egeant, quasi Nihil indiga curæ: vel certè (ait) indigetes dei sunt ex hominibus facti, & dicti indigetes. Alij, quasi in deis agentes, qui ex hominibus ad diuinitatem peruenissent. Fuêre qui indigetes putarent eos, quos indigitari, hoc est, vocari & nuncupari nefas esset: atque hos eos deos fuisse, in quorum custodia essent vrbes gentésque. Alij dicunt, si indigitare in- 50 uocare est, deos illos indigetes esse potuisse, qui inuocati faciles sint, & præstò adsint. Alij sunt qui putant indigetes appellari, quasi in loco vel geniti, vel degentes, & magis propitij patriæ, loco & ciuibus. Vergil. Dij patrij indigetes, &c. Lucanus, Indigetes fleuisse deos. Lege Decij deuotionem apud Liuium. Hinc & Aeneas Iupiter indiges dictus est, vt ait T. Liuius in primo. Ouid. in 14. Metamorphoseôn de ipso eodem

Aenea

Syntagma I.

Aenea à Venere genitrice expiato, & deo facto, ita cecinit:
Lustratum genitrix diuino corpus odore,
Vnxit, & ambrosia cum dulci nectare mixta
Contigit os, fecítque deum, quem turba Quirini
Nuncupat indigetem, templóque arísque recepit.
Tibullus lib. 2. ad Aeneam loquens:
Illic sanctus eris, cùm te veneranda Numici
Vnda deum coelo miserit indigetem.

Aeuiterni dei appellantur, quòd aeuo sempiterno permaneant: qualis Iupiter, quem sic vocauit Ennius. Apuleius: Aeuiternos deos in sublimi aetheris vertice locatos, ab humana contagione procul discretos: & caetera. Seruius videtur Aeuintegros ab Ennio vocatos dicere. Elogium antiquum legitur, D. POT. ET GEN. AEVIT. D. quod Pet. Crinitus & Coelius noster ita interpretati sunt: Deis potentibus & Genio Aeuiterno dicatum. Sed & Plin. de Aeuiterno deo meminit, in cuius sacris furuum bouem immolari mos fuit, quod est à Verrio Flacco notatum.

Selectos deos vocabant Romani praecipuos, & summates, qui habebant ampliorem potestatem, quíque celebriores in maiori haberentur cultu ac veneratione à D. August. ex Varrone viginti numerantur, duodecim videlicet mares, & 8 foeminae: Ianus, Iupiter, Saturnus, Genius, Mercurius, Apollo, Mars, Vulcanus, Neptunus, Sol, Orcus, Liber pater: Tellus, Ceres, Iuno, Luna, Diana, Minerua, Venus, Vesta. Certè selecti alij erant à Consentibus, de quibus iam egimus, quod & Augustinus notauit in 4. ne & tu fortè fallaris, vt plerique, quos honoris causa non est cur nominem.

Semones deos dici voluerunt antiqui, vt ad Chalcidium scribit Fulgentius, quos nec coelo dignos putabant, ob meriti videlicet paupertatem, sicut Priapus, Hippona, Vertumnus, nec terrenos eos reputare volebant, propter gratiae venerationem. sicut Varro in Mystagogorum lib. ait: Semonéque inferius derelicto, Deum depinnato attollam orationis eloquio. Liuius dixisse videtur, Semoni Iano templum à Romanis dicatum fuisse: etsi sunt codices, qui Semonilano coniunctim, & per L proferant. verba Liuij hec sunt lib. 8. ad V.C. Vitrubium in carcerem asseruari iussit, quo ad Cos. rediisset, tum verberatum necari: aedes eius quae essent in Palatio, diruendas, bona Semoni Iano censuerunt consecranda: quódque aeris ex eis redactum est, ex eo ahenei orbes facti, positi in sacello Semoni Iani aduersus aedem Quirini. Porrò Alexander Semoni Sango, alij Sabino Sango, vel Sancto legunt: de quo plura alibi dicturus. Legi & qui Semones interpretarentur quasi semihomines, quae speciosa quidem interpretatio videtur. Porrò & Macrobius Semoniam inter eas, quae ferias nominatae facerent, reponit. D. Augustinus Semonem Ianum praeesse semino, innuere videtur, cùm infans concipitur. Sunt qui & hos Patellarios vocent, quorum mentio apud Plautum: Dei me omnes magni minutíq; & patellarij. Hi etiam dici videntur parui dei, ab Horatio lib. 1. Carm. Patellarios; eruditi dictos existimant à pateris, vel patellis, quibus veteres deis his sacra faciebant. Ouidius in Fastis:

Fert missos Vestae pura patella cibos.

Seruat ad nos vsque Patenae nomen. Quidam & iis Medioximos conferunt, de quibus nobis agendum est copiosius in Genijs. A Semonibus deis alij sunt Sumanes, dei inferni, quorum meminit Martianus in secundo.

Nouensiles dei à Sabinis Romam deducti existimantur, atque ijs à Tatio rege ex voto aedes dicatae fuerunt, quibus indigitamenta haec ascribit Varro: Herculem, Vestam, Salutem, Fortunam, Fortem, Fidem: quae voces quanquam Sabinorum linguam sapere videntur, ad Romanae tamen linguae speciem adornatae sunt. Non desunt qui Nouensiles hos deos appellatos putent, quod nouissimè in deorum numerum recepti sint, quasi nouissimè, id est, nuper salientes: hoc est, in deorum numerum ascendentes. Sunt qui Nouensides appellent. De his post Varronem de lingua Latina, & T. Liuius meminit libro octauo ab Vrbe condita, in Decij pro legionibus Pop. Roman. deuotione: & Martianus in Nuptiis, eos in secunda regione coeli collocat, vt suprà meminimus. Sed de his deis libet aliquanto, quàm adhuc caeteri, locupletius disserere, vt videas quàm ingeniosa fuerit antiquitas in falsis suis asserendis

rendis deis. Nouensiles Piso deos esse credidit nouem, in Sabinis apud Trebiam constitutos. Hos Granius Musas putat, consensum accommodans Aelio. Nouenarium numerum tradit Varro, quòd in nouandis rebus potentissimus semper habeatur, & maximus. Nouitatum, ait Cornificius, præsides, quòd curantibus his omnia nouitate integrentur & constent: deos nouem Manilius, quibus solis Iupiter potestatem iaciendi sui permiserit fulminis. Cincius numina peregrina, nouitate ex ipsa appellata pronunciat. nam solere Romanos, deos omnes vrbium superatarum partim priuatim per familias spargere, partim publicè consecrare: ac ne aliquid deorum multitudine aut ignorantia præteriretur, breuitatis & compendij causa vno pariter nomine cunctos Nouensiles inuocari. Sunt præterea nonnulli, qui ex hominibus diuos factos, hac prædicant appellatione signari: vt est Hercules, Romulus, Aesculapius, Liber, Aeneas. atque hactenus inuenio dissentientes de deis his auctores, contra quos Arnobius in tertio aduersus Gentes disputat.

Diuipotes dei, quos vt Varro scribit, Augurum libri scripti habent, sunt pro his quos Samothraces vocabant, *Θεοὶ δυνατοί*, vel vt Latini codices habent, Theœdynatœ: hæc duo, cœlum & terra, anima & corpus, humidum & frigidum.

Materas deas cultas ab antiquis legimus, quibus hastæ dicarentur, affigerentúrque. Aegyon quippe, siue Aengyon in Sicilia vrbs fuit, non magna, sed valde vetusta & celebris, harum dearum religione: quarum templum à Cretensibus positum fuisse ferunt, vbi hastæ quædam ostendebatur, & ex ære cassides: & hæ quidem Merionis, illæ verò Vlyssis inscriptiones habebant, vt Plutarch. in Marcello prodidit. Matteres quoque Gallorum tela fuêre, vt in Annotationibus ostendi.

Appiades deæ quæ dicantur ab Ouidio libro de Arte amandi tertio, video à multis quæri:

His Venus è templis multo radiantibus auro
Læta videt lites, Appiadésque deæ.
In secundo autem de Remed.
Turpe, vir & mulier iuncti modò, protinus hostes:
Non istas lites Appias ipsa probat.

Quidam deas quæ habebant templa apud aquam Appiam prope forum Cæsaris, & Venerem in primis intelligunt, Pallada, Pacem, Concordiam & Vestam. nec tamen facit, quod affertur ab aliquibus ex epist. in tertio Famil. Ciceronis: Nõ solùm Pallada, sed etiam Appiada nominabo. Illud verò Plinij ex 36, Entochi Appiades & Hermerotes: Herm. Barbarus se nescire fatetur. Hippiades statuæ mulierum equestres, cuiusmodi Amazonum: alij Hippadas. Hippades sacrificia quædam Athenis, quæ mittebant equites, hoc est, *ἱππεῖς*. Ego puto omnino ab Ouidio Viriplacam deam designari: sed quare Appiades, adhuc nos latet.

ζώμια, id est, animales geniti dei existimati, teste Proclo in Hesiodi commentariis, vitæ productores, quibus perennes aquæ & fluuij sacrati credebantur. De deis quidem animalibus ego aliàs plura, cùm de dæmonibus agam, quin etiam Iouem *ζώγιον* legi apud Hesychium, qui & eundem Phytalmion vocat, vt alibi dicam.

Προδόμιοι θεοί, Dei qui in præstructionibus ædificiorum ab antiquis colebantur, de quibus mentio est apud Pausaniam in Attic. vbi de Megarensibus agit. ait enim: Ostenduntur foci Deorum *προδομίων*. qui à Domitio vestibulares, à Romulo præstructores appellantur: quibus cum Alcathous murum condere inciperet, sacra fecisse dicit. Hinc & Prodomia Iuno, apud Sicyonios culta. hanc Phalces dedicauit, Temeni filius, ducem sibi deam Sicyonem proficiscenti futurum sperans.

Ἄξονες θεοί, eosdem & communes deos Latini vocauerunt, de quibus ex Martiano antè meminimus. Sic verò de his propémodum Seruius: Dei, inquit, communes sunt, vt alij dicunt, Mars, Bellona, Victoria, quòd ij in bello vtrique parti possunt fauere. Vt autem altioris scientiæ hominibus placet, dei communes sunt, qui *κοινοί* dicuntur: id est, qui cœli certas non habent partes, sed generaliter à cunctis coluntur. vbique enim eos esse manifestum est: vt Mater deûm, cuius potestas in omnibus zonis est. Alij communes deos volunt, Solem, Lunam, Plutonem, Martem, hi enim apud omnes inueniuntur, & sunt in omnibus terris. hæc ferme Seruius. Vergilius:

In

Syntagma I.   25

In mediósque focos, & dis communibus aras.

Quare verò sit communis deus Mars dictus, suo loco copiosè dicemus. Sed & hoc Erasmus duxit in Prouerbiis.

Potniades deæ dictæ fuerunt, furórem facientes, hoc est μανιποιοί. Non procul verò à Potniis Bœotiæ vrbe, puteum fuisse legimus, ex quo si aqua hausta fuisset ab equis indigenis, furore agitabantur: vnde dearum nomen. Sed Hesychius Bacchas & Mænadas hoc vocari nomine scribit. A Potniis autem, vel Potnia ciuitate, Potniades equæ dictæ sunt Vergilio in Georg. quem locum tamen velim consideres, an rectè succedat, vt Probus & Seruius comminiscuntur. Versus Vergilij hi sunt in tertio Georg.

Scilicet ante omnes furor est insignis equarum,
Et mentem Venus ipsa dedit, quo tempore Glauci
Potniades malis membra absumpsere quadrigæ.

His deabus stato tempore, vt scribit Paus. & alia patrio ritu faciunt sacra: & intra eas ædes quæ Megara vocant, lactantes sues mittunt: eas exacto anno, iisdem ferè anniuersariis diebus, apud Dodonam pascere aiunt.

Pattaicos, siue Pataecos, vt ab aliquibus scribitur, deos Phœnices vocabant, quos in triremium proris circumferre solebant, Pygmæorum quadam (vt ait Herodotus) imagine. Sed Hesychius non duplici tt, sed simplici enunciare videtur, & item Herodotus in Thalia. Ita verò scribit Hesychius: Pataici dei Phœnices sunt, quos ij constituunt in proris nauium. Pitaici perperàm in Vallæ codice legitur: vnde ansa fuit, vt quidam malè enunciarent. Porrò & χυτρεὸς θεὸς etiam vsque in prouerbium deductus est, hoc est ollaris deus, in contemptibiles & humiles. meminit Aristophanes in Nubibus. Sumptum opinor ab antiquorum deis, qui vel Plin. teste fictiles fuerunt, vel patellarij. Erasmus in minutos deos, quales Silenos, Priapósue, deflexit. Prouerbij meminit & Zenodotus.

Καθαροὶ θεοὶ, id est, puri Dei colebantur ab Arcadibus, quorum templum erat in colle Pallantio: ad quorum numen iusiurandum Arcades habere solebant, horum Deorum nomina se nescire fatetur Pausan.

Cabiri dei habiti, vel ministri potius deorum, alij dæmonas existimarunt: de quibus tam frequens est mentio Græcis, Orpheo, Apollonio, Straboni, cæteris. Fuère qui Cabiros eosdem & Corybantes facerent, vt in decimo docet Strabo. Stesimbrotus Thasius hos in Samothrace sacra fecisse ait, & dictos à Cabero Berecynthiæ monte. Cabirorum in Aegypto templum celebre legimus, quod ingredi quempiam fas non erat, sacerdote duntaxat excepto: quod Cambysem ingressum, prodit Herodotus, & omnia euertisse: quin & illud incendisse tradit. Fuit & Cabirorum ædes in agro Thebano, & item Caberiæ Cereris, quorum ea fuit religio, vt qui illi manus intulissent, deorum iram euadere non possent: id quod pluribus Pausanias ostendit, Mardonij Persæ & Alexandri militum exemplis, quorum & Cereris sacra ne proderent religione se prohibitum scribit. Ad Prometheum tamen, & Etnæum eius filium, Cabirorum gentis Cererem quondam accedentem, quædam illi tradidisse & apud illos deposuisse dicit, sed quæ nesciantur, nec fas sit ea eloqui: tantum ait, Cabirorum iras ac indignationem hominibus esse inexorabiles. Pherecydes verò monumentis literarum prodidit, ex Cabera Protei filia, & Vulcano, tres Caberos & tres Caberidas nymphas procreatas, & vtrisque fuisse templa dicata: in Lemno verò & Imbro Caberos præcipuo honore habitos. Fuerunt & sacra & telete Caberorum in Samothracia: nomina Mnaseas memorat quatuor, Axieros, Axiocersa, Axiocersos, & Casmilus. Alij Caberos appellatos putant à Cabiris Phrygiæ montibus, atque inde traductos. Quidam duos Cabiros tantummodò putauere, Iouem & Dionysium. Alij filios Electræ & Iouis, Dardanum & Iasiona: quidam Iouis & Alliopes, vt Strabo. Acusilaus Argiuus ortum Cabira & Vulcano Camillum refert, ex quo nati tres Caberi, & tres Caberides nymphæ, vt ex Pherecyde recitauimus. Mirandum illud de Cabiris traditur, si credere dignum est, quòd qui eorum sacris initiati essent, omnem maris tempestatem euadere crederentur. Plura ex Græcis commentariis congerere possem, nisi me Cœlij dialogus Equitatio, quo etiam me loquentem hac de re introduxit, ab hoc labore supersedere moneret: ad quem te legendum hortor, vt inde multam frugem colligas.

Curetes qui fuerint, vnde dicti, quæ primùm loca incoluerint, in quæ migrarint,

De Deis Gentium.   c   longa

longa narratione & docta Strabo in decimo exequitur. Eos enim quidam Acarnanes, alij Cretenses, nonnulli Aetolos, aliqui ex Euboea genus duxisse prodiderunt: qua de re idem Strabo Homeri carmen altius & repetit, & exponit. Arthemathus quidem Euboeus Curetas Chalcidem incoluisse voluit, vnde & ipsi χαλκίδες vocati, ab armis aereis. Cum verò Euboei de Lelanto campo assiduè pugnarent, & hostes anteriorem captarent caesariem, eósque distraherent, ab occipite capillatos extitisse, à fronte detonsos, inde ἀπὸ τῆς κορᾶς, id est, tonsura, Curetes, hoc est, detonsi appellati sunt. Autumant quidam dictos quòd velut κόραι, id est, puellae, muliebres & longas stolas induerent: eo enim habitu cum primis Aetolos vsos fuisse legimus. Alij, quod κόροι, id est, curatores, κοροτροφεῖν, id est, educarent Iouem. Sunt qui ab heroë quopiam denominatos putent. Sunt qui à Curio monte Pleuroni adiacente. Sunt & qui Thestium Curetum ductorem tradant, qui Pleuroniam tenuerit. Alij Curetas daemonas quosdam fuisse opinantur, deorúmque ministros: inde & Iouis educatores traditi sunt. Sunt qui eosdem fuisse credant Curetas, Cabiros, Telchinas, Corybantes, & Idaeos dactylos. Sunt & qui cognatos existiment, nonnihílque differre, omninóque furore quopiam motos: quin & eosdem non in Creta solùm, & Phrygia, sed & in Samothrace fuisse, & Lemno, perhibent. Diodorus ait quosdam existimasse, Curetas progenitos ex Idaeis dactylis: alios ex terra, & eos in montibus & conuallibus, tectáque ac indumenta quae natura praeberet habuisse, nondum repertis domibus. Sanè & Curetas Enopliam, id est, armatam saltationem, & Pyrrhichiam induxisse, testis est Strabo: & ἐνθουσιασμόν, & caerimoniarum ritum, quae mysticè figurabantur armisona saltatione, qua fingebant Saturnum filios vorare solitum, & Rheam cùm id nosset, partus dolores dissimulasse: & vt in lucem infans editus esset, illum per hos Curetas in loca abdita ablegasse: hos tympanis armorúmque instrumentis, ne infans agnosceretur, abstulisse, & in Ida monte nutrisse ferunt. Fuêre qui Curetas lusores & saltatores dixerunt, alij tibicines & Phryges: alij terrigenas, & Chalcaspidas, hoc est, qui scutis aereis vterentur. Est quoque in fabulis legere, Rheam in Idam montem ex fuga delatam, cùm puerperij tempus instaret, primam montis partem manibus apprehendisse, atque ita partu solutam: ex impressione verò palmarum Curetas prodiisse, qui & Idaei dactyli nominati: sicut à pupillis oculorum, quas Graeci κόρας appellant, vel à galearum cono, Curetas. Sunt qui non à Rhea, sed ab Anchiale nympha id factum tradunt, vt Varro Attacinus canit:

 Quos magno Anchiale partus adducta dolore,
 Et geminis capiens tellurem Oaxida palmis, &c.

Porrò Curetas Diodorus ait, cùm prudentia eminerent, permulta ad vitam vtilia excogitasse. nam primi omnium greges coëgerunt, reliquáque mansuefecere pecora: mellis insuper vsum, & sagittandi venandíque modum induxisse perhibentur, hominúmque coetus ad communem vitae & legum disciplinam instituisse, caeteráque quae in Telchinis statim referemus.

Telchines, vt Strabo in 14 tradit, ex Creta primùm in Cyprum venerunt: postmodum Rhodum, vnde & Rhodus ipsa Telchinis aliquádo vocata est. hinc Ouid. 7. Metamorph.
 Phoebeámque Rhodon, & Ialysios Telchinas.

Telchines verò fascinatores fuisse ferunt, & maleficos, quòd Stygiam aquam animalibus & stirpibus perniciei gratia inspergerent: qua ex re calamitates, pestes & fames consequerentur. Horum nomina fuisse perhibentur, Actaeus, Megalesius, Ormenus, Lycus, Nicon, Mimon. quidam & hos Alastoras dixêre, & Palamnaeos. ἄλη enim βλάβη, hoc est nocumentum: & παλάμη palma, quòd palmis & manibus Stygis aquam terris inspergerent. Nonnulli tamen contrarium sentiunt, & artibus illos excellentes & praestantes fuisse volunt: atque ideo ab artificibus, qui similia tentarent, inuidia habiti, qui eis hanc notam inusserunt. hi ferrum primi & aes fabricati sunt, quin & falcem Saturno fecêre. Sunt qui in Rhodo Telchines nouem Rheae comites statuant, vt Strabo refert. Diodorus Telchinas ait primos Rhodum habitasse, Maris filios: eosdem cum Calphurnia Neptunum nutriuisse. Datum illis ab Rhea fuisse, vt artium inuentores quarundam essent, permultáque vtilia excogitarent. nam & deorum statuas primi fabricarunt, & signa quaedam, eorum nomine appellata sunt. Apud Lydios enim ideo Apollo Telchinius, & nymphae Telchiniae apud Ialysios, & Iuno Telchinia apud Camiraeos Rhodios
appellata

appellata fuit. Sunt qui tradant Simonem & Niconem appellatos: & inde prouerbium ductum, Noui Simonem, & Simon me: hoc est, οἷα οἴμωνα, καὶ οἴμων μι: Suidas & Zenobius auctores. ab his Telchines Cretenses dicti sunt, & Creta ipsa Telchiona.

Idæi Dactyli, Magnæ matris ministri & assessores dicti fuerunt: ea autem ratione nuncupati, quòd sub Ida habitarent. extremæ enim montium partes infrà pedes, suprà vertices dicuntur. omnis quippe mons Ida Matri deûm dicatus credebatur, vt ait Strabo. Idæos dactylos decem Sophocles existimauit: quinque mares primùm natos, qui ferri fabricam excogitauêre, aliaque permulta: quinque horum fuêre sorores. ab hoc numero dactyli, id est, digiti nuncupati. horum nomina, Hercules, Pæon, Epimedes, Iasius, Idas. Iulius Pollux de manu loquens, libro secundo: Corybantes, inquit, dactylos etiam nuncupari tradunt plerique, propter numerum, quod scilicet quinque sint: alij autem, quòd Rheæ administrarent omnia. Indéque manus dactyli, id est, digiti, artifices, & omnium rerum opifices dicti sunt. Sunt qui Idæos quatuor tantùm numerent, Salaminum, Damnaneum, Herculem, & Acmonem. Leguntur Phoronidis carmina, quæ ab Apollonij enarratoribus afferuntur, in quibus tres tantùm Dactyli Idæi commemorantur, Celmis, Damnameneus & Acmon: qui fabricam ferream, & alia plura repererunt. Sed Celmis ab aliis reiectus dicitur, quòd Rheam deorum matrem violare voluisset. Scribit Zenobius in prouerbiis prouerbium apud antiquos fuisse, κέλμις ψ σιδήρῳ: de iis qui sibi ipsis nimium credunt, séque fortes & manu agiles esse existimant. Celmin in ferrum mutatum fabulæ ferunt, cuius rei Sophocles in Satyris meminit. Ouidius verò in libris Metamorphoseôn, in adamantem conuersum cecinit, hoc carmine,

Te quoque nunc adamas, quondam fidissime paruo Celme Ioui.

De hoc plura in Prouerbiis, tum Græcis, tum Latinis legere poteris. Scribit Plutarchus in lib. qui inscribitur, Quomodo quis sentiat se in virtutem proficere, hæc fermè verba: Nonnulli propriorum nomina digitorum ediscunt, eísque contra pauores vtunrur, tanquam ad auertenda mala remedium habeant, paulatim singulos recensentes. quo loco Cœlius noster non proprios digitos interpretabatur, sed Idæos dactylos. Porrò quidam quinque & viginti Dactylos Idæos fuisse commemorant. Pherecydes verò duos & quinquaginta existimauit, & ex iis duos & triginta læui dicti sunt fascinatores: reliqui autem dextri, dicebantur fascinatoribus contrarij, vtpote qui maleficia dissoluerent. Alij Idæ habitatores & inquilinos, magósque & incantatores ac veneficos fuisse: quidam ab his ortos Curetas & Corybantes prodidêre. & in Creta centum fuisse, Idæos dactylos, Strabo. Diodorus quidem hos primùm circa Idam habitasse scribit. Ephorus ipse 10 fuisse ait, sic appellatos ob parem numerum digitorum manus. Alij cum Mygdono volunt ex Phrygia in Europam deuenisse, qui & in Samothrace fuêre, vbi miranda fecerunt: à quibus Orpheus edoctus mysteria, & sacras initiationes. Addit his Diodorus & ignis vsum, & ferri ærísque fabricam.

Corybantes, vt diximus, quidam Curetas, & Cabiros, & Telchinas eosdem putauêre: inter quos Sceptius, vt scribit Strabo in 10. qui in Matris deûm sacrificiis armati saltantes, casti & puri sunt assumpti. Pherecydes verò ex Apolline & Rhetia nouem Corybantes genitos prodidit. Alij Corybantes dæmonas quosdam fuisse tradiderunt, Mineruæ & Solis filios: alij Saturni, quidam Iouis & Calliopes. Diodorus Corybantum Iasionis & Cereris filium tradit, qui cum Dardano sacra Matris deûm in Phrygiam detulit. Corybantes autem sic appellati, quia inter saltandum capita iactarent. hoc est, κορύβαντες ἀπὸ τοῦ κορυπτόντας βαίνειν. hinc qui capita iactant, & furiis ac numine agitantur, κορυβαντίζειν dicuntur. Aliqui hos dictos arbitrantur à vigilantia: quòd patentibus oculis dormirent, dum Iouem custodirent infantem, παρὰ τὸ κορυβαντιᾶν. Sunt qui à galea dictos arbitrentur, quæ Græcè κόρυς dicitur. Obseruat Suidas aliquos, hos decem voluisse: alios nouem, vt modò dicebam. Corybantes, βητάρμονες ab Homero vocantur, vt etiam Strabo notauit. Homerus,

Δεῦτε δ' ἄγε Φαιήκων βητάρμονες ὅσσοι ἄριστοι. hoc est,

Phæacum quicunque boni Betarmones adsint.

Corybantes, inquit Plato in Euthydemo, in mysteriis suis illum quem in sacris initiaturi erant, in solio collocabant, variísque iocis applaudebant, & choreas ducebant ac saltabant, eo modo expiantes, ac sacris initiantes.

Ἀποπομπαῖοι θεοί, hoc est Emissarij dei, quidam à Græcis appellati sunt, de quibus Apollodorus libro sexto de Deis meminit, & Phauorinus.ij & Pompæi, teste Hesychio, vocati sunt: vnde dies in quibus eis sacra fiebant, iisdem scriptoribus tradentibus, hoc est Hesychio & Phauorino, ἀποπομπαί nuncupati sunt. horum & Isocrates meminit. Sed enim dei mala auertentes, his etiam nominibus appellabantur, ἀλεξίκακοι, ἀποτρόπαιοι, λύσιοι, φύξιοι: hoc est, depulsores malorum, auertentes, soluentes, fugantes mala. Iulius Pollux auctor. Sunt quidem ἀποτροπαῖοι dei, qui mala auerruncant. Apud Pausaniam verò ἀποτρόπαιοι θεοί, Auerrunci à Romulo interpretati sunt. nonnulli eos deos existimant, qui à Latinis depellentes & depulsores dicuntur. Persius in Satyra, Diis depellentibus agnam. quo loco Cornutus grammaticus, seu Probus, nihil amplius ait, quàm deos depellentes amorem. Viri tamen quidam probè eruditi, ἄνακες, id est, Castores in eo Persei loco intelligunt. vnde & τὰ ἀνάκεια celebritas, id est, depulsoria dicebatur: de quibus, cùm de his agemus, plura dicturi sumus. Hinc & depulsoria sacra in vigesimoquinto Ammiani Marcellini appellantur, quæ deis depellentibus & mala auerruncantibus fiunt. Hos deos & Auersorios transtulit interpres Dionysij Alicarn. libro decimo: Apotropæorum verò deorum crebra mentio. Lysij verò dæmones & dei dicebantur, mala soluentes: vnde & Lysius Bacchus, de quo in Bacchi cognominibus agemus. hinc & λυσιῳδοί, mimorum genus, vt in Poëtis diximus. Lysij autem vocati, quòd à Naxiis Thebani vitem redemerunt, quod ait Aristophan. vt est apud Athenæum. Sanè deos mala inferentes, Polluce auctore, Græci his nominibus appellant, ἀλιτήριοι, ἀλιτηριώδεις, προστροπαῖοι, & παλαμναῖοι: hoc est, exitiales, pestilentes, malitiosi, & homicidæ.

Τεράτιοι θεοί, Hesychius ait, dei sunt signorum ac prodigiorum effectores.

Ὁμοχέτας θεοὺς, antiqui deos homochetas appellabant, qui in templi eiusdem ac sacrorum venirent participatum. meminit in quarto hist. Thucydides.

Δίυας, Deuas deos Magi vocabant, non malos, vt Hesychius ait.

Δειώδονες, Driodones deos quosdam coluère Lacedæmonij. Hesychius.

Ἄωοι dei, ex cursu traijcientes in Samothracem stagnum, & Cilices, ab Aoo Cephali præterfluentis fluuij. auctores Hesychius & Phauorinus. mihi verò hi parum comperti sunt dei.

Anculi & Anculæ, dei deæque ancillarum putabantur, vt ait Fest. quin & veteres Anculari, pro ministrare dixerunt, eodem Festo auctore. vnde fortè etiam ancillarū nomen.

Antithei quidam mali dei, quos à magis confingi ait Arnobius, híque spiritus esse dicuntur, qui in actionibus humanis sæpe obrepant, séque deos fingant, & inscios mendaciis & simulationibus deludunt.

DEI EX HVMANIS ACTIONIBVS.

His ita in vniuersum à me commemoratis, singulos iam deos deásue existimatos subiungere par esse videtur: & eos in primis, qui vel à virtutibus in nos ipsos aliquid efficere, vel extra & circa nos putabantur. atque à Virtute ipsa, & Veritate, exordiemur.

Virtutem deam fecêre Romani, vt scribit Augustinus, cui ædem vouisse suo primo consulatu M. Marcellum legimus. eius filius ad portam Capenam dedicauit: Liuius, Val. Max. Plutarch. & Lactantius, auctores. Alteram C. Marius summissiorem extruxit, ne publicis auspiciis fortè officeret, & eam ideo Augures demoliri iuberent. Sed & M. Tullius lib. de Legib. secundo, Virtutem coli iubet. Iuuenalis, vt alibi citauimus,

Vt colitur Pax atque Fides, Concordia, Virtus, &c.

Plaut. in Amphit. prologo, in quo Mercurius introducitur, Virtutem deam commemorat: Neptunum (inquit) Virtutem, Victoriam, Martem, Bellonam, &c. Sanè virtus à viro dicitur, quòd (teste Cicerone) virum virtus maximè honestet. Est autem virtus, vt Lactantius scribit, perferendorum malorum fortis ac inuicta patientia. Apud quem & illa Lucilij leguntur carmina;

  Virtus est homini, scire id quod quæque habeat res.
  Virtus, scire homini rectum, vtile, quid sit honestum:
  Quæ bona, quæ mala, quid sit inutile, turpe, inhonestum.
  Virtus, quærendæ rei finem scire, modúmque:
  Virtus, diuitiis precium persoluere posse.
  Virtus, id dare quod re ipsa debetur honori:

Syntagma I.   29

Hostem esse atque inimicum hominum, morúmque malorum:
Contrà, defensorem hominum morúmque bonorum.

Hæc Lucilius. Breuius multo Horatius: Virtus est, vitium fugere. Sed dies me deficiat, si philosophos, poëtas, vel cæteros scriptores memorem, de virtute loquentes. Illud tantùm ex Claudiani Panegyrico quodam, cognitione dignissimum ascribam:

> Ipsa quidem virtus precium sibi, soláque latè
> Fortunæ secura nitet, nec fastibus vllis
> Erigitur, plausúve petit clarescere vulgi:
> Nil opis externæ cupiens, nil indiga laudis,
> Diuitiis animosa suis, immotáque cunctis
> Casibus, ex alta mortalia despicit arce.
> Attamen inuitam blandè vestigat, & vltrò
> Ambit Honor: docuit toties à rure profectus
> Lictor, & in mediis Consul quæsitus aratris.

Breuius ante Claudianum Silius, hoc versu,
> Ipsa quidem virtus sibimet pulcherrima merces.

Virtutis verò delubrum antè positum fuisse, & pòst inde Honoris, vt ostenderetur, aditum non patere ad verum honorem consequendum, nisi per virtutem ipsam; cuius illud tantùm & est & habetur precium ac præmium, Honor scilicet: vnde & virtutem alatam interdum effinxère veteres, propter gloriam & honorem, qui ex ea oriuntur. Sed hoc minimè te ignorare velim, deum non modò Honorem habitum, verùm illud etiam obseruatum à Plutarcho in Quæst. quod honori cùm diuinam rem Romani facerent, aperto fuisse capite: & honorem δόξαν, ἢ τιμήν Græcè est interpretatus. An, inquit, quod splendidum quiddam sit honos, atque ob id etiam honestis viris & illustribus caput aperire solemus, & perinde ei deo caput aperiendum, cùm sacrificamus. Scribit Plinius de Viris illustribus, quod Fab. Rutilianus primus instituit, vti equites Romani, idibus Quintilibus, ab æde Honoris equis insidentes in Capitolium transirent: id quod & in Calendario nostro ex aliis auctoribus annotaui. de Honore verò planius infrà agemus. Sed enim virtutem variis imaginibus conformatam ab antiquis fuisse aduertimus: nunc enim matronali habitu honesto, inaffectatóque, nunc quadrato saxo insistentem. Vidi & ipse in M. Val. Acilij triumuiri peruetusto nomismate, hac forma: Mulier erat columnæ læuo nixa cubito; dextera serpentem tenebat. Vidi & in alio masculam Virtutem hoc pacto, in vno quidem Gordiani imperatoris, in cuius altera parte imago erat senis barbati stantis, nudi, clauæ innitentis, cum leonis pelle brachia aduoluta, cum hac inscriptione, VIRTVTI AVGVSTI. In altero verò Numeriani nomismate, eadem prorsus fuit imago senis, cum inscriptione: VIRTVS AVGG.

Extat porrò Luciani dialogus, si modò Luciani, in quo Virtus à Fortuna malè habita describitur, lacera & mœrens, vt quæ nec ad Iouis aspectum admitteretur: quæ profectò virtutis species nostræ ætati conuenire videtur, vt etiam hi ferendi sint qui peregrino eam habitu effinxère. Porrò cùm à nostris vna voce animi & corporis virtus dicatur, à Græcis distinguuntur, altera ἰσχὺς altera ἀρετὴ nuncupatur.

Veritas dea existimata à gentibus, ἀλήθεια à Græcis vocata. Fingebatur, vt Philostratus in Amphiarao scribit, virgo niueis induta vestibus: quin & eodem auctore in Heroicis, Virtutis mater effingebatur. Hippocrates verò in quadam ad Philopœmenen epistola hoc modo describit: Mulierem pulchram, magnam, simpliciter ornatam, illustrem ac splendidam, cuius oculorum orbes puro lumine nitebant, vt astrorum ac stellarum fulgorem imitari viderentur. Idem ibidem & Opinionem, seu Opinionem mauis dicere, describit hoc pacto: Mulierem, quæ non mala videatur, sed audacior aspectu, & concitatior. Veritas Temporis filia, & Virtutis mater dicta. Plutarchus in Quæst. ait, Veritatis parentem ac deum Romanos Saturnum habuisse. Subdit causam: An, inquit, quòd vt plerique philosophi putant, Κρόνον χρόνον, hoc est, Saturnum tempus esse: veritas verò tempore inuenitur. an illud potius, quod Saturnus iustissimus fuerit, & veritatem in primis etiam, quod verisimile est, coluerit. Hanc in putei fundo delitere scripsit Democritus, & ab eo Lactantius. Gellius verò ex Plutarcho, solum Temporis filiam. nam vt est Græca sententia, ἄγει ἡ πρὸς φῶς τὴν ἀλήθειαν χρόνος. hoc est, In lucem agit veritatem

De Deis Gentium.   c 3   dies.

dies. Pindarus tamen in quodam ad Agesidamum hymno, in Olymp. Iouis filiam facit. In sepulcro præterea Simandij insculptum fuisse iudicem legi, & primatum conuentum, sacris indumentis vestitos, ex quorum collo ad pectus pendebat suspensa Veritas, clausis subnutans oculis, & cætera quæ ex Diodoro Bapt. Leo, in septimo, scriptum reliquit. Porró ne superstitiosa ab hæreticis quibusdam, vti à Marco conficta, conticeam, Veritatis imago effingebatur ex literis Græcis, eius videlicet caput α & ω, collum verò β & ψ, & sic deinceps. Quæ superstitiosa si cui arrideant, legat Epiphanium: mihi hæc ostendisse satis superque fuerit.

Prouidentia, quam Stoici πρόνοιαν, anum fatidicam faciebant, dea putabatur, vt Cicero de Nat. deorum meminit, & Martian. hæc mundum & mundi partes administrare tradebatur, vt optima & frugi materfamiliàs. Scribit Phurnutus, Prometheum ideo existimatum hominem è terra finxisse, quod Prometheus prouidentia animæ vniuersalis appellaretur, quam iuniores vocarint πρόνοιαν.

Mens à Romanis, vt Liuius & Cicero tradunt, consecrata, vt mentem ea bonam concederet: quod & D. Augustinus nõ semel asseruit, & ante eum Lactantius. Ouid. in Fastis,
  Mens quoque numen habet, Menti delubra videmus
  Vota, metu belli perfide Pœne tui.   Propertius:
Mens bona, si qua dea es, tua me sacraria dono,
Exciderant surdo tot mea vota Ioui.

Philosophi quoque plerique νοῦν, hoc est, mentem, deam fecerunt, sed non eodem modo. nam Plato animatum esse mundum statuit, animámque illam & mundum esse deum: vt & Varro, teste Augustino in septimo de Ciuit. Dei credidit. Sed alium deum, quem mentem vocauit, hoc ipso priorem facit, & animæ mundi parentem. Stoici ferè cum Platone conueniebant, nisi quòd varia inter se sentiebant: vt alibi dixi, cùm philosophorum de deo opiniones recensebam. Sanè illud hoc loco admonere par est, quod à Lucilio Balbo dictum est apud Cic. in secundo de Nat. deorum, vt ea ipsa res deus nominetur, in qua vis est maior aliqua, & tanta est, vt sine deo regi non possit: vt Mens, vt Fides, quas in Capitolio (ait) dedicatas videmus proximè à M. Æmilio Scauro, vt idem Balbus ait, & Plutarch. de Fortuna Romanorum. T. Liuius: Menti, inquit, vouit Attilius prætor. Porrò mens nomen est tetragrammaton, vt νοῦς Græcis.

Iustitia, quam Astræam Græci à patre nuncupant, iuxta illud,
Vltima cœlestum terras Astræa reliquit. Δίκη etiam vocatur, teste Polluce, qui & deam & iudicium ea voce dici affirmat: vnde fortè & Latini Dicam dixerunt. Iustitiæ duos hymnos Orpheus composuit, alterum quidem Δίκης, alterum Δικαιοσύνη. & vtrique adolet λίβανον, id est, thus. Sed hac de virtute nihil hîc à me expectes: à philosophis hanc require, ego institutum meum sequar. Hanc finxerunt astrologi signum in cœlo, Virginem: & Aratus in primis, quo in loco Græcus interpres super ea verba quibus ait, Spicam in manibus ferre splendentem: Quidam inquiunt, Astræum antiquum fuisse mathematicum, qui primus astrorum inuenerit appellationes, vnde & siderum pater dicitur. alij Astræam Iouis & Themidis filiam, vt Hesiodus. alij Astræi & Hemeræ, id est, diei filiam putauêre: vel ἡμέρης, id est, deæ mansuetudinis, quia iustitia mortales prima mansuetos reddiderit. Dea hæc ita describitur à Chrysippo in lib. περὶ καλοῦ καὶ ἡδονῆς, hoc est, de honesto & voluptate, primò (vt à Gellio lib. 14. scribitur, qui & Græcâ ipsius verba ponit: nos ipsius Gellij, quia breuius ea collegit, hîc apponemus) Imaginem, inquit, iustitiæ fieri solitam, forma, ait, atque filo virginali, aspectu vehementi & formidabili, luminibus oculorum acribus: neque humilem, neque atrocem, sed reuerendæ cuiusdam tristitiæ dignitate. Hæc Gellius, quæ pluribus Chrysippus disserit. Pausanias verò ita depictam ait in arca Cypseli: At formosa, inquit, illa mulier, quæ fœda facie alteram sinistra obstricto collo trahit, dextera fuste cædit, Iustitiam significat, quæ iniuriam malè mulctat. Iustitiam apud Aegyptios sine capite fuisse, Alexander scribit. Eam autem effingebant per manum sinistram porrecta palma discapedinatam, propterea quòd sinistra, genuina pigritia, nulla calliditate prædita videtur, & ideo æquitati aptior quàm dextra, vt Philippus ait in Symbolis. Nostri nunc pictores examine lancis, vel stateræ, nunc & securium ac virgarum fasce, nunc his vel illis insigniunt. Vidi & qui iustitiam hoc modo effingerent, nudam virginem quadratum super lapidem sedentem, & æquatam

manu

Syntagma I. 31

manu altera bilancem tenentem, exertum altera sub ala ensem quodammodo occulentem. quod figmentum cùm mihi arrisisset, propter eius significationem hîc tibi quoque ascribendum duxi.

Fides dea à Romanis culta, testibus Cicerone, Lactantio, & August. Fidei ædes in Capitolio fuit, vt Plin. 35. Nat. hist. innuit. Mar. Cicero de Officiis libro tertio, Fidem ait vicinam Ioui in Capitolio. in secundo verò de Nat. deorum, ab Attilio Calatino consecratam ait. Sextus Pomp. ante etiam Romulum consecratam prodit, ab Aenea in Palatio: idque refert ex Agathocle. Dionys. Alicarn. in secundo Hist. libro, de Numa scribens: Primus, inquit, ipse omnium templum Fidei publicæ erexit, sacrificiáque ei statuit sumptu publico, sicut de aliis. Idem ferè Plutarchus. Eiusdem Fidei maximum statutum iusiurandum, cuius & Cicero in Officiis meminit. Tit. Liuius in primo, Numam Fidei solenne instituisse scribit, ad quod sacrarium Flamines rem diuinam facerent. ipsum lege. Meminit & Cyrillus Alexandrinus contra Iulianum Imperatorem. vnde est Plauti illud in Aul. Nunc hoc mihi factu'st optumum, vt te auferam aula in Fidei fanum, ibi abstrudam probè, &c. Sine cæde verò & sanguine ipsi Fidei, velati Flamines albo panno, sacra faciebant. quin illuc curru arcuato, manu ad digitos inuoluta deferebantur, solenni pompa: quo argumento fidem dextris tutandam, & sacratam esse significabant, quod & dextra dextræ iuncta denarium numerum efficit, qui sacratissimus sit, & perfectissimus. Sanè Fides fingebatur duabus iunctis manibus interdum imagunculis duabus dextram dextræ iungentibus, vt in Concordia dicam. Statius primo Thebaid.

Iam pariter coëunt animorum in pignora dextræ.

Sic & Vergil. & T. Liuius: Dextra data fidem futuræ amicitiæ sanxerunt. Cor. Tacitus lib. 17. Misera ciuitas Lingonum veteri instituto dona dedit legionibus, & dextras hospitij insigne. Describitur fides, & templum eius, à Silio poëta libro Punic. secundo ita,

——Ad limina sanctæ
Contendit Fidei, sacratáque pectora tentat,
Arcanis dea læta, &c.

Et paulò pòst ad ipsam Hercules loquens, ait:
Ante Iouem generata, decus diuûmque hominúmque,
Qua sine non tellus pacem, non æquora norunt,
Iustitiæ consors, tacitúmque in pectore numen. & reliqua.

Seruius verò in primo, & item in octauo commentario Aeneidos scribit, quòd Fidei albo panno inuoluta, vel velata manu sacrificabatur: per quod ostendebatur, Fidem debere esse tectam & secretam. vnde & Horatius: Et albo Rara Fides colitur velata panno. Et ideo Cana Fides à Vergil. dicta cana, quòd in canis hominibus esse soleat: vel propter candorem. Acron verò ait, Albo panno caput velasse eos qui Fidei sacrificarent. Plura scribit Porphyrion, sed quæ nostro non ita conueniant instituto. Canis item albus symbolum esse putatur Fidei. vnde Picus meus cecinit,

Signa quibus subitò visum est ostendier albis
Ex villis animal, dominis domibúsque fidele.

Sic & Horatius catulos fideles in Odis dixit. Mira de fide canum Aelianus, Plinius, Solinus, cæteri naturæ interpretes prodiderunt. Nec nos pauca, vbi de Sacrificiis in vltimo Syntagmate agemus.

Spes etiam, vt dea à Romanis est culta, cuius ædes fuit in foro olitorio. Tit. Liuius in primo tertiæ Dec. ædem Spei, quæ in foro olitorio fuit, fulmine ictam fuisse. Idem libro quarto, Q. Fabio Cos. fil. & T. Sempronio Graccho Coss. incendio ait conflagratam. M. Cicero, Spem à Collatino consecratam, in Legibus prodidit. P. quidem Victor, seu quicunque tandem est, Spei nouum templum in septima Vrbis regione statuit, hoc est, in via lata. Origenes libro quarto aduersus Cels. cùm Hesiodi Pandoram rideret: Ridiculum, inquit, quod de dolio dicitur, quòd olim viuerent in terra hominum tribus sine malis, & sine graui labore, & grauioribus morbis, quæ Parcæ mortalibus dederant: sed fœmina manibus magnum dolij operculum auferens, diffudit hominibus, & partita est curas malas: sola autem ibi Spes in tutissimis domibus intus relicta est sub dolij labris: nec extrà euolauit: prius nanque imposuit operculum dolio. & hæc Origenes. At verò Spei effigiem in Adriani Imperatoris aureo nomismate aliquando conspexi. Fœmina fuit

c 4   stans,

stans, inſtitæ laciniam ſiniſtra manu nonnihil attolens: dextra in cubitum elata pateram proferebat, in qua repoſitum inerat velut ciborium, id eſt vas in floris ſimilitudine, cum hac inſcriptione, S P E S P.R. Quidam etiā Spem deam viridi inductam palla effinxerunt, & ſedentem ſupra dolium cum cornice: quidā etiam cum Nemeſi, de qua ſuo loco plura dicemus. Spei templum demū etiam incenſum ſcribit Dion, Hiſt. libro 50. ante bellum Actiacum, cum aliis pleriſque ædificiis: quod factum quidam crediderūt libertorum opera. Pindarus, vt eſt apud Iuſtinum, philoſophum, & martyrem, itémq; Platonem, Spem γηροτρόφον appellauit, quod etiam nos ſenes alat. Vnde ego meo quodam ad B. Riccium amicum chariſsimum Hendecaſyllabo ita cecini:

    Ricci viuere quo putas tenore
    Me, quem deſtituit virens dea illa,
    Quam Dircæus olor canit ſenectæ
    Altricem & comitem, aſſeclámq; vitæ,
    Et ſemper meliora polliceri?

Theogonis quoque ait, Spem inter homines remanſiſſe, cæteris ſororibus in cœlum fugientibus. vnde ex Theognide amicus noſter:

    Alma Fides dea magna abiit, Pietáſq; Pudórque,
        Cum Nemeſi Charites Pax bona, nudus Amor.
    Spes dea, quæ gentes falſa dulcedine ſemper
        Paſceret, in terris ſola relicta fuit: &c.

Pietas dea quidem & ipſa culta, qua & cæteros deos colebant antiqui: cuius ſacellum ab Attilio dicatum, in quo mulier habitaſſe dicitur, ea quæ vberibus patrem in carcere aluit: Feſtus. Ibíq; imago facti hoc indicans oſtendebatur, vt eſt in quinto apud Valerium Maximum. Plinius tamē libro ſeptimo, capite trigeſimoſexto non patrem, ſed matrem à filia nutritam ait: cuius verba libet afferre, ob pietatis ſingulare exemplū: Pietatis, inquit, exempla infinita quidē toto orbe extitēre, ſed Romæ vnum, cui comparari cuncta non poſſint. Humilis in plebe, & ideo ignobilis puerpera, ſupplicij cauſa carcere incluſam matrem, cùm impetraſſet aditum à ianitore, ſemper excuſſa ne quid inferret cibi, deprehēſa eſt vberibus ſuis alens eam: quo miraculo matri ſalus donata filiæ pietate eſt, ambǽq; perpetuis alimentis, & locus ille eidem conſecratus eſt deæ, C. Quintio, M. Attilio Coſſ. templo Pietatis extructo in illius carceris ſede, vbi nunc Marcelli theatrum eſt. hæc Plinius. Sanè B. Aegius me monuit, in ſua Acceſſione, ſic eſſe legendum: Imò, inquit, ab Acilio prænomento Mario & L. Quinctio Flaminino, qui fuère an. v.c. D C I V. Flaminino, non Flaminio: quod eſt nomen, non cognomen. Si ex marmoribus nuper in via effoſſis, vbi legitur L. Quinctius L.F. L.N. F L A M I N I N. id eſt, Flamininus: quod à familiæ nomine eſt diuerſum, vt Craſsinus, & multa huiuſmodi. M. autem, adiecta lineola, Manius interpretantur veteres grammatici, ad M. id eſt Marci differentiam. Sicut K. pro Cæſone: vt diuerſum ſit à C. quod Caiū iudicat. Solinus tamen, quē videmus omnia fermè à Plinio ſuppilatum, patrem (vt Feſtus etiam ait) vberibus à filia nutritum. huius hiſtoriæ varietatem ex Valerio prouenire arbitramur, qui duo exempla hac eadem de re libro quinto adducit: Latinum quidem alterum, à quo Plinius penè etiam verba deſumpſit: Grecum alterum, vt & nomen oſtendit. Idem prædicatum, inquit, de pietate eius exiſtimetur, quæ patrem ſuum Cymona conſimili fortuna affectum, paríque cuſtodiæ traditum, iam vltimæ ſenectutis, velut infantem pectori ſuo admotum aluit. Et mox ſubdit, tanquam ante oculos picturam: Hærent ſtupéntque omnium oculi, cùm huius facti pictam imaginem vident, caſúsque antiqui conditionem præſentis ſpectaculi admiratione renouant, in illis mutis membrorum liniamentis viua ac ſpirantia corpora intueri credentes. quod neceſſe eſt animo quoque euenire, aliquanto efficaciore pictura literarum, vetera pro recentibus admonitos recordari. & hæc Val. Max. Iulius item Obſequens in Prodigiis, Pietatis ædem fuiſſe ait in circo Flaminio. Pietas, ait M. Cicer. primo de Nat. deor. iuſtitia aduerſus deos eſt, & cultus erga maiores, aut ſanguine coniunctos. D. Aug. Chriſtiano more loquens ita, in quarto de Ciuitate Dei: Pietas eſt verax veri Dei cultus, non cultus tot falſorum deorum quot dæmoniorum. T. Liuius libro decimo quartæ Decad. ſcribit: In foro olitorio ædem Pietatis dedicauit M. Attilius Glabrio duumuir, ſtatuámq; auratā, quę prima omniū in Italia eſt ſtatua aurata,

patris

patris Glabrionis posuit. is erat, qui eam ædem vouerat, quo die cum rege Antiocho ad Thermopylas pugnasset, locaueratque idem ex S. C.

Pax, hoc est ἀρήνη, culta ab antiquis. Iuuenalis: Vt colitur Pax, atque Fides, &c. Scribit Plutarchus in Cimone, Athenis Pacis aram dicatam, cùm conditiones pacis Athenis Callias legatus à Persis attulisset. Templum Pacis Romæ fuit magnificentissimum, foro proximum, quod Vespasianus à Claudio inchoatum construxit: vt auctores sunt Iosephus, Plinius, Suetonius, & Dion.

In hoc templo sunt qui tradant, D. Hieronymum secuti, vasa & donaria templi Hierosolymitani à Tito & Vespasiano reposita fuisse. Frequentari verò assidue ab ægrotis templum illud, vel è Galeno colligimus, ita in libro de Pulsibus scribente, cùm de vehementi agit: Quam censes pugnam fore? ánne talem, qualem frequenter in templo Pacis, & inter ipsos ægrotos conspicimus, adeò vt etiam ad manum res veniat: tantum abest, vt turpi dicto abstineant. Illud hoc loco non mirum videatur, quòd templa ab ægrotis & mendicis frequentarentur, cùm & hodie Romæ, & vbique gentium cernatur: ne te videlicet admiratio subeat, vt perito cuidam medico, se plus nimio angenti in his Galeni verbis exponendis, qui aliàs in re medica & cæteris disciplinis Lynceo ipso est oculatior. Scribit Herodianus, Commodo imperante Pacis templum incendio consumptum, illúdque supra cætera maximum fuisse ædificium, pulcherrimum ac opulentissimum. Coluerunt & Pacem Athenienses, vt cùm alibi Pausan. ostendit, tum vbi de Prytaneo agit. Pacis quoque simulacrum ita effictum legimus, vt puerum Plutum manu gestaret: quòd symbolum videri potest, non ex bello, sed ex pace diuitias & opes comparari. Effingebatur verò Pax cum spicis. Tibul.

 Interea Pax alma veni, spicámque teneto,
 Profluat & pomis candidus antè sinus.

Interdum etiam cum oliua, & nonnunquam cum lauro coronabatur: quin & cum rosa, vt in aliquibus veteribus nummis vidimus. Sed & nonnunquam solo caduceo significabatur. Aristophanes in fabula Acharn. Pacem pulchram describit aspectu, sociam verò Veneris & Charitum. Sed in eius nominis fabula longè plura, atque inter cætera sacrificium, cum suis cæremoniis.

Concordia dea, id est, ὁμόνοια, ab antiquis culta, sed in primis à Romanis qui & eius diuersa templa habuére, vt planè ex historiis cognoscimus. Vnum Furius Camillus vouit, vt Plutarchus auctor est. meminit in Fastis Ouidius:

 Furius antiquum populi superator Hetrusci
 Vouerat, & voti fecerat ille fidem.

Postea verò Flauius scriba Appij Cæci, Annio libertino patre genitus, qui dies fastos publicauit, æream fecit, in Græcostasi, quæ tunc supra Comitium erat, inciditque in tabula ærea. eam ædem 304 annis post Capitolinam, dedicatam tradunt: ex quo apparet, ædem illam Concordiæ Capitolinam fuisse eam, quam iuxta templum Iunonis Monetæ Camillus vouerat, de qua Ouidius, vt suprà memini:

 Candida te niueo posuit lux proxima templo,
 Qua fert sublimes alta Moneta gradus.

T. Liuius prope finem noni libri ab v.c. Flauius, inquit, ciuile ius repositum in penetralibus pontificum euulgauit, fastósque circa forum in albo proposuit, vt quando agi lege posset, sciretur. Aedem Concordiæ in area Vulcani summa inuidia nobilium dedicauit. Alteram priorem idem Liu. libro secundo tertiæ Dec. votam ait à L. Manlio præt. in Gallia, ob seditionem militarem, quam biennio pòst senatus locandam curauit. Certè & D. Augustinus in tertio libro de Ciuit. Dei, ait ædem diuæ Concordiæ post Gracchorum tempora constructam fuisse. Legimus & templum hoc instauratum fuisse ab Opimio Cos. summo populi dolore: vnde noctu inscriptum fuit, Opus Vecordiæ templum Concordiæ fecit. M. Tullius in oratione pro domo sua ad Pontifices: Q. Martius, inquit, censor signum Concordiæ fecerat, idque in publico collocarat: hoc signum C. Cassius cùm in curiam transtulisset, collegium vestrum consuluit, nunquid esse causæ videretur, quin id signum curiámque Concordiæ dedicaret: & cætera. Meminit & huius deæ Val. Max. Sempronium, inquit, Asellionem pro æde Concordiæ sacrificium facientem, ab ipsis altaribus fugere extra forum creditores coëgisse. Collapsam insuper

Concor

Concordiam, & à Constantino restitutam, antiquum epigramma ostendit, quod & hodie legitur in Lateranensi basilica: D.N.Constantino Pio felici ac triumphatori semper Aug.ob amplificatam toto orbe rempublicam,factis consiliis S.P.Q.R. ædem Concordiæ vetustate collapsam,in meliorem faciem, opere & cultu splendidiore restituit. Sed & aliam Concordiæ ædem Tiberius Cæsar dedicauit, quam eius mater Liuia constituerat, vt ex Ouidio & Suetonio liquidò colligimus. Dion quoque libro 56. In sequenti anno Concordiæ deæ templum à Tiberio dedicatum est, in quo suum & fratris Drusi vita functi nomen inscripsit.& Ouid.quidem de Tiberio ita:

    Templáque fecisti, quam colis ipse, deæ.
  Hæc tua constituit genitrix, & rebus & ara.   Idem:
  Te quoque magnifica Concordia dedicat æde
    Liuia, quam charo præstitit illa viro.

Sed de ædibus Concordiæ iam nimis. Concordiæ sacrificium Seneca in Medæa his versibus explicat,

  ————Et asperi
  Martis sanguineas quæ cohibet manus,
  Quæ dat belligeris fœdera gentibus,
  Et cornu retinet diuite Copiam,
  Donetur tenera mitior hostia.

De Concordia dea & Iuuenalis ita meminit?
  Quæque salutato crepitat Concordia nido.

Quo in loco grammatici diuersa sentiunt. Et Probus quidem vetus interpres: In tutela, inquit, Concordiæ ciconia est. Templum Concordiæ vetus fuit, in quo ciconia multa, &c. Merula de ciconia & ipse multa affert, vt hoc astrueret, & eum secutus Britannicus, item Valla Georg. Politianus verò in Miscellaneis cornicem, non ciconiam intelligit: idque tum Aeliano auctore de Animalibus, tum quibusdam antiquis numismatibus affirmat, quorum etiam ego nonnulla conspexi. Sanè & in nuptiis, earum auium vocem hominis gratia repetitam, idem est auctor Aelianus, qui fermè ita scribit: In nuptiis olim veteres audio post Hymenæū, cornicem inuocare solitos fuisse, hócque Concordiæ signum dare iis, qui liberûm quærendorum gratia conuenissent. Sed & apud antiquos mala punica Concordiam significabant, vt Hebræorum scriptores tradunt, in vestibus sacerdotalibus.   Deam autem Concordiam præterea effingebant, dextra craterem tenentem, & læua nunc Cornu copiæ, nunc sceptrum, ex quo fructus exire videntur: sed & imaginibus duabus, dextram dextræ iungētibus, vt in Aur.Vero. Nunc duabus tantùm dextris, vt in quodam Neronis, id quod Fidei attribuunt alij, vt notāt grammatici. Diodorus Siculus in historia Philippi: Dimisso, inquit, Thessalioni dextram porrexit, quæ res apud Persas pro firmissima fide habetur. Aristides in oratione pro Concordia, Rhodiensibus ita hanc effinxit: Decoram, compactam, bene coloratam, gratiosam, & vndique per omnia sibi quadrantem & congruentem, deorúmque diligentia ac benignitate in terram delapsam. Hanc eandem deam idem orator ait ab Ioue horas confirmare, solam obsignare cuncta, agros cultibus exornare, suarum cuiusque rerum fructus aliarúmque possessionem præstare, res vrbanas gerere pro voto, perquàm maturè nuptias tum dare tum accipere in quos sibi & à quibus libeat, liberos educare atque erudire: & reliqua, quæ idem scriptor subiungit.

Discordiam deam existimatam à gentibus, Concordiæ coniungimus, etsi disiunctissimæ sunt. Hanc in morem furiæ formauit antiquitas. Describitur à Petronio Arbitro in Satyrico, cuius pars libri extat, quo loco bellum ciuile inter Cæsarem & Pompeium eruditè detestatur, ita enim de Discordia canit:

  Intremuēre tubæ, ac scisso Discordia crine
  Extulit ad superos Stygium caput, huius in ore
  Concretus sanguis, contusáque lumina flebant:
  Stabant irati scabra rubigine dentes,
  Tabo lingua fluens obsessa draconibus ora,
  Atque inter toto laceratam pectore vestem,
  Sanguinea tremulam quatiebat lampada dextra

                                            Atque

Syntagma I.   35

Atque hæc Petronius. Vergilius verò in sexto ait:
—Et Discordia demens
Vipereum crinem vittis innexa cruentis.
Idem in octauo:
Et scissa gaudens vadit Discordia palla,
Quam consanguineo sequitur Bellona flagello.

Aristides etiam ita describit, his fermè verbis: Discordia & Seditio, inquit, supino est capite, labris liuentibus, oculis strabis, putridis, tumefactis, lacrymis subinde fluentibus, manibus incontinentibus mobilibúsque, gladium intus ad pectus ferens, tenuibus & obliquis innixa cruribus: & pedibus eam, ceu rete, caligo & tenebræ circumuoluunt: & reliqua, quæ idem scripsit. Illud quidem de hac ipsa dea notissimum, vt scilicet in conuiuio pomum iniecit in nuptiis Pelei & Thetidis, cùm ad eas nuptias ipsa non vocata fuisset: in quo pomo id erat inscriptum, Pulchra capito: hoc est, ἁ καλὴ λαβέτω.

Furorem Discordiæ iurè subdidimus, quoniam ex discordia furentes fieri mortales videmus. Finxerunt verò antiqui Furorem, nunc vinctum cathenis, qualem his verbis P. Maro lib. 1. Aeneidos, Iouem inducit loquentem.
—Diræ ferro compagibus arctis
Clauduntur Belli portæ, Furor impius intus
Sæua sedens super arma, & centum vinctus ahenis
Post tergum nodis, fremit horridus ore cruento.

Interdum fingebant solutis vinculis & cathenis, qualis describitur à Petronio Arbitro in eodem Satyrico, cùm canit:
Quos inter Furor abruptis ceu liber habenis,
Sanguineum latè tollit caput, oráque mille
Vulneribus confossa, cruenta casside velat.
Hæret detritus læuæ Mauortius vmbo
Innumerabilibus telis grauis, atque flagranti
Stipite dextra minax terris incendia portat.

Honor etiam deus putatus, vt est apud Lactantium & Augustinum, tametsi quidam Augustini codices Honorinum perperàm habent. De hoc deo M. Cicero secundo de Nat. deorum: Vides templum Honoris à M. Marcello renouatum, quod multis antè annis erat bello Ligustico à Q. Max. dedicatum. T. Liuius lib. 7. Decad. 3. Marcellum, ait, aliæ atque aliæ obiectæ animo religiones tenebant, in quibus quòd cum bello Gallico ad Clastidium ædem Honori & Virtuti nouisset, dedicatio eius à pontificibus impediebatur, quòd negabant vnam cellam duobus deis rectè dedicari, &c. C. etiam Marius & ipse ædem construxit Honoris & Virtutis, de qua, vt nunc alios mittam, ita Victru. in 7. Caius, inquit, Mutius magna scientia confisus, ædes Honoris & Virtutis Marianæ cellæ, columnarúmque & epistyliorum symmetrias legitimis artis institutis perfecit. id verò si marmoreum fuisset, vt haberet quemadmodum ab arte subtilitatem, sic à magnificentia & impensis auctoritatem, in primis & summis operibus nominaretur. Ego aliquando rogatus, quo modo effingerem deum Honorem, ita respondi: quod deam Virtutem ipse fingerem præcedere, & dein ad eam Honorem à Cupidine duci. idque ex re ipsa elicui. Nihil enim aliud esse videtur honor, quàm quem ex virtute ipsa assequimur. nam & vidimus Honoris ædem post Virtutis templa poni solere. Alciatus tamen in Fide symbolo, Honorem purpurea veste depingit, laurea coronatum. ita enim cecinit:
Stet depictus Honor, tyrio velatus amictu.

Et hactenus quidem de Honore. nam de Virtute iam dictum est, cum qua etiam & de Honore nonnulla.

Misericordiam cultam legimus: vnde ἐλέου βωμόν, id est, Misericordiæ aram Athenienses habuère, vt Paus. aliique tradunt. Romani etiam Misericordiæ templum asylum vocauère, de quo hìc mihi non est dicendi locus. nam quo verè loco Romæ fuerit, video variè tradi à scriptoribus. Seruius quidem in octauo Aeneidos: Postquàm Hercules migrauit è terris, nepotes eius timentes insidias eorum quos auus afflixerat, Athenis sibi primum asylum, hoc est templum Misericordiæ collocarunt, vnde nullus posset abduci. quod etiam Statius dicit, Herculeos fama est fundasse nepotes, &c. à cuius similitudine &

Romulus

Romulus acer asylum retulit, vt ait Vergilius.
 Clementiæ etiam numen venerati sunt antiqui. vnde Plutarchus scribit in Cæsare, eius Clementiæ templum non ab eius moribus abhorrens decretum fuisse. Cui deæ his proximè diebus, insigne sacrum HERCVLES Princeps fecisti, iudicio omnium bonorum, non Ferrariæ modò, sed totius Italiæ, cum summa tua clementia Maphronio ignouisti, qui toties capiti tuo & tuorum insidias struxerat, & nonnullorum etiam neces fecerat, pro fermè tuæ vrbis mœnibus. De hac dea ita Claudianus cecinit:
  Principio magni custos Clementia mundi,
  Quæ Iouis incoluit zonam, quæ temperat æthram
  Frigoris & flammæ mediam, quæ maxima natu
  Cœlicolum: nam prima chaos Clementia soluit,
  Congeriem miserata rudem, vultúque sereno
  Discussis tenebris in lucem sæcula fudit.
  Hæc dea pro templis, & thure calentibus aris,
  Te fruitur, &c.   Idem alibi:
  Nónne vides vt nostra soror Clementia, tristes
  Obtundat gladios? &c.
 Pudicitia dea culta est ab antiquis, cuius Romæ ædes fuit in foro boario, & hæc quidem patricia vocata: altera fuit plebeia, cuius ædicula in vico longo à Virginia posita: cuius, quia est cognitione digna, historiam à Liuio desumptam, hìc tibi ascribam. Insignem, inquit, supplicationem fecit certamen in sacello Pudicitiæ, quæ in foro boario fuit, ad ædem rotundam Herculis inter matronas ortum. Virginiam Auli filiam, patriciam plebeio nuptam, L. Volumnio COs. matronæ, quòd è patribus nupsisset, sacris arcuerant. breuis altercatio, inde ex iracundia muliebri in contentionem animorum exarsit: cùm se Virginia & patriciam, & pudicam, in patriciæ Pudicitiæ templum ingressam, & vni nuptam, ad quem virgo deducta sit, nec se viri honorúmue, eius ac rerum gestarum pœnitere, verò gloriaretur. Facto deinde egregio magnifica verba adauxit. In vico longo, vbi habitabat, ex parte ædium, quod satis esset loci modico sacello exclusit, arámque ibi posuit: & conuocatis plebeiis matronis, conquesta iniuriam patriciarum: Hanc ego aram, inquit, Pudicitiæ plebeiæ dedico: vósque hortor, vt quod certamen virtutis viros in hac ciuitate tenet, hoc pudicitiæ inter matronas sit: detísque operam, vt hæc ara, quàm illa, si quid potest, à sanctioribus & castioribus coli dicatur. Eodem fermè ritu & hæc ara, quo illa antiquior culta est, vt nulla nisi spectatæ pudicitiæ matrona, & quæ vni viro nupta fuisset, ius sacrificandi haberet. hæc Liuius. Hinc etiam Val. Maximus de Instit. libro secundo: Quæ vno contentæ matrimonio, corona pudicitiæ honorabantur: & reliqua. Festus Pudicitiæ simulacrum Fortunæ existimauit. ait enim: Pudicitiæ signũ in foro boario est, vbi familia edisset Herculis: eam quidam Fortunam esse existimant. Item via Latina ad miliarium, illic Fortunæ muliebris simulacrum nefas est attingi, nisi ab ea quæ semel nupsit. Plebeiæ etiam Pudicitiæ sacellum Romæ, vt cætera colebatur. hæc Festus. Propertius:
  Templa Pudicitiæ quid opus statuisse puellis,
  Si cuiuis nuptæ quidlibet esse licet.
 Salus à Romanis dea, vt Græcis Hygeia, culta fuit: quin & Macrobius scribit ferias antiquitùs fuisse, quoties quis Salutem deam nominasset, cùm Semoniam, Segetiam, & cæteras. Inde vocati salutigeri dei, ab Apuleio, qui Græcè σωτῆρες vocantur: etsi alios aliter sentire scio. Aedes Salutis à C. Iunio Bubulco censore locata fuit, vt in 9 ab Vrbe cond. prodit Liuius, quam COs. bello Samnitũ vouerat, mox idem dictator eam dicauit: eam ædem à Fabio Pictore depictam legimus. Mirum nonnullos pro Bubulco Bibaculum literis mandasse. Salutis templum P. Victor in sexta Vrbis regione, hoc est in Quirinali statuit. Scribit Festus, Salutarem portam Romæ appellatã, quòd prope ædem Salutis esset. Salus verò effingebatur ab antiquis, mulieris forma, in solio sedentis, pateram tenentis, penes quam ara erat: aræ anguis inuolutus, caput attollens. Hygeiæ verò simulacrum apud Sicyonios describit Pausan. vix videri potuisse, ad quod mulieres capillos dicabant, & in eius honore eos sibi resecabant: verùm de Hygeia & sororibus in Aesculapio agam. Porrò & Salutis augurium apud Romanos celebrabatur, quod intermissum, Augustum renouasse

renouasse legimus. De hoc Salutis augurio M. Cicero, Suetonius, Cornelius Tacitus, Festus, & Dion lib. Histor. 38. & Liu. Porrò & Antiochus, qui cognominatus est Soter, cùm aduersus Galatas pugnaret, nec satis pro voto res succederet, essétque in discrimine, vel vidit, vel vidisse simulauit per quietem, vt militum animos spe erigeret, Alexandrum Magnum illum, qui moneret vt Sanitatis symbolum proponeret, idque pro tessara tribunis daret, eorúmque vestibus insueret: ea re fore, vt victoria potiretur. Vnde & huius rei signum in veteribus Antiochi nomismatibus adhuc cernitur. Est autem triangulus triplex, inuicem insertus, ex lineis quinque constans, in quibus ὑγίεια inscribitur. Huius figuræ & Lucian. meminit in eo libello, vbi agit de eo qui lapsus erat in verbo inter salutandum. Hæc autem talis est figura. Græcè verò hæc figura, seu schema, πεντάγωνον dicitur, qua voce & nostri vtuntur. Sed & Auxilium deum etiam legimus, quin ipsum Plautus inducit in Cistell. prologo.

Occasionem Latini deam fecêre, sicut Græci deum καιρὸν: qua ex re illi masculi nomine, vt nos fœminæ vtimur. Simili modo nostri Inuidiam, vt illi τὸν φθόνον. καιρὸν minimum filiorum Iouis scripsit Ion Chius poëta, in hymno quem in ipsum condidit, vt Pausanias in Eliacis tradit. Quare cùm Posidippus καιρὸν pulchrè Græcè descripserit, & ab eo Ausonius Gallus Latinè Occasionem, visum est mihi vtriusque descriptionem hac nostri libri parte apponere, vt qui eorum imagines habere voluerint, habeant vnde facilè excerpere possint. Intelligo enim, illustres quosdam Principes his diebus id meditari. Hoc est ergo Posidippi epigramma, quod post Th. Morum, & Erasmum, viros summè doctos, ideo est à me ita conuersum, vel concinnatum potius, quòd Erasmus quidem quatuor addiderat versus, Thomas duos dempserat. Græcum si cupis, in 4 Epigrammatum leges, quod ita est à me refectum:

    Vnde hic est plastes? Sicyonius. Ede age nomen.
      Lysippus. Tu quis? Cærus ego, omne domans.
    Cur summis instas pedibus? Semper rotor. Alas
      Cur plantis gestas? Vt leuis aura feror.
    Dextræ cur est inserta nouacula? Signum homini hoc est,
      Vis conferri acie quod mihi nulla potest.
    Cur coma fronte iacet? Venientem vt prendere possis.
      Parte est cur caluum posteriore caput?
    Quòd postquàm leuibus præceps effugero pennis,
      Ne valeat tergo qui reuocare velit.
    Talem vos propter me plastes finxerat hospes,
      Pro foribus positus qui documenta darem.

Hoc Posidippi. nunc Ausonij subscribo: in quo ille, vt sibi visum est, ingeniosus esse voluit, ita vt etiam sibi non in nomine tantùm plastæ, sed & in syllaba quoque nimis indulserit. quis enim Phidiam non norit, prima intenta diphthongo pronunciandum? Epigramma hoc est:

    Cuius opus? Phidiæ, qui signum Pallados, eius
      Quíque Iouem fecit, tertia palma ego sum.
    Sum dea, quæ rara, & paucis Occasio nota.
      Quid rotulæ insistis? Stare loco nequeo.
    Quid talaria habes? Volucris sum: Mercurius quæ
      Fortunare solet, trado ego, cùm volui.
    Crine tegis faciem? Cognosci nolo. Sed heus tu,
      Occipiti calua es? Ne tenear fugiens.
    Quæ tibi iuncta comes? Dicat tibi. Dic rogo quæ sis?
      Sum dea, cui nomen nec Cicero ipse dedit.
    Sum dea, quæ facti non factíque exigo pœnas,
      Nempe vt pœniteat: sic Metanœa vocor.
    Tu modò dic, quid agat tecum? Si quando volaui,
      Hæc manet: hanc retinent, quos ego præterij.
    Tu quoque dum rogitas, dum percunctando moraris,

De Deis Gentium.   d   Elapsam

Elapsam dices me tibi de manibus.

Hoc quidem Ausonij est. Porrò & Callistrati legimus ecphrasin, qui cum Posidippo de Cæro deo, & de loco conuenit, puerúmque ipsum deum facit florulentæ pubertatis, formosum crinibus sparsis Zephyro, cæteráque corporis specie, vt Dionysio maximè similis esse videretur: & cætera denique fermè, quæ Posidippus. Sed de Græco Cæro hactenus, & Occasione Latina satis: cùm & Erasmus in Prouerbiis nonnulla, & ante illum Politianus in Miscellaneis non inscitè scripserint.

Fraus ita effingitur à Dante Alligerio, & à Buccatio in Geneal. Faciem illius iusti hominis aiunt videri, corpus reliquum serpentinum, variis & maculis & coloribus distinctum: eius caudam terminari in scorpionis aculeum. Fraudem porrò per Cocyti vndas innare, nec eius nisi faciem apparere.

Calumniæ, quàm Græci διαβολὴν nominant, & Impudentiæ aras Athenienses consecrasse, testis est Theophrastus apud Diogenianum. ita verò Apellem aliquando effinxisse Calumniam, testis est Lucianus in eo qui inscribitur, De non calumniæ temerè credendo. Cùm enim Antiphilus Apellis quidam æmulus, apud Ptolemæum Apellem esset calumniatus, quòd cùm Theodota consensisset, qui à rege rebellionem fecerat, & à quodam coniurationis conscio, qui capitis poena tenebatur, regi innotuisset, Apellem omnino facinoris ignarum, & iniquè illum insimulari: tum Ptolemæus posito furore, sententiam mutauit: Apellem talentis centum donauit, eíque in seruitutem calumniatorem Antiphilum addixit. Tunc Apelles periculi memor, tali pictura Calumniam vltus est. In dextra quidem sedet vir permagnas habens aures, quales fermè Midæ feruntur: manum longè ille protendit accedenti Calumniæ: circum ipsum verò sunt mulieres duæ, ἄγνοια scilicet, & ὑπόληψις: hoc est, Ignorantia & Suspicio. Ex aduerso Calumnia, διαβολὴ videlicet, mulier ornata & pulchra, sed aspectu ardens, & in iram & rabiem concita: læua facem accensam præferens, dextra adolescentem quendam per capillos trahere videbatur, qui manus ambas ad coelum tendebat, superósque obtestabatur. Præcedebat vir pallidus, impurus, acutè intuens, his propemodum similis qui longiori morbo sunt confecti. hunc φθόνος esse, hoc est, Inuidiam, vel Liuorem, facilè cognoscas coniectura. Ponè duæ aliæ erant mulieres, Calumniam dirigentes & adornantes: altera quidem ἐπιβουλὴ, hoc est, Insidia: altera verò ἀπάτη, id est, Deceptio, vel Fallacia, seu Fraus. à tergo sequebatur Poenitentia, hoc est, μετάνοια, pullas laceráque vestes induta, quæ retrò caput inflectens, flens ac lugens, pudore venientem Veritatem excipere videbatur. Hac igitur pictura Apelles pictor Ephesius, eleganter suum est vltus periculum, vt Lucian. idem est pluribus executus. De Contumelia in Pudore etiam agemus.

Felicitas, quàm Gręci εὐδαιμονίαν vocant, etiam antiquis dea existimata est. Plin. libro 35. huius deæ simulacrum Archesilao plastæ locatum à L. Lucullo H S. LX, cui mors vtriúsq; inuidit. meminit huius deæ ædis alio loco & his verbis D. ugust. Quid quòd & Felicitas dea est, ędem accepit, aram meruit, sacra ei congrua persoluta sunt: &c. & alibi: Si Felicitas dea est, cur non ipsa vna quæ coleretur constituta est, quæ posset vniuersa conferre, & compendiò facere felicem: & paulò pòst: Cur denique tam serò huic tantæ deæ, post tot Romanos principes, Lucullus ædem constituit? Lucius enim Licinius Lucullus anno ab V. C. DCLXVI. Cos. cum M. Cotta, construi curauit. Vidimus & ipsi in nomismatibus antiquis Felicitatis effigiem, & præcipuè in Iuliæ Mammæ Aug. in cuius tergo foemina erat. in solio sedens, dextera caduceum, sinistra grande cornucopiæ tenens, cum hac inscriptione, FELICITAS PVBLICA. Scribit Dion libro Hist. 44. C. Cæsari dictatori senatum concessisse, vt senatum nouum construeret, quamuis curia Hostilia instaurata fuisset, & eius vice Felicitatis templum, quod etiam Lepidus magister equitum fecit. Cebes verò Thebanus in Tabula hoc modo descripsit: In eminenti quopiam arcis vestibulo Felicitatem in solio sedere, liberali ornatu (ait) comptã, sed non accuratè & florentissimo serto coronatam. Sanè & Macariã Herculis filiam apud Gręcos cultã legimus, quæ cùm oraculum redditũ fuisset, Atheniẽses victoriã habityros, si ex Herculis liberis aliquis sponte oppeteret, Macaria id intelligens, seipsam iugulauit, qua ex re victoria Atheniensibus, & diuinitas ipsi Macariæ est cõparata. Lege Euripidis tragoediã Heraclides, & Platonem.

Libertas in primis à Romanis dea habita & culta est, vt qui maximè ei studerent, ab eo videlicet tempore, quo in libertatem sese vendicauêre. Libertatis templum P. Victor in

Auentino

Auentino constituit, & ibidem atrium Libertatis, cuius crebra apud scriptores mentio. Templum Libertatis Liuius ex mulcticia pecunia cum æreis columnis, & statuis pulcherrimis à patre Tiberij Gracchi & conditum & dedicatum: cuius atrium ab Aelio Pæto & Corn. Cethego censoribus instauratum & auctum, demum & à Pollione restitutum, Suetonius scribit. At M. Cicero pro Domo sua ad Pontifices, scribit domum suam à Clodio Libertati cōsecratam, imò religionibus religasse: quo loco multa diuinitùs perorat. Dion Historiarum libro 43, post victoriam, ait, Cæsari senatum tribuisse inter alia, vt patriæ liberator appellaretur, & publico decreto Libertatis templum construxerunt. Nec minus & Græci Libertatem, & Libertatis deos coluêre, ἰλευθερίαν, & θεοὺς ἰλευθέρους, de quibus sæpe in hoc libro, & præcipuè in Ioue. atque idem Liber, & Libera à nostris. Sanè notatum legimus, libertatis indicium pileum fuisse: vnde & qui serui libertate donabantur, pileum gestabant capite raso, vt notum est, hinc & legimus Brutos monetam cudisse cum pileo duobus pugionibus imposito.

Pecunia dea. Augustinus: Deæ Pecuniæ commendabantur, vt pecuniosi essent. idem alibi: Pecunia dicta est dea, quæ dat pecuniam. Iuuenalis tamen ait in prima satyra.

——Et si funesta Pecunia templo
Nondum habitas, nullas nummorum eximus aras. Quo modo hoc verum? si non modò Pecuniam colebant antiqui, vt ait Augustinus, sed etiam, eodem teste, Aesculanum, & eius filium Argentinum, deos habebant, vt scilicet haberent ipsi æream argenteamque pecuniam? Nam ideo Argentini patrem Aesculanum posuerunt, quia prius ærea pecunia in vsu esse cœpit, pòst argentea. Subdit irridens Augustinus: Miror autem, quòd Argentinus non genuit Aurinum, quia & aurea moneta subsecuta est: & cætera. Sed quo tempore huiusmodi pecuniæ apud Romanos primùm excusæ fuerint, Plinius in primis docet, & ab eo cæteri, ne ab Hebræis & Græcis ista petamus. Libet tamen hoc loco tibi recitare elegantes quosdam Menandri senariolos, quos in quapiam ille fabula protulit, quoquo modo à me conuersos. ita enim ait:

Epicharmus esse dixit hos quidem deos,
Ventos, Solem, Terram, Ignem, Stellas, Aquam,
Ego vtiles verò deos esse arbitror
Nostros, & Argentum & Aurum maximè:
Istos quidem si dedices tua in domo,
Quicquid voles roges, tibi omnia aderunt,
Ager, domus, seruique & argyromata,
Testes, amici, iudices, tantùm dato;
Ipsos habebis vel ministrantes deos.   Hactenus Menander.

Sed quoniam Græcè venustiores sunt, hos si cupis, tibi habe ex Stobæi oratione, quæ inscripta est Pluti laus. Consonat his Petronij Arbitri pulchrum carmen, cui tale est initium:

Quisquis habet nummos, felici nauiget aura, &c. quod videtur è Menandro desumptum. Fuerunt ad hæc Lucrij dei, lucris præpositi, vt aduersus Gentes prodit Arnobius, à lucro denominati: quemadmodum apud Græcos κερδῷος Mercurius & Apollo, à lucro, vt suo loco dicam, denominati.

Inuidia etiam dea, quæ hominum pestis acerrima & acerbissima est. Græci hanc masculam effingunt, quippe qui hominis effigie malè habiti, & ex morbo nondum planè conualescentis effingant, vt videmus ex dialogo Luciani Διαβολῆς, id est, Calumniæ. Nostri verò, fœminæ forma formarunt, vt pulcherrimè Ouid. in secundo Metamorpho. ostendit, vbi & Inuidiæ domum describit, & Inuidiam ipsam his versibus:

Pallor in ore sedet, macies in corpore toto,
Nusquam recta acies, liuent rubigine dentes,
Pectora felle virent, lingua est suffusa veneno:
Risus abest, nisi quem visi fecêre dolores.
Nec fruitur somno, vigilantibus excita curis:
Sed videt ingratos, intabescítque videndo,
Successus hominum, carpítque & carpitur vnà,
Supplíciúmque suum est.

Sed & Plutarchus in libello de Inuidia, multa, & elegans Hendecasyllabum inter poëmatia Vergilij: Liuor tabificum malis venenum: &c. Sanè antiqui Inuidiam anguilla designabant, quando ea natura esse feratur anguilla, vt omnibus piscibus inuideat, vt Contumeliam perdice, quæ sit contumeliosa valde. Illud quoque notandum, deorum eorundem genus variari à Græcis, & à nostris interdum, vt in hoc. Græci enim masculam Inuidiam pingunt, quoniam Grœcè ὁ φθόνος. Itidem & κωμὸν, iuuenem marem: nostri Occasionem fœminam faciunt, vt supra diximus. Sic & alios nonnullos non notaui.

Fama ab Atheniensibus, teste Pausan. culta: dea verò describitur ab Hesiodo in ἔργοις καὶ ἡμέραις, Est dea Fama quidem, sunt ipsi numina famæ: hoc est, θεὸς ῥύτις ὅτι καὶ αὐτή. Scribit & Plutarch. in Camillo, templum etiam Famæ constructum fuisse. Sed enimuero copiosius Vergilius in quarto Aeneidos Famam ita describit:

    Ex templò Lybiæ magnas it Fama per vrbes,
    Fama malum, quo non aliud velocius vllum,
    Mobilitate viget, virésque acquirit eundo,
    Parua metu primo, mox sese attollit in auras,
    Ingreditúrque solo, & caput inter nubila condit.
    Illam terra parens, ira irritata deorum,
    Extremam (vt perhibent) Cœo Enceladóque sororem
    Progenuit, pedibus celerem, & pernicibus alis:
    Monstrum horrendum, ingens, cui quot sunt corpore plumæ,
    Tot vigiles oculi subter (mirabile dictu)
    Tot linguæ, totidem ora sonant, tot surrigit aures.
    Nocte volat cœli medio, terræque per vmbram
    Stridens, nec dulci declinat lumina somno.
    Luce sedet custos, aut summi culmine tecti,
    Turribus aut altis, & magnas territat vrbes:
    Tam ficti prauíque tenax, quàm nuncia veri.

Quis pictor quaso, aut plastes expressius effinxisset? si tamen & amplius quæras, quas ædes incolat, & quas mundi partes, lege primam partem duodecimi Metamorph. Ouidij. Famés verò describitur ab eodem in octauo. Porrò quoniam & mala est Fama, & Rumor, ideo eam antiqui aliquando alis nigris effinxerunt, iuxta illud Claudiani contra Alaricum,

    Famáque nigrantes succincta pauoribus alas.

Pudor, & Fama, & Misericordia ab Atheniensibus cultæ, & Impetus. ipsi enim αἰδοῖ, φήμης, ἐλέου, καὶ ὁρμῆς βωμοὺς habuêre, quod Pausan. in Atticis in primis ostendit. idem etiam & ὕβρῳ καὶ ἀναιδείᾳ, id est, Contumeliam & Impudentiam coluerunt, vt idem Pausan. docet. M. Tullius libro secundo de Legibus: Nam illud, inquit, vitiosum Athenis, quòd Cylonio scelere expiato, Epimenide Cretensi suadente, fecerunt Contumeliæ fanum, & Impudentiæ. Idem & Theophrastus in libro de legibus, & Ister libro quarto. Quare mirum illud est, quod scribit Xenophon in Symposio, Pudorem scilicet esse deum, non Impudentiam, cùm de adolescentum amoribus ageret. quin Zenobius & Diogenianus, quos Erasmus sequitur, Impudentiam & ipsi deam faciunt, notissimo illo Græcorum prouerbio, θεὸς ἡ ἀναίδεια: id est, dea Impudentia. Sanè perdice designabatur, quia impudens admodum ipsa est auis. Sed enim Pudorem cum Nemesi in cœlum euolasse canit Hesiodus, æneo seculo. Pudoris ara Athenis fuit in Acropoli, vt ait Hesychius: qui & illud addit, Pudoris & φιλίας aram esse. nisi forte legendum sit, pro φιλίας, ὕβρεως. Pudorem vir doctissimus Alciatus in quodam Emblemate ita describit:

    Ergo sedens velat vultus, obnubit ocellos,
      Ista verecundi signa Pudoris erant.
    Queis sibi prælatum Icarius cognouit Vlyssem,
    Hócque Pudori aram schemate constituit.

Atque hactenus Alciatus. id verò totum sumptum est ex Pausaniæ lib. 3. qui Laconica inscribitur. Decenter quidem à Græcis Pudor muliebri effictus est forma, vel propter Penelopes fabulam, vel quia apud Græcos generis est fœminini. Ego certè pueri forma effinxi, ob rationem quam in Occasione ostendi.

Syntagma I.   41

Caca dea culta Romæ, quæ Caci soror fuit, vt scribit Lactantius, quæ de furto boum Herculi fecit indicium. vnde etiam sacellum meruit, in quo ei per virgines Vestales res sacra fiebat, vt Seru. scribit libro 8. Aeneid. quod & ego in vita Herculis scripsi.

Tutullina dea celebrata à Varrone & Augustino, ad tutandas & custodiendas segetes collectas. Scriptum est apud Macrobium in Satur. apud veteres quisque qui nominasset Tutullinam, ferias obseruabat. Non. Marcellus, Tutanum & Tutellenam, ex Varrone citat. Tutanus in periculosis & subitis rebus inuocabatur, quòd is præsidium atque opem afferret, à tutando dictus meminit idem Varro de Lingua lat. Regionem Portius designat, cùm de Ennio scribens dicit, eum coluisse Tutullinæ loca. Tutellina, à tuendo quidam, & Tutullinam scribunt, vt in plerisque exemplaribus obseruauimus. A tuendo quoque, vel tutando, Tutelares dei dicuntur, qui vrbium & locorum patrocinium & curam gerere credebantur, quorum est crebra mentio: de quibus alibi.

Sunt & Dei Securi, si modò inscriptionibus antiquis stamus, qui securitatem afferre putarentur. Vnde Romæ in regione columnæ, in ædibus Vrsorum, hæc adhuc inscriptio visitur: DIVIS SECVRIS.

Seia dea fuit, vt ex Varrone tradit Augustinus, præposita quàm diu segetes sub terra essent: cùm verò iam essent supra terram, & segetem facerent, deam Segetiam vocabant. Sed enim Seiam, ait Plinius libro 18. à serendo, Segestam à segetibus appellabant, quarum simulacra in circo videmus. Sed idem libro 36. cap. 22. quidam Fortunam Seiam à Nerone appellatam, malè interpretantur, vt in Syntagmate de Fortuna dicemus. Segetiam verò Augustinus ait appellatam, cùm segetes iam natæ supra terram essent. Hæc esse videtur, quam Segestam vocat Plinius: meminit & Macrobius libro primo Sat. Apud veteres, inquit, quisq; qui nominasset Salutem, Semoniam, Seiam, Segetiam, Tutullinam, ferias seruabat. Hîc addamus quod in primo Georgicorum scribit etiam Seruius, ex Varronis sententia: Nomina numinû in indigitamentis, id est, in libris pontificalib. inueniuntur, qui & nomina deorum & rationes ipsorum numinum continent: verbi causa, vt Occator deus ab occatione dicatur, à sarritione deus Sarritor, à stercoratione Stercutius, à satione Sator. hæc Seruius. Arnobius verò Putam deam putationibus arborum præfuisse scribit, vt Petam rebus petendis. De Ope consiua, in Ope suo loco agendum.

Rusina dea fuit, cui rura committebant antiqui ; vt ait D. Augustinus. quidam hanc Rurinam potius vocarunt.

Mellona dea mellificationis: idem in quarto Augustinus. Mellonia hæc ab Arnobio dicitur, quo loco de ea pluribus agitur.

Fornax dea etiam existimata, quoniam ante triticum, & eius vsum, farra fornacibus torrebatur. vnde est dea Fornax cõstituta, vt Festus & Lactatius. plura in Fastis Ouidius:
    Facta dea est Fornax, læti Fornace coloni
    Orant, vt vires temperet illa suas:
    Curio legitimis tum fornacalia verbis
    Maximus indicit: nec stata sacra facit.

Videtur tamen alibi, hoc est libro sexto, Fornacalem appellare, cùm ait:
    Et Fornacali sunt sua sacra deæ.

Hinc sacra Fornacalia dicta sunt, de quibus cùm alij, tum Festus, nec semel. ipse quoque in vltimo, vbi de Sacrificiis ex celebritatibus plurima collegi. Budæus in lege, Si fornicarius, legit & corrigit Fornacanus, à Fornace: & putat significare seruum pistrinarium, vel pistorem. Ego hac de re nil statuo.

Collina dea fuit, cui colles attribuebant: & Vallonia, cui valles & cõualles, vt est apud Augustinum. Non ab his absimiles nymphæ, de quibus omnibus in Neptuni Syntagmate agemus.

Proserpina dea credita, quæ germinantibus segetibus præfecta putabatur, vt Varro & Augustinus tradunt. Sed plura, cùm de Plutone agemus. Sit vna, nõ sit, nunc non quero.

Nodotus deus dictus ab Augustino, ab aliis Nodinus, qui nodis geniculísque culmorum præfectus putabatur.

Lactucinam etiam deam colebant veteres, quæ lactescentibus frumentis ac segetibus præesset. Sunt qui Lacturnum apud Augustinum legant. Seruius certè libro primo Georgicorum, Lactentem deum ex Varrone commemorat.

De Deis Gentium.   d 3   Patalen

Patalenam, eam deam existimabant, quæ præesset segetibus, cùm spicæ & folliculi patescunt, vt scilicet spicæ exire possint. Augustinus ex Varrone, Arnobius Patellanā vocare videtur, & Patellam, ex quibus vna est patefactis, altera patefaciēdis rebus præstituta.

Hostilina dea colebatur, cū segetes nouis aristis æquatur, vt Augustinus ait: quia hostire veteres æquare dixerūt. vnde & hostimentū, & hostoriū: vt Priscianus, & alij obseruāt.

Runcina dea tum placabatur, cùm frumenta runcanda essent, id est, à terra auferenda. Augustinus, & Varro de Lingua latina.

Spinensis autem deus, vt spinas ex agris eradicaret. idem August.

Nemestrinus verò deus nemorum præpositus, vt notat Arnobius.

Flora dea, florentibus frumentis præposita, ait Augustinus, & Varro. Fabula variè narratur. quidam in ædituum Herculis & scortum referunt: alij in Larētiam. & quanquam in nostro Hercule hāc recitaui, nihilominus hoc loco afferam, quid Lactantius libro primo, capite 20. hāc de re sentiat. Florā & Faulā Lactantius distinguit. ita enim, cùm de Laurentia Faustuli locutus fuisset: Nec hāc solam Romani meretricē coluerunt, sed Faulam quoque, quam Herculis scortum fuisse, Verrius scribit. mox paulò subiungit: Flora cùm magnas opes ex arte meretricia quæsiuisset, Po. Rom. scripsit hæredem, certámque pecuniam reliquit, cuius ex annuo fœnore suus natalis dies celebraretur, editione ludorum quos appellabant Floralia: quod quia Senatui flagitiosum videbatur, ab ipso nomine argumentum sumi placuit, vt pudendæ rei quædam dignitas adderetur, deam finxerunt esse quæ floribus præesset, eámque oportere placari, vt fruges cum arboribus aut vitibus bene prosperéque florescerent. Eum colorem secutus in Fastis poëta, non ignobilem nympham narrauit, quæ Chloris vocitata: eámque Zephyro nuptam, quasi dotis loco id accepisse muneris à marito, vt haberet omnium florum potestatem. Lactantius ita. Romani igitur Floram deam finxerunt, quæ floribus præesset: eámque placabant, vt fruges cum arboribus & vitibus bene florescerent: & ludi ipsi Florales & Floralia nuncupati, in quibus omnes nequitiæ & lasciuiæ nudis mulieribus peragebantur. Notissima est historia de Catone, Florales ludos ingresso, qui ob seueritatem ac grauitatem est abire compulsus: à Fauonio monitus, non à Cotta, vt vir doctus memoria lapsus scripsit: Varro, & Martialis in primo,

    Nosses iocosæ dulce cùm sacrum Floræ,
    Festósque lusus, & licentiam vulgi,
    Cur in theatrum Cato seuere venisti?
    An ideo tantùm veneras vt exires?

Sed historiam hanc copiosius in secundo libro recitat Val. Max. Floralia quarto Calend. Maij celebrabantur, & Cal. ipsis. vnde institutum adhuc viget vbiq; ferè gentium, vt eo Calend. die floribus omnes Maiuma celebrent, vt vocant Græci, & iureconsulti: hæc est Maij mensis celebritas, de qua etiam plura Suidas. Quidam eruditi cum Floralibus, ἀνθεςήρια Atheniensium coniungunt, non sanè rectè. sed de his, pluribus scripsi in lib. de Annis, mensibus, &c. P. Victor Floræ templum & circum, & Floralia in sexta vrbis regione collocat, hoc est, Quirinali: Fuit, teste Plutarcho, simulacrum Floræ in æde Castoris & Pollucis, à Praxitele summa industria formatum, multis coloribus, tunica indutum, in cuius deæ dextra flores fabarum & ciceris fuerunt. Scribit Porphyrion, in Floralibus Aediles cicer & fabam populo spargere solitos. Versicolor colos ideo Floræ attribuebatur, quia nullus color est qui in Floribus non reperiatur. Sanè Chloris, quam Ouid. Floram ait, meminit & Catullus, & ante hos Homerus in Odyss. Sunt item qui Laurentiam & Larentiam distinguant, vt altera Acca Faustuli fuerit, altera etiam meretrix: ambas tamen Firmianus sub vna recitat Lupa, Romuli & Remi nutrice. Certè Varro ab Acca Laurentia, Laurentalia celebritatem dictam ait. Angeronalia, inquit, ab Angerona, cui sacrificium fit in curia, & cuius feriæ publicæ Laurentinæ: is dies, quem diem quidā in scribendo Laurentalia appellant, ab Acca Laurentia nominatus, cui sacerdotes nostri publicè parent an. 6. die qui Acca dicitur, vel Atra, vt legitur. hæc Varro, & quæ sequuntur, parum mihi comperta. Festus & ipse: Laurentalia, ait, Laurentiæ Faustuli coniugis, Romuli Remique nutricis. festa fuère. Ouid. verò in Fastis,

    Non ego te tantæ nutrix Laurentia gentis,
    Nec taceam vestras Faustule pauper opes,

Vester honos veniet, cùm Laurentalia dicam,
Acceptus Geniis illa December habet.

De Faula porrò Herculis scorto, quam ex Verrio, seu Ennio, deam nominat Lactantius, in Hercule diximus: licet Fauola sit scriptum ibi.

Pomona dea, quæ pomis & fructibus præerat, de qua Ouid. in Metamorphos. in fabula Vertuni, & item Propertius in eadem fabula. Hanc deam summa religione coluerunt gentes, vt poma & fructuum fœcunditas afforet: à qua flamen Pomonalis. Pomonal, ait Festus, fuit in agro Solonio, via Hostiensi, ad lapidem 12, diuerticulo à milliario octauo. Sed de Pomona etiam in Vertuno agedum, ea parte qua Ianus describendus. Porrò cùm Pomona, Fructesam deam connumerat D. August. propter fructus.

Terram, & Tellurem, & Tellumonem, terræ deos, consecrauêre Romani: & Græci γῆν, γαῖαν, & αἶαν appellantes. hinc & ædes & templa eorum in historiis, cæterisque scriptis sæpe legimus. Hymnum deæ Terræ Orpheus composuit, cui omne genus semen pro suffimento adolet, præter fabam, & aromata. Alterum hymnum Terræ Statius concinuit: O hominum diuûmque æterna creatrix, &c. Terram verò etiam primam oracula dedisse, in Historia poëtarum tradidimus. sed & Matrem deûm eandem dixerunt, vt seorsùm, cùm de ea suo Syntagmate agemus dicturi sumus. Quin & Seruius in 10. Aeneid. Terram, inquit, constat esse Matrem deûm: vnde simulacrorum eius cum claui pingitur. nam aperitur verno, hyemali clauditur tempore. Ea & Ops dicta, vt Varro ait de Lingua latina, quòd hîc omne opus, & hîc opus ad viuendum: ideo dicitur Ops mater, & Terra mater. Hæc enim terris gentes omnes peperit, & resumit denuò. Tellurem deam Scythæ sua voce Apiam appellauêre, vt Herodotus docet in quarto. De æde verò Telluris Romæ, quoniam frequenter à scriptoribus sit mentio, hîc breuiter agendum. P. Victor eam statuit in quarta Vrbis regione. Seruius, non à Carinis procul. Val. Max. in area ædiû Sp. Cassij, eius qui regnum affectauit. M. Cic. pro domo sua: Sp. Cassij domus ob eandem causam euersa est, atque in eodem loco ædes posita Telluris. Idem innuit Dionys. Alicar. Porrò & Telluris ædem Sempronium vouisse, his verbis L. Florus ostendit: Domiti hinc (ait) Picentes, sed caput gentis Asculum Sempronio duce, qui tremente inter prælium campo Tellurem deam promissa æde placauit. Sed & Tellurem & Tellumonem, Proserpinam quidam & Plutonem interpretantur. Augustinus libro 7 Tellurem, inquit, à vi fœminæ, Tellumonem à vi masculi dixerunt. Coniungit cum his Altorem & Rusorem: & Altorem quidem, quòd ex terra aluntur omnia quæ nata sunt: Rusorem, quòd rursus cuncta illuc reuoluuntur. & hæc ex Varrone. Noster verò Cœlius Rursorem hunc deum nuncupabat, præsidémque deum putabat rebus restituendis, reparandisque.

Pales, teste Festo, & Seruio, dea pastorum vel pabuli habebatur, cuius festa dicebantur Palilia: vel vt alij volunt, dicta Parilia, quoniam pro partu pecorum eidem sacra fiebant. Lege in Fastis Ouidium. Vergilius, Te quoque magna Pales, & te memorande canemus Pastor ab Amphryso, &c. Tibullus, Et placidam niueo spargere lacte Palem. Ouid. Et tepido lacte precare Palem. Palilia, inquit Varro, dicta à Pale, quod & feriæ ei deæ fiunt: vt Cerealia, à Cerere. Scribit Seruius, Palen ab aliis Vestam, ab aliis Matrem deûm existimatam: itémque genere fœmineo appellari, ab aliis masculino, vt Varrone. idem Arnobius, vt in diis Pœnatibus repetam. huic deæ sacra soluebatur 11 Calend. Maias: vel melius vt alij, 12. vt in Fastis notauimus.

Carna dea, quæ antiquis Romanis culta fuit, quam vitalibus humanis præesse putabat, vt ex Macrobio in libro de Annis, mensibus, diebus, &c. scripsimus. ab eáq; petebatur, vt iecinora, & corda, quæq; sunt intrinsecus viscera, salua conseruaret. cui templû pulso Tarquinio Iunius Brutus in Cœlio monte construxit, Calendísque Iun. sacrum voti reus fecit. huic deæ pulte fabacea & larido res sacra fieri solebat. quin & Calendæ ipsæ Iuniæ, Fabariæ dicebantur. Cardinum etiam deam fuisse legimus, de qua in Fastis fabulosè Ouid. D. August. Cardeam hanc appellare videtur, vt paulò pòst dicemus.

Rubigus deus, vt M. Varro de Re rust. & de Lingua latina, & Rubigalia dicta. Huic deo res diuina fiebat, ne rubigo occuparet segetes. Meminêre Plin. Fest. Ouid. Seruius & Augustinus. Dicimus & Robigo genere fœmineo, & Robigus genere maris. Gellius libro quarto, capite sexto. Verba s. c. Si quid succidaneis opus esset, Robigus accederet. Idem libro 5. cap. 12. In his autem deis, quos placari oportet, vti mala à nobis, vel à frugibus natis
amoueantur.

amoueantur, Arungus quoque habetur, & Rubigus. hæc Gellius. Sanè eruditi quidam pro Arungo hoc loco Auerruncum legunt, de quo deo à me alibi actum est. hinc instituta sunt Rubigalia, quæ celebrantur ad auertendam rubiginem mense Aprili, hoc est, vt Fest. ait, 7 Cal. Maias, vt diximus de Annis, mensibus, diebus, &c. Sanè eorum inanis videtur esse obseruatio, qui rubiginem ferri dicunt, robiginem verò segetum: hoc est, alterum per o, & alterum per u: ita quod de vtraq; re canente in Fastis Ouidio, ad ipsam,

 Parce precor, scabrásq; manus à messibus aufer,
 Néve noce cultis, posse nocere sat est.
 Ne teneras segetes, sed durum amplectere ferrum. Vtrunq; enim vno vocabulo comprehendit. Rubigo genus etiā vitij, obscœnæ libidinis dicitur, vt ex Varrone Seruius ait, in primo Georgicorum.

 Terminus deus: Numa Pompilius secundus Romanorum rex, cùm publicum agrum pop. Rom. & priuatum certis limitibus terminísq; definiuisset, sacellum erexisse Termino deo traditur in colle Tarpeio, cui nihil animatum sacrificaretur, sed liba tantùm, pultes, & frugum primitiæ, qua de re Dionysius Alicarn. lib. 2. Statuit, inquit, Numa, vt suo quisque contentus esset, nec aliena appeteret: hinc de definitionibus possessionum constitutio. Iussit enim vnumquemque fundos suos circunscribere, sacrósq; finibus lapides apponere, lapides ipsos sacrauit Ioui Terminali, statuítq; eis sacra quotannis omnes die stata & constituta facere, super locum ipsum coëuntes: festo etiam die constituto valde honorifico, Terminalium deorum. Festum Romæ Terminalia, ἀπὸ τόρμωσι, id est terminis vocant: finésq; ipsos vnius literæ mutatione à Græca nostra lingua proferentes, Terminos appellant. quos si quis occuluisset, aut transtulisset sacrū eum esse Dei lege statuit, ita vt volenti eum occidere tanquā sacrilegū, & securitas adesset, & pollutionis expiatio. Estq; ius hoc non in priuatis modò possessionibus, sed in publicis quoque constitutum. & idem Dionysius paulò pòst: Sacrificántq; adhuc eis non animatum aliquid, (neque enim pium est cruētare lapides) sed pultes & liba, atq; alias quasdā fructuū primitias. Causam Plutarch. inquirit: An, inquit, Numa Pompil. vir ciuilis ac iustus, & sapiens in primis agri terminos cum finitimis constituit & ipsis finibus Terminū ominis causa nominās, quasi ἐπίσκοπον & inspectorem amicitiæ, & pacis custodem ab omni cæde & sanguine incontaminatum conseruari oportere existimauit? Termino, inquit Festus, sacra faciebant, quòd in eius tutela fines agrorum esse putabant. Denique Numa Pomp. statuit, eum qui Terminum exarasset, & ipsum & bouem sacros esse. Saxum verò fuit hic Deus, vnde & termini agrorum publicorum & priuatorum, tales fuerūt: licet & postea stipes, & arbor, & tegula etiam pro termino posita. Sed mox cùm Tarquinius Priscus templum vouisset in Tarpeia rupe angustum Ioui, Iunoni & Mineruæ, ac eius iacere fundamenta vellet, inuenit ibi deos alios dicatos à Numa & à Tatio & aliis: vsus ipse consilio Accij Nauij auguris, reperit reliquos omnes deos Ioui cedere, præter Terminum & Iuuētam, vt Plutarch. & Dionys. scribunt. Liuius, & Florus, & Seruius, à Tarquinio Superbo inaugurationem factam tradunt, non à Prisco. Existimat Lactantius in primo Terminum eum fuisse lapidem, quem pro Ioue deuorauit Saturnus (quem Græci βαίτυλον vocant, Abadir Latini, vt Priscianus & alij scribunt. Priscianus: Abadir, inquit, deus esse dicitur, & lapis, quem Saturnus deuorasse dicitur pro Ioue, quem Græci βαίτυλον dicunt. nam, vt Hesychius ait, βαίτυλος dicitur saxum illud fasciis reuinctum, quod pro Ioue deuorasse dictus est Saturnus. Sachoniachthon in theologia Phœnicum, Bætylon non saxum tradit, sed Cœli & Rheæ filium. Betylus postea τέρμων, , id est Terminus dictus est.) Subiungit Lactantius eodem loco, Tarquinium, cùm Capitolium facere vellet, & multorum deorum in eo loco sacella essent, consuluisse, vtrum Ioui cedere vellent: & cedentibus cæteris, solus Terminus mansit, qui noluit cedere. vnde illum poëta Maro, Capitoli immobile saxum dixit, & pluribus Seruius. D. Augustinus in quarto de Ciuitate Dei, aliter recitat fabulam: quid enim dicam, historiam? Cùm rex, inquit, Tarquinius Capitolium fabricare vellet, eúmque locum qui ei dignior aptiórque videbatur, à deis alienis cerneret præoccupatum, non audens aliquid contra eorum facere arbitrium, & credens eos tanto numini suóque principi voluntate cessuros, quia multi erant illic, vbi Capitolium constitutum est, per augurium quæsiuit, vtrum concedere locum vellent Ioui, atque inde ipsi cedere? omnes voluerunt, præter Martē, Terminū, & Iuuentatem

Syntagma I.

tatem. Atque ideo Capitolium ita constructum est, vt etiam isti tres intus essent, tam obscuris signis, vt hoc vix homines doctissimi scirent. hæc quidem Augustinus, qui eiusdem libro cap. 29. Nam, inquit, illud quale est, quod paulò ante commemoraui, pulcherrimum auspicium fuisse dixerunt, Martem & Terminum & Iuuentatem nec Ioui regi deorum loco cedere voluisse. sic enim (inquiunt) significatum est, Martiam gentem, id est, Romanam, nemini locum quem teneret datutam: Romanos quoque terminos, propter deum terminum, neminem commoturum: Iuuentutem etiam Romanam, propter deam Iuuentatem nemini esse cessuram. Sed ex aliis addamus cætera. Facto Iouis templo, supra ipsum Terminum foramen fuit in tecto relictum, vt libero cœlo Terminus frueretur: quod & Seruius in nono Aeneid. commentario, & fabulosè in Fastis Ouid. tradiderunt. Aenigma est de Termino ex Varrone apud Gellium, quod inenarratum cùm reliquisset Gellius, Politianus me iuuene in sua Centuria est interpretatus, & ab eo ego in meis Aenigmatibus. Huic porrò deo sacrificabatur publicè ac priuatim, quasi deo custodi finium, vt dictū est: qui non tantùm saxum & lapis fuit, sed interdū stipes, vel tegula. Ouid. in Fastis:

    Termine, siue lapis, siue es defossus in agris
    Stipes, ab antiquis tu quoque nomen habes.   Tibullus:
    Nam veneror, seu stipes habet desertus in agris,
    Seu vetus in triuio florida serta lapis.   Huius dei sacra Terminalia, quæ mense

Februario agebantur, res est nota. Græci quoque Iouem Horium, id est, Terminalem coluerunt. de quo in Ioue pluribus agemus.

Pitho, persuadendi dea ab antiquis Græciæ scriptoribus celebrata: Latini quidam Suadam, & Suadelam, quidam & Leporem dixêre. huius deæ sacellum fuit apud Sicyonios, etsi nullum ibi simulacrum cerneretur, vt auctor est Pausan. qui in Corinth. pluribus historiam recenset Apollinis & Dianæ: qui post interfectum Pythona purgationis gratia Aegialeam contenderunt. sed cùm in iis locis pestilentia esset coorta, consulti vates quid facto opus esset, responsum datum est, placandos esse Apollinem & Dianam: tum Aegialenses septenos pueros puellásque ad Sythan fluuium miserunt, qui deos placarent. id cùm factum esset, Pithus deæ sacellum constructum fuit. Sed enim & antiquis ille mos fuit, vt cum Venere & πειθὼ & χάριτας, id est, Suadam & Gratias effingerent, vt significarent quale esse deberet connubium. Sed quod Pythò dea sessitare in Periclis labris à scriptoribus dicta sit, & Cethegus Suadæ medulla ab Ennio vocatus, plurib. in Miscellanea Politianus. Illud quoque apud Græcos vsurpatur, non aliud esse Suadelæ sacrum, præter orationem: quod Græcè dicitur ἐκ τῆς πειθὸς ἱερὸ ἄλλο πλὴν λόγος. Legimus porrò apud Pausan. deam quandam consolandi cum Pitho factam fuisse à Praxitele, quæ παρήγορος, id est, consolatrix dicta fuit, & in Attica posita fuit. Sed & Diana πειθὸς cognomine dicta est, vt alibi prodemus.

Momus deus conuicij & maledicentiæ ac reprehensionis, Liuorem & Inuidiam Latinè dicere possumus. Momum Hesiodus in Theogon. natum ex Nocte cecinit, vnà cum Morte & Somno & Insomniis, cæterísque. Momum Lucianus inducit, nec semel taxantem cùm alia, tum deos ipsos: vt minus mirum sit, & illum sandalia & crepidas Veneris vituperasse: adeò vt inter prouerbia iam Momo locus sit. Apologus ille certè in omnium est ore, Momum reprehendisse Vulcanum, quod non fenestratum hominis pectus fecisset, quo eius cogitatus planè viderentur. res est nota, præcipuè apud Lucianum in Hermotimo & deorum concilio. Libet hic Hesiodi versus apponere, vt videas à scopo quantum deuij sint, qui antehac transtulêre. ita enim Hesiodus:

    Οὔ τινι κοιμηθεῖσα τέκε νὺξ ὀρεβεννὴ.
    Δεύτερόν αὖ μῶμον, καὶ ὀϊζὺν ἀλγινόεσαν.   hoc est,
    Nox obscura parit, nulli commixta deorum,
    Post primos Momum simul, Aerumnámque dolentem.

Describitur Momus in quarto Græcorū epigrāmatū: meminit & Pindarus in Olymp. Hipponam deam equorum & stabuli, antiqui venerati sunt. de hac dea Plutarchus in Parallelis meminit, & Apuleius libro tertio Asini aurei, & Tertullianus in Apologetico, & Fulgentius ad Chalcidium. eam enim inter deos Semones, qui vocantur, commemorat. Item & Hermolaus Barbarus libro quinto. Plin. castigat. capite 4. Iuuenalis quoque eandem intellexisse à plerisque putatur, in illo: Iurat Solam Hippò, & facies olida ad

præsepia

præsepia pictas: vt scilicet Hippò, & Hippona dicatur. Narratur historia de Fuluio quodam, qui equæ amore captus, cum ea rem habuerit, vnde nata sit puella formosissima, quæ Hippona appellata fuerit: quam tamen quidam, vt puto perperàm, Eponam vocitarunt. Porrò Aristocles libro Paradoxorum secundo, consimilem historiam scribit de Onoscelia. ait enim nobilem quempiam iuuenem Ephesium Martis filium, Demostrati tamen existimatum, cùm muliebrem sexum esset exosus, noctu ad paterna armenta profectum cum asina concubuisse, quæ puellam pulcherrimam peperit, Onosceliam ex re nuncupatam. Idem Stobæus repetit.

Comus, id est κῶμος, deus fuit conuiuiorum & comessationum. Quidam ex Græcis scriptoribus cum Dionysio coniungunt. eius imago à Philostrato describitur pluribus. eum enim coronatum effingit, quo loca pleraque scitu iucunda subiungit.

Zephyrus ab eodem Philostrato in Hyacinthi imagine describitur. illi enim humeros seu scapulas alatas attribuit, facie & aspectu molli: coronam omnium florum genere ei in capite fuisse ait.

Myiagrus deus muscarum dictus, cuius Pausanias in Arcad. ita meminit, cùm agit de celebritate quæ Palladi Tritoni apud Arcadas agebatur: ἐν ταύτα, ait, τῇ πανηγύρει μυάγρῳ προθύουσι. hoc est, In ea celebritate antè Myiagro sacrificant: preces inter sacra heroi effundunt, Myiagrum inuocantes: atque ita facientibus, nihil præterea molestiæ muscæ inferunt. Mentio quoque est Myiagri in castigatis Solini exemplaribus, in quibus ita legitur: Sacellum (inquit) Herculis in foro Boario est, in quo argumenta conuiuij lætæ maiestatis ipsius remanent. Nam diuinitùs illò neque canibus, neque muscis ingressus est. etenim cùm viscerationem sacricolis daret, Myiagrum deum dicitur imprecatus: clauam verò in aditu reliquisse, cuius olfactu refugerent canes. hactenus Solinus. Idem scribit & Plinius, sed dei nomen non apponit, id quod & in plerisque Solini codicibus deesse videmus. Plinius libro 29, cap. 6, dum de alopeciæ remediis agit, non Myiagrum hunc deum, sed Myiodem vocauit, ita de muscis loquens: Nullum, inquit, animal minus docile existimatur, minorísve intellectus. quo mirabilius est, Olympiæ sacro certamine, nubes earum, immolato tauro deo, quem Myiodem vocant, extra territorium id abire. hæc ibi Plinius, qui tamen libro octauo capite vigesimooctauo scribit quoque, Cyrenaicos inuocare solitos Achorem deum muscarum, multitudine pestilentiam afferente, quæ protinus intereunt quàm litatù est. Greg. Nazianz. in prima in Iulianum Cæsarem oratione, non Achorem, sed Acaron vocare videtur: Nò amplius, inquit, muscæ quæret deum Acaron, aut si quid musca est ridiculosius. hoc tamen planè ipse non assero, quando mihi in præsentia non suppetit Græci codicis facultas. Alibi tibi retuli, apud Græcos Iouis esse cognómen ἀπόμυιος, quem colebant, à fugandis muscis appellatù. Sed & deum muscarum Hebræi Beelzebub vocarunt, quod mali dæmonis nomen Christiani existimant. Porrò Myiagrum, seu Myiodem vocitari ab aliquibus videmus Myiagyrum, hoc est muscarum cógregatorem. atque hactenus quidem hac de re tibi, vt ne quid vanitatis gentilium præteriremus. Myiagrus etiam scriptor Phoceus fuit, cuius Vitruuius in tertio meminit.

Praxidicen dæmona quandam appellabant gentes, vt Hesychius tradit, quæ non modò iis quæ dicantur, sed & quæ agantur, finem imponat: & propterea capita habebat, & miracula. Suidas verò huius deæ solùm caput constitui solitum tradit. Soteren autem ex sorore Praxidice filium habuisse finxêre Ctesium, ac filias Homonæam & Areten, quæ & à matre Praxidicæ dictæ fuerunt. Pausan. in Bœoticis, Praxidicas ait deas ab Haliartiis vocatas fuisse, quarum templum erat sub diuo, Tilphusium mótem versus. Idem Pausan. in Laconic. Menelaum scribit in Græciam reuersum post Troiam captã, Praxidicæ erexisse simulacrum non procul à Veneris Migonitidis templo. Praxidicæ meminit & Orpheus in Argonauticis. Idem & in Hymno ad Proserpinam, eam hoc eodem vocat nomine πραξιδίκην. Praxidicen Aelianus vnam ex filiabus Lei vel Leontis dixit, vnde Lecorium delubrum dictum fuit, quod alibi pluribus dicemus. De Venere Praxis cognominata, in Venere dictum. Porrò & Praxiergidæ orgia antiqui mense Februario peragebãt, arcano ritu, deiecto prorsus vniuerso templi ornatu, & simulacro obtecto: quasi scilicet nos passionis Dominicæ tempore facere consueuimus.

Ogenus præterea deus nescio quis, priscus & peruetustus fuit, à quo & prisci & peruertusti homines ὠγύγιοι & ὠγένιοι dicuntur. Licet aliqui Ogygidæ & Ogygij libentius legant.

gant.mecum tamen facere videtur Erasm.in Prouer.

MISCELLANEI DEI.

Nvnc ad aliam deorum classem me conuertam, in qua miscellaneos deos commemorabo, & eos in primis qui ad hominum generationem, aliásque actiones quasdam pertinere ab antiquis putabantur. Nam & Varronem à conceptione hominis eos narrare cœpisse legimus, & ad decrepiti vsque hominis mortem pertinentem perduxisse. Nos ergo à Virginensi dea hanc Syntagmatis partem exordiemur.

Virginensis dea adhibebatur in nuptiis à Romanis, quæ Virgini zonam solueret, vt Græcis Lysizona Diana. De Virginensi diuus Augustinus in sexto de Ciuitate Dei. Ad hanc allusit Catullus, cùm ait: Quòd zonam soluit diu ligatam. Sanè & Persicam & Pertundam deas etiam statuerunt, vt Arnobius docet: & hanc quidem, quòd in cubilis præstò esset, dum virginalem scrobem effoderent mariti: illam, quòd voluptates perficeret inoffensa dulcedine.

Subigus deus pater vocatus, qui adhibebatur, vt virgo à viro subigeretur.

De Hymenæo & Thalassio, simul alio loco agam.

Prema dea mater, culta, vt subacta virgo, ne se commoueret, cùm premitur.

Partunda dea parientium, Lucinam alio loco leges.

Virtunnus, & Sentinus, dei fuêre obscurissimi, vt ait Augustinus libro septimo, quorum alter vitam, alter sensus à puerperio largiri credebantur. meminit & alibi, cùm scilicet de deis selectis ageret. Sentia etiam dea existimata, quæ sententias inspirare dicebatur, vt idem August.scribit. Sunt qui hanc Sentam fuisse autument, quæ Pici filia fuerit.

Vagitanus deus, qui infantum vagitibus præesse credebatur, vt ex Varrone August. refert. Gellius tamen, hunc, nescio an alium, Vaticanum nominare videtur, cuius hæc sunt verba ex decimosexto Noct.Att. Et agrum, inquit, Vaticanum, & eiusdem agri deum præsidem appellatum acceperamus à vaticiniis, quæ vi ac instinctu eius deiin eo agro fieri solita essent. Sed præter hanc causam M. Varro in libris Diuinarum, aliam esse tradit istius nominis rationem. nam sicut Aius, inquit, deus appellatus, aráque ei statuta est, quæ est intima Noua via, quod eo in loco diuinitùs vox edita: ita Vaticanus deus nominatus, penes quem essent vocis humanæ initia: quoniam pueri simulátque partí sunt, eam primam vocem edunt, quæ prima in Vaticano syllaba est.idcirco vagire dicitur, exprimente verbo sonum vocis recentis. Non me præterit, quosdam hîc Gellium accusare, quosdam alios interpolare voluisse. Festus, Vaticanum collem dictum ait, quòd pulsis Hetruscis, eo potitus sit pop.Rom.vatum responsis.

Cunina dea, quæ infantes in cunis tueri credebatur, & fascinum summouere: Lactantius.eadem penè August.ex Varrone, nec semel.

Leuana dea, quæ natos de terra leuat infantes? Augustinus. Moris verò fuit, vt natus infans ab obstetrice in terra statueretur, vt Macrobius ex Varrone docet. Seneca: Omnes infantes terra nudos excipit. Plin. Natura hominem tantùm nudum, & in nuda humo natali die abiicit. Statius in Syluis: Tellure cadentem Excepi, fouíque sinu. Idem alibi, & à Statio Claudianus:

 Quem prima meo de matre cadentem
 Suscepi gremio.

Rumina, vel Rumia dea, quæ mamma paruulo, vt ait Augustinus, immulgere dicebatur, quia rumam dixêre veteres mammam. Idem Plin. & Festus ante Augustinum. Varro item de Re rustica, & de Liberis educandis, apud Non. Marcellum: Hisce manibus lacte fit, non vino, Cuninæ propter cunas, Ruminæ propter rumam. Idem quoque Varro de Re rustic. secundo. Non negarim, inquam, ideo apud D. Rumiæ sacellum à pastoribus satam ficum. ibi enim solent sacrificare lacte pro vino, & lactentibus. Plut.in Probl. Quid est quod Ruminæ rem diuinam facientes, hostiis lac spargere & libare consueuerunt, vinum autem non adhibent? an quod Latini rumam, mammam nominant: & ficum Ruminalem ideo dixerunt, quòd sub ea lupa Romulo & Remo lac exhibuit?& cætera, quę toto Problemate leguntur.Idem repetit in Romulo, nisi quòd deam ῥυμιλίαν vocat. de Ruminali verò ficu, varia legito apud Seruium libro 8. Aeneidos.

Edusa, & Potina, deę presides existimatę eduliis & potionibus infantū, vt Non.ex Varrone legere videtur. Alij verò non Edusam, sed Edulicam deam hanc appellất, vt Augustinus

nus, qui ait Edulicam deam vocatam, quæ escam præberet. Aelius verò Donatus in Terentiana Phormione, Edulicam & Poticam has deas vocauit. ita enim scribit: Vbi initiabunt quidam cibo & potu, quidam sacris: vbi legitur apud Varronem initiari pueros Eduliæ & Poticæ & Cubæ, diuis edendi & potandi & cubandi, vbi primùm à lacte & à cunis transferunt. vt Vergilius: Nec deus hunc mensa, dea nec dignata cubili est. hoc annotauit Probus. Sed Terētius Apollodorum sequitur, apud quem legitur in insula Samothracum à certo tempore pueros initiari, more Atheniensium: quod vt in palliata, probandum est magis. hæc Donatus. Sed Edulicam potius, & Potinam, legit August. in. quarto & sexto de Ciuit. Dei. Sunt qui apud Donatum Educam legant, & Poticam. Arnobius tamen libro tertio contra Gentes: Victuam & Potuam sanctissimas victui potuique procurant. ò egregia numinum, & singularis interpretatio potestatum: nisi postes virorum adipali vnguine oblinerentur à sponsis, nisi virginalia vincula omnia feruentes dissoluerent, atque imminentes mariti nisi potarent & manderent, homines dei nomina nō haberent. & hæc quidem Arnobius. vt videas, quantum gentes insanierint.

Statilinus, vel vt aliqui legunt, Stabilinus, & Statanus, Dei præsides & assistentes: Lactantius. alij educationi ascribunt, eo videlicet tempore, cùm standi & consistendi potestatem habere incipiunt. Statanus, inquit, puerorum Deus apud Nonium. Varro libro 1. de Pueris educandis.

Fabulinus Deus dicebatur, cùm fari pueri auspicabantur.

Nascio, seu vt alij tradunt, Natio, dea quæ nascentibus præesse credebatur, de qua sic Cicero in tertio de Nat. deorum: Nascio quoque dea putanda est, cui cùm sana circumimus in agro Ardeatino, rem diuinam facere solemus: quę quia partus matronarum tueatur, è nascentibus Nascio nominata est.

Pauentiam deam antiqui constituerunt, vt auerteret ab infantibus pauorem: atque inde etiam appellata, autore Augustino.

Timorem quoque Lacedæmonij coluerunt, vt Plutarchus in Cleom. ostendit. apud eos enim non Timori tātùm, sed Morti etiam & Risui, aliisque huiusmodi affectibus templa dicata fuerunt. Timorem verò non sicut alios dæmonas venerabantur, quos tanquam noxios abesse procul à ciuitate volebant. Sed hoc Rempubl. maximè contineri arbitrabantur, &c. vbi multa de hoc deo Timore exequitur, quæ omnino diligenter in Repub. administranda obseruanda sunt.

Formido, seu Timor, hoc est φόβος, pingebatur cū capite leonino, vt in scuto Agamemnonis: Pausan. Legimus apud Lacedæmonios, Ephoros Timoris sacellum construxisse prope triclinium, quo ipsi tribunal habebant, vt essent cæteris maiori formidini.

Volupia dea existimata, quæ à voluptate (vt Augustinus ait) appellata est. de eadem Varro & Macrob. meminêre. In Volupiæ ara simulacrum fuit Angeroniæ, quæ dea silentij apud Romanos habita est. Vidi qui Volupiam in throno effingeret, vt reginam, sed pallidiorem aspectu, & quæ virtutes subtus pedes habere videretur. Sed quantum scriptori illi, qui hoc literis mandauit, fidei habeam, non est vt hoc loco tibi prodam.

Libentina dea fuit, cui nomen factum à libidine, ait Augustinus. Varro tamen de Lingua lat. à libendo deducit, & Veneremesse significat, quæ & Lubentinia dicta est: vt in Venere planius ostendam. Arnobius, Libentinam & Burnum, libidinum præesse tutelis scribit. ex his melius expones illud in secundo de Natu. deorum. Ciceronis, Quo ex genere Cupidinis & Volupiæ & Lubentinæ Veneris vocabula consecrata sunt: quàm ab iis fieri soleat, qui illud Ciceronis opus interpretati sunt. Plautus etiam Lubentiam dixit, vt in Asinaria: Vt ego illos lubentiores faciam quàm Lubentia est. Idem in Sticho: Itaque occlusum pectus porto lætitia, Lubentiáque.

Nixi dei dicti fuêre ab enitendo, id est pariendo, de quibus Festus ita (licet perperàm in plerisque codicibus legatur, Noxij dei) Nixi dei tria signa appellantur in Capitolio, ante cellam Mineruæ genibus nixa, velut præsidentes parientium nixibus: quæ signa, sunt qui memoriæ prodiderint, Antiocho rege Syriæ superato, M. Attilium subtracta populo Romano deportasse, atque ibi posuisse.

Prosa, vel Prorsa (vt legi contendebat Cœlius) & Postuerta, deæ fuêre apud Romanos celebratæ, quibus & aræ & sacra fuerant constituta, ob scilicet pariendi discrimina.

Prosa

Syntagma I.   49

Prosa enim præesse illis existimabatur, quæ rectum ac legitimum partum ederent: Postuerta verò, ab ægris & infirmis, & cùm præposterè partus edebatur. Sed & Postuerta à Macrob. & Anteuerta, alia ratione referuntur, quas libentius nonnulli antiquè pronunciant, hoc est Anteuortam & Postuortam. has enim ideo veteres coluêre, quòd ea omnia intelligi oportere existimarent, quæ preterita ac futura essent. qua ex re comites diuinitatis eas appellauerunt, non secus ac Consilium & Prouidentiam, quibus humana omnia & diuina expenduntur & præuidentur.

Ossilago dea solidatrix ossium, vt ait Arnobius lib. 4. qui & hoc addit: Nam quæ durat & solidat infantibus paruis ossa, Ossilago ipsa memoratur.

Mena dea fuit, quæ fluoribus menstruis mulierum præesse putabatur, vt Augustinus docet in septimo. Iouis filia hæc Luna credita, quippe Græcè μήνη Luna dicitur. Menam idem Augustinus priuignam Iunonis dixit.

Næniam deam funerum commemorat Festus. & Augustinus ex Varrone ita ait: Denique & ipse Varro commemorare & enumerare deos cœpit à conceptione hominis, quorum numeros exorsus est à Iano, eámque seriem perduxit vsque ad decrepiti hominis mortem, & deos ad ipsum hominem pertinentes clausit ad deam Næniam, quæ in funeribus senum cantatur. Sed & ego in Vario sepeliendi ritu de hac dea locutus sum, itémque & Libitina, & Epitymbia. Porrò Næniæ sacellum extra vrbem fuisse, non longè à Viminali porta, autores tradunt. Sed & Mortem deam veteres fecêre, quam variis modis effinxêre, Stat. In scopulis mors sæua sedet.   Idem:

——Stygiis emissa tenebris
Mors fruitur cœlo, bellatorémque volando
Campum operit, nigróque viros inuitat hiatu,
Nil vulgare legens, sed quæ dignissima vita,
Funera præcipuos annis animísque cruento
Angue notat, &c.
Vergilius in vndecimo Aeneid.
Multa boum circa mactantur corpora Morti,
Setigerósque sues, raptásque ex omnibus agris
In flammam iugulant pecudes.   Lucan.
——Ipsámque vocate.
Quem petat è vobis Mortem, tibi coge fateri.

Eadem penè forma & poëtæ Græci ἄτροπον dixere, vt est apud commentatores Apollonij in 4. Argonauticôn, vt obseruauit B. Aegius. Quin & apud Gades templum Morti dicatum, Aelianus in Varia, & ab eo Bandelus, prodidere. Extat Mortis etiam, id est, θανάτου hymnus apud Orpheum, cui adoletur manna thuris.

Meditrina dea ab antiquis culta, vt Varro & Festus testantur, à medendo denominata: vnde & Meditrinalia, vt de Annis, mensibus, & diebus docuimus. Nam vt Varro & Flaccus tradunt, flamen Martialis dicere erat hoc die solitus, Vinum nouum & vetus libari & degustari medicamenti causa: quod, inquit Varro, facere solent etiam nunc multi, cùm dicant: Nouum vetus vinum bibo, nouo veteri morbo medeor.

Nundina dea antiquorum, vt scribit Macrobius, à nono nascentium die nuncupata, qui dies lustricus nuncupabatur, quo scilicet infantes lustrabantur, & nomen imponebatur: quod & Festus scribit, & Plutarchus in Quæstionibus, & nos vt suprà.

Febri etiam, vt deæ, multas aras Romani erexerunt, vt ex M. Tullio, Val. Maximo, Liuio, Plinio, Augustino, aliísque obseruauimus. Tullius quidem in tertio de Nat. deorum, & secundo de Legibus. Febrem verò, ait Val. Maximus, ad minus nocendum templis colebant, quorum vnum adhuc in Palatio, alterum in arce Marianorum, tertium in summa parte vici Longi: in eáque, remedia quæ corporibus ægrotorum innexa fuerant, deferebantur. Sane illud sciendum est, quod apud Lactantium, Seruium, & Porphyrium philosophum legimus, aliquos deos cultos à veteribus vt prodessent, alios ne nocerent: vt Febris, Robigus, Orbona, quæ dea erat, ne nos orbos faceret. In huius Orbonæ tutela fuisse ait Arnobius, orbatos liberis parentes: cuius deæ ara fuit, teste Plinio, ad Larum ædē. Larium verò ædes erat in summa sacra via, vt Solinus scribit. Et Auerruncus, qui auerruncaret, id est, auerteret mala. Item Deuerra, & reliqui. Audi quæso quid de hac

De Deis Gentium.   e   etiam

etiam re superstitiosa scribat M. Tullius. Illud, inquit, profectò confiteamini, longè aliter rem se habere, atque hominum opinio sit: eos enim qui Dei appellantur, rerum naturam esse, non figuras deorum: qui tantus error fuit, vt perniciosis etiam rebus non tantùm nomen deorum tribueretur, sed etiam sacra constituerentur. Febris enim fanum in Palatio videmus. hæc quidem Cicero. Sed me pudet pigetque dicere, nos quoque diuos quosdam hac ratione colere, quos magis plerique omnes venerantur quàm Christi proceres.

Aegeria deà à mulieribus colebatur, quòd eam opitulari credebant partu egerendo, vt ait Festus. Aegeriæ nymphæ prægnantes sacrificabant, quòd eam putabant facilem conceptum aluum egerere. Sed de hac, plura in Nymphis agemus.

Iuturna etiam nympha culta, & à iuuando appellata: vt Varro & Seruius tradunt: de qua lege nostras Nymphas.

Quietem deam coluére Romani, vt testis est Augustinus in quarto de Ciuitate Dei, quæ dea homines faceret quietos, vel quietem afferret. hæc dea extra portam Collinam ædem habuit Romæ. T. Liuius in quarto, Quietis fanum fuisse via Labicana prodit. Orcus etiam Quietalis dictus, vt alibi dictum.

Murcea, vel Murcia, dea desidiæ existimata: de qua plura dicturus sum in Murtia Venere. Huic contraria est habita,

Strenua dea, quæ & Strenia dici videtur, si codicibus credendum est. nam D. Augustinus à strenuè faciendo denominatam ait. Varro de Ling. lat. Hinc oritur caput sacræ viæ, ab Streniæ sacello.

Minutius etiam deus apud Romanos legitur: qualis autem fuerit, quod recorder, non legi. Festus quidem, deum ipsum commemorat. idem & alibi: Minutia, inquit, porta Romæ appellata, eo quòd proxima esset sacello Minutij. Hinc & Lampridius in vita Commodi imp. Herculis signum, inquit, sudasse in Minutia per plures dies: quo loco vir doctissimus hoc parum obseruauit.

Pellonia dea, vt scribit Arnobius, pellendorum hostium potens credebatur, quo loco deos gentium irridet.

Agenoriam deam vocauerunt antiqui, quæ ad agendum excitaret, ab agendo dicta: August. de Angerona alio loco dictum est. Inuenio & Agonium deum dictum, qui præesset rebus agendis: & Agonalia festa, de quibus in sacrificiis plura dicemus.

Horta dea, cùm viueret Hersilia, nuncupata, vxor Romuli, quam ab hortando & incitando dictam, Labeo, vt Plutarchus docet, existimauit. Huius deæ ædem nunquam claudi solitam, idem Plutarchus tradit: ea scilicet causa, quòd semper aliquid præclari fieri hortaretur, nunquámque cessandum. Hæc mox vocata Hora, vt quidam putant, prouidentiæ dea, quæ negligentes socordésque esse non pateretur: atque ideo ab hortando & incitando Labeo denominatam putauit, vt Græca voce Plutarchus ait παρορμᾷν. Quidam hanc Hortam & Stimulam appellatam dixerunt, de qua diuus Augustinus, quæ putaretur vltra modum ad agendum stimulare. de Hora Quirini, Ouidius, Gellius, & nos alibi.

Catius deus antiquorum, qui catos, id est, acutos homines faceret: Augustinus in quarto. Sunt qui libentius Cautium legant, quòd scilicet cautos homines faceret.

Volumnus deus, & Volumna dea, à volendo, vt reor, dicti, quòd bona vellent: dei nuptiales, vt bene coniungerentur. sunt qui coniugales deos existiment. sunt qui absque litera m, Volunus & Voluna legant: quorum sententiam non improbo. Fuit & Voltumna dea Hetruscorum, ad cuius fanum frequens Hetruscorum concilium aliquando factum, legimus apud T. Liuium. Videndum tamen, an potius Vertuna legendum sit, vt Vertunus. eius deæ non semel idem Liuius meminit. Fuit & Volutina dea, folliculorum inuolucris & inuolumentis segetum præposita: Augustinus.

Adeona, & Abeona, deæ cultæ fuerunt ab antiquis, quæ adeundi & abeundi facultatem præstarent. meminit August. in 4 & in 7 lib.

Vacuna, vacandi dea ab aliquibus dicta, ab aliis Victoria: & propterea nos de ea in Syntag. Martis, vbi de Victoria, pluribus agemus.

Numpria dea, quæ numerare docere credebatur, vel ad numeros pertinere. autor D. Augustinus.

Populonia,

Syntagma I.

Populonia, & Fulgora, nomina dearum apud Senecam in libro de Superstitione. meminit Augustinus libro 6. hæc, si coniectari licet, adhibebantur, ne populationes & fulgura fierent. nam & Fulgur Iupiter,& Populonia Iuno dicebatur, vt dicturi sumus.

Lateranus deus focorum creditus,& Genius:adauctúsque hoc nomine, vt prodit Arnobius, quòd ex laterculis crudis antiquiss. aut ex quacunque materia focos fabricarent.

Panda dea dicta, vt idem scribit Arnobius, quòd Romulus, id est, Quirinus, in iaculi missione cunctorum præstiterit viribus. Pandam quoq; deam, seu Panticã apud eundem legi. quòd T. Tatio Capitolinũ vt caperet collẽ, viã pandere atq; aperire permissum fuerit.

Arculus deus, arcis & capsis præesse existimabatur.

Lauerna dea furum, qui (vt Festus ait) ob id lauerniones dicuntur. in huius deę loco obscuro abditóque furta prædásque diuidere solebant: hinc & Lauernalis porta vocata est. Lauernæ meminit Horatius primo Epistolarum ad Quintium: Pulchra Lauerna da mihi fallere. Ausonius Gallus:
  Hic est ille Theon, poëta falsus,
  Bonorum mala carminum Lauerna.

Non. Marcellus: Lauerna dea, cui supplicant fures, Plaut. in Aulul. Ita me bene amet Lauerna, te iam, nisi reddi mihi vasa iubes, Pipulo hic differã ante ædes. Lucilius libro 18. Si meses facis musas, si vendis Lauernæ. Meminit & Varro deæ,& portæ in libro de Ling. lat. Acron verò: Lauerna ait, via Salaria locum habet. est autem dea furum, & simulacrum eius fures colunt, aut qui consilia sua volunt esse tacita: dicta à lauando. nam fures Lauatores dicuntur. cum silentio preces eius exercentur. hæc ille. Porphyrion autem: Lauerna, inquit, dea furum, & latêre volentium. Quare videndum apud Acronem, ne potius legendum sit, dictam deam à latendo, quàm à lauando:& Lauerniones, nõ lauatores. B. Aegius potius ἀπὸ τȣ̃ λαβεῖν, hoc est, à capiendo dictam putat.

Furina dea ab antiquis culta, in cuius honorem feriæ Furinalia dicuntur: cui deæ flamen etiam Furinalis attributus fuit. vide Festum, & Varronem, qui ait vix suo tempore notam fuisse. Furinæ meminit & Martianus in secundo, & M. Cicero in tertio de Nat. deorum, Eumenidas commemorans: Quæ, inquit, si deæ sunt, quarum & Athenis fanum est,& apud nos, vt ego interpretor, lucus Furinæ, Furiæ deæ sunt speculatrices (credo) & vindices facinorum & sceleris. meminit & ad Atticum.

Bonus euentus ab antiquis cultus. Plin. 35. scribit: Euphranoris simulacrum Boni euentus, dextra pateram, sinistra spicam ac papauer tenens. Boni euentus meminit Varro in primo de Re rustica, inter Consentes diuos agricolarum, vt iam antè notaui. Praxitelem scribit Plinius huius simulacrum in Capitolio fecisse. Templi Boni euentus quædam etiam nunc vestigia Romæ cernuntur, inter Mineruam & S. Eustachiũ, vt à plerisq; creditur.

Fessonia dea colebatur, vt fessos iuuaret.& vt hostes depellerentur, Pellonia diua placabatur. vtriusque August. in quarto meminit.

Bonus deus, apud Græcos ἀγαθὸς θεός, cuius templum Pausan. in Arcad. commemorat, ad sinistram viæ quæ in Mænalum montem ducit. est & in poculis illud postcœnam, quod ἀγαθȣ̃ δαίμον@ dicebatur, quod meracius erat cæteris, quem dæmona vel deum quidam Fortunam interpretantur. alij Liberum patrem: alij non vltimum poculum, sed primum scripserunt ἀγαθȣ̃ δαίμον@. sicuti etiam nonnulli, vltimum poculum non meracius, sed dilutius. sed hac de re & ego aliàs in Grypho ternario, & alij plura annotarunt.

Pœna & Beneficium, duo numina deorum, instituta à Democrito.

Necessitatis & Violentiæ sacellum in Acrocorintho, Pausan. quod ingredi nefas fuit, ἀνάγκης καὶ βίας ἱερόν.

Risus simulacrum, vt dei, Lycurgum apud Lacedæmonios erexisse testis est Plutarch. Putabat enim ille, Risum laboris & modesti victus esse condimentum. Apud Apuleium quoque Risus, quod etiam interpres notat, mẽ τιο est. Hypatenses Thessali huic deo quotannis rem diuinam in summa lætitia faciebant. γλυ@θεȣ̃, id est, dei Risus Pausan. meminit. Legitur encomion Risus Cælij nostri Calcagnini: quod cùm multa eruditione ac hilaritate refertum sit, hìc dignum duxi vt ascriberem.
  Mœror abi, subeat Risus, mihi pectora Risus
  Impleat,& læto saliant præcordia risu.
  Risus enim diuûm atque hominum est æterna voluptas.

De Deis Gentium.   e 2   Nam

Nam si quid fidei magno præbemus Homero,
Ἄρβιςος δ' ἀρνᾶτο γέλως μακάραισι θεοῖσιν.
Quin etiam fuerat sancitum lege Lycurgi,
Vt Lacedæmonij post bella exhausta litarent.
Lætitiæ, atque bono facerent solennia Risu:
Illius & lapide è Pario substruxerat aras,
Hic vbi post Mauortis opus gens aspera bello,
Ponebat vigiles curas, suetásque labores,
Cùm faciem attritam galea, cùm puluere fœdos
Porrigeret vultus, & frontem nube leuaret, 10
Ipsa comes Risus aderat sine casside Cypris,
Et largos hilari fundebat pectore Risus.
Vos quoque Romulidæ, quondam vos inclyta rerum
Imperio soboles, genitabilis aura Fauoni
Cùm primùm duro concretas frigore terras
Laxabat, vernis intexens floribus arua,
Ardua magnarum soluistis pondera rerum
Risibus, & grandes mirata est Roma cachinnos:
Scilicet hæc populos, hæc magnum continet orbem
Temperies, grauitas simul, & lasciuia vitæ, 20
Et Risus curis, & nexa Modestia luxu.
Hæc quoque me procul à patria, aspectúque meorum
Per maria & terras tot tempestatibus actum
Soletur, dirique leuet dispendia fati,
Donet & optatos post longa incommoda risus. Hactenus Cœlius.

Amicitiam etiam deam, quàm Græci φιλίαν vocant, iure inter sua numina gentes collocauere. & quamuis eius aras non legamus, nec imagines, nuper tamen cùm Hebrǽas quasdam sententias interpretatas additis scholiis euoluerem, in hæc verba incidi: Apud Romanos, inquit, Amicitiam pictura antiquitùs pulchrè demonstrabat. Pingebatur enim iuuenis forma, detecto capite, quæ erat tunica rudi induta, in cuius fimbria scriptum erat, 30
Mors & Vita: in fronte, Aestas & Hyems: habebátque latus apertum vsque ad cor, & brachium inclinatum digito cor ostendens. ibi scriptum erat, Longè & Propè. Suberat & picturæ explicatio, quæ ita legitur: Forma iuuenilis indicat amicitiam semper recentem, nulláque temporis diuturnitate tepescentem. nudum caput, vt omnibus pateat, & amicus nullo vnquam tempore amicum publicè suum fateri erubescat. Rude autem indumentum ostendit, vt amicus nulla ardua, extremámque inopiam pro amico subire non recuset, Vita & Mors in vestimento scripta, quod qui verè diligit, vsque ad mortem amat. Aestas & Hyems, quia & in prosperis & in aduersis æquè amicitiam seruat. Latus apertum habet vsque ad cor, quia nihil amico celat. Brachium inclinat, & digito cor ostendit, vt opus cordi, & cor verbis respondeat. Longè & Propè quod scriptum est, quia verà ami- 40
citia nullo tempore aboletur, nec locorum intercapedine disiungitur. Hæc fermè totidem verbis ascripsi, quæ exoticam scilicet sapientiam ac peregrinam redolere videntur. Porrò & Amicitiam post mortem durare, elegens Græcum epigramma ostendit, in quo Vlmus describitur arida, quam vitis opaca viridi coma complectitur: docétque, homines debere officij memores esse: exemplóque monet, tales nos quærere amicos,
    Quos neque disiungat fœdere summa dies.
Fauorem deum etiam ab Apelle pulchrè effictum legi, quam picturam quia à nescio quo non infœliciter carmine descriptam inuenio, hîc illam tibi ascribam:
    Pictor Apellea quid pingis ab arte Fauorem?
      Vnde illi generis semina nota parum? 50
    Hic genitum Forma, Fortunæ hic iactat alumnum:
      Casu ille, ille animi dotibus esse satum?
    Qui comes assiduus lateri? Assentatio. & ecquæ
      Ponè subit lentis passibus? Inuidia.
    Ecqui circumstant? Opulentia, Fastus, Honores,

Leges, & scelerum sæpe Libido parens.
Cur facis aligerum?Fortunæ elatus ab aura
Aduolat alta,imò nescius esse gradu.
Quare oculis captum pingis?non nouit amicos,
Improbus ex humili cùm petit alta loco.
Quid rotulæ insistit?Fortunam imitatur,& infert
Se socium,instabiles quà tulit illa pedes.
Cur timet,atque extra sese ambitiosius effert?
Occæcare animos fata secunda solent.

Preces etiam, hoc est τὰς Λιτὰς, Homerus poëta libro Iliados nono, his fermè versibus expressit:

Nanque Litæ,soboles magni Iouis,& pede claudo,
Rugosæ,obliquóque oculo medeantur vt illi,
Terga sequuntur Ates,celeri præuertitur omnes
Illa gradu, & passim damnum mortalibus affert.
Hæ verò actutum sarturæ damna sequuntur,
Conciliántque suis cultoribus optima semper
Commoda,at exercent iram genitoris in hostes.

Easdem & Quintus Calaber in Paralipomenis commemorat. Sunt qui ita interpretentur:Deas quidem eas claudas, quòd qui precentur, genua flectant: item rugis oblitas, ad imbecillitatem designādam.ad hæc & strabis esse luminibus,quòd conniuere videantur ad aliqua, sed postremò necessitate ad supplicationes deflecti. demum idem poëta Preces,vt ait Phurnutus, deas quasdam claudásque vocauit, quòd tardè & vix accedant ad eos supplicandos, quos antè iniuria affecerint. At verò rugosas & strabis luminibus, quod grauiter & ore parum hilari intueri queant,quos offenderunt, & à quibus veniam deprecentur. Iouis porrò filias ait, quòd venerabiles sint. & hactenus fermè Phurnutus. Cæterùm & Orpheus in Argonaut. ὁ γὰρ ἄτιμοι ἰκετῶν ξυνὸς κόραι ἀλλαι. hoc est, Non etenim sine honore Icesij Iouis puellæ Preces:&c.

Pauor,& Pallor,dei à Tullio Hostilio figurati & culti,vt Lactantius scribit,& Augustinus his verbis: Hostilius certè rex deos & ipse nouos Pauorem atque Pallorem propician dos non introduceret,si Felicitatem deam nosceret & coleret,& cætera.ita verò accidit, cùm commisso inter Romanos & Veientes prælio,nunciatum esset Tullio Hostilio regi, Albanos desciscere, palleréque & Pauere Romanos ob eam rem videret,ipse in re trepida templum vouit Pauori & Pallori. lege & Liuium in primo. Pauorem quoque, hoc est τὸ δεῖμα, à Corinthiis cultum fuisse,scribit Pausanias in Corinthiacis.nam cum Mermeros & Pheres Medeæ filij lapidib.obruti fuissent à Corinthiis, propter ea quæ à matre Glauce munera attulissent,vnde ex oraculo postea eis sacra facta sunt solennia, & Pauoris seu Terroris,hoc est δείματος imago dedicata muliebri ætate, habitu ad terrorem quàm maximè efficta.

Viriplaca dea culta à Romanis,quæ nomen à placandis viris assecuta fertur.nā vt Val. Maximus libro 2.scribit, quoties inter virum & vxorem aliquid iurgij intercesserat, in sacellum deæ Viriplacæ, quod etiam P.Victore teste in Palatio fuit, veniebant: qui ibi inuicem locuti quæ voluerant, contentione animorum deposita, concordes reuertebantur.dignissimum sacrum institutum. Quis ergo miretur, vnde tanta fuerint populo Romano incrementa?nonnihil antè meminimus.

Forculus,vel vt alij, Forulus,& Cardea,& Limētinus,tres fuerunt existimati dei,ianuis ac ostiis præfecti: & Forculus quidem foribus datus, vt ait Augustinus: Cardea verò cardini hāc quidā libentius Carnam vocant,quæ(vt canit in sexto Fast.Ouid.)ab Iano compressa,acceperit cardinum potestatem, prius Crane nūcupata,dein per antistichon Carona.Hanc & Cardineam viri alioqui eruditi, inter quos Sipontinus, appellarunt. Verùm de Carna,quæ putabatur vitalibus præesse, & exta intranea conseruare,cuique in monte Cœlio sacrum constitutum, plura pauló antè attulimus.

Cloacinam deam T.Tatius rex consecrauit, cuius simulacrum (vt Lactantius scribit) in cloaca repertum.Cloacinæ meminit Cyprianus,& D.Augustinus nec semel, T.Liuius libro tertio ab v.c. Ac nutricem,inquit, propè Cloacinæ ad Tabernas.sed melius fortasse si

Cluacinæ legeretur, & Venerem intelligamus: de qua suo loco, hoc est in Venere agemus. Nam quidam alioqui eruditi, Cluacinam & Cloacinam confundunt.

Proteruiam sunt qui deam, & qui sacrificium potius fuisse dicant, cùm in conuiuio aliquid superfuisset quod combureretur. plura Macrob. in Satur. vnde iocus ille Catonis, in eum qui bona consumpsisset, eum proteruiam fecisse. Ausonius in Mosella:

Capripedes agitat cũ læta Proteruia Panes. Tametsi hoc loco pōt intelligi pro lasciuia.

Picus Saturni filius, vt poëta in 7 Aeneid. rex Latij, ab vxore Circe in auem sui nominis conuersus, quòd Pomonam amaret: à Romulo inter deos connumeratus, vt Augustinus in 4 docet. vide Ouidium in Metamorph. Plutarchum in Quæst. Seruium grammaticum: qui ait, quòd ideo fingitur in picum Martium conuersum, quia augur fuerit, & domi picum habuerit, per quem futura noscebat: quòd & pontificiales indicant libri. Curinum & Verrundum deos Varro de Ling. lat. commemorat: sed nihil vltrà de his scribit, nisi quòd à T. Tatio cum cæteris deis Sabinis constituti sint.

Bubona dea nuncupata à bobus, vt scilicet boues fortunaret. Augustinus meminit.

Auerruncus deus, qui auertere credebatur mala: de quo Varro: Auerruncare, auertere. Pacuuius: Deus qui meis rebus præest, Auerruncus. itaque ab eo precari solent, vt pericula auertat. hæc fermè Varro de Lingua latina.

Intercido deus, licet quidam Intercidonam legant, apud Augustinum libro sexto, ab intercidendo securi.

Pilumnus deus, à pilo, quod far sine pilo non conficiatur, ait August. meminit & D. Cyprianus. Sed de Pilumno Seruius in nono Aeneid. commentario: Pilumnus, inquit, deus dictus, qui pilendi frumenti inuenit vsum. vnde à pistoribus colitur, & ab ipso Pilũ dictum est. Martianus libro secundo: Comminuendę frugis farrisq; fragmēta Pilumno signat Italia. Non. Marcellus, Pilumnum, & Picumnum deos vocat præsides auspiciis coniugalibus Varro de Vita popul. Rom. libro 2. Natus si erat vitalis, ac sublatus ab obstetrice statuebatur in terra vt auspicaretur rectus, deisq; coniugalibus Pilumno & Picumno in ædibus lectus sternebatur. Pilumni fratrem Picumnum (si modo exemplar incorruptum est) facit, loco quo suprà. Pilumnus, inquit, & Picumnus, fratres fuerunt. horum Picumnus stercorandorum agrorum inuenit vsum, vnde & Sterquilinus dictus est: hunc tamen Lactātius & Tertullianus Sterculium nuncupare videntur, qui stercorandi agri rationem primus induxit. Macrobius Saturnum Sterculium à Romanis vocatum ait, vt in Saturno dicetur, alij etiam Stercutum vocauēre. Plin. quidem lib. 17. Stercutiũ: Stercutius, inquit, Fauni filius Italiæ rex, stercorationis agrorum in Italia inuētor, ob id donatus immortalitate.

Deuerra dea, à scopis deuerrendo, quia fruges non coaceruantur sine scopis: vide quæ in Syluano deo scribemus, ex Varrone & Augustino.

Iugatinus deus, vt in sexto de Ciuit. Dei, ex Varrone scribit Augustinus, cùm mas & fœmina coniugebantur, colebatur: vel vt idem in quarto ait, quòd coniuges coniungeret, vel quòd iuga committebantur.

Domiducus deus, eodem teste, cùm domum ducenda erat quæ nubebat, colebatur: quamuis & Domiduca eadem causa Iuno vocabatur, vt dicemus.

Domitius quoq; deus apud antiquos celebrabatur, vt esset in domo noua nupta. Idem auctor Augustinus, qui & illud etiam scribit.

Manturna dea adhibebatur, vt cũ viro maneret. Matura verò dea fuit, quæ maturescentibus frumentis præesse dicebatur: quā tamen quidam perperàm, vt puto, Matutam existimant, quæ potius Leucothoë est, de qua Plutarchus in Camillo, & in Problem. Plura & M. Cicero in tertio de Nat. deorum. legimus præterea Matutæ ædem ancillis Romæ nefas fuisse ingredi. vna intrò ducebatur, & alapis cædebatur, & impellebatur, & fratrum filios ante singulos fratres in vlnis sub brachio ferebant, & circum sacrificia currebant, in signum eorum quæ in fabulis traduntur de Dionysio & Ino. ab hac Rom. matronæ bona filiis non optabant, sed nepotibus, quòd ipsa in filiis fuerit infœlicissima. Scribit Plutarchus, Camillum templum vouisse matri Matutæ, si de Veiis victoriam retulisset. Notabile est illud in bello Latino exemplum deæ Matutæ. Cùm Satricum vrbs incenderetur, vt Liuius scribit in sexto ab v. c. nec aliud rectum eius vrbis supercresset, cùm faces pariter sacris profanisque iniicerentur, quàm matris Matutæ templum, inde eos nec sua religio, nec verecundia deũm arcuisse dicitur, sed vox horrenda edita templo cum tristibus minis,

nis, ni nefandos ignes procul delubris amouissent. Idem Liuius in quinta Decad. Eodem, inquit, anno tabula in ædem matris Matutæ cum indice hoc posita est: Tib. Semproniȷ Gracchi Cos. imperio auspicióque legio exercitúsque P. R. Sardiniam subegit, &c. Matutam, ait Festus, antiqui ob bonitatem Matrem appellabant. P. Victor in octaua vrbis regione Matutæ ædem constituit.

Angeroniam & Tacitam silentij deas cum Harpocrate Aegyptio, his deis coniugemus. Angeronam Macrob. in Satur. vbi de tutelari deo vrbis Romæ agit, inquit: Sunt qui Angeronam putent, quæ digito ad os admoto silentium denuciat. Angeroniæ rem diuinam faciebant Romani 12 Calend. Ianuarias, quod Solinus scribit. ab Angerona Angeronalia dicuntur teste Varrone. Macrobius verò, Pontifices ait, in sacello deæ Volupiæ sacrum fecisse. hanc Verrius Flaccus Angeroniam ideo appellari prodidit, quòd angores ac animi solicitudines propitiata depelleret. Massurius adiicit, simulacrum huius deæ ore obligato fuisse, atque signato: in ara Volupiæ propterea collocatum fuisse, quòd qui suos dolores anxietatésque dissimulant, perueniant patientiæ beneficio ad maximam voluptatem. Iulius Modestus ideo sacrificari huic deæ dicit, quòd popul. Rom. morbo & angina dicitur præmisso voto liberatus fuisse. hinc Angeroniam, & Angeronam quidam diuersas statuunt. Angeronam quidem deam Plinius in tertio, & Solinus, appellare videntur. ita enim Plin. Non alienum videtur inserere hoc loco exemplum religionis antiquæ, ob hoc maximè silentium institutæ. nanque diua Angerona, cui sacrificatur ad diem 12. Calend. Ianuarij, ore obligato obsignatóque simulacrum habet. Sempronius quoque in libro de Italiæ diuisione, cùm de deo egisset, in cuius tutela Roma esset: Quamobrem, inquit, & Angerona silentij dea ante Iani festos dies colitur præ foribus, vt ne cui liceat illud palàm efferre, quod ad salutem Reipub. veteres ore obsignato intra pectoris arcana voluerunt contineri: cuius violatæ religionis pœnas primus luit Soranus. atque hac de dea, quantum memini: de Ageronia verò alibi actum est. Nunc addam, & quæ de Tacita scribit in Numa Plutarch. Cùm enim Numam Pomp. religioni studuisse ex Pythagoræ fermè instituto ostenderet:, ait: Sed Numæ figmentum deæ, vel montanæ nymphæ amor, secretúsq; illius congressus, & communia cum Musis consortia. Plurima enim ex vaticiniis in eas referebat, quarum præcipuè vnam & insigniter Romanos venerari docuit, quam Tacitam appellauit, δαι σιωπηλλώ, καὶ νίαν, hoc est, silentij studiosam & iuuenem: quod esse videtur non absimile à silentij mysterio, quod ιχεμνθίαν Pythagoras suis discipulis præcipiebat. Mutam verò matrem Larū fuisse, in Laribus meminimus. cuius & Ouid. in 11. Fast. copiosius fabulâ explicat. Sed iam & Harpocratem apud Aegyptios deum siletij subiungamus, qui digito os obsignare videbatur. His proximè dieb. Aug. Rheginus magister theologus Franciscanus, mihi ostendit æneam imagunculam huius Harpocratis dei, nuper effosam ex Mutinensib. ruinis, quæ imaguncula ita erat efficta. Puer erat imberbis, nudus qui dextræ indice digito os obsignabat, sinistra verò deorsum extenta sustinebat cornu Copiæ, sursum ad aurem pertingens, frugibus refertū, inter quas eminebat nux pinea. Dei verò caput mitra Aegyptiaca redimi videbatur, quæ aliquantulum in altum erecta, desinebat in duas quasi volucres. Hunc verò Harpocratem scribit Plutarchus in lib. Isidis & Osiridis, genitū fuisse post interitū Osiridis, ex Iside, vnà cū Helitomeno, imbecillúmq; natū membris inferioribus. alibi tamen ait idē auctor, nō puerū fuisse (vt fertur) imperfectū, neq; aliquod leguminū existimandum. sed deum iuuenilis adhuc imperfectę & inarticulatę orationis preside ac moderatorem: ex quo, digito ori admoto ipsum effingebant, vtpote siletij & taciturnitatis symbolū. huic deo mēse Mesori, id est, Augusto, legumina afferentes, ita canere soliti erāt Aegyptij, γλῶσσα τύχη, γλῶσσα δαίμων, hoc est, Lingua fortuna, lingua dæmon. Hūc verò deum natū, idem auctor est Plutarch. circa solstitiū hybernum & brumam, vbi pro Harpocrate Carpocraten habet exemplaria: quem locū eruditi quidam æmulantes, parū animaduerterunt. Fā igitur deo & lentes, & primitiæ leguminum offerri solebant. Sed & perseam arborem huic deo dicauit Aegyptus, quòd eius arboris frondes linguæ, fructus autem cordi sit quàm similimus. Sanè ridet D. Epiphanius lib. 3. Contra hæreses, sacra quæ huic puero deo suis etiam temporibus fiebant in ciuitate Aegyti Buto. Nam sacerdotes illum nutrire simulabant instar nutricum, &c. quæ sanctus doctor exequitur. Circumscribitur Harpocrates ab Ouidio illo versu in Metamorph.

Quique premit vocem, digitóque silentia suadet.

Historiæ Deorum

Sed & Apuleius, & Martianus lib. 1. Verùm, inquit redimitus quidam puer ad os compresso digito salutari, silentiũ cõmonebat. Idem in 7. At tunc oborto terrigenis mussans tibi puer ille piceus, iussus admonere silentiũ. vbi notandum est, Piceum puerũ Harpocratem deum appellatũ, ex coloratis Aegyptiis. Scribit Tertullianus Septimius in Apolog. hunc ipsum Harpocratẽ eliminatũ, & Serapidem & Isidem, Italia, c o s s. L. Pisone & Gabinio. meminit & huius dei Varro in lib. de Lingua latina & Catullus. Sed Artemidorus libro Oniro criticon. itẽ Plinius: Iam verò, inquit, Harpocratẽ, statuásque Aegyptiorum numinum in digitis viri quoque portare incipiunt. Meminit & Cassiodorus in epistolis. Nõ desunt inter scriptores, qui hũc deũ Sigaleona vocari existimẽt ab Ausonio illo versu:

 Aut tua Sigaleon Aegyptius oscula signet.

παρὰ τὸ σιγᾶν καὶ λαὸς, id est à silendo & populo, quòd scilicet populus silentium indicat. Illud hoc tibi loco de Silentij deo non silendum duxerim, libellum Cœlij nostri extare, festiuissimum & eruditissimum illum quidem, in quo ille more suo, nõ modò quæ hic ego ipse ex historiis collegi, sed per Apologi etiam figmenta lusit: quem vt legas, non minimum fuerit precium operæ. Viam enim ad eiusmodi confingenda sternet.

Aius Locutius deus à Romanis consecratus, de quo sic ait M. Cicero in libro primo de Diuinatione: Non multo, inquit, ante Vrbem captam, exaudita vox est à luco Vestæ, qui à Palatij radice in nouam viam deuexus est, vt muri & portæ reficerentur: futurum esse, nisi prouisum esset, vt Roma caperetur. quod neglectum, tum caueri poterat: post acceptam illam maximam cladem, explicatum est. Ara enim Aio loquenti, quam septam videmus aduersus eum locum consecrata est. hæc Cicero in priore libro de Diuinatione. T. Liuius verò libro 5. ab v.c. M. Ceditius, inquit, de plebe nunciauit Tribunis, se in noua via, vbi nunc sacellum est supra ædem Vestæ, vocem noctis silentio audiuisse, clariorem humana, quæ magistratibus dici iuberet, Gallos aduentare. id, vt sit, propter autoris humilitatem spretum. Tum mox eodem libro: Camillo, expiandæ etiam vocis nocturnæ, quæ nuncia cladis ante bellum Gallicum audita, neglectáque esset, mentio illata, iussúmque & templum in noua via Aio Locutio fieri. Plutarchus in libro de Fort. Rom. hanc historiam recitans, Aium Locutium φήμην καὶ κληδόνα vocauit, atque ideo eum locum Budæus ita latinè retulit: Furius porrò Camillus cùm Celticum ignem restinxit, Romámque oppensam auri æquilibrio à librilance decussit, nec Pudenciæ nec Fortitudinis ędem, sed Aij tantùm Locutij in via noua extruxit: quo loco ante bellum Gallicum vocem à Marco Decio auditam noctu illac transeunte inquiunt, bellum illud instare denunciante. Quo loco videmus M. Decium nuncupatum illum quem T. Liuius, M. Ceditium vocauit. de hoc eodem deo Gellius libro 16. ex M. Varronis libro Diuinarum: Nam sicut, inquit, Aius deus appellatus, aráque ei statuta est, quæ est infima Noua via, quod eo in loco diuinitùs vox edita erat, &c.

Paupertas & Ars à Gadareis cultæ, vt Arrianus scribit, quòd videlicet paupertas ad artes comminiscendas industriam & hominum ingenium acuit. Contrà Plautus in Trinũ, Luxuriam deam inducit in prologo matrem Inopiæ: Sequere, inquit, me mea gnata, & paulò pòst; Primum mi Plautus nomen Luxuriæ indidit, Tum mihi hanc gnatam esse voluit Inopiam, Vnde & Claudianus cecinit:

 Et luxus populator opum, cui semper adhærens
 Infelix humili gressu comitatur egestas.

Aristophanes in Pluto πενίαν, id est Paupertatem ita describit, vt pallida sit, & furiæ persimilis, nisi quòd facem non præferat.

Mephitim deam antiqui putauerunt odoris tetri, cuius templum ante Cremonésium mœnia fuit, loco seu numine defensum, quo tempore Cremona Vitellianis Flauianísque bellis exusta est, anno posteaquàm condita fuerat 286. T. Sempronio & Corn. c o s s. Annibale in Italia imminente; Cornelius Tacitus libro 19. Mephitis, ait Priscianus libro 7. nomen proprium est, à Græco μοφῖτις, vt quibusdam videtur, mutatione σ in φ. Vergil. in septimo; Sæuáque exhalat opaca Mephitim. vbi Seruius incertus fertur, nunc deum coniunctum Leucothoæ, vt Virbius & Adonis Dianæ & Veneri: nunc Iunonem ait, quia ex aëre odores. tandem concludit, deam esse odoris grauissimi, nam propriè Mephitis est terræ putor, qui nascitur ex aquis sulphuratis. Persius in Satyris:

 ——Atque albo ventre lauatur,

Syntagma I. 57

Gutture sulphuream lentè exhalante Mephitim.

Anna Perenna dea fuit à Romanis culta: quidam fabulose Annam sororem Didonis putant. de qua Vergilius, & in Fastis Ouid.

Ipsa loqui visa est, Placidi sum nympha Numici
 Amne perennè latens, Anna perenna vocor.

Sunt qui Lunam putarint, quæ Anna vocaretur, quòd annus ex mensibus fiat. Alij vnã Atlantidum dixerunt, quæ Ioui vbera præbuerit. Alij Iò, quidam & Themin. Nonnulli hanc historiam recitant: Cùm plebs in Auentinum secessisset, Annam quandam vetulam ferunt quæ Bouillis oriunda erat, placetas quasdam rusticas plebi detulisse; cui commeatus defecerat, mox pace secuta, beneficij memores statuerunt, vt perenne nomen eius coleretur: & Anna Perenna nuncupata. vtcunque, scribit Macrobius, primo mense, hoc est Martio consueuisse Romanos publicè & priuatim ad Annam Perennam sacrificatum ire, vt annare & perennare commodè liceret.

Aeternitatem vt deam coluerunt antiqui, cuius imaginem tempus esse dixerunt Pythagorici, Plato, & Hermes Trismegistus. eam enim per tempus intelligimus. Describitur verò copiosè & luculenter à poëta Claudiano in Panegyr. de laudibus Stiliconis:

Est ignota procul, nostræque imperuia menti, &c.

Boccatius carmen interpretatur in suis Genealogiis. legitur & passim in hanc eandem M. Marulli hymnus cognitione dignissimus.

Tempestatis etiam ædes M. Marcello extra portam Capenam constructa fuit. cùm enim in Corsicam & Sardiniam nauigaret, & tempestatem passus esset, liberatus ædem hanc construxit. Meminit Ouid.

Te quoque Tempestas meritam delubra fatentur,
 Cùm penè est Corsis obruta puppis aquis. &reliqua.

Noctem etiam cultam legimus, quam Aratus poëta ἀρχαίων νύκτα, id est, antiquam noctem aepellat, vt interpres ait, ex Hesiodi sententia, quòd sit deorum antiquissima, illi quoque sacra facta. Et vt in præsentia mittam quæ Orpheus & Hesiodus tradunt quorum alter Noctem Chaüs filiam, matrémque Aetheris & Diei asserit: alter illi hymnũ cum suffimento factum concinit, eámque matrem vocat deorúmq; hominúmq;, & genesim omnium. apud Latinos etiam Statius Papinius lib. 2. Theb. ad Noctem hymnum & ipse concinuit:

Nox, quæ terrarum cœlique amplexa labores,
Ignea multiuago transmittis sidera lapsu,
Indulges reparare animum cùm proximus ægris
Infundat Titan agiles animantibus ortus,
Tu mihi perplexis quæsitam erroribus vltrò
Aduehis alma fidem, veterísque exordia fati
Detegis, assistas operi, tuáque omnia firmes:
Semper honoratam dimensis orbibus anni,
Te domus ista colet, nigri tibi nigra litabunt
Electa ceruice greges, lustraliáque exta
Lacte nouo perfusus edet Vulcanius ignis.

Quo loco Lactantius grammaticus ait: Finitis annis singulis anniuersarium illi sacrum Adrastum polliceri, & lustralia exta, id est, pinguia. Noctem veteres mulieris forma effinxére, nigris expansis alis, quæ volare videretur. Manilius libro quinto:

Et mentita diem nigras nox contrahit alas.

Nostro verò tempore, stellatum cœlum obscuratum cùm Luna effingunt, quæ noctis symbolum putatur. Pulchra est apud Paus. in Eliacis descriptio Noctis, Mortis, & Somni, his verbis: In altero verò arcæ latere, quod est à læua, ordinem operis in orbem oculis persequenti, fœmina expressa est, puerum consopitum læua album sustinens, nigrum dextera: & hunc dormientis effigie, distortis vtrinque pedibus, indicant inscriptiones. quod facilè tamen, vt nihil scriptum sit, coniicere possis, eorum puerorum vnum Mortem esse, alterum Somnum: mulierem illam Noctem, vtriusque nutricem. Multis verò cognominibus nuncupata, præcipuè poëtis, εὐφροσύνη, μήτηρ ὀνείρων, τέρπνη, ἐγκύκλια, ὑπνολόγευμα, εὐάντη. hoc est, lætitia, mater somniorum, iucunda, circulatrix, somnidatrix, & bene obuia, seu occurrens, appellatur: & multis aliis nominibus, quorũ plura colleca
                    leges

leges in hymno Orphei. Phurnutus etiam Noctem ait , εὐφρόνην nuncupatam, hoc est prudentem.propterea quòd eo tempore melius sapere videamur. nā & Epicharmus dixit, ἃ τιτίρνοσι ζῇ ἧς σοφὸν, ἃ νυκτὸς ψιθυριστίῳ. & omnia etiam studiosa nocte magis scrutantur. Plautus in Amphit. Nocturnū vocat noctis deum, cùm ait, Credo ego hac noctu Nocturnum obdormiuisse ebrium. nisi fortè νύχιῳ, id est Bacchū intelligamus. Porrò & Noctis & Diei & Meridiei simulacra ab Antiocho Ephiphane facta, prodit Athenæus.

Falacer diuus pater, vt ait Varro, vnde & eius flamen(ait) à diuo patre Falacre ego ingenuè fateor, me nescire quis deus fuerit Falacer. Falacrē tamen pomorum deum scribit Alexander libro 6. Sed malè Varronis verba consideraui. ex lib. de Lingua lat.

Herem Marteam antiqui accepta hæreditate colebāt, quę à nomine appellabatur hæredum, & esse vna ex Martis comitibus putabatur. Festus.

Stata mater antiquis culta, cuius simulacrum in foro colebatur, postquàm id colustrauit ne lapides igne corrumperentur, qui plurimus ibi fiebat nocturno tempore. magna pars populi, in suos quisque vicos retulerunt eius deæ cultum. auctor Festus

Rediculus deus à Romanis cultus, cuius extra portam Capenam fanum constructum fuisse accepimus. nam cùm secundo bello Punico Vrbem oppugnaturus Annibal accessisset, à deis iniecto metu rediit, quando & campum Rediculi, & dei fanum Romani appellauerunt, vt scribit Festus.

ἄτη, Ate dea, vel dæmon potius, existimata à plerisque, ex Homeri versibus Iliad. 19, qui ita traducti leguntur:

Protinus abripuit speciosis crinibus Aten,
Iuppiter, adiuratq; instinctus sanctius ira,
Haud iterum posthac stellantis culmina cœli
Scansuram esse deam. quoniam esset noxia cunctis,
Ilicet hoc dicto superis ibi feruidus Aten
Sedibus exturbat. mortalia lapsa lacessit.

Aten nostræ religionis auctores φωσφόρον, id est Luciferum interpretantur, vt præcipuè Iustinus philosophus ac martyr, Suidas, & alij, sed & Bessarion in libris aduersus Platonis calumniatorem. Solon philosophus in elegia pulcherrima quæ apud Stobæum legitur, in oratione περὶ δικαιοσύνης, ita canit:

ἄτη δ᾽ ἐξ αυτῶν ἀναφαίνεται, ἣν ὁπόταν ζεὺς
Πέμψῃ τισομένην, ἄλλοτέ τ᾽ ἄλλος ἔχῃ. hoc est,

Ex illis Ate apparet, quam vbi Iuppiter ipse
Miserit, vltricem, tunc aliam alter habet.

Pindarus verò in hymnis Pyth. ἀυάταν ἄτην nuncupauit, more Aeolico. dicitur & ἀάτη, παρὰ τὸ ἀάομαι, hoc est lædo. ἀάτη igitur per interiectionem υ, ἀυάτη vt ἀὼρ pro ἀὴρ. Pindarus ad Hieronē: ἀλλά νῳ ὕββεις ὅθ᾽ ἀυάτω ὑπερίφανον ὤρον, hoc est, Sed ipsa Contumelia ad damnum insigne impulit.

Ἐκεχείρια dea, induciarum preses, vt vox ipsa indicat. huius simulacrum positum fuisse in Olympia, testis est Paus. in Eliacis: quod coronā accipere videbatur. Sed si eiusmodi apud Græcos deos deásque colligere voluissem, nostra nimis in longum oratio produceretur.

TOPICI DEI.

TOPICI denique dei vocabantur non à Græcis modò, sed & à Latinis, qui locorum, regionum, vrbium peculiarem tutelam gerebant: quos & interdum latinè appellatos videmus Tutelares, Genios, & custodes. Vergilius: Custos Soractis Apollo. Idem, Geniúmne loci. scribit Seruius septimo Aeneid. quòd dei Topici non transferuntur ad alias regiones: & ideo cauendum, vt de Laurente Marica, quæ Minturnensium erat. sed aliqui sunt dei communes, vt dictum est. Tertullianus in Apologetico nōnullos commemorat, quos & ego curiositatis causa non præteribo, & plerosque addam ex diuersis auctoribus.

Fuit ergo Astarte Syriæ dea, Arabiæ Diasares, vel vt apud Stephanum legimus, Dusarus. Arrianus, Arabiæ duos deos ait, Cœlum & Dionysium. apud Noricos colebatur Tibilenus, apud Africanos Cœlestus, qui à Lactantio dicitur Vranus. Fuère Mauritanis reguli sui. Crustuminensium deus fuit Deluentinus, Narniensium Viridianus, Asculanorum Ancharia, Vulsinensium Nursia, Otriculanorum Valentia, Sutrinorum Nortia, Valiscorum fuit in honore pater Curis, vnde accepit nomen Iuno. Eodem modo do Latini Faunum coluêre, Sabini Sancum, vel Sanctum: Romani Quirinum, qui est Romulus. Marica dea fuit Minturnensium, Fellenus Aquileiensium. Externos aliquos etiam addamus. Orchomeniorum deus Laphystius fuit: Molpadia, quæ & Hemidea Cheronensium: Tenes Tenediorum, Alabandus Alabandensium, Minerua Atheniensium, Samiorum & Argiuorum Iuno, Paphiorum & Cypri Venus, Lemniorum Vulcanus, Naxiorum Dionysius, Delphorum Apollo, Laginia dea Carum. Tanfana verò Germanorum: item Velleda & Aurinia, de quibus est facta mentio à Tacito. Tuisconem etiam Germanorum antiquum deum apud Tacitum & Berosum legi, quem terra editum ferunt: & Mannum filium, à quibus vulgaria Germanorum nomina quę nunc quoque in vsu habentur, Tedescus, & Alamannus: tametsi quidam à Lemano lacu & legant, & dériuent. Psaphon apud Libycos pro deo cultus, cùm despicatissimus esset, is vocales aues verba hæc conari edocuit, Magnus deus Psaphon, hoc est, μέγας θεὸς Ψάφων: quibus inter nemora dimissis, & à rudibus his verbis auditis, pro deo Psaphon cultus est, vt Apostolius scribit. id & in Adagia traxit Erasmus, meminit & Cœlius. Simile exemplum refert Aelianus in vltimo de Varia historiæ, de Annone: Annon, ait, Carthaginensis præ nimio fastu humanis terminis non contentus, cupiebat maiora, & quæ sunt supra hominem, de se prædicari. Nam cùm aues multas ex iis quæ modulationibus in cantu vtuntur, emisset, nutriuit eas in obscuro loco, docuitque id vnum dicere, Annon Deus est. cùm autem aues vnam hanc vocem auditam percepissent, aliam alio dimisit, ratus carmen illud, quod aues edocuerat, aliis etiam in locis diuulgatum iri: quæ tamen opinio eum fefellit. nam aues semel solutæ, & ad propria & consueta loca profectæ, priores & naturales cantus, quique ad aues spectant, edebant: contempto Annone, & iis disciplinis quas captiuæ edidicerant.

Carmelus deus, & mons, ita libro 17. à Cornelio Tacito describitur: Est inter Iudæam Syriámque Carmelus, ita vocant montem, deúmque: nec simulacrum deo, aut templum, sic tradidère maiores: aram tantùm, & reuerentiam, & reliqua de eius sacerdote Basilide, qui Fl. Vespasiani imperium prædixit.

Amanus, & dei & montis nomen, de quo agemus in Anaitide Venere.

Enenth seir, vt Græci & Latini offerunt, Enenthius deus, vel dæmon fuit Phœnicum. Lampridius in vita Heliogabali: Pallia, inquit, deo Euanthio fudisse, vel (vt ego legendum puto) Euenthio. huius dei Sachoniathon in historia Phœnicum meminit, & Philon Byblius, vt docet Eusebius in Præp. euang. Existimauit vir doctissimus apud Lampridium legendum, Pallia vino œnanthio, id est, Maroneo, ab Oenanthe Maronis patre.

Euhadnes verò qui in Chaldea de mari exisse dicitur, Astrologiam interpretatus est.

Epies, maximus deorum apud Aegyptios interpres. huic deo attribuebant accipitris caput, aliáq; permulta superstitiosa, vt meminit Zoroastres, & pluribus ostēdit Eusebius.

Derceto dea Syrorum fuit, quam in quarto Metamorph. Ouidius sub forma patronymica Dercetis appellasse visus est. nam Δερκετὼ quidē vocabatur, vt Διδὼ & alia. hinc Δερκετὶς deduxit poëta. ita enim canit,

Illa quid è multis referat (nam plurima norat)
Cogitat, & dubia est, de te Babylonia narret.
Derceti, quam versa squamis velantibus artus,
Stagna Palæstini credunt mutasse figura.
An magis, vt sumptis illius filia pennis,
Extremos altis in turribus ægeret annos.

Quo loco duplicem tangit fabulæ Dercetus opinionē. Scribit igitur (vt hinc exordiar) Athenagoras philosophus in oratione pro Christianis ad M. Antoniū & Commodum de Derceto, hæc verba à me è Græco ita expressa: Etenim, inquit, Dercetus filia fuit Semiramis, lasciua mulier, & homicida, quæ dea Syria est existimata, & propter Dercetò & columbas & Semiramin colunt Syrij. hoc enim fieri non potest, vt mulier in columbam mutata sit. fabula hæc à Ctesia traditur. & hactenus quidem Athenagoras. Dercetus meminit & Plin. c. Natur. hist. libro, vt beneficio Hermolai didicimus, cap. 23. Bambyce, quæ alio nomine Hierapolis vocatur, Syris Magog: vbi prodigiosa Atergatis (Græcis hæc Derceto dicta) colitur. Strabo verò: Trans Euphratem, inquit, est Bambyce, quam Edessam, & Hierapolin vocant, in qua Atergatin Syriæ deam colunt. Illud hoc loco admonendum duxi, antiqua omnia Ouidij exemplaria, non Derceti, sed Derce habere:

quæ

quæ lectio non est spernenda. quippe Theon, siue quisquis alius est qui in Aratum Græca scripsit commentaria, vbi de piscibus agit, ita scribit: Quidam (ait) Ἀφρὼ Veneris filiam dixere: quæ in mare prolapsa, à piscibus seruata est, vnde in eius honorem deæ Syrij piscibus abstinent. Diodorus verò libro tertio, iuxta Ascalonem vrbem lacum esse scribit, vbi templum insigne fuit deæ, quam Syri Ἀρκιτὼ vocabant quæ dea muliebri facie fuisse perhibetur, reliquum autem corpus figura piscis: cuius filia Semiramis à columbis fuit educata, quæ aues ideo Syris sacræ. scribit & Strabo in 16 libro parte extrema: Nominum mutationes plerasque fuisse etiam antiquis, vt inquit Atergaten Atharan dictam quam Ctesias Dercetò vocauit. Subdit eodem loco Diodorus, Venerem aliquando obuiam factam Dercetò, amorem cuiusdam adolescentis sibi sacrificantis iniecisse: ex quo cùm filiam dea suscepisset, sui erroris pudore affecta, adolescentem ab se amouisse, & filiam in deserta & saxosa loca, vbi columbarum erant ingentes turmæ, exposuisse: quæ columbæ puellam enutriuerunt. Derceto pudore ac dolore actam, se in stagnum abiecisse, & in piscem conuersam: quare, inquit, Syri piscibus abstinent, & templum in stagni littore constituerunt, Dercetò facie quidem formosæ mulieris, reliqua parte piscis simulacrum coluerunt. Porrò, quòd Syros piscibus abstinere scribant tot autores, in aliam causam referunt. Manilius in Astronomicôn lib. 4. & Hyginus in Astronomico: ille his versibus,

Scilicet in piscem sese Cytherea nouauit,
Cùm Babyloniacas summersa profugit in vndas,
Anguipedem alatos vngues Typhona ferentem,
Inseruitque suos squammosis piscibus ignes.   Et eodem lib. paulò pòst,
Piscibus Euphrates datus est, vbi piscis amator,
Cùm fugeret Typhona Venus, subsedit in vndis.

Fabulam etiam Ouid. in Fastis attigit. Hyginus quoque bis, vbi de piscibus agit, priore quidem loco: Diogenetus, inquit, Erythracus ait, quodam tempore Venerem cum Cupidine filio in Syriam ad flumen Euphraten venisse, & eodem loco repente Typhona giganta apparuisse: Venerem autem cum filio in flumen se proiecisse, & ibi figuram piscium forma mutasse: quo facto, periculo esse liberatos. Itaque postea Syros, qui in iis locis sunt proximi, destitisse pisces esitare: quod vereantur eos capere, ne simili causa deorum præsidia impugnare videantur, aut eos ipsos captare. Eratosthenes autem ex eo pisces natos homines dicit. Idem etiam Hyginus in pisce notio: Hic (inquit) piscis notius appellatur, qui videtur aquam ore excipere à signo aquario, qui laborantem quondam Isin seruasse existimatur, pro quo beneficio simulacrum piscis & eius filiorum inter astra constituit. Itaque Syri complures pisces non esitant, & eorum simulacra aurata pro deis penatibus colunt. Nigidius etiam aliam in Commentariis Latinis in Arati Phænomena fabulam recitat. Hos, inquit, pisces dicit in flumine Euphrate fuisse, & ibi ouum inuenisse miræ magnitudinis, quod voluentes eiecerunt in terram, atque ita columbam insedisse, & post aliquot dies exclusisse eam Syriæ quæ vocatur Venus, maximéque misericors ad homines pertinebat, quæque multa quæ ad vtilitatem hominibus verterentur, ea dicitur inuenisse: quæ quoniam Iupiter sæpius à Mercurio laudari nominaríque audiret, quòd in deos religiosa, in homines officiosa diligenter fuerit, rogata à Ioue, quid sibi optanti tribui postularet: illa ait, vt pisces qui suam originem seruassent, immortali præmio afficerentur: Iupiter in duodecim signis pisces siderum splendore decorauit, vnde hodie quoque Syri neque hos pisces edunt, & columbas potestate decorant, & hæc quidem ex Nigidio in ipsis commentariis. Demum nec desunt qui scribant, piscem boreum hirudinis habere caput, ea videlicet ratione, quod piscis chelidon nuncupetur, qua voce græcè hirundo, vt notissimum est, vocatur. Sunt etiam qui scribant, Dagon eandem esse cum Dercetò. vnde & eius templum Bethdagon dicitur. Dagon verò piscem significat. plura de Atagarte suo loco dicemus.

Adad nomen dei apud Assyrios summi, qui vnus interpretatur, quem solem esse Macrobius ostendere nisus est. Huic deo subiungebant deam nomine Adargatim: quibus duobus deis omnem cunctarum rerum potestatem attribuebant, Solem videlicet & Terram intelligentes. ADAD simulacrum tale formantes, radiis inclinatis: quibus monstrabatur, vim coeli in radiis esse solis, qui in terrã demittitur. Adargatis verò simulacrũ, sursum

Syntagma I. 61

sum versum reclinatis radiis, monstrans radiorum vi supernè missorum enasci, quæcunque terra progenerat. sub eodem simulacro species leonum sunt, eadem ratione terram monstrantes, qua Phryges finxêre, Matrem deûm, vt in ea dictum est, id est, terram, leonibus vehi. Hæc quidem fermè ex Macrobio. Non contraria Macrobio Phurnutus de deis scribit, vbi tamen aduertendum, in impressis ἀσταρτη legi pro ἀταργατις, & ita est in exemplari meo manuscripto, & castigato. Legitur etiam in Commentariis latinis in Arati Phænomena, à nonnullis existimatam Adargatin, quam Virginem inter signa vocamus. Virginem, aiunt, nonnulli esse Cererem dixerunt, eo quòd spicas teneret. alij Adagartin, quidam verò Fortunam, quoniam sine capite astris inseritur. Sed quam ij Adagartin deã, hanc Græci alij, atque in primis Athenæus, Atergatin nominant, de qua Antipater Tarsensis Stoicus in libro περὶ θεῶν ἀγαλμάτων quarto, dici à quibusdam ait, quòd Gatis Syrorum regina fuerit, quæ per præconem edixit, ne quis piscem absque Gatide vesceretur, per ignorantiámque ideo plerosque ipsam Atergatin vocare, atque piscibus abstinere, quod & in Pythagoræ symbolis meminimus. Mnaseas verò in secundo de Asia: Mihi, inquit, ita videtur, Atergatin reginam adeò intolerabilem fuisse, & duriter multa populis suis imperasse, vt etiam lege iusserit, ne piscem aliquem comederent, sed ad se afferrent, eò scilicet, quòd ipsa libenter iis vesceretur: hinc quoque in sacrificiis solenne hoc permansit, vt quoties deam precarentur, pisces illi argenteos atque aureos offerrent. at sacerdotes tota die pisces veros in mensa deæ paratos, coctósque, tum assos, tum elixos apponere, quos sacerdotes mox ipsi absumerent. Xanthus autem Lydus ait, Atergatin à Mopso quodam Lydo captam, simul cum Ichthye filio in lacu Ascalone contumeliæ causa summersam, & à piscibus deuoratam fuisse. Iustinus ex Trogo, Arathen quandam Syrorum deam fuisse ait, quæ vxor Damasci regis fuerit: nisi si literæ vitio (vt putat Hermolaus) permutatæ sunt, pro Athara, quæ (vt docebimus) Atergatis fuit. Hesychius quoque videtur falli, nisi codex sit mendosus. nam ἀτταρθθω legit, pro ἀτοργατω. at verò illud rectè subdit, quæ ἀθαρη dicitur à Xantho, cuius modò est facta mentio. Alij sunt, vt est apud Lucianum de dea Syria, qui rem hanc in Semiramidem & Dercetò referunt, qua de re tota iam actum in Derceto. Strabo etiam Atergaten deam Syriam dixit, lib. opinor 15.

Astarte dea Sidoniorum, vel Syriorum, Venus à multis existimata. de ea ideo in Veneris cognominibus agemus, & simul de Astroarche. fuit & βαυδρας deus Sidoniorum nescio quis, vt Hesychius ait.

Anaitis Venus, vel Diana, apud Persas, cuius historia in Venere describetur. Variè enim refertur. cum hac dea, dei à Persis colebantur, Amanus & Anandatus, vt scribit Strabo in vndecimo.

Adramus deus in tota colebatur Siciliæ insula, cui Adranum ciuitas sacra fuit, vt in Parallelis auctor est Plutarchus.

Conisalus deus Atheniensium peculiaris. Strabo his propè verbis: Priapum, inquit, Heliodus non nouit, & Orthanç & Conisalo & Tychoni, & eiusmodi Atheniensium deis persimilis est. quibus verbis videmus & hunc, & Orthonam, & Tychona deorum nomina esse, qui obscœni essent.

Cabrus deus Phaselitarum, quæ vrbs Pamphyliæ fuit: Suidas etiam insulam facit. huic deo Phaselitæ rem sacram faciebant de pisciculis sale conditis. vnde prouerbium emanauit, sacrificium Phaselitarum, vt Suidas & Zenobius scribunt. quanquam Suidas nomen dei Calabrum pro Cabro legat, & Erasmus Caprum.

Taraxippus deus cultus ab Eleis, cuius ara erat in stadiodromo, & quem aurigæ colebant. eius enim numen esse putabatur, ne turbaret equos currentes, vt vox ipsa planè indicat. author Pausanias in Eliacis, qui sic fermè scribit: In eo, ad ipsum aggeris exitum ara est, figura rotunda. Ad eam deus colitur, quem Taraxippum, ab incutiendo equis pauore, nuncupant. Solent enim iniecto terrore, circa aram hanc equi tam vehementer consternari, vt incertum, vnde coorta trepidatione, sæpe illisis curribus affligantur aurigæ. Quo igitur æquo & propitio vtantur Taraxippo, ad eam aram aurigæ vota nuncupant. Variæ verò de hoc Deo sententiæ à Paus. scribuntur. Nam sunt, inquit, qui indigenæ hominis sepulcrum illud esse dicant, præstantis equos regendi scientia. Olenium nomen produnt, à quo sit in Eleorum finibus Olenium saxum appellatum. Alij Dameonè fuisse, qui in Augeæ expeditionis Herculi socius, à Cteato Actoris filio, vnà cum equo, quo vehebatur, sit

De Deis Gentium. f interfectus.

interfectus. Ab Eleis eo in loco & ipsi & equo inanis habitum sepulcri honorem. Non desunt, qui hoc inane monimentum Heroicum, illud ipsum esse autument, quod Mirtylo Pelops posuerit, cum à se perempto parentaret, quo eius iram placaret. Taraxippum verò vocasse, quòd Mirtyli dolo Oenomai equæ consternatæ fuerint. Plerique etiam Oenomaum illum esse dictitant, qui in curuli certamine equos & aurigas illo exagitet pauore. Audiui etiam, qui Porthaonis filium Alcathoum esse dicerent: qui cùm inter procos Hippodamiæ ab Oenomao fuisset occisus, & eo ipso in loco humatus, iniuriæ suæ, quam in ipso curriculo passus esset, atrox & infestus vindex obequitátibus exoriatur. At Aegyptius quidam Pelopem aiebat, acceptum nescio quid ab Amphione eo in loco defodisse, cuius arcana vi conterriti fuissent Oenomai equi, & omnes deinde equi eodem afficerentur modo. & censebat ille quidem Amphionem & Orpheum (etsi Thrax diceretur) Aegyptios fuisse. Propterea verò alteri feras allicere, alteri verò saxa ad muros extruendos mouere attributum, quòd vterque magorum scientia excellerent. Mea verò sententia eorum est maximè probabilis oratio, qui Taraxippum cognomen esse dicũt Neptuni equestris. Est etiam in Isthmo Taraxippus, qui Glaucus fuit, Sisyphi filius, ab equabus discerptus ludis funebribus, quos patri suo fecit Acastus. In Argiuorum Nemea nullus omnino est herois genius, qui equis Pauorem immittat. Saxum tantũ eminet in ipso curriculi flexu, colore rutilo: cuius fulgore concitantur equi haud aliter multo, quàm si immissis ignibus iniecta esset trepidatio. Sed qui ab olympico existit Taraxippo, longè est acerrimus terror. Et hactenus Pauf. ex verbis Romuli.

Tanais dea colebatur ab Armeniis, de qua Strabo in libri vndecimi calce: Templa, ait, ferè omnia habent, quæ Persæ: sed Tanaidis præcipuè in vrbe Acilesina, vbi seruos seruasque dedicant. quod ideo minus mirum ipsi Straboni videtur, quòd nobilissimi etiam filias ei dedicarent: quibus lex erat, vt diu apud eam prostitutę essent, donec nuptui darentur, nullo renuente talibus coniungi. Est & Tanais fluuij notissimum nomen.

Σωσίπολις dæmon, seu genius, cultus fuit ab Eleis, quòd vrbem ab Arcadibus seruauerit: vnde illi nomen. Pausan. in Eliacis alteris. nam cùm bellum esset inter Eleos & Arcadas, & Eleos Arcades vrgerent, forte accidit imminentibus Arcadibus, mulier cum infante se Eleis obtulit, séq; monitam ait, vt eis cum infante, quem sinu gerebat, opem ferret: eisque puerulum exhibuit, quem illi prima campi parte deposuêre. irruentibus verò Arcadibus, eis visus is non puerulus sed serpens. qui territi, retrò cedere cœperunt. Insequentes verò Elei Arcadas fuderunt, & victoria potiti sunt. hinc pòst ab Eleis templum excitatum est, vbi sese serpens visus est recipere, & deus ab euentu liberatæ vrbis Sosipolis deus vocatus est. Sed & ibidem Ilithiæ ara erecta est, ceu ab ipsa Sosipolis esset productus, quem puerili specie effingebant, chlamyde stellata indutum, & manu altera cõtinens Cornucopię, quale scilicet Fortuna gestare solet. Sosipoli rem diuinam eius templi antistes faciebat, caput & faciem albo obtecta velamine, solaque ipsa templi adytum ingrediebatur. Huic deniq; deo maxima omnia sua negocia deferebant, maximúmque eis iusiurandum erat. Porrò de Ioue Sosipoli nuncupato, Strabo libro decimoquarto, & ipse in Ioue agam.

Erechtheus rex cultus ab Atheniesibus, vnde & Erechthidæ ipsi vocati. Erechthei etiã filiæ in numero deorũ habitæ, vt M. Cicero scribit. Fuit verò Erechtheus Aegyptius genere, qui sacra mysteria & opertanea Atticos docuit, quæ Eleusinia dicta sunt, translata quidem ex Aegypto. hic quidẽ Proserpinæ filias immolasse dictus est, pro Athenarum salute: qua causa pro deis & ipsæ habitæ sunt. Eudanemi ara Athenis etiam fuit in Ceramico, & vt ait Arrianus in tertio Hist. quisque initiatus in Eleusiniis, in Hecatompedo sita nouit.

Canopus deus cultus ab Aegyptiis, cuius originem Suidas, & Ruffinus libro vndecimo Ecclesiasticæ historiæ commemorant. Ferunt enim, quòd Chaldæi per varias orbis regiones ignem suum circumferebant, & cum omnium nationum deis contendebant, vt qui deus vicisset, ab omnibus crederetur. quare cùm dei qui ex ære, auro, argento, ligno, vel alia quauis materia constabant, igne omnino absumerentur: Chaldæorum deus locis omnibus præstabat. hæc cùm Canopi sacerdos audisset, quiddam contra ignem callidum excogitauit. Solebant in Aegypto fictilia vasa quædam fieri, quæ hydriæ vulgò appellantur, minimis quibusdam foraminibus pertusæ, quibus turbida aqua limpidissima & defecatissima effluit. harum ille vnam cæra foraminibus obturatis cepit, variis coloribus vndique depictam, aqua repletam, ac vt deum statuit: & excidens veteris simulacri caput, quod
Menelai

Syntagma I. 63

Menelai gubernatoris ferebatur, imponens diligenter simulacro aptauit. adsunt post hæc Chaldæi, itur in conflictum, circa hydriam ignis accenditur, cæra dissoluitur, qua foramina erant obturata: diffluente aqua, ignis extinctus est. astu igitur sacerdotis Canopus deus victor dei Chaldæorum euasit, & ex eo deus cultus est, centúmque & vno stadio distat à Canopo. Addit præterea Ruffinus & ipsius Canopi simulacrum, quod tale fuit: pedibus exiguis, attracto collo, & quasi sugillato, ventre tumido in modum hydriæ, cum dorso æqualiter tereti. ex hac persuasione, velut victor deus omnium colebatur ab Aegyptiis. Sed de Canabo Menelai gubernatore, qui, & quo pacto perierit, vulgatius est, quàm vt nunc plura scribam: déque Nili ostio.

Palmytius etiam Aegyptiorum deus, vt est apud Hesychium.

Alabandus deus, quem Alabandij coluerunt. Stephanus: Alabandum, inquit, Callirrhoes filium dicunt, qui ab equestri pugna nomen adeptus est. Alam quippe Cares equum appellant, Banda verò victoriam: ex quo vocatus Alabandus, & Alabanda Cariæ ciuitas. Alabandum, ait M. Cicero, Alabandēses sanctius colunt, à quo est vrbs illa condita, quàm quenquam nobilium deorum. apud quos non inurbanè Stratonicus, vt multa, cùm quidam ei molestus Alabandum deum confirmaret, Herculem negaret: Ergo, inquit, mihi Alabandus, tibi Hercules sit iratus. Hic autem Stratonicus citharœdus fuit perurbanus, cuius & Strabo & Eustathius in Dionysij commentariis meminerunt, cùm de Cauniis agitur, pestilenti aëre notatis.

Tenes deus Tenediorum, Cicerone teste: qui Verrem scribit, Tenem ipsum, qui apud Tenedios sanctissimus deus habebatur, & vrbem illam condidisse dictus est, surripuisse. Tenes verò, à quo dicta est Tenedos, Cycni filius, qui vita functus inter deos relatus est. Plutarchus verò in causis Græcorum aliam historiam scribit: aitque Tenem ipsum occisum ab Achille. atque ideo institutum, vt in Tenis templo nomen Achillis non audiretur, nec tibicen intraret: quod copiosius idem Plutarch. recitat. Strabo lib. 13, putat fabulam: In hac, inquit, de Tene conficta fabula narratur, à quo insula nominata est: & de Cycno, qui genere Thrax fuit. & Tenis pater, vt quidam volunt. Plura leges inter prouerbia Erasmi, τυέλιος ἄνθρωπος: vt Seruium mittam.

Coronis quæ dea esset, non explicuit Pausan. tantùm illud scripsit, deam Coronida in Sicyonia cultam fuisse, cuius statua nullum habebat templum: sed cùm esset ei sacrificandi tempus, ipsam in Palladis templum deferre soliti erant. Nam de Coronide Aesculapij matre non crediderim, quæ narratur duplex in Metamorph. Ouidij.

Theagenes à Thasiis, & Cleomedes ab Astypalæis, athletæ pro deis culti fuère, de quibus extant oracula apud Plutarchum, & Eusebium, & historiæ à Pausania in Eliacis referuntur.

Damia & Auxesia deæ fuerunt, quas peculiari religione Epidaurij coluerunt, de quibus legimus in quinto libro Herodoti, quòd cùm infructuosa esset Epidaurus, in calamitate ciues Delphicum oraculum consuluerunt. quibus Pythia respondit, eis tum demum bene futurum, si Damiæ & Auxesiæ simulacra erigerent. petentibus ciuibus, Vtrúmne ex ære aut ex lapide facienda: responsum, E neutro, fuit, sed ex oleagino ligno. at cùm vix vsquam gentium ea tempestate oleæ, præterquàm Athenis, inuenirentur, Epidaurij rogarunt Athenienses, vt fas sibi esset oleam ex eorum agro incidere, ea lege Atheniēses permisere, si quotannis illi Mineruæ Poliadi & Erechtheo sacra dona mitterent: quæ cùm perfecta fuissent, & Epidauria tellus fructifera, ac sacra quotannis reddita: & cætera, quæ multa scribit Herodotus. Pausan. tamen in Corinth. ait, λιθοβολίᾳ appellatum festum, quod in earum dearum fieret celebritate. Nam hæ in Trœzeniorum seditione lapidatæ fuerūt. Illud mirum, quod apud Pausaniam, non Damiam, sed Lamiam legi: nec id à quoquam annotatum.

Drimachus dux fugitiuorum, à Chiis vt deus cultus: hic senex puero se iugulandum dedit: sepultus à Chiis, sacello erecto. In somniis sæpe de fugitiuis Chios monuit. heroïs propitij fanum quidam dixerunt. Athenæus.

Amphiaraus, Argiuus vates, pro deo cultus post mortem, qui & oracula reddebat per somnum. nam post purgationē, & perfectis sacrificiis iis deis quorum in ara nomina sculpta fuerant, & mactato ariete cuius pellis substernebatur, vbi incubantes captabant somnia, ex quibus interpretatis futura prænoscebant. Templum Amphiarao Oropij construxerunt

struxerunt ex marmore candido, in quo nulli Thebano fas erat obdormire, aut vaticinari. Fuit in eo fons, ad quem qui accepto oraculo morbo leuati fuerāt, signatam pecuniam mittere solebant: vt pluribus in Attica Pausan. docet. Describitur & Amphiarai ara apud Oropios, in hunc fermè modum, vt quinque partes haberet. prima pars Ioui, Herculi, Apollini Pæoni dicata fuit: altera heroibus, ac heroum vxoribus: tertia Vestæ, Mercurio, Amphiarao, Amphilochíque liberis (nam Alcmæoni ob scelus in matrem, locus inter eos datus non fuit:) quarta Veneri, Panaceæ, Iasio, Hygiæ, Mineruæ Pæoniæ: quinta Nymphis, Pani, & amnibus Acheloo & Cephiso. Plura verò si de Amphiarao cupis, leges apud Statium in Thebaide. Et de Celso philosopho apud Origenem in tertia. Exinde non secus nos facere, qui comprehensum & mortuum colimus, pro eius sententia Celsus existi- 10 mat, ac Getæ faciunt, qui Zamolxin adorant & colunt, & Cilices qui Mopsum, & Acarnanes qui Amphilochum, & Amphiaraum Thebani, & Lebadij Trophonium.

 Amphilochus in Oropo Atticæ pro deo vates cultus, vt T. Liuius in quinto libro Decad. 5. scribit. Templúmque vetustum fontibus riuísque habuit, ad quod visendum Paulus Aemylius victor prodiit. meminit & Strabo, & Pausan. qui & eius aram Athenis describit. Item in Mallo Ciliciæ vrbe, cuius oraculum Pausan. sua ipsius ætate cætera omnia ait superare. Thucydides lib. secundo Hist. Amphilochum scribit Amphiarai filium, post bellum Troianum cùm domum reuersus esset, Argos exosum domicilium, condidisse in sinu Ambraciota vrbem, quam de nomine primæ vrbis & suo Argos Amphilochiū appellauit.

 Ogoas nomen dei apud Caras, qui Milasan incolebant, in cuius dei templo maris flu- 20 ctus, & procella apparebat, & perinde terrorem incutiebat. Hoc ex collectis ex Pausan. Leonici, Idem legi fieri in nonnullis Neptuni templis.

 Aristæus Apollinis & Cyrenes Hypsei filiæ filius, Autuchi frater, vt in secundo commentariorum Apollonij Rhodij legimus. Autuchus quidem in Libya, Aristæus verò in Cea insula mellificij artificium primus inuenit, oléique confectionem. addunt & alij pastoritiam artem, vt pluribus in Pyth. ostendit Pindarus, & longè pluribus illius commentatores. nam & Iupiter Aristæus vocatus fuit, & Apollo ἀγρεὺς & νόμιος, id est, Agrestis & Pastoralis. Diodorus verò Siculus: Cùm Cyrene, inquit, Hypsei filia apud Peleum virgo educaretur, Apollo eius formâ captus, raptam virginem in Libyam detulit, hic vbi condita post est vrbs Cyrene, & ex ea natum Aristæum nymphis nutriendum tradidit: à quib. tri- 30 plici nomine vocatus, Nomius, Aristæus, Agreus, ab eisdem nymphis didicit, lactis, mellis & olei confectionem: & quoniam hæc primus in mortalium vsum exhibuit, vt deus cultus fuit. mox in Bœotiam deueniens, Autonoen vxorem duxit, ex quibus natus Actæon: qui laceratus à canibus, miser interiit. Deinde in Ceam Aristæus profectus, pestilentiam sedauit. deinde in Sardiniam cùm iuisset, eam insulam aliquandiu incoluit, & ibi filios Carinum & Callicarpum genuit. in Sicilia quoque aliquo tempore moratus, cùm multa hominum vitæ vtilia docuisset, pro deo habitus, in Thraciam ad Dionysium trāsgressus est: vbi orgia edoctus, diu ibi versatus, tandem nō comparuit, deorúmque honores ab omnibus est assecutus. hæc & plura Diodorus. Sed enim Pindarus in Pyth. Cyrenem puellam, vt antè dixi, ait ex Apolline cōcepisse, & Aristæum peperisse. quo loco Scholiastes, & ipse 40 quoque tradit, Iouem & Apollinem Aristæum nominatos, & vtrunque ἀγρεῖα & νόμιον. quam rem cùm Probus grammaticus in Georg. Vergilij attingat, in vulgatis codicibus eius perperàm Aegros legitur, pro Agreus: id quod etiam in Ioue Icmæo ostendemus. Iustinus ex Trogo libro decimotertio, vbi Cyrenes historiam explicat, quatuor ex Cyrene filios Apollinem sustulisse prodit, Aristæum, Nomium, Eutochum, Agreum. Pherecydes verò & Aræthus tradunt, puellam ipsam Cyrenem cycnis deuectam in Libyam. At verò Agrætas libro primo Libycorum, illam in Cretam Apollinem deduxisse, & inde in Libyam. Soror quidem Cyrenes Larissa, cuius cognominis est ciuitas in Thessalia. Alij produnt Cyrenem filiam fuisse Penei fluuij: sed ij malè sentiunt. nam apud ipsum quidem fluuium greges pauit, non autem eius filia. Mnaseas ex propria sententia in Libyam 50 protectam esse ait, non ab Apolline deuectam. Sed enim Acestor, in iis, quos de Cyrene libros scripsit, ait Cyrenem in Libyam delatam tempore regis Eurypyli: & cùm eam regionem leo vastaret, præmium Eurypylum proposuisse interfectori leonis. Cyrenem leonem sustulisse, & regnum cepisse. Phylarchus autem ait, ipsam cum pluribus in Libyam venisse, comitésque in venationem misisse, & vnà cum eis iuisse, & ibi leonem interfectum,

Syntagma I. 65

ctum, regnúmque ea causa accepisse: duósque filios ex Apolline peperisse, Autuchum & Aristæum. Sunt porrò qui Aristæos quatuor fuisse tradunt, vt Bacchylides: qui primum quidem Carysti, alterum autem Cheronis, tertium Terræ & Cœli, & vltimum hunc Cyrenes filium prodidit. De Aristæo Vergilius in primo Georg. intellexit, cùm cecinit:

———Et cultor nemorum, cui pinguia Ceæ
Tercentum niuei tondent dumeta iuuenci.   quod & Probus & Seruius notant. Sed & ab hac Aristæi historia, idem poëta vltimam Georgicorum partem commentus est.

Zamolxis deus cultus à Getis, quibus & leges tulit, vt in quarto Herodotus prodit: nonnulli opinantur eundem esse qui Beleizen. Fuit verò Zamolxis Pythagoræ discipulus, qui in patriam reuersus, Thraces Ionicos mores docuit, & vitæ instituta, religionémque. de quo quoniam plura scripsimus in nostris Sepulcralibus, ideo hîc parcius retulimus. Fuit & per tempora Augusti Ceneus quidam Geta, qui cum magicis artibus deditus esset, diúque inter Aegyptios versatus, auguriorum peritiam est adeptus: hinc deorum oracula enunciabat, ideo breui in deorum numerum relatus, pro deo habitus vt Zamolxis: quod scribit Strabo in septimo.

Heliogabalus deus peregrinus fuit in primis Phœnicum, cuius Bassianus Antoninus, cognominatus Heliogabalus Imp. in monte Palatino Romæ templum construxit, quo loco prius Orci ædes fuerat, in quo nō modò Romanorum sacra, sed & Iudæorum & Christianorum etiam transferre studiose curauit, vt auctor est Lampridius. Plura Herodianus lib. Hist. 5. qui & hoc scribit: Et quidem, inquit, Bassianus annos natus erat circiter 14. Alexianus autem decimum iam annum attigerat: sacerdotes ambo Solis, quem maximè indigenæ colunt, Phœnicum lingua Heliogabalum vocitantes: templúmque illi maximum constructum habent, auro argentóque plurimo, ac lapidum eleganti magnificentia exornatum: nec solùm indigenæ deum illum venerantur, sed vicini quoque satrapæ, regésque Barbari certatim quotannis splendida offerunt munera. Simulacrum verò nullum Græco aut Romano more manufactum, ad eius dei similitudinem: sed lapis est maximus; ab imo rotundus, & sensim fastigiatus, propémodum ad coni figuram: niger lapidi color, quem & iactant cœlitùs decidisse. eminent in lapide quædam, formáque nonnullæ visuntur, ac solis imaginem esse illam affirmant, minimè humano artificio fabrefactam. atque hæc quidem de Heliogabalo deo. Cui deo Romæ quoque Bassianus, qui & Antoninus Heliogabalus, vt dictum est, templum in Palatio construxit, vt paulò pòst idem scriptor Herodianus ostendit. Sanè inter eruditos merito pridem connumeratus Egnatius, Lunum Heliogabalum hunc deum his verbis existimauit: De Luno deo, quem Heliogabalum Phœnicum lingua dicerent.

Crephagenetus, κρηφαγένητος, deus Thebæorum in Aegypto, qui immortalis colebatur: soli enim, teste Plutarcho, nullum deum mortalem venerabantur.

Thelesphorus quoque vt deus à Pergamenis cultus fuit, ex oraculo sic nuncupatus: quem vt Pausan. ait, Epidaurij Acesion vocabant, Sicyonij Euameriona. non desunt qui Telesphorum vatem interpretentur perfectum, aut engastrimython, id est, ventriloquum. de quo genere vatum alibi plura locuturi sumus, cùm de Pythio Apolline scribemus.

Sangus, Sabinorum deus: Dionys. Alicarn. lib. 2. ait, Portium Catonem scripta reliquisse, Sabinorum gentem esse nominatam à Sabino, filio Sangi dei gentilis, qui etiam dictus est Pistius. Sagi genij sacellum vrbis septima regione statuit P. Victor. Lactantius verò: Sabini, ait, colunt Sangum, vt Romani Quirinum. Quædam Lactantij exemplaria Sancum, non Sangum habent. Sanci meminit Festus: Propter viam fit sacrificium, quod est proficiscendi gratia Herculi: aut Sanco, qui scilicet idem est deus. quidam non Sangum, nec Sancum legunt, sed Sanctum, quòd ita Hercules sit vocatus: vt in Hercule dicam. Ouid. de Fidio deo:

Quærebam nonas Sancto, Fidióne referrem,
An tibi semipater, tunc mihi Sanctus ait:
Cuicunque ex illis dederis, ego numen habebo,
Nomina terna fero, sic voluêre Cures.   quo fit, vt non omnino illi malè sensisse videantur, qui Sabinorum deum sanctum dixerunt. Propertius:

Sancte pater salue, cui iam fauet aspera Iuno.   Idem:
Sic sanctum Tatiæ composuêre Cures.   Silius:

De Deis Gentium.   f 3   Et

Et læti pars Sanctum voce canebant, Auctorem gentis.

Sed de Sancto in Hercule.nunc Sancu profequamur, cuius Martianus nec femel meminit, à quo deo fancire verbum, & fagmina quidam deducunt. Dionyf. Alicarn. lib. 4.cùm Tarquinius fancit pacta cum Sabinis:Huius autem,ait, iurifiurādi monumentum Romæ pofitum fuit in templo Iouis Piftij, quem Romani Sanctum vocant (fic Lapus interpretatur)Sanctos enim deos ab antiquis vocatos legimus, vt planius in Hercule oftendemus.Sed fi multorum recitandæ funt opiniones,&lectiones variæ,Lactantij ex libro 1. verba quidam ita legunt:Sabini colunt Sabum, vt Romani Quirinum. Sunt & alij peruetufti codices,qui nec Sabum, nec Sangum, nec Sancum, nec Sanctum, fed Xanthum habeant,quo pacto & D. Auguftinus libro decimooctauo de Ciuit. Dei, cuius verba ex capite decimonono, ita paffim leguntur: Sabini etiam regem fuum primum Xanthum, fiue (vt aliqui appellant) Xanthium retulerunt in deos. hæc D. Auguftinus. quem Lactantij verba imitatum videmus, vel Varronis vtrunque potius. Ego nihil ftatuo in tanta varietate:fatis feciffe ratus,aliorum recitaffe opiniones.Certè circumfertur M. Portij Catonis Originum fragmentum in quo ita legitur: Sabini à Sabo conditi, Sabatio Sangi gentili edito.& paulò pòft:Sangi gentilē Sabi pronunciant Sabini, Sanctum Romani, Sagam barbari,à quo & fagi primi Thufci,id eft, pōtifices,& facri expiatores. quæ fi Catonis legitima hæc fint, omnis tollitur fermè ambiguitas. His & Sillius lib. Punicorū confentit, ita canēs,

Et læti pars Sanctum voce canebant
Auctorem gentis,pars laudes ore ferebant
Sabes tuas, qui de patrio cognomine primus,
Dixifti populos magna ditione Sabinos.

Quirinus Romulus,deus peculiaris Romanorum, vnde Romani ipfi Quirites appellati. Sic verò vocatus,fiue quod hafta Quiris prifcis Sabinorum lingua dicebatur: fiue quòd Romanis iunxerat ille Cures : Siue fuo regi nomen pofuére Quirites, Multáque Romulea bella parata manu:vt canit Ouid. Non defunt tamen, qui Quirinum vocatum dicant, quafi κοίρανος, id eft, dominum. Romulus autem Romus prius, vt ait Seruius, nuncupatus: vt autem pro Romo Romulus diceretur, blandimenti gratia factum eft, quòd diminutione gaudet. Vt verò putatur,dictus à ficu Ruminali. Alij, quòd lupæ ruma, id eft, mamma nutritus. quem credibile eft à virium magnitudine, item fratrem eius appellatos. Alij dicunt à virtute, id eft, robore:Feftus. Sed de Romulo quid nos plura?cùm plena de eo fint volumina Dionyfij,Plutarchi,Liuij, cæterorum. Romulus item Altellus dictus eft, quafi altus in tellure : vel quòd tellurem fuā aleret,fiue quòd aleretur telis: vel quod à Tatio Sabinorum rege poftulatus fit in colloquio pacis,& alternis vicibus & audierit & locutus fit, ita vt ab alterno Altellus dictus fit. Plura Feftus.Iubam quoq; regem Mauritaniæ in Africa deum factum & exiftimatum à Mauris legimus. quòd cùm alij tradūt, tum fcribit Tertullianus in Apologet.& Arnobius his verbis in vltimo:Nifi fortè,inquit,poft morte fingitis deos, & peierante Proculo deus Romulus, & Iuba Mauris volentibus deus eft, & diui cæteri reges,qui confecrātur non ad fidem numinis, fed ad honorem emeritæ poteftatis.

Tages deus habitus apud Hetrufcos, arufpicinæ inuentor, vt Lucanus,& Val.Max. ac M.Cicero in libro de Diuinatione oftendunt.In agro enim Tarquinienfi, cùm terra ipfa paulum araretur, fulcíq; altiores imprimerētur, Tages quidam repentè extitit, qui aratorem ipfum affatus dicitur.is autem Tages puerili effigie apparuit, & fi prudentia quidem fenili fuit. verum cùm ad eius afpectum bubulcus obftupefceret, voce territa vt fit maximè inclamauit: quo euenit vt breui tempore magno quidem concurfu permulti ex Hetruria ibidē conuenerint. tum Tages idem multis audientibus complura locutus eft, quæ diligenti cura excepta funt,ac literis commendata. neq; aliud Tagetis verba continebāt, quàm arufpicinæ difciplinā:quæ multis fubinde obferuationibus aucta, atq; amplior facta eft,fic vt in ea fulminum,fulgurúmq; & oftentorum fcientia traderetur. quod & Plutarchus alibi,& Ifidorus, aliíque plures explicant; fed & Ammianus Marcellinus Tagetis in hiftoriis libros citat, quibus prodigia quædam ac portenta poffent interpretari, & expiari. Scribit præterea Fulgentius Placiades, Antiftium Labeonem, virum in iure pontificio & veterum doctrina reliqua eruditiffimum, libros Tagetis expofuiffe quindecim voluminibus. Ouidius libro decimoquinto Metamorph. de Tagete ita cecinit:

Haud aliter ftupuit, quàm cùm Tyrrhenus arator

Fatalem

Syntagma I. 67

Fatalem glebam motis aspexit in aruis,
Sponte sua primùm, nullóque agitante moueri,
Sumere mox hominis, terræque amittere formam,
Oráque venturis aperire recentia fatis:
Indigenæ dixêre Tagem, qui primus Hetruscam
Edocuit gentem, casúsque aperire futuros.

Festus: Tages nomine, Genij filius, nepos Iouis, puer dicitur disciplinā aruspicij dedisse duodecim populis Hetruriæ. Meminit & Seruius lib. præsertim 8. Aeneid. his verbis: Sciendum, secūdum Aruspicinæ libros & sacra Arūtia, quæ Tages composuisse dicitur, fata differri posse. Quare videndū apud Arnobiū lib. 1. an Acherōtios libros, an Aruncios potius sit legendū, cū scribit: Neq; quod Hetruria libris in Acherōticis pollicetur, certorū animalium sanguine numinibus certis dato diuinas animas fieri, & à legibus mortalitatis educi.

Albunea dea fuit Tyburtinæ regionis, præses fontis cognominis. alij nympham faciūt, vt Acron & Porphyrion Horatiani interpretes, in eo versiculo ex primo Carminū: Quā domus Albuneæ resonantis. Vergilius in 7. Lucúsq; sub alta Consulit Albunea, nemorum quæ maxima. Huius inter Sibyllas memini, lib. 2. Histor. poëtarum. Scribit Seruius, Albuneam in altissimis montibus cultam Tyburtinis, sic appellatam à qualitate aquæ, quæ in fonte Albuneæ est. vnde inquit, etiam nonnulli ipsam Leucotheam volunt. Albionarum verò lucus trans Tyberim, vbi alba bos mactabatur.

Feronia dea, culta plerisque in locis Italiæ, sed in primis prope Terracinam: quæ quoniam reputata est à multis Iuno, ideo à me inter Iunonis cognomina referetur.

Marica dea Minturnensium: Aurel. Augustinus 2. de Ciuit. Dei, cap. 23. meminêre Cicero, Lactant. & Plutarch. in Mario. Seruius in 7. Aeneid. commentario, deam dicit Maricam littoris Minturnensium, iuxta Lirim fluuium. Horatius: Innantem Maricæ littoribus tenuisse Lirim. quo loco idem Porphyrion, qui & eius lucum celebrat. Vergilius:
Hunc Fauno & nympha genitum Laurente Marica.

Seruius per poëticam licentiam dictum ait Laurente, pro Minturnense, Sunt alij, qui per Maricam Venerem intelligant, cuius sacellum fuit iuxta Maricam, in quo erat scriptum ὑπὸ ἀφροδίτης. Maricæ meminit & Velleius.

Palicus deus, quem perperàm, vt puto, quidam Paliscum vocant, qui deus esset, doctissimè Macrobius ostendit libro 5. Sat. carmina illa Vergil. exponens ex libro 9. Aeneid. de Arcentis filio:
——Genitor quem miserat Arcens,
Eductum Martis luco Cymethia circum
Flumina, pinguis vbi placabilis ara Palici.

Sed enim hunc numero plurium efferunt. Colebantur verò hi dei in Sicilia, de quibus & Aeschylus Siculus meminit, & Callias, & Polemon, sed & Xenadoras (quem Anagorā vocat Macrobius) in suis historiis. Tradunt enim, nympham Thaliam grauidam Ioue, Iunonis metu optasse vt sibi terra dehisceret: quod & factum est. Statuto verò partus tempore, ex Thaliæ aluo duo infantes emersêre, dicti Palici, ἀπὸ τοῦ πάλιν ἱκέσθαι, quasi denuò reuersi. nec inde longè lacus breues, sed profundi fuêre, vbi scaturigines ebullientes, quos crateres vocabant indigenæ, Dellos nomine. hos Palicorum fratres putabāt: vbi fuit iusiurandum maximum, & in primis circa furta, quod periurus non euadebat. Ferunt, cùm aliquando sterilis annus Siculis fuisset, Palicos consuluisse, vt heroi cuidam sacrificium facerent: quod vbi fecissent, vbertas Siculis rediit. qui beneficij memores, omne frugum genus in ara Palicorum congessere: vnde etiam ex re Pinguis ara dicta est à Vergilio. Sed enim nō Thaliam Seruius, & Lactan. in 12. Theb. sed Aethnam appellarunt, vt etiam Silenus. & hos Seruius ait primò humanis victimis placari solitos: sed postea quibusdam sacris mitigati, eorum sunt immutata sacrificia. atque ideo à Verg. Placabilis ara Palici dicta est. Sed & Stephanus in lib. de Vrbib. non pauca hac de re prodit, quo loco de fonte, iureurando, déque tabellis quæ in aquam deiiciebantur, quæ si non falsum fuisset iuramentum, emergebant: sin minus, euanescebant. quod miraculum etiam Arist. in Admirandis naturæ recensuit.

Antinous, ex Bithynia iuuenis formosissimus, ab Adriano Cæsare admodum amatus, cùm in Aegypto periisset, deus est ab Imperatore factus, & oraculum ei constitutū, & vrbs

de eius nomine pro sepulcro condita,& stella in coelo vel visa,vel per adulationem confi
cta.De hoc plura Dion histor. & Aelius in histor.Adrian.ex nostris Eusebius, Athanasius,Hieronymus,Origenes,Prudentius alijque permulta tradidêre. Pausan. hunc Anti-
nuim vocare videtur,quem secuti ex Latinis quidam aberrarunt.

 Ferentina dea fuit,vnde & Ferentini, ab oppido Latij Ferento. T.Liuius Ferentinæ
meminit nec semel in prima Decade.Fuêre & eiusmodi dei plurimi , quos omnes collegisse,infiniti propemodum laboris esset.Sicuti & dei,qui ab hæreticis inducti sunt,barba-
ris & inconditis nominibus:de quibus cum ab aliis,tum maximè à viris sanctissimis Irenæo & Epiphanio facta est mentio.vt deus ille Abraxas, seu Abrasax, quem spiritum san
ctum Basilides existimauit.item Iadalboth,quem Irenæus deum summum ab impiis hæreticis existimatum ait.tametsi Epiphanius Iadalbaoth,nec semel in suis de Hæreticis libris scriptum reliquit.Fuit etiam Nun,quem ab Iadalbaoth natum prodiderunt in figura serpentis contortum.Fuit & Hystera, quam conditricem coeli & terræ confixerunt,
vt iidem auctores tradunt.Inuenio & Demiurgon deum fabricatorem appellatum. Fuit
& Barbelo,& Achamoth,& Iao,& Iaioth, aliáque huiuscemodi plura portenta potius,
quàm nomina:quæ colligere superuacaneum est minúsque operæpreciu.Nam & qui
Astaroth deam vel deum dixerunt, variè scribunt.Ego id tantùm nunc affero, quod &
vsus metio sit in sacris literis,& sic Epiphanius in libris de Hæreticis prodit.inquit enim,
Heraclan ab aliquibus patrem vocatum esse Melchisedec. matrem verò Astaroth, quæ
& Asteria Græcè dicta est,sed de Asteroth Hebræi plurima confingunt.

 Porrò de his hæreticorum deis, vel potius laruis confictis, addere voluissem non modò ex Irenæo & Epiphanio & Athanasio:sed & de nostris latinis, Hieronymo, Augustino,Philagrio & aliis, longè plura connumerare potuissem.

 Bessas, siue Besas deus,qui oracula quondam dabat, de quo his fermè verbis Ammianus libro decimonono: Oppidum, inquit, est Abidum, in Thebaidis parte situm extrema,hic Bessæ dei localiter appellatio oraculum quondam futura pandebat,priscis cir-
cumiacentium regionum cæremoniis solitum coli,&c.

 Colunt Tartari pro deo,numen quoddam ab illis confictum, quod Natagai vocant:
putántque illud de m esse terræ,qui curam de ipsis, & filiis eorum, de fructibus atque
gregibus pecorum gerat.de quo & alia multa leguntur in iis libris qui de Nouo orbe in-
scribuntur.nam & eius effigiem,& sacra commemorant,quæ breuitatis causa prætereo.

 Libet verò hanc extremam huius Syntagmatis partem concludere, de stulto & prorsus inani priscorum erga deos cultu,& falsa opinatione. Homines qui antiquissimi fuerunt,hastas colere coepisse,aut ligna delibrata corticibus pro deis veneratos accepimus.
quin etiam,vt Iustinus scribit,per tempora Romuli,reges hastas pro diademate habuisse
feruntur ,quas Græci sceptra dixêre. Nam & ab origine rerum pro deis immortalibus,
veteres hastas coluêre:ob cuius religionis memoriam adhuc, vt idem ait, deorum simulacris hastæ addi consueuêre.tametsi antiquissimos Romanorum 170 annis sine deorum
imaginibus vixisse, nonnulli doctissimi testati sunt: quod & antè notauimus. Indi quicquid colere coeperunt , præcipuè maximas arbores,deos putauerunt,illásque pro omnibus venerati sunt,quas ferro violasse capitale fuit. Ex quibus nonnulli draconem quinque iugerum,velut Liberi patris simulacrum coluerunt.Persæ & Massagetæ Coelum,Io-
uem:Solem verò deum maximum dixerunt,equósque illi sacrauerũt:quibus interdictum
erat,ne quem præter Solem deum colerent. Quicquid verò quernis arboribus nascebа-
tur,è coelo missum putabant.Iidem Soli & Lunæ,Telluri & Igni,aquæ ac ventis sacrum
facere instituerunt: quos omnes deos,Ignem verò præcipuum duxerunt,quæ etiam Ma
gorum opinio fuit,qui ignem tam religiosè coluerunt, vt cremare corpora ducerent
nefas,ne contagio cadaueris deorum maximum violarent. Multos comperi persuasum
habuisse,Martem peruigilem deũ fuisse,& præsentis.numen:quare Neuri qui iuxta Bo-
rysthenem fuêre,enses pro Martis simulacro adorabãt:& vt Damis ait apud Lucianum,
Scythæ acinacem,cui & sacrificabant. Cheronæi verò sceptrum Iouis coluerũt, Aethiopes diem,Cyllenij pharetram,columbam Assyrij.fuêre qui arbitrarentur visco, quod in
querna arbore nascebatur,nullum præsentius numen æstimari hi verò fuerunt Druidæ,
quorũ vana supersti io inter mortales præcipua fuisse traditur. Alij mari porrectum collem,velut præsentẽ deũ coluerunt, quod eo occlusa vallis,æstu Oceani nõ inũdaret.Cap-

pa doc

padocibus quoque mons deus habitus est, Cilices quoque Amanum montem coluêre, & Phryges Mæandro & Marsyæ fluuiis sacrificabant. Saxones columnam ligneam sub dio collocatam colebant, quam Irminsul, vel Irmenseul dicebant: fuit enim vel Mercurij statua, vel commune profugium, & omnium asylum. Scythæ illi inhospitales, qui in intimas solitudines acti sunt, super sarmentorum fascibus vetustissimo collato acinaci, velut Martis simulacro, annuis hostiis litabant. Apud Aethiopes gens (Nubas quidam vocant) & in Africa Ptoembari fuêre, quibus regis vice canis dominabatur, quem mirificè obseruabant. ex illius enim motu & nutu imperia, & quæ essent placita augurabantur. Persis quoque (vt auctor est Aristophanes) aliquando gallus præfuit, & imperauit. Sed & illud à Tyriis obseruatum legimus, vt deorum simulacris annecterent vincula, ne fortè hostili carmine euocari possent. Phœnices Solem nigro lapide effingebant, ab imo rotundo, qui paulatim in cuneum attenuabatur. iidem singulis deis singulas alas addebant. Pæones discum breuem longo ligno apposito, pro Sole colebant. quidam humana cum brutis iungebant, & quæ in natura dissimilia erant, vt ait D. Athanasius, deos suos fecerunt: Cynocephalos, Ophyocephalos, Onocephalos, Criocephalos: hoc est, qui canis, serpentis, asini, & arietis essent capitibus. alij corporis partes verendas. nec Anubin modò canis facie, sed & canes ipsos in tota Cynopolitana præfectura coluêre: vti oxyrrhynchum piscem, deum habuit Oxyrrhynchitana ciuitas & præfectura, latum piscem, & lepidotum, accipitrem, lupum, murem, araneam. Fuêre præterea, qui vicatim pro deo dextrum humerum colerent: aliis è regione habitantibus, sinister humerus deus fuit: aliis dimidia pars capitis, alij poculum fictile, aut tryblion, vel catinus, vt apud Lucianum Damis. ne nunc commemorem hortensia etiam culta, porrum, cepe, aliáque eiusmodi. Pœni, Soli & Lunæ vniuersi sacrificabant. Syri occæcatis animis, pisces & columbas deos sibi consecrarunt. Troglodytæ testudines, Heliopolitani bouem, Memphitæ vaccam, Leontopolitani leonem, capram & hircum Mendesij, Thebani aquilam, Lycopolitani lupum, Babylonij verò cephum, ab his veluti propicio numine petita accipere arbitrantes. Cyrenaici Acorem, magnum deum muscarum existimarunt. Arabes ad Memnonium, cercopithecum cœlo dicârunt, illius opem in rebus afflictis implorantes. Mitto reliquam Aegyptiorum superstitionem, & falsarum opinionum ineptias, qui Apim præcipuo honore venerati, solùm responsa dare, & prosperos euentus aut futuras calamitates præmonstrare fabulabantur: modò Isim, modò Osiridem, modò Serapin: & quod dicere piget, crocodilos, à quibus hominem deuorari, tanquam à deo expetitum, magni muneris habebatur loco: modò ichneumones, ibes, & fœda animalia, aliáque ludibria religionum, velut deorum numina colentes: ita vt gentes aliquas quæ felem auream, & alias quæ scarabeos pro deis habuerunt, circa Syenem fuisse legamus. Germani Solem, Vulcanum, & Lunam, solos deos quos cernebant, opinati sunt: quæ Anaximandri opinio fuit, vt cœlestia sidera deos esse crederet. Quinetiam Aegyptij Solis simulacrum diplomatibus consignatis adorabant, quem Horum nuncupabant, illúdque precibus & votis frequentabant assiduè. Arabes Iouem & Bacchum: Aethiopes ex deis vnum mortalem, alterum immortalem putabant: nonnulli Pœnam & Beneficium. Assyrij & Persæ, vnum bonorum largitorem, alterum malorum: Callaici gens moribus effera, cultu inhumano & fero, neque more, neque iure viuentes fuêre. Numidæ Ammonem in desertis harenis, magnis honoribus frequentabant. Celtiberi cuipiam deo, cuius etiam nomen ignorabant, plena luna, nocturnum sacrum facere, & ante cuiusque fores saltibus indecoris pernoctabant. Addam & hoc loco Arnobij viri doctiss. verba, quæ licet parum castigata, cognitione tamen digna videntur. Ridetis, inquit, priscis temporibus Persas fluuios coluisse, informem Arabas lapidem, acinacem Scythiæ nationes, ramum Proconnesij * athespios, lignum Carios pro Diana indolatum, Pessinuntij silicem pro Matre deûm, pro Marte Romanos hastam, Varronis vt indicant Musæ: atque vt Ethedius memorat ante vsum disciplinámque fictorum, puteum Samios pro Iunone. hæc quidem Arnobius. At alij fuêre, qui nullos crederent esse deos: cæci illi & excordes, omniáque agi fato, animásque cum corporibus interire vnà. Inter hos Diagoras Melius, Theodorus Cyrenæus, Euhemerus Tegeates, Callimachus, ac Prodicus Ceus, aliíque plures, qui ἄθεοι dicti sunt. hæc ferè collegimus ipsi.

SYNT

SYNTAGMA SECVNDVM,
DE IOVE, BELO, AMMONE, &c.
AD V. C. PROSPERVM
Pasethum.

Vm te, *Prosper Pasethe*, *V. Cl.* aliquo vellem nostrorum horum *de Deis gentium Syntagmatum* donare, nullum mihi videbatur magis tibi conuenire, decentiús ve mitti debere, quàm hoc, quo de Ioue egimus. nam ст illum veteres à iuuandis rebus, Latinè Iouem dici voluere: & Graecè ζῆνα quòd vitae auctorem esse putarent: iure & merito tibi, qui imbecillam hanc meam valetudinem (quid enim vitam dicam?) foues, assiduéque iuuas, hoc de Ioue Syntagma dicamus. quod ea saltem ratione accipias velim, vt tibi me memorem beneficiorum vtcunque esse declarem. Vale.

IVPITER.

Vm superiore libro, seu, vt magis appellare libuit, Syntagmate, quid de Deo vno praepotenti & immortali ipse sentirem, breuissimè docuerim, mi Pasethe: déque ipsius Dei nomine quae nostri & Graeci Hebraeique tradant, & an scribi possit, nonnulla attulerim: philosophorum quoque antiquorum de deis opiniones, sententiásque, déque variis deorum appellationibus multa collegerim: & miscellaneos praeterea deos, & topicos, aliáque plurima, vt mediocres ingenij vires tulerunt, ne imbecillis corporis dicam, quo continuè morbis articularibus ita affligor, vt non modò è cubiculo, sed nec è cubili exire, aut pedem efferre detur: in hoc secundo Syntagmate de Ioue agam, déque eius imaginibus & cognominibus. Igitur ἐκ Διὸς ἀρχόμεσθα, vt Aratus ait: quem noster aemulatus Maro, Ab Ioue principium, dixit. ita & nos hoc Syntagma exordiemur ab Ioue, siquidem Iouem vniuersitatis rectorem gentes existimabant. Quinimò, vt Cornutus ait, sicut anima corpus regit, ita Iupiter mundum. atque ideo eum mundi sapientes cùm vnum quidem putarent, pluribus tamen nominibus cognominibúsque appellabant. Iouem quippe Latini à iuuandis rebus vocabant: Graeci ζῆνα, quod vitae auctorem esse putarent. Dictus item aliis penè infinitis cognominibus, quae tibi hoc nostro libro pro viribus & ingenij mediocris facultate explicabimus. Principiò igitur de Ioue scripturus, M. Tullij Ciceronis verbis vtar, quae in tertio de Natura deorum leguntur: Ioues, inquit, tres numerant ij qui Theologi nominantur. ex quibus primum & secundum, natos in Arcadia, alterum patre Aethere, ex quo etiam Proserpinam natam ferunt, & Liberum: alterum patre Caelo, qui genuisse Mineruam dicitur, quam principem & inuentricem belli ferunt: tertium Cretensem, Saturni filium, cuius in illa insula sepulcrum ostenditur. & haec quidem apud M. Tullium pontifex Cotta. Verumenimuero, non tres tantùm Ioues, vt Cicero, Varro, & à Varrone alij, sed trecentos memorant: adeò in confingendis deis foecunda fuit antiqua superstitio. Scribit enim Eusebius Caesariensis libro Euang. praepar. 111, nationes ferme omnes deum sibi Iouem constituisse, diuerse nominibus nuncupatum, eundémque apud se natum dixisse: quod idem Phoenicum theologi tradunt, idem & Aegyptij, idem & Cretenses, idem & Atlantes, quod & ante Eusebium ostendit Diodorus Siculus. Sed his in praesentia omissis, praestat versus quosdam Orphicos ascribere, quos ex Apuleio, Proclo, & aliis collegimus. hos igitur sic Latinè vertit Apuleius, quibus multiplicem Iouis potestatem declarat:

> Iuppiter omnipotens, est primus & vltimus idem,
> Iuppiter est caput, & medium: Iouis omnia munus,
> Iuppiter est fundamen humi, ac stellantis olympi,
> Iuppiter & mas est, & nescia foemina mortis.

Spirit

Spiritus est cunctis validi vis Iuppiter ignis,
Et pelagi radix, Sol, Luna, est Iuppiter ipse.
Omnipotens rex est, rei omnis Iuppiter ortus,
Nam simul occubuit, rursum extulit omnia leto,
Corde suo è sacro, consultor lumine rebus.

Hos versus cùm Grçcè apud Apuleium probè legi non posse viderem, neque in iis quę Orphei nomine in manibus habentur, inueniantur, eos ego longo demũ studio apud Eusebium Pamphili comperi, & in Græcis quibusdã commētariis: quare eos hîc tibi ascripsi.

Ζεὺς πρῶτος γένετο, Ζεὺς ὕγατος, ἀργικέραυνος.
Ζεὺς κεφαλὴ, Ζεὺς μέσσα, Διὸς δ' ἐκ πάντα τέτυκται.
Ζεὺς πυθμὴν γαίης τε καὶ οὐρανοῦ ἀστερόεντος.
Ζεὺς ἄρσην γένετο, Ζεὺς ἄμβροτος ἔπλετο νύμφη.
Ζεὺς πνοιὴ πάντων, Ζεὺς ἀκαμάτου πυρὸς ὁρμή.
Ζεὺς πόντου ῥίζα, Ζεὺς ἥλιος, ἠδὲ σελήνη.
Ζεὺς βασιλεὺς, Ζεὺς ἀρχὸς ἁπάντων, ἀλλὰ τελευτή.
Πάντας γὰρ κρύψας, αὖθις φάος ὃν πολυγηθὲς,
Ἐξ ἱερῆς κραδίης ἀνηνέγκατο μέρμερα ῥέζων.

Citantur porrò & alij versus his consimiles à Proclo, alijísque Platonicis, quos curiositatis gratia ascribam. nam plerisque mecum sentiētibus, quid de huiusmodi Orphicis statuendum, parum adhuc liquet: præsertim cùm neque Aristoteli, nec M. Ciceroni satis notus fuisse Orpheus videatur, vt qui de eo ambiguè statuant. Versus verò hi sunt:

Οὕνεκα σὺν τῷ παντὶ Διὸς πάλιν ἐντὸς ἐτύχθη,
Αἰθέρος εὐρής, ἠδ' οὐρανοῦ ἀγλαοῦ ὕψος,
Πόντου τ' ἀτρυγέτου, γαίης τε θρυαλλίδος εὖρη,
Ὠκεανός τε μέγας, καὶ νέατα τάρταρα γαίης,
Καὶ ποταμοὶ, καὶ πόντος ἀπείρατος, ἄλλα τε πάντα.
Πάντες τ' ἀθάνατοι μάκαρες θεοί, ἠδὲ θέαιναι,
Ὅσσα τε ἦν γεγαῶτα, καὶ ὕστερον ὅσσα ἔμελλε.
Γίγνεσθαι, Ζηνὸς δ' ἐν γαστέρι σειρὰ τρέφυκει.
Ζεὺς πρῶτος γένετο, Ζεὺς ὕγατος, ἀργικέραυνος,
Ζεὺς κεφαλὴ καὶ μέσσα, Διὸς τε πάντα τέτυκται,
Ζεὺς πυθμὴν γαίης τε, καὶ οὐρανοῦ ἀστερόεντος.
Ζεὺς βασιλεὺς, Ζεὺς αὐτὸς ἁπάντων ἀρχιγένεθλος.
Ἓν κράτος, εἷς δαίμων γένετο, μέγας ἀρχὸς ἁπάντων.
Ἓν δὲ δέμας βασιλεῖον, ἐν ᾧ τάδε πάντα κυκλεῖται,
Πῦρ καὶ ὕδωρ, καὶ γαῖα, καὶ αἰθὴρ, νύξ τε καὶ ἦμαρ,
Πάντα γὰρ ἐν Ζηνὸς μεγάλου τάδε δώματι κεῖται. Hoc est:

Intra nanque Iouem cùm toto constitit ipse
Aether, quàm latus, sublimi & vertice cœlum,
Immensíque maris tractus, terræque iacentis,
Ingénsque Oceanus, depressáque Tartara terræ,
Flumínaque, & Pontus sine fine, & cætera cuncta,
Immortales omnes díque deæque beati,
Quæque fuêre exorta, & quæ ventura sequentur.
Hæc in ventre Iouis rerum compago manebat.
Iuppiter ipse fuit primus, supremus & idem.
Iuppiter est caput, & medium. Iouis omnia munus.
Iuppiter est fundamen humi, ac stellantis Olympi.
Iuppiter idem rex cunctorum, principiúmque,
Vna potestas, & deus vnus, magnus & auctor:
Vnum & regale est corpus, quo cuncta tenentur,
Ignis, aqua, & tellus, ac æther, nóxque, diésque:
Omnia nanque Iouis sunt ædibus ista reposta.

Hæc quidem nos vtcunque ex Orpheo vertimus. Nunc quædã de eius pictura ac imagine subiungam. Iouem varijs modis antiqui effingebant, pro diuersa illi potestate attributa. Sed eius illud in primis simulacrum sedere fingebatur, vt stabilis virtus & incommutabilis ostenderetur. nuda verò superiora & aperta habere videbatur, quoniam ipsum conspicuũ esse existimabant, in intelligentijs quæ dicuntur, & cœlestibus mũdi partibus:

inferiores

feriores autem Iouis partes velatas,& obtecta τὰ πρόσθια, quia minus apparêre, nec planè videri putabant, ab iis scilicet qui creati sunt in partibus inferioribus. Continebat verò læua sceptrum, quia in sinistra corporis parte,vt volunt Physici, extum maximè princeps & spiritale subsistit, Cor. Rex enim mundi,& opifex νῦς, hoc est intellectus, vel mens. Dextra verò nunc aquilam protendere videbatur, nunc Victoriam. Et quidem aquilam, quòd Iupiter ita superioribus & cœlestibus imperet, vt aquila cæteris auibus: Victoriam verò, quoniam omnia ei subiecta atque deuicta sint. hæc quidem partim ex Porphyrio & Phurnuto philosophis, partim ex Eusebio, & Græco deorum imaginum scriptore, itémque ex Theophilo, & Suida. Pausanias verò in Eliacorum priore, Olympium Iouem sic describit: Sedet in solio ex auro & ebore factus. corona capiti imposita est, ad oleagineæ frondis imaginem. dextera victoriam, & ipsam ex ebore & auro præfert, cum tænia & corona. Læua sceptrum tenet affabre expolitum, & omnium metallorum varietate distinctum. quæ auis sceptro incumbit, aquila est. Aurei sunt Deo calcei: pallium item aureum. in eo cùm diuersa animalia, tum ex omnibus florum generibus lilia in primis cælata sunt. Solium ipsum auro & preciosis præfulget lapidibus, neque in eo velebur vel ebenum desideratur: animalium verò formis intercurrente pictura exornatur. Alia addit Paus. quæ ad ornatum potius quàm ad statuā pertinent. Nonnihil quoque in Olympio Ioue nos dicturi sumus. Sed enim aquilam Ioui attributam fabulosè Lactantius Fir. & Latinus Arati interpres, seu hic sit Bassus, seu Cæsar, ex Aglaosthene ita tradunt. Cùm Iupiter ex insula Naxo contra Titanas proficisceretur, & sacrificium faceret in litore, aquilam ad eum aduolasse ferunt, auspiciúmque fecisse. Hinc ergo victor, bono omine aquilam acceptam tutelæ suæ Iupiter subiugauit. Quin & sacra etiam historia gentium, illi quoque in capite consedisse refert, Iouique regnum portendisse. Seruius verò ait, quòd dimicanti Ioui contra Gigantes, fulmina ministrarit aquila. quod ideo fictum est, quoniam ales ipsa calidissima sit, adeò vt & oua quibus incubat, coquere possit, nisi lapidem admoueat, quem alij Gagaten, alij Aetiten vocant, qui sit frigidissimus: v testatur Lucanus, Fœta tepefacta sub alite saxa, &c. ne hoc loco tibi fabulosum catamiti raptum commemorem. Illud certè mirum est, quod Aelianus prodit, inter aquilarum g nera vnum esse. quod Iouis aquila appelletur, nec carnes vorct, nec attingat, sed ei ad victum herba sufficiat. Mirum & id quod scribit Plutarch. in Isidis & Osiridis libro, Cretenses Iouis simulacrum effinxisse, quod auribus careret, & iis mutilum esset: id significantes, dominatorem omnium audire debere nem nem, sed æquè omnibus pa ulas offerre aures. Contrà Lacedæmonij, summum Iouem cum quatuor auribus d pingere solebant, eum vndique & omnia audir. innuentes. Heliopolitæ quoque Iouem Heliopoliten cognominatum ita formabant, teste Macrob o simulacrum aureum effing bant, specie imberbi, dextra instans eleuata cum flagro, in aurigæ modum læua tenebat fulmen & spicas. sic Iouem Heliopolitæ. Phurnutus verò ait, Iouem effingi solere ætate hominis perfecta, non efflorescente, nec deficiente: vnde & illi τέλεια, id est perfecta & adulta sacrificare solebant. sceptrúmque illi attribuit, quod potestatis est symbolum: & aquilam. Anaxarchus sophista apud Arrianum in quarto Hist. antiquos ait Ioui assistentem Iustitiam fecisse ea ratione, quod quæcunque reges facerent, vt iusta & æqua putarentur: tametsi eam interpretationē Arrianus ipse nō satis approbet. eadem ratione Phurnutus, Iouem Iustitiæ patrem credi dum ait, Gratiarúmque & Horarum. Martianus lib. primo de Nupt. ita in senatu deorum Iouem effinxit: in capite flammantem coronam habuisse ait, & super ea velamen rutilum Mineruæ manibus confectum, & vestem candidam habuisse, indutum hyalinos amictus crebris quibusdā stellis interstinctos: manu dextera duos orbes porrigentem, aureum alterum, ex electro alterum. qua figura, rotunda scilicet, virtutem prouidētem atque viuificam significari, testis est Porphyrius. Læua verò chely enneaphthongo inniti videbatur, calceos in pedibus habere virides, & calceis fuscinā premere. hac figuræ imagine Martianus totius naturæ præside Ioue significasse videtur. Sed enim & pro varia illius, quam habere veteres potestate existimabant, variè formabant. aliter enim Fulgens & Fulgurator Iupiter: aliter Tonans, & Fulminator, & Stator, effingebatur: & plerunque pro arbit io principū, vatum, & pictorum. Quos ego nō inficias ierim, aliquando me, vt videbis, inter scribendum esse secutum. Coronabatur porrò interdum Iupiter quercu, aut olea. vnde etiā factū, vt inuicē inter se hę arbores inimicitias exercere

dicantur

dicantur. Phurnutus, oliua tantùm Iouem coronari ait, quòd ea sit semper virens, id est, ἐκθαλλὴς: & pinguis, & multæ vtilitatis, id est, πολύχρηςος, & glauci coloris & cœlestis similitudinem habere videatur. Audi quæso antequàm cætera subiungam, quæ breuissimè Arnobius prodidit de Ioue in varias formas mutato, vt sua perficeret furta: Modò, inquit, in aurum versus, modò in satyrum ludicrum, in draconem, in alitem, in taurum, & quod omnia genera contumeliarum transiliat, in formiculam paruulam, vt Clytorim videlicet filiam Myrmidonis redderet apud Thessalos matrem. hæc ille. Sed iam ipsa nomina & cognomina interpretari moliamur.

Pater in primis dictus est Iupiter, ob eam quam erga omnia creata & condita beneuolentiam, ac omnium rerum prouidentiam habere existimabatur, vt Diod. ait, quòd singulorum summa cum beneuolentia curam haberet, & veluti dux esset rectè piéque viuendi. Varro: Iupiter ideo, inquit, dictus, quia mortales atque arbores herbásque omnes iuuet. Ennius, Diuûmque hominúmque pater rex. Pater verò, quod patefaciat semen: &c. quæ Varro. Val. Soranus:

 Iuppiter omnipotens rerum, regúmque, deûmque
 Progenitor genitríxque deûm, deus vnus & omnes.

Et non modò à nostris Pater Iupiter vocatus est, sed & à Græcis, vt notum ex Orphei, & Homeri, & reliquorum poëtarum carminibus, vt in illo, πατὴρ ἀνδρῶν τε θεῶν τε: id est, pater hominúmque deûmque. Quinimò & γενέτωρ quoque vocatus est, vt in commentariis Arati Theon obseruat. Idem & πατρῷος, id est, patrius appellatus, vt idem Theon, Harpocration, Phurnutus, & alij scribunt, vt & in Apolline Patrœo copiosius dicemus. Sed & ideo Pappam, & Pappæum, Iouem appellatum legimus. Arrianus in Bithyniacis ait, Bithynos ipsos montium cacumina ascendere solitos, & Iouem Pappâ salutare. Scythæ verò Iouem Pappæum, Herodoto & Origene auctoribus, nuncupabat. at Pappâ patrem significare, nec Græci, nec Latini negant. vnde & in Romani antistitis peculiare apud nostros cognomen vulgò deductum est, cùm antea & in cæteros præsules vsurparetur. Sed enim & ἀντίπαλος Iupiter cognominatus, quòd Saturno patri hostis fuerit. meminit Theocritus. Iouis autem nomen à iuuando primùm factum, iam dictum est: quod etiam in recto casu, non modò in obliquis, apud idoneos auctores legimus. mox cum patre iunctum, Iupiter vocatus est, quasi iuuans pater. Scribit D. August. in quarto, Iouem omnes deos in se, id est, in eius nomine continere: vt non repetam quæ ex Orpheo iam retuli.

Rex etiam Iupiter dictus, vt Vergilius ex Homero & Ennio, ac item ex Orpheo vocauit. Iouis etiam regis sacra in Lebadia celebrabantur, vt ex Aristocliæ formosissimæ puellæ historia cognoscimus. quæ ei rem diuinam factura, nuda est à Stratone visa, qui in eam exarsit, antè etiam à Callisthene amatam. hæc verò nuptiarum die in amantum manibus discerpta est: quorum posthæc alter sibi manus consciuit, alter aufugit, nec vnquam amplius visus fuit. Xenophon etiam Iouis regis meminit in tertio & octauo Pædiæ, ne plura inculcem. Ait enim, Cyrum Sardianam vrbem ingressum, Vestæ & Ioui regi sacrificasse. Vocatus est etiam Iupiter omnipotens, à potestate summa. Vergilius, Iuppiter omnipotens precibus si flecteris vllis. Soranus: Iuppiter omnipotens rerum, regúmque, &c. Græci similiter παντοκράτορα vocant, vt Orpheus & Homerus. alij παγκρατὴς Ζεὺς etiam ab Atheniensibus ideo appellatus est, vt ait Hesychius, & Phauorinus.

Iupiter Optimus Maximus cognominatus, quod velit & possit omnibus prodesse. & optimus quidem, antequàm maximus: quia maius est certè, gratiúsque prodesse, quàm magnas opes habere. hoc ait M. Cicero. Pliniúsq́, ac cæteri. Templum Iouis OPT. MAX. Tarquinius Priscus vouit, Tarquinius Superbus à fundamentis, deinde XL argenteis mil. impendit: sed regno eiectus, anno post ipsum Horatius Cos. dicauit. vt hæc vetus epigraphe ostendit: M. Horatius Cos. ex lege templum Iouis Opt. Max. dedicauit, anno post reges exactos à Coss. postea ad dictatores, quia maius imperium erat, solenne claui figendi translatum est. Porrò Homerus & Pamphus poëtæ Græci, hoc idem cognomen Maximi, Ioui dederunt, vt notat Philostratus. Sanè & Iupiter pro stella illa salutifera capitur interdum, quæ inter errantes secunda est, quæ & Phaëthon dicitur, vt alibi dicendũ, interdum etiã ponitur pro aëre. Horat. poëta, Manet sub Ioue frigido. & quia Græcè δῖος, dius etiam & diuus dicitur, pro eodem aëre. vnde est, sub dio, & sub diuo, vt notat Varro.

Victor Iupiter cognominatus, quòd omnia vincere putaretur, vt scribit T. Liuius lib. x.

De Deis Gentium.

Historiæ Deorum

ab v.c. Papyrium in ipso discrimine, quo templa deis immortalibus voueri mos erat, vouisse Ioui Victori, si legiones hostium fudisset, pauxillum mulsi, priusquàm temetum biberet, sese facturum: id votum deis cordi fuit. Ioui verò Victori diem festum Romani celebrarunt Idibus Aprilis: qua de re Ouidius in Fastis,

    Occupat Apriles idus cognomine Victor
    Iuppiter, hac illi sunt data templa die.

Ioui Victori templum votum à Q. Fabio bello Sabino fuit, in Palatino monte constructum. meminit P. Victor in x vrbis regione. Græci etiam Niceum Iouem vocauêre, nescio an à Victoria, id est, νίκης dictum, an à loco. meminit T. Liuius in v Decad. de Cetio monte agens, & Epiro: Alio rex Perses profectus, altero (inquit) die ad templum Iouis, quem Niceum vocant, posuit castra.

Inuictus Iupiter nuncupatus est, & cultus à Romanis, vt diuus Augustinus in septimo de Ciuitate Dei testatur. Inuicti Iouis idus Iunij dies festus agebatur.

Imperator Iupiter apud Prænestinos celebratus, cuius simulacrum apud ipsos cùm esset, Romam translatum fuit: in v i i i verò Vrbis regione collocatum, vt P. Victor testis est. Liuius lib. sexto ab v.c. Titus, inquit, Quintius semel acie victor, binis castris hostium nouem oppidis vi captis, Præneste in deditionem accepto, Romam reuertit, triumphánsque signum Præneste deuectum Iouis Imperatoris in Capitolium tulit: dedicatum est inter cellam Iouis & Mineruæ, tabuláque sub eo fixa, monumentum rerum gestarum. M. Tullius in v i Verrin. Iouem Imperatorem, inquit, quanto honori in suo templo fuisse arbitramini, colligere potestis. Iouis Imperatoris simulacra præter hoc Prænestinum, idem M. Tullius eodem loco commemorat, vt illud ex vrbe Syracusana ablatum: Quid? inquit, ex æde Iouis, religiosissimum simulacrum imperatoris, quem Græci ὄυριον nominant, pulcherrimè factum, nónne abstulisti? tum de altero paulò pòst, quod ex Macedonia captum in Capitolio posuerat Flaminius. Etenim tria ferebantur in orbe terrarum signa Iouis imperatoris, vno in genere pulcherrimè facta; vnũ, illud Macedonicum, quod in Capitolio videmus: alterum, in Ponti ore, & angustiis: tertium, quod Syracusis ante Verrem prætorem fuit: & reliqua, quæ ibidem ait Cicero. ὄυριος διὸς meminit & Arrianus ἐν περίπλῳ Ponti Euxini: ait enim, quòd inter Bosphorum Thracium, & vrbem Trapezontem, templum fuit Iouis Vrij, quod à Byzantio distabat centum & viginti stadiis. Stephanus in libro de Vrbibus etiam meminit, his verbis; Et Menippus, inquit, ἐν περίπλῳ Bithyniæ, à fano ait Iouis ὄυριος, & ab ore Ponti sinistra habenti continentem, & nauiganti Chalcedona vrbem, sunt stadia c x.x.

Custos Iupiter quoque appellatus est, & in primis cultus à Romanis. Custodis Iouis Apuleius meminit in libro de Mundo, & Seneca lib. 2. Quæst. nat. de Ioue agés: Eundem, inquit, quem nos Iouem, intelligunt custodem rectorémque vniuersi. Sunt qui putent Iouis custodis templum, ex Suet. Tranquillo, à Domitiano imperium adepto in Capitolio conditum fuisse, qua de re Cornel. Tacitus libro 19. vbi Capitolium describit à Vitellianis captum, in initio principatus Vespas. Domitianus, inquit, in prima irruptione apud æditụum occultatus, solertia liberti lineo amictu turbæ sacricolarum immixtus, ignoratúsque, apud Cornelium primum paternum clientem iuxta Velabrum delituit, ac potiente rerum patre, disiecto æditui contubernio, modicum sacellum Ioui conseruatori, arámque posuit, casúsque suos in marmore expressit: mox imperium adeptus, Ioui custodi templum ingens, séque in sinu Dei sacrauit. hæc Tacitus. Extant præterea nomismata quædam Neronis Cæs. in quibus à tergo ita Iupiter est effictus: in solio sedet, dextra fulmen habet, læua hastam, cum hac inscriptione, IVPITER CVSTOS.

Capitolinus Iupiter Romæ in Capitolio summa veneratione cultus, & summo honore habitus: de quo nõ est cur ego plura scribã, cùm nõ modò Latinis, sed & Græcis scriptoribus sit celebratissimus, vt cui ex toto terrarũ orbe donaria preciosissima mitterentur, vt Cicero, Plutar. Liuius, & alij ostendunt. at si breuissimè videre velis, quando conditum Capitolium, quando dicatum, quoties incensum & instauratum, & de eo cætera, Cornel. Tacitum lege lib. 19. Sed enimuero Capitolium, ait Arnobius, dictũ est à capite Toli. Quis, inquit, ignorat Capitolium Toli esse sepulcrum Vulcentani: & paulò pòst: Quòd si planũ fieri testimoniis auctorum postulatis, Sammonicus, Granius, Valerianus, & Fabius vobis indicabunt, cuius Tolus fuerit filius, gētis & nationis cuius, vt à Germani seruulo vita fuerit

Syntagma II.

rit spoliatus, & lumine. Et demum sic cōcludit: Nec erubuit ciuitas maxima, & numinum cunctorum cultrix, cùm vocabulum templo daret, ex Toli capite Capitoliũ, potius quàm ex nomine Iouio nuncupare. hæc Arnobius. At verò Capitolium (inquit Varro) dictum, quòd hic cùm fundamenta foderentur ædis Iouis, caput hominis inuentum dicitur: hic môs antè Tarpeius dictus, à virgine Vestali Tarpeia, quæ ibi à Sabinis necata armis, & sepulta: eius nominis monumentum relictum, quod etiam nunc eius rupes Tarpeium appellatur saxum. hæc Varro. Quòd autem ibi caput inuentum, eam imperij arcem, rerúmque caput fore interpretatum fuit. Saturnium primùm montem Capitolium vocatum fuisse, mox Tarpeium legimus, à Tarpeia, quæ hostibus illum prodiderat. hinc & Tarpeius Iupiter vocatus. Propertius in 4.

Tarpeiúsque pater nuda de rupe tonabat.   Ouid. in Fastis:
Iunctáque Tarpeio sunt mea templa Ioui.

Amm. Marcellinus: Quicquid erat primùm eminere, inter alia cuncta spectabat Iouis Tarpeij delubra, quantum terrenis diuina præcellunt. vt mirandum illud sit quod scribit Plinius lib. 35. Nat. historiæ: Turrianum à Fregellis accitum, cui locaret, Tarquinius Priscus Iouis effigiem in Capitolio dicandam, fictilem eam fuisse, &c. Sanè quidam Capitolinum Iouem, & Opt. max. eundem fuisse arbitrantur, propter hæc M. Tullij verba: Quo circa te Capitoline, quem propter beneficia pop. Rom. Optimum, propter vim Maximum nominauit. Vnum hoc tibi quoque addam, non solùm Capitolinum Iouem Romæ cultum fuisse, sed in alijs etiam vrbibus, vt Corinthi, de quo Pausan. in Corinth. Supra theatrum, inquit, Iouis est templum, qui Romana voce Capitolinus vocatur: lingua verò Græca Coryphæus dici posset. hoc quidem Pausan. Legimus & Antiochiæ fuisse. Liuius lib. 1. quintæ Decad. Et Antiochiæ, ait, Iouis Capitolini magnificum templum, non laqueatum auro tantùm, sed parietibus totis lamina inauratum. Fuit & Tolosæ in Hispania Capitolium, vt in sacris annalibus obseruaui. fuit & Capuæ Capitolium arx munitissima: item Capitoliũ aliud Beneuenti, quod notauit Alexander. Pausan. præterea, & Stephanus, alijque Græci, Capetolinum per e enunciant.

Fulminator Iupiter dictus est à Latinis, teste Apuleio: κεραύνιον Græci appellauere, licet Hesychius dicat hoc nomine in Seleucia Iouem vocitatum. Sic verò dictus, vt ait Pausan. post Oenomai domum fulminatam. Orpheus in Fulminatorē Iouem hymnum composuit, cum suffimento styracis. Meminit & Ceraunij Phurnutus de Deorum nat. Eadem etiam causa cognominatus est ἀργικέραυνος, quasi tu dicas coruscans fulmine, vt est apud Orpheũ, & Pindarum in Olymp. Alicubi etiã ἀρχικέραυνος dictus, id est, fulminũ princeps. Sed & ἐγχεικέραυνος ζεὺς nũcupatus est, quòd videlicet pro hasta fulmine vti diceretur. τερψικέραυνος preterea Iupiter cognominatus, quòd fulmine scilicet gaudeat: vnde est Cœlij nostri carme,

Perfringit, penetrat, cremat omnia fulmen adactum,

Iupiter hinc nomen τερψικέραυνος habet. in Argonauticis tamen Orpheus τερπικέραυνον vocare videtur, & item quædam Homeri exemplaria, sed & Hesychius, alijque. hinc interpretari possumus, quòd fulgura & fulmina vertat. At Fulminantem Horatius libro tertio Carm. Iouem illo versiculo appellat: Nec fulminantis magna Iouis manus. Fulgur Iupiter videtur etiam appellari apud Festum, vt cùm scribit: Præuersum fulgur appellatur, quod ignoratur noctu an interdiu sit factum. Itaque Ioui Fulguri & Summano fit, quod diurna Iouis, nocturna Summani fulgura habentur.

Fulguratorem ex nostris etiã quidam dixêre, cùm Græcum vocabulum ἀστραπαῖος Latinè exprimere voluerunt, & ἀστεροπητὴς, quo & poëtæ, & Lucianus vsus est in Timone, quo loco multa Iouis cognomina enunciat: id quod & Aristoteles in lib. de Mundo. M. Marullus hymnum in Iouem Fulguratorem composuit. Illud est ab Appiano in Syriaco proditum: cùm à Seleuco Seleucia vrbs conderetur, quæ ad mare vergeret, fulgure ictam fuisse, fulgúrque ipsum deum creditum, solitósque mortales choreas ducere, ipsúmque Fulgur hymnis & canticis prosequi, quoties cœlum fulgeret. Porro & ςεροπηγερέτης ζεὺς vocatus, quasi συναγείρων τὰς ἀστραπάς, hoc est, fulgura & coruscationes congregans, vt exponit Hesychius. Fuit & Iupiter Serenator: sic enim qui Græcè est αἴθριος, Apuleius in libro de Mundo reposuit.

Tonans Iupiter ab auguribus primùm appellabatur, & fulgens, vt testis est M. Cicero libro secundo de Natu. deorum. ita enim Balbus: Hunc etiam augures nostri, cum

De Deis Gentium.   g 2   dicunt

dicunt Iouem Fulgentem, Tonantem. dicunt enim, Cœlo fulgente & tonante. Deinde, Tonantem Iouem Augustus Cæs. post Cantabricum bellum in Capitolium constituit: vnde & aliquando Capitolinus Tonans vocatus est, qui tamen alius est ab Ioue Capitolino, de quo iam suprà actū est. qua in re grammatici quidam decepti sunt. Vidi ego nomismata vetera Augusti, cū Iouis Tonantis inscriptione. De hoc templo Iouis Tonantis ab Augusto facto, sic fermè Dion lib. histor. 54. Dedicauit, inquit, & templum Iouis Tonantis, de quo hæc quidam duo feruntur: alterum, quòd in eius dedicatione ingentia facta fuere tonitrua: alterum, fuit ipsius Augusti somnium. nam tum ingēs multitudo ad dedicationem conuenerat, tum propter nominis & rei nouitatem, tum quod ab Augusto templum positum esset, tum maximè quòd in Capitolium ascendentibus primùm offerebatur. Visus verò fuerat videre Iouem Capitolinum sibi in templo iratum, qui illi diceret, eum Tonantem Iouem habiturum defensorem: & reliqua, quæ hac de re Dion prodit. Porrò Augustus, cùm dies exorta esset, Ioui statuæ tintinabulum appendit, quo Romani vti solebant, cum custodias gererent. huius verò templi & somni meminit subobscurè Suetonius Tranquillus. Verum enimuero à Græcis hac tonitrus ratione ἰψιβρῶντης, & ἰψιβρῶντος {ὡς appellabatur. post poëtas meminêre Lucianus & Phurnutus. Sed & βροντᾶος ab Orpheo, & item Phurnuto dictus: quem Tonitrualem Apuleius, vt solet, licenter interpretatus est, sed & in Homerum grammatici, & in Aratum. Legitur Romæ in marmore, in atrio Paulinæ domus, IOVI BRONTONTI. Eademque ratione βροντιμέγαιν@, & διολοβρόντης {ὡς nuncupatus est. & quod ab alto strepat, ἰρυπλὸν@ {ὡς: & βαρύβρῦν@, quòd grauiter sonet. hinc & ὑψιβρεμέτης {ὡς, hoc est Altitonans, qua voce & Latini vsi sunt. Næuius.

Panditur interea domus altitonantis Olympi, vt Minutianus citat: quem versum & æmulatus est Maro. hinc eadem penè ratione ἀριγνώτης, & poëtis frequentius, hoc est latè sonans: vt est illud Orphei, ἐκ δ κρόνου γένετ' ἄυτὸς ἄναξ εὐρυόπα {ὡς, id est, ex Saturno gēitus rex ipse altisonans Iupiter. Similiter & Homerus & Hesiod. Idem & βαρυόπης cognominatus, aliisque, ne nimius sim. Porrò & Tonantis Iouis ædem in cliuo Capitolino P. Victor statuit: in Capitolio Plinius, vbi & statuam collocatā Leocrate factam, ante (vt ait) cunctas laudabilem.

Feretrius Iupiter à Romanis cultus, & appellatus. alij quidem à ferendo cognominatum putant, alij à feriendo: id quod Propertius in quarto ostendit, vbi de Ioue Feretrio eruditam elegiam scripsit, cuius hoc initium,

Nunc Iouis incipiam causas aperire Feretrij,
Armáque de ducibus trina recepta tribus.

Quæ & spolia opima dicebantur, & vt Varro scribit, ab opibus appellata: vel vt Plutarchus, ab opere rei gestæ: vel ab Ope Saturni vxore, id est, terra. Propert. in Eleg.

Nunc spolia in templo tria condita, causa Feretrij,
Omine quod certo dux ferit ante ducem:
Seu quia victa suis humeris hæc arma ferebant,
Hinc Feretri dicta est ara superba Iouis.

Plutarchus, à feriendo hostem ait. Festus: Feretrium dictum putat, quòd pacem ferre putaretur, cùm ex templo eius sumerent sceptrum, per quòd iurarent, & lapidem silicem quo fœdus ferirent. Prima autem spolia opima Romulus Ioui statuit, Acrōne Ceninensium duce interempto, & Feretrij nomen & templum: vt Liuius, Plutarchus. Dionys. Alicarn. in secundo, & alij tradunt. altera spolia opima Cor. Cossus de Tolumnio rege Hetrusco tulit. tertia M. Marcellus ex Viridomaro Gallorum rege Ioui suspēdit. de his Vergilius in sexto Aeneid.

Tertiáque arma patri suspendet capta Quirino.

Vbi Seruius post prædicta & hoc subiunxit: Possumus &, quod est melius, secundùm legem Numæ hunc locum accipere, qui præcepit prima opima spolia Ioui Feretrio debere suspendi, quod iam Romulus fecerat: secunda Marti, quod Cossus fecit: tertia Quirino, quod fecit Marcellus. Quirinus autem est Mars, qui præest paci, & intra ciuitatem colitur. Nam belli Mars extra ciuitatem templum habuit. Ergo aut suspendet patri, id est, Ioui: aut patri, id est, Quirino. Variè de hoc loco tractant commentatores, Numæ legis immemores, cuius facit mentionem Liuius. Libet hoc loco particulam Alicarnassei tibi ex secundo Hist. recitare, vt videas quàm exiguis initiis res Romana creuit. Post pompam

Syntagma II.

pam(inquit)triumphali, & sacrificium. Romulus extructo templo in vertice Capitolini collis,Ioui,quem Feretrium Romani vocat, nec magno ipso (ibi enim seruatur adhuc vestigium vetus, cùm minora quinum pedum latera habeat, maiora denum) Ceninensium in eo regis sua manu interfecti spolia consecrauit: hunc autem Iouem Feretrium, cui arma Romulus consecrauit, siue quis velit τροπαιόχον, siue vt quidam censent, συνλοφόρον: siue quia omnes excellit, omnémque in circuitu comprehendit naturam rerum, & motum, ὑπὸ φρούριον, non aberrabit à vero. & hæc quidem ille. Sed enim & Persæ cœli circulum, hoc est τὸν κύκλον τ᾿ ὀραν8, Iouem vocabant, vt Herodotus scribit in primo, & Origenes in quinto contra Celsum. alij, cœli ambitum: Valla, cœli gyrum interpretatus est. Origenes: Putant, inquit, Persæ Ioui sacrificia facere, vbi celsissimam montis speculam conscenderint, cœli circulum Iouem nuncupando. Idem paulò pòst: Persæ igitur cœli ambitum omnem vocitant Iouem.

Latialis Iupiter cognominatus, cuius crebra apud scriptores metio. Lucanus in primo,
Et residens celsa Latialis Iuppiter Alba.

Lactantius videtur dicere, Latialem Iouem cultum fuisse humano sanguine: quod & Athanasius. ita enim: Veteres, inquit, Romani Iouem, quem Latialem vocant, humanis hostiis colebant. Sed enim à Latialis Iouis sacro Latinæ feriæ dictæ sunt. Libet hac de re totam Dionysij Alican. particulam ex libro quarto ascribere, vt est à Lapo interpretata. Tarquinius, inquit, designare templum statuit Romanis Latinisque commune atq; Hernicis & Volscis, eis quidem qui in societatem scripti erant, vt conuenientes quotannis in designatum locum nundinarentur, vnáque vescerentur, ac de communibus extis partem quiq; eorum caperent: gratè autem suscipientibus rem omnibus, locum designauit, vbi conuentum facerent, in medio maximè gentium earum positum, montem celsum, qui Albanorum superstat vrbi, in quo nundinas quotannis agi, & inducias esse omnibus erga omnes lege statuit, sacrificiáque perfici communia Latiali Ioui: epulas idem quoque statuens, quas exhibere oporteret ad sacrificia vnamquæque vrbem, & quam partem vnamquanque accipere. quæ verò participes erant huius solennitatis & sacrificij, vrbes fuêre tribus demptis quinquaginta. Has autem solennitates & sacrificia Romani vsque ad hæc nostra tempora perficiunt, Latinas ferias eas vocantes: feruntque in eas hæ quæ participes sunt sacrorum vrbes, aliæ agnas, aliæ caseos, aliæ lactis mensuram quandam, aliæ his simile aliquod molæ genus: vno autem tauro communiter ab omnibus immolato, statutam partem vrbs quæque accipit. Sacrificant enim pro omnibus, principatúmque sacrorum Romani habet. hactenus Dionys. qui & alibi de Latinis feriis meminit. Varro de Lingua latina. Similiter Latinæ feriæ dies coceptiuus, dictus à Latinis populis, quibus ex Albano monte ex sacris carnē petere fuit ius cum Romanis, à quibus Latinis Latinæ dictæ. Fuit & Latiar, vt Macrobius scribit, Latinaru solenne. Latiarem præterea Iouem alicubi legi. Festus in Oscillo: Latinus rex, inquit, prælio quod ei fuit aduersus Mezentium, Ceritum regem, nusquam apparuit, iudicatúsque est Iupiter factus Latiaris. Porrò Propertius libro secundo Latium Iouem Capitolinum vocat, eo versu:
Assuescent Latio parta trophæa Ioui.

Stator Iupiter, quem Græci tum ἐσιον dixêre, tum ἐπεσιον. M. Cicero in oratione Priusquàm in exilium iret: Téque, inquit, Iupiter Stator, quem verè huius imperij statorem maiores nostri nominauerunt, cuius in templo hostilem impetum Catilinæ repuli à muris, cuius templum à Romulo victis Sabinis in Palatij radice cum Victoria est collocatum, oro atque obsecro, ferte opem pariter Reipub. cunctǽque ciuitati, meísque fortunis. At verò Liuius in primo ab V. c. ex verbis Romuli, suis fugientibus: At tu Pater deum hominúmque, hinc saltem arce hostes, deme terrorem Romanis, fugámque fœdam siste: hic ego tibi templum Statori Ioui, quod monumentum sit posteris, tua præsenti ope seruatam Vrbem esse, voueo. Quibus verbis Liuius innuit, à sistendo Statorem vocatum. D. tamen Hieronymus, Iouem Statorem stare dixit, non quòd ideo Statorem dictum putet, quod rectus stet: sed quod Iupiter Tonans, vt annotauit Hermolaus Barb. sic fingatur in antiquis signis: Stator verò, stans, tanquam erectus ad ferendum. D. Augustinus in tertio de Ciuit. Dei, à stando similiter deriuauit. Hic enim, inquit, Romulus de suorum iam virtute desperans, Iouem rogauit, vt starent: atque ille hac occasione nomen Statoris inuenit. Seneca in quarto de Beneficiis, cur Stator appellar appellaretur, altiorem causam attulit. ita enim scribit: Non quemadmodum historici tradiderunt, ex eo quòd post votum susceptum acies Romanorum fugientium stetit: sed quòd stant beneficio eius omnia, Stator, Stabilitórq; est. Non attinet hoc tibi loco referre, quantas turbas grammatici cum Valla faciant. Vidi ego aliquot nomismata vetusta tum Antonini Pij, tum Gordiani, aliorúmque veterum, à tergo quorum erat imago nuda stans, dextrà hasta nitens, sinistra fulmen habens, cum hac inscriptione, IOVI STATORI. Illud praeterea in x, ab v. c. apud Liuium legimus: M. Attilium Cos. cùm aduersus Samnites atrox bellum esset, manus ad coelum tulisse, voce clara, ita vt exaudiretur, templum Ioui Statori vouisse, si còstitisset à fuga Romana acies. Porrò quinto Calend. Quintilis festus dies Iouis Statoris à Romanis celebrabatur. Ouid. 6. Fastorum,

    Tempus idem Statoris erit, quod Romulus olim
       Ante Palatini condidit ora iugi.
    Tot restant de mense dies, quot nomina Parcis.

Vitruuius in tertio, cùm de Periptero aede agit, Statoris Iouis aedem eiusmodi fuisse scribit in porticu Metelli. Varro libro octauo Rerum diuinarum, vt Macrobius in tertio Sat. citat, delubrum ait alios existimare, in quo praeter aedem sit area, assumpta deûm causa, vt est in circo Flaminio Iouis Statoris.

Pistor Iupiter à Romanis cultus, cuius ara in Capitolio fuit, vt in sexto Fastorum scribit Ouidius. Lactantius Firmianus lib. 1. quo tempore Galli Capitolium obsidebant, Ioui Pistori ara posita fuit, quod Romanos deus in quiete monuisset, vt ex omni frumèto quod haberent, panem facerent, & in hostium castra iactarent: eóque facto, soluta est obsidio, desperantibus Gallis in opia subigi posse Romanos. Meminit & Liuius, & Frontinus. Non confutanda futilis eorum opinio, qui Mariforium Romae appellatum signum, Pistoris Iouis esse putant: ne hac parua temporis vsura abutar, cùm & alij id iam fecerint. Versus Ouidij de Ioue Pistore hi sunt:

    Nomine quàm precio celebratior arce Tonantis,
       Discant Pistoris quid velit ara Iouis.   Idem:
    Posse fame vinci spes excidit, hoste repulso,
       Candida Pistori ponitur ara Ioui.

De Pistio verò Ioue mox agemus.

Lapis, qui & ab aliquibus Lapideus Iupiter, apud Romanos sanctissimum iusiurandum: Gellius. M. Cicero in Fam. ad Trebatium in septimo, Iouem Lapidem iurare. Apuleius de Deo Socr. Quid igitur iurabo, per Iouem Lapidem? Romano vetustissimo ritu. dictus verò videtur, vt nonnulli existimant, ab ipso lapide Ioue vocato, qui Saturno oblatus fuit ab Ope. nam & Eusebius in Chron. ait, In Creta regnauit Lapis. Lapidem Iouem interpretantur quidam, qui per tempora fuerit raptae Proserpinae. vel certè dicitur à lapide silice, què in sanciendis foederibus iuraturi tenebant, vt Festus docet, ea verba dicentes: Si sciens fallam, me Diespiter salua vrbe arcéque bonis eiiciat, vt ego hunc lapidem. Quidam antiquitatum studiosi, hęc concepta verba ita castigant & efferunt: Si sciens fallo, qui me despicit, salua vrbe arcéq; is me eiiciat, vbi ego hunc lapidem. De hoc verò iuramento multa scribit Erasmus in Prouerbiis, Iouem Lapidem iurare. Est & apud Pausaniam Iouis illud cognomentum Laętę, quasi dicas lapidei Dei. Notissimum est enim, apud Graecos λᾶας ἢ λᾶις lapides & saxa vocari, vnde & populi fabulose à lapidibus Deucalionis & Pyrrhae iactis dicti sunt. Laętę verò Iouis & Neptuni signa posita fuisse in Olympia, testis est Pausanias in Eliacis lib. priore. Vir doctus Iouem & Neptunum plebeios interpretatus est. Videor operaeprecium facturus, si iusiurandum illud ascripsero, quod primo foedere inter Romanos & Carthaginenses factum scribit Polybius in 3. Hist. quòd in tabulis aeneis inscriptum aediles in Iouis Capitolini templo diligentissimè asseruandum posuerunt. hoc ipsum est: Si rectè ac sine dolo malo hoc foedus atque hoc iusiurandum facio, dei mihi cuncta felicia praestent: sin aliter aut ago, aut cogito, ceteris omnibus saluis, in proprijs patrijs legibus, in proprijs laribus, in proprijs templis, in proprijs sepulcris, solus ego peream, vt hic lapis è manibus meis decidet. Nec plura locutus, manu lapidem deiecit. haec Polybius. Scribit T. Liuius lib. 1. tertiae Decad. hunc iurandi modũ Carthaginensibus fuisse. inducitur enim Hannibal agnum laeua manu, dextra silicem lapidem retinens: Si falleret, Iouem caeterósque precatus deos, ita se mactarent, quemadmodum ipse agnum mactasset. & secundum precationem

cationem, caput pecudis saxo elisit. Consueuerunt quoque Athenienses, vt Aristoteles in Repub. Athenien. & Philochorus prodiderunt, ad lapidem quendam iuramenta facere. Demosthenes in oratione in Cononem, καὶ πρὸς λίθον ἄγοντες, ἢ ἐξορκοῦντες, id est, ad lapidem agentes, & ciurantes: quod idem obseruat Harpocration. Colebatur & in foederibus sanciendis apud Græcos ὅρκιος Ζεὺς, à iuramento videlicet appellatus. Scribit Laërtius in Pythagora, ὅρκιον εἶναι τὸ δίκαιον, id est, iusiurandum iustum esse, & propterea Iouem ὅρκιον nuncupari. idque aspiratè pronunciat, contra alij. Pausanias in Eliacis auctor est, in Olympiæ βουλευτηρίῳ, id est, senatu, Iouis simulacrum fuisse, cognominati ὅρκιος, quod vtraque manu fulmen continebat, quasi vlturus omnino fulmine, qui falleret iuramentum, & violaret.
10 iuxta hoc simulacrum, qui ad certamen descendebant, eorúmque parentes & fratres, super immolati exta porci conceptis iurare solebant verbis, nihil se fraudis, nihil deceptionis ad certamen attulisse, aut secus quàm leges paterentur Olympiæ commisisse. Hesychius ὅρκιον Δία, id est, Ephorcium Iouem, in Titanum ordine fuisse scribit. Porrò & hoc moris fuisse Græcis legimus in sanciendis foederibus, vt ferrum candens tenerent, & vt foedus tam diu perduraret, deos precabantur, quandiu mydrus latuisset (id enim ferro ignito ac candenti nomen) statímque in mare mydrum præcipitabant. moris huius mentio apud Sophoclem, & Callimachum, & grammaticos.

Pistius Iupiter dictus, vt docet Dion. Alicarn. lib. 4. quem (vt ait) Romani Sanctum dicebant: ad quem Tarquinium Romanorum regem iuramētum fecisse post deuictos Ga-
20 bios, idem auctor est Dionys. qui & in secundo de Curibus Sabinorum vrbe agens, Sangum ait à quibusdam Pistium vocari, vt in Sanco & Sango dictū. Hunc eundem ferè crediderim, quem in nono, idem auctor Fidei sponsorem appellauit. Latinum codicem citaui, cum Græci copia non sit. Ita enim Lapus interpretatus est: In vrbe autem templū Iouis Fidei sponsoris Sp. Posthumius Cos. alter nonis Iuniis in Capitolino colle dedicauit, extructum ab ipso rege vltimo Tarquinio, nec per illum legitima apud Romanos potitum consecratione. hæc Dionysius, quæ nos etiā in Fastis retulimus. Sanè ego aliquando existimaui, Pistium Græcè dictū pro deo Fidio latinè, cùm Sanctus & Fidius, Ouidio teste, sint iidem. nam vt πίστις Græcè fides, ita πίστιος & πίστιος Fidius latinè interpretari commodè possumus, præsertim id etiam syllaba comprobante. si enim Fidius pro filio diceretur, contu-
30 max syllaba repugnaret, quæ longa esset: & tamen in Fidio, vt in Fide corripitur. vt in illo Nasonis in Fastis:

Quærebam nonas Sancto, Fidióne referrem.

Hæc quidē nostra coniectura est, quam tibi, non vt rata sit, cōtulerim, multis præcipuè reclamātibus. Adhæc & in antiquitatibus Romanis Fidij simulacrū ita effictū aliquando conspeximus. marmor erat in fenestræ modū formatū, in quo tres imagines effictæ fuerāt. Dextra quidā virilis, habitu pacifico: sinistra verò muliebris erat, eodē habitu, coronā in capite ex lauro gestās. quæ dextrā dextræ iungebat, cum priore imagine. in medio harum duarū, ingenui pueruli effigies cernebatur, cuius supra caput hæc duo verba legebantur, FIDII SIMVLACRVM. apud imaginē dextrā virilem, HONOR. in sinistra imagine
40 muliebri, VERITAS legebatur. Sed & Græci Ephestio Ioue coluēre, cuius mētio est apud Sophocle in Aiace Mastigophoro, id est, flagellifero: quē cohabitantē & domesticū interpretatur, qui Scholia in ipsum poëtam scripserūt: & item apud Lucianū in Timone. ἐφέστιος enim inter multa significata & eū designat, qui domi deos rogat, hoc est, ἐφ᾽ ἑστίας. Citat Stephanus Demosthenē in nono Bithyniacōn, ναὸν τινα δ᾽ ἀρταξίοισιν ἐφεστίῳ ἀγχιαλοῦσιν. Sic enim ibi, inquit, Venus vocatur in Artace. ex eadē fermè origine ἐγχώριος Ζεὺς ab Ionibus cultus fuit, vt Hesychius est testis, quasi procurator & domus dominus & familiæ. Coluerunt & Græci Philiū, φίλιον Iouem, cuius frequentissima mētio scriptoribus, Platoni, Apuleio, Luciano, aliis. quidā amicitiæ præsidem, alij amicabilē interpretati sunt. Hunc Diodorus Sinopæus, parasiticam artem inuenisse ridens dixit. Sodalitatis quoque deum Iouem venerati sunt
50 antiqui, quem ἑταιρέῳ vel vt alij & melius scribunt, ἑταιρεῖον appellabant: de quo & Athenæus, & Hesychius, qui ipsum ait in Creta in primis cultum fuisse. Theophilus verò Hetærium Iouem ideo appellatum scribit, quòd mortalibus iuuans pater sit, vel propter vtilitatem quæ ex ipso prouenire putabatur: eius etiam meminit Aratus interpres. Ioui præterea Hetærio Iasonem legimus Hetæridia, vel Hetæria celebritatem instituisse in Magnesia, quam etiam postea Macedonum reges diu conseruarūt: hinc patet eos falli, qui & Iouem

g 4   Hetæridion

Hetæridion nuncuparunt. Sanè Horodotus in primo Historiarum, Iouē ἐπίξιον, & ἑταιρίδιον simul commemorat, cùm Crœsus intellexit Adrastum hospitem filium suum interemisse incautè venando. quo loco ἐπίξιον Valla interpretatur hospitalem, & ἑταιρίδιον familiarem.

Aliterius etiam Iupiter vocatus fuit, & Ceres Aliteria, quòd in publica fame seruassent molitores, ne farina diriperetur: quod in Aristophane notant grammatici. Sed qui propriè dicantur Aliterij(nam varia legimus significata) lege Plutarch. de Curiositate, id est περὶ πραγμοσύνης, & item eiusdem Problemata, Iulium Pollucem, sed & Erasmi prouerbia.

Diespiter Iupiter: Varro de Lingua lat. Nam olim Diouis & Diespiter dictus, id est diei pater: à quo dei dicti, qui inde dius, & diuus: vnde sub dio, diuo, Dius Fidius. Macrob. verò Sat. primo: Cretenses, inquit, Διὰ τὴν ἡμέραν, id est Iouem diem vocant. Ipsi quoque Romani Diespitrem appellant, vt diei patrē. Gellius quoq;, quòd diei & lucis pater sit. alij Διὸς, ἢ Διὸς pater dictum putant. D. autem Augustinus in quarto: Diespiter, ait, qui partu perducit ad diem. Horatius libro Carm. Nanque Diespiter, Igni corusco nubila diuidens. Idem alibi, Sæpe Diespiter neglectus incesto addidit integrum. meminit & Festus, vt modò in Lapide Ioue diximus. Nescio vnde in mentem Lactantio venerit, libro primo vt scriberet: Pluton latinè est Diespiter, alij Orcum dicunt. nisi forte secutus hæc Varronis verba: Idem, inquit, hic Diespiter infimus, qui est coniunctus terræ, vbi omnia oriuntur, vbi oboriuntur. quorum quod finis ortus, &c. Lactantium in hoc Isidorus secutus est.

Lucetius Iupiter. Seruius Honoratus in nono in Verg. comment. Lucetius, inquit, lingua Osca Iupiter dictus à luce, quam præstare hominibus dicitur. ipse est enim nostra lingua Diespiter. Gellius verò libro quinto: Lucetius, inquit, dictus Iupiter, quòd nos die & luce quasi vita ipsa afficeret, & iuuaret. Lucetium autem Iouem Cn. Næuius in libris belli Punici appellat. Macrob. lib. Sat. Nam cùm Iouē accipiamus lucis autorem, vnde & Lucetium Salij in carminibus canunt, & Cretenses Διὰ τὴν ἡμέραν id est Iouem diem, (sic enim legendum potius, quàm Διὰ τὸν ἥμερον, id est Iouem mansuetum: vel φωσφόρον, vt alij, id est, luciferum: nihil enim conuenit cum Lucetio & Diespitre) Lucetium inquit Festus, Iouem appellabant, quòd eum lucis esse causam credebant. Lepreatæ etiam Iouem Leucæum coluēre, & apud se eius templum, vt Pausan. in Eliac. tradit. hoc est, γυναῖκὶ ἢ οἱ Λεπρεᾶται σφίσιν ἱεραγὸν ἐν τῇ πόλει λόυκαῖον Διὸς ναῦν. Sed & Heraclitus philosophus Aethrium Iouem appellauit, à splendore & luce, vt Strabo notat in primo: vbi Guarinus, eius hæc verba, καὶ τῆς ἀρχῆς ἱερὸν ἀιθρίος Διὸς, ita interpretatus est, Et pro vrsa sereni Iouis terminus. Dictus ab æthra æthrius, vt ab æthere ætherius, & æthereus.

Pluuius Iupiter à nostris vocatur. Tibullus: Arida nec pluuio supplicat herba Ioui. à Græcis ὄμβριος Ζεὺς dictus, cuius in primis meminit Pausanias, & Phurnutus, & Pindari comment. Iouis Pluuij simulacrum Athenienses venerabantur, & arā, quæ in monte Hymettio posita fuerat: vnde cùm opus fuerat, ab Ioue pluuiā comprecabantur. & propterea Iupiter ipse Hymettius cognominatus, vt alibi ostendam. Sed in monte Parnete Iupiter Ombrius cultus fuit, qui & ἀπήμων, id est innoxius: item ὕετιος, id est pluuius, vel pluuialis, ab eadem causa cognominatus fuit. meminit & Phurnutus. Et ὗς quoq;, vt Hesychius notat, dictus est. Tertullianus hæc sacra Aquilicia vocat, in Apolog. Aquilicia, inquit, Ioui immolatis. & in tertio aduersus Marcionem, Aquilicem vocat, qui aquam ipsam elicit. Indi quoque & ipsi eadem causa Iouem Pluuium colebant, vt Strab. lib. 15. docet.

Elicius Iupiter, ab eliciēdo dictus, vt Varro ait: cuius ara in Auētino fuit. Ouid. iiij. Fast.

Eliciunt cœlo te Iuppiter, vnde minores,
Nunc quoque te celebrant, Eliciúmque vocant.

Et Plinius libro secundo, vbi de fulminibus euocandis agit: Elicium quoque, inquit, Iouem accepimus. Ridenda certè legitur ex secundo historiarum Antiatis fabula, quo pacto artem Iouis eliciendi edoctus, Numa fuerit, quæ lectione digna videtur: Numā, inquit, illum regem cùm procurandi fulminis scientiam nō haberet. essētque illi cupido noscendi, Aegeriæ monitu castos duodecim iuuenes apud aquam celasse cum vinculis, vt cùm Faunus & Martius Picus ad id locorum venissent haustum (nam illis aquandi solemnē iter huc fuit) inuaderent, constringerent, colligarent. Sed quo res fieri expeditius posset regem pocula non parui numeri vino mulsóque cōplesse, circáque accessus fontis insidiosam venturis opposuisse fallaciam: illos more de solito bibendi appetitione correptos, ad hospitia nota venisse. Sed cum liquoribus odoratis offendissent fragrantia pocula,

vetust

vetustioribus anteposuisse res nouas, inuasisse auiditer, dulcedine potionis captos hausisse plus nimio, obdormiuisse, factos graues: tum bis senos incubuisse sopitis, iniecisse madidatis vincla, expergitósque illos statim perdocuisse regem, quibus ad terras modis Iupiter possit sacrificiis elici. & accepta regem scientia, rem in Auentino fecisse diuinam, elexisse ad terras Iouem, ab eóque quæsisse ritum procurationis. Iouem diu cunctatum: Expiabis, dixisse, capite fulgurita. regem respondisse, Cæpitio? Iouem rursus Humano: retulisse regem, Sed capillo? Deum contra, animali. subiecisse Pompilium, piscis. Tunc ambiguis Iouem propositionibus captum, extulisse hanc vocem: Decepisti me, Numa: nam ego humanis capitibus procurari constitueram fulgurita, Numa capillo cæpitio: quoniam me tamen tua circumuenit astutia, quem voluisti habeto morem; & his rebus quas pactus es, procurationem semper suscipies fulguritorum. Hactenus Arnobius in quinto, ex Antiate. T. Liuius lib. ab v. c. primo, cùm pontificem à Numa Martium, M. F. lectum scripsisset, vt ipse edoceret sacra & cæremonias, tum subdit: Quæque prodigia fulminibus alioúe quoquis modo missa susciperentur atque curarentur, ad ea elicienda ex mentibus diuinis, Ioui Elicio aram in Auentino dicauit. Sanè quoniam Liuius prodigia scribit à pontifice curari, vt expiarentur, & prodigialem Iouem legimus apud Plautum: Sed mulier, inquit, postquàm experrecta est, Prodigiali Ioui mola salsa aut thure comprecatam oportuit: quidam καταβάτω interpretati sunt, vt etiam Apollo, eadem ratione. alibi verò de Catabate Ioue actum est. Sanè Plutarchus Elicium Iouem videtur à Græca voce ἰλέως, id est, propitio, deducere: ipsum in Numæ vita legito. Legimus & apud Hesychium, in Cypro ἀλέαιον Iouem cultum.

Vimineus Iupiter, M. Varro: à quo Viminalis collis Romæ nuncupatus, inter Exquilias. Sic autem Vimineus Iupiter appellatus, quod eius aræ in colle essent, vbi vimina multa nata essent. in hoc colle Fagutal sacrũ fieri ab antiquis, alicubi me legisse recordor. Fagutal verò à fago nuncupatum: vnde etiam Iouis Fagutalis, quòd ibi eius sacellum esset. Idẽ Varro. Plin. lib. 16. capite 10. Fagutali, inquit, Ioui etiam nunc est, vbi lucus Fageus fuit. Festus: Fagutal, inquit, sacellum Iouis, in quo fuit fagus arbor, quæ Ioui sacra habebatur. P. quoque Victor in hac eadem regione, hoc est quinta, Iouis Viminei aram commemorat, propè Mineruam Medicam.

Veiouis, qui & Veiupiter dicebatur, & Vedius à Gellio, & Martiano, à ve particula, quæ in compositione nunc minuit, alias auget: vt vehemens, vestibulum: quasi paruus Iupiter nuncupatus. vel quòd nocendi vim habere crederetur, vt Gellius libro quinto docet. quidem Veiouem Apollinem esse crediderunt: Martianus Plutonem putauit. Ouid. in Fast. Iouem paruum, sine fulmine. Veiouis simulacrum in æde fuit, quæ sita erat inter arcem & Capitolium. Sagittas tenebat, quæ videlicet paratæ viderentur ad nocendum: quapropter (vt dixi) plerique Apollinem esse tradiderunt, illique immolabatur ritu humano capra, eiúsque animalis figmentum iuxta simulacrum stabat, vt Gellius testatur. Caput Veioui cornutum scribit Alexander.

Maius Iupiter à Thusculanis cultus, vt Macrobius scribit, à magnitudine & maiestate sic appellatus.

Inuentor Iupiter cognominatus & cultus à Romanis, cuius ara fuisse dicitur prope portam trigeminem: ab Hercule verò instituta, inuentis bobus, in hac inuentus immolabatur adultus. Eidem & in nuptiis sacra fiebant: auctores, Dionysi in primo hist. Plut. Liuius, Suet. Lactantius.

Arbitrator Iupiter etiam Romæ cultus: cuius pentapylon, hoc est quinque columnarum porticum vel potius quinque portarum, nisi pentastylon fortè legeretur, in Palatina regione fuisse ait P. Victor, in libello, quem de Vrbis Romæ regionibus scriptum reliquit. nisi mentitur inscriptio, vt nonnulli asserunt.

Prædator Iupiter cognominatus, non quòd præesset prædatoribus, sed quòd ei è præda aliquid deberetur: huius sic Seruius grammaticus meminit in tertio Aeneid. comment. Romanis, inquit, moris fuit, vt bella gesturi, de parte prædæ aliquid numinibus pollicerentur: adeò vt Romæ fuerit vnum templum Iouis prædatoris, non quòd prædæ præest, sed quòd ei aliquid ex præda debeatur. Ad quod respexisse videtur Vergilius, cùm ait,

——Ipsúmque vocamus
In prædam, partémque, Iouem.

Adultus

Adultus Iupiter cognominatus, vt etiã Iuno adulta. Nam præcipuè in cõnubiis d eos quinque inuocabãt, Venerem, Suadelam, Dianam, & hos duos, Iouem Adultum & Adultam Iunonem. Plutarch. in Probl. sed Græcè, τέλειος, καὶ ἡ ἴσα legitur, de quibus suis locis locupletius agemus. Hos quidam, Perfectorem & Perfectricem interpretati sunt.

Opitulus Iupiter, & Opitulator dictus, ait Festus, quasi opis lator, vel (vt ait Augustinus) quod opem indigentibus ferret. Appellatus præterea Impulsor, Stabilitor, Centumpeda, Supinalis, Tigillus, Alumnus, vel potius Almus, & Ruminus: quod haberet impellendi, stabiliendi, resupinandi potestatem: & vt scribit Diuus Augustinus libro 7. Centumpeda cognominatus à stabilitate. nam eo firmius res consistere dicuntur, quo pluribus nituntur pedibus. Tigillus autem dictus, quod mundum continere existimaretur, & sustinere. Almus vel Alumnus, quod aleret omnia. Ruminus, quod ruma, id est mamma aleret animalia: & cætera, quæ eodem libro executus est. idem Augustinus, irridens gentilium ineptias. Sanè quod Tigillum Iouem vocatum tradunt, fulcrũ ac sustentaculum totius machinæ significare videntur: vt illud est Orphei, quod ex Orpheo Apuleius conuertit, à principio à me recitatum, Iupiter est fundamen humi, & reliqua.

Dapalis Iupiter, à Latinis vocatus. dictus verò videtur, quod ei sacra dapali epulo fierent. Sicuti enim dicimus cœnam dapalem, Marcello teste, quæ amplis dapibus plena est: ita & Iouem dapalem appellatũ existimamus. M. Cato in libro de Re rustica. Dapem, inquit, hoc modo fieri oportet, Ioui Dapali culignam vini quantumuis polluceto: eo die feriæ bubus & bubulcis, & qui dapem facient. cùm pollucere oportebit, sic facies: Iupiter Dapalis, quod tibi fieri oportet in domo familiáque mea, culignam vini dapi eius rei ergò. Idem paulò pòst, Iupiter Dapalis, macte istace dape. δαπανηθεὶς etiam ζεὺς colebatur à Græcis, ἢ hoc est, vt arbitratu meo interpreter, conuiualis, vel dapalis Iupiter. δαπάνη enim magnificum & splendidum conuiuij apparatum significat, vt est apud Athenæum, Eustathium, alios.

Vltor Iupiter à Romanis cultus, vt etiam Mars vltor, quòd sceleratorum impia facta vlciscerentur. Plinius libro 36. cap. 15. Pantheon, inquit, Ioui Vltori ab Agrippa factum. Hoc idem & nomismata quædam, si rectè remetior, significant: quorum in præsens nulla est mihi copia.

Iam pleraque Iouis nomina & cognomina, Latina & Romana, pro virili mea sum exe cutus. nunc ad penè innumerabilem Græcorũ syluam, & barbarorum nonnullorum me conuertam, vsum interim seruato institutũ, vt quandocunque contigerit, Latinis peregrina conferam: vt siqui nostra fortè legerint, saltè id ferat vtilitatis, ne longus sit eis quæ rendi labor, omniáque vt exposita & collecta in manibus habere videatur. Nomen igitur Iouis, vt ab hoc superstitiosè exordiar, à Græcis plusquam decem monosyllabis efferri obseruamus, ζεὺς, ζῆν, δίς, δῖς, δίν, ζῆς, ζῆν, ζάν, δᾶν, & δὶς Aeolicè.

Et ζεὺς quidem, vt Phurnutus ait, propterea dictus, quòd causa sit τοῦ ζῆν ἤ ζῶν, id est, viuendi viuentibus. alij παρὰ τὸ ζέιν, hoc est feruere, quod Iouem supremum æthera putarent. scribit Lactantius ζεὺς siue ζὴν Iupiter appellatus est, non (vt isti putant) à feruore cœlestis ignis, vel quod vitæ sit dator, vel quod animantibus inspiret animas, & cætera: sed quod primus ex liberis Saturni masculis vixerit. διὸς verò, ἀπὸ τοῦ δίαιν, hoc est ab irrigando deducitur, quod scilicet (vt ait Phurnutus) terrã irriget, aut vitalem humorẽ mortalibus contribuat. vnde Verg. ait, Coniugis in lætæ gremium descendere: pro pluuia videlicet.

Dictæus Iupiter vocatus à Dicto, vel Dicte mõte Cretæ. vtroque enim modo dicitur, & promotorium est, quod vergit in Libycũ pelagus. Fuit & Dictæũ spelæum dicti montis, quod genere neutro etiam prolatũ legimus. Aratus, δίκτῳ ἐν εὐώδει, id est, In Dicto odorifero. super quæ verba Theon, si Theon est: Dicton, ait, promontoriũ est Cretæ, Idę mõti proximum, vbi lucus erat Iouis Alysij, cuius & alibi memini. Sanè Zenodotus, νἴδῃ apud Aratum, pro dictæo intelligit: & ideo ἰυώδη, id est odorifero. Dicton verò quidã dictũ interpretatur, ἀπὸ καὶ τίκτω, quod ibi natus est Iupiter. Agathocles verò genere fœminæ Dictæũ montẽ putauit. Alij δίκτῳ insulã esse aiunt, à piscatoribus deriuatã δίκτυ, vbi imberbe Iouis simulacrũ fuit, quod Dictæũ dicebatur. Strabo quidem in decimo, de Creta agens: In hoc, inquit, tractu Dictæi Iouis templũ. nam Dicta proxima est, nõ montis Idæi vicina, vt ait Aratus: nã Dictæ ab Ida ad orientem sole stadijs mille abest. Seruius autẽ lib. 3. Aeneid. Dictæus, inquit, mõs Cretę est, dictus à Dicte nympha, quæ ibi colebatur, in quo mõte dicitur

citur altus Iupiter: vt Dictæo cœli regem pauere sub antro. & in Georg. secundo: Ante etiam sceptrum Dictæi regis, quo etiam loco idem Seruius replicat.

Idæum Iouem quidam ab Ida Phrygiæ, alij ab Ida Cretæ cognominatum credidêre, vbi Iouis incunabula & sepulcrum: de quo Martial.

Iuppiter Idæi risit mendacia busti. Et Statius,
Mentitáque manes Creta tuos.
Et Callimachus in hymno ad Iouem:
Ζεῦ, σὲ μὲν Ἰδαίοισιν ἐν ὄρεσί φασι γενέθλαι. hoc est,
Iuppiter, Idæis genitum te in montibus aiunt.

Sed quæ de ara ipsius Iouis Idæi, apud Celænen Phrygiæ oppidum à Mida rege constructa, vt ex Callisthene lib. secundo Metamorph. Plutarch. recitat, paucis vt potero adscribam: Cùm inquit, χάσμα, id est, vorago apud Celænen plures tum domos, tum mortales absorpsisset, Midas oraculo monitus, preciosa quæque in eo nihil proficiens coniecit. Anchurus verò eius regis filius, patre & vxore Timothea salutatis, nihil preciosius anima cognoscens, cum equo in eam voraginem se coniecit: quo facto, in priorem faciem terra reuersa est. Tum rex Midas eodem loco Iouis Idæi aram construxit: quo loco lapis gignitur, qui ad præstitutam diem aureus videtur. Hæc verò meis verbis potius, quàm interpretis, tibi exposui, hanc eandem historiam post Plutarch. repetit Ioan. Stobæus in oratione περὶ φρονήσεως, id est, de prudentia: nisi quòd non Anchurum, sed Aegisteum Midæ filium vocat, nec lapidis mentionem facit.

Aegiuchus, Græce αἰγίοχος ζεύς, ἢ αἰγίοχος, frequens apud Græcos cognomen Iouis, de quo ita Lactantius libro 1. Cretici, inquit, Iouis quid aliud, quàm quo modo sit aut subtractus patri, aut nutritus, ostendunt? Capella enim Amaltheæ nymphæ, quæ vberibus suis aluit infantem, de qua Germanicus Cæsar in Arateo carmine sic ait,

——Illa putatur
Nutrix esse Iouis, si verè Iuppiter infans,
Vbera Creteæ mulsit fidissima capræ,
Sidere quæ claro gratum testatur alumnum.

Huius capellæ corio vsum esse pro scuto Iouem, contra Titanas dimicantem, Musæus auctor est: vnde à poëtis Aegiochus nominatur. Hactenus ex Lactantio. Hyginius verò: Euhemerus, inquit, Aegam quandam fuisse Panos vxorem, eam compressam à Ioue peperisse, quem viri sui Panos diceret filium. Itaque puerum Aegipana, Iouem verò Aegiochum dictum, &c. Pindarus in Nem. υἱὸν ἢ παρ' αἰγιόχῳ Διὶ κάλλιστον ὄλβον. Scribunt Græci grammatici, quòd post Iouis natiuitatem, ipse sit in Creta à Capra inuentus, quæ illi τὴν ὀχίιν, id est, nutrimentum exhibuit, postquàm occultatus fuisset, ne eum Saturnus pater voraret, cuius capræ cornu sit Amaltheæ datum. Vel Iupiter Aegiochus appellatus est, quod ægida haberet, hoc est capellæ pellem, quæ illum ablactasset. eóq; modo Aegiochus dictus est, quasi αἰγίοχος, id est, ægida habens, Λ litera ablata. Aegis verò quæ sit, cùm Græcis, tum Latinis notius est, quàm quod vt hîc pluribus recitemus, necesse sit. Effingebatur verò ex materia preciosa, ad capræ vel ouinæ pellis similitudinem. Sunt qui à Vulcano in Iouis gratiam factam dicant. Alij, inter quos Arpocration, ægidas esse volunt nexus & plicaturas è coronis, & retia coronis implicata, atque hinc sunt qui nomen deductum esse opinentur. Sed coniecturis his missis, vnum illud addam, quod magis verisimile videtur: non à capra videlicet, neque à coronæ nexu, Iouem Aegiuchum nuncupatum, sed à ventorum & turbinum conuersionibus, quas ipse Iupiter commoueat, Græcè αἰγίδας, & καταιγίδας appellatas; vt ex iis patet qui Meteora scribunt, & interpretantur. Sed enim Phurnutus ἀπὸ τοῦ ἄιαρ ου Aegiuchum dictum ait, quod scilicet impetu feratur. Meminit & Aegiochij Iouis Orpheus, & Nicander in Theriacis,

Μοῦσαι ὀλυμπιάδες νόθραι Διὸς αἰγιόχοιο. id est,
Musæ cœlestes natæ Iouis Aegiochij.

Sed satis superque de hoc.

Milichius, μειλίχιος ζεύς, id est, iucudus Iuppiter, vt Domitius interpretatur, alij mitem Iouem dicunt, cùm apud cæteras Græciæ ciuitates, tum apud Athenienses colebatur, in cuius celebritate extra vrbem in totius populi conuentu victimas non veras Athenienses immolabant, sed commodè & pro tempore assimilatas & fictas, vt in primo Hist. Thucydides

dides scribit. Vidi tamen vetustum codicem qui sic habet, ἐν ᾧ πανδημεῖ θύουσι πολλοὶ ἐχ Ἱσπᾶσι μόνον, ἀλλὰ καὶ θύματα ἐπιχώρια. hoc est, in quo totius populi celebritate multi sacrificant non victimas modò, sed & sacrificia, vel ludibria indigena. quod cùm Cylon olympionica Atheniensis malè ex oraculo intellexisset, voto frustratus est. Est & apud Pausan. in Corinth. Iouem Milichium & Dianam Patroam nulla fabrefactos arte fuisse. nam Milichius Iupiter pyramide, Diana columna efficta fuerat. Fuit & apud Argiuos Διὸς μηλιχίε simulacrum, Polycleti, vt idem tradit Pausan. opus: qui & alibi Milichij Iouis templum commemorat, vbi Theseus à morte latronum Scinis & aliorū, à Phytali nepotibus lustratus ac expiatus fuit. De Milichio Ioue & Leon philosophus libro primo Epigram. μὴ ἡ νοίσω, Ζωὸς μειλιχίοιο λαχὼν θρόνον ἀνερος οἴτον. id est, Ne quidem intelligam Iouis Milichij sortitus solium, hominis perniciem. meminit & Phurnutus, & interpretatur. Porrò etiam legimus apud Myoneam vrbem, non procul à Naupacto sitam, lucum & aram fuisse in montis vertice Διὸς μειλιχίου, quibus nocturna sacra fiebant, & antequàm sol oriretur, omnes sacrificij carnes absumebantur.

Sthenius. σθένιος ζεὺς, hoc est, potens & robustus Iupiter apud Argiuos cognominatus est, vt in Musica Plut. scribit. nam cùm apud Argiuos Sthenia celebritas tibiis celebraretur, & certamen peragerentur, quòd in Danaum priscum illum referebatur, mox in Διὸς σθενίου honorem mutatum fuit. meminit & Pausan. in secundo, hoc est, in Corinthiacis.

Φράτριος ζεὺς, hoc est, tribulis, vel contribulis Iupiter. huius dies celebris erat secunda Apaturiorum, quæ ab effluxu cruoris hostiarum ἀνάρρυσις vocabatur, qua de re in Apaturiis rem totam explicabimus. φράτριον καὶ πατρῷον Δία eundem facit Phauorinus. Plato diuersum in Euthyphrone: Iupiter, inquit, Patrous nobis non vocatur. Herceus tamen & Phratrius dictus est, & Minerua Phratria.

Alysius Iupiter cultus in dicto promontorio Cretæ, vbi lucus & templum habuit celebre: Græcus Arati commentator. dictus παρὰ τὸ παραμένειν ἐπὶ ὄρος ἄλυσις. Sed & Dictæus Iupiter cognominatus ab eodem monte, vt alibi docui. dictus est etiam Iupiter ἀλεξίτωρ, hoc est malorum depulsor. Sophocles in Oedipo Epicolono, ζεῦ ἀλεξίτωρ τίς ποθ᾽ ὁ πρέσβυς. id est, Iupiter malorum depulsor, quisnam hic senex?

Μοιραγέτης ζεὺς, hoc est Iupiter Parcarum dux: colebatur enim vnà cum Parcis. vel ideo dictus. quòd mortalium Parcas & fata regat. Cultus verò in primis in Olympia, & apud Arcades & Phocenses. Meminit Paus. in Arcad. & Phocaic. vbi duas tantùm Parcas fuisse tradit, tertiúmque Iouem ipsum earum ducem, hoc est Mœrageten.

Aegyptius, & Nilus Iupiter vocatus fuit, vt in Græcis commentariis legimus. Parmenes citatur his verbis, ἄγυπτα ζεῦ τέλει. & Pindarus, ναλοῦ πρὸς πίον τίμενος κρονίδα, id est, Nili ad templum Saturnij. Sed quare Nilus dictus, & aliis etiam pluribus nominibus, Zezes Isaacius apud Lycophronem ostendit, & Diodorus Siculus, & apud Pindarum interpretes: ne plura hoc loco congeram, quæ à Pico referuntur in Hymnorum suorum commentariis.

Tarsos Iupiter appellatus apud antiquos, vt est apud Eustathium in Commentariis Dionysij Afri: qui tamen & in hoc citat Eratosthenem, à quo vrbi Ciliciæ celebri nomen Tersos, & mox Tarsus impositum, eo enim loci in primis colebatur. Duorum hæc inter alios patria insigniū. Pauli scilicet Apostoli, & Hermogenis rhetoris. Multa de Tarso traduntur, quæ vt referam, nostri non est instituti.

Πλούσιος ζεὺς, id est Plusius & diues Iupiter, hoc cognomine colebatur à Græcis, cuius templum legimus fuisse apud Lacedæmonios, vt auctor est Pausanias.

Ὑπερδέξιος ζεὺς, Hyperdexius Iupiter, & Hyperdexia Minerua: dicti sunt, vt Stephanus tradit, à regiuncula Lesbi: & ita Hyperdexion dicimus, vt Byzantion.

Hecatombæus Iupiter in Gortyna, vt Hesychius ait, appellatus & à Caribus & Cretensibus. Sunt qui putent primum Græcorū mensem Hecatombeona vocatum ab Ioue, vt docuimus in lib. de Annis & mensibus, &c. Sed & hoc nomine Apollo nuncupatus ab Atheniensibus, quin Arpocration, aliique libentius mensem ipsum Apollini attribuunt.

Ἠλεῖος ζεὺς, hoc est Eleus Iupiter. teste Stephano, licet in vulgatis codicib. scribatur ἀλεῖος, vbi de Eli ciuitate agit. nam Doricè ἠ in α vertitur. Sic & Pindarus in quodam Isthm. ζυνὸς ἀλέυς, pro ἠλεύς, vt etiam notat Græcus interpres. Dicitur & ἤλυς interdum, & cum afflatu ἥλυς, in eisdem commentariis Pindaricis. Latini ferè omnes Elæus cū diphthongo
scribere

scribere consueuerunt: quàm rectè, nescio. Propertius in tertio,
   Nec Iouis Elæi cœlum imitata domus.
Statius: Atticus Elæi senior Iouis. Elæus ergo Iupiter, qui & Olympius vocabatur, oraculo prius, mox ludis publicis celebratissimus fuit in agro Pisano apud Elin: vnde illi nomen. cuius templum refertissimum donariis fuit. ibi enim solidum ex auro ipsius Iouis simulacrum, & Phidiæ eburnea statua, incredibilis magnitudinis. Plin. Strabo, alij. Colebatur & in Cypro Elæus Iupiter, vt auctor est Hesychius: qui & illud tradit, quod etiam à Thebanis ἐλαιεὺς ζεὺς, id est, Elieus Iupiter colebatur. nunc verò de Olympio agendum.
   Olympius Iupiter, vt Stephanus scribit, celebrabatur in Olympia, quæ prius dicebatur Pisa, vnde & certamen Olympicum vocatum est. Olympiorum verò quis institutor fuerit, variæ sunt sententiæ. quæ magis recepta, in Herculem refertur: qua de re in commentariis in Pindari Olympia copiosè agitur, & ab Isaacio in Lycophronem. Sed de Olympio Ioue Paus. in Attica, & in Eliacis. Pomponius verò Mela lib. secundo: In Achaia, inquit, quondam Pisæ Oenomai, Elis, & numen delubrúmque Olympij Iouis, certamine gymnico, & singulari sanctitate, ipso quidem tamen simulacro, quod Phidiæ opus est, maximè nobile. Plin. de Ioue Phidiæ Olympio, quem nemo (inquit) æmulatur, propter scilicet excellentiam, & alibi, hoc est lib. XXXVI: Phidiam, inquit, clarissimum esse per omnes gentes, quæ Iouis Olympij famam intelligunt, nemo dubitat. Fuerunt qui Olympium Iouem à monte dictum putarunt. Diod. Siculus in quarto, eum cognominatum prodit, ab Olympo præfecto, qui Iouem erudiuit. Hinc & Latini Olympum aliquando pro Ioue ceperunt. Vergilius: Panditur interea domus omnipotentis Olympi. Et Neuius, à quo desumpsit Vergilius: Panditur interea domus altitonantis Olympi: quod Cæcilius Minutianus obseruauit. Sed enim de Ioue Olympio omnia plena. nam nō modò poëtæ, sed & cæteri scriptores, vt Victruuius, vt Strabo, vt Val. Max. Sed illud hoc loco te ignorare nolo, & alibi locorum Olympium Iouem cultum fuisse, & templa habuisse. nam T. Liuius libro quarto Dec. 11. scribit, apud Syracusanos Olympij Iouis templum celebre fuisse. & idem Decadis quintæ lib. primo: Magnificentiæ verò, inquit, in deos, vel Iouis Olympij templum Athenis in terris vnum inchoatum pro magnitudine Dei potest testis esse. Fuit & apud Megarenses Iouis Olympij seu Olympici celebre & lucus & templum, in quo sic proditum est, ipsius Iouis Olympij simulacrum fuisse non affabrè elaboratum, in quo πρόσωπα, id est, os seu facies ebore auróque constabat, reliquum verò corpus luto & gypso: opus, vt testantur, Theocosmi Megarensis, adiutore Phidia. Supra Iouis caput Horæ erant, & Parcæ. vni enim Ioui fata parere notissimum est, eundémque tempus vbi opus sit distribuere. Sanè & in conuiuiis primum poculum, seu primus crater Ioui Olympio, & deis Olympiis, vt Pollux scribit, libabatur. Sed hac de re non est cur plura scribam, ne de via exeam. Olympius igitur Iupiter, Pisæus etiam dicebatur, id quod Theocriti interpres in quarto Eidyllio testatur: qui & Pisam ait appellatam à Piso Apharei, vel à Pisa Endymionis. Pisæi Iouis & Pindarus, & Pindari commentatores in Olymp. meminêre.
   Physicus Iupiter etiam ab antiquis appellatus est, vt Theon testatur, & pro aëre tum interpretabantur.
   Panomphæus Iupiter cognominatus, quòd omnium voce ac lingua coleretur, παρὰ τὸ πᾶν καὶ ὀμφή, hoc est, ab omni voce: quòd scilicet omnes voces exaudiat, & omnium voce colatur: quod scribit Eustathius apud Homerum in Iliade. Phauorinus Iouem Panomphæum ideo secundum allegoriam vocari ait, quòd in eum omnis vox feratur. Omnis enim vocis causa est aër. est enim vox aër percussus. At verò iuxta fabulam Panomphæus dicitur, quòd omnis vaticinij causa sit. cæteri enim alij omnes ὑπηρέται, id est, subuates Iouis sunt, siue dei illi sint, siue homines. Panomphæum ait Hesychius, & item Suidas, ᾧ πᾶσα ὀμφὴ καὶ μαντεία ἀναφαίνεται: hoc est, quo vox omnis & vaticinium monstretur, vel appareat. Ouid. in Metamorph.
   Ara Panomphæo vetus est sacrata tonanti.
   Orpheus in Argonaut. (καὶ πανομφαίοισιν ἐπαικτίῳ Ἀπόλλωνι.) meminit & Homerus.
   Caræus Iupiter, vt scribit Hesychius, à Bœotiis nuncupabatur, quod altus ac celsus sit, παρὰ τὸ κάρα, αιᾶς, id est, à capite Caræus. Inuenitur & κάριος ζεὺς, vt scribit Stephanus, qui à Mylasensibus colebatur. dictus verò à Caria regione. meminit & Carij Iouis Herodotus libro primo, qui ait, eius delubrum vetustissimum fuisse, quo communiter & Lydi vtebantur,

bantur, vt qui inter se germani haberentur, & fratres.

Hoplosmius Iupiter ab antiquis cultus, vbinam gentium, nō succurrit legisse. Hoplosmij Iouis sacerdos cùm occisus fuisset, nec à quo sciretur: quidam dixerunt se de ipso audiuisse, cui caput fuerat praecisum: saepius dicente, Virum super virum Cercidas occidit. per eam prouinciam diu satis quaesitus hoc nomine homo, & inuentus, & in iudicium adductus. Fuit & apud Elidem in honore Hoplosmia Iuno.

Ascraeum etiam Iouem cognominatum legimus apud Plut. in eo lib. qui inscribitur, Vtrum animae an corporis affectus sint peiores: hoc est, πότερα τὰ τῆς ψυχῆς ἢ τὰ τοῦ σώματος πάθη χείρονα. Non Ascraeo, inquit, Ioui Lydiorum fructuum primitias afferentes. Ab Ascra verò, vt coniectura ducimur, nuncupatus esse videtur.

Στράτιος Ζεὺς hoc est, Militaris Iupiter: variis verò in locis hoc nomine colebatur Iupiter. In Caria quidem, meminit Herodotus. à Caribus enim eum cultum prodidit. Ait enim, Cares victos à Persis ad Labrandam in Iouis Stratij templum (militaris Valla interpretatur) se recepisse. Item Strabo libro XIIII, vbi totam eam regionem describit. Plin. libro XVI, cap. nouissimo: In Ponto, inquit, circa Heracleam arae sunt Iouis, Stratij cognomine. sic castigat Hermolaus ex Iul. Polluce, cum antea Statiui legeretur: ibíque quercus duae ab Hercule satae. Iouis Stratij etiam meminit Appianus in Mithridatico: quo loco & describit, post recuperatam Cappadociam quomodo Mithridates Muraena eiecto, in montis vertice ei sacrificium fecerit.

Morius Iupiter cognominatus ea causa, quòd cùm satae fuissent Athenis in Academia oliuae sacrae, quae ab illis Moriae appellabantur, & diris ac deuotionibus eos insecuti essent, si quis laesisset, quòd scientes Lacedaemonij, in agrum Atticum irruentes illis pepercerunt: qua ex re Iupiter cognomē inuenit Morius, cui & ara erecta fuit in Academia. Moria autem ea de causa olea dicta est, quòd ex ea oleū daretur Panathenaea vincentibus. est enim nomen illi à caede, quae graecè μόρος dicitur: cùm Halirrhothium Neptuni filium Mars interfecisset, vt est apud Paus. meminit Plin. in VII. item Hellanicus, & in declamationibus Libanius rhetor.

Expiator, seu Expiatorius Iupiter, hoc est, qui à Graecis καθάρσιος Ζεὺς dictus est: huius meminit in primis Herodotus in primo, vbi filium Croesi in venatione interfectum ab Adrasto scribit, qui Sardis eo tempore iuerat, vt se à caede expiaret, cui rex ignouit: ille nihilominus se super bustum necati transfodit. ipsum lege. Catharsij etiam Iouis ara fuit in Olympia, vt Paus. scribit. Pollux verò Solonem permisisse ait, in Plynteriis & eiusmodi diebus, deos treis iurare, καθάρσιον scilicet, hoc est expiatorem: ἱκέσιον, id est, supplicem: & ἐξακεστῆρα, id est, depulsorem.

Ἀπόμυιος Ζεὺς. id est, Muscarius Iupiter, sic cognominatus à fugandis pellendísque muscis. Ferunt, cùm Hercules in Olympia rem diuinam faceret, & multitudine muscarum infestaretur, Ioui Apomyio sacrificasse: qua re illicò vltra Alpheum fluuium muscae omnes facto agmine euolarunt. quin & Elei ibidem rem sacram Apomyio Ioui facere consueuêre, vt in nostro Hercule scripsimus. Repete & in hoc, quae alibi de Myiagro deo prodidimus.

Κτήσιος Ζεὺς, id est, locuples, vel vt Domitius apud Paus. interpretatur, opulentus Iupiter, quem potuissemus coniungere commodè cum πλουσίω. colebatur verò Ctesius Iupiter summo cultu ab Atheniensibus, cui & ambrosiam in dedicatione afferebant, non herbā illam quidem: sed vt docet Athenaeus, omnigenas fruges cum oleo & lacte. Ctesij Iouis meminit & Phurnutus, & Hyperides in oratione ad Apellaeum, qui ait ἐν ταμιείοις, id est, in cubiculis statui. meminit & Menander in falso Hercule, & Suidas, & Harpocration. Quidam quaestuarium transtulerunt.

Νικηφόριος Ζεὺς nuncupatur ab vrbe Mesopotamiae Nicephorio: ex cuius responso, vt Aelius Spartianus auctor est, Adrianus imperator imperium sibi futurum intellexit. Sed & in nomismatibus vetustis saepe Iouem Nicephorion conspeximus, id est, victoriam gestantem. quin & ita fingi, ab huius Syntagmatis principio diximus, Nicephorij etiam mentio fit apud T. Liuium de bello Macedonico, vbi lib. secundo de conditionibus agit Attali regis legatus: Naues captiuósque, quae ad Chium nauali praelio capta essent, & Nicephoriū, Venerísque templum quę spoliasset, vastassétque. & deinde paulò pòst: Nam, inquit, quod ad Nicephorium Venerísque templi restitutionem attinet, &c. quidam hoc loco intelligunt de Nicephorio luco, ad Pergamum in Asia ab Eumene regesato, cuius in XIII.

Strabo

Strabo meminit. nam aliud est Nicephorium, quod Plin. ait ex vico in vrbis formam ab Alexandro Macedone conditum, ex argumento victoriæ insignis ibi partæ. videndum verò an νικητέριον Strabonis idem sit:& an Constantia, quæ sic etiam à Stephano traditur. ego nihil statuo, vt cuique integrum sit: cùm plerunque nec loca, nec tempora congruât.

Ἄλτιος Ζεὺς, Altius Iupiter cognominatus est, vt Pindarici expositor. s interpretantur, quod Altis lucus sit sacer Ioui. Aristodemus verò locum circa Olympiam hoc nomine vocari prodidit, vnde sit Iupiter vocatus Altius. Sunt qui Altin adytum exponant apud Poëtam, aliqui templum. Alia verò plura de templo & simulacro Iouis Altij traduntur, quæ libens ipse prætereo.

Ἄρειος Ζεὺς, hoc est, Martius Iupiter, vel pugnax, vt exponit interpres apud Plut. Sic à Sophocle in Philoctete vocatur, quem omnes inuocant, ac ei supplicant: vt scribit Plut. in vita Pyrrhi. Huic deo Epirotarum reges peracta re sacra in Passarone Thesprotidis, Epirotis iurare solebant, iure se regnaturos: Epirotæ verò, illud se iure seruaturos. Pausanias verò lib. v. Areum Iouem ab Eleis coli scripsit: Ferunt, inquit, Oenomaum, quoties filiæ procis currule certamen proponeret, Areo Ioui rem sacram facere solitum. Sed & ἀρεία Mineruam, id est, Martiam vel pugnacem, legimus, cuius suo loco à nobis fit mentio.

Palæsten Iouem vocauit Lycophron, quasi tu dicas palæstritam cùm enim, vt ferunt, Olympicum certamen Hercules instituisset, quod quinquagesimo quoque mense celebrabatur, paucique in palæstram descendere viderentur, Iupiter mutata forma luctatorem simulans, cum Hercule certauit: dúmque anceps videretur victoria, se filio Iupiter manifestauit, atque ex ea lucta illi cognomen Luctatoris inditum est.

Μελισσαῖος Ζεὺς, Melissæus Iupiter, à nympha nominatus, quæ ipsum Iouem aluisse dicta est, vt copiosius alibi meminimus. alij ab apibus nuncupatum volunt, quæ μέλισσαι vocantur. nam Amalthea & Melissa sorores, Iouem puerum caprino lacte & melle nutriuerunt: qua ex re, confictum de apibus. Sed Melissam Matri deûm sacerdotem primùm fuisse accepimus, à qua deinceps reliquæ sacerdotes eodem nomine fuêre nuncupatæ. Sed & ad alios deos tralatæ, vt Pindarus ostendit. Nam & Cereris sacerdotes eodem nomine fuêre. Nymphæ item quædam Melissæ appellatæ, quas & Melias quidam dixerunt. Sed de his omnibus item Nymphas abundè agemus.

Μαιμάκτης. Mæmactes Iupiter dictus, à quo Mæmacterion quintus Atheniensium mensis, qui est hyemis initium, cùm iam aër turbatur. nam μαιμάκτης furentem, confusum ac perturbatum significat, vt est apud Arpocrationem. Non repeto quæ scripsimus in libro de Annis, mensibus, &c. nam secutus Gazam, ibi non quintum, sed quartum prodidi, allatis simul & aliorum sententiis.

Hercæus Iupiter, ἑρκεῖος Ζεὺς cognominatus, quod aræ eius intus in septo ædium, præsertim optimatum, erigerentur. ἕρκος enim, id est, circuitum & septum, ἑρκὸν vocant Græci, vt Arpocration scribit super ea Dinarchi oratoris verba, ex oratione aduersus Moschionem: Si tribulis, inquit, illi & aræ Iouis Hercæi & Apollinis patrij sunt. Nam cùm de ingenuitate suorum Athenienses agerent, inter cætera & hoc interrogabant, an ipsis esset Iupiter Hercæus, & Apollo patrius, & quædam quæ ad rem nostram non faciunt. hoc idem scribit & Pollux lib. vııı. de nouem principibus vrbis agens. Dionysius Alicarnas. in primo Hist. existimari ait ab aliquibus Hercæos deos esse, qui & Patrij & Genethlij vocantur. Sed de deis Hercæis, quos nos Penetrales & Penates dicimus, plura aliàs. De Hercæo Ioue meminit in Ibin Ouidius, Priamum significans, Cui nihil Hercæi profuit ara Iouis.

Apud Argiuos in templo Mineruæ, Iouis signum trium oculorum fuisse scribit Pausanias in Corinth. his ferme verbis: In æde Mineruæ, inquit, cùm alia signa posita sunt, tum Iouis ligneum, oculos habens duos, qua in parte homini eos natura locauit, tertium verò in fronte. hunc illum esse Ioue patriû tradunt, qui in Priami Laomedontis filij regia sub diuo positus fuit, ad cuius aram dicitur Priamus capto Ilio côfugisse. obtigisse verò eû in diuisione predæ Sthenelo Capanei filio, hócq́ ipso in loco ab eo in rei memoria dicatû. habere autê eû tris oculos iccirco côijcere quis possit, quòd cômunis omniû hominû sermo regnare in cœlo Ioué prædicat. Quòd autê idé etiá sub terris imperet, Homeri versu testatû est:

Iupiter infernus, atque inclyta Persephonea.

Aeschylus quidem Euphorionis filius, ipsum maris etiam regem Iouem appellat. quare hac ductus ratione, quicunq́ illum fecit, tris ei oculos attribuit, vnum & eundê significans

Deum, tribus, quas Dei tres fortiti inter se dicuntur mundi partes, imperare. atque hactenus Pausanias. Quod & innuunt Latini, cùm Plutonem Iouem Stygium & infernum, & Neptunum secundum Iouem nuncupant: tertium verò supremum & coelestem. Scribit Arrianus, Alexandrum magnum Priami manibus ad aram Iouis Hercæi parentasse, vt illos placaret. Lucanus in x, Hercæas monstrator (ait) non respicis aras. Meminit & Seruius secundo Aen. & Vergilius cùm canit, Ingens ara fuit, iuxtáque veterrima laurus, Incumbens aræ, &c. Scribit Porphyrius, seu quicunque ille est in Homerum, quod antiqui ædium partes deis consecrabant, interiorem partem Ioui Hercæo attribuebant, in cuius medio & aram erigebant, atque ideo ἀπὸ τοῦ ἕρκειν, id est, à sepiendo & circundando Herceus dicebatur. inde & ἕρκος, hoc est septum. Plato in Euthydemo: Iupiter, inquit, Patrius à nobis non vocatur: Herceus autem, & Phratrius, & Phratria Minerua, &c. Quare nescio vnde illi in mentem venerit, vt protectorem vrbis, & curatorem tribus apud Platonem transtulerit. Sunt etiam qui Erceum Iouem sine afflatu scribendum putent, quo pacto & in plerisque Græcorum codicibus inuenitur: ab arcendóque deductum nostri quidam arbitrantur, quòd scilicet mala arcere crederetur. Sed græca vocabula etymologiam latinã non habent, vt nosti. Ab Herceo Meserceos deducitur, quod & Hesychius, & idem Porphyrius Iouis epitheton esse tradiderunt. Proditum est à Pherecyde lib. Historiarum XII, cùm Danaës & Persei historiam enarrat: Acrisium, cùm animaduertisset Danaën filiam peperisse, & puerum iam trium annorum esse, vel quatuor, Danaæ nutricem interfecisse: Danaën cum puero, ad Iouis Hercei aram adduxisse, ipsámque interrogasse; Cuiusnam puer filius esset? Danaën respondisse, Iouis. Hoc idem & in commētariis in Argon. Apollonij Rhodij legitur. Sanè & ἑρκεῖος ὡς, ab Hesychio appellatur, Iupiter scilicet aëreus.

Xenius Iupiter, id est, hospitalis, colebatur apud antiquos summa religione. Vergilius.

Iuppiter, hospitibus nam te dare iura loquuntur.

Vt notat etiam Seruius in primo Aeneid. Ouidius in x. Metamorph.

Ante fores horum stabat Iouis hospitis ara.

Cicero in oratione pro rege Deiotaro: Si veneno, Iouis illius quidem Hospitalis numen nunquam celare potuisset, homines verò fortasse celauisset. Scribunt Apollonij interpretes in secundo Argon. quod in Genetæo promontorio apud Tibarenos Scythiæ populos, Xenius Iupiter colebatur, quem & ab ipso promontorio Apollonius alio loco Genetæum appellauit. Val. Flaccus Apollonium æmulatus, ita canit in quinto:

Inde Genetæi rupem Iouis, hinc Tibarenum
Dant virides post terga lacus.

Hoc loco possem multos Apollonij versus ex libro secundo afferre, quos consultò omisi. hos tantùm afferam, incultè meis verbis expressos:

Hicque Genetæi Iouis alta cacumina flectunt. Idem & paulò suprà.

Hic prope versantur dites pecorum Tibareni,

Vnde Genetæam Iouis hospitis aspicis arcem.

Sanè Hospitalis Iupiter tāta religione & cultu ab antiquis colebatur, vt piaculum maximum esse duceretur; hospitium violare: vt non modò apud poëtas, verumetiam historiæ scriptores & philosophos facilè videmus. Plato in VII de Legibus, eam de terminis & finibus legem statuit, vt si quis paruum lapidem iureiurando à deis firmatum, quo amicitiæ & inimicitiæ terminantur, mouerit. alterius enim Iupiter ὁμόφυλος, id est, contribulis: alterius Xenios, id est, hospitalis, est testis. apud Herodotum ὑπίστιον Iouem hospitalem, vt alibi ostendimus, Valla interpretatus est, Is præterea mos antiquis fuit, vt dimidiatam tesseram hospitibus darent, quo hospites inuicem agnoscerentur: quod ius etiam ad posteros transiisse legimus. De hospitali tessera apud veteres mentionem factam, in Plauti Comœdiis videmus: hinc & xenia, munera quæ hospitibus dabantur, dicta fuerunt, quorum etiam iureconsulti meminêre, vt Politianus docet in Miscellaneis, & eum sequutus Budæus, quos, si forte hac de re plura quæris, legito. Porrò & illud notandum quoque, Lautia, quæ à Romanis munera legatis dabantur, quorum est historicis frequens mentio, sed in primis Liuio, & à Plutarcho in Quæstionibus Romanis sunt interpretata, à Græcis xenia etiam appellabantur, vt fit à Demosthene in oratione De legatione. Xenia enim Philippi regis legatis Atheniensium data sic vocauit, id quod & alicubi Plutarchus. quin & eodem modo vsus est Appianus, cùm scribit, Phameam, qui cum Scipione nauigauerat,

gauerat,à Senatu fusceptum, xeniisque plurimis donatum, purpureáque veste, & fibula aurea, & equo phaleris aureis ornato. Sed & eiusdem vocis vsum in Pandectis reperimus, si modò rectè legantur: quo tamen loco viri doctissimi genuinam & legitimam vocem restituerunt, reiecta adulterina ac suppositia.

Dodonæus Iupiter celebris, à Dodona Epiri. Pomponius Mela libro secundo: In Epiro, inquit, Dodonæi Iouis templum, & fons ideo sacer, quòd cùm sit frigidus, & immersas faces, sicut cæteri, extinguat, vbi sine igne procul admouentur, accendit. meminit & Solinus: Tertius, inquit, Europæ sinus incipit à Cerauniis montibus, desinit in Hellespontum: in eo apud Molossos, vbi Dodonæi Iouis templum est, Tomarus mons est, &c. Idem & Plinius in principio quarti lib. Dodonæi Iouis & Strabo lib. quinto meminit, & Stephanus in Dodona, T. Liuius, Asc. Pædianus, Hyginus, alij.in Priap. Dodona est tibi Iupiter sacrata.

Molossus Iupiter, à Molossis Epiri populis & Chaoniæ cognominatus, apud quos oracula quercus reddebant. Statius in tertio Theb.
——Non Cirrha deum promiserit antro
Certius, aut frondes, lucis quos fama Molossis
Chaonias sonuisse tibi.
Vnde & Molossium quoque pedem dictum quidam volunt, quod in templo Iouis Molossi odæ hoc metro & pede canerentur, in honorem Molossi Andromaches filij: vnde etiamnum dicta sunt Molossia festa: tametsi Diomedes grammaticus pedem hunc ipsum existimauit, quod eo in bello Molossi populi vterentur.

Ἰθωμήτης, vel Doricè Ἰθωμάτης cognominatus Iupiter, vt scribit Stephanus, ab Ithome vrbe Thessaliæ Pelasgica. est & Messenæ, vbi nutritum, à quibusdam proditum est, Iouem fuisse, ab Ithome & Neda, quarum altera monti & vrbi nomen dedit, altera fluuio, quod in Messen. à Paus. scribitur. Fuerunt & Ἰθωμαία festa ibidem celebrata. Stephanus tamen ab Ithomo rege, non à nympha, Ithomen vocatum scribit. Clemens Alexandrinus in lib. quo ad veritatem gentes adhortatur: Aristomenes, inquit, Messenius Ioui, quem illi appellant Ithometen, trecentos homines sacrificauit. hoc idem scribit Eusebius in Præparatione euang. & Cyrillus in lib. contra Iulianum Cæsarem. Longa est apud Paus. mentio de bello ipso Messeniaco, & de oraculo à Pythia reddito, déque tripodibus, qui circa aram Iouis Ithomatæ fuerunt, & de Ithome Halosi, & excidio, déque Ithomatæ Iouis simulacro, quod Ageladæ opus fuit: &c. De hoc Ioue Theodoritus in oratione de Sacrificiis.

Τροπαιοῦχος, Tropæuchus Iupiter cognominatus, quòd trophæis præesset, vnde & illi nomen: cuius Græci frequenter meminerunt, vt est apud Dionysium Alicarnas. & Plutarchum in historia Othryadis & Posthumi Albini, & Phurnutum de Natura deorum. nos quoque nonnihil in Ioue Feretrio supra retulimus. Quinetiam Paus. in Lacon. Tropæi Iouis templum commemorat, quod factum ait quodam bello à Doriensibus. Simili termè ratione & Trophæa Iuno, quam Græci libentius τροπαίαν ἥραν nuncupant.

Ἀταβύριος, Atabyrius Iupiter vocatus à monte Rhodi insulæ Atabyro, vt ait Stephanus: vel Atabyri, vt Strabo, qui montem eius insulæ altissimum affirmat. mons verò sic appellatus est ab Atabyro quopiam Telchine. De Ioue Atabyrio Pindarus meminit in Olymp. Diagoram Rhodium victorem celebrans: quo loco Scholiastes ex Timæi sententia, Atabyrion etiam in Sicilia montem ait. Quin illud etiam, in Atabyrio oues æneas fuisse inquit, quæ mugirent, quoties iniqui ibi quippiam fieret. Lactantius Firmianus lib. primo, non à monte Iouem Atabyrium nuncupatum prodit, sed ab Atabyrio hospite, & adiutore bellorum: sicut & Labradæus. Iouem enim scribit rerum potitum, in tantam venisse insolentiam, vt ipse sibi fana multis in locis constitueret: & quamcunque in regionem veniret, reges ac populorum principes sibi hospitio & amicitia copulabat. & cùm ab eis digrederetur, fana sibi, sui & hospitis nomine iubebat erigi, ratus id amicitiam & fœderis memoriam diutius conseruare. sic, inquit, Atabyrius appellatus, Labradæus, Laprius, Cassius, Molion, & eiusmodi alia, ab hospitum vocabulis. Hinc manifestè deprehendas, perperàm legi in Appiani historia Mithridatica, Tabyrium Iouem, pro Atabyrio: idque nec semel. Sed & in v Diodori Siculi, quem sextum fecit in tralatione Poggius, Achamarium vocauit pro Atabyrio: Athamenes, inquit, in eam Rhodi oram abiit, quæ Camiros dicitur, supráq; Atabyrum montem Ioui templum construxit, Atabyrium appellatū,

Historiæ Deorum

Ἀπεσάντιος, Apesantius Iupiter, quem Callimachus in Iambis ἀπίσας vocauit, vt Stephanus notauit. υ'ὂχ ωδ' ἀρθιῳ τῳ ἀπίσαντι παρ διί ἴδυσιν ἀρνάδας ἵππυς. dictus verò Apesas, siue Apesantius Iupiter, à monte Nemæes: vt Pindarus & Callimachus, ab Apesante quopiam heroë, qui ei regioni imperauit: vel propter missionem curruum, hoc est, διὰ τὴν ἄρσιν τῳ ἁρμάτῳ. vel leonis: illic enim ex luna leo cecidit, vt Stephanus. Achilles verò in Arati commentariis, cùm de luna agit, in qua habitationes esse, & flumina, & quæcunque alia sunt in terra: tum illud subdit, καὶ τὸν λέοντα, τὸν νεμαίον ἐκεῖθεν πεσεῖν μυθολογοῦσι. hoc est, Et leonem Nemæum inde cecidisse fabulantur. Paus. verò in Argolicis, de Nemea agens, ita subiunxit: & mons Apesas est super Nemeam, vbi tradunt Persea Ioui Apesantio primùm sacrificasse. quod & Statius Papinius in tertio Theb. ita canens testatur:

    Mons erat audaci seductus in æthera dorso,
    Nomine Lernæi memorant Apesanta coloni,
    Gentibus Argolicis olim sacer, inde ferebant,
    Nubila suspenso celerem temerasse volatu   Persea.

Mox addit, in oratione, quam ibi Amphiaraus ad Iouem habet:

    Iuppiter omnipotens, nam te pernicibus alis
    Addere consilium, volucrésque implere futuri,
    Ominaque & causas cœlo deferre latentes Accipimus, &c.

Quo in loco non æquè est audiendus Lactantius grammaticus. parum enim probata affert: Quidam libentius cum afflatu scribunt, Aphesas & Aphesantius.

Ἀφλύστιος {ως}, si quidem græcum Herodoti codicem legimus: in Latinum verò à Valla conuersum, Laphystius, quem ex nostris plerique secuti sunt. in commentariis autem in secundo libro Argon. Apollonij ita legimus: Dipsacus Phyllidis filius Bithyniæ & indigenæ cuiusdam nymphæ filij, Phrixum Athamantis filium fugientem cum ariete hospitio suscepit. aiunt verò, in Colchos cùm venisset, Ioui Laphystio ibi arietem iugulasse. & diu legem extitisse Phrixi posteris, eidem Ioui sacra facere. Herodotus autem lib. vii, qui Polymnia inscribitur, historiam ipsam copiosius executus est. ait enim, de templo Iouis Laphystij, ab indigenis hæc narrari: Athamantem Aeoli filium inito cum Ino consilio, necem Phrixo machinatum: deinde Achæos ex oraculo tale certamen illius posteris proposuisse, quod & subscribit. tu cætera lege. Paus. quoque Laphystium collem in Bœotia describit, in quo Iouis Laphystij lucus fuit, à Coronia x distans stadiis, vbi cùm Athamas Phrixum & Hellen esset immolaturus, arietem aurei velleris ab Ioue missum fabulantur, cui arieti insidentes ambo aufugerunt. Sunt & qui Laphystium Bacchum nuncupent, vt alibi dicetur.

Trophonij Iouis oraculum in Lebadia Bœotiæ, in ix describit Strabo. ait enim, constructum ibi eius oraculum, quod hiatus subterranei descensum haberet. descendebat autem, qui suscepturus esset oraculum. T. Liuius quinto quintæ Decad. libro, de Paulo Aemylio loquens: Lebadiæ quoque, inquit, templum Iouis Trophonij adiit. ibi cùm vidisset os specus, per quod oraculo vtentes sciscitatum deos descendunt, sacrificio Ioui Hercynnæque facto, quorum ibi templum est: & reliqua, licet parum probè scripta. Sed enim Trophonij oraculi celebris & frequens apud scriptores mentio, M. Tullium in Tusculanis, Herodotum in Clio: Philostratum in Apollonij Tyanei vita, Pausaniam, Lucianum, & contra Celsum Origenem. sed & Homerus meminit in Apollinis hymno. Horúmque nullus Iouis Trophonij, præter vnum Strabonem, & alterum T. Liuium, nomine nuncupauit. quin & alibi quoque Strabo, non Iouis, sed simplici Trophonij nomine protulit. Si tamen de Trophonio plura concupiscis, præter supra citatos lege Suidam, Phauorinum, commentarios in Aristophanem: & his longè plura qui collegit, Erasmum in Prouerbiis, qui Trophonij oraculum (Deus bone) D. Patricij Scoti puteo contulit. Sed de Trophonio & Agamede historiam scribit Paus. in Bœoticis, déque omni ritu & cæremoniis sciscitandi Trophonij oraculum.

Labradæus, vel Labrandænus Iupiter cognominatus, siquidem Strabonem sequamur, & Stephanum: si Plut. & Lactantium, Labradæus. de hoc igitur sic Plut. in Quæstionib. Quid est, inquit, quod in Caria Labradæi Iouis simulacrum securim, non sceptrum aut fulmen tenet? quia, ait, Hercules interfecta Hippolyte, cùm præter alia securim quoque illi eripuisset, Omphalæ dono dedit, quam Lydorum postea reges per manus tradentes,

Syntagma II.

tes, sicut alia sacra, ferre consueuerunt: donec Candaules indignum censens, vni ex sociis ferendam tradidit. sed postquam Gyges ab eo descisens bellum Candauli intulit, Arselis ex Myleis auxilia Gygi adduxit, & Candaulem sociúmque eius occidit, & vnà cum reliquis spoliis securim in Cariam detulit, ibíque extructo Iouis simulacro, securim in illius manu dedit, & Labradæum Iouem appellauit. nam Lydi securim vel bipennem λάβρυν vocant. Plut. hactenus. Lactantius tamen Firmianus libro primo, cap. XXII, Labradæum Iouem ab hominis nomine proprio deduci, his verbis ait: Sic sunt constituta templa Ioui Atabyrio, Ioui Labradæo. Atabyrius enim, & Labradæus, hospites atque adiutores Iouis in bello fuerunt. Aelianus verò: Labradæus, inquit, Iupiter nominatus est, quòd permultum pluisset. ab eodem & hoc proditum est, quòd in Iouis Labradæi fons fuit limpidus, in quo essent pisces mansueti, qui monilibus & inauribus auratis forent ornati, quod quidem templum LXX stadia ab vrbe Mylesia distabat. Ex huius Iouis Labradæi statua gladius nomine Carius appensus fuit, qui, ideo venerationem habuisse dictus est, quòd Cares primi belli officinas instituerunt, pecunia & mercede militarunt, Ioris clypeos appenderunt, & cristas galeis accommodarunt. Cares autem appellati à Care Ioue Cretensi. hæc ferè Aelianus. Strabo lib. XIIII ab his diuersa scribit, Mylesij, inquit, duo Iouis templa habét: eius qui ἀσωγώ, & eius qui Labrandænus vocatur. hoc quidem in vrbe, Labranda verò vicus est in monte. Idem & Stephanus.

Κάσιος ζεὺς, Casius Iupiter, nuncupatus à Casio monte, & vrbe Aegypti, de quibus sic Stephanus: Casion mons & vrbs Aegypti, ante Pelusium. dicitur autem à Caso, vna Cycladum insula, vel à Caso Cleomachi filio, à quo & Casij Iouis fanum. Strabo verò lib. XVI: Casius, inquit, est mons quidem accumulatus in promontorij modum, aquarum inops. in eo magni Pompeij corpus iacet, & Casij Iouis templum: & non procul inde Magnus iugulatus fuit, & ab Aegyptiis dolo interemptus. Hinc Lucanus de Pompeij sepulcro: Et Casio præferre Ioui. meminit & Procopius historiarum libro quarto. Lactantius Firmianus, Casium Iouem denominatum ait, à Casio Iouis hospite & adiutore, vt de aliis paulò ante scripsimus.

Triphylius Iupiter, hoc est, τριφύλιος ζεὺς, dictus est à Triphylia, de qua Strabo lib. VIII. Triphylij, inquit, ideo vocati sunt, quia illis contigit, vt tria φύλα, id est, tres tribus seu nationes in vnum congregatæ conderent: principiò quidem Apeorum: deinde Minyarum, qui accolæ superaccesserunt: & postremò Eleorum, qui victores, loci compotes extiterunt. Sunt qui pro Minyis Arcades dicant. Stephanus tamen Triphylian Elin esse ait, qui & τρίφυλοι vocantur. dicti verò ἀπὸ τῶν τριῶν φύλων, id est, à tribus tribubus, quot condita vrbs est. vel ἀπὸ τῶν φυλῶν, tribus pylis vrbis, seu portis: vel potius à Triphyle Clytij matre. De Ioue verò Triphylio Lactantius lib. primo: Antiquus, inquit, auctor Euhemerus, qui fuit ex ciuitate Messana, res gestas Iouis & cæterorum qui dei putantur, collegit, historiámque contexuit ex titulis & inscriptionibus sacris, quæ in antiquissimis templis habebantur, maximéque in fano Iouis Triphylij, vbi auream columnam positam esse ab ipso Ioue titulus indicabat: in qua columna gesta sua perscripsit, vt monumenta essent posteris rerum suarum. Hæc & plura Lactantius, quæ & retulimus in tertio dialogo de Historia poëtarum, cùm Euhemeri vitam explicaremus.

Triphylij Iouis meminit & Diod. Siculus in quinto, quem VI Poggius fecit. áitque, non in Græcia, sed in Arabia Felice insulam fuisse, in qua & mons & templum Iouis Triphylij in campo, item vrbs Panara, regio Panchæa dicta. Sed & Eusebius libro secundo Præparationis euangelicæ, licet in Latino exemplari Trapezuntij Georgij Iocloco, vt aliis penè innumerabilibus, multa desiderantur.

Arboreus Iupiter, hoc est (vt Græci dicunt) ἐνδενδρος ζεὺς, & cultus & nuncupatus à Rhodiis, Hesychio & Phauorino testibus. eodem nomine & vocatus Dionysius, à Bœotiis.

Sardessius Iupiter, hoc est, Græcè σαρδάσιος ζεὺς, vt Stephanus scribit, colebatur in Sardesso Lyciæ, vrbe, quæ à Lyrnesso non multum distabat.

Chrysaoreus Iupiter, Græcè dictus χρυσαορεὺς ζεὺς, cognominatus, vt Strabo in XIIII notat, in Caria. in agro Stratonicensium duo fuerunt templa: alterum Hecatæ apud Laginos, vt in Hecate dicemus, alterum prope vrbem Iouis Chrysaorei, Caribus omnibus commune, quò illi sacrificaturi & de communibus rebus deliberaturi conueniebant, qui conuétus Chrysaoreus vocabatur, ex vicis cóstans: in quo qui plures vicos attulissent, ij in suffragiis antecellebant. quemadmodum Ceramietæ, id est, ex Ceramo Cariæ vrbe: & Stratonicenses, quanquam proprie non essent Carici generis, de conuentu tamen Chrysaorei participabant. Porrò vt rem planius teneas, Stephanus Chrysaorida vrbem ait fuisse Cariæ, quæ mox Adrias nuncupata sit. Apollonius vrbem hanc primùm à Lyciis cōditam scribit, vnde fiat gentile nomen Chrysaoreus. Epaphroditus verò totam Cariam Chrysaorida vocitatam prodidit.

Chthonium etiam Iouem legimus. nam & deos Chthonios vocamus, vt suo loco exponemus Chthonius tamen ζεὺς ab Hesychio, Pluto scribitur. At Paus. in Eliacis, inter cæteras aras quæ in Olympia fuerant, & διὸς χθονίω aram reponit.

Ταρωντάιος ζεὺς, Tarantæus Iupiter, non à Taranto Italiæ, sed à Taranto vrbe Bithyniæ, quæ masculo genere enunciatur, vt apud Stephanum in libro de Vrbibus, vel potius in eius Epitome ab Hermolao Constantinopolitano confecta, legimus: quæ vrbs & per A, id est Darandos, etiam profertur. Taranti, vel Tarantæi Iouis, Demosthenes lib. secundo Bithyniacôn meminit.

Ἀριϛαῖος ζεὺς, Aristæus Iupiter vocatus, & Apollo ἀγρεὺς καὶ νόμιος. sic notant Apollonij Rhodij interpretes, in 1. Arg. qui cùm non aliud tradant, nisi quæ pertinent ad Aristæi historiā, quam ipsi multiplicem narrant & Probus & Seruius apud Verg. itē Pindari expositores, nō visum est mihi de Aristæo hoc loco plura cōgerere. ipsum enim seorsum descripsi.

Ἰκμαῖος ζεὺς, hoc est, Icmæus & humidus Iupiter, in Ceo insula cultus, vt pluribus in secundo Argon. canit Apollonius, de Aristæo agens, vbi hoc carmen legitur: Atque aram fecit magnam Iouis Icmæi: hoc est, καὶ βωμὸν ποίησε μέγαν διὸς ἰκμαίοιο. quo loco multa quidem commentatores. Sed ea præstat latina audire ex Probo grammatico, qui eadem fermè in versu hoc Vergilij ex primo Georg. recitat, Et cultor nemorum, cui pinguia Ceæ, &c. Insula est, inquit, Cea in Ægæo mari, in qua sunt vrbes quatuor, Iulis, Carthea, Phocessa, Coressa. ibi existimatur fuisse pestilentia pecorum & armentorum grauis, propter interitum Actæonis. Aristæus, monstrante Apolline patre, profectus est in eam insulam, & ibi sacrificio facto, aram Ioui Icmæo constituit: qui placatis flatibus & æstu, qui necabant & armenta & pecora, liberauit eam. ipse autem post excessum vitæ, imperante oraculo, ab immorantibus eam insulam relatus in numerum deorum, appellatus est Nomius & Ægoros: quòd & agresti studio, & cura pecorum armentorúmque, non mediocriter profuerit hominibus. Traditur hæc historia de Aristæo, in corpore Argonautarum à Varrone Atacino. hæc Probus. Sanè non Ægoros legit Apollonius, sed ἀγρεὺς: & expositores causam afferunt, quam & in Pindari commentariis legimus.

Φύξιος ζεὺς, hoc est, Fugitiuus Iupiter, vt in quarto Argon. scribunt Apollonij interpretes. Phyxius verò nuncupatus, quòd fugientibus auxilietur, & ad quem confugiant ij quibus eo loci mors immineat. iidem tamen interpretes libro secundo, super ea verba,

Τὸν μὲν ἔπειτ᾽ ἔρρεξεν ἐῆς ὑποδημοσύνῃ σι,

Φυξίῳ ἐκ πάντων κρονίδῃ Διί. id est, quem vtique postea sacrificauit suis monitis. Phyxio ex omnibus Saturnio Ioui, sic tradunt: Phyxius Iupiter à Thessalis, siue quòd tempore Deucalionis effugerunt diluuium, siue quòd Phryxus in ipsum confugit. addunt iidem alibi: quòd fugiens Phryxus in terram Colchiam, seruatus est, vbi arietem aureum Ioui Phyxio sacrificauit, quoniam effugisset insidias nouercæ. Idem & Isaacius in Lycophronem scribit, Paus. tamen in Attica: Cui deo (ait) Phryxus arietem dicauerit, non liquere. sed vt coniectare licet, is est, quem apud Orchonemios Laphystium nuncupant, de quo paulo pòst plura. Porrò & Philostratus in heroicis ait, Phyxium etiam Apollinem cultum, id est fugæ præsidem, vt in Apolline dicemus commode. Quidam mihi insulsè videntur Phyxium, à Phryxo nuncupare. Apollonius etiam in primo Argon. appellat οἶτον Mortem φυξίου, quòd fugæ faueat: vel à fugienda violentia Martis.

Ὕψιϛος ζεὺς, id est, altissimus Iupiter, & excelsus. Thebis verò colebatur. sic autem appellatus ab Hypsista porta, quæ inter Thebanas portas quinta fuit. & quoniam super ipsam Iouis templum erat, ideo ita cognominatum Iouem ferunt. Legi & eodem cognomine in Olympo monte Iouem cultum fuisse: tametsi perpetuū etiam sit Iouis hoc cognomen.

Ὁμόλοιος ζεὺς, Homoloius Iupiter dictus est, & ὁμόλοος: in Bœotia colebatur, vt Stephanus in libro de Vrbibus scribit, vbi de Homole agit. Hesychius & Suidas, eum Ioue cultu fuisse Thebis, sed & in aliis Bœotiæ vrbibus. alij Homoloian vatem Ennyus filiam dixerunt,

quam

Syntagma II.

quam Aristophanes in Thebaicis 1, ait missam fuisse Delphos: & ab eo Iupiter cognominatus. Ister autem, apud Aeoles ait ὅμολον concordem ac pacificum significare, vnde factum sit Ioui cognomen Homoloius. Culta fuit etiam Thebis Ceres Homoloia. Sanè septima Thebarum porta Homoloia, teste Paus. dicta fuit: vnde & Homoloides portæ, teste Statio, nuncupatæ fuêre. Statius lib. 7. Theb.

—— Quàm celsus ahena
Sphinge peringentes Homolaidas exeat Hæmon.

Id etiam attestatur Lactantius grammaticus, qui eas portas septem fuisse ait: vnde & Thebana ciuitas Heptapylos dicta est.

Hymettius Iupiter, & Parnethius, à montibus Atticis cognominatus fuit, vt Paus. scribit, & Hesychius: qui & Apollinem ait Hymettium; quòd ibi coleretur. Parnethius verò Iupiter in eodem monte æneus fuit. Itémque ara Iouis Semalei, id est, σημαλέν, quasi qui signa demonstret. Heliconius quoque Iupiter, vt Hesiodi in Theogonia expositores tradunt, dictus est, super ea Hesiodi verba, καὶ βωμῷ ἱερωτάτῳ κρονίων: id est, & aram potentis Iouis in Helicone, vbi eius sedes erat, vnde est Heliconius. Cronion verò, id est, Saturnius, vt Latini: & Cronia, Saturnalia. Fuit & Heliconius Neptunus, vt alio loco dicam, à Peloponensi vrbe Helice.

Σαώτης, Saotas Iupiter Thespiis cultus, cuius simulacrum apud Thespios visebatur, hac autem de causa hoc illi cognomen fuit. Cùm draco vrbem vastaret, Iupiter mandauit, vt adolescentem sorte eductum singulis annis serpenti immolarent. Sors Cleostrato obtigit. quare Menestratus eius amator machinatus est thoracem æneum, singulísq; thoracis squammis hamum sursum versus connexuit, & eo se thorace induit, séque vltrò feræ obtulit, vt vnà & ipse & draco interirent: quare Thespienses Saotæ Ioui simulacrum erexêre. Legimus porrò, & Dionysium hoc cognomine apud Trœzenios aram habuisse. Paus. auctor.

Hypatus, id est, supremus Iupiter. Orpheus, χαῖρε ἄνα τροπαίως Ζεῦ ἀρχέτι, χαῖρ᾽ ὕπατε Ζεῦ. Deorum enim supremus Iupiter. Paus. tamen ait, Hypaton montem fuisse in Bœotia, supra Glissantem, vetustam eius loci vrbem: quo in monte Iouis Hypati templum fuit. idem auctor in Attica scribit, Iouis Hypati aram fuisse in ἀσίλῳ, id est, vestibulo delubri, quod Erechthion appellabant, ad quam aram nihil animatum immolabant. Sed id ibi institutum fuerat, vt varij generis ψίμματα, id est, bellaria, vel libamenta apponerent, absque vino. In Arcadicis verò, Cecropem ait omnium primum Iouem ὕπατον, id est, supremum vocasse. Pelani autem placentæ genus, ex flore farinæ confecti, itemrguttæ seu lacrymæ thuris & gummi: item obolus offerebatur, qui mercedis gratia vati dabatur.

Τριόφθαλμος Ζεύς, hoc est, Trioculus Iupiter, sic ideo appellatus, quod scilicet cœlestis, terrestris, & marinus sit. nam δίας vocant poëtæ Iouem, Neptunum, & Plutonem. Huiusmodi Iouis ex ligno statuam habuisse Priamum, scribit Paus. quæ tres oculos haberet: quorum vnus esset in fronte, reliqui verò ea parte qua cæteri. Erat autem statua hæc sub diuo posita, in aulæ medio, ad quam confugit Priamus in vrbis Troiæ direptione. Cùm verò spolia inter se Græci diuiderent, Sthenelus simulacrum illud Argos abstulit. Sed & idem, quod omnia videre & inspectare crederetur, ἐπόπτης, id est, spectator, teste Hesychio, vocabatur. Hinc & Phurnutus ait, quòd Iouis oculus πάντ᾽ ὀρᾷ, καὶ πάντ᾽ ἐπακούει id est, omnia cernat, omniáque audiat. quod & de sole Homerus canit, & ab eo poëtæ cæteri. quod ait & Plin. in secundo. Quin eadem item ratione ὄπτιμος Apollo nuncupatus. Sed & ab Atheniensib. ἐπόψιος etiam cognominatus, quod prospiciat & præsit.

Anchesmius Iupiter, vel vt legit Domitius, Anthesmius, dictus à monte Atticæ Anchesmo, non satis magno.

Epidotas Iupiter apud Lacedæmonios cultus, vt est apud Hesychium, Paus. verò Mantinensibus Epidotæ Iouis templum fuisse prodidit, ea ratione nuncupati, quòd mortalibus bona daret, alio quoque loco idem Paus. ἐπιδότας numero plurium commemorat, cùm ait: Antonium virum senatorium Aesculapij balnea construxisse, & deorum templum, quos Epidotas vocabant.

Πολιεὺς Ζεύς, Policus Iupiter, id est, ciuilis, vel vrbis præses, aut custos, ab Atheniesibus cultus fuit, cuius simulacrū Leochares fecit, vt est à Paus. proditum. Huic deo hæc sacra impendebant. Hordeum tritico mixtū in eius ara, nulla custodia, appositum seruabatur. Bos

autem

autem,quæ ad sacrificium illuc accedebat,quo ad sacrificium frugésq; pertractabat,ex sacerdotibus vnum βȣ́ϕωυ,id est bouicidam vocabant:hic securim iniiciebat, extemplóque fugiebat.ita enim mos fuit sacri peragendi.Alij eius facti auctorem se ignorare simulátes, securim ipsam ad iudicium agebant.qua de re alibi ita comperio, quod in foro ad Prytaneum ferro rebúsque omnibus ἀψύχοις,id est inanimatis iudicia exercerét.quod ex ea causa manasse existimatur,quòd Erichthone Atheniésibus imperante,tunc primùm bouem ad huius dei aram Buphonus mactauit,securíque ibi relicta ex finibus Atticis aufugit. Securis ipsa fuit à iudicibus absoluta:quod genus iudicij vsque ad Pausaniæ,hoc est,Adriani tempora.quotannis celebrabatur. Poliei Iouis meminit & Phurnutus de Nat.deorum, item Stephanus de Vrbibus,quo loco agit de Poli Aegypti vrbe.πολιὰ Iouem,ait, ideo sic vocari,quòd à genitiuo πολύ@ formetur,vertendo ʋ in αι. Colebatur & Polias Minerua, vt idem scribit in Alalcomenio.Illud præterea notari Hesychius,quod Διπόλια celebritat. ea fuit,quæ Athenis agebatur,ab Ioue Polieo deducta, cui Athenienses rem sacram faciebant in memoriam molæ & bouis. Sic quidem Græcus codex habet,ἃς μνήμν τ̃ πελάʋ καὶ β@͂ς ego, ἀ πελῶ@, id est securis, emendo: propter ea quæ suprà ex Pausania retulimus.

Panhellenius Iupiter cognominatus ea de causa, quòd eius templum Græcis omnibus esset commune.meminit Pausan.in primo & secundo. Adrianus imperator Atheniensibus Δiὸς, id est Iouis πανελληνίᾳ, & item Iunonis templum condidit, c & x x marmoris Phrygij columnis insigne. Dictus est & Hellenius Iupiter, vt est apud Pindarū, quo in loco multa græcus interpres recitat:quòd scilicet Aeacus à suis rogatus, ab Ioue patre pluuiam in magna siccitate impetrarit. Idem & Pausan. refert his verbis: In Moluridis montis vertice Iouis Aphesij id est,vt Domitius interpretatur,Dimissorij,templum fuit.Ferunt enim cùm siccitas Græciam inuasisset, post peractum ab Aeaco sacrificium Ioui Panhellenio in Aegina,Iouem quæ oblata acceperat dimisisse,atque ita dimissorium appellatum Iouem Pausanias. Hæc fermè Pausanias.

Fuit & in Aegina Panhellenij mons.

Legimus & Liberum vocatum Panhellinon,concessúmque Atheniensibus,vt eius nominis templum construerent,vt tradit Dion.

Scotinas Iupiter, vt Stephanus scribit, vel vt Pausan.Scotitas, nisi prauè legatur:sic cognominatus à loco,qui fuit in Laconia, ab Hermis vico veniétibus, arboribus consitus, cui nō arborum densitas tenebras faciebat,attamen ipse Iupiter sic vocatus dicitur ἀπὸ τȣ̃ σκότȣ.

Ambulius Iupiter,cultus apud Laconas in quodā loco,in quo porticus fuére quadrangulares.ibidem & Ambuliæ Mineruæ ara,& Castorum,eodem cognomine. Pausan.

Euanemi Iouis similiter apud Laconas fuisse legimus simulacrum, à bono videlicet ferendo vento, vt vox ipsa declarat.Paus.auctor.

Cappotas Iupiter nuncupatus hac ratione.scribit Paus.trib. fortasse stadiis à Gytheo vrbe Laconica saxum fuisse,in quo sedens Orestes, furore ac insania liberatus sit. quare, inquit,lapis ipse lingua Dorica Iupiter Cappotas dictus est.

Homogynus Iupiter in Aegio versus mare templū habuit, quo loco Agamemnonem ferunt Græciæ principes collegisse, vnde nomen est deductum:inibíque eum deliberasse de bello Priamo inferendo, vt vlcisceretur Helenæ rapinam. ὁμόγνι@, Homognius verò Iupiter,id est gentilis, vel cognatus, quem fratres, quique eiusdem generis fuerant, colebant.Meminit Phurnutus,& Arati Græcus interpres,alíique.

Ἐλαπαναςὴς ζεὺς, hoc est, vt arbitratu meo interpreter, conuiualis Iupiter (ἐλαπάνη quippe, magnificum & splendidum conuiuij apparatum, apud Athenæū, & Eustathium, & alios significat) fortè cum Dapali Ioue latinorum conuenit,de quo iam egimus.

Splanchnotomos etiam Iupiter in insula Cypri cultus fuit, appellatus ab incisione interaneorum & viscerum.meminit in quarto Athenæus.

Γαμήλι@ ζεὺς,hoc est, nuptialis Iupiter, quòd nuptiarum & matrimonij curam habere putaretur.Huius meminit & Chrysippus,& D.Hieronymus in Iouinianū: Ridiculè,inquit, Chrysippus ducendam vxorē sapienti præcipit, ne Iouem Gameliū & Genethliū violet. isto enim modo apud Latinos ducenda vxor nō erit,quia Iouem non habent nuptialem. Gameliam quoque Iunonem cultam legimus,qua de re in Iunone satis, vt spero, disseremus.Porrò Genethlium Iouem Græci vocarunt,quòd ei cura foret liberum gignendorū.

Τελέιος

Syntagma II.   95

Τελειος ζεὺς, hoc eſt perfectus, vel adultus Iupiter: ſic & Iuno τελεια crebra eſt & frequẽs horum memoria Græcis ſcriptoribus. Scribit Diodorus, Teleo Ioui omnes ſacrificaſſe, & Teleæ Iunoni, quoniam hos primos nuptiarum duces, ac inuentores omnium exiſtimarunt antiqui. At verò Tegeatæ, vt Pauſan. tradit, Ἀδι τελειε aram in foro habuere, ſtatuámque quadrangularē illi ſtatuere, qua figura ipſi gaudebat. τελεος, inquit Heſychius, τελειωϑγεος, και ολοκληρος: hoc eſt, perfector & integer Iupiter. hic & in nuptiis colebatur, & ἱερα τελεια: vnde & nubentes τελειοι vocati ſunt. De Iunone τελεια ſuo loco agemus. Sciendum verò illud quoque, προτελεια, dici, & προγαμια non modò ſacra quæ ante nuptias fiebant, ſed & munera quæ ante offerebantur. Porrò & illud attendendum, de poculorum lege, quæ religioſe antiquis fuit obſeruata, & de ea multa à Græcis ſcriptoribus in primis traduntur. Poculum illud quod Ioui Seruatori propinabatur, id eſt, Soteri, & τελειον appellabatur.

Ἀροτριος ζεὺς, Aratrius Iupiter apud Phœnices cultus, Cœli filius ab eis exiſtimatus, & Saturni frater: cui Dagoni nomen fuit, cuius in ſacra hiſtoria Hebræorum crebra mentio eſt. Aratri verò inuentor ab illis exiſtimatus, vnde & ἀροτριος cognominatus: de quo Philon Byblius in iis quæ ex Sachoniathone tranſtulit, teſte Porphyrio philoſopho, & Euſebio in primo Præparationis Euang. Porrò de Dagone in primo Regum, cap. 5. multa leguntur: cum in eius templo captam arcam Domini Palæſtini, id eſt, Philiſtæi, repoſuerũt, magno ſuo periculo, & maiore miraculo. meminit & Suidas. hunc Phœnices frumenti & aratri inuentorem putabant.

Hecaleſius Iupiter à Theſeo conſtitutus in terra Attica, à nomine anus Hecales, de qua in Priapeis:

Aequalis tibi, quam domum reuertens,
Theſeus repperit in rogo iacentem. cui & ſacra inſtituit. Plut. alij. Stephanus, ἑκάλω ait populum fuiſſe Leontidis tribus Atticæ, vnde ſit dictus Iupiter Hecalius. Heſychius verò, ἑκάλειος (inquit) ζεὺς, quem Hecale erexit. ſed hac de re multi multa: quorum tamen Politianum inter eos primum fuiſſe videmus, qui de Hecale permulta ſcripſit.

Enæſimus Iupiter in Coronea cultus, ait Heſychius. ἠνάσιμος verò, mitis, ſuauis, officioſus & bonus eſt. nam αἴσιον bonum, verum & honeſtum ſignificat: αἴσιμον autem, decens & fatale. Sanè Aeneſius etiam Iupiter colebatur in monte Cephaleniæ inſulæ, teſte Strabone in decimo, de quo & comment. Apollonij in ſecundo Argon. quo loco ſcribunt: Aenus mons eſt Cephaleniæ, in quo Aenæſij Iouis templum eſt, cuius & Leon meminit in πόρπληρ, & Demoſth. ψ λιμοι. item Heliodus hoc carmine,

μὴ οὖν εὐχίοθω αἰνειω ὑψιμέδοντι.   hoc eſt:
Fundebántque preces Aeneio altitonanti. ab Aeno enim Aeneius deflexit. Demum & Enæmium Iouem etiam cognominatum innuit Heſychius, quaſi dicas cõſanguineum & cognatum. ſed & hoc alibi.

Athous Iupiter etiam appellatus, & cultus in ſummitate & vertice montis Atho, vbi celebre eius fuit templum. Fuit & Hynnareus Iupiter vocatus ab Hynnario monte, vt ſcribit Heſychius.

Lycæus Iupiter à Lycaone dictus, vt Pauſ. in Arcad. tradit, cui deo & Lycæa certamen inſtituit. dictus etiam Lycaon in lupum à Ioue conuerſus, quòd infantem immolaſſet. alia tamen apud Ouid. legitur fabula in Metamorph. alia item apud Suidam: quæ cùm cognitione digna ſit, hîc ſubſcribere non grauabor. Lycaon, inquit, Pelaſgi filius, Arcadum rex, patris inſtituta ſumma æquitate ſeruabat: ſed vt ſubditos ad iuſtitiam ſeruandam quoque pelliceret, Iouem boni malique inſpectorem in hoſpitis forma ad ſe ſæpe venire ſimulabat. quare cùm ſe ſacra facere velle, vt deum accepturus, dixiſſet, eius diuerſis ex vxoribus procreati liberi noſſe volentes, an deus nec ne venturus eſſet, pueri clàm cæſi carnes carnibus ſacrificij miſcuêre; cogitantes deum id minus cogniturum. mitùm diuina prouidentia factum, vt coorta repente tempeſtate, fulminibus ij omnes interirent, qui puerum interfecerant. Paulò diuerſa traduntur ab Hygino in libro Fab. cap. CLXXVI. vnde mox Lycæa inſtituta, quorum cùm alibi Pindarus meminit, tum in Olymp. ad Diagoram Rhodium. In Arcadia, inquit, Lycæa ludi in honorem Iouis Lycæi agebantur, in quibus præmia arma ærea fuêre. Sunt qui Lycæam montem Olympum in Arcadia tradant, quem & plerique ſacrum verticem, hoc eſt, ἱεραν

κορυφ

κορυφὴν appellant: vnde & Iouem Coryphæum, sunt qui nuncupatum putant. in eo autem vertice Iupiter educatus, ab Arcadibus traditus est. Nympharum nomina, quæ illum educarunt fuére, Thisoa, Neda, & Agno. Fuit & fons prope Iouis Lycæi templum à nomine nymphæ cuius aqua à sacerdote sacris peractis querna virga permota, nescio qua superstitiosa illusione, hymbrem largum cœlo educebat. Quin & ibidem miracula alia fieri, Græca prodit historia. vt verum illud sit quod scribit Plinius libro 8. Nullum, inquit, tam impudens mendacium est, vt teste careat. Itaque Copas, qui Olympionica scripsit, narrat, Demarchum Parrhasium in sacrificio quod Arcades Ioui Lycæo humana etiam cum hostia faciebant, immolati pueri exta degustasse, & in lupum se conuertisse: eundem decimo anno restitutu athleticæ, restitisse in pugilatu, victorémque victoria Olympia reuersum. de Lycæo Ioue & Strabo, item Callimachus, & in eu Scholia, & Hyginus in Vrsæ descriptione: In Iouis, inquit, Lycæi templum qui accessisset, mors pœna erat, Arcadum lege. meminit idem alibi, nec semel. Sed mirum est, quod ex Trogo scribit Iustinus, libro 43. In Palatini, inquit, montis radicibus templum Lycæo, quem Græci Pana, Romani Lupercum appellant, constituit: ipsum dei simulacrum nudum, caprina pelle amictum est, quo habitu Romæ (ait) Lupercalibus decurritur. hæc ille. Sed de Lupercalibus, in eo quod est de Sacrificiis, vltimo Syntagmate plura dicemus.

Ammon Iupiter, à nostris & Græcis in primis, ab arena deducitur: ἄμμος quippe arena vocatur, quod & Plin. lib. 12. innuit, cùm de ammoniaco ita scribat: ergo Aethiopiæ subiecta Africa, ammoniaci lacrymam stillat in harenis suis, inde etiam nomine Ammonis oraculo, iuxta quod gignitur arbor. Sanè ex nostris plerique cum afflatu scribunt, inter quos Sextus Pompilius, qui libro VIII, hoc est, in aspiratis, ita scribit: Hammo cognominatus, quia in harena putatur inuentus, quæ græcè hoc nomine ἄμμος appellatur. cui cornua affiguntur arietis, à genere pecoris, inter quod inuentus est. Sed quoniam certiora dicere videntur Aegyptij, quæ ipsi tradunt, etiam afferamus. Amun, aiunt, Iouis est nomen, quod etiam Plutarch. notat in libro Isidis & Osiridis: notat & Iamblichus. Hinc græci & latini parum mutantes, Hammonem vocamus. Manethus quidem Aegyptius, eo nomine arcanum occultúmque significare tradit. Hecathæus verò vocem fuisse ait, cùm deum inuocabant: eáque vti solebant, cùm precipuè incognitum arcanúmque vocabant: qua factum ratione, vt Deum illum summum rerum conditorem, vt abditum arcanúmque, ea voce appellarent. Diodorus Siculus, Ammonem regem Libyæ prodidit, qui Rheam Cœli filiam duxerit vxorem, & Amaltheam adamarit, filiúmque ex ea Dionysium sustulerit: & quæ apud ipsum cætera leguntur. Hyginus tamen in lib. Fab. Liberum ait in Indiam proficiscétem, cum siti laboraret, Iouem rogasse, vt arietem qui ei aquam monstrauerat, in cœlum collocaret: quod cum factum fuisset, ibi Liber Ioui templum construxit, quod Iouis Ammonis vocatum est. cætera apud Hyginum ipsum legito. Herodotus de Ammone libro quarto multa, & Origenes cōtra Celsum, quæ & Arrianus in tertio. Idem verò Herodotus libro secundo ait, quòd Iupiter cùm nollet ab Hercule cerni, ab eo tandem exoratus, id commentus est, vt amputato arietis capite, pelléque villosa quam illi detraxerat induta, sese ita Herculi ostenderet. atque inde factū, vt Aegyptij Iouis simulacru arietina facie cōfingerent, & ab Aegyptiis Ammonios aiunt accepisse. Ab aliis Ammon traditur, quod in bellis vsus sit galea. cuius insigne caput fuerit arietis: vnde orta sit fabula. Sunt qui ipsum tradāt cornua in vtroq; tēpore paruula habuisse, ac propterea Dionysiū ipsius Ammonis filiū eodem fuisse aspectu. Cognominatus est & eadē ratione κεραοφόρος, hoc est corniger. vnde Phestus poëta græcus, {ᾖς λίβυς ἀμμυηγιϝατηφόρεκλινϑὶ} μάντι hoc est, O Libyę vates exaudi corniger Ammon, Iupiter. Sic & Lucanus, id est cornigerū vocauit: & Statius. Fuére qui Ammonē arietē Phrixi & Helles putarent, vt Pherecydes prodidit. Eustathius in Dionysiū de Situ orbis, cōsimilia Herodoto scribit. Seruius grāmaticus ideo arietino capite ait cōfingi, quod eius essent inuoluta responsa, quin ea nutu & renutu aliísq; signis dabantur, quod & Strabo & Eustathius prodidére. Arati interpres latinus, qui ab aliquibus Bassus, ab aliis Cæsar fuisse existimatur, quod alibi diximus arietē cœleste signū Iouē esse scribit, qui Liberū ducentē exercitū per Africā, sitientem ad aquam duxerit. itaque ibi à Libero templū constructum, & oraculū: & cætera, penè eadē quæ Seruius & Lactan. grāmaticus in 3. Theb. super ea verba, Licet aridus Ammon Inuideat. Hinc etiā Catullus cecinit, Oraculū Iouis inter æstuosi. Porrò & multa Hyginus in Astronom. poëtico,

& in

& in lib. Fab. cap. cxxxiii. At verò alij nonnulli in Theoëan quampiam mulierem oraculum retulére. Martianus: Ammon, inquit, apparuit cum cornibus arietinis, & vestimento lanicio, ac sitientibus vndam fontis exhibuit: De quo & Sidonius in Hendecasyllabo ad Felicem:

 Non hic Cyniphius canetur Ammon,
 Mitratum caput eleuans harenis.

Sed si plura de Ammone cupis, lege Q. Curtium in 4, & Diodorum Siculum lib. XVII. & Arrianum in tertio, qui Alex. Maced. de Ammone historiam copiose executi sunt.

Assabinus Iupiter ab Arabibus dictus, auctore Plinio. nam vbi de cynnamo & cynnamomo lib. xii, ita propémodum scribit: Gignitur quidem in planis, sed densissimis in vepribus, rubisque, difficilis collectu. metitur non nisi permiserit deus. Iouem hunc intelligunt aliqui. Assabinum illi vocant. xliiii boum caprarúmque arietum extis impetratur venia metendi, non tamen aut ante ortum solis, aut post occasum licet. Sarmeta hasta diuidit sacerdos, deóq; partem ponit. atque de Assabino hucusq;. Fuit & Sabis deus apud Arabes, de quo Plin. eodé lib. de thure agens: Thus, inquit, collectú Sabotam camelis conuehitur, porta ad id patéte, digredi via capitale leges fecére: ibi decimas deo, qué vocat Sabin, mésura, nó pódere sacerdotes accipiúnt. Ruellius hęc verba desumés Theophrasto ascribit, & Sabin Solé interpretatur, & quidé Solis delubrú Theophrastus, sed non Sabin vocauit.

Anxyrus, vel Anxurus Iupiter cognominatus in Italia, in tractu Campaniæ, habitu pueri imberbis, cuius est mentio in octauo Vergil.

 Circæúmque iugum, quis Iupiter Anxurus aruis
 Præsidet. quo loco Seruius: Circa tractú, ait, Campanię colebatur puer Iupiter, qui Anxurus dicebatur, quasi ἄνευ ξυρῷ, id est, sine nouacula, quia barbam nunquam rasisset.

ἐλευθέριος, quem apud Latinos tum Liberatorem, tum Liberalem, & libertatis auctorem interpretatú legimus. Pleriq; Græca libentius voce dixerunt, Iouem Eleutheriũ vocantes. de eo sic tradit Hesychius: quòd Medis effugientibus, Eleutherius Iupiter erectus est, quem & aliqui σωτῆρα vocauerunt, id est, seruatorē. Hic & Syracusis cultus fuit, & à Tarentinis, & à Platæensibus, & in Caria. Hyperides orator: O viri (inquit) iudices, hæc quidé Iouis appellatio facta est, vt Eleutherius vocetur, propterea quod ἐξελεύθεροι, id est, liberti porticũ construxére propinquam. Didymus tamen & Arpocration grammatici falli Hyperidem asserunt, quod ideo vocatus sit Eleutherius: sed quòd contrà à Medis deus Athenienses liberauit, & quod inscriptio quidem σωτὴρ, id est, seruator fuit: Eleutherius autem, id est, liberator nuncupatus sit, id quod & Menander manifestè ostēdit. Et certè Plato in Theage, Athenis Eleutherij Iouis porticum fuisse ostendit, cum ibi Socratem & Democodum colloquētes inducit. Templi verò, imò etiam porticus mentio est in Oeconomico Xenophontis. Sed & illud non te fugiat, duas in primis porticus Athenis fuisse, alteram Iouis Eleutherij, hanc scilicet: alteram, quę βασιλικός, id est, regia vocabatur, vt Arpocration est auctor. porro & tertiam porticum legimus, quæ ἀνακτος quidem dicta, cognominata verò ab imaginum varietate ποικίλην, Pœcile. Verùm ne à proposito recedam, Thucydides libro secundo Histor. in oratione legatorum Platæensiũ, de Ioue Eleutherio apud Platæas ita meminit: cùm Pausaniam ait, Cleombroti filium, post Græciæ liberationem à Medis ἐν ἀγορᾷ διὰ ἐλευθέρῳ θυσίᾳ ἱερά, id est, in foro sacra facientem Ioui Eleutherio, conuocatis omnibus socijs, & agrum & vrbem Platæensibus reddidisse. Et Strabo lib. IX. scribit, apud Platæas eo loci, quo Græci Mardonium cum trecentis Persarum milibus occidione deleuerunt, Eleutherio Ioui templum constructum fuisse, & certamen gymnicum cum coronis institutũ ludósq; ipsos Eleutheria, id est, liberatoria appellata. Pausan. quoq; in Bœoticis, Eleutherij Iouis aram nō longè à communi Græcorũ sepulcro describit, quod ad Platæę ingressum fuit, quo loco quintoquoq; anno certamen celebrabatur. Idé Paus. in Attica, Eleutherio Ioui cùm Adriano statuas erectas fuisse meritas ait. quin & post Macedonũ victoriã, in qua præclarè cùm se gessisset, Leocritus Protarchi filius occubuit, Eleutherio Ioui statuam erexere. Longior omnino sim, si tibi multa, quæ collegi, afferre hoc loco voluero. Vnum illud nō mittā, quod apud Dionem historicũ legitur. Cùm Thrasceas philosophus iussu Neronis, abscisis venis sensim extingueretur, manu extēsa exclamauit, Iupiter liberator hunc tibi sanguinem libo. hoc est Græcè, Ζεῦ ἐλευθέριε, σοὶ τοῦτο αἷμα σπένδω. Sunt qui hoc Senecæ attribuāt. Nam Cor. Tacitus lib. iv, Senecam scribit, cum vi veneni perire

De Deis Gentium.   i   non

non posset stagnum calidæ aquæ introiisse, & resperfisse proximos seruorum, addita voce, libare se liquorem illum Ioui Liberatori.

Σωτὴρ, hoc est, Seruator Iupiter, vt diximus, à Græcis cognominatus, quod à Medis eos liberauit. Iouis Seruatoris tamen aram multò antè erectam fuisse ab Hercule, Amphitryon ait apud Euripidem in Hercule Furente, ex deuictis Minyis. Sed nos quanto hoc rectius cognomine IESVM CHRISTVM dominum nuncupamus, qui nos suo benignus cruore in veram æternæ vitæ libertatem asseruit? Strabo lib. 9. ait, in Piræeo templum Seruatoris fuisse, in cuius porticu mirabiles fuêre tabulæ celeberrimorum artificum. Arrianus lib. 8. de gestis Alexandri, tradit ipsum Alexandrum, vbi intellexit Nearchum & classem totam suam seruatam, Ioui σωτῆρι, cæterisq; deis malorum depulsoribus; & marinis, ludos gymnicos & musicos edidisse, celebrémque pompam induxisse. Sed & σωτῆρος Iouis meminit Phurnutus, & Hesychius. Illud certè tibi vt recitem, par visum est: Aristotelem philosophum legasse suo testamento in Stagira Ioui Soteri, & Mineruæ Soteræ, animalia lapidea quatuor cubitorum, quod Laërtius scribit ex voto nucupato pro Nicanoris salute. Vnde est mirum, nescio quos scripsisse pro Minerua Sotera, id est, Seruatrice, Iunonem Sospitam reposuisse. Sed enim præter Iouem, & alios quoque deos Soteres nuncupatos hoc toto opere offendes. quin & M. Cicero hâc vocem interpretatus est, Seruatorem dicendo. Quare etiam non mirum tibi videri debet, si Conseruator etiam Iupiter cognominatus est, vt memini me legere in vetustis nomismatibus: vt in Diocletiani quidem vno, in cuius priore facie ipsius effigies, in posteriore verò Iouis imago stâs. dextera duas sagittas, vel potius duo fulmina, sinistra hastam habet eiectam, cum his literis, IOVI CONSERVATORI. In altero quoque eiusdem C. Val. Diocletiani, à tergo cuius idem erat Iupiter, dextra Victoriolam porrigens, sinistra verò hastam erectâ habet: Inscriptio, IOVI CONSERVATORI ORBIS: quod & suprà in Ioue custode diximus.

Σωτίνους etiam Iupiter cognominatus, hoc est vrbis seruator. scribit Strabo libro 14. de Anaxenore citharœdo, Magnesio agens, qui propter eam artem in theatris erat celebratus: sed multo magis, quòd ei quatuor vrbium tributa vt acciperet, concessit M. Antonius, & milites. quin etiam illum patria auxit satis, quæ illum sacra purpura Sosipolidis Iouis induit, vt eius imago & inscriptio testatur in foro posita. quo loco mihi videtur Strabo, ciues, & Anaxenora, M. quoque simul Antonium irridere.

Κονίσαλος, id est, vt Domitius apud Pausaniam interpretatur, puluereus Iupiter, cuius templum Athenis fuit sine tecto.

Λαρισαῖος, Larisseus Iupiter, vt Strabo & Stephanus scribunt, à Larissa dictus: cuius nominis multæ sunt, quas ambo colligunt. quidam tamen λαρισαίων Δία, alij λαρισαιώον vocant. Sed tamen supra oppidum ad Caystri campum Larissam vnam esse, scribit Strabo, aquarum & vinetorum rerúmque cæterarum præstantia insignem, vnde Ioui nomen. Sed & Larissenus Apollo dictus, vt Steph. notat, à pago Ephesi, vt alibi dicemus.

Κηναῖος, Iupiter Cenœus. Aeschylus in Glauco Potio, vt est apud Strabonè in decimo,

Εὔβοιδα καμπὴν ἀμφὶ Κηναίου Διὸς
Ἀκτὴν, κατ' αὐτὸν τύμβον ἀθλίου λίχα. hoc est,
Qua flexus Euboicus, ad Cenæi Iouis
Actam, penes sepulcrum infelicis Lichæ.
Ouid. in nono, de Hercule:
Victor ab Oechalia Cenæo sacra parabat,
Vota Ioui.

Seneca in Tragœd. Qua templa tollens ara Cenæi Iouis. apud Sophocl. in Trachiniis notat interpres, Herculem post captam Oechaliam, ducta Iole peruenisse ad Euboeæ promontorium Cenæum, ibíque ædificasse Iouis Cenæi templum. Stephanus verò Canæum appellare videtur, à Canis: quod oppidum fuit nô solùm Euboicum, sed & aliarum regionum. Quin & duplici n interdû ait scribi, hoc est Cannæ. aduocat & Strabonem in tertiodecimo Georg. qui Cannas describit, vnde Cannæus Iupiter est nuncupatus. In codice tamen Aldi, κυναῖος per iota proferri videtur.

Aenesius Iupiter, hoc est Græcè, αἰνήσιος Ζεὺς, dictus est ab Aeno mônte Cephaleniæ, in quo ipsius Iouis fuit fanum, cuius meminit Leon in περίπλῳ, hoc est in lib. Nauigationis, & Demosthenes ἐν τοῖς λιμέσιν, id est, in portib. Strabo quoque in decimo huius meminit, cùm de
Cephale

Cephalenia agit. Sed & grammatici apud Apollonium Rhodium in secundo Argon. vbi de Strophadibus & Plotis insulis loquitur, de Aenesio Ioue multa: inter quæ & Antimachum in Lyde poëmate aduocant, & Hesiodi istud,

Ἔνθ' οἵγ' εὐχετόωντο Αἰνηίῳ ὑψιμέδοντι. hoc est,

Hicque preces fundunt Aeneio altiregenti. Vbi vides Aeneium vocatum, pro Aenesio. Legimus insuper apud Hesychium, ψιδάσιμον Iouem in Coronea nuncupatum: quasi dicas, mitem decentem, officiosum, vtilem, & veracem. Est & apud eundem ψαιμὸς ζεὺς, id est, sanguineus, nisi codex nos fallat. significat autem ψαιμὸς & viuum hominem, & cognatum, & sanguine plenum: id quod tamẽ & Phauorinus notat. de his etiam suprà diximus.

Ἀγοραῖος ζεὺς, id est, (vt interpretatur & Valla, & Domitius, hic apud Paus. ille apud Herodotum) Iupiter forensis, pluribus verò in locis cultus: sed in primis, Paus. & Hesychio testibus, apud Athenienses. hunc Euripides in Heraclidarum tragœdia copiosè describit. Legimus & Mercuriũ, Mineruam & Dianã hoc cognomine nuncupatos, vt suo loco dicemus.

Αἰγιφάγος ζεὺς, hoc est, Capriuorus Iupiter, ait Phauorinus, est cognominatus. citat Nicandrum in Theriacis: mihi tamen non succurrit, apud eum id nomen legisse. Iunonem certè Capriuoram legi apud Pausaniam, vt in Iunone dicemus.

Messapeus, hoc est μεσαπεὺς ζεὺς, cognominatus est, vt Steph. scribit, à Laconiæ regiuncula μεσαπία, vnde gentile nomẽ est Messapeus, & Iupiter ipse Messapeus, vt Theopompus ait, lib. 57. Pausanias quoque in Lacon. scribit, lucum fuisse Iouis Messapæi in via, quæ ducebat ad montem Taygetum.

Καταιβάτης ζεὺς, Cataebates Iupiter, id est descensor, sic cognominatus, vt meminit Pausan. in Eliacis, cuius ara erat in Olympia, vbi & Themidis fuit, & primum Terræ oraculum. Videtur verò Cataebates appellari παρὰ τὸ καταβαίνειν, descendo, in quo interdum iota interponitur: vnde & καταιβάζω pro καταβάζω dicitur. aliquando & καταιβάσια, quæ signa sunt cœlitus ad terram demissa, & prodigia. Vnde & Apollo καταιβάσιος, quasi prodigialem dicas: sic & Iupiter Prodigialis, vt ex Plauto antè dixi. Sunt qui sic ideo appellatum tradant, vel propter fulmina, vel quod è cœlo sæpe descendisse putaretur, ad amores potiendos. Illud ridiculum scribit Aristophanes in fabula ὀρνίθων, scarabeum esse huic deo in tutela datum καταιβάτου Διὸς meminit & Phurnutus, vbi Iouis cognomina colligit. Meminit & Pollux in nono, item Orpheus.

Cithæronius Iupiter, teste Pausania in Bœoticis, cognominatus à monte Bœotiæ Cithærone, qui Ioui Cithęronio sacer erat: ipsum verò montem à Platæensium rege Cithærone denominatum, idem scribit Pausan. ait enim Iunonem Ioui iratam in Eubœam secessisse: Iouem verò, quoniam Iunoni persuadere non posset, ferunt ad Cithæronem profectum, qui tum imperabat Platæensibus, nulli sapientia secundus. Hic ergo Iouem iubet, vt statuam ligneam vestibus obtectam bobus plaustro veheret, dicerét que se Platæam Asopi filiam vxorem ducere. id quod cùm ex admonitione Cithæronis fecisset Iupiter, & confestim id Iuno credidisset, illuc statim accessit: & appropians plaustro, statuǽque vestes discindens, sensit dolum: simulacrúmque pro sponsa puella comperiens, placata & Ioui reconciliata est. Hinc ob eam rem festa Dædalea: quæ duplicia fuerant, maiora & minora instituta, de quibus latè Paus. in nono. quæ inde nominata, quoniam prisci Zoana, id est, statuas Dædala nuncupabant, etiam longè prius quàm Dædalus Palamaonis Athenis huiuscemodi statuas faceret. & huius quidẽ rei gratia in templo Iunonis percelebri, quod apud Platæenses fuit, duæ in primis Iunonis statuæ fuerunt: alterius quidem rectę, & stantis, τελέως ὥρας, id est, Iunonis adultæ, seu perfectæ: alterius verò sedetis, νυμφευομένης, id est, nubentis, de quibus in Iunone latius agemus. Recitat hanc fabulam quoque Eusebius tertio Prępararionis Euang. quam commodius in Iunone referemus. Cæterùm Iunonẽ Cithæroniam etiam legimus apud Plut. in vita Aristidę: Vota enim Ioui & Iunoni Cithæroniæ, Paníque, &c. nuncupauit ex oraculo, contra barbaros pugnaturus.

Croceates, κροκεάτης Iupiter dictus, vt Paus. scribit, cuius & simulacrũ celebrat. dictus ab vrbe Laconica, quæ vt Stephanus prodit, vna fuit ex centũ eius regionis vrbibus. Paus. tamẽ vicũ facere videtur, vbi marmora effoderētur, & ante vicũ ipsius Iouis signũ cõstituit.

Ἄρβιος ζεὺς, Arbius Iupiter, teste Stephano, dictus est ab Arbio monte Cretæ, vbi colebatur. Arbius verò tam pro monte capitur, quàm pro incola. fuit & Arbis Indiæ fluuius: vnde gentile nomen Arbius, & Arbitæ.

Ἄσιος Ζεὺς, Asius Iupiter, cuius vetustissimum phanum in Creta fuit, vt Stephanus prodit. dictus verò ab Aso oppido Cretæ, quo in loco cultus fuit Iupiter.

Temilius, qui & Biennius Iupiter, dictus, vt Stephanus tradit, à Biennio vrbe Cretæ, quam aliqui denominatam putant à Benno, vno ex Curetis: vel ab eo, quòd vis facta fuerit Marti, hoc est, ἀπὸ ἃ περὶ τὸν ἄρη γραμμένας βίας, inibi(vt ferunt) ab Otho & Ephialte Neptuni filiis. vnde vsque ad tempora Stephani, hoc prodentis, sacra Hecatomphonia, quæ dicebantur, Marti peragebantur. De quibus Paus. in Messeniacis ita prodidit: Fecit, inquit, Aristomenes Ioui sacrum, quæ Hecatomphonia vocant, quasi centicidium dicas. Id sacrum fieri patrio instituto traditum ab his, qui in pugna hostes cētum occidissent. Ex quibus colligimus, non Marti modò, sed Ioui aliisque Deis hæc sacra fieri solita.

Δολιχαῖος Ζεὺς, Dolichæus Iupiter, scribit Stephanus, à Dolichene vrbe Commagenes, vnde fit Dolichæus gentile nomen, & inquilini Dolicheni dicuntur. nam Doliche insula fuit Lyciæ adiacens, vt Callimachus de insulis canit. Alexander verò in περίπλῳ, id est, in nauigatione Lyciæ, Dolichisten ipsam vocat. vnde Dolichesteus deducitur, gentile nomen. Est & in marmore Romæ Dolichenus Iupiter.

Χάρμωνος Διὸς, Iouis cognomine Charmonis templum commemorat Paus. in Arcadicis, non longè ab Epaminondæ tumulo, vno stadio.

Ταμυναῖος Ζεὺς, Tamyneus Iupiter, cognominatus ab vrbe Tamyna Eretriæ, vt Stephanus scribit. citat Strab. in decimo, Dicitur & numero plurium Tamynæ, vbi colebatur Iupiter. citat Stephanus Paus. in vndecimo, περὶ ἡλίου ιν, qui liber à nobis non habetur. decem enim tantū in manibus habemus Græcos, opera Aldi & Musuri editos. audio tamen virum eloquentissimum, Romulum nostrum Amalæum, olim & hoc vertisse latinè, & ante illum Calphurnium Brix. Sed neutrius mihi copia nec visa nec facta, & propterea vix creditum. Atticam quidem antea Domitius Veronensis, aliiq; nonnulli concisè deflorarūt.

Aetnæus Iupiter. Pindarus in Neme. Ζηνὸς αἰτναίου, Iouis Aetnæi, vbi interpretes multa afferunt, cur cognominatus sit Aetnæus, & in eo templum Iouis fuisse produnt.

Σκύλλιος Ζεὺς, hoc est, Scyllius Iupiter cognominatus. in Creta enim in monte Scylletio colebatur, quo in loco ferunt Curetas Iouem infantem occultasse. Stephanus auctor. Scilletia Minerua dicetur suo loco.

Hermonthites, id est, ἑρμωνθίτης Ζεὺς, colebatur in Aegypto, sic nuncupatus ab vrbe Hermonthi: quæ ita appellabatur, vt Momemphis, Menuthis, Terenuthis. In eadem & Apollo eodem nomine colebatur, vt ex Strabone Stephanus scribit. Ibidem & Isidis templū fuit. Quin & νόμος, id est, præfectura quæpiam ab ipsa vrbe Hermonthite vocata fuit.

Lycoreus Iupiter cognominatus à Lycorea vico in Delphis, cuius meminit Callimachus. dicta quidem Lycorea, ab eius rege Lycoreo: quāquam Paus. in Phocaicis aliter sentiat. ait enim, Lycoream vrbem conditam in Parnassi summitate ab iis, qui in Deucalionis alluuione luporum vlulatibus, hoc est, λύκων ὠρυγαῖς seruati sunt. Subdit tamen, & alium esse sermonem hac de re. & ait, ex nympha Corycia Apollinem genuisse Lycoron, à quo sit vrbs denominata, & Lycoreus ipse Apollo.

Maleæus Iupiter, à Malea promontorio ad Peloponnesum, cuius non modò poëtis, sed & historicis, aliisque scriptoribus frequens mentio. cuius deriuata nunc μαλείτης, nunc μαλιάτης, nunc μαλεαῖος esse collegimus. vnde μαλεαῖος Ζεὺς, vt Stephanus notat. Sanè in primitiuo interdum μαλέια, hoc est penultima breui, & μάλεια, dicitur eadem producta: quod Latinorum quidam parum obseruantes, inscitiam suam in poëtis nostris fassi sunt.

Ὅριος Ζεὺς, quem Latini Terminalem quidā ex Græco conuerterunt, alij terminorū præsidem, alij conterminum deum, religiosè ab antiquis colebatur, in terminis ipsis conseruandis, adeò vt in octauo legum Plato primam in victus ratione & agriculturæ legem, Διὸς ὁρίς, id est, Iouis presidis terminorum, esse statuerit. Meminit & Demosthenes in oratione περὶ τῆς ἁλονήσου, & Iul. Pollux lib. nono Iouis Hororij, & στήλης ὁρόθετας, hoc est, columnæ Terminalis. Dionys. item Alicarn. lib. 2. vbi de Termino agit, ait Numam Ioui Terminali terminos sacrasse, vt plenius in Termino dictū est. de ὁρίῳ verò, in Ioue Imperatore actū est. Neptunum etiam cultum apud Delphos hoc Orij cognometo, legimus apud Paus. in Phocaicis. Hinc Iupiter Omarius, de quo sic obseruat diligentissimè B. Aegius. sic enim ait: Omarius Iupiter à loco, quo de Stephanus: Omarion vrbs Thessaliæ, vt Theopomp. scribit in Philipp. ἔνθα τιμᾶται Ζεὺς, καὶ ἀθηνᾶ. τὸ ἐθνικὸν ὁμάριος καὶ ὁμαρεὺς. De Ioue Omario Polyb. hist. lib. 11.

quem

Syntagma II.

quem locum sic vertit Sipontinus: Siquidem Crotoniatæ (tametsi Crodematæ in vulgatis codicibus scriptum sit, tam Latinis quàm Græcis) Sybaritæ, Cauloniatæ, compositis inter se vnanimiter rebus, primo Omarij Iouis templum publicè constituerunt, vbi & conciones fieri & cum populo agi possetchæc ille. Sed nihil hic ad Polybium, ni fallor, Omarius Iupiter facit. Proinde pro Omarij, Omorij scribendum censeo. siquidem ex græco ὁμορὶς Διὸς, quasi contermini Iouis legitur, quæ vera est & genuina lectio. nam sic illæ clarissimæ ciuitates in communis regionis terminis, confinióue, pro loci commoditate Iouis huiusce templum construxerunt. hactenus Aegius.

Tomarios, & Tmarios (vtroque enim modo apud Hesychium legi) Iupiter cognominatus in Dodona. meminit Claudianus Tomari Iouis. scribit Stephanus, montem Tomarum Dodonæ, quem & aliqui Tomurum vocant: vnde gentile nomen Tmarius. quidã etiam montis incolas τομόροες, & τμῶροες nuncupant. Phauorinus verò & ipse τόμυροι legit, aitque sub ipsum esse templum in Dodona apud Thesprotian, qua ex re Tomuri sunt à poëta nuncupati hypophetæ, id est, vates Iouis ἀνιπτόποδες, χαμεῦναι, hoc est, qui illotis essent pedibus, & humi dormirent. Item τόμυραι, mulieres vates.

BELVS Iupiter existimatus est à Babyloniis & Assyriis, cuius non modò in gentium historiis mentio, sed in sacris. quare visum est, aliquanto altius ex variis scriptorib. quæ de eo comperi, repetere. Scribit in primis Seruius, Beli nomen ratione non carere. El quippe Assyriorum lingua Solem significat, vnde aspiratione adiecta Græcè ἥλιος est vocatus. alij non Assyriorum lingua, sed Phœnicum putant Hel solem vocari, vnde Helius deducatur, qui mox & Belus dictus sit. Quin & Seruius tradit, quòd Hal Punica lingua deus dicitur. apud Assyrios verò Hel dicebatur, quadam sacrorum ratione Saturnus & Sol. Sanè non vnus fuit Belus. nam super ea Vergilij verba ex primo Aeneid.

—Cælatáque in auro
Fortia facta patrum, series longissima rerum,
Per tot ducta viros, antiqua ab origene gentis.

Per tot, inquit, ducta viros, à Belo primo Assyriorum: vt, Ab antiquo durantia cinnama Belo. Ab eo vsque ad Belum patrem Didonis, qui & ipse Assyrius fuit. hinc est, Quam Belus & omnes à Belo soliti. Ergo hæc est, generis series: Iupiter, Epaphus, Belus priscus, Agenor, Phœnix, Belus minor, qui & Metres, mox Dido & Pygmalion. Sachoniaton autem in Phœnicum theologia, Belum inter Saturni filios connumerat, & Iouem fuisse asserit: id quod & Eusebius. Legimus & alterum Belum Iouis nepotem, Epaphi regis Aegyptij filium, qui & alium Belum genuit. Porrò & Belus prior, Iupiter Babylonius post consecrationem dictus est. Hunc puto Belum, scribit Plin. sideralis scientiæ inuentorem fuisse, eíque Assyrios gemmam dicasse, quæ Beli oculus vocetur. Cyrillus verò libro tertio contra Iulianum Cæs. Belum etiam Arbelum nuncupatum prodit, & primum à subditis hominem dei nomen accepisse, eíque Assyrias gentes & finitimas sacrificia impendisse, coluisséque: quod & Eusebius scribit in Chronicis. M. Cic. in lib. de Nat. deorum, Herculem, qui quintus ab eo connumeratur, in India Belum vocatum affirmat.

Vt hoc loco mittam, quæ à Beroso, Metasthene, & Archilocho traduntur, auctoribus mihi suspectis: ab aliquibus tamen ita cultis, vt eorum quosdam videam ita in eorum lectione insenuisse, vt etiam commentarios in eos plerunque monstrificos composuerint. Sed ad Belũ redeo. Scribit Diodorus Siculus in histor. Osirim multas colonias deduxisse, Belúmque colonum in Babyloniam traduxisse, Neptuni & Libyes filiũ, qui propter Euphratem sedem posuerit, & sacerdotes Chaldæos instituerit. Hesychius quoq; Belum Neptuni filiũ cum circumflexo accentu asserit, cum graui verò limen & viam domus, Templum autem Beli amplissimum ac magnificentissimũ alio loco describit Diodorus, & Herodotus in primo: quod tamen non legi in Vallæ codice, sed in Græco, quod in medio vrbis Babylonis constructum fuit, cuius meminit & Arrianus lib. hist. 3. Sed locupletius multo lib. 7. quo loco describit à Xerxe dirutum, ab Alexandro instaurari demandatũ fuisse. Legimus apud Dionem in hist. in Apamea Syriæ Iouem etiam Belum cultum fuisse, qui Seuero imperatori, cùm adhuc priuatus esset, respõsum dederit ex Homerico versu, eum imperaturum. quin & imperium iam adepto, ex eodem poëta etiam respondisse, quæ apud ipsum Dionẽ leguntur. Philo Byblius, nõ ille Hebræus, & Eusebius, scribunt Iouem à Phœnicibus nuncupatum Beelsamen, quod nomen nostram linguam interpretatum significat cœli domi-

De Deis Gentium. i 3 num.

num. Hieronymus libro primo in Oseam, Semiramin ait, cùm Zoroastrem magum Bactrianorum regem prælio superasset, in tantam peruenisse gloriam, vt patrem suum Belum referret in deum, qui hebraicè dicitur Bel, & in multis prophetis, maximéque in Daniele. Hunc Sidonij & Phœnices, inquit, appellant Baal, qui idem sit qui Belus. vnde & Didonem Sidoniam regij generis, cùm Aeneam suscepisset hospitio, hac patera vina libasse apud poëtam legimus, qua Belus & omnes à Belo soliti. Baal autem Græce ἔχων, Latinè habens interpretatur: vnde Baalim, me habens. Ad hęc & Beelphegor habemus in sacris literis Moabitarum deum, quem quidam Priapum deum interpretati sunt, vt Isidorus libro octauo, quo loco multa de Belo scribit. Sed & Theophyl. in Osea, de Beelphegor multa effert, & ipse Priapum fuisse existimat. a ij Saturnum & Beel quidē dei ipsius nomen phegor verò loci, vbi coleretur. Belem etiam deum Aquileiensium, cultum summa religione, qui Apollo crederetur, auctor est Herodianus in hist.

Νεμαῖος Ζεὺς, Nemeetes Iupiter, vt scribit Steph. vocatus à Nemea regione Elidis, vbi habitarunt Dryopes. Suidas quoque in dictione Νεμεῖος: Nemeos, inquit, qui in Nemea Locridis, est significatur. Nam qui apud Elin Nemeæ ciuis, Nemeus scribitur, & Nemeæus: quin & νεμεῖτης, vt manifestum est ex Ioue Nemeete. Hunc eundem crediderim esse, quem Nemeæum Paus. nominat in Argolicis. ita enim scribit, de Cleone postquam locutus esset: In his, inquit, montibus leonis adhuc specus ostenditur, & Nemea regiuncula abest fermè inde stadiis 15. in ea verò Nemei Iouis templū spectaculo dignū, præterquàm quantum discissum est. tectum & simulacrum nullum relictum: lucus est circa templum ex cupressis: & ibidem Ophelten in herba è nutrice positum, & à serpente interfectum ferunt. Subiungit & alia quædam, de sacrificio & celebritate, quæ ibi ab Argiuis celebrabantur, & de Opheltæ sepulcro, quæ lucem afferunt iis quæ à Statio in Theb. & Strab. in octauo scribuntur. Scribit Thucydides in tertio, & cùm statuia in templo Nemeæi Iouis habuisset, quo templo fertur Hesiodus poëta ab incolis interemptus, cùm oraculum accepisset se in Nemea hoc esse passurum.

Elacatæus Iupiter, qui & ἐλακαταῖος, teste Stephano, vocatus est à monte verò Thessaliæ Elacatæo denominatus fuit.

Mechanei etiam Iouis statuam legimus apud Pausan. sed eius mentionem habitam alibi non succurrit, nisi in Corinth.

Βαγαῖος Ζεὺς, Bagæus Iupiter Phrygius, vti Hesych. & Phauorinus scribunt. Bagæus significat cum magnum, tum multum ac velocem.

Κώμυρος Ζεὺς, Comyrus Iupiter, ait Phauor. in Alicarnasso colebatur.

Στάμνιος Ζεὺς, Iupiter Stamnius videtur appellari ab Aristophane, vt à Phauorino notatur, cùm inquit, σταμνίου ὑὸς id est, Stamnij filius, Iouis scilicet. sub his enim verbis intelligimus vinum in vase. Dionysius, enim, Iouis filius. Stamnos quippe vas est, hoc est ὑδρία, κάλπη, χάλις: quin etiam stamnia, vasa vinaria.

Asbameus Iupiter dictus, cuius Ammianus Marcel. lib. 23. histor. his verbis meminit: Apud Asbamei Iouis templum in Cappadocia, vbi amplissimus ille philosophus Apollonius traditur natus, apud oppidum Tyanam, stagno effluens fons cernitur, qui magnitudine aquarum inflatus sese resorbens, nunquam extra margines intumescit. Sanè pro Asbameo Ioue, quidam Apameum legunt: de hoc aliud mihi non succurrit.

Marnas Iupiter dictus apud Gazæos in Phœnicia, & cultus, vt D. Hieronymus scribit in Esaiam. significat autem Marnas Cretensibus virginem.

Cynetheus Iupiter sic cognominatus, quoniam venationem Arcades, vtpote rudes, antiquitùs exercebant. venandi verò ars κυνηγία & κυνηγετική Græce vocatur, & κυνηγέτης & κυνηγὸς venator. quare Cynegetes Iouis potius cognomē ipse putarim, quàm Cynetheum licet id libentius docti quidam scriptis suis asserant; & Dionysius Alicar. lib. 1. Antiquit.

Hicetesius Iupiter, hoc est, ἱκετήσιος Ζεὺς, deprecabilis videlicet, &qui supplicum preces audit, & familiaribus misereatur: Hesychius. hinc ἱκετήσιαι dicuntur, quæ ipsæ sunt supplicationes, & supplicandi modus: & ramus insuper oleæ, lana obuolutus, quo in his supplicationibus vtebantur antiqui, qualis fermè ἀγυιεὺς. Sanè idem Iupiter & Ἵκιος etiam appellabatur, vt est apud Euripidem in Hecuba, vbi ei à Polyxena supplicatur. De Ioue Icesio etiā mentio sit apud Phurnutum, & Græca in Aratum Commentaria, & Lucianum, si rectè memini. Orpheus in Argon. Ἱκεσίῳ Ζηνὸς κόραι λιταὶ, id est, Hicesiique Preces natæ Iouis.

Apollo

Apollonius in secundo, ἱκεσίᾳ πρὸς ζῆνὸς, id est, Hicesium ante Iouem. Iulius Pollux in octauo, Solonem scribit tres iurare deos in Plynteriis, permississe, ἱκέσιον, καθάρσιον, & ἐξακεστήριον: hoc est, supplicem, expiatorium, & depulsorium. Catharsij Iouis mentio est apud Pausaniam in Eliacis, cuius aram describit in Olympia, prope deos ignotos. ab aliquibus Piacularis Iupiter interpretatus est.

Cosmetas, κοσμητὰς ζεὺς, quem Imperatorem & Principem Iouẽ interpretari possumus, à Lacedæmoniis cultus, cuius templum (vt Paus. scribit) non longè à porticu fuit, quæ ad meridiem vergebat.

Salaminius Iupiter colebatur in Salamina Cypri, cuius templum, vt Cor. Tacitus scribit, Teucer Telamonis, patris ira profugus posuit.

ἐπάκριος ζεὺς, Iupiter qui in summitatibus montium coleretur: Hesychius. In montibus enim Ioui, & aliis plerisque deis aras vt plurimùm veteres statuebant. quin & legimus in sacra Hebræorum historia id sæpe reprehendi. ab ἐπὶ & ἄκρῳ dictus, hoc est, in vertice.

ἐπικάρπιος ζεὺς, id est, fructifer; seu frugifer Iupiter: colebatur verò in Eubœa, vt Hesychius scribit. vnde ὑπικαρπία, fructuum copia. Epicarpij Iouis & Phurnutus meminit.

Taramis Iupiter dictus à Barbaris, qui vt grammatici obseruãt, humano sanguine placabatur. Lucanus in primo,
   Et Taramis Scythicæ non mitior ara Dianæ.
Alij legunt, Taranis, & cum th aspirato ab aliis scribitur, & in Cypro coli aiunt: ego certè comperti nihil habeo.

Mandragoras Iupiter, teste Hesychio, dictus est & herbæ genus, quod vinum & somnũ inferat, hoc est, οἶνώδη & ὑπνώδη. Inde etiam Mandragoritis Venus appellata.

Abretani Iouis templum in Mysia fuisse legitur. in quo suem comesse, aut mactasse, piaculum fuit. meminit Strabo.

Phaëthon Iouis stella appellatur, Ciceroni, Apuleio, Martiano, aliis: μολόβδη à Chaldæis dicta, teste Hesychio.

Laprius Iupiter etiam cognominatus, vt Lactantius in primo docet, à Laprio Iouis comite. Elaphrum tamen in Creta cultum fuisse, apud Hesych. legimus.

Velsurus Iupiter: Velsuri Iouis fanum antiquissimum barbarorum, vt puto, Thraciæ, sanctissimúmque, M. Cicero à L. Pisone direptum scribit, in ea oratione quæ in L. Pisonem dicta est. De eo præterea nihil aliud comperi.

Sunt & plura alia Græca Iouis cognomina, quæ sparsim inter legendum apud scriptores offendes. nos tibi hic penè nuda subsignabimus, etiam vtcunque à me latinè relata, ne tibi vel lectori detur interpretandi labor, nisi vbi ego fortasse (ὃ μὴ ἐπὶ γένοιτο) dormitauero. Quis enim tam oculatus Lynceus, qui longè interdum à signo & scopo non aberret, nedum collimet?

Νεφεληγερέτης ζεὺς, hoc est nubium coactor, vel nubes congregans Iupiter, παρὰ ἀγέρω καὶ νεφέλη, quod videlicet nubes cogat; & vt quidam transtulêre, Nubicoga: huius mentio frequens est apud Homerum, Hesiodum, & Poëtas cæteros. idem exponit Phurnutus. Sunt qui non ab ἀγέρω, sed ab ἐγέρω potius deducant, hoc est, quod nubes excitet. meminit & Lucian. in Timone.

Μητίετας ζεὺς frequenter à poëtis appellatus, hoc est consultor, vel consiliator Iupiter, quia rebus cõsulere creditus: vnde & prouidus quoq; à Cretensibus cognominatus, id est, παρωχὸς, vt Diodorus notat, & cõsultor: hinc & à Phurnuto & Paus. in Attica βουλαῖος dictus.

ξένιος ζεὺς, Vrios Iupiter appellatur, qui à Latinis imperator dicitur, de quo suprà diximus. tu, quæ illic scripsimus, repete.

ὑπιμέδων ζεὺς, etiam cognominatus, quod superiora regat, & curet. nam cùm μέδω, tum μέδω, imperare, regere, curaréque significat.

Gragus Iupiter in Lycia, Drymnius apud Pamphylios dicebatur, Promantheus apud Tyrios, Aethiops & Gyrapsius: vt est apud Lycophronem, Δρύμνιος Λάμπων, προμαντεὺς, αἴθωψ, γυράψιος. id quod & Isaacius interpres obseruauit. sed Strabo & Eust. Crangum montem faciunt, qui tauri partum significet, vnde potuit Iupiter appellari.

ἐξακεστήριος Iupiter, & item Iuno: ab Hesychio cognominati, quasi qui sanandi seu curandi vim gerant, παρὰ τὸ ἐξακεῖσθαι.

Εὔπνος ζεὺς in Delphis dictus, ἵπνιος in Chio, & vtrunque videtur à facili inspiratione.

Historiæ Deorum Syntag. II.

vtriusque & Hesychius meminit, quem si audiamus, hunc ἐπίπνῳ dicemus, illum ὕπνῳ, hoc est bonum somnum inducentem. nam & ipsum somnia immittere, alibi ostendimus. Porrò & in Chio quoque eodem actore ωπνικω ζεὺς colebatur.

Ἐπικύδιος ζεὺς in Creta cognominatus, Hesychio: vbi & ὑπγαρχέως etiam colebatur, hoc est qui magistratibus præesset. & ὑπίςαρχος ibidem, teste Phauorino, nisi corruptè legatur. & ταλαὸς ζεὺς, qui in miseriis succurrit.

Μηδινεὺς ἅς, Medineus Iupiter à Lydis cultus. Idem, ait Hesychius, & παλληρνιος ζεὺς in Pontica Trapezonte: & πανόπης, hoc est cuncta videns, & oculatus Iupiter, in Achaia: & ὑπικοίνιος ζεὺς, hoc est promiscuus, in Salamine.

Ἐπιβήμος ἅς, id est, qui in sublimi altari vel tribunali esset: cultus verò in Siphno insula. μαζεὺς verò & cultus & nuncupatus à Phrygibus, Item ab Atheniensibus ἐπόψιος, & ἱπουνκτὴς, παγκεφατὴς & πάγχαρος, & ἀξανιςήριος ζεὺς, id est depulsorius: Pollux.

Ἐυκλίδης ζεὺς, item & ἐκτήρ Iupiter, in Cypro dictus.

Ἔρρος ζεὺς, quasi dicas liberator, & seruator Iupiter, item ῥυτήρ.

Εὐφήμος ζεὺς, idem & εὐφήμος, Iupiter boni nominis & famæ; quasi dicas inculpatus. ἱεράδιμος ζεὺς in Rhodo, δαλκάριος verò in Sidone cultus, in Co ὑπιυχρελιὸς, atque hæc ferè ex Hesychio: vti etiam ὑπικλόπιος Iupiter, quasi tu dicas fur & dolosus. Item μαιμάκτης, & ὑπιμηνίδιμος ζεὺς, quæ cognomina vt plurimum apud Hesychium, & Phauorinum, & Suidam etiam leges aliqua.

Σινωπίτης ζεὺς apud Dionysium de situ orbis, μέμφιος. nam Sinopion mons est Memphidis: vel à Sinope vrbe Pontica Eustathius ibidem. vel à Sinope flumine. B. Aegius: Intem pestus, tonans, quasi hyemalis & nimis tempestiuum appellatur à Statio Theb. II. Contrà Vergilius, cum clementiam verni temporis vellet ostendere, dixit:

Iupiter & læto descendit plurimus imbri.

Hæc Lactantius Thebaidos enarrator, & B. Aegius. Sed &, quanquam plerunque in malum, Alastora etiam, illum nuncupatum legimus, vt apud Phurnutum & Hesychium: & item παλαμναίω, vt alibi notauimus.

Alastor etiam, & Palamnæus Iupiter, teste Phurnuto dictus, quòd videlicet delinquentes puniret. vnde & Palamnæi & Alastores, παρὰ ἀλαςίων, de quibus alibi etiam scripsimus, ex Polluce.

Iupiter Syllanius, Plut. in Lycurgo, B. Aegius, Paganicus etiam in vetustis marmorib. in inscriptionibus. sicut Assisij, quod oppidum in Vmbria, visitur: IOVI PAGANICO SACR. EX INDVLGENTIA DOMINORVM SVCCESSVS PVBLICVS MVNICIPVM ASISINATIVM SER. AMOENIANVS AEDEM CVM PORTICIBVS A' SOLO SVA PEC. FECIT. ITEM MENSAM ET ARAM D. D.

Si verò tibi fortè PROSPER V. C. visus ero leuissima quæque sectari in his deis interpretandis, ne mirum videatur. Renunciatum enim mihi est, nescio quem virum, illum quidem eruditum, editionem hanc meam suo quodam libro anteuertisse. Ego autem omnibus, nedum illi, vt audio, etiam legum perito, facilè concedo facundiam & eruditionem etiam: cura verò & studio haud ita multis herbam, vt dicitur, dederim. Legitur ille quidem, diùque legatur, vix à me per amici nostri B. Barbulei diligentiam visus.

Noster etiam, vt spero, rerum saltem copia, si minus eruditione & eloquentia, tibi in primis, & per te etiam studiosis, fortasse non erit ingratus. Quare me ad cæteros deos describendos conuerto, Iunonémque Ioui iure coniungam, fratríque tuo Paulo Pasetho dono mittam, vt sicuti vos & sanguine & amore fratres, ita deos fratres iunctos sub nomine vestro in lucem
dare constitui.

SYNT 50

SYNTAGMA TERTIVM,
DE IVNONE, HYMENAEO, ET TA-
LASSIO: AD D. PAVLVM
Pasethum C.

Vm superiore Syntagmate de Ioue, eiúsque imaginibus nonnullis permulta collegerim, illúdque fratri tuo Prospero, V. Clariss. ob illius erga me merita, beneuolentiámque singularem dicauerim: nunc cùm de Iunone Iouis sorore sim acturus, quantum ingenij mei mediocris facultas tulerit, tibi hoc Paule Pasethe, qualecúnque sit munus, dare constitui, vt omnibus testatam facerem mutuam nostram inter nos, nec vulgarem beneuolentiam, qua vinculo etiam bonarum disciplinarum iungimur, & sacrarum in primis literarum: in quibus tu ita inuigilas, & tales progressus facis, vt paucos in hac tua iuuenili aetate senes & prouectos, pares in eis interpretandis habere videaris: nimirum, vt qui ex ipsis fontibus haurias, hoc est, ex Hebraeis literis, quas multo studio & sudore es assecutus, nullos praetermittens labores, nullis etiam sumptibus parcens. Sed ist haec missa nunc faciam, tuo pudori ac modestiae consulens, cùm & longè ne ipsa praestes. Atque adeò Iunonem ipsam aggrediar. Ne tamen haec ipsa ludicra & leuia à serijs tuis studijs auocent, nisi tantisper, dum aliquando animum recreare ac remittere libuerit. Vale: votísque tuis aspiret, qui hodie corda discipulorum suo numine afflauit.

IVNO.

VNO, Graecè ἥρα vocatur: Iouis, vt inquit Varro, coniunx. & is Coelum, haec Terra, quae eadem Tellus: & ea dicta, quòd vnà cum Ioue iuuat. At Cicero in secundo de Nat. deorum ait: Aër, vt Stoici disputant, interiectus inter coelum & mare, Iunonis nomine consecratus. Quin & Graeci ἀήρ ipsum aëra interpretantur, vnde & Iunonis templum ἡραῖον vocatur. & Macrobius, Iunonem aëriam dictam scribit, quòd ipsa aër putaretur: vel quòd in eo regnaret, vt ait Martianus. Iuno Iouis ideo coniunx, vt Placiades interpretatur, quòd aër igne feruescat. nam & Theopompus in Cypriaco carmine, & Hellanicus in διὸς φιλοπαιγίᾳ, quam descripsit, ait Iunonem ab Ioue vinctam catenis aureis, & degrauatam incudibus ferreis: illud nihilominus dicere volentes, quòd aër igne coelesti coniunctior, duobus deorsum elementis misceatur: id est, aquae & terrae, quae elementa duobus superioribus grauiora sunt. Idem interpretatur & Phurnutus. id verò ex Homero sumptum, cuius hi sunt versus ex XV. Iliad. rhapsodia, vtcunque à me expressi,

An memor es, cum de sublimi pendula, iunxi
Incudes geminas pedibus, manibúsque catenas
Ex auro solido, tibi sic per nubila coeli
Suspensae: potuere dei haud succurrere quicquam.

Et reliqua, vt ad propositum redeam. Finxerunt praeterea ipsius Iunonis idolon, vt aeream forficem praeferret, sumpta tralatione ac metaphora ab incidente capillos forfice: & purum corpus ostendens. Memini etiam me videre aureum pulcherrimum Neruae imp. nomisma, in cuius tergo matrona erat, cum radiata corona, in throno sedens, laeua sceptrum, dextra forficem praeferebat. ego Iunonem iudicabam. literae tamen quae in eo legebantur, hae fuerunt: FORTVNAE P. R. Tu videris, quare id factum. Dicta verò ἥρα, vt in Cratylo Plato scribit, quasi ἐρατή, id est, amabilis, propter amorem quo ab Ioue afficitur. Fortè etiam ad sublimia spectans, qui hoc nomen primùm instituit, ἀέρα ἥραν nuncupauit, & obscurè loquutus est, ponens in fine principium: quod tibi quidem patebit si nomen illud frequenter pronunciaueris. ita enim apud Platonem Socrates est locutus.

cutus. Sed vt facile tibi Platonis scrupus eximatur, ὡς si primam literam in fine posueris, ἥρα fiet, hinc Arnobius in 11 1.doctè scribit:Nam si Iuno aër est, quemadmodum vos ludere ac dictitare consuestis, Græci nominis posteritate repetita, nulla soror & coniunx Iouis reperietur. Alij porrò ἥραν dictam scripsere, quasi ἱεράν, id est sacram, quod sacris præsit nuptiis. Iunonem, Apuleius in x ita effinxit: Mulierem honesta forma, habentem in capite candidum diadema,& sceptrum manu gestantem. Coronabatur interdum lilio: Iunonis enim flos lilium, & rosa Iunonia vocabatur: id quod à fabula infantis Herculis, ab Iunone ablactati deductum, in nostro Hercule scripsimus. A****e & pyleones serta legimus apud Spartanos, quibus Iuno coronabatur. Calceos in p****s Iunonis aureos cum Hesiodo cæteri poëtæ inducunt: Pulchrè etiam Iuno Argis efficta legitur. vite enim, vt Callimachus ait, ornata: qua de re ita in li.de Corona Tertullianus: Argis, inquit, Iunonis signum palmite redimitum, subiecto pedibus eius corio leonino, insultantem ostentans nouercam de exuuiis vtriusque priuigni, Bacchi scilicet & Herculis. Sed iam præstat huius deæ cognomina interpretari. Et quoniam in primis Iuno, vt dixi, nuptiis præesse putabatur, quæ illi ea de re cognomina attributa sunt, afferemus: & ea primum, quæ quapiam imprecatione in nuptiis Mercurij Martianus commemorat. Iuno pulchra, inquit, licet aliud tibi nomen consortium cœleste tribuerit, & nos à iuuando Iunonem, vnde & Iouem dicimus, nominemus: siue te Lucinam, quod lucem nascentibus tribuas, ac Lucetiam conuenit nuncupari. nam Fluoniam, Februalémque, ac Februam, mihi poscere non necesse est, cùm nihil contagionis corporeæ sexu intemerata pertulerim: Iterducam, & Domiducam, Vnxiam, Cinxiam, mortales puellæ debent in nuptias conuocare, vt & earum itinera protegas, & in optatas domos ducas: quæ cùm postes vngent, faustum omen affigas: & cingulum ponentes in thalamis non relinquas: Socigenam te, quas vel in partus discrimine, vel in bello protexeris, precabuntur: Populoñam plebes, Curitim debent memorare bellantes. Hic te Aëriam potius, ab aëris regno nuncupatam voco. Hæc quidem Martianus. hæc etiam de Iunone Arnobius cognomina: Nulla, inquit, soror & coniunx omnipotentis reperietur Iouis, nulla Fluuionia, nulla Pomona, nulla Ossipagina, nulla Februalis, Populonia, Cinxia, Caprotina, & cætera. Hesychius porrò Iunonem à Babyloniis vocari tradit Ἀλά, à Tyriis vero ἴρια, ab aliis quibusdam Βηλθης, licet hoc nomine alij Venerem interpretentur.

Ὑπόρχειραν ἥραν, id est, superfluentem Iunonem appellatam apud Lacedæmonios, legimus in 11 1.lib.Paus. Hypercheriæ (inquit) Iunonis delubrum ex oraculo ædificatum, cum agrum Eurotas latè diluisset: operis antiqui signum, Veneris Iunonis appellant. ad eam pro filiarum nuptiis sacra facere matronas solenne est.

Lucina igitur Iuno dicebatur, quanquam & Diana, vt dicemus, quod lucem nascentibus dare crederetur: vnde etiam Lucetia. Varro de Lingua lat. cùm de Proserpina ageret, quæ & ipsa Iuno inferna dicta est: Ideo verò videtur, inquit, à Latinis Iuno Lucina dici, vel quòd est è terra, vt physici dicunt, & lucet: vel quòd ab luce eius qua quis conceptus, vsque ad eam qua partus quis in lucem vnà viuat, donec mensibus actis produxit in lucem: facta à iuuando & luce Iuno Lucina, à quo parentes eam inuocant. Lucina enim nascentium dux, quod menses huius hoc vidisse antiquas apparet, quòd mulieres potissimùm supercilia sua attribuerunt ei deæ. Hic enim maximè debuit collocari Iuno Lucina, vbi à deis lux datur oculis. Hæc Varro. Festus quoque: Supercilia, inquit, in Iunonis tutela esse putabant, quòd iis protegantur oculi, per quos luce fruimur, quam tribuere putabant Iuno nem, vnde Lucina dicta est. Plin. tamen in x v i. Nat. hist. dictam ait à luco, vbi eius ædes condita fuit, vbi lotos fuit miræ vetustatis. Ouid. in Fastis vtranque opinionem his car minibus attigit:

Gratia Lucinæ dedit hæc tibi nomin a lucus,
Vel quia principium tu dea lucis habes.

Lucina Iuno fingebatur, si antiquis nomismatibus credendum, hoc modo, vt est in Faustinæ Aug. Pij. Aug. Fil. In cuius tergo matronæ stolatæ imago stans cernitur, quæ dextera pateram, sinistra hastam tenet, his literis ascriptis, IVNONI LVCINAE. Opigena Iuno, teste Sex. Pomp. quod in partu opem ferat, etiam appellata fuit. Natalis etiam Iuno videtur à Tibullo dici, quod natali die coleretur. Ita enim canit,

Natalis Iuno sanctos cape thuris aceruos,

Syntagma II.

Quos tibi dat tenera docta puella manu.
Idem quoque poëta Genium Natalem cognominauit, dum ad eum ita cecinit,
At tu Natalis quoniam deus omnia sentis.
Ita verò dixisse videtur, vt Græci γενέθλιον, quo nomine non Iouem modò, sed & Lucinam & Genium cognominant.

Egeria quoque à mulieribus colebatur, quod eam partui egerēdo opitulari credebant: auctor Festus. id quod alio loco etiam retulimus.

Iuga Iuno appellata, vel quod Iuges, vt ait Pompeius, sunt eiusdem iugi pares, vnde & coniuges, vel vt scribit Seruius in quarto Aeneid. super ea Didonis verba, Ne cui me vinclo vellem sociare iugali. Iugali, inquit, propter iugum quod imponebatur matrimonio coniungendis, vnde etiam Iuno Iugalis dicitur. Iugæ Iunonis ara fuit Romæ in vico, qui ideo Iugarius dictus erat, vt Festus ait. Scribunt alij, quòd ad hanc aram veteri ritu nubentes vinculis iungebantur, in omen futuræ concordiæ. Existimauerim Iunonem hanc Iugam, illam esse quam Græci ζυγίαν appellant, cuius in VI suæ Metamorphos. meminit Apuleius, in Psyches apprecatione ad Iunonem. ita enim ait: Quam cūctus oriens Zygiam veneratur. quo loco interpres, vir doctissimus, ariolatur quidē nescio quo pacto cognomen hoc Iunonis esse, sed nihil præterea. nos id apud Dionysium Alicarnas. vbi artem scribit nuptialis orationis, deprehendimus. cuius verba, non vt amicus meus interpretatus est, elegantissimè quidem, sed parum ad propositum nostrum. Sic ergo Alicarnas. Enim uero Iupiter & Iuno primi coniungentes dei sunt, & copulantes: atque hic quidem Pater omnium vocatur, hæc verò Zygia, quòd fœminam mari coniungeret. hoc est, ἀπὸ τ ζευγνύναι τὸ θῆλυ τῷ ἄρρενι. Hæc quidem Alicarnas. Nām rectè quidem amicus meus Iugam transtulit, verùm in re præsenti non congruebat. Interpres quoque Pindari in Neme. vbi fit mentio de τελεία Iunone, ita scribit: Iuno enim ipsa est γαμηλία, καὶ ζυγία. atque hac de re satis.

Γαμηλία ἥρα, hoc est nuptialis Iuno, in nuptiis colebatur. Plutarchus in præceptis connubialibus ait, Iunoni Gameliæ rem sacram facientes, cùm reliquis sacris fel non consecrant, sed eximentes post aram proiiciunt. id scilicet significante legislatore, neque quid bilis, neq; iracundiæ in nuptiis esse oportere. meminit & Eusebius in tertio Præparat. euang. Scribit Phauorinus, Cecropem (qui Diphyes ideo dictus est, id est, naturæ duplicis, quòd Athenis primus nuptias instituit) Gameliam etiam Iunonem statuisse, & Gameliona mensem: quod & Charax scribit. Gameliæ quoque Iunonis, vt paulò antè meminimus, Græcus Pindari interpres mentionem facit. Gamelium præterea Iouem inter Iouis cognomina retulimus. Nec tibi illud hoc loco præteribo, γαμηλίως θεώς, καὶ γενεθλίως θεώς, hoc est Nuptiales & Natales deos coluisse veteres, quod vel in primis ostendit Dionys. Alicarnas. vbi de nuptiali oratione præcepta perscribit.

Τελεία ἥρα, hoc est perfecta Iuno, vel vt Poggius vertit apud Diodorum, Perfectrix, vel potius Nuptialis: nam Iu. Pollux in tertio ait, & matrimonium vocari τέλος, & τέλειοι qui matrimonium ineunt. quin & ipsa coniunctionis actio ἱεροτελεία: ab Iunone præside nuptiarum, quā in primis virgines ante nuptias sacrificiis placabant. Pindarus in Nem. in hymno ad Thiæum Vliæ filium Argiuum, de Hebe Herculis vxore loquens, τελείαν, id est, Iunonem Hebes matrem vocat. vbi Græcus enarrator inter cætera & hoc ponit: τέλειος ἡ ὁ γάμος, διὰ τὸ τελεσιουρίαν βίου κατασκευάζειν. hoc est, τέλειος autem nuptiæ, propterea quòd perfectionem vitæ præparant. Citat & hoc Aeschyli, ἥρα τελεία γυνὸς ἐνναία δάμαρ, id est, Iuno Telea Iouis vxor cubiculi. Narratur in Commentariis Theocriti hæc fabula, desumpta ex cuiusdā Aristotelis libro, qui scriptus fuit de templo Hermiones. Iupiter cùm insidiaretur Iunoni, vt cum ea iaceret, eam conspexit procul à cæteris deis (adeò parum tutæ solæ vagantur virgines) mutatus in coccyga, id est, in cuculum, in monte consedit, qui prius Thronax dicebatur, postea ex re Coccyx dictus est. quin & κόκκυξ, id est, cuculus Iupiter, ipse & cultus & nuncupatus fuit Argis. Cuculus ergo Iupiter tempestatem simul commouit: vbi cùm sola in monte Iuno esset, ea parte qua postea constructa est Teliæ Iunonis ædes, cuculus Iupiter, ob tempestatis horrorem in virginis Iunonis gremium deuolauit: quem Iuno miserata veste contexit. tum verò Iupiter suam indutus formam, Iunonem est amplexatus. illa matris metu abnuebat, donec pollicitus connubium obtinuit. pòst verò ab Argiuis Iuno maximè culta, in cuius templo ibidem constructo simulacrum

hac

hac specie positum fuit. Ipsa Iuno in solio sedens, manu sceptrũ tenebat, in cuius summitate cuculus fuit. hæc fermè in commentariis: Et in Pauſ. Corinthiacis. Homerus in Iliade huius concubitus meminit: quare à Socrate apud Platonem culpatur. nã statim humi cum dea Iupiter concubuit. ac ne in cubiculum quidem ingredi sustinuit, in terram est collapsus, ea locutus quæ mortales amore capti solent. Super quem Homeri locum in eius defensionem aduersus Socratem Proclus, & Procli magister Syrianus, vt putatur, multa scripsere, quę ego missa facio. Sanè & de Telia Iunone aliàs fabulam legimus. Temenum ferunt Pelasgi filium in Arcadia apud Stymphalum habitasse, quo in loco Iunonem educauit, atque triplex inde dea, & sacrum cognomen adepta est. Nam παρθένος, id est virgo primùm vocata est: dein cùm Ioui nupta fuisset, τελεια, id est adulta & perfecta. cùmque demum cum Ioue dissideret, χήρα, id est vidua appellata est. Stephanius quidem, apud Hermionem Iunonis παρθένε celebre fuisse templum affirmat. Pausan. apud Platæenses templum fuisse scribit cum magnitudine, tum statuarum ornatu insigne. ingredientibus siquidem Rhea in saxo cernebatur, enixa Iunonem fasciis inuoluere, quam ex Saturno concepisset. Iunonis verò statuam τελεαν vocabant, recta magnitudine. & conspicua erat statua ex lapide pentelesio. inibi etiã inerant Praxitelis opera. Alterũ porrò erat simulacrum Iunonis sedentis, quod Callimachum fecisse aiunt: ea νυμφευομένη ἥρα dicebatur, id est, Iuno nubens: cuius historiam plenius in Ioue Cithærone retuli: vnde, si libet, repete & in Cithæronia Iunone nõnulla dicenda. Sanè & sororiam Iunonem nuncupatam lego, vt apud Festum in Sororio tigillo, vbi de eius ara agit, & Iani Curiatij.

Interduca, & Domiduca Iuno, vocabatur à Romanis, quòd ad sponsi ædes sponsa comitabatur, vel earũ iter protegeret. meminit Martianus, vt ostendimus. D. etiam Augustinus libro septimo de Ciuitate dei. Hæc tamen est, inquit, Interduca pueris, & opus facit cum deabus ignobilissimis, Abeona & Adeona. tum etiam paulò pòst subiungit: Ponitur autem Iuno, quia interduca est, & domiduca, quasi prosit quicquam iter capere, & domum duci.

Vnxia Iuno cognominata, teste Martiano. ea vero causa videtur, quòd vetus Romanorum mos fuit, vt nouæ nuptæ mariti domum intrantes, axungia postes vngerent. ea enim religione tenebantur, vt axungia putarent pleraque mala arceri. Seruius grammaticus libro quarto Aeneid. morem fuisse ait, vt nubentes puellæ simul cùm venissent ad mariti limen, postes antequàm ingrederentur, ornarent laneis vittis, & oleo vngerent. & inde sunt vxores dictæ. Sed Plinius, & Massurius, non oleo, aut axungia, sed lupino adipe postes inungere moris fuisse, prodiderunt: ne scilicet malum aliquod medicamentum inferretur.

Cinxia Iuno, vt idem scribit Martianus, quod cingulum puellæ ponentes in thalamis, à Iunone protegantur. At Festus: Cinxiæ, inquit, Iunonis nomen sanctum habebatur in nuptiis, quòd initio coniugij solutio erat cinguli, quo noua nupta erat cincta. Vnctionibus, inquit Arnobius in tertio, superest Vnxia, cingulorum Cinxia replicationi. Porrò de cinguli seu zonæ solutione, in Lysizona Diana copiosius agemus.

Socigena item Iuno, vt idem tradit Martianus, cognominata, quòd nubentes associet ac copulet.

Populona, seu Populonea Iuno etiã cognominata, quam populus seu plebs precabatur, vt innuit Martianus. In Papyriano etiam iure relatum est: Aræ vicem præstare posse mensam dicatam, vt in templo Iunonis Populoneæ augusta mensa est. meminit & Macrobius in tertio Sat. Quidam Populoniam vocant, quod ex nuptiis populi procreentur. Populoniæ præterea & Fulguræ mentio est apud Augustinum libro sexto de Ciuitate dei, ex Seneca, quod alibi etiam retulimus.

Magna Iuno, id est μεγάλη ἥρα cognominata, vt obseruat Macrobius libro Saturnaliũm tertio ex Cassio Hemina: Samothracas deos ait eosdem esse Romanorum penates, & proprie dici θεοὺς μεγάλους, & θεοὺς χρηστοὺς, & θεοὺς δυνατοὺς. Secũdum quam doctrinam ait Vergilium loquutum, quum cecinit: Iunoni magnæ primùm prece numen adora, τὴν μεγάλην nominasse videtur Ouidius in Fastis,

 Monte sub exquilio multis incæduus annis
  Iunonis magnæ nomine lucus erat.

Sanè & maxima Iuno dicta est. Verg. in 8. Tibi enim tibi maxima Iuno, Mactat sacra ferens

ferens. quo loco Seruius varias eius potestates fuisse ait, vt Curetis, Lucina, Matrona, Regina, dicatur. & dicunt theologi ipsam esse Matrem deûm, quæ terra dicitur, vnde ei etiã porca sacrificatur. Porrò & Bona vocata fuit Iuno. Vergilius: Adsit lætitiæ Bacchus datur, & bona Iuno. τὼ χρησὶν vocasse videtur, & τὼ δυνᾶσίω, cùm ait, Dominámque potentem, vt Macrobius etiam obserua t.

 Regina Iuno à Latinis cognominata, quòd soror & coniunx Iouis, deorum atque hominum regis: quæ, vt Camillus dictator in oratione scripsit, quam ad Popul. Rom. habuit, transuecta à Veiis fuit in Auentinum, & celebri die summo matronarum studio dedicata. Scribit etiam P. Victor, templum Iunonis Reginæ à Camillo D.D. Veiis captis in Auentino, hoc est, in XIII regione vrbis. Hanc historiam his verbis Liuius in V. ab v. c. narrat: Cùm iam humanæ opes egestæ à Veiis essent, amoliri tum deûm dona, ipsósque deos, sed colentium magis, quàm rapientium modo, cepêre. nanque delecti ex omni exercitu iuuenes, purè lautis corporibus, candida veste, quibus deportanda Romam regina Iuno assignata erat, venerabundi templum iniere, primò religiosè admouentes manus, quod in signum more vetusto, nisi certæ gentis sacerdos attrectare non esset solitus: deinde cùm quidam seu spiritu diuino tactus, seu iuuenili ioco, vísne Romam ire Iuno? dixisset, annuisse: cæteri, Romam conclamarunt. inde fabulæ adiectum est, vocem quoque dicentis, Velle, auditam. motum certè sede sua, parui molimenti adminiculis, sequentis modò accepimus, leuem ac facilem translatu fuisse, integrámque in Auentinum, æternam sedem suam, quò vota Romani dictatoris vocauerant, perlatam, vbi templum ei postea idem qui vouerat Camillus, dedicauit. Frequens verò Reginæ Iunonis apud scriptores mentio. vide & Plutarchum in vita Camilli, qui rem copiose describit. Libet hoc loco eiusdem Liuij verbis referre sacrum illi deæ peractum: Ab æde, inquit, Apollinis boues fœminæ duæ albæ porta Carmentali in vrbem ductæ, post eas duo signa cupressea Iunonis reginæ portabantur: tum septem & viginti virgines longam indutæ vestem, carmen in Iunonem Reginam canentes ibant, illa tempestate forsitan laudabile rudibus ingeniis, nunc abhorrens & inconditum, si referatur. Virginum ordinem sequebantur Decemuiri, coronati laurea, prætextatíque: à porta iugario vico in forum venêre, in foro pompa constitit, per manus veste data, virgines sonum vocis pulsu pedum modulantes incesserunt. inde vico Thusco, Velabróque, per boarium forum in vicum publicum atque ædem Iunonis Reginæ perrectum: ibi duæ hostiæ à Decemuiris immolatæ, & simulacra cupressea in ædem illata. adhuc Liuius. Templum etiam Reginæ Iunonis habuisse Capitolium, testis est idem ipse Liuius, quod à Cn. Flaminio bello aduersus Ligures vouerat, meminit & M. Cicero ad Equites Rom. in oratione antequàm in exilium iret. Decet etiam non sileri, vt Plinij verbis agam, Et Ardeæ templi Iunonis reginæ pictorem, præsertim ciuitate donatum, ibique carmine, quod est in ipsa pictura, his versibus:

  Dignis digna loco picturis condecorauit
  Reginæ Iunonis supremæ coniugis templum,
  Marcus Ludius Elotas Aetolia oriundus,
  Quem nunc & pòst, semper ob artem hanc Ardea laudat.

Quos versus ego eo libentius ascripsi, quo & ipse agnoscas antiquitatem, quàm simplici & incondita vteretur dicendi figura. Addit & Plin. eos versus scriptos fuisse antiquis literis latinis: quas quæ essent, aliàs ostendi. Reginæ Iunonis etiam Virgilius in illo meminit:

  Ast ego quæ diuûm incedo regina, Iouísque
  Et soror & coniunx.

Quo loco notandum, vsum poëtam verbo Incedo, quod ei deæ propriè cóuenit. Quin & ab hoc prouerbium Græcum factum est, βαδίζειν ἡραίῳ ἐμπεπλεγμένῳ. hoc est, incedere Iunonium complicatum, scilicet gradum. meminit Athenæus libro XII. Horatius in Sermonibus, Vt si Iunonis sacra ferret.

 Moneta Iuno, à Romanis cognominata. nam cùm nõ multo ante vrbẽ captam à Gallis, terrẽmotus factus esset, ferũt vocem extitisse è Iunonis templo, quod erat in arce, vt de sue plena fieret procuratio. quocirca ait Cicero, Iunonẽ illam appellatã Monetã, à moneo videlicet verbo denominatam. Monetæ Iunonis crebra est scriptoribus mẽtio. Lucanus,
  Numina miscebat castrensis templa Monetæ.
Ouidius Monetam à Camillo factam cecinit:

Arce quoque in summa Iunoni templa Monetæ
Ex voto memorant facta Camille tuo.

Scribit Macrob.cal.Iunij ædem Iunonis Monetæ dicatam fuisse. T. Liuius in VII. ab v.c.ait, L.Furium creatum dictatorem contra Auruncos, quòd bellum ab repentina populatione ereptum erat, inter ipsam dimicationem ædem Iunoni Monetæ vouisse, cuius damnatus voti victor fuit. Senatus ædem faciendam iussit, locus in arce destinatus, quæ area ædium M. Manlij Capitolini fuerat: anno pòst quàm ædes vota erat, Monetæ dedicata fuit. Lactantius verò lib.secundo Instit.ait, Iunonis Monetæ simulacrum, cùm captis Veiis vnus ex militibus ad eam transferedam missus, iocabundus ac ludens interrogaret, vtrúmne Romam migrare vellet? respondit, velle: addit Val. Max. eam deuectam Romã. Sunt qui in Auentino monte collocatã, sunt qui in Capitolio memorent. Est & ab aliis traditum, repositam in tertia vrbis regione, vt apud P. Victorem est videre. Nec desunt, qui, quæ de dea Moneta traduntur, in deum Aium Allocutium referant: qui redarguuntur ex iis quæ in Aio deo scripsimus, & ante me à Crinito, atque ideo hîc parcius. At mihi hoc tibi nequaquàm prætereundum duco, T. Liuium lib.quinto ab v.c. referre, non Monetam è Veiis aduectam, sed reginam Iunonem: id quod planius ostendemus. Seruabantur verò in æde Monetæ libri lintei, qui dicebantur, in quibus imperij Rom. fata continebantur. Vidi & in quibusdam nomismatibus antiquis, ipsam à tergo eorum effictam, cum hac inscriptione, DIVAE MONETAE. Suidas de Moneta aliam recitat historiam, quam vt à Græco scriptore acceptam refero. ait enim: Cùm Romani pecunia indigerent in bello contra Pyrrhum & Tarentinos, Iunonem orasse: quæ illos monuit, si iustitiæ armis vterentur, pecuniam eis non defuturam. quod cum Romanis rectè contigisset, Monetam Iunonem veneratos esse eius rei signum fuisse, quod nomisma, id est, moneta inscripta in eius templo asseruabatur.

Sospita Iuno Lanuuij in primis colebatur, magno cultu, vt docet Liuius: cuius simulacrum fingebatur cum pelle caprina, & hasta & scutulo, & cum calceolis repandis, vt de Nat. deor. scribit Cicero. Liuius quidem lib. VIII. ab v.c. Lanuuinis, inquit, ciuitas data, sacráque sua reddita cum eo, vt ædes lucúsque Sospitæ Iunonis communis Lanuuinis municipibus cum Po.Ro. esset. Idem in IX. Decad.III. In æde, ait, Iunonis Sospitæ Lanuuij, cum horrendo fragore strepitum editum. P. verò Victor in X vrbis regione, hoc est in Palatio, ædem Matris deûm commemorat, cui fuerit conterminum delubrum Sospitæ Iunonis. Meminit & M. Cicero in oratione pro Muræna, cui ait Coss. sacrificare solitos. Sil. lib. XIII,

Lanuuio generate, inquit, quem Sospita Iuno
Dat nobis Milo, Gradiui cape victor honorem
Tempora murali vinctus turrita corona.

Sospitæ autem Iunonis delubrum dicatum lib.2.Fast.cecinit Ouid. vt alibi notaui, cal. Feb. Sispitem Iunonem, inquit Festus, quam vulgò Sospitem appellant, antiqui vsurpabãt, cùm ea vox ex Græco videatur sumpta, quod est σώζω. Illud præterea par est vt te moneam, cùm de Sospita agunt scriptores, pro Lanuuio, Lauinium plerunq; perperàm scribi, repugnante syllaba: vt apud Ouid. in Fast. & Silium lib. XIII, non multò ante notaui. Offendi etiam modò qui Sospitam Iunonem, pro Sotera Minerua in Aristotelis testamento reposuerit, quod est apud Laërtium.

Matutam Iunonem etiam cognominatam videmus. T. Liuius lib.quarto de bello Maced. Aedes, inquit, eo anno aliquot dedicatæ sunt: vna Iunonis Matutæ in foro olitorio vota, locatáque quadriennio ante à Cn. Cornelio Cos. Gallico bello, Censor idem dedicauit. Quidam arbitrantur Romæ fuisse ad Capitolij radicem, vbi hoc tempore diui Andreæ est templum in Mentuza, pro Matuta. Sed hæc coniectamus. Certè P. Victor in X regione vrbis ædem Iunonis Matutæ constituit in foro olitorio, vbi & Pietatis ædes. Fuit cùm ego vererer, ne mendum esset in T. Liuio, & fortasse pro Matuta Sospitam scribendum, præsertim quod eadem Decad. lib.II, votam ædem Iunoni Sospitæ ab ipso Cornelio legamus bello Gallico, quo ex voto victoriam reportauit.

Nouella Iuno calabatur à pontificibus, id est, vocabatur in mensium calendis, vt ex Varrone & aliis ostensum in nostro de Annis, mésibus, &c. Hinc & Calendaris etiã dicta.

Calendaris Iuno vocabatur ab antiquis, quoniam omnes caléndas ipsi attributas existimabant:

mabant: in primísque Laurentes patriis religionibus suis seruabant, qui & hoc cognomen Calendaris Iunonis cæremoniis, vt Macrobius scribit, addiderunt, & omnibus calendis huic deæ supplicabant. Sed & Romæ quoque pontifex minor in curia Calabra Iunoni rem sacram faciebat, & regis vxor, id est, sacrorum regina porcam, vel agnam in regia Iunoni immolabat.

Februalis Iuno, quæ & Februata, & Februla, seu Februa nuncupabatur, vt ex Sex. Pomp. in lib. de Annis & mensibus, &c. diximus, quòd ipsi eo mense sacra fiebant: eiúsque feriæ erant Lupercalia, qua die mulieres februabantur à lupercis amiculo Iunonis, id est, pelle caprina. Martianus præterea ita Iunonem: Februalem ac Februam mihi poscere non est necesse, cùm nihil contagionis corporeæ sexu intemerata pertulerim.

Caprotina Iuno à Romanis culta. huius dies festus nonæ scilicet Iuliæ ancillarum erat, quo die liberæ pariter & ancillæ sacrificabant sub arbore caprifico, in memoriam Benignæ Virtutis, quæ ancillarum animis pro conseruatione publicæ dignitatis apparuit. Nam post vrbem captam cùm sedatus esset Gallicus motus, res verò publica esset ad tenue deducta, finitimi opportunitatem inuadendi Romani nominis aucupati, præfecerunt sibi Posthumium Limium Fidenatium dictatorem, qui mandatis ad Senatum missis postulauit, vt si vellent reliquias suæ ciuitatis manere, matresfamiliæ sibi & virgines dederentur. cúmque patres essent in ancipiti deliberatione suspensi, ancilla nomine Tutela, vel Titula, seu Philotis (sic enim variè legimus) pollicita est, se cum cæteris ancillis sub nomine dominarum ad hostes ituram. habitúque matrumfamiliâs & virginum sumpto, hostibus cum prosequentium lacrymis ad fidem doloris ingestæ sunt. quæ cùm à Liuio in castris distributæ fuissent, viros plurimo vino prouocauerunt, diem festum apud se esse simulantes. quibus soporatis, ex arbore caprifico, quæ castris erat proxima, signū Romanis dederunt. qui cùm repentina incursione superassent, memor beneficij senatus, omnes ancillas manu iussit emitti, dotémque eis ex publico fecit, & ornatu quo tunc erant vsæ gestare cōcessit, diémque ipsum nonas Caprotinas nuncupauit, ab illa caprifico ex qua signum victoriæ ceperunt: & Caprotina culta Iuno, sacrificiúmque statuit annua solennitate celebrandum, in quo lac quod ex caprifico manat, propter memoriam facti adhibebatur. historiæ meminit Plut. diem Ouidius in Arte designat:

Porrige & ancillæ, qua pœnas luce pependit
Lusa maritali Gallica veste manus.

Varro de Ling. lat. Nonæ, inquit, Caprotinæ, quod eo die in Latio Iunoni Caprotinæ mulieres sacrificant, & sub caprifico faciunt, & è caprifico adhibent virgam.

Curis Iuno à Sabinis nuncupata, & deinde à Romanis. nam hastam curin Sabini appellabant. Cato in Originibus (si quæ legūtur fragmenta, legitima sunt) Quirinalis, inquit, collis à Iunone Sabinorum dea, quam illi Curitim, id est, hastatam Iunonem vocant. etenim hastam curim & curinam proferunt, quia his simul & Hetruscis non est litera Q. sicut Romanis. Idem & Festus, scribit. Hinc etiam à priscis institutum legimus, vt nubentium caput hasta comeretur, quam Cœlibarem vocabant, quòd essent in Iunonis tutela nubentes constitutæ. Meminit etiam his verbis Arnobius, vir antiquitatis doctiss. lib. contra Gentes 11. Cùm inquit, in matrimonia conuenitis, toga sternitis lectulos, & maritorum Genios aduocatis, nubentium crinem cœlibari hasta mulcetis, puellarum togulas Fortunam desertis ad virginalem. De cœlibari etiam Plut. in quæstionibus Romanis, & in Fast. Ouid. Festus: Cœlibari, inquit, hasta caput nubentis comebatur, quæ in corpore gladiatoris stetisset abiecti, occisíque, vt quemadmodum illa coniuncta fuerit cum corpore gladiatoris, sic ipsa cum viro sit: vel quia Matronæ Iunonis Curetis in tutela sit, quæ ita appellabatur à ferenda hasta, quæ lingua Sabinorum curis dicitur: vel quòd fortes viros genituras ominetur: vel quòd nuptiali iure imperio viri subiicitur nubens, quia hasta summa armorum & imperij est: quam ob causam viri fortes ea donantur, & captiui sub eadem veniunt, quos Græci δορυαλώτες, καὶ δορυκτήτες. Sanè Græci κυρτίαν ἱερὰν vocant. Nam Stephanus, κύρεις, ait metropolis Sabinorum, vnde gentile Cyrites, & possessiuum Cyretius, & Cyretia Iuno. Ineptè Seruius in primo Æneï. scribit Iunonem Curetim dictam, quod curru vteretur & hasta: vt est, inquit, Hic illius arma, Hic currus fuit. Sed iam de Curiti Iunone satis: cætera quæ restant de Iunone, sequamur.

Zeuxidia Iuno Argis culta. nam cùm Argis in Aegyptū Apis rex migrasset, boues illuc transmisit, & seminandi rationem: quam rem cum iunctis bobus rex effecisset, Iunoni Zeuxidiæ templum ex re construxit, & spicas flores Iunonis vocauit.

Tropæa Iuno à Lycophrone est appellata, quod illi trophæa dicarentur, vt notant grammatici: vti etiam Ioui Trophæo, & Tropæucho, vt iam notatum est, in Ioue.

Lacinia Iuno, sic cognominata ab Italiæ promontorio. Verg. Attollit se diua Lacinia contrà. Quo loco Seruius ita scribit: Lacinium templum à rege conditore dictum, secundum quosdam à latrone Lacinio, quem illic Hercules occidit, & hoc loco expiato iuueni templum constituit. Strabo libro VI. post Iapygium promontoria tria, deinde Laciniū Iunonis templum, superiore ætate locupletiss. donariis frequentiss. refertum, cuius depredati templi historiam legimus apud T. Liuium, Val. Max. Lactantium, & alios. Liuius libro quarto tertiæ Decad. Vrbs, inquit, Croto murum in circuitu patentem XII. mil. pass. habuit, ante Pyrrhi aduentum in Italiam. Post vastitatem eo bello factam, vix pars dimidia habitabatur. Flumen, quod medio oppido fluxerat, extra frequentia tectis loca præterfluebat muros, procul iis qui inhabitabantur. sex milia aberat ab vrbe nobile templum, ipsa vrbe nobilius, Laciniæ Iunonis, sanctum omnibus circa populis. Lucus ibi frequenti sylua, & proceris abietis arboribus septus, læta in medio pascua habuit, vbi omnis generis sacrum Deę pascebatur pecus sine vllo pastore, separatimque egressi cuiusque generis greges nocte remeabant ad stabula, nunquam insidiis ferarum, non fraude violati hominum. magni ergo fructus ex eo pecore capti, columnáque inde aurea solida facta & sacrata fuit: inclitúmque templum diuitiis etiam, non tantùm sanctitate fuit. Hactenus Liuius. Ex hoc templo Fuluius censor tegulas marmoreas cùm sustulisset, quibus ædem Fortunæ equestris, quam Romæ fecerat, tegeret, mente captus est, & amissis duobus filiis in bello consumptus est. hoc scribit in primis Lactantius in I. I. & T. Liuius libro secundo quintæ Decad. plenius totam historiam exequitur duobus in locis. Idem T. Liuius III Decad. scribit, ad Hannibalis recessum ex Italia, delubrum Iunonis Laciniæ violatum à cæde fuisse. nam Italici generis milites, qui eum sequi in Africam abnuerant, qui in id confugerant, in ipso foede trucidauit. Scribit Plin. in secundo, apud auctores reperiri, in Laciniæ Iunonis ara sub diuo sita cinerem immobilem esse, præstantibus vndique procellis.

Feronia Iuno à plerisque credita Seruius enim grammaticus ait: Apud Circeios & Rutulos Iuno virgo colebatur, quę Feronia dicta fuit. Feroniæ verò templum summo cultu fuisse, testis est historia. Scribit T. Liuius, Hannibalem diuitiis & donariis illud spoliasse, intactum ob religionem ad id tempus. Idem quoque auctor ait, cùm prodigia procurarent, statutum fuisse, vt libertinæ mulieres, vnde Feroniæ donum daretur, pecuniam pro facultatibus suis conferrent. Dionys. Alicarn. in secundo scribit, cùm Lacedæmonij quidam, ob duras Lycurgi leges Lacedæmone excessissent, vbi multum mari agitati fuissent, quod deis vouerunt, in quamcunque primum terram incidissent, sedes in ea se posituros: cùm circa Pomentinos primum constitissent, Feroniam ab æquorea latione locum nominauerunt. fanúmque Feroniæ deæ construxēre, cui vota nuncuparunt: quam quidem, inquit, vnius nunc literæ detractione Feronam vocant. hæc ferme Alicar. nas. qui & libro tertio, cùm de bello agit, quod aduersus Sabinos Tullus rex gessit, ita scribit: Post hoc, inquit, bellum aliud Romanis astitit, ex Sabinorum gente. Principium autem & causa eius fuit huiusmodi. Fanum est communiter à Sabinis & Latinis honoratum, sanctum maximè inter cætera, eius deæ quæ Feronia vocatur, quam vertentes in Græcam linguam alij quidem ἀνϑοφόρον, alij φιλοσέφανον, alij etiam φερσεφόνην vocant: & cętera quæ subdit. Sed enimuero scribit in VIII Aenei. comment. Seruius, Feroniā deam libertorum fuisse, cuius in templo raso capite pileum accipiebant, cuius rei meminit & Plautus in Amphitryone. Hinc clarius tibi constare potest, cur Romani, quod modo dixi, iusserint libertinas pecuniam pro facultatibus conferre, vnde Feroniæ deæ daretur. Feroniæ meminit & Verg. in VII. Et viridi gaudens Feronia luco. quo loco idem Seruius, Feroniam ait Iunonem virginem existimatam, veluti Iouem Anxurum, id est, sine nouacula, & perinde nondum abrasum: qui colerentur Terracinæ, quæ etiam aliquando Anxur dicta fuit. Strabo verò lib. V. de Feronia vrbe agens, quæ altera videtur, eam sub montem Soractis collocat, quo (inquit) Feroniæ nomine & dea quædam nuncupatur, quam finitimi miro dignantur honore: quo in loco ipsius templum est, mirificum sacri genus habens. nam qui eius numine afflantur, nudis pedibus prunas, & copiosum inambulant sub hac dea nulla læsione cinerem.

eo

eò ingens mortalium multitudo confluere solebat ad celebritatem, quæ quotannis ibi agebatur.atque hæc de Feronia. Extat Iani Pannonij elegia de Feroniæ fonte, in qua tamen non videtur rem satis intellexisse:

    Sacri fontis aue mater Feronia,cuius
      Felix Pæonius Narnia potat aquas.

Non enim apud Narniam, sed Terracinam potius, vt liquidò ostensum est. & Horatius Sermonum libro secundo:

    Ora manúsque tua Feronia lympha,
    Millia tum pransi tria repsimus,atque subimus
    Impositum saxis latè candentibus Anxur.   Et Silius libro XIII Punicorum:
    ——Itur in agros
    Diues vbi ante omnes colitur Feronia luco,
    Et sacer humectat fluuialia rura Capenas.
    Fama est intactas longæui ab origine Fauni
    Creuisse in medium congestis vndique donis,
    Immensum per tempus opes.

Demum & in regis Desiderij decreto, quod Viterbi habetur, hæc verba leguntur: Et Petram Sanctam Olim Fanum Feroniæ:ex quibus omnibus planè videmus,diuersis in locis Italiæ huius deæ fuisse fana. qua de re noster F. Leander Bononiens. non patriæ suæ tantùm illustrator, vt qui de ea iam alteram Decada perscribat,sed & totius Italiæ, cuius exactæ descriptioni extremam iam manum imposuit,propediem eam editurus.

Αἰγοφάγος Ἥρη, Capriuora Iuno, à solis (ait Paus.) Lacedæmoniis & cognominata est, & culta:cui & capras sacrificabant.id quod Herculem tradunt constit isse,ipsúmque capras primùm immolasse, cùm aduersus Hippocoonta & eius filios pugnaret: cùm aliam nullam in promptu victimam haberet,& inter cæteros deos Iunonem propitiam sibi cognouisset.Pausanias in Laconicis.

Samia Iuno nuncupata, à Samo insula notissima:quæ Cariæ apposita,Parthenia, aliisq; nominibus est appellata,teste Stephano. Verg.

    Quam Iuno fertur terris magis omnibus vnam,
    Posthabita coluisse Samo.

Scribit Paus.in Achaicis,Iunonis templum in Samo ab Argonautis conditum. Dicunt autem Samij,Iunonem apud se natam penes Imbrasum fluuium : vnde & Imbrasia vocata,vt diximus.sub λύγῳ verò planta edita, id est, vitice, quæ diu in eius templo permansit. Templum à Smilace coætaneo Dædali factum fuit. Samum scribit Varro prius Partheneam nuncupatam, quòd ibi Iuno adoleuerit, ibíque etiam Ioui nupserit : itaque nobilissimum & antiquissimum templum eius fuit Sami,& simulacrum in habitu nubentis figuratum, & sacra eius anniuersaria nuptiarum ritu celebrabantur. Hæc fermè ex Varrone Lactantius in primo Diuinarum institutionum meminit & Diodorus.

Imbrasia Iuno,id est, Ἥρη Ἰμβρασίη, apud Nicandrum in fine Alexipharm. eadem videtur esse quæ & Samia,ab Imbro insula Sami:sed mea quidem sententia,ab Imbraso fluuio Sami,cuius meminit Strabo libro x,qui antea Parthenius dicebatur. Perperàm verò legitur apud Stephanum Ἰμβρασος, cùm Imbrasos legendum sit Ἰμβρασος, inquit, Samos à flumine dicta: gentile, Imbrasius & Imbrasia. de Samia porrò Iunone,iam copiosius actum est.

Argiua Iuno ab Argis denominata, quo loco Ἥρα & Iunonis sacra celebrabantur, in quibus Hecatombe,id est,ex centum bobus sacrificium fiebat. huius quidem celebritatis præmium fuit æreum scutum, & ex myrto corona: id quod in comment.in Pindarum legimus. Argiæ quoque Iunonis signum à Pausania describitur hoc ferè modo: Deæ, inquit, signum in solio sedet eximia magnitudine, auro & ebore fabricatū, Polycleti opus, corona capiti imposita. ea Gratias & Horas egregiè factas habet. Dea manu altera punicum malum, altera verò sceptrum tenet. Quæ de malo punico arcanis consignata sunt sacris, silentio prætereo. Cuculum verò auem iccirco sceptro aiunt impositum, quòd virginis Iunonis amore captus Iupiter, in eam se auem verterit, quam puella tanquam ludicrum captarit. qua de re & suprà in Telia Iunone copiose dictum est. Annotat Strabo lib.IX,Homerum hoc versu Iunonem & Mineruam iunxisse,

Ἥρη τ' ἀργείη, καὶ ἀλαλκομενηῒς ἀθήνη.   id est,

Iunóque Argiua, & Alalcomeneis Athena.

Propterea quod Iuno Argis nata feratur, & Minerua Alalcomenis: & per vtriufq; patriam coniunxiſſe. Verùm mox, vt eſt apud Pauſaniam, Eurydice Lacedæmonis filia, vxor Acriſij Abantis filij, Iunonis Argiuæ templum in colle condidit. à quo non multo longè fuit & ſacellum ὑπϱχηϱίας Iunonis, eodem Pauſ. auctore. Heſychius ſacrificium ab Arguis Iunoni factum, λιχἐϱνα ait vocari. Homerus etiam Argiuam Iunonem facit. Quidam putauêre Argiuam eandem eſſe cum Pelaſga, apud Propertium libro ſecundo,

An contempta tibi Iunonis templa Pelaſgæ.

Pelaſgos enim aiunt Argos tenuit, vnde Argiui Pelaſgi. Ego tamen ſecutus Euſtathium, Samiam Iunonem intelligo. nam de ea agens inquit: Samus Pelaſgia dicta eſt, à Pelaſgis quibuſdam, ex quibus & Iuno Pelaſgia culta: quæ inſula adeò eſt ferax, vt Lac gallinæ, inde prouerbium factum ſit: eodem Euſtathio & Strabone auctoribus. Porrò & apud Argiuos templum fuiſſe legimus Iunonis Anthiæ, id eſt, floridæ, id quod ſcribit in ſecundo Pauſanias. Porrò & Iunonis Argiuæ celebritatem Palæphatus in incredibilium hiſtoria commemorat: quo loco & de duobus fratribus hiſtoriam legimus, qui currum ſubierint, quo mater de more ad ſacra perficienda pergeret. Idem ſcribit Herodotus, & Valerius Maximus, alij. Horum nomina, Cleobis & Biton. Sanè & apud Hyginum in Fab. poëticis, vbi de his qui primi ludos fecerunt, agit: Sextò, inquit, Argis facti ſunt à Lynceo Aegypti filio Iunoni Argiuæ, qui vocantur ἄσπις ἢ * ἀϱγος. quibus ludis qui vicit, accepit pro corona clypeum: ideo quòd Abas Lyncei & Hypermeſtræ filius nunciauit Danaum parentibus periſſe: cui Lynceus de templo Iunonis Argiuæ detraxit clypeum, quod Danaus in iuuenta geſſerat, & Iunoni ſacrauerat, & Abanti filio muneri dedit. In his ludis qui ſemel vicit, & iterum deſcendit ad certamen: vt niſi iterum vincat, ſæpe deſcendat. Hoc verò loco Hyginus commemorat, ludos diuerſos factos à diuerſis, numero xv, quos breuitatis cauſa prætereo. Nam & Romanorum ludos potuiſſem, ſi tantum ocij fuiſſet, apponere.

Proſymna Iuno, ab vrbe Argolica vocata, vt Strabo ſcribit. Papinius Statius in Thebaid. Hinc celſæ Iunonia templa Proſymnæ. Pauſan. in Corinth. cùm ἱϱᾶον, id eſt, Iunonis templum deſcribit apud Mycenas, tres ait fuiſſe nutrices Iunonis, Euboeam, Proſymnam, & Aſcræam: à quibus ſunt nomina indita locis proximis, ipſi Heræææ, tréſque has Aſterionis fluuij filias ait. Porrò & templum deſcribit, & in eo hanc Iunonis ſtatuam, Polycleti opus. ea ingens erat: capiti corona fuit impoſita, ita efficta, vt Horas & Gratias haberet: in alterâ manu punici mali pomum, altera ſceptrum ferebat. ſcepto cuculus inſidebat: quippe Iunonis deſiderio Iouem ferunt in hanc auem conuerſum, quod in τέλεια planius retulimus. Sanè Olen vetuſtorum hymnorum poëta apud Pauſaniam cecinit, ab Horis Iunonem educatam, quæ Martem atque Heben liberos ſuſcepit.

Alea Iuno, ἀλέα ἥϱα. Menæchmus Sicyonius in Græcis commentariis in Pindari Nemea, ſcribit, quòd Adraſtus frater Pronactis, fugiens iuit Sicyonem, & Polybi aui materni, id eſt, μητϱοπάτοϱος regnum adeptus eſt, & Iunonis Aleæ nuncupatæ templum erexit: quod ita appellatum tradunt, quòd à fugiente Adraſto erectum ſit. quidam enim φυγεῖν, id eſt, fugere, ἀλάζῃ dicunt.

Hoploſmia Iuno apud Elidem culta fuit, quin etiam vnà Iupiter Hoploſmius: quorum cùm ſacerdos eſſet occiſus, nec à quo id factum ſciretur, fuerunt qui aſſererent, ſe audiuiſſe ab ipſo capite ſacerdotis occiſi, fuiſſe quempiam Cercidam. qua de re in præſentia plura quæ afferam, non habeo.

Fluonia Iuno appellata fuit, quòd fluoribus meſtruis adeſſet: & proinde ei foeminæ ſacra faciebant. Fluoniam, ſcribit Feſtus, mulieres colebant, quòd eam ſanguinis fluorem in conceptu retinere putabant.

Λευκώλενος ἥϱα, Iuno cognominata à poëta, quòd albas vlnas & albos haberet lacertos. ſed non poëtæ modò hoc epitheto vſi ſunt, vt etiam Heſiodus in Theogonia, ſed & Lucianus in Charidemo, vbi de pulchritudine agit, ſi modò legitimus ſit Luciani liber.

Acrea Iuno vocata, cuius vetuſtum admodum oraculum (ait in octauo Strabo) fuiſſe inter Lecheum & Pagus in Iſthmo. ſcribit libro ſecundo, 111. Decad. T. Liuius; Promontorium eſt aduerſus Sicyonem Iunonis, quam vocant Acream, in altum excurrens, &c. Acreæ Iunonis & Pauſ. in ſecundo meminit. & Euripides quoque in fabula Medea eam inducit,

inducit, filios cæsos ad ædem Iunonis Acreæ deferre, ne quis eos violaret. Tertullianus in lib. ad vxorem: Acreæ, inquit, Iunoni apud Aegium oppidum virgo sortitur. Legimus etiam Acream Fortunam, id & apud Plin. notat Herm. Barb.

Bunæa Iuno, teste Pauſ. in Corinth. nominata fuit à Bun.ro filio Mercurij, qui ei deæ Corinthi fanum construxit.

Pharygæa Iuno cognominata, vt Strabo & Stephanus ostendunt, ab vrbe Pharygis, quæ fuit in Locride: quæ prius, si Straboni stamus, Scarphe dicebatur: si Stephano, hanc Homerus Tarphen vocauit. Iunonis vero Pharygææ fanum à Pharygis constructum, in Argiua terra. nam & Argiuorum colonia dicitur.

Dirphya Iuno, denominata (vt Stephanus scribit) à Dirphy monte in Eubœa, vt Euphorion meminit: à quo gentile nomen Dirphyus.

Parthenos, id est, virgo Iuno nuncupata fuit, vt in Telea, id est, connubiali & perfecta Iunone exposuimus. Sed quia tunc non succurrebat, etiam cognominatam παρθενίαν, id est, Virginalem, à Pindaro in hymnis Olymp. ad Agesiam Syracusanum, vel Stymphalium Olympionicam in hoc loco retuli: tametsi expositores potius à Parthenio monte Arcadiæ Iunonem Partheniam declinent. quamuis & Parthenie Samos insula appellata est, vt in Samia Iunone dictum est.

Ἰπνοῦντις, ἢ Ἰπνουσία ἥρα, id est, Ipnuntis vel Ipnusia Iuno, similiter à Sami regiuncula denominata est, vt Stephanus prodit. In ea quippe regiuncula templum fuit Iunonis celebre.

Κανδρηνὴ ἥρα. Candrena Iuno, nomen sumpsit (vt Stephanus scribit) à Candara vrbe Paphlagoniæ.

Cithæronia Iuno, celebri memoria apud Plut. legitur in vita Aristidę, nec semel: de qua in Ioue Cithæronio egimus, & historiam ex Pausania recitauimus. quà cum aliqua ex parte aliter Eusebius in tertio Præparationis euang. recitet, hîc referre nō grauabor. Dicitur, inquit, Iunone irata, dissidenteque ab Ioue, mœstus ipse ea de causa nimium fuisse. quem Alalcomenes indigena docuit, vt alteram ducere simularet. ita consilio eius, ex quercu simulacro mulieris confecto, quod Dædalon appellarunt, nuptias præparare fingebant. Nymphæ igitur Cithæronides, & vniuersa Bœotia confluebat. quibus rebus Iunonem commotam, à Cithærone descendisse, & Platæensium multitudine mulierum sequente, ad Iouem peruenisse, simulationéque patefacta, summa cum lætitia reconciliatam fuisse. Honorem autem simulacro tantum fecisse, vt Dædala nomine ipsius diem festum instituerit: quod tamen ex zelotypia, quamuis omni anima expers esset, cremauit. Hæc quidem fabula, quam (vt dixi) Pausanias diuersè recitat: non enim dicit Alalcomenem simulare nuptias Iouem docuisse, sed Cithæronem regem: qui etiam à monte & Ioui & Iunoni nomen dedit. Hoc præterea addit Eusebius ex Plutarchi sententia, quod & allegoriam affert. ait enim: Huius fabulæ talis ratio est. Iunonis ac Iouis bella & dissidia nihil aliud quàm elementorum intemperiem significant, quæ nisi certis proportionibus contemperentur, natura rerum soluta magnam perniciem afferunt. Si ergo Iupiter, id est, calida virtus ac ignea nimium excesserit, siccitate omnia pereunt: sin verò Iuno, humida scilicet & ventosa natura, Iouē aspernata superauerit, magna vis pluuię delata diluuio cuncta vastabit, quod illis temporibus factum Bœotiam maximè regionem proluit, quæ multitudine aquarum tecta fuisse dicitur. quia quamprimùm tempestate transacta terræ apparuerunt, deorum reconciliatio facta fingitur. prima verò arborū omnium quercus effloruit, quæ non modò piis hominibus, (vt Hesiodus ait) verùm etiā diluuij reliquiis opitulata est, cùm glades ramalia ferāt, & apes cùm tegat truncus. Hactenus vel Plutarch. vel Eusebius.

Ammonia Iuno, id est, arenaria, culta in Græcia ab Eleis, de qua Pausan.

Βοῶπις ἥρα, cognominata in primis ab Eupoli, quòd pulchros & magnos haberet oculos. Hesychius: aliíque. aliqui & Mineruæ attribuunt.

Bethlæ Iunonis templum apud Platæenses.

Europia, id est, αἰγωπία etiam Iuno cognominata: Hesychius.

Telchinia Iuno, à Telchinis dicta. nam vt plurib. à Diod. traditur, Telchines inter cætera quæ multa reperere, etiam deorum statuas fecerunt, quæ & ab illis nonnullæ nuncupatæ sunt: vt à Camireis Iuno Telchinia, & Telchinius Apollo à Lydis. Cętera, vbi de ipsis agemus, tractabimus.

Cypra Iuno nuncupata. Catellum scribit Strabo in quinto, Piceni emporium fuisse, ponè quod templum fuit Cypræ Iunonis, à Tyrrhenis con litum & consecratu:illi quippe Iunonem Cyprâ nuncupabant:hinc apud Silium Italicum in octauo quidā ita legunt,

Et quis littoreæ fumant altaria Cypræ,propter scilicet sacrificia Iunonis Cypræ: etsi alij Cupræ libentius per u pronunciant, quod antiqui in vsu habebant. De Iunone Cupra extat epigraphe pulcherrima apud B. Aegium, virum & bene doctum, & quem ideo ego summo amore prosequor.

Gabinam præterea Iunonem vocat poëta libro Aeneid.7. quòd summo cultu à Gabinis coleretur.

——Quíque,inquit,arua Gabinæ
Iunonis gelidúmque Anienem,& roscida riuis
Hernica saxa colunt.

Apud Gabios igitur colebatur religiosissimè Iuno, quod etiam ibidem Seruius notat: & Silius lib.12. cùm ait,

——Nec amœna retentant
Algida,nec iuxta Iunonis tecta Gabinæ.

Est & Romæ Iunonis Gauiæ inscriptio,pro Gabinæ (vt opinor) propter literam græcam β.

ῥησκυνθὶς ἥρα, Rhescynthis Iuno cognominata est, à monte Thraciæ. Nicander in Theriacis, ἑκὰς ῥησκυνθιάδος ἥρης: id est, procul à Rhescynthide Iunone. montem esse Thraciæ aiunt.& ipsius deæ templum,vnde dea Rhescynthis est appellata.quo eodem loco Cytimus Apollo colebatur.

Anthiæ Iunonis mentio fit à Paus. in Corinth. quæ Florida latinè dici potest, cuius templum celebrat, ante quod earum mulierum sepulcrum fuit, quæ cum Dionysio aduersus Argiuos depugnarunt.

HYMENAEVS, THALASSVS.

Quoniam,vt à principio huius Syntagmatis docui, Iunonem non modò Græci, sed & Latini nuptiis præesse putarunt: ideo congruum esse existimaui, Hymenæum & Thalassum, & ipsos deos nuptiales,tibi post Iunonem ascribere, vt dispositè atque ordinatè procedamus. Hymenæus igitur, qui & Hymen dictus est, nuptiarum deus à Græcis habitus est, vt à Romanis Thalassus, quibus tamen nominibus & nostri vsi sunt. Hymenæi verò numero multitudinis, pro nuptijs ipsis, tam à nostris quàm à Græcis dicuntur, quod notissimum est. at Hymenæa eodem plurium numero, sed neutro genere, sacra nuptialia dicta sunt, vt Suidas notat:vnde illud est Ouidij, Hymenæa canunt.& Martiani in Musica,

Instaurare iubet tunc Hymenæa Venus.

Quare eorum manifestum errorem nosse potes, qui Hymenæa accusatiuum singularem & interpretati sunt,& suis etiam versibus vsurparunt.Pingebatur Hymenæus, vt ex Catullo facilè colligimus,coronatus floribus & amaraco, dextra facem tenens, sinistra flammeum, (lutei velaminis id genus)in pedibus croceos soccos habens.Seneca verò in Medea sic effinxit his versibus: Asclep.

Et tu,qui facibus legitimis ades,
Noctem discutiens auspice dextera,
Huic incede gradu marcidus ebrio
Præcingens roseo tempora vinculo.

Claudianus verò in quodam Epithalamio ita de Hymenæo canit:

Hunc musa genitum legit Cytheræa,ducémque
Præfecit thalamis: nullum iunxisse cubile
Hoc sine, nec primas fas est attollere tedas.

Et post illum idem poëta describit:

Dulce micant oculi, niueas infecerat igni
Sólque Pudórque genas: dubiam lanuginis vmbram
Cæsaries intonsa tegit, &c.

Dictus autem est Hymenæus, vel Hymen, ἀπὸ τῆ ὑμένος, id est à membrana, quæ & Eugion dicitur, quæ cùm sit claustrum virginitatis,in nuptijs rumpitur. Alij dictum putant ἀπὸ ῥόμου ναίειν, hoc est à simul habitando, quia vir & vxor cohabitant. Alij
Hymen

Hymenæum iuuenem fuisse volunt, qui nuptiarum die ruina oppressus interierit: inde ad expiationem institutum, vt eius nomen in nuptiis frequentaretur. Sunt quibus magis placet, vt ab hac historia quam Lactantius grammaticus libro Thebaidarum tertio commemorat deducta res videatur. Hymenæus, inquit, puer Atheniensis fuit. is cùm annos puerilis ætatis excederet, neque adhuc virum posset implere, ea pulchritudine præditus fuisse dicitur, vt fœminam mentiretur. Hunc cùm vna ex ciuibus suis virgo nobilis adamasset, ipse mediocribus ortus parentibus, quia nuptias desperabat, quod poterat tamen puellam extrema amoris linea diligens, animum solo satiabat aspectu. cúmque nobiles fœminæ cum virginibus sacra Cereris Eleusiniæ celebrarent, subitò piratarum aduentu raptæ sunt: inter quas etiam Hymenæus, qui illo & amatam fuerat subsecutus, & ipse puella creditus. Quum igitur per longinqua maria prædam piraæ vexissent, ad quandam regionem tandem delati perueniunt, ibique somno oppressi, ab insequentibus sunt interempti: Hymenæus relictis ibi virginibus, reuersus Athenas, pactus est à ciuibus dilectæ nuptias, si eis filias suas restituisset. quas vbi pro voto restituit, exoptatam accepit vxorem. quod coniugium quia felix fuerat, placuit Atheniensibus, nomen Hymenæi nuptiis miscere. Hæc quidem Lactantius, seu Lutatius grammaticus. Donatus verò in Adelphis fabula Terentij, & Seruius in primo Aeneid. commentatio nonnihil ab hac historia euariant. ipsum enim Hymenæum tradunt puellas liberasse, cùm piratas somno fatigatos interfecisset. Hymenæum Catullus noster Vraniæ filium dicit. Alij, vt in Musis retulimus, Clius tradidêre. Asclepiades verò, ex Calliope & Apolline tres filios susceptos prodidit, Ialemum, Orpheum, & Hymenæum. Hinc Claudianus & Martianus, Musa genitum cecinerunt. Hoc Martiani carmen est,

> Tu quem psallentem thalamis, quem matre Camœna
> Progenitum perhibent copula sacra deum. & cætera.

Sunt qui non Apollinis, sed Magnetis filium putent, ipsúmque à Thamyra amatum, vt in secundo de Poëtarum historia scripsimus. Seneca in Medeæ tragœdia, Bacchi filium Hymenæum, alij Bacchi & Veneris prodiderunt.

Thalassium, & Thalassium, & Thalassionem latinè rectè dicimus, deum nuptiarum. Martialis,

> Nec tua defuerint verba Thalasse tibi.

Idem: Quid, si me iubeas Thalassionem. Catullus: Lubet iam seruire Thalassio. Festus ex Varrone, hanc dictionem sine aspiratione in prima syllaba enunciare videtur. Hæc Festi verba: Thalassionem in nuptiis, Varro ait, signum esse lanificij). Thalassionem enim vocabunt quasillum, qui alio modo appellatur calathus, vas vtique lanificiis aptum. Hanc eandem sententiam & Plutarchus affert: quin & hodie Græci ταλασιεργίαι lanificium vocant, & ταλασιαν. Scribit Titus Liuius, Romæ in raptu Sabinarum, virginem vnam longè ante alias specie & pulchritudine insignem, à globo Talassij cuiusdam raptam fuisse, multísque sciscitantibus cuinam eam ducerent, identidem, ne quis eam violaret, Talassio ferri clamitatum: propter quod nuptialem hanc vocem factam. Plutarchus & alij non absimilem historiam afferunt. Seruius in primo Aeneid. Apud Romanos, inquit, Talassio inuocatur. cùm enim in raptu Sabinarum plebeius quidam raptam pulcherrimam duceret, ne ei auferretur ab aliis, Talassionis eam ducis esse simulauit, cuius nomine fuit puellæ tuta virginitas. plura si cupis, Plutarchum lege in Romuli vita. Sanè & in connubiis Romani ex ritu quinque deos inuocabant: τέλειον scilicet Iouem, hoc est adultum: τελείαν Iunonem, id est, adultam: Venerem: πειθώ, id est, Suadelam: & Dianam, vt Plutarchus docet. Hos deos intelligere videtur Lucanus in secundo, cùm Martia Catoni loquitur, post Hortensij obitum ad ipsum priorem virum rediens, ait enim,

> Fœdera sola tamen, vanáque carentia pompa
> Iura placent, sacrísque deos admittere testes.

Et quoniam hi dei quinque fuerant, ideo etiam quinque tantùm cæreos, nec plures nec pauciores in nuptiis accendi mos fuit, vt in caulis Romanis Plutarchus testatur. Hos deos D. Augustinus libro tertio de Ciuitate Dei, Nuptiales vocauit, vel vt eius alia habent exemplaria, Coniugales. Dois, inquit, coniugalibus quid opus erat commendare nubentes, vt bene coniugarentur?

SYNTAGMA QVARTVM, DE SATVRNO, RHEA, VESTA, IANO, VERTVNO: AD CL. V. BERNARD. BARBVLABVM.

Hos tibi mitto deos, coluit quos prisca vetustas,
Qui testes nostri & pignus amoris erunt.
Non hìc inuenies pictæ tectoria linguæ,
Nec phaleras, cùm sit sermo didascalicus.
Si tamen hos quisquam viroso dente lacesset,
Dic, aliena premat, qui meliora facit.

Amaui ego te, mi frater Bernard. Barbulæ, à primis vsque nostræ adolescentiæ annis, cùm ambo nos operam daremus bonis literis & moribus, sub doctiss. & integerrimo viro Bap. Guarino. ex cuius ludo tot ex omni fermè Europa viri excellentes in omni literarum & optimarum disciplinarum genere, tanquam ex equo (quod dicitur) Troiano effluxerunt. At nostrûm vterque in humanitatis studijs tantum profecit, quantum vel natura nostra, & ingenij vires patiebantur: vel quantum tenues admodum facultates permisere, & angusta domi res. quibus quidem difficultatibus haud facilè homines (vt ait poëta) emergunt, & virtutibus insignes ac illustres euadunt. Hinc est, quod nos nostra gloriola contenti, quam in Mustaceo (vt ait Cicero) quæsiuimus: donec tu quidem hìc Ferrariæ subsistens, iuuentutem cum Cœlio nostro instituisti, adeò vt tu dignus iudicarere qui sacerdotio diui Petri præficereris. Ego verò procul à patria peregrè profectus, eam de me expectationem concitaram, vt omnes me crederent in aliquem procerum sacrorum ordinem cooptandum: & præsertim sub Leone, Adriano, & Clemente, pontificibus: apud quos mea ita domestica familiaritas accepta visa fuit, vt à me nihil vnquam ab eis frustrà petitum sit, quinimò & pleraque vltro oblata: præcipuè meo in humanis adhuc agente alumno & discipulo Hercule Rangonio, Romæ diuæ Agathæ Diacono. Post cuius immaturum obitum, & vrbis direptionem, ita reflantem habui fortunam, vt ab eo tempore non tantùm res meæ deteriore loco esse cœperint, sed & corporis vires ita debilitari, vt in eam articulorum omnium aduersam valetudinem inciderim, vt non modò ambulare (vt tu quidem frater optimè nosti) sed nec etiam in latus decumbere possim, nisi sim à valente aliquo ministro adiutus. Nec tamen cùm ita morbis affligar, cesso, quin aliquid indies per amanuensem puerum vel scribam, vel dictem. Sicut superioribus his diebus faciebam, cùm de Deis gentium magnum Opus confeci: cuius tibi duo Syntagmata mittere constitui, in quorum altero Saturnum, & Magnam deûm matrem, & Vestam, tum etiam Ianum & Vertunum, sum complexus: in altero Neptunum, & deos cæteros marinos, nymphásque varij generis: adhæc & Æolum & ventos. Accipe igitur amantiss. frater ab egroto tuo Lilio, & penè conclamato, qualecunque munus: non quod ex me aliquid tibi ignotum & reconditum habere possis, vel quod ex tua illa refertissima de omni librorum genere Bibliotheca non facilè haurire queas: sed ea duntaxat ratione, omnibus vt constet, mutuam inter nos amicitiam ex multo fuisse tempore constitutam. Dij faxint, vt & per scripta nostrûm vtriusque nomen posteritati notum esse contingat. Vale.

SATVRNVS, RHEA, VESTA, IANVS, VERTVNVS.

SATVRNVS itaque Cœli filius, vt de Natura deor. scribit M. Cic. Ennius: Quem Cœlus genuit. idem tradit & Lactantius, & Seruius in illo poëtæ Vergilij: Vnde genus ducis. Arnobius Cœli quidem filium ait, & Hecates. Cœlus verò Græcè ἐρανὸς vocatus est, à quo frequens Græcorum patronymicum ἐρανίων, id est Vrani filius, aut nepos. Vranus ergo, seu Cœlus, vt Phurnutus scribit, dictus est, quasi ἄνω, hoc est conseruator omniũ quæ suprà sunt: & ὅριον, hoc est finitor, vel terminus naturæ. Sunt qui tradant ἀπὸ τ̃ ὁρᾶν, vel ὁρᾴειν deduci, hoc est, quod & cũcta videat, & cõseruet. Alij porrò ἀπὸ τ̃ ὁρᾶν ἄνω deriuant, hoc est, quod suprà cernatur. Ex poëtis etiã quidam ἄκμονος filium dixêre, id obscurè significantes,

Syntagma IIII.   119

τὸ ἀκάματον τ᾿ περιφοράς: id est, quòd dum circumfertur, sit indefessus ;seu quòd sit incorrupti-
bilis dicimus quippe κεκμηκότας, id est, opus absoluisse, qui iam fato functi sunt. Theocritus
in Alarum poëmatio valde ingenioso, Vranum, seu Cœlum videtur significare, cùm obscurè ait, ἄνακτ᾿ Ἀκμονίδαν, regem scilicet Acmonis filium Vranum. nam, vt interpretes
aiūt, terra peperit Acmonem, ex Acmone natus Vranus, id est, Cœlus, qui Terminus, &c.
Porrò & Acmona inter Idæos Dactylos ab aliquibus repositum, iam in primo libro
dictum est. Cultus verò fuit Vranus multis in locis, humanis etiam victimis, & præcipuè
in tota Africa, & Libya. Sed nos de Saturno, quod cœpimus, prosequamur. Saturnus,
vt ex Trogo Iustinus scribit, Aboriginum rex, tantæ iustitiæ fuisse dicitur, vt neque ser-
10 uierit sub illo quisquam, neque quicquam priuatæ rei habuerit, sed omnia communia &
indiuisa omnibus fuerint, veluti vnum cunctis patrimonium esset. ob cuius exempli memoriam cautum est, vt Saturnalibus exæquato omnium iure passim in conuiuiis serui
cum dominis recubarent. Itaque Italia regis nomine Saturnia appellata fuit, & mons quē
inhabitabat Saturnius, in quo veluti à Ioue pulso sedibus suis Saturno, Capitolinus est.
Et hæc quidam fermè vel Trogus, vel Iustinus. D. verò Cyprianus: Ab Ioue, inquit, Saturnum fugatum esse, manifestum est: inde Latium de latebra eius nomen accepit. hic literas imprimere, hic signare nummos in Italia primus instituit, vnde ærarium Saturni vo-
citatur. nam & rusticitatis hic cultor fuit, vnde ferens falcem pingitur. Saturnum tamen
sic Saxones effingebant, cui nomen κρόνῳ, senem in pisce stantem, qui rotam vrnámque
20 tenebat: quod symbolum erat apud ipsos arcanum, vt in eorum historiis legimus. Saturnus autem à Latinis dictus est: à Græcis verò κρόνος, quasi temporū pater. χρόνος enim tempus. M. Cicero libro secundo de Nat. deor. Saturnum, inquit, esse voluerunt, qui cursum &
conuersionem spatiorum ac temporum contineret, qui deus Græcè id ipsum nomen habet: κρόνος enim dicitur, qui est idem spatium temporis. ita Cicero. Idipsum & Macrobius
primo Sat. Saturnus, inquit, ipse auctor est temporum. & ideo à Græcis immutata litera
κρόνος, quasi χρόνος vocatur. Plato: κρόνος quasi κόρος ὢν τ᾿ νῦ, hoc est, mentis satietas, dici putauit. Hinc teste Plutarcho κρονόληροι dicti senes, garruli & ætate decipientes, quasi Saturni
modò delirantes. Phurnutus tamen κρόνον dictum ait ἀπὸ τ᾿ κραίνειν, id est, à commiscendo. At
verò Saturnus dictus, vel à satu, quod stercorationi agrorum & agriculturæ præesse pu-
30 tabatur: vnde & cum falce pingebatur. Alij Saturnum dictum volunt, παρὰ τὴν σάθην, qua
voce membrum virile significabant antiqui, propter scilicet generationem, hinc & Satyri appellati. Macrobius auctor. M. Cicero & Lactantius dictum Saturnum tradunt, quòd
annis saturetur, quippe qui tempus sit. Fulgentius verò: Propter annonæ, inquit, erogationem ad se populos attrahens, à saturando dictus est Saturnus. Ops quoque eius vxor,
eo quòd opem esurientibus ferret, dicta est. Citat idem Apollophanem in epico carmine
scribentem, Saturnum quasi sacrum νῦν, aut satorem νῦ, quasi creantem sensum & mentem. Varro de Lingua latina, Saturnum Cœlum facit his verbis: Quare quòd cœlum principium, à satu dictus est Saturnus: & quòd ignis, Saturnalibus cærei superioribus mittuntur. Verùm de cæreis cur in Saturnalibus mitterentur, Macrob. & alia, & hoc scribit: Alij,
40 inquit, cæreos non ob aliud mitti putant, quàm quod hoc principe ab incomi & tenebrosa vita, quasi ad lucem & bonarum artium scientiam editi simus. Saturnum aiunt abscidi-
disse Cœli patris pudenda, quibus in mare deiectis Venerem procreatam, quæ à spuma,
id est, ἀφρῷ, vnde coaluit, Aphrodite nomen accepit. Isidorus, patris abscidisse genitalia
dicit, quia nihil in cœlo de seminibus nascitur. Cæterùm & apud Orpheum Iupiter Saturno patri insidias melle struxit. Leguntur Orphei versus hac de re:

  Vt primùm spectabis eum sub quercubus altis,
   Dulci quod comportat apum grex melle madentem,
  Constringas ipsum vinclis.

  Ebrius igitur melle Saturnus ab Ioue ligatus castratur, vt Cœlus. quare, vt Porphyrius
50 scribit in spelunca Homerica, theologus (inquit) Orpheus innuit, diuinas essentias voluptate captas quodammodo ligari, & in generationem detrahi. Fulgentius autem: Saturnus, inquit, Pollucis filius dicitur, Opis maritus, senior, velato capite, falcem gerens, cuius virilia abscissa & in mare proiecta Venerem genuêre. Phurnutus tamen, Saturnum ait de Cœlo descendisse, Terræque commixtum, donec Iupiter illum castrauit, & in Tartarum præcipitauit. Alij dicunt, Saturnum ab ipso Ioue in compedibus positum.

tum. Verrius Flaccus causam se ignorare dicit, sed Macrobius ex Apollodoro hanc recitat. Saturnum, inquit, alligari per annum laneo vinculo, & solui ad diem sibi festum, id est mense decembri, atque inde prouerbium ductum, Deos laneos pedes habere. Significari verò, decimo mense semen in vtero animatum, in vitam grandescere: quod donec erumpat in lucem, mollibus naturæ vinculis detinetur. Sacrum suo etiam tempore D. Epiphanius, quod ab Aegyptiis fieret, irridet. quosdam ait se vinculis ferreis includere, comam prolixam nutrire, vestitum sordidum detritúmque gestare, annulóque nasum includere, ac perforare, in Saturni honorem: & reliqua, non minus ridicula, quæ vir sanctus colligit. Plutarchus etiam Saturnum ait in insula quadam fortunata in specu dormire, saxa complexum aurea, somnúmque ex vinculis Iouis contingere, & cætera quæ in libello leges De facie in orbe lunæ apparente. Redeo ad nostra. Falcem quidam Saturno putãt attributam, quod tempus omnia metat, execet, & incidat: vel propter agriculturę rationem, cuius ipse repertor fuit, & proinde Falcifer cognominatus à poëtis. Ouidius,

    Causa ratis superest, Thuscum rate venit ad amnem,
    Ante pererrato Falcifer orbe deus.

Ab eadem falce, quæ Græcè δρέπανον dicitur, Paus. promontorium dictũ ait. alij vrbem, quam variè tamen scriptores recensent, quidam Siciliæ, quidam Bithyniæ, alij alibi: Strabo, Stephanus, Seruius. quin etiam Zancle eadem ratione appellata. Nicander,

    Καί τοι καὶ ζάγκλης ἰδίην δρεπανηίδος ἄστυ.   hoc est,
    Nec non & Zancles didicit Drepaneidos vrbem.

Saturnum præterea aiunt filios suos solitum deuorare eosdémque rursus euomere: per quod similiter significatur, eum, vt diximus, tempus existimatum fuisse, à quo per vices cuncta gignantur, absumantúrque, & ex eo denuò renascantur. Hinc & in vrbibus quibusdam homines illi liberos suos immolabant, vt alibi dictũ, & à nostris pluribus irrisum est. Sed Rheam vxorem ferunt eum fefellisse, lapidémque pro Ioue marito porrexisse, ipsúmque Iouem Corybantibus clàm nutriendum dedisse: qua de re alibi plenius locuti sumus. Saturnum demùm ab Ioue pulsum filio, quid aliud significat, quàm tempora senescétia ab iis quæ pòst nata sunt, depelli? Vinctum autem, quòd certa lege naturę connexa sunt tempora: vel quod omnes fruges quibusdam vinculis nodísque alternentur. Nam & falcem volunt fabulæ in Siciliam decidisse, quod sit insulæ illius terra vel maximè fertilis. Huic etiam deo insitiones surculorum, pomorúmque educationes, & omnium eiusmodi fertilium rerum tribuebant disciplinas. Cyrenenses etiam cùm rem diuinam ei faciebant, ficis recentibus se coronabant, placentásque mutuò missitabant. Mellis insuper & fructuum repertorem Saturnum veteres putauêre. Hunc Rom. etiam Sterculium vocabant, quòd primus stercore foecunditatẽ agris comparauerit. Sed de Sterculio & Stercutio, alibi diximus, in Pilumno videlicet. Huic deo ex instituto antiquo & peregrino, sacrum aperto capite faciebant. hoc ait Macrob. primo Sat. cap. x. Idem tamen cap. viii. Illic, inquit, græco ritu capite operto res diuina sit, quia primò à Pelasgis, pòst, ab Hercule ita factitatum putant. Sed plenius hoc in Syntagmate de Sacrificiis tractandum. Scribit Theopompus, & repetit Plut. in lib. Isidis & Osiridis, quosdam qui occidentem habitant, hyemem Saturnũ appellasse, æstatem Venerem, ver Proserpinam. ex Saturno autem & Venere cuncta esse generata. Sed Phryges, existimantes deum per hyemem somno vacare, æstate euigilare, & hyeme quidem dormitationes id est κατευνασμὸς, æstate verò ἀνεγέρσεις, hoc est vigilias, bacchantes discurrentésque deo peragebãt. At verò Paphlagones, Saturnum deum coërceri vinculis per brumã, vere autem moueri atque resolui asserebãt, &c. Nunc, etsi quo pacto fingeretur Saturnus ab antiquis, ex his quæ suprà narrata sunt, elicere possumus: nihilominus & quo modo à Martiano est descriptus, hic tibi etiam apponã. Verùm, inquit, Sator (Satoris enim nomine Saturnus quoque est appellatus) gressibus tardus ac remorator incedit, glaucóq; amictu tectus caput, prætedebat dextera flammiuomũ quendã dracone caudæ suæ vltima deuorante, quem credebãt anni numerũ nomine perdocere: ipsius autẽ canicies pruinosis niuibus cãdicabat, licet etiã ille puer posse fieri crederetur. hæc ille suis verbis. Macrob. verò scribit Ianum, cùm Saturnus subitò nõ comparuisset, simulacrũ illi constituisse cũ falce, messis insigne. Porrò & illud legimus, Saturnũ podagrosum ab antiquis effictũ, & oculis lemis lippientibus vnde & Græcis prouerbium, χρονικὰ λήμμα, hoc est Saturniæ lemæ. Lema quippe pituita est in oculis, vel humor quidam concretus, vt medici docent. Pythagorici verò symbolo quodam Saturni lacrymam mare dicebant, quod Plutarch. scribit in Isi & Osiri. Maris enim aqua non salsa solùm & amara, sed & crassa & impura est. Saturnalia huic deo sacra fiebant, de quibus in primis Macrob. Lucianus, & nos nonnihil de Annis & mensibus. Hæc, ἱερόνια à Græcis dicebantur. Et primò vno die tantum, id est, decimoquarto Calend. celebrari solita: sed pòst in triduum propagata, primùm ex adiectis à Cæsare huic mensi diebus, deinde ex edicto Augusti, quo trium dierum ferias Saturnalibus addixit. à 16 igitur cœpta, in 14 desinebant, quo solo fieri antè consueuerant. sed Sigillariorum adiecta celebritas, in septem dies discursum publicum & lætitiam religionis extendit. Sed plura hoc loco de Saturnalium celebritate commentari superuacaneum videtur, & præter institutum, Versus tantùm L. Accij, antiquissimi poëtæ, ex suis Annalibus afferam:

    Maxima pars Graiûm Saturno, & maximè Athenæ,
    Conficiunt sacra, quæ Cronia esse iterantur ab illis,
    Cúmque diem celebrant per agros, vrbésque ferè omnes
    Exercent epulis læti, famulósque procurant
    Quisque suos, nostríque itidem: & mos traditus illinc,
    Iste, vt cum dominis famuli tum epulentur ibidem.

Saturnalibus bellum sumere nefas, pœnas à nocente exigere piaculare fuit. Templa huic deo Romæ variè referuntur extructa. Macrobius ait se inuenisse, Tullum Hostilium fanum ex voto Saturno consecrauisse, & Saturnalia tum primùm Romæ instituta. Varro in libro de sacris ædibus sexto, L. Tarquinium regem dixit ædem locasse ad forum faciendum: T. verò Largium dictatorem consecrasse. Gellius ait, senatum decreuisse ei rei L. Furium Trib. Mil. præfectum. Aedem verò Saturni ærariū Romani esse voluerūt, quòd nullum sit furtū in eius finibus commissum, aut quia sub illo nihil erat cuiusquam priuatū;

    Nec signare quidem, aut partiri limite campum
    Fas erat, in medium quærebant.

Plutarch. in causis Rom. ideo ait, quòd eo regnante non fuit auaritia, nec improbitas, sed iustitia. D. Cyprianus ait ea causa, quòd primus in Italia nummos instituit signare, & propterea Saturni ærarium vocari. Ianum ait Macrobius sic æra signasse: in vna parte sui capitis effigies, in altera Saturni nauis expressa est. qua de re plenius in meis Nauigiis. Festus ærarium propè Saturni ædem fuisse scribit. Seruabantur porrò in ærario, præter pecuniam, etiam tabulæ, & libri elephantini, in quibus continebantur 35 tribus vrbis. Item libri rationum, aliáque.

Saturno hymnum concinuit Orpheus, cum styracis suffimento, cuius hoc initium est,
Ἀθανάτης μακάρων τε θεῶν πάτερ, ἠδὲ καὶ ἀνδρῶν. in quo hymno Saturnus diuersis cognominibus inuocatur, & his præcipuè: ἀμίαντος, id est, impollutus, incontaminatus: μεγασθενής, id est, magni robotis ac virium: γενάρχης, id est, generationis princeps: in illo,

Ὅς ῥα εἶς κατὰ πάντα μέρη κόσμοιο γενάρχα. hoc est,
    Omnes qui partes habitas, mundíque genarcha. Et idem,
Ὅς δαπανᾶς μὲν ἅπαντα, καὶ αὔξεις ἔμπαλιν αὐτός. id est,
    Absumis quicuncta, idem qui rursus adauges. ἀγκυλομήτης ab eodem, id est, versutus cognominatur, quem Homerus & Hesiodus secuti sunt: quin & Proclus in Ἔργας interpretatur, eadem in re Plutarch. aduocans. meminit & Phurnutus, & exponit: licet quidam hallucinati, Ioui hoc epitheton attribuant. Inuocat & illum Orpheus aliis nominibus, quæ ego consultò prætereo, quòd latino sermoni, nisi circumscripta comprehendi nō possunt.

Vitisator Saturnus à Vergilio in 7. Aeneid. cognominatur. nam & suprà diximus, eundem & Satorem appellatum. Vergilij versus hi sunt:

    Vitisator curuam seruans sub imagine falcem,
    Satur núsque senex, Ianíque bifrontis imago,
    Vestibulo astabant.

Vbi Seruius: Vitisator, inquit, non inuentor vitis, sed qui genus vitis Italis demonstrauit populis. sanè ex Critolao, qui Phænomenon lib. scripsit, Plutarchus scribit Saturnum hospitio susceptum ab agricola quopiam, cuius filiam Oenotriam vitiauit, quo partu nati sunt filij quatuor, quibus Saturnus pater serendæ vitis & conficiendi vini rationem demonstrauit, & vt alios hoc idem edocerent permisit. hinc igitur, Vitisator.

OPS, RHEA.

Rhea (quæ Ops latinè vocatur, & Cybele, & deûm mater, & vt Strabo colligit, dea Phrygia, magna mater, Vesta, Idæa, Dindymene, Pylena, Pesinuntia, Cybele, aliisq; nominibus: quæ nos seorsum, prout commodius se obtulerint, interpretabimur) filia fuit, vt in hymnis canit Orpheus, Protogoni. Scribit verò Cornutus, ideo Rheæ tympana & cymbala adhibita fuisse, item faces & lampades, propter tonitrua & fulgura, quæ pluuiis præuia esse solent. ipsam enim Rheam pluuiarum causam tradit. Sed de his plura in Magna matre dicemus. Huic etiam deæ cor sacrificabant, significantes, hanc causam esse viuificæ generationis. Propter quod circa eius pectus alij quidam typi apponi consueuere, omnium rerum & colorum, quæ tamen obscurè Phurnutus explicat, propter quæ videtur naturæ, vel Isidis imaginem significare, cuius etiam in Iside meminerimus. Cybele, quæ & duplici ll scribitur, id est, Cybelle, apud poëtas (vt Claudianum in primo de rap. Turrigerámque petit Cybelem. & paulò pòst, Adytis gauisa Cybelle Exilit) res est notissima. Nam & Seruius idem in decimo Aeneid. annotat in eo, Quas alma Cybelle Numen habere maris, &c. ait enim, Bacchium esse pedem, qui constat prima breui & duabus longis. Cybele ergo Saturni vxor à gentibus existimata (de qua tamen variæ traduntur opiniones, quæ suis locis hoc toto capite referentur) dicta est Cybele, à monte Phrygiæ, vt Stephanus scribit: vt Strabo, à loco: vt Suidas, à montibus: vt verò Festus & Seruius, ἀπὸ τοῦ κυβιστᾷν τὴν κεφαλὴν, id est, à capitis rotatione, quod proprium fuerat eius deæ sacerdotum, qui per furorem motu capitis comam rotantes, vlulatu futura prænunciabant. Hinc Lucanus:

— Crinémque rotantes
Sanguinei populis vlularunt tristia Galli, tametsi in vulgatis Festi codicibus, dictâ legamus ἀπὸ τοῦ κυβᾷν, quam lectionem & ex doctis plerique secuti sunt. quin & eadem ratione κύβος, id est, cub s, ei ab antiquis dicabatur. Addit Seruius in tertio, Alios dicere Cybelum sacerdotem eius deæ primum fuisse, & ab eo Cybelem dictam. Solides Atticus in libro Theologumenon, vbi ait, Atym florem significare, scribit, Matrem deûm in modum potentiæ poni: vnde, inquit, Cybele dicitur, quasi κύβος Βαλών, id est, gloriæ firmitas, vt recitat Placidus Fulgentius. κύβηλα, scribit Hesychius, montes Phrygiæ, vbi antra & thalami Cybeles matris deorum. Hæc quidem dea curru vehi dicebatur, quia ipsa credebatur terra, vt ait Seruius, quæ pendet in aëre. Ideo rotis sustineri dicebatur, quia mundus rotatur, & volubilis est & eidem subiugabantur leones: vt ostenderetur, maternam pietatem omnia posse superare. Inde Corybantes eius ministri cum suis gladiis esse fingebantur, vt significaretur, omnes pro terra sua debere pugnare. quod autem turritam gestaret coronam ostendebat, superpositas terræ esse ciuitates, quas insignitas turribus esse videmus. Sanè quoniam de Cybele agimus, rideamus & nos cum Origene contra Celsum philosophum Epicureum, eam fabulam, quam ille recitat libro secundo: Aegyptius præterea (inquit) quispiam, qui Mosi rebus mirabiliter gestis nihil fidei præbeat, credi potest & Rhapsimythum illum mox producturus, ita vt eum affirmet ad inferos descendisse, & aleam lusisse cum Cybele, & aureum velum retulisse, in signum, ad inferos se peruenisse, & inde remeasse ad superos. Et hæc quidem Origenes, qui & eandem fabulam alibi recitat. Sed iam satis hac de re.

Dindymene etiam Cybele dicta fuit. Catullus: Simul ite Dindymenæ dominæ vaga pecora. Strabo & Hesychius putant, à montibus Phrygiæ, vel Troadis (vt Stephanus) Dindymis nuncupari. Idem Catullus: Dea Dindymi domina procul à mea Tuus sit furor omnis hera domo: Alios age incitatos, alios age rabidos. Horatius libro primo Carm. Non Dindymene, non adytis quatit Mentem sacerdotum incola Pythius. Apollon. primo Argon. μήτιγα Δινδυμίην πολυπότνιαν ἐγκαλέοντες. id est, matrem Dindymiam valdè venerabilem inuocantes. Dindymen etiam, & Dindymenem Hesychius vocare videtur. Diodorus Siculus, à nomine matris dictam innuere videtur, quæ Dindymene vocaretur. ita enim scribit: Asserunt (inquit) incolæ Phrygiæ Libyæque, antiquum regem fuisse Meonem, qui vxorem Dindymenem duxit. (caue ne fallaris, latinis factis codicibus. Hæc enim inuersa leguntur non modò apud Diodorum, sed Eusebium etiam de Præparatione Euang.) Ex iis nata est fœmina, quam mater educare nolens, exposuit in monte Cybello, vbi ferarum vberibus nutrita fuit. puellam hanc mulier quædam pecora pascens cùm vidisset,

facto

Syntagma IIII. 123

facto stupens abstulit, atque à loco Cybelem nominauit. aucta ætate forma, ingenióque ac prudentia excelluit. fistulam enim calamis compactam, & cymbalum, tympanúmque prima adinuenit, puerorum insuper & pecorum morbis remedia excogitauit. qua ex re factum est, vt mater ab omnibus appellaretur. Cætera quæ de Marsyæ & Apollinis amore erga illam, déque eorum certamine, & Atyos castratione & nece, in Phrygum theologia ex Diodoro & Eusebio leges. Nunc ea prodamus quæ Pausanias in Achaicis, vbi de Mineruæ templo agit in Dymæis, & de simulacro vetustissimo. Et aliud est, inquit, templum in Dymæis Dindymenæ matri & Attæ confectum. qui verò hic esset Attes, cùm id arcanum foret, comperire nequiui: verùm ex Hermesianacte elegiarum scriptore ita traditum est, quòd videlicet Attes Calai Phrygis filius fuit impotens generandi (si rectè vertimus, ὁ τεκνοποιός) à matre genitus. qui cùm adoleuisset, in Lydiam demigrauit, & Matris deûm orgia apud Lydos peregit. quare cùm ab eo in honore esset, Iupiter inuidit, suémque immisit, qui Lydorum labores, & opera diripiebat, & cùm alios pluresque interemisset, tum & ipsum Atten. vnde &, quod iis consentaneum est, Galatæ Pesinunta habitantes, sues non attingunt. neque enim existimant ita de Atte, sed de eo alius est apud eos sermo indigena. Iouem ferunt in somnis semen in terram effudisse, quæ in tempore dæmona edidit duplici pudendo, hoc est virili & muliebri, noménque illi imposuit ἀγδίστιν. verùm dei hunc ἀρδίστιν metuentes, illi virile pudendum absciderunt. atque exinde nata amygdala: quæ matura cùm facta esset, Sangarij fluuij filiam aiunt cepisse, & in sinum posuisse, tum statim fructus euanuit: ipsa autem puella prægnans facta, cùm peperisset, hircus puerum expositum curauit. Sed supra hominem cùm formosus adoleuisset, pueri amor Agdistin cepit. adultum autem iam Atten propinqui Pesinunta miserunt, ad regis filiam. canebatur Hymenæus, instat Agdistis: Attes verò furore correptus, sibi virilia amputauit. amputauit & rex, qui filiam illi dabat. Porrò pœnitentia Agdistin cepit ob ea quæ fecerat, & ab Ioue impetrauit ne quid corporis Attes putresceret, néue liquesceret. hæc fermè quidem Pausanias. Sed enim totam hanc fabulam longè copiosius cùm ex aliis scriptoribus, tum maximè ex Timotheo, antiquo theologo, Arnobius in quinto aduersus gentes explicat. ait enim: In Phrygiæ finibus, inauditæ per omnia vastitatis petra est quædam, cui nomen est Agdus: ex ea lapides sumptos, vt Themis mandauerat, in orbem mortalibus vacuum Deucalion iactauit, & Pyrrha. ex quibus cum cæteris & hæc Magna quæ dicitur informata est mater, atque animata diuinitùs. Hanc in vertice ipso petræ datam quieti & somno, incestis Iupiter cupiditatibus appetit. Sed quum obluctatus diu, id quod sibi promiserat, obtinere nequiuisset, voluptatem in lapidem fudit victus. Hanc petra concepit, & mugitibus editis multis prius, mense nascitur decimo, materno ab nomine cognominatus Agdestis. Huic robur inuictum, ferocitas animi intractabilis insana & furialis libido & ex vtraque sexus vi rapta deuastare, disperdere, immanitas animi quò duxerat, non deos curare, non homines, nec præter se quicquam potentius credere, terras, cœlum & sidera contemnere. Longa est historia. ait enim: Ex eius sanguine humi fuso, natum malum Punicum, cuius Nana regis filia mali in sinu positi attactu prægnans facta. pater puellam claudit, vt inedia intereat. Pomis sustentatur à matre. ipsa paruulum enititur, quem rex exponi iubet. à quodam inuentus, hircino lacte nutritur. Hinc Atys dictus, quoniam Phryges hircos Atagos nuncupant. Reliquam huius Agdestis fabulam ex Arnobio collige, ex cuius & Pausaniæ verbis, rectius ea percipies quæ à Strabone scribuntur libro duodecimo, vel græca, vel latinè exposita. ita enim ego illa meis verbis: Pesinus verò est emporium eorum qui sunt in regione, templum maximum habens Matris deorum, magnæ religionis: vocant autem illam Angidistin. Crediderim ego, Agdistin legendum. Lucianus quoque de dea Syria varias recensens opiniones: Alius, inquit, sermo fertur, quem ego à viro sapiente audiui, quod Rhea ipsa sit, & templum Attes opus. Attes quidem Lydus fuit, primus qui sacrorum ritus, quibus Rhea coleretur, prodidit: & quibus Phryges, Lydi, & Samothraces in sacris vterentur, ea ab Atte omnia accepisse. nam vbi Rhea ipsum castrauit, virilem vitam agere desiit, & muliebrem formam assumpsit, & vestes. itaque per orbem terrarum obambulans, vbique sacra faciebat, & quæ ipse passus fuerat narrabat: & cætera, quæ ille multa narrat. Sanè Attis, non Attes, apud Suidam & Lucianum legimus. Diodorus Pappan etiam Atyn dictum ait. nostrorum plerique Atyn, vt Catullus & Persius, aliique ferè omnes. Macrobius Attinem vocat, ita enim scribit: Similiter Phrygiæ fabulis

De Deis Gentium.   l 2   circa

circa Matrem deûm & Attinem eadem intelligunt. quis enim negat, Matrem deûm terram haberi? hæc dea leonibus vehitur validis, impetu atque feruore animalibus. & paulò pòst: Attinem verò ornant & fistula, & virga. Sed de hac fabula, præter iam dicta alia poëtæ, vt Catullus, & Ouidius in Fastis: alia quoque Diodorus, qui & hoc ait, Cybelen clàm cum Aty concubuisse: parentes id cùm intellexissent, Atym & nutrices interfecêre, & insepultos abiecêre: Cybelem insanam factam, sparsis capillis vrbem solam psallendo circuisse, & eam sequi solitum Marsyam. hæc fermè Diodorus. qui non multo pòst subdit: Phrygas à morbo occupatos, adeò vt nec terra fructus redderet, sciscitatos esse propterea oraculum. quibus illud responsum, vt Atys corpus sepelirent, & Cybelem deam venerarentur. verùm Atys corpore non inuento, eius simulacrum Phryges effecêre, & Cybelis aram, ad quam rem diuinam facerent. Quare verò Atys se castrauerit, lege allegoriam apud D. Augustinum libro septimo de Ciuitate Dei, ex Porphyrij sententia. Eusebius autem in tertio de Præparatione Euang. Atys, inquit, maximè flores significat, qui antequàm ad fructum veniant, defluunt, quapropter pudenda ei fuisse incisa feruntur: quoniam flores defluxi, semina producunt. Fulgentius etiam in Mythologico, Atym florem significare interpretatur: & super id citat Sosidem Atticum. Sanè quæ de Atti mystica & arcana celebrabantur, ea scriptis Anthes manifestauit, vt est apud Arpocrationem. Initia & mysteria deæ Cybelis Catullus crotalum & tympanum fuisse ostendit, ita canens, Niueis citata capit manibus breue crotalum, Leue tympanum Cybelle tua mater initia. Lucretius quoque tympana & cymbala adhibet, idque pluribus versibus. Sed & Ouidius in quarto: atque id à Corybantibus & Curetibus per imitationem acceptum. Varro tamen, & Augustinus libro septimo de Ciuitate Dei, per tympanum significari orbem terræ, per cymbalorum sonitus ferramentorum ictus: quæ in Magnæ matris interpretatione dicenda. Vergilius de his sacris mollibus:

———Ite (ait) per alta
Dindyma, vbi assuetis biforem dat tibia cantum,
Tympana vos buxúsque vocat Berecynthia matris
Idææ, sinite arma viris, & cedite ferro.

Hinc noster Picus hæc ridens in hymno ad Virginem:
Semiuiri iam non vlulata ad Dindyma Galli,
Nec Cybeles gemini coëunt ad frena leones,
Vt dominam Matrémque deûm cum turribus altis
Excipiant, fictóque vehant per inania curru.

Romæ vetustum epigramma legitur, cuius hi duo primi versus:
Qui colitis Cybelem, & qui phryga plangitis Atyn,
Dum vacat, & tacita Dindyma nocte silent,
Flete meos cineres, &c.

De eisdem item Lactantius: Ab hoc, inquit, genere sacrorum non minoris insaniæ iudicanda sunt publica illa sacra, quorum alia sunt Matris deûm, in quibus homines suis ipsi virilibus litant, amputato enim sexu, non viros se, nec fœminas faciunt. Tibullus ad hæc sacra respicit, cùm canit:
Idææ currus ille sequatur Opis.
Et ter centenas erroribus impleat vrbes,
Et secet ad Phrygios vilia membra modos.   Ouidius:
———Mollésque ministri
Cedunt iactatis vilia membra comis.

Hinc & ipsa dea à furore vocata est interdum Enthea.   Martialis:
Cùm sectus vlulat matris Entheæ Gallus.

Orpheus etiam φιλοιϛροµανῆ, id est, œstro furentem cognominauit in hymnis, & τυµπανώδε-
ποψ, id est, tympani crepam. His quidem insanis ac furentibus ministris & sacerdotibus stipes & æra petere moris fuit, vt manifestè monstrat Lucretius, eodem quo suprà loco, in quo de Magna matre agit:
Ergo cùm primùm magnas inuecta per vrbes,
Munifica tacita mortales muta salute,
Aere atque argento sternunt iter, omnia mirum

Largis

Syntagma IIII.

Largifica stipe ditantes,&c.   Ouid.in Fast.
Dic inquam parua cur stipe quærat opes?
Contulit æs populis,de quo delubra Metellus
Fecit,ait,dandæ mos stipis inde manet.

M.Cic.in libris de Legibus, Præter Idææ matris famulos, eósque iustis diebus, ne quis stipem cogito.subdit quare: Stipem sustulimus, nisi eam quam ad paucos dies propriam Idææ matris excepimus.Implet enim superstitione animos, & exhaurit domos. Augustinus etiam libro septimo: De mollibus, inquit, eidem matri Magnæ contra omnem virorum mulierúmque verecundiam consecratis,qui vsque in hesternum diem madidis capillis, facie dealbata,fluentibus membris, incessu fœmineo per plateas, vicósque Carthaginis,etiam à populis vnde turpiter viuerent, exigebant: & reliqua, quæ multa eo loco D. Aurelius. Vide de his etiam apud Apuleium plura, libro octauo Metamorphoseos. Hos porrò sacerdotes Gallos vocatos fuisse, notissimum est: qui & Semiuiri dicti, quia castrati & execti.& Galli quidem à flumine Phrygiæ,auctore Festo: quia qui ex eo bibissent, in eo furere incipiebant,adeò vt se virilitatis parte priuarent. Alij id fecisse dixerunt, ne fieri possent parentes,violato patris matrísue nomine. quidam tamen Gallum puerum ipsum putauére,qui contracta offensa deæ se execuerit, & simul fluuio nomen dederit. Horum verò sacerdotum antistites Archigalli nominabantur, vt in antiquis elogiis aduertimus. Epitaphium est Romæ in S. Martina in montibus,dignum vt hic ascribatur: D. M. C. Camerius Crescens Archigallus Matris Deûm Magnæ Idææ & Attis Po.Ro. Viuus Sibi Fecit & Camerio Eucratino Lib. Suo.Cæteris autem Libertis Vtriusque Sexus Loca Singula Sepulturæ Causa.H.M.H.N.S. Plinius libro vigesimoquinto,de picturis Parrhasij: Pinxit,inquit,& Archigallum, quam picturam amauit Tiberius princeps,atque, vt auctor est Decius, Eculeo LX-HS æstimatam cubiculo suo inclusit.Est item Archigalli mentio apud Villium,seu vt vulgò dicitur,Iul. Firmicum. Ridet Tertullianus his verbis eû qui pro Cæsare precabatur, qui iam defunctus erat: M. Aurelio, inquit, apud Sirmium reipublicæ exempto,die decimosexto Calend. April. Archigallus ille sanctissimus die nono calend. earundem,quo sanguinem impurum lacertósque castrando libabat, pro salute Imp. Marci iam intercepti.D.August.libro 2.de Dei ciuit.cùm ridet quæ in sacris turpia agerentur à gentibus: Adolescentes, inquit, spectabamus arreptitios, Gallos puto:audiebamus symphoniacos ludis turpiss.qui deis deabúsq; exhibebantur:oblectabamur,cœlestíque virgini Berecynthiæ matri deorum omnium,&c. Cur virginem appellet,nescio. Subdit ipse Augustinus:Ante cuius lecticam die solenni lauationis eius talia per publicum cantitabantur à nequissimis scenicis,qualia non dico matrem deorum,sed matrem qualemcunque senatorum,vel quorumlibet honestorum virorum,imo verò qualia nec matrem ipsorum scenicorum deceret audire,&c. his verbis Augustinus attingit pompam sacroru, quæ à Gallis sacerdotibus ad Almoné fluuiû quotannis agebatur,qui fluuius non procul ab vrbe Tiberino miscetur, cuius Vibius Sequester ad Vergilianum filium meminit his verbis: Almon,ait,vbi Mater deûm,v 1.calend.Aprilis lauatur.Ammianus libro X X I I I. Diem, inquit,sextum calend.quo Romæ matri deorum pompę celebrantur annales, & carpentum, quo vehitur simulacrum Almonis vndis ablui perhibetur. Abluebatur verò Magnæ matris simulacrum,quod è Pesinunte allatum fuerat,hinc Lucanus in primo,

Et lotam paruo reuocant Almone Cybellem.   Ouid.in Fastis:
Est locus in Tiberim quo lubricus influit Almon,
Et nomen magno perdit in amne minor.
Illic purpurea canus cum veste sacerdos
Almonis dominam sacráque lauit aquis.   Val.Flaccus v I I I Argon.
Sic vbi Mygdonios planctus sacer abluit Almo,
Lætáque iam Cybele.   Et Claudianus:
Prælatóque lauas Phrygios Almone leones.

Quod autem turpia ac obscœna passim iactarentur, etiam Herodianus in hist. Commodi testatur.ita enim scribit: Veris initio solennique die pompam Matri deûm Romani celebrant, in ea quæ apud quenque sunt diuitiarum præcipua, supelléxque, pleraque imperatoria materiæ aut artis spectandæ,præferri ante deam solent, passímque omnibus ludendi licentia permissa,sic vt personas induant,quas cuique libitum: nullámq; non magistratum

stratum quoque imaginem, prout cuiusque studium, repræsentent, sicut non temerè à falsis veros dignoscas. Hactenus Herodianus. Sed par est, vt hoc etiâ loco tibi exponam va-
rias de Gallis sacerdotibus sententias, quæ leguntur. Festus: Galli, inquit, qui vocátur Ma-
tris magnæ comites, dicti sunt à flumine, cui nomen est Gallo: quia eo qui biberent, in hoc
furere incipiunt, vt se priuent virilitatis parte. Ouidius in IIII,
 Inter, ait, viridem Cybelen, altásque Celænas
 Amnis it, insana nomine Gallus aqua.
 Qui bibit inde, furit: procul hinc discedite, queis est
 Cura bonæ mentis: qui bibit inde, furit.
Attribuuntur autem Galli, vt Lucretius canit in secundo:
 Gallos attribuunt, quia numen qui violarint
 Matris, & ingrati genitoribus inuenti sunt,
 Significare volunt indignos esse putandos,
 Viuam progeniem qui in oras luminis edant.
 Aliam insuper ex Varrone Augustinus recitat opinionem, quam in Magnæ matris in-
terpretatione referam: aliam quoque huius deæ & Atys allegoriam Fulgentius Placiades
in tertio Mythologicôn confingit, quam, vt iam modum faciam, nunc ipse missam facio.
 Magna mater, & Mater deûm, Græcè μεγάλη μήτηρ, καὶ θεῶν μήτηρ, καὶ μήτρωα. Orpheus, μήτηρ
μήτ᾽ ἰδίων, ἰδὲ θνητῶν ἀνθρώπων. id est, Hæc vna est hominum matérque deorum. Orpheus quidem seorsum tres hymnos concinuit, quorum primum Rheæ dixit, cum aromatibus: alterum Telluri, cum omni genere seminum, præter fabas & aromata: tertium Matri deûm,
cum variarum rerum suffitu. Idem tamen Orpheus, teste Diodoro, Terram omnium
matrem dixit, diuitias & opes largientem: vel, vt diximus, quòd remedia multis non modò pecorum, sed & hominum, in primis puerorum morbis excogitarit: quod idem Diodorus prodit. Seruius grammaticus Matrê deûm appellari putat, quòd ipsa sit ex iis deis,
qui ἄζωνοι dicuntur: id est, qui cœli certas non habent partes, sed vbique generatim ab omnibus coluntur, vt Mater (inquit) deûm, cuius potestas in omnibus zonis est, & communis
eius est potestas. Hæc ille, & alia præterea. Magna mater sic à Martiano confingitur:
Grandæua, corpulentáque Mater, quamuis fœcunda circumfusáque partubus, tamen
floridam discolorémque vestem herbida palla contexuerat, in qua totus gemmarum me-
tallorúmque census, atque omnium prouentus, frugúmque & sationum, larga admodum
vbertate ferebantur, hæc quidem Martianus. Qui allium gustassent, arcebantur procul
ab huius deæ templo, vt Athenæus scribit. De Magnæ matris templo legimus, quòd non
manibus, sed precibus aperiebatur: vnde vult Seruius illud à Sibylla dictum in VI, Cessas
in vota precésque, &c. Sic verò de Magna matre Varro apud Augustinum in V 11 de Ciuit. dei: Tellurem eandem dictam esse Magnam matrem ait: quòd tympanum habeat, significari esse orbem terræ: quòd turres in capite, oppida: quòd sedes figatur circa eam,
cùm omnia moueantur, ipsam non moueri: quòd Gallos huic deæ vt seruirent fecerunt,
significat eos qui semine indigeant, terram sequi oportere, in ea quippe omnia reperiri:
quòd sedes apud eam iaceant, præcipitur (inquit) qui terram colant, ne sedeant, semper
enim esse quod agant. Cymbalorum sonitus, ferramentorum ictus iactatorum, ac manuum, & eius rei crepitus in colendo qui fit, significat, quòd ferramenta illa erant ideo ex
ære, quòd eam antiqui colebant ære, antequàm ferrum esset inuentum. quin teste Hesychio, ab eo æris sonitu, dea ipsa χαλκόκροτος à Græcis nuncupata est. Sequitur Augustinus:
Leonem, inquit, adiungunt solutum ac mansuetum, vt ostendant, nullum esse genus terræ
tam remotum, ac vehementer ferum, quod non subiici cuique conueniat. deinde adiungit, & dicit Tellurem; & Matrem, & nominibus plurimis & cognominibus nominatam,
& reliqua quæ Varro, imò Augustinus ipse scribit. Addit Isidorus libro VIII, quòd simulacrum eius cum claui fingebatur, quia hyeme tellus clauditur, vere aperitur, vt fruges nascantur. Sed & de Magna matre extat Lucretij præclarum carmen lib. secundo de Rerum
natura, quod & ante citaui, ad quod examinandum vel hoc te principium inuitat.
 Quare magna deûm mater, matérque ferarum,
 Et nostri genitrix hæc dicta est corporis vna:
 Hanc veteres Graiûm docti cecinêre poëtæ,
 Sedibus in curru biiugos agitare leones, &c.

Syntagma IIII.   127

Ne nimius sim. Plus enim quàm sex & xl versus ea de re exposuit doctissimus poëta. Sed iam ad reliqua redeo, quæ institueram de BONA DEA dicere. Cornel. Labeo & ipse hanc Magnam matrem, & terram, & Maiam esse existimabat, vt ostendere Macrobius laborat: quod sus prægnans ei mactaretur, quæ propriè terræ hostia fuerat. Idem Labeo, & hanc Maiam Bonæ deæ nomine nuncupatam asserit, & ei Kalend. Maij ædem fuisse dicatam. ait insuper, Bonam deam & terram ex ipso ritu occultiore sacrorum eandem esse doceri posse. quin & eandem, Bonam, Faunámque, & Opem, & Fatuam, pontificum libris indigitari solitam fuisse. Bonam, quòd omnium nobis ad victum bonorum causa est: Faunam, quòd omni vsui animantium fauere putaretur: Opem, quòd ipsius auxilio vita constare crederetur: Fatuam verò à fando, quod infantes partu editi non prius vocem edere crederentur, quàm terram ipsam attingerent. Putabat Varro hanc Dryadem fuisse, Fauni filiam: vel vt Plutarch. refert, vxorem. nonnulli Græcorum ex Liberi nutricibus fuisse, quam ne fari liceat existimabat. vnde & mulieres cùm ei festos dies peragebant, tabernacula vitigineis intexebant ramis, sacrúmque draconem deæ secundum fabulam erigere solebant, vt ait Plutarch. Sunt qui deam hanc affirment Iunonis potētiam habuisse, ideóque regale sceptrum in sinistra manu ei additum. Eandem alij Proserpinam crediderunt, porcáq; ei rem diuinam fieri solitam: quia segetes, quas Ceres mortalibus tribuisse ferebatur, porca depasceret. Alij Hecaten Chthoniam, Bœotij Semelem credebant. Plerique Fauni filiam dixerunt, quæ obstiterit in amore patris voluntati lapsi, ita vt virga myrtea ab eo verberaretur, cùm desiderio patris nec vino pressa cessisset. demum tamen pater in serpentem se transfigurasse, & cum filia coiisse creditur. Horum hoc tale proferunt indicium, quòd virgam myrteam in eius templo haberi nefas fuerit, & quod super caput eius extenderetur vitis; qua maximè causa eam pater decipere tentauerit: quòd vinum in templum eius non suo nomine soleret inferri, sed vas in quo vinum inditum esset, mellarium nominaretur, & vinum lac: quódque serpentes in eius templo nec terrentes, nec timentes apparerent. Sex. Clodius, qui græcè scripsit, vt recitat Lactantius, prodit, hanc vxorem Fauni fuisse: quæ quia contra morem decúsque regium clam vini ollam ebibisset, & ebria facta esset, virgis myrteis à viro vsque ad mortem cæsa est: postea cùm regem facti sui poeniteret, & vxoris desiderium ferre non posset, diuinum illi nomen detulisse fertur, idcircóque in sacris eius obuolutam vini amphoram poni solitam. hæc Clodius, vel potius Lactantius. Plutarchus in Probl. ita hanc historiam recitat: Flauij diuinatoris vxorem fuisse, quæ clàm cùm vinum largius biberet, à marito deprehensa, flagris cæsa est. atque inde factum, vt myrtus in eius deæ ædem non inferretur: vinúmque cùm mulieres ebiberent, non vinum, sed lac appellarent. Considerandum in Plutarchi Problem. id est, Romanis capitibus male latinè scribi: Quid est, inquit, quod Floræ, quam Bonam deam nominant, omni florum genere templum exornantes, &c. cùm pro Flora Gynæceæ deæ scribendum sit, quam Bonam vocant: quod alia probatione non indiget, cùm ita certè Græcè, vt nos exposuimus legatur. Tum etiam ibidem paulò post, cùm Floram Flauij vatis vxorem latinus interpres dicat, perperàm factum est. nam Floræ nomen vtique additum est: id quod plerisque viris etiam eruditis errandi causam præstitit, vt Bonam deam eandem cum Flora fecerint, cùm secus sit omnino, & eius nihil omnino Plutarchus tradiderit. Quidam præterea deam hanc Medeā putauere, quòd in eius æde omne genus herbarum esset, ex quibus antistites plerunq; medicinas exhiberet: & quòd templum eius virum introire non licebat, propter iniuriam, quàm ab ingrato viro Iasone ipsa perpessa fuisset. Hæc θεὸς γυναικεία, vt Plutarchus & Macrobius ostendunt, dicebatur, κυρίας nomine, vt ait Hesychius. Gynæcea verò, quam quidam ineptè Genesiam vocant, dea existimata fuit, quæ ex corruptibilibus generatione facere putaretur. Cui cùm res diuina fiebat, optabant nemini bonum euenire, qui domi nasceretur. stulta & vana precatio. Sed hæc Geneta, id est, γενέτα, in Græco Plutarchi exemplari dicitur. ait enim: Cur Genetę nuncupatę soli cane immolāt? quod sacrū alienū mihi esse videtur à Bona dea. Fuit & Cynętia dea, de qua in Neruene actū est: sed sequar de Bona dea. quam Varro Fauni filiā dixit, adeò pudica, vt extra gynęconitin nūquā tradatur egressa, neq; nomē eius in publico fuerit audītū, nec virū vnquā viderit, vel à viro visa fuerit, propter quod nec vir templū eius ingrediebatur. Hāc historiā, si nō potius superstitiosam cęremoniā, cùm aliter recitet Lactācius ex eiusdē Varronis sententia, me existimare facit, in Macrobij codicibus erratū esse: quod vt quiuis ex se

I 4   perci

percipere possit, Lactantij verba apposui: Eandem, inquit, Faunam Varro scribit tantæ pudicitiæ fuisse, vt nemo eã quoad vixerit(præter virum suum) mas viderit: nec nomen eius audierit. Idcirco, vbi mulieres in operto sacrificabant, Bonam deam nominabant. hinc dictum est ab Iuuenale,

    Nota Bonæ secreta deæ.   & à Tibullo:
    Sacra Bonæ maribus non adeunda deæ.

Quæ tamen à P. Clodio violata fuerunt, vt in primis de Aruspicum responsis M. Cicero, & Plut. & alij prodiderunt. qua de re & Seneca in Epistolis ita: Credat, ait, aliquis pecuniam esse versatam in eo iudicio, quo reus erat Clodius, ob id adulterium, quod cum Cæsaris vxore in operto comiserat, violatis religionibus eius sacrificij, quod pro populo fieri dicebatur: sic semotis extra conspectum omnibus viris, vt picturæ quoque masculorum animalium contegerentur. ita inquam viri his sacris arcebantur, vt cùm in Italia cum bobus Geryonis Hercules sitiés transiret, & ei petenti aquam, mulier respondisset, se ei præstare non posse. quod fœminarum deæ dies celebraretur, nec ex eo apparatu viris gustare liceret: execratus hoc sacrum, & ipse à suis sacris mulieres arcendas Pinario & Potitio sacrorum suorum custodibus præcepit. Macrobius auctor, & ex parte Athenæus, Plutarchus: sed copiosissimè & elegantissimè Propertius libro quarto Elegiarum ad Herculem.

Idæa mater etiam Cybele dicta fuit, vel ab Ida Cretæ, vel potius ab Ida Phrygiæ: vtrobique enim culta fuit, vt ostensum est. Lucretius libro secundo,

    Hanc variæ gentes antiquo more sacrorum,
    Idæam vocitant matrem.   Vergil.
    Alma parens Idæa virum, &c.   Ouidius in Fastis:
    Protinus inflexo Berecynthia tibia cornu
    Flabit, & Idææ festa parentis erunt.   Item alio loco Vergilius:
    Buxúsq; vocat Berecynthia matris Idææ.

Illi verò hic mons Ida consecratus, à quo & ipsa vocata est: quoniam à longe & procul ἐςιν ἰδεῖν, id est, videre est, cùm tempestates & pluuiæ fiunt. quin etiam Montana ipsa cognominata, id est, ὀρέα, est, vt Phurnutus ostendit.

Aedes deæ Cybeles in Ida pulchrè describitur à Claudiano poëta, de Cerere loquente, in primo de Raptu Proserpinæ:

    Sic ait, & fuluis serpentibus attigit Idam.
    Hic ædes augusta deæ, templíq; colendi
    Religiosa silex, densis quam pinus obumbrat
    Frondibus, & nulla lucos agitante procella,
    Stridula coniferis modulantur carmina ramis.
    Terribiles intus thyasi, vesanáq; mixto
    Conuentu delubra gemunt, vlulatibus Idæ
    Bacchatur, timidas inclinant Gargara syluas.
    Postquàm visa Ceres, mugitum tympana frenant,
    Conticuère chori, Corybas non impulit ensem,
    Non buxus, non æra sonant, blandíque leones
    Summisere iubas: adytis gauisa Cybelle
    Exilit, & pronas intendit ad oscula turres.   Et hæc Claudianus.

Notissima verò est historia apud Lactantium, Liuium, Valeriũ, Augustinum, & alios, Claudiæ virginis Vestalis: cùm ex libris Sibyllinis Idæa mater esset Romam accita, & nauis qua vehebatur vado hæsisset: Claudia, quæ ex nimio cultu impudica habebatur, suo cingulo eam nauem facillimè traxit: quod miraculum consimile accidisse ferunt de Herculis statua, quæ è Tyro rate Erythras aduecta est, vt in Hercule dicetur. Scribit diligentiss. antiquitatum Romanorum auctor Dionysius Alicarnasseus lib. secundo Historiarum sacrificia Idææ deæ quotannis, & certamina pretores Romanos agere solitos fuisse, Romanis legibus. sacra tamen ea non Romani peragebant, sed vir & mulier Phryges, qui illa per vrbem circunducebant, congregantes matronas (qui mos fuit illis) imagines pectoribus annectantes, decantantésque ipsi à sequentibus matronalibus carminibus, tympana tenentes. Romanorum autem indigenarum nec matronas vllus congregans, neque cantibus
                                                              tibia

Syntagma IIII: 129

tibiarum septus per vrbem incedebat, variam indutus stolam, neque colens deam Phrygiis cæremoniis. Hæc fermè Dionysius: ostendens, Romanos peregrinis externísque religionibus minus studuisse. id quod tamen Satyrici poëtæ identidem illis obiiciunt. Libet ex libro I x. Decad. I I I, Liuij particulam ascribere, de ipsius deæ aduentu in vrbem. Nam cum pauloante ex Sibyllinis versibus legatos quinque ostendisset in Asiam missos ad Attalum, vt ex Pesinunte Romam deferrent, & id Rex ipse procurasset, ita subinfert: Eò, inquit, accessit consultatio de matre Idæa accipienda, quam præterquam quòd M. Valerius vnus ex legatis regressus, actutum in Italia fore nunciauerat, recens nuncius aderat, Terracinæ iam esse. tunc haud paruæ rei iudicium senatum tenebat, qui vir optimus in ciuitate esset. veram certè victoriam eius rei sibi quisque mallet, quàm vlla imperia, honorésue suffragio seu patrum, seu plebis delatos. p. c. P. Scipionem Cn. filium, eius qui in Hispania occiderat, adolescentem nondum quæstorium, iudicauerunt in tota ciuitate virum optimum esse. id quibus virtutibus inducti ita iudicauerint, sicut traditum à proximis memoriæ temporum illorum scriptoribus, libens posteris tradiderim: ita meas opiniones, coniectando rem vetustate obrutam, non interponam. P. Cor. cum omnibus matronis Ostiâ ire iussus obuiam deæ, isque eam de naue acciperet, & in terram elatam traderet ferendam matronis. postquàm nauis ad ostium amnis Tyberini accessit, sicut erat iussus, in salum naue euectus, à sacerdotibus eam accepit, extulitque in terram. Matronæ primores ciuitatis, inter quas vnius Claudiæ Quintiæ insigne est nomen, accepére: cui dubia, vt traditur, antea fama, clariorem ad posteros tam religioso ministerio pudicitiam fecit. eæ per manus succedentes, deinde aliæ aliis, omni effusa ciuitate obuiam, thuribulis ante ianuas positis, quà perferebatur, atque accenso thure, precantibus, vt volens propitiáque vrbem Romam iniret, in ædem Victoriæ, quæ est in Palatio, pertulêre deam pridie idus Aprilis, ísque dies festus fuit. populus frequens dona deæ in Palatio tulit, lectisterníumque & ludi fuêre, Megalesia appellata. Hactenus quidem de aduentu in vrbem, deæ. Libro verò de bello Macedon. sexto. Per idem, inquit, tempus ferè ædes matris magnæ Idææ dedicata est, quam deam is P. Cornelius aduectam ex Asia, P. Cornelio Scipione, cui pòst Africano fuit cognomen, P. Licinio C o s s. in Palatium à mari detulerat. locauerant ædem faciendam M. Liuius, C. Claudius, césores, M. Cornelio, T. Sempronio C o s s. decimotertio anno postea quàm locata erat, dedicauit eam M. Iunius Brutus. ludíque ob dedicationem eius facti: quos primos scenicos fuisse, Valerius Antias est auctor, Megalesia appellatos.

Berecynthia mater deorũ dicitur, & Phrygia, vt in primis docet Strabo. Verg. in sexto,

——Qualis Berecynthia mater
Inuehitur curru Phrygias turrita per vrbes,
Læta deûm partu, centum complexa nepotes. Berecynthus, inquit Seruius, castellum est Phrygiæ iuxta Sangarium fluuium, vbi mater deûm colebatur. Fulgentius verò in tertio ait, quod ea Berecynthis montibus præesset. Cynthos enim, vt idem scribit, Attica lingua flos nuncupatur: vnde & hyacinthus dicitur, non vt ipse interpretatur Fulgentius, quasi solus flos, sed violæ flos, vt ego arbitror. Agatharchides in lib. Phrygiacon, ait Berecynthum primum fuisse Matris deûm sacerdotem, qui monti nomen dederit. Putat Hesychius, Phrygiam prius vocatam Berecynthiam, & absque afflatu scribit: tum etiã genus quoddam Phrygum Berecynthas fuisse ait: id quod & Strabo testatur in x, quo loco de Rhea & Berecynthia agit. Subiungit Hesychius, & tibia Berecyntia: aliáque insuper addit, quæ ad rem non faciunt. Idem tamen alibi Berecyndas per d, scribit, & eo nomine ait Phrygas dæmones nuncupari. & Βεβρυς etiam Phryges, vel barbaros, vel solœcistas, hoc est incondite loquêtes. Iuba verò, à Lydis dicere videtur Briga Liberum significare. Phrygia quoque hæc dea vocata, vt cùm alij, tum etiam Phurnutus scribit, quod celebri cultu apud Phryges celebraretur.

Δαμία, Damia, vt Festus scribit, Bona dea cognominata est, & eius sacerdos δαμιας. vnde & Damium, eodem auctore, sacrificium, quod in operto fiebat in ipsius Bonæ deæ honorem. dictum videtur à contrario, quòd minimè esset δημοσιω, id est, publicum. κ enim litera nonnunquam apud nos in a conuertitur. Sanè Bonæ deæ ædes Subsaxanæ, in x I I regione vrbis fuit: P. Victor.

Metragyrtes, μητραγυρτης, Magna mater à Grǽcis vocata, eiúsue sacerdos, vt in tertio scribit Iulius Pollux: & μητειάζειν, festũ huius deæ celebrare. hinc Plut. in Cleomenis vita (quanquam

quam Latinus interpres malè expofuerit) quo loco Ptolemæum irridens Plut. Metragyrtem nuncupat, quaſi mollem & effœminatum: ad Cybelis, vel facerdotum eius ſimilitudinem ille mitratum interpretatus eſt. Legimus Metragyrtæ ſtatuam Athenis fuiſſe, qui cùm mulieres Matri deûm initiaret, ab Athenienſibus necatus eſt. Budæus μητραγύρτας & ipſe interpretatur, Matris deûm facerdotes ſtipem cogentes, tympanáque geſtantes. Origenes quoque libro primo contra Celſum, de Metragyrte meminit, licet perperàm in peruulgatis codicibus legatur. quare mirum eſt, virum doctiſſimum Eraſmum allucinatum in hoc vocabulo. nam à Mithra Perſarum deo vocabulum deduxit, in prouerbio, Mitragyrtes non Daduchus.

Cybeca, κυβέκη etiam mater deûm vocata fuit, teſte Heſychio. Sed & Venus hoc nomine fuit: & vt alij dicunt. Diana etiã, & βινδλκε, vt in Dianę cognominibus oſtenſum. Idem ſcribit & Phauorinus. Strabo etiam Cyben vocatam hanc deam ſcribit, vt ſuprà retuli.

Paſitheam etiam Cybelen nuncupari quidam exiſtimant, quòd deorum omnium mater vocaretur. illúdque afferũt Catulli: Trepidantem eum recepit dea Paſithea ſinu. quaſi πᾶσι θεοῖς μήτηρ, id eſt, omnibus deis mater. Porrò Paſitheam Homerus inter Gratias, id eſt Charites commemorat. Itémque inter Leonis tres filias, vt in Gratiis oſtendimus.

Iſodroma mater à nonnullis vocatur, Strabo lib. x. de Lariſſæ nomine: Vrbibus ſupra oppidum ad Cayſtri campum, qua per mediterraneum itur ad Iſodemees matris templum, ſitum habens ſimilem, locíque virtutem ipſi quam dicimus penſili Lariſſæ, &c.

πυργοφόρος, hoc eſt Turrigera & Turrita à Græcis vocata Magna mater, vt in Græco libello legimus in quo deorum antiquorum imagines conſcribũtur, vbi de ſimulacro agit turrim ferente, vbi ita meis verbis legitur: Priſci terram vocabant Cererem, quoniã ἕδρα, id eſt ſedes eſt totius ciuitatis terra. & quoniam etiam contineat ciuitates, πυργοφόρος vocatur: ſed & Latini Turritam & Turrigeram appellant. quin & eius adhuc marmoreæ ſtatuæ tales cernuntur, hoc eſt turritas coronas in capite gerentes. Propertius,

Claudia turritæ rara miniſtra deæ.   Papinius:
Ille Phryges lucos matri penetralia cædit Turrigeræ.   Vergil.
Inuehitur curru Phrygias turrita per vrbes.

Tradit Phurnutus, quòd ὑβρίστης ςέφανος, id eſt turrita corona adhiberi ſolita ſit huic deæ, propter vrbes & arces, quæ in ſummitate montium fiebant antiquitus: & quę cætera dicit. Porrò & hanc eandem legimus querna coronari corona, quod Apollodorus prodidit, & in Apollonij commẽtariis referunt. quin etiam pinu aliquando, quæ illi dicata exiſtimabatur, coronabant. vnde apud Martialem pinus loquitur,

Poma ſumus Cybeles procul hinc diſcede viator,
Ne cadat in miſerum noſtra ruina caput.

Tametſi Cõſtantinus Cæſar in libro Geoponon aliter ſcribit, vt in Pane deo referam.

Mygdonia mater etiam Cybele vocata fuit, vel à Mygdonia Phrygiæ, vbi colebatur: vel à Mygdono, de quo ſic ferè Diod. Nonnulli, inquit, volunt Idæos dactylos ex Ida, quæ eſt in Phrygia, extitiſſe, indéque cum Mygdono tranſceſſiſſe in Europam, diuinandi arte peritos cantum docuiſſe. initiationes & myſteria. Val. Flaccus,

Mygdoniæ Pan iuſſa ferens ſæuiſſima Matris.   Idem lib. VIII,
Sic vbi Mygdonios planctus ſacer abluit Almo,
Lætáque iam Cybele, feſtǽque per oppida tedæ.

Eadẽ ratione & Phrygia dicitur, vt ex poëtis & Strab. & Cornuto videmus in primis. Antæa, ἀντάιαν Rheam vocat Apollonius Rhodius in primo Argon. vt interpretes ſcribunt, propterea quòd Telchinibus facta ſit contraria. Orpheus quoque in hymnis, ei hymnum matri Antææ dedicat, cum thymiamate aromaton,

Ἀντάια βασίλεια, θεὰ πολυώνυμε μήτορ,
Ἀθανάτων τε θεῶν, ἠδὲ θνητῶν ἀνθρώπων.   hoc eſt: Antæa regina, dea multinomia mater, immortaliúmque deûm, mortaliúmque hominum, &c. Opis, vel potius Ops, dicta eſt coniunx Saturni, ait Feſtus: per quam voluerunt terram ſignificare, quia omnes opes humano generi terra tribuit. vnde & opulenti, terreſtribus rebus copioſi: & hoſtiæ opimæ, præcipuè pingues: & opima, magnifica & ampla ſpolia Hinc etiam Opalia dies feſti dicebantur, quibus Opi ſupplicabatur, eodem Feſto auctore. Opalia quidem Macrobius cõmemorat inter Saturnalia menſe Decẽb. Et quoniã vxor Saturni credebat

Syntagma IIII.   131

debatur, agrorum cultoris, à satu nominati, & cum falce fingebatur, insigne agricolæ, ita & illa quoque cognominata Consiua est, & terra existimabatur: ideóque in regia colebatur. De Ope verò Consiua Varro de Ling. lat. his verbis: Ope Consiua dies, inquit, ab dea Ope Consiua, cuius in regia sacrarium: quod ideo actum, vt eò præter virgines vestales & sacerdotem publicum introëat nemo: is cùm eat, suffibulum haud habeat. scriptum id dicitur, vt à suffiendo subligaculum. Sanè quidam libentius pro Saturni vxore Ops legunt. Ops enim Diana est, vt dicemus. Ausonius in monosyllabis,
—Prima deûm Fas,
Quæ Themis est Graiis: post hanc Rhea, quæ Latiis Ops.
Et Varro: Terra, inquit, Ops, quod hic omne opus, & hic opus ad viuendum. Ideo dicitur Ops mater, quòd terra mater: quæ Ops in obliquis primam corripit. Tibullus,
Idææ currus ille sequatur Opis.
Idem Varro apud August. v 11. de Ciuit. dei: Tellurem, inquit, putant esse Opem, quòd ope fiat melior: Matrem quòd plurima pariat: Magnam, quòd cibum paret: Proserpinam, quòd ex ea proserpant fruges: Vestam, quod vestiatur herbis. Huic deæ sedentes vota concipiebant, terrámque de industria tangebant, demonstrantes ipsam matrem terram. Philochorus, Saturno & Opi primùm in Attica aram statuisse Cecropem scribit.
Titea inter Cœli, id est, ὀρανȣ vxores fuit, ex qua x v 11 filios sustulit, qui Titanes, à matre dicti sunt, vt in Atlantidum theologia legitur. Titea, cùm prudentia plurimùm mortalibus profuisset, post obitum in deorum numerum relata, & terra cognominata est. filias etiam duas habuit, βασιλίαν, id est, reginam, vt Diodorus scribit: & Rheam, quam Pandoram vocabant. βασιλίαν annis, prudentia & virtute præstantior, fratres in matris gratia educauit ideóque Magna mater est appellata. hæc patre defuncto, & facto deo, de fratrum consensu regnum administrauit, nulli adhuc nupta: sed cùm liberos suscipere cuperet, Hyperionem fratrem virum accepit, ex quo duos filios peperit, Solem & Lunam: quorum formam prudentiámque admirantibus omnibus tradunt, reliquos fratres prolis inuidia actos, veritósque ne aliquando imperium ad Hyperiona veniret, scelesto excogitato facinore fratrem communi consilio obtruncasse: Solem adhuc puerum in flumen Eridanum proiectum, suffocatúmque fuisse. qua re vulgata, Luna præter modum fratrem diligens, ex tecto se præcipitem dedit. Matri quærenti iuxta flumen corpus, cùm in somnum incidisset, visum ei per somnium est, à Sole se consolari, ne lugeret: homicidas pœnas daturos. dicente se cœlestem ignem, id est, ἥλιον futurum: sororem verò μήνα, Lunam, id est, σελήναν vocandam esse. somno experrecta, rem vulgasse dicitur, & filios deos consecrasse, & innupta posthac vixisse: & facta insana, tympana cymbaláque quatiens, per vrbem sparsis passim cinibus errasse. Tandem coorto hymbre & iactis fulminibus reginam euanuisse, nec visam amplius fuisse ferunt. quam rem populus cernens, ἥλιον καὶ σελήνης nomina ad astra transtulit, Reginámque deam & Matrem vocitauit, & sacra illi cymbalis & tympanis celebrata peregit. Sanè & idem Diod. alio loco de Titea nonnihil euariat, ex Cretensium videlicet historia. Porrò Aramæi Titheam & ipsi aiunt, quoniam mater erat Aretia, id est, terra dicta, post mortem Vestam vocauerunt. Sed hæc nimis superstitiosa, curiosis mittamus, qui Titheam volunt esse Iani vxorem: & Ianum ipsum Nochù, id est, Noac arbitrâtur. Commentatores etiã Apollonij in primo Argon. scribunt ex Menãdri sentêtia, Milesios, cùm Rheæ sacrificarêt, prius Titiæ rem sacrã facere solitos fuisse: subiũgitq; & de heroë Titio, qui Iouis filius fuerit: vel vt alij, inter Mariandyni Cimmerij liberos seniorê.
Pesinuntia dea, quæ à plerisq; corruptè Pesimôtia dicta est, Magna deûm mater vocata est, de qua breuissimè referã, quæ pluribus ab Herodiano lib. 1. Hist. traduntur. Simulacrũ, inquit, è cœlo cecidisse ferũt in quædam Phrygiæ agrum, qui ab eo casu Pesinus appellatus est: alij licet aliter referant. In hoc igitur loco Pesinunte Phryges orgia ipsi deæ agitabant, apud Gallum fluuium, à quo & sacerdotes appellati. sed cùm Romani rerum potirentur, oraculum acceperunt, res suas in dies magis auctum iri, si Pesinuntiam deam ad se transtulissent. Proinde legatos petitum miserunt: ac facilè id impetrarunt. deuectum simulacrum ex Phrygia, & magnificè ac religiosè collocatum est, vt ex Liuio alibi locupletius recitaui. Ammianus Marcellinus lib. hist. x x 1, quo loco de Iuliano Cæs. agit, alia quædam recenset, inter quæ & hoc: Quamobrem hoc nomine oppidum sit appellatum, variant rerum scriptores. Quidam enim figmêto deæ cœlitus lapso πίσαιν, quod cadere nos dicimus,

vrbem

vrbem asseuerare cognominatam. alij memorant, Ilum Trois filium Dardaniæ regem, locum sic appellasse. Theopompus non Ilum, sed Midiam affirmat Phrygiæ quondam potentiss. regem.& hæc fermè Ammianus, quæ & confirmantur ab Arnobio in secundo aduersus Gentes, ita scribente: Quid, inquit, Phrygiam matrem, cuius esse conditor iudicatur vel Midas, vel Dardanus, & cætera.

Phasiane, hoc est φασιανηθὶς, describitur ab Arriano in Periplo Ponti Euxini. ait enim, quòd ingredientibus Phasin fluuium, in dextra est erecta dea Phasiane, quàm ille subueretur ex eius figura an dea Rhea sit. Nam in manu (inquit) cymbalum tenet, & leones sunt sub eius throno:& ita sedet, vt in μιτρώῳ, id est, in templo Matris deûm Athenis, quæ à Phidia fabrefacta fuit. neque de Phasiane dea plura memini me legere.

Lemnus mater deorum antiquitus nuncupata, vt Stephanus scribit, cui & virgines sacrificare soliti fuerant, & ab ipsius deæ nomine Lemnus insula nuncupata fuit. hanc verò primùm Thraces incoluêre, qui Sinties vocabantur, qui & Sapæi: de quibus varia traduntur à scriptoribus, Strabone, Hellanico, & grammaticis, L. Tharræo & Theone. Sed hæc non nostri sunt instituti.

Andirina mater deû cognominata a loco, de quo Strabo lib. XIIII. Sub Andira, inquit, templum est Matri deûm Andirinæ sacrum, & subterraneum antrum Palean vsque. est verò Palea habitatio quædam, sic appellata, quæ ab Andiris distat stadiis CXXX. subterraneum hunc meatum torrens quidam, os eius incidens, aperuit qui postera die à pastore quodam ad sacrificium eunte apud Andira fortuitò repertus fuit.

Asporina etiam mater deûm nuncupata, eodem Strabone teste, eodem libro, ab Asporino monte vrbi Pergamo proximo, aspero & sterili, à quo & dea Asporina, & templum Asporinum nuncupatum fuit.

Ma Rhea vocabatur à Caribus, vt scribit Stephanus: vnde & Mastaura vrbs Lydiæ nuncupata fuit. huic Ma Iupiter dedit Dionysium alendum. quare Ma ab Iunone rogata, cuius ille esset infans? ea, ἄρεος, id est Martis respondit. vnde & apud Care Dionysius Masares nuncupatus est vt in Bacchi nominibus retulimus. & Rhea ipsa, Ma. & illi taurus sacrificatur à Lydis: vnde Mastauræ nomen vrbis, quam interfluit Chrysaorus fluuius. Sanè & Ma Bellonæ nomen fuisse inuenimus, vt alibi dicemus.

VESTA.

Vestam, quam ἑστίαν Grçci vocant, cum Rhea connumeramus, quoniam cum ea à Strabone coniungitur, vt in huius Syntagmatis exordio retulimus. hâc tamê cû Cerere describit Phurnutus, & vtranque ait non videri aliam à Terra. Vesta verò ab antiquis fuit multa veneratione culta, nunc eam ignem, nunc terram existimantibus, vt docet Diuus Augustinus, libro quarto de Ciuitate dei. Ouid. in Fastis,

Vesta eadem est, & Terra: subest vigil ignis vtrique:
Significant sedem terra focúsque suam.   Idem paulò pòst:
Stat vi terra sua, vi stando Vesta vocatur.

Alij non à vi stando, sed à vestiendo, quòd terra variis tum herbis, tum plantis, cæterísque vestiatur. nam & Plato pro terra sumere ἑστίαν videtur, cùm ita scribit, μένει δ᾽ ἑστία θεῶν οἴκῳ μόνη. hoc est, manet autê Vesta in deorum domo sola: quòd scilicet terra immobilis, vt Macrobius exponit, intra domum deorum, id est, intra mûdum. Sic & Euripides, καὶ γαῖα μῆτερ ἑστίαν δέ σ᾽ οἱ σοφοὶ βροτῶν καλέουσιν, ἡμένην ἐν αἰθέρι. id est, Et terra mater, Vestam quam sapientes homines vocant, quæ sedet sub æthere. Orphæus quoque in hymno, ἣ μέσον οἴκον ἔχεις πυρὸς ἀεναοῦ μεγίστου. hoc est, quæ mediam domû habitas ignis perpetui maximi. Vestam autem ait Phurnutus διὰ τὸ ἑστάναι διὰ πάντων. vocarunt antiqui: hoc est, quòd per omnia constet, vel quòd in ipsa tanquam in fundamento totus stet orbis. Alij alia dicunt. Quod verò pro igne ponitur, Ouidius idem in Fastis:

Nec tu aliud Vestam, quàm viuam intellige flammam,
Natáque de flamma corpora nulla vides.

Iure igitur virgo est, quæ semina nulla remittit,
Nec capit, & comites virginitatis amat.

Phurnutus: Ignis, inquit, semper viuens Vestæ attribuitur quòd & ipsa videatur existens esse. Forte verò, quod inde ignes nutriantur, qui sunt in mundo, & pemψαμ subsistant. aut quod ζείδωρος ἄρουρα est, id est fœcunda tellus, & animaliû mater, quibus vis ignea

viuen

viuendi in causa sit. Virgo porrò Vesta inducitur, quòd continua motio nihil gignat. & idcirco hæc dea à virgine custodiebatur, vt Phurnutus ait. M. Tullius secundo de Nat. deorum: Vestæ, inquit, nomen à Græcis ea enim est, quæ ab illis ἑστία dicitur. vis autem eius ad aras & focos pertinet. Idem in lib. de Legibus: Vestam, ait, quasi focum vrbis, vt Græco nomine est appellata, quod nos propè idem Græcum interpretatum nomen tenemus. Quare mihi mirum valde est, Philelphum octauo Pædiæ Xenophontis illud vertisse latinè, Lari Cyrum sacrificasse, &c. quod est Græcè προτῳ μὲν ἑστίᾳ ἔϑυσε. id est, primum quidem Vestæ sacrificauit. Disputat longo orationis ductu Dionys. Alicarnas. lib. secundo Historiarum, de Vesta Romanorum dea, à quo primùm instituta, Romulóne an Numa: déque Vestalibus, Sex Vestæ sacerdotes, scribit Festus, constitutæ erant, vt populus pro sua quisque parte haberet ministrum sacrorum, quia ciuitas Romana prius in sex erat distributa partes: sed pòst tamen plures fuisse legimus. Scribit Gellius, quòd virgo dum à pontifice caperetur, Amata appellabatur: ea ratione, quòd quæ prima capta fuit, hoc nomine fuerit. Plut. tamen in Numa, primò Geganiam, & deinde Beremiam & Camillam & Tarpeiam captas, dicere videtur. Sed tu si scire cupis, virgo Vestæ quid ætatis, ex quali familia, & quo ritu, quibúsque cæremoniis & religionibus, quo cognomine à Pont. Maximo caperetur, & quo statim iure esse inciperet, simulatque capta esset: quódque nec intestato cuiquam, nec eius intestatæ quisquam iure hæres esset, lege Gellium lib. primo, qui Antistio Labeone & ex aliis pleraque omnia retulit. Vestam de numero penatum deorum, Macrob. in tertio esse ait, aut certè eorum comitem, adeò vt & Consules & Prætores & Dictatores cùm inirent magistratum, Lauinij rem diuinam faciebant Penatibus pariter & Vestæ. hinc Vergilius ex persona Hectoris dixit,

Sacra suósque tibi commendat Troia Penates.   Mox adiecit:
Sic ait, & manibus vittas, Vestámque potentem,
Aeternúmque adytis effert penetralibus ignem.

Sed cùm Vesta ignis putaretur, Virgo etiam dicebatur: vnde & virgines eius iure ministerio adhibebantur, quæ sacrum ignem custodirent, Vestales (vt diximus) appellatæ: quas detonderi solitas, vt nunc quas Moniales appellat vulgus, ex eo plerique arbitrati sunt, quòd XVI Nat. hist. Plin. scribit. Antiquior, inquit, lotos est, quæ capillata dicitur, quoniam virginum Vestalium ad eam capillus defertur. quibus verbis id astruere conantur, nec ego reclamo: presertim etiam cùm Gellius de Diali flamine illud citet, Vnguium Dialis & capilli segmina subter arborem felicem terra integunto. Sextus etiam Pomp. Festus, Capillarem arborem ea ratione dictam existimauit, quòd in ea attonsus capillus suspenderetur. Vestam, vt Alexand. ait, virginis ore tympanum gestantis, quòd scilicet ventos terra contineat, quidam effinxêre. at alij templum cum ara in eius medio, & igne accenso. Sed hæc à me parum probantur. Inter Vestales verò, quæ leuiter deliquisset, verberibus à Pont. Max. cædebatur. Sin parum casta fuisset, & conuicta, viua defodiebatur, nec igne absumebatur, vt pluribus Plut. in Quæst. ostendit. Nam sandapila ad portam Collinam, ceu mortua efferebatur, cum propinquorum suorum luctu, sequentibus moesto cum silentio pontificibus & sacerdotibus. Prope portam locus fuit subterraneus, in quem scalis quibusdam descendebatur. in eum locum solam virginē demittebant, & scalæ auferebantur, locúsque ipse occludebatur, in quo ne fame necari videretur, panis, lactis, & olei nonnihil apponebatur, vnáque ardens lucerna: quibus peractis, sacerdotes alíique discedebāt. eo die iustitium erat in vrbe, & mœror pauórq; non exiguus: magnum enim aliquod malum ciuitati portendere putabant, Vestalium supplicium. Scribit Seruius lib. vndecimo Aeneid. Imperatores & virgines Vestæ in ciuitate sepultos fuisse, quòd legibus non teneretur. Idem & Plut. in causis. quinetiam, ait Seruius, nocentes virgines licet viuæ, tamen intra vrbem in campo Scelerato obruebantur. Illud etiam apud scriptores proditum obseruaui, extincto igne Vestales à pontifice verberari solitas. quibus mos erat, tabulam felicis materiæ tam diu verberare, donec ignis conciperetur, qui cribro aheneo in ædem à virgine deferebatur: quotannis tamen & nouus ignis excitabatur à Vestalibus, sicut & à nostris in cærei Paschalis (qui dicitur) consecratione. Ouidius in Fastis,

Adde quod arcana fieri nouus ignis in æde
Dicitur, & viris flamma refecta capit.

Sed ad Vestam ipsam reuertamur. Scribit Diod. in Bibliothecæ lib. quinto, vbi Cretica

De Deis Gentium.   m   explicat,

explicat,ex Saturno & Rhea sex natos filios,Vestam,Cererem,Iunonem:mares, Iouem, Neptunum,& Plutonem.Idem in Fast.Ouid.

Ex ope Iunonem memorant,Cererémque creatam,
Semine Saturni,tertia Vesta fuit,&c.

Orpheus quoq; in hymno ipsius,cui adolet aromata, Vestam filiam canit potentis Saturni. harum vtiq; Vesta fertur structuram domus inuenisse. Martianus, Vestam ait Magnæ matri adhæsisse, quòd Iouis nutrix fuerit, suóque illum sustentasse gremio, cùm à matre occultatus nutriretur. Sed Lactantius ait Vestam Vrani, id est, Cœli vxorem, his verbis: Legi in Sacra historia, Vranum potentem virum Vestam habuisse coniugem,&c. quibus verbis quidam duas Vestæ nomine fuisse credunt. At verò Fabius Pictor(si legitimus, vt alibi dixi,liber est,qui legitur) Vestam tradit Iani vxorem fuisse, quæ prima sacrorum regina,sempiternum sacrificiorum ignem virginibus credidit. Myrsilus verò Lesbius, Vestam ait Labith horchiam dictam, Tyrrhenorum lingua. Labiti quoque, ait Herodotus, à Scythis vocata est. Quo magis mihi mirum visum est,in Commentariis in poëticam Horatij, qui Parrhasij nomine editi sunt, ita scriptum esse: Scythæ Gongosiron Apollinem vocāt, Neptunum Thagesmana, Venerem Argem pasam, vel Artim pasam, vt in aliis codicibus legitur. Extat & inscriptio apud B. Aegiū grȩca, in qua bis ΑΡΤΙΜ ΠΑΣΑ vocatur. Vestam Tamuti. cùm legendum sit: Scythæ Oetosyrin Apollinem vocant, Neptunum Thagymasa, Venerem Arginipasa, Vestam Labiti. atque ita recte Græco & Latino legi codice.Sed huiusmodi errata sunt in editorem, quàm in auctorem, referenda potius: tametsi & apud Origenem libro sexto, simili modo corrupta legantur. Scribit Phurnutus in fabulis traditum, Vestam & se primam genitam, & postremam, quoniam ex terra cuncta nata,& in terram resoluuntur.& propterea Græci ab ipsa sacra incipiebant, & in eam desinebant. Sed enim non Romanos modò, sed aliquot alias nationes sacrum ignem publicè custodisse legimus. Nam Athenis in Prytaneo ignis sempiternus asseruabatur, non à virginibus, sed(vt ait Plut.) à mulieribus iam matrimonio solutis. Strabo libro nono, Poliadis Mineruæ templum in saxo vetustum scribit, in quo lychnus inextinguibilis, & virginum domus, id est, παρθενων, quàm Ictinus condidit, vbi Minerua Phidiæ opus eburneum fuit. Aegyptij quoque ignem seruabant, vt testatur Diod. Quin etiam Delphis. Persȩ quoque summa religione, vt notum est, ignem custodiebant, & venerabantur. qua de re contentus ero verbis Procopij historici, ex secundo libro belli Persici, cum Cosdroë in Romanorum agrum inuadere constituisset per Persarmenios, ita subdit: Hic magnum Pyreū est, quòd Persæ deorum maximè venerantur, vbi ignem perpetuum custodiunt magi: ac alia quidem diligēter sacrificantes, cum vaticinio in rebus maximis vtuntur. Hic est ignis, quem Vestam olim Romani vocabant. hæc quidem Procopius. Strabo verò lib. decimoquinto, de Cappadocia agens,scribit, apud eos magos fuisse multos, quos Pyrethos vocabant. tum illud subiungit: Súntque Pyrethia septa ingentia, in quorum medio ara est: in ea magi & cinerem multum, & ignem inextinguibilem seruant, quò quotidie ingressi imprecationes faciunt. Illud in commentariis Græcorum legitur, ignem cœlitus in agrum Argiuum primùm decidisse, qui in Apollinis templo seruabatur, quod Argis fuerat in foro constructū: in quo si quando extingueretur, vt Athenis accidit Aristone tyranno, & Delphis templo à Medis incenso, & Romȩ Mithridatico & ciuili bello: tum verò fas nō erat ex altero igne succendere, sed nouum elicere oportebat. ex sole accendebatur flamma pura: certáque ratione vasa scaphia parabant, cauata, in quæ solis radij excepti, in fomite arido ignem iniiciebant. Sed & alias elicitur ignis ex sole & speculo, vel ex vitrea phiala, aqua gelida plena.& de his satis.

Βελαια ιϛια, hoc est, consiliatrix Vesta cognominata est, cuius ita Dinarchus orator meminit μαρτυρομαι τηνἑϛιαν την Βελαιαν. id est, testor deam Vestam cōsultricem. Dicta verò, quòd in senatu, hoc est, ἡν τη βυλη esset constituta. Val. Arpocration. Thraecla, id est, θραικια, Vesta etiam,teste Hesychio, est appellata.

Pingebatur verò Vesta mulieris forma sedentis, & gestantis tympanū, quòd terra ventos intra se contineat. Et Romani eius ædem rotundam construxêre, in cuius medio seruaretur ignis, qui & à plerisque in terræ medio esse traditur. Phurnutus & ipsam Vestam rotundè effingi solitam prodit, atq; ita per medios humeros constitui; quòd & ipsa taliter statuatur constricta, vel coagulata. vnde & χθων, terra vocatur: fortè quod terra capiat

omnia,

omnia, hoc est, ἀπὸ τ χίαθη, siue ἀπὸ τ χωρεῖν. Porrò & albis & candidis sertis coronari dicebatur, eadem ratione, quòd terra vndique ab albissimo elemento ambiatur, aëre scilicet. Sunt qui deam supra pinnaculum templi statuãt, vt scribit Albricus, qui auctor mihi proletarius est, nec fidus satis. Porrò duas Vestæ nomine quidam statuunt, alteram Saturni vxorem, alteram filiam: hanc ignis, illam terræ symbolum gerere, vt antè meminimus.

Libet in fine huius capitis de Vesta & Vestalibus, quod nunc succurrit, tibi ascribere de Cassandræ templo, quod in Italia fuit propè Salpem paludem, & oppidum Dardanium dictum, vt ait Lycophron: in quo templo si quæpiam virgo accola, virginitatis amore nuptias spreuisset, siue ob deformitatem, siue aliam ob causam virum perosa confugisset, sui posthac iuris erat, & inde inuitam abducere summum fuit nefas. Hæc postmodum comas detondebat, atráfque vestes induebatur, faciémque coloribus quibusdam deturpabat, vt deformior esse videretur, atque ita in virginitate perseuerabat. Hoc ea causa ascripsi, vt nos nostrarum sacrarum virginum pudeat, quæ plerunque inuitæ in claustra & septa coërcentur, nedum sponte ipsæ illuc confugiant.

IANVS, VERTVNVS.

IAnus antiquissimus Italiæ deus habitus, & Latij rex: vnde Ianiculum collem & oppidum dictum, notius est quàm vt hìc pluribus referamus. Hinc Vergilius,

Hanc Ianus pater, hanc Saturnus condidit vrbem:
Ianiculum huic, illi fuerat Saturnia nomen.

Dictus verò Ianus, vt Cicero & Macrobius tradunt, ab eundo, quòd cœlum & tempus semper eat: vel quod ianuis præsit, vt Ouidius docet. Festus, vbi Chaos ex Hesiodo describit: Chaos, inquit, ex eo quod χαίνειν Græci, id nos hiare dicimus: vnde Ianus detracta aspiratione nominatur, id quod fuerit omnium primum, cui primò supplicabant velut parenti, à quo rerum omnium factum putabant initium. Arnobius quoque inter multa: Incipiamus, inquit, & nos ab Iano patre, quem quidam ex vobis mundum, annum alij, solem etiam prodidère nonnulli. & paulò pòst: Quem ferunt Cœlo & Hecate procreatum, in Italia regnasse primùm, Ianiculi oppidi conditorem, patrem Fonti, Vulturni generum, Iuturnæ maritum, quémq; in cunctis anteponitis precibus. Martianus tamen Argionam vxorem Iani dixit, Græci verò Camesen sororem & vxorem scribunt, quos secutus Leon, ex ea prodit Clisthenen filiam sustulisse: tametsi Cato & F. Pictor Camesen principem cũ Saturno commemorent. Sed auctor hic vterque non modò suspectus, sed & apocryphus. Effingebatur Ianus ab antiquis variè. nam & biceps, & quadriceps, vt ostendam, formabatur: vnde & eius quædam deducta cognomina. Plinius libro trigesimoquarto, Ianum à Numa rege dicatum ait, digitis ita figuratis, vt CCCLXV nota per significationem anni, temporis & æui, se deum indicaret. Plinij quædam exemplaria CCCLV tantùm lectionem habent. Sed cùm Macrobius de hac eadem, vt opinor, statua agat in primo, & idem CCCLXV legat, plura hìc non comminiscar, cùm multa possem. Macrobij hæc sunt verba: Inde, inquit, plerunq; Iani simulacrum fingitur manu dextra trecentorum, & sinistra sexaginta & quinque numerum tenens, ad demonstrandum anni dimensionem, &c. ex Plinij verbis, & Macrobij, planè percipimus, ita figuratum Ianum fuisse, vt manibus & digitis, hoc est, eo numerandi ordine qui per articulos manus fit, ab vnitate vsque ad nonagesimumnonum, manu sinistra numeratur: à centenario verò numero dextra computatur, vt planius ex Beda & Isidoro, aliisque cognoscimus, sed & nostro nos Annotationũ dialogo primo ostendimus. non igitur Ianum ipse intelligas in manu habuisse has Græcas numerorum literas, τ΄ dextra, & sinistra ξ, sed ita compositis & complicatis manuum articulis, vt id significaretur. qua in re viri alioqui eruditi quidã decepti, qui ea causa ideo fortasse hallucinati, quòd Ianuarij simulacrum cùm Suidas describat, perperàm ab eis exponitur. Ita ergo Suidas, meis verbis: Ianuarius simulacrum quadriforme, propter quatuor τροπὰς, id est, anni conuersiones, seu partes. Alij autem effingunt ipsum, in dextra manu tenentem clauem, vt temporis principium, ac anni reclusorem, ianitorémque: alij verò in dextra CCC, sinistra quinque & sexaginta continentem, vt annum significet. hæc Suidas. quibus quidem verbis non subinfertur, quod illi putant, quòd has numerorum notas manu contineret: sed eum numerum, quem nos ostendimus, per manuum articulos exprimebat. quandoquidem & Macrobius planè ostendit, tribus his modis, & pluribus etiam, Ianum ab antiquis effingi solere. Obseruamus & apud F. Pictorem, Ia-

De Deis Gentium. m 2 num

num etiam sic formatum, vt in manu virgam & clauem, & sub pedibus bissenas aras haberet. idque ideo factum, quòd primus valuas, seras & claues excogitarit: & ab eo propterea dictas ianuas. Duodenas etiam colonias dederit, & totidem pomœria, arásque sacrarit. Macrobius etiam cum claui & virga effictum ait, quasi portarū esset custos, & rector viarum. Porrò describitur Iani templum à Procopio in historiis ad sua vsque tempora, hoc est Iustiniani Cæs. Imp. Vnde & Ianum quidam in throno sedente statuunt, & ante ipsum templum nunc clausum, nunc apertum. Ianum quoque coronarum inuentorem veteres existimauere, id quod Dracon Corcyræus apud Athenæum pluribus docet, & nos ab eo in nostris Nauigiis. Porrò & ab Iano, Ianualis porta Romæ dicta fuit: de qua post Festum Valturius libro 9.

Bifrons, & quadrifrons, Ianus & fictus & nuncupatus. Vergilius in duodecimo Aeneid.
——Mare, sidera, iuro,
Latonæque genus duplex, Ianúmque bifrontem.

Et quidem bifronti Iano, Seruius ait, Romulum & T. Tatium, cùm in fœdera conuenirent, simulacrum duplicis frontis effecisse, quasi ad duorum populorum imaginem. Dictus est etiam Ianus Geminus, quòd præterita & futura respicere existimaretur. Ouid.
Iane biceps, anni tacitè labentis imago,
Solus de superis, qui tua terga vides.

Quin & in vetustis quibusdam nomismatibus adhuc biceps cernitur. Sed & Plutarch. cur biceps effingeretur, in causis Romanorum capitum pluribus edisserit. ait enim, cùm ipse Ianus Perrhæbus esset, pòst cùm in Italiam venisset, linguam & viuendi rationem immutasse: vel quod Italos, cùm agrestes ac barbari essent, eos ad mansuetiorem vitam, & rempub. administrandam pellexisse. Seruius item in illo poëtæ Vergil. libro septimo, Sunt geminæ belli portæ, &c. Sacrarium, inquit, hoc Iani Numa Pompilius fecerat circa imum Argiletum, iuxta theatrum Marcelli, quod fuit in duobus breuissimis templis. duobus autem, propter Ianum bifrontem. postea captis Faliscis, ciuitate Thusciæ, inuentum est simulacrum Iani cum frontibus quatuor. vnde, quod Numa instituerat, translatum est ad forum transitorium, & quatuor portarum vnum templum est institutum.

Quadrifrons ergo, & Quadriceps Ianus vocatur, id quod & Mart. innuit illo hendecasyllabo:
Et lingua pariter locutus omni. Nam omnes de duobus, ait Seruius, non dicimus. Scribunt, Plutarch. & Critolaus, qui Phænomenon lib. composuit, Saturnum à Latino quopiam agricola hospitio susceptum, eius filiam Oenotriam vitiasse: quo partu natos ferunt, Ianum, Hymnum, Festum, & Felicem, quibus Saturnus pater serendæ vitis & vini conficiendi rationem ostendit, eiúsque muneris vt aliis auctores essent, permisit. hinc ergo finitimi agricolæ, cùm vinum gustassent, inconsuetæ potionis vi diu graui somno pressi iacuere. mox expergefacti, & sibi venenum propinatum suspicantes, Ianum eius inuentorem saxis & lapidibus obruerunt. cuius filiæ puellæ patris interitu mœrore percitæ, laqueo vitam finiuere: quas in cœlum omnes sustulisse Saturnum tradunt, appellatásque προτρυγητήρες, quòd earum ortus vindemiam præcedat. verùm multo pòst tempore laborantibus pestilentia Romanis, Apollinis oraculum respondit: Non antea pestilentiam sedandam, quàm Saturni ira expiaretur, quam ex filij nece conceperat. hinc Lutatius Catulus ædem Saturno in rupe Tarpeia construxit, Ianúmque sacrauit quadrifrontem: seu à puellarum numero, quæ patri laqueo & spiritu parentauerant: vel à quatuor anni temporibus. Alij ideo Ianum quadriformem dictum prodiderunt, quòd vniuersas orbis partes sua maiestate complexus sit ipsásque conspiciat. plura Macrobius in Saturnalibus, & D. Augustinus in septimo de Ciuitate Dei. Seruius, captis Faliscis, vt diximus antè, tale simulacrum inuentum tradit.

Sed audi vanitatem longè etiam Iano Romano vaniorem. Iudæorum rex Manasses statuam sibi quinqueformem, hoc est, vt Græci scribunt, πεντεπρόσωπον poni curauit. Sanè quadrifrontem Ianum Romæ in Velabro esse, existimant antiquitatum eruditi, non quidem à Numa erectum, sed postea reformatum. fermè enim integrum hoc tempore cernitur, cuius testudo, quatuor columnis pilatis sustentatur, quatuor peruiis ianuis, in singulis verò loculamenta 12, tanquam fenestellæ, in quibus statuæ reponerentur. has quidam existimant 12 mensium habere significationem, quòd & Ianum annum ipsum significare

iam

iam suprà dictum est. Varro quoque in lib. Humanarum scribit, duodecim aras antiquos posuisse Iano, pro totidem mensibus. Quin & Ianus item Iunonius dictus fuit, quòd omnium mensium ingressum teneret, vt etiam Iuno. Libet hic tibi annotatiunculam meam ascribere, vt scriptorum aliquot loca, quàm hactenus exposita, melius intelligantur. Verba hæc Suetonij sunt in Domitiano: Ianos, inquit, arcúsque cum quadrigis & insignibus triumphorum, per regiones vrbis extruxit. hęc Suet. T. Liuius libro primo quintæ Decad. Et forum, inquit, porticib. tabernísque claudendum, & Ianos tres faciendos. quib. scriptorum verbis id significari videtur, quod & hoc tempore in celebritatib. & pompis à regibus & principibus, Rebúsque publicis fieri conspicimus. vt his ipsis, quib. hæc scribimus, diebus Hercules I I. A test. Dux nostræ vrbis I I I I. egit in lætitiam, dum PAVLVM III.P. M. hospitio suscepit. Qua de re ego, eo spectaculo priuatus ob articularis morbi infirmam valetudinem, quodam ad Barth. Riccium hendecasyllabo inter cætera ita lusi:

> Non vrbis mihi templa, non theatra,
> Non prætoria celsa spes videndi,
> Non arcus, tibi, peruiósque Ianos,
> Qui nunc Maxime PAVLE construuntur,
> Non pompam, reliquum nec apparatum,
> Vt hac magnificè hospiteris vrbe. & reliqua.

Vocantur igitur Iani numero plurium, huiusmodi ædificia quadriformia & peruia, seu stata illa & lapidea, sex ex materia pro tempore excitata, vt ex suprà recitatis Liuij & Suetonij verbis audiuisti. Sed & M. Ciceronem attende lib. de Nat. deor. 2. Cúmque, inquit, in omnibus rebus vim haberent maximam prima & extrema, principem in sacrificando Ianum esse voluerunt, quod ab eundo nomen est deductum: ex quo transitiones peruiæ Iani, forésque in liminibus profanarum ædium ianuæ nominantur. hæc Cicero. P. Victor in octaua vrbis Romæ regione, hoc est in foro Romano: Iani, inquit, duo celebris mercatorum locus. nam argentarij ac numularij, cæterísque eiusmodi in Ianis nuncupatis, qui & ab aliquibus Vertuni dicti sunt, suam artem exercere solebát, vt ex diuersis auctoribus colligi potest. Horatius: Postquàm res mea Ianum Ad medium fracta est. Idē: Ianus summus ab imo Perdocet. Ouid. Cum tot sint Iani. & illud: Ad medium Ianum sedentibus. M. Cic. Philippica sexta, statuam ridens positam, L. Antonio cum hac inscriptione, L. ANTONIO, IANO MEDIO, PATRONO PO. ROM. XXXV Trib. Pot. Non possem, inquit, sine risu dicere, L. Antonio Iano medio patrono. Itáne? Ianus medius in L. Antonij clientela sit? quis vnquá in illo fano inuetus est, qui L. Antonio M. nummûm ferret expensum? Aliqui tamen fœneratorū locū significare autumant: sed omnino ad versuram faciendā, & res contrahēdas spectabāt. ideo P. Victor, mercatorū celebrē locum appellauit.

Clauiger Ianus appellatus est, vt suprà ostensum est, quòd cum claue & virga formaretur. Clusius præterea Ianus, & Patulcius, & Consuuius cognominatus est. Ouid. in Fastis:

> Nomina ridebis, modò nanque Patulcius idem
> Et modò sacrifico Clusius ore vocor. à claudendis videlicet, & patefaciendis

Iani portis, de quibus poëta in septimo Aeneid.

> Sunt geminæ belli portæ (sic nomine dicunt)
> Religione sacræ, & sæui formidine Martis.
> Centum ærei claudunt vectes, æternáque ferri
> Robora, nec custos absistit limine Ianus.
> Has, vbi certa sedet patribus sententia pugnæ,
> Ipse Quirinali trabea, cinctúque Gabino
> Insignis reseret stridentia limina consul.
> Ipse vocat pugnas, sequitur tum cætera pubes.   Idem libro primo:
> ——Diræ ferro & compagibus arctis
> Claudentur belli portæ, Furor impius intus
> Sæua sedens super arma, & centum vinctus ahenis
> Post tergum nodis, fremet horridus ore cruento. Hinc audio, hoc anno, quo omnia bello feruent inter Cæsarem & Gallorum regem, Romæ Paschillum, templum hoc Iani reclusum effinxisse, & catenis solutum Furorem præcipitem exire, hinc inde poëtis de more vaticinantibus. Porrò hoc Iani templū ter constat fuisse clausum, vsq; ad tempora aduentus

aduentus Christi seruatoris: primùm regnante Numa Pompilio, deinde post bellum Punicum secundum, tertiùm post bella Actiaca, quæ confecit Augustus. Huius autem aperiendi vel claudendi ratio varia refertur. Alij dicunt, Romulo contra Sabinos pugnante, cùm in eo esset vt vinceret, calidam aquam ex eo loco erupisse, quę fugauit exercitum Sabinorum. hinc ergo tractum morem, vt pugnaturi aperirent templum, quod in eo loco fuerat constitutum, quasi ad spem auxilij pristini. Alij dicunt, Tacium & Romulum facto foedere hoc templum ædificasse. vnde & Ianus ipse duas facies habuisse dictus, quasi ostenderet duorum regum coitionem: vel quòd ad bellum ituri, debeant de pace cogitare. Aliã meliorem affert Seruius rationem, quòd ad prælium euntes, optant reuersionem.

Consuuius Ianus dictus est, vt Macrobius tradit, à conserenda scilicet propagine generis humani, quæ Iano auctore conseritur.

Quirinus etiam pater Ianus vocatus est, quasi bellorum potens, ab hasta quam Sabini curin vocabant. hinc & Curitis Iuno, vt pluribus suo loco dicemus. Quin etiam & Iunonius Ianus dictus est, teste Macrobio: quòd ita huic deo Iano omnis ingressus est dicatus, vt Calendæ omnes mensis Iunoni. Sed & Varro lib. 5. Rerum humanarum, Iano ait duodecim aras pro totidem mensibus dicatas: quas aliter tamen, vt paulò antè diximus, F. Pictor interpretatur. Scribit Macrobius, quòd Iano primus anni mensis à Numa rege attributus sit, quòd prospiciat & respiciat præterita & futura.

Matutinus deus etiam Ianus dictus est ab Horatio, in hoc,

   Matutine pater, seu Iane libentius audis,
   Vnde homines operum primos, vitæque labores   Instituunt.

Sic verò dictus, quòd sit diei dominus, vt ait Seruius, in quo ortus & occasus. Pater autem est appellatus, vt etiam Macrobius notat, quasi deorum, vt ait, deus. A Græcis etiam dictus προπάτωρ, vt in illo hymno qui κοινὸς, id est, cōmunis dicitur, χαῖρ᾽ ἰανε προπάτωρ ξεῦ ἄφθιτε, &c. Nolo tibi nunc recensere, quæ Ioannes Annius commētus est, de Vadimone, & aliis nonnullis, quoniam eius hominis scripta mihi nescio quo pacto doctrinam exoticã, ne superstitiosam dicam, redolere videntur. quis enim Nochum, seu Noa, Ianum fuisse existimet? & Ianum quis vitiferum, vel viniferum, significare putet? At Ianuã Hesychius nunc Græcam, nunc Helenam est interpretatus.

Vertunus etiam Ianus dictus est, si F. Pictori credimus: si quidem, qui eius nomine circumfertur liber, legitimus est. sic enim scribit: Imus Argiletus est, vbi Ianus quadrifrons, qui & Vertunus, in fine vici Thusci, &c. Idem fermè & Varro, & P. Victor, Asc. Pæd. in vltimo thurario tradit. Ouid. in 1. Fast. ita canit:

   Quicquid vbique vides, mare, coelum, nubila, terras,
     Omnia sunt nostra clausa, paténtque manu.
   Me penes est vnum vasti custodia mundi,
   Et ius vertēdi cardinis omne meū est. Licet de Iano dictū sit. Tibullus in vltimo:
   Talis in extremo felix Vertunus olympo,
   Mille habeat formas.   Vel vt alij legunt,
   Mille habet ornatus, mille decenter habet.

Non constitutum habeo, an apud Festum legendum sit pro Portunno, Vortunnum, cùm cætera Iano vel Vertunno conueniant, vt clarius in Portunno dicam. Vide integrã de Vertunno elegiam Propertij libro quarto, in qua poëta recenset doctè, quis deus esset Vertunus, & qualis, & vnde nuncupatus. quo in loco interpretes, Beroald. & Volsen. ex variis auctoribus plura attulerunt, quæ hic ego consultò prætereo. Meminit præterea Varro, & Horatius, qui à Iano diuersum facere videtur in 1. Epistolarum,

   Vertunnum, Ianúmque liber spectare videris.

Putauit Acron, Vertunnum deum fuisse, qui præesset sensibus. scribit verò Donatus in Terentij commentariis emanasse ab hoc deo illud quod dicimus, vel bene, vel male vertat. Vertunnus, inquit, deus dicitur, qui rebus ad opinata reuertentibus præest. Sæpe autem malè cedit quod bonum putatur, & hoc est malè vertisse: vt ille gladius qui muneri datus, adminiculum fuit reginæ pereunti. de quo Vergilius,

   ——Ensémque recludit
   Dardanium, non hos quæsitum munus in vsus.

Hæc quidem ille in Adelphis, qui nec procul, nec absimilia repetit. Huius dei vxorem fuisse

fuisse Pomonam, de qua alibi sum locutus, fabulati sunt poëtæ. Non defuerunt qui Vertunnum Hetruriæ regem prodiderint. ille se Volsinium vocat apud Propertium:

Thuscus ego, Thuscis orior, nec pœnitet, inter
Prælia Volsinios deseruisse focos.

Fuit & Voltunna, vel Vulturna, celebris Hetruscorum dea, ad cuius fanum frequens Hetruscorum concilium haberi solebat. cius non semel meminit T. Liuius in prima Decad. cuius tamen exemplaria variant. Huius deæ fanum prope Volscinios non procul à Ciminio monte & lacu fuisse, viri antiquitatum periti existimant; quo facilior esset aditus toti Hetruriæ. A Vertunno quidem Vertunnalia dies festus, qui mense Octobri celebrabatur, Vertunni feriæ, vt ait M. Varro.

SYNTAGMA QVINTVM,
AD EVNDEM D. BERNARDVM
BARBVLAEVM.

EPTVNVM à nubendo dictum putauit Varro, quòd nubat, id est, operiat terras: quod idem scribit Arnob. At M. Cicero à nando vocatum existimauit. à Grecis ποσειδὼν dictus, quòd pedibus terram quatiat: à πός videlicet, id est, pes : & σείω, quatio: & δα, pro γᾶ, doricè, id est, terra. Socrates verò apud Platonem in Cratylo, nunc dictum ait quasi ποσὶ δεσμῶ. hoc est, pedibus vinculum: quia pedibus eunti, maris natura ne procedat, impedit: nunc quasi πολλὰ ἐδιῶν, id est, multa videns. vel, inquit, fortassis ab eo quod dicitur σείω, id est, quatere. σείω, enim, id est, quatiens est nominatus, cui π ac δ fuit adiectum. Alij dictum putant à πόσις, id est, à potione, quod Neptunus symbolum gerat aquæ, quæ mortalibus prima potio fuit. Sed & Fulgentium audiamus (quamuis hic auctor non omnino mihi, vel fide rerum, vel loquendi proprietate satis probatus, vtcunque tamen audiendus:) Neptunum, inquit, tertium aquarum esse voluerunt elementum, quem ideo Græci & ποσειδῶνα nuncupant, quasi ποιῶν εἰδὼς, quod nos latinè facientem imaginem dicimus: illa videlicet ratione, quod hoc solùm elementum imagines in se formet spectantium, quod nulli alij ex quatuor competat elementis: quamuis specula & specularia imagines repræsentent, alia (vt creditur) ratione. Tridentem verò ob hanc rem ei fortè appingunt, quòd aquarum natura triplici virtute fungatur: id est, liquida, fœcunda, potabili. Hinc & Neptuno Amphitriten in coniugium deputant. ἀμφὶ enim Græcè circumcirca dicimus, eo quòd omnibus tribus elementis aquâ conclusa sit: id est, sit in cœlo, sit in aëre, item in nubibus & in terra, vt fontes, putei.& hæc fermè Placiades. Scribit Herodotus in secundo, Neptuni nomen, id est, Posidonos, ab initio non fuisse apud Aegyptios: idque nomen ab Africanis eos audiuisse, deúmque putasse, verùm nullo honore cultum. Fuit autem Neptunus maris deus creditus: vnde illum poëticè Liquidum deum Propertius illo versu vocauit:

Quæ voluit liquido toto subire deo.

Vidi & qui Posidona est interpretatus, terræ maritum. Sanè & Neptuni amores fabulosi quidam referuntur, vt quos Ero commemorat apud Ouidij Heroidas:

At tibi flammarum memori Neptune tuarum,
Nullus erat ventis impediendus amor.
Si neque Amymone, nec laudatissima forma
Criminis est Tyro fabula vana tui.
Lucidáque Alcyone, Ceycéque, & Alymone nata,
Et nondum nexis angue Medusa comis.
Flauáque Laodice, cœlóque recepta Celeno,
Et quarum memini nomina lecta mihi:

Has certè plurésq; canunt Neptune, poëtæ,
  Molle latus lateri conseruiſſe tuo.
Sed & alios huius dei amores quos legimus, miſſos facimus: vt quos ridet Arnobius, Amphitrites, Hippocoontis, Menalippes aliarum. Sed hoc loco libet tibi recenſere, quæ de Amymone in Fab. traditur hyſtoria, ab Hygino in Mythologico poëtico, cap. CLXIX: Amymone, inquit, Danai filia, miſſa eſt à patre aquam petitum, ad ſacrum faciẽdum. quę dum quærit laſsitudine obdormiit. quã Satyrus violare voluit. illa Neptuni fidem implorauit. quod cùm Neptunus fuſcinam in Satyrum miſiſſet, illa ſe in petram fixit. Satyrum Neptunus fugauit: qui cũ quæreret in ſolitudine à puella, illa ſe aquatũ miſſam eſſe dixit à patre, quam Neptunus compreſit. pro quo beneficium ei tribuit, iuſsítque eius fuſcinam de petra educere. quę cum eduxiſſet, & tres Silani ſunt ſecuti, qui ex Amymonis nomine Amymonius fons appellatus eſt. ex qua cõpreſsione natus eſt Nauplius. Hic autem fons Lernæus eſt poſtea appellatus. Hucuſq; Hyginus. qui etſi alibi hanc eandẽ fabulã recitat, atque alij plerique, volui tamẽ eam repetere, ea de cauſa, quòd tres Silanos cõmemorat: quod eſt vocabulum parum multis cognitum, vt in quadam mea Annotatione oſtendi in Lucretium & Corn. Celſum, ſed ad reliqua, quæ de Neptuno reſtant, accedamus. Scribit Gellius, antiquos vocaſſe Neptuni filios, immanes ac feroces homines, ab omníque humanitate alienos, tanquam è mari genitos: cui & Seruius in tertio Aeneid. ſubſcribit. ait, enim, de Harpyis agens, Neptunum prodigiorum omnium patrem: & perinde etiam factum, vt quotieſcunque deſunt parentes, redeamus ad generalitatem. Sic & peregrinos, Neptuni filios dicimus: quorum ignoramus parentes, vt etiam antè retulimus, Iouis & terræ filios. Sed enim & Phurnutus ait, propter maris violẽtiam omnes violenti & audacioris animi homines Neptuni filij vocati ſunt: vt Cycoples, Leſtrygones, & Aloidæ. Donatus Neptunum ſcribit, quia medius eſſe putaretur inter cælum & inferos, vtriuſque regni participem fuiſſe, habuiſſéque elemẽtorum potiorem partem. ideóque tridentem habere, pro numero elementorum: vnde & τριαινοῦχος, hoc eſt Tridentifer. quod & Proclus refert in Cratylum Platonis, vbi de fratrum trinitate agit. Phurnutus tamen in maris impetum retulit: ipſum lege. Pingebatur Neptunus & ipſe variis modis, nũc pacatus & tranquillus, nunc commotus, vt in primis in Homero & Vergilio poëtis videmus: nunc nudus etiam cum tridente & concha, quomodo ipſe conſpexi: nunc in veſte cærulea, id eſt cyanea, vt Phurnutus ait. Lucianus in Sacrificiis, cyaneis capillis & nigris effingit. Sic tamen à Philoſtrato in Imaginibus, cum equis ſcilicet & cetis in mari tranquillo incedere. Sed & cum Buccino & fuſcina, qualem marmoreũ vidi. Scribit in Delphino Hyginus: Qui Neptuno, inquit, ſimulacrum faciunt, delphinum aut in manu aut ſub pede eius conſtituere videmus, quòd Neptuno gratiſsimum eſſe arbitrantur. Scribit Plato in Critia, vel Atlantico, templum amplitudinis eximiæ, & ſtructuræ admodum mirandæ: deúmque ipſum Neptunum curru inſiſtentem, & tenentem equorum alatorum habenas, laquearia alta ceruice tangentem. Hunc circa Nereidas delphinis inſidentes cẽtum: tot enim eſſe putabantur. Martianus verò ita expreſsit: Maritima, inquit, inundatione viridior, coronam albidi ſalis inſtar candidam, atque ſpumarum caniciei concolorem habens. Nomiſmata ipſe duo conſpexi, alterum Veſpaſiani, alterum Adriani. quæ ambo habebant à tergo has literas, NEPT. RED. hoc eſt, Neptuno reduci. pulchra verò erat imago nudi ſtantis, in læui humeri tergo propendebat amictus, dextera trilorem ſcuticam, læua elatum tridentem tenebat. A Neptuno porrò Neptunalia dicta. huius enim dei vi feriæ, ait M. Varro. Græci verò octauum cuiuſque menſis diem Neptuno ſacrum eſſe voluerunt, vt Plutarchus in Theſeo, & nos in Faſtis retulimus. Sed iam ipſius dei nomina interpretemur. Secundus Iupiter aliquando Neptunus vocatus eſt. Statius: Dextrámque ſecundi, Quod ſupereſt, complexa Iouis. Vt Iupiter tertius, Pluto dictus eſt.

Βασιλεὺς τροιζηνίων, id eſt Neptunus rex cognominatus eſt apud Trœzenios. nã cum inter Neptunum & Pallada certamen ortum eſſet de Trœzeniorũ regione, Iupiter ſtatuit, vt amborũ cõmunis eſſet ditio: qua ex re Neptunus rex, & vrbana Minerua, id eſt, πολιὰς ἀδίκη, item fortis, id eſt Sthenias, dicti ibi fuére. hiſtoriam in 2. Pauſ. pluribus exponit.

Tridentifer, & Tridentiger deus Neptunus dictus eſt Ouid. in 11 Metamorphoſeos,
  Cúmq; tridentigero tumidi genitore profundi.
Hinc τριαινοῦχον Græci nuncupant, id quod & in Scholiis Procli in Cratylum Platonis
ſcrib

scribitur. Sed & διτειάνης interdum dictus est, hoc est, tridente & fuscina bonus. Quare verò fuscina Neptuno attribuatur, præter quæ iam ex Fulgentio ascripsi, pluribus etiam ostenditur. vel quòd ea piscatores vtantur, vel quod aptum sit instrumentum ad mouendam terram. Iidem præterea Græci Neptunum ὀρσοτρίαιναν, id est, Tridente furentem vocant. Pindarus, & ἀγλαοτρίαιναν, hoc est illustrem fuscina. Legi & his diebus Græcum elegãs epigrãma, quod Corinthi in Isthmo positũ fuit, quo & τριαινοφόρος appellatũ obseruauimus.

Μυκίτην Neptunum appellatum apud poëtas, & Phurnutum, & grammaticos legimus, à mugitu, & maris(vt sic dicam)boatu. quin & mare ipsum sonorum vocant, & peritrepens, ἀγάπνον, & πολύφλοισβον, ab ipso strepitu, quem non absimilem à boum mugitu ipsum mare edere videtur. Sed & huic deo ταύρους παμμέλανας, id est, tauros valde furuos nigrósue immolabant, vt etiam in De sacrificiis Syntagmate dicemus. Hoc quidem loco Phurnutus ait, propter maris colorem. vnde etiam, ait, & illum κυανοχαίτην appellabant, quod cyaneas & cæruleas iubas haberet. Sed & fluuios ταυρωπὸς κὴ κεραοφόρους, id est, corniger os & tauriformes interdum, eadem ratione appellatos videmus: tametsi aliter in Baccho relaturi. Quin & si Hesychio stamus, Neptunus ipse ταῦρος & ταυρηός nuncupatus est, & ταυρεία ipsius dei celebritas, quod & Phauorinus probat. At verò in Scholiis scuti Herculis Hesiodi, super eo versu, καὶ ταύρε̄ος γνωσίᾱς, scribitur: ταύρε̄ος epitheton Neptuni, Bœoticè, quòd ei deo tauri mactabantur in Helicone: vel vt alij dicunt, in Onchesto: idque vel propter vndarum fluctuúmque sonitum, ex quo etiam ταυρόκρανος, id est, Tauriceps dictus est. Porrò & ab eadem Onchesti vrbe, idem Onchestius, vt Pausan. docet, cognominabatur, Homerus,

Ὀγχηςόν θ' ἱρὸν, ποσιδίϊον ἀγλαὸν ἄλσος. hoc est,

Onchestúmque sacrum, Neptuni splendida templa.

Prosclystius Neptunus hac de causa cognominatus est. Cùm enim Iuno & Neptunus de agro Argiuo contenderent, Inachus & alij electi iudices ipsum Iunoni adiudicarunt. at Neptunus grauiter commotus, agrum ipsum inundauit: qua ex re Iuno Neptunũ rogauit, vt alluuionem reduceret: quod cùm sororis precibus Neptunus delinitus fecisset, Argiui in huius rei memoriam templum Neptuno consecrarunt, quem ex re προσκλύςιον appellarunt. historia pluribus à Pausan. recitatur.

Tænarius Neptunus dictus, vt Suidas & alij tradunt. Tænarus Laconiæ est promontorium, vbi ad inferos aditum esse putarunt veteres: in quo etiam fuit Asphalij Neptuni templum, ad quod cùm Hillotes, id est, serui Lacedæmoniorum supplices confugissent, eos Lacedæmonij nihil verentes, interemerunt: qua ex re impij habiti sunt, & scelesti, quòd templi religionem violassent. Historiæ meminit in primo Thucydides. vnde prouerbium, Tænarium malum, factum est, cùm maximum malum significatur: quoniam atrocissimè Lacedæmonij se gesserunt aduersus Hillotas supplices. A Tænaro etiam, vt Hesychius scribit, celebritas Tænarias: & Tænaristæ, qui in ea exercebantur. Hinc igitur Tænarius deus Neptunus dictus. Poëta in Priapeis:

Vnde Tænarus, æquorísque regi. Propertius:

Non sic Aemonia Salmonida mixtus Enipeo

Tænarius facili pressit amore deus.

Ποσειδάων, id est, Ponti rex, Neptunus cognominatus frequenter à Græcis, à nostro verò poëta Ouidio rector pelagi ideo vocatus. ita enim canit: Mulcet aquas rector pelagi. Neptunus verò iratus Aeolotus Aeolo & ventis libro primo Aeneidos apud Vergilium,

Non illi imperium pelagi, sæuúmque tridentem,

Sed mihi sorte datum, &c.

Tenedius Neptunus. Strabo lib. 10. Tenus quoque, inquit, vrbem non sanè magnam habet, verùm Neptuni fanum ingens in luco extra muros, spectatu dignum, in eo capacissima discumbẽtium conuiuarum ædificata triclinia: illud signũ est, abundantẽ finitimorũ multitudinem eò conuenire solitam, qui vnà Neptuni sacrificia celebrantes epularentur.

Elytius Neptunus, & item Elymnius cognominatus, in Lesbo & in Eubœa insulis, vt Hesychius testis est. Stephanus verò: Mesopontius, inquit, Neptunus, qui & Eresius. Sic enim in Ereso vrbe Lesbi colebatur, vt Callimachus in primo αἰτίων scriptum reliquit.

Consus Neptunus à Romanis, qui & equestris, vocatus est, vt Liuius scribit. vnde dicta Consualia, quæ primùm dicebantur, mox Circenses, & ludi magni, & Romani, quorum

apud

apud scriptores crebra mentio habita. Consum quidam consilij deum scribunt, à quo Romulus consilium de rapiédis Sabinis acceperit. & ideo etiam Augustinus in quarto de Ciuit. Dei, Consum à consilio dando denominatum ait. Et D. Cyprianus: Consus, inquit, quem deum fraudis, velut consiliorum deum coli Romulus voluit, postquàm in raptu Sabinarũ perfidia peruenit. Arnobius in tertio, Consum dictum putat, quòd salutaria & fida consilia nostris suggerat cogitationibus: & in contrarios exitus cur assiduè vertitur placitorũ inopinata mutatio? Sed quòd Consus Neptunus sit, Ausonius ostendit in Monosyll.

  Tum Iouis, & Consi germanus, tartareus Dis.
  Idem alibi:
  Cænea mutauit proles Saturnia Consus.

Cuius Cænei fabulam habemus in Ouidij Metamorph. Sed de Conso cætera prosequamur. Plutarch. cùm alibi, tum maximè in Romulo, Romulum ait cuiusdam dei aram conditam sub terram in Circo inuenisse, eique deo indidisse nomen Conso, siue à consilio, quòd consiliarius foret, siue Neptuni equestris. aramque ipsam reliquum tempus latere, in equestribus verò certaminibus aperiri. Sic verò & Dionysius Alicarn. in primo Histor. Dedicarunt, inquit, & Romani Neptuno equestri templum, atque diem illum solennem quem Arcades Hippocratia, Consualia Romani vocant, iidem constituère quo in die apud Romanos ex consuetudine cessant ab operibus equi, & muli redimiti floribus capita. Varro, Consualia dicta ait à Conso, quod tum feriæ publicæ ei deo, & in Circo ad aram eius à sacerdotibus fiunt ludi illi, quibus virgines Sabinæ raptæ. Consuales ludos ait Festus celebrari mulis solitos esse in circo maximo, quod id genus quadrupedum primò currui vehiculisque adiunctum putetur. Idem tamen alibi, mulos Lunæ ascribit. Sed enim de Conso & Neptuno idem Alicarn. Dionys. lib. 2. clarius locutus est, cùm de Sabinarum raptu ageret. Sacratam autem, inquit, illam solennitatem nunc etiam Romani celebrant, & Consualia vocant, in qua etiam ara subterranea constructa iuxta Circum maximum circunfossa terra, sacrificiisque, & igneis solennitatibus colitur, cursúsque equorum iunctorum agitur, & non iunctorum. vocatur autem is deus, cui hæc sacra peraguntur, Consus à Romanis, quem quidam interpretantes in linguam Græcam, ποσειδῶνα & σεισίχθονα esse dicũt, hoc est Neptunum & Terriquassorem: ac propterea subterranea coli ara eum tradunt, quòd hic deus terram habeat. Ego verò, subdit idem Alicarn. alterum quoque sermonem audiui, quòd hi quidem dies festi Neptuno agantur, quódque cursus & equites etiam huic deo fiant: ara verò postea genio cuidam arcano constructa fuerit, occultorum consiliorum duci atque custodi. Neptuno enim incerto, non domitori deo terræ, neque à Græcis, neque à Barbaris ara vsquã erigitur. hæc Dionysius. Quidam ideo Consum à Neptuno distinguunt, ex his Dionysij verbis, quòd ara quidem Conso dicata fuerit, Neptuno verò templum. Ego nihil statuo. memini tamen, cùm ego ingratis Romæ ætatem tererem, ad Palatij radices pone Anastasiæ templum, sacellum effossum fuisse, quod tum plerique Consi putarunt, id est Neptuni, propter frequentes conchas marinas ibi repertas. vbi & effigies albæ aquilæ cum crista rubra in sacelli fornice seu testudine, quod tum plerique consilij symbolum interpretabantur. & certè P. Victor in hac vrbis regione vndecima, id est in Circo maximo, ædem Consi subterraneam statuit. Sed & de hoc deo Seruius in octauo Aeneid. Consus, inquit, deus cõsiliorum, qui ideo templum sub tecto in Circo habet, vt ostendatur, tectum debere esse consilium: hinc est quòd Fidei panno velata manu sacrificabatur, quia fides tecta esse debet, & velata. Ideo autem dicato Consi simulacro rapuerunt Sabinas, vt tegeretur initum de rapto cõsilium: vnde etiam in eius honorem Circenses celebrantur. Consualia hoc loco Seruius Martio mense statuit, Plutarch. Augusto vt in Fastis nostris notaui.

Ἵππιος, ἢ Ἵππιος ποσειδῶν, Hippius Neptunus, id est equestris: cùm alias causas ab aliis fuisse existimatas, in Achaicis dicat Pausanias. Ego, inquit, sic puto cognominatum, quod τῆς ἱππικῆς, id est equitationis inuentor fuerit. nam & Homerus in equorũ certamine Menelao ab dei huius appellatione adhibuit iuramentum, quod equis conueniret.

  ——Γαιήοχον ἐννοσίγαιον
  Ὄμνυθι, μηδὲν ἑκὼν τὸ ἐμὸν δόλῳ ἅρμα πεδῆσαι.

Pampho verò, qui Athenieñsibus antiquissimos hymnos fecit, esse dixit Neptunũ ἵππων τε δοτῆρα νεῶν τ' εὐπρυμναλώπων, nõ aliunde nisi ab equestri appellationem deflectens. In Arcadicis autem

Syntagma V.

autem idem Pausanias ex Neptuno ait, in equum mutato Cererem peperisse filiam, cuius nomen nō est profanis enunciandum, & Arione equum. quare subdit: Neptunus primùm apud Arcadas Hippios cognominatus est. Fuit quoque templum huic deo apud Halesum montem Mantineæ, quod qui ingredi ausus fuisset, vndarum aspersione occæcabatur, nec multo pòst moriebatur, si rupto filo, quod Agamedes & Trophonius in aditu templi addiderant, qui eius templi fuerant constructores: filum enim transilire aut subire oportebat. quam rem contemnens Aegyptus, & filum confringens, periisse dictus est. Adrianus Cæs. Imp. & his amplius addidit, ne intus introspiceretur, neu quid auferretur. Hactenus fermè ex Pausan. Possumus hic conferre quæ paulò ante scripsimus de Consi ara subterranea, cùm & Consus & Hippius equestris iidem sint, quod facilè ex T. Liuio & Festo cognoscimus. Hippius Neptunus & Damæus vocatus est, at alibi dicendum. Legimus & Hippium Martem, & Hippiam Iunonem & Mineruam. Sed & aliorum quorundam scriptorum opiniones hîc subscribam. Diodorus Siculus de Cretensibus agens: Addunt, inquit, etiam Neptunum equos primùm domuisse, artémque equitandi ab illo traditam, ex quo Hippius sit appellatus. Val. Probus in commentariis. Vergilius super ea in Georg. verba:

——Túque ò cui prima frementem Fudit equum tellus, &c.

Campi, inquit, in Thessalia sunt Petræi, in quibus locus Petra nomine, percussus tridēte Neptuni equum, qui Scyphius vocatus est, edidit. Romani autem Neptunum equestrē vocant, Græci ἵππιον ποσειδῶνα, quod existimetur princeps originis equorum: &c. Festus quoque ita: Hippius, id est, equester Neptunus dictus est, vel quòd Pegasus ex eo & Pegaside natus sit: vel quòd equuleus, vt putant, loco eius suppositus Saturno fuerit, quem pro Neptuno deuorauit: vel quòd tridentis ictu terra equum excierit, cui ob hoc in Illyrico quaternos equos iaciebant nono quoque anno in mare. hæc Festus. At verò Isidorus de Circensibus ludis agens: Itaque, inquit, Castori & Polluci deputantur hæ species, quibus equos à Mercurio distributos historiæ docent: sed & Neptunus equestris ludis præest, quem Græci ἵππιον appellant: sed & Marti & Ioui in ludis equestres sunt consecrati, & ipsi quadrigis præsunt. Porrò & Phurnutus inter cætera & hoc ait, quòd ideo Hippius dictus est Neptunus à velocitate nauigationis maritimæ, quódque naues in mari quasi equi esse videntur. Hippij Neptuni meminit & Artemidorus in primo Onirocriticon.

Hippocronius Neptunus cognominatus fuit, cuius & Thebis sacrum celebrabatur, vt Pindarus in Isthm. itemque in Nem. manifestat. legi & Hippocurium Neptunum alicubi nuncupatum.

Asphalius, qui & Asphalion aliquando dictus, id est, Tutelaris, Neptuni cognomen fuit, cui (vt ait Phurnutus) vbique sacra antiqui faciebant: sed in primis Lacedæmonij, vt Paus. docet. Suidas quoque Tænarum promotorium ait Laconiæ, vbi aditus esset ad inferos, & Neptuni sacellum Asphalij cognomine, ad quod Hillotes confugientes, nihilominus à Lacedæmoniis, vt suprà dictum est, trucidati fuêre. Scribit Strabo lib. 1. Rhodios mari imperantes, capta fiducia ad loca circa Theram & Therasiam nauigantes, templum Tutelari, id est, Asphalio Neptuno in insula ædificasse. Porrò & apud Patrēses in Achaia Neptuni hæc fuisse cognomina legimus, Asphaliæus, Pelagæus, & Hippius. Sed & Macrob. Sat. lib. 1. non mirum esse debere ait, si deorum gemini effectus variis nominibus celebrantur, cùm alios quoque deos ex contrario in eade re duplici censeri & potestate accipiamus, & nomine: vt Neptunum, quem aliàs Ennosichthona, id est, terram mouentem: aliàs Asphaliona, id est, stabilientem vocant. hæc Macrob. Sanè ridiculus eorum est error, qui vbi Phurnutus ait, Asphalio Neptuno sacrificari, ipsi nescio quid reposuerunt, & talpas interpretati sunt. Sed hæc codicib. parùm synceris, vt alibi diximus, imputanda sunt.

Isthmius Neptunus dictus ab Isthmo Corinthi, vbi nauigia transuectabantur. ibi fuit Neptuni fanum, vt Strabo libro octauo scribit: In Isthmo, inquit, Neptuni quem Isthmiū vocant templum eminet, picearum arborum luco circunclusum, vbi ludos Isthmios decertatos Corinthij celebrare soliti erant. Stephanus verò: Alicarnasum vrbem Cariæ Isthmum vocatam ait. & mox subdit: Est & Corinthi Isthmus, in qua est Isthmius Neptunus, & victoria Isthmia, &c. Sed de Isthmiis ludis, qui ibi celebrabantur, & Syracusiis, lege in Pindarum commentaria: ne te in re nota sermonis prolixitate demorer.

Samius Neptunus dictus, vt Strabo testatur. huius templum fuit apud Lepreū, in quo

(vt

(vt est apud Homerum) Telemachus Pylios offendit, dum rem sacram faceret. Sic enim Homerus, interprete nostro Guarino:

> Deuenére Pylum Nelei turribus altam,
> Hic maris ad littus solennia sacra fiebant,
> Mactabántque nigros Neptuno in littore tauros.

Hesychius quoque cultum ait à Samiis ἐπακταίῳ ποσειδῶνι, quem interpretari possumus littoralem, quod in acta templum haberet: à Bœotiis ἐπακμένιος, eodem Hesychio auctore, dictus est.

Petræus Neptunus, hoc est πετραῖος ποσειδῶν. huius meminit Pindarus in Pyth. in hymno ad Arcesilaum Cyrenæum. vbi interpres: Petræus, inquit, colitur Neptunus à Thessalis, quoniam is deus discidit montes Thessalicos, dico Tempe, & per ipsos fluuium deduxit, qui prius per vrbem fluebat, & maximam eius regionem corrumpebat. vnde Callimachus, φεύγει καὶ πηνειὸς ἐλικαμύλος διὰ τέμπεων. hoc est, Fugit Peneius per Tempea Thessala flexus. Quin & hanc rem asserere videtur Herodotus in septimo, cùm ad hunc locum, eius visurus situm, Xerxes Persarum rex accessit. Meminit & de Petræis campis Probus grammaticus in primo Georg. vt antè dixi. Sunt & qui tradant hunc in modum hâc fabulam, quòd Neptunus aliquando dormiens in petra quapiam, per somnum. Venere pollutus sit: quod effusum semen terra suscipiens, equum primum exhibuit vocatum Scyphion. Alij dispositum fuisse certamen scribunt Petræo Neptuno, in eo loco, vbi primus equus δζαπάλιος, egressus est: propter quod & Hippius Neptunus est dictus. de quo alia, & diuersa ex aliis, suprà retuli.

Heliconius Neptunus vocatus est ab vrbe Helice, quæ ab Aegio XL stadiis distabat versus mare: & hæc quidem Helice irato Neptuno, vt ait Paus. quòd supplices Iones de templo abegissent, & interfecissent, terræmotu conscissa corruit. Meminit etiam Strabo libro octauo. Heliconio Neptuno festa celebrabantur, quæ Panionia vocitata fuerunt, vt idem Strabo & Herodotus in primo prodiderunt. Sedenim & Heliconius Iupiter ab antiquis cultus fuit, de quo in Ioue iam dictum est.

Nisyreus Neptunus cognominatus ab insula Carpathij & Cretici maris, cuius & Homerus meminit: Quique colunt Nisyron celsam, & cetera. hæc Telo confinis est ab Aquilone, ab ea verò stadia circiter sexaginta distans, rotunda, celsa, saxosa, molaribus abundans lapidibus. finitimis igitur vrbibus ex ea molarum suppetit copia. Sui etiam nominis habet oppidum, & portum, calidarum aquarum & thermarum scaturigines, fanúmque Neptuni Nisyrei, cuius ambitus est stadiorum octoginta. Fama est, Nisyrum fragmentum Coæ insulæ fuisse. additur rei fabula: Neptunum gigantem quempiam Polyboten persequentem, ab insula Co tridente suo frustum auulsisse, ínque illum iaculantem fragmentum, ipsum proiectum insulam mansisse, appellatámque Nisyrum, ibíque gigantem sepultum. hæc ex Strabonis libro decimo.

Phythalmius Neptunus nuncupatus fuit. quòd Trœzeniorum precibus deus motus, non amplius aquam salsam fructibus eorum & plantis inspergeret. cuius dei templu propter eorum mœnia celebre fuit, vt Pausan. docet in Corinth. Phurnutus verò & Phytalion, seu φυτάλιον cognominatum scribit, si peruetusto codici credimus. Phythalmius igitur, seu Phytalmius, seu Phytalios legere malumus, ea humoris vis est, quæ causa antiquis putabatur, vt quæcunque è terra producuntur, germinarent.

Σωτὴρ ποσειδῶν, hoc est Seruator Neptunus, Valla & liberatorem in septimo Herodoti interpretatus est. nam Græci cùm audiuére classem Xerxis naufragio periisse, factis Ioui Seruatori primùm libationibus, ad Artemisium profecti, iterum stationem habuére ad templum Neptuni Seruatoris: quod nomen ab illis inditum, ad hoc vsque tempus (ait Herodotus) perdurat.

Δωματίτης ποσειδῶν, Domatites, vel cubicularis Neptunus, teste Pausan. cognominatus, quòd eius templum esset inter platanos arbores ferè obtectum: vnde etiam illi nomen datum putatur.

Portunum etiam Neptunum appellatum videmus à Latinis, interdum à Palæmone seorsum. Martianus in quinto, eo carmine:

> Portuni trifidam suspirans flagitat hastam.

Idem in primo, cùm Mercurius de ducenda vxore cogitat: Nec solùm superûm regem attestabatur vxorium, idque etiã Diti proposítu, idque Portuno. M. quoq; Cicero in lib. de Nat de Natura deorum, cùm ait Neptunum à nando, Portunum à portando dictum: de Neptuno agens. Arnobius quoque in tertio: Per maria, ait, tutiss. præstat Portunus cõmeantibus nauigationes, sed cur insanum mare tam frequentes exposuit crudelium naufragiorum ruinas? Apuleius etiam in quarto de Asino aureo, parum licet animaduersum ab interprete in fabula Psyches: Et Portunus, inquit, cærulis barbis hispidus, & grauis piscoso sinu Salacia, auriga paruulus delphini Palæmon, iam passim maria persulcantes. Tritonum cateruæ, hîc concha sonaci leniter buccinat, ille serico tegmine flagrantiæ Solis obsistit, inimici, aliàs sub oculis dominæ speculum prægerit. Vide vt hoc loco Portunum à Palæmone diuersum facit, eíque Salaciam adiungit, quæ Neptuni vxor fuisse dicitur, vt Varro, Gellius, Augustinus, Seruius & Martianus ostendunt. Sed de Palæmone, qui à nostris Portunus dictus est, alibi etiam nonnihil agam, à quo Portunalia dicta, vt ait Varro, & feriæ institutæ, cùm eius ædes in portu Tiberino facta fuit. Festus: Claudere, ait, & clauis, ex Græco κλάω καὶ κλεῖς descendit: cuius rei tutelam penes Portunum esse putabant, qui clauem manu tenere fingebatur, qui deus putabatur esse portarum, hæc Festus: quibus verbis parum mihi constat, an pro Portuno Vortunum legendum sit, cùm plerique Ianum & Vortunum eundem fecerint, & ei deo sit clauis attributa, vt alibi etiam dixi.

Epoptes Neptunus etiam cognominatus, cuius templum apud Megalopolin in Arcadia, vt testis est Pausan. Dictus verò quasi ἐπόπτης, id est, inspector, & vrbis tutelaris.

Ἁλικλύων, hoc est mari inclytus Neptunus, à Sophrone in Mimis cognominatus. meminit Hesychius.

Aegæus Neptunus cognominatus est ab Aegis Eubœæ insulæ, vt notat Strabo in nono. In his verò fuit Neptuni templum Aegæi. meminit & Pherecydes, & Phauorinus.

Cenchreus, id est, κέγχρου ὁ ποσειδῶν dictus, vt Stephanus ait, à filio Herois Cenchreo. Fuêre autem Cenchreæ diuersis in locis vrbes: vna Troadis, vbi diuersatum Homerum fuisse legimus, vt edisceret quæ ad Troiam pertinerent: altera fuit ciuitas & nauale non longè à Corintho, vnde Cenchreus vocatus est deus: tertia fuit Italiæ vrbs.

Canobus Neptunus nuncupatus est, teste Stephano. est verò Canobus, vel Canopus, ciuitas c & x x stadiis distans ab Alexandria, pedestri via. dicta verò à Canobo Menelai gubernatore, qui ibi periisse fertur, & templum Posidonis Canobi, & insula. Sed enim de Canobo deo iam actum est pluribus in deis localibus, in primo libro.

Erechtheus insuper Neptunus ab Atheniensibus & cultus & dictus, teste Hesychio: & à Cyrenæis Pellanius nuncupatus. Delubrum Erechthei Neptuni nuncupati, in Achaia hoc memorabile habuisse traditur, vt aqua in eius puteo austro flante fluctuaret, cæteris autem ventis perflantibus immota manebat.

Damæus Neptunus, idem & Hippius vocatus, vt suprà proditum, quòd videlicet equos domuerit, παρὰ τὸ δομάζω. Sed hac de re in Hippio & Petræo Neptuno iam dictum est.

Κυανοχαίτης ποσειδῶν, hoc est cyraneis, seu cæruleis iubis siue capillis Neptunus. frequens verò hoc epitheton est Græcis, Orpheo, Homero, Hesiodo, aliis: ipsúmque Phurnutus & grammatici interpretantur de aquæ maris colore.

Ἐνοσίχθων, ἐνοσίγαιος, σεισίχθων, & τινακτοραγαῖος, eadem penè ratione Neptunus nuncupatus est, vt Phurnutus notat, qui & eorum causas exponit: hoc est, Terriquassor, & Tellurimotor, vt apud Gellium in secundo Theod. Gaza expressit, Ammianus Marcellinus libro decimoseptimo histor. Ideo, inquit, humentis substantiæ potestate Enosigæum & Silichthona poëtæ veteres & theologi nuncupauerunt: de terræ motibus disserens, qua ratione fierent. meminit & Macrobius Saturnal. libro primo. Sanè Ennosigæus duplici nn aliquãdo scriptum inuenimus, apud poëtas in primis, propter syllabæ moram. nam cum ἔνοσις prima breui enuncietur, ad carminis normam aliquando litera duplicatur: quod non modò à Græcis fit, sed & apud Latinos. Iuuenalis,

Ipsum compedibus qui vinxerat Ennosigæum.   res est notissima.

Γαιήοχος, & δεμελιοῦχος etiam Neptunus sæpius nuncupatur, teste Phurnuto, quòd terram quatiat, eiúsque fundamenta contineat. hinc poëta Verg.

Neptunus muros, magnóque emota tridenti
Fundamenta quatit.

Quo loco Seruius ait, Neptuno fundamenta consecrata esse. Variè tamen hęc cognomina exposita legimus: sed vt mihi magis quadrare visa sunt, retuli.

De Deis Gentium.

Νυμφαγέτης Neptunus ab aliquibus cognominatus est, vt scribit Phurnutus, quasi dicas Nympharum & aquarum actor. vnde etiam κρηνοῦχος appellatus, quod fontibus & aquis præesse crederetur.

Pelagæus, etiam in Achaia dictus est Neptunus, vt Pausanias & Hesychius docent.

Γενεσίου ποσειδῶνος, id est, Genesij Neptuni est mentio facta à Pausania in Corinth. cum de vico Genesio ageret: Vbi, inquit, in littore Neptuni Genesij ædes est, non ea sanè magna, non longè à Lerna.

Εὐρυβίας ποσειδῶν à Pindaro aliisque poëtis Neptunus cognominatus est, hoc est, qui latæ amplæque violentiæ sit, & potentiæ. vt illud est, καλέων εὐρυβίαν: id est, inuocans Neptunum. tametsi quidam εὐρυβόας potius velint legere, hoc est latè reboans. Sed de boatu & mugitu maris antè sum locutus: nunc de violentia agendum, quæ quanta sit, maris præsertim, non est cur multis commemorem, quum non hinc multum Ferraria distantes Adria, Cymachium, & Clôdia, insignes olim vrbes, hoc tempore maris violentia ac æstu sub aquis obrutæ cernantur. Quare etiam Neptunus ideo εὐρυμέδων, & εὐρυμέδοντης à poëtis sæpe vocatus est, hoc est latè regnans, seu imperans: & interdum etiam ἀρυόπρις dictus, quod latè robustus sit, & valens. ἀρύστερος etiam ποσειδῶν cognominatus, Phurnutus notat, quòd latum, & perinde robustum pectus haberet, & latum sit æquor pelagi. vnde etiam illud frequens apud Homerum, ἐπ' ὀρίσανατα θαλάσσης: hoc est, per latos humeros maris. Vocatus etiam ab Hesiodo in Theogon. ἐρίκτυπος, à sonitu, ζυωσίλης θαρυμίστα verò à Scythis, vt in quarto hist. Herodotus scribit, licet Tagesmana perperàm ex Latinis scribant. Hesychius etiam Neptunum appellat ἀυρίπιαν.

Salacia Neptuni vxor. August. in quarto de Ciuit. dei: Salaciam inferiorem maris partem vocatam ait. in septimo verò: Iam vtiq;, inquit, habeat Salaciam vxorem Neptunus, quam inferiorem aquam maris esse dixerunt. Festus quidem: Salaciam, inquit, dicebant deam aquæ, quam putabant salum ciere, hoc est mare mouere. vnde Ouidius, Nymphæq; salaces, dixit: quo vocabulo poëtæ pro aqua vsi sunt. Pacuuius: Hinc sæuitiam Salaciæ fugimus. Varro quoque à salo Salaciam deduxit. Seruius ab aqua salsa Salaciam dictam ait, vxorémque ipse Neptuni facit. Meminit præterea Gellius & Martianus. Salaciam tamen alteram puellam ex Ophionide lego, quæ vt Alexander apud Stephanum ait, ferre solebat sacra deo Apollini in Pataris. Priorem quidem Salaciam nonnulli eandem esse putant, quæ Amphitrite Græcè dicitur. Amphitriten porrò Hesychius pro toto mari interpretatur, à timore & formidine dictam, qua ij vndique circundantur, qui per mare nauigant. Scribit Oppiani interpres, Amphitriten dictam ἀπὸ τ̂ ἀμφοτέρωθεν τρίτων τάξιν ἔχειν, quòd videlicet vtrinque tertium obtineat ordinem. ęther enim, aër, aqua: & rursus intra erebus, terra, aqua. alij dictam volunt ἀπὸ τ̂ ἀμφιτρέβειν, hoc est à circumterendo, quod mare terram vndique terat. alij ἀπὸ τ̂ ἀμφιτρεῖν, quod significat circumterere, quòd mare vndique terrore nauigantes afficiat. Sunt qui dicant ἀπὸ τ̂ τρεῖν, id est, à terendo, quod nauigantes mare ἀμφοτέρωθεν terat. Fabulantur Græci, hanc perpetuam deis virginitatem vouisse: sed cùm à Neptuno solicitaretur, ad Atlantem confugisse, vbi à delphino persuasa, Neptuno assensit. Vnde est illud poëtæ,

Neptunum gremio complectitur Amphitrite: Claudianus:
Margine terrarum porrexerat Amphitrite: Ouid.

Pro, mare. hoc nomine duas fuisse, inter Nymphas annotabimus.

MARINI DEI.

Cvm de Neptuno, eiúsque vxore iam dixerim, superest vt de Marinis reliquis deis dicam. Marini igitur dei à Græcis vocantur θαλάσσιοι θεοί, vel ἐνάλιοι, vt à Luciano. Ingens horum turba fuit: quorum princeps Neptunus, & eo antiquiores Nereus & Oceanus. Fingebantur verò dei marini cani & senes, propter maris spumas: ipsíque colore cæruleo, qui color est pelagi. eorum nonnulli in piscem desinebant, vt Glaucus, & Triton, aliíque. Alij fuêre in hoc numero littorales dei, qui à Græcis αἰγιάλιοι nuncupantur. Catullus:

Neque vlla vota littoralibus deis sibi esse facta.

Sanè hoc loco est à nobis ascribêdum, quomodo Dei fluuiorum ab antiquis pingerentur. Vidimus enim nos sæpe Romæ marmoreos fluuiorum deos effictos: sicuti Nilum in forma, qua Philostratus & alij scripserût: & Tyberim cũ lupa & Romulo ac Remo, aliósq; nônullos peregrinos fluuiorũ deos. Sed præstat apponere verba Aeliani ex lib. 2. de Varia historia,

Syntagma V. 147

hiſtoria,ſcribentis:Fluuiorum naturam,illorúmq; fluxus cernimus, nõnulli tamen eorum qui ipſos honorant, ſtatuáſque ipſorum effingunt, informes fecere: alij bobus ſimiles eſſe voluerunt. Stymphalij Eraſinum & Metopen, Lacedæmonij Eurotam, Sycionij & Phliaſij Aſopum, Argiui Cephiſſum, bobus aſſimulant. Pſophilij Erymanthum, Alpheum Heræenſes: Cherroneſij, qui à Gnido profecti ſunt, & ipſi eundem fluuium viris aſſimularũt. Athenienſes Cephiſum ſub virili ſpecie honorant, cornua tamen præferentem. In Sicilia Syracuſani Anapum viro aſſimularunt, Cyanem verò fontem muliebri imagine decorarunt. Aegeſtæi Torpaca, Criniſſum, & Telmiſſum virili forma honorant. Agrigentini eiuſdem nominis fluuium formoſo puero aſſimulantes ſacra faciunt: iidémque puerilem ſtatuam ex ebore ſculptam Delphis ſacrarunt, & infrà fluuij nomen inſcripſere. Atq; hæc quidẽ Aelianus. Porrò quòd flumina plerunq; cornuta fingerentur, planius oſtendemus, cũ de Baccho Bugene agemus, vbi & de Epidio rhetore ex Trãquillo hiſtoriã repetemus.

Nereus ergo ex Mari & Terra natus, grandæuus & ſenior dictus, Græci ἁλιον γεροντα vocant, Nereidum nympharum pater, mirificè laudatus ab Heſiodo in Theogonia. Huic hymnum Orpheus concinuit, cum myrrhæ thymiamate. vxorem Dorida habuit. dictus ἀπὸ τ᾽ νάξῃ, vt ait Phurnutus: hoc eſt, à natando.

Oceanus, deus & ipſe maris, dictus Grẹcè ὠκεανὸς, ab ὠκὺς, id eſt, à velocitate: Cœli & Terrẹ filius ab Heſiodo dictus. vir verò Tethyos, pro toto mari à poëtis capitur: totum qui circuit orbem, vt ait Catullus. Oceanus, inquit Phurnutus, ἀκαλαρρόιτας nuncupatur, quòd lenis, & tranquillus eius ſit fluxus, vt ſolis motum imitari videatur. Vocatur idem & βαθυδίνης, quod citò & à profundo moueatur. Tauriceps etiam dictus eſt, hoc eſt ταυρόκρανος, vt etiam Neptunus meminit in Oreſte Euripides. Tethys autẽ vxor eius appellata, quòd pura omnia & ſplẽdida efficiat, reſq; cõtrarias cõcordi ac mutuo nexu decenter copulet.

Proteus deus marinus & ipſe à gentibus exiſtimatus, CERES ab Aegyptiis, vt Diod. ait, dictus: hic ſeſe in varias figuras mutare ſolitus erat, vt Homerus & Vergilius poëtæ cecinêre, & hiſtorici inſignes, Herodotus & Diod. vt alios mittam. hic in inſula Pharo apud Aegyptum, ſi Homero credimus, regnauit: vnde eſt aliquando Pharius cognominatus.

Hyginus verò in fabulis de Proteo ita tradit: In Aegypto Proteus ſenex marinus diuinus dicitur fuiſſe, qui in omnes ſe figuras conuertere ſolitus erat. Quem Menelaus Idotheæ filiẹ eius monitu catenæ alligauit, vt ſibi diceret quando domum repetitionem haberet. quem Proteus edocuit, iram Deorum eſſe, quòd Troia eſſet deuicta. ideóque id fieri debere, quòd Hecatombe græcè dicitur, cum centum armenta occiduntur. itaque Menelaus hecatomben fecit. tunc demum poſt octauum annum, quàm ab Ilio diſceſſerat, cum Helena in patriam redit.

Ponticus Heraclides ait, Proteum in formem rerum materiam è poëtis ſymbolicè nuncupari, ſub figmẽto. & declarat, quare ita vocaretur, & in varias formas mutari diceretur. Idotheámque illius filiam, eius prouidentiam eſſe arbitratus eſt: & cætera, quæ idem exequitur in lib. Homericarum allegoriarum. Proclus quoque in his quæ pro Homero aduerſus Socratem ſcribit in Platonis legibus, Proteum mentem ait angelicam ordinis Neptuni habentem, & in ſe complectentem omnes rerum formas in mundo genitarum: ſubiiciturque illi Idotheo anima, ſcilicet dæmonia quædam diuinæ Protei menti iuncta conuenienter, & cogitationes ſuas eius intelligibilibus formis connectens. hæc & alia ſubtilius Proclus. Alij Proteum ſophiſtam interpretati ſunt, qui apparentibus argumentis hominibus illuderet. Alij eum veritatẽ dixêre, ſeſe haud omnibus paſſim oſtentatẽ, ſed paucis duntaxat, his qui probè eam arripere norint. Alij Protei hiſtoriam ad regum Aegyptiorum inſignia retulerunt, quæ diuerſa & varia fuerint: quibus etiam moris fuerit, ea ſubinde immutare, nunc leonis ſpecie, nunc tauri, nunc & cæterorum, quæ docet hiſtoria. Quid dicam, & aliquos fuiſſe qui ſaltatorem Protea interpretati ſunt? quid, & alios fuiſſe qui hanc ſubeſſe Phyſicam rationem putarũt? dicentes, hominẽ in libidinẽ habere ſtultitiam, ferocitatem, dolum: quæ dum inuicem in vno homine vigẽt, pars illa quæ vicina eſt diuinitati, id eſt, prudentia, non apparet: quæ tunc poteſt ſuas vires tenere, cùm fuerint illa religata. id eſt, cùm quis omnibus vitiis caruerit. Sed hæc non noſtri ſunt inſtituti, niſi cùm ſe ſponte offerunt. Scribit Iſaacius in commentariis in Lycophronẽ, Proteum genere Aegyptiũ fuiſſe, ſed ex Aegypto migraſſe Phalagram Pallenes, vxorémq; duxiſſe Toronem, ex qua Tmolum & Telegonum filios ſuſtulerit, qui hoſpites occiderent. ab eis Proteus aufugit,

Neptuni ope, qui subterraneam ei cauernam præparauit, ex qua subtus mare in Aegyptū vsque penetrauit. post verò Hercules in Thraciam perueniens, Tmolum & Telegonum interemit: quorum interitu pater neque lætatus, neque fleuit. hinc Pallenius Proteus cognominatus est, & Phalagræus, ex iam recitata fabula dictus item Pharius, sed & Carpathius. Seruius: Carpathos, inquit, insula est contra Aegyptum, à qua vicinum pelagus Carpathium appellatum est. hîc aliquando regnauit Proteus, relicta autem Pallene ciuitate Thessaliæ: ad quam tamen reuersus est postea, quod ostendit etiam Vergilius cùm ait, Patriámque reuisit Pallenem. Statius ideo Carpathium appellauit, eundem & Neptuni pastorem, in Achilleide. Vergilius verò de Proteo sic, vt semper, diuinè:

    Est in Carpathio Neptuni gurgite vates,
    Cæruleus Proteus, magnum qui piscibus æquor,
    Et iuncto bipedum curru metitur equorum.
    Hic nunc Aemathiæ portus, patriámque reuisit
    Pallenem: hunc & nymphæ venerantur, & ipse
    Grandæuus Nereus: nouit nanque omnia vates,
    Quæ sunt, quæ fuerunt, quæ mox ventura trahuntur:
    Quippe ita Neptuno visa est, immania cuius
    Armenta, & turpes pascit sub gurgite Phocas.   Hæc poëta.

Sed & Orpheus hymnum composuit, cui & styraca adoleuit, eundémque Ponti claues tenere, & totius naturæ exordia, & multiformibus speciebus materiam mutare. Possem & plura de Proteo afferre: nam & eius vsque nomen in prouerbia deductum est. Cognominatus præterea Cæruleus à Vergilio. Ambiguus ab Ouidio. Horatius verò ait,

    Quo teneam vultus mutantem Protea, nodo.

Triton Neptuni filius, & Amphitrites, vt canit Hesiodus: Seruius tamen, Salacię. vt putare possimus, quod iam scripsimus in Salacia, eandem esse Amphitritem & Salaciā. Isaacius in commentariis in Lycophronem, Tritonem & ipse Neptuni & Amphitrites filium scribit, à superiori parte ad vmbilicum hominis effigie, ab vmbilico ad caudam delphini: tanquam, ait, si dicas ex pisce centaurus, hoc est, ἰχθυοκένταυρος. Phurnutus tamen Tritonem ita describit: Biformis (inquit) fuit hominis partem habens, partem ceti, propter duplicem liquoris vim, alteram quidem vtilem, alteram verò noxiam. dictus ϝ τρέων, Triton vel ἀπὸ ῥ́ ῥύσεως, id est, fluxu, ρ litera superiuncta: vel ἀπὸ, vt in Amphitrite dictum est, per antiphrasin, quòd non timeat. Triton elegantissimè ita in Metamorph. ab Ouidio describitur,

    Cæruleum Tritona vocat, concháque sonanti,
    Inspirare iubet, fluctúsque & flumina signo
    Iam reuocare dato. &c.

Et ab huius forma Vergilius in x Aeneid. nauem effinxit,

    Hunc vehit immanis Triton, & cærula concha
    Exterrens freta, cui laterum tenus hispida nanti,
    Frons hominem præfert, in pristin desinit aluus.
    Spumea semifero sub pectore murmurat vnda.

Tubicen Triton à poëtis Neptuni fingitur. huius Hyginus in Cancro meminit, & poëta Claudianus. Macrobius hunc in Saturni templorum fastigiis poni solitum tradit. Dicimus & Tritones, numero pluriū. Vergilius: Tritonésque citi, Phorcíque exercitus omnis. Sanè sciendum, quòd Nilus Aegypti fluuius Triton quoque dictus est, Lycophrone teste. quo loco interpres ideo Tritonem illum appellatum obseruat propter eius tria in primis nomina. Primò enim Oceanus dictus est: deinde Aëtos, id est aquila, ab eius cursus velocitate: demum Nilus, ἀπὸ ϝ νέαρ ἄγειν ἰλὺν, quòd scilicet nouum limum agat. Sed de Nili nominibus aliàs memini à me, x ι ε esse collecta. Fuit & Triton fluuius alius Libyæ, seu palus, vnde Tritonia & Tritogenia, vt in Pallade abundè dicturi sumus. Scribit Plinius in Nat. historia, Tritonē suo tempore visum fuisse. Idem scribit & Paus. qui ait, à se visum apud Tanagręos in Bœotia: & item alterū Romæ inter miracula habitum, Tanegræo minore: eósque commixtam habuisse hominis speciē cum pisce. caput enim capillis cōtectum fuisse, neque facile discerni potuisse: colore eo fuisse, quo esse videntur ranæ palustres in dorso: nares humanas habuisse, branchias sub aures, os rescissum latúmque, ferinos dētes, glaucos oculos, manus cum articulis ad humanā effigiem, vngues ostreorum conchis persimiles, reliquum
                                               porrò

porrò corpus paruulis squamis contectum, & in piscem desinere non dissimilem extremis delphinorum partibus. Tanagræum vino captum prodit Pausʃ positum in templo Bacchi conspiciendum. Demonstratus in lib. de Piscatione, conditū Tritonē in oppido Tanagra ad spectaculum ait, cætera(inquit)fictis & pictis similem. Scribit verò Alex. Neapolitanus, suo quoque tempore visum hominem marinum, & melle seruatum, ex Mauritania in Hispaniam delatum. Notissima etiam historia, nostra ætate in Epiro vnum eiusmodi laqueis captum, qui puellis insidiaretur, dum ad fontem aquatum proficiscerentur. de hac eadem re plura in Aeliani additamentis P. Gilius.

Phorcus, qui & Phorcys, Ponti & Terræ filius, vt canit Hesiodus in Theog. ex quo & Cetone Græ natæ dicuntur, quæ natæ statim canæ factæ sunt: quia vnda collisa breuib. canentes spumas faciat. Græ autem, quasi γραῦς, id est, anus appellatæ. Sed de Græis aliàs. Illud sanè te scire velim, Phorcum dici, & Phorcyn, & Phorcynum, Homero & Hesiodo in primis, vt est in x111 Odyss. de Phorcyni antro, quod Porphyrius philosophus est doctissimè interpretatus. Seruius verò: Phorcus, inquit, Thoosʒ nymphæ & Neptuni filius: vt autem Varro dicit, rex fuit Corsicæ & Sardiniæ, qui cùm ab Atlante rege nauali certamine cum magna exercitus parte fuisset victus & obrutus, finxerunt socij eius, eum in deum marinum esse conuersum.

Saron deus marinus, qui nauticæ arti præesse existimabatur, à quo datum est mari nomen, vt Græci scriptores meminêre, & qui de Situ orbis scripserunt, vt Strabo. Aristides rhetor hęc fermè in Themistocle scribit: Nec vti per omne tempus in mari habitent, quemadmodum aiunt Glaucum Anthedonium, & Saronem mari cognominem eius. & Paus. in Corinth. meminit, qui Althepiæ regioni imperauit. hinc & prouerbiū apud Græcos, σάρων ὁ ναυτικώτερος.

Glaucus deus marinus, de quo Seruius: Glaucus, inquit, piscator fuit de Anthedone ciuitate, qui cùm captos pisces super herbam posuisset in littore, & illi recepto spiritu rursus mare petissent, sensit quandam herbarū potentiam, quibus esis conuersus est in numen, & deum marinū. Fabulā copiosè Ouid. est in Metamorph. executus: & Ausonius in Mosella,

Sic Anthedonius Bœotia per freta Glaucus,
Gramina gustatu postquàm exitialia Circæ
Expertus, captas moribundis piscibus herbas
Sumpsit, Carpathium subiit nouus accola pontum.
Ille hamis & rete potens scrutator operti
Nereos, æquoream solitus conuertere Tethyn,
Inter captiuas fluitauit prædo cateruas.

Sed & Oppianus in Halieutico, Strabo præterea, & Athenæus in septimo copiosius, Paus. lib. 9. de Glauco verò propiora scribit: Est, inquit, præterea ad mare locus, quē Glauci saltum nuncupant. Piscatorem Glaucum & repentè herba quadam gustata inter maris deos receptum, & futura prædicere, cùm alij credidere, cum præcipuè nauiculatores multa quotannis de eius diuinatione memorāt. quæ cum Anthedonij Pindarus & Aeschylus accepissent, illi quidē curæ non fuit multa de Glauco versibus suis mandare, cum Aeschylus totius fabulæ argumentum à Glauco deduxisset. Palæphatus in lib. Incredibiliū, fabulæ huius allegoriā explicat, Glaucúmque Anthedoniū vrinatorē fuisse ait: qui aliquando natans per aliquot dies delituerit, & propterea ab hominibus deus factus existimatus, &c. quæ ille de eius etiam morte interpretatur: déque altero, itémque altero Glauco, hoc est Sisʃ phi & Minois filiis. Porrò Nicanor Glaucum Melicertam fuisse credidit. Nicander verò in primo Aetolicorum, Apollinem à Glauco diuinandi scientiam accepisse voluit. Glaucus à Philostrato ita in Imaginibus effingitur: Liquidi sunt Glauco barbæ cirri, cæruleo aspectu, comarum cincinni graues, in humeros diffluentes, densa & arcuata supercilia, inuicem se contingentia, ita vt vnum esse videantur: brachia habet natantia, pectora habet inspersa herbis marinis, fuco scilicet, & alga: venter restrictus, reliquo corpore piscis, cauda ad lumbos reflexa: illum circumuolant alcyones, &c.

Portunus deus marinus, vt ipse marinus, vt ait Seruius, qui portubus præest. Plautus in Rudent. Sed ô Palæmon sanctę Neptuni comes. huius nota est fabula: Athamas post furorem à Iunone immissum, cùm occiso Learcho, qui etiam Clearchus dictus, Melicertam alterum filium cum Ino vxore sua persequeretur, & illi se in mare precipitassent, voluntate numinū

De Deis Gentium.

in deos versi sunt. Melicerta in Portunum, qui Græcè Palæmon dicitur: Ino in matrem Matutam, quę Græcè dicitur Leucothea. si copiosius fabulam quęris, Ouid. in quarto Metamorphos. legito, & Lactan. grammaticū in Theb. Statiana, & Hyginum in fabulis: sed & Græca & Latina prouerbia, Inus dolores hoc est ἰνȣ̃ ἄχη. Leguntur ad hæc & duo Orphei hymni, alter Leucotheæ cum thymiamate aromatum, alter Palęmoni cum manna thuris: ex quibus hymnis eos aduertimus, hoc est matrem & filium, Dionysij educatores, id quod & in Dionysio repetam. In xı vrbis Romæ regione, id est, in circo maximo, qui Conso, hoc est Neptuno equestri dicatus fuerat, duæ ædes fuêre Portuni, vt P. Victor scribit: altera ad pontem Aemilij, olim sublicij appellati: altera inter Apollinem cœlispicem, & Herculem oliuarium. Palęmon verò cognominatus est à Verg. in quinto, Leucotheæ imago describitur in secundo Iconum lib. à Philostrato. Leucotheam Orpheus ait succurrere nauibus, & perinde etiam earū esse seruatricem, id est, σωτήϱιαν. hinc Propertius in secūdo,
    Ino etiam prima terras ætate vagata est,
    Hanc miser implorat nauita Leucotheam.
Megarenses verò, vt scribit Pausanias, aiunt Inus cadauer in regionem suam maritimā cecidisse. idque à Cleso & Tauropoli Clesonis filiabus, Lelegis filij, inuentum ac sepultum: appellatámque fuisse Leucotheam apud se primum, cui quotannis sacrificant. Sanè Portunum pro Neptuno à Latinis interdum desumi, suprà à nobis iam ostensum est.

Aegæon etiam deus fuit marinus, si Græco Eumelo & nostro Ouidio stamus. nam alij gigantem faciunt, vt Homerus. Ouid.
    Cæruleos habet vnda deos, Tritona canorum,
    Proteáque ambiguum, balenarúmque prementem
    Aegæona suis immania terga lacertis.
Hesiodus, Cœli & Terræ filium Aegæona ait. Eumelus, & ipse poëta vetustissimus, Aegæonem in Titanomachia Terræ & Ponti filium fuisse ait, & in mari habitasse, indéque Titanibus opem tulisse. Lucillus Tarrhæus Aegæonem gigantem fuisse prodidit, atque ex Euboea in Phrygiam peruenisse, ibíque decessisse. Conon autem in Herculea scribit, Neptunum hunc ipsum Aegæonem deuicisse, & in mari demersisse.

Scyllam & Charybdin hic breuissimè ascribam, quamuis notissimæ sint potius vt institutum prosequar, quàm vt opus esse existimem. sequar igitur eos Græcos, qui interpretati sunt physicè fabulas Homeri: quæque à nostris poëtis traduntur, & grammaticis, in præsentia mittam, plurima enim conculcarem. Scylla in antro obscuro & horrendo describitur. terribili illa est latratu, canū videlicet simili, pedes habere dicitur xıı, colla sex longa, capita totidem, & dentium triplicem ordinem, ex quibus virus stillare videtur. Capita verò assiduè in mare porrigit, ac circunspicit è scopulo, an inde nauis aliqua circumnauiget, vt ex ea saltem tot deprædetur, quot ipsius sunt Scyllæ capita. ac toti dem ex Vlyssis socijs abstulisse, ac diripuisse, poëta dixit. Scyllam sic describit Hyginus in Fabulis, de Vlysse agens: Inde ad Scyllam Typhonis filiā venit, quæ superiorem corporis muliebrem, inferiorem ab inguine piscis, & sex canes ex se natos habebat. eáque sex socios Vlyssis naue abreptos consumpsit.

Charybdis verò tantum à Scylla distat, quantum est sagittæ iactus. Hæc ter in die sub caprificum delitescens, aquas absorbet, térque inde reuomit. Hinc euasit Vlysses, vt Homerus canit.

NYMPHAE.

Nympharum vocabulum apud Græcos varia & diuersa significare videmus. nam & alatæ formicæ, nymphæ vocantur: & item vermes quidam alati, qui in apum aluearijs, quíque circum calyces rosarum strepunt. Hinc Plin. lib. xı. Apes aliæ in vermiculo, aliæ in nympha esse perhibentur. Idem pauló pòst: Nymphæ, inquit, nominantur. Sed & nouæ sponsæ hoc nomine dicuntur, vnde est παϱανυμφ۞, & νυμφεύτϱια, & νυμφοκόμ۞: hoc est apud nos, pronubus & pronuba. Est & nympha inter astra, capra Amalthea, de quà mox agemus. Ea præterea particula, quæ est à mento & inferiori labro concaua media, nympha dicitur. Nymphæ quoque Musæ nuncupatæ, vt in Musis dictum. Nympha item pudendi pars, que ad virilis interdum membri similitudinem excrescit, & arrigitur, vt Iul. Pollux scribit. Nymphas denique, veteres, animas vocabant. Porphyrius: Fontes, ait, & flumina cum nymphis aquarū numinibus propria sunt, tum multo magis nymphis animis,
(animas

(animas enim veteres, nymphas vocabant) quas olim peculiari vocabulo Melissas appellabant, videlicet quòd sint voluptatis auctores in nobis. Hinc Sophocles non impropriè de animis dixit, Bombos edit examen defunctorũ. quin & mulieres Cereris sacerdotes tanquam inferorum antistites, olim Melissæ sunt vocatæ: & Cereris filia μέλιτ]α, hoc est Proserpina. hæc quidem Porphyrius, Tyrius philosophus. Interpretes etiam Pindari in Pyth. Melissas nymphas interpretantur, quæ sacris & mysteriis præsunt. Hinc Pindarus, Melissæ oraculum Pythiæ intellexit. Mnaseas verò Patarensis Melissas nymphas ait mellis vsum reperisse in Peloponneso, ex fauo. Quidam & Melias putauêre, de quibus paulò pòst agemus. Sed his missis, nos de toto Nympharum genere hac parte tractabimus. Nam si Mnesimachum Phaselitem in διακόσμος audire volumus, Nympharum sunt genera multa. aliæ enim sunt cœlestes, id est, ὀράνιαι: aliæ terrestres, hoc est ἐπίγειοι: aliæ fluuiatiles, id est, ποτάμιοι: aliæ lacustres, vel stagnorum, hoc est λιμναῖαι, quæ & λιμνάδες dictæ sunt: aliæ demum θαλάσσιαι, id est, marinæ. Seruius verò grammaticus in Verg. commentariis ita commemorat: Nymphæ, inquit, montium Oreades dicuntur, syluarum Dryades, quæ cum syluis nascuntur Hamadryades, fontium Napææ vel Naiades, maris Nereides, de quibus seorsùm agemus: tametsi Phurnutus Nymphas dicat fuisse fontes aquarum dulcium, seu potabilium, quas dictas ait ἀπὸ τ̃ ἀεὶ νέας φαίνεσ], id est, ab eo quòd semper iuuenes appareant: aut ἀπὸ τ̃ φαίνειν quòd splendeant. quare ideo & sponsas, nymphas vocant, quòd tunc primùm appareant, ad illud vsque tempus occultatæ. Sed nihis plura de Nymphis philosophari haud conuenit, cùm Porphyrius in commentario antri Homerici ex Odyss. plurima afferat, & exquisitè interpretetur. Nostri certè nymphas putant appellatas, vnius literæ mutatione, quasi Lymphas, vnde & Nymphæa lauacra dictæ fuêre.

Vraniæ igitur, id est, cœlestes nymphæ, appellatæ à gentibus animæ, & cœlestes mentes, quæ sphæris cœli præsunt, quas & Musas & Sirenas etiam vocauêre, vt Plato, Macrobius, alij dixêre. & Proclus in primis. Nec hîc illud congruit, quod aliqui ex sacris literis afferunt: Aquæ quæ supra cœlum sunt, & cætera.

Ἐπίγειοι nymphæ, quæ in terris versantur, nuncupatæ sunt. Harum aliquæ in montibus degebant, quæ Oreades dicebantur, & Orestiades. Homerus, νύμφαι ὀρεστιάδες κοῦραι Διὸς, id est, nymphæ Orestiades natæ Iouis. hæ & Orodemniades, & Agrostinæ, ab Hesychio vocatæ sunt, qui ait: ὀρεσιμιάδες nymphæ & Melissæ dicuntur ἀπὸ τ̃ ὄρος τῶν διμονίων, quòd in cubilibus montium quiescerent. vel dictæ ἀπὸ τῶν ὀροβλάμωων, qui rami sunt & germina stirpium. Idem scribit & Phauorinus.

Λειμωνιάδες, Lemoniades nymphæ frequenter à Græcis appellatæ, quæ in pratis versarentur & campis, vnde illis nomen. Sophocles in Philoctete, νύμφαι τ' ἔνυδροι λειμωνιάδες: id est, Nymphæque liquentes Lemoniades, hoc est, campestres, seu pratenses. hoc idem affirmat Hesychius, qui inquit, quoniam hæ Nymphæ ἐν λειμῶσιν, hoc est in campis versantur. Orpheus in Hym. Horas Limoniades appellauit. Decipitur Boccatius, qui has Hymniades dixit, cum suo nescio quo Theodotione.

Limnades verò nymphæ dictæ, quæ in stagnis, & lacub. versarentur, vt modò dicebam. per has iurat Theocritus in Edyllio v. ὅ μὰν, ὅτ' αὐτὰς τὰς λιμνάδας, ὦ γαθε, νύμφας. id est, Nô per, nô per ipsas Limnadas, ô bone, nymphas. hæ & Limnææ à Græcis dicuntur. vnde manifestus est scripturæ error in commentariis Apollonij & Phauorini, qui pro λιμναῖαι scriptum habent λιμωναῖαι. Hæ & λιμναιάδες interdum dictæ sunt. Hinc Ouid. libro quinto Met. nymphæ nomen deduxit:

Edita Limniace vitreis peperisse sub vndis   Creditur.
Nymphæ faciles plerunque appellatæ sunt.   Vergilius:
Et quo, sed faciles Nymphæ risere, sacello. in Bucol. Idem in Georg.
Faciles venerare Napæas.

Sic & D. Augustinus lib. vi. de Ciuit. dei. Sic & Theocritus statim post citatum carmen, Αἴ τέ μοι ἵλαοί τε καὶ εὐμενέες τελέθοισιν. hoc est,
Hæque mihi facilésque & mites, sic rogo, fiant,

Sed de Nymphis illud hoc loco in vniuersum dixerim, Nymphas apud poëtas appellatas, non eas tantùm quas suprà dixi, sed à fluminum nominibus, vt apud Ouid. à Tiberi Tiberiades, & à Pactolo Pactolides. Sic noster Vida Seriades à Serio, & A. Naugerius Naucelides à Naucelo: id quod nec sibi denegatum putarunt Pontanus & Sanazarus, ne nunc plures commemorem.

Napææ nymphæ conuallium, seu saltuū, quāuis Seruius fontiū dicat ἀπὸ ᾗ νάπης denominatæ. Harum apud auctores crebra est mentio: vt, Faciles venerare Napæas. Napæus etiam Apollo cognominatus, & in Lesbo cultus fuit, vt in Saturn. scribit Macrobius.

Dryades & Hamadryades nymphæ syluestres, ἀπὸ ᾗ δρυὸς nuncupatæ, quod generale nomen arborum est, & speciale quercus. vnde & Querquetulanæ nymphæ, ait Festus, præsidentes querceto virescenti, quod genus syluæ indicat fuisse intra portam Romæ, quæ ab eo dicta fuit Querquetularia. Hamadryades verò nymphas scribit Mnesimachus dictas, quod ἅμα ταῖς δρυσὶ, hoc est simul cum arboribus nascantur, vel simul interire viderentur. Pherenicus Hamadryada nympham fuisse scribit, quæ cum Oxylo concubuerit, & inde natæ sunt filiæ, Carye, Balanus, Craneum, Orea, Aegirus, Ptelea, Ampelus, & Syce, quæ à nomine matris Hamadryades dictæ fuere. Idem recitat Athenæus in tertio Dipnosoph. Charon Lampsacenus de Rhœco & eiusmodi Hamadryada, fabulam narrat: cui cùm Parcœbij pater parcere noluisset, dicenti μὴ τεμεῖν, hoc est, ne incideret, id quod mox illi mortis causa extitit: quā fabulam pluribus versibus est executus Apollonius Rhodius in secundo Argon. ex verbis Phinei & Iasonis. Alterum tamen Rhœcum apud Paus. legi, qui Samius fuit, & cum Theodoro primi fuderunt formaruntque statuas. Porrò & fabulam similem aliam recitat elegantissimè in octauo Met. Ouid. de Erisichthone.

Ephydrides nymphæ appellatæ sunt, quæ in aquis versantur, vt & nomen ostendit. de his Artemidorus lib. secundo ὀνειροκριτικῶν. item Alexāder Aetolus, αὐτὸς δ᾽ ὅτ᾽ ὑπερφυὲς ὄχτ᾽ ἐφυδριάδες: hoc est, Hic inter nymphas degit Ephydriadas, meminit & Parthenius.

Nereides nymphæ, quæ & Nerinæ dicuntur, ex Nereo deo marino & Doride natæ, à qua & Dorides nonnunquam dictæ sunt. Ouid. Doridáque & natas, quarum pars nare videtur. Nereides verò quinquaginta ab Orpheo in hymnis & à Pindaro in Isthm. dicuntur. connumerantur verò ab Hesiodo in Theogonia, cuius versus à me expressos vtcunque hic subscribam, ne corrupta nomina earum in aliis fortè offendas. versus hi sunt:

    Protóque, Eucratéque, Saóque Amphitritéque,
    Eudoréque, Thetísque, Galenéque Glaucéque,
    Cymothoë, Speóque velox, Thaliéque benigna,
    Et Melite speciosa, atque Eulimene, hinc & Agaue,
    Pasitheéque, Eratóque, Eunece, & pulchra lacertos
    Dotóque, Plotóque, Pherusáque, Dynaménéque,
    Neseéque, atque Actæe, cum Protomedea,
    Dorísque & Panope, spectabilis & Galatea,
    Hippothoë que cupita, atque Hipponoë alba lacertos,
    Cymodoce, hæc est quæ fluctus per cærula Ponti,
    Ventorum & celeres flatus, cum Cymatolege,
    Mitigat, & talis spectabilis Amphitrite.
    Cymóque, Eionéque, & serto ornata Halimede,
    Glauconoméque hilaris risu, quæque æquora tranat,
    Leagoréque, atque Euagore & tu Laomedea,
    Pulynoméque, atque Autonome, & tu Lysianassa,
    Forma Euarne & natura inculpabilis vna,
    Et Psamathe grata aspectu, & tu dia Menippe,
    Nysóque, Eupompéque, Themistóque, Pronoéque,
    Nemertésque: hac patris mentem habet immortalis.

Ne verò mireris, quod bis inter has Amphitrite cōmemorari videatur: diuersæ enim sunt, id quod & syllabarum ratione ac tempore dignoscimus. prior enim penultimam & antepenultimam corripuit: altera verò produxit, quo nomine Neptuni vxor vocatur, de qua cum Neptuno actum est. sic Ouidius:

    Margine terrarum porrexerat Amphitrite.   Claudianus,
    Neptunum gremio complectitur Amphitrite.

Oceanitides, quæ & Oceaniæ appellatæ sunt, nymphæ Oceani & Thetyos filiæ, in quas & hymnus Orphei legitur, cum suffimento aromatum, harum nomina ex Hesiodo qualiacunque carmine expressimus, sic:

Syntagma V.   153

  Pithóque, Adhmetéque, Iantheque, Electráque,
  Doríſque, Primnóque, atque Vranie cœleſtis,
  Hippóque, Clymenéeque, Rhodeáque, Callirhoëque,
  Zeuxóque, Clytiéque, Idyiáque, Paſithoëque,
  Plexauréque, Galaxauréque, & amica Dione,
  Meloboſisque, Thoëque, & pulchra nimis Polydore,
  Et Cerceis amabilis, & bona lumine Pluto,
  Perſeíſque, Ianera, & Acaſte, flauáque Xanthe,
  Petræ dilecta, Meneſthóque, Européque,
10   Metis, & Eurynomóque, Teleſtho, & lutea Peplo,
  Chryſióque, Aſiæque ſimul, ſuauíſque Calypſo,
  Eudoréque, Tichéque, atque Amphiro, Ocyroëque.
  Et Styx, eſt quæ cunctarum præſtantior vna.
  Hæ nymphæ, Oceanum Tethynque habuêre parentes,
  Antiquæ mage: porrò alia eſt. ſed plurima turba,
  Sunt ter mille quidem pedibus fuſcæ Oceaninæ.

Has etiam Vergil. & alibi, & in quarto Georgicorum commemorat:
  Drymóque, Xanthóque, Ligeáque, Phyllodocéque,
  Cæſariem effuſæ nitidam per candida colla,
20   Neſæéque, Spióque, Thaliáque, Cymodocéque,
  Cydippe, & flaua Lycorias, altera virgo,
  Altera tum primùm Lucinæ experta labores,
  Clióque, & Beroë ſoror, Oceanitides ambæ,
  Ambæ auro, pictis incinctæ pellibus ambæ,
  Atque Ephyre, atque Opis, atque Aſia Deiopeia,
  Et tandem poſitis velox Arethuſa ſagittis:
  Inter quas curam Clymene narrabat inanem, &c   Idem poëta:
  Oceanúmque patrem rerum, nymphásque ſorores,
  Centum quæ ſyluas, centum quæ flumina ſeruant.

30 Vbi Seruius ait, aut ducētas nymphas aſſerit, aut finitus eſt numerus pro infinito. nam & ipſe paulò ante ex Heſiodo ter mille attulli. Sanè Cymothoë Neptuno à Vergilio aſcribitur, vt in primo Aeneidos,
  Cymothoë ſimul & Triton adnixus acuto,
  Detrudunt naues ſcopulo.

Dicta ἀπὸ τ̃ θεῖν τὸ κῦμα, vt ait Seruius. alij ab vndarum velocitate, hoc eſt, θοῆ ϝ κύματ⟨ος⟩. Naiades, quæ & Naides, fontium nymphæ vocabantur, παρὰ τὸ νάω, quod fluo ſignificat. hæ & πηγαῖαι & κρηναῖαι dicuntur. Homerus, νύμφαι κρηναῖαι κοῦραι Διός. hoc eſt, Fontanæ nymphæ natæ Iouis. Naiades verò Porphyrius in commentatione in Homeri antrum, dictas ait ἀπὸ τῶν ναμάτων, id eſt, ab aquis & fontibus. His etenim appellari exiſtimat potentias aquis 40 præſidentes: olim autem, & animas communiter omnes, quæ ad generationem deſcendere putabantur. Exiſtimabāt enim animas aſſidere aquæ diuinitus afflatæ, vt inquit Numenius. Hac de cauſa volunt & Prophetam dixiſſe, Spiritum Dei ferri ſupra aquam. Sed ab his ego libenter abſtineo.

Potamides nymphæ etiam appellatæ, id eſt, fluuiales, quas & fluminibus præeſſe tantummodo putauit antiquitas. meminit Lactantius in tertio Theb. Dictæ, quia ποταμὸς, fluuius dicitur.

Meliæ inter nymphas numerabantur, vt eſt apud Heſiodum, & Apollonij interpretes. Dictæ verò à Melia Oceani, vt Callimachus cecinit in hymno Deli: tametſi eius ſcholiaſtes id parum percepiſſe videatur, ſuper hæc poëtæ verba,

50 Ἡ δ' ὑποδινηθεῖσα χορῇ ἀπεπαύσατο νύμφη,   Αὐτόχθων μέλιη.   id eſt,
  Ipſa autem Melie indigena acta dolore quieuit,
  Nympha choro.

Sedenim ex Meliis nymphis homines natos fabulati ſunt, quòd vel ſub arboribus naſci contigerit: vel quòd ibi exponerentur, vt Proclus in Heſiodum notat. Palæphatus ἐν ἀπίςοις, eos ridet qui dicunt genus hominum ex fraxino, hoc eſt, ἐκ τῆ μελίας proge progenitum. nam à Melo, inquit, potius dicti, vt ab Ione Iones; Fuit & Melia nymphæ nomen, Ismeni soror, Temeni mater, cuius Pindarus meminit, & eius interpretes. Hesiodus in Theogon. Melias nymphas natas ex amputatis testiculis Cœli à Saturno, vna cum Erinniis & Gigantibus ait,

Νύμφας δ' ἃς μελίας καλέουσ' ἐπ' ἀπείρονα γαῖαν. hoc est,
Nymphas quas Melias vocitant telluris in oras,

Quo loco Proclus ait, animalia rationis expertia ex arboribus esse. Io. Zezes grammaticus nomina Meliarum in Commen. Hesiodi hæc esse ait: Helice, Cynosura, Arethusa, Ide, Crime, Britho, Celæno, Adrastea, & Glauce. Idem alibi videtur Melias cum Orestiadib. & Hamadryadibus coniungere. Porrò nimphæ etiã μελιάδες eadem ratione vocatæ fuere, item μελιάδες vt Hesychius notat: & vt Phauorinus scribit, μελιάδες Doricè & μηλιάδες.

Caberides nymphæ à Cabiris nominatæ vt Arguus Acusilaus prodit, & Pherecydes. hic ex Cabera Protei filia & Vulcano tres Cabiros, totidémque nymphas Caberidas ortas scribit: ille ex eodem Vulcano & Cabera Camillum natum ait, ex quo Caberi nati sunt, & è quibus Caberides nymphæ. Idem & Strabo scriptum reliquit, & nonnihil ipse in Caberis attigi. Parum mihi liquet, an eædem sint quæ Telchimiæ nymphæ dicebantur, quarum apud antiquos mentio inuenitur.

Dodonides nymphæ à Dodona Epiri nuncupatæ sunt, vbi oracula notissima reddebantur. Sacerdotes hæ ibi fuerunt, & ministræ, quas ita effingit Philostratus in Imaginibus, vt rigida ac sacra quadam specie esse videretur. nam & suffitus & libamina exhibere, & ministrare propè videbantur. ipsum lege Philostratum. Ab Hygino proditum est, ex Pherecydis sententia septem Hyadas, de quibus paulò post agemus, Dodonidas nymphas appellatas.

Cithæroniades nymphæ, à Cithærone monte Bœotiæ nuncupatæ, in quo oracula dabantur. hæ & Sphragitides dicebantur, ab antro quod in eo monte fuerat, vt Paus. in Bœot. scribit, in quo hæ nymphæ resposa reddebant. Quidã huius montis summitatem Sphragitin nuncupant. Harum quoque nympharum Plut. in vita Aristidæ meminit, quin eis etiam stata sacra ex Aeantide tribules quotannis peragere solebant. hæ, vt puto, & Sphragiæ ab Orpheo in hymnis dicuntur.

Corycides, quæ & Coryciæ nymphæ, à Corycio antro motis Parnasi vocatæ, vt idem docet Paus. de his & poëta Ouid. cùm in sexto libro Meta. tum etiam in epistolis mentionem facit. Memoratur & celebre alterum Corycium antrum in Cilicia, à Mela, & aliis.

Anigrides nymphæ ab Anigro flumine nuncupatæ, teste Strabone & Paus. in Ele. Anigridum nympharum in Samico specus fuit, haud procul à flumine Anigro, in quem ingressi vitiliginibus laborãtes, huiuscemodique cæteris morbis, si nymphis his sacra spopondissent, Anigrúmque fluuium innatassent, sanabantur: si credere dignum est. Fuerunt & Agriades nymphæ quarum metio apud Hesychium: nisi sit mendum in codice, vt sunt in eo plurima, vt pro Anigrides Agriades scriptum sit.

Ismenides nymphæ dictæ sunt ab Ismeno Bœotiæ celebri flumine, quarum templum, vt Pausanias docet in Attica, fuit apud Myrrhinusios Atticæ populum. Ouidius Metamorphoseos libro tertio,

Thuráq; dant, sanctásque colunt Ismenides aras.
De Ismenio verò Apolline, agemus in Apolline.

Sithnides nymphæ Megarenses, vt idem Paus. scribit. Erat, inquit, in vrbe Athenarum fons, quem ædificiis Theagenes construxit, cuius filiã Cyloni Atheniensi nupsisse ferunt: Cylo rerum potitus fontem ædificio ornauit, egregij sanè spectaculi amplitudine, columnarúmque multitudine, in eum fontem aqua illabebatur, quam Σιθνίδων νυμφῶν nuncupabant, quas Megarenses populares suas esse affirmabant: & cum vnius earum filia Iouem concubuisse, & inde Megaram natam Deucalionis tempore, qui diluuium euasisse dictus est in montem Geraniam, cum eo tempore nondum sic eo nomine vocaretur: sed quòd ad γεράνων, id est gruum superuolantium clangorem ille enatarit, inde Gerania est monti nomen inditum.

Amnisiades, & Amnisides, nymphæ nuncupatæ sunt à Cretensi ciuitate Amniso, vt Stephanus auctor est.

Ionides nymphæ, teste Paus. ab Ione Gargetti filio denominatæ, quarũ noia fuere Calliph

Syntagma V.

liphæa, Synallaxis, Pigæa, & Iasis. harum fons & templum fuit apud amnem Cythæron, in agro Eliorum. Huius fontis virtus, vt si ægroti in eu descenderet, sanarentur à langoribus.

Lusiades nymphæ appellatæ ab aquis, apud quas homines frigoris captandi gratia diuersari soliti essent.

Pteridas nymphas quasdam Hesychius commemorat, ab herba quapiam quæ πτέρις dicitur Græcè, Latinè filix.

Heliades nymphæ, quæ & Phaëthontiades appellatæ sunt, quòd Phaëthontis sorores essent, & in arbores populos conuersæ. Ouid. fabulam explicat in Metamorph. à sole dictæ, qui ἥλιος dicitur. Vergilius in Bucolicis,

    Tum Phaëthontiades musco circundat amaræ   Corticis.

Fabula est notissima Græcis & Latinis scriptoribus: & has in Imaginibus graphicè effinxit Philostratus: vti etiam Centauridas nymphas, Centaurorum filias vario equorum colore assimilatas, libro secundo.

Heresides nymphæ quædam, dictæ ἀπὸ τῆς Ἥρας, id est, à Iunone: quæ Iunoni lauacra ministrabant, vt scribit Hesychius.

Themistiadæ nymphæ, à Themide nuncupatæ, eodem Hesychio auctore, leguntur.

Gorgones tres fuêre sorores, Phorcynis filiæ: Euryale, Stheno, & Medusa. quarū capita draconum squamis obsita fuisse dicuntur, dentes maximi suum instar, item manus & alæ quibus per aëra ferri dicebantur, & in se intuentes in saxa vertere. ex tribus verò Medusa mortalis fertur fuisse, ideóque à Perseo decollata: reliquæ duæ sorores immortales Perseum nequiuere consequi, quòd Orci galea obtectus, vt ait Hyginus, non cernebatur: hinc illæ tandem eum prosequi desiuêre. Gorgonas Seruius, in extrema Africæ circa Atlantem montem fuisse scribit, vnúmque omnes oculum habuisse, quo inuicem vterentur. Serenus tamen ait, puellas eas fuisse vnius pulchritudinis: quas cùm vidissent adolescentes, stupore torpebant. vnde fingitur, quòd si quis eas vidisset, vertebatur in lapidem. Harum allegoriā in primo explicat Fulgentius, & eo subtilius Io. Zezes grammaticus in commentario in Hesiodum. Scribit Paus. in secundo, vbi de Argiuis agit: In foro, inquit, Argiuorum tumulus terræ consurgit, in quo conditum ferunt Medusæ Gorgonis caput. De qua nullam vt fabulæ rationem habeamus, hæc memoriæ prodita sunt: Phorci eam filiam fuisse. patre mortuo, acceptum ab illo regnum eorum populorum qui Tritonidem paludem accolunt, tenuisse: solitam in venationes & pugnas exire cum Afrorum, quibus imperabat, manu. quare cum Persei copiis, quas illò lectissimas ex Peloponneso adduxerat, acie occurrisset, noctu per insidias oppressam. Mortuæ pulchritudinem admiratum Perseum, præcisum caput, vt spectaculo esset, in Græciam reportasse. At Proclus Carthaginensis Eucratis filius, veri fortè similiorem historiam literis mandauit: in Africæ desertis bestias gigni multas mirabili specie, atque inusitata: feros inter eas viros ac fœminas. ac virum se Româ illinc deportatum vidisse testatur. Coniicere itaque se, ex illis fœminis vnam fuisse Medusam, quæ cum à suis gregibus aberrās venisset ad Tritonidem paludem, ciues accolas male mulctasse, vsque dum à Perseo est occisa. adiutricem verò Perseo Mineruam fuisse, iccirco proditum, quòd qui stagnum illud accolūt homines, Mineruæ sacri sunt. Sanè & Gorgona Cyrenaici Pallada vocabant.

Græ quoque Phorci filiæ in nympharum numero habitæ fuêre, tres, Pephredo, Enyo, & Dinon: sic nuncupatæ, quòd statim vt natæ sunt, anus fuisse ferunt: & vnicum tribus oculum, vnicúmque dentem, quibus vicissim inter se vterentur.

Sirenes ab aliquibus etiā inter nymphas connumerātur, quæ & à patre Acheloides vocatæ fuerūt, de quibus Homerus in Odyss. x 11. & Orpheus in Arg. itémque Apollonius in quarto (ne Latinos commemorem) in commentariis Zezes in Hesiodum, quod & ipse in Musis retuli. Sirenes filiæ dicuntur Terpsichores, seu Melpomenes, & Acheloi. Seruius tamen Calliopes ait. Hyginus in fabulis ita scribit: Vlysses peruenit ad Sirenes, Melpomenes Musæ & Acheloi filias: quæ partem superiorem muliebrem habebant, inferiorem autem gallinaceam. Harum fatum fuit, tamdiu viuere, quamdiu earum cantum mortalis audiens nemo præteruectus esset: & cætera, quæ poëtæ narrant. Sed & de his idē Hyginus, in eodē lib. cap. c x l i plura, nec multo aliena à supradictis. narrat enim à Cerere dea mututas, & insuper addit earum fatum. Quidam tres commemorant, Parthenopen, Leucosiam, & Ligiam: alij Aglaophemen, Thelxiepiam, Pisionem & Ligiam: alij duas tantùm,

tantùm,& sine nomine,vt Eustathius notat.alij quatuor:nec qui quinq; scripserint defuêre.Græci tradūt grāmatici,Sirenas à pectore habuisse ad superiora ϛρȣθῶν, id est passerum speciem,inferiora verò mulierum.De his ita propemodum Seruius: Sirenes secundū fabulam tres in parte virgines fuerunt, & in parte volucres, Acheloi fluminis & Calliopes Musæ filiæ,harū vna voce,altera tibiis,alia lyra canebat.& primò iuxta Pelorum, pòst in Capræis insula habitauerūt:quæ illectos suo cantu,in naufragia deducebāt. Secundū veritatem,meretrices fuerūt,quæ transeuntes quoniā ducebant ad egestatem, his fictæ sunt inferre naufragia.has Vlysses contemnendo deduxit ad mortem. Buccatius ex Albrico ignobili scriptore,eis virgineū corpus vmbilicotenus attribuit, & gallinaceos pedes.quidam eas in pratis,vbi multa essent mortuorum corpora statuerunt: vel,vt Verg.cecinit, 10

   Iámque adeò scopulos Sirenum aduecta subibat,
   Difficiles quondam,multorúmque ossibus albos.

In Bœot.est à Paus.proditū,Sirenas ab Iunone impulsas,vt cū Musis canēdo certarēt: quas cū cātu facilè Musæ vicissent,eis pennas euulserūt,sertáq; sibi ex iis effecêre. Stephanus & Apterā vrbē in Creta ex re appellatā scribit,quo loco certamē fuit.Strabo de Sirenis lib.primo agit,déque earum sacello,& Sirenusis insulis,quæ've loca ipsæ incoluerint. Prætermitto quæ traduntur à Palæphato,& à Fulgētio,ne nimius sim:si vacat,eos legito.

Hyades quoq; quæ & Pleiades dicuntur,à nostris verò Vergiliæ & Succulæ:sunt à Pherecyde Atheniēse nymphæ Dodonides dictæ,quarū hæc nomina prodit: Ambrosia, Eudora,Pedile,Coronis,Polyxo,Phyleto,Thyene. Aratus verò his duobus versibus earum 20 nomina protulit, quem & nostri secuti sunt:

   Alcyone,Meropéque,Celænóque,Electráque,
   Taygete: Steropéque simul,venerandáque Maia.

Musæus Hyadas ex Atlante & Electra Oceani filia genitas ait:vnde & Atlantides cognominatæ sunt.quarū frater fuit Hyas,à quo illis nomē est inditū.hoc licet perperā apud Hyginū legatur.Scribit Zezes grāmaticus in Hesiodi cōment.Atlantis filias fuisse 7 (licet corruptè 12,codices habeāt)& filiū vnū Hyanta,qui serpentū venationē exercebat,à quo Hyades dictæ.Aliosidē dicit ab Y elemēto, hoc nomē deriuare.Sed & alij ab ὕω, pluo deducūt.Pleiades verò nūcupatæ,vel à Pleione,velq; plures fuerint. vide Hyginū. In Commentariis verò in Theocritū,harū nomina ita legimus,Coccimò, Glaucia, Protis, Parthe- 30 nia,Maia,Stonychia,& Lāpadò. Alij has dicunt:Electrā,ex qua Dardanū: Maiam,ex qua Mercuriū;Taygetā,ex qua Lacedæmona Iupiter procreauit:Alcyonē,ex qua Neptunus Ireȩ;& Cȩlænò,ex qua Lycum & Nyctea,idem Neptunus sustulit: Steropē,ex qua Mars Oenomaū:& vltimā Meropen,quæ Sisypho nupsit.Cōsimilia ferè traduntur ab Ouid.in Fast.Hæ autē post ver exoriūtur,occidunt hyemis initio.plura Hyginus in Tauro, aliíq;. Hoc loco illud addere visum est,quod idē Hyginus in Fab.cap.CXCII scribit.ait enim: Alij existimant Meropen conspici erubescere quia mortalem virum acceperit, cùm cæteræ deos haberent.ob eámque rem de choro sororum expulsa, mœrēs crinem solutum gerit,quæ cometes appellatur, siue Lonchodes, quia in lōgitudinem producitur: siue Xiphias,quia gladij mucronis effigiem producit,ea autem stella luctum portendit. 40

Thysiades Nymphæ quædam ab Hesychio scribuntur,furentes & bacchantes. sed & hoc eodem nomine sacratæ quædam Proserpinæ mulieres dicebantur. quin & idem auctor ait,bacchantium vocem Thysiada dici. Thyadas verò bacchas vocari, notissimum est, & Thyas numero vnius.

Nyseides,& Nysiades nymphæ,à Nysa mōte,in quo nutritus,& vnde appellatus Dionysius,quæ tamen variis in locis fuisse traditur. nam & in Bœotia, & India, & Arabia à scriptoribus reponitur.Ouid,

   Inde datum nymphæ Niseides antris
   Occuluêre suis,lactísque alimenta dedêre.   Cætera in Baccho dicta.

Proselenides nymphæ Arcadicæ nuncupatæ,quo modo Arcades ipsi προσέληνοι dicti, vt 50 auctor est Hesychius.

Mycalesides nymphæ Samiæ dictæ.Callimachus in Deli hymno, γείτονός ἀγκαες μυκαλησσίδες δεξάμεναι. hoc est, Vicinæ Ancæi Mycalesides exceperūt. Denominatæ verò à mōte Mycaleso,qui Samo è regione positus est, vt Steph.scribit:qui præterea & Mycalē Cariæ describit,& Mycalessum vrbem mediterraneā Bœotiæ,cuius & Thucydides in septimō meminit

Syntagma V. 157

nit. dicta quidem, quòd ibi bos Cadmi ἐμυκήσατο, id est, emugiuerit. Fuit & alia in Caria, teste Ephoro in tertio.

Lelegeides nymphæ, in primis à populis nuncupatæ: Ouid. in Metamorph.
Libyssatides quædam nymphæ connumerantur ab Hesychio: ex loco nomen.
Glyphiæ nymphæ, à Glyphio antro & monte dictæ.
Callistephani nymphæ, denominatæ à Callistephano olea, teste Pausania.
Ἀβαρβαλαίαι nymphæ quædam nuncupatæ. nam & ἀβαρβαρέη nomen fuit nymphæ.
Thurides & Musæ & Nymphæ, à Macedonibus. Idem hoc scribit Hesych.
Goniades nymphæ, quarum templum fuit apud Cytherim fluuium, vt scribit Strabo in octauo quod non multum aberat ab Heraclea.
ἐπιχοιράδες nymphæ à Lesbiis nuncupatæ: & ψυθίδες nymphæ quædam in Cypro, vt Hesychius testatur.
Pyrsanides quoque nymphæ, vt idem scriptor commemorat, quæ à facibus vel igne, hoc est ἀπὸ τ. πυρὸς nominantur, qui dari solet in signum.
Phruxonides etiam nymphæ à Columella quædam appellantur, quæ Melissas, id est, apes educasse dicuntur.
Commitiæ nymphæ, teste Varrone, vocatæ fuerunt ad lacum Cutiliensem, à Commitu scilicet dictæ, quòd ibi insula in aqua commoueretur. sic etiam à lacu Velino, dea vel nympha Velina.
Nunc de plerisque aliis nymphis singularibus agendum, seorsum ab his quas antè ex Hesiodo recitaui.
Amalthea & Themis nymphæ fuerunt, vt ex Musæo refert Hyginus, quibus à matre Ope Iupiter alendus est traditus. Amaltheam autem ferunt habuisse capram in deliciis, quæ Iouem aluisse dicitur. Parmeniscus verò Amaltheam capram dixit regis Melissei, cuius lacte, cùm aliud non haberent ad puerum alendum, nutriuere: qua de re tot sunt fabulæ Græcis & Latinis confictæ scriptoribus, adeò vt eam in cœlo vsque collocarint. Lege Diod. Siculum, & Strabonem, qui hac de re non pauca scripserunt. Palæphatus etiam fabulam exposuit. Quidam has nymphas Adrastiam & Idam dixêre, Melissei filias. aliter tamen recitat Ouid. lib. 5. Fast.

Nais Amalthea, Cretæa nobilis Ida,
Dicitur in syluis occuluisse Iouem. lege cætera. Sed & cornu Amaltheæ in prouerbium deductum est, de quo Erasm. inter cæteros. sed Amaltheæ etiam pellem, quæ diphthera dicta est, Iupiter accepit, in qua res humanas perscriberet. Plutar. eandē & Adrastiam Iouis nutrices ait: Iunonis verò vnam, Euboeam: Apollinis duas, Alethiam & Corythalan: Bacchi plures. quod non absque mysterio factum ait, quia scilicet multa aqua ad vini mixtionem conueniat.

Aega & Helice, nympharum nomina, quæ ex Oleno natæ, & ipsæ Iouis nutrices feruntur, vt Hyginus, aliique prodiderunt. quidam Aegam Panos vxorem dixêre, vt alibi docuimus, à qua & Aegis dicta. Plura Hyginus. alij Helicem & Cynosuram dixêre. Hyginus in secundo, alij.

Aegle etiam nymphę nomen: Maro in Bucol. Aegle Naiadum pulcherrima, &c. Solis & Neæræ filia. αἴγλη Latinè splendor dicitur. est & lunæ nomen: item ludi genus, & placentæ, vt apud Græcos obseruamus. Aegles præterea viri proprium, qui mutus cùm esset, repentè vocalis factus est: vt Val. Maximus & Gellius scribunt.

Acamarchis nymphæ nomen, filiæ Oceani, apud Diodorum.
Amphithoë quoque nymphæ nomen, à circumcurrēdo appellata, & velocitate: quemadmodum à circumfluendo Amphirrhoë, & Amphinome à circumpascendo. plura interpretes Hesiodi.

Eunica, Malis, & Nychia, nympharum nomina in 13. edyll. Theocriti, quæ Hylam Herculis puerum rapuerunt.

Cassotis nōmen nymphæ, quæ nomen dedit fonti qui apud Delphos erat, de quo Paus. in Phocaicis, his verbis: Vbi lapidem spectaueris, si pedem retuleris quasi ad fanum rediturus, fontem videas cui nome Cassotis. murus ei obiectus est. per murū ad fontem ascenditur. aquā credūt eius fontis sub terrā mergi. in templi penetrali fatidicas fœminas versibus aiunt responsa dare, quę fonti nomen dederūt, fuisse de nymphis vnā Parnassi accolis.

De Deis Gentium.   o   The

Thetis nympha ex Nereidum numero, mater Achillis: de qua cùm cæteri poëtæ adeò fabulati sunt, tum maximè Homerus, qui in primo Iliados eam ait Iouem defendisse, cùm dei cæteri contra illum conspirassent:

Illum cùm vellent alij constringere vinclis
Diui, Iuno, Neptunúsque, & Pallas Athena. quam fabulam interpretatur Phurnutus, quo loco agit de Briareo, qui & Ægæon dictus est: hanc præterea nympham Iouem optasse, & poëtæ narrant: sed oraculo deterritum abstinuisse. Ouidius, alij: inter quos Hyginus in Fab. cap. LIIII.

Callisthò nymphæ nomen, Lycaonis filiæ, quæ cùm Dianæ comes esset, ab Ioue compressa filium Arcada genuit: ambóque, hoc est mater & filius, in cœlum relati: ipsa Arctos, id est, ursa, Arcas verò, Arctophylax, dicti sunt. lege Ouidium, & quæ multa in secundo libro Astronomici poëtici ab Hygino scripta sunt, & quæ ab Arato, & quæ in Aratum, tam Græcè quàm Latinè scripta sunt commentaria.

Argyra nomen nymphæ fuit, cuius amore cùm Selemnus adolescens torqueretur, obiit eius nimio desiderio. qui à Venere in cognominem fluuium mutatus fuit: cuius aquā amantibus prodesse ad amoris remedia, fuit opinio. in ipso enim amantes flumine abluti, desiderij obliuionem concipere putabantur. At verò Argyram ipsam & fonti & vrbi Argyræ nomen dedisse, Pausanias tradit.

Daulis nymphæ nomen, Cephisi filiæ, quæ vrbi nomen dedit: quæ vel Terei & Philomelæ ac Prognes fabula notissima est, vide Paus. in Phocaicis.

Crenis, Crenidis nymphæ nomen, teste Prisciano grammatico in septimo, & Ouidius in Metamorphos.

Echidnam etiam nympham Hesiodus facit in Theog. dimidia sui parte puellam speciosam, quæ in quascunque partes oculos flecteret: dimidia verò altera parte, qua serpens immanis erat, in cauerna diuersans, & cruda mandens. hæc cum Typhone mixta, peperit Orthum canem, Cerberum, & Hydram. cætera notiora sunt, & ex nostris lege. Echenais quoque nympha, vel Daphnidis amore cognita: de qua, fabula legitur apud Parthenium.

Salmacis nympha, Cœli & Terræ filia mollissima, fertur fuisse causa fontis Alicarnassi aquæ appellandæ Salmacidis: quam qui bibisset, vitio impudicitiæ mollesceret. ob eam rem, quòd eius aditus angustatus parietibus, occasionem largiebatur iuuenibus petulantibus puerorum puellarúmque violandarum, quia non patebat effugium. inde Ennius: Salmacidas spolia sanguine & sudore. Hæc Festus. meminit M. Cicero. vide Victruuium libro 2. cap. 8. Ouidius quarto Metamorph.

Vnde sit infamis, quare male fortibus vndis,
Salmacis eneruet, tactósque remolliat artus,
Discite: causa latet, vis est notissima fontis.

Idem libro decimoquinto:
Qui non audita est obscœnæ Salmacis vnda?

Thisoa, seu Thesoa, Neda, & Agno, nympharum nomina apud Arcades, quæ & ipsæ Iouem aluisse dicuntur, vt Paus. in Arcad. Thesoa quidem vrbi nomen dedit apud Parrhasios, Neda fluuio, Agno fonti in monte Lycæo. meminit harum & Marullus in hymnis, & Nedæ Callimachus in Iouis hymno. Nedæ & Ithomes in Ioue Ithomate mentionem fecimus. Porrò Paus. in eodem libro paulò post, vbi de Cresio monte agit, inquit: Aram Mineruæ tradunt erectam à Melampode Amythaonis filio. aræ insistunt Rhea & Oenoë nympha, paruulum Iouem complexæ, vtrinque quaternis assistentibus nymphis: ab vna parte, Glaucè, Neda, Thisoa & Anthracia: ab altera, Ida, Agno, Alcinoë, & Phrixa.

Asia nympha, quam inter Oceanitides commemoraui, de ea etiam Varro de Lingua Lat. Asia, inquit, dicta à nympha, à qua & Iapeto trahitur Prometheus. Legimus & ab hac tertiam orbis partem appellatam, vt ab Europa Agenoris alteram, tertiam à Libya: de quibus plura in Annotationibus.

Acacalis nymphæ nomen, quæ ab Apolline compressa in Creta, filios edidit Phylaciden & Philandrum. Paus. meminit, & Apollonius in Argon.

Lotus nympha, quæ in plantam sui nominis couersa dicitur, cùm eam fugientem Priapus comprimere vellet: Ouidius,

Orphne nympha Auernalis, de quo Ouid. quinto Metamorph.

Solus

Syntagma V.

>—Solúsque ex omnibus illud
>Ascalaphus vidit,quem quondam dicitur Orphne,
>Inter Auernales haud ignotissima nymphas,
>Ex Acheronte suo furuis peperisse sub antris.

Mintham nympham,in mentham herbam mutatam à Proserpina, pluribus ostendi in Iunonis Syntagmate,quare illinc repete.

Cyane nymphæ nomen,quæ Proserpinæ comes fuit,quam,ea rapta,nimio eius desiderio in fonte deliturisse,testis est Ouid.in Metamorph.meminit eius & Claudianus. Lactantius grammaticus in 5.Theb.commēt.hāc ab Anapo amatam tradit,& aliā recitat fabulā.

Melinoë ab Orpheo nympha Chthonia,id est,terrestris dicta est,ita enim ad hāc hymnum cum thymiamate aromatum exorditur:

Μηλινόϊαν καλέω νύμφην χθονίαν, κροκόπεπλον. hoc est,
>Melinoëm vocito crocea quæ veste nitescit,
>Nympha inter Chthonias.

Sagaritis nomen nymphæ,à Phrygiæ fluuio denominatæ.Ouid.in 4.Fast.

>Fallit,& in nympha Sagaritide desinit esse,
>Quod fuit:hinc pœnas exigit ira deæ.

Sanè fluuius σαγγάριος in Græcis sæpe legitur, vt in eo Hesiodi in Theogon. Σαγγάριον τε μέγαν: & Apollonium in secundo. Sangarius verò fluuius (vt dixi) Phrygiæ est, quem Marlianus Sangarum vocat. Hermogenes verò in eo quem de Phrygia scripsit, Sangam quendam fuisse ait,impium erga Rheam,quem illa in hanc aquam immutarit: vnde est hic fluuius Sangarius, prope quem Oreæ Cereris templum fuit, vt in Cerere etiam repetam.

Bolina nomen nymphæ virginis, quam Apollo amauit:illa autem amātem deum auersata,se in mare proiecisse fertur: verùm Apollinis beneficio immortalis est reddita. ab hac ergo & vrbs,& fluuius, nomina sortiti sunt in Achaia. hæc ex Paus. & Stephano, ac Rhiano desumpta.

Iuturna nympha, vt Varro scribit in libro de Lingua latina, quæ iuuaret:itaque multi ægroti propter id nomen,hanc aquam petere à fontibus soliti. Iuno verò apud Vergilium in duodecimo ait,Nympha decus fluuiorum.& paulò suprà:

>Extemplò Turni sic est affata sororem
>Diua deam,stagnis quæ fluminibúsque sonoris
>Præsidet:hunc illi rex ætheris altus honorem
>Iupiter,erepta pro virginitate sacrauit.

Quo loco inter cætera Seruius : Iuturna, inquit, fons est in Italia saluberrimus, iuxta Numicum fluuium, cui nomen à iuuando inditum est de hoc autem fonte Romam ad omnia sacrificia aqua afferri consueuerat. hæc quidem adhuc Seruius. Porrò tradunt alij, Iuturnam in lacu fuisse summersam, cui ipsa nomen indiderit. Colebatur quidem à Romanis. Ouid.in Fast.

>Te quoque lux eadem Turni soror æde recepit,
>Hic vbi virginea campus obitur aqua.

Quæ ędes erat ad aquam virgineam, vt ait P. Victor, in regione circi Flaminij. Quibus poëtæ verbis ostenditur, Iuturnam in campo Martio prope Virgineam aquam cultam fuisse. Varie tamen ab antiquariis hoc tempore de Iuturnæ aqua traditur. quidam enim eam statuunt in eo loco, qui nunc vulgò Treglio appellatur, qui non infirmis rationibus aguntur: alij alio loco, prope forum scilicet, non procul à Circo, quo loco memini me sæpe cùm Sanga & Iul. Sadol. & aliis descendisse, vt fontem conspiceremus.

Aegeriam etiam nympham Numæ Pompilij regis, vt aiunt, vxorem Romani coluêre, eíque ædem construxêre. cum hac congressus Numam habere solitum Gręci ac Latini historici prodiderunt. quin & Aegeriæ lucus illi dicatus fuit, quem (vt ait Liuius) medium ex opaco specu fons perenni rigabat aqua : quem lucum Camœnis sacrum, in nostris Musis retulimus. Dionysius Alicarn. libro secundo Hist. nympham scribit Aegeriam Numam Pompil. adiisse assiduè, docentem regiam sapientiam. alij non nympham ipsam, sed Musarum vnam:atque hoc dicunt omnibus manifestum fuisse, & cætera quæ subdit : quibus in vtranque partem disputat, deáne an non fuerit. Plutarchus quoque in Numa, multa de Aegeria scribit, quæ & ab aliis traduntur. Sed illud præterea addit, quomodo huiusmodi dearum congressus fieri cum hominibus existimarentur à gentibus. Festus verò, Aegeriæ lucum

De Deis Gentium.

lucum iuxta portam Capenam constituit. Ouid. in tertio Fastorum:
> Aegeria est quæ præbet aquas, dea grata Camœnis,
> Illa Numæ coniunx, consiliumque fuit.

Idem poëta lib. quintodecimo Metamorphoseos, eam mutari inducit in fontem à Diana:
> ———Donec, inquit, pietate dolentis
> Mota soror Phœbi, gelidum de corpore fontem
> Fecit, & æternas artus tenuauit in vndas.

Fuerit porrò ne hæc, an altera, Egeria non satis liquet, quæ à mulieribus coleretur, quòd eam opitulari credebant partu egerédo: vnde & illi nomen, de qua & in primo Syntagmate meminimus. Huic etenim prægnantes sacrificabant, quòd eam putarent facilem conceptum egerere.

Egnatia nympha in Apulia celebrabatur, à qua & loci nomen, vbi deam cultam fuisse proditum est: in cuius ara lignis superpositis extructísque, ignis sua sponte excitari accendique ab antiquis existimabatur. Plin. lib. 2. miraculi meminit, non autem nymphæ.

Philyra, quæ in tiliam arborem conuersa est, nympha fuit Oceanine; de qua post alios ita scribit Hyginus in lib. Fab. cap. CXXXVIII. Saturnus, inquit, Iouem cum quæreret per terras in Thracia, cum Philyra Oceani filia, in equum conuersus concubuit: quæ ex eo peperit Chironem cētaurum, qui artem medicam primus inuenisse dicitur. Philyra postquam inusitatam speciem se peperisse vidit, petit ab Ioue, vt se in aliquā speciem commutaret. quę in arborem philyram, hoc est tiliam commututa est. Porrò & Chiron ipse à Vergilio cæterísque poëtis Phillyrides vocatus est. Tithorea nympha, vna ex his quæ cum aliis arboribus, tū maximè quercubus, à Poëtis genitæ fingūtur, quę & Dryades & Hamadryades dicūtur. ab hac verò Tithorea & ciuitas & iugū Parnassi nūcupatū, ait Paus. in vltimo.

Legimus & alia propè innumerabilia nympharum nomina apud vtriusque linguæ auctores, quæ infiniti sit laboris omnia collegisse: vt non modò verum sit quod Seruius scribit, c c fuisse nymphas: sed quod etiam scripsit Hesiodus in Theogonia,
> Τρεῖς γ χίλιαι εἰσί ταν υσφοραι ωκεανιῆαι. hoc est,
> Nam nymphæ tribus extant millibus Oceaninæ.

Quare ideo ad alia me conuertam.

CASTORES, VEL DIOSCVRI.

Castor & Pollux, Castores dicti, & Græcè Dioscuri, Iouis filij, de quibus ita M. Cicero de Natura deorum: Dioscuri, inquit, apud Graios multis modis nominantur. Primi tres qui appellantur ἄνακδί, Athenis ex rege Ioue antiquissimo & Proserpina nati, Tritopatres, Eubuleus, Dionysius. Secundi, Ioue tertio nati, ex Leda, Castor & Pollux. Tertij dicuntur à nōnullis, Aleo, Melampus, & Eumelus, Atrei filij, qui Pelope natus fuit. Hæc quidem M. Cicero. Quos ita natos scribit Hyginus in Fabulis: Iupiter Ledam Thestij filiam in cygnum conuersus, ad flumen Eurotam compressit, & ex eo peperit Pollucem & Helenam: ex Tyndareo autem, Castorem & Clytemnestram. Sed communis opinio Dioscuros Castorem & Pollucem, vt diximus, vocauit: qui & Castores & Tyndaridæ dicuntur. Castoris, inquit Varro græcū, & Pollucis à Græcis in Latinis literis veteribus nomen quod est inscribitur, vt πολυδεύκης, Polluces: non vt nunc, Pollux. Sanè Castor & Pollux, vt idem testatur Varro, ab aliquibus Samothraces dei existimati. Castorū igitur alter pugil, alter equūm domitor, vt est apud Homerum. Certè & Theocritus eos ἀθλητῆρες nuncupauit, in eidyllio peculiari: Item Pollucem ἀθληφόρον, & Castora ἱππόδαμον, cognominatos inuenimus. Isidorus lib. X. agens de ludis Circensibus: Itaque, inquit, Castori & Polluci deputantur hę ludorum species, quibus à Mercurio equos distributos historiæ docent. Et Pollux quidem pugil fuit. nam & eum legimus, cum in Castorem fratrem quendam obloquētem audiuisset, eum pugnis interemisse, vt tradit Isidorus. Hyginus, qui Augusti libertus fuit, multos reliquit libros à se scriptos, quorum plerique desiderantur. inter eos, qui habentur, est Fabularum liber, in quo de Polluce ita legimus: Amycus Neptuni & Melies filius, Bebriciæ rex. in huius regna qui venerat, cæstis cogebat secum contendere, & deuictos perdebat. Hic cùm Argonautas prouocasset ad cæstus, Pollux cum eo contendit, & eum interfecit. Sed fabulam hanc poëtę, qui Argonautica scripsere, & eorum interpretes, pluribus prodidere. Sanè idem Hyginus hanc Pollucis & Castoris fabulam commemorati Idas, inquit, & Lynceus, Apharei filij, ex Messenis habuerunt sponsas, Phœben & Ilairam Leucippi filias.

filias. Hæ autem formosissimæ virgines cùm essent, & esset Phœbe sacerdos Mineruæ, Ilaira Dianæ, Castor & Pollux amore incensi, eas rapuerunt. Illi amissis sponsis, arma tulerunt,si possent eas recuperare. Castor Lynceum in prælio interfecit: Idas amisso fratre, omisit bellum & sponsam, cœpitque fratrem sepelire. Cum ossa eius collocaret in pila, interuenit Castor, & prohibere cœpit monumentum fieri: quòd diceret, se eum quasi fœminam superasse. Idas indignans, gladio quo cinctus erat Castori inguina traiecit. Alij dicunt, quemadmodum ædificabat pilam, super Castorem impulisse:& sic interfectũ.Quod cùm annunciasset Polluci, accurrit, & idem vno prælio superauit, corpúsque recuperatum sepulturæ dedit. Cum autem ipse stellam ab Ioue accepisset, & fratri non esset data, ideo quòd diceret Iouis, Castorem semine Tyndarei & Clytemnestram natos, ipsum autem & Helenam Iouis esse filios: tunc deprecatus est Pollux, vt liceret ei munus suum cum fratre communicare cui permisit: ideóque dicitur alterna morte redemptus. vnde etiam Romani seruant institutum, cum desultorem mittunt, vnus duos equos habet, pileúmque in capite, & equo in equum transilit, quod ille sua & fratris vice fungatur. atque hæc quidem Hyginus. Ex quibus, & Vergilij & Propertij, aliorúmque poëtarum loca multa interpretari possumus. Sedenim amicus meus Thylesius gloriari solebat, se primum comperisse & prodidisse, ideo amphitheatra ouali forma constructa, quòd Polluci deo pugili ea dicata essent, qui deus ex ouo editus fuisset. etenim in amphitheatris ludi gladiatorij, &c. athletarum certamina fieri solebant. Speciosa interpretatio Thylesij. Alij tamen, quòd facilius ea forma multitudo spectantium contineretur, & quòd ex duplici theatro constare videantur. circum tamen soli, alij Neptuno, a ij alij dicatum prodiderunt, Castores igitur sub forma duorum fratrum effingebantur, robusti, formosi, in capite pilea habentes: vnde & pileati fratres vocati, vt infrà dicam: auctores, Catullus & Festus. Supra caput flammam igneam etiam habere videntur, qualem eis apparuisse canit Orpheus. Apuleius in x, cassides in capite gestare scribit, stellarum apicibus insignes: quales & superiores, & hos etiam posteriores in veterib. numismatib. aliquando conspexi. Suidas tamen, auctore Aeliano, horum effigies ita ferme describit. Duo enim simulacra eorum fuisse ait, pari iuuentute, quæ genas haberent imberbes, forma similia, & in humeros chlamydem habentia, & enses sub chlamyde, & hastas erectas, quæ per dextram & sinistram extollebantur.

Scribit Plut. in eo qui περὶ φιλαδελφίας, id est, de amore fraterno inscribitur: quòd Spartiatæ antiqua Dioscurorum ἀρὶθμήματα, hoc est, simulacra dedicata, δόκανα vocabant. Erant verò duo ligna parallela, duobus aliis obliquis coniugata: id quod putabant fraterno Deorum amori oblationis proprium esse, id est, ἀναδίμαϊος commune & indiuisibile, sic: Fuerunt Castores etiam interdum equis ⊞ albis sedentes efficti, quales apud Sagram Locrensium in notissimo prouerbio celebrati: & quales P. Vacieno, cùm è prætura Reatina Romam veniret, noctu apparuerunt, dicentes, Persen regem illo die captum, quod ille Senatui nunciauit: qua de re Cic. in tertio de Nat. deorum plura. Scribit enim, apud Regillum in silice apparere tanquam vestigium vngulæ Castoris equi:& in foro ab A. Posthumio ædem Castori & Polluci dedicatam, Historia à pluribus est recitata. Quæritur hoc tempore à plerisq; qua fori parte esset hæc Castorum ædes. Quidam D. P. Cosmi & Damiani templum Castorum existimarunt: alij, iuxta Iuturnæ fontem. quod innuere videtur Ouidius in Fastis, ita canens;

Fratribus illa dies, fratres de gente deorum,
Iuxta Iuturnæ composuêre lacus.

Qui de vrbis Romæ antiquitatibus & regionibus scripsere, & ipsi inter se dissentiunt, cùm tamen frequens sit eius templi mentio Ciceroni, Liuio, Plut. Horatio, Catullo, Varroni, Dionysio, Plinio, aliis: ita tamen, vt mihi non vnum, sed plura fuisse videantur. Feruntur & aliquando apparuisse peregrino habitu, vt Simonidem ex conuiuio cùm vocarunt. Historia est notissima Ciceroni, Valerio Maximo, F. Quintiliano. Sed & Phormioni Lacedæmonio eorum ædes possidenti, à quo cùm patrem ædium non accepissent, in qua eius filia virgo custodiebatur, abiisse ferunt, ac postridie nec puellam inuentam, nec comites. Sed iam nomina interpretemur.

Castores igitur interdum dicti, vt ex iam scriptis ostensum est, & interdum etiam Polydeuces. Quin etiam Decastores vocati sunt, ni Arnobij impressus codex mentitur. Hæc eius sunt verba ex primo aduersus gentes: Tunc clari Decastores, equos vnus domitare consuetus, alter pugillator bonus, & crudo inexpugnabilis cœstu. Alij tamen codices legunt, Tyndaridæ Castores.

Dioscuri quidem Græcis, Iouis pueri, vel filij, à nostris dici possunt. Sed præterea quæ ex Cicerone citaui, Theocritus poëta edyllium reliquit, Dioscurorum titulo inscriptum, cuius hoc est initium,

Ὑμνέομεν Λήδας τε καὶ αἰγιόχω Διὸς υἱώ,
Κάστορα, καὶ φοβερὸν πωλυδεύκεα, &c. hoc est,
Cantamus Ledæ natos, Iouis Aegiochíque,
Castora, Pollucémque trucem.

Sed tamen Philo & Eusebius ex Phœnicum theologia ita scribūt: E Saturno & Selech natos Dioscuros, & deinde Dioscurorum posteros nauigia fabricantes nauigasse aiunt. At nos hæc exotica, & à nostris & Græcis aliena, mittamus. Pausanias in Attica, Nemesin Helenes matrem Græcos tradere ait, Ledam verò nutricē, patrem Iouē, non Tyndarum. Isaacius quoque ita ferè: Iupiter in cygnū conuersus, cùm Nemesi Oceani filia in anserem mutata concubuit: quæ cùm ouū peperisset, id in palude reliquit. quod cùm pastor nescio quis inuenisset, Ledæ attulit: ea verò in arca seruauit, quousque ex eo nata est Helena, quā vt propriā educauit. Hyginus autē in Astron. poëtico, hāc aliter recitat, in Olore. ait enim, Iouem, cùm Nemesim, vt secum cubaret, flectere nō posset, iussisse Venerem, aquilā simularet se in olorem versum insequi: quo facto, ipse fugiens aquilam Venerem, in Nemeseos gremium confugit: quem non auersata, & consopita, ab Ioue compressa est: statutóq; tempore ouum peperit, quod Mercurius in gremium Ledæ proiecit, ex quo nata Helena. Sunt etiam qui tradant, Iouem in formam stellæ mutatum, Ledam vitiasse, & Castorem atque Pollucem genuisse: deinde Helenam, vt suprà dictum est. Tradunt alij, Iouem in cygnum conuersum, Ledæ congressum, & nocte eadē Tyndarū: ex Ioue Polluce & Helenā natos, ex Tyndaro Castorem: mortalem hunc illos autem immortales. Sed mē dose, vt puto, Hesychius: Dioscuros ait Helenæ fratres: Zethū & Amphiona, λευκόπωλους nūcupatos, & stellas quæ nauigantibus apparerent, & signū εὐβύσικον. Porrò & Dioscuria festum fuit Castorum.

Tyndaridæ etiam frequenti cognomine vocati sunt Castor & Pollux, quo modo Amphitryoniades Hercules: hoc est à marito matris, non à parente Tyndaro. Ouidius:

Vos quoque Tyndaridæ, quos hæc colit insula, fratres,
Mite precor duplici numen adeste rati.

Illud hoc loco tantùm, quod de ouo fabulantur, cæteris missis, afferam. Quidam enim vnum id tantùm tradunt, alij duo. quidam & triplex, vt Auson.

Triplex Helenæ cum fratribus ouum.   Idem:
Istos tergemino quos nasci cernis ab ouo.

Sanè quidam exponunt, quòd ὠὸν non modò ouum aliquando, sed superiorē etiam domus partem, id est ὑπερῷον, hoc est cubiculum & thalamum, vt Homerus primo Odyss. ait, Penelopes ὑπερῷον. hinc facta fabula, cuius rei & Athenæus meminit.

Therapnæi fratres dicti Castor & Pollux, à Therapne vico Laconiæ, vt Pindari interpretes in Pyth. tradūt, itē Isocrates in Helena. Stephanus tamē Theramnen, aliíq; nonnulli libētius legūt. Theramnæi etiam fratres vocati sunt. Isocrates, & Statius noster in Theb.

——Cùm iam damnata sororis
Igne Therapnæi fugerunt carbasa fratres.

Oebalij fratres interdum etiam dicti sunt eadem ratione, qua Therapnæi & Amyclæi: hoc est, ab Oebali parte Laconiæ. Statius idem:

——Proferte benigna
Sidera, & antennæ gemino considite cornu,
Oebalij fratres, longè nymbosa sororis
Astra fugate precor, totóque excludite cœlo.

Hoc est, Helenam fugate. nam, vt Sosibius monumentis prodidit, Helenam mali, Castorem verò & Pollucem boni causa apparere existimarunt antiqui. qua de re pluribus capite nono in Re nautica ægi.

Anachæ, qui & Anaces, Castores appellati sunt, quòd tempestates depellant. idem & ἄνακες dicti sunt, παρὰ τὸ ἀνάσσω ἀνακὼς, vt φυλάσσω φυλακὸς, μαλάσσω μαλακὸς. vel dicti quasi ἀκακὼς, quòd benignè & humanitùs Atheniensibus affuerunt: vel quòd nauigantes seruare crederentur
stellæ

Syntagma V.

stellæ ipsæ apparentes suprà & longè, hoc est, ἄνω καὶ ἐκὰς. vnde Attici componentes, ἀνεκὰς dixerunt. Eustathius ἀπὸ τ ἀνεχᾶς ἔχειν dictos existimat. Fuit & celebritas apud Græcos, quæ τὰ ἀνδικα dicebatur, quasi depulsoria dicas. Sed de hisce plura in eodem capite nono disserui amplius, & Theocritus in edyllio Dioscuris inscripto, & Horatius libro primo Carminum:

    Dicam & Alciden, puerósque Ledæ,
    Hunc equis, illum superare pugnis
    Nobilem: quorum simul alba nautis
        Stella refulsit.
    Defluit saxis agitatus humor,
    Concidunt venti, fugiúntque nubes,
    Et minax (quod sic voluere) ponto
        Vnda recumbit.
        Idem alibi Horatius:
    ——Tyndaridæ sidus ab infimis
    Quassas eripiunt æquoribus rates.

Hinc & Seruatores, hoc est σωτῆρες nuncupati sunt: teste Artemidoro lib. secundo Onirocriticôn: & Orpheo ad Musæum, cùm ait,

    Καὶ μεγάλους σωτῆρας ὄφρ διὸς ἄφθιτα τέκνα. hoc est,

    Et magni Seruatores Iouis optima proles. Et Theocritus in suprà citato poëmate eos Soteres, Equites, Citharistas, ac Athletas nuncupat. Σωτῆρας nonnulli seruatores, alij salutares interpretati sunt. Scribit Diodorus Siculus, Orpheum, cùm tempestate vnà cum cæteris Argonautis agitaretur, deis Samothracibus vota fecisse pro salute ac incolumitate: & exemplò sedatam tempestatem, cùm duo astra supra Pollucis & Castoris capitibus cecidissent, deorúmque se prouidentia seruatos credidêre. Vnde, inquit, factum est, vt qui tempestate deprehensi forent, Samothracibus deis vota facerent, astráque apparentia Castori & Polluci attribuerentur. Hæc fermè Diodorus. Sed enim Aelianus scribit in quarto de Varia historia, quòd Mnestheus Potei filius gratus fuit erga Tyndaridas. ij enim eiectis Thesei filiis, & Aethra Thesei matre captiua facta, regnum Mnestheo tradidere. atq; ideo Mnestheus primus ipsos ἄνακας, id est, reges, vt quidam interpretantur, & seruatores, id est, σωτῆρας appellauit. Scribit Orpheus ipse in Argon. quòd cùm essent Argonautæ tempestate & procellis agitati, arrepta lyra tum cantare coepisse: quo cantu mare pacatum, igneúmque splendorem supra Castoris & Pollucis capita affulsisse: quod & Val. Flaccus repetit. Iouem enim ita in primo inducit:

    Dixit, & ingenti flammantem nubila sulco
    Direxit per inane facem, quæ puppe propinqua
    In bifidum discessit iter fratrésque petiuit
    Tyndareos, placida & mediis in frontibus hæsit
    Protinus amborum, luménque innoxia fudit
    Purpureum, miseris olim implorabile nautis.

Ἑτεροημέρους Castorem & Pollucem Homerus vocauit, hoc est, qui alternis diebus fata subirent: & vt canit Vergilius in sexto,

    Si fratrem Pollux alterna morte redemit,
    Itque reditque viam toties. quo loco Seruius: Helena & Pollux de Ioue nati, immortales fuerût. nam Castor Tyndari filius fuit, cuius mortem suo interitu fraterna pietas redemit. quod ideo fingitur, quia horum stellæ ita se habent, vt occidente vna, oriatur altera. hæc Seruius. Alij Geminorum signum adeò amplum esse dixerunt, vt altero oriente, alter latêre videatur. Sed quos Homerus Heteremeros vocauit, hos Pindarus παρ᾽ ἆμαρ, hoc est per diem, vel interdiu prope Therapnes domos, nunc in Iouis aula viuere in Pyth. dixit. Porphyrius tamen in Homerum, si modò Porphyrius ea scripsit, in 3. Iliad. Idam & Lynceum scribit Apharei filios, Leucippidum amatores, ad nuptias Tyndaridas aduocasse Castore & Polluce, qui sponsas Phoebe & Ilairã rapere conati sunt. hinc orto certamine, Ida Castorem occidit: sed hac re iratus Iupiter, Idã fulminauit: Polluciq; optione dedit, vtrû immortalitate solus vti vellet, an cû fratre vitã cõmunicare. ille cû fratre maluit alternis viuere. Proinde apud superos nûc Castor, nûc Pollux, & cõtra apparere vide-

tur. hinc Homer. ἰσόμμόρως ait eos viuere, & mori. Pausanias tamen in Lacon. eos scribit, 40 anno postquàm pugnassent aduersus Idam & Lynceum in deorum numerum fuisse relatos. Illud quoque annotatione dignum est, quod in Quæstionibus scribit Plut. Mixarchageuam Castorem vocatum ab Argiuis, quem apud se humatũ affirmabant. iidem Pollucem vt coelestem colebant.

Gemini quoque Latinè dicti sunt, & Græcè Δίδυμοι, vt notissimum est ex iam recitatis vel fabulis, vel historiis: imò etiam gemelli nuncupati. Catullus: Séque dedicat tibi gemelle Castor, & gemelle Castoris.

Ambulij etiam cognominati à Laconicis, vt Pausanias prodit, quorum etiã ara fuit eo in loco, vbi & Iupiter & Pallas eodem cognomine colebantur, vt in Ioue scripsimus.

Laperse Castores cognominati, à Λᾷ ciuitate Laconica, cuius Stephanus & Lycophron meminêre, & copiosius Paus. Hesychius dictos ait à Laperse vrbe, quam Homerus Laan dixit: οἵτε Λάαν ἔχον: id est, Quíque Laan habitant. Sic verò appellata, quòd in petra excelsa sita esset. Lan Strabo scribit à Castore & Polluce per obsidionem expugnatam: monumentis relatum esse, inde illos Lapersas appellatos. Sophocles,

Νὴ τὼ Λαπέρσα, νὴ τὸν Εὐρώταν τρίτον,
Νὴ τὸς ἐν Ἄργει, καὶ κατισπάρτην θεὸς.

Senarij sunt, quos ego ita pro tempore,
Per & Lapersas, & per Eurotam, per &
Iam tertium Argis & prope Spartam deos.

Apheterij Castores etiam appellati sunt, vt Pausanias ait in Lacon. Aduersus, inquit, principium sunt Dioscuri ἀφετήρια, quasi quòd in carceribus templum haberent.

Amyclæi præterea fratres nuncupati sunt, ab Amyclis notissimo Laconiæ oppido, vbi nutriti dicuntur. hinc poëta in tertio Georg.

Talis Amyclæi domitus Pollucis habenis Cyllarus.

Atqui, inquit Seruius, Castor domitor equorum fuit: sed fratrẽ pro fratre posuit, poëtica licêtia. vt, Quas illi Philomela dapes; pro Progne, item, Reuocato à sanguine Teucri: pro Dardani. aut certè ideo Pollucẽ pro Castore posuit, quia ambo licenter & Castores & Polluces vocantur, nam & ludi & templum & stellæ Castorum vocantur, Amyclæ verò dicuntur, vt Pausan. & Stephanus tradunt, ab Amycla Lacedæmonis filio.

Pileati postremò fratres dici videntur à Catullo in hoc scazonte:
A Pileatis nona fratribus pila. nam pilea Castori & Polluci antiqui dedêre. Quin Lacones fuerunt, quibus pileatis pugnare mos fuit, vt Festus scribit. Sunt qui pileum scribant vinctum fuisse foliis arundineis, atque hactenus de Dioscuris.

AEOLVS, VENTI.

Aeolus deus ventorum, Iouis filius, ex Acesta filia Hippotæ Troiani, à quo, vt ab auo, Hippotades est appellatus: non quod Hippotæ filius fuerit, vt plerísque placuit, inter quos Ioan. Zezes grammaticus in Hesiodum. nam & ipsum mathematicum fuisse scribit: Homerus in Odyss.

Αἴολος Ἱπποτάδης φίλος ἀθανάτοισι θεοῖσι. id est,
Aeolus Hippotades dis coeli carus amicus.

Ouidius vndecimo Metamorphos.
Aeolon Hippotaden cohibentem carcere ventos.

Vt verò Seruius scribit, ex Varronis sententia, Aeolus cùm apud insulas Siciliæ & Italiæ propinquas temporibus Iliacis regnaret, ex consurgentibus nebulis futuras tempestates prædicebat, ita vt à rudibus hominibus crederetur eas in sua potestate tenere. quod & Strabo etiam notauit. Plinius hunc ait ventorum rationem inuenisse. de hoc ita poëta in primo Aeneidos, de Iunone agens:

Nimborum in patriam, loca foeta furentibus austris,
Aeoliam venit. hic vasto rex Aeolus antro
Luctantes ventos, tempestatésque sonoras,
Imperio premit, ac vinclis & carcere frenat.
Illi indignantes magno cum murmure montis,
Circum claustra fremunt: celsa sedet Aeolus arce,
Sceptra tenens, mollítque animos, & temperat iras.

Ni faciat,maria ac terras,cœlúmque profundum
Quippe ferant rapidi secum,verrántque per auras. & reliqua.
Item paulò pòst, ——Tenet ille immania saxa,
Vestras Eure domos:illa se iactet in aula
Aeolus,& clauso ventorum carcere regnet.

Quæ tamen omnia ferè desumpta sunt ex 10. Odyss. lib. & vterque poëta physica ratione vsus.nam motus aëris,id est,Iunonis,ventos creat,quibus Aeolus præest. Diodorus Siculus scribit,Aeolum senescente Liparo,cum sociis quibusdam ad eum deuenisse, eiúsque filiam vxorem duxisse,& post Liparum socerum Vulcaniis insulis, quæ ab Aeoli nomine postea Aeoliæ nuncupatæ fuerunt,imperasse,piúmque fuisse ac iustum regem: quin & erga hospites perhumanum,& velis nautas vti docuisse : ex ignibus etiam diligenti obseruatione,qui venti futuri essent,prædicere solitum. vnde & illum fabulæ ventorum potentem ac regem finxêre,& ob eius pietatem & iustitiam deorum amicum existimatum.Hęc quidem ex Diod. Hinc ab Homero in Odyss. & à Vergilio ventorum deus confictus est. Palæphatus in lib.Incredibilium,rem ita explicat:Aeolum ait astrologum fuisse, qui tempora nosset,quibus venti flare debent:atque ideo deum ventorum existimatum. Ciuitatísque suæ mœnia ex aere construxisse dictus, quòd scilicet armatos haberet homines in eius præsidio. Homeri interpretes quidam Aeolum allegoricè annum interpretati sunt: & eius duodecim filios , 12 menses. Strabo verò ex Polybij sententia : Aeolus , inquit , in ipsius freti locis , in quibus est maris reciprocatio, & nauigationis difficultas,per fluxus atque reflexus aggrediendi signa præmonstrauit. itaque ventorum custodem atque regem creditum fuisse tradit. Legimus verò in Græcis commentariis, Aeolum vxorem habuisse Teleporam Læstrygionem, quam quidam Leopatram vocât: ex qua liberos duodecim, sex mares,& totidę fœminas sustulit.mares sunt hi,Iocastus,Phalacrus,Chrysippus, Pheremon,Androcles,& Xuthus. Diod.verò hos ita enumerat:Astyochus, Xuthus, Androcleus,Pheremon,Iocastes,Agathyrsus.& quibus in regionibus imperarunt,& nomina dederunt,exequitur.fœminæ autem hæ feruntur,Iphthe,Aeole,Peribœa, Dia, Hephestia, Astycrate. Sanè duos Aeoli nomine fuisse legimus,qui & interdum confunduntur. nam vt est apud Diodorum,& Direchiden,itémque Seruium, prior Aeolus Hellenis filius fuit, posterior Hippotæ. Alij aliter,vt à principio dicebam. nam ex Ioue natum tradunt, & ex Acesta,vel Segesta,filia Hippotæ Troiani:vnde est Hippotades, vt dictum est , cognominatus. Plutarch.etiam in Parallelis, Aeolum Tyrrhenorũ regem facit,qui ex Amphithea filias sex,& totidem mares susceperit.eorum Macareus natu minimus, vnius amore, quã Canacem noster vocauit Ouidius,incensus,eam vitiauit:vnde ex nato infante res est cognita.pater iratus ensem filiæ misit,quo se infelix puella occidit.id mox Macareus intelligens,sibi quoque ipsi manus consciuit, vt Sostratus libro secundo rerum Tyrrhenicarum prodidit. In hoc loco illud tibi significandum duco,Aeolum Tyrrhenorum regem appellatum à Plutarcho & Sostrato : quia antiqui totum illud mare Tyrrhenum dixêre , quod Italiam & Siciliam alluit. Hinc qui Plutarchum est interpretatus, rectius fecisset, si Tyrrhenorum,vt Græcè habet,non Thuscorum vertisset,quod ansam præstitit aliquibus , vt hallucinarentur. Audio & hac de re compositas Tragœdias. Sed nos de ventis sequamur. Quidam & Ventos ipsos deos fecerunt, vt in primis ostendit Orpheus, qui hymnos eis adolet cum libano, id est, thure, Boreæ scilicet & Zephyro ac Noto. sed & Herodotus in Polymnia , ait inter cætera quæ ex oraculo Græci fecère ad arcendam & expiandam deorum iram in Persarum descensu in Gręciam,eos ventis aram in Thyia statuisse,eo loco vbi Thyiæ Cephisi filiæ fanum fuit. Sed & ventos antiqui coluerunt. Vnde legimus, Phœnicem Vsonem ventis templa posuisse,& illis sacra fecisse:id quod & Eusebius ex eorum theologia repetit in Præparatione Euangelica. Vergilius etiam Aeneam inducit, pecudem Zephyris felicibus albam immolasse. Legimus & Augustum vota Circio fecisse vento,ne Galliam infestaret:& votum sacrúmque exoluisse. cuius venti plerunque tanta vis erat,vt tecta auferret. Calabri quoque in Iapygia,& Apuli Atabulo vento: Athenienses Scironi,Pamphilij Gagnæo vota facere consueuerunt,ne incolas tabe afficerent,néue arua depopularentur.Thurij quoque magno affecti beneficio,sacra Boreæ fecerũt, quod Dionysij classem , quam in eorum perniciem parauerat , funditus euertisset ac disiecisset. Hac eadem ventorum ratione & Anemotis Minerua cognominata fuit , à ventis, vt in Minerua planius oftendam. Scribit in Corinth. Paufanias, in Titanes colle apud Sicyonios, ventorum aram pofitam fuiffe, in qua quotannis facerdos nocte vna ventis facrificabat, & ad quatuor fcrobes alia multa peragere folebat arcana myfteria, ad placandam & mulcendā ventorū vim ac feritatē: Medeæ etiam fimul carmina concinuiffe. Alia pleraque hic ex Homero & Apollonio, & aliis Grçcis Latinifque poëtis afferre poffem:fed eorum quædam in facrificiorum Syntagmate comprehēdam. Nunc ventos ipfos commemorabo. Venti igitur, Aftræi filij dicti fuére, qui vnus fuit de Titanibus, qui contra deos arma fumpferunt. Hic cum Aurora concubuiffe dicitur, vnde nati funt venti, vt fcribit Hefiodus:quem fecutus eft Seruius. Ex quo exit illud Vergilij,

Tantáne vos generis tenuit fiducia veftri? 10

Sanè & hóc annotatione dignū videtur,tres, non quatuor ventos feciffe antiquiores, vt Orpheū in hymnis, Boream, Zephirum & Noton: Acufilaus quoque, vt eft apud Ioan. Grāmaticum, tres tantùm ab Hefiodo pofitos ait, vt etiam ab Orpheo:nam Argeften dicit epitheton effe Zephiri. Sed Homerus Argeften Leuconoton vocauit, & Apelioten Eurum. Sed enim iam vētorum ipforum nomina tibi breuifsimē & regiones fublignabo. In primifque quatuor primores ftatuam, vt videmus ingeniofe in primo Metarmophofeon Ouidium feciffe:quos & alatos finxêre Gentes, nedum Hebræi, quorum rex & poëta in Lyricis carminibus cecinit,

ἐπετάσθη ἐπὶ τῆ ὀρύγων ἀνέμων. Idem & alibi,

περιπατῶν ἐπὶ τῆ ὀρύγων ἀνέμων. hoc eft, volauit fuper alas, vel vt alij reponunt, fuper pennas ventorum. Nec alatos modo finxêre, fed & tumentibus buccis, inflatis ac fpirantibus. Certè Notus fic graphicè defcribitur ab eodem Ouidio, 20

——Madidis, inquit, N tus euolat alis,
Terribilem picea tectus caligine vultum,
Barba grauis nymbis, canis fluit vnda capillis.
Fronte fedent nebulæ, rorant pennæque, finúfque. & reliqua.

De Zephyri pictura à Philoftráto pródita, in primo diximus, vbi de Como deo agebamus. Sunt autem hi:Ab oriēte brumali, Eurus, Vulturnus, Syrochus, vulgò. Ab oriente æquinoctiali, Apeliotes, Subfolanus, vulgò Leuantes dictus. Ab oriente folftitiali, vel æftiuo, Cecias, Iapyx, vulgò Græcus appellatus. Contrà, ab occidente brumali, Libs, Africus, Garbinus nautis vulgò vocitatus Ab occidente çquinoctiali, Zephyrus, Fauonius, Ponentes vulgari fermone dictus. Ab occidente folftitiali, vel æftiuo, Argeftes, Olympias, Chorus, Sciron, vulgò dictus Maeftro. A feptentrione, Aparctias, Septentrio, à nautico vulgò Tramótana nūcupatus. A dextrolatere verfus occidentē, Thrafceas, Circius nunc populari fermone Prouencialis appellatus. A finiftro verfus orientem, Boreas Aquilo Mefes, A meridie, Notus, Aufter, vulgò dictus Oftro. A latere dextro verfus occidentem, Libonotus. A latere finiftro verfus orientem, Phœnicias, Euronotus, & Phœnix. Sūt inter eruditos, qui in viginti quatuor nomina, & regiones diftinguunt. Sunt & qui in plura, fed non aptis vocibus. Ad cognitionem igitur & ipfe 24 commemorabo, & quadripartito fenario diuidam, exordiárque à Septrentrione, vt à cœli vertice nobis fublimi. Primus eft Septentrio, qui & ἀναπάξιας:fecundus, Gallicus:tertius, Supernas:quartus, Boreas, vel Aquilo: quintus, ναυίας: fextus, χέρας. Secundus deinde fenarius eft ab ortu æquinoctiali, cuius primus eft ἐπηλιώτης, Subfolanus: fecundus, ὀρινδίκης:tertius, χερίας:quartus, ὡρῶ@:quintus, Vulturnus:fextus, Leuconotus. Tertius porrò fenarius, meridies:primus, νότω, id eft Aufter:fecundus, Altanus:tertius, Libonotus : quartus, λιψ , vel Africus : quintus, Subuefperus:fextus,ἀργίςης.Quartus poftremò fenarius, ab occafu. primus, ζέφυρω, qui & Fauonius: fecundus, quæ ἰτικοίας vocantur:tertius, κέρκιος: quartus, ὀλυμπίας, vel Chaurus : quintus, ἰάπυξ, & Chorus:fextus & vltimus, θραπικαίςης. Sunt demum, qui ita de ventis ftatuant, vocabulis etiam Opicis ac Barbaris, à meridie exordientes, Aufter, Notus, Altanus, Libycu : ab auftro, Libonotus, Libyci, Garbinus, Africus, Libs, Subuefperus, Libycius, Occiduus, Fauonius, Zephyrus, Chelidonias, Chaurus, Magifter, Chorus, Argeftes, Sciron, Olympias, Circius, Hellefpōtias, Gallicus. Thrafceas, Mefe, Græcus, Septentrio, Arpactias, Tramontanus, Charbas, Græcus, ab occidente, Aquilo, Boreas, Prodromus, Etefiæ, Supernas, Ornithiæ, Syrochus:ab oriente, Cæcias, Subfolanus, Apeliotes, Oriens Syrochus, Vulturnus, Eurus, Phœnix, Euronotus, Euroaufter , Syrochus, ab Auftro Leuconotus. Hæcfunt 30 40 50

quæ

quæ breuissimè collegi. Si verò quæ amplius traduntur ab auctoribus, Aristotele, Theophrasto, Vitruuio, Strabone, Plinio, Vegetio, Isidoro, alijsq; requiris, omnia fermè collecta leges apud Valturium in libris de Re militari. Nos ideo hæc pauca attigimus, ne deorū gentium partem vllam præterijsse videremur. Hunc verò laborem omnem exegi 17 calend. Nouembris, 1543. Quam diem semper acerbam, semper honoratam (sic Dei voluistis) habebo, vt de patris Anchisæ interitu Aeneas ait apud poëtam:

 Summus honos tibi sancta τριάς, quæ numine trino
 Vna viges, & cuncta foues, tua gloria tota est,
 Quæ mihi defuncto morbis annisque, benignè
 Qualescunque animi vires robúrque ministras,
 Ne viuens taceam elinguē & sine voce cadauer.
 Salue æternùm, salue, & quassam dirige cymbam:
 Dirige, ne disiecta vagis sit flatibus austri.

SYNTAGMA SEXTVM, DE PLVTONE, PROSERPINA, ET CAETERIS DEIS INFERIS, AD NICOlaum Vicentium.

 Pluto & Persephone, dei silentum,
 Et Parcæ, & Furiæ, deíque Manes,
 Omnis denique coetus inferorum,
 Hoc Syntagmate sunt breui notati.
 Quod munus tibi Nicolaë mitto,
 Hoc fratri tamen antè destinaram:
 Sed postquàm irremeabiles tenebras
 Hunc Orci Libitina adire iussit,
 Tu qui hæres suus es, tibi hoc habeto:
 Nexum sic quoque nominum duorum
 Vno hoc munere, Nicolaë, soluam.

MAgna fuit Benedicti Vicentij fratris tui indoles, magnúmque optimarū artium studium, tum omnis liberalis & digna homine ingenuo ab eo perquisita doctrina. sed, prò inuida fata, quo tempore in hac florentiss. vrbe, sub hoc Illustriss. & prudentiss. Principe, inter nos florere maximè poterat, caruit omnino rebus humanis. Vt enim de eo mittam illud, πρότερον μὲν ᾖδ᾽ & ἄξιον τιμωντίδ᾽ & compactámque totius corporis ad commensum compagem, quibus rebus omnibus fermè vrbanis adolescētibus antecellebat. Sed quid dicam? quo studio eloquentiam cæterásque disciplinas, qua denique animi propensione doctissimos quosque & eruditissimos prosequebatur, Varinū, Alex. Coelium Calcaginum, aliósque? quo denique animo me post longiss. meam peregrinationem, velut alterum pelago eiectum Vlyssem, naufragúmque, nō despexit, sed vnà cum iam dictis (vt tu, omnium eius consiliorū actionúmque conscius, probè nosti) connumerabat, & liberalitate sua, quantū iuueni licebat, alebat, sustētabat? Quin audio, cùm extremus illi dies instaret (præsens ego propter aduersam articulorum & totius corporis imbecillitatem adesse nequiui) me ita tibi Nicolaë commendasse, vt tu post eius immaturum & mihi semper acerbum interitum, à te sum assiduè aliquo in dies subsidio & ope perbenignè adiutus, licet ea tibi cum fratribus tempora contigerint, quibus fortunæ iniquitate, iactura esset facultatū maxima facienda, quæ tamen clementissimi benignissimíque Principis mansuetudine, & in suos ciues beneuolētia, & emendata est, & mitigata. Quantum igitur Benedictus, dum in viuis ageret, mihi detulerit, ipsi mihi sum optimè cōscius, & tute (vt dixi) probè nosti. Quare cùm hoc Syntagma de Plutone & Proserpina, cæterísque dies Manibus in luce apertúmque daturus essem, putaui me non paruam apud optimos quosque gratiam initurū, hac ipsa grati animi mei significatione, si eius nomini & tuo, idipsum, qualecūque est, darem. Accipe igitur, Nicolaë, exiguū hoc licet munus: nō voluntatis tamen exiguæ, at beneuolæ, & penè dixerim immēsæ. cui si ita corporis vires manúsq; suppeteret, vt merita vestra exposcūt, hic nō id libellus esset, sed magna potius Ilias, ne dicā magnū illud Opus Antimachi, vobis mitteretur. Fraternorū manium, meíque memor Vale: Ferrariæ.

PLVT

PLVTO, ET CÆTERI INFE-
RORVM DEI.

PLVTONEM, & deos inferorū cæteros Manes, hoc Syntagmate tibi Nicolaë Vicenti dum scribere meditor, charis. & amantissimi fratris tui Benedicti & discipuli mei studiosissimi memoria non animo tantùm, quo mihi semper insidet, sed ipsos etiam ob oculos eius imago obuersari videtur. nam quo ille maximè vita dignus erat, eo citius illum mors importuna intercepit, & in ipso adolescentiæ cursu rapuit, nósque adeò certis.sp:, non iam indole fruſtrata eſt. Sed eius lugendi modum facere, vel illud in primis nos monere potest quòd ea tempora post eius obitum nobis succeſſere, vt potius illi æternam quietem inuidere, quàm eum lugere videremur. Quare ne præterita refricem, & obductæ penè cicatrici vngues iniicere videar, iam deos ipsos Inferos interpretandi inſtitutum aggrediar.

Igitur quem nos Latini Ditem patrem, & si Lactantium audiamus, & Isidorum, Diespitrem vocamus, Græci Plutonē & Haden: & qui eius imperio subeſſe putabantur, deos, hoc Syntagmate cōmentabimur. Ditis verò nomine, vt ait M. Cicero, nuncupatus, quòd terrena vis omnis ac natura ipsi dicata putaretur. nam & omnia in terras recidunt, & ex iis oriuntur. Alij tamen, vt est apud F. Quintil. ideo Ditem vocatū volunt, quod minimè diues sit, mortui enim omnibus exuti bonis sunt crediti. Tertius verò Saturni filius ex Ope, id est Rhea fuit, cui inferorum regna obuenêre: vnde & Infernus Iupiter à poëtis sæpe cognominatus est, vt etiam Proserpina Iuno inferna, vt paulò mox planius oſtendam. Plutonem scribit Diod. & ab eo ipse in Sepulcralibus retuli, fuiſſe funerum, sepulcrorum, & cæterorum quæ defunctis impenduntur inuentorem, & propterea exiſtimatum inferis præeſſe. hinc & silentum, id est, mortuorum rex dictus est. Claudianus:

 Rex ille silentum Lethæo vehitur curru.
Quem currum quadrijugum idem poëta his versibus oſtendit:
 Orphneus crudele micans, Aethónque sagitta
 Ocyor, & Stygij crudelis gloria Nycteus
 Armenti Ditisque nota signatus Alaſtor.

Hi ergo Plutonis equi. Nō ignoro, alios quosdā tres tantumodo cōmemorare, nō inscitè solùm, sed barbaris etiā nominibus. Homerus quidē Clytopolon Plutonē cognominauit, à pullis, id est equis generosis. Sanè à physicis & gentiū antiquis theologis, omnis aëris à luna diffusio, sub Plutonis poteſtate consistere putabatur: & luna, quæ huic aëri propior est, Proserpina, quæ & ipsius cōiunx credebatur. quod & Martianus scribit, à quo & ita (vt eius verbis agā) describitur: Pluto lucifuga inūbratione palleſcēs, in capite coronā ex hebeno tartareæ noctis obſcuritate furueſcēs. Alij tamē cupreſſo arbore illū delectari scribūt, ợ ipsa sit arbor funeſta. nā & cupreſſus funeribus adhibebatur, vel ợ cæsa nō repullulat; vel quòd per eā funeſtatæ oſtendebātur domus, sicut lætus etiā hoc tēpore feſtæ indicat fródes. M. Varro tamē pyras ait ideo cupreſſo circūdari solitas, propter graue vſtrinæ odorem, ne eo offenderetur populi circūſtantis corona: & cætera, quæ in Sepulcralibus diximus. Phurnutus tamen, Ditē coronari ait phaſganiis, sic appellatis, hoc est ensicul is: nisi fortè pro phaſganiis σπαργανοις, vel σπαριοις legendū sit, id est fasciis. Nam & ita effictum me vidiſſe, ni fallor, aliquando reminor. Aliqui & adianto herba coronabant. quin & Alibanta fabulantur, διὰ τὼ ᾶ λιβάδω ἐμοιτέξιαν νηρῶν, hoc est, quòd minus amœnitatis vita functi participes sint. Sed & narciſſus propriè defunctis conuenire exiſtimabatur, & eo Erinnys coronabatur, vt idem ait Phurnutus: quæ, & alia pleraque, desiderantur in editis Aldinis & Germanis codicibus. Pindarus præterea Plutoni virgam attribuit, qua mortuos deducat ad inferos. Nunc etiam curru vehi, nunc solio sedere, finxit antiquitas. Sic verò à Claudiano poëta ex Parcæ verbis lepidè describitur:

 ——O maxime noctis
 Arbiter, vmbrarúmque potens, cui noſtra laborant
 Stamina, qui finem cunctis & semina præbes,
 Nascendíque vices aliena morte rependis,
 Qui vitam letúmque regis. nam quicquid vbique

Syntagma VI. 169

Gignit materies, hoc te donante creatur,
Debetúrque tibi certis ambagibus æui.

Et quæ sequuntur. Sed enim Placiades Fulgentius ita describit. Plutonem enim ait ideo terrarum præsidem existimatum, quòd πλȣτος Græcè diuitiæ dicuntur, & solis terris credebant veteres diuitias deputari. Hunc etiam, inquit, tenebris addictum dixère, quòd sola terræ materia sit cunctis elementis obscurior. Sceptrum quoq; manu gestare putabant, quòd regna solis cōpetant terris. Tricerberū verò canem eius subiiciebant pedibus, quòd mortalium iurgiorum inuidiæ ternario cōflentur statu, id est, naturali, casuali, & accidentali, vt Fulgentij ipsius verbis vtar. Alij verò sic tradunt: Sceptrum breue, quod gestare fingebatur, inferioris regni symbolum fuisse: canis autem, frugum à terra partium tripartito, in proiectionem, arationem, & germinationem diuidi, notabat. Fuêre qui clauem illi tradidêre, quòd qui apud inferos concluderentur, haud ab eo redire possent amplius, id quod in Eliac. ostendit Pausanias. nam vt ait Maro,

—Facilis descensus Auerni:
Sed reuocare gradum, superásque euadere ad auras,
Hoc opus, hic labor est.

Plutoni etiam galeam dedêre, de qua & Homerus libro quinto Iliad. sed & Hyginus in Astron. poëtico, de Perseo agens. Præterea galeam, qua indutus, ex aduerso non poterat videri. Itaque Græci ἀίδης κυνέην, id est, Orci galeam dixerunt esse, non vt quidam inscientissimè interpretantur, eum Orci galea vsum, quæ res nemini docto potest probari. sic quidem Hyginus. Eusebius verò tertio Præpar. euang. Plutonis, inquit, raptoris galea caput tegitur, quod occulti verticis symbolum est. Alij galeam Plutonis, nubem seu nebulam interpretantur, qua Dei obouluerentur, quoties videri nollent. hoc pluribus ait Phauorinus. meminit & Plato libro decimo de Republica, & Origenes primo contra Celsum lib. & alij, inter quos præcipuè Erasmus in Prouerbiis.

Hades verò, hoc est ἅδης, plerique, vt Socrates ait apud Platonem, mihi videntur interpretari, quasi ἀηδὲς, id est, triste, vel tenebrosum. & proinde timentes hoc nomen, Plutonem vocarunt, quam tamen sententiam idem mox impugnat: siquidem, ait, plurimi quotidie illum subterfugerent, nisi fortissimo vinculo eos qui illuc descendunt, ligaret. tum subinfert, cupiditate validissima eos Haden illigare, qui illuc descendunt, quòd nullus reuertatur. & propterea illum tanquam doctissimum sophistam Euergetem, id est, beneficium esse dicit, qui ingentia, his qui penes ipsum habitant, conferat beneficia: vtpote qui vsque adeò diuitiis abundet, vt inde Pluto sit nuncupatus. Atq; ita etiam paulò pòst subdit: ἅδης igitur minimè, quasi ἀηδὲς, id est, triste vel tenebrosum, sed potius ἀπὸ τ πάντα τὰ καλὰ ἐιδέναι, quòd noscat omnia pulchra. At verò Phurnutus ait Haden appellari, quòd videri minimè possit, quasi ἀόρατον. Hinc & per diæresin ἀΐδης vocarunt. vel per contrariū, ceu ἀνδάνων ἡμῖν τ θάνατος, hoc est, morte nobis placens. Alij ab ἀ & ἰδεῖν, id est, non videndo, deriuant, quod & Gaza notat, licet denso spiritu proferatur. vnde & Vergilius dicit,

—Sine sole domos.
Hinc & ἀΐδης dictus est.

Aidoneus etiam Pluto cognominatus est, ab ἅδης, quæ vox scripta per propriam diphthongū, sine afflatu apud Græcos legitur, per impropriam verò diphthongum, hoc est ᾅδης, afflatur. Sic & Aidoneus, de quo sic Philochorus in Atthidis libro secundo, & Eusebius in Chronicis: Fabula Proserpinæ, quam rapuit Aidoneus, id est, Orcus, rex Molossorum, cuius canis ingentis magnitudinis, Cerberus nomine, Perithoum deuorauit, qui ad raptum vxoris cum Theseo venerat: quem & ipsum iam in mortis periculo constitutum, adueniens Hercules liberauit. & ob id quasi ab inferis receptus dicitur. Eandem fabulam Plutarchus in Theseo recitat: sed Cererem Aidonei vxorem & Proserpinam filiam dicit. cætera penè eodem modo. Sanè & Plutoni pallacem, id est, concubinam Minthen, ascribit in primis Iulius Pollux in sexto, & ante Pollucem Strabo in octauo, sed & vtroque antiquior Nicander poëta in Alexipharmacis.

Καὶ χλοερὰς ἀπὸ μίνθης φυλλάδος, ἣν μέλανος. id est, Viridia minthæ folia, siue melissæ: quo loco & Scholiastes fabulā recitat. Quin & poëta noster Ouidius in Metamorphosi eam in plantam mutatam innuit, cùm ita in decimo canit:

—An tibi quondam

De Deis Gentium.   p   Fœmi

Fœmineos artus in olentes vertere minthas
Persephone licuit.

Vide & Oppianum post Ouidium, libro tertio Halieuticôn, qui copiosius hanc fabulam est executus. plura Cœlius, & Ruellius de mentha.

Agesilaus Pluto cognominatus, παρὰ τὸ ἄγειν τὸς λαὸς, quod scilicet populos agat. est enim inferorum & mortuorum deus existimatus à gentibus. huius meminit in primo Lactantius Firmianus: & Callimachus, qui ait, φοιτῶσι μεγάλω ἀγισιλάω. hoc est, Ad magnum pergunt Agesilaum. de Agesilao Plutone, ex Methodio & Aeschylo, plura Athenæus. Sunt tamen qui apud Lactantium, pro Agesilao Agelastum legant, quod sine risu deus sit, sed luctuosus. Legimus quippe Agelastum Plutonem vocari: & Agathalyum, quòd mortalium bona soluat.

Ἀάγιτας quoque Pluto cognominatus est Pindaro, quòd (vt exponunt eius interpretes) πάντας ἄγει λαὸς, id est, omnes agat populos.

Axiocerses Pluto cognominatus est in Cabirorum & Samothracum sacris, sicut legimus in Comment. in Apoll. Rhodium, & à me alibi pluribus relatum est.

Ἀρειμανὴς verò ᾁδης apud Persas, teste Hesychio, dictus. Arimanes quidem, & Plutarchus aliique meminêre, sed non Plutonem expressè dixerunt.

Eubulus, & Eubulius, καὶ εὐβυλεὺς Pluto cognominatus, quòd mortalibus consulere crederetur, finémque curis ac laboribus cæterísque morbis afferre, vt in Alexipharmaco Nicandri interpretes exponunt. Præter Nicandrum, & Orpheus in hymnis hoc cognomine est vsus, & Phurnutus interpretatur. alium tamen Eubulium videtur Cicero facere in libro de Natura deorum.

Clymenon etiam Plutonem cognominari, sunt qui scribant: quia sit causa τοῦ κλύειν. ictus enim aër, vox est. Aër autem qui animas excipit, ᾁδης, διὰ τὸ ἀειδὲς, ex obscuritatis ratione ab aliquibus dictus, vt superius ex Platone dictum. Idem scribit & Phurnutus. Lasus Hermionensis poëta in principio hymni quem in Cererem composuit,

Δίμητραρ μέλπω, κόραρ τε κλυμένοιο ἄλοχον. hoc est, Cererem cano Proserpinámque Plutonis coniugem. De Clymeno Plutone, & Suidas quædam in ea voce scribit. Sed & in tertio Epigrammatôn libro duobus in locis Clymeni Plutonis mentio habetur. Quin & Pausanias lib. 2. vbi de Hermionensibus agit, de Plutone Clymeno plura scribit, quæ nunc consultò prætereo. Legi etiam alicubi κλύμενος ᾁδης: quod an rectè scriptum, haud definio.

Leptynis Pluto, si nō potius Proserpina: dicta est, quòd mors ac interitus corpora mortalium attenuet.

Chthonius Iupiter Pluto vocatus ab Orpheo, in hymno Eumenidum. eas enim magni Iouis Chthonij filias, & Proserpinæ, cecinit. Vocatur idē à Trismegisto Hermete in Asclepio, Plutonius Iupiter.

Ἰσοδέτης, Isodetes (inquit Hesychius, & Phauorinus) ab aliquibus Pluto. alij putant nomen dæmonis, vt in Dæmonibus dicetur. Ab aliis Plutonis filius vocatus est. πυλάρτην etiã cognominatum ab Homero ait Phurnutus, quòd portas habeat, quas nullus non ingrediatur. Iam nunc ad eius Latina nomina transeamus.

Orcus frequenter pro Plutone ipso, & inferis capitur, ab vrgendo: tametsi quidam ex nostris Græcum potius putauêre, ab iuramento deductum, & cum afflatu scribunt Horcum. alij, aspirationem additam in posteriore syllaba volunt, vnde sit deductum nomen proprium Orchius, & lex Orchia apud Macrobium. Nos Festum potius audiamus, ita scribentem: Orcum quem dicimus, ait Verrius, ab antiquis Vragum, quod etiam u literæ sonum pro o efferebant, & pro C, G literæ formam vsurpabant. Sed nihil affert exemplorum, vt ita esse credamus, nisi quòd is deus nos maximè vrgeat. tátum ait Festus. Catullus.

At vobis malè sit, malæ tenebræ,
Orci, quæ omnia bella deuoratis.   Vergil.
Vestibulum ante ipsum, primísque in faucibus Orci.

Ab Orco, Orcinius libertus ab Iureconsult. dictus, is qui sit ipsius testatoris defuncti & in Orci familiam ascripti. Vlpianus: Qui directam, inquit, libertatem acceperunt, Orcinij erunt liberti. Non me fugit aliter alios, & quidem eruditos, sentire. Legimus & apud Martialem, illo scazonte, Orciniana qui feruntur in sponda: dici pro feretro, & sandapila. de Orci verò galea iam actum est.

Syntagma. VI.

Summanus Pluto vocatus, quasi summus manium, cui (vt Plinius scribit) attribuebantur nocturna fulmina. In templi Iouis opt.max. fastigio Summanus fuit, vt M. Cicero in libro de Diuin. scribit: Nónne, inquit, cùm multa alia mirabilia, tum illud in primis, cùm Summanus in fastigio Iouis opt.max. qui tum erat fictilis, coelo ictus esset, nec vsquam eius simulacri caput inueniretur, haruspices in Tiberim id depulsum esse dixerunt: idque inuentum est eo loco, qui est ab haruspicibus demonstratus. De Summano & in quarto D. August. Sic enim, inquit, apud ipsos Rom. legitur. Romani veteres nescio quem Summanum, cui nocturna fulmina tribuebāt, coluerunt magis quàm Iouem, ad quem diurna fulmina pertinebant. Sed postquàm Ioui templum insigne ac sublime constructum est, propter ædis dignitatem sic ad eum multitudo confluxit, vt vix inueniatur, qui Summani nomen, quod audire iam non potest, se saltem legisse meminerit: & reliqua. Quod ignobilis iam factus esset, innuit & Ouid. sexto Fastorum,

Reddita, quisquis is est, Summano templa feruntur,
Tunc, cum Romanis Pyrrhe timendus eras.

Varro de Ling. Lat. ait, à Tito Tatio inter cæteros deos Summanum repositum. Summani & Martianus meminit, & Festus. Sed & Plautus in Bacchid. ita inquit: Me Iupiter, Iuno, Ceres, Minerua, Latona, Spes, Ops, Virtus, Venus, Castor, Polluces, Mars, Mercurius, Hercules, Summanus, Sol, Saturnus, deíque omnes ament. Fuit prope Circum maximum Summani ædes, ait Plinius, Prope fanum Iuuentatis, cui canes supplicia annua pendūt. Sacellum verò in Capitolio. Summanes demum apud Martianum deos legimus, qui alij sunt quàm qui Semones dicebantur, de quibus suo loco disseruimus.

Soranus Pluto à Sabinis nuncupatus, ex quo & Hirpini, Sorani dicti, quasi Plutonij lupi: vel quòd is deus ibi coleretur, vel quòd rapto ex responso viuerent. Quo de nomine talem legimus fabulam in vndecimo Aeneidos, super illo,

Summe deûm sancti custos Soractis Apollo:

Soractes, inquit Seruius, mons est Hirpinorum, in via Flaminia collocatus. In hoc autem monte cùm aliquādo Diti patri sacrū persolueretur (nā Manibus cōsecratus est) subitò venientes lupi exta rapuerūt: quos cùm diu sequerētur, delati sunt ad quādā speluncam, halitū ex se pestiferū emittente, adeò vt iuxtà stantes necaret. & inde orta pestilentia est, quia fuerāt lupos secuti. de qua respōsum fuit, posse sedari, si lupos imitarentur: hoc est, si rapto viuerēt. quod posteaquàm factū est, dicti sunt populi Hirpini, Sorani. nā lupi, Sabinorū lingua, hirpi vocati. Sorani verò, à Dite. nā Ditis pater, eadē lingua Soranus dicitur.

Postulio etiam Pluto vocatus, vt Varro docet de Ling. Lat. de Curtio lacu loquens: A Porcilio, inquit, delatum in eo loco dehisse terram, & id ex S. C. haruspicis relatum esse responsum, deum manium Postulionem postulare. Non desunt qui redarguant, si dis placet, hoc loco Varronem, vel magis mendoso codici putent, Postulationémque legant: qua voce significari tradunt sacrum ad prodigium, vel deûm iram auertendam & amolliendam, vt quadam oratione innuit M. Cicero. Sed & Græcis, vt Phurnutus scribit, Pluto πολυδέκτης, καὶ πολυδέγμων, καὶ πολυάρχος cognominatus est, quòd multis dominetur.

Februus deus Pluto appellatus ab antiquis, à purgationibus & lustrationibus funerum. Multa Ouidius in Fastis, & nos plura in libro de Annis & mensibus.

Quietalis etiam Pluto dictus est, quia omnibus pausam afferat. Quietalis, inquit Festus, dicebatur ab antiquis Orcus. Vocatus insuper & Stygius Iupiter. Ouidius,

Sæpe tibi est Stygij regia visa Iouis.
Verg.   Sacra Ioui Stygio.

Eadem ratione & sæpe Infernus Iupiter. Claudianus: Inferni raptoris equos. Dictus idem Niger Iupiter. Silius libro octauo:

Nigro forte Ioui, cui tertia regna laborant.

Vedius præterea, & Veiouis etiam appellatus, vt alio loco notauimus. Dux erebi etiam dictus est à poëtis, & Rector profundi, & Elysij, & huiusmodi aliis plerisque, vt ab aliis colligitur, qui hac parte studiosis literarum consuluerunt.

Beelzebub ab Hebræis & Chaldæis Pluto dicitur, eadem penè qua Latini ratione Iouem Stygium, & Infernum Iouem appellant: quippe Beel, vt diximus, Belus, fuit illis, qui Iupiter est. quidam Bahalzebub muscarum deum interpretantur. Sed ipse de hoc deo plura iam tibi collegi. Mammona alij appellant, vt nos Ditem, & Græci à diuitiis Plutonem.

De Deis Gentium.   p 2   Serapin

Serapin iure cum Plutonis nominibus coniungimus. nam idem cum Plutone existimatus est, vt Plutarchus in libro de Isi & Osiride docet, & Archematus Euboeus, qui non alium Serapin quàm Plutonem, nec aliam Isin quàm Proserpinam esse scribit. Quin & Ponticus Heraclides oraculum, quod celebre Serapidis fuit, Plutonis fuisse asserit. quod consulenti cuidam Aegypti regi, quisnam se esset beatior, ita respondisse fertur:

Principio Deus est, cum Verbum, his Spiritus vnà est,
Congenita haec tria sunt, cuncta haec tendentia in vnum. hoc est Graecè:
πρῶτα θεὼ, μετέπειτα λόγος, καὶ πνεῦμα σὺν αυτοῖς,
Σύμφυτα δὴ τρία πάντα καὶ εἰς ἓν ἰόντα. Quod ideo tibi retuli, vt videas, à Plutone Trinitatis mysterium assertum esse. Caeterùm & Porphyrius in libro Responsorum, Serapin affirmat apud Aegyptios deum esse, qui apud Graecos Pluto nuncupatur: vnde etiam reponitur inter ea nomina, quae Graecè ἑπταγράμματα dicta sunt, id est, septem literarum, & ideo abominanda ait: ὀργίλον, & σκληρόν. Cuius etiam symbolum canis est, triceps ille scilicet, qui in aqua, terra & aëre, tribus his elemêtis versatur, perniciosissimus daemon, vt ait Porphyrius. Sed Serapis quamuis proprius & peculiaris esset Aegyptiorû deus, nihilominus & in Graecia multis in locis cultus fuit, & in primis Athenis, vt Pausanias scribit: & Romae, in circo Flaminio, nona vrbis regione, vt Pub. Victor docet, cuius & adhuc nonnulla extant vestigia. Catullus de Varri amica, quae ad Serapidis templum deferri volebat octophoro. Nam volo, inquit, ad Serapin deferri: lepidissimum est epigramma. Serapidis autem originem Corn. Tacitus Histor. libro vigesimo planè describit: ait enim, Ptolemaeum Lagi à deo monitum per quietem fuisse, vt in Pontum mitteret, eámq; dei effigiem acciret: futuram inclytam sedem, quam simulacrum illud accepisset. post multa tandem regem illuc misisse, & demum à Sinopensium rege impetrasse, templúmque Alexandriae magnificum construxisse. Plutarchus in praecitato Isidis & Osiridis libro, in hac historia recensenda nonnihil euariat: non enim Ptolemaeum Lagi id fecisse, sed Sotera scribit. & à Sosibio regem admonitum. Eustathius tamen cum Tacito congruit: regémque non somnio, sed ex daemonis apparitione monitum tradit. Alij tamen, vt idem Tacitus prodit, à Seleucia vrbe Syriae, non à Sinope deuectum deum putant, & à Ptolemaeo tertio: quod, inquit, parum constat. Alij non Alexandriam aduectum, sed Memphim: vtcunque. idem subdit Tacitus, deum ipsum à multis Aesculapium existimatum, quòd aegris corporibus mederetur. Ab aliis Osirin, antiquissimum illis gentibus numen. A plerisque Iouem, vt rerum omnium potentem: à plurimis Ditem patrem, ex insignibus ipsius dei, quae in ipso manifesta, aut per ambages coniectabant. haec quidem ex Tacito. Diodorus quoque Serapin tum dici asserit Osirin, tum Dionysium, tum Ammonem, tum Iouem, & Plutonem demum. Eusebius item libro quarto Praepar. euang. ex Porphyrio de Serapide pleraque recitat. principem enim malignorum daemonum scribit. & ex eiusdem Eusebij sententia Bapt. Leo libro sexto, Serapin ait symbola edidisse, quibus daemones expellerentur, docuisséque quo pacto daemones assumpta brutorum figura insultarent. Ita porrò hic deus effingebatur à Macrobio: Calathum, inquit, eius capiti affingunt, & simulacro signum tricipitis animantis adiungunt, quod exprimit medio, eodémq; maximo capite Leonis effigiem. in dextra parte caput canis exoritur, mansueta specie blandientis: pars verò laeua ceruicis rapacis lupi capite finitur, eásque formas animalium draco connectit, volumine suo capite redeunte ad dei dextram, qua compescitur monstrum. Quidam tria tempora interpretantur, praesens leoni, praeteritum lupo, futurum cane blandiente. & haec fermè Macrobius. Sanè longè aliter historiam de Serapide, Eusebius, Augustinus, Suidas, & Ruffinus recitant. Sic propemodum Eusebius in x Praeparat. Euang. Apis, inquit, Argiuorum rex, vt Aristippus in primo Arcadicae historiae scribit, Memphim in Aegypto condidit, quem Aristaeus Argius Serapidem appellatum tradit hunc ab Aegyptiis diuinos honores consequutum, non ignoramus. Nymphodorus autem Amphipolitanus in tertio de Asiaticis legibus, Apin taurum mortuum, in foro Graecè, quod Latinè arcam dicimus, positum, Sorapin primò, ac deinde Serapin appellatum fuisse contendit. Haec Eusebius, Augustinus verò lib. XVIII de Ciuitate dei: His temporibus, inquit, rex Argiuorum Apis nauibus transuectus in Aegyptum, cùm ibi mortuus fuisset, factus est Serapis omnium maximus Aegyptiorum deus. Nominis autem huius, cur non Apis etiam post mortem, sed Serapis appellatus sit, facillimam rationem Varro reddidit: quia enim arca, in qua mortuus ponitur,

nitur, quod omnes iam σαρκοφάγον vocant, σορὸς dicitur Græcè, & ibi eum venerari sepultum cœperunt, priusquàm templum eius esset extructum, velut ὅζαπις primò, deinde vna litera (vt fieri solet) commutata, Serapis dictus est. Constitutum est etiam de illo, vt quisquis eum hominem fuisse dixisset, capitalem penderet pœnam. Et quoniam ferè in omnibus templis vbi coleretur Isis & Serapis, erat simulacrum quod digito labiis impresso admonere videretur, vt silentium fieret (is erat Harpocrates, de quo seposito loco iam actum est) hoc significare idem Varro existimat, vt taceretur, homines eos fuisse. Ille autem bos, quem mirabili vanitate decepta Aegyptus, in honorem eius deliciis affluentibus alebat, quoniam eum sine sarcophago viuum venerabantur, Apis, non Serapis vocabatur: quo boue mortuo, quoniam quærebatur & reperiebatur vitulus coloris eiusdem, hoc est, albis quibusdam maculis similiter insignitus, mirum quiddam diuinitùs sibi procuratum esse credebant. tantum Augustinus: Nunc Suidam meis verbis audias: Sarapis, inquit, cuius simulacrum in Alexandria Theophilus archiepiscopus sustulit, Theodosij magni tempore: hunc aliqui Iouem esse dicebant, alij Nilum, propterea quòd modium haberet in capite, & πῆχυν, id est, cubitum, hoc est aquæ mensuram. Alij autem Ioseph ; alij vero Apin quendam hominem fuisse beatum & regem in Memphide, ciuitate Aegypti, qui facta fame Alexandrinis, ex proprijs facultatibus nutrimenta præbuerit. eo verò defuncto templum constituerunt, in quo bos nutriebatur, symbolum gerens agricolæ, & quasdam habens coloris notas: qui ex appellatione ipsius, & ipse Apis vocabatur. & σορὸν, id est, arcam ipsius Apidis, in qua eius corpus iacebat, Alexandriam transtulerunt, & ἀπὸ ἢ σορᾷ καὶ ἄπιδῷ compositum nomen fecerunt, & vocarunt, Sorapin, & postea Sarapin. huius templum ab Alexandro valde magnificum conditum fuit, & valde clarum. & adhuc Suidas. De hoc eodem deo Ruffinus non absimilia, & plura in Ecclesiastica Eusebij historia, quo loco describitur, & simul præstigia eius sacerdotum, & ipsius templi demolitio, quæ fermè eadem etiam in Tripartita historia referuntur. Porrò Serapeum inuenio templum hoc nuncupatum, de quo Strabo, & post eum Ammianus in hist. ita ait, vbi mirabilia Aegypti connumerat: His accedunt altis suffulta fastigijs templa, inter quæ eminet Serapeum, quod licet minuatur exilitate verborum, atrijs tamen columnaribus amplissimis, & spirantibus signorum figmentis, & reliqua operum multitudine ita est exornatum, vt post Capitolium, quo se venerabilis Roma in æternùm attollit, nihil orbis terrarum ambitiosius cernat. & hæc Marcellini verba sunt. Sedenim de hac subuersione templi librum composuit Sophronius, vt ait Hieronymus. Libet insuper Ruffini verba subtexere, quæ de Serapidis origine leguntur in historia: Alij, inquit, Iouem putant, cuius capiti modius superpositus, vel quia cum mensura modóque cūcta indicet moderari, vel vitam mortalibus frugum largitate præberi. Alij virtutem Nili fluminis, cuius Aegyptus opibus & fœcunditate pascatur. Quidam in honorem nostri Ioseph formatum perhibent simulacrum, ob dimensionem frumenti, qua famis tempore subuenit Aegyptijs. Alij repertum in historijs Græcorum veteribus ferūt, Apin quendam patremfamiliàs seu regem in Aegypto Memphi positum, cùm famis tempore frumenta apud Alexandriā defecissent, ex proprio affatim ciuibus alimenta præbuisse: &c. quæ recitauimus ex Suida. Plutarchus tamen hanc de σορῷ, id est, arca Apidis opinionem damnat, & cum ea Philarchum; eámq; potius ipse comprobat, quæ talis est, quòd Deus ipse sit vniuersi motus auctor, ita enim ait, κυριώτερον ἢ παρὰ τὸ σείδεϑη, καὶ τὸ σϑάη τίω ἢ παντὸς ἅμα κίνησιν. Subiungit idem, fuisse sacerdotum Aegyptiorum, qui Apin & Osirin eundem assererent: nos, inquit, docentes Apin animam esse Osiridis, & cætera. Tum & illud adiungit: At ego, cùm Sarapidis Aegyptium nomen sit, lætitiam & hilaritatem significare autumo. inde coniecturam ducens, quòd τὰ χαρμόσυνα, id est, Hilaria festa Aegyptij appellant σάιρα, & reliqua quæ subdit. sed nos pro re satis. Illud quoque annotarim, Serapin, & Sarapin, hoc est, per e & per a in prima proferri, illud à Latinis, hoc à Græcis sæpius. Sane mirandum succurrit, cùm pro deo Apis primam semper intendat, cur Martianus in Serapi primam & alteram corripuerit, in illo,

    Te Serapin Nilus, Memphis veneratur Osirim.

Sed in eo auctore, vt linguæ nitorem, ita etiam maiorem syllabarum cognitionem desidero: Sed par est, quoniam de Apide nonnihil antè retulimus, vt cætera quæ restant de eodem, subiungamus, & præsertim verbis Plinij, qui libro octauo de Api boue Aegyptiorum ita ait: Bos in Aegypto etiam numinis vice colitur, Apin vocant: insigne ei in dextro latere candicans macula, cornibus Lunæ crescere incipientis: nodus sub lingua, quem cantharum appellant. non est fas, eum certos vitæ excedere annos: mersúmque in sacerdotum fonte enecant, quæsituri luctu alium, quem substituant: donec inueniant, mœrent, derasis etiam capitibus. nec tamen diu vsquam quæritur, inuentus deducitur à sacerdotibus Memphim. Sunt delubra ei gemina, quæ vocant thalamos, auguria populorum: alterum intrasse, lætum est: in altero dira portendit. Responsa priuatis dat, è manu consulentium cibum capiendo. Germanici Cæsaris manum auersatus est, haud multò pòst extincti: cætero secretus, cùm se proripit in cœtus, incedit, summoto strepitu lictorum, gréxque puerorum comitatur, carmen honori eius canentium. Intelligere videtur, & adorari velle. hi greges repentè lymphati, futura præcinunt. fœmina bos semel ei anno ostenditur, suis & ipsa insignibus, quanquam aliis: semperque eodem die & inueniri eam, extinguique tradunt. Memphi est locus in Nilo, quem à figura vocant Phialam: omnibus annis ibi auream pateram argenteámque mergentes diebus, quos habent natales Apis. Septem hi sunt: mirúmque, neminem per eos à crocodilis attingi: octauo, pòst horam diei sextam, redire belluæ feritatem. hæc ex Plinio. Quæ subiungam, sunt ex verbis propè Diodori Siculi: Addamus, inquit, quæ circa sacri tauri, quem Apin vocant, curam fieri percepimus. mortuo Api, magnificéque sepulto, quærunt ad id delecti sacerdotes vitulum priori persimilem: inuento, populus luctum finit. sacerdotes quibus ea imminet cura, primùm in ciuitatem Nili vitulum perducunt, in qua eum nutriunt diebus quadraginta: deinde in nauim contectam, habitaculum aureum habentem, introducentes, & ad Memphin, vt deum ducentes, in Vulcani fano locant. his diebus solæ mulieres taurum vident, quando eius faciem astantes, vestibus sublatis ei abrasum femen ostendunt, reliquo tempore prohibentur in conspectum ipsius dei accedere. Honoris boui impensi causam nonnulli eam tradunt, quòd defuncti Osiridis anima in bouem transmigrasset, quæ deinceps ad posteros fuerit transfusa. Alij, verò Osiride à Typhone interfecto, Apim ferunt eius membra collegisse, collecta in bouem ligneum corio bouis albo circumtectum coniecisse, ideóque ciuitatem Busiriden appellatam. Hæc ex Diodoro Siculo. Tibullus:

——Vbes
Barbara Memphiten plangere docta bouem. Ouidius:
Et comes in pompa corniger Apis erat. Statius:
——Aut quo se gurgite Nili
Mergat adoratus trepidis pastoribus Apis.

Porrò Apis, inquit Herodotus, ab Aegyptiis, à Græcis Epaphus appellatus. quod his propè verbis negat Aelianus: Apis, inquit, apud Aegyptios, deus magnus & pollens credebatur, ex vacca quæ fulgure afflata concepisset. Epaphum Græci vocant, & ipsius antiquã stirpem repetunt Io Argiuam Inachi filiam eius matrem fuisse: sed hunc sermonem Aegyptij vt mendacem reiiciunt, & vetustatem testem citant. Epaphum quidem multis pòst seculis extitisse tradunt: & reliqua. Habet verò Apis hæc signa. toto corpore est niger, in fronte habens candorem figuræ quadratæ, in tergo effigiem aquilæ, cantharum in palato, duplices in cauda pilos. ita Herodotus in tertio. Aelianus verò ait, Insignes eius notas Herodotus atque Aristagoras explicant, quibus Aegyptij non assentiuntur: nouem enim & viginti eas huic sacro boui aptas aiunt, & consentaneas. Cætera quæ Aelianus ipse ex Aegyptiorum sententia exequitur, missa facio, ne nimius sim: pompas, celebritates, tripudia, pueros diuino afflatu concitatos, futura saltantes prædixisse. At noster Mela Pomponius: Apis, inquit, populorum omnium (Aegyptiorum videlicet) numẽ est. bos niger, certis maculis insignis, & cauda linguáque dissimilis aliorũ: rarò nascitur, nec coitu pecudis (vt aiũt) sed diuinitus & cœlesti igne conceptus: diésque quo gignitur, genti maximè festus est. Illud etiam est in historiis annotatum, Cambysen regem Apidis sacra violasse. Quin & scribit Epiphanius, à Cambyse Assyriorum rege gladio in femur Apin percussum fuisse, vt scilicet si flueret sanguis, deprehenderetur ipsum non esse deum. Aelianus quoque scribit, à Serapidis sacerdotibus asinum odio haberi, atque detestari, quòd Ochus Persa Apim bouem sacrum interfecisse dicitur, & asinum consecrasse, & Aegyptios iussisse vt illum colerent summo cultu. Sed & Ochus pœnas dedit, vt etiam Cambyses. Scribit ad hæc Strabo libro decimoseptimo, sicuti Memphitæ Apim bouem sacrum habuere, ita & Heliopolitanos pòst Solis templum Mneuin bouem pro deo habuisse, qui in septo quodam

dam nutriretur. Ammianus quoque Marcellinus inter multa quæ de Apide scribit lib. XXII. hist. & hoc ferè ait: Inter animalia ab antiquis consecrata Neumis & Apis reponuntur. Neumis quidem soli, Apis verò lunæ dedicatus: qui diuersis notarum figuris expressius, &c. quare considerandum, an Mneuis, pro Neumis, legendum apud Marcellinum, apud quem & longè plura inuenies. Est enim, inquit, Apis bos diuersis genitalium notarum figuris expressus, maximéque omnium cornicularis lunæ specie, latere dextro insignis, &c. quin, vt Aelianus scribit, & Veneri Vraniæ vaccam sacram custodiebant in Hermopoli præfectura, in loco Scussa nuncupato, vt alibi relatum est.

PLVTVS.

DE Plutone quidem, Inferorum deo credito à gentibus, satis puto à me perscriptum. nunc subiungere visum est de Pluto, ipso diuitiarum deo, quem & plerique cum Plutone eundem crediderunt, cum diuersissimus sit. Extat quidem particula apud Græcos elegans & erudita ex anonymo auctore de Pluti comparatione, & Virtutis, in qua hic deus Plutus se gloriatur & iactat, mortalium necessitates dirigere ac emendare, & eorum desideria perficere: seorsúmque singula commemorat, quæ homini suppetit. quam particulam si fortasse desideras, apud Stobæum legere poteris, in eo Sermone qui inscribitur ἔπαινος πλούτου, id est, Pluti laus. Sed & Theognis poëta de hoc eodem ita canit, ὃ σὲ μάτην ὦ πλοῦτε θεῶν τιμῶσι μάλιϛα: hoc est, Non frustra te Plute colunt, ô maxime diuûm. De hoc ergo deo sic fabulantur, & in primis Hesiodus, circa finem Theogoniæ: Iasium, ait, heroëm amatum à dea Cerere, quæ illi coniuncta genuit Plutum, in Tripoli Cretæ insulæ: qui fortunatissimus fuit terra marique, vt & alios fortunare soleret. hoc in allegoriam Scholiastes refert. ait enim decenter fieri, vt Cereris & Iasij Plutus filius dicatur. quoniam, inquit, terra Ceres est, Iasion verò agricola: qui conuenientes in agro Tripoli, hoc est propter cultum terræ decentem, nascitur Plutus. Sed enim Hermippus, qui de sideribus scripsit, vt est apud Hyginum in Astronomico, Cererem ait cum Iasione Leois filio concubuisse: quamobrem fulmine percussum, complures cum Homero dixerunt. meminit & Alicarnasseus Dionysius in primo historiar. Ex his, vt Petellides Gnossius historiarum scriptor demonstrat, nascuntur filij duo, Philomelus & Plutus, quos negant inter se conuenisse. nam Plutum, qui ditior fuerit, nihil fratri suo de bonis concessisse: Philomelum autem necessariò adductum, vt quodcunque haberet, ex eo boues duos emeret. & inde primum plaustrum fabricatum esse. Itaque arando & colendo agros, ex eo se aluisse. cuius matrem iratam, inuentum vt arantem eum inter sidera constituisse, & Booten nominasse. hæc fermè Hyginus. Philostratus autem in Imaginibus, in ortu Mineruæ Plutum hunc deum ita effingit: Dæmon, inquit, volucris vt è nubibus, aureus autem à materia in qua apparet: pictus autem & oculatus, iis scilicet quibus ex prouidentia accessit, vt Rhodiis, quibus aurum depluit. Pacem verò manu tenentem Plutum effinxit Cephisiodotus, vt in Bœot. Pausan. scribit. Plutum etiam puerum in Fortunæ manibus. alio loco diximus. Sed planè Plutus hic deus in cognomine eius fabula describitur ab Aristophane. Cæcus enim & claudus, interdum contrà oculatus & celer. cùm enim ad malos mittitur, celerrimus est, & cæcus: cùm verò ad bonos, sanè claudus. Acrem quidem videndi vim Plutum habere existimauit antiquitas, cum bonis diuitiæ conferuntur, qui probè eis vterentur. nam diuitiæ si affluant, non illis esse cor apponendum, rex Psaltes cecinit: quin ita illis vti decet, vt de Herode Attico sophista legimus, qui cùm ditissimus esset, opibus benè ac magnificè vtebatur. hinc illi non cæcus, sed oculatus erat Plutus deus. Pro Deus, quotus nunc quisque est, qui hac virtute polleat? quæ, quo vitæ degendæ magis est opportuna, eo inter mortales rarior habetur. Sed mittamus quæ conclamata, & reliquum nostræ fabulæ potius exequamur. Sanè & hic deus δειλός, id est, timidus dictus primùm quidem ab Euripide, δειλόν θ' ὁ πλοῦτος καὶ φιλόψυχον κακόν. hoc est, res timida Plutus, & amicum vitæ malum. & Aristophanes, ἀλλ' ἕτερόν τοι πάντων ὡς δειλότατόν ἐσθ' ὁ πλοῦτος. hoc est, Sed dicunt omnes, quàm timidissimus est Plutus. Idem ferè & in Timone Lucianus. Hinc adagium commentus est Erasmus, non insulsè. Theocriti expositores in decimo Edyllio referunt, cur Amor & Plutus cæci fingantur: sed non pauciora Erasmus in illo, ἅμα Πλοῦτος, quod finitimum putat illi, ὁ τυφλός Πλοῦτος. In vna omnium vrbium, ait Plutarchus, quæ sub sole sunt, Sparta, diuitiarum deum seruari & cæcum, & iacentem, vt picturam inanimatam ac immobilem. Citatur ex scholio cantico Timocreontis poëtæ hæc particula in diuitias, quam hîc vobis meis verbis referam: Vtinam ô cæce Plute, neque in terra, neque in mari, neque in continenti apparuisses: sed Tartarum & Acheronta incoluisses, per te nãque omnia hominibus mala. Sic verò græcè habetur: ὄφελε ὦ τυφλὲ πλοῦτε, μήτε ἐν γῇ, μήτ᾽ ἐν θαλάττῃ, μήτε ἐν ἠπείρῳ φανημέναι, ἀλλὰ Τάρταρόν τε ναίειν καὶ Ἀχέροντα. διὰ σὲ γὰρ πάντ᾽ ἀνθρώποις κακά. Porrò de Pluto etiã Diodorus ex Cretensium historiis: Plutum, inquit, natum tradunt in Tripoli Cretæ, ex Cerere & Iasione, vt etiam paulò suprà ex Hesiodo recitaui. eius genus tamen bifariàm explicat. Nam quidam (inquit) volunt, cùm Iasion terram sereret, adhibita culturæ diligentia adeò vberem percepisse fructum, vt qui id conspexerunt, à messium fertilitate Plutum illum nominarint. vnde & à posteris is cui census superesset, Plutum habere exiſtimatus sit. Alij Cererem ac Iasionem puerum genuisse Plutum volunt, qui cultum vitæ pecuniásque coaceruare, ac in vsus custodire primus monstrasse existimatus est. Pluti Cereris & Phurnutus meminit: Quoniam, inquit, frumentum & hordeum Plutus optimus, id est diuitiæ. id quod Græcè bellè hoc versu dicitur,

Σῖτε καὶ κριθὲς, ὦ νήπιε, πλοῦτος ἄριστος. id est,

Hordea frumentúmque, puer, sunt munera Pluti.

Sanè & nostris & Græcis obseruatum est, vt Iasius & Iasion appelletur. Quidam demum ex nostris, Mammona, Chaldæam seu Syram vocem, volunt Plutum hunc deum significare, de qua multa Hieronymus, cæteríque sacri scriptores, qui diuitias vel lucrum interpretantur. Sed enim & Irenæus, vir doctissimus libro quarto, capite septimo, iuxta Iudaicum sermonem, inquit, quo & Samaritas vti ait, cupidum, & plusquàm oportet habere volentem significare: iuxta verò Hebraicam proprietatem adiunctiuè dicitur. Mam, vel gulosum, id est qui non possit à gula contineri. sanè & Mathmon aliquando legimus pro thesauris poni, vt in Iob & Genesi inuenitur: quibus omnibus facilè illud Dominicum notissimum. vnde nescio quo modo in mentem venerit amico, viro eruditissimo, in quadam sua epistola ita scribere: Nam Mamon, seu Mamona apud Hebræos, non proprium, sed generale est verbum, significátque præfectum & præsidem, &c. ne Cabalistica hîc tibi afferam.

PROSERPINA.

PRoserpinæ fabula notissima est ex Claudiani carmine, & Ouidij Metamorph. Fastísque, atque ideo ab eius ego narratione supersedi: allegoriam tantùm, quam ex Varrone D. Augustinus in septimo de Ciuitate dei asserit, breuiter recitabo. In Cereris, inquit, sacris prædicantur illa Eleusinia, quæ apud Athenienses nobilissima fuerunt: de quibus Varro nihil interpretatur, nisi quod attinet ad frumentum, quod Ceres inuenit: & ad Proserpinam, quam rapiente Orco prodidit. & hanc ipsam dicit significare, foecunditatem seminum: quæ cùm defuisset quodam tempore, eádemque sterilitate terra moereret, exortam esse opinionem, quòd filiam Cereris, id est ipsam foecunditatem, quæ à proserpendo Proserpina dicta esset, Orcus abstulerat, & apud inferos detinuerat: quæ res cùm fuisset luctu publico celebrata, quia rursus eadem foecunditas rediit, Proserpina reddita, exortam esse lætitiam, & ex hoc ei solennia instituta. dicit deinde multa in mysteriis eius tradi, quæ nisi ad frugum inuentionem non pertineant. hæc Augustinus. Hinc apud Phurnutum legimus, quòd semetis tempore Proserpinæ festa celebrabantur. Cum verò messis esset Cereri sacra, ferebant herbam virentem, cum ludo & lætitia: in illa raptam, in hac repertam significantes Proserpinam. Eusebius item in tertio Præparationis Euangelicæ: Proserpina, inquit, seminum virtus est: Pluto verò sol, qui tempore hyemis remotiorem mundi partem perlustrat. idcirco raptam ab eo Proserpinam dicunt, quam Ceres sub terra latentem quæritat. Sed huiusmodi cætera, suis locis. Nunc eius nomina & cognomina explicare conabor, si eius tamen de se ipsa respõsum prius ascripsero, quod Porphyrius philosophus & Eusebius attulere:

  Naturæ triplicis dicor, Lucina, puella,
  Taurica: itémque triceps, missa è coelo aurea Phoebe,
  Quàm multæ variant formæ, quàm trináque signa,
  Quæ terna & simulacra fero, terræ, aëris, ignis.
  Quippe meis atris terrarum est cura molossis.

Proserp

Syntagma VI. 177

Proserpina igitur, à Latinis dicta, vt scribit Varro, quòd hæc vt serpens, modò in dextram, modò in sinistram partem latè mouetur. Serpere & proserpere idem dicebant, vt Plautus, qui scribit, Quasi proserpens bestia. A Græcis verò προσφόνη, & προσφονεια dicitur, quibus & Latini interdum vtuntur. Tibullus,

At mihi Persophone nigram denunciat horam.

Cicero de Nat. deor. secundo: Proserpina ea est, inquit, quæ προσφόνη Grecè nominatur; quam frugum semen esse, absconditámque quæri à matre volunt. Varro, Proserpinam lunam esse voluit, ex Epicharmi & Ennij sententia. D. Augustinus ait: Proserpinam deam existimatam frumentis germinantibus. alibi tamen, eam ait terræ inferiorem parte. Proserpina dicitur & τηρσφονεια à Lacedæmoniis, vt notat Hesychius. Legi & Persephafan ab aliquibus appellari. Sed & φερεφάτλα, vt cum Platone Proclus notat in Cratylo. φερρέφατλαν & Apollinem (inquit Plato) nominare nonnulli verentur, propterea quòd illis ignota est nominum rectitudo. Etenim permutantes Pherfephonem ipsam considerant, graueque id illis apparet. hoc autem deæ ipsius sapientiam indicat. sapientia vtique est, quæ res fluentes attingit, & assequi potest. Quamobrem Pherepapha meritò dea hæc nominaretur, propter sapientiam & επαφήν, id est, contactum, φερομένης, id est, eius quod fertur, vel tale aliquid. quocirca adhæret illi sapiens ipse Pluto, quia ipsa talis est. Nunc autem nomen hoc declinant, pluris facientes prolationis gratiam, quàm veritatem, vt Pherephattam nominent. hactenus quidem Plato. Arnobius libro quinto, de Cerere à Ioue delusa in tauri forma: Parit, inquit, mensem post VII, luculenti filiam corporis, quam ætas mortalium consequens modò Liberam, modò Proserpinam nuncupauit. quam cùm verueceus Iupiter beneualidam, floridam, & succi esse conspiceret plenioris: &c. mox subdit: In draconis terribilem formam migrat, ingentibus spiris paueſactam colligat virginem, & sub obtentu fero molis. ludit atque adulatur amplexibus. fit, vt & ipsa de semine fortissimo compleatur Iouis: sed non eadem conditione, qua mater. nam illa filiam reddidit lineamentis descriptam suis, at ex partu virginis, tauri specie fusa Iouialis monumenta pellaciæ. auctorem aliquis desiderabit rei, tum illum citabimus Tarentinum, notúmque senarium, quem antiquitas canit, dicens: Taurus draconem genuit, & taurum draco. ipsa nouissimè sacra, & ritus initiationis ipsius, quibus Sebadiis nomen est, testimonio esse poterunt veritati. In quibus aureus coluber in sinum dimittitur consecratis, & eximitur rursus ab inferioribus partibus, atque imis. hæc quidem eruditè Arnobius. Porrò & Eusebium audiamus, de eadem loquentem: Ceres, inquit, Persephonem peperit, educatur puella, κόρην scilicet. Pherephattem nonnulli appellant: cui Iupiter, qui genuit, draco factus coniungitur. vnde in Sabaziorum mysteriis draco in spiram inuolutus, in sacrificiis, ad factorum memoriam, imò verò in testimonium tantæ turpitudinis, vt sic dixerim, adhibetur. Peperit & Pherephattæ tauriformem filium, vnde poëtæ quoque nonnulli taurum laudant draconis patrem, & draconem rursus tauri patrem. & in montem arcana hæc facta ducetes, pastoralem stimulum celebrant: pastoralem (vt puto) stimulum, ferulam, quod ligni genus bacchantes ferunt, appellantes. Sed nequeo latius huius Pherephattæ sacra enarrare, quasi sillum, rapinam Edoneæ, terræ hiatum, sues Eubolei, quas eodem hiatu simul & duas deas absorptas fuisse aiunt. vnde Megarenses in Thesmophoriis sues immittunt. Quæ sacra variis modis mulieres, quoniam hæc fabula variè narratur, per ciuitates Græciæ celebrant, Thesmophoria, σπιροφόρεια, & ἀπορρητοφόρια vocantes, & multis modis Pherephattæ rapinam complorantes. Hæc verò Eusebius. hinc & sacra Pherephattia Proserpinæ dicta inuenimus, quæ & Theogamia, & Anthesphoria vocata, vt in Luculli vita Plutarchus innuit. Sed & Hesychius Phersephoneam uit appellari, quasi φέρουσαν τὸ ἄφνος, hoc est ferentem diuitias, propterea quòd fructus afferat vtilitatem. Vocatur etiam eodem auctore χερσοφονία, quòd scilicet manuum opera fructus terræ gignantur. κόρη etiam, id est, puella, Proserpina dicta est frequenter à Græcis, etsi alicubi Artemidorus diuersam facere videtur, de Interpretatione somniorum. Ita tamen in secundo scribit: Bona est, inquit, Ceres ad nuptias, & alias omnes res aggrediendas, per se conspecta: non autem pari modo κόρη, propter historiam quæ de ipsa fertur. hæc enim sæpe etiam oculis somniantis periculum adduxit, propter nomen κόρη. etenim etiam in oculo pupillam significat. Phurnutus verò, vbi de Cerere agit, Non, virgo, inquit, Ceres, quæ κόρην perperit, tanquam τὴν κόρην, id est, satietatem.

Nam

Nam dea Ceres, ipsa materia putabatur, quæ ad satietatem vsque nutriret. Sed & in Cratyli scholiis, quæ Proclo ascribuntur, de Core multa habentur. hæc & ἄρρητος κόρη, teste Hesychio & Euripide in Alexandra, dicta est.

Azesia Proserpina, præcipuè à Trœzeniis culta & cognominata fuit, vt in Amæa Cerere scripsimus. Vnde prouerb. Amæa ad Azesiam. Chthonia præterea dea cognominatur, & Hecate, vt pluribus ostendimus in Hecate Diana. Sed nostri poëtæ Iunonis nomine frequentius nuncupant: nunc Stygiam appellantes. Papinius, Stygiæque seueros Iunonis thalamos. nunc Auernam: Silius, Comites Iunonis Auernæ. nunc profundam: Claudianus, Caligantésque profundæ Iunonis thalamos. Interdum infernam & inferam. Vergil. Iunoni infernæ dictus sacer. Et Statius, Iam complexa manu crinem tenet infera Iuno.

Deois Proserpina cognominata est à Δηὼ, id est Cerere, forma patronymica. Ouid. in libro Metamorph. sexto,

Mnemosynem pastor, varius Deoida serpens.
Ausonius in Cupidine:
Virgineas inter choreas Deoida raptam.

Libera etiam vocatur. vt in Libero dictum est. Sed M. T. Ciceronis verba hoc saltem loco afferam, ex sexta in Verrem act. Vetus est, inquit, opinio (iudices) quæ constat ex antiquiss. Græcorum literis atque monumentis, insulam Siciliam totam esse Cereri & Liberæ consecratam. hoc enim cæteræ gentes sic arbitrantur: tum ipsis Siculis tam persuasum est, vt animis eorum insitum atque innatum esse videatur. nã & natas esse in his terris deas, & fruges in ea terra primùm repertas arbitrantur, & raptam esse Liberam, quam eandem Proserpinam vocant, ex Ennensium nemore. qui locus quòd in media est insula situs, vmbilicus Siciliæ nominatur. & hæc totidem verbis Cicero.

Cyzicorũ dea dicta est Proserpina, teste Stephano. hoc clarius multo etiã Plutarch. in Luculli vita ostendit. ait enim, ipsum Lucullũ Cyzico appulisse, quo tépore Proserpinæ sacra instabãt, vbi & miraculũ nigræ bouis, quæ quotãnis illi mactabatur, cõmemorat. hinc ergo Poëta ipsum in Priapeis,   Raptam Cyzicos ostreosa diuam.

Sanè rapta etiam Proserpina cognominata est. Variè verò de loco legitur, in quo rapta sit. Plures ex Sicilia. Bacchylides ex Creta, Orpheus ex locis prope Oceanum, Damias in conuallibus, hoc est ἐν νάπαις, vt Scholiis in Hesiodum legi. Pausanias verò in Corinthiis ait, à Lerna non longè, vbi fluuius Chimarus labitur, septum esse lapideum in quo Proserpinam ferunt à Plutone raptam, ad inferos descendisse, alij septum hoc supra Megaram tradunt, quo in septo lucus, in quo arbores quidem aliæ permultæ, sed & olea & πρῖνος, quam ilicem plures interpretantur, quæ ex eadem radice coortæ credebantur.

Locrēsis Proserpina, à Locris Italiæ cognominata, de qua & Valerius Maximus & Lactantius, sed copiosius T. Liuius lib. 9. tertiæ Decad. in nobili illa Locrensiũ oratione: Fanum est apud nos (inquit) Proserpinæ, de cuius sanctitate tépli, credo aliquã famã ad vos peruenisse, Pyrrhi bello, qui cùm ex Sicilia rediens Locros classe prætervehereetur, inter alia fœda, quæ propter fidem nostrã erga vos in ciuitatem nostram facinora edidit, thesauros quoq; Proserpinæ intactos ad eam diẽ spoliauit, atq; ita pecunia in naues imposita, ipse terra est profectus. Quid ergo euenit, P. C? Classis postero die fœdissima tempestate lacerata, omnésque naues, quæ sacram pecuniam habebant, in littora nostra eiectæ sunt: qua tanta clade edoctus tandem deos esse superbissimus agnouit Rex, pecuniámque omnem conquisitam in thesauros Proserpinæ referri iussit, meminêre & alij scriptores.

Axiocersa Proserpina dicta putabatur in Cabirorum sacris, & Samothracum, vt copiosius alibi ostendimus.

Δέσποινα, id est domina, Proserpina cognominata fuit, licet confundere videatur Pausanias in Arcad. tamen mox manifestè ostẽdit Proserpinam significare, & præcipuè cùm duas statuas seorsum describit, Cereris & Despœnæ. Sed & Vergilius in sexto, Dominam eadem ratione illo versu intelligi,

Hi dominam, Ditis thalamo deducere adorti.

Sedenim Δέσποιναν Arcades non Iouis, sed Neptuni filiam asserunt, & in huius deæ templo de omnibus arborum fructibus primitias offerre consueuerant, exceptis malis punicis, id scilicet innuentes, quod ideo matri nõ restituta fuisset Despœna, id est Proserpina,

quia

Syntagma VI. 179

quia grana punica guſtaſſet, Aſcalapho deferente: qui in bubonem ideo deformatus, vt eſt in primis in Metamorphoſi Ouidij.

Θῆρα, id eſt, Fera, cognominata Proſerpina, vt Pauſan. in Bœoticis notat.

Πρωτογόνη, id eſt, Primogenita eadem dicta eſt, teſte eodem in Attica. quin & Arcades Soteram, id eſt, Seruatricem Proſerpinam vocabant. Pauſanias, ισάρα etiã vocata: Heſychius. Et μελιτώδης, quod etiam repetit Cœl. Rhod.

Δάειρα, quæ & Δᾶιρα propter metrum, & per ſyncopem legitur, Proſerpinæ nomen fuit, vt Apollonij Rhodij interpretes in tertio Argonauticôn obſeruant, ſuper carmen illud,

Δαείραμ μενοεικέαμ εδὸν ἁλίμας ἰκμαίνο.]ο. quo loco & Timoſthenes & Aeſchylus pariter citatur.

Quin etiam videmus eandem & Vnigenam, hoc eſt μονογενὴν vocatam: de qua repete quæ in Hecate ſcripſimus. A Δάειρα verò Δαειρίτης deducitur, id eſt Proſerpinæ ſacerdos, vt Pollux innuit. Eadem & νυχία, hoc eſt nocturna vocabatur.

Cotytto Proſerpinam dictam, quadam coniectura ducti putauêre nonnulli, ſic canente Iuuenale:

Talia ſecreta coluerunt orgia tædâ,
Cæcropiam ſoliti Baptæ laſſare Cotytto.

Sacra enim hæc videntur conuenire myſteriis ſecretis Cereris & Proſerpinæ, celebratis ab Athenienſibus, quæ Cotyttia à dea dicerentur. vnde in poëmatiis Vergilianis illud,

Non me vocabis pulchra, at Cotyttia,
Ad feriatos faſcinos, &c.

Et Horatius in Canidiam:

Inultus vt tu riſeris Cotyttia. quo loco Porphyrion ait, ſacra eſſe inferorum. Sed ridiculè ait, forſan deduci à Cocyto fluuio inferorum. Quin & Merula Cocyton in Iuuenale Proſerpinam interpretatus eſt, illud perperàm citans, Raptam Cocytos oſtreoſa diuam. quare etiam Domitium meritò & illum ridet Politianus, qui Baptas ait, ſacerdotes eius deæ nuncupatos, vnde nomen fabulæ factum, &c. quæ cap. decimo Miſcellaneorum doctiſſimè eſt executus. Sed miror, illum Heſychium non allegaſſe, qui de Cotytto ita ſcribit: Cotytto, inquit Eupolis, propter odium quod aduerſus Corinthios habebat, dæmonem hunc odioſum & inimicum induxit. hinc Cotyttia celebritas, quæ & κοτυτlις. de quibus ſic apud Plutarchum, ſi modò Plutarchi liber ille Prouerbiorum, ἁρπαγὴ κοτυτlίοις, Rapta Cotyttiis. κοτυτlὶς, inquit, ἑορτή τίς ἐςι σικελικὴ, ἐν ᾗ περὶ τινας κλάδας ἐξαπlοντὸς, πόπανα καὶ ἀκρόδρυα ἐπιτρεπον ἁρπάζειν. hoc eſt, Cotyttis feſtum erat quoddam apud Siculos, in quo placentæ & arborum fœtus ramis alligabantur, eaque diripienda proponebantur. putauerim ergo id inſtitutum propter Proſerpinæ raptum in Sicilia. Porrò Suidas Cotyn dæmonem fuiſſe ſcribit Corynthiorum: alij Thracum, in rebus turpibus. Strabo libro decimo, Bendidia & Cotyttia ſimul enumerat, item deam Cotyn. item & Syneſius in Epiſtolis.

PARCAE.

Μοῖρα, καὶ αἶσα vocata Græcè, & κὴρ interdum. Parcæ verò à noſtris dicuntur, διὰ τὴν ἀντίφρασιν, hoc eſt, per contrarium. vt ait Seruius, quòd nemini parcant. Parcas tres exiſtimabant veteres: vnam loqui, alteram ſcribere, tertiam fila deducere. propterea Parcas, ſcribas ac librarias ſuperûm vocat Martianus: Clotho, inquit, Lacheſis, Atropóſque, quoniam ſententias Iouis orthographæ ſtudio veritatis excipiunt, vtpote librariæ ſuperûm, archiuíque cuſtodes. Sic & eas Ioui Phurnutus tribuit, Plutoni verò Fulgêtius: Tria, inquit, ipſi Plutoni deſtinant Fata, quarum prima Clotho, ſecunda Lacheſis, tertia Atropos. Clotho enim Græcè, euocatio Latinè dicitur, Lacheſis verò ſors nuncupatur, Atropos quoque ſine ordine dicitur: hoc videlicet ſentire volentes, quòd prima, ſit natiuitatis euocatio: ſecunda, vitæ ſors, quemadmodum quis viuere poſſit: tertia, mortis conditio, quæ ſine lege venit. Sed enim hæc Fulgentij theoria cum his quæ à Græcis traduntur, parum conſona videtur. Illi enim μοίρας, id eſt, Parcas, à diuidendo & diſtribuendo vnicuique ſua, dictas arbitrantur. & Clotho quidem, παρὰ τὸ συνειλᾶω καὶ ξυναίρεω, quod ſcilicet reuoluat & contrahat omnia. Lacheſis verò, παρὰ τὸ λαχάνειν τὸ πεπρωμένον, id eſt, quòd fatum ſortiatur. Atropon autem, quoniam ἄτρεπlος, quaſi inue: tibilis ſit, & incommutabilis. Sunt verò qui Parcas ita interpretentur. per Clothon ſeptem planetas, per Lacheſin res ſublimares: per Atropon autem Aplanen, id eſt, inerrantem ſphæram. Alij Clotho præſenti tempori, Lacheſin futuro, Atropon præterito, vt ait Ariſtoteles. Porrò ne à

noſtris

nostris recedamus, sunt qui eas ita statuát, vt vna colum teneat, altera fusum, tertia filum rumpat: vitæ cursum statúmque designantes. & hoc versu id innuunt:
>Clotho colum retinet, Lachesis net, & Atropos occat.

Hesiodus poëta Parcas Nocte & Herebo natas cecinit, propter occultam & abditam fatorum vim. Lycophron, Maris puellas dixit, ob seram & immitem fatorum legem. Illud certè mirum videri potest, cur ab Hesiodo in Theogonia bis Parcarum generationem factam legamus. Nam non longè à principio, μοίρας ἢ κῆρας ἐγείνατο νηλεοποίνους, de Noctis & Herebi filiis loquens. non longè verò à poëmatis calce, Iouem dicit stabilito regno post Titanum bellum, Themidem duxisse vxorem. ex qua inter cæteros filios genuit,

>Μοίρας δ᾽ αἷς πλείστην τιμὴν πόρε μητίετα Ζεύς,
>Κλωθώ τε Λάχεσίν τε, καὶ Ἄτροπον. hoc est,
>Parcas, Iuppiter his dederat rex plurimùm honoris,
>Clothóque, & Lachesin, simul Atropon.

Sed quoniam Parcas diximus ex eruditorum sententia appellatas, quòd minimè parcant: Varro tamen apud Gellium libro tertio, nomina Parcis antiquos ait fecisse à pariendo, & à nono atque decimo mense. nam Parca, inquit, immutata litera vna, à partu nominata. item Nona & Decima, à partus tempestiui tempore. Cesellius autem Vindex in lectionibus suis antiquis: Tria, inquit, nomina Parcarum sunt, Nona, Decima, Morta. Et versum hunc Liuij antiquissimi poëtæ ponit ex Odyssea,

>Quando dies adueniet quem profata Morta est.

Sed homo minimè malus Cesellius, Mortam quasi nomen accepit, cùm accipere quasi μοίραν deberet. atque hæc quidem ille. Alij Parcarum hæc nomina esse voluerunt, vt recitant Marsil. Ficinus in Platonem, & Socinus Bentius medicus & Philosophus, in eo qui est de Felicitate: Vestam, Mineruam, & Martiam, vel Martem. Effingebant eas antiqui tanquam anus, niueis velleribus redimitas, quibus & narcissum attribuebant florem. Sed elegantissimè à Catullo finguntur his versibus, in Pelei & Thetidis epithalamio:

>Cùm interea infirmo quatientes corpora motu:
>Veridicos Parcæ cœperunt edere cantus.
>His corpus tremulum complectens vndique vestis,
>Candida purpurea talos incinxerat ora,
>Et roseo niueæ residebant vertice vittæ,
>Aeternúmque manus carpebant ritè laborem.
>Læua colum molli lana retinebat amictam.
>Dextera tum leuiter deducens fila, supinis
>Formabat digitis, tum prona in pollice torquens
>Libratum tereti versabat turbine fusum. & cætera, quæ apud ipsum poëtam

doctiss. leges. neque enim eas quisquam pictura magis graphicè formare potuisset. Parcarum verò numerus, vt Eusebius ait, & nomina ipsarum, & fusus, & glomeratú in eo filum, cæteráque huiusmodi, ineuitabilem determinationem causarum ostendere arbitrabantur. hinc Plato in decimo de Repub. Alias autem, inquit, tres Necessitatis filias æquali inuicē interuallo in throno sedere, Parcas vestibus albis capite coronato, Lachesin, Clotho, Atropon. quæ ad Sirenum harmoniam canant, Lachesis quidem, præterita, præsentia Clotho, Atropos verò futura: & cætera, quæ multa eo loco de Parcis. & earum matre diuus philosophus disserit: quæ si quādo otium suppetit, legere poteris. De Parcis plura itidem leges in libris de Legibus, apud eundem Platonem. item Chrysippus multa scripsisse dicitur, vt à Diogeniano reprehenditur apud Eusebium. Fatum dicit, dictum quoddam, determinatúmque diuinitus esse: Parcas autem è contrario, quoniam nemini parcant: Sortes quia ita sortitū vnicuique sit. Atque ideo tres esse Parcas arbitrabantur quia tria sunt tempora, quibus omnia inuoluuntur: Lachésinque dictam esse, quia λαγχάνειν Græcè euenire per sortem designat: Atropon, quia verti non possit: Clothon, quoniā contorta & coordinata omnia teneat: &c. quæ contra fatum disputat Eusebius in sexto Præpar. Euangelicæ.

Aesan etiam, hoc est ἄσαν, diximus Parcam vocari: hoc est, latentem & minus notam eorum quæ fiunt causam. αἶσα verò nuncupata est, vt Phurnutus innuit, quasi ἀεὶ ἔσα, id est semper existens.

Syntagma VI.

εἱμαρμένη etiam Parca, & Fatum dicitur, sed cuius verbis potius eam describemus, quàm M. Tullij? qui Velleium inducit ita loquentem: Hic, inquit, nobis existit primùm illa fatalis necessitas, quam ἑιμαρμένην dicitis, vt quicquid accidat, id ex æterna veritate, causarúmq; continuatione fluxisse dicatis. Sed de Imarmene etiam plura Phurnutus de Deorum natura, item Aristoteles, & Apuleius de mundo. Proclus in Commentariis Hesiodi in ἔργοις, Stoicos ait appellare Imarmenen Διὸς νοῦν, super ea Hesiodi verba, ὅτι οὐκ ἐστὶ Διὸς νόον ἐξαλέασθαι, id est, nusquam est Iouis mentem aufugere. Chrysippus: Imarmene, inquit, sempiterna quædam & indeclinabilis rerum series, & catena, sese voluens & implicans per æternos consequentiæ ordines, è quibus connexa est. His conformia scribunt & Phurnutus, & Boëtius in Topicis. ἑιμαρμένη verò dicta, διὰ τὸ εἴρειν τὰ καὶ χωρεῖν ἀκολούθως, id est, quoniam trahat & cedat consequenter. Hesychius ait, Imarmenen à Cretensibus vocari ἀμφρνον. Plurimi etiam ἀνάγκην, id est, necessitatem, cù Imarmene describunt, inter quos Phurnutus, qui ait: Anance est, quam cogere aut vincere non possumus, si quidem ei omnia vt ad causam referuntur. Varro, Fatum à fando dictum ait, quòd pueris Parcæ constituant fando, dictum Fatum, & res fatales: quidam & Parcarum manes dicunt.

Ὄπις quoque Parca dicta est ἀπὸ τοῦ λανθάνειν ὄπισθεν, id est, à retro occultando, & obseruando nostra facta, & quæ punienda sunt, puniendo.

Πεπρωμένη verò dicta, διὰ τὸ πεπεράσθαι ἐν πᾶσι, id est, quòd omnia terminata sunt, & nihil sit in iis quæ sunt in infinitum.

Lanificæ Parcæ à nostris cognominatæ sunt, quòd pensa & stamina vitæ humanæ trahant candida, vel argentea, id est, felicia, vel ferrea & pulla: vel nigra, id est, infelicia. Martialis:
 Si mihi lanificæ ducunt non pulla sorores
 Stamina.

Tetricæ Parcæ, & Sorores etiam vocantur, quod nemini parcant. Idem Martialis,
 Ruperunt tetricæ cùm mala pensa deæ.

Hinc & à Græcis ἀμετάτρεπτοι dicuntur, id est, inconuertibiles.

Adrastiam & Nemesin cum his coniungit Phurnutus. Sed ipse in eo, in quo de Fortuna egi, eas copiose sum executus. Tu inde petas.

FVRIAE.

Quas Latini Furias appellauêre, Græci Erinnyies, & Eumenides in primis dixêre, has & Plutoni deseruire, prodidit antiquitas. Hinc Verg.
 Hæ Iouis ad solium, sæuíque in limine regis
 Apparent, acuúntque metum mortalibus ægris,
 Si quando lethum horrificum, morbósque deûm rex
 Molitur meritis, aut bello territat vrbes. & cætera. Hisdem etiam veteres commotæ mentis affectus adumbrabant, proptereáque furoris deas existimabant. Semper verò virgines etiam prouerbio dictæ, quòd cùm malefactorum vltrices sint, facilè corrumpi non possint, quin etiam pœnas de delinquentibus sumunt: Suidas auctor. Cicero pro Roscio Amerino: Nolite putare, quemadmodum in fabulis sæpenumero videtis, eos qui aliquid impiè sceleratéque commiserint, agitari & perterreri Furiarum tædis ardentibus: sua quenque fraus, & suus terror maximè vexat. & paulò pòst: Hæ sunt impiis assiduæ domesticǽque Furiæ, quæ dies noctésque parentum pœnas à conscelleratis filiis repetant. Idem Cicero in primo de Legibus: Agitant & insectantur impios Furiæ, non ardentibus tædis, sicut in fabulis, sed angore conscientiæ. Suet. de Nerone: Sæpe confessus exagitari se materna specie, verberibus Furiarum, ac tædis ardentibus. Sed omnis hac de re plena est Tragœdia. Erinnyies quidem ideo sunt vocatæ, quasi ἔρις νοῦς, hoc est mentis lis. Eumenides verò per contrarium εὖ καὶ μένος, quasi non bona mens. Erinnyias Hesiodus natas fabulatur ex sanguinis guttis pudendorū Cœli, in terram cadentibus. quidã Noctis & Herebi filias dixêre, vt Lactatius ait in Theb. Alij Acherontis. Orpheus in Hymno,
 Ἁγναὶ θυγατέρες μεγάλοιο Διὸς χθονίοιο,
 Περσεφόνης τε, id est, Castæ filiæ magni Iouis terrestris, & Persephones. Furiæ verò frequentissimè in tragœdiis introducuntur. vnde Aristophanes in Pluto, de Paupertatis dea, ἴσως ἰοῦ σ᾽ ἔραινυς ἐστιν ἐκ τραγῳδίας. hoc est, Fortassis est Erinny ex tragœdia Paupertas. Propertius, Tum me vel tragicæ vexetis Erinnyies. scribit Strabo lib. Georg. 4. apud Cassiteri-

De Deis Gentium. q das

das insulas homines esse colore fusco, tunicis ad talos demissis, cingulo pectus incinctis, baculósque manu gestare, Furiis persimiles. quibus ex verbis Furiarum habitum colligimus. Horrendum aspectum furiis Phurnutus ascribit, & igne ac flagello impios & noxios insequi. Furiis primus Aeschylus dicitur, crines anguibus implicitos affinxisse, quas Cerastas poëtæ appellent. Claudianus de Alecto:

 Mollia lambentes finxerunt membra Cerastæ.   Idem:
 Alecto stetit in medio, vulgúsque tacere
 Iussit, & obstantes in tergum reppulit angues,
 Pérque humeros errare dedit.

Hinc etiam ab Orpheo ὀφιοπλόκαμοι dicuntur, quasi dicas serpenticomæ. Idem scribit & Phurnutus. sic à Vergilio Alecto describitur,

 Luctificam Alecto dirarum à sede sororum,
 Infernísque ciet tenebris, cui tristia bella,
 Iræque, insidiæque, & crimina noxia cordi:
 Odit & ipse pater Pluton, odere sorores
 Tartareæ monstrum, tot sese vertit in ora. & cætera, quæ sequuntur. De Tisiphone verò Ouidius:

 Nec mora, Tisiphone madefactam sanguine sumit
 Importuna facem, fluidóque cruore rubentem
 Induitur pallam, tortóque incingitur angue.

Mox comites illi adiungit, Terrorem, Pauorem, & Insaniam. plures addit Claudianus in Ruffinum, & item Statius in Theb. quorum versus, ne nimius sim, missos facio. Hæ verò Furiæ, tres sorores dicuntur, Alecto, Tisiphone, & Megæra. quidam & quartam addūt, Lyssam, id est, Rabiem. vnde Euripides in Hercule furente, Irin inducit Iunonis iussu Lyssam adducere quæ Herculi furorem ac rabiem iniiceret. Est autem Lyssa dea, vt idem ait, Noctis filia, ex Cœli sanguine. hæc rabiem immittere fingebatur, & centum serpentum capitibus sibilantibus caput incinctum, manu verò stimulum gestare. Sic verò de Furiis scribit Isidorus: Aiunt & tres Furias antiqui, fœminas crinitas serpentibus, propter tres effectus, qui in animis hominum multas perturbationes gignunt, & interdum cogunt ita delinquere, vt nec ad famam, nec ad periculum sui respectum habere permittant Ira quæ vindictam cupit. Cupiditas, quæ desiderat opes. Libido, quæ appetit voluptates. quæ ideo Furiæ appellantur, quòd stimulis suis mentem feriant, & quietam esse non sinant. De Furiis verò Fulgentius ita: Prima, inquit, est Alecto. Alecto enim Græcè impausibilis dicitur, παρὰ τὸ α, καὶ λήγω, quod non desinat. altera, Tisiphone. Tisiphone autem, quasi τούτων φωνή, id est, istarum vox, inconcinna mihi quidem videtur etymologia. nam potius à τίσις καὶ φόνος deducitur, hoc est, vindicta & cæde, quod & Vergilius ostendere videtur, cùm ait,

 Continuò sontes, Ultrix accincta flagello
 Tisiphone quatit insultans, toruósque sinistra
 Intentans angues.

Sequitur Fulgentius: Primùm est ergo, nō pausando Furiam concipere: secundum est, in vocem erumpere: tertium, iurgium propalare. quæ interpretatio, licet mihi parum arrideat, ascribere tamen, nam placuit, est enim vulgarem secutus humanæ naturæ rationem. Megæra verò dicta ab odio & inuidia, quæ mortalibus iniicit. μεγαίρω quippe id significat. Orpheus duos hymnos his deis concinuit, quorum tamen prior in vetustis & manuscriptis codicibus hanc habet ἐπιγραφήν, Εὐμενίδων θυμίαμα στύρακα, καὶ μάννον. licet in impressis aliter. alter verò, habet, εὐμενίδων θυμίαμα ἀρώματα. In priore, earum trium nomina vno versu explicit.

 Τισιφόνη τ' Ἀλληκτώ τε καὶ Μέγαιρα, id est,
 Tisiphone, nec non Alecto, & dia Megæra.

Ideo verò Furiæ apud inferos esse dicuntur, quoniam causæ parum notæ plerunque, vt ait Phurnutus, in occulto sunt, nec videntur, & iis in primis qui meriti sunt. Porrò vt est apud Aelianum, turtures aues, Furiis ab antiquis dicatæ putabantur, sed & Parcis, ac Veneri, & Cereri.

Eumenides Furiæ nuncupatæ, vt dictum est, per contrarium, quod minimè beneuolæ sint, & mites. in has Orpheus hymnum composuit, vt ante meminimus. vltricósque vocat

homi

hominum impiorum & iniustorum, hoc est, ἀσεβούντων, τῶν τ' ἀδίκων τιμωροί. Seneca: Adeste sceleris vltrices deæ. Cognominantur & κυανώχρωται. quod obscuro corpore fingantur, & βλοσυρωπιχίαι φοβερωποῖς, quòd & vnguibus & aspectu terribiles sint. Scribit M. Cicero, Athenis Eumenidum fanum fuisse, vt planius dicam ἐν σεμναῖς θεοῖς. Has quidam & μανίας vocant, id est, furentes, vt ait Pausanias. Legimus Maniarum templum fuisse apud Messenios. Eumenides plerunque cum facibus finguntur, vt apud Tragicos videmus. hinc Vergilius, Eumenides tenuêre faces. Idem: Ferreique Eumenidum thalami. quo loco Seruius scribit: Furiæ nunquam nupserunt, vnde igitur thalamos accipimus? Sed accipiendum, in quibus natæ sunt, &c. Eumenidum sacerdotes Αἴτραραι dictæ sunt, vt Hesych. notat.

Σεμναὶ θεαὶ dicuntur Erinnyes. Arpocration scribit, Athenienses sic vocare, quasi dicas deas castas, & incorruptas. Pausan. in Corinth. ait, Semnas à Sicyoniis, Eumenidas dici ab Atticis. in Attica tamen etiam ait: Iuxta dearum, inquit, templum quas σεμνὰς vocant. Sophocles de his multa, præcipuè in fabula Oedipi Epicolono. has vocat Hesiodus in Theogonia Erinnyes de Semnis deis, & Phurnutus, & Apollonij interpretes. Semnis his deis oues prægnantes immolabant, & melicratum. Philemon poëta comicus diuersas Eumenidas & Semnas fecit in fabulis.

Palæstinas deas Furias cognominatas ab Ouidio, docti quidam arbitrantur. ita enim ille canit in quarto Fast. de Aty furente:

Et modò tolle faces remoue modò verbera, clamat,
Sæpe Palæstinas iurat adesse deas.

Palæstæ quidam locus Epiri apud Oricum, vt Lucanus in quinto Pharsaliæ innuit:

Inde rapi accepêre rates, atque equora classem
Curua sequi, quæ iam vento, fluctúque secundo
Lapsa, Palæstinas vncis confixit arenas, &c.

Cæsar in Comment. ciuilibus: Ad eum locum qui appellatur Palæstæ, omnibus nauibus ad vnam incolumibus milites exposuit. etsi exemplaria pleraque pro Palæstæ, Pharsalia legunt. Eum verò locum Palæste dictum aliqui putant, quoniam geminæ columbæ fatidicæ è Syria Dodonam euolauerunt, quæ Palæstinæ sunt appellatæ. in illis quoque fuisse inferorum ostium ferunt, item Acherusiam: item de Aidoneo, id est, Plutone quæ traduntur, & Proserpina. Sed & quidam Herculem ea parte Cerberum traxisse prodiderunt. hinc eruditi coniectura ducti, Palæstinas deas Furias interpretati sunt. Sed & Marsus ait, se à Græco accepisse, in commentariis peruetustis legisse, Furiarum templum in Epiro fuisse: itémque in altero Græco codice vetustissimo. Ego verò nihil vltra, nisi quòd lego apud T. Liuium in quintæ Decad. libro tertio, Penestiam regionem ac terram esse Illyrici. Tertio, inquit, die ad Vscana Penestianę terræ, ea maxima vrbs est. tum paulò infrà: Vscanensibus Illyriisque venditis in Penestiam exercitum Perseus reducit. Item alibi, Penestas. Vide verò tu an Penestinas deas legendum sit, potius quàm Palæstinas. Non me præterit, & Ph. Beroaldum de his suam potius opinionem quàm sententiam attulisse. Palæstinas enim deas ait, deam Syriam, & Phrygiam Cybelem: nec absurdum esse, ex D. Augustini sententia multas deas ad vnam reuocare, vt non tam sint deæ multæ, quàm multa vnius nomina. hinc putauit Beroaldus, Ouidium deas appellasse Palæstinas, perinde ac Furias, quòd scilicet in Syria Palæstini sint.

Harpyiæ, seu Furiæ, seu fabulosæ deæ quædam dicuntur: Vergil.

Virgineus quibus est vultus, fœdissima ventris
Proluuies, vncæque manus, & pallida semper
Ora fame.

Tres fuerunt, Aello, Ocypete, & Celeno: licet quidam quartam addiderint, Thyellam. Apollonij tamen interpretes, Thyellas, procellas & procellosos flatus interpretantur. Hesiodus & Apollonius duas tantùm nominant Harpyias, quas Iridis sorores fabulati sunt antiqui, Thaumantis filias, & Electræ Oceani. Sic enim canit Hesiodus in Theogon.

Θαύμας δ' Ὠκεανοῖο βαθυρρείταο θύγατρα,
Ἤγαγε τ' Ἠλέκτρην, ἣδ' ὠκεῖαν τίκεν Ἶριν,
Ἠϋκόμους δ' ἁρπυίας, ἀελλώ τ', ὠκυπέτην τε.

hoc est, Thaumas filiam Oceani profundi Electram duxit, quæ grauida peperit Irin, & pulchricomas Harpyias, Aello & Ocypeten, &c. Idem apud Lycophronem Isaacius refert. harum suo more Fulgentius allegoriam comminis

De Deis Gentium.

miniscitur: ex illo eam repete, ne plura inculcem. Hæ &r apaces aues dicuntur, ait Phauorinus, Phinei filiæ, Geralia & Harpyria, cibaria rapientes ex ore senis. Alij Harpyias ventorum conuersiones interpretantur, & ventos ipsos: alij Neptuni filias & Terræ scribunt. Seruius grammaticus, Ponti & Terræ: & ideo ait eas insulas habitare, partem terræ, partem maris tenentes. quidam eas aues & volucres dixêre, vnde illis Vergilius & Apollonius plumas addunt: vt illud,

 Sed neque vim plumis vllam, nec vulnera tergo Accipiunt. quod tamen dictum Donatus interpretatur, quòd Stygiæ essent, & propterea inuulnerabiles. quam interpretationê non recipit Seruius. Alij Harpyias Iouis canes dictas volunt, quos sequitur idem Seruius in tertio Aeneidos comment. inquit enim, cùm Zetus & Calais Boreæ filij eas insequerentur ad Plotas vsque insulas, Irin eis apparuisse, quæ illos moneret, vt canes Iouis insequi desisterent. hoc est, vt his verbis canit in secundo Apollonius:

  Non fas, ô nati Boreæ, vos ensibus alti
  Harpyias vrgere canes Iouis.

Sed nescio quo pacto longè dulcius Græcè sonat:

  Οὐ θέμις ὦ υἷες Βορέω ξιφέεσσιν ἐπιέλσαι
  Ἁρπυίας, μεγάλοιο Διὸς κύνας.

Illud tamen hoc loco notandum, quod Apollonij commentatores scribunt, decentius Irin missam nunciam filiis Boreæ, vt desisterent: vel quòd ipsa nuncia sit, vel potius quòd ipsarum Harpyiarum soror esset. nam alij Mercurium missum aiunt, inter quos est Hesiodus. ab ea verò conuersione, Zeti scilicet & Calais, insulæ Plotæ, Strophades appellatæ sunt: quod iidem poëtæ Apollonius & Vergilius, & ante eos Antimachus in poëmate Lydes cecinit. Hyginus verò in libro Fabularum Zetem & Calaim ita describit: Hi capita pedésque pennatos habuisse feruntur, crinésque cæruleos, peruio aëre vsi sunt. Sanè & Furiæ existimatæ sunt, vnde Celæno apud Vergilium:

  Vobis furiarum ego maxima pando.

Quare palàm est, & canes appellatas esse Furias. Lucanus:

  ——Stygiásque canes in luce superna   Restituunt. Vergil.
  ——Visæque canes vlulare per vmbram,
  Aduentante dea.

Horat. in Sermonibus: Viderit infernas errare canes. Illud insuper addit Seruius, apud inferos Furias dici, & canes: apud superos diras, & aues: vt ipse idê Vergilius in. 12. In mundo verò Harpyiæ dicuntur. eas item ait καμψώνυχας, hoc est vncungues. & vt Vergilius ait, vncæque manus: æmulatus Apollonium, qui in secundo cecinit χιρῶν τ᾽ ἀπὸ γαμψηλοῖσι συνεχέως ἥρπαζον. id est, manuum curuitatibus continenter rapiebant. Canit & hoc idem Poëta, fugatas Harpyias à Zete & Calai, & se in specum abdidisse in insula Creta sub Arginunte, vt etiam Neoptolemus & Pherecydes prodiderunt. Porrò Harpyiarum nomen in prouerbium tractum est, de rapacibus, & iis qui plus iusto opes per fas & nefas exigunt.

 Diræ quidem apud superos dicuntur. Vergilius:

  At procul vt diræ stridorem agnouit, & alas,
  Infelix crines scindit Iuturna solutos. Idem:
  Dicuntur geminæ pestes, cognomine Diræ,
  Quas, & tartaream Nox intempesta Megæram,
  Vno eodémque tulit partu.

Plutarchus in vita M. Crassi, Acteium scribit his verbis diras imprecatum esse: Acteius, inquit, in vrbem citato gradu accurrens, in via per quam Crassus iter facturus erat, succensam cratem constituit. cúmque in eum locum Crassus peruenisset, assistens Acteius, & sacra quædam ac libationes faciens, diras admodum atque horrendas execrationes obnunciauit, deos quosdam inauditos antea & horrendos nomine compellans. has imprecationes Romani diras appellant, quas nunc quasi vetustate obsoletas, eam vim obtinere dicebant, vt qui illis obnoxius fuisset, grauissimas pœnas dare cogeretur, & maximo infortunio affici: &c. quæ idem Plutarch. exequitur.

 Obscœnæ etiam volucres, Furiæ dicuntur à poëtis. Idem Vergilius:

  Iamiam linquo acies, ne me terrete timentem,
  Obscœnæ volucres, alarum verbera nosco.

Appellan

Appellantur & Luctificæ,& Importunæ,aliísque huiusmodi epithetis, quæ diligentius ab aliis collecta habentur. Hyginus in lib.Fabularum has ita depinxit: Hæ,inquit, fuisse dicuntur capitibus gallinaceis,pennatæ,aláſque & brachia humana, vnguibus magnis,pedibúſque gallinaceis,pectus album,femináque humana.

Furor,Furiarum si non frater,consanguineus certè à poëtis confingebatur: quem graphicè effingit Petronius Arbiter in carmine de Bello ciuili,vt pictor nemo melius.

Furina etiam colebatur à Romanis, teste Cicerone libro tertio de Natura deorum, vbi Eumenidas commemorans:Quæ,inquit,si deæ sunt,quarum & Athenis fanum est,& apud nos,vt ego interpretor,lucus Furinę. meminit idem ad Atticum.sed & ego in primo Syntagmate aliquanto plura, de Furore & Furina recensui. Legimus etiam Forinam deam,quæ si eadē sit cum Furina, incompertum habeo. Certè in Romanis antiquis marmoribus sic legitur:

P. POETELLIVS P. L. -- SVRVS -- LANISTA
AD. AR. FORIN -- AR. ROM. DD.
VIX. -- ANN. XLIIX. H. S. E.

Et ibidem altera Transtib.in ædicula s s. xl.

I. O. M. H. AVG. SACR. V.
GENIO FORINARVM ET CVLTORIBVS HVIVS LOCI. TERENTIA. NICE CVM TERENTIO DAMARIONE FILIO SACERDOTE. ET TERENTIO DAMARIONE IVN. ET FONTEIO ONESIMO FILIO SACRORVM SIGNVM ET BASIM VOTO SVSCEPTO DE SVO POSVIT LVSTRO EIVSDEM DAMARIONIS. B.Aegius.Sanè apud Festum Pompeium Foria stercora liquidiora sunt. Pomponius Macco: Conforisti me. Diomedes Lauerius in Panificis:Storiolum esse videris,in coleos cacas.Foriolus,qui fores facile emittat, soluti scilicet ventris. Sed cum reliquam infernorum deorum, hoc est, θιῶν νεκυκῶν & Manium turbam explicabo,Vergilianúmque illud interpretabor,

Dei quibus imperium est animarum,vmbræque silentes,
Et Chaos,& Phlegethon,loca nocte silentia latè,
Sit mihi fas audita loqui.

Varie philosophi de deis inferis dixêre.nā per alios existimabant animas ad inferos deduci:vt,

——Hac animas ille euocat Orco
Pallentes,alias sub tartara tristia mittit. item per alios tranferri:vt,
Nauita sed tristis nunc hos,nunc accipit illos. per alios purgari:vt,
Aliæ pandūtur inanes Suspensæ aduentos. per alios verò ad summa reuocari: vt,
Lethæum ad fluuium Deus euocat agmine magno.

Sed nos his missis,seorsum discutiamus,primúmq; qui propriè Manes diceretur à gentibus,ostendamus. Manes, vt Aelius Stilo ait, dei inferi, quasi boni dicuntur à suppliciter eos venerantibus,propter metum mortis:vt Immanes quoq;,pro valdenonbonis dicuntur. Manes verò ab auguribus inuocabantur,quòd per eos omnia manare credebāt, eósq; deos superos atq; inferos dicebant. Festus:Manalem,inquit,etiam lapidem putabant esse ostium Orci, per quod animæ inferorum ad superos manarent, qui dicuntur manes. alij Manalem lapidem vocabant petram quandam, quę erat extra portā Capenam,iuxta ædē Martis:quam cùm propter nimiam siccitatem in vrbem pertraherent, sequebatur statim pluuia,eúmque quòd aquas manaret,Manalem lapidem dixerūt.idem festus auctor. Manias quoque idem Aelius Stilo dici ait,ficta quædam ex farina in hominū figuras, quia turpes fiant,quas alij Maniolas appellabant. Manias autem,quas nutrices minitentur pueris, esse Laruas,id est,Manes deos deáſq; putabant, quóſq; ab inferis ad superos emanare credebant.aut Mania est eorum auia,matérue. Sunt enim vtriuſq; opinionis auctores. hinc etiam putarim ipse hodie, dum terrere volūt infantes, Orcū nutrices vocare, Sed ridicula ista sunt, quin & nocumenta plerunque infantibus & puellulis terriculamenta ista afferūt. Deorum etiam Manium mundum Cereris esse putabant, qui mundus quid ita diceretur, retulit Cato in Commētariis Iuris ciuilis: Mundo,inquit,nomen impositū est,ab eo mundo,qui supra nos est.forma enim eius ex iis qui intrauêre,cognosci potuit assimilis illi. atq; eius inferiorem partem, veluti consecratam deis Manibus.hunc autem Cereris mundum

De Deis Gentium. q 3 ter

ter in anno patêre putabant his diebus, postridie Vulcanalia, & ante diem tertium Non. Octobris, & ante diem sextum Id. Nouembris. Inferiorem enim eius partem cōsecratam deis manibus, arbitrantes clausam omni tempore præter supradictos dies: quos dies etiam religiosos iudicauerunt eam ob causam, quod iis diebus ea quæ occulta & abdita religionis deorum Manium essent, in lucem adducerentur, & patefierent: nihilque eo tempore in Repub. geri voluerunt. Itaque per hos dies non cum hoste manu conferebatur, non exercitus scribebatur, non comitia habebantur, non aliud quicquam in Repub. nisi quod vltima exegisset necessitas, administrabatur. hæc ex Sex. Pomp. commentariis. Vergilius cùm cecinit, Quisque suos patimur manes: Seruius exponere videtur pro Geniis, vt in geniis pluribus ostendimus. Martianus verò: Manes, inquit, corpori humano præsules attributi sunt, qui parentum seminibus manauerunt, qui sub Plutonis potestate sunt: qui ideo Summanus dicitur, quasi Summus manium. idem auctor paulò pòst, Verum manes quoniam corporibus illo tempore tribuuntur, quo fit prima conceptio, etiam post vitam iisdē corporibus delectantur, atque cum iis manentes appellantur Lemures: qui si vitæ prioris adiuti fuerint honestate, in Lares domorum, vrbiúmque vertuntur: sin autem deprauantur ex corpore, Laruæ perhibentur, ac Maniæ. Manes igitur tam boni quàm truces constituti, quos ἀγαθοὺς καὶ κακοὺς δαίμονας memorat Graia discretio. In his autem sunt Manes, eorúmque præstites Mana & Mantuona, dei etiam cum his quos Aquilos dicunt, item Fura, Furináque, & mater Mania: &c. quæ Martianus est executus. Sed præstat etiam audire, quæ de his Apuleius scribit de Deo Socratis, cū de Dæmone & Genio locutus fuisset. ita enim subiungit suis verbis: Animus humanus exutus & liber, stipendiis vitæ corpori suo obiuratis, hunc vetere Latina lingua reperio Lemurem dictum. ex hisce ergo Lemuribus, qui posteriorum suorum curam sortitus pacato, & quieto numine domum possidet, Lar dicitur familiaris: qui verò propter aduersa vitæ merita, nullis bonis sedibus, interuagatione, seu quodam exilio punitur, inane terriculamentum bonis hominibus, cæterum noxium malis, hunc plerique Laruam perhibent: cùm verò incertum est quæ cuique eorum sortitio euenerit, vtrúmne Lar sit, an Larua, nomine Manem deum nuncupant, & honoris gratia vocabulum additum est. hæc Apuleius. Lemures, quos iam dixi, inter inferorum vmbras & manes, Porphyrion Horatij interpres recenset in eo versu, Nocturnos Lemures. Lemures, inquit, putant hominum esse post mortem vagantes vmbras, dictos quasi remores, à Remo, cuius occisi vmbras frater Romulus placare cùm vellet, Lemuria instituit. Vnde Ouid. in Fast. de Romulo loquens,

———Lucémque Lemuria dixit,
   Illam, qua positis iusta feruntur auis.
Aspera mutata est in leuem tempore longo
   Littera, quæ toto nomine prima fuit.
Mox etiam lemures animas dixêre silentum.   Idem,
Ritus erit veteris nocturna Lemuria sacri,
   Inferias tacitis manibus illa dabunt.

Sed de his plura in nostro de Annis & mensibus, &c. Varro de vita pop. Rom. apud Nonium: Quibus temporibus in sacris fabam iactant noctu, & dicunt se Lemures domo extra ianuam eiicere. Augustinus lib. nono de Ciuitate Dei, dicit quidem animas hóminū dæmones esse, & ex hominibus fieri Lares, Laruas, & Manes. Lares, si meriti boni sunt: Lemures seu Laruas, si mali. Porrò Tauri ludi dicebantur, qui deis inferis fiebant. Fest.

Charon deus infernus, dictus per antiphrasin, quasi Acheron. alias tamen Phurnutus etymolagias adducit, quas non satis probo. Describitur probè à Vergilio in sexto Aeneid.

Portior has horrendus aquas & flumina seruat,
   Terribili squalore Charon, cui plurima mento
   Canicies inculta iacet, stant lumina flamma,
   Sordidus ex humeris nodo dependet amictus,
Ipse ratem conto subigit, velísque ministrat,
   Et ferruginea subuectat corpora cymba,
   Iam senior, sed cruda deo viridísque senectus.

De hoc lectum est in Orpheo, quòd quando Hercules ad inferos descendit, Charon territus eum statim suscepit, ob quam rem anno integro in compedibus fuit. Atque ideo
ipse

Syntagma VI.   187

ipse apud Verg.
> Nec verò Alciden me sum lætatus euntem   Accepisse lacu.

Portitor Charon dictus à Græcis Porthmeus, vt in nostris Nauigiis ostendimus. Iuuenalis:
> Tetrúmque nouitius horret Porthmea.

Nauita etiam nuncupatus: vt,
> Nauita quos iam inde vt Stygia prospexit ab vnda. Item:
> Nauita sed tristis nunc hos, nunc accipit illos.

Cerberus Plutonis canis, qui triceps fingebatur, & propterea Tergeminus dictus, & Trifaux: vt,
> Cerberus hæc ingens latratu regna trifauci   Personat.

Natus traditur ex Geryone & Echidna. hic fertur tractus ab inferis, vt in Herculis vita scripsimus, ab Hercule. Hinc Vergilius de Hercule in sexto,
> Tartareum ille manu custodem in vincla petiuit,
> Ipsius à solio regis traxítque trementem.

Cuius fabulæ hæc ratio traditur, quia Hercules omnes cupiditates & cuncta vitia terrena contempsit & domuit. nam Cerberus dictus quasi κρεοβόρος, hoc est carnem vorans. vnde & lectum de eo est,
> ——Ossa super recubans.

Cerberus Medusæum monstrum appellatus ideo est, quòd villos ac pilos serpentinos habere diceretur. Ouid.
> Terna Medusæi vincirem guttura monstri.

Describitur sic à Tibullo:
> Nec canis anguinea redimitus terga caterua,
> Cui tres sunt linguæ, tergeminúmque caput.

Sed & à Seneca in tragœdiis, Ianitor Cerberus etiam vocatus. Vergil.
> ——Ingens ianitor antro
> Aeternum latrans exangues terreat vmbras.

Minos præterea, Aeacus, & Rhadamanthus, tres inferorum iudices, Iouis & Europæ filij, vt Diod. scribit. alij tamen Aeacum ex Aegina natum prodiderunt, vt pluribus à Pindaro est proditum. Plato verò ait, Europæos ab Aeaco iudicari, à Rhadamantho Asianos, à Minoë porrò diiudicari si quid ambiguum occurrisset. Minos Cretesis quæsitor cognominatus, iustissimus fuisse proditur. Quæsitor Minos vrnam mouet, ait poëta. Plato verò, vt puto, in Gorgia: Hæc peccata Aeacus baculum tenens, sicut & Rhadamanthus, iudicat: Minos autem aureum sceptrum gestans, solus sedet, vtriusque iudicium considerans, censénsque, &c.

Rhadamanthus Gnossius vocatus est, vt Vergilius:
> Gnossius hæc Rhadamanthus habet durissima regna,
> Castigátque auditque dolos, subigítque fateri.

Scribit Hesychius, Rhadamanthia iuramenta dici, veluti per anserem & canem, vt iurare solebat Socrates: & per caparin, vt Zeno, & eiusmodi. Rhadamantheum verò iudicium, de incorrupto & seuero dici, ait Erasmus. Alciatus ex Platone, de iudicio quod iuraméto finitur, vel quod incorruptè & absque mora terminetur, quod (prò Dei) hoc tempore minus seruatur.

Styx palus inferorum. Vergilius,
> ——Stygiámque paludem,
> Dei cuius iurare timent, & fallere numen.

Idem scribit & Hesiodus in Theogon. & Ausonius:
> Quǽque piat diuûm periuria nocticolor Styx.

Et hoc propter Victoriæ fauorem, Stygis filiæ, quæ bello Gigantum astitit: pro cuius rei remuneratione, statuit Iupiter, vt si quis fefellisset eius numé, vno anno & nouem diebus ab ambrosia & nectare prohiberetur. ratio, quia tristitia contraria æternitati, & lætitia mœrori. plura Seruius. Sanè Seneca de situ & sacris Aegyptiorum, paludem tradit apud illos fuisse, locum tutissimum, vbi Isis Osiridis membra occisi sepeliuit. & ibi breuis insula ἄβατος, id est, inaccessa erat. Lucanus:

Hinc

Hinc Abatos, quam nostra vocat veneranda vetustas.

Palus verò Styx vocabatur, vbi sacra quæpiam fieri consueuerant, quorum Seruius, & nos in Sepulcralibus meminimus. Pausan. verò in Arcadicis, aquam Stygis limpidam esse describit. quo loco & Hesiodi, & Lini, & Epimenidis poëtarum carmina expendit, quibus Stygem alio modo exponit, quam nostri grammatici. Dein affert ex Homero, de Deûm iureiurando, & cætera. Tum demum quæ de aqua Stygis à scriptoribus tradun tur, perniciosissima ascribit, quæ nullo alio vase cuiusuis materiæ contineri potest, præterquam vngula equi, vel (vt alij scribunt) mulæ: cuius aquæ veneno, sunt qui Alexandrum Macedonem magna Aristotelis infamia periisse scribant.

Acheron inferorum fluuius, quasi sine gaudio interpretatus. Vergilius in sexto Aeneidos.

    Dicitur & tenebrosa palus Acheronte refuso.

Legimus tamen Acheronta pluribus in locis fuisse, vt in Tænaro, vbi ab Hercule Cerberus est ab inferis detractus. Alij in Epiro. Sed constat inquit Seruius, locum esse haud longè à Baiis, vndique montibus septum. Idem Vergilius,

    Hinc via, Tartarei quæ fert Acherontis ad vndas,
    Turbidus hic cœno, vastáque voragine gurges
    Aestuat, atque omnem Cocyto eructat arenam.   Idem,
    Cocytúsque sinu labens circumfluit atro.

Dictus verò Cocytus παρὰ τὸ κωκύω, lugeo. Fuit & Acherusia palus, cuius crebra mentio scriptoribus, Diodoro, Seruio & Phurnuto, aliisque.

Auernus lacus de quo idem Vergilius:

    Spelunca alta fuit, vastóque immanis hiatu
    Scrupea, tuta lacu nigro, nemorúmque tenebris,
    Quam super haud vllæ poterant impune volantes
    Tendere iter pennis: talis sese halitus atris
    Faucibus effundens, supera ad conuexa ferebat:
    Vnde locum Graij dixerunt nomine Auernum.

Sanè plerique apud Vergilium legunt Aornon, sed & in Græcis ἄορνος λίμνη dicitur: hinc & poëtæ pro inferis sæpe Auernum posuêre. Lacum ipsi aliquando vidimus, tetrum & horridum. Seruius super ea verba, Tuta lacu nigro: Tuta, inquit, quia hinc lacu, hinc cingitur syluis. dicit autem locum, quem nunc Doliola vocant, apud Cumas.

Lethe fluuius qui & Lethæus amnis, ab obliuione dictus est. Sanè Plato libro decimo de Republica, Campum Lethæum dicit, & fluuium ἀμέλητα per eum labi. Quare decipiuntur, qui hunc fluuium Amelitam appellant, cùm Ameles dicendum sit. in quarto enim casu Ameleta apud Platonem est. παρὰ inquit, ἀμέλητα ποταμόν. huius verò & Ficinus meminit, & Socinus meus in sua de Felicitate ἀναγνώσει.

Phlegethon, & Pyrphlegethon, quòd igne ardeat, appellatus.

De Tantalo, Sisypho, Tityo, Ixyone, Phlegya, Salmoneo, cæterísque qui dant pœnas apud inferos, nihil dicemus: quia non sunt inter deos connumerati, & nostri ideo non sunt negotij.

SYN

SYNTAGMA SEPTIMVM,
DE APOLLINE, AESCVLAPIO, MVSIS,
AVRORA, AD CYNTHIVM IOAN.
Bapt. Gyraldum.

GREG. GYR.

Senex & æger Lilius,
Dono suo dat Cynthio,
Hoc quicquid est voluminis:
Orans Deos Nouensiles,
Vt hoc velint plus seculo
Manere amoris mutui,
Sit testis vt perennior.

IVRE tibi, charissime Cynthi, nostrum de Apolline Syntagma mittimus, vt sub tuo nomine in vulgus prodeat, non tantum vt dem tibi cognominem deum Cynthium : verùm quòd eius etiã dei partes omnes, cum summa tua, & vrbis huius laude, impleas. Nam primum quantus sis in omni poëtica, poëmata tua iam edita facile declarant: tum verò in Philosophia, & Medicinæ facultate, in primis tuæ adolescentiæ annis & florenti ætate tale præbueras specimen, vt inter nostræ vrbis, atque adeò tota Italiæ, eius scientiæ professores esses non postremum locum habiturus. Memini senes doctissimos ac sapientissimos Ioan. Manardum, & Lud. Bonacciolum de te ita prædicare solitos, vnum scilicet te medicam facultatem maximè illustraturum, si in ea colenda perstitisses. Sed Cœlij nostri Calcagnini, viri eruditissimi interitus, minimè hoc tempore patriæ opportunus, te ab hac excellentis expectationis specula deduxit, nec ea permisit te perficere, quæ in ea fueras nauiter aggressus. Nam cum in Cœlij locum vnus aliquis esset subrogandus, in publicè prælegendis & interpretandis Latina lingua auctoribus doctor, te nullum aptiorem idoneúmque magis, ciuiũ suorum, totiúsque ditionis amantissimus prudentissimúsque Princeps noster HERCVLES Secundus censuit: id quod gratissimum fuisse nonnullis medicæ artis professoribus intellexi, qui tuæ surgenti, & iam propè volitanti vbique gloriæ inuidebant. Verùm hæc missa facio, nostrúmque potius inceptum prosequor. Auguror enim, & prauideo, non falsus opinor, vates, te non minus in hac palæstra lauream consecuturum, inuidiámque superaturum, atque in illa iam fueras: tantum, quod saxum indies voluere cœpisti, ne te ab eo sudor & labor deterreat, sed magis ac magis enitere, vt ego, quem vides & ætate & morbis propè cadentem, in tua virtute florescente conquiescam. Interea hanc nostram qualemcunque lucubrationem, cupio vt aliquando ea perlegas ratione, non quidem vt aliquid addiscas ex ea, sed vel vt emendes: vel certè vt videas, quantum seni & languenti studia hæc nostra, qualia qualia sint, molestias, & vitæ tædia leuent. Vale: & liberos quæso tuos, per eam quam tu mi suauiß. Cynthi strenuè teris semitam, ducas, vt ex nostra familia nouam aliquod patriæ decus subinde exoriri videatur.

APOLLO, AESCVLAPIVS,
ET MVSAE.

APOLLINEM, quem deum gentes existimabant, quatuor in primis artibus præfuisse legimus, idque etiam ex Homeri & Orphei hymnis colligimus. Nam citharœdum primùm, ac citharœdorum deum putauit antiquitas: deinde Medicinæ inuentorem, ac ipsum etiam medicum constituit : tum iaculatorem, & sagittarium : postremò vatem, & vaticinij deum existimauit. ex quibus quidem quatuor rebus, multiplicia ei sunt attributa cognomina. qua ex re & Cotta apud Ciceronem in III de Natura deorum, Apollines quatuor celebrat : quorum antiquissimus, is qui ex Vulcano natus, Athenarum custos

custos dictus est: alter, Corybantis filius, natus in Creta, cuius de illa insula cum Ioue ipso certamen fuisse traditur: tertius Ioue tertio natus, & Latona, quem ex Hyperboreis Delphos ferunt aduenisse: quartus, in Arcadia, quem Arcades Nomionem appellant, quòd ab eo se ferunt leges accepisse. Hæc vel Cotta, vel potius Cicero. Sed enim ueró Arnobius, quinque Solis nomine commemorat in quarto aduersus Gentes, hoc ordine: Sol, inquit, primus Iouis filius dicitur, & Aetheris habetur nepos: secundus, Regina & Hyperione proditus genitore: tertius, Vulcano, non Lemnio, sed Nili qui fuerit filius: quartus, Ialysi pater, quem Rhodi peperit Heroicis temporibus Achanto: quintus, Scythici regis, & versipellis habetur Circes. Quæ tamen verba parum castigata videntur, & sumpta ex M. Cicer. secundo de Natura deorum, vt paulò pòst ostendam. Diuersos quoque & varios idem Arnobius, Apollinis amores recéset: Arsinoas, Chrysas, Hypsipylas, Marpessas, Zeusippas, & Prothoas, Daphnas, & Steropas: ne Branchos dicam, & Hyacinthos. Sed enim his missis, Apollinis nomen pro diuersis ponitur significatibus: nunc pro sole, nunc pro deo, nunc pro vate diuino, nunc pro mundo, nunc pro significatione humanæ vocis: cui ideo & nouem Musæ iungútur, vt in Musis, pluribus docebo. Porrò iuxta Porphyrij librum, quem Solem appellauit, triplicem constat verè esse Apollinis potestatè & eundem esse Solem apud superos, Liberum patrem in terris, Apollinem apud inferos. vnde etiam tria insignia circa eius simulacrum effingebant: lyram, quæ cœlestis Harmoniæ imaginem monstrabat: gryphon æneum, vel clypeum, vt in quinto legit Buccatius, quod terrenum numen ostendat: & sagittas, quibus infernus deus & noxius indicabatur. vnde & Apollo ἀπὸ τοῦ ἀποβάλλειν dictus, ab iaciendo. Hinc est etiam quod Homerus eundem tam pestilentiæ dicit, quàm salutis auctorem. & Horatius ait,

 Condito mitis placidúsque telo
 Supplices audi pueros Apollo.

Sanè quoniam de gryphe Apollini dicato, est modò facta mentio, id videtur in Fulgentio castigandum, quod est in calce primi libri Mythologicôn: His, inquit, Tryphum quoque Apollini adiiciunt &c. Ego aliquando legendum Tripodem putaui: nunc veró Gryphen lego. quod cùm parum animaduertisset Polymathes interpres, Tryphonem ipse castigauit. Sed enim non modò gryphes huic deo ascripsit antiquitas, sed & coruum, vt docet Aelianus in Historiis animalium. vnde ab Ausonio, Phœbeius oscen, coruus dicitur: cuius fabulam & Ouidius exequitur, & Hyginus. Phurnutus tamen hoc abnuere videtur. Coruum enim ait à Phœbo alienum esse, quòd vel ipso colore profanus ac impurus sit habitus, id est μιαρὸς: illíque potius cycnum auem attribuit, μουσικώτατα καὶ λευκότατα ὀρνέων, quòd scilicet auium sit maximè musicus, & candidissimus. Sanè & Apollini quidam eruditissimi attribuunt accipitris genus, quod perdicoteros dicitur, vt ministret illi: vt ossifragam & harpan Mineruæ, columbarium veró Mercurio sacrum esse tradunt, Iunoni autem tanysipteron, buteonem Dianæ, Matri deûm morphnon, itémq; alias aliis deis: vt Lunæ ibim. Porrò & huic deo Aegyptij accipitrem dicabant, vt Aelianus ait, quê sua lingua thaustum appellabant, & deum ipsum Horon, vt planius alibi ostendam. Quin etiam huic eidem deo Græci laurum attribuerunt, non tam ob Daphnes fabulã, quàm ob ipsius plantæ virtutem, de qua nonnulla Phurnutus dixit, & Parthenius. Sed & ego plura, quadam mea annotatione. Tripus etiam huic deo dicatus fuit, propter numeri ternarij perfectionem: vel propter tres cœli circulos, quorum vnum secat Sol, annuum cursum perficiens. Qua veró forma tripus esset, variè proditur. Quidam mensam, vas aliý, plerique perforatum sedile tradidêre. Quid si aliqua ex parte omnes vera prodidêre? Sed & tripus certantibus præmium dari solitus, id quod Pindarus & Horatius ostendunt. Buccatius insulsè tripodem putauit lauri speciem. Legimus & saltationis genus fuisse, quod à mulieribus in Apollinis & Dianæ honorem peragereretur, βαρύλλικα nuncupatum. Nec illud tibi reticuerim, quod est annotatione dignum: Lacedæmonios aliquãdo Apollinis simulacrum τετράωτον effinxisse, hoc est, cum quatuor auribus, quod grammaticus Aristoteles annotauit: & simul vt quatuor haberet manus, quòd (vt Sosibius scripsit) ea specie visus fuisset, cùm apud Amyclas pugnarêt. vnde etiam prouerbium emanauit, τετράωτον ἄκου. hoc est, quadriaurem audi: hoc est, prudentem & industrium. Sed iam institutum inchoêmus. Scribit Arnobius libro secundo, quòd Apollinis nomen apud Romanos, indigitamenta Pompiliana nesciuerunt. Macrobius Apollinis omnia cognomina à solis

ferè

ferè virtute deductâ, demonstrare nititur. Ego autem non modò quæ ille perscripsit, breuiter afferam, sed & quæ ipse ex varia scriptorum lectione collegi: atque ab ipso primùm exordiar Apollinis nomine. Apollo igitur, vt Plato scribit, dictus est, ἀπὸ τȣ̃ πάλλων τὰς ἀκτῖνας, hoc est, à iaculando radios. quin & idem Thessalos ait non Apollinem dixisse, sed ἁπλȣ̃ν, propter vaticinia, in quibus τὸ ἀληθὲς τὸ καὶ ἁπλȣ̃ν, ταὐτὸν γάρ ἐςι : quòd scilicet verum & simplex idem sit. Id quod & Phurnutus cum aliis multis recitat. At verò Chrysippus Apollinem dictum ait, ab α, τὸ ἄνευ, id est, non, particula priuatiua, καὶ πολλοὶ : quòd non multi, sed solus claritatem obtineat. quomodo & Latini Solem dixêre, quòd solus luceat. Nam & Varro ait in libro de Lingua Latina, Sol, vel quòd ita Sabini, vel solus ita lucet. Speusippus autem existimat, quòd ex multis ignibus eius vis constet, ὡς ἀπὸ πολλȣ̃ ȣ̓σίαϛ πυρὸς αὐτȣ̃ συνιςῶτος. Sed Cleanthes, quòd ab aliis atque aliis locorum declinationibus faciat ortum: hoc est Græcè, ὡς ἀπ᾽ ἄλλων καὶ ἄλλων τόπων τὰς ἀνατολὰς ποικίλȣ. Cornificius verò Apollinem nominatum arbitratur, ἀπὸ ἀνατολῶν: quia intra circuitum mundi, quem Græci πόλον appellant, impetu latus, ad ortus refertur. Sunt qui dictum putent, ὅτι μὴ μέτα πολλῶν συναριθμέμενος : id est, quòd non cum multis connumeratur. Hinc etiam Sol dictus est, vt ait M. Cicero secundo de Natura deorum: vel quia solus ex omnibus sideribus est tantus: vel quia cùm est exortus, obscuratis omnibus solus appareat. Iam verò Cotta Balbo respondens, ait: Cúmque tu Solem, quia solus esset, appellatum esse dicas, Soles ipsi quàm multi à theologis proferuntur? vnus eorum Ioue natus, nepos Aetheris: alter, Hyperione: tertius, Vulcano, Nili filio, cuius vrbem Aegyptij volunt esse eam quæ ἡλίȣ πόλις appellatur: quartus, is quem Heroicis temporibus Achanto Rhodi peperisse dicitur, auum Lalysi, Cameri, & Lindi: quintus, is qui Colchis fertur Aeetan & Circem procreauisse. hæc Cicero, & Arnobius. Sanè Hesiodus in Theogonia, Solis & Lunæ matrem Theian nominat. quem secutus est Pindarus in cuiuspiam hymni principio, μᾶτερ ἀελίȣ πολυώνυμα Θεία. hoc est, mater solis multinomia Theia. Alij Apollinem nominatum putant, quòd exanimet & perimat animantes, ὡς ἀπολύων τὰ ζῶα, cùm scilicet caloris intemperie pestem immittit: vt in Phaëthonte ait Euripides, & innuit Archilochus apud Macrobium. Denique & inustos morbo ἀπολλωνολήπτȣς καὶ ἡλιολήπτȣς, quasi insolatos dicas, appellant. & quia sunt Solis effectibus effectus Lunæ in iuuando nocendóque similes, ideo fœminas certis afflictas morbis σεληνολήπτȣς καὶ ἀρτεμιδολήπτȣς, quasi Luna ac Diana percussas vocant. Fuit cùm putarem, quæ suprà dicta sunt nomina, ita enunciari debere, vt μηνολήπτες, νυμφολήπτες. Hinc etiam factum, vt arcu & sagittis Apollinis simulacra prædita sint: per sagittas, vt intelligatur vis emissa radiorum. Porrò & ipse idem Apollo auctor est publicæ sospitatis, quam creditur Sol animantibus præstare temperie: sed quia perpetuam præstat salubritatem, & pestilens ab ipso casus rarior est, ideo Apollinis simulacra manu dextera Gratias gestant, arcum cum sagittis sinistra: quòd ad noxam sit pigrior, & salutem dextera manus promptior largiatur. Hinc est quòd eidē attribuebatur medēdi potestas: quia temperatus solis calor, morborum omnium fuga est. vnde Apollinem quidam, quasi ἀπελαύντα, hoc est propellentem & auertentem morbos, cognominatum putarunt: quę sententia congruit cum iis, qui Latinè ab appellendo deducunt, id est, procul pellendo. nam & Appellinem pro Apolline veteres dixisse, testis est Festus. Hinc & Athenienses ἀλεξίκακον appellabant, de quo Pausanias in Attica: Duo, inquit, Apollines pro templo, ex quibus alterum Leochares, alterum Alexicacum nomine Chalamis effinxit. ideo nomen inditum aiunt, quòd pestilentiæ morbus cum bello Peloponnesiaco in Attica grassabatur, oraculo Delphis reddito populum liberauit, vnde est illi nomen factum. Quidam malorum depulsorem interpretati sunt, vt Apud Arrianum in VIII gestorum Alexandri. Pausanias in Eliacis, Alexicacum vocatum ab Atheniensibus, apud Eleos Acesium nuncupari, eundémque esse. Acesius autem παρὰ τὸ ἀκέσασϑαι, ἢ ἀκεῖσαι denominari, videri potest, quæ verba mederi & curare significant. Sed & Lindij colebant λοίμιον Apollinem, hoc cognomine finita pestilentia nuncupatum. eadem opinio Sospitalis & medici dei in Romanorum quoque sacris habebatur. nanque virgines Vestales ita indigitābāt: Apollo Ἰήιε, id est, medice, Apollo Pæan. Cū ergo solis sint duo maximi effectus: alter, quo calore temperato mortalium vitā iuuat: alter, quo iactu radiorum nonnūquam pestiferū mortalibus immittit virus: duo eademq́; cognomina vtriq; effectui apta esse videntur, vt sit Ἰήιος, id est, medicabilis: qua voce & Orpheus in hymnis inuocat,

& Sopho

& Sophocles, ἀπὸ τ ἰᾶσθ, id est à sanando: & Pæan, ἀπὸ τ παύειν τὰς ἀνίας, hoc est à sedando molestias, & in malo rursus ἱκ@, ἀπὸ τ ἱέναι. id est ab immittendo βέλη, id est sagittas: & Pæan, ἀπὸ τ παίειν, hoc est à feriendo, vt ait Festus, quòd sagittarum ictu eum nocere putabant. est enim, vt dixi, παίειν ferire. Alij, quòd remedium afferens morbis, finem faceret telis grauatus. Phurnutus quoque, Pæana ait ideo vocari, siue ἀπὸ τὸ ἀντεφραςιμῶς ἐξιλασμῶς, id est deprecatiuè, ne morbos immittat, néue immissum ab eo aëra inficiat. siue quòd sit ipse sanitatis corporis causa, ob bonam temperiem ipsius ambientis aëris. Obtinuit tamen apud gentes vsus, vt cùm sibi dari sanitatem precarentur, ἰὼ παιάν, per η Græcam literam enunciarent: ac si dicerent, medere Pæan. cùm autem ἡ Pæa, per epsilon literam dicerent. cum aspiratione prioris literæ, significabāt hoc dici in aliqua aduersa precatione, quasi dicerent, immitte Pæan, vel iace Pæan: qua voce ferunt Latonam vsam, cùm Apollinem hortaretur impetum in Pythona serpentem facere, ipsumque sagittis incessere, qua de re in nostris Poëtis non adeò diuersa ex Athenæo & Terentiano attulimus. hinc Claudianus,

    Implorat Pæana suum conterrita Delos.

Sed hoc loco præstat afferre, quæ Macrobius de eisdem dei cognominibus persecutus est. hanc vocem, hoc est ἰὼ παιάν, confirmasse fertur oraculum Delphicum, Atheniensibus petentibus opem dei aduersus Amazonas, Theseo adhuc regnante. nanque inituros bellum, his ipsis verbis semetipsum auxiliatorem inuocari, hortaríque dixit. Apollodorus verò libro decimoquarto, de deis, ἰὼπ Solem scribit appellari, quòd per orbem Sol feratur, & eat: hoc est, ἀπὸ τ ἰέν κόσμον ἰᾶσθ κ̀ ἰέναι. ἰκ@, ait Hesychius, cum afflatu, Apollo dictus, ἀπὸ ἁ ἀφέσεως, id est, missione sagittæ: cum tenui verò, ἀπὸ ἁ ἰάσεως, id est à medela. medicus enim deus est.   Orpheus ad Musæum, καὶ ἴνιε παιάν. Sophocles quoque in Oedipo tyranno, chorum inducit ita exclamantem, ἰὼ Delie Pæan. Sed & Bacchus hoc nomine dictus apud Athenæum libro octauo.

Οὔλιον etiam Apollinem, ait Macrobius, deum præstantem salubribus causis appellabant, id est sanitatis auctorem. Menander scribit, Milesios ὄλιον Apollini pro salute sua immolasse. Pherecydes Theseum ait, cum in Cretam ad Minotaurum duceretur, vouisse pro salute & reditu suo Apollini Vlio, & Dianæ Vliæ. Scribit verò Strabo in XIIII, ὄλιον Apollinem vocatum à Deliis & Milesiis salutiferum, & Pæonium. nam ὄλω idem est quod valeo, Hinc & ὀλή, cicatrix. Homerus in Odyss. ω. ὀλέ τε καὶ μάλα χαίρε. hoc est, vale, atque valde salue. Sanè cōtrario sensu Mars Vlios etiam dici videtur in Herculis scuto, ἢ ἢ αὐτὸς ἐναρφόρ@ ὄλιος ἀρης id est, ibi & ipse spolia ferens Vlius Mars.

Libystinus seu Libyssinus Apollo, apud Pachinum Siciliæ promontorium summa religione cultus. nam cùm Libyci essent Siciliam inuasuri, ad id promontorium appulerunt: Apollo qui ibi colebatur ab incolis inuocatus, immissa hostibus peste, cunctis penè subita morte interceptis, Libystinus Apollo cognominatus est. Romanorum quoque continetur annalibus, similis eiusdem dei præsentiæ maiestas. nam cùm ludi primo Romæ Apollini celebrarentur ex vaticinio Martij vatis, carmínéque Sibyllino, repentino hostis aduentu plebs ad arma excitata hosti occurrit, eóque tempore nubes sagittarum in aduersos visa ferri, quæ hostes fugauit, & victores Romanos ad spectacula dei Sospitalis reduxit. hinc existimat Macrobius victoriæ, non pestilentiæ causa, ludos institutos Apollinares: oblitus quòd dixerat prius, ludos inchoatos, cùm ab hostibus aggrederentur.

Loxias etiam cognominatus est Apollo, tradente Macrobio ex Aenopidis sententia, quod per obliquum circulum ab occasu ad orientē pergit: hoc est, ὅτι ἐκπορεύεται τὸν λόξον κύκλον ἀπὸ δύσμων εἰς ἀνατολὰς κινούμενος: quod etiam Phurnutus copiosius scribit. aut vt Cleantes ait, quod flexuosum pergit iter: vel quòd trāsuersos in nos à meridie immittit radios, cum ad ipsum nos simus septētrionales. Scribit verò Isaacius in Lycophronis fermè calce quòd λόξον φωνὰν, id est obliquam vocem & oracula nobis edat. eandémque simul, quam primo loco Aenopidis tradidimus, sententiam affert. Sedenim alij fermè omnes in oraculorum obliquitatem & perplexitatem referunt, inter quos Seruius, item Synesius de Somniis, & Pindari interpretes in Pyth. & Phurnutus.

Delius quoque Apollo cognominatus est, vt ait Macrobius, quod Sol luce sua cuncta τὰ δῆλα, id est clara & manifesta faciat. vel dictus à Delo insula notissima, in qua & natus & cultus, & oracula habita certissima reddebat. Tibullus in Eleg.

    Fulserit hic niueis Delius alitibus.

                                                           Sanè

Syntagma VII.   193

Sanè in limine Apollinis Delij inscriptos fuisse versus legimus, quibus edocerentur homines, qua herbarum compositione aduersus omnia venena vterentur. Delos autem insula inter Cyclades celeberrima est, vt apud Apollonium Rhodium notant interpretes, sacra in primis Apollini, quæ & Asteriè nuncupata à figura, item Ortygiè à sorore Latonæ tametsi in hoc variant scriptores. Delos & Cynthius vocata fuit, teste Stephano, vnde & Cynthius Apollo, dicta verò à Cyntho, Oceani filio. Quidam & montem Cynthum scribunt, vt Festus & Seruius, à quo & Cynthia Diana. Legitur præterea Callimachi poëtæ hymnus in Delum, vbi de Delio Apolline multa, inter quæ & hoc:
    Delius ex me, sed posthac dicetur Apollo.

10 Fuit & Epidelius Apollo, à vico prope Maleam nuncupatus, vbi Epidelij fuit templum, de quo hanc historiam legimus: Cùm Menophanes Mithridaticæ classis præfectus Delum euertisset, expilatis donariis, & Deliis in seruitutê abductis, barbarus inter eos quidam simulacrum dei in pelagus abiecit, quod ad Peloponnesi littora peruenit, & à Lacedæmoniis susceptum honorificè, nuncupatum est Apollinis Epidelij, quasi ex Delo venientis. Phanæum etiam Apollinem nuncupatum videmus, vel ab apparitione, vel quòd eo nomine coleretur à Chiis: cuius Achæus meminit in Omphale, & Hesychius. Stephanus quidê φάναι promontorium Chij scribit, vnde Phanæus dicatur: sic verò ἀναφανῆσαι, hoc est, quòd illic apparuerit Delos Latonę. Macrobius ἀπὸ τ̃ φαίνειν deducit, quòd quotidie Sol nouus appareat. Seruius grammaticus in secundo Georg. Phanæum montem ait vitibus consitum
20 in promontorio Chij, dictum à Phanæo rege, cuius & Lucilius meminit. Sanè Phurnutus Apollinem scribit Delium & Phanæum denominatum, ἀπὸ τ̃ δηλάζῃ, id est, à manifestando, quòd videlicet omnia illustret quæ sunt in mundo: sicut & Phanæi Apollinis fanum constructum, ἀναφαίνοντος, id est, illustrantis omnia. huic verò id subsequitur, & Delon & Anaphen sacratas esse ipsi deo. Sanè in manuscripto Phurnuti codice Anaphæus Apollo scribitur, id quod conuenire perbellè videtur.

Phœbus appellatur, vt ait Cornificius, ἀπὸ τ̃ φοιτᾶν βίᾳ, quòd scilicet vi feratur. pleriq; autem à specie & nitore dictum putant: alij quòd à sordibus corpora purget. φοιβία enim est purgo, vnde φοιβὸν τὸ καθαρὸν, à quo Phœbus Apollo, vt Phurnutus, & in 11 Argon. Apollonij scribunt interpretes. Alij Phœbum quasi φῶβιον dictum arbitrantur, à φῶς & βίος, id est, à luce
30 & vita. Sunt qui à Phœbe matre Latonæ deriuant, id quod in allegoriis Homeri redarguit Heraclides Ponticus. Quod verò quidam tradunt, huic deo (quòd ipse imberbis esset) primam barbam & capillum consecrari solitum, non eo inficias id aliquibus cōtigisse, non omnibus. nam Achilles apud Homerum Sperchio fluuij deo vouerat. Sanè κυρεστρόφος Apollo dicebatur, cui adolescentes capillos primùm attondebant.

Ἀνηγαίτη Apollini Camarinenses, qui sacram Soli insulam incolebant, rem sacram faciebant, vti deo, qui semper exoriens gignitur, quique ipse generat vniuersa seminando, fouendo, producendo, alendo, augendóque. Quidam non Aigeneten, sed Argeneten vocarunt, vel Archeneten potius. Thucydides libro sexto, vbi de Sicilia agit: Græcorum autem primi Chalcidenses ex Eubœa transeuntes, cum Theocle illius deductore coloniæ
40 Naxum incoluerunt, & Aram Apollinis Archegetæ, quę nunc extra vrbem visitur, extruxerunt: vbi quoties è Sicilia soluunt, oracula petituri, primùm sacrificant. Hæc ex Thucydide.

Lycij Apollinis plures accepimus cognominis causas. Antipater Stoicus Lycium Apollinem nuncupatum scribit ἀπὸ τ̃ λευκαίνειν πάντα φωτίζοντος ἥλιου: id est, quòd omnia albescant illucescente sole. Cleanthes Lycium Apollinem appellatum notat, q̃ veluti lupi pecora rapiunt, ita ipse quoque humorem radiis rapit. Philostratus inducit in primo de Imaginibus, Palamedem loquentem contra Vlyssem, qui iusserat lupos occidi: ille negabat, quòd ipsos vt præludium pestis Apollo immitteret. quare, inquit, Lycio ac Phyxio luporum & fugæ præsidi Apollini preces afferamus, vt feras suis tollat sagittis. Prisci quoque Græcorum primam lucem, quæ præcedit solis exortum, λύκην appellauere, ἀπὸ τ̃ λύκε, id est, à lupo.
50 hodie quoque Lycophos dicitur: eandem & λύκην Homerus nec semel appellauit. quin & Latini videntur lucem à λύκη deriuasse. Quin idem ipse Homerus eam lucem, cùm iam tum cernens lupus se in viam dare solet, ἀμφιλύκην νύκτα appellare videtur. Theon verò Amphylicen Solis exortum interpretatur. Sed & solem vocari hoc nomine λύκη, Lycopolitana Thebaidos Aegypti ciuitas testimonium esse potest, quæ pari religione Apollinem,

De Deis Gentium.   r   item

itémque lupum, hoc est λύκον colebat : in vtroque Solem venerans, quia hoc animal rapit & consumit omnia in modum solis : ac plurimum oculorum acie videns tenebras nocturnas euincit. ipsos quoque λύκους à λύκη, id est, luce appellatos, aliqui putant. Pausanias varius est in Lycio Apolline interpretando. nam in Attica dictum ait à Lycio Pandionis filio, cui & Lycium sacrum Athenis fuit. In Corinth. verò, Cùm Danaus (inquit) cum Gelanore de Argorum imperio contenderet, Argiui eum lupo compararūt, & lupus taurum occidit: ideo Danaum sortitum fuisse Argiuorum dominatum, & existimasse Apollinem lupum sibi misisse, & propterea Lycij Apollinis templum construxisse. quam rem ille pluribus explicat. Idem tamen Pausanias vbi de Lyceo Athenarum agit : Lycius, inquit, deus appellatus est primum in Telmisses, ad quos Lycus cùm Aegeum fugeret, primùm venit, vnde Lycij appellati dicuntur. Scribit Diodorus Siculus, Lycum cùm in Lyciam venisset, templum Lycij Apollinis penes Xanthum fluuium erexisse. Porrò hic Lycius Apollo, Atticus, λύκειος cum diphthongo in penultima à Stephano & Paul. scribitur. Fuit & Lycei Apollinis templum apud Sicyonios, hac causa constructum. Cùm lupi eorū greges infestarent, ita vt nullum inde fructum perciperent, deus vbi lignum aridum fuerat, praedixit, vt eius ligni cortex cum carne lupis praeponeretur : quod vbi fecissent, ferae gustantes interiére. & propterea Lyceo Apollini templum cōstructum fuisse, Paul. in Corinth. tradit. Lycij Apollinis, ait Festus, oraculum in Lycia maximae claritatis fuit, ob luporum interfectionem. Lycij meminit Vergilius,

   Lyciae iussere capessere sortes. Idem,
   Qualis vbi hybernam Lyciam, Xanthique fluenta,   &c. Propertius,
   ——Lycio vota probante deo.
 Quidam Pataraeum etiam vocant.

Λυκόκτονος, Lycoctonos Apollo appellatus, hoc est, Lupicida, ex lege quapiam ab Atheniensibus lata, qua cauebatur, vt qui in Attica lupi catulum occideret, talento donaretur : qui lupum ipsum, duobus. quod Aristophanis interpres scribit. Meminit Sophocles in Electra, & Hesychius. Aristarchus existimabat, quem etiam sequitur Phurnutus, hunc deum sic nuncupatum, quia Nomius sit, id est, pastoralis, & pascuorum custodiam ipse deus gerat, dum scilicet lupos interimit. Est enim lupus Apollini sacer : id quod obseruandum est, cum lupum alij Marti attribuant, vnde & Martius à Vergilio est dictus.

Λυκηγενίτην, Lycegeneten Apollinem vocat Homerus, non quod in Lycia generatus sit, (nam recens admodum est fabula, vt ait Heraclides Ponticus in Allegoriis Homeri, neque temporibus Homeri adhuc innotuerat) sed vti diē ἐαρινήν vocat, propterea quòd τοιγ, hoc est diluculum generet : ita solem λυκηγρα dixit Homerus. quòd matutinae lucis ac splendoris auctor ipse sit. vel quòd λυκάβαντα progeneret, hoc est annum, quem cōficit Sol suo per XII signa Zodiaci cursu. Sed & aliam de anno Lycabante, seu Lycobante sententiam ex Aeliano & Macrobio in Annis & mēsibus, &c. docuimus: quae vt hic repetatur, id monet, quod ibi parùm emendatè legatur. Annum Graeci λυκάβαντα vocant, idq; ea ratione, vt scribit Aelianus, quòd erga lupum Sol amorem habere dicatur: eoq; animali Apollinem delectari ferunt, quod ipse in lucem editus feratur ex Latona in lupae speciem imaginémq; conuersa. cuius sanè rei & Homerus meminit, cùm Apollinem vocat λυκηγενίτην : ob eámq; rem lupi simulacrum in Delphico templo ex aere positum fuisse legimus. Alij nō id propterea ibi positū aiunt, sed cùm donaria ac oblata ex templo direpta fuissent, ea demum à sacrilegis defossa lupus indicauit: qui intra templum ingressus, vnum ex sacerdotibus, mordicus vestē eius trahens, ad locū deduxit, vbi thesauri defossi fuerant, atq; ita pedibus scalpens effodit. Porrò, versus Homeri, cuius meminimus, hic est,   Εὖχου δ' ἀπόλλωνι λυκηγρίτη κλυτοτόξῳ. id est, Precare Apollinem Lycegenetem, arcu inclytum.

Λυκωρεὺς etiam Apollo vocatus, vt Diodorus scribit, & meminit Apollonius. Sed & Orpheus in hymno ad Apollinem,

ἐλθὲ μάκαρ παίαν τιτυοκτόνε φοῖβε λυκωρεῦ.   hoc est,
   Sancte veni Paean Tityoctone Phoebe Lycoreu.
Legimus & Lycoreum Iouem, apud Stephanum.

Coelispicem Apollinem à Latinis inuenio nuncupatum, vel quod Coelum, vel Coelium conspiceret. nam à P. Victore in vrbis descriptione ad aedem Portuni Apollo Coelispex constitutus est, in vndecima regione.

Latous

Syntagma VII. 195

Latous Apollo à matre vocatus, & Latoius, & Latonigena, & Latonius: sicut etiam Diana: Horat. primo Carminum,

 Frui paratis & valido mihi Latoë dones. Catullus,
 O Latonia maximi Magna progenies Iouis.

Vocatus & Latoides, Statius:

 Tenuit reuerentia cædis Latoiden.

Sunt exempla horum apud poëtas, & in primis apud Ouidium in Metamorph.

Opsophagus Apollo, cultus ab Elæis: ac si dicas obsonatorem, & manduconem. Huius facta est mentio à Polemone in epistola ad Attalum.

Epicurius Apollo, id est, auxiliator, apud Phygaliam in Arcadia cultus, cui nomen inditum, quòd in pestilentia tulisset opem. sed & alibi cultus, qua de re copiosius in Parrhasio.

Spodius Apollo Thebis cultus, cuius ara ex cineribus sacrificiorum constructa fuit, supra lapidem Sophronestera nuncupatum, vnde nomen illi: ibidem & oracula reddebantur. Paus. in Bœot.

Delphinius Apollo cognominatus, cui Theseus, vt Plut. scribit, Marathonium taurum immolauit. Delphinius verò appellatus, quod Castalio Cretensi coloniam deducenti se obtulit ducem, delphini sub imagine. quin & nauem ei vsque ad Crysæum Phocidis sinum præcessit: vnde Delphi etiam dicti, qui locum ab eo munitum tenuére. vel dictus, quòd Pythona Delphina appellatum interemit. Sed & Delphinia Diana appellata fuit, & culta, vt apud Iul. Pollucem legimus. ait enim lib. octauo, Delphinum constitutum ab Aegeo fuisse Apollini Delphinio, & Dianæ Delphiniæ, in eóque primum Theseum iudicatu fuisse, &c. Quare miror quosdam doctos non Dianam Delphiniam, sed Bellonam, scriptis prodidisse. Paus. in Attica de templo Delphinij Apollonis, cùm conderetur, & Theseo, historiam recitat nec multò pòst idem Paus. In Delphinio, inquit, iudicium fuit de iis qui se iure interfecisse contendebant, in quod Theseus descendit, & absolutus est, cùm Pallantem filiósque res nouas molientes interfecisset. nam ante Thesei absolutionem, aut fugiendum, aut talionem subeundum fuit. Plutarchus in eo quo agit, terrestriáne an aquatica prudentiora: Delphinium ait Apollinem vocatum, quoniam delphinem tum emiserit, quem secuti sunt Cretenses Cirrham vsque. Fuit & apud Aeginetas Delphinius mensis, Apollini Delphinio sacer, quo etiam mense ei sacrificium & rem diuinam faciebant. quisnam verò mensis is fuerit, non memini me legere: & propterea de eo scribere supersedi in nostro de Annis, mensibus, &c. Sed fortassis Thargelion erat, qui cadit in nostrum Aprilem. Porrò quidam Delphion & Delphinion eundé faciunt. Delphion autem Apollinem ita describit Macrob. ideóque Delphion vocatú ait, quòd quæ obscura sunt, claritudine lucis ostendit, ἐκ τ μυλβραρατϊ. aut, vt placuisse scribit Numenio, quasi vnum & solum. ait enim, prisca Græcorum lingua ἄδελφον, vnum vocitari. vnde & frater, inquit, ἄδελφος dicitur, quasi iam nõ vnus. Quam ob rem tamen eũ nonnulli reprehendunt. nã fratres dictos aiunt, quoniam ex eadem sint vulua & matrice nati: est enim δελφὺς ἡ μήτρα, id est, vulua, vt Hesychius, Suidas, alij tradunt: nec Pollux tacuit. Aristotel. de Animalibus, interprete Gaza: Pars vuluæ interior, loci, & vterus appellatur, vnde vterinos dici fratres scimus. sic Græcè, καλεῖται ἡ τέραν τὰ μὲν ὕςρα καὶ δελφὺς, οδεν καὶ ἀδελφοὶ προσαγορεύονται. Arpocration Delphij, seu Delphinij potius Apollinis templum & iudicium constituit ex Demosthenis auctoritate. Pollux libro octauo Delphinium legit, quem plerique omnes secuti sunt. In eo iudicium primum Thesei habitum est, dum ille fateretur ab se quidem latrones interfectos, sed iurè cæsos, &c. Tertium enim tribunal legimus fuisse ex Demosthenis sententia, Athenis in Delphinio, vbi ius dicebatur iis qui cædem commisisse non negarent, sed iurè eam fecisse contenderent.

Delphicus etiam Apollo est cognominatus. Ouid.

 Placuit tibi Delphice certè. Orpheus in hymno,

 Τρηῦιε καὶ σμινθεῦ, πυθοκτόνε δελφικὲ μάντι.

Dictus verò à Delphis est, qui Pythius, orbis vmbilicus, vt legitur in Priapeis. Hinc apud Varronem antiquus poëta: O sancte Apollo, qui vmbilicum certũ terrarum obtines. quod tamẽ impugnat & exponit Varro pluribus in lib. de Ling. lat. & Phurnutus: sed & Strabo, quare dictus sit orbis vmbilicus, & Pindarus, & Lactantius grammaticus in Theb. & Claudianus, quod pluribus in nostris Annotationum dialogis sumus executi. Delphicus igitur Apollo,

Apollo, à Delphorum oraculo notissimo: quod quomodo coeperit, primùm scilicet à capra ostensum, tum à pastoribus, demum à Pythia virgine tandiu oracula reddita, quoad ab Echecrate vna violata, statutum est, vt à vetere muliere, in habitu tamen puellæ, redderentur, in tripode sedente, lege XVI Diodori Siculi Bibliotheces librum, qui hanc omnem historiam copiosè describit. Delphicum verò hoc oraculum multis thesauris donariísque refertiss. legimus, adeò vt à Barbaris & Gallis in primis deprædatum fuerit, & sæpe etiam arsisse, & ter quidem à Thracibus concrematum, prodit Eusebius. Herodotus etiam ab Amasi rege restitutum ait Delphici Apollinis templum toto orbe terrarum celeberrimum, quinquies extructum, ac restauratum ad sua tempora, scribit Pausanias: & primùm quidem ex lauri ramis è Thessalia deuectis, in specus modum exædificatum. Secundò ab apibus, ex cæra & alarum membranulis, ex quo πίσρῳ nuncupatum: alij, à viri nomine πίσρα. Tertiò æneum conditum aiunt: quod mirum non videri debere scribit, cùm & eiusmodi alia legantur, & Chalcioecus Pallas, quo consumpto quartum ex quadrato lapide Trophonius & Agamedes LI Olympiade extruxêre. Quintò ab Amphictyonibus instauratum, ex sacra pecunia, architecto Spintharo Corinthio, quod suo tempore Pausan. durare scripsit. Libet hic Statij versus afferre, vbi de Amphiarai interitu agit, lib. 8. Theb.

> Quicquid es, æternus Phoebo dolor, & noua clades
> Semper eris, mutísque diu plorabere Delphis,
> Hæc Tenedon Cirrhámque dies, partúque ligatam
> Delon, & intonsi claudet penetralia Branchi:
> Nec Clarias hac luce fores, Didymæáque quisquam
> Limina, nec Lyciam supplex consultor adibit.

Quos versus libentius attuli: nam de Apolline plura continent.

Triopius Apollo appellatus etiam, à Triopio (vt ait Stephanus) vrbe Cariæ, quæ à Triopo patre Erisychthonis denominata fuit. dicitur & Triopia. Hellanicus etiam Triopa dixit, à Triops, vnde posset aliquis commodè nomen deflectere, à voce vel aspectu triplici. Scribit tamen Diod. Sicul. Triopum Solis filium in Cariam ex Creta profectum, & ab eo promontorium Triopium nūcupatum. Ad Triopij quidem templum & celebritas & certamen celebrabatur, teste Herodoto in primo, ad quod è finitimis Doriensibus nemo admittebatur: quin etiam & populares, si quando sacri legem transgrederentur, à communicatione ludorum excludebantur. In certamine quidem Triopij Apollinis victoribus ærei tripodes donabantur: quos tamen haud licebat victores asportare, sed deo ipsi in loco dono dare. Quare Agasicles Alicarn. victor spreta lege, cùm tripodem extulisset, eius patria Alicarnassus ex Hexapolis participatu amota fuit, & ex Hexapoli Pentapolis constituta.

Ismenius Apollo dictus, teste Paus. in Boeot. ab Ismeno colle ad dextram portam Thebarum, ad cuius ingressum Minerua & Mercurius erant, qui προναοι appellabantur, id est, pro templo positi. horum alterum Phidias, alterum Scopas fecisse dicuntur. Est & fluuius Ismenus, ab Ismeno Apollinis & Meliæ filio dictus. Ad Apollinis Ismenij ingressum lapis fuit, δίφρος μαντοῦ, id est, Currus Mantus dictus, super quo Manto Tiresiæ filiam sedisse tradunt, vt est apud Pausan. Stephanus Apollinem Ismenium vult appellatum fuisse à fluuio, non à colle. meminit & Hesychius. Scribit lib. primo Herodotus, ad suam ætatem in templo Apollinis Ismenij fuisse Croesi regis donaria ex auro solido. Idem libro quinto, ait se in eodem templo vidisse Cadmeas veteres literas, in tripodibus quibusdam incisas. eius verò templi sacerdos, vt Pausanias scribit, Daphnephorus, hoc est laurifer cognominabatur, quem forma & genere insignem quotannis sacrabant.

Ptous Apollo cognominatus, à Ptois Thebanis montibus, qui à Ptoo Athamantis & Themisto filio dicti sunt, vt Asius poëta cecinit apud Paus. dabatur verò ibi responsa certissima. Ptoi Apollinis meminit Herodotus in septimo: Ad fanum, inquit, Apollinis Ptoi, quod Thebanorum est, situm supra paludem Copaiden ante montem, prope vrbē Acrephiam. Meminimus & nos in tertio de Poëtis dialogo. Ptoon quoque Lycophron Apollinem appellauit, cuius filium dixit Hectorem. Idem Stesichorus, & Alexander Aetolus. Quidam non à monte nomen inditum Ptoo putant, sed ex formidine à fero sue Latonæ iniecta, cùm Dianam & Apollinem peperisset: vnde Ptous Apollo, & Ptoa Diana vocati sunt, vnà cum matre, ὅτι ἐπτοήθη, id est, quòd pertimuit. De Ptoo verò monte tricipite, scribit Strabo lib. IX. Homerúmque aduocat ita dicentem,

Καὶ ποτε τὸν τετράγωνον ψίαν κιλιθμώνα κατίοχε.

κερδῷον quoque, id est, Lucriorem Apollinem seorsum à Mercurio cognominatum lego, quòd oracula ad lucrum daret. Certè legimus etiam Pythiam pecunia corruptam, oracula reddidisse & Philippo, & aliis.

Πατρῷον, id est, Patrium Apollinem cognominauerunt antiqui, non propria gentis vnius aut ciuitatis regione, sed vt auctorem, quòd progenerandis omnibus præbuerit causam, vt apud Macrobium canit Orpheus,

Πατρὸς ἔχοντα νόον, καὶ ὑπέρφρονα βέλην. hoc est,
Consilium prudens & mentem patris habentem.

Scribit in Attica Pausanias ædem huius dei Athenis fuisse, iuxta quam multæ erant picturæ historiarum ab Euphranore pictæ. Est & apud Arpocrationem huius dei mentio. ait enim, Athenienses hunc venerari communiter ab Ione, qui Atticam incoluit, vt dicit Aristoteles, & ab eo Athenienses Iones appellatos: & Apollinem patroum apud ipsos cognominatum. Plato in Euthyphrone: Cæteris, inquit, Atheniensibus est patrous Iupiter. Non est, inquam, apud Ionas talis cognominatus, neque apud eos qui ex hac vrbe manarunt, neque apud nos, sed Apollo patrous propter Ionis generationẽ, &c. Aristophanis verò interpres Patrium Iouem, Patriúmque Apollinem ideo Athenienses cognominasse ait, quòd omnium primi eos deos & ea regione exceperint, illisque per singulas tam curias quàm populos & cognationes sacra fecerint: & Apollinem quidẽ vt patrem cultum, quòd Creusam Erechthei filiam vxorem duxisset, ex qua natus est Ion, à quo ipsi Iones appellati. Patroi Apollinis & Apollonius meminit. Et huc quoque Vergilium respexisse volunt, cùm cecinit, Patriásque obtruncat ad aras. alij tamen potius Iouis Hercei designari à poëta aram putant, vt ibi dictum est.

Nomium Apollinem cognominarunt antiqui, ait Phurnutus & Macrobius, non ex officio pastorali, vt habet fabula, per quam fingitur Admeti regis pecora pauisse: sed quia sol pascit omnia quæ terra progenerat. vnde non vnius generis, sed omnium pecorum pastor canitur: vt apud Homerum non modò boum pastor, sed & equorum fingitur. Eius præterea ædes, vt omnium pastoris, fuerunt: apud Camirenses ἐπιμηλίω, id est, opilionis: apud Naxios ποιμνίω, id est, pastoralis: itémq; deus ἀρνοκόμης, id est, agnorum custos colebatur, & apud Lesbios ναπαῖος. & pleraque eius cognomina fuerunt per diuersas ciuitates & gentes, ad pastoris officia pertinentia: quapropter vniuersi pecoris antistes, & verè pastor ab antiquis putabatur. Sed enim magis poëtæ, & poëtarum interpretes ei adhæsere opinioni, vt Nomius appellaretur Apollo, quòd Ameti regis, diuinitate priuatus, armenta pauerit: παρὰ τὸ νέμω, vnde & Vergilius, Pastor ab Amphryso) est nuncupatus, quam opinionem Callimachus in hymno etiam est executus. Phurnutus etiam à pastorali cura Nomium nuncupatum tradit. interpretes verò Pindari à cantu, id est, à νόμῳ, dictum putauerunt. Sunt qui ideo Nomium vocatum tradant, ob legum nimiam seueritatem, quam Arcadiæ rex illis populis intulerit, vt Cic. in tertio de Nat. deorum: & Nomionem, non Nomium dicere videtur. Sanè & Agræum, ἀγραῖον, id est, agrestem Apollinem vocatum, etiam legimus in commentariis Pindari, & item apud Paul. & in comment. in Apollonium ἀγρέα, quod & in Aristæo scripsimus.

Pythius Apollo nuncupatus, vt notissimum est. Propertius:
Pythius in longa carmina veste sonat.

Dictus à Pythone serpente, Apollinis sagittis cõfecto, cuius fabula ab Ouidio in Metamor. planè descripta est. Et perpulchrè ab Hygino in Fabulis cap. CL. Sed Aelianus in Varia scribit: Ferunt apud Thessalos Apollinem Pythium ex Iouis mandato seipsum expiasse, cùm Pythonem draconem sagittis occidisset, adhuc Delphos quidem custodientem, cũ illic esset oraculum. hæc Aelianus in III qui & in secundo sic scribit: Apollinem Pythium, inquit, Aristoteles à Crotoniatis Hyperboreum appellari. Et illa addit, quòd eodem die, eodémque tempore Metaponti visus est à multis, & Crotone in certamine surrexit, vbi & Pythagoras alterum femur aureum ostendit. Sanè Hyperborei Apollinis meminit & Ser. lib. III. Aeneidos, his fermè verbis, super eo carmine Vergiliano,
Et nati natorum, & qui nascentur ab illis.

Hic versus, inquit, Homeri est, quem & ipse ex Orpheo sustulit: item Orpheus ex oraculo Apollinis Hyperborei. Porrò & Abarim vatẽ ab Apolline Hyperboreo sagittam accepisse

cepisse legimus, qua miracula conficiebat: vt planius ostendimus ex diuersis auctoribus, in tertio de Poëtis dialogo. Sed à Pythio quidem Apolline, Pythia vates Phœbas dicta, quæ oracula & responsa dabat. de qua præter alios, Diod. Siculus libro decimosexto Bibliothecæ copiose disserit. Si verò quo pacto numen cóciperet, vis scire, lege Iamblichum, & Origenem in septimo aduersus Celsum Epicureum, id maximè ridentem, mulierem numen concipere per eas partes, quas conspicere nefas pudens vir ducat. Ioan. autem Chrysostomus: Traditur, inquit, hæc Pythia fœmina fuisse, quæ in tripode sedens, expansa malignũ spiritum per inferna emissum, & per genitales partes subeuntem excipiens, furore repleretur, ipsaque resolutis crinibus debaccharetur, ex ore spumas emittens, & sic furoris verba loquebatur. Libet tamen hoc tibi loco altius repetere, quæ de Pythia aliàs notaui. Scribit igitur Plutarchus, stultum esse, & admodum puerile, putare deum ipsum, sicut ἐυρυκλυμβ̃ους, id est, ventriloquos spiritus, Eurycleas quondam, nunc Pythones appellatos, subire corpora vatum & diuinantium, & ore ipsorum & vocibus, vt organis, id est, instrumentis vtentes respondere: qui si sese misceret vsibus humanis grauitati parceret, neque seruaret dignitatem, & virtutis suæ magnitudinem. Hæc fermè Plut. De Euryclia etiam Aristophanes in Vespis, μιμησάμενος τὴν ἐυρυκλέυς μαντέιαν καὶ διάνοιαν: Imitans, inquit, Eurycliæ vaticinium & sententiam, in alienos ventres immittēs, comœdias multas fundi. meminit & Eurycliæ Plato in Sophista. Hesychius ita fermè scribit: ἐγαστρίμυθ-, hunc (inquit) aliqui ἐυρυκλίμαντιν, seu ςερνομάντιν vocant, quòd ventre scilicet & pectore vaticinetur, qualis fuit Eurycléa. vnde & vatum genus Eurycleis dicitur, & ἐυρύκλεια. Erasmus in suis prouerbiis videtur Eurycleæ ἐυγαστρίμυθος legisse, ab astris videlicet futura & vera prædixisse, cùm ἐυρυκλίμυθοι potius legendum sit. Sed incidisse ipsum puto in deprauatos codices, pòst tamen se ex Suida videtur corrigere. Hermolaus peius errare visus est in suis in Plinium Castigationibus, qui γαστέρα pro vase accipit: & de ea diuinatione intelligit, quæ per vasculum etiam hodie à superstitiosis fiat, qualis Lecanomantia, & Coscinomantia. Sed præter ea quæ de Engastromythis ex Plutarcho & aliis dicta sunt, sacra quoque Hebrçorum hist. lib. Regum primo, vbi LXX interpretes nec semel, quod latinè scriptum est, mulier quæ spiritum Pythonis haberet, γυνὴ ἐυγαστρίμυθος habent. D. Augustinus, & alij, Ventriloquos vocant. Sed quid vetat, postquàm in hçc incidimus, in studiosorum adolescentum gratiam, hic nuda nomina breuissimè ascribere, quæ de eiusmodi superstitiosis vaticinantium generibus aliàs collegi? Post hos inquam ventriloquos, legimus & Thymomantes, qui & Psychomantes vocantur ab Hesychio, qui animi furore vaticinantur: item Thyoscopos, qui per sacra quædam diuinant. Sunt & qui per ignem, qui Pyromantes vocantur: & Pyromantia, Ignispicina dicta, cuius auctor Amphiaraus, si non potius malus dæmon. Fuerunt & qui per ignes incederent, vt vates Eueclus: qui ideo ἐμπυρίβαται cognominati sunt, vt & in Italia Hirpini. Diuinatio verò quæ per aquam fiebat, si non & hoc tempore fiat, Hydromantia nuncupata est; quæ ex fontibus, πηγομαντία, & ex his vates πηγομάντεις & νυμφόλυπτοι dicuntur. est & quæ per farinam & eiusmodi alia fiat, Aleuromantia & Alphitomantia dicta: & quæ punctis & lineis quibusdam, quæ Geomantia. itémque quæ ex speculis, Catoptromantia. addunt & nonnulli Astragolomantiam, quæ ex astragolorum iactu exercetur: & quæ ex caseo, eiúsque dispositione fit, Tyromantiam. & quæ ex fumo fiebat, καπνομαντίαν. ex auibus, hoc est Auguria & Auspicia, διανοσκοπίαν, & Alectryomantiam. & ex extis, qua maximè Hetrusci in Italia valuerunt, Haruspicinam, & Extispicium. Item per cibra diuinationes, quæ Græcè Coscinomantia: & ex securibus, quæ dicta est Axinomantia: & ex pelui, quæ Lecanomantia: & ex herbis quæ βοτανομαντία, & in primis hæc sagarum & veneficarum mulierum est: item ex mortuis & cadaueribus, vmbrísq;, Necromantia & Necyomantia & Sciomantia: ex astris quoque & stellis, Astronomia, & Asteroscopia, in quibus Chaldçi peritissimi fuisse traduntur: ex aëre, Aëromantia. ex Nubibus, Nephelomantia: id est, ex imaginibus quæ in nubibus plerunq; videntur, qua re aliquos vsos, in secundo de Poëtarum historia prodidi. Fuit ex aspectu præterea, & fronte, totòq; corporis filo & natura, Metoposcopia, & Metopomantia, Physiognomia Prosoposcopiáq;. ex manuum lineis, signísque, Chiromantia. item ex numeris, quæ Arithmantia vocatur: de qua in Poëtis, in Nicomachi vita, pleraque. præterea ex piscibus, Ichthyomantia: quæ & Apuleio obiecta fuit, vt ex Apologiis eius videmus, & ex Aeliano. Ex palpitatione quoque membrorum, & particularum, cùm scilicet saliunt, quod palmicum augurium vocatur. Fit & diuinatio ex insomniis, & somniorum

conie

Syntagma VII.

coniectura ac iudicio, quæ Oniromantia, & Onirocrisis, in qua Telmissei excelluere: vnde Onirocritici libelli, Artemidori & Synesij. & cætera, diuinationum genera, quæ pertinent ad visa, portenta, ostenta, omina, prodigia, fulgura, fulgetras, & fulmina: item quæ ad sternutamenta, de quibus omnibus ad hæc vsque tépora, in tanta fidei nostræ luce, si Deo placet, reperiuntur qui operam & dent assiduam, & in his etiam libros edant. Sed iam de his plus etiam quàm satis. Ad Pythium Apollinem redeo, à quo & ludi dicti Pythia, in victoriæ memoriam instituti, ita Ouidio canente:

Hunc deus Arcitenens, &c.
Perdidit effuso per vulnera nigra veneno,
Néue operis famam possit delere vetustas,
Instituit sacros celebri certamine ludos,

Pythia perdomiti serpentis nomine dictos. & reliqua. His verò ludis premium pecunia primùm, deinde corona fuit. Sed & non vno in loco Pythia agitata fuisse comperi. nam & apud Megarenses & Sicyonios instituta legimus, in commentariis Pindaricis. Sanè nec te lateat, Pythonem hunc serpentem etiam Delphinum vocatum, vt Aelius prodit. Alij, inter quos Callimachus poëta est, serpentem aiunt oraculum custodiisse: vnde & Apollo ipse Delphinius dictus est, vt alibi ostensum. Illud præterea addo, Pytho & Delphos eandem vrbem significare: vnde & Pythius deus, & Delphicus. Sed cùm plurima de Pythone physicè tradantur, ego hìc breuiter ex Macrobio desumpta nonnulla referam. Latonæ igitur parituræ Iuno dicitur obstitisse. sed vbi tandem partus effusus est, draconé ferunt, qui Python vocitabatur, infantium cunas inuasisse, Apollinémque in prima infantia sagittis belluam confecisse. quod ita intelligendum est. Post Chaos, cùm primùm cœpit confusa deformitas in rerum formas & elementa nitescere, terráque adhuc humida substantia in molli atque instabili sede nutaret, conualescente paulatim æthereo calore, atque inde seminibus in eam igneis defluentibus, hæc sidera esse edita antiqui illi gentium philosophi credidère: & Solem maxima caloris vi in superna raptum, Lunam verò humidiore & velut fœmineo sexu, naturali quodam pressam tepore, inferiora tenuisse, tanquá ille magis substantia patris constet, hæc matris. Siquidem physici Latonam volunt terram videri, cui diu interuenit Iuno, ne numina quæ dicta sunt, ederentur: hoc est aër, qui tunc humidus adhuc, grauísque obstabat æetheri, ne fulgor luminum per humoris aërei densitatem, tanquam ex cuiusdam partus progressione fulgeret. Sed diuinæ prouidentiæ vicit instantia, quæ creditur iuuisse partum. Ideo in insula Delo, ad confirmandam fidem fabulæ, ædes Prouidentiç, quam νἡοψ προνοίας appellabant, adhibita religione celebrabatur: & propterea ea insula Delos vocata, quia ortus & quasi partus luminum omnia facit δῆλα, id est, aperta & clara. hinc Plutarch. in Problem. apud Delphos, ait, tres Enneateridas celebratas fuisse, quarum vnam ϛεπήλεον vocabant, quæ in imitatione pugnæ videbatur, quam Apollo aduersus Pythonem habuisse dicitur. alteram Heroidem, tertiam Charilam vocabant: de quibus omnibus ipsum lege Plutarch. qui eas tres celebritates exponit. Sed enim vt rem nostram sequamur, ratio quæ de nece Pythonis est, qui ἀπὸ τ πυθέϛας, id est, à putrescendo dictus est, naturalis existimatur, vt scribit Antipater Stoicus. nam terræ adhuc humidæ exhalatio, in superna meando volubili impetu, atque inde sese, postquàm calefacta est instar serpentis mortiferi in inferiora reuoluendo, corrumpebat omnia vi putredinis, que non nisi ex calore & humore generatur: ipsúmque Solem densitate caliginis obtegendo, nebula videbatur quodammodo lumen eius eximere. Sed diuino radiorum feruore tandem velut sagittis incidentibus extenuata, exiccata, enecta, interempti Pythonis ab Apolline fabulam fecit, quam Ouidius luculenter in Metamorph. exequitur, & Claudianus in præfatione his versibus in Rufinum,

Phœbæo domitus Python cùm decidit arcu,
Membráque Cyrrhæo fudit anhela iugo,
Qui spiris tegeret montes, hauriret hiatu
Flumina, sanguineis tingeret astra iubis, &c.

Hinc ab Orpheo in hymnis Apollo est cognominatus πυθόϰτον@, id est, Pythonicida. Sunt & aliæ aliorum rationes, quas ego ne prolixior sim, missas faciam: sed te vt varietate detineam, ex diuersis etiá etymologiá recensebo. Pythium igitur, quidá, quos inter Phurnutus est, dictum autumant, ἀπὸ τ πυνδάνεϛαι, hoc est, ab interrogando & perscrutando, quòd

videl

vidclicet ad Pythium deum scitandi oraculi gratia mortales proficiscerentur. Quam opinionem Macrobius impugnat: Non, inquit, Apollo Pythius ἀπὸ τ πυνθάνειν, id est, à consultatione oraculorum dictus à Physicis existimatur. sed ἀπὸ τ πύθειν, id est, à putrescendo, quod nunquam sine vi caloris efficitur. Alij dictum putant à loco seu vrbe. ωἶθεν, apud Delphos, vel Delphis ipsis, quæ primò Nape, dein Petroessa postea Crissa, denique Pytho appellata est: qui locus, ait Phurnutus, dictus est ὀμφαλὸς ἢ γῆς, id est terræ vmbilicus, iuxta illud in Priapeiis.

Delphi Pythius orbis vmbilicus. quod tamen Varro & simul Phurnutus impugnant, quod ὀμφὴ, id est, diuina vox ibi funderetur, à qua voce & Panomphæus Iupiter dictus, vt in Ioue & Delphico plenius ostensum est. Porrò Phytius, id est φύτιος, Sol ac Iupiter dicti, teste Hesychio, nisi corruptè legatur. sanè & Pythæum Apollinem etiam cognominatum apud Hermionenses legimus, vt Pausanias auctor est, qui ait Pythæi nomen ab Argiuis acceptum. nam ad hos Apollinis filium peruenisse memorant, id quod est à Telesilla poëtria proditum. Sed demum quoniam hæc Pythica Apollinis sententia habetur, Cognosce te ipsum: hoc est, γνῶθι σ' αὐτὸν: libet etiam hic in studiosorum gratiam afferre, quæ ex Stobæo didici, ex Porphyrij philosophi excerptis. ait enim, illud sacrum fuisse præceptum in Pytho, quod siue (inquit) Phemonoë hoc ad omnes res humanas vtilissimum deprompserit, siue Panathea Delphi filia, siue Biantis, vel Thaletis, vel Chilonis, seu anathema quodpiam ex inspiratione diuinae lusum: siue, vt Clearchus tradit, Pythius ipse deus Chiloni ita respôderit, interroganti quidnam tandem hominibus optimum esset: siue etiam ante Chilonem in templo illud ipsum inscriptum fuerit, vt Aristoteles alijque plures existimant. vnde subdit, certissimum esse, hanc ipsam sententiam à Deo quidem vel ortam esse, vel non sine Deo. & hæc quidem breuiter ex Stobæo, meis verbis.

Cynthius Apollo vocatus, vt notissimum est, à monte Deli, vt Festus scribit. dicta est & Cynthia Diana: vt illud est poëtæ,

Cynthius impositis temperat articulis.

Atque ideo hæc paucis explicui, quoniam poëtis cantatissima.

Didymæus quoque Apollo dictus, multáq; veneratione cultus. idem & Milesius, quod eius celebre fuerit fanum apud Miletum. Orpheus in hymno,

Βάκχε, καὶ Διδυμαῦ ἑκαέργη, Λοξία, ἄγυι.

Scribit Macrobius Didymæum appellatum, quòd geminam speciem sui numinis præferre putaretur, illuminando formandôque Lunam. nam Δίδυμοι gemini dicuntur. etenim ex vno fonte lucis, gemino sidere, spacia diei & noctis illustrantur. vnde & Romani Solem sub nomine & specie anni, Didymæi Apollinis appellatione venerabantur, vt ait Macrobius. Pomponius Mela de Ionia agês: Primùm, ait, à Possideo promontorio in flexum inchoans, cingit oraculum Apollinis, dictum olim Branchidæ, nunc Didymi. Strabo item libro decimoquarto: Post Possideum, inquit, in Asia fuisse Milesium oraculum Apollini Didymæo sacrum, apud Branchidas, ad octodecim stadia ascendenti: idque à Xerxe incensum fuisse vti etiam reliqua templa omnia, Ephesio excepto. & paulò post subdit: Hoc loco de Brancho & Apollinis amore conficta est fabula. vnde mirum est, virum doctum & polyhistora, Dindymæum hunc Apollinem appellasse. Sozomenus in historia, vbi de Licinij interitu agit, huius oraculi ita meminit: Denique etiam Græci dicunt, tunc eum expertum diuinationem Milesij Didymæi Apollinis, eíque consulenti de bello, respondisse deum per hos Homeri versus:

O senior, seruat iuuenis te miles in armis,
Te durè excipiet senium, & tua vita soluta est.

In vulgatis Sozomeni excerptis pro Milesij & Didymæi, Latinus interpres parum hoc tenens, Miletij & Gemini interpretatus est. Milesij quoque oraculi Apuleius meminit in quarto de Asino, in Psychæ fabula. Apulei verba apposui, parum aptè ab interpretibus exposita. hæc autem sunt: Sed infortunatissimæ filiæ miserrimus pater, suspectatis cœlestibus odiis, & iræ superûm metuês, dei Milesij vetustissimum percunctatur oraculum, & tanto nomine precibus & victimis ingratæ virgini petit nuptias & maritum. Sed Apolló quanquam Græcus & Ionicus, propter Milesiæ conditorem sic Latina sorte respondit. Hæc ille. Non refello interpretes, sed ego ita expono: propter Milesiæ conditorem, nô dictum de vrbe intelligo, nam cur ideo Latinè respondisset: sed ad fabulâ Milesiam refero,

quam

Syntagma VII.

quam scribebat Apuleius, vt ille statim à principio Operis proposuit : & ad Apulei personam refero, qui Latinè Milesiam fabulam scribebat. Citatur verò & hoc oraculum cum ab aliis, tum etiam à Lactantio Firmiano libro quarto, super Christo.

Hecatombæus Apollo ab Atheniensibus dictus, à quo Hecatombæa celebritas, & certamen, vt Hesychius scribit. de Hecatombæone verò, primo Atheniensium mense, abundè in lib. de Mensibus, annis & reliquis actum est, item & in Iouis cognominibus.

Μίϑρας καὶ μίϑρης apud Persas Sol, & eorum primus deus, vt ait Hesychius. Mithras, vt Osthanes, & ab eo Lactantius grammaticus, in antro colebatur, cuius simulacrum fingebatur leonis vultu, habitu Persico cum tiara, ambabus manibus reluctantis bouis cornua retétare: quo significabatur, Lunam ab eo lumen accipere, cùm incipit ab eius radiis segregari. ipsa enim indignata sequi fratrem, occurrit illi, & lumen subtexit, obscurátq; ideóque in antro esse dicitur, quia eclipsin patitur, id est, Mithras: ideo leonis vultu, quia Sol leonē signum principale habet: vel quòd, vt leo inter animalia, ita Sol inter sidera excellit. Luna verò, quòd tauro propius adhæreat, vacca, id est, boue figurabatur. Sed hæc confusè licet & implicitè, pluribus tamen explicare visus est Lactantius, in eius hymni extremis versibus ad Apollinem, qui legitur in primo Statianæ Thebaidos:

 Adsis ô memor hospitij, Iunoniáque arua
 Dexter ames, seu te roseum Titana vocari,
 Gentis Achemeniæ ritu, seu præstat Osirin
 Frugiferum, seu Persæi sub rupibus antri
 Indignata sequi torquentem cornua Mithran.

Claudianus ita quoque cecinit:

 ——Defixǽque hospite pulchro
 Persides, arcanum suspirauêre calorem,
 Thuris odoratæ cumulis, & messe Sabæa
 Pacem conciliant aræ, penetralibus ignem
 Sacratum rapuere adytis, ritúque iuuencos
 Chaldæo strauêre magi: rex ipse micantem
 Inclinat dextra pateram, secretáque pelli,
 Et vaga testatur voluentem sidera Mithram.

Mithræ meminit Strabo & Suidas, item Martianus ad Solem: Memphis, inquit, veneratur Osirin, Dissona sacra Mithran. In Persidis montib. Zoroaster primus antrum floridum Mithræ dicasse fertur, prope fontes: ex quo postea mansit religio, vt vbicunque coleretur, antrum vel specus similiter eius templi loco statueretur. Scribit D. Hieronymus ad Athletam: Ante paucos annos propinquus vester Gracchus nobilitatem patriciam sonans nomine, cùm præfecturam gereret vrbanam, nónne specum Mithræ & omnia portentosa simulacra subuertit? Porphyrius quoque in commentario antri Nympharū ex 13 Odyss. Primum, inquit, Zoroastres apud Persas, vt narrat qui Mithræ historiā multis voluminibus scripsisse traditur Eubulus, naturalem speluncam & fontibus scatêtem in proximis Persidis montibus consecrauit in honorē rerum omnium auctoris, parentísque Mithræ, vt per speluncam quidem mundum significaret fabricatum à Mithra; per alia verò quædam intus cōgruis interuallis disposita, elementa & plagas mundi deliniaret. & paulò pòst subiungit: Mithræ verò congruum assignare locum ad æquinoctia: quapropter gladiū fert arietis, qui Martium animal est: inuehiturque tauro Venereo, quòd scilicet taurus, sic & Mithras generationis dominus sit. hæc ibi Porphyrius philosophus. Scribit Origenes Adamantius libro sexto, aduersus Celsum, de Mithræ sacris, ipsius Celsi verba afferens in hunc modum: Hæc quidem Persarum disciplina ostendit & Mithræ sacra, quæ apud hos sunt, & in his duplex circumactio stellarum prætenditur, fixarum, errantiúmque, & per has animæ transitus. cuius in rei argumentum scala erigitur altior, in ea septenæ sunt portæ: ex plumbo prima, secunda ex stanno, tertia ex ære, ex ferro quarta, quinta ex nomismatis corio, ex argento sexta, septima ex auro constat. Primam Saturni esse statuunt, plumbo astri tarditatem significante: Veneris secundam, cui & stanni quum splendorem, tum mollíciem comparant: tertiam Iouis, vt æreis gradibus solidissimam: Mercurij quartam, operum enim omnium & negotiorum tolerantissimum, lucráque factitantem, callidum insuper & eloquentem, Mercurium dicunt:

Martis

Martis quintam, ob inæqualem admixtionem, & variam: sextam Lunæ, argenteam: Solis septimam, quæ aurea sit, perinde atque astrorum hæc imitetur colorem & coeli. Hæc vel Celsus vel Origenes, qui & alibi huius dei Mithræ meminit. Porrò à Mithra, Mithriaca sacra dicuntur apud Lampridium in vita Commodi: quæ qualia essent, dum explicare Crinitus satagit, mihi causa fuit, vt historiam altius multo repeterem. Suidas: Mithram, inquit, existimant Persæ solem esse, cui & multas consecrant hostias, neque quisquam eius sacris initiari potest, nisi per quosdam gradus conuicij: quibus ostendat se & sanctum, nec perturbationibus affici. Consona Tertullianus in libro de Corona scribit. ait enim: Mithræ miles cùm initiatur in spelæo, in castris verè tenebrarum coronam interposito gladio sibi oblatam, quasi munus martyrij, &c. D. quoque Gregorius Nazianzenus in priore in Iulianum Cæsarem oratione Mithræ meminit, quo loco qui Græcè eius collegit historias: Mithra, inquit, id est Sol cui celebritates fiunt, & in primis à Chaldæis: cui deo qui volunt initiari, duodecim contumeliis afficiuntur, & per verbera, calorem, frigus, & alia huiusmodi vnde à Theologo, inquit, hæc contumelia vocatur ἡ μυχθ κόλασις, quòd scilicet iustè ea poena afficiantur. verba hæc sunt: Neque Mithræ apud nos cruciatus, & iusta supplicia, his quibus talibus sacris persuadentur. Mithræ meminit & Procopius. Hæc igitur ipse sacra Mithriaca puto, quæ homicidio Commodus polluit, vt est apud Lampridium. Zoroaster, vt est apud Plutarchum in Isidis & Osiridis libro, tres in primis deos constituit; primum Oromazon, bonum: alterum Aramanum, malum: illum luci, hunc obscuritati similem: tertium verò, id est μεσίτην, quem Mithran appellauit. Agathius libro secundo histor. de Persarum moribus & religione agés, inter multa quæ recenset, eos ait duos deos, vt Manichæos, constituere, quibus & barbara nomina pro sua lingua imposita sunt. Bonum nanque deum, siue creatorem Ormisdatin dicunt: Arimanes, pernicioso ac malo dæmoni est apud hos nomen. Sed enim apud Stobæum lego nomen huius dei, non Oromazen, sed ὡρομάσδαν. Maximum enim deorum Magos ait vocare Oromagdan, cuius aiunt corpus luci simile, animam verò veritati. Sed vt ad Mithram redeam, scribit Duris in septimo histor. apud Athenæum, Persarum regibus vno tantùm die permitti, vt ebrij fiant, quo die Mithræ deo sacra fierent. Est & apud Dionem in histor. Tiridaten regem Neroni dixisse, se perinde ac Mithran eum adoraturum. Xenophon in Oeconomico ita Cyrum iurantem inducit: Iuro, inquit, tibi ô Lysander per Mithran, quem nos omnium deorum maximum habemus. D. etiam Epiphanius in lib. contra hæreses 3 de Marcione agens, qui sacram scripturam corrumpebat: Dixit, inquit, quidam proprius ipsorum poëta, Cretenses semper mendaces, malæ bestiæ, ventres pigri: per quæ verba Epimenidem indicat veterem philosophum, & templi Mithræ, siue Solis apud Cretenses sacerdotem, hoc quidem Epiphanius. quibus ex verbis colligimus, non apud Persas solùm, & Chaldæos, sed aliubi etiam Mithram cultum fuisse. quin & Mithræ quoque templum fuisse Alexandriæ, & sacra summo cultu exhibita: id quod notauimus in Tripartice hist. libris.

Philesius Apollo etiam nuncupatus, vt scribit Lactantius in commentario lib. octaui Theb. cui templa consecrata fuêre, quæ ab osculo dicta sunt Branchi pueri Apollinis dilecti: siue, vt alij dicunt, filij. nam prægnantem matrem per quietem vidisse, Solem se inferentem ei per fauces ferunt, qui pòst per ventrem exierit, vnde puero factum fuit nomen: siue à certamine basiorum puerorum, Philesia nuncupato, Philesius dictus est. Meminit & his verbis Macrob. Apollo Philesius à Physicis dictus, lumen eius exoriens amabile, amicissima veneratione osculorum consalutamus. Plinius verò Nat. hist. 34. Canachus, inquit, Apollinem nudum, qui Philesius cognominatur, in Didymæo Aegineticis aeris temperatum fecit. Sed si plura de Brancho, & Branchiadon oraculo, & Philesio legere cupis ex Varronis lib. diuinarum, Lactantium eodem libro legito, itémque tertio. meminit & Terentianus, & Strabo: sed & Bucatius, qui nactus Lactantij codicem minus lacunosum, fabulam in quinto suarum Geneal. explicat.

 Smintheus Apollo dixit.   Ouid. in Fast.
  Consulitur Smintheus, lucóque operatus opaco,
   Hos non mentito reddidit ore sonos.
 Frequenter & in poëtis græcis, Homero, Orpheo, aliis. cognominatus verò à muribus. Causa variè proditur. Crinis Apollinis fuit sacerdos. is cù dei sacra neglexisset, à terrestrib

Syntagma VII.

reſtribus muribus agrorum fructibus eſt priuatus. cuius detrimento damnóque commotus Apollo, bubulco cuidam Hordæ nuncupato iuſſit, vt Crinin ſacerdotem moneret, illū debere conſueta ſacra peragere. quod ſacerdos cùm feciſſet, Apollo mures ſagittis confecit: hinc Apollo Smintheus cognominatus eſt. Sminthas enim Cretenſes mures vocant. Aelianus de Animalibus id tradit, mures adorari ab his qui Troadis Amaxitum incolunt: vnde Apollinem qui apud eos maxima religione fuit, Sminthiū appellabant. mures enim, Aeoles & Troiani Sminthes nuncupant: ſicut Aeſchylus in Siſypho teſtatur, cùm ait, Sed agreſtis qui eſt Sminthius: tum verò apud eos Sminthas cicures alunt, eiſque victus publicè præbetur, atque infra altare, vbi degunt, latebras habent. Apud etiam tripodem Apollinis mus fuit, de quo etiam fabulam idem Aelianus recitat. Strabo verò libro 13. aliam hiſtoriam ſeu fabulam, vt ipſe ait, recenſet: In vrbe, inquit, Chryſa eſt Apollinis Sminthei delubrum & ſimulacrum, quod nominis veritatem ſeruat. nam mus quidem pedi ſtatuæ ſubiacet. hanc ſtatuam Scopas Parius fecit. Hiſtoria ſiue fabula, quæ de muribus narratur, huic loco congruit. nam Teucris è Creta profectis (de quibus primò Callinus elegiæ poëta tradidit, pòſt multi ſecuti ſunt) datum erat oraculum, ibi eos ſedem poſituros, vbi terrigenæ eos adorirentur. id circa Amaxitum dicunt contigiſſe, maximámque agreſtium multitudinem murium noctu exortam, quicquid armorum & vtenſilium ex corio inueniſſet, corrodiſſe, & Teucros ibi manſiſſe, atque Idam ab Ida quæ in Creta eſt, appellaſſe. Heraclides Ponticus auctor eſt, mures ibi circa templum abundare, & ſacros exiſtimari: ſimulacrum autem ita inſtructum eſſe, vt murem pedibus premat. Quidam tamen Smintheum, quaſi ζωρθαν, hoc eſt, quòd feruens currat, ad Solem reſpicientes, appellatum volunt. Sanè in locis pluribus Smintheus Apollo cultus fuit, nec templa ſolùm illi poſita, ſed & loca aliquot Sminthia ait appellata, ille idem Strabo. Porrò antiquos videmus à paruis rebus plerunque deis cognomina impoſuiſſe, vti à muribus Apollo Sminthius dictus: à culicibus Hercules, quos Oetæi conopas vocant, Conopæus: & Ipoctonus, à vermiculo ipe, vineis infeſto, vt in Hercule diximus. Rhodij quoque à rubigine, quam ἐρυσίβην vocant, Apollinem Erithybium appellauêre: & Bœotij Pornopionê itidem Apollinem coluêre, quoniam illi πορνόπαs culices vocant. At verò Pauſanias ſic propémodum in Attica, Parnopium Apollinem tradit: Extra, inquit, templum quod Parthenona nuncupant, eſt Aeneus Apollo, quem à Phidia factum dicunt. Parnopium vocant, quòd ſe Deus Parnopas, qui totum agrum magna afficiebant calamitate, extra fines pulſurum dixiſſet. & pullos quidem ſciunt: quo autem modo, non dicunt. Scio equidem ter in Sipylo monte deletos parnopas, non vno tamen modo. Nam vehemens aliquando, & ſubita procella eos eiecit: iterum acri æſtus vapore, qui ſtatim eſt imbres ſubſecutus, enecti ſunt: iam tertiò repentino frigore oppreſſi, perierunt. Atque hæc quidem quæ de abolitis parnopis memoraui, ætate mea acciderunt. Porrò Pronopium Domitius interpretatur culiciarium, à culicibus videlicet, quos Pronopas vocari exiſtimabat. Alij verò Parnopas locuſtas, mea quidem ſententia, melius interpretantur. Sunt & qui bruchos, qui tamen nonnihil à locuſtis differre videtur. Exploſa pridem eorum ſententia, qui Murinum interpretati ſunt pro Smintheo, apud Martialem illo verſiculo,

Campis diues Apollo ſic Murinis.

Sunt & qui putant de Apolline illud Plinij intelligi: Fecit Praxiteles & Apollinem puberem, ſubrepenti lacertæ cominus ſagitta inſidiantem, quem Sauroctonon vocant, hoc eſt lacerticidam. Sed iam ad alia tranſeamus.

Πασπάριος Apollo, quaſi totus Parius, teſte Phauorino, cognominatus à Pariis & Pergamenis.

Horus etiam Apollo dictus eſt ab Aegyptiis, quod pluribus oſtēdit Plutarchus in Iſi & Oſiri. vnde & eo nomine Sol etiā ab iiſdē vocatus, teſte Macr. & Cenſorino in lib. de Die natali: à quo Horæ dictæ diei partes & anni tēpora, vt plenius in noſtro ſcripſimus de Annis, mēſibus, &c. Videtur tamē Plutar. Horos duos cōſtituere: primū quidē antiquiorē, ob tenebas cæcū, qui Arueris dictus, natus ſecūdo die, cùm necdū mūdus eſſet perfectus, ſed mūdi ſimulacrū erat, & effigies quædā: alterū autē Horū perfectū & abſolutū, cuius ſimulacrū in Copto vrbe tradunt fuiſſe, altera manu Typhonis pudenda cōtinere. Hori ſacerdotes, ſcribit Epiphan. in 1111 de Hæreſ. lib. & Harpocratis, capite raſos, ferre impudēter ſeruile ac deteſtabile puerile ſignum: &c. quæ ridet idē D. ſcriptor. ſed & alia plura de hoc

Horo

Horo Apolline producuntur, quæ ad occultam rerum interpretationem & naturæ pertinere credebant, qu r nostri non videntur esse instituti. Diodorus Siculus Aegyptiorum deos commemorans, Horum ait Isidis filium per insidias à Titanibus interfectum, inter aquas inuentum, à matre ad vitam reuocatum, factúmque immortalem. Hunc Apollinem interpretatur, medendíque & vaticinandi peritissimum fuisse. Sanè & ab Hermionentibus Horius, hoc est ὅς ὁ Apollo, id est Terminalis & dictus & cultus fuit. Vt enim coniectatur Pausan. cùm aliquando Hermionenses de finibus vel bello vel iudicio contenderent, & victores facti essent, ἀπόλλων ὅρῳ rem sacram fecére, & templum arámque cóstruxerunt. Sunt nonnulli, qui quòd deus sit διαλεκτικώτατος, id est maximè dialecticus, ideo Horium appellatum arbitrati sunt. Porrò & Græcorum & Latinorum quidam Orum Apollinem, sine afflatus nota scribunt.

Platanistius Apollo cognominatus, teste Pausan. cuius templum fuit via Trœzenia, quæ ad Hermionem ducebat, secus petram, quæ prius Sthlenij Iouis ara dicebatur, mox verò Thesti dicta fuit.

Thearius Apollo colebatur apud Trœzenos, cuius templum Pausaniæ ætate vetustissimum habuit simulacrum, ab Aulisco dedicatum. Legimus & Θεάριος, apud Hesychium, Apollinem nuncupatum.

Tortorem etiam Apollinem à Latinis nominatum videmus, vt apud Suet. notatur. quin & in vrbe colebatur, vt Domitius testatur.

Hyperionides, & Hyperion etiam cognominatus est Sol, & id quidem frequenter, non modò Græcis sed & Latinis poëtis, nam Hyperionis Titanis filius fuisse fingitur, vt in Titea meminimus. quin etiam Titan ideo appellatur Sol. Scribit Pausan. in Corinth. in Sicyonia Titanis lucum fuisse, qui Solis frater existimatus ea sit ratione, quòd in obseruandis anni opportunitatibus admodum solers fuerit, vnúsque optimè omnium norit, quibus quæ semina, quásque stirpes temporibus, quos item fructus Sol facile augeret & coqueret. Sed & Hesiodus eius genus recenset in Theogonia. Vel si ad rem physicam referas, vnde dictus traditur ab eruditis, παρὰ τὸ ὑπὲρ ἡμᾶς ἰέναι, quòd videlicet super nos eat. Diod. tamen scribit: Hyperion reuera solis, lunæ, & cæterorum astrorum motus horásque primum summa cura obseruauit, & à se percepta cæteris quoque popularibus noscenda prodidit: ideo horum parens dictus est.

Φαυσίμβροτος Apollo ab Homero cæterísque poëtis cognominatus, à φῶς lumen. & βροτὸς mortalis, quod sua luce mortalia iuuet. quidam & φαυσίβροτος apud Pindarum eadem ratione legunt.

Ἐπικρήνιος Apollo, teste Dionysio Alicarn. in quarto histor. à Doribus cultus, cui templum eo apparatu struxerant, vt in eo conuenirent ad cósilia, cæteráque negotia obeunda. Sed & Episcopon aliquando legimus cùm apud alios, tum apud Phurnutum: μουσάρχης, inquit, Apollo vocatus est, & ἐπίσκοπος, & cum Musis ludere existimatus est.

Μαλλόεις Apollinis cognomen, ait Hesychius. Malloëntis Apollinis festum celebrasse Mitylenæos extra vrbem accepimus, cùm totius ciuitatis frequentia: vt in tertio testatur Thucydides.

Maleaticus Apollo vel Maleates, vt Pausan. ait, à Maleo nuncupatus est, qui Tyrrhenorum rex, vt in quarto Theb. scribit Lactantius, primus tubam inuenit, cùm piraticam exerceret. Sed cùm mare tempestatibus agitaretur, montem insedit, quem de suo nomine Malean, & Maleaten, seu Maleaticum Apollinem in eo nominauit.

Ἡμεροδρόμος, id est Cursor diurnus Sol & Phœbus cognominati, quòd videlicet diurno cursu sol múdum omnem peragrat, vnde & illi nomen. meminit verò & Pollux in primo.

Bel, seu Beles Apollo dictus est ab Aquileiensibus Italiæ, de quo Herodianus libro octauo hist. Cæterùm, inquit nonnulla quoque oracula ferebantur, patrij cuiusdam numinis victoriam promittentia: Belem vocant indigenæ, magnáque cum religione colunt, Apollinem interpretantes, cuius etiam speciem pro vrbe ipsa pugnantem quidam è militibus Maximini visam sibi in cœlo affirmabant.

Ἑκατηβελέτης, & ἑκατηβόλος, & ἱκαβόλος Apollo cognominatus, quibus nominibus & Græci & Latini vsi sunt à longè iaciendo vel radios, vel sagittas, deduci videntur. Certè Homerus in primis, & Orpheus, cæterique poëtæ ita nuncupant, vt est videre, & vt etiam grammatici obseruant. notissimus est versiculus apud Suetonium,

Noster

Noster erit Pæan ille Hecatebeletes.

Macrobius in primo Sat. Sagittarum, inquit, nomine non nisi radiorum iactus ostenditur: qui tunc longissimi intelliguntur, quo tempore altissimus Sol diebus longissimis, solstitio æstiuo conficit annuum cursum, vnde ἑκηβόλος dictus Apollo, & ἑκατηβόλος, id est, longè iaciens, & è longissimo altissimóque radios in terram vsque demittens. Phurnutus ἑκατηβόλης Solem & Lunam appellatos prodit, quòd vterque radios longè iaculetur. Proclus in Cratylum Platonis: Hecatebeletes, inquit, ideo dictus, ὅτι χορηγὸς ὤν, καὶ ἐξηγεμόνος ἐπὶ πάντας ποιῶν τὰς ἐνεργείας. id est, cùm sit choragus, & eximius in omnes efficit energias & efficacias.

Ἑκάεργος, Hecaërgus Apollo à poëtis, & in primis Homero cognominatus, teste Heraclide Pontico in Allegoriis, non ab Hecaërge, quæ ab Hyperboreis in Delum venit, vt fabulantur: sed quod à longè operetur: hoc est, ὅτι τὰ ἕκαθεν ὁριζόμενος. vel, vt ait Hesychius, ὅτι μακρόθεν εἴρων τοῖς βίοισιν. vel, vt in Pyth. Pindari notat interpres, quòd procul spargat radios, & eminus operetur. quo loco Pindarus inducit Cyrenen nympham, admirantem Apollinē, quòd sagittis leones conficeret: & eum etiam ἰυγυρφαρέτραν appellat, à lata scilicet pharetra, qua ceu venator per iuga Cynthi feras transfigat, vel morborum iacula iaciat. Sed & Hecaërges Diana cognominata est, vt suo loco dicemus. Scribit Phurnutus Hecaton solem, & Hecaten lunam appellari, παρὰ τὸ ἕκαθεν δεῦρο ἐφίεναι καὶ ἀποστέλλειν τὸ φῶς, à longa scilicet missione lucis. Sunt qui his aliam afferant etymologiam, quòd scilicet Hecato & Hecatæ nomina imposita sint, cùm preces effunderent: hos deos rogabant, vt mala auerterent. Nam interdum aëra inficere putabant, ac pestilentias inducere, vt est apud Homerum in primo Iliados. Adhæc in quarto scribit Strabo, quod ἑκατὸς Apollo est: vnde Hecatonnensi, quasi Apollinensi, quod per totam eam regionem Apollo coleretur, circa Lesbum & Troiam. quo loco illud docet, ex instituto antiquorum literam nn geminari in his nominibus, Hecatonnesus Peloponnesus, Proconnesus, Chersonnesus, & cæteris.

Pagasæus Apollo etiam cognominatus est. Hesiodus in Aspide, πᾶν δ' ἄλσος καὶ βωμὸς ἀπόλλωνος παγασαίου. id est, Totum verò nemus Pagasæi & Apollinis ara, dictus autem, vt Apollonij Rhodij commentatores scribunt, quòd Pagasis templum haberet in promotorio Magnesiæ, quo loco compacta fuit nauis Argo. Eadem fermè Phauorinus, & Callimachus apud Hyginum. Scepsius tamen à πηγαῖς, id est, fontibus, quòd multi in illis locis fluere dicuntur, dictum existimauit. Hunc παγασίτην Apollinem ab Achæis & Thessalis appellari, ait Hesychius.

Ἄναξ, id est, rex Apollo nuncupatus fuit. Aristophanes in Pluto, ἄναξ ἀπόλλων καὶ θεοί, Rex Apollo & dei. Sic & frequenter Homerus. Solon quoque in ea pulcherrima elegia, quæ apud Stobæum legitur de iustitia, ita canit,

Ἄλλον μάντιν ἔθηκεν ἄναξ ἑκάεργος ἀπόλλων. hoc est,
Rex alium vatem statuit iaculator Apollo.

Dicimus & ἄναξ, pro ὦ ἄναξ. Orpheus,

ὦναξ πυθῶνος μεδίων ἑκατηβόλε μάντι. hoc est,
O rex Pythonis dominans Hecateuole vates. Item.

Ὦναξ παιάν, ὦ βασιλεῦ, ὁ κακὰ παύων ἀπόλλων. vt exponit Hesych. id est,
O rex Apollo, qui mala quiescere facis.

Notant grammatici, quod ἄναξ dicitur ab ἄκος, quòd medelam curámque significat: & anaces, quòd curam habeant, vt Plut. & Eustathius testantur. primi autem hoc nomine Castor & Pollux dicti sunt, quòd nauigantium curam gererent. Sed & cæteri dei Anaces dicti, præter Iouem qui βασιλεὺς vocatur.

Clarius Apollo dictus à Claro vrbe Asiæ, vt Mela Pomp. ait, vbi Clarij, inquit, Apollinis fanum, quod Manto Tiresiæ filia fugiens victores Thebanorum Epigonos statuit. Plinius verò libro secundo: Colophone, ait, in Apollinis Clarij specu lacuna est, cuius potu mira redduntur oracula, bibentium breuiori vita. Nam, vt Iamblichus etiam scribit, ibi epota aqua oracula reddebantur: quod etiam noster Picus. Illud ibi traditur, non fœminam, vt Delphis, sed certis è familiis sacerdotes, aut ex Mileto accitos, & plerunque literarum ignaros, hausta fontis aqua vaticinia referre. Sedenim in Claro regnauit Rhacius, vt Pausan. in Achaicis scribit, ex quo & Manto natus est Mopsus. Clarus verò, vt scribit Eustathius, Colophonis nauale fuit, ἀπὸ κλήρου, id est, à forte, quòd per sortem Apollini obtigerit: vbi ipsius dei oraculū fuit. Sed enim Isaacius Lycophronis interpretes, Clarum

De Deis Gentium. s montem

montem & vrbem, non longè à Colophone ponit, vbi fuerit Clarius Apollo. Apollonij item interpretes Clarum ciuitatem propinquam Colophoni scribunt, Apollini sacram, vbi oraculum ipsius dei à Manto Tiresiæ filia constructum fuit. Alij ferunt ab heroë quopiam Claro, vt Theopompus prodidit. Nearchus verò ait, à sorte, id est, ἀπὸ ϟ κλήρϒ. Sed si plura hac de re forte scire cupis, eosdem legito interpretes, qui ex iis qui Thebaida scripserunt, plura collegêre. Rhacij enim historiam, & Mantus, omnem perscribunt, quo scilicet pacto in Asiam peruenerunt.

Ἐπιβατήριος, id est, conscensor Apollo cognominatus apud Trœzenios, in quo loco fuit conseptum Hippolyti. Inibi quoque templum quod à Diomede dicatű fuit, ἐπιβατηρίϒ Apollinis, id est, adiuuantis ascensum, post eam tempestatem, quæ post Troianum excidium Græci quassati sunt. auctor est Pausan. in Corinth. de Embasio post agendum est.

Thyrxeus Apollo etiam cultus: cuius oraculum, hoc est, vt scribit Paus. χρησηςίϒ ἀπόλλωνΘ· θυρξίϒς, fuit apud Cyaneos, qui ad Lyciam fuêre. ex quo aqua habebatur Cyaneis: in cuius fonte si quis intueretur, quæcunque volebat intuebatur. Mouet me vocis similitudo, vt hic subiungam & Thyreum Apolline nucupatum Græcis, vt Nigidius & Macrobius scribunt: eiusq; dei aras ante fores statuebant, eum deum significantes introitus & eius potentem, ἀπὸ ϟ θύρας, id est, ab ianua nuncupatum. Eiusmodi & Anthelij dei habebātur, qui pro foribus ædium statuebantur: sic enim antiqui subdiales statuas, quæ soli essent expositæ, vocabant, vt scribit Hesychius, ab ἀντὶ τϒ ἡλίϒ. Septimius Floreas Tertullianus in libro de Coronis: At enim, inquit, Christianus nec ianuam suam laureis infamabit, si norit quátos deos etiam hostis diabolus finxerit, Ianum à ianua, Limentinum à limine, Forculum & Carnam à foribus & cardinibus, & apud Græcos Thyræum Apollinem, & Anthelios dæmonas. hæc quidem Tertullianus doctè & eruditè.

Προστατήριος Apollo cognominatus, quòd ante ianuas statueretur, quod in Electra Sophocles innuit. quidam Prostatium interpretati sunt. Pausan. verò in Attica, ait, ex descensu è foro per viam ἰυθεῖαν, id est, rectam, ad dextram templum fuisse Apollinis Prostaterij. Prostaterij etiam Hesychius Apollinis expositionem attulit.

Διραδιώτης, Deradiotes Apollo cognominatus fuit. quidam Δίρας quendam esse locum tradunt. Val. Arpocrat. Δίραδα populum esse Leontidis, à quo popularis Διραδιώτης formetur. alij Δίρας Argiuam regionem esse prodidêre. Pausanias verò, Diradioten ait Apollinem à loco dici, cuius vaticinium etiam sua tempestate durare asseruit: eóque ritu fieri, vt à viro mulier secubaret, & singulis mensibus noctu, vt de agno rem sacram faceret, cuius agni sanguine epoto, numinis Apollinei instinctu responsa daret.

Dicæum etiam, si non Dircæum, Apollinem Plin. lib. 24. cap. 8. vocasse videmus, vbi de Leontio statuario agit: Fecit, inquit, item Apollinem citharœdum, serpentémque eius confici sagittis, qui Dicæus appellatus est: quoniam cùm Thebę ab Alexandro caperētur, aurum à fugiente conditum, sinu eius celatum esset, &c. Dicæum tamen, id est, iustum, Hermol. Barbarus interpretatur: quoniam & Menander γιδίῳ δικαίῳ dixerit, id est, iusta terra, quæ reddat quod acceperit.

Palatinus Apollo à Romanis appellatus, qui in Palatio ab Augusto dicatus fuit, cũ porticu & bibliotheca, post Actiacam pugnam, deuictis prælio naualiM. Antonio & Cleopatra: qua de re erudita extat Propertij elegia, cuius initium est,

 Musa Palatini referamus Apollinis ædem.

Suetonius meminit cùm alibi, tum in eo: Templum, inquit, Apollinis in Palatio struxit. Plura Dion lib. hist. 53. Horatius item in Epistolis:

 Scripta Palatinus quæcunque recepit Apollo. Item in Odis lib. 1.

 Quid dedicatum poscit Apollinem vates. Et ibidem Porphyrion. hic idem Palatinus & Naualis dictus, à Propertio:

 Hic vbi Nauali stant sacra Palatia Phœbo,
 Euandri profugæ procubuêre boues.

Plinius à Scopa Palatinum Apollinem factũ scribit. Idem & Palatinam Venerem memorat, libro 36. Ammianus autem Marcellinus lib. 23. Comæum Apollinem ex Seleucia Romam delatum scribit, collocatúmque in ædem Apollinis Palatini. qua de re alibi.

Actius, & Actiacus, & Actæus Apollo vocatus variis de causis: in primis tamen ab Actio promontorio, & ciuitate Arcananum, vt Stephanus scribit, qui & à Magnesiæ vrbe Acte Actium

Syntagma VII. 207

Actium & Epactium eundem deum cognominatum tradit. Callimachus apud Hyginum, de Argo, in finibus Magnesiæ ad Actij Apollinis templum, quod Argo nautæ proficiscentes statuisse existimatur, Argon constructam fuisse dixit. Legimus, cùm Apollini Actio celebritas ageretur, id miraculi cōtingere solitum, vt cùm Leucadij bouem immolassent, muscæ eo sanguine distentæ omnes euanuerunt. Tum sine muscis deinde festum peragebatur. Apollonius verò, & eius interpretes, duos boues immolari dicunt: alterum Apollini Actio, alterum Apollini Embasio. Sed memini me in lib. de Nauigiis mentionem fecisse Apollinis Embasij, & Epactij. Sunt qui Actium & Epactium littoralem interpretentur, ab acta, id est, littore, vt apud Orpheum & Apollon. in Argonauticis: vt in eo,

    Ζην͂ παρομφαίῳ καὶ ἐπακτίῳ ἀπόλλωνι.

Sed ab Actio denominatio celebris, ob victoriam Augusti contra M. Antonium, & Cleopatram reginam. Vergilius,

    Actius hæc cernens arcum tendebat Apollo. Propertius:
    Actius hinc traxit Phœbus monumenta, quod eius
      Vna decem vicit missa sagitta rates.

Qua Elegia totam historiam complexus est, quæ apud scriptores est celebratissima. Idem & Leucadius deus dictus est. Idem Propertius:

    Leucadius versas acies memorabat Apollo. Ouid.
    An quæ Leucadio semper amata deo.

A Leucate scilicet promontorio, Leucadius deriuatus est. Dion lib. 50. & Strabo lib. 7. de Actio Apolline, de ludis, déque cæteris copiose agunt. sed & libro decimo, déque Leucadio Apolline. Ex his, vt puto, versus in 13 Metamorph. Ouidij intelliges, qui existimantur difficillimi.

    Præter erant vecti certatam lite deorum
    Ambraciam, versíque vident sub imagine sax▒
    Iudicis, Actiaco quæ nunc ab Apolline nota est.

Per ἀντίληψιν enim hanc historiam poëta exprimit: Lite deorum, inquam, quoniam ex parte Augusti dei Romani, & Apollo in primis: Antonij verò & Cleopatræ, dei Aegyptij, Anubis, Osiris, Isis. Sed quod Aeneas in Ambraciam & ea loca peruenerit, copiose describit Dion. s. Alicarn. Iudicis verò, quia iustam Apollo Augusto causam iudicauit. atq; ideo nota ab Actiaco Apolline. vel Indicis, nam & sic legitur, totúmque hoc scriptum à poëta ingeniosissimo in Aug. gratiam, quomodo & à Vergil. sæpe.

Theoxenius Apollo vocatus, hoc est hospitalis deus, à Pellenensibus in Achaia, apud quos eius dei templum fuit, ad quod certamen nomine Theoxenia celebrabatur, victoriæ cuius præmium argentum fuit, vt Pausanias docet. Pindari tamen interpretes in Olymp. non argentum, sed χλαίναν scribūt (genus id vestis, παρὰ τὸ χλαίνειν, id est, calefacere, teste Polluce) Instituta Theoxenia à Castore & Polluce, iidem interpretes alibi asserūt, à deorum hospitio & commercio vocata. de Theoxenio & Strabo meminit.

Hysius Apollo dictus ab Hysia Bœotiæ ciuitate: in huius templo puteus fuisse fertur, ex quo aqua epota sacerdos verissima responsa reddebat: vt de Clario iam dictum est.

Phaëthon etiam aliquando, non modò pro Eridano, id est, Solis filio capitur, sed etiam pro ipso Sole: vt, ἥλιος φαέθων apud Homerum, aliósque poëtas. vnde & Phaëthontiades filiæ, vel sorores Phaëthontis. Quod nomen etsi trisyllabum est per regulam, nonnunquam tamen & bissyllabum inuenimus: id quod antè alij annotauere, atque ideo nunc ab exemplis supersedeo.

Parrhasius Apollo, qui & Epicurius, in Arcadia & cultus & cognominatus fuit, cuius templum in monte Lycæo ad orientem positum fuisse legimus, qui & Pythias dicebatur: cui quidem deo quotannis agnum in foro mactabāt, festum diem celebrātes, appellabántque propterea deum auxiliarem ac propitium, hoc est Græcè ἐπικούριον. cúmque victimam mactassent, actutum cum pompa in templum deferebant Apollinis Parrhasij, sacri missionem facientes. Plura Pausanias in Arcadicis. Epicurij verò fanum in Basse villa fuit Arcadica: sic cognominati, quòd populis illis auxiliatus fuisset in auertenda peste, quemadmodum apud Athenienses in bello Peloponnesiaco Alexicacus: Pausanias.

Agyieus Apollo, qui & Agyiates vocatus est, teste Stephano. à viis cognomentum deductum est: quippe ἄγυια, à qua voce ἀγυιεὺς deflectitur, viam & vicū significat, vt Græci scri-

De Deis Gentium.   s 2   bunt

bunt grammatici, & apud nostros Macrobius. Idem etiam Phurnutus, qui ait, quòd vias illuminet, vbi ille erigebatur. Hinc per contrarium illud dicitur:

  Sol cecidítque, vmbratæ omnes sunt vndique agyiæ.

Sophocles in Hermione, ἀγυιὸς pro locali nomine accipit, non pro deo. Sunt item loca in vrbibus, deambulationibus apta, quæ agyiea dicuntur, vt Stephanus obseruat. Scribit Pausan. in Arcad. Agyieo Apollini Tegeæates simulacra erexisse, cùm Apollo & Diana orbem circumirent, vt eos vlciscerentur, qui matrem Latonam vterum ferentem non recepissent: & reliqua, quę multa scribit. Apud Latinos meminit Agyiei Horat. libro.4. Carminum:

  Phœbe, qui Xantho lauas amne crines,
  Dauniæ defende decus camœnæ,
 Læuis Agyieu. Et vnà Acron & Porphyrion exponunt, licet admodum ambo sint deprauati. meminit & Pollux in 9. & Suidas, & Arpocratio, ex quibus plura poteris excerpere. Fuerunt & seorsum dei Agyiei vocati, vt in Commentariis Aristophanis legimus. Agyieis deis, quos ineptè quidam sanè docti vestibularios interpretantur, si quid monstri apud Athenienses nunciatum fuisset, sacra faciebant, ad ea amolienda. Est & alicubi apud Paul. legere Agyleus, nisi mendosus sit codex. Sunt & qui columnam erectam in eius dei honorem, Agyiea vocent: aras quoque Agyiatidas.

Pataræus Apollo. Horatius lib. 3. Carminum,
  Qui rore puro Castaliæ lauit
  Crines solutos, qui Lyciæ tenet
  Dumeta, natalémque syluam,
  Delius & Pataræus Apollo.

Vbi notandum, ab Horatio πατάριος trisyllabum proferri, non quadrisyllabum. De hoc sic Mela Pomp. in primo, de Lycia agens: Atque, inquit, vt multa oppida, sic præter Pataram non illustria. Illam nobilem facit delubrum Apollinis, quondam opibus & oraculi fide Delphico simile. Salaciam puellam ex Ophionide ferre sacra Apollini Pataræo, scribit apud Stephanum Alexander: quæ & qualia, apud ipsum lege. Scribit Seruius quarto Aen. lib. co..itare, Apollinem sex mensibus hyemalibus apud Pataram Lyciæ dare responsa, vnde Pataræus Apollo dicitur: & sex æstiuis apud Delum. Hinc illud Vergilij: Qualis vbi hybernam Lyciam, Xanthísque fluenta Deserit, ac Delum maternam inuisit Apollo.

Myricæus Apollo cognominatus, fuit verò in Lesbo Apollo, ramos tenens myricæ: vnde deductum deo cognomen, qui & Myricinus dictus est. Scribit Archæus, visum fuisse in somnis deum Apollinem cum myricæ ramo. Myricam verò vetustissimam esse plantam, illud satis declarat, quod in Aegyptij Iouis pompa, corona myricea coronabantur. plura quidem hac de re leges, déque oraculis per myricæ ramos, in commentariis in Theriaca Nicandri, & apud Picum nostrum in hymnorum commentariis. de Myrino Apolline in Grynæo dictum. In Myrensi quoque sinu Lyciæ Apollinis templum fuisse, prodit Aelianus, ad cuius sacerdotem vitulinas carnes distrahentem, orphi pisces adnatare solebant, tanquam conuiuæ ad epulas inuitati.

Amiclæus Apollo dictus est, vt Polybius & Strabo scribunt. Polybius quidem lib. quinto hist. Amyclæ hic (inquit) locus est in agro Spartano, omni arborum ac frugum genere refertissimus, distátque à Lacedæmone ad xx stadia, vbi est Apollinis templum, inter cætera eius regionis templa opere diuitiísque præcipuum, situm in ea vrbis parte, quæ mare aspicit. & hæc quidem Polybius. Meminit verò in octauo Strabo, & Thucydides lib. quinto, vbi societas inter Athenienses & Lacedæmonios initur, Lacedæmoniis Athenas euntibus sub Dionysia, Atheniensibus Lacedæmona sub Hyacinthia: erecto apud vtrosque saxeo titulo, vno quidem Lacedæmone iuxta Apollinem in Amyclæo. sed & Athenæus id scribit, quòd cùm Lacedæmonij Apollinis Amyclæi simulacrum inaurare vellent, nec per ea tempora aurum in Græcia inueniretur, oraculum Apollinis consuluêre, quid facto opus foret: respondisse ferunt, vt ad Crœsum in Lydiam proficiscerentur. & quòd Hieron Syracusarum tyrannus, nec ex Sicilia & Italia & Græcia potuerit habere, vt tripodem Delphico Apollini consecraret. fuit adeò per ea tempora auri penuria, vt & Romani ægrè ex mulierum ornamentis aliquando vota persoluere possent, vt Val. & Plut. aliíque testantur.

Syntagma VII.   209

κύτινος, Cytinus etiam cognominatus est Apollo, vt legimus in commentariis in Theriaca Nicandri. cuius templum fuit in monte Rhescyntho Thraciæ: à quo Iuno Rhescynthia, vt suo loco meminimus. Quoniam verò κύτινοι, vt notum est, primi sunt flores qui decidunt ex malo punica, inde videtur dei nomen esse deductum.

Cynnius quoque vocatus Apollo apud Hesychium, vnde & Cynnidæ genus Athenis, quo sacerdos Apollinis Cynnij creabatur.

Daphnæus Apollo cognominatus, quasi tu Laureus latinè dicas: vel vt alicubi apud nostros legas, Lauriger. Daphnæi Apollinis templum Antiochus, Epiphanes dictus, rex struxit, vt Marcellinus libro historiæ XXIII tradit. Arsit verò Iuliani Cæsaris tempore. Apollinis item Daphnæi mētio est in primo Græcorum epigrammaton, vbi Thetis Telephum alloquitur. Eius etiam mentio est, si rectè recordor, in Tripartitæ historiæ scriptoribus. Fuit & Daphnites Apollo, à Syracusanis sic appellatus, vt scribit Hesychius. Aristophanes verò δαφνοπόλια vocauit.

Corypæus, id est, κορυπαῖος Apollo, sic à Nicandro cognominatus in Theriacis. de myrica enim agens, ait:

ἢ ἄλιμ ἀπόλλωι μαντέιας κορυπαῖος ἰθύνατ᾽ ἠδὶ θέμιν ἀνδρῶν.

Quo loco Græci expositores multa de myrica, déque eius vaticiniis, oraculísque, quorum nonnulla in Myricæo Apolline paulò suprà recitauimus, tum & hoc subinferunt: Corype verò Thessaliæ ciuitas, vnde Corypæus Thessalicus. Sed & hoc loco Nicandri, alij legunt ὀροπαῖος. nam Oropea ciuitas est Bœotiæ, quo in loco notabilissimum fuit Apollinis sacrarium, vt ibidem notant expositores. Stephanus verò (si non potius Hermolaus grammaticus Constantinopolitanus, qui Stephani Epitomen confecit) locum hunc Nicandri nonnihil euarians, citat & interpretatur ex Theone, Plutarcho, & Phalereo Demetrio, expositoribus: Nicander, inquit, Oropæon Apollinem, ignorat autem quòd Amphiarai templum est Apollinis: Oropæon verò, ab Orope legit. Orope, inquit, Eubœæ ciuitas, vbi Apollinis notabilissimum sacrarium. Prius tamen idem scripserat, Coropen vrbem esse Thessaliæ, vnde esset Coropæus ciuis, & Apollo Coropæus. Sanè & καρινὸς Apollo legitur, vt in Pausaniæ Attica, quem Verticosum interpretatus est Domitius.

Hylata Apollo, ab vrbe Cypri Hyla cognomen accepit, cuius Lycophron & interpres meminêre: à qua ciues Hylatæ, & inde Apollo: qui & Tembrius quoque dicitur, quod coleretur in eiusdem insulæ oppido Tembro. quod & Hermolaus in Plin. Natur. histor. lib. v. annotauit. hi sunt versus Dionysij ex III Bassaricôn, vt apud Stephanū lego in ἰερουσάλη, quæ est vrbs Cypri.

Οἵτ᾽ ἔχον ὑλάταο δίου ἕδος ἀπόλλωνος·
Τίμβρον, ὄρυσθέαν τε, καὶ ἀναλίω ἀμαμασσόν. hoc est,

Quíque tenent Hylatæ dei sedem Apollinis Tembron, Erystheánque, & maritimam Amamasson. Meminit Hylatæ Apollinis in eisdem nominibus locorum id Stephanus.

Tegyreius Apollo etiam cognominatus. Stephanus, Tegyran ait Bœotiæ ciuitatem, in qua aiunt Apollinem natum fuisse. nam & Semus Delius de Apollinis natiuitate inquit: Alij quidem in Lycia fuisse, alij in Delo, alij in Softere Atticæ, alij porrò in Tegyra Bœotiæ, vnde Tegyreius Apollo cognominatus. Meminit & Callisthenes in III Hellanicôn. Sanè à Tegyra, Tegyræus deriuatur, & Tegyrius, & Ionicè Tegyreius. Plut. verò in vita Pelopidæ de Apolline Tegyræo, déque eius templo miranda scribit, & de Delo monte ibidem propinquo, ac de oliua & palma: qua de re tota in iuuenili quadam annotatione aliàs memini plura collegisse.

Βοηδρόμιος, Boëdromius Apollo ab Atheniensibus cultus fuit, vt Græci grammatici tradunt. nam cùm bellum inter Athenienses comparatum esset, Ion Eleusinius eis opem tulit, ob cognationem. inde victores facti Athenienses, de voce currentis exercitus ad vrbē, Apollinem βοηδρόμιον dixerunt, & solennitatem βοηδρόμια, & mensem βοηδρομιῶνα, qua de re & in libro de Annis, mensibus & cæteris plura scripsimus. Suidas βοηδρόμια Atheniensium festum scribit, quo die Xuthus summa festinatione Atheniensibus opem tulit, cùm ab Eumolpo Neptuni vrgerentur, Athenis regnante Erechtheo. Plut. in Theseum retulit, cùm victoriam de Amazonibus reportasset: Sedenim Apollinis Boëdromij. & Callimachus meminit in hymno,

Phœbe Boëdromion multi te nomine dicunt,

De Deis Gentium.   s 3   Complu

Complures Clariûm, tibi multum est vndique nomen;
Ast ego Carneum patrio te more vocabo.
Hoc est, si Græcè mauis,

ὦ πολλοῖς, πολλοῖσι θεῶν ἀρθρῶν καλλίων.
Πολλῶ ἠκλάδιον, πάντη δὲ τοι ὄνομα πολύ,
Αὐτάρ ἐγὼ καρνεῖον, ἐμοὶ πατρώων, &c. quæ de Carneis subdit

Μεταγειτνίων, & μετα γείτνι.ℭ Apollo, itidem cultus & nuncupatus ab Atheniensibus, cuius & celebritas μεταγείτνια vocitata celebratur, & secundus ab eis mensis dictus Metagetnion, quâ de re Hyperides in oratione quæ pro Xenippo dicta est. idem scripsit & Lysimachides, in libro de Atheniensium mensibus: item Plut. in libello de exilio. Sed & Val. Arpocration, & Suidas, & nos ab eis de Annis & mensibus, &c.

Abæus Apollo cognominatus ab vrbe Phocidis Abæ, vbi templû fuit Apollinis, in quo dabantur oracula, priusquàm in Delphis darentur, vt Stephanus scribit. Huius templi meminit & Pausanias in Phocaicis: Abæ, inquit, vrbs dicta, ab Abante Lyncei & Hypermestræ filio nuncupata, quæ Apollini dicata fuit. erat in ea vetustissimum Apollinis oraculû, quod ab exercitu Xerxis conflagratum est.

Lithesius, λιθήσιος ℭ Apollo, in Litho Maleæ constitutus, vt Rhianus in tertio Iliacôn. meminêre Suidas & Stephanus.

Geruntius Apollo apud Thracas, de quo T. Liuius libro octauo quartæ Dec. Eo die, inquit, ad Hebrum fluuium peruentum, inde Aeniorum fines præter Apollinis, Geruntium quem vocant incolæ, templum superant.

Telchinius Apollo cognominatus, teste Diodoro, à Telchiniis Rhodi habitatoribus, qui cum Calphurnia Oceani filia nutriuisse feruntur Neptunum, à Rhea illis alendum datum, clàm Saturno. Fuerunt autem Telchines, licet de ipsis alibi copiosius, artium nonnullarum artifices, & inuentores peritissimi. nam & ipsi deorum statuas excogitarût, quæ & ab eorum nomine Telchines vocabantur: vti fuit apud Lindios Apollo Telchinius, apud Ialysios Iuno & nymphæ Telchiniæ, item apud Camirænos Iuno Telchinia. Pausanias in Bœot.

Καρνεῖος, Carneus Apollo, cuius crebra mentio apud auctores. Huic deo Carnea celebritas, non modò apud Lacedæmonios peragebatur, sed tota fermè Græcia, & alibi quoque gentium, vt Pindarus in Pyth. ostendit, & elegátissimè in hymno ad Apollinem Callimachus. De carniis sacris Athenæus in quarto ex Demetrio Sceptio plura perscribit, moremque in eis seruatum. Ab hac celebritate, vel à deo potius, modos Carneos nuncupatos existimo: quibus delectatum Timotheum Milesium, in historia Lyricorum poëtarû scripsimus: quod & in Laconicis Apophth. Plutarchus. Pausanias etiam Terpandrum scribit, ex Hellanici sententia, primum omnium Carnea vicisse. Sanè Carneum Apollinem quidam à Carno genere ex Acarnania, vocatum existimant: alij à Carno Iouis & Europes filio, quod Praxilla poëtria scripsit, & Hesychius recitat, qui ab Apolline & Latona fuerit educatus, quidam à Carno vate denominatum putant, qui vnus ex Heraclidis fuerit: ex cuius nece pestilentia concepta sedari non potuit, nisi Carnea Apollini instituerentur. Plura Pausanias. Sunt qui ideo Carneum Apollinem vocitatum autumnent, quòd cùm in Ida Græci cornum arborem succidissent, quam κράνειαν illi vocant, ex luco Apollinis, ad equum fabricandum, deum ea re iratum, & nominatum Carneû, literæ vnius inuersione. lege Pausaniam in Laconicis, & quem dixi Callimachi hymnum, & in eum Scholia. Hinc etiam Carneatæ deducti, qui tenera ætate per sortem eligebantur, ad hæc ipsa sacra ministranda. auctor est Hesychius. Porrò Carnia, seu Carnea, nouem diebus celebrabantur: & militaris cuiusdam conuictus speciem præ se ferebant. sub tentoriis enim, quæ σκιάδια, id est vmbracula dicebantur, nouem in singulo quoq; vmbraculo describebant à trinis delecti tribubus, ibique facilis ac sine lautitia, militaris in modum conuictus fuit, atque omnia sub quodam modo imperio, vt in castris mos fieri, erat.

Mystes Apollo cognominatus à populis Lydiæ, de quo hæc fermè Artemidorus Ephesius, qui se Daldianum vocari maluit, in lib. secundi calce Onirocriticôn. Ne quid ergo mirum sit, Apollinem in Daldia, quem ipsi patria voce Mysten nuncupamus. Sanè hoc nomine Græci sacerdotem vocant.

Genitoris, id est, γενέτορος ℭ Apollinis ara Deli fuit de qua Cloatius Verus Ordinatorum libro

Syntagma VII.   211

libro secundo, & Censorinus in lib. de Die natali, scribunt, quòd apud eam hostia nullacæ detetur, sed tantùm solenni die prece eum venerabantur, idem tradit & Timæus. Verba verò Cloatij hæc sunt: Deli ara est Apollinis γενέτορος, in qua nullum animal sacrificatur: quam Pythagoram velut inuiolatam adorasse produnt. id pluribus Laërtius attestatur. De hac ara Vergiliū intellexisse existimāt Macrobius, cùm cecinit, Da pater augurium. Meminit & huius aræ M. Cato de Liberis educandis, in hæc verba: Nutrix hæc omnia faciebat in verbenis ac tubis, sine hostiis, vt Deli ad Apollinis Genitiui aram. vbi Genitiui vocabulum notandum est.

Ἀκερσεκόμης, id est, intonsus Apollo dictus fuit, vt Pollux in secundo de tonsoribus, & Philostratus in Heroicis. At Hesychius, ἀκερσεκόμης, inquit, ὁ ἄκαρτος (non vt passim in vulgatis exemplaribus legitur, ἄκαρπος) id est, intonsus comas. ex quo indicatur τὸ ἀπένθον, quòd minimè lugubris sit: & propterea Phœbus Apollo dicitur, quòd ab omni πάθει & affectu purus sit. Hæc Hesychius. hoc verò cognomine Homerus, & Orpheus, aliique poëtæ appellant Apollinem. Pindarus etiam ἀκερσοκόμης, παρὰ τὸ ϛ καὶ κερσκείρειν, quod non tondeat comas: nostri ideo Intonsum vocant. Propertius in tertio:

    Dum petit intonsi Pythia regna dei.

Ἀκερσοκόμην etiam Phurnutus appellat. Latinorum quidam interpretum existimant, illud apud Iuuenalem in octauo,

    Si nemo tribunal   Vendit Acersecomes.

Accipi pro puero intonso & comato, qui in deliciis haberetur:

Eutresites, Ἐυτρησίτης Apollo cognominatus fuit, cuius fanum & oraculum valde illustre Stephanus commemorat: dictus verò à pago Eutresi, cuius & Homerus meminit. erat autem propter viam quæ ducebat ex Thespiis Platæas, quam cōstruxerat Zethus & Amphion. vocata verò Eutresis, propterea quòd multis ῥύμαις ante eam vterentur. meminit & Strabo in nono.

Acræphius Apollo nominatus, vt Stephanus testatur, ab Acræphia Bœotiæ vrbe, quæ & Acræphion neutro genere à Strabone & Pausania effertur, quam Athamas condidit: vel vt alij tradunt, Acræpheus, filius Apollinis, & mons, vocatus à Ptoo, filio ipsius & Euxippes: vel dictus, quoniam Latona ibi dum vellet parere, ἐπήξυοι, id est pertimuit, vt suprà copiosius relatum est ex Isaacio, in Ptoo Apolline.

Halæi Apollinis templum in Italia, iuxta Crotonam, construxit Philoctetes, erroribus suis finem statuens. in eo arcum & sagittas deposuit.

Ἐμβάσιος, & ἐκβάσιος, Apollinis cognomina: hoc est, Inscendens, & descendens nauim. Apollinem docuimus in nostro de Nauigiis, diuersis cognominibus ex re nautica à veteribus nuncupatum fuisse. Nam ἐμβάσιος dictus est, ab ingressu nauis: cui Iason cùm Argo nauem esset conscensurus, rem sacram fecit, vt pluribus in primo docet Apollonius. Eidem quoque cùm è naui exirent, sacrificabant: qua ex re ἐκβάσιος, hoc est egrediens est nuncupatus, vt idem docet Apollonius. Deilochus tamen non Ecbasium, sed Iasonium vocauit. Socrates verò his cognominibus Cyzicenum Apollinem vocatum scribit. De littorali quidem, id est, Actio & Epactio, ante iam scripsimus. vocabatur & Epibaterius, vt ante docuimus.

Comæus Apollo, vel vt alij scribunt, Cumæus, colebatur in vrbe Seleucia, de quo sic Ammianus Marcellinus libro XXIII. historiæ suæ: Post hanc (inquit) Seleucia, ambitiosum opus Nicanoris Seleuci, quæ per duces Veri Cæsaris, vt antè retulimus, expulsa, auulsum sedibus simulacrum Comæi Apollinis, perlatúmque Romam in æde Apollinis Palatini deorum antistites collocarunt. Fertur autem, quòd post direptum hoc idem figmentum incensa ciuitate, milites fanum scrutantes, inuenêre foramen angustum, quo reserato vt preciosum aliquid inuenirent, ex adyto quodam concluso à Chaldæorum arcanis labes primordialis exiluit, quæ insanabilium vi concepta morborum eiusdem Seueri Marci Ant. temporibus, ab ipsis Persarum finibus ad vsque Rhenum, per Gallias, cuncta contagiis polluebat, & mortibus. hæc ille: cuius verba, vt res ipsa, monstrosa mihi videntur. Comæi Apollinis meminit Athenæus in lib. Dipnosophiston. Sedenim quoque scribit Bapt. Leo Albertus, ex Iulij Capitolini historici sententia, apud Babyloniam in Apollinis templo arculā inuectam auream peructustam, ex qua aër corruptus inclusus, cùm ea infringeretur, sese effudit: qui non solù præsentes interemit, sed

s 4   etiam

etiam finitimas regiones contagio infecit. Porrò & Cumæus, vel Cumanus Apollo commemoratur à D. Augustino, libro tertio de ciuitate dei: Neque enim, inquit, Apollo ille Cumanus, cùm aduersus Achæos, regémque Aristonicum à Romanis bellaretur, quatriduo fleuisse nunciatus est. reliquum historiæ ipse Augustinus prosequitur. Iul. Obsequens in libro de Prodigiis, huius Apollinis flentis meminit, sed non cognominis: Apollinis, inquit, simulacrum lacrymauit per quatriduum. de horum vtro intellexerit T. Liuius libro octauo quartæ Dec. non satis adhuc decreui. sic enim scribit: Transgressi Mæandrum, ad Hieram Comen peruenerunt. Fanum ibi augustum Apollinis, & oraculum, sortes autem versibus haud inconditis dare vates dicuntur, &c.

Themenites Apollo etiam cognominatus. Sueton. Tranquillus de signis mortis Tiberij Cæsaris. Supremo natali suo Apollinem Themenitem, & amplitudinis & artis eximiæ aduectum Syracusis, vt in bibliotheca noui templi poneretur, viderat per quietem, affirmantem sibi, non posse se ab ipso dedicari. quo in loco interpretes, viri doctissimi, alter Temenitem sine afflatu, à τήμενος, id est luco deriuat, vel à loco: alter amplius, à fonte agri Syracusani Temenite, cuius meminit Plin. Mox idem, quoniam M. Cicero in Verrem, in oratione pro signis, Apollinis Themitis meminit, sententiam mutare videtur, & Temenitem in Themiten mutat, atque à Themi deflectit. Ego aliud nihil habeo. Illud tantùm dixerim, Thucydidem libro septimo montis verticem Temeniten vocare Syracusis, in quem Gylippus copias abduxit. Porrò Ciceron. exemplaria VI. in Verrem actione variant. quædam Thesmoten habent, alia Tenniten Apollinem. ego in tanta varietate, Temeniten potius lego. Sed enim Apollinem præterea comperi cognominatum Teneaten, à vico Corinthio, vt est apud Strabonem. Sed & Themaniten dicimus, à loco Chaldææ in sacra historia.

Gergithius Apollo appellatus est, teste Stephano, à Gergitho Troiæ vrbe, quæ & Gergis Gergithos in genitiuo dicitur, & hæc Gergithos, ti. Ex hac fuit Sibylla, quæ oracula reddebat: quam & Gergithij in suis nomismatibus imprimebant vnà cum sphinge, vt Phlegon in primo Olympiadon. In templo verò Apollinis Gergithij, huius Sibyllæ tradunt fuisse sepulcrum. huius etiam in Sibyllis memini.

Hyacinthides, Apollinis cognométum, ab Hyacintho, cuius est fabula notissima: vnde & Hyacinthia festa, cùm apud alias gentes, tum præcipuè apud Lacedæmonios: vt Ouidius, Hesychius, Phauorinus, alij, sunt auctores.

Cous Apollo, cuius templum & lucum celebrat Dion lib. hist. L 1. ait enim, Turulium, cùm arbores Apollinis Coi incidere fecisset, vt naues fabricaret, ab Augusto iussum necari. Atqui Dion hoc loci non Apolliniis, sed Aesculapij nomen habet. Ex Græco Codice, Ben. Aegius.

Thymbræus Apollo, vt Strabo lib. XIII. scribit, dictus est à Thymbra cápo, qui Troiæ proximus fuit: & Thymbræus fluuius, qui per eum fluit, in Scamandrum immittens, prope Apollinis Thymbræi templum, L stadiis distabat. Vergilius: Da propriam Thymbræ domum. Statius ad Apollinem, Seu Troiam Thymbræus habes. quibus in locis grámatici, Seruius & Lactantius, hic in primo Theb. ille in tertio Aeneid. tradunt, Thymbræus Apollo dicitur ab agro Troiæ vicino, pleno thymbræ herbæ, in quo eius est nemus & templú, vbi à Paride Achilles occisus est, vnde fingitur manu Apollinis vulneratus. Ergo Thymbræus, vt Delius, dicitur. Ná numina à locis frequenter nomen accipiunt. Sanè quia Græcè θύμβρα facit, in deriuatione υ in diphthongú sæpius mutat: vt Aetnæ Aetnæus, Dircæ Dircæus. hæc Seruius. Sed & quidá Thymbræú dictú arbitrantur, quasi ὁ τὰς ὄμβρα, hoc est ponens pluuias. Sedenim Hesychius etiá Thymbracú appellare videtur. ait enim: Thymbra locus est Ilij, propter Thymbram fluuium, sic nuncupatum, ab antiqua vrbe distantè stadiis x, vbi & Apollinis Thymbraci téplú: nisi medo se potius, vt sexcéta in eo auctore, legatur Thymbraci pro Thymbræi. Apud Festú etiá male monte Thymbræú pro cápo legitur. Sanè & in eadé Troiæ regione, hoc est in Pergamo, Apollo colebatur: vbi & templú ipsius, quod vel celebre fuisse innuit poëta Homer. lib. Iliad. 5, in quod (inquit) vulneratus à Diomede Aeneas ab Apolline delatus, sanitate restitutus à Latona & Diana.

Τυρβηνὸς etiam Apollinis cognomen apud Hesychium. putauerim ego, quòd Elei τυρβηνὸν aëra vocant: vtcunque, certi nihil præterea habeo.

Aphetor, hoc est ἀφήτωρ Apollo nuncupatus, quasi emissor, vt Hesychius testatur: ab
emit

emittendis & edendis oraculis, vel sagittis & radiis, vtrique enim conuenit. Strabo quoque in nono meminit, etiam Homeri versus afferens: & Aelianus lib. v 1. de thesauro à Delphis quæsito in Pythone, afferens hos Homeri versus:

 Nec quot marmoreis Pytho petrosa recludit
 Sedibus, excelsas habitat quas Phœbus Aphetor.

Porrò etiam ἄφετοι dicuntur deo dicati, vt γυναῖκες ἄφετοι: & ἄφετοι κόραι, quæ sacratæ deis, vt nostræ moniales. sic & Athenæus vocare videtur animalia sacra, quæ passim vagantur, vt hodie Antonianæ sues.

Enholmos Apollo cùm ab aliis, tum à Sophocle appellatus est: vnde & vates Enholmides vocantur. Holmos inter multa quæ significat apud Græcos, tripus est, & locus vbi Pythia vaticinabatur. plura in prouerbio, ἐν ὅλμῳ.

Grynæus Apollo celebratissimus, de quo sic Strabo libro tertiodecimo: Grynæum, inquit, Myrineorum oppidum, & Apollinis fanum, & peruetustum oraculum & templum, candido lapide sumptuosum. Hinc videtur Myrinus, vel Murinus appellari Apollo à Martiale, qui est Grynæus:

 Campis diues Apollo sit Murinis.

Etsi alij de Smintheo intelligunt. nam y verti in u apud antiquos, notissimum est. Plinius libro trigesimo secũdo: Nam in Lyciæ Myris fonte Apollinis, quem Dium appellant, ter fistula euocati veniunt ad augurium. quin Ethicus noster Murinos populos in sexto vltra Taurum montem commemorat. de Grynæo verò Vergilius,

 His tibi Grynæo nemorum dicatur origo.

Item in Aeneid. quarto:

 Sed nunc Italiam magnam Grynæus Apollo.

Vbi Seruius, non oppidum, sed nemus Grynæum vocat. ait enim: Iuxta Clazomenas nemus est Grynæum, vbi Apollo colebatur. Stephanus verò: γρύνοι, ait oppidũ Myrenæorum, vbi & fanum Apollinis, & vetustum oraculum, sumptuosum albo lapide, in quo colitur. Hecatæus verò vrbem Grynæam vocant, vnde gentile Grynæus. Dicitur & γρύνειος, & γρύνειος Ἀπόλλων, vt Parthenius ait in Delo. Dicimus etiã Ionicè γρυνήιος, &c. Orpheus in hymno, quem illi cum suffimento mannæ thuris concinuit, Grynium ait:

 Grynie te Smintheu, Pythoctone, Delphice vates.

Paus. etiam in Attica, vbi de thoracibus linteis, quibus in venationibus leonum & pardorum dentes franguntur, multa diceret: Huius generis, inquit, cùm alibi θωράκιον τ᾽ λινῶν multos videas, tum in Grynço, vbi Apollinis nemus pulcherrimum arboribus sylueftribus & satiuis, & earum omnium, cùm fructiferæ non sint, aut odore delectant, aut aspectu. Grynæi meminit & Athenæus.

Παρνόπιος, id est, culiciarius Apollo, vt Domitius exponit, colebatur: cuius simulacrum ad Phidiæ opera refertur. Ideo verò appellatus, quoniam infestos olim agro πάρνοπας, id est, culices propulsauerit. quo autem pacto abegerit, non est quod sciam literis proditum. auctor in Attica Pausanias. Sunt qui πάρνοπας locustas interpretentur.

Philalexander Apollo, ab Alexandro cognominatus. Nam vt Diodorus Siculus scribit. cum Apollini catenas aureas & compedes à Tyriis iniectas Alexander detraxisset, Philalexandrum vocari voluit, post Tyri direptionem. Pluribus idem Diodorus historiam explicat.

Argyrotoxus Apollo vocatus ab argenteo & splendido arcu, quo Pythonem serpẽtem confecit. vel à sagittis, quippe τόξος vtrunque significat, vt alibi docui. vel sic dictus, quòd Sol cùm sit, per summum orbis ambitum discurrens, velut arcus quidam, qui Græcè τόξος dicitur, figuratur alba & argenti specie. Sed & ἄργυρον aliquando pro pulchro Græci capiunt, vt alibi notauimus. Quin & Pindarus ἀργυρόπεζαν ἀφροδίτην ideo in Pythiis vocauit, & Pollux Thetin, vt suo loco est ostensum. Argyrotoxi Apollinis & Macrobius meminit. Hesychius etiam ait, τ᾽ μὲν ἄκαιρον ἰόντα ἐπ᾽ ἀργυρότοξος ἀπόλλων. Dicitur idem & χρυσότοξος, hoc est aureum ferens arcum: & κλυτότοξος, hoc est inclitus arcu, quo crebrò vsus est Homerus, & alij.

Arcitenens à Latinis aliquando dictus. Ouidius,

 Hunc deus Arcitenens, & nunquam talibus armis, &c. in primo Metamorph. de Pythone. hunc Græci dicunt τοξοφόρον.

Auricomum Apollinẽ Latini vocant, χρυσοκόμην Græci, propter Solis radios, vt ait Phurnutus

nutus: vtque legimus apud Orpheum & Homerum, & alios. Vocatur & eadem ratione χρυσοχαίτης. Dicitur & à nostris crinitus, vt Cicero in Academ. Intendit crinitus Apollo arcum. Pindarus in Pyth. χαίτης, quasi iubatus & comosus. Repete ea quæ dicta sunt in Acersecome.

χρυσάωρ Apollo dictus, quòd ensem ferat aureum, vt ego interpretor, propter radios aureos Solis, Orph.in Argon. de Bute, ἴκελος χρυσάορι Φοίβῳ. id est, similis Chrysaori Phœbo. Hesiodus,

Φοῖβον ἀπόλλωνα χρυσάορον, ὃν τέκε Λητώ. hoc est,

Latona hunc Phœbum Chrysaoron edidit alma.
Vtitur & Homerus.

Leschecorius, λεσχηνόριος Apollo. λέσχη, nugæ & sermones dicuntur: hinc Apollo cognominatus, cùm in coronas viri ad fabulas eunt. Vide Suidam.

Λεσχηνόριον ἀπόλλωνα etiam vocatum ait Phurnutus, propterea quòd interdiu nugæ fiant, & inuicem homines sermocinentur, noctu verò quiescant. λέσχη enim nugas significant.

Orchestes Apollo à saltatione nuncupatus, à Pindaro. Idem etiam innuitur in hymnis Homeri. Quin etiam eadem ratione ab Orpheo in hymno χοροποιός vocatur.

Phyxius Apollo cognominatus, de quo Philostratus in Palamedis imagine: quem fugæ præsidem existimabant veteres, eíque rem sacram faciebant. Commentatores tamen Theocriti in Edyllio VII, super ea verba, τὰν ἐπὶ φύξας. φύξα aiunt populum esse Coi, vel locum sic nominatum, ab Herculis fuga de Cois, in quo tradunt Apollinis templum fuisse, qui à re Phyxius. Paulò pòst iidem subinferunt, à φύξα etiam φύξιον Apollinem appellari, & Pana. de Phyxio verò Ioue plura diximus suo loco.

Napæus Apollo dictus, vt Stephanus scribit, cuius hæc sunt verba νάπη, inquit, vrbs Lesbi. Hellanicus in secundo Lesbicôn, ciuis Napæus, & Apollo Napæus. Sunt & Napæi continentis. est & pars montis νάπη & Napæus, qui ex eo est. Napæi porrò Apollinis, grammatici Latini quidam meminére, vt Macrobius.

Telmissius Apollo, vt idem scribit Stephanus, appellatus fuit à Telmisso, qui ex Hyperboreis venit, & in Caria constitit, vbi Telmissij fanum Apollinis construxit. Telmissum aliqui Apollinis filium scribunt. ex Themisto Zabij Hyperboreorum regis filia: & fratrem Galeotæ, qui in Sicilia oracula obtinuit: vnde Galeotæ dicti in Sicilia, eius successores.

Ἐυθύντης Apollo, id est Intritus, vel deliciose paratus, ab Atheniensibus nuncupatus, vt ait Hesychius & Arpocration. ἔθρυπτα enim bellaria dicuntur, deliciose parata, quæ in sacris inserebantur: vnde forte Apollini nomen inditum. Vtrunque lege, qui plura docent.

Thornax Apollo dictus, & eodem nomine ipsius dei templum, vt Hesychius scribit. est autem θόρναξ mons Laconiæ, vt in quarto Nicolaus prodidit, & Stephanus. eadem vox, teste Hesychio, scabellum, seu suppedaneum denotat.

Προόψιος Apollo, id est præuidens, vel præsagus, vt in Attica Pausan. interpretatur Domitius.

Δεκατηφόρος Apollo, vt idem interpretatur Domitius, Decumanus Apollo, qui cognominatur, Aegyptiorum simulacris persimilis fuit: vt is quem Archogeneten vocitabant, & in Aegineticis operibus videtur. ex ebeno confectis. lege Paus. in Attica.

Λαρισηνὸς ἀπόλλων, Larissenus Apollo denominatus fuit à vico Ephesi, vbi colebatur, non procul à Tmolo, in capis Caystri: sicut Strabo & Stephanus tradunt. dicitur & Larissæus.

Polio Apollini nuncupato priscis temporibus, ait Pausan. in Bœot. tauros Thebani immolabant. πολιός verò dictus est canus, non quòd imberbis hoc loco fingeretur, sed canus & capillatus.

Amazonius Apollo, sic dictus apud Lacedæmonios, quoniam in agro Pyrrhichio Amazones contra Græcos pugnare desierant. vnde ibi Astrateæ Dianæ sacellum constructum fuit, Amazonij Apollinis & Paus. in Laconicis meminit.

Stobæus Apollo, cuius oraculum fuit apud Abas, locum Phocidis: Hesychius.

Tilphossius Apollo, sic appellatus à monte & fonte, vt Strabo docet in nono. Pausanias tamen Tilphusam vocat, cuius aqua epota Tiresias expirasse proditur. Sunt & qui Telphusium vocant. meminit & Homerus in hymnis.

Phylleus Apollo, nuncupatus à Phyllo, in terra Phthiotica: cuius fanum celebrat Strabo eodem libro nono. Stephanus legit Phyllus Phyllûtis, eam vrbem in Thessalia reponens,
& loc

Syntagma VII. 215

& locum hunc ex hoc Strabonis libro aduocat, sed dei non meminit. Citat Rhianum, qui Phyllum foeminino genere dixerit, lib. nono Thessalicorum, οἱ δ' ἄρα ὑπλωθέντες ἵσαν κραταιῷ περὶ φύλλῳ.

Tarrhæus Apollo cognominatus est, teste Stephano, ab vrbe Tarrha in Creta. nam & aliæ fuerunt & hoc nomine: altera in Lydia, & alia colonia Cretensium apud Caucasum montem. à Cretensi ergo vrbe & Apollo Tarrhæus dictus, & Lucius (quem & Lucillum legimus) Tarrhæus grammaticus, qui libros tres de prouerbiis optimos reliquit, & de literis, & quæ ad artem pertinent, λαφυρότατα. Leguntur & eius quædam in Apollonium Rhodium scholia erudita, & valde vtilia.

Selinuntius Apollo celebratur à Strabone lib.x, illiúsque oraculum.

Salganeus Apollo, teste Stephano, nuncupatus à ciuitate Bœotica, quę post Chalcidem est, attingēs Euripum, quæ Salganeus vocata fuit: cuius habitator Salganius, & Salganites, vnde Salganeus Apollo.

Musagetes Apollo, cognominatus (ait Phurnutus) quòd Musarum ductor coleretur, vt in Musis diximus, & in Hercule Orpheus in hymnis. Sed & Proclus in Plat. Musagetes, inquit, Apollo colitur, & est vnitas ad harmoniam in vniuerso. Hic autem est chorus Musarum totius numeri nouenarij, ex quibus duobus, mundus totus indissolubilibus vinculis colligatur: & reliqua, quæ ibi multa scribuntur, & in Musis retulimus.

Marmarinus Apollo, denominatus à Marmario, quod vicinum Carysto fuisse, ostendit Strabo libro decimo. Insigne verò ibi templum habuit Apollo.

Ἀλευρομάντις Apollo etiam dictus, teste Hesychio, propterea quòd & farinis, id est, ἀλείφοις fiebant vaticinia. nam ἄλευρα frumentacea & triticea, ἄλφιτα verò hordeacea dicitur, vt est apud eundem. tametsi apud Galenum & Paulum confundantur.

Tragius Apollo nuncupatus, vt ait Stephanus, à Tragæa vrbe in insula Naxo. Eupolis scribebat per epsilon, sine diphthongo, Tragea. Fuit & alia Tragea prope Cycladas, ex qua fuit Theogeton Peripateticus philosophus, Aristotelis familiaris.

Ixius Apollo Rhodi cultus fuit: appellatus verò, vt ex Artemidoro scribit Stephanus, ab Ixis Rhodi regiuncula, quæ ab Ixo portu denominata fuit.

Lathrius Apollo cognominatus, vt in decimo Strabo testis est, qui eius prope Calydonem templum celebrat.

Styracites Apollo cultus & nominatus: Styracion enim mons Cretę fuit. inde qui eum incolunt, Styracitæ appellati sunt: Stephanus.

Illeus Apollo in Troia dicitur, ab eodem Stephano.

Aegletus Apollo cultus ab Anaphe, quæ non multùm à Creta distat, vt Strabo auctor est. De quo & Apollonius lib. 1 1 1 1. Argonauticôn. In ea fuit Aegleti Apollinis templum. meminit Callimachus hoc carmine,

Αἰγλήτην ἀνάφην τε λακωνίδι γέιτονα θήρᾳ.

Inuenio & Egretum alicubi nuncupatum. Phurnutus quidem Anaphæum Apollinem nominat, sed nescio an Aegletum intelligat, qua de re suprà in Delio & Phanæo disserui.

Mantous etiam à vaticiniis Apollo nominari videtur, si rectè Plutarchi verba de animi tranquillitate, id est, εὐθυμία consideremus.

Δυνάςῃ, Apollinem Theopompus & Hesychius vocarunt: qua voce & Latini vsi sunt, pro præfecto regionis alicuius. hinc & Dynastia, ipsa præfectura.

Cataonis Apollinis Strabo ita meminit, de Melitena & Cataonum campis. Habet, ait, etiam Apollinis Cataonis delubrum, quod in tota colitur Cappadocia. Porrò Cataoniam ad extremam Tauri montis partem constituit Stephanus.

Ἔνθρυπτος ab Atheniēsibus Apollo dictus, teste Suida. est verò ἔνθρυπτον cibi genus, aut placentæ, aut intriti.

Cillæus Apollo, cuius Strabo nec semel meminit in x 1 1 1. In agro, inquit, Adramitteno est Chrysa & Cilla: nunc quoque prope Thebam est locus quidam Cilla appellatus, in quo Cillæi Apollinis templum est. Hunc locum Cillæus amnis præterlabitur, ex Ida monte delatus. Idem non multò pòst: Est etiam Cillæus mons inter Gargara & Antandrum. testis est Daës Colonæus, apud Colonas Cillæi Apollinis templum ab Aeolibus è Græcia nauigantibus ædificatum esse. dicunt etiam Chrysæum Apollinem Cillæum esse. Non longe porrò à Cillæi Apollinis templo Cilli monumentum fuit, ingens quidam tumulus:
Cillum

Cillum verò Pelopis aurigam, & ducem Locrorum dicunt.

Cirrhæus etiã nuncupatus Apollo ab vrbe Cirrha, vt Strabo ait sub Cyrphi rupe Delphica. Non ignoro secus à grãmaticis tradi. Statius in octauo Theb. de Amphiarao rapto,
Hæc Tenedon Cirrhámque dies, partúque ligatam
Delon, & intonsi claudet penetralia Branchi.

ἥλιος, Helius, vt notissimum est, Græcis Sol vocatur, ab ἅλις, quod eat. vnde Heliades dictæ, quæ & Phaëtontiades, Apollinis sorores nymphæ. Vocatur & interdum ἥλιος, sed & Doricè ἅλιος. quin & Cretenses vt scribit Hesychius, ἀβέλιον nuncupabant. Persæ verò κῦρον Solem nuncupabant: vnde quidam Cyrum, qui à cane nutritus est, dictum putauêre, eodem Hesychio auctore. τέλος item Sol dictus, & Samasa, ab Arabibus. Stephanus. σαὰς verò Sol à Babyloniis: Hesychius. Scythæ autem Oetosyron vocant: Herodotus & Hesychius.

Erisatheus Apollo dictus: idem Hesychius, in Attica.

ἔναυρος Apollo, ab aura (vt videtur) deductus: Hesychius.

Cassius Apollo à Menādro vocatus cuius ara in comœdiæ scena statuta fuit. Cœl. Rho.

Astypalæus Apollo ab insula, & Odrysseus à fluuio. Strabo lib. x 1 & x 1 1.

Σκίκος, Sol ab Archilocho, alij caniculam, Ibycus verò eo nomine astra omnia appellauit, vt Hesychius notat.

εὐγβαλος, Apollo etiã dictus, quòd latè & vbique luceat, emicétq;: idē auctor Hesychius.

Σωτέρας Apollo in Argo, à loco dictus, idem qui suprà: in Corintho verò nuncupatus fuit Apollo ζωστηρὴς. Legimus insuper ϑυσπέλμιον cognomentum fuisse Apollinis, sed & Ionis apud Hesychium, & ὄρσιππος ἀπόλλων. Item in Mileto, ϑυλιος ἀπόλλων. item ϑιάξω. Appellatus est etiam interdum ab artificibus, vt apud Pausaniam in Attica, Dionysiodoti. vnde mirum est Domitium, alioqui virum doctum, ita vertisse: Phlyenses autem Myrinusij habent aras Apollinis ductoris, Bacchi & Dianæ luciferæ. Cùm Apollonis Dionysiodoti legendum sit, & Dianæ Selaphoræ.

Thecmius etiam Apollo cognominatus, & in Olympia cultus, vt in Eliacis idem Pausan. est auctor.

Corynthus etiam Apollo cognominatus est, de quo sic Pausan. in 4. A Corone, inquit, stadia propè octoginta progressis Apollinis templum in ora maritima est, magna religione percelebre. nam & omnium esse antiquissimũ, autumant Messenij, & Deus ipse (quem Corynthium Apollinem nuncupant) certam laborantibus morborum opem impertit.

Oetosyrus Apollo vocatus à Scythis, vt Herodotus & Hesychius cōsentiunt. quo magis mirum mihi visum, Parrhasiũ in poëtica Horatij scripsisse, Scythas Gongosiron Apollinem vocasse,

Sciallius Apollo: vide Macrobium. Sosianus, vel Susianus Romam aduectus: Plinius.

Aperca Apollo, quòd patente cortina responsa præberet; Festus.

Sed age, Heliopolitani Apollinis simulacrum nostris his nugis ex Macrobio ascribamus: Aureum simulacrum, inquit, specie imberbi instat dextra eleuata cum flagro in aurigæ modum, læua tenet fulmen & spicas. Vehebatur simulacrum hoc ferculo, veluti deuehebatur in pompa ludorum Circensium, deorũ imagines, & subibant plerique prouinciæ proceres raso capite, longi temporis castimonia puri; ferebántq; diuino spiritu, nõ suo arbitrio, sed quò deus propellebat. consulebant autem hunc non solùm præsentes, sed absentes, missis diplomatibus consignatis: qua re historiã de Traiano consulente, idem affert Macrobius. Sed nos ad alios recēsendos deos properamus. Duo tamen, antequàm finiam, prius exponam: & solis equos videlicet, & Apollinis cognomina miro artificio per capita literarum & Acrostichia Græci alphabeti carmine, vt Bacchi etiam, consignata. Nunc igitur equos Solis, quos illi poëtæ cæteríque scriptores ascribunt, tibi assero, vt pictoribus & statuariis nonnullam opem, his nostris Syntagmatibus afferamus. Ouidius in primis, vt ab hoc exordiar, hos nominat in secundo Metamorphoseos, libro:
Interea volucres, Pyrois, Eous, & Aethon,
Solis equi, quartúsque Phlegon, hinnitibus auras
Flammiferis implent.

Eosdem & commemorat Lactantius in 111 commentario Theb. Dicti illi quidem, Pyrois, qui inflectitur, vt Simois. hinc Valerius Flaccus,

Et for

Syntagma VII.   217

Et formidantem patrios Pyroënta dolores.

Ἀπὸ ☧ πυρὸς, ab igne scilicet: Eous, ab ἠώς, id est, ab aurora: Aethon, ab αἴθω, ardeo vel curro: ab vtroque enim declinari potest. Phlegon verò, à φλέγω, id est, flamma, quòd naribus flammas efflare fingatur. Martialis tamen duos solum commemorat, his versibus:

    Quid cupidum Titana tenes? iam Xanthus & Aethon Frena volunt.

Et Xanthus dicitur quasi fluuus, à flammæ videlicet colore. Fulgentius & ipse Solis equos his verbis conscribit in primo Mythologicôn: Vnde inquit, & ipsius Solis equis côdigna sic nomina posuerunt, id est, Erythræus, Actæon, Lampos, Philogeus. Erythræus Græcè rubens dicitur, quòd à matutino Sol lumine rubicundus exurgat. Actæon, splendidus dicitur, quòd tertiæ horæ momentis vehemens insistat, & lucidior fulgeat. Lampos verò, dum ad vmbilicum diei & contra arcticum conscenderit circulum. Philogeus Græcè terram amans dicitur, quòd hora nona procliuior vergens, occasibus pronus incumbat. Porrò & commentator Arati Latinus, quisquis is fuit, eosdem cum Fulgentio commemorat, & simul etiam nominum causas afferre nisus est, quas ideo apud ipsum leges: conueniunt enim adeò, vt vnus ab altero manifestè accepisse videatur. Hyginus quoque in lib. suarum fabularum ca. CLXXXIII, hos solis equos ita commemorat: Eous, per hunc cœlum verti solet: Aethiops quasi flammeus est, concoquit fruges. Hi funales sunt mares: Fœminæ, Locariæ Brote, quæ nos tonitrua appellamus: Sterope, quæ fulgetra. Huic rei auctor est Eumelus Corinthius. item quos Homerus tradit, Abrax, Aslo, Therbeeo.

Synhodus Apollo inscriptione marmorea Lanuuij legitur, quæ à M. Aurelio Augusto posita fuit.

Acrostichia icosipentasticha, vt Græci dicunt, ingeniosissima, quæ Latinè verti non potest, cuius hoc primum carmen est,

Ingentem Pæana cano, tua nomina, Apollo:

    Ὑμνέω παῖδα μέγαν θεὸν ἀπόλλωνα,
    Ἄβροτον, ἀγλαόμορφον, ἀκιβρονόμων, ἀβροχαίτην,
    Βατιώνον, βασιλῆα, βελεαριχαρῆ, βιολύτην,
    Γηδότην, γελόωντα, γιγαντολέτην, γλυκύθυμον,
    Διογενῆ, διόπαιδα, δρακοντολέτην, δαφνογηθῆ,
    Εὔλαλον, σιβυλλέα, ἑκατηβόλον, ἐλπιδιώτην,
    Ζωαγόνον, ζάθεον, ζηνόφρονα, ζωοθετῆρα,
    Ἤπιον, ἠδυτενῆ, ἠδυθροον, ἡσυχεργα,
    Θηροφόνον, θαλερον, θελξίφρονα, θελκτεσίμυθον,
    Ἰαφέτην, ἱμερτόν, ἱλίον, ἱπποκορυστήν,
    Κοσμοπλόκον, κλάριον, κραισροφρονα, μαροτογένεθλον,
    Λητογενῆ, λάριον, λυροηδεία, λαμπετόωντα,
    Μυθοπόλον μάντιν, μεγαλήτορα, μερόμορφον,
    Νεβροχαρῆ, νοερον, νηπιωδία, νηφαλόωντα,
    Ξινοχαρῆ, ξινον, ξινοφρονα, ξινοθετῆρα,
    Ὄλβιον, ὀλβιόδρυον, ὀλύμπιον, θρεσιφολέτην,
    Πρηὺν, παναλφῆ, πανασπίμονα, πλυτοθετῆρα,
    ῥυσίπορον, ῥοδόχρον, ῥηξίμορα, ῥηξικέλευθον,
    Σιγαλόεντα, σοφον, σελαγηγενέτην, σωτῆρα,
    Τερψίχορον, τιτᾶνα, τελέφορα, τιμήεντα,
    Ὑμναγόρην, ὕπατον, ὑψώχρεα, ὑψτόεντα,
    Φοῖβον, φοιβάζοντα, φιλεσίφανον, φερωνυμῆ,
    Χρυσαγόρην, χρύσεον, χρυσόχροα, χρυσοβέλεμνον,
    Ψαλμοχαρῆ, ψάλτην, ψυσίζυγα, ψυχοθετῆρα,
    Ὤνυπον, ὠκυπῆ, ὠκυβόητον, ὠρεσιδιώτην.

AESCVLAPIVS.

AEsculapius medicinam primus, ab Apolline patre institutus, mortalib. inuexisse, seu inuenisse dicitur, ipse siquidem perfectam, & numeris suis omnibus absolutam adinuenit: mox illius successores ab eo Asclepiadæ nuncupati, velut hæreditariã acceptam, per manus traditam excoluêre, posterisq; subinde inuulgarunt, vsque ad Hippocratem, qui eã consummauit. Sed ista Medicis mittamus: nos nostrum institutum prosequamur. Aesculapius à Græcis Ἀσκληπιὸς dictus est, Apollinis & Coronidis, vt Diodorus scribit, filius, medicinæ præses, plurima valetudini mortaliũ vtilia adinuenit. adeò autem excelluisse in ægrotorum curatione dictus, vt mortuos ab inferis excitare crederetur: quare apud Iouem accusatus

De Deis Gentium.   t   cusatus

cusatus, fulmine ictus est. quamobrem iratus Apollo, Cyclopas fulminis fabricatores interemisse dicitur. Ideóque Iupiter Apollinem homini seruire iussit. hæc Diod. Cicero vero Aesculapij nomine tres fuisse commemorat. primum Apollinem filiū, quem Arcades colebant: qui speculum inuenisse, primúsque vulnus dicitur alligauisse. secundum, secundi Mercurij, Valentis & Pheronidis filij fratrem: is fulmine percussus dicitur, humatúsque esse Cynosuris, tertium, Arsippi & Arsinoæ, qui primus purgationem alui, dentísque euulsionem, vt ferunt, inuenisse dictus est: cuius in Arcadia non longè Lusio flumine sepulcrū & lucus ostendebatur. hæc fermè Cicero. Dictus vero Aesculapius, teste Phurnuto, ἀπὸ τ̈ ἰσκλλαϑ καὶ ἀπαβάλλισϑ τω̈ν ιϑ̈ τ θανάτου γινομ{ε}νων ἐπάκλησιν. hoc est, ab excludendo & reiiciendo factum per mortem interitum. Codices Phurnuti impressi non ἰσκλλαϑ, sed ιτ̈ιαϑ habent, quasi quòd casset mortis accessum. Sed parum consona videtur deriuatio. quare alij dictū putant παρὰ τὸ τὰ ἰσκαλλ τ̈ νοσυμάτων ὑπια ποιεῖν. hoc est, ab eo quòd quæ morborum aspera sunt, mitia faciat. quidam etiam ab ἴσκαλιω καὶ ἴπι{οσ} deducunt. Phurnutus & alij scribunt, Aesculapium nutritum à Chirone centauro, medicinam verò edoctum ab Hepio: quod nomen non ociosè positum esse videtur, siquidem sedet turbationes, διὰ τῆς τ̈ ἠπίες φαρμαχίας, id est, propter medicamenti mitigationem. Sed vide quæso ne decipiare mendoso Phurnuti codice. Quippe Naso poëta noster lib. 11. Metamorph. non Hepion, sed Ocyroën vocat Chironis filiam, quæ in ἵππον, id est, equam conuersa sit. Sanè ἡπιόνην vxorem fuisse Aesculapij, testis est Paus. sic scribens: fanū est Aesculapij in quo ipsius Dei & Epiones signa erāt. Epionem verò vxorem fuisse Aesculapij memorant. Alibi verò idem scribit Paus. In luco ædes est Dianæ cum simulacro, Epiones cognomento, ex eo fortasse, quòd morbos mitigare hoc numen credatur. Xenophon in lib. de Venatione, de Chirone & Aesculapio multa eleganter prodidit. Nolim hoc loco tibi reticere verba Hygini, ex Mythologico poëtico, quæ cognitu digna sunt. Chiron centaurus Saturni filius, artem medicinam chirurgicam ex herbis primus instituit. Apollo autem artem oculariam medicinam primus fecit. tertio autem loco Aesculapius Apollinis filius Clinicen reperit. Antiqui obstetrices non habuerunt: vnde mulieres verecundia ductæ interierant. Nam Athenienses cauerant, ne quis seruus aut fœmina artem medicinam disceret. Agnodice quædam puella virgo concupiuit medicinam discere: quæ cùm concupisset, demptis capillis, habitu virili se Hierophilo cuidam tradidit in disciplinā. quæ cùm artem didicisset, & fœminam laborātem audisset ab inferiore parte, veniebat ad eam. quæ cùm credere se noluisset, æstimās virum esse: illa tunica sublata, ostendebat se fœminam esse, & ita eas curabat. quod cùm vidissent medici, se ad fœminas non admitti, Agnodicen accusare cœperūt: quòd dicerēt, eum glabrum esse, & corruptorem earum, & illas insimulare imbecillitatem. Quo, cùm Areopagitæ consedissent, Agnodicem damnare cœperunt: quibus Agnodice tunicam alleuauit, & se ostendit fœminam esse. & validius medici accusare cœperunt. quare tum firminæ principes ad iudicium conuenerūt, & dixerunt: Vos coniuges non estis, sed hostes: quia quæ salutem nobis inuenit, eam damnatis. Tunc Athenienses legem emendarunt, vt ingenuæ artem medicinam discerent. atque hactenus Hyginus. Sed nos cætera sequamur. Tarquitius de Viris illustribus, vt Lactantius Firmianus refert, Aesculapium incertis parentibus natum ait, & expositum, à venatoribúsque inuentum, canino lacte nutritum, Chironi traditum didicisse medicinam: fuisse autem Messenium, sed Epidauri habitasse. Pausanias verò lib. secundo, triplicem affert de Aesculapij origine opinionem: & primùm quidem Phlegiam ait, cùm Peloponnesum peragraret, Coronide filia grauida ex Apolline comitatus, peruenisse in Epidauri montem, cui à re nomen mox inditum Titheum, à papilla scilicet. ibi enim expositus infans, capræ papillis est nutritus, cuius custos gregis canis comes erat. Aresthanes autem pastor, dum capram canémque perquireret, cum eis infantem reperit: è cuius facie fulgor resplenduit: hic velut numen eum adorauit: atque ex eo Epidaurus tota Aesculapio est consecrata, quo loco Pausanias & templum eius & simulacrum describit. Altera verò opinio est: Coronide iam prægnante, cum Ischia Elati filio concubuisse. ob id interemptam à Diana, quòd illa Apollini factā contumeliam vlcisci voluit. Ardente verò rogo media flamma puerum à Mercurio ereptum. Tertia autem opinio, quam Paus. fabulosam putat, eiusmodi est: Aesculapium Arsinoe Leucippi filia natum: qua de re paulò post plura afferam, in eius Aesculapij cognomine Coronides. Pausanias id quidem falsum esse, ex eo Apollinis oraculo, quòd tale est, ostendit:

Asclepij

Syntagma VII.

Aſclepij auxilium cunctis mortalibus almum
Felia, quem Phlegiæ peperit mihi iuncta cubili
In campis Epidaure, tuis formoſa Coronis.

Iulianus verò Cæſar παραβάτης cognominatus, Aeſculapium ait ex Ioue natum ex νοντῶν, id eſt, ſi rectè interpretamur, mentalibus: quia ex diuina mente ſuper terram apparuiſſet, per fœcundi ſolis vitam: & Epidauri, Pergami, Tarenti, & Romæ verſatus. Contra Iulianum diſputat in primis Cyrillus Alexandreus, & eius fabulas confutat. Hermes Triſmegiſtus in Aſclepij dialogo, Aeſculapiũ oſtendit Aegyptium fuiſſe, quod etiam ſcribũt Diod. & Euſebius. Triſmegiſti verba in Aſclepio hæc ſunt: Auus, inquit, tuus ô Aſclepi, medicinæ primus inuentor, cui templum conſecratum eſt in monte Libyæ, circa Crocodiloru littus, in quo eius iacet mundanus homo: & quæ alia ſubiungit. Theodoretus Cyri vrbis epiſcopus ſcribit, quòd Homeri tempore nondum eſſet Aeſculapius in deorum numero habitus. Nam ipſe Homerus, vulnerum Martis curatorem non Aeſculapium facit, ſed Peæona. cúmque de Machaone Aeſculapij filio loquitur, hominem eum vocat, Aeſculapij abſoluti medici filium. Apollodorus in libris quos de Deis ſcripſit, Aeſculapium prodit diuinationibus & auguriis præfuiſſe: nec mirum, cùm & medicum oporteat de ægroto ea dicere quæ ſunt, quæ fuerint, quæ mox ventura ſequantur, vt ait Hippocrates. Sed Aeſculapij quoque mortis cauſa variè traditur. Pindarus in Pythiis, quopiam hymno ad Hieronem, quem & Tertullianus & Cyrillus, aliíque ſequuntur, ab Ioue fulminatum cecinit: quòd auro victus, Hippolytum in vitam reuocauerit. Alij non Hippolytum, ſed Tyndareum, alij Capanea, alij Glaucum, Minois filium. qua de re in Ophiucho plura Hyginus in Aſtronomico poëtico, & his verſibus poëta Claudianus in victoria Stiliconis contra Alaricum, ita enim canit:

Cretáque, ſi vera narratur fabula, vidit,
Minoum rupto puerum prodire ſepulcro,
Quem ſenior vates auium clangore repertum,
Gramine reſtituit, miræ nam munere ſortis,
Dulcia mella necem, vitam dedit horridus anguis.

Qui verò Orpheum ſequuti ſunt, Hymenæum dixerunt: alij Androgeum. Steſichorus, propter Capaneum & Lycurgum dixit. Alij, inter quos Polyanthus, quod Prœti filias ſanitati reſtituerit, quas Phylarchus Phinidas, id eſt, Phinei filias dixit. Teleſarchus quidem Fulminatum Aeſculapium ait, quòd Oriona voluerit in vitam reuocare. Pherecydes porrò id tradit, quòd qui Delphis interirent, vitæ redderet. D. Epiphanius in Ancorato: Euclees, inquit, ab Aeſculapio reſuſcitatus. Quidam legunt, Euricleas. nam ſic Pythia prius dicebatur, vt in Pythio Apolline dictum. Staphylus tamen nullum ab inferis ab Aeſculapio excitatum ſcripſit, ſed tantùm ſanatum Hippolytum, ex Trœzene fugientem. Adeò Græcis fabulari placuit. Variè quoque eius ſimulacra effinxit antiquitas. Pauſanias, Aeſculapij ſimulacrum ex auro & ebore à Thraſymede Pario elaboratum deſcribit. Is in throno ſedebat, virgam tenens in manu: ſupra verò draconis caput manum alteram habebat, cui etiam canis aſſiſtere videbatur. Hæc Pauſanias: qui & alibi, hoc eſt apud Sicyonios, Aſclepieum fuiſſe ait, hoc eſt, Aeſculapij templum, in cuius veſtibulo imberbis erat Aeſculapius, ex auro atque ebore confectus, Calamidis opus, ſceptrum vna, altera verò manu domeſticæ pinus pomum tenebat. Dicebant ipſum, in draconis ſpeciem ad ſe ex Epidauro mulorum bigis vectum, idque factum fuiſſe à Nicanora, fœmina Sicyonia, matre Agaſiclei, Echetimi vxore. Adeò non Romanis tantùm ſerpens Epidaurius eſt impertitus. Euſebius etiam ſimulacris Aeſculapij in manu baculũ attribuit, quaſi (vt ait) ægrotantium ſuſtentaculum. Serpentem verò inuolutum, animæ & corporis ſalutare ſignum: quo loco multa Euſebius de ſerpentibus tradit, vt ſpiritualibus, ex recondita diſciplina. Hinc & Macrobius, Aeſculapij ſimulacrum ait, draconem ſalutis ſymbolum ſubiungi. idem & Phurnutus, qui & cur baculum gerat, exponit. Sed & Hyginus in Aſtronomico, de baculo & angue, ſeu dracone, ita in Ophiucho ſcribit: Cùm Aeſculapius Glaucũ cogeretur ſanare, incluſus quodam loco ſecreto, bacillum tenens manu, cùm quid ageret, cogitaret, dicitur anguis ad bacillum eius arrepuiſſe: quem Aeſculapius mente commotus interfecit, bacillo fugientem feriens ſæpius. Poſtea fertur alter anguis eòdem veniſſe, ore ferens herbam, & in caput eius impoſuiſſe: quo facto, loco fugiſſe. quare Aeſculapium vſum esse herba eadem, Glaucum reuixisse: itaque anguis in tutela Aesculapij esse dicitur. Apud Aelianum hoc etiam notaui, Parian serpentem, quam Apollodorus paruã vocabat, igneo esse colore, & acerrimo oculorum visu, ore largo: ex quo fit, vt nihil mordendo noceat. Quin etiam mitis esse dicitur, & propterea (inquit) deorum humanissimo Aesculapio ipsum consecrarunt, eiúsque ministerio dedicarunt. hæc fermè ille. Sed de draconum natura cùm alij multa, tum Philostratus in Imaginibus. Vnde etiam thesauros custodire poëtæ dixêre, vt Hesperidum hortos, & vellus aureum apud Colchos. Plinius, aliíque, dracones ad salubritatem referunt. Macrobius, eos etiam annuas exuuias ponere ac renouare ait. Quod verò acutissimè cernant ac intueantur, & ad medicum pertinet, & ad custodiam. Nam & eius nominis etymologia argumentum esse potest. Dracones enim dicuntur ἀπὸ τȣ̃ δέρϰειν, hoc est, ab acutè videndo. At cum dracone etiam gallum Aesculapio attributum legimus, propter vigilantiam: de quo ipsi res sacra fiebat. Quin & Socrates apud Platonem moriturus, suo testamento ei deo gallum reliquit. Plinius in Naturali historia libro trigesimoquinto, Aesculapio quatuor filias assignat: Cum Aesculapio (inquit) filiæ, Hygeia, Aegle, Panacea, Iaso: de Socratis picturis agens. Aristophanes etiam has quatuor Aesculapij filias nominat, vt Hermolaus notat. Hippocrates in Iuramento duas tantùm commemorat. Hermippus in Trimetris senariis, hos Aesculapij filios ex Lampetia Solis filia tradit, Machaonem, Podalirium: & quas modò nominaui, Hygeiam, Panaceam, Aeglen, Iaso. His ab aliquibus adduntur, Ianiscus & Alexenor. Particulam hoc loco tibi libet ascribere, qua Cyrillus Iulianum Cæsarem apostatam redarguit, antequàm huius cognomina interpreter. Arroganter (inquit) dixit Iulianus, ex Ioue in mentalibus natum esse Aesculapium, apparuisse autem in hominis forma. Omnium siquidem sermone dicitur ex Coronide & Apolline natus, quæ à sacerdotibus (vt verisimile) in Apollinis templo vitiata fuit. Sed Iulianus de illo honestum & sublime quiddam & sentit & loquitur, semper nimium mendax: quamuis apud Græcorũ sapientes plurima & absurda de illo scripta sint. Etenim cùm Apis Aegyptius, non obscurus inter eos qui illic erant templi ministros, & naturalis philosophiæ scientiam adeptus esset: hunc ferunt primùm artem medicam exquisiuisse, & tradidisse felicius, quàm eos qui ipsum præcesserant, communicasséque Aesculapio. hic vbi in ea disciplina profecit, noluit vlterius in Aegyptiorum vrbibus morari, sed lucri cupidus, & consiliis turpibus obnoxius, omnem (vt ita dicam) circuiuit orbis regionem ab omnibus lucra petens, & venale studium suum languentibus exhibens. Inflatúsque ob scientiam, & superbiens, se etiam deum nominabat, & mortuos se ab inferis excitare posse delirans asserebat. veniénsque ad Epidaurios, & ibi summam sibi gloriam arrogans, quendam se esse deum, fulmine ictus est, pœnam illi dignissimam Deo inferente: qua ex re per id quod passus est, declarauit, se nihil aliud esse quàm terram ac puluerem. Sed & quæ de illo odarum conditor Pindarus cecinit, videre est operæpretium; Vicit & illum superbi animi aurum in manibus apparens, manibus autem Saturnius per vtraque præcordia traiectum deiecit ocyùs: flagrans verò fulmine, mortem intentauit. Quinetiam tragicus Euripides dixisse Apollinem contendit: Iupiter auctor mortis filij mei Aesculapij, pectoribus est iniecta flamma. Hactenus ex Cyrillo. Porrò pluribus in locis cultus Aesculapius, non modò in suprà nominatis, sed & Romæ, præcipuè in insula Tiberina, quæ & ab aliquibus Lycaonia dicta est: quæ biremis formam habere videtur, & formam accepisse eius nauis qua Aesculapius Romam est aduectus. Historia est nota, Ouid. in Fastis:

 Accepit Phœbo nymphaque Coronide natum,
 Insula, diuidua quam premit amnis aqua.

Nunc quoque in D. Bartholomæi hortis nauis marmorea cernitur, in cuius nauis sponda serpentis reptantis imago efficta est, in rei memoriam. Quare autem in insula Aesculapius & extra vrbem templa habuerit, cùm alij, tum Plutarchus ostendit in causis Romanis. scribit & in hunc modum Sex. Pompeius; Aesculapio ædes facta fuit in insula, quod ægroti à medicis aqua maximè sustentantur. Eiusdem esse tutelæ draconem, quòd vigilatissimum sit animal, quæ res ad tuendam valetudinem ægroti maxima est. Canes adhibebantur eius templo, quòd is vberibus canis sit nutritus. Bacillum habet nodosum, quod difficultatem significat artis. Laurea coronatur, quod ea arbor plurimorum sit remediorum. Huic & gallinæ immolabantur. adhuc Festus. Sed iam nimius in his videri possum, quare ad interpretanda cognomina me accingam: hoc prius addito,

Syntagma VII.

addito, quod Hippocrates tradit, Aesculapium etiam scripsisse libellum in re medica, cui Nauiculæ nomen fecit. Legi in antiquitatibus marmoreis, in primísque in Auximi oppido Italiæ, Aesculapij signum marmoreum hac forma: indutus esse videbatur subucula græcanica, & amiculo succinctus, dextra quidem duos gallos continebat, sinistra verò in amiculi lacinia fructus nescio quos tenere videbatur.

Phœbigena igitur in primis cognominatus est Aesculapius, à patre Phœbo. Vergilius:
  Fulmine Phœbigenam Stygias detrusit ad vndas.

Lactantius tamen grammaticus in tertio Thebaid. Pœnigenam legere videbatur, id est, per pœnam matris natum. Nam eius matrem Coronidem Apollo sagittis peremit, quia cum Ischy concubuerat: quem fulminatum quidā scribunt, alij ab Apolline occisum.

Coronides etiam cognominatus à matre, qua de re lege fabulam apud Ouidium lib. 2. Metamorphos. quæ ita incipit:
  Pulchrior in tota, quàm Larissea Coronis,
  Non fuit Aemonia, placuit tibi Delphice certè, &c.

Quo loco Coronis Larissea ab omnibus legitur, ab vrbe Larissa. Ego verò ex tertio hymno Pyth. Pindari, Lacerea legendum puto, ab vrbe, cuius post Pindarum Hellanicus etiam & Stephanus meminére. Sanè pulchrè hanc fabulam totam in eodem modò citato hymno Pindarus ad Hieronem explicat, Aesculapiíque matrem Arsinoën ait, Phlegyæ filiam, & paulò post etiam Coronida: quo loco Græci Pindari interpretes ex Asclepiadis & Aristidis sententia scribunt, Arsinoën quidam vocant, sed Leucippi filiam. & quidem Aristides in eo quem scripsit de Gnido condita: Arsinoë, inquit, cùm adhuc virgo esset, Coronis dicta, Leucippi filia, Amycli filij, qui fuit Lacedæmonis. Asclepiades verò & ipse Leucippi filiam duxit, ex qua Aesculapius & Eriopis nati. vt in hoc,

Ἀλλ' ἕτεκψ μεγάροις ἀσκληπιον ὄρχαμον ἀνδρῶν
Φοίβῳ ὑποδμηθεῖσα, ἰϋπλόκαμον τ' ἐριώπιν.

Homerus in hymnis, & Hesiodus in Theog. κορωνὶν vocant, & Phlegyæ filiam, vt etiam Pindarus. Oraculum legitur apud Pausan. quo id Apollo negat Apollophani, id ab eo scitanti.

Triccæus Aesculapius, cognominatus ab vrbe, vt Strabo scribit. vnde & ipse de se ipso:
  Natus ego ex sacra Tricca, cui tota medendi
  Ars debet, simul atque omnis sapientia debet.

Hoc apud Porphyrium legimus in libro de Responsis. Sed & Heliodorus poëta & medicus meminit apud Cl. Galenum: huius versus in tertio de Poëtarum historia attulimus. Triccam verò vrbem Thessaliæ, Stephanus scribit denominatam à Tricca Penei fluuij filia, cuius & Homerus in quarto Iliad. meminit.

Epidaurius etiam Aesculapius vocatus est, ab vrbe notissima Peloponnesi, in sinu Saronico, ex qua & Romam adductus in serpentis imagine: historia est notissima, Ouid. in Fast. & in Metamorph. Propertius in Eleg. lib. 2.
  Et Deus extinctum Cressis Epidaurius herbis
  Restituit patriis Androgeona focis.

Epidaurum verò vrbem variis nominibus appellatam, tradit Stephanus, inter quæ Hæmeram commemorat, dictam videlicet à sanguine, id est, αἵματος, ob ea quæ frequentissimè Aesculapio fierent sacrificia ex victimis. T. Liuius libro quinto, quintæ Decad. de Paulo Aemylio agens: Sicyonem, inquit, inde & Argos, nobiles vrbes adit: inde haud parem opibus Epidaurum, sed inclytam Aesculapij nobili templo, quod quinque milibus passuum ab vrbe distans, nunc vestigiis reuulsorum donorum, tum donis diues erat, quæ remediorum salutarium ægri mercedem sacrauerant deo. hæc Liuius. Pausanias Epidaurum appellatam scribit ab Epidauro Pelopis filio, vt Elij tradunt: vt verò Argiui, ab Argo Iouis filio: quod & Stephanus ait. Subiungit Pausanias de Phlegyæ filia, quæ patrem secuta cùm esset, ibi Aesculapium peperit, & ab auo infans est expositus in monte Titheo, à capra nutritus, à cane custoditus, demum ab Aresthane pastore repertus, & seruatus ob radios, & vultus splendorem.

Archagetes Aesculapius & dictus & cultus fuit, cuius templum apud Tithoream Pausanias scribit in Phocaicis. Sed & idem cognominatus Philolaus, hoc est populi amicus, cuius templum celebre fuit apud Aesopum in Laconia, vt idem est auctor Pausanias.

De Deis Gentium.

Pergamenus,& Pergameus,nuncupatus à Pergamo celebri vrbe Asię,Galeni medicorum principis patria,vbi summo cultu venerabatur.Martialis:

 Pergameo posuit dona sacrata deo. id est, Aesculapio.

Papinius Statius de Pergamo:

 Pergameas intrasse domos,vbi maximus ægris
 Auxiliator adest,& festinantia sistens
 Fata,salutifero mitis deus incubat anguï.

Q.Serenus poëta & medicus,sic etiam in libri sui inuocatione:

 Túque potens artis,reduces qui tradere vitas
 Nosti,atque in cœlum manes reuocare sepultos,
 Qui colis Aegeas,qui Pergama,quíque Epidaurum.
 Qui quondam placida tectus sub pelle draconis,
 Tarpeias arces,atque inclyta templa petisti,
 Depellens tetros præsenti numine morbos,
 Huc ades,& quicquid cupido mihi sæpe rogatus
 Firmasti,cunctum teneris expone papyris.

Tacitus lib. Ann. 3. Apud Pergamum,inquit,Tyberij principis temporibus, Aesculapij templum compertū asylū fuisse ait.hinc & Paus.in Corinth.scribit, Archiam Aristæchmi filium à conuulsione membrorum sanatum,qua inter venandum apud Pindasum correptus fuerat,Dei religionem Pergamum traduxisse. Acceptā à Pergamenis deinde Smyrnęos templo consecrasse.quod nostra(ait ille)ætate Aesculapij nomine ad mare est. Quin & quòd colitur Balangris apud Cyrenæos Aesculapius, medici cognomento. ex Epidauro sumptus est: ad Cyrenaici quidem similitudinem factum est id Aesculapij templum, quod Lebenæ,quæ est Cretensium vrbs,extat.dissimilis in eo sacri ritus, quòd Cyrenaici capras mactant cum ab Epidauriis traditum hoc omnino non fuerit.

Καούσιος Aesculapius vocatus,à pago in Arcadia,terræ Telphusiæ,qui dictus est καῦς: vnde gentile nomen Causius,quo nomine appellatus est Aesculapius, qui ibi colebatur: auctores Paus.in 8.& Stephan.de Vrbibus.

Demænetus Aesculapius cognominatus,à Demæneto eius templi conditore.

Gortynius etiam ab vrbe, vt Paus.in Corinth. Sic enim ait: E marmore verò Aesculapius cognomento Gortynius, ad angues quidem Deo sacros quo minus accedant homines,terror obstat. cibum illis in primo aditu apponunt: neque amplius quidquam eorum causa satagunt. Item dictus Cotylæas.

Ἠπίων quoque nuncupatus ab Artemidoro Daldiano, in 2. Onirocr. Idem & Pæeon. Pæeona alium Homerus facit,vt paulò antè dictum est,ab Aescul.

Ἠπιόδοτης Aesculapius ab Orpheo vocatus,in poëmate ad Musæum:quasi tu dicas, mitis dator.alij ἠπιόδωρος potius existimant,quòd blandè dona sua impartiatur.

Ἀγλαΐτης verò Aesculapius à Lacedæmoniis est appellatus, teste Hesychio: quasi tu dicas, aspectus splendidi. A medendi quoque peritia ἰατρὸς, hoc est medicus, vocitatus est.

Colatos insuper Aesculapius cognominatus. Eustathius Mercurium, ni fallimur, ait: cuius simulacrum in Cyllene vico positum fuisse tradit.

Hagnitas cognomen est Aesculapij,cuius templum fuit apud Laconas, ad curriculi seu stadij dexterā.Hagnitas verò appellatus ab ἅγνῳ,id est, à salice amerina,quòd ex eius materia illic delubrum constabat.quare mirum est, quosdam sine afflatu hoc nomen scribere.

Cotylæus Aesculapius apud Eurotam Laconiæ fluuium cultus fuit, cuius templum ab Hercule positum legimus,cùm ex vulnere in cotile,id est, manus concauitate sanatus fuisset,quod in prælio contra Hippocoonta & filios acceperat.Pausanias.

Ἀγλαΐης Aesculapius etiam dictus,Hesychio & Phauorino testibus.

Salutifer etiam Aesculapius ab Ouidio dictus.libro Metamorphos.secundo, item Opifer,libro decimoquinto:

 Cùm deus in somnis Opifer consistere visus.

Quanquam & Apollo eodem cognomine dictus,ab eodem poëta.

Aulonius etiam Aesculapius appellatus est, teste Pausania in Quarti fine: Ad Aulonē, inquit,delubrum est,cum signo Aesculapij Aulonij.

Alia

Alia etiam eius sunt præter hæc cognomina, quorum nonnulla habes in hymno Orphei, quem cum manna thuris illi adoleuit. vt ἀυξιθαλὴς, id est, augens femina: & ἀπαλεξίκακος, id est, propulsor malorum.

Hygeia, & cum patre, & cum sororibus culta: interdum & seorsum, vt apud Græcos obseruamus, cum sorore Panacea. Hippocrates in iureiurando. Hygeiæ simulacrum Pausanias apud Sicyonios fuisse ait, quod vix apparere videbatur: cui mulieres capillos dicabant, & in eius honore sibi tondere ac resecare solebāt. De Hygia suprà in hoc Syntagmate meminimus, vbi Aesculapij filios, filiásque recensui. Huius peculiaris hymnus Orphei legitur, cum thymiamate mannæ thuris, cui pulcherrima cognomina etiam ascribit. Sed de Hygeia Pallade suo loco actum est. in primo quoque Syntagmate de hac Hygeia actum est, vbi Salus Romanorum est descripta.

AVRORA.

AVrora à nostris, ab aura vocatur dea, vnde & aurea cognominata est, vt illud,
 Aurea fulgebat roseis Aurora capillis.
Quæ solem præcedere putabatur. imò & nuncia, hoc est, vt ad eā canit in hymno Orpheus, ἀγγελία θεοῦ τιτᾶνος. Græcè ἠὼς & ἕως vocata, vnde Eous & Heous deducitur, nunc breui, nunc producta syllaba. & cum afflatu in prima, si ab ἕως deducitur: & sine eo, si ab ἠώς. Græcorum tamen quidam sunt, qui ita tradant, ἠὼς communi lingua dici, Ionicè verò ἕως, Doricè autem ἀὼς: & Aeolicè ab hoc ipso, Dorico videlicet, αὐὼρ. licet Seruius hæc parum obseruarit. Sanè antiqui cuique parti temporis ac diei suum Genium & deum proponere solebāt, quod apud Homerum grammatici notant. Ergo Aurora dea primæ partis diei, qua gaudet mortale genus, vt canit Orpheus:
 Nec cernere quisquam est, Qui vultus fugiátve tuos, &c.
Fuit Aurora Hyperionis filia, & Thiæ, vt Hesiodus ait in Theogon. Alij Pallantis dicunt. vnde à patre Pallantias nuncupata. Ouid.
 Tradendum Phœbo Pallantias inficit orbem. Idem:
 Sextæ Pallantidos ortus Italiam tenuit. Et illud ex Vergilij poëmatibus,
 Roscida puniceo Pallantias exit amictu.
Alij Titani & Terræ filiam tradidère. At verò hæc curru per cœlum vehi putabatur, qui Pegaso alato equo trahebatur: & manu lampada ferre. Quare λαμπαδηφόρος etiam vocata est. Tradunt enim, post excussum ex Pegaso Bellerophontem, ipsum equum ab Ioue Auroram impetrasse. Homerus illi tamen equos ascribit, Lampum & Phaëthonta, in vigesimotertio Odisseæ. Poëtæ præterea finxêre, Auroram Tithonum Laomedontis filium formosum in primis adolescentem, amasse eundémq; rapuisse, vnde natus sit Memnon. demum tandem Tithonum ob nimiam eius senectutem, in cicadam mutatum ferūt, adeò vt vsque in prouerbium eius nomen deductum sit, vt apud Lucianum & Suidā legimus. M. quoq; Cicero in Catone de Senectute, ait Aristonem Chiū Tithonum ideo, quia senex fuisset, introduxisse de senectute loquentem: quem tamē, vt fabulosum, Cicero ipse in Catonis personam mutauit. Hinc & Aurora ipsa Tithonia nuncupata est. Vergilius:
 Te potuit lacrymis Tithonia flectere coniunx. Idem:
 Tithoni croceum linquens Aurora cubile. Statius:
 Trepidas subitò Titonia nubes Discutit.
Auroram & Cephalum amasse fabulantur, de quo Ouid. septimo Metamorphos. item in Arte:
 Nec Cephalus roseæ præda pudenda deæ.
Sed & Plutarchus aliíque meminêre.
Memnonis mater Aurora vocata est à poëtis, à filio Memnone. fabula notissima: vt illud,
 Memnonis vt genitrix infecerat humida cœlum. Et Ouidius:
 Memnona si mater, mater plorauit Achillem, &c.
Lutea etiam Aurora cognominata est: vt illud,
 Aurora in roseis fulgebat lutea bigis. Et illud,
 Inficit & cœlum lutea sidereum.
Roscida, & Rosea Aurora, diuersa ratione cognominata: hæc quidem à colore, illa à rore. vt in illo,

Roscida puniceo Pallantias exit amictu. Item:
Et roseis manibus sidera dispulerat.

Crocea quoque aurora vocatur, & in veste crocea describitur, vnde à Græcis κροκόπεπλος vocata est. hinc noster Maro, dum experimenta facit ingenij,
Aurora Oceanum croceo velamine fulgens. Et illud,
Titoni croceum linquens Aurora cubile.

Quin etiam legimus ἑανηρόγ' ἠώς, vt ab Antimacho appelletur ab Eano veste lucida & tenui, quia ἑανὸς dicitur ab Homero peplos, quod & Hesychius notauit.

χρυσότρον' ἠώς, ita Homerus in hymno Veneris, & alibi appellauit: hoc est, auream sedem habens Aurora.

Ἀγγελία, id est nuncia dei Titanis, dicitur ab Orpheo in hymnis.

Præuia verò, in experimentis Vergilianis:
Præuia flammiferi currus Aurora rubebat.

Rhododactylos Aurora, ab Homero & aliis cognominata est, quasi roseos digitos & manus habere videatur. vt Vergil.
Et roseis manibus sidera dispulerat. vt antè dictum.

Pudoricolor Aurora à Næuio poëta vetustissimo, in fabula Alcestidis nuncupata est, teste Gellio, pro rubente. Sic enim sæpe vocata est. vnde illud,
Vix Aurora suo rubefecerat æthera curru. Item,
Et bijugis vecta rubebat equis.

Putarim epithetum illud Orphei exprimi, ὀρυθαινομένη.

Ἡμέρα etiam interdum à Græcis appellari videtur, vt est in Attica Pausaniæ, vbi de Cephali fabula mentio. Nam præter Tithonum, scimus & deam hanc Cephalum amasse, vt notissima est fabula, vel in primis ab Ouidio, vt paulò suprà ostensum est.

Auroræ præterea hymnus ab Orpheo concinitur, cum thymiamate mannæ libani, id est thuris: quo loco λαμπροφανής, id est splendida, inter cætera Aurora vocatur.

MVSAE.

MVsarum Syntagma, Cynthi suauissime, vt nosti, multo antè iuuenis composui, in quo de Musis ex varia lectione pleraque collegi, quæ præsenti instituto conuenire possunt. Nunc ea tantùm, quæ ad earū cognomina pertinent, tibi afferam, velquæ omissa in priore fuerunt. Musarum igitur in primis duo genera fuerunt: antiquarum, quas Cœli & Terræ filias dixère: & iuniorum, de quibus paulò pòst agendum. Mnaseas quidem & ipse auctor est apud Arnobium, Musas esse filias Telluris & Cœli, Iouis cæteri prædicant, ex Memoria vxore, vel Mente. Has quidam virgines, alij matres fuisse conscribunt. Libet verò hic paucis tibi referre, quæ idem scribit Arnobius: Ephorus, inquit, has numero esse treis esserit, Mnaseas (quem diximus) quatuor. Myrtilus inducit septem, octo asseuerat Crates. ad extremum Hesiodus nouem, cum omnibus prodit deis, cœlum & sidera locupletans, &c. Cæterùm & Granius apud veteres homo doctiss. Nouensiles, qui dei dicebantur Sabinorum, Musas existimauit, à numero videlicet nouem denominatos: vt alibi, hoc est in primo Syntagmate, planius ostendi. Porrò Myrtilus Macari filias Musas dixit, ita tradente Arnobio: Nunquid ex nobis est, inquit, Myrtillus auctor, qui Macari filias, Megalconis ancillulas, profitetur fuisse Musas? Sed vt paradoxa hæc mittamus, insuper & alia afferemus. Eumelus Corinthius poëta, vt Ioan. Zezes grammaticus scribit in Hesiodum, tres esse dixit Musas: filias Apollinis, Cephison, Apollonida, & Boristhenida. Sed Aratus in quinto ἀστρικῶν, quatuor Musas putauit, Iouis Aetheris filij & Plusis nymphæ, ἀρχ'ὴν, μελέτιω, θ. ἀξινότιω, καοιδίω. Quidam & quinque Musas fuisse tradiderunt, & nomina quinque sensuum habuisse. Epicharmus autem in nuptiis Hebes, septem Musas commemorauit, Pieri filias, & Pimpleidos nymphæ, Nilum, Tritonem, Asopum, Heptapolen, Acheloida, Tipoplun, & Rhodian. Ab Hesiodo verò nouem in Theogonia dicuntur, & similiter ab Homero & Orpheo. Et tres quidem, vt idem Zezes ait, propter tres tonos, tres accentus, tria tempora, tres personas, & tres denique Græcorum numeros, & pleraque alia. Quatuor autem dicuntur, propter quatuor dialectos, id est linguas Græcorum, Ionicam, Atticam, Doricam, Aeolicam: & propter alia multa. Quinque verò Musæ dictæ sunt, propter quinque sensus, & cætera eiusmodi. At septem, propter septichordem lyram, & propter septē zonas, septémq; stellas, & inter hæc ob septē vocales, &
quædam

Syntagma VII. 225

quædam alia. Nouem postremo dictæ, propter nouem ipsarum inuenta. Clio enim historiam inuenit: Thalia φυτηγίαν, hoc est plantarum artem: Euterpe tibias: Melpomene oden, id est, cantilenam: Terpsichore χορέαν, id est, tripudium: Erato nuptialia, & saltationem: Polymnia agriculturam: Vrania astrologiam: Calliope poësin. atque ob hæc inuenta deas Musas fuisse, fabulati sunt antiqui. Alij aliter dicunt, inter quos Phurnutus, in his rebus perscrutandis diligens & accuratus. Duæ, inquit, Musæ dicuntur, propter theoricen & & practicen. nam & disciplinæ in speculatione & actione consistunt. tres verò, propter ternarij numeri perfectionem, seu quod tribus speculationum generibus philosophiæ ratio perficitur. Tot certè Musas, Sicyonios conformādas locasse tribus artificibus legimus.

10 At verò quatuor aut septem existimatæ, quod apud antiquos tot voces musica instrumēta habuisse feruntur. Porrò quòd nouem creditæ fuerunt, idem ait Phurnutus, quòd tetragonos, id est, quadratos ac perfectos, vt quidam dixit, eos faciant, qui cum eis versantur. Talis enim est numerus, qui nouem dicitur, vt qui ex seipso constat, & primi propter perfectionem participare à nonnullis existimatur. Alij quidam, ait Zezes, has primas nouem fuisse Musas prodiderunt, Callichorem, Helicen, Eunicen, Thelxinoën, Terpsichoren, Euterpen, Enceladen, Dian, & Enopen. M. quidem Tullius in tertio de Natura deorum, tria Musarum genera recenset: Iam, inquit, Musæ quatuor, natæ Ioue altero, Thelxiope, Mneme, Aœde, & Melete: secundæ, Ioue tertio, Pierio natæ & Antiopa, quas Pieridas & Pierias solent poëtæ appellare, iisdē nominibus, eodémq, numero quo proximè
20 superiores. Musæ verò dictæ ab inquisitione, hoc est, ἀπὸ τῇ μώσεως. sicut illud est vetus: Mollia ne inquiras, ne aspera habeas. hoc est: Græcè, μὴ τὰ μαλακὰ μῶσε, μὴ τὰ σκληρὰ ὄχχις. Vel dictæ παρὰ τὸ μῶω, quod initio & instituo significat. Musæ, puellari & nympharum habitu indutæ finguntur, cum variis & diuersis musicis instrumentis. nam ex marmore quidem peruetustas Romæ in sepulcro effictas, diuersas ab his quas in subscriptis carminibus leges. Coronabantur verò variè & florum frondium coronis: sed & interdum palma, vt Phurnutus ait, propter nominis similitudinem, quia Phœnices literas inuenisse ferūtur. Quin & literæ Phœnices appellatæ sunt, vt in Poëtis diximus. Sed & coronas interdum gestare Musæ finguntur, ex pennis versicoloribus, non modò propter Pieri filias ab his superatas, & in picas conuersas, sed etiam ob Sirenas deuictas, vt alibi dictum est. Certè harum signa ho-
30 die quoque peruetusta Romæ visuntur, quæ pennam habent in vertice affixam, vt ipse sæpe conspexi, quæ Sirenum esse creduntur. Musæ igitur plurimorum consensu Iouis & Mnemosynes, id est, memoriæ filiæ dictæ sunt: quod Orpheus duobus hymnis ostendit, altero ad Musas ipsas, altero ad Mnemosynen, cui & thymiama adolet libani, id est, thuris. Solonis quoque pulcherrimæ principium hoc est elegiæ, quam apud Stobæum legimus:

Μνημοσύνης καὶ Ζηνὸς ὀλυμπίη ἀγλαὰ τέκνα,
Μῶσαι πιερίδες κλῦτέ μοι ἠχομένῳ.

Mnemosynes & Iouis Olympij splendida proles, Musæ Pierides, audite me precante: vel vt carmine ludamus,
40   Mnemosynæ & Iouis ætherei inclyta proles,
    Musæ Pierides, vota tenete mea.

Sanè nec hoc loco præterierim, Mnemosynem & Iouem parentes Musarum propterea existimatos, quòd qui operam nauant in re literaria, oportet intelligendi & memoriæ potestate præditos esse. Iupiter quippe ab antiquis τὸ νοητικὸν putabatur afferre, & Mnemosyne τὸ μνημονικόν. Ad hæc & fons Mnemosyne fuit non longè à Trophonij antro: qui ita appellabatur, quòd aqua ex illo videbatur afferre memoriam omnium quæ in ipso antro vidissent. Comites verò Musæ Apollinis dicuntur, vt denarius numerus compleatur: quia humana vox vt perfecta sit, nouem fulcitur adiumentis. primò quatuor dentibus, & duobus labris; linguáque, & palati concauitate, & gutturis fistula, ac pulmo-
50 ne, vt folle aërio. Si enim ex his aliquid defuerit, vox perfecta non erit. Sed & Physica naturæ ratione Musæ Apollini iunguntur. Sicuti enim terrestris musicæ μέση, id est, media principatum in omni tropo tenet: ita Sol harmoniæ cœlestis, quæ nouem ordines habere dignoscitur, propter scilicet planetas, octauámque sphæram cœlestem, atque ipsam terram, quæ totius consonantiæ informitas, vocúmque materiæ proportionem possidet. Vnde iuxta allegoriæ leges quidam hoc Musarum vtuntur ordine. primo loco Vraniam

niam posuère, id est humanæ intelligentiæ sublimitatem. deinde Polymneiam, id est capacitatem memoriæ. tertiam numerauêre Euterpen, id est voluntatis delectationem: nam intelligentia memoriæ iungitur, & voluntati. Inde Erato ponitur, hoc est amabilis: nulla enim re plus voluntas delectatur, quàm similium collatione: hoc autem sine profunda cogitatione fieri non potest. ideo subsequitur Melpomene. huic Terpsichore, quasi artium delectatio associatur: cogitationum etenim perfectio sine disciplinarum exercitatione fieri nõ potest. His omnibus omnis humanæ locutionis venustas gignitur, quæ Calliope designatur. Inde Clio, hoc est bona fama & gloria nascitur. Sub qua Thalia, quæ in vltimo loco posita est, hoc est germinatio virtutum: omnis enim virtus per pulchram appetitur famam & gloriam. Ideóque albo alite, id est, cygno sustollitur, stagnísque mox deponitur: quia gloriæ & bonæ famæ semina in altum & sublime elata, dein per humum, hoc est inter mortales & per ora hominum disseminantur, atque diffunduntur. Alij porrò ad ipsius Musices referunt consonantias. Thaliam enim Musam dicũt concentum non habere, silentio & terræ eam ascribêtes. Clio verò eum Luna, hypodorium modum & chordam proslambanomenon mouent. Calliope & Mercurius, hypophrygium modum, & chordam hypatehypaton possident. Terpsichore cum Venere, hypolidian parhypatehypaton continent. Melpomene cum Sole, dorium & lichanohypaton coaptant. Erato cum Marte phrygium cum hypate mese custodiunt. Euterpæ & Ioui Lydius & parhypate mese conueniunt: Polymneia & Saturnus Mixolydium & lichanon meson seruant. Vraniæ & Cœlo stellato hypermixolydius modus, & meses chorda ascribuntur. Et hactenus hæc quidem de Musis dicta, quoniam in peculiari altero Syntagmate nostro de Musis notata non fuêre: cætera in eo require. Quoniam verò in Græcis Epigrammatibus carmen legitur, in quo singularum Musarum officia à nostris & suprà scriptis nonnihil varia ac diuersa continentur, hic tibi illud meis vtcunque verbis referam. Nec te admiratio capiat, quod Græcum decastichon cùm sit, ipse nouem versibus concluserim. Duos enim de Polymneia versus in vnum sum cõplexus, vt versuum numerus Musarum numero responderet.

  EPIGRAMMA.
  Calliope heroi monstrauit carminis artem,
  Clio dulcisonæ citharæ modulamina promplit,
  Euterpea chori tragici resonabile carmen,
  Melpomene dulci concentu barbita mouit,
  Gratáque Terpsichore calamos inflare parauit,
  Ast Erato diuûm iucundos repperit hymnos,
  Harmoniam numeris, saltúsque Polymnia iunxit,
  Vraniæ astrorúmque chorum, cœlíque rotatus,
  Comica vita Thalia tibi est, morésque reperti.

Nunc attende, quantum meis præstent Græca, & elegantia & venustate: sed Græcè nescientibus, opem qualicunque modo ferre iustum fuit.

  Καλλιόπη σοφίην ἡρωΐδ@ εὕρεν ἀοιδῆς,
  Κλειὼ καλλιχόρου κιθάρης μελῳδία μολπὴν,
  Εὐτέρπη τραγικοῖο χορῦ πολυηχέα φωνὴν,
  Μελπομένη θνητοῖσι μέλῳ ῥοδον βάρβιτον ἦρε,
  Τερψιχόρη χαρίεντα πόρεν τεχνήμονας αὐλοὺς,
  Ὕμνους ἀθανάτων Ἐρατὼ πολυτέρπεας εὗρε,
  Τερψίας ἀρχόμενη πολυμοισία πάνσοφ@ εὕρεν,
  Ἁρμονίην πάσῃσι πολύμνια λάκεν ἀοιδαῖς,
  Οὐρανίη πόλων εὗρε καὶ ὀρανίων χορὸν ἄστρων,
  Κωμικὸν εὗρε θάλεια βίον τε καὶ ἤθεα κεδνά.

Sed & Latinum hoc quoque est epigramma, quod inter Vergilij poëmatia legitur:

  Carmina Calliope libris heroica mandat.
  Clio gesta canens, transactis tempora reddit.
  Dulciloquis calamos Euterpe flatibus vrget.
  Melpomene tragico proclamat mœsta boatu.
  Terpsichore affectus citharis mouet, imperat, auget.

Syntagma VII.   227

Plectra gerens Erato faltat pede, carmine, vultu.
Signat cuncta manu, loquitur Polyhymnia gestu.
Vraniæ cœli motus scrutatur, & astra,
Comica lasciuo gaudet sermone Thalia.
Mentis Apollineæ vis has mouet vndique Musas.
In medio residens complectitur omnia Phœbus.

Sed iam Musarum cognomina, quorum frequens apud auctores mentio, paucis recenseamus. Sunt igitur in primis Musæ nymphæ nuncupatæ, quòd Acron notat illo Horatij versiculo:

    Vidi docentem, credite posteri,
    Nymphásque discentes.

Item Vergilius, Nymphæ noster amor Libethrides. Huc adde, quæ de nymphis Lydorum traduntur, quæ & Lydiæ Musæ dictæ sunt. Cùm enim Carius Iouis & Torrebiæ filius, errabundus vagaretur, ad paludem quandam, quam ipse ex matris nomine Torrebiã appellauit, peruenit: ibíque Nympharum quas indigenæ Musas vocabant, auditos cantus edidicit, Lydiósque modos edidit, vt Nicolaus prodidit, & Stephanus.

Virgines etiã, id est, παρθένοι Musæ dictę sunt, quoniã disciplinæ, vti virgines, abditæ, & nõ fuco comptæ esse videntur, natiuo scilicet decore contentæ: id quod & de bonis literis dicere consueuimus, quæ ideo interiores, abditæ & reconditæ à Cicerone in primis appellantur. Sed & Lucianus quodã Dialogo eas Virgines, id est, παρθένους vocat: id quod & Zezes in commentariis in Hesiodum. Sed quo modo virgines, si Clius & Magnetis, Ialemus & Hymenæus filij fuere? Euterpes autem & Astrymonos Rhesus, vel secundum alios Terpsichores? Apollinis verò Carbantis & Thaliæ Palæphatus? Vraniæ & Apollinis, vel Pieri terrigenæ Linus? Melpomenes quidem, vel iuxta alios Terpsichores & Acheloi Sirenes? Terpsichores verò, vel Melpomenes & Lini Apollinis, vel secundum alios Lari, Melpus? Erato & Aethlij Endymionis, vel Philamonis, Thamyris? Polymniæ verò, & Celei, siue Chimarrhi Martis, Triptolemus: Calliopes & Oeagri, Orpheus? quibus & allegorias subiungit perbreues, idem qui suprà, Ioannes Zezes.

Camenæ vocantur & Musæ, quasi Canienæ, à cano, vt plures existimant. Varro tamen Casmenas primùm dictas ait, inde Carmenas, postremò ablata r litera Camenas.

Heliconiades, ab Helicone Bœotiæ mõte, in quo primi Otus & Ephialtes Musis sacra fecere, eúmq; mõtem Musis sacrum esse voluere. Sed & Heliconem fluuiũ quidã esse voluerũt, qui per septuaginta stadia lapsus sub terrã fluit, inde erupit, & pro Helicone Baphyras dictus. Quidã rem in Orphei nece retulerũt, ne homicidæ mulieres Ciτones se abluerent. Nicandri interpretes Heliconẽ etiã Melissium appellãt. Sed enim sunt inter scriptores, qui Heliconiadas Musas ab instrumẽto musico deriuãt, cuius instrumẽti mẽtio est apud Ptolemæũ in musica. Fuit & Helicon statuarius artifex, cuius est in Græcis prouerbiis historia.

Parnassides Musæ appellantur à Parnasso Phocidis regionis monte, qui & Larnassus vocatus, Stephano & Tarrhæo Lucil. testibus, à larnace, id est, ab arca Deucalionis, quæ eò delata fuit. post diluuium verò longè à Parnasso heroë montis incola Parnassus vocatus est, vt Hellanicus scripsit. Alij à Parnasso Cleodora nymphæ & Neptuni, siue Cleopompi filio. In Parnasso alternis annis Bacchanalia, id est Trieterica agebantur, vbi Satyrorum frequens cernebatur cœtus, & frequentius voces exaudiebantur, & cymbalorum crepitus id quod & Macrob. post Paus. annotauit. Sanè Hyginus in lib. Fab. de trietericis ita prodit: Liber cum in Indiam exercitum duceret, Nyso nutricio suo, dum ipse inde rediret, regni Thebani potestatem tradidit. Sed, posteaquam inde reuersus est Liber, Nysus regno cedere recusauit. Liber cum nutricio contendere noluit, passúsq; est eum regnum obtinere, dum occasio sibi regni recuperandi daretur, itaque post annum tertium cum eo redit in gratiam, simulátque in regno se sacra facere, velle, quæ Trieterica dicuntur, quæ post annum tertium fiebant: militéśque muliebri ornatu pro Bacchis introduxit, & Nysum cæpit, regnúmque suum recuperauit.

Aonides Musę, ab Aonis mõtibus frequẽtissimè dictæ, qui mõtes & Aones dicti vt illud, Aonas in montes vt duxerit vna sororum.

Bœotia quoque regio & ipsa Aonia denominata est, à cuius etiam populis Hyantis, Hyantiæ sorores, Musæ dictæ sunt. Vnde magis mirum, viros alioqui eruditos illud

adhuc

adhuc apud Statium malè enunciare, Et Pæan & Euantiæ sorores: cùm Hyantiæ legendum sit, syllaba id etiam manifestante, quæ in hoc breuis, in illo producta est.

Citheriades quoque nuncupatæ à Cytheronæ monte, qui à rege antiquo Cythærone, teste Pausa. dictus fuit: vel vt alij à Cithara.

Pierides, vel Pieriæ Musæ, cognominatæ à Piero monte, vt Festus ait, & Cicero. Stephanus autem Pieriam ciuitatem & regiunculam nominat. sed Apollonij Rhodij interpretes, Pieriam montem Thraciæ asserunt, in quo versatus sit Orpheus. Græci Hesiodi expositores Pieriam Macedoniæ montem esse tradunt, in quo genitæ sint Musæ, qui mons Thraciam vsque attingere dictus est. quod ea ratione fictum arbitramur, quoniam primus apud Græcos & sapiens & poëta & theologus Orpheus in hæc loca diuersatus est. vel si Ouidio poëtæ credimus, Pieriæ Musæ dictæ sunt à Pieri & Anippes filiabus, quæ cum veris Musis ausæ sunt decertare, vnde victæ in picas mutatæ fuerunt. Pierum etiam vetustissimum poëtam legimus, à quo Græcorum nonnulli Musas aiunt lepidis adeò carminibus celebratas, vt ab eo etiam Pieriæ nuncupatæ sint. Alij verò, quòd Pierus Macedo, à quo mons cognominatus est, cùm Thespias profectus esset, primus Musas nouem statuerit, id quod in Bœoticis scribit Pausanias, & ipse in Poëtarum historia retuli.

Pegasides insuper Musæ nuncupatæ, vt Festus docet: à fonte quem Pegasus ictu vngulæ fingitur aperuisse. ob quam causam & fons Hippocrene, & Musæ ipsæ Hippocrenæ dictæ: cuius fontis aquas vocales fuisse, plurimi poëtarum cecinêre. Sidonius,

Texerunt vitreæ vado Hippocrenes,
Tunc hac mersus aqua loquacis vndæ.   Et reliqua.

Statius Papinius in epithalamio Stellæ poëtæ:
Et de Pieriis vocalem fontibus vndam.

Pindari commentator fabulam in allegoriam refert, quo scilicet poëtæ soliti essent canere carmina: vel propter musicam quæ sit ex aqua, cuius & nos alibi meminimus, in Musis scilicet. hinc & Hydraulica musica, & Silani.

Aganippides etiam Musæ ab eodem fonte appellatæ sunt, qui fons etiam Aganippe vocatus est. alij in Helicone fontem statuunt, sic ab Aganippe Termessi fluminis filia. fuit autem Termessus, vt Pausan. ait, fluuius circum Helicona. Multa hic cósultò prętereo, quæ de Pegasi equi fabula afferre possem.

Ilissides, quæ & Ilissiades, Musæ nuncupatæ sunt ab Atticæ flumine Ilisso, vt in Attica Pausanias docet. Stephanus tamen ab vrbe Ilisso dictas existimauit, testémque vocat Apollodorum.

Thespiades verò Musæ vocantur, non vt quidam putant, à Thespia matre vel nutrice, quod nusquam apud idoneos auctores compertum: sed à Thespia, vel Thespiis (vtroque enim modo dicitur, vt ait Stephanus) ciuitate Bœotiæ, vbi præcipuè Musæ colebātur. Si quis tamen scire desiderat, quo nomine vocata fuerit Musarum nutrix, is in primis Hyginum legat in Astronomico poëtico & in Aratum. Latina commentaria, quæ in Bassum à quibusdam referuntur. vtrique enim eam Euphemen vocant, quæ Crotonem filium habuit; qui Musarum precibus, quod inter eas est versatus, & ab eis musicam edoctus, ab Ioue est inter sidera collocatus, & sagittarij nomen habet. Huius quidem Euphemes statuam Pausan. in Helicone positam fuisse ait ad Musarum lucum.

Libethrides à Magnesiæ fonte Musis ipsis consecrato, Musæ nuncupatæ sunt, cuius Plin. & Solinus meminêre. Strabo in nono, Libethri etiam meminit: Hoc in loco, inquit, consecrata est Musis ædes; fónsque Caballinus, & Libethridum spelunca nympharum. Vergilius Musæ noster amor Libethrides. Sedenim Libethrium montem 30 ab vrbe Corona stadiis Pausanias distare scribit, in quo & fons, & Musarum Libethriadum simulacra fuisse traduntur. Fuit & Libethra ciuitas in monte Olympo, vel Dionysij oraculo memorabilis, de non eruendis à sue ossibus Orphei. qua de re multa in Poëtarum historia retulimus. Hinc emanasse quidam volunt illud, ἀμουσότερος Λειβηθρίων: hoc est, Libethriis inelegantior.

Pimpliæ Musæ dictæ sunt in Macedonico Olympo, à fonte Pimplia, vt Hesychius tradit. vel vt ait Porphyrion, à monte vel fonte eiusdem regionis: vt verò Apollonij Rhodij interpretes scribunt, à Pimplia regione, quæ fuerit prope Pieriam. Literarum tamen quidam, vt videtur, parū gnari, Pipleades potius quàm Pimpleades vocitāt. Græci certè

certè quorum hoc est vocabulum tum σίμπλεια, tum πίμπλια, hoc est, cum ϖ diphthongo in penultima, & sine, enunciant, non ωίπλια. Videtur tamen Varro de Lingua lat. Pipleades nuncupare, sicuti etiam Acron: qui eas ab aliquibus à Peplo vestis genere dictas ait, vel ab Orchomeniorum monte Pimpleo. Non desunt inter grammaticos, qui hic meras nugas confingant, quæ præteruolandæ à nobis potius quàm adscribendæ sunt.

Castalides Musæ nominatæ sunt à Parnassi fonte Castalia, cuius aqua potu suauis fuisse traditur: quanquam apud Stephanum, Castalia sit Ciliciæ ciuitas. Nicephorus in interpretatione Synesij, fontem esse prope Antiochiam Syriæ, vbi oracula redderentur, testatum reliquit. Idem multo ante Nicephorum scripsere Clemens Alexandreus, & Eusebius Pamphili. Mythologi quidem Castaliam ferunt virginem quampiam fuisse, quam cùm ardentius Apollo deperiret, eique vim inferre studeret, sese in fontem ipsum præcipitasse, à cuius nomine fons Castalius cognominatus est. Idem Cœlius Lactantius, vel Lutatius grammaticus. At verò Probus: Castalius, inquit, fons est Delphis in Apollinis oraculo, qui abluit ipsam aram dei, dictus à Castalio Delphici Apollinis filio. alij à Castalio patre Thyiæ, vnde Thyiades Bacchæ nymphæ vocatæ sunt. Panyasis vetus poëta Græcus, Castaliam hoc versu Acheloida vocat,

Castaliam aduenit, diuinam Acheloidos vndam.

(Sic enim ego ex tempore lusi) quo fit, vt nõnulli Acheloi filiam Castaliã existimarint.

Corycides adhæc Musæ appellatæ sunt à colle, vel antro potius Corycio, in Parnasso, Delphis proximo, cuius meminit & Laërtius in vita Pherecydis, & Apollonij Rhodij commentatores: qui nuncupatum illud aiunt à nympha Corycia, cuius & Apollinis Lycoreus filius fuit, à quo Delphici incolæ Lycores nuncupati sunt. aliæ sint licet de iis populis opiniones, quæ nostri nunc non sunt instituti. Alterum præterea antrum Corycium memorabile in Cilicia fuit, de quo Mela & Solinus. Fuit & eo nomine vrbs, vt Herodotus & Strabo prodiderunt. quin & Stephanus multis in locis vrbes eius nominis commemorat.

Mnemosynides Musæ quoque vocatæ fuêre, à matre Mnemosyne, quæ est memoria.

Pateidas, ait Festus Pompeius, Musas appellatas, à fonte Macedoniæ, propter liquoris eius vnicam subtilitatem.

Ligiæ etiam Musæ dicuntur, vt in Phædro scribit Plato: siue propter speciem cantus, siue propter musicum genus canorum, quod Ligium nuncupatur.

Olympiades & Varro Musas nominat, ab Olympo monte, carmen illud afferens,

Musæ, quæ pedibus magnum pulsatis Olympum.

Quod quidem carmen ab Homero deductum videtur, qui Musas aliquoties inuocat Olympia tecta habitantes, hoc carmine,

Οὔσπερ νῦν μοι μοῦσαι, ὀλύμπια δώματ' ἔχουσιν. cuius etiamnum hemistichium cùm apud alios, tum apud Hesiodum legitur. Sed & Olympiadas Terentianus Musas hoc versu vocat,

Carmen summè dedistis Olympiades mihi Musæ.

Item Hesiodus in Theogonia,

Μοῦσαι ὀλυμπιάδες κοῦραι διὸς αἰγιόχοιο.

χρυσάμπυκες Musæ etiam à Pindaro in Isthm. vocatæ sunt, quòd videlicet ornamentum aureum in capite gestarent. παρὰ τὸ χρυσίον & ἄμπυξ, qui ornatus est capitis muliebris.

Ardalides adhæc Musæ cognominatæ, ab Ardalo Vulcani filio, qui cùm ad Trœzenios tibias & Musas detulisset, eas ita à nomine suo appellauit, auctor Plut. in Symposio, & Stephanus, qui ita scribit: Ardalides & Ardaliotides in Trœzene coluntur Musæ: sic ab Ardalo dictę quopiam, vel à loco. Addit amplius Paus. fuisse apud Trœzenios aram veterem, super quam Musis & Somno diuinam rem faciebant, quòd scilicet Musis somnium conuenire arbitrabantur.

Mæonidas demum Musas interdum vocat Ouid. à Mæonia, vt putatur, regione: vel ab Homero, qui Mæonius dictus est, à Mæone magno patruo & tutore: vel à Mæone Lydorum rege, qui Homerum aluit, vt in eius vita legitur apud Plutarchum. Sunt tamen qui apud Ouidium in Metamorph. Myonias legant, vt quædam habent exemplaria, à Myonia Phocidis vrbe, de qua Pausan. & Stephanus.

Hæc sunt Musarum cognomina, quæ collegi. Si de Musis forsan nosse plura desideras, nostrum lege, si vacat, de Musis Syntagma.

De Deis Gentium.   v   SYNT

SYNTAGMA OCTAVVM,
DE BACCHO, PRIAPO, ALIIS, AD ILLV-
STRISSIMVM HERCVLEM
Bentiuolum.

Cui dono damus hos duos libellos,
Incultos licet,& parùm politos,
Hercules,tibi?qui columna solus
Nunc es Bentiuolæ domus relicta.
Et quidem tibi iure,qui Gyraldi
Soles nonnihil æstimare nugas.
Dianam & Bromium hic deos habebis:
Hunc scenæ patrem,& Enthei furoris:
Venatrix alia est dea,& remota.
Hos legas,rogo,post tuas Camœnas,
Vel quæ Lydia,vel Latina cantant,
Culto(Iuppiter)aureóque plectro.
Quare hoc,quicquid id est,tibi dicatum,
Di faxint maneat,precor,perennè,
Nostra nota fides sit vt perennis.

Ermulti sunt Illustrißime Hercules Bentiuole, qui modò bene comptam & ornatam habeant familiam, & equos bene curatos, & stratos pulchris epiphiis, & canum omnis generis turmas, itémque ædes magnificas, aulæis & peristromatis ornatas, nihil præterea curant, ac optant, etiamsi ipsi indocti ac imperiti & sint & habeantur. quibus id iure dici potest, O viri qui præstantes esse vultis, vestræ quidem domus & familiæ & iumenta recté se habent, cæteráque domestica: vos autem, si per vosmetipsos quàm deformes sitis, & sordidati, videre possetis, iure ac recté illud de vobis dici posse videretis, quod de huiusmodi hominibus, prudentißimus & eloquentißimus Demosthenes, & philosophus Diogenes dicere solebant: quorum alter vos oues aureo vellere opertas vocabat, quæ diuites quidem essent operimento, cæterùm ipsæ sine ratione: sic eiusmodi homines ipsi rudes sunt,& ignari.alter verò, caprificis in præcipitiis & altissimis ruinis ortis, similes hos ipsos arbitrabatur, quorum ficus non homines, sed corui & graculi decerpant & pascantur. Sic hoc tempore plurimos, mi doctißime Hercules, videas, qui diuites & nobili loco nati, nihil aliud curant, nihil satagunt, quàm vi deritales. Tu verò nec illa spreuisti, sed te intus longè magis ornare studuisti: non vestibus dico(id quanquàm nec negligis pro dignitate, & domus splendore) sed virtutibus,sed literarum studiis, & his artibus omnibus, quæ sunt libero homine dignißimæ. quod verißimum esse iudicabit, qui te in omni musices genere canentem audierit, & qui literarum tuarum elegantißimus notas conspexerit. At quid hæc ipse commemoro? quæ nec tu libenter audis? vt qui potius laudanda facere velus, quàm coràm laudari. Nam & ista iam plerisque omnibus nota sunt, quæ tu vel Latino, vel Italico vernaculo, id est, Hetrusco sermone scribis: quorum etiam pleraque in lucem data apparent, vt sunt Comœdiæ, Satyræ, Epigrammata,& permulta alia. Quibus de rebus omnibus duo hæc mea Syntagmata tibi dono dare constitui, vt sub tuo nomine in vulgus prodeant: in quibus Syntagmatibus Dionysij & Dianæ fabulas recensui, & eorum cognomina: quorum hæc venationi, ille furori poëtico,& toti scenæ apud gentes præfuère. Quo vtraque re tu delectariu: & venatione quidem, vt corpus exorceas, ad eius tuendam valetudinem: & poëtica, vt animum exornes, & quamplurimis prodesse poßit. Accipe igitur Illustrißime, ac doctißime Hercules, hæc nostra,ita vt in tua tutela suscipias:néue maledicorum venenis pateant, tuæ correctionis antidotum eis adhibere velis. Vale: & me, quod facis, tuo amore foue.
Ex grabatulo nostro.

BAC

Syntagma VIII.
BACCHVS, DIONY-
SIVS, ALII.

BACCHI, seu Dionysij cognomina antequàm explicemus, prius disquirendum videtur, quot hoc nomine fuerint. nam quamuis de omnibus simul agendum, nonnihil tamen lucis ipsa tibi distinctio afferre poterit. Philostratus ergo in Apollonij Tyanęi vita, Dionysios tres fuisse ait, Thebanum, Indicum, & Assyrium. Diodor. itidem Siculus proditum ait, tres diuerso tempore fuisse. primum Indum, ex Ammone & Amalthea genitum, qui barbatus Dionysius dictus est, quòd Indorum more barbam nutriret: & Lenæus, quòd vinum ex racemis in torculari exprimere docuerit. alterum Dionysium Ioue natum & Proserpina, vel Cerere, quem primum ferunt boues ad aratra iunxisse. tertium Thebanum, Ioue item & Semele natum. At verò noster M. Cicero lib. de Nat. deorum tertio, quinque connumerat: Multos, inquit, Dionysios habemus: primum, Ioue & Proserpina natum: secundum Nilo, qui Nysam dicitur condidisse (sunt tamen qui Nysum, non Nilum hoc Ciceronis loco legant:) tertium Caprio patre, eúmq; Asiæ regem præfuisse dicunt, cuius Sabazia sunt instituta: quartum Ioue & Luna, cui sacra orphica putantur confici: quintum Nilo natum, & Thyone, à quo Trieterides constitutæ putantur. hæc ferè Cicero. Quod autem Dionysium primum ait ex Proserpina & Ioue natũ, idipsum & Orpheus in hymno testatur, canens, Διὸς καὶ Φερσεφονείης ἀρρήτοις λέκτροισι τεκνωθείς. hoc est, Iouis & Proserpinę ineffabilibus lectis genitus. Communis tamen poëtarum opinio, Bacchum Iouis & Semeles filiũ facit. hinc Bacchus ipse in priore in Dionysium hymno, vt aliquando è Græco conuerti:

Ipse ego sum Dionysius Eribromus, edidit ipsa
Me mater Semele, summo commixta Tonanti.

Qua de re consentiunt Diod. & Euseb. & quidem pluribus, quæ nos ita breuissimè repetimus. Cadmum ij tradũt Agenoris filium, ex Phœnicia ad quęrendam Europam, quæ fuerat ab Ioue rapta, à rege missum fuisse: & cùm non inueniret, tandem in Bœotiam deuenisse, ibíque Thebas condidisse. cúmque Harmoniam Veneris filiam duxisset vxorem, Semelem & sorores eius genuisse. Ioue autem Semelis amore capto, & ea multis artibus potito, Iunonis fraude, Semele Iouem tandem exorat, vt ad se, vti solitus esset, ad Iunonẽ accederet: illam non tulisse fulgura & tonitrua, exanimatámque conflagrasse. edito abortu infante, Iouem femori suo puerum assuisse, perfecto partus tempore fœtum edidisse, in Dracano nubiloso, vt canit Theocritus. ita enim scribit in Bacchis, seu Lenis poëmate:

——Quem Dracano in nebuloso
Iuppiter, exoluens ingens femur, edidit altus.

Hoc quidẽ de Iouis femore Tiresias aliter interpretatur apud Euripidẽ in Bacchid. multis versibus. Addũt præterea fabulę, Parcas ipsum anguibus cinxisse, illis quidẽ immanibus, innoxiè tamen pueri ora lambentibus. Vnde est illud poëtæ Catulli de Bacchi comitibus:

Pars sese tortis serpentibus incingebant.

Beatus etiam Epiphanius libro tertio contra Hæreses, hos Bacchi serpentes ridet, vt in Euan dicam. Post hæc Mercurius ab Ioue traditum puerum ad Nysæ specum detulit, nymphis Nysæis educandum, quo in loco Dionysium nuncupatum ferunt, de patris & Nympharum nomine. In eodem loco ferunt vitis & vini vsum, & plantandi rationem docuisse: potionem præterea ex hordeo decocto confectam, quam zython Græci, nostri ceruisiam, aliísque nominibus appellant. Ipsum dein cum exercitu non virorum solùm, sed & mulierum, terrarum orbem lustrasse aiunt, impiis ac iniustis hominibus, atrocissimè pœnis & suppliciis affectis. hactenus meis verbis, quæ illi pluribus disseruêre. Sed enim & μέθη, id est, temulentia vel ebrietas, comitari dicitur Bacchum: cuius ebrietatis signum Pausiam pictorem fecisse his verbis scribit in secundo Pausa. μέθη, inquit, ab eodem Pausia facta, bibit ea è vitrea phiala. expressa ita est in tabula vitrea phiala, vt per eius perspicuitatem muliebre se os ostendat. Porrò illud notamus, noctuam auem inuisam fuisse huic deo, vtpote cui vitem denegarit, solámque à suis racemis abegerit, quòd mortalibus vinum criminata sit. Quin & illud proditum est, si infantes noctuæ oua assumpserint, perpetuò vinum odisse, & id non modò non bibere, sed & temulentos formidare, vt Philostratus auctor est. Bacchus igitur vocatus ἀπὸ τȣ̃ βαχλεῦ, hoc est, ab in-

De Deis Gentium.   v 2   compo-

compositè vociferando : quidam à coronæ genere, quæ Bιcche dicebatur,deriuant.Baccha,inquit Varro, vinum in Hispania. Eustathius dici voluit ἀπο τ͂ Βαχᾶν, quod significat vlulare, & inconditè clamare, vt bacchæ facere solebant.mox κ litera addita fuit, vt maior ac sonantior fieret,terribiliórque vocis expressio:quo modo & nonnulli etiam in Iaccho contigisse putant. Græci aliquot Bacchum non dei nomen esse tradunt, sed sacerdotis Dionysij nomen, & rami cuiusdam , quo in eius dei sacris vterentur, in quibus & βακχ-βακχ acclamabatur, vt Hesychius prodidit: & perinde etiam βακχέυω, fureo & insanio: & βακχήα Dionysij celebritas, quæ à nostris Bacchanal, & Dionysia Bacchanalia dicuntur. Sed ex rixis quidem & contentionibus,quæ vino supra mensuram hausto seminantur, & clamoribus ex ebrietate fusis, facta sunt etiam illa huic deo cognomina: ἀραφιώτης,ἐυβρυος, & ἰοβρυμένης, de quib.seorsum agemus. ἰρις enim, vt nosti, rixam & litem significat. Sed & Enyalius,id est, Martius,hic deus cognominatus est, teste Macrobio. Colebatur etiã apud Lacedæmonios Liberi patris simulacrum hasta insigne,nõ thyrso. Sanè thyrsus hasta fuit, cuius mucro hedera lambente protegebatur : quod significabat, inquit Macrob. vinculo quodam patientiæ obligandos impetus furoris. habet enim hedera vinciẽdi obligandíque naturam : vini verò calor ad furorem sæpe hominem propellit. Phurnutus quidem thyrsum ideo Baccho ait attribui, quòd ebriorum pedes suum officium haud planè peragant. Alij putant , quòd rarò compotationes sine rixa & lite finiantur , vt Lapitharum & Centaurorum fabulæ declarant. Notissima est fabula de Lycurgo , qui Baccho insidiabatur,apud Homerum,ab Ouidio aliisque repetita. Sed ab Hygino in Fab.latius explicata. Phurnutus hanc ita interpretatur. Bacchum,ait,fugientem Lycurgi insidias ad mare peruenisse,eúmque à Thetide seruatum. vites interpretatur Bacchi nutrices, Lycurgum vindemiatorem,vinum autem marina aqua mixtum conseruari. Nunc quæso rem ridiculam audi, quam conuiua Vlpianus,vt puto,narrat in coenis apud Athenæum, de Bacchi origine. Ignorare, inquit, mihi videmini conuiuæ, auum Dionysij Cadmum cocum fuisse. illis autem tacentibus, Euhemerus(ait) Cous in tertio sacræ historiæ libro ita prodidit, auctoritate Sidoniorum,Cadmum regis cocum fuisse, qui sumpta Harmonia tibicine regis aufugit. hæc ille. ex quibus præter rei nouitatem,Coum etiam videmus appellatum Euhemerum,cùm Messenium, vel Tegeaten aliàs:id quòd in eius vita,in Poëtarum historia ostendimus. Puderet me hoc loco fabulam referre,nisi eam vir sanctus Arnobius recitaret lib. v.aduersus Gëtes;Cùm,inquit inter homines esset adhuc Nysius & Semeleius Liber, nosse inferos expetiuit,& sub Tartari sedibus quídnam rerum ageretur inquirere. Sed cupiditas hæc eius nonnullis difficultatib. impediebatur,quòd quà iret ac pergeret, inscitia itineris nesciebat. Prosumnus quidam exoritur,ignominiosus amator dei, atque in nefarias libidines satis pronus, qui se ianuam Ditis atq; Acherusios aditus pollicetur indicaturum, si sibi gereret morem deus,atque vxorias voluptates pateretur ex se capi. Deus facilis, iurat potestatis futurum ac voluntatis se eius , sed cùm primùm ab inferis compos voti atque expeditionis rediisset. viam comiter Prosumnus edisserit,atque in limine ipso prostituit inferorum. Interea dum Liber Stygem, Cerberum, Furias, atque alias res omni curiosa inquisitione collustrat, ex viuentium numero index inde decidit, atque ex more sepelitur humano: emergit ab inferis Euhyius , & recognoscit extinctum ducem: qui vt fidem compleret pacti, & iurandi solueret religione se iuris, locum pergit ad funeris,& ficorum ex arbore ramum validissimum præsecans, dolat, runcinat, læuigat, & humani speciem fabricatur in penis. Figit super aggerem tumuli,& postica ex parte nudatus accedit: subdit, insidit. lasciuia deinde luxuriantis assumpta, huc atque illuc clunes torquet, & meditatur ab ligno pati, quod iamdudum in veritate promiserat. hactenus Arnobius. qui & ideo Ithyphallos erigi institutum asserit,& in hoc non Heraclitum solùm, sed totam conteſtatur Græciam. Fabulam hanc eandem comperio in Græco libello, qui inscribitur ἰςόρεια τ φύσεων. Item apud Hyginum, dum coronam Ariadnæ describit, ex his qui Argolica scripserunt: sed hominis viam ostendentis, nomen non Prosumnus vocatur, sed Hypolinnius, vel vt alia exemplaria habent, Hypolipnus. Polynpnon appellat Greg. Nazien. in priore contra Iulianum. In Græco verò libello πρόσυμνος etiam, & cum Arnobio conuenit, υ Græca litera in u nostrum conuersa, vt frequentissimè antiqui faciebant. & hoc etiam addit Hyginus, quod Bacchus ab Ioue patre impetrauit ad inferos descendere, vt inde Semelen matrem reduceret. & de hac fabula satis. Iam ad reliqua venio.

nio. Effingebatur item variis modis Bacchus, aliquos ego attingam. Simulacra, inquit
Phurnutus, nuda fiebant, vt vini naturam oftenderent, quæ fecreta reuelat. vnde illud
eft quod dici folet, In vino veritas. Effingebatur & puer imberbis. hinc Tibul.
  Solis æterna eft Phœbo Bacchóque iuuenta,
   Nam decet intonfus crinis vtrunque deum. Ouid. in Metamorph.
  Tibi enim inconfumpta iuuenta, Tu puer æternus, tu formofiſſimus, &c.
Item cum corniculis in fronte. Ouid. in Sappho,
  Accedant capiti cornua, Bacchus eris.
  Sed de cornibus Bacchi dicam in Bugene plura. Interdum puer, & lætus, quòd vinum
modicè fumptum hilares & lætos homines faciat. Senex etiam aliquando, & caluus, pro-
pter fcilicet immodicam bibendi intemperiem, & quòd ex ebrietate arcana plerunq; re-
tegantur. Indi etiam fenem barbatum, vt dixi, Dionyfium coluêre: hinc Macrob. in 1. Sat,
Liberi, inquit, patris fimulacra partim puerili ætate, partim iuuenili fingebantur. præterea
barbata fpecie, fenili quoque, & reliqua. Coronabatur pampinis, hedera, & ficulneis frondibus: pampino quidem, & ficu, ex memoria nympharum Staphylæ & Sycæ: hedera verò,
Ciſſi pueri, qui fuerant in has plantas conuerfi. Effictus eft aliquando in curru pampineo,
& triumphans qui pantheris modò, modò tigribus ac lyncibus trahebatur. Silenus pando
afello propter aftans, bacchis & Satyris thyrfos & ferulas vibrantibus, cæteróque baccha-
tium comitatu tum præeunte, tum fubfequente. Nam vt fcribit Strabo. lib. x. miniftri &
aſſeclæ Dionyfij putabantur, Sileni, Satyri, Bacchæ, Lenæ, Thyiæ, Mimallones, & Naiades, & Nymphæ, & Tityri. Porrò addit & Phurnutus, σικρτὸς, Scirtus, & σκιρίλαι, tum Panes, & Syluanos, & Baſſarides: & nos Mænades addamus, & ſi quæ alia huiufcemodi funt
fabulamenta potius quàm numina. Atque hic Ariadnæ chorus dictus, vt puto, quem Dæ-
dalum ftatuarium effinxiſſe ferunt in Cnoſo, ex albo marmore: cuius in Iliade meminiſſe
videtur Homerus, in illo, ἐν ᾧ χορὸν ποίκιλλεν. Quem chorum etiam defignaſſe videri poteft
Propertius in 2 Elegiarum:
  Egit vt euantes dux Ariadna choros.
  Philoftratus Bacchi etiam imaginem in naui, elegantiſſimè defcripfit, qua Tyrrhenis
nautis furorem immifit, eófque demum in delphinos conuertit. Memini me has effictas
nugas fpectaſſe pulcherrimis ex mufiuo opere figuris in templo olim Bacchi Romæ, nunc
diu r Agnæ dicato. Fabulam Homerus in hymnis, & Ouid. copiofe, ante alios retulêre. atq;
de his hactenus. Porrò ab Indis Bacchus deus Saron nominabatur, qui vini confector interpretatus dicitur, vt Chares Mitylenæus ait. Sed iam inftitutum fequamur.
  Dionyfus, & Dionyfius, Bacchus appellatus, à patre Ioue, & Nyfa vrbe Arabiæ. nam
poft fulminatam Semelem, ait Diodorus, Iupiter ipfum infantem abfconditum in femur
cùm continuiſſet, partus tempore in Nyfam Arabiæ vrbem nymphis Nyfæis educandum
dimifit: atque inde ex Ioue & Nyfa, id eft, à διὸς καὶ νύσα, vocatus Dionyfius. Pauf. tamen
in Laconicis, Inò Dionyfij nutricem tradit. quod & Ouid. Quin etiam antrum oftendi
ait, in quo fuerit nutritus, vt alibi eft copiofius relatum. Hefiodi interpres dictum ait, quaſi Διδοίνυσον, à διδόναι videlicet τὸν οἶνον, quia fit dator vini: quòd ante ipfum & Elato prodiderat.
Phurnutus tamen: Dionyfius, inquit, ἤτοι διανύσας ἂν, quaſi nos adaperiens. ἤτοι διανύων τῆς, παρὰ
τὸ διανύειν ἡμᾶς ἡδέως, quia nos iucundè ac fuauiter irriget. vel dictus quafi διανοος, inuerfione a
in o, & l in n, quòd curas foluat modicus, vt nimius animū. vnde & Alyſius dictus, & Lyæus.
Séd enim Macrob. Dionyfius, inquit, à Phyſicis dictus, quaſi διὸς νὸς, hoc eft Iouis mes. Or-
pheus dictū, innuit ἀπὸ τ̅ δινείαθαι, καὶ περιφέρεαθαι, id eſt, quòd circumferatur in ambitu, cùm ait,
  Πρῶτος δ᾽ εἰς φάος ἦλθε, Διόνυσος δ᾽ ἐπικλήθη,
  Ὄυνεκα δινεῖται κατ᾽ ἀπείρονα μακρὸν ὄλυμπον. hoc eft:
  Prodiit in lucem primus dictus Dionyfus,
  Quod fuper immenfum & latum verfetur olympum.
  Cleanthes verò dictum ait ἀπὸ τὸ διανύσαι, hoc eft à perficiendo. Dionyfum enim folem
Phyſici interpretati funt, qua in re & Macrobius multù laborat. Artemidorus lib. 11. Oni-
rocriticôn, & Suidas, etiam ipſi ἀπὸ τ̅ διανύειν deducunt. Sanè & Nyſæum, & Nyſium Dio-
nyſium dictum plerique arbitrabantur, à Nyſa Cythæronis, feu Heliconis monte: alij à
Nyfa Arabiæ. Arrianus verò, & Q. Curtius, & Philoftratus, à Nyfa Indiæ tradunt. quibus
& Pomp. Mela his verbis fubfcribit, de India agens: Vrbium, inquit, quas incolūt (funt au-
      De Deis Gentium.   v 3   tem

tem plurimæ) Nyſa eſt clariſſima & maxima, montium Meros Ioui ſacer: famam hinc præcipuam habent, quòd in illa genitum, in huius ſpecu Liberum arbitrantur eſſe nutritum. vnde Græcis auctoribus, vt femori Iouis inſutum dicerent, aut materia ingeſſit, aut error. hæc Mela. At Stephanus, huius Nyſæ nomine vrbes decem collegit, inter quas in Euboea decimam, retulit, vbi ait vna eademque die vitem florere, & racemos maturos producere. Porrò à Nyſio Baccho Nyſeides, & Nyſiades nymphas legimus apud Ouidium, aliòſque poëtas:

  Liber pater Bacchus dictus eſt. Tibullus:
  Candide Liber ades, ſic ſit tibi myſtica vitis,
  Sic hedera ſemper tempora vincta feras.

Vocatus autem Liber eſt, vel à linguæ licentia, vt plerique putant: nam vini potu magis liberi mortales fiunt. vel potius, quòd animum curis liberet, &'pellat triſtitiam. Ouid. in Arte:

  Cura fugit multo, diluitúrque mero:
  Tunc veniunt riſus, tunc pauper cornua ſumit,
  Tunc dolor & curæ, rugáque frontis abit, &c.

Nec hac de re pauciora Horatius. Liber, inquit Seneca, non ob licentiam linguæ dictus eſt inuentor vini: ſed quia liberat ſeruitio curarum animum, aſſerit, vegetátq,, & audaciorem in omnes conatus facit. Sunt qui dicant, quòd in liberis ciuitatibus coleretur: quin & earum ſymbolum eſſet. vnde Marſyas, eius miniſter, in ciuitatibus libertatis fuit indicium. Scribit Diod. Dionyſium in Bœotia iuſſiſſe, in patriæ ſuæ gratiam omnes vrbes liberas eſſe, condita de ſuo nomine ciuitate, quā ideo Eleutheras nuncupauit. Plut. in probl. ait, Cur bacchum liberū vocant? An quòd bibentibus libertatis cauſa ſit? fiunt enim pleriq; potu licentiores? An quòd libatione inuenit? An verò, ſicut Alexander ait, quòd pro Bœotiæ libertate pugnauit, & ipſe etiam λυθέος, id eſt, Liber & Liberator cognominatus eſt. Pauſ. etiam in Attica, commemorat templum non magnum Bacchi λυθέως, id eſt, vt exponit Domitius, Liberatoris. Heſychius etiam eodem nomine cultum ſcribit. D. Auguſtinus Liberum appellatum ſcribit, quòd mares in coëundo per eius beneficium emiſſis ſemipibus liberentur: quod etiam agere in fœminis Liberam dicunt. Ob hoc Libero virilem corporis partem in templo poni, fœmineam Liberæ. lib. verò V I. cap. I X idem ſcribit Auguſtinus: Liberum, inquit, à libramento appellari volunt, quòd mares in coëundo per eius beneficium emiſſis ſeminibus liberentur. hoc idem dicunt in fœminis agere Liberam, quā etiam Venerem putant, quod & ipſam perhibeant ſemina emittere: & ob hoc, Libero eandem virilem corporis partem in templo poni, fœmineam Liberæ: & ob hoc addunt, mulieres attributas Libero, & vinum propter libidinem concitandam. atque hæc Auguſtinus. M. verò Cicero lib. II. de Nat. deorum, his ſuperius dictis, quàm exponatur, melius intelligetur. Cùm enim alium eſſe dixiſſet Liberum Bacchum Semele & Ioue natum, à Libero quem Romani cum Libera & Cerere auguſtè ſanctéque conſecraſſent, ait, quod quale ſit, ex myſteriis intelligi poteſt. Sed quod ex nobis natos liberos appellamus, idcirco Cerere nati nominati ſunt Liber & Libera, quorum trium deorum templum Cor. Tacitus in ſecundo Annal. Romæ apud Circum max. conſtructum ait, ab A. Poſthumio dictatore votum, à Tib. Cæſ. inſtauratum. T. Liuius lib. I. Decad. V. Supplicatio, inquit, ad Cereris Liberi Liberæque fuit, quòd ex Sabinis terræmotus ingens cum multis ædificiorum ruinis nunciatus erat. Meminit Liberæ & Cereris, ſed & Liberi, ſed non ſimul, Cicero in V I. Verr. Sanè Diuus Auguſtinus Liberam modò Venerem, modò Cererem dictam innuit. hæc eius verba in V I I: Confert hoc idem quæ Ceres, ſeu Venus, vt etiam in Cerere meminimus. Idem alibi: Ridet porrò ſacra Liberi, quæ cùm alibi, tum Lauinij fierent impudentiſſimè, pudendorum virilium: libro. ſeptimo, capite viceſimoſecundo. Porrò qui Liberum à verbo labi dictum putarunt, vt Liber quaſi Laber dicatur, valdè labi videntur.

Thyoneus etiam appellatus. Hor. lib. I. Carm. Nec Semeleius cum Marte confundet Thyoneus. à Thyone verò matre dictus, vt Diod. & Heſych. docent, & Cœl. Lutatius grammaticus in eo Stat. Theb. lib. V.

  Tunc primùm ſeſe trepidis ſub nocte Thyoneus Detexit.

Idem ſcribit & Porphyrion in Horat. Ouid. Indetonſúmque Thyoneū, dixit. Sunt qui

Thyo

Thyonem non matrem Bacchi, sed nutricem faciant, vt poëta Panyasis lib. Heracleię tertio. Sed hac de re plura Isaacius in comment. in Lycophronem. Alij Thyoneum, à Δύω, hoc est sacrifico deducunt, propter orgia & mystica sacra: vel impetu, propter Bacchas & Mænades. A Thyoneo Thyonianus, Catullus dixit, in illo:

Migrate, hic meus est Thyonianus.

Acron tamen contra aliorum opinionem ita scribit: Thyoneus filius Liberi fuit, qui in Chio insula regnauit, pater Thoantis regis, cuius filia fuit Hypsipyle, quæ coniuratione facta aduersus viros, sola parentem seruauit. quam fabulam Statius narrauit suo carmine. Videtur tamen hic erratum esse, & pro Chio, Lesbo legendum. Thyonem quidam terram, vt est apud Diodor. in quarto: alij Semelem etiam Thyonem vocatam tradunt. Sanè & Græci Θύωνον, vt ait Hesychius, Dionysium vocauêre, vnde videri potest Thyoneus dictus, quasi Theœnius. Porrò & Thyonidas à Rhodiis dictus Bacchus.

Dithyrambus Dionysius cognominatus, quòd bis natus esse crederetur, ex matre scilicet Semele, & mox ex patris femore: quasi, vt aiunt, duabus ianuis egressus. vel quòd in specu sit nutritus, quòd Διθυρον esset, quod plenius in primo de Poëtica dialogo declaratum est. Sed in antro nutritum quidem Dionysium, ait Paus. in Lacon. ab Ino etiam campum ante ipsum vocari Διονύσου κῆπον, id est, Bacchi hortum. Vel fortè Dithyrambus dictus, vt est apud Diod. Origenem, & Eusebium: quòd Dionysius ipse ex Ioue & Cerere natus discerptus à Titanibus, & decoctus, à matre secundò compositus & refectus, reuixisse dicitur, ἀπὸ τοῦ δὶς εἰς θύραν ἀναδῦναι, hoc est, à bis in ianuam ingrediendo. qua de re & Ausonius in epistola ad Paulum de Centone: Ne, inquit, in sacris & fabulis aut Thyonianum mireris, aut Virbium, illum de Dionysio, hunc de Hippolyto reformatum. Quin & ab eodem, de Libero patre agente, Græcè vocatur τιτανόληπτος Διθύραμβος, hoc est à Titanibus discerptus Dionysius. de hoc & Arnobius contra gentes: Et tamen, inquit, isti qui hominem nos colere morte functum ignominiosa ridetis, nonne & Liberum vos patrem membratim à Titanibus dissipatum, fanorum consecrationi aptatis? Idem item in v. sic inquit: Sed & illa desistimus Bacchanalia altera prædicare, in quibus arcana & tacenda res proditur, insinuaturque sacratis, vt occupatus puerilibus ludicris, distractus ab Titanibus Liber sit: vt ab iisdem membratim sectus, atque in ollulas coniectus vt coqueretur, quemadmodum Iupiter suauitate odoris illectus, inuocatus aduolarit ad prandium, compertáque re graui grassatores obruerit fulmine, atque in imas tartari præcipitauerit sedes: huius rei testimonium, argumentúmque fortunæ suis prodidit carminibus Thracius Orpheus. & adhuc Arnobius. Libet hic tibi referre, quid hac de re tradat Macrob. ex Orphica theologia, de Libero, seu Dionysio agens: Ideo, inquit, in illorum sacris traditur, Titaneo furore in membra discerptus, & frustis sepultis rursus viuus & integer emersisse, quia νοῦς, quem diximus mentem vocari, ex indiuiduo præbendo se diuidendum, & rursus ex diuiso ad indiuiduum reuertendo, & mundi implet officia, & naturæ suæ arcana non descrit. hæc quidem Macrobius. Phurnutus eandem fabulam ad vuas vindemiatas, & in vinum conuersas transfert, & quidem subtiliter, quod & Diod. in quarto. Planiora nunc afferamus. Sunt qui tradant, ideo Dithyrambon appellatum, quòd ebrij ac temulenti minimè arcana conseruent, quódque secreta & credita ex pectoris penetrali primùm, & deinde ex oris sermone depromant: quoniam, vt ait Phurnutus, vinum τὸ φρίμα διθύραμβον facit: quod & in primo de Hist. poëtarum dixi. Physici quoque ita interpretantur, vt in vitium naturam referant, quæ ex Ioue & Cerere, id est, cœlesti hymbre & ex terra racemos proferat, ex quibus vinum exprimatur. alia ab aliis traduntur, & quædam in quarto à Diod. Hinc ergo & à Græcis Διμήτωρ, & in primis in hymnis ab Orpheo, & à nostris Bimater vocatus est. Ouidius 4. Metamor. & hoc, & alia multa Bacchi nomina commemorat, quæ tibi hic adscribam, ne ea sæpius repetere sit necesse. ait igitur.

    Thuráque dant, Bacchúmque vocant, Bromiúmque,
    Ignigenámque, satúmque iterum, solúmque Bimatrem.
    Additur his Nyseus, indetonsúsque Thyoneus:
    Et cum Lenæo, genialis consitor vuæ:
    Nycteliúsque, Eleleúsque parens, & Iacchus, & Euan,
    Et quæ præterea per Graias plurima gentes
    Nomina Liber habes.

Cicero quoque in oratione pro L. Flacco, hæc Bacchi nomina commemorat, cum à Græcis laudari Mithridatem dixisset: Mithridatem deum, inquit, illum patrem, illum conseruatorem Asiæ, illum Euhyum, Bromium, Nysium, Bacchum, Liberum nominabant. quæ nomina, & cætera, in hoc operis contextu interpretabimur.

Dictus & θρίαμβος, id est triumphus. Varro de Lingua Latina, sic triumphare appellatum, quod cum Imperatore milites redeuntes clamitabant per vrbem in Capitolium eunti, Io triumphe. id à θριάμβῳ Græco Liberi patris cognomento potest dictum esse. dictus autem θρίαμβος, ἀπὸ τοῦ θροεῖν, id est ab accinere, ᾗ ἰαμβίζειν, id est maledicere. vnde & in bellicis triumphis multis anapæstis conuiciantes vti consueuerunt: & κίσσαν, id est picam auem nugacem huic deo consecrarunt, vt Phurnutus prodit. quin & primus Liber triumphum bellicum duxit.

Meliastes Dionysius nuncupatus, teste Pausan. in Arcad. à fonte Meliastarum, qui prope Mantineam fuit spacio stadiorum VII. in cuius dei atrio orgia & sacra ab indigenis celebrabantur.

Mæonius etiam Bacchus vocatus, à regione vbi coleretur, & vites fœcundissimæ essent. Vergil. Cape Mæonij carchesia Bacchi.

Mæonia verò, Lydia: vnde Bacchus Mæonius, Lydius, teste Seruio.

Ligyreus Dionysius nuncupatus, quòd coleretur à Ligyreis Thraciæ populis, apud quos adytum fuit Libero patri consecratum, ex quo oracula reddebantur, mero copiosè epoto. Macrob. auctor, qui super hoc citat Aristotelis Theologumena.

Bacchepæan Dionysius, de quo sic Macrob. Præterea, inquit, barbata specie, seniliq; Dionysius, vti Græcis eius quē Bacchapæan, item quem Brissea appellant, & vt in Campania Neapolitani celebrant, Hebona cognominantes. Citatur hac in re illud Euripidis, Διόνυσον φιλόφαγον Βακχεπαίωνα. Scribit & Phurnutus vocatum ἰόβακχον, vt suprà memini.

Lysius Bacchus in primis à Thebanis cultus fuit, templum habens prope theatrum. vt est apud Paus. in Bœot. spectabátque ad portas Prœtidas. ideo verò Lysius nuncupatus, quòd Thebanos à Thracibus vinctos soluerit, hoc est ἡλύσω, παρὰ τὸ λύω. nam deus Thracibus soporem immisit, quo illi sunt à Thebanis occisi. λύσις Bacchi hymnus est apud Orpheum. Lysij item mentio apud Pausan. in Corinth. vbi de Dianæ Ephesiæ foro agit. Scribit & Plut. in septem sapientum conuiuio quod & Diocles inscribitur, Lysium Bacchum cognominatum, ex Biantis philosophi verbis. hunc & Alysion appellare videtur Phurnutus in Baccho. Sanè & Lysiphobon Iouem antiqui coluêre, quòd metum solueret. meminit Alicarnas. in V.I. hist. Sed & Lyæus quoque Bacchus vocabatur, quòd curis scilicet hominum mentes soluat. Ouid.

Cura fugit multo, diluitúrque mero.

Quin & eadem ratione Lysius etiam appellabatur, vt est apud Orpheum & Pausaniam: &. vtrunque παρὰ τὸ λύω, soluo, denominatum videmus. Illud etiam addit Hesychius, quòd & sacerdotes eius, Lysij nuncupabantur. Sunt qui tradunt, Lyæum vel Lysium ideo dictum, quòd non solùm membra soluat, sed quod etiam ex intemperanti potu sæpe rixæ atque discordiæ oriantur, hominúmque communitas soluatur. Nonnulli & Alysium vocant, si modò sani sunt codices: vt est apud Phurnutum. Sanè Cœlius noster ad modeludis scribens, Lydos nationem olim fortem atque inuictam, ludos ait inuenisse, & hinc deum Lydium religiosè cultum à veteribus, quem (inquit) alij Lysium à soluendis curis appellare malunt.

Cephalena Dionysium Methymnæi colebant, oraculo moniti. cùm enim aliquando piscatores iactu retis oleaginum caput cepissent, Apollinem consuluerunt, cuius vel herois vel dei esset capitis imago: responsum à Pythia acceperunt, Dionysij Cephalenæ: & exinde ipsum coluêre. Paus. in Phocaic.

Lenæus Bacchus cognominatus, quòd leniat mentem, vt putauit Donatus. quem ideo Seruius damnat in Georg. nam, vt inquit, verbum Græcum non potest latinam etymologiam recipere. Eusebius & Diodorus, aliíque ἀπὸ τοῦ ληνοῦ, id est torculari, deductum affirmant. Vergil.

Huc ades, ô Lenæe pater, &c.   Tibullus.

Odit Lenæus tristia verba pater.

Orpheus in hymnis, ὑπολήνιον vocat, eadem ratione, quòd vindemijs & torcularibus præsit

præsit. Scribit Hesychius, Lenæum ambitum seu circuitum, id est, περίβολον magnum in vrbe, id est, Athenis habuisse, & in ipso fuisse Lenæi templum, in quo Athenienses certamina sua peragebant, antequàm esset theatrum constructum. Considerandum, an in Limnæis legendum. nam sic ferè semper scriptum comperi in Græcis, vt infrà dicemus. A Lenæo, Lenæon mensis denominatus. Videndum, an lenæ Bacchæ à Lenæo, an contrà dictæ sint. Extat Theocriti Edyllium inscriptum, Λῆναι, ἢ Βάκχαι.

Cressius Bacchus dictus videtur, quòd defunctam Ariadnam Cretensem sepeliuerit apud templum ipsi deo dicatum. vide Paus. in Corinth.

Melanægis Dionysius ex historia cognominatus est. nam cùm bellum esset inter Athenienses & Bœotios, de Celænis vico in confiniis posito, Xanthius Bœotius Chimœten Atheniensiū regē prouocauit: quo recusante, Melanthus Messenius à Periclymeno Nelei filio originem ducens, imperij causa pugnaturum se recepit. quare cùm pugnarent singulari certamine, quidam nigra hircina pelle indutus, post Xanthij terga Melantho apparuit, ipsumq; iniqua facere dixit, quòd secundus veniret : quo dicto, respicientem Xanthium interemit. qua ex re & festum Apaturia, à deceptione cognominatum fuit, de quo alibi diximus: & Dionysij Melanægidos, hoc est nigricaprini templum constructum fuit, in rei memoriam. Melanægidi ergo Dionysio, Musarum, natandi, & nauium annua fiebant certamina: quod Paus. scribit, & Suidas in Apaturiis.

Aesymnetes cognomentum Dionysij fuit, qua de re sic legimus: quod Eurypylus Euæmonis filius in Troiana direptione sit sortitus arcam, Vulcani (vt ferebatur) opus, donum ab Ioue datum Dardano. alij, Aeneam hanc arcam aiunt reliquisse, dum fugeret. alij Cassandram tradunt, capsam ipsam abiecisse, futuram perniciem inuenienti. Vnde eam cùm Eurypylus reclusisset, insanire cœpit per temporis interualla. consultus Apollo pro remedio, respondet, Eurypylum ire debere ad Tricliniam Dianam, vbi virgo mactaretur. quod cùm fecisset, & ipse furore, & populus ille liberatus est ab humana hostia: & is qui præterlabebatur fluuius, pro ἀμειλίχιῳ μηλίχιος, id est, fausto nomine pro infausto nuncupatus. historiam pluribus in Achaicis Paus. est executus. Sunt qui scribant hoc contigisse, quo tempore Hercules Ilium cepit: nec Thessalo Eurypylo Euæmonis, sed Dexameni regis Olenio contigisse. Deus autem qui in Arca, Aesymnetes, id est, rex vel præfectus Dionysius est dictus: cui nouem è populo selecti, totidémque mulieres, sacra quotannis faciebant.

Hygiates Dionysius, id est, Salutaris colebatur: quid enim vino modico & temperato salubrius? Lege Galenum, Plinium, & Athenæum. eo verò nomine Pythia coli præcepit, vt notum est.

Σωτήρ, id est, Seruator Bacchus cognominatus à Græcis, quoniam eos seruarit in Mysia, cùm ibi grassaretur Telephus, cùm vitem obiecissent: quæ res ex dolo eius generis Sphaltes est appellata. Est & Soteris Bacchi mentio apud Plinium, sed ob aliud.

Enorchus Bacchus etiam appellatus, quòd eius sacra cum tripudiis & saltationibus agerentur: hoc est, παρὰ ἀὶ ὀρχήσεως. vel quòd quum Thyestes cum sorore concubuisset, natus ex eo coitu filius eo nomine, vnde deo inditum cognomen. Enorchon verò Dionysium ait Hesychius in Samo appellari. Sanè ἔνορχα, quæcunque non castrata, & cum testiculis, significant: vnde fortè etiam Baccho nomen, quippe qui & Taurus dicitur, vt alibi diligentius est à nobis notatum.

Morychus Bacchus cognomento dictus est à Siculis, παρὰ τὸ μορίξαι, quòd inquinare & polluere & fœdare significat, de quo in nostris Poëtis scenicis etiam scripsimus. Sumptum verò inde videtur, quoniam in vindemiis plerunque musto faciem deturpabant non modò antiqui, sed & nostro hoc ipso tempore.

Problastum etiam eundem vocatum legimus, quoniam ex germinantibus vitium palmitibus, qui βλαςοί dicuntur, illi sacra fierent: vel quando primùm putabant.

Erebinthius verò Dionysius in contumeliam & derisum dicebatur. quin & in prouerbium transiit, à cicere videlicet legumine. vel à pudendo, quando id vtrunque ἐρέβινθος indicat. Hesychius, ἐρεβίνθιος Διόνυσος vsurpat pro eo, qui nullius rei homo sit, nec dignus: iuxta (inquit) prouerbium, Cicerinum ius, hoc est, ἐρεβίνθινος ζωμός, cùm tamen ad multa medici vtantur. Sunt qui Erebinthion Dionyson ideo dictum putent, quòd ex leguminibus, ab antiquis conficeretur, sicut zithus Aegyptiorum, celia Hispanorum, ceruisia Gallorum.

lorum.qui potus,inopia vini repertus fuit in his regionibus, quæ minus vitem ferunt.

Syciten Dionysium scribit Sosibius cultum à Lacedæmoniis,quasi tu dicas ficulneum. Hesychius tamen Syceaten legere videtur.ideo verò sic appellatum: nam & ab eo ficum repertam tradunt.quo etiam argumeto Milichius aliquando dictus est, quod & milicha ficus appellata sit. Nam & Naxij, Dionysij simulacra ita effingebant, vt ora nunc ex vite,nunc ex ficu conformarent.Quin & Baccho Aegyptij diem quendam festum agebāt, vt Herodotus in secundo scribit, sine porcis: sed eius loco phallorum ficulneorum à collo pendentium statuæ cubitales è neruis compactæ,quas fœminæ circumferebant: & reliqua, quæ Herodotus exequitur.Sed & interdum legimus præter hederam,& pampinis & ficulneis ramis latè frōdentibus, Bacchum coronarū,atque ita deuictis hostibus triumphasse.Hedera verò ideo sacra Baccho,quia contra ebrietatem facere putatur: vel quia Cissus puer fuisse in eius comitatu dicitur, qui cùm saltaret cum Satyro, humi lethaliter afflictus, ab eo deo est in hederam transformatus,quæ & κισσὸς Græcè vocatur,vt Constantinus in Geoponicis scribit.Sed quod hedera coronaretur, illud etiam palàm facit, quòd Corymbifer dictus est.hinc illud Ouid.

Festa corymbiferi celebrabat Græcia Bacchi.

Hinc & Dionysion vocata est species hederæ quædam.Ouid.verò lib.Fast.sexto,Baccho hederam ideo attributam ait, quòd Nysiades nymphæ puerum quærente nouerca, hanc frondem cunis circumposuisse ferantur.

Sabazion Bacchum etiam vocitatum inuenimus, à tripudiis & saltationibus, quæ à bacchantibus & furentibus fieri in eius dei sacris consueuēre.nam & σαβάζειν etiam barbari σαβάζειν dicunt, teste Suida: vnde sauazare iuxta Italicum idioma vir doctus deflexum putauit, cùm alij à vasare & conuasare deducant, quæ Latina sunt,& vsitata vocabula. Sunt qui Sabas vetustos Thraciæ populos fuisse scribant, vnde Sabazius sit appellatus: quod videtur sensisse Eustathius. Porrò & Phryges à Thracibus colonià & sacra traxisse, vt pluribus testis est Strabo. quare non mirum, eadem sacra apud eosdem fuisse. Hesychius de hoc deo sic propèmodum: Sabazius cognomen, ait, est Dionysij. Sed aliqui filium putant.& nonnunquam etiam vocatum Sabon legimus.Fuit verò Phryx Sabazius, qui & alibi Hyeum ipsum vocat,vnde & Semele Hye est appellata: id quod & Suidas & Phauorinus. De Sabazio præterea, vt deo peregrino, déque eius sacris Sabaziis, Strabo in x.& Diodorus libro quarto, qui in Latinis est quintus.ita enim scribit:Traditur quoque & alter multa prior ætate fuisse Dionysius, quem ferunt ex Ioue & Proserpina natum, à nonnullísque appellatum Sebazium,cuius genus, sacra, honores, propter pudorem nocturna occultáque agunt. hic dicitur propter ingenij acumen, primus boues ad iugum iunxisse, eorúmque opera iacta semina frugem reddidisse, quā ex re illum cum cornibus finxerunt.de hoc hucusque Diod.Sabazio quidem hymnum cecinit Orpheus, cui aromata in suffimentum addidit.ita enim ait:

Κλῦθι πάτορ κρόνυ ὑιὲ σαβάζιε, κύδιμε δαίμων.

In Sabaziis quidem cur serpens præferebatur,dicemus in Pherephatte, id est Proserpina. Val.autem Arpocration: σαβοὶ,inquit,Demosthenes pro Ctesiphonte. Quidam aiunt σαβὸς dici,sacra Sabazio agentes,hoc est Dionyso:vti Bacchos.Eundem verò esse Sabazion & Dionysion, cùm alij. tum Amphitheus in secundo Heracleæ. sic enim quosdam aiunt Græcos, Bacchos σαβὸς vocare. Mnaseas verò Pataræus, Sabazion filium esse ait Dionysij.Atque hæc quidem Arpocrat.Phauorinus verò ait,Sabazium Thraces Dionysium vocant,& σαβὸς eius sacerdotes:& cætera,quæ plura scribit. Sed & hoc loco illud addamus de Sabis, quæ esse volunt huic deo consecrata loca, quin & Bacchos ipsos, hoc est sacerdotes,sic vocabant,quos & duplici ββ Plut.in Symposiacis scribere videtur, si exemplaribus credendum. Quin & illud ridiculum affert, Sabbatum Hebræorum inde deflecti.Theophilus ab ἀδὶ σαβοὶ.& Strabo in x. Hucusq; distuli M.Tullium,Apuleiúmque & Macrobium citare,qui de hoc deo meminēre:Cicero quidem in secundo de Legibus, Apuleius in octauo Metam. Macrob.in primo Sat.ea ratione, quòd non Sabaziū, sed Sabadium per d, nō per z proferunt: etsi antiqui eas literas interdum cōmutabant, vt Medentius Mezentius. Macrobius igitur de Libero agens,quē & Solem intelligi vult, ita scribit: Itē in Thracia eundem haberi Solem atq; Liberū accepimus,quem Sabadium nūcupantes,magnifica religione celebrāt, vt Alexander scribit:eiq; deo in colle Cilmisso ædes

dicata

dicata est, specie rotunda, cuius medium interpatet tectum. rotunditas ædis monstrat huiusce sideris speciem, summóque tecto lumen admittitur, vt appareat Solem cuncta vertice summo lustrare lucis immissu, & quia oriente eo vniuersa patefiunt. tantum Macrobius. Apuleius quoque in Asino, hoc eodem Sabadij nomine vocauit. Porrò libro secundo de Legibus Cic. Nouos vero deos, & in his colendis nocturnas peruigilationes, sic Aristophanes facetissimus poëta veteris comœdiæ vexat. vt apud eū Sabeius, & quidam alij dei de Peregrinis iudicati, è ciuitatibus eiiciantur. Sabeius quidem passim legitur, sed doctiores Sabadium legunt, Politianus, Beroaldus, alij: & ita Ciceronis locum castigant. ego aliquando ex suprascriptis, etiam Sabum legi posse putaui. Longior fui in huius dei cognomine, ne tibi, vt mihi, diutius in perquirendo laborandum foret. Videtur Iupiter Sabazius dici, si valerio Probo stamus in lib. de Notis antiquorum, vbi Ioui Sabazio legimus.

Hyes quoque vocatus est Dionysius, vt in lib. de Iside & Osiride notauit Plut. quòd videlicet dominus sit humidæ naturæ. Suidas, ὕης ὕει, hoc est Hyes Hyæ, Dionysij est epitheton, sicuti Clidemus ait: quoniam, inquit, illi sacra perficimus per id tempus, quo deus pluit. Pherecydes verò ait, quoniam Hyen sit appellata Semele, & Dionysij nutrices Hyades. Aristophanes verò Hyen inter peregrinos deos connumerauit. Strabo quoque libro x. de Sabaziis agens, à Phrygibus in Thraciam tralatis, inter cætera quæ in iis concinnebātur, & ὕην reponit, quod nomen est Bacchi, vt εὐοῖ, σαβοῖ, ἰὼ, ὕην, & ἄττυς. Cæterùm & Gnostici hæretici Iao principem confixêre in primo cœlo, vt docet & irridet Epiphanius: cuius Iao nominis rationem, & idem contra Valentinum & Gnosticos, qui eum Terminum dicūt, exsibilat. at verò Hesychius & Phauorinus, Hyeus, id est, ὑιὸς, Sabazius interpretantur. quibus ex verbis lux nonnulla infertur verbis illis Macrobij in Sat. 1. nam cùm illud Orphei carmen citasset, in quo vnum ait esse Iouem, vnum Plutonem, vnum Solem, vnúmque Dionysium, hoc est,

    Εἷς Ζεύς, εἷς ἀΐδης, εἷς ἥλιος, εἷς Διόνυσος.

Ita subinfert: Huius versus auctoritas fundatur oraculo Apollinis Clarij, in quo aliud quoq; numen Soli adiicitur, qui in iisdē sacris versibus inter cætera vocatur ὕης. Sed cùm in ὕαρ, ego Hyeus, id est, ὑιὸς, vel ὕης legerem, repetitque idem nomen & paulò infrà Ιαω, & in quarto casu Ιαω, bis compositum videamus, videtur ὑαὸς in recto pronunciandum, secundum Atticos.

Phausterium Bacchum cognominatum legimus, quia cum lampadibus, & cum luminibus nocturna eius sacra agerentur: vt etiam infrà in Lamptere dicetur.

Choopotes Dionysius cognominatus, cui Choës sacrum instituit Themistocles: à mensura, seu vase & potu vocabulum deflexum videtur.

Methymnæum deum etiam Bacchum vocari, testis est Athenæus lib. 8. Dipnosoph. hęc enim eius sunt verba, vbi de conuiuiis agit: εὐωχίας, inquit, vocabant non ἀπὸ τῆς ὀχῆς, quod est nutrimentum: sed ab eo quod est εὐίχειν, id est, à bene habendo. in has enim coëuntes, diuinitatem venerantes, & ad lætitiam & ἄνεσιν ipsos adducentes, μέθυσιν, potum quidem μέθυν, id est, ebrietatem, deum verò hæc ipsa largientem Methymnæum, & Lyæum, & Euion, & Ἴσιον appellabant. Hæc à me quidē durè exposita, quo loco non modò Methymnæum vides Bacchum cognominatum, à μέθῃ, id est, ebrietate, non autem à Methymna Lesbi: quanquam & non incongruè ab ea vrbe, vbi optima vina prouenirent, diceretur: sed etiam Ἴσιον, quo nomine Bacchum, cùm non appellatum adhuc legerim, libentius ego λυαῖον vel εὔιον eo loco supposuerim, donec certius aliquid inueniamus. Sanè Ἴσιος Apollo quidem cognominatus est, vt planè suo loco docuimus: qui dei tamen, Macrobio docente, iidem credebantur.

Maronæus est Bacchus cognominatus à Tibullo, illo heroico ad Messalam:
    Victa Maronæo fœdatus tempora Baccho.

Videtur & Cratinus, vt est apud Pollucem, μάρωνα pro Baccho & vino posuisse, illo senariolo,
    Nec curaui tantùm Marona, nec bibi.

De Marone verò & vino Homer. in primis in Odyss. & Philostrat. in Imaginibus, & Plinius, Athenæus etiam, vt alios mittam.

Iacchus mysticus, Bacchi & nomen & cognomen, qua voce frequentissimè & Græci & Latini vsi sunt. Vergilius, Et mystica vanus Iacchi. & Claudianus libro primo de Raptu:

Ecce

Historiæ Deorum

> Ecce procul ternis Hecate variata figuris
> Exoritur, lætúsque simul procedit Iacchus,
> Crinali florens hedera, quem Parthica tigris
> Velat, & auratos in nodum colligit vngues,
> Ebria Mæoniis figit vestigia thyrsis.

Herodotus lib. 8. scribit, Theocidem virum Atheniensem, vnà cum Demareto Lacedæmonio apud campum Thryasium Atticæ, ingentem vidisse puluerem ab Eleusine, & cum puluere audiuisse vocem quæ videretur Iacchus mysticus, &c. Arrianus Nicomedensis libro 2. de gestis Alexádri: Sed tradit, inquit, Herodotus apud Aegyptios Herculem vnum ex duodecim deis haberi, sicuti ab Atheniensibus Bacchum Iouis & Proserpinæ filium coli. alium ab hoc Dionysio, & Iacchum mysticum huic Dionysio, non Thebano cantari. Quare qui mysticum nomen Bacchi putãt, falluntur. Est etiam epithetum Iacchi, nec Galenus aliter intelligitur. Catullus:

> At pater ex alia florens volitabat Iacchus.

Legimus epitaphium vetus: Dis manibus Fabiæ Aconiæ Paulinæ Cer. filiæ, Aconis Catullini, v. c. ex præfec. etiam consf. ord. vxori Vettij prætextati v. c. præf. & cos. designati. sacratæ apud Eleusinam deo Iaccho, Cereri, & Coræ: sacratæ apud Lernam deo Libero & Cereri & Coræ: sacratæ apud Aeginam deab. Tauro, Polæ, Sicæ, hierophantæ deæ Cereris, Hesychius non solùm ait Iacchi nomine Bacchum vocari, sed & mysteriorum diem vnam, in qua in mysteriis Iacchum ferebant, & canticum insuper quod concinebatur. Herodotus verò Iacchi & ipse nomen fuisse ait, Eleusiniis deabus ita familiare, vt Dianæ Virbius, Adonis Veneri, Atys Cybeli. Meminit & huius Artemidorus de Insomniis. Dictus autem à verbo ἰαχέω, quod est clamo & vociferor. ab Iaccho ἰακχαγωγός, id est Iacchi sacerdos, & qui initiatus iis mysteriis, vt Pollux scribit in primo. Alij tamen Iacchum viri nomen ebrij & potatoris esse existimarunt, apud Athenæum, ex Athani auctoritate: animal etiam, quod vino delectatur.

οἶνος Græce, vt nosti, vinum significat. est & nomen proprium, & Dionysium significat. obseruat id Proclus in Platonis Cratylum. citat illud Orphei, οἶνῳ ἀτρομέην κέρα Διός. Idem, & qui theologi Græci dicuntur, tradunt. hinc etiam Θυώνης Bacchus vocatus, & Θυώνια Bacchanalia ab Atheniens. lib. dicta, vt est apud Hesychium. Θυώνη, ipse Dionysius, ait Arpocration: Aeschylúmque in hoc & Istrum citat. vnde Θυώνη, apud Lycurgũ oratorem.

Mænoles Bacchus nominatus, vt Eusebius de Præp. Euang. obseruat, quasi totus furens. vnde & illi Orgia sacra, quæ etiam idem vult à furore deducta esse, hoc est παρὰ τῆς ὀργῆς. Phurnutus quoque eadem sentit: quin & Mænades eadem ratione appellatas ait. Mænalam & Origenes in tertio contra Celsum, Dionysiũ vocat & muliebri habitu amictum ait. sed & eadem causa deus ipse Bacchus μαινικός, ab Orpheo in hymnis dictus est.

Eraphiotes Dionysius dictus, vt Theophilus & Hesychius tradunt. ἐραφιώτης autem dictus est, παρὰ τὸ ἐρράφθαι, quòd scilicet assutus Iouis femori fuerit. vel παρὰ τὸ ὀρέφειν, quod significat coronari. vel dictus, quòd à lacte caprino nutritus, hoc est ἀπὸ τῆ ὀρίφου, id est hœdo. alij ἀπὸ τῆ ἐρίδος, id est à lite & contentione, quæ in vino & potu fieri solet, vt alibi diximus. hinc & ἐριβρομος, & ἐριβρεμέτης. Sunt qui asserant hæc Bacchi extrema duo nomina deriuari ab ἐρι particula intentiua, & quæ augmentum in compositione afferat. ergo Eribromus, id est perstrepens & multisonus: & Eribremetes, id est intonans, Baccho cognomina optimè conueniunt. Orpheus in hymno Bacchi Sabazij.

> Ὃς Βάκχον, Διόνυσον, Ἐρίβρομον, ἐραφιώτην
> Μηρῷ ἐγκατέρραψας. &c.

Et Bacchus ipse in Homerici hymni calce,

> εἰμὶ δ' ἐγὼ Διόνυσος Ἐρίβρομος, ὃν τέκε μήτηρ
> Καδμηνὶς Σεμέλη, Διὸς ἐν φιλότητι μιγεῖσα.

hoc est,

> Ipse ego sum Dionysos Eribromus, edidit ipsum
> Me mater Semele, summo commixta tonanti.

Bugenes, Βουγενὴς Διόνυσος, id est boue genitus, Bacchus ab Argiuis colebatur. hinc & Græcorum plerique ταυρόμορφον id est tauriformem Bacchum, & ταυροκέφαλον, id est Tauricipitem, item ταυρῶπα ab Orpheo effingebant, & appellabant: natúmque ex Persephone, vt Clemens in Strom. & Eusebius in secundo Præpar. Euang. tradunt, vt alios mittam. Quinimò etiam Taurus dictus est. & illi cornua attributa, & cognomen etiã factum

Syntagma VIII. 241

ταυροκίλεως, id est, Tauriconis, vt est apud Nicandri comment. in Alexipharm. Idem & ab Orpheo in hymnis βουκέρως & δικέρως vocatus, id est, bucerus & bicornis. hinc Ouid.

Accedant capiti cornua, Bacchus eris.

Ideo autem cornua Baccho sunt attributa, vt Diodorus in quinto tradit, quia primus boues iugo iunxerit, & Bacchus idem sit & Osiris, vt mox dicemus. Idem tamen in quarto, idcirco cornutum Dionysium prodidit, quòd Ammonis filius fuerit, qui arietino capite cum cornibus fuisse dicatur. Sunt qui cornua pro audacia sumant, vt Phurnutus, quòd audaces vinum faciat: & ideo cornutus & corniger formatur. quod in Arte Ouidius etiam innuere videtur, Tunc pauper cornua sumit. Scribit Porphyrio in 2. Carm. Horatij, super ea verba, Aureo cornu decorum: Cornua, inquit, Libero patri & nonnullis aliis assignantur, quoniam scilicet vinolentia proteruitatem & contumaciam addere solet, quæ per cornua significaretur. Cornua, inquit Festus, Liberi patris simulacro adiiciuntur, quem inuentorem vini dicunt, eo quòd homines nimio vino truces fiunt. Sunt qui & scribant cornua cristas vocari. vt in illo Verg. 12. Aeneid. Et rubræ cornua cristæ: hoc est, comæ, quas Græci κέρατα nominant, vnde & κήρειν tondere dicunt. & cornua hi volunt cincinnos esse, ac ideo Mosen cornutum Hebræis visum putant, vt etiam Lysimachum regem in eius nomismatibus videmus. sed Armenios adhuc & Lydos sacerdotes cum huiusmodi cincinnis & capillis Romæ conspeximus. Porrò & ill d item apud Athenæum & Nicandri in Alexiphar. interpretem legimus, veteres cornu bouis pro poculo vsos fuisse: & inde factum esse, vt non solùm cornua Dionysio finxerit antiquitas, sed etiam Taurus ipse diceretur, & Tauriformis, id est, ταυρόμορφος in Cyzico coleretur, & κεράς, id est, cornutus dicatur à Nicandro. Verùm quòd cornibus antiqui biberent, illud etiamnum indicio esse potest, quod Græci κεράσαι dicūt miscere, videlicet à cornu vocabulum deflexum, & κρατὴρ, quasi κεράτηρ, à κέρας, quod cornu significat. Nec illud te latere velim, quod est ab Higyno in Mythologico poëtico literis commendatum: Crassum quendam fuisse, qui vinum cum Acheloo flumine in Aetolia miscuit: vnde miscere κεράσαι est dictum: vnde fortasse illud Maronis in Georg.

Pocúlaque inuentis Acheloia miscuit vuis.

Illud insuper annotandum duxi, quòd flumina etiam plerunque non modò apud pictores, sed & scriptores, cornigera & tauriformia sint solita effingi, vt in Deis marinis plenius annotauimus: vt Padus, & Aufidus, Vergilio, Horatio, Ouidio, aliis. Quin & historia idem comprobare videtur. Scribit Suet. Tranquillus, Epidium Rhetorem prædicare solitum, se à C. Epidio ortum fuisse, quem ferunt olim præcipitatum in fontem fluminis securi. paulò pòst cum cornibus extitisse, ac statim non comparuisse, in numeróque deorum habitum.

Δουσάρκιν, Dusarcem vocabant Nabathæi Bacchum, vt ex Isid. scribit Hesychius, & à Pœonibus Δύαλος Dyalus dictus fuit. idem est auctor.

Osirin plerique omnes Aegyptium Dionysium esse voluerunt, vt pluribus Plutarch. & Diodorus ostendunt. Tibullus quoque cum Baccho coniunxit. Sed quid vetat, quin eius tibi lepidissimum carmen ex primo libro recitem? ita enim ille de Messala:

    Te canit, atque suum pubes miratur Osirim,
        Barbara Memphitem plangere docta bouem.
    Primus aratra manu solerti fecit Osiris,
        Et teneram ferro sollicitauit humum.
    Primus inexpertæ commisit semina terræ,
        Pomáque non notis legit ab arboribus.
    Hic docuit teneram palis adiungere vitem,
        Hic viridem dura cædere falce comam.
    Illi iucundos primùm matura sapores,
        Expressa incultis vua dedit pedibus.
    Ille liquor docuit voces inflectere cantu,
        Mouit & ad certos nescia membra modos.
    Bacchus agricolæ magno confecta labore
        Pectora tristitiæ dissoluenda dedit.
    Bacchus & afflictis requiem mortalibus affert.

Crura licet dura compede pressa sonent.
Non tibi sunt tristes curæ, nec luctus Osiri,
  Sed Chorus & cantus, sed leuis aptus amor.
Sed varij flores, & frons redimita corymbis,
  Fusa sed ad teneros lutea palla pedes.
Et tyriæ vestes, & dulcis tibia cantu,
  Et leuis occultis conscia cista sacris:

Huc ædes, &c. Idem ergo Dionysius & Osiris est. hinc & Chenosiris hedera dicta est, hoc est Osiridis planta. Ab aliis tamen Sol existimatur, & propterea Eusebio & Diodoro tradentibus, πολυόφθαλμος, id est, multioculus Græcè interpretari potest. nam vt Plutarch. scribit, os apud Aegyptios multum significat, & ἴος oculum. Obseruat Macrobius, Aegyptios, quoties solem exprimere volebant, sceptrum, & in sceptro ipso oculi effigiem insculpsisse: per sceptrum, potestatem significantes: per oculum verò, quod cuncta perlustret. tum etiam Solem ipsum, Iouis oculū existimatum. lege Macrobiū, & Plutarchi librū Isidis & Osiridis. ex quo libro etiam colligimus, Osirin Nilum quoq; vocatum, & nigro fuisse corporis colore: & Hellanico teste, ὕσιριν à sacerdotibus appellatum. proprio verò nomine Arsaphen dictum, quod parum probat Plutarchus. qui eum dictum ait, ἐκ ἱεροῦ ἱερός, id est, ex sacrosancto. Fuit autem Osiris frater & vir Isidis, vt planè ostendit Diodorus in primo. Ait enim, gigantes in eum insurrexisse, vt & in Iouem. vnde cùm ipsos deuicisset Aegyptios, lege sanxisse, præter communem cæterorum omnium morem, fas esse sororem à fratre vxorem duci: exemplo Isidis motos, quæ fratri Osiridi nupsisset. Quare nescio quo pacto deceptus Lactantius sit in primo, cùm Isidis sacra describeret, vt Osirin Isidis filium dixerit: quem locum parum castigatum crediderim. nam & ibidem hemistichium Ouidij Lucano ascripsit, Nunquámque satis quæsitus Osiris. Sed memoriæ hoc sit erratum. Porrò quod per fraudem sit Osiris à fratre Typhone occisus, & in partes plures dissectus, déque virili membro, cætera plura ex Diodoro, Luciano, & Plutarcho. Nam quòd Saturni filius fuerit, iidem ostendunt: alij Pamilan quampiam ferunt, quæ Thebis è Iouis templo aquatum egressa audiuerit vocem iubentem, vt proclamaret, magnum regem & benefactorem Osirin natum esse, & ea hac spe acta Osirin educauit, ex cuius rei memoria celebritas Pamiliorum instituta fuit, Phallophoriis valde similis, in qua simulacrum proponebatur, ac circumferebatur, cui tres testiculi inerant, propterea quòd id deus generationis principium esse putabatur omnium, quæ à generatione proueniunt: quin & Priapo deus similis, Pameles, teste Hesychio dicebatur, vt paulò mox ostendam. cætera de Osiri notiora sunt, quàm vt pluribus, hic ego explicem. Illud ex Plut. non reticuerim, Osirin humana forma effictum cum genitali arrecto, ob videlicet generationem, educationémque. amictus verò eius φλογώδης, id est, flammeus. Si his præterea plura cupis de Osiride, bella, peregrinationes, inuenta, vltionem, sacra, lege in primis Diodorum, qui & hanc eius columnæ inscriptionem adscribit: Mihi pater Saturnus, deorum omnium iunior: sum verò Osiris rex, qui vniuersum peragraui orbem, vsque ad desertos Indorum fines: ad eos quoque profectus sum, qui Septentrioni subiacent: vsque ad Istri fontes: item alias orbis partes adiui, vsque ad mare Oceanum: sum Saturni filius antiquior, germine ex pulchro & generoso ortum, cui non semen genus fuit, neque vllus est in orbe, ad quem non accesserim, locus: omnes docens, quorum ipse inuentor fui. Osiridis demum hæc nomina, Hysiris, Arsaphen, Nilus, Ammon, Dionysius, Serapis, Pluto, Iupiter, Pan, Sol multioculus. Porrò scribit Hesychius, apud Aegyptios, mulieres subuentanea párere, quæ Osiris nomine appellentur.

Taurophagus Dionysius appellatus est à Sophocle, ea ratione, vt ait Scholiastes, quòd bos daretur dithyrambicis poëtis in victoriæ præmium. Alij crudelem & immanem interpretantur, animalis tauri naturam respicientes. Alij ad vinolentiam referunt, vt paulò antè notaui. Meminit & Taurophagi Bacchi Hesychius, & Suidas: sed & taurus membrum virile significat. vnde Lastaurus dictus, qui mentulatior est, vt in Hercule docui.

Hebona, Bacchum significantes, Neapolitani in Campania, vt Macrob. scribit, celebrabant. Legimus & in elogiis antiquitatum veterem Epigraphen huic deo ab Iunio Aquila positam, quæ talis est:

ΗΒΩΝΙ ΕΠΙΦΑΝΕΣΤΑΤΩ ΘΕΩ. ΙΟΥΝΙΟΣ ΑΚΥΛΑΣ ΝΕΩΤΕΡΟΣ ΣΤΡΑ-
ΤΕΥ

Syntagma VIII.

ΤΕΥΞΑΜΕΝΟΣ ΕΠΙΤΡΟΠΕΥΣΑΣ ΔΗΜΑΡΧΗΣΑΣ. Hoc est, Heboni illustrissimo deo Iunius Aquila iunior, miles, procurator, tribunus. Pontanus Iouianus libro primo suæ Vraniæ, certè hæc cecinit, de Neapoli agens:

  Hæc annis florentem, oculísque & crine decentem
  Hebonem venerata, suos ritus, patriúmque
  Instituit morem, & sacris iam ritè peractis,
  Vrbs Hebona salutat, agríque Hebona frequentant,
  Hebona & referunt simul antra, & littora & amnes:
  Hic etenim florem ætatis, robúrque iuuentæ
  Et speciem deus, & formæ dat habere decorem,
  Oráque lumináque, & moderantes corpora sensus.

Videtur verò Hebo vocari, sicut Hebe, hoc est, ἀπὸ τῆς ἥβης, id est, à lanugine, & tenera mollíque ætate, vt etiam hi Pontani versus innuere videntur. Sanè & Aegyptij Hebonem Typhonem appellarunt, vt Manethus & Plut. scribut, quæ vox κάθεξιν ἢ κώλυσιν significat.

Λαμπτῆρος Dionysij cognomen fuit, cuius templum fuit apud Pallenenses, in quo celebritas agebatur, quam ab eo deo λαμπτήρια vocabant, à facibus & splendore scilicet, hoc est, ἀπὸ τοῦ λαμπτῆρος, id est, à facie & lumine. Noctu enim ea solennitas celebrabatur, facésque ad templum ferebant, atque ita bene poti, crateres per totam vrbem statuebant, quo melius quísque deum coleret. Pausanias auctor.

Acratophorus Dionysius, ἀκρατοφόρος dictus & celebratus in primis Phigaliæ, ab inferendo videlicet ἄκρατον, id est, purum ac merum vinum. nam pugnis ludebant, cùm nondum haberent brachiale lorum, sed milichis certabant. Sunt autem μιλίχια tenuissima ex crudo coria, inuicem innexa, implicitáque, vt in Arcad. docet Paus. Sanè Varro acratophoron vinum in primo de Re rustica vocat: Ea, inquit, minus sumptuosa vinea, quæ sine iugo ministrat ἀκρατοφόρον οἶνον, id est, vinum purum.

Μιτρηφόρος, Mitrephorus, hoc est mitratus, Dionysius vocatus est, ea ratione, vt putatur, quòd si quando ex nimio potu ipsius bibentis caput agitaretur, vel (vt fit) nutaret, mitra caput ligabatur. ex qua re, vt putat Diod. fuit vocatus μιτρηφόρος. repetit idem & Euseb. in secundo Præparat. Euang. Orpheus in hymnis, νυκτέλι εὐβουλεῦ μιτρηφόρε θυρσοτίνακτα. Hinc appa-ret, & Thyrsianacta Bacchum etiam appellatum, hoc est, qui Thyrso regnet.

Biformis, hoc est δίμορφος, vocitatus est Dionysius, vt docet Diod. quoniam duo Dionysij fuerunt. prior barba promissa fuit, qui antiquo more barbam nutriuit: posterior alter speciosus iuuenis, & delicatus. quidam duplicem illi formam tributam volunt, quoniá vinum & hilares homines reddat, & iracundos. hinc illum in hymno δίμορφον nomine salutat Orpheus: alio loco, διφυῆ λυσίειον ἴακχον nuncupat, hoc est, duplicis naturæ Lysium Iacchum, in hymno videlicet ad μύστην διόνυσον.

Αἰθιοπαίδα Dionysium vocauit Anacreon poëta, vt notat Hesychius. alij vinum interpretantur, sed vtrunq; à colore nigro & igne. alij Dianā etiam hoc nomine vocāt, Aethiopiā.

Polites, & Axites, Dionysij cognomina scribit in Arcad. Pausan. Heræus enim Lycaonis filius, vrbem de suo nomine Herçensem in Arcadia cōdidit, ad Alphei fluminis dexteram ripam, vbi duo fuêre Dionysij templa, alterius Polites nominati, alterius Axites.

Phleona etiam Dionysium appellatum videmus, παρὰ τὸ φλύειν, τὸ πολυκαρπεῖν: seu φλύειν, vt etiam Aelianus scribit, hoc est à multo ferendo fructu. est enim Dionysius fructuum deus. quin & ab vua & vindemiis appellatus est Protryges, Staphilites, & Omphacites: aliísque ab iis rebus, nominibus. Sed & Corem, id est, Proserpinam vel Cererem, matrem videlicet Liberi, Phlæan vocabant Lacones. scribit Clemens, Iouem in serpentem conuersum Pherepattæ, hoc est Proserpinæ vim intulisse, & inde natum Dionysium, qua de re etiam in mysticis Sabasiorum serpens præferebatur, in orbem complicatus. & perinde poëtæ serpentem tauri parentem dixêre, symbolicè hoc ipsum significantes.

Phlyus Dionysius appellatus fuit, vt in primo Apollonij Rhodij interpretes notant, ἀπὸ τοῦ φλύειν τὸν οἶνον, ὅ ἐστι εὐθύνειν, hoc est, quòd vinum lætum faciat. Quamuis sint qui ab Aræthyræa Peloponnesi ciuitate, posita in montibus Sicyoniis, quæ mox Phlyusa à Phlyunte dicta est, Dionysij & Chthenophyles filio appellatum velint. Paus. à Phliante deriuari existimauit, id quod etiam testatur Steph. Lacedæmonij Phliasium mensem eum numerant, in quo fructus vigent. Sed de Phliasiis in Corinthiacis Paus. longè plura.

De Deis Gentium.   x 2   Rectus

Rectus, id est, ὀρθός, Dionysius cultus Athenis. Amphyction enim Atheniensium rex, vt scribit Philochorus, omnium primus à Dionysio edoctus, merum diluit: quo factum est, vt homines prius mero incurui, mox recti facti sunt. quare factum est, vt in Horarum æde recto, id est, ὀρθῳ, Dionysio ara erigeretur. Quin & Paus. in Bœot. Scyllam, ait, simulacrum Dionysij recti, Myronis opus, consecrasse.

Eubulus etiam Dionysius dictus. ἀυβυλϊα Orpheus vocauit, quem Macrobius est interpretatus, boni consilij deum præstitem. Idem Orpheus in hymno ad Proserpinam, μᾶτ ἐρ ὀριββι-μᾶτε πολυμόρφε ἰυβελϊος: Mater intonantis multiformis Eubuli, id est, Bacchi. quo eodem tamen nomine & Plutonem vocatum, iam ostendimus. Sed & idem Orpheus in hymno ad Dionysium, ἰυβελω inuocat.

Calydonius Dionysius cognominatus, cuius simulacrum post Calydonis direptionem delatum Patras fuisse fertur. huius dei Coresus sacerdos, antequàm Calydon euerteretur, Calirrhoës virginis amore captus, cùm eam nullo pacto flectere posset, deum precatus est, vt sibi adesset. Sacerdoti deus annuit, & Calydoniis furorem immisit: quibus consulentibus Dodonæum oraculum, responsum dedit, Coresum debere Calirrhoën Dionysio immolare, aut offerentem se aliam pro ea: nulla verò se offerente, Calirrhoën ad aram statuerunt. Tunc Coresus se pro ea interfecit, paulò pòst, & illa sibi manus consciuit, vt longo sermonis ductu Paus. prodit. Adeò pro Anterotis numine pœnas vindex Nemesis reposcit.

Εὔιῳ Bacchi cognomen. Orpheus in hymno ad Dionysinm, cum suffimento styracis, εὔιῳ ἀγνῳ. & in Lysio Lenæo hymno, ἰυα Βαχχι. & Euripides in Bacchis, Euion Baccheua dixit. Persius,

Euion ingeminat, reparabilis assonat Echo. Quo loco Probus, seu Cornutus grammaticus: Euius, inquit, Liber pater dictus est, eo quòd in bello giganteo cùm non apparuisset, eum pater credidit discerptum à gigantibus: & dixit, heu, quæ vox gementis est: deinde adiecit, ὑϊε, id est, filius. Acron tamen in Horat. ait, Bacchum mutatum in leonem, gigantem interfecisse, & tunc Iouem, ô bone fili dixisse, id est, ὦ υἱε. hinc & Euhyias baccha ab Horatio tertio Carm. È somnis stupet Euhyias. sanè Euhyion, vel Euhyius, impropria est diphthongus, quæ syllabam producit: breuiter tamé effertur. Horatius, Monet Sithoniis non leuis Euhyius. Idem, Dissipat Euhyius curas edaces. Statius lib. primo:

Et tunc fortè dies noto signata tonantis,
Fulmine præerepti cùm te tener
Euhyie partus Transmisere patri.

Vtitur Lucretius & Columella. Sunt tamen qui ἰυχιῳ libentius legant, & ab ἰυχι deriuát. Phurnutus certè manuscriptus, dum Dionysij nomina recenset, cùm de Alysio & Lyæo prius dixisset, βρόμιος ἤ, καὶ Βάχχος, καὶ Ἰαχχος, ἤ ἰυῖος, καὶ Βαβαχτης, καὶ Ἰοβαχχος καλεῖται. vbi Babactes & Iobacchus etiam vocatur: quæ verba volui recensere, ne codex impressus Græcus, & qui eum interpretati sunt, te fallant, vbi Bromium tantùm referunt, satis confusè & inconditè, & nullo penè sensu. Sed in hoc auctore huiusmodi errata penè infinita, si cum antiquis conferas, inuenies.

Euan etiam pro Baccho accipitur apud Ouidium in quarto, illo versu:

Nycteliúsque, Eleusíque parens, & Iacchus, & Euan.

Statius in Syl. Bassaridum rotator Euan. Idem Theb. 5. Et à summis auditus montibus Euan. quod nomen factum à voce bacchantium, vnde etiam Bacchæ ipsæ, Euantes dictæ. Vergilius:

Illa chorum simulans, euantes orgia circum Ducebat Phrygiis.

Quo loco Seruius, Euantes, inquit, bacchantes, à Libero, qui Euan dicitur. Propertius,

Egit vt euantes dux Aridana choros. Silius in primo:

Non ille euantis Massyllæ palluit iras.

Sed hoc loco non reticuerim, quod à viro cùm sanctissimo, tum doctissimo Epiphanio scribitur libro contra hæreses tertio, in sacris Dionysij, qui serpentibus, coronati clamantes ac euantes Væ væ, illam adhuc Euam à serpente deceptam inuocantes: Aut, inquit, per aspiratam vocem ex Hebræorum lingua, serpentem ad suum errorem acclamantes. Eua enim absque afflatu, Hebræis mulierem significat: cum aspiratione verò, serpentem, hæc quidem ille, quæ in derisum potius afferri puto à viro sancto, quàm consentanea

Græcis.

Syntagma VIII.

Græcis. Sanè Priscianus Euan Euantis declinat: cùm & alij Euan, indeclinabilem velint esse vocem bacchantium. Hesychius tamen ait, Euan hederam ab Indis appellari. alibi verò Euas Dionysium vocari prodidit. hinc Orpheus, vt puto, vocauit in hymno ad Hippam Bacchi nutricem Ἰνάδια, quasi dicat Dionysiacam:

  Inuoco nutricem Bacchi Hippan, Euada nympham.

Nescio quàm rectè verti: Græcè sic,

  Ἵππαν κικλήσκω Βάκχου τροφόν, Ἰνάδα κούρην.

Hippam vocat Hesychius Iunonem. vetus certè Orphei codex Hiptam, non Hippam habet.

Bassareus, Dionysius cognominatus est. Orpheus in hymno Βασσαρέα vocat. Ita enim ad illum, hymnum exorditur,

  Ἐλθὲ μάκαρ Διόνυσε πυρίσπορε, ταυρομέτωπε Βάσσαρε.   Id est,

Huc fœlix Dionyse veni, sate fulminis igne, Bassare tauriformis.

Horatius,

  Non ego te candide Bassareu Inuitum quatiam.

Quo loco Acron & Porphyrion consentiunt, quòd Bassaris sit vestis genus. hoc amplius addit Acron, vsque ad pedes demissa. dicta à Bassara loco Lydiæ, vbi sit. vnde & Bacchæ Bassarides dictæ. Cornutus quoque grammaticus in eo Persij versu,

  Bassaris & lyncen Mænas flexura corymbis.

Bassarides, inquit, omnes Bacchæ dictæ sunt: sed & ipse Liber pater Bassareus. vt Horatius, Non ego te candide Bassareu Inuitum quatiam. Quibusdam videtur à genere vestis, qua Liber pater vtitur, demissa ad talos, quam Thraces bassaram vocant. Quidam à vulpibus, quarum pellibus Bacchæ succingebantur, vt & lyncum pantherarúmque pellibus. Vulpes inde Thraces, bassares dicunt. Sanè Pollux & Hesychius bassarum vestem esse affirmant. Phurnutus tamen ἀπὸ τοῦ βάζειν, id est, à dicendo, vel clamando deriuat, & simplici s scribit. Fuit & Massaris Bacchi nomen, vt infrà dicam.

Narthecophorus Dionysius à ferula dictus, quæ νάρθηξ Græcè dicitur, & illi attribuitur, & eum sectantibus, vt Sileni sunt Bacchæ, Satyri alij. Vtitur Orpheus in hymnis hoc Dionysij epitheto. Sanè quoniam ad fulciendos & sustinendos vacillantes gressus ferula idonea est, ideo Baccho Silenióque ac cæteris attribuitur, vtpote vino titubantibus, hinc & illud apud Plat. in Phædone, εἰσὶ γὰρ δήφασιν οἱ περὶ τὰς τελετὰς, ναρθηκοφόροι πολλοί, βάκχοι δέγε παῦροι. hoc est: Sunt enim, quod aiunt, qui de religionibus tractant, narthecophori, id est, feruligeri multi, pauci verò Bacchi. quod miror in sua prouerbia non transtulisse Erasmu, cùm tamen elegantissimè de iis dicatur, quæ admodum rara sunt inter multos: vt si vnum Homerum dicas, inter poëtas penè innumerabiles. Porrò ναρθηκοφόρον Bacchum Eusebius in secundo Præp. Euang. ideo vocatum his verbis ait: Ferulam Baccho in manu tradunt, quia cùm non permixtum aqua vinum homines biberent, & in furorem verterentur, alter alterum baculis ferirent, indéque pleriq; morerentur, pro lignis his baculis, ferulis vti persuasit: & ex eo nomen factum videtur. De ferulis etiam Phurnutus, & quare nonnulla his similia protulit.

Bromius Bacchus cognominatus est, & hoc Orpheus vsus est in hymnis. Diod. Siculus à sonitu tonitrus ac fulminis in ortu Bacchi vocatum significat. Βρομεῖν quippe resono, & Βρόμος sonitus, & ignis crepitus. Meminit & Teleclides apud Hesychium. Eusebius, Bromium ait vocatum ἀπὸ τοῦ βρόμου, id est, ignis sonitu: qui cum abortu ederetur, insonuit. Magis mirum illud est quod Proclus, aliíque in Hesiodi commentariis de Re rust. scribunt, vbi de Lenæone mense agitur. Βρόμος, vt tradunt, Dionysius est: vnde brumalia, quæ celebritas fuit, quæ in bruma, atque adeò mense Lenæone agebatur: quæ tum in nostro Decembre, tum Ianuario peragebatur: qua de re in nostro de Annis, mensibus, &c. Sed enim & Dianam βρομίαν Orpheus in hymnis nominat. de Bromio & Phurnutus, qui à voce cancantium vinum in torculari, cum aliis deducit nominibus.

Ægobolus, αἰπόλος Dionysius, apud Potniam colebatur, de cuius rei nomine historia hæc prodita est. Cùm ibi Dionysia celebrarent, ita in contumelias acti sunt, & furorem, ob ebrietatem, vt Bacchi sacerdotem interemerint: quare dei ira graui pestilentia affecti sunt. Ciues hac de re Apollinem consuluêre: à quo responsum acceperunt, vt deo formosissimum puerum immolarent. quod cùm Potnienses per multos annos fecissent, ca-

De Deis Gentium.   pram

pram demum à deo edocti pro puero suppoſuerunt. vnde deo cognomen, à capra videlicet ſuppoſita, factum videtur.

Eleleus apud Ouid. Bacchi nomen exiſtimatur, cùm canit in 4. Metamor.
Nycteliúſque, Eleleúſque parens, & Iacchus, & Euan.

Sed ἐλελεῦ aduerbium eſt, exclamatio bellica, vt notat Heſychius: vel vt alij putant, quædã ante pæana exclamatio, hoc eſt vt Grécè dicitur, προςαναφώνησις παιανισμῶ. Vſus eſt Aeſchylus in Promotheo in vinculis. Etiam in miſeratione putat Ouidij interpres ἐλελεῦ aduerbium hortantis eſſe, quo procedentes ad orgia celebranda, & ad conferendam pugnam vterentur. Sanè Ouidij verſum quidam ita legunt, Nyctelius, Libérque parens, &c. quod parum placet. alij Eleus legunt, & à miſericordia, id eſt, ἐλέω, vel ἵλαῳ deriuare contendunt. nam ab Eleleo & Eleleides denominatæ apud Ouid. bacchæ, & Eleides.

Ignigena Bacchus etiam ab Ouidio cognominatus, ſecundum fabulam quidem à fulminata Semele: aliqui à vini natura ignea, vnde & à Græcis πυριγενής vocatus. Strabo lib. 13. loca commemorat in Lydia, ſeu Myſia, exuſta, quæ tamen optima vina proferant. Idem & tradi ait apud Catinam: vnde (inquit) perurbanè atque eleganter Bacchum ignigenam dicũt. Pyrigenes Bacchus in Semele, effingitur elegãtiſſimè à Philoſtrato in Imaginib. πυρειπάτορες etiã Bacchus nec ſemel ab Orpheo in hymnis cognominatus eſt, hoc eſt, igne ſatus.

Zagreus, ζαγρεὺς Dionyſius cognominatus, is qui ex Proſerpina natus eſt, qui & aliter Iacchus vocabatur, vt Græci in Pindarum comment. exponunt: qui quoniam in myſteriis cum Cerere & Proſerpina colebatur, ideo πάρεδρος, id eſt, aſſeſſor Cereris à Pindaro dicitur in hymno Iſthm. ad Strepſiadem Thebanum. quod cùm parum Latinus enarrator, imò Germanus, animaduertiſſet in ſuis ſcholiis, hoc conticuit. Sed Zagrei Dionyſij præter Pindaricos expoſitores & Plut. meminit, in eo qui περὶ τῶ τῶ ἐν Δελφοῖς, hoc eſt, de ũ quod erat in Delphis. nam cum non ſolum quæ in Delphis ſacra eſſent Apollinis, ſed & occulto quodam ſermone ſignificari ait, Διόνυσον ἢ καὶ ζαγρία, καὶ νυκτέλιον, καὶ ἰσοδαίτην αὐτὸν ὀνομάζεσι. Heſychius quoque: Zagreus, inquit, Dionyſius. videtur verò Iupiter mixtus fuiſſe Proſerpinæ, ex quo Chthonius, id eſt, terreſtris Dionyſius: quod idem manifeſtius etiam Suidas.

Iſodætes Bacchus dictus eſt, vt ex modò allegato Plutarchi loco colligimus. Heſychius tamen, Iſod.æten ait ab aliquibus Plutonem dici, ab aliis Plutonis filium. Iſodætæ & Hyperides meminit, in ea quam de Phryne oratione compoſuit: quo in loco Val. Arpocration interpretatur, hoſpitalem quempiam genium, quo popularia feſta muliebria, & non ſatis modeſta peragantur. De Iſodæte & in Dæmonibus agemus.

Iyngies, ἰυγγίας Dionyſius cognominatus, vt Heſychius notat. Hinc ego putarim Pindarum quodam hymno Pyth. ad Arceſilaum Cyrenæum iynga auem ideo Bacchi nuncupaſſe, quo loco de aue multa Græcus interpres, ſed de Baccho nihil. De hac verò aue & Theocritus in Pharmaceutria, & eius item interpretes, Suidas & Heſych. aliíque. aiunt autem, Iynga filiam fuiſſe Echus, alij Pithûs, quæ ſuis carminibus Iouem in Iûs amorem pellexerit: quare à Iunone in hanc auem conuerſa fuit, quæ ſiſopygis etiam, à noſtris autem motacilla nuncupatur. Addit Heſychius, cinædion etiam appellatam.

Limnæus Bacchus cognominatus à Limnis Atticæ vico, vt comment. Ariſtophanis teſtatur in Ranis, & Phauorinus. Callimachus, λιμναίῳ ἢ χοροιτάλας ἄγω ἑορτὰς, hoc eſt, Limnæo peragebant ſolennia ſacra. Arpocration: Limnæ, inquit, locus eſt Athenis, in quo Dionyſius colitur. Meminit & Iſæus orator, & Heſychius.

Edonius Bacchus ab Ouidio nuncupatus, à populis Thraciæ Edonis, qui ab Edono fratre Mygdonis dicti ſunt, teſte Stephano. Vnde & Edonides, & Edonæ, bacchæ. Horatius ſecundo Carm.
Non ego ſanius bacchabor Edonis.

Laphyſtius Bacchus, à monte Bœotiæ, vnde & bacchæ Laphyſtiæ. Sed de Ioue Laphyſtio, ſuo loco egimus. Cœl. Rhod. lib. 27.

Euergetes, ἐυεργέτης etiam Bacchi cognomen, à benefaciendo: vt etiam Eleutherus, vt notat Heſychius.

Bacchi colonatæ ædes apud Lacedæmonios fuit, de quo Pauſ. ſic: Eregione eſt locus, quæ Colona, id eſt, iugum dicitur, & Bacchi Colonatæ, ac ſi iugalis dicas, ædes.

Gorgyieus, hoc eſt γοργυιεὺς Dionyſius, cultus & appellatus eſt à Gorgyia loco in Samo, vt ex Duride Stephanus obſeruat. In eadem Samo & Elygeus Dionyſius cultus, vt Heſychius

sychius scribit.

Masares à Caribus vocatus fuit Dionysius, nescio an à Ma quapiam, quæ Rheam sectabatur. cui Iupiter Dionysum, vt scribit Stephanus, nutriendum dederit. Sed cùm à Iunone interrogata esset, cuius infans ille esset? illa, ἄρεως, id est, Martis respondit. quin & Rhea ipsa μᾶ nuncupata est. vnde ego coniector μᾶ ἄρεως Baccho nomen fuisse, quasi μᾶς καὶ ἄρεως. Scribit quoq; Pausanias in Achaicis, Dionysij simulacra fuisse apud Patrenses, quorū fuere cognomina hæc: Antheus id est, floridus: & Areus, id est, Martius, & Mesadeus.

Melpomenos Dionysius, Pausan. in Attica. Domitius vertit Latinè, Bacchus canens. colebatur verò ea parte, qua Hederaceus, id est, Cisseus Dionysius etiam, & Apollo Agyieus.

Colonatas Dionysius, nuncupatus à loco Spartanæ regionis, teste Pausania in Lacon.

Hyalicus Dionysius, vocatus deus Comus, id est, comessationum, vt notat Hesychius.

Nyctelius Bacchus, meminit Plutarchus in eo qui inscribitur deo quod erat in Delphis. & Ouid. quarto Metamorph. item in Attica Paus. Nyctelius verò dictus à verbo νυκτελέω, quod significat in nocte perficio: quoniam Bacchi sacra, nocte agebantur, de quibus Vergilius:

Vbi audito stimulant Trieterica Baccho
Orgia nocturnúsque vocat clamore Citheron.

Psila Dionysius, sic vocatus, ait Pausanias, quòd Dores Psila pennas nuncupant: siquidem vinum non minus homines effert, ac tollere videtur, quàm penna aues.

Anthias, ἄνθιος, id est, floridus Bacchus Athenis cultus fuit. Patrenses quoque Anthei Dionysij simulacrum habuere: vt Pausanias docet. Catullus:

At pater ex alia florens volitabat Iacchus.

Vnde & illi anthinæ vestes, vt Phurnutus & Diod. notant, ascribuntur. Sedenim quidam anthinas vestes variè interpretantur. quidam mulieres: vnde & Herculem aliquando anthina veste indutum, ex Plut. scripsimus. quidam purpureas, à colore florum: vnde & Ianthinæ, & hyacinthinæ appellantur. alij barbaricas, & Damascenas, quæ nũc vocantur, quod floribus herbarum impictæ intextǽque sint.

Oreos, Liber pater, ait Festus, & Oreades nymphæ appellantur, quòd in montibus frequenter apparerent. à monte verò nomen vtrumque deducitur. hinc Phurnutus ait, quosdam dicere, in monte Nysio Iouem primùm vitem produxisse, vnde nomen Dionysius. Caue ne te impressi codices hoc loco fallant, vt alioqui alios nonnullos.

Consitor vuæ etiam dictus ab Ouid. in quarto Metamorph.

Genialis Consitor vuæ.

Vitisator Bacchus, qui vitem seuerit. Actius, O Dionyse pater optime vitisator Semele genitus Euchia. hac voce Vergil. pro deo vtitur in septimo Aeneid. vt nonnulli putant.

Περικιόνιος Διόνυσος, Pericionius Bacchus cognominatus, cuius cùm alij meminere, tum ei in primis Orpheus hymnum concinuit, adolens aromata. Pericionij Bacchi & in nostris Musis ex Platonicorum sententia meminimus. Pericionij verò nomen deductum est, à περὶ καὶ κιονός, id est, σαφυλιν, hoc est ab vua.

Ἀμφιετὴς Διόνυσος, & huic hymnus ab Orpheo concinitur, præter thus, cæteris adhibitis suffimentis, & in altero eius etiam est facta mentio. Existimauerim verò ipse, anni tempora significare, quæ circum annum euoluantur, ab ἀμφὶ & ἔτος. Nam vt etiam Macrobius scribit, Liberi patris simulacra partim puerili ætate, partim iuuenili fingebantur. præterea & barbata specie, & senili quoque, quæ ætatum diuersitates anno & soli conueniunt, ita vt paruulus videatur hyemali brumalique solstitio, qualem Aegyptij proferebant ex adyto die certa, quòd tunc breuissimo die veluti paruus & infans videretur. Exinde autem procedentibus augmentis æquinoctio vernali, simulatque adipiscitur vires, figura iuuenis ornabatur. postea eius ætatis statuebatur plenissima effigie barbæ. solstitio æstiuo, quo tem pore annus & sol summum sui consequitur augmentum: tum demum per diminutiones, veluti senescenti quarta forma deo figurabatur. Idem sanè Orpheus ἀμφιετῆ etiam nuncupauit, in Trieterico Baccho.

Brisæus Dionysius dictus, vt Stephanus scribit, à Brisa promontorio Lesbi, vbi colebatur. Sunt qui βριαιό scribant, παρὰ τὸ βεβα, τὸ βαρῦ, id est, grauo. βρίσειν à βέτος, futuro videlicet eius verbi, quòd vini potus aggrauet caput. nonnulli παρὰ τὸ βέζω, quòd præ potu & cibo

& cibo dormio significat. Alij ἀπὸ βρύων, id est à madefaciendo & irrigando. Alij ab vrbe Laconiæ Bryseum deduci existimant. alij etiam à byrsa, id est corio vel pelle, Byrseum. Sed præstat audire quæ Cornut.in Persium: Est,inquit,Briseus Liber pater cognominatus, siue (vt quibusdam videtur (à mellis vsu, eo quòd ipse inuenisse dicitur mel, & ex fauis exprimere. Bris enim iucundum dicimus: vnde etiam quidam Briseida existimāt dictam, quòd Achilli iucunda fuerit. vel certè, vt aliis videtur, ab vua, quòd vuam inuenerit, & expresserit pedibus. brisare enim dicimus exprimere. vel certè Briseum dictum ex nomine nymphæ, quæ eum nutrisse dicitur. Idem paulò pòst: In Græcia, inquit, duæ fuerūt Liberi patris statuæ: vna hirsuta, quæ dicebatur Brisei: altera leuis, id est sine pilis, quæ dicebatur Lenæi. hactenus ille. Persius:

  Est nunc Brisæi quem venosus liber Acti.

Briseus ideo, quia barbatus colitur Liber pater, eo cognomine. meminit & Macrobius.

Hedereus, hoc est κισσὸς διόνυσος, teste in Attica Pausan. cognominatus, quòd in ea Atticæ regionis parte, Acharnis videlicet, primùm hederam visam tradunt. vnde ab Antipatro poëta ἀχαρνίτις hedera cognominatur. Inibique μιληομένις, id est canentis & hederei erant simulacra. κισσόβρυος ab Orpheo Dionysius cognominatus, & κίσσιος dicitur Apollo, qui & Bacchus ab Aeschylo apud Macrobium. Homerus in altero ad Dionysiū hymno, ipsum κισσοκόμην Διόνυσον ἐρίβρομον vocat, id est hedericomam.

Πατρῷος, id est Patrius Dionysius cultus, cuius templum Polyidus Cœrani filius construxit in Attica, in quo simulacrum Patrij Bacchi positum fuit, cui Satyrus assistebat, opus Praxitelis è Pario marmore: altera statua Dasyllij Bacchi, quam ferūt positam fuisse ab Euchenore filio Polyidi Cœrani.

Omadius, ὠμάδιος Dionysius, cuius nec semel mentio est apud Orpheum, Eusebius verò Pamphili libro Præp. Euang. quarto: Dionysio, inquit, Omadio apud Chios appellato, homo crudeliter discerptus sacrificabatur.

Bactes Bacchi nomen, ἀπὸ τῷ βάζω, hoc est clamo & vociferor. quidam & Bruntinū etiam appellant, forte à tonitru, id est à βροντής.

Μίσης Dionysius, Orpheus in hymno ad ipsum cum thymiamate styracis:

  Inuoco legiferum Narthecophorum Dionysum,
  Laudatum Eubuli semen, cui nomina multa,
  Sacratumque castúmque Misen, dominúmque verendum.
  Qui mas & mulier, duplex Lysæus, Iacchus,
  Seu te sacratæ templum delectet Eleusis,
  Seu Phrygia cum matre deûm mysteria tractas,
  Seu Cypri Cytherea tenet te compta capillos,
  Seu de frugiferis campis lætaris honestè,
  Matre deâ tecum nigrifera Iside casta,
  Aegypti prope flumen.

Σαλαμίνιος Bacchus cognominatus est ab Aristophane, quasi dicas imbellem, à naue illa Atheniensium Salaminia, qua in difficilibus rebus vtebantur, de qua in nostro de re Nautica pluribus egimus.

Licnites, λικνίτης Dionysij est epitheton, ductum ἀπὸ τῶν λίκνων, id est à cunis, in quibus infantes recubant, vt ait Hesychius. Licet Licniten quidam cistam interpretentur apud Plut. in Iside & Osiride. In Licniten est hymnus apud Orpheum, cum suffimento mānæ thuris, cuius hoc initium,

  Licniten Dionysum nunc in vota vocamus:
  Λικνίτην Διόνυσον ἐπ᾽ εὐχαῖς ταῖς δε καλοῦμεν

Λεβῆνος, Lebenus quoque dictus est Dionysius, vt notat Hesychius: nec de hoc amplius comperi.

Οὐρετάλτ, Vrotalt. Dionysius ab Arabibus nuncupatus, vt scribit Herodotus in tertio: sed Valla Oratal transtulit: Quòd fœdus, inquit, & ipsi qui amicitiam contraxerunt, seruare iustum censent. Dionysium, quem Oratal, & Vraniam, quam Alilat appellant, solos deorum esse arbitrantur, &c. quibus ex Herodoti verbis videmus male expositum Arrianum in septimo de gestis Alexandri: Acceperat, inquit, Arabas duos tantum deos colere, Cœlum scilicet ac Dionysium. non Cœlum videtur legedum, sed Οὐρανίαν, nam Venus

Syntagma VIII. 249

eo nomine dicta, vt docui. Sunt etiam apud Hefychium hæc Dionyſij nomina, Ἰσμῖνας, ἐυαλὸς, θυολλος, & Ἰωβάκχοι: apud Orpheum verò, τεῖσω, ῥαςτὴς, & alia pleraque. Legitur epigramma iambico dimetro conſtans, quod Auſonij Galli poëtæ eſt, quo ita inſcribitur vulgò, Miohobarbum, Liberi patris ſigno marmoreo in villa noſtra, omnium deorū argumēta habenti. Sed cùm Miohobarbum vox ſit parum nota, & quid ſignificet nullus explicet, & (vt audiui) vetuſtus admodum codex Mixobarbum retineat, videámque id etiam ita à viro docto & æquè eleganti citari Mixobarbarum: nec minus ipſe quoque, antiqua dum euoluerē Græciæ elogia, à Cyriaco Anconitano collecta, epigraphen reperi in Iſthmo Corinthiaco poſitam, in qua inter cætera hæc verba leguntur, μιξοβαρβάρων δ'ἐώων τ'ἐθνῶν ἀρχηγὸς, hoc eſt, Mixobarbarorúmque orientaliúmque gentium ductor: inde facilè colligere poſſumus, μιξοβάρβαρον ſignificare, quod ex barbaris & non barbaris mixtum eſt: ſicut & hoc Auſonij epigramma, in quo & Græca & Latina, ac etiam barbara ſunt ipſius dei nomina. Sunt præterea qui mixobarbaros ſtatuas dicant fuiſſe. citant Pauſan. in Bœot. Cœlius Rhod. exiſtimat Medeæ filios Mixobarbaros appellatos. Hæc verò tibi omnia cōfuſè retuli. nam omnino mihi hac in re non ſatis placeo. Epigramma igitur Auſonij dimetrum iambicum tale eſt:

    Ogygia me Bacchum vocat,
    Oſirin Ægyptus putat,
    Myſi Phanacen nominant,
    Dionyſon Indi exiſtimant.
    Romana ſacra Liberum,
    Arabica gens Adoneum,
    Lucaniacus ſed Pantheum.

In quo Mixobarbaro illud mihi indulſi, propter hos tres eiuſdem poëtæ verſus, qui ſic leguntur alibi:

    Αἰγύπτῳ μὲν Ὄσιρις ἐγώ, μυσῶν ἢ Φανάκης,
    Βάκχος ἐν ζώωσιν, ἐν φθιμένοις Ἀϊδωνεὺς,
    Πυρογενὴς, δικέρως, τιτανολύτης Διόνυσος.
    Ægypti quidem Oſiris ego, Myſónque Phanaces:
    Inter viuentes, mortales, Bacchus, Adoneus,
    Igne ſatus, Diceros, Titanolytes, Dionyſſus.

Sanè Adoneus ſic ſcribi videtur ab Origene lib. 4. aduerſus Celſum, ſed cum Ioue nominatur, nec quidem ſemel. quin & ab Adonai alicubi idem deflectere videri poteſt, cùm aliàs ego ab Adoni deduci dixerim.

Extat item in Græcorum epigrammatum volumine heroicum poëma, quinque & viginti verſuum, cuius (primo duntaxat excepto) Acroſtichis, id eſt, primorum verſuum apex, omne Græcum conficit Alphabetum, hoc eſt ipſas Græcorum quatuor & viginti literas, ſingulorúmque verſuum verba ab eiuſdem verſus primo incipiunt elemento: qua ex re factum eſt, vt è Græco Latinè commodè verti ne poſſit. atque ideo ita Græcè vt logitur, hic tibi aſcribendum duxi. Primùm igitur hoc eſt,

    Cantemus regem, Philenion, Eraphiothen: hoc eſt,
    Μέλπωμεν βασιλῆα, φιλήνιον, ἐραφιώτην,
    Ἀβρονόμον, ἀγροῖκον, ἀοίδιμον, ἀγλαόμορφον,
    Βοιωτὸν, βρόμιον, βαγχλύτορα, βαρειοχρᾶτιν,
    Γηθόσυνον, γονόεντα, γιγαντολέτην, γελόωντα,
    Διογενῆ, δίγονον, διθυραμβογενῆ, Διόνυσον,
    Εὔιον, εὐχαίτην, εὐάμπελον, ἐγρεσίκωμον,
    Ζηλαῖον, ζάχλοον, ζηλήμονα, ζηλοσύνηρα,
    Ἤπιον, ἠδυπότην, ἠδύθροον, ἠπορεπῆλα,
    Θυρσοφόρον, θρῆικα, θιασώτην, θυμαλέαςτα,
    Ἰνδαλίτην, ἱμερτὸν, ἰοπλόκον, ἐραφιώτην,
    Κωμαςτήν, κόρυμβον, κισσοςτέφανον, κιλαδεινόν,
    Λυδιον, λιναῖον, ληναῖον, λυσιμέριμνον,
    Μυςτήν, μανιώδη, μαβυλλάιςτην, μαυσιόμορφον,
    Νυκτέλιον, νόμιον, νεβρώδεα, νεβελδότυλον,
    Ξυςτοβόλον, ξοῦνον, ξυνοδίτην, ξανθοκάρυνον,
    Ὀγύγιον, ὀκριμόθυμον, ὀρθίονον, βρεισοφάτην,

Παῦ

Πυλυπότlω, πλαγκίηρα, πολυςτίφανον, πολυκνημον,
ρηξίνοομ, ῥαδινὸμ, ῥικνώδεα ῥίμοκρηλα,
Σκίρτητίω, σάτυρον, σεμαλκηρώτlω, σεμιλλέα,
Τύρπνον, ταυρωπὸν, τυρβυνολέτlω, ταχυμλωνη,
Ὑπνοφόρημ, ὑγρὸμ, ὑμκνίιομ, ὑλίφυτα,
Φηρομανῆ, φωικτὸμ, φιλομκλδία, φοιταλιώτlω,
Χρυσόκόρσομ, χαρίεντα, χαλίφρονα, χρυσοτομίτρlω,
Ψυχοπλανῆ, ψύστlω, ψορομκδία, ψυχοδαϊκτlω,
Ὡειομ, ὡμκτlω, ὡριστρορσομ, ὡριστλαγομ.

PRIAPVS.

PRiapus deus naturalis membri, & sobolis ac prolis. scribit Diodor. Priapum Græci, hircum Aegyptij, propter eam corporis partem, à qua sit omnium ortus, inter deos retulisse traduntur. vnde & Orpheus in hymno Protogoni, hoc est primigenij hymno, Priapi etiam nomine Protogonon ipsum inuocat. Phurnutus Priapum deum describit, & quid membri pudendi magnitudo significet, & cur sinu habeat omni genere fructuum refertum, cur horti & vineæ custos, quid falx in dextera, quæ omnia naturæ totius conuenire ostendit:& alia addit de bono dæmone, de quo alibi agendum erit. Fabulam Apollonij interpretes de Priapi natiuitate recitant, in primo Argon. quo loco de Abarni vrbe Pariana poëta agit. Cùm Dionysi, aiunt, amore Venus capta esset, illi est commixta. eo verò in Indicam profecto expeditionem, cum Adonide mixta est. Sed vbi Dionysius redit, coronam sibi faciés, ei obuiam processit:& coronatam illi ministrare suaue erat. propterea quòd iam illi nupta fuerat. Verùm ad Lampsacum sedens, eum quem vtero gerebat edere infantem volebat. Iuno verò zelotypia acta, maleficiis vsa, eius ventrem manu attigit, effecítque vt puerum páreret cùm cætera informem, tum maximè ob virilis membri immanitatem, quem Priapum appellauit: quem videns Venus, indignum rata est vt tolleret, cùm propter alia inuisum illum habes, cum maximè propter membri suprà quàm par erat, indecentiam. quapropter Venus ipsum suum esse abnegauit. atque hoc est ἀπαρνήσαι, & inde Aparnis vrbs vocata, quæ postea literæ immutatione dicta est Abarnis. hæc illi. eadem & Stephanus, sed paucioribus explicat. Hanc enim fermè fabulam Suidas recitat: illúdque amplius adiungit, quòd puerum informem exposuerit Venus atque abiecerit in montem, in quo à pastore nutritus sit. & cùm membrum haberet ad nates erectum, vocatus sit Italorum lingua Priapus, atque à pastoribus cultus: cuius imago pueruli fuit, qui arrectam mentulam teneret. hęc Suidas. At verò Seruius: Priapus, inquit, fuit de Lampsaco ciuitate Hellesponti, de qua pulsus propter virilis membri magnitudinem, pòst in numerum deorum receptus, meruit numen esse hortorum. Hinc Vergilius in IIII. Georg.

    Et custos furum atque auium, cum falce saligna,
    Hellespontiaci seruet tutela Priapi.

De hoc etiam Horatius,
    ——Nam fures dextra coërcet,
    Obscenóque ruber porrectus ab inguine palus.

Sed de hac re plura in Ithyphallo & Phallo, paulò mox agemus. nunc cætera de eius genere. Scribit Strabo: Priapus & portus & vrbs in Hellesponto, condita vel à Milesiis, vel à Cyzicenis, (variè enim traditur) nomen habuit à Priapo, qui apud eos colitur, siue ex Orneis, qui apud Corinthum fuere, vnde Orneates ipse deus, vt pòst dicemus, nuncupatus. Priapus ergo, Liberi patris filius, quia ea regio, & Lampsacus, vineis abundat. hinc & Xerxes rex Themistocli in vinum Lampsacum dedit. res nota ex Strabone & Stephano, qui etiam ait ex Demosthenis sententia, ob scilicet vini bonitatem, Priapi opus, seu possessionem eam vrbem esse: qui Priapus Veneris & Dionysij filius existimatus est. Pausan. idem ait. At Diodorus: Priapus, inquit, vt fabulantur antiqui, Dionysij ac Veneris filius fuit, quòd qui vino indulgeant, sint natura ad venerem procliuiores. Addit & hoc quoque Pausan. Priapus, inquit, & alibi, & vbi sunt caprarū ouiúmq; pascua, apúmq; examina colitur. nostri etiam & hortos & pomaria, vt ex Priapeiis poëmatib. facilè colligimus. Existimauit Strabo, vir doctissimus, à iunioribus deum habitum esse, nō à vetustioribus: nam Hesiodus, inquit, Priapum non nouit. & Orthanæ & Conisalo & Thyconi, &

eiusm

eiusmodi Atheniensium deis persimilem fuisse prodidit. Atqui ô Strabo, si Hesiodus Priapum non nouit, vt ais, at nouit Orpheus Hesiodo antiquior, qui in πρωτογόνῳ hymno cum myrrha, inter alia ita cecinit,

Ἀπὸ οὗ σε φάνητα ἡικλίσκω, ἠδὲ πρίηπον ἄνακτα. id est,

Ex quo téque Phaneta vocabo, atque Priapum regem.

Eustathius Priapum ac Silenum Bacchi ideo comites esse scribit, quòd ebrij ac salaces essent. quòd tamen ita ego intelligendum reor, non reipsa vino oppressos: tunc enim ebrij, vt sæpe vidimus, non veneri, sed somno rem sacram facere consueuêre, vtpote parum sui compotes. Lucianus in eo qui πολυέρχισμος inscribitur, Priapum vnum ex Titanibus, vel Idæis dactylis scribit, quem Iuno Marti dederit, puerum adhuc rudem, sed multa præditum virilitate: eúmque non prius à Marte armorum disciplina peritum, quàm saltatorem bonum factum. vnde & illi merces ab Iunone constituta fuit, vt ab eo decimam spoliorum parte in bello reciperet. Rem planius Lucianus prodit. Ab Aegyptiis Priapi simulacrum, quem illi Horum & Typhonem appellabant, humana effingebatur forma. dextera manu sceptrum tenebat, quod ab ipso terram & mare in lucem edita existimarent: Læua suam ipsius mentulam arrectam, quòd semina humo tecta in apertum emittat. Pennæ autem, motus indicabant celeritatem: & disci, orbis circumferentiam significabant. eundem enim esse, qui & Sol, opinabantur. Suidas auctor. Nostri Priapum effingebant in agricolæ arrecti speciem. Tibullus: Agricolam ponimus ante deum. Idem: Libatum agricolam ponitur ante deum. Falx illi dabatur, Terreat vt sæuas falce Priapus aues. vel vt Phurnutus scribit, quòd ea ad putandas vites vtamur: vel quia custodientem fas est habere arma, quibus eas tueatur: vel quia qui inducit ac profert quæ sunt, eius debet esse virtutis quæ incidere ac perdere ea possit. Lego apud virum doctum, hunc deum cognominatum ideo Auistuporem. ita enim lib. VII Architecturæ scribit: Non enim statuas ponemus, quales in hortis ridiculas illius Auistuporis dei, &c. Nos vulgò Spantachium, quasi pauorem auium appellamus, ad earum scilicet terrorem. Coronabatur verò Priapus ex iis quæ hortensia essent. Lac & liba præterea Priapo efferebantur. Scribit Seruius, cum consideratione à Vergilio illud dictum esse,

Sinum lactis, & hæc tibi liba Priape quotannis

Expectare sat est, custos es pauperis horti.

Suprà inquit Dianæ cum veneratione locutum esse, apud numen seuerum: contrà hic, inquit, iocatur, quia loquitur numini, quod iocis gaudere manifestum est, quia deus est, qui hortos tuetur.

Bonus dæmon, seu Genius, vocatur etiam Priapus, vt Phurnutus testatur, quòd omnia omnibus distribuat ac diuidat: vnde & τεχνίτης, & σωτὴρ domesticarum rerū appellatur. hinc etiam illi cornu Copiæ, id est, Amaltheæ attribuebant. qua de re plura idem Phurnutus.

Phallus Priapus vocatur, & veretrū significat. quare cùm Herodotus ait, in sacris Dionysij fuisse phallos, Priapos intelligimus: hoc est veretra, quæ è collo propendebant. Diod. in sacris Aegyptiacis pudendum Osiridis phallum vocauit, & in eius rei memoriam cubitales statuæ factæ eodem nomine dicebantur, quæ præcinente tibia circumferebantur. Herodotus in II, huius sacri ritum exponit: Melampúmq; ostendit Græcis id ex Aegypto monstrasse. Lucian. Phallos pro foribus deæ Syriæ fuisse scribit, quos ait positos ab ipso Dionysio nouercæ Iunoni. Alij phallos esse dicunt ligna longa, quæ in summo pudenda haberent. A phallo παρρίφαλλια, celebritas & pompa quæ Dionysio agebatur ex phallis, dicta est, teste Hesychio: quæ & φαλλαγωγία, vt Theodoretus & Phurnutus aiunt, dicebatur, id est, dies & feriæ Priapo dicatæ. vnde & Phallouitroboli nuncupati, ex vitro Priapi, quamuis & ex alia materia fierent: ex ebore, auro, & (si Dis placet) ex serico, & panno lineo, quibus mulieres vtebantur, & forte nunc etiam vtuntur, ad explendam Veneris pruriginem. ab hoc Ithyphallus etiam deus ipse Priapus vocatus, cui est carmen Phallicum, & Ithyphallicum dicatum: de quibus & Græci & Latini, & nos præterea in Poëtis egimus. Ἰθύφαλλος verò est interpretatus, arrectus Priapus, qui & ab Aegyptiis quotannis summa inquisitione & cultu celebrabatur. lege Diodorum, Lucianum, & Herodotum in secundo: vt alios mittam. Ponebatur porrò Ithyphallus in hortis, propter generationem vbertatémque eorum. iis enim præsto dicitur, propter fœcunditatem, cuius ipse symbolum putabatur. Nam, vt ait Seruius, cum alia terra semel creet aliquid, horti nunquam sine fructu

fructu sunt. hinc ergo Columella in carmine de Hortis ait,
  ——Sed truncum fortè dolatum
   Arboris antiquæ, numen venerare Ithyphalli.
Et Vergilius, vt antè dictum,
   Hellespontiaci seruet tutela Priapi.
Horatius in Sermone de Priapo,
   Olim truncus eram ficulnus, inutile lignum,
   Cùm faber incertus, scamnum faceretne Priapum,
   Maluit esse deum: deus inde ego furum, auiúmque
   Maxima formido: nam fures dextra coërcet,
   Obscœnóque ruber porrectus ab inguine palus.
   Ast importunas volucres in vertice arundo
   Terret fixa, vetátque nouis considere in hortis.
 Quod Horatius ex ficulneo trunco dixit confectum Priapum. idem & Theocritus in epigrammate de eodem deo,
  Συκινος ευρήσεις αρτιγλυφες ξοανον. hoc est,
Ficulneam inuenies, quæ modò sculpta, statuam. Posset & referri ad fabulam, quam ex Arnobio in Baccho retuli, vnde & origo putatur Ithyphalli: id quod eo loco planius ostendi. Dicebatur & custos ruber. Vergil. in Priap.
   Sed ruber hortorum custos membrosior æquo. Tibullus:
   Pomosísque ruber custos ponatur in hortis,
   Terreat vt sæua falce Priapus aues. Ouidius in Fastis:
  ——Et ruber hortorum custos.
 Sed hac de re, id est, de Ithyphallo, & deo & carmine, plura scripsimus in Mecœnatis vita, cùm de Priapeiis poëmatibus ageremus, quæ non sunt hìc repetenda. eos enim Dialogos iampridem edendos M. Isingrinio, accurato ac diligenti typographo, tradidimus. Vnum illud de Ithyphallis ex x ı ı ı ı Athenæi hoc loco, quod ibi nō ascripseram, tantùm afferam: Ithyphalli, inquit, ebriorum personam gestabant, & coronabantur, χειιδας, id est manicas habentes ανθινας, id est floridas, siue purpureas, semialbísque tunicis vtebantur & subtili ad talos vsque tegebantur amiculo. cum silentio autem per porticū ingressi, vbi in mediam peruenere saltationē, ad theatrū se conuertebant, dicentes Recedite, deo locum date: vult enim deus rectus sublimísque per medium incedere. hæc fermè Athenæus.
 Typhonem Priapum ab aliquibus cognominatum, scribit Diodor. Siculus. Priapum, inquit, quidam Ithyphallum, alij Typhonem nominant. nō solùm autem in vrbium templis, sed in agrestibus quoque locis, tanquam vinearum atque hortorum custos colebatur, fructuum fures castigans: id quod etiam ex Priapeiis, & Columella, & paulò antè nostris citatis poëtis facilè intelligimus. Sanè nō solùm in Dionysij cæremoniis & orgiis adhibebatur, sed & aliis plerisque sacris cum risu ludóque. imò & matronæ eum circumferebant, & alia inhonesta facere solebant, vt in sequentibus ostendemus. Porrò nunc etiam hymnus Orphei in Typhonem legitur, quem in subterraneis ædibus habitare, aliáque canit, quæ Plutoni conuenire videntur. Plura de Typhone Plutarchus in Iside & Osiri prodit, cui & Nephthyn adiungit, de qua in Venere dictum.
 Fascinum pro Priapo positum, apud auctores sæpe vidimus, & diuus Augustinus in lib. de Ciuit. dei, nec semel. vt cùm in sexto ait: Quid hoc dicam? cùm ibi sit & Priapus, nimium masculus, super cuius immanissimum & turpissimum fascinum sedere noua nupta iubebatur, more honestissimo & religiosissimo matronarum. Vergil.
   Prædicabere fascino pedali.   Idem,
   Priape quod tento grauis sis fascino.   Item,
   Ruber sedere cum rubente fascino. Vtitur & Horatius:
   Minúsve languet fascinum.
 Quo loco ait, Porphyrion, quod fascinādis reb. hæc mēbri deformitas adderetur. Donatianus quoq; de Ithyphallico carmine ita scribit: Dictū est autē inde, ǫ in mysteriis Liberi Athenis vates stipitē rectū in modū fascini tenebāt. id quod etiā in Poëtis annotaui.
 Sunt qui putēt, ad auertendū fascinū. nā & August. in v ı ı, ait à matrona honestissima imponi illi coronā ad auertendū fascinū frugibus. Acron. fascinū esse ait, virilem penem. lingua

Syntagma IX. 253

gua verò detersa fronte, mulieres amputare se infantibus putant fascinu. Plin. lib. XXVIII. cap. quarto: Religione mutatur & fascinus. Imperatorum quoque, non solùm infantium custos: qui deus inter sacra Romana à Vestalibus colitur, & currus triumphantium sub his pendens defendit, medicus inuidiæ, iubétque eosdem recipere. hæc concise Plinius. Sed de fascino, qui vel oculis vel lingua fieri dicitur, non est cur hic scribam. alias ex philosophis & medicis seorsum annotationem conscripsi.

Muto Priapus etiam dictus à Latinis: vnde mutoniatus, mentulatus. res notior est, quàm vt pluribus interpremur. Idem dicitur & mutinus, vt habetur in Priapeiis, Rubricato minare mutino. Tertullianus in Apolog. legere videtur Mutinus. ita enim ridens Romanorum religionem: Sterculus, inquit, & Mutunus, & Laurentina prouexit imperium, &c. Arnobius item in quarto: Etiámne inquit, Mutunus, cuius immanibus pudendis, horrentíque fascino vestras inequitare matronas & auspicabile ducitis, & optatis. At verò Lactantius Firmianus in primo: Sterculius, qui stercorandi agri rationem induxit: & Mutinus, in cuius sinu pudendo nubentes præsident, vt illarum pudicitiam prior deus delibasse videatur. Augustinus etiam in quarto, Mutunum & Tutunum legere videtur. tametsi in codicibus Lactantij quibusdam, nunc Futinus legatur, & Tutunus.

Orneates Priapus deus cognominatus est, ab Orneis prope Corinthum populis, vt Strabo auctor est, cuius dei res Euphronius poëta carmine perscripsit, vt in tercio de Poëtarum historia scripsimus, Ornea quoque sacra, sunt qui scribant, appellari Priapi sacra, quæ à nymphis iuxta Colophonem celebrarentur.

Lampsacus quoque, & Lampsacenus deus, Priapus vocatus est, vt Val. Flaccus docet. Scribit Seruius, quòd Priapus ex eo oppido fuerit. vnde in Priapeiis poëta,

Mortales tibi Lampsa cùm dicarunt. Item,
Ille tuus ciuis Lampsace Gallus ero.

De Priapo verò oppido iam locuti sumus.

Pammyles deus apud Aegyptios, teste Hesychio, non quidem Priapus, sed Priapo similis, cuius Cratinus iunior in Gigantibus fabula meminit: ὡς σφαῖρας ἢ ἀρυτῇ ὁδοὺς σωχαςεῖς παμμύλης. licet in peruulgatis Hesychij codicibus, παμύλης passim legi à doctis etiam quibusdam videamus. Sed nos de Pammyliis sacris, quæ & qualia essent, in Osiri plura prodidimus.

SYNTAGMA NONVM, DE MERCVRIO, IRIDE, SOMNO, INSOMNIIS, AD ALBERTVM LOLLIVM.

Lolli, Lollia quo domus superbit,
Hunc nostrum tibi dedico libellum,
Est quo Mercurius deus repostus,
Hunc tu suscipias, legas, & ornes,
Qua polles nitida elocutione,
Cultus prodeat vt virûm per ora.

Nuitasti tu me sæpe, Lolli charissime, tuis literis, & muneribus illis quidem mihi gratissimis, vt meorum aliquid scriptorum tuo nomini darem, quod nostra inter nos amicitia omnibus testimonio esset. Ego verò cum aliis plurimis de causis, tum hac húcusque distuli, quod mea scripta non talia sunt, vt aliquid tibi vel dignitatis, vel nominis ad posteritatem addere possint: cùm satis id tibi vtrumque, vel generis nobilitate, vel studio optimarum artium comparatum sit. Quis enim Lolliorum familiam ignorat, à priscis vsque temporibus illustrem extitisse? & ad nostram vsque ætatem viros subinde præclaros cùm domi forísque, hoc est, & literarum studiis, & negotiis gerendis, tum armis etiam & militia protulisse? Commemorarem ex diuersis temporibus aliquos, atque etiam qui hoc ipso tecum florent: nisi tu hanc partem

De Deis Gentium. y esses

esses præclarè executus, qui à Cæsaris & Augusti vsque ætate, & suprà etiam, seorsum permultos historiæ eleganti stilo à te perscripta (vt audiui) complexus es. Tu verò à teneris vsque pueritiæ vnguiculis ita literis & moribus, præcipuè M. ANTONIO ANTIMACHO, viro in vtraque lingua eminentissimo profecisti, vt inter ciues nostros tibi & eloquentia & eruditione honestum locum compararis. Sed quando video te indies id à me efflagitare, statui te tuo desiderio diutius non frustrari, & me hoc ipso nexu absoluere. Composui his diebus multi studij & lectionis de Deis & eorum cognominibus pleraque Syntagmata, quorum quod de Mercurio confeci, tuo nomini dare constitui, his præcipuè de causis. Nam cùm is deus existimatus sit à gentibus, non literarum modò, & studiorum ac eloquentiæ, sed & opum & thesaurorum præses: & tu in his omnibus non parum, bonorum iudicio emineas: sic vt quantum literis & eloquentia vales, tantundem etiam in administranda familia, & in facultatibus vel tibi à maioribus traditis, vel abs te auctis, diligens ac splendidus in ista adhuc iuuenili & florenti ætate paterfamilias existimeris. Accipe igitur hoc ipsum, quod diu optasti, nostrum qualecunque Syntagma: in quo videbis, qualis à gentibus fuerit existimatus deus Mercurius. Sed magis, quod vereor, audaciam meam videbis, qui homo cùm sim tam imbecillium virium, penè conclamatæ valetudinis, & mediocris (si non etiam multo infrà) literaturæ, ausus sim tantum onus subire. nam omnem penè antiquitatem euoluere necesse fuit, in tanta explicanda materia. Sed in tam longo articulorum morbo, & podagræ otio, quid agendum fuit? Sine vérne me penitus confici doloribus? Volebam in his etiam videri me vixisse, nec penitus interiisse. An assecutus id fuerim, tu cum Ferino, & cæteris Academiæ tuæ eruditis, & candidè censentibus, iudicatote. Ego certè, quantum potui, effeci: & indies etiam plura efficiam, ne totum me dolores & infortunia abstulisse videantur. Vale.

MERCVRIVS.

Ercurius à Latinis dictus, à Græcis ἑρμῆς vocatur, sermonísque deus ab antiquis credebatur. Mercurius enim dictus medicurrius quidam, vt ait Arnobius, hoc est, quasi medius currens: quòd sermo medius inter homines sit. & ideo ἑρμῆς Græcè, id est, interpres nuncupatus: vnde & interpretatio, ἑρμηνεία, quæ propriè ad sermonem pertinet. Quam ob rem fuerunt, qui Mercurium scripserint, vel maximè ob hanc causam diuinum habitum, quòd nullo manus aut pedum officio indiguerit: sed solis verbis, quæ vellet, ita diceret, vt ab omnibus planè intelligeretur. Et propterea etiam mercibus præesse putabatur, quia inter vendentes & ementes sermo sit medius. Ideo & Festus ait: Mercurius, à mercibus est dictus. hunc etenim negotiorum omnium existimabant esse deum. hac ratione alas ei in capite & pedibus antiqui assignauêre, id scilicet significare volentes, volucrem per aëra ferri sermonem. Ideóque & Nuncius dictus, quoniam per sermonem omnia cogitata enunciantur: auctor August. in septimo de Ciuit. dei. Ammianus verò scribit, Iulianum Cæsarem nocte dimidiata semper exurgentem ex tapete & xystra, quam vulgaris simplicitas Susurnam appellat, occultè Mercurio supplicasse, quem in mundo velociorem sensum esse, motum mentium suscitantem, theologicæ prodidêre doctrinæ. Mercurios quinque M. Cicero in tertio de Nat. deorum enumerat, quem & Arnobius est secutus: Vnus, inquit, Cœlo patre, Die matre natus est; cuius obscœnius excitata natura traditur, quòd aspectu Proserpinæ commotus sit. alter Valentis & Phoronidis filius, is qui sub terris habetur: idem Trophonius. tertius Ioue tertio genitus, & Maia, ex quo & Penelope Pana natum ferunt. quartus Nilo patre, quem Aegyptij nefas habent nominare. quintus, quem colunt Phenatæ, qui argentum inuenisse, & Argum dicitur interemisse, ob eámque causam Aegypto præfuisse, atque Aegyptiis leges ac literas tradidisse. hunc Aegyptij Θὼθ appellant: eodémque nomine primus anni mensis apud eos vocatur. hæc quidem Cicero. Lactantius tamen grammaticus in Thebaid. libro quarto, ex Carbilij sententia quatuor tantùm Mercurij nomine numerat, vnum Iouis & Maiæ filium, alterum Cœli & Diei, tertium Liberi & Proserpinæ, quartum Iouis & Cyllenes, à quo sit Argus occisus: quem ob hanc ipsam causam Græci profugum dicunt, Aegyptiis verò literas demonstrasse. Non hîc refero Hermeten, id est, Mercurium Trismegiston, quia eius vitam inter Poëtas rotuli. Scribit Fulgentius: Mercurium veteres dici voluêre, quasi mercium curam. Plato verò in Cratylo, & eum exponens Proclus, ἑρμῆν, ab eo quod est ἔρειν καὶ μήδεσθαι, quòd loqui excogitauerit & machinatus sit, interpretati sunt, quasi ἐρίμην. Nunc verò

verò nos, ait Proclus, vt est videre, nomen adornantes, ἑρμῆν vocamus. nam & Iris ipsa videtur nuncupata, quòd nuncia sit. hæc illi pluribus, quos & Phurnutus secutus, & hoc amplius: vel dictus, inquit, ἀπὸ τ ἑρμαϊκμῖν εἶναι, καὶ οἷον ἐχύρωμα, hoc est, ab eo quòd sit nobis propugnaculum, seu munimentum. Phauorinus ἑρμῆν dictum ait, ἀπὸ τ εἴρω, quod est annuncio, ex quo ἑρμὰς nomen, vt ἀντλας: & adiectione μ, ἑρμυλας, ex quo ἑρμῆς. nam plerunque Græci μ assumunt literam, in informationibus vocabulorum, vt ille pluribus exemplis ostendit. Ideo verò Maiæ & Iouis filius dictus est, hoc est, τ νῦ καὶ ϑ προνοίας, quòd videlicet ex vtroque, mente scilicet & prudentia, oratio ducatur: vel vt Phurnutus ait, ideo Maia natum, id est, ex speculatione inquisitionéve. nanque μᾶια, hoc est obstetrix, quæ obstetricandi
10 officium parturientibus gerit, ea ratione appellata est, quòd scrutando & inquirendo fœtus in lucem producat. Iuniorem quoque effingebant antiqui Mercurium, quoniam non senescit oratio: & quadratum, propter firmitatem, & veri sermonis robur. Galenus etiam Pergamenus in Suasoria (si libellus est legitimus) Mercurium, inquit, vt orationis parentem, & artium omnium auctorem, in aliam effigiem quàm fortunæ effinxerunt, tum pictores, tum plastæ. effingunt enim iuuenem formosum, non tamen fucatum, aut comptum, sed natiua quadam virtutis specie, vultu hilari, acribus oculis, in basi quadrata, quæ stabilitatis & firmitatis figura est: tum cætera, quæ in eius dei commendationem, & asseclarum comitúmque subiungit. Sanè Plutarchus in Isi & Osiri, Mercurium scribit corpore esse γαλεάγκωνα, quam vocem Galenus apud Hipp. in lib. de Artic. sic interpretatus:
20 Galeancones, inquit, dicuntur, qui à primo natali die humeros habent breuiores. dictos videri ait, à γαλῆς, id est, felis seu mustelæ similitudine quanquam non laborandum putat in vocabulis, dummodo eorum sensa teneamus. Miror Cœlium nostrum quodam suo opusculo de rebus Aegyptiacis inscripto, γαλιαγκῶνα ἑρμῆν exposuisse albicubitum, grammatici quoque nonnulli galiancona interpretantur, qui iusto breuiorem habeat cubitum. Sed cur hîc non addam, varie me de hac voce notasse? nam & Galeanchena quidam, alij Gylianchena legunt, vt in Gylio Hercule attingam, & copiosius in Carcini poëtæ vita monstraui. Vidi in libro Antiquitatum, Mercurij imaginem hoc modo effictam: filo quidem corporis iuuenili, facie imberbi, cum alis supra aures, nudus verò totus, præterquàm quod in dorso palliolum habere videbatur. dextera marsupium continebat, quod supra
30 caput hirci iacebat: sinistra verò caduceum præferebat, ad pedes illius gallus & hircus subjerant. Lucro insuper & mercimoniis Mercurium præfecerunt antiqui. vnde illi cognomina, ἐμπολαῖος, & (vt etiam aliqui) ἐμποραῖος, & κέρδῳος. quin etiam ἑρμαῖα, καὶ ἑρμαῖα, lucra vocantur & thesauri, qui præter expectationem contingunt, quomodo in Sophistis Philostratus, & Phurnutus in Mercurio accipere videntur. Quin & de inuentis thesauris participem Mercurium facere veteres soliti fuêre. Huic deo Romani mense Maio rem diuinam faciebant, eiúsque statuæ plerique marsupium suspensum adhibebant, vt Macrobius & Suidas notant. Literas etiam Mercurius inuenisse dictus est, vt M. Cicero & Aristides tradunt. Tertullianus Septimus quoque in libro de Coronis: Mercurius, inquit, literas enarrauit, necessarias (confitebor) & commercij rebus, & nostris erga deum studiis: sed
40 & si neruos idem in sonum strinxit, non negabo, & cætera. Addit & Diodorus, pondera & mensuras, & quæstum ex mercatura facere instituisse: id quod & ipse apud Plautum ostendit. Ad hæc Homeri quidã expositores in penultimo Odyss. non modo literas Mercurium inuenisse tradunt, sed & musicam, & palæstram, & geometriam. Ideóque τετράγωνον in gymnasiis veteres effinxisse, qua de re infrà nonnihil dicemus. Palæstram insuper ipsius filiam fuisse legimus, de qua sic apud Lactantium: Cùm aliquando, inquit, Mercurius somnum caperet, quidam dormienti tetendit insidias: qui conata peregisset, nisi eum filia Palæstra excitasset. qui cùm odio terræ, migrasset ad cœlum, creditus est obiisse, quo facto iniuriosam meruit sepulturam: vnde Statius libro secundo Theb.

   Pollutámque suo despectat Phocida busto.
59 Porrò hanc Mercurij filiam Palæstram, Philostratus in Arcadia luctam inuenisse scribit. Sed & in palæstris Mercurius, vt ait Phurnutus, cum Hercule colebatur: quod cum ratione fortitudo moderanda sit. Qui enim vi corporis sola nituntur, rationémque, quæ artes in vita inuexit, negligunt, his admodum illud quispiam decenter dixerit, Δαιμόνιε, φθίσει σε τὸ σὸν μένος, hoc est, Dæmonie, perdet te robur tuum. Sed & ipsum deum furandi artis, & furti inuentorem legimus. vnde & illi cognomentum κλέπτης, vt docet Phurnutus.

πλάνης etiam ideo nuncupatum ait Suidas. Idem & δόλιος dictus, id est, doli & fraudis artifex. Prudentius,

  Expertes furandi homines hac imbuit arte
  Mercurius Maia genitus.

Hoc idem & Fulgentius. Horatius in eo hymno quem ex Alcęo extulisse ferunt, in quo de Mercurio agit elegantissimè,

  Mercuri facunde nepos Atlantis.

Quem totum non modò legere, sed etiam ediscere, valde est precium operæ. Sunt & qui addunt, eundem præstigiatorum artem excogitasse: sed & rebus nomina imposuisse, & verba in ordinem redegisse, & deorum cultum & sacra instituisse astrorum & siderum cursus obseruasse, numerósque excogitasse, & medicinam, testudinem, id est, chelyn: sed & fidium tres voces, acutam, grauem, & mediam, à tribus anni Aegyptiorum partibus, æstate, hyeme, & vere. Quare cùm in vita tot & tanta inuenerit, Græci κοινὸν ἑρμῆν, id est, communem Mercurium vocauêre. Hinc Lucianus in votis: Ergo, inquit, quod maximè in promptu sit, communem Mercurium dicunt. Sed & eodem nomine illum appellarunt Aristides orator, & Plut. item Phurnutus & Hesychius. In prouerbium enim exiit κοινὸς ἑρμῆς, de iis qui aliquid in commune inueniunt: quod & Erasmus notauit. Sed & in ducendis sortibus, primam ait Hesychius huius dei nomine duci. Quin & in carnibus etiam distribuendis ac diuidendis, prima pars Mercurij sors, id est, ἑρμοῦ κλῆρος appellabatur, vt Iul. Pollux lib. v 1. scriptū reliquit. Sed qui dei communes, quiue deus communis dicerentur, referemus in Martis cognominibus. Addamus & hoc loco de pictura aliquid. Iuuenis effingebatur hic deus. hinc Lucianus in libello de Sacrificiis, eum pubescentem describit, & primam ducentem lanuginem: quod & paulò antè ex Galeno dixi. Ad hæc ei & talaria & alas in pedibus, id est, πτίλα adhibuêre, ea causa, vt Phurnutus ait, quòd sermo aëra tranat. vnde & Homerus τὰ ἴπεα πτερόεντα, hoc est, alata verba dixit. & Orpheus in eius hymno, πτηνοπέδιλον vocauit: hoc est, qui alata talaria haberet. Sed Fulgentius: Pennata, inquit, talaria habet, quòd negotiantium pedes vbique pergendo quasi pennati sunt. Pingitur præterea cum galero alato, & cum talaribus, & petaso in pedibus. caduceúmque in manibus interdum fingitur, nunc virgam, nunc falcatum gladium habens, id est, Harpen, & (vt antea dixi) marsupium plerunque attribuêre. Lucius Apuleius de Asino aureo, Mercurium ita libro decimo effingit. Puer, ait, luculentus, nudus, nisi quod ephebi chlamyde sinistrum tegebat humerum, flauis crinibus conspicuus: inter comas eius aureæ pinnulæ simul coniunctæ prominebant, cum caduceo & virgula. Vergilius planè & ipse in quarto Aeneid. ita effingit:

  Ille patris, inquit, magni parêre parabat
  Imperio, & primùm pedibus talaria nectit
  Aurea, quæ sublimem alis, siue æquora supra,
  Seu terram rapido pariter cum flamine portant.
  Tum virgam capit, hac animas ille euocat Orco
  Pallentésque, alias sub tristia tartara mittit.
  Dat somnos, adimítque, & lumina morte resignat:
  Illa fretus agit ventos, & turbida tranat
  Nubila.

His non dissimilia Stat. Papinius primo libro Theb. sed vterque ab Homero desumpsit. Huic deo porrò gallum attribuêre, quòd literati & negotiatores vigilare habent necesse, Nec totam somno fas est consumere noctem. Mercurij insuper statuis viatores solebant lapidum aceruos accumulare, vt singuli singulos adiicerent: id innuentes, vt ait Phurnutus, velita deum honorare, re scilicet ea, quæ ad præsens sit in promptu, & obuia: vel quòd ita viam videantur repurgare, ne ad lapides cæteri viatores offendant: vel quòd eo lapidum cumulo statua dei notior prætereuntibus fieret. Alij in orationem ipsam referūt, quæ ex minimis particulis consistat. Sed enim & pastores Mercurium curare, testis in Corinth. Paus. qui illius statuam ait æneam fuisse apud Lecheum sedentem, & iuxta eum arietem: nam, inquit, Mercurius præter reliquos deos curare, & opibus augere videtur pastores: sicuti & Homerus in Iliad. testatur, & Hesiodus, vt in Nomio Mercurio pluribus dicam. Sed & illud hoc tibi loco cur non significem? quòd chemicæ artis professores

Syntagma IX. 257

res sibi persuasere, Mercuriúmque vocauere viuum argentum, quod Græci hydrargyron, id est, liquidum argentum appellant, propter eius mobilitatem. notissimum quippe est, metalla omnia ab ipsis chemiæ artificibus planetarum vocabulis vocitari. Nam plumbum Saturni nomine nuncupant, stannum Iouis, ferrum & chalybs Martis, aurum Solis, æs Veneris, argentum Lunæ. Verùm non modò ab his, sed & à Platonicis: id quod in Timæo obseruant, nonnihil tamen euariantes. Quare cùm ex ipso Mercurio, id est, hydrargyro, maximos sibi auri & argenti thesauros spondeant, ego in epistola ad Ant. Thebaldeum, qua amicos meos post Vrbis direptionem mihi non adesse posse sum conquestus, de Ant. Visdomino, viro erudito, eius artis studioso, ita cecini:

Nec mihi Visdominus, Musis qui sæpe relictis
Demere Mercurio talaria, ne vagus erret,
Nititur, & croceo corpus perfundere luto.

Sed hac de re satis. Quinarium porrò numerum scribit Bapt. Leo, diuinum hac re potissimum esse, & Mercurio artiúmque deis attribui: cùm tamen antiquiores scriptores tetrada, id est, quaternarium huic deo adscripserint, vt cum aliis docet Martianus.

Cyllenius in primis Mercurius dictus est, à Cyllene monte Arcadiæ, quod in vltimo Odyss. grammatici notant, in quo monte & nutritus & diuersatus est: à Philostrato tamen in Olympi vertice natus describitur, & eius ibidem furta, boum in primis: qua de re & Horatius apud nos. & Ouidius. Vel ideo Cyllenius est appellatus, quòd somnum animantibus conciliet, vt qui potestatem κυλλέδων habeat. κυλλάδες enim particulæ sunt, quæ sub oculis sunt. vnde & Attici κυλλαδιᾶν dicunt, cùm palpebræ seu oculorum genæ intumescunt, id quod prouenire solet ex nimio, vel item ex minimo somno. Sed hac de re Græci plura habent. A Vergilio Cyllenius ales, in quarto appellatus est:

Hic primùm paribus nitens Cyllenius alis.

Item Cyllenia proles: vt,

Materno veniens ab auo Cyllenia proles.

Cyllius etiam vocatus Mercurius, per syncopen, pro Cyllenio, vt qui de gentibus scribunt apud Græcos testantur, & Stephanus in primis. Cyllenius, inquit Festus, Mercurius dictus est, quòd omnem rem sermo sine manibus conficiat: quibus partibus corporis qui carent, κύλλοι vocantur. Ideóque quadratum eum fingebant. Alij volunt sic appellatum, quòd in Cyllenia via sit nutritus. Alij, quòd in monte Arcadiæ Cyllene. Alij, quòd à Cyllene sit nympha educatus. Sed & à regione Arcas à nostris dictus est. Statius,

Vocalis citharæ repertor Arcas.   Martialis:
Cum quibus Alcides, & puer Arcas erat.
Caducifer etiam Mercurius cognominatus est.   Ouidius,
His se sustulerat paribus Caducifer alis.
Idem in Fastis,
Tartara iussus adit sumptis Caducifer alis.

De quo & Arnobius ait: Caduceator ille Cyllenius, in Algido fusus monte, verborum excogitator, & nominum, & nundinarum, mercium & commerciorum mutator, &c. A caduceo verò, quo vti fingebatur, dictus, cuius formam aptè Macrob. est executus.

Quin & κῆρυξ θεῶν, id est, præco deorum, teste Phurnuto, dictus est: eáque annunciare aiunt mortalibus, quæ ab ipsis sunt deis. Et quidem κῆρυξ, id est, præco, vel caduceator, quoniam pen vocem editam, ea auditui assistant, quæ per orationem significantur. κηρυκεῖον verò appellari, Pollux ait libro octauo, à Ceryce Mercurij filio, & Pandrosæ, Cecropis filiæ. Hinc fit κηρυκεῖα, id est, caduceus. hinc & caduceatores dicti legati, qui de pace mittuntur: & caduceus interdum inuenitur pro pacis symbolo, in antiquis præsertim nomismatibus. Plura de caduceo Phurnutus, & Hyginus in Lyra, quam (ait) Mercurius cùm boues abegisse deprehensus esset, Apollini dedit, & ab eo (inquit) virgulam quandam muneri accepit: quam manu tenens Mercurius, cùm proficisceretur in Arcadiam, & vidisset duos dracones inter se coniuncto corpore alium, alium appetere, vt qui dimicare inter se viderentur, virgulam inter vtrunque subiecit, itaque discesserunt. quo facto, eam virgulâ, pacis causa dixit esse constitutam. Nonnulli etiam cùm faciunt caduceum, duos dracones implicatos virgula faciunt, quod initium fuerat Mercurio pacis. vnde Martialis,

Cyllenes cœlique decus, facunde minister,
Aurea cui torto virga dracone nitet.

Hinc & Mercurij exemplo athletas, & in reliquis eiusmodi certaminibus virgula vsos fuisse antiquos legimus. Sanè de Mercurij virga nos alibi plura. Isidorus certè & ipse ita scribit: Mercurius virgam tenet, quæ serpentes diuidit, id est, venena. nam bellantes & dissidentes interpretum oratione sedantur: vnde legati pacis Caduceatores dicti. Iamblichus quoque in epistola ad Deuxippum: Reuera, inquit, deus quispiam fuit, qui hominibus dialecticam ostendit, & è cœlo demisit: vel, vt quidam dicunt, eloquens Mercurius, qui in manibus dialecticæ symbolum gestat, serpentes scilicet se inuicem inspicientes, &c. Idem repetit & Stobæus in sermone de Literis, id est, περὶ γραμμάτων.

Ἀγγελος διαπόρθμιος, id est, deorum nuncius, Mercurius appellatus est, teste Phurnuto, quoniam deorum consilia cognoscimus ex iis affectibus & energiis, quæ per orationem nobis inferuntur. hinc Orpheus ad Musæum, ἰδ᾽ ἀγγελον οὐρανίωνα ἑρμείαν κήρυκα. Huic deo hymnum etiam Orpheus concinuit, cum thuris suffimento, cuius hoc est initium, κλῦθί μεν ἑρμεῖα διὸς ἀγγελε. hoc est, Audi me Mercuri Iouis angele. Idem & διάκτορος dictus est, vt obseruat Hesychius. idem & διάκονος, id est, minister, quo modo & Latini quoque appellant. Sanè apud Pindarum in quopiam Olymp. hymno Mercurij etiam filiam ἀγγελίαν legimus, quod & interpretes notant.

Χρυσόρραπις ἑρμᾶς, hoc est, auream virgam gestans Mercurius cognominatus est, teste Phurnuto. vt enim in huius libri initio diximus, virga Mercurio attribuitur. de qua sic in Odis Horatius:

Tu pias lætis animas reponis
Sedibus, virgáque leuem coërces
Aurea turbam, superis deorum
Gratus, & imis.

Et Vergilius in quarto Aeneid. ex Homero:
Tum virgam capit, hac animas ille euocat Orco.

Et cætera, vt suprà meminimus. Hæc verò virga pulcherrimè fabrefacta dicebatur, quòd χρυσὸς plerunq; non modò aurum significat, sed vt Athenæus & Hesychius tradunt, pulchrum denotat: vt Chryses, id est, aurea Venus: & χρυσάωρ Apollo, qui pulchras haberet habenas, à precio & pulchritudine ipsius metalli, cuius metalli & dæmon χρυσῶν (teste Hesychio) vocabatur. Addit & Athenæus alia ex Pindaro, cùm ait: Iustitiæ facies & oculus aurei. Sanè sunt qui Chrysorrhapin interpretentur, ab alapa & flagello, propter ea Phurnuti verba: ὅτι πολύτιμός ἐστι, καὶ ὁ δι᾽ αὐτοῦ ῥαπισμός. hoc est, quoniam honorificus est, & ex ipso flagellatio, seu correctio.

Acacesius Mercurius etiam cognominatus. Homerum tradunt in sermone de Arcadibus scripsisse, Acacum fuisse Lycaonis filium, à quo Acacesium Arcadiæ vrbs, vt ait Paus. & Stephanus. Fuit verò Acacesij Mercurij templum spectabile in vrbe Megalopoli, iuxta Philippi porticum. Sed & Acacesius collis, sub quo vrbs ipsa Acacesium, & Mercurij Acacesij simulacrum ex lapide. Arcades enim constanter affirmant, ab Acaco Mercurium educatum. Sanè & ἀκάκητα inde vocatum puto, de quo sic Phurnutus. Et hoc nomine Acaceton ipsum dicunt, cuius quidem hoc sit signum, quòd non ad male faciendum & nocendum, sed ad seruandum potius, factus est sermo. vnde & Hygiea, id est, Salus, illi cohabitare dicitur. quibus ex verbis patet eos hallucinatos esse, qui secuti Aldinum Phurnuti codicem, legerunt ac scripserunt, ἀκάκητα, & cuspidatum & mucronatum interpretati sunt. Cùm verò mihi occurit interdum, vt tales errores castigem, ne tunc à me quæras illorum nomina, quos accuso. libenter enim, homo cùm sim, magnis viris parco. Ingenui quippe hominis esse duco, parcere personis, dicere de vitiis.

Stilbon, Mercurij stella à splendore cognominata, vt M. Cicero, Martianus, Apuleius, cæteríque asserunt. στίλβω enim splendeo est, & niteo, hanc stellam indicat Vergilius in illo,

Quos ignis Cœli Cyllenius erret in orbes.

Sanè Stilbontis & Stilbonis casu patrio rectè dicimus; hinc etiam Stilba lucernæ species, quæ supra candelabrum poni solet, vt ex Phœnissis Aristophanis Iul. Pollux in decimo declarat. Hoc lucernarum genere ex orichalco hoc tempore ferè studiosi literarum vti consueuere.

Maleuo

Maleuoli Mercurij signum, id est, statuam, appellabant ideo, quòd in nullius taberna spectabatur: quod Festus scribit.

Τετράγωνος ἑρμῆς dictus ab antiquis, id est, quadratus, vt paulò antè meminimus, quòd quatuor eius inuenta putabantur: vel, vt Phurnutus scribit, ea forma fingeretur ab antiquis, quòd sine manibus & pedibus quadratus facilius consistat. & per hoc stabilitatem orationis, & constantem, non fluxam & mutabilem esse debere, ostendit. Macrobius verò de his: Pleraque, ait, simulacra Mercurij quadrato statu figurantur, solo capite insignita, & virilibus arrectis. quam etiam speciem in solem transfert ipse Macrobius: illuc enim omnia numina deflectit. Sanè quod virilibus arrectis, ait, id etiam in Artemidori lib. Onirocriticôn primo legimus: Cùm, inquit, aliquando in Cyllene essem, Mercurij simulacrum vidi, nihil aliud quàm pudendum naturali quadam ratione confectum: & reliqua. Sed & Phurnutus de hac eadem re ita: Prisci, inquit, seniores & barbatos Hermas, habentes recta pudenda, faciebant: iuniores verò, & nondum barbatos, deiecta. quin etiam Herodotus in secundo historiarum: Primi è Græcis (ait) Athenienses, à Pelasgis edocti, statuas Mercurij erecta tenera pudenda factitauerunt. Porrò hæ statuæ ἀπόδες καὶ ἄχειροι, id est, sine pedibus & manibus, Hermæ vocantur: quarum & adhuc multæ conspiciuntur in antiquitatibus, quas vna nocte deiectas Thucydides in sexto, & Plutarchus in Alcibiade, ac item in Nicia, & Aemylius Probus in Alcibiade, prodiderunt. quæ res Alcibiadi negotium non paruum factitauit: in eum enim id crimen coniectum fuit. Hermocopidas vocatos tradit Pausanias grammaticus, qui caput, seu collum & pudenda Hermis statuis præcidissent. Ad has mutiles statuas satyricè certè allusit Iuuenalis in octauo, cùm quosdam Athenienses taxans, sola nobilitatis inani ambitione nixos, & nulla virtute præditos, his comparat:

——At tu, inquit,
Nil nisi Cecropides, truncóque simillimus Hermæ.

Sed vt rem planius, agnoscas, de Hermis & illud attende, quòd antiqui Athenienses virtutis ergô huiusmodi largiebantur, quæ publicè per vrbem totam, & priuatim ponebantur: cuius post iam citatos, Demosthenes meminit in oratione ᾠ μνδλυ, & ibi pluribus Vulpianus rhetor. Sanè & apud Ciceronem nec semel obseruamus, ex Mercurio & Minerua statuas confectas, quæ ad bibliothecarum ornamenta ponerentur: vocat ille ἑρμαθήνας. Illud demum & Græci prodiderunt, à Pisistrato & Hipparcho Hermas tota vrbe erectas esse. vnde ἱππάρχου ἑρμαῖ dicti. Sed & ἀνδροειδὴς ἑρμῆς ad hoc conuenire videtur. Porrò & ἑρμέρωτας etiam legimus, de statuis ex Mercurio & Cupidine confectis, quorū mentio apud scriptores. hinc & Hermæ Penteliciani à Cicerone dicti, è marmore Attico, cuius meminerunt Strabo, Plutarchus, & Theophrastus, sed & Plinius.

Τετράκεφαλος ἑρμῆς, idem qui & τρικάφαλος, id est, Triceps Mercurius, ab antiquis vocitatus, cuius meminit Lycophron in Alexandra: Nonacriates tricephalus lætus deus. Sic verò dictus, vt interpretes scribunt, quòd cœlestis sit deus, & maritimus, & terrenus. Sed & Seruius tres Mercurios posuit, terrenum, superum, & infernum, Ciceronis auctoritate nixus. Sunt qui Tricephalum putent, quoniam nonnunquam Hermæ ita tricipites fiebant, ad vias ostendendas. in his enim suberant subscriptiones, quò scilicet via illa ferret, & quò alia, & alia. Memini & me tales videre ex marmore peruetustas: nam capita ad eam viam versa erant. Philochorus & Isæus orator de his meminit, & grammaticus Harpocration. Existimant etiam nonnulli, inter quos Hesychius, & Phauorinus, comicè lusisse Aristophanem, cum ait ἐν τετραφάληρι, παρφαλοι τῇ τετραφάλῳ ἑρμῆς ἐν τῇ τετράδῳ. hoc est, quantum quadriceps Mercurius in triuio. Traxit & hoc in sua prouerbia Erasmus. ait enim, τετραφάλογμερκύρ dictum videri in ambiguos & ancipites, aut vehementer astutos.

Ἀμύητος ἑρμῆς, hoc est, non initiatus, vel profanus Mercurius. hoc nomine, teste Phauorino, Athenienses in acropoli, hoc est in arce statuerunt. Erasmus in Prouerbiis protulit hoc modo, ἑρμῆς ἀμύητος, id est, indoctus, vel infans: ipsúmque prouerbium existimat, vbi quis fingit se rudem eius artis, cuius est doctissimus, propterea quòd Mercurius eloquentiæ & disciplinarum parens: vel quòd mystagogus, & mysteriorum præfectus fuerit.

Ἀργεφόντης ἑρμῆς, hoc est, Argicida Mercurius cognominatus est, cùm ab aliis poëtis, tum in primis ab Orpheo & Homero: non quòd Argum, Iūs Inachidis custodem interemerit, vt fabulis est proditum; sed à sermonis potius, cui præesse existimatur, pernicitate. ἀργὴ enim significat tum velocem, tum tardum, vt grammatici obseruant, oratione vero ac sermone nihil velocius. nam & ideo Homerus ἔπεα πτερόεντα hoc est, alata verba dixit, atq; ideo huic deo talaria & petasum antiqui attribuerunt. At Macrobius in Satur. Argiphontes, inquit, cognominatus est, nō quòd Argum peremerit, quem ferunt per ambitum capitis multorum oculorum luminibus ornatum, custodiisse Iunonis imperio Io Inachi filiam, eius deæ pellicem, conuersam in bouis formam, quam fabulam in primis Ouidius est executus: sed sub huiusmodi fabula Argus est cælum, luce stellarum distinctum, quibus inesse videtur vis quædam cœlestium oculorum, & cætera. Fulgentius existimat Argum hominem quempiam fuisse, à multis aliis hominibus custoditum: astutis videlicet, & vigilantibus. Pausanias Argicidam dictum ait, qui & ἀρκείφοντης fuerit, id est, serpenticida, quod ἀργης serpens sit: vel quasi ἀργης ἀπὸ ῥ φονίνου, id est purus ab occidendo. nam & deus est pacificus. Phurnutus autem, seu Cornutus, ad Georgium puerulum in libro de Nat. deorum: Argiphontes ait, dictus est, quasi ἀργιφόντης, ab eo quòd alba omnia faciat apparere, & perspicua. Album enim, ἀργὸν vocabant antiqui. Vel à velocitate dictus, per antiphrasin etenim & ταχὺ ἀργὸν dicitur. Proclus apud Hesiodum in Ergis, ἀργηφόντης, inquit, ἤτοι ὁ ἐν ἀργοῖς φανεῖς. pacificus enim deus est, & ἀ Ϟύλης. Recentiores verò, ὅτι ἄργον ἐφόνευσεν, τὸν πανόπτην, quòd scilicet Argum occiderit, totum oculeum. Nilus verò Chius, ἀπὸ ῥ διάγειν τὰς τῶν τελευτωντων ψυχὰς, quòd deducat animas defunctorum. Alias Hesychius opiniones recitat: quòd scilicet vel in Argo primùm apparuit, vel quòd absoluit neces, vel cito & manifeste apparuit. hæc enim vtraque ad deū ipsum pertinent. propter enim nominum facultatem τὸ ταχὺς, id est cito: propter verò diuinitatem, hoc σαφὼς, id est perspicuè & manifeste interpretata est. ἰγνὶς enim nuncupatus est, propterea quòd pacificator quidam sit, quia paci imperet, quod est dicere. Mercurius enim sermo est, & ratio. Illud item Pausanias in Lexico ait, Argiphontem cognominatum, quod serpentem occiderit, qui ἀργης appellaretur. Sed cùm non ascribat quomodo, & quando, hoc mihi nugatorium videtur. Sed de Argiphonte, quàm putaram, plura dixi.

Harpedophorum Mercurium etiam appellatum legimus, ab Harpe falce, qua Argum mactasse ferunt. de Harpe Ouidius, Hyginus, alij.

Strophæus, ϟροφαῖος, Mercurius cognominatus, quòd negotia bene vertat, & versuræ præsit & mercimoniis: vel quòd subdolus sit, & versipellis, quomodo illum Plautus inducit. Hesychius & Phauorinus aiunt quòd ante ianuas statueretur, propter scilicet ianuæ cardines: quòd & in Pluto Aristophanis annotauimus, παρὰ τὴν θύραν ϟροφαῖον ἱδρυνασθαὶ με: Pone ianuam Strophæum me statuat: ea videlicet ratione, vt fures fur deus abigat. quo loco & alia sunt Mercurij cognomina. Pollux etiam Strophæum in carcere constituere videtur, si modo rectè eius verba expendimus.

Thoth Mercurius dictus est ab Alexandrinis, ait Eusebius de Præparatione Euangelica: ab Aegyptiis verò Thoyth, quod & Plato & Cicero affirmant. à quo & primus mensis, id est September appellatur, vt plenius diximus in libro de Annis & mensibus, & cætera. Plato in Phædro, quo loco Socrates loquitur: Audiui equidem, inquit, circa Naucratem Aegypti priscorum quendam fuisse deorum, cui dicata sit auis, quam Ibim vocant, deo autem ipsi nomen Theuth. hunc primum numerum & computationem inuenisse, geometriam & astronomiam, talorum insuper alearúmque ludos, literas: & cætera quæ subdit, ne nos nimij simus. Quin & idem Plato de eodem in Philebo agit. Sed enim & Thaautus, seu Thautus vocatur à Phœnicibus, vt copiosius in Lactantij quapiam annotatione ostendimus. Cæterùm Theutates etiam à Gallis & Barbaris dictus est. Lucanus,

 Et quibus immitis placatur sanguine diro
 Theutates, horrénsque feris altaribus Esus.

Hesus quidam apud Lucanum cum afflatu scribunt, & Martem interpretantur, vt alibi dicemus. Lactantius in primo: Galli Esum atque Theutatem humano cruore placabant. Hinc ego putarim, id quod scribit Cornelius Tacitus de Germanis, Deorum maximè Mercurium colunt, cui certis diebus humanis quoque hostiis litare fas habent: de Theutate intelligi, quia priscis temporibus ex parte, Galli fuerāt Germani. Porrò quod scribit Cic in tertio de Natura deorū: Qui si deus est, & Orpheus & Esus dei sunt, matre Musa nati. Et quanquā docti eam lectionē probet, ego tamen emēdarim, & legerim libentius

tius pro Eso, Rhesum. nam vt in Musis nostris retulimus, Rhesum quidam Euterpes, quidam Terpsichoræ filium scripserunt. Theutatem & Esum suppressis nominibus Tertullianus in Apolog. describit. ita enim ait, de humanis victimis agens: Maior ætas apud Gallos Mercurio profecatur. Cæsar libro sexto de bello Gallico, mores eorum populorum describens, cùm de humanis victimis egisset, ita subinfert: Demum maximè Mercurium colunt, huius sunt plurima simulacra, hunc omnium inuentorem artium ferunt, hunc viarum atque itinerum ducem, hunc ad quæstus pecuniæ mercaturásque habere vim maximam arbitrantur. T. etiam Liuius libro sexto, tertiæ Decad. in oppugnatione nouæ Carthaginis, ita scribit: Quod vbi Scipio in tumulum obuersus, quem Mercurium Theutatem appellant, aduertit multis partibus nudata defensoribus mœnia esse, &c. Porrò de Mercurio Aegyptio, & quæ ab eo reperta sint, leges apud Diodorum Siculū lib. 1. Biblioth.

Ἀγοραῖος Ἑρμῆς, id est, forensis Mercurius, multis in locis colebatur, vt passim apud auctores legimus, atque in primis in Attica, vt Pausanias docet, & Philochorus apud Hesychiū. Idem Thebis à Pindaro consecratus, vnà cum Apolline Boēdromio: de quo aliàs locuti sumus. De Agoræo Mercurio & Phurnutus de Natura deorum. ait enim: Mercurius primus decenter dicitur ἀγοραῖος, ἐπίσκοπος τῆς ἀγορᾷ ὄντων ὄψιν. Lucianus in Ioue comœdo, ait eius templum fuisse apud Variam, id est, ποικίλην porticum. Fuit Pharis Achaiæ vrbe in medio foro Mercurij barbati simulacrum, quod fuit à Simulo Messenio, vt inscriptio indicat, dicatum. Vocatur verò à foro ἀγοραῖος, iuxta quem fuit oraculum tale. Ante simulacrum ἑστία, id est, focus situs erat ex lapide, cui adhærebant plumbo detentæ æneæ lucernæ. qui autem oraculum petebat, vesperi illud adibat, & thure suffibat, & lucernæ oleo complebantur. simulacríque ad dexteram chalcum (denarij id nomen) in ara ponebat: tum ad dei aurem quicquid volebat, insusurrabat, & simul manibus ambabus obturatis auribus, discedebat. hinc foro dilapsus, ab auribus manus amouebat: & quamcunq; ille vocem audiuisset, id sibi oraculum fuisse arbitrabatur. Fuit & apud Aegyptios eiusmodi Apidis oraculum, apud eius dei templum. Agoræum ideo in foro Mercurium positum putat Eustathius, quòd ibi diuinum quiddam sit, & consultationi sacrum destinatum. Sané & Suidas notat, non modò Mercurium forensem ἀγοραῖον significare, sed & hominem qui in foro versetur. & cum acuto accentu in antepenultima, diem signat, in qua concio habetur. Porrò & νοῦς ἀγοραῖος, mentem exilem denotat, inconsideratam, minúsque secretam ac tectam. Fuit & Agoræus Iupiter, vt dictum est, item Agoræa Diana.

Ἀγώνιος Ἑρμῆς, Mercurius præses certaminum, hoc nomine appellabatur, vt in Isthmiis Pindarus, quo loco Græci expositores id obseruant, & Hesychius. Idem & ἐναγώνιος cognominatus est, vt est apud Orpheum in hymnis. & in Pythiis Pindari id tradunt grammatici, quòd non solùm gymnasiis & ludis præsit, sed etiam lucri deus sit. vnde vtraque ratione illi Enagonij cognomentum conuenit. Sed & Dij Agonij apud Platonem, vt ait Pollux libro tertio, qui præessent (vt puto) certaminibus.

Ταμίας τῶν ψυχῶν, id est, quæstorem animarum Mercurium, teste Laërtio, Pythagoras dicere solebat: atque ideo etiam vocari. πομπαῖος, & πυλαῖος, & χθόνιος, hoc est (vt interpretatur diuus Ambrosius) emissarium, ianitorem, & terrenum; quòd ipse ex corporibus, & ex terra & mari animas immitteret, & puras quidem & purgatas in excelsum: & cætera. lege Laërtium. Phurnutus quoque ideo ψυχοπομπόν nuncupatum scribit, At verò Theophilus Pompea vocatum scribit, παρὰ τὸ πέμπω, id est, mitto, eadem ratione.

Chthonius Hermes, à plerisque infernus Mercurius, ab aliis terrenus interpretatus, vel terrestris. Vnde medicis quibusdam iniectus est scrupulus in libello Hippocratis de Somniis, cùm sacrificandum ait deis Chthoniis, quos deos significet. Plutarchus in Quæstionibus, Argiuis morem fuisse tradit, vt statim post luctum Apollini sacrificent, xxx verò Mercurio terreno. nam vt à terra mortuorum corpora, sic animas à Mercurio suscipi, putabant antiqui. Mercurium quidem cùm alij, tum Homerus in Odyssea, & Lucianus, apud inferos statuerunt. Notissimum quippe est, Mercurium & in cœlo & apud inferos potestatem habere. Hinc est illud Claudiani:

    Atlantis Tegeæ nepos, commune profundis
    Et superis numen, qui fas per limen vtrunque
    Solus habes, geminóque facis commercia mundo.

Chthonij præterea & Suidas in χθόνιος meminit. de deis Chthoniis plenius alibi, hoc est in Dæmonibus, locuti sumus. Mercurij Chthonij hymnus apud Orpheum extat, cum thymiamate styracis, cui omnia attribuit quæ Mercurio inferno. Vnde fortè verba illa M. Ciceronis in tertio de Natura deorum, cùm de secundo Mercurio agit, quem ait sub terris haberi, & Trophonium eum esse: de Chthonio intelligemus, tametsi quidam Triphonium legant.

Κριοφόρος ἑρμῆς, hoc est arietem ferens Mercurius, à Tanagræis hoc nomine cultus fuit. huius cognominis ratio ista. Mercurij simulacrum erat, arietem in humeris ferens, quod Chalamis antiquus artifex effecerat. Tradunt enim, quòd circa vrbis muros Mercurius arietem gestans, Tanagræos pestilentia liberarit: quæ gestandi arietis consuetudo in eius celebritate seruabatur. Nam formosissimus iuuenis circum vrbis moenia agnum humeris ferebat, vt Pausan. auctor est. Fuit & deus quispiam κριοφόρος nominatus, vt tradit Hesychius, cui de ariete res sacra fiebat. Nihil de hoc præterea comperi.

Πρόμαχος ἑρμῆς, id est propugnator Mercurius, ab iisdem Tanagræis & cultus, & cognominatus fuit, cuius & sacellum habuerunt. Cùm enim aliquando aduersus Eubœos belligerarent Tanagræi, is deus visus est pro eis pugnare, vt idem auctor Pausan. tradit.

Propylæus Mercurius cognominatus, quòd eum Socrates philosophus cum Gratiis confecit, vt idem scribit Pausanias. posuit & in Propylæo Athenis, in arcis ingressu.

Pronaus etiam Mercurius, id est Protemplaris dictus est, quòd ante templum Apollinis Ismenij positus esset, simul cum Pallade.

Nonacriates etiam Mercurius vocatus est, ab Arcadiæ vrbe Nonacria. Lycophron in Alexandra, νωνακριάτης τρικέφαλος φαιδρὸς θεός, hoc est, Nonacriata triceps hilaris deus. Meminit & Stephanus in lib. de Vrbibus.

Διάκτορος ἑρμῆς, id est internuncius Mercurius, quòd per orationem sermonémque nostros sensus aliis edisseramus. Dictus autem, ait Phurnutus, ἀπὸ τ διάτορον εἶναι καὶ τρανόν, id est, vocalis & disertus. siue ἀπὸ τ διαλέγειν τὰ νοήματα ἡμῶν εἰς τὰς τ πλησίον ψυχὰς: id est, quòd sensa nostra referat in eorum animos qui prope sunt. & vt Ioan. Grammaticus in commentariis in Hesiodum ait, quòd explicet animæ mentisque cogitationes, hoc est, τὰ ὰ ψυχῆς, καὶ τὰ ν̈ ἐνθυμήματα. Propter quod illi linguas sacrificabant. Διάκτορον etiam nonnunquam à poëtis vocatum legimus, & ab Homero in primis.

Posygius Mercurius, cui deo Herculem clauam suam dicasse perhibent, quæ ex oleastro confecta fuit, & posteà etiam pullulasse fertur. Sed & alia tamen de Herculis claua traduntur, quorum quædam in Hercule retulimus. Sunt verò qui eam aheneam scribant, & ὁλόχαλκον, & χαλκοβαρὲς ῥόπαλον vocitent.

Camillus Mercurius ab Hetruscis vocatus, id est minister, vt Seruius apud Vergilium docet, & Plutarch. in Numa. Pindari tamen & Lycophronis commentarij κάδμιλον Mercurium vocatum aiunt, à Bœotiis, Sed in commentariis sanè eruditis in Apollonij Argonautica, Casmilus appellari videtur. idem Varro de Lingua latina. Hinc Casmilus nominatur in Samothracum mysteriis, deus quidam administer deis magnis. Verbū Græcum arbitror, quod apud Callimachum in poëmatis eius inueni. hæc Varro, & alia. Festus tamen ait, vocari nūc sacrorum ministrum Camillū nunc puerum ingenuum, nunc etiam vas nuptiale. Ita enim scribit in tertio: Cumeram vocabant antiqui, vas quoddam, quod opertum in nuptiis ferebat, in quo erant nubentis vtensilia: quod & Camillum dicebant, eo quòd sacrorum ministrum κάμιλλον appellabant. Idem in sexto: Flaminius, inquit, Camillus puer dicebatur ingenuus patrimus & matrimus, qui flamini Diali ad sacrificia præministrabat. antiqui enim ministros Camillos dicebant. Alij dicunt, omnes pueros ab antiquis Camillos appellatos, sicut habetur in antiquo carmine, cùm pater filio de agricultura præciperet: Hyberno puluere, verno luto, grandia farra Camille metes. Nec illud reticuerim, Isaacium manifestè dicere, Mercurium Cadmum appellatum à Bœotiis: quod & Lycophronis versus innuit. Statius Tullianus de Vocabulis rerum libro primo, ait dixisse Callimachum, Thuscos Camillum appellare Mercurium, quo vocabulo significant præministrum deorum. vnde ait Macrobius tertio Sat. Vergil. Metabum Camillam appellasse filiam.

Dianæ scilicet præministram &c.

Μηλοσσὸς ἑρμῆς, hoc est, ouium custos & seruator Mercurius, quòd deorum greges custodire & augere credatur: id quod & in Iliad. Homer. innuit.

Syntagma IX.   263

ἐριούνιος ἑρμῆς cognominatus, quòd valde prosit hominibus ad lucra. ὀριούνιος enim, valde vtilis interpretatur. Aristophanes in Ranis inducit Euripidem & Aeschylum de tragœdia certantes, vbi & Eriunij Mercurij mentionem fecit. hinc Phurnutus ait eum sic appellatum, ab eo quòd μεγαλωφελὴς quidam sit, hoc est, magnus auxiliator: & per hyperbolen. ἀπὸ τ' ὀνῶν, id est, ab iuuando τοὺς χρωμένους αὐτῷ. hinc & σάκος cognominatus, id est, vt idem interpretatus est Phurnutus, quòd seruator existat domorum: vel vt quidam aiunt, vt robustus & potens. & ἀκάκητος, quia sermo non ad malum, nec ad nocendum, sed ad seruandum potius inuentus est. vnde & illi Hygeia coniuncta dicebatur, vt dictum est.

Hodius Mercurius cognominatus à viis & semitis, hoc est, ἀπὸ τ' ὁδοῦ, teste Stephano, & Hesychio, quòd in eis statueretur, ad semitas monstrandas. vnde & Enhodius etiam nuncupatus, iisdem & Phurnuto testibus. quin etiam eodem nomine in Paro insula nuncupatus erat, vt notat Hesychius. apud Phurnutum tamen, in Aldi codicibus, non Enhodium, sed Euhodium legimus. quod si sic est, qui viam bonam paret, interpretabimur. Porrò & Enhodia Diana gentibus culta est, vt suo loco ostensum est.

Ἡγεμόνιος ἑρμῆς, quòd ducatum præstet, vt Priamo eunti ad Achillem, vt est apud Homerum. vel vt Phurnutus ait, ὡς αὐτῷ δέῃ ἐις πᾶσαν πρᾶξιν ἡγεμόνι χρῆσθαι, quòd eo duce opus sit in omni actione vti: & cætera quæ idem subiungit.

ἐμπολαῖος, & κερδῷος, & κλέπτης, & δόλιος ἑρμῆς. Et Empolæus quidem, quòd in auctionibus & mercimoniis præsit: ἔμπολος enim mercator, & ἐμπολαῖος mercatorius & negotiator vocatur, cauponatorem sunt qui vertant, vt apud Plutarchum in eo qui inscribitur, An principem oporteat maximè philosophum disserere. Ita enim ait meis verbis: Sed inelegantia & inexperientia communem Mercurium, & Empolæum & mercenarium factum esse. Empolæi præterea meminit Phurnutus, & Hesychius. κερδῷος autem, id est, Lucrio dictus, alij quæstuosum interpretantur, quòd lucro præsit, vt iam ostensum est. eius meminit Plutarchus libro de Tranquillitate, & Phurnutus. vnde & Orpheus eum κερδέμπορον nuncupat. κλέπτης, id est, fur, est etiam cognominatus, quòd oratio quasi furari videatur: adeò tacitè in animos hominum surrepit, & influit, vt eos quocunque velit trahat, & ab eis quod velit extorqueat. Mitto fabulam de gregibus sublatis Apollini, & sagittis. Porrò δόλιος vocatur, quòd imposturæ & præstigiorum repertor existimatus est, quod & suprà est dictum.

Nomius Mercurius, teste Phurnuto, vocatus est, ἀ νόμῳ, id est, lege, quòd sicut imperat quæ in hominum societate facienda sunt, ita etiam interdicit quæ non facienda sunt: atque ita per quandam homonymian transiuit & in orationum diligentiam. vel Nomius, quoniam & pastorum deus. Quin & ei bucolicum carmen consecratum à quibusdam est, quòd Donatus in commentariis ait, vt Daphnidis patri pastorum principi. Sed & Hesiodus in Theogonia, Mercurium cum Hecate stabulis præficit,

βουδαλ δ' ἐν σταθμοῖσι σὺν ἑρμῇ λυΐδ' ἀέξειν,
Βουκολίας τ' ἀγέλας τε, καὶ αἰπόλια πλατί' αἰγῶν,
Ποίμνας τ' ἀρσοπόκων γ' δίων, θυμῷ γεθέλουσα,
Ἐξ ὀλίγων βριάει, καὶ ἐκ πολλῶν μείονα θείη.

Hoc est, vt Mombricius Mediolanensis reddidit:
Quid quòd Mercurio comes it, stabulísque capellas,
Armentúmque ferax, & oues augere putantur,
Ex modico multum, ex multo facit ille pusillum,

Παράμμων ἑρμῆς, Parammon Mercurius, nomen videtur deductum esse ex harenis: cultus quidem in Libya, sed tamen, & ei rem sacram Elei in Peloponneso faciebant, vt Pausanias etiam tradit. Quidam secuti exemplaria parum castigata, Paramnon vocant: atque hi ex nostris.

Χρυσοπώγων ἑρμῆς, Mercurius appellatus est, vt est apud Artemidorum Daldianum libro secundo Onirocriticôn, quod scilicet cuneatam habere barbam fingeretur. quem imitari plerosque hoc tempore videmus, in nutriendo barbitio promisso & cuneato.

Ales, & Alipes etiam à nostris, propter talaria vocatus est: vt est illud in Priapeiis,
Sub tunica virgam num deus ales habet?
Quid. Alipedis de stirpe Dei. Eadem quoq; ratione volucer appellatur, vt in illo Statij,
Tegea

Tegeaticus ales.&,Volucer Tegeæus.Claudianus,Atlantis Tegeæ nepos. Hinc & Arcas. Statius quarto Thebaidos,

—Virgáque patenti
Nubilus Arcas agat.

Et Atlātiades vocatus.ab auo:& à matre Maia,Maijugena.& hæc in poëtis notiſſima. Χαριδότης ἑρμῆς,hoc eſt gratiæ dator.Plutarchus in Quæſtionibus Græcis: Quid eſt, inquit,quod Samij Mercurio Charidotæ rem diuinam cùm faciunt, furari & latrocinari volenti permittunt? Quia oraculo relicta inſula Mycalen cùm migraſſent, præda ac rapina decem annis vitam duxerunt: deinde in inſulam reuerſi Samij, hoſtes ſuperauerūt. Atque inde Mercurio Charidotæ nomen impoſitum.

Ψιθυριστὴς ἑρμῆς,id eſt ſuſurro,ſeu nugax Mercurius, ſic Athenis & vocatus & cultus, cuius Demoſthenes meminit in oratione Neæræ:ſi ea legitima ſit, vt Harpocration ſcribit. Colebatur & Athenis etiam Ψιθυρὸς,id eſt loquax Venus, & eodem nomine Cupido, vt idem ait Harpocration.

Γαλιάγκων ἑρμῆς ab Aegyptiis nuncupatus eſt, vt Plutarch. ſcribit, quem noſter Cœlius eſt interpretatus Albicubitum. Sed ego in prima huius tractatus parte,ex Galeno,qui Galiancones dicantur,expoſui.

Φαιδρὸς καὶ λευκὸς ἑρμῆς, id eſt hilaris & albus,à Bœotiis eſt cultus Mercurius, vt teſtis eſt Pauſan.qui & à Megalopolitis coli ipſum tradit, nomine ἀγήτορα, quaſi ἀγκτόρ, vt puto, id eſt admirabilem. Vnde ἀγητόρειον celebritas denominata eſt.

Cynoſurium qui Mercurium appellauere,decepti eſſe videntur ex verbis, quæ citant, Stephani.ipſe enim Cynoſura vocari ait verticem ſeu arcem Arcadiæ, à Cynoſuro Mercurij filio.Notiſſima enim ea loquendi figura non modò Græcis, ſed Latinis etiam, vt appoſito patris nomine filius ſubintelligatur.

Alychmius Mercurius dictus eſt ab Alychme, vbi colitur, vt Stephanus prodit.ab Alychme vero gentile nomen deflectitur.vt ἀκτὴ ἄκτιος, ſic & Alychmius.Fuerunt & hæc Mercurij cognomina,de quibus aliud nihil accepimus,niſi quæ ex ſcriptoribus Græcis noſtra lectione collegimus,& præcipuè Heſychij.

Ἔννιος ἑρμῆς, Ennius Mercurius in Chio cultus & nuncupatus.

Ἐπιθαλάμιος ἑρμῆς, id eſt Nuptialis in Eubœa cultus.

Ἐπάκτιος ἑρμῆς, à Samiis cultus,tu littoralem poſſis dicere.

Ἐπιτέρμιος ἑρμῆς, quaſi Terminalem dicas.

Εὔκολος Mercurij etiam cognomen, Dyſcolo contrarium.

Λόγιος etiam nuncupatus,quòd eloquentiæ præeſſe putaretur.

Παιδικὸς ἑρμῆς,à Metapontinis cultus.Eſt & Mercurij & menſis cuiuſdam nomen φλύσιος.Et item Candaulas Mercurij quidam, alij Herculis cognomentum putauere. Legimus & Langobardos proprio & peculiari cognomine Mercurium vocaſſe Vuoda, vt eſt apud P.Diaconum. Qui verò ex noſtris Cynoſurium Mercurium vocauere,& ab eo Cynoſuras Arcadiæ denominatas mihi falli videntur,cùm ſe Stephano niti ſcribāt.ille enim Cynoſurum Mercurij filium,à quo Cynoſura ſummitas vel arx Arcadiæ dicta ſit.

Perſeus Mercurius cognominari videtur à Papinio in quarto Theb.cùm ait Tireſias:

—Tu ſepare cœtu
Elyſios Perſee pios,virgáque potenti   Nubilus Arcas agat.

Quo loco grammaticus Placidus Lactantius: Quare autem Perſee,inquit,eſt ratio. Quidam autem volunt non Iouis filium Mercurium, ſed Pyræ:in qua opinione etiam Heſiodus verſatur,in his libris quos de Theogonia ſcripſit:quidam Perſei. hæc ille. Quæ verba mihi valde obſcura, vel mendoſa videntur.non enim quæ ex Heſiodo ait ipſe,comperio:nec Perſeum dictum crediderim,quia Perſea caſu vocadi potius puto, & Hecaten ſignificari,quæ (vt alibi oſtendimus) Perſea vocatur.

Anubis quoq; ab Aegyptiis Mercurius vocatus eſt, atq; hoc ideo loco de eo nonnihil agendū. Inter multa & varia quæ de illo legimus.Plutar.in lib.de Iſi & Oſiri.Iſin, ait,cùm Oſirin occiſum intellexiſſet,caput totondiſſe, & lugubrē ſtolam induiſſe,& eius corpus vbique gentium quæſiuiſſe omneſq; nō modò maiores natu interrogaſſe, ſed & pueros,ſi quid de Oſiri cœperiſſent? Ab iis ferunt rem cognouiſſe,vnde & pueris eſſe aiunt diuinationē.mox & ea verba ſubdit:Sunt,inquit,qui pueru,ex quo Iſis Oſiridis necem cœperit,

ſub

sub Anubis nomine coli putent, quem natum Nephthe tradunt.& ipsam quidem Naphthe timore Typhonis perculsam, ante maturi tempora partus puerum eiecisse, potius quàm peperisse: atque eum ita deis custodem additum, ceu canes ad mortalium custodiam adhibentur. hæc ferme ille, qui & alio loco eiusdem libri, Anubin & Hermanubin sic distinguere videtur, ὁ ἢ ἀνωτάτω τε ἐφανῆ, καὶ τ᾽ ἀνωθρε.ιδίων ἡνῆσις, λόγος. ἐστι ἢ ὅτε καὶ ἐρμάνυβις ὀνομάζεται. hoc est, Ratio cœlestia, & quæ superius feruntur ostendit Anubis, est & quando Hermanubis vocetur. quibus ex verbis videtur corrigendum apud Eusebium in tertio Præp. Euang. Græcum & Latinum exemplar, vbi legitur, Vis Mercurij in vniuerso, quam appellant Hermanubin: non autem Hermopin. Subdit & Plutarch. Et illud quidem iis quæ superius, hoc verò vt iis quæ inferius feruntur, conuenit: propter quod & sacrificabant illi quidem album gallum, huic verò croceum. alba enim sincera & lucida, crocea autem varia & mixta existimant. Apuleius Anubin ita describit: Ille superûm commentor & inferûm, nunc atra, nunc aurea facie sublimis, attollens canis ceruices arduas Anubis, læua caduceum gerens, dextra palmam virentem quatiens. hæc ille. At Vergil. in octauo:

Omnigenúmque deûm monstrat, & latrator Anubis.

Quo loco Seruius: Hunc volunt, inquit, esse Mercurium. ideo capite canino pingitur, quia nihil est cane sagacius. Tertullianus, & diuus Augustinus, videntur Cynocephalum pro Anubi deo ponere, quòd scilicet capite sit canino. non enim pro cynocephalo, fero animali & indomito, ab ipsis desumitur, ab hoc in secundo de Ciuitate Dei, ab illo in Apologetico. Lucanus de hoc deo intellexit, sic locutus:

Nos in templa tuam Romana accepimus Isin,
Semicanésque deos, & sistra mouentia luctum.

Et Sedulius poëta Christianus, in heroicis Paschalis operis:

Quis furor est, quæ tanta animos dementia ludit,
Vt volucrem turpémque Iouem, toruúmque draconem,
Semihominémque canem supplex homo pronus adoret?

Sunt qui tradant, Anubin secutum esse in expeditione bellica patrem Osirin, & canem pro insigni gestasse, qua ex re canina facie illum Aegyptij coluère. Meminit & Eusebius libro secundo Præp. Euang. Diod. Siculus: Canis, inquit, & in venatione, & ad custodiam prodest, propterea deus qui Anubis vocatur, capite canino figuratur, quare significatur Anubin fuisse custodem corporis Osiridis & Isidis. Tradunt quidam, Isidis canes, quo tempore Osiris quæsitus erat, & feras & obuios omnes amouisse, vnáque Osiridis corpus inuestigasse ideóque in solennitatibus Isidis pompam præisse, vetusto more.

Trophonium Cic. Mercurium vocatum dicere videtur, quem secundo loco commemorauit. Sed de Trophonio vate in Ioue scripsimus. In hoc loco ingenuè fateor, me Trophonium alibi vocatum Mercurium non legisse: etsi nescio quid de Triphono comminiscitur Boccatius, vt suus est mos, & conuertibilem interpretatur, παρὰ τὸ τρέπειν videlicet, id est, à vertendo: quòd, inquit, aptissimè mercatorum est, sese ad mores quarumcunque nationum, ad quas pergunt, vertere. paulò pòst tamen Tryphon vocat.

Ἑρμῆς τρισμέγιστος, hoc est Mercurius ter maximus, quamuis non is deus fuit, sed sapiens, & de quo inter nostros Poëtas in secundo Dialogo plura attuli. ne tamen eum penitus hoc loco præteream, tantummodo quæ Suidas scribit, afferam. Floruit hic in Aegypto, ante Pharaonis tempora. Ideo verò Ter maximus appellatus, quoniam de trinitate ediderit oracula, Dominum in trinitate vnū esse diuinitate, his verbis: Erat, inquit, lumen intellectile ante lumen intellectile, & erat semper mēs mentis illumināns, & nihil aliud erat quàm horum vnitas, & spiritus omnia continens. extra hunc non deus, non angelus, neque vlla alia substātia: omniū enim Dominus, & Pater, & Deus: & omnia sub ipso, & in ipso. nā verbum eius perfectum existēns, & fœcundū, & opifex, lapsum in fœcunda natura, & aqua fœcunda prolifica, fecit aquā. hæc ille. subdit tamē: Et hęc locutus orauit, dicēs, Adiuro te cœlum, Dei magni sapiens opus, adiuro te vocem patris quam protulit ipse primā cùm omnē mūdum stabiliuit, obtestor te per vnigenitum Verbum, & Patrē qui continet omnia, esto propitius. hęc tamen verba apud Iustinum philosophum & martyrē Orpheo ascripta legi.

IRIS.

Mercurio Irin ea ratione subiunximus, quòd & ipsa, vt Mercurius, deorum nuncia sit habita: quod omnes propè poëtæ docent, sed in primis in Theogonia Hesiodus.

Sed ad pacem vt plurimum Mercurius, vnde & ἀρρενοποιὸς & pacificator ideo dictus: Iris verò ad lites & dissensiones, vt aiunt: quamuis nec hoc perpetuum sit. atque Irin ideo dictā arbitratur Seruius, quasi ἔρις, id est, contentio & lis. Plato tamen in Cratylo, & eum secutus Proclus, dictam videri volunt à verbo ἐρεῖν, quod loqui significat, quia ipsa sit etiam ἄγγελος, id est, nuncia, vt Mercurius, deorum: & in primis, cùm sermone nunciare soleamus. Eam fingebant antiqui habitu muliebri, versicolore veste, in obsequium expeditā. nonnūquam & croceo, vt apud poëtas est legere. Vergilius, Ergo Iris croceis. Fuisse verò filia dicitur Electræ & Thaumantis, vt Hesiodus scribit. hinc à patre Thaumantias vocata. Ouidius:
 Roratis illustrat aquis Thaumantias Iris.
 Idem & Thaumanteam vocat cùm alibi, tum libro Metamorphoseōn decimoquarto,
  Nec mora, Romuleos cum virgine Thaumantea
 Ingreditur colles:&c.
Quare autem sit Thaumantis dicta filia, Cicero docet de Natura deorum tertio: Cur non, inquit, arcus species in deorum numero reponatur? Est enim pulcher:& ob eam causam, quia speciem habeat admirabilem, Thaumante dicitur esse nata, &c. παρὰ τὸ θαυμάζω, quod miror significat. Sed de arcu, id est, Iri, quomodo fiat, Philosophi, in primis verò Aristoteles, nec vno in loco, & ab eo alij pluribus tradiderunt. Sed hoc nostrum non est: neque enim nunc physica excutimus. Porrò & Iris in oculo dicitur, vt apud Galenum, Paulum, Aëtium, & alios.
 Aërea verò Iris cognominatur, à colore. nam & crocea vocata est. Vergil.
  Aëream cœlo nam Iupiter Irin Demisit.
Imbrifer arcus Iris à Tibullo dicta, illo versiculo:
 Venturam admittat hymbrifer arcus aquam.
Ἠλιὼ Iris cognominatur à Græcis, teste Hesychio.
Διόμβρη Iris cognominata est ab Arato, in illo:
 Ἠ Διόμβρη ἤρανε Δῖα μέγαν οὐρανὸν Ἶρις.
 Quo loco Theon interpres, de Iride multa disserit, quando scilicet sola apparet, & quādo gemina: vnde est appellata Διόμβρη. Item & quando nocturna, & quare non vnicolor: atque hæc omnia quidem physicè.
Ἀελλόπους Iris etiam à Græcis cognominata est, quòd velox sit, & pernix. Vnde etiam ποδήνεμος ἄγγελος, hoc est Latinè, Ventipes nuncia, Hesychio & Phurnuto testibus.

SOMNVS, INSOMNIA.

Somnum deum habuerunt antiqui, cui & præsidem statuebant Mercurium, vt qui virga pro arbitrio somnū mortalibus inferre & auferre putaretur, vt paulò ante in Mercurio ostendi. Hinc & mihi congruè visum est hunc cum Mercurio coniungere, cum eóque simul tibi mittere, vt & hoc ipso munusculo amoris ac beneuolentiæ meæ erga te locupletius extaret monumentum. Accipe igitur, mi Alb. Lolli ornatissime, & hoc qualecūque est, eo vultu, læto ac hilari, quo me hac infirma valetudine affectum sæpe inuisere soles, & munus ex animo metire. Somnus ergo à nostris, à Græcis ὕπνος. Hunc deum existimatum ab antiquis videmus. nam & illi Orpheus hymnum composuit, cui cum papauere thymiama adoleuit. Hymni hoc est initium,
 Somne deûm rex cunctorúmque, hominúmque cadentum,
 Cunctorum & tellus quæcunque animalia nutrit.   hoc est Græcè:
 Ὕπνε ἄναξ μακάρων, πάντων θνητῶν τ' ἀνθρώπων,
 Καὶ πάντων ζώων, ὁπόσα τρέφει εὐρεῖα χθών. &c. quæ toto hymno exequitur. hinc amicus noster ad eundem transtulit in elegia:
 Somne potens superûm, cunctorum rex animantum.
Somnus Noctis filius fuit, vt in Theogonia Hesiodus canit. nā de Noctis filiis agēs, ita ait,
 Νὺξ τέκε δ' Ὕπνον, ἔτικτε δὲ φῦλον ὀνείρων.
 Nox peperit Somnum, genuitque Insomnia vulgò.
Ab eodem & Mortis frater dicitur, quod & ab Homero in XIIII. Iliad. ita enim ait:
 Occurrit Somno, qui Mortis frater habetur.   hoc est,
 Ἔνθ' Ὕπνῳ ξύμβληντο κασιγνήτῳ θανάτοιο.
Hinc & Spartani, vt Pausan. tradit, simulacra eorum simul posuerunt, quos & ipsi ex Homeri sententia fratres arbitrabantur. Plura Pausan. Gorgias quoque Leontinus, vt est
                apud

apud Aelianum in Varia historia, cùm ad supremam senectam peruenisset, à quadam valetudinis infirmitate detentus, in somnum delapsus est: cúmque ad eum quidam ex familiaribus accessisset, quæsissétque quid ageret? dixisse fertur: Iam me somnus incipit fratri tradere. Sed Verg. somnum mortis consanguineum ait, illo versu:
    ——Et consanguineus læti sopor.
Ouid. verò noster, Somnum Mortis imaginem ibi ait,
    Stulte quid est somnus, gelidæ nisi mortis imago?
Idem ita ad Somnum:
    Somne quies rerum, placidissime Somne deorum.
Et Seneca in choro furentis Herculis:
    Túque ò domitor Somne malorum,
    Requies animi, pars humanæ melior vitæ,
    Veris miscens falsa, futuri
    Certus, & idem pessimus auctor.
Et reliqua, quæ si vacat legas. Iuuenis à Statio illo poëmate fingitur:
    Crimine quo merui iuuenis placidissime diuûm,
    Quóue errore, miser donis vt solus egerem
    Somne tuis.
Idem virgam illi attribuit:
    Lætior extremo me tange cacumine virgæ.
Eidem & cornu attribuitur. Silius libro decimo:
    ——Curuóque volucris
    Per tenebras portat medicamenta papauera cornu. Et paulò pòst:
    Quatit inde soporas.
    Deuexo capiti pennas, oculísque quietem
    Irrorat, tangens Lethæa tempora virga.
Statius idem sexto Thebaid.
    Et cornu fugiebat Somnus inani.
Quo loco Lactantius grammaticus ait: Inani cornu dixit, quia illud noctis tempore totum diffuderat. quod idem poëta superius manifestius asseruit, dicens: Cornu perfuderat omni. nam & sic à pictoribus similatur, vt liquidum somniumè cornu super dormientes videatur effundere. sic Ennius:
    Cùm somno sese excieet Romana iuuentus.
Vnde irrigare dicimus somnum, quod frequens est poëtis, vt Fessos sopor irrigat artus. Sunt qui dicant ideo cum cornu pingi Somnum, quòd cornu attenuatum translucidum sit, propter raritatem. nam & somnia que vera sunt, cornea dicuntur. Describitur Somnus à Philostrato ita in imagine Amphiarai: Facie, inquit, resoluta esse videbatur, candidam vestem habebat supra nigram, quasi diem & noctem indicaret. Cornu in manu tenere videbatur, cùm vera somnia immittit. Illud & ego hoc loco addiderim, cùm vana denunciat, ebur, & elephantis dentem, vnde & geminę Somni portę finguntur, de quibus in sexto Aeneid. & Macrobius plura. Sed Tibullus lib. 2. illi alas fuscas attribuit, cùm ait:
    Póstque venit tacitus fuscis circundatus alis,
    Somnus, & incerto Somnia nigra pede.
Sic autem Ouidius in Metamorph.
    In medio thorus est, ebeno sublimis in antro
    Plumeus, vnicolor, pullo velamine tectus,
    Quo cubat ipse deus membris langore solutis,
    Hunc circum passim varias imitantia formas
    Somnia vana iacent.
Sed & Orpheus ὀνείρῳ, id est, Somnio deo hymnum composuit cum aromatibus, cui & fuscas alas attribuit, ταυυσίπτερόν que cognominat. Tres deinde Ouidius inter plurimos filios ascribit. primum Morphea, artificem simulatorémque figuræ: μόρφη quippe formam & figuram significat. alterum verò Icelon vocat, à forma & imagine dictum. At alter, inquit,
    Fit fera, fit volucris, fit longo corpore serpens,
    Hunc Icelon superi, mortale Phobetora vulgus   Nominat.

Nam φοβήτωρ, terrificus, vel terrefactor dici potest.
—Est etiam diuersæ tertius artis,
Phantasos: ille in humum, saxúmque, vndámque, trabémque,
Quæque vacant anima fallaciter omnia transit.

Sic autem dictus, quòd imaginatio, phantasia, & phantasma, & phasma quoquomodo dici potest: & φαντάζομαι verbum, imaginor. Sanè Artemidorus Daldianus, qui de Somniorum interpretatione libros, qui in manibus habetur, reliquit, somnia & insomnia tantum attulit: itaque differre ait, vt illa quidem futura significent, hæc verò præsentia. alia item Synesius in suo de Insomniis. Sed enim apud Latinos Macrobius in quinque genera dispescit. Aut enim est, inquit, ὄναρ, quod Latini somnium vocant: aut ὅραμα, quod visio rectè appellatur: aut χρηματισμὸς, quod oraculum nuncupatur: aut ἐνύπνιον, quod insomniū dicitur: aut est φάντασμα, quod Cicero visum vocauit. Sed hæc subtilius indagare, nostri non est instituti. Si quis tamen de geminis Somni portis, præter ea quæ Seruius in sexto Aeneid. desiderat, legat Macrobium, & Porphyrium philosophum, qui in commentariis suis hæc in eundem locum dicit, ab Homero sub eadem diuisione descripta. Quin somnia, inquit, à deo immitti existimantur. καὶ γὰρ ὄναρ ἐκ Διός ἐστι, vt ait Homerus. quin & insomnia Διόπεμπτα dicta sunt, hoc est à Ioue missa: & θεῖαι ὀμφαὶ, hoc est diuinæ voces, & Διὸς ἄγγελοι, id est Iouis nuncij, vt ait Homerus. & vt Phurnutus ait, θεῶν δ᾽ ἄσηλοι καὶ ὀνείρει. Est & apud Theocritum poëma, quod Piscatores inscribitur, id est, ἁλιεῖς, in quo multa de insomniis: inter quæ illud, Mentem, optimam esse somniorum interpretem ac magistram. Et ibidem paulò pòst idē, pares ait mendaciis visiones: hoc est, ἴσαι ψευδοπόρφυραι. Ibidem & illud exprimit, quod moralis noster (quicunque tandem ille fuit) poëta,

Somnia ne cures, nam mens humana quod optat,
Dum vigilat, sperat, &c. Quod etiam Claudianus illa elegante elegia,
Omnia quæ sensu voluuntur vota diurno,

Tempore nocturno reddit amica quies: & cętera, ne omnia hic colligam. Somnium Homerus in Iliade in Lemno sedem habere ostendit. Iunonem enim inducit, in Lemnum insulam profectam, Somno occurrisse. Porrò vt in Lemno Somnum habitare finxit Homerus, ita Ouid. lib. Metamorph. 11. apud Cimmerios Italiæ, vel Scythiæ populos, Somni domum luculentissimè describit. Cimmerij quippe à scriptoribus vtrobique traduntur obscuri atque vmbrosi, vtpote ad quos penè solis radij non penetrent, ita vt vsque in prouerbium peruenerint. Cimmeriæ tenebræ. Somnum Paus. in Corinthiacis, apud Sicyonios fuisse scribit, sopientem leonem. dictus verò Epidotes nomine. Fuit & apud Trœzenios Ardali vetus ara, super qua Musis & Somno deo rem diuinam faciebant, Somnum affirmantes esse Musis deum valde amicum. Sed de Ardalo in Musis, ex Pausania & aliis egimus.

Brizo dea apud Græcos existimata, quæ vaticiniis per somnia præesse credebatur. in primis verò Deli culta, cui scaphas offerre consueuerant, omnium rerum refertas, piscibus duntaxat exceptis. Quidam eam dictam existimant παρὰ τὸ βρίζω, dormio. Brimo verò alia fuit, vt in Hecate ostendimus. Vergilius in sexto Aeneid. de vlmo Somniorum scribit:

In medio ramos, annosáque brachia pandit,
Vlmus opaca, ingens, quam sedem Somnia vulgo
Vana tenere ferunt, foliisque sub omnibus hærent.

Vbi Seruius: Qui de somniis, inquit, scripserunt, dicunt, quo tempore folia de arboribus cadunt, vana esse somnia: quod per transitum tetigisse ait Vergilium. Somnus præterea irriguus dicitur à poëtis: sumptum à cornu, quo mortales irrigare Somnus dicitur, vt superius dictum. Ferreus somnus dictus à Vergilio libro duodecimo Aeneid.

Olli dura quies oculos, & terreus vrget
Somnus. Quod de morte dici videtur. vnde & subdit,
In æternam clauduntur lumina noctem.

Notat eodem loco Seruius, quòd ab Homero cognominatus sit etiā somnus deus λυσιμελὴς, quòd curas & labores mortalibus soluat. Vtitur & Orpheus in hymno. Somnum quoq; æreum dictum, hoc est χάλκεον ὕπνον, notāt eruditi: & Homerum æs potius quàm ferrū nominasse. & perinde æris vsum ante ferrum fuisse. Sed hæc nihil ad Somnū, vel Somnia.

SYNT

SYNTAGMA DECIMVM
DE MARTE, HERCVLE, BELLONA, VICTORIA, HEBE, AD ILLVST. CO-
MITEM, HERCVLEM
Contrarium.

Quos belli coluit deos vetustas,
Hoc Syntagmate sunt breui reposti.
Quod munus licet HERCVLES pusillum,
Est tamen tibi iurè nuncupatum,
Quod virtute tua hos refers peræquè:
Nec paruum est, bona quod dedit voluntas,
Ingens quæ precium solet mereri.
Nec quidem puto liberalitati
Me tuæ paria his referre nugis:
Præ te censeo quas eo minoris,
Quo tu es stemmate viribúsque maior.
Quare quod tibi, quicquid est, dicamus,
In partem accipias bonam rogamus.

Votiescunque illustriß. HECVLES Contrari, mecum cogito (cogito autem sæpißime) tua erga me beneficia, totus pudore suffundor, quòd tot tuis tantísque meritis nihil adhuc gratiæ retulerim. Nam etsi gratiam habere, & eius debitionem fateri, penè est referre: nihilominus, quoniam tu promerendi nunquam finem facis, eo ego magis vt ingratus pudore afficior. Cùm enim mecum reputo, in hoc meo diutino articulorum morbo, te quotidie non familiares solùm tuos, ac domesticos mittere solitum, vt me inuisant, tuóque nomine salutent: sed tu quoque ipse plerunque benignè adire soles, & si quibus me rebus indigere videas, vltrò nullo petente ac rogante, afferre iubes. Quamobrem cùm cuperem aliquo saltem exili munere (ne leuide nse potius dicam) tibi gratiam referre, aliquáue ratione hoc tantùm tecum nomen, expedire, ne perpetua ingrati nota inurerer: cœpi scripta mea, & schedas euoluere, si fortè inter eas aliqua adespota, hoc est siue domino, & nulli nuncupata forent. ac fortè incidi in Syntagma, id est tractatum, in quo de Marte, Bellona, & Victoria, déque Hercule, dijs gentium, historiam conscripseram: qui dei non incongruè tibi naturæque tuæ conuenire visi sunt. Nam quis, quæso, te fortior, ac animosior in bello? qui à primis annis tuæ adolescentiæ in omni omnium armorum genere ac disciplina versatus es? Quis concitatior in prælijs, tanquam Bellonæ flagello perculsus, in aciem prodiuit? Quis plures victorias (vt audiui) est assecutus? Quis demum tot ferarum & monstrorum, id est, vitiorum, domitor ac expulsor fuit? Sunt certè HERCVLES, hæc tuæ virtutis insignia. Vnde iure meritóque hoc Herculis nomen tibi conuenire videtur, quod cum Principe nostro tibi consanguinitate propinquo, commune est. Porrò quoniam etiam antiquum illum Herculem & literas edoctum fuisse legimus, & à Romanis vnà cum Musis & cultum fuisse, & templa habuisse, in eius vita ostendimus: hinc tu quoque, ne ab illo degener esse viderere, Musas, id est, literas ac disciplinas ita excolis, ita amplecteris, vt nullam diem sine linea: id est, lectione, tibi præterire permittas. Quod vt melius commodiúsque efficias, domi habes συμβιώτων Phalethum, hoc est, conuictus participem, Hieronymum Musarum alumnum, & sacrarum legum studiosum. Mactè igitur virtute ac nobilitate HERCVLES ornatißime, sic itur ad astra, & viuentis posteritati nomen commendamus. Interea hoc nostrum qualecunque munusculum, eò grato animo accipe, quò & ego exhibeo, & æqui boníque consulas. Nam etsi tibi æqua referre non possum, præ me tamen fero grati animi significationem. Vale: & quo vitæ tenore ad gloriam & immortalitatem ire cœpisti, perge.

De Deis Gentium.　　Z 3　　MARS,

MARS, BELLONA, HERCVLES, ALII.

MARS dictus, vt Varro scribit, ab eo, quòd maribus in bello præest: aut quòd à Sabinis acceptus fuerit, ibi Mamers dictus. Mauors verò, vt ait Cicero, quòd magna vertat: vel, vt Seruius notat, figuratè dicitur, vt induperator pro imperator, ita Mauors pro eo qui est Mars. A Græcis verò ἄρης vocatus est, vt Phurnutus prodidit, ἀπὸ τ᾽ ἄιρην, ἢ ἀναίρην, hoc est à tollendo, vel interficiendo. Sunt qui ab ἀρᾶς, id est, damno & nocumento, ἄρης denominatum velint. Plato tamen, vt nostri quoque putant, ἀπὸ τ᾽ ἄρρινος, id est, à mare deriuauit, in Cratylo. alij, quod nec Phurnutus tacet, ἀπὸ τ᾽ ἄρσου, ὅ ϛην ἁρμόσαι, id est, conuenire: vnde etiam Harmonie eius filia. Sedenim & ex nostris quidam Martem ipsum ab ἄρης, M literam addendo, dictum putauère. Certè ab ἄρης summum Athenienses de capite iudicium Areopagum, id est, Martis pagum vocauère: & in eo iudices Areopagitæ, quòd in eo iudicio primus Mars ipse fuerit iudicatus: vt Demosthenes in ea Oratione pluribus ostendit, quæ κατ᾽ ἀριϛογείτονος inscribitur. ait enim: In Areo pago dei ipsi senserunt, illic potissimùm cædis iudicia peragi debere. ita fama est, ibique iudices fuère, Neptunus pro filio Halirrhotio aduersus Martem. id testantur duodecim dei iudices, qui inter Orestem & Furias illic sententiam dixère. hæc Demosthenes. nec adeò diuersa Pausanias in Attica, Arpocration, Plutarchus, alij. Varia de Martis patria scriptores tradidère, déque illius sacrificiis, quibus de rebus non aliis quàm Arnobij verbis recensebo, qui in quarto contra Gentes ita scribit: Quis Spartanum inquit fuisse Martem? nónne Epicharmus, auctor vester? Quis in Thraciæ finibus procreatum? non Sophocles Atticus, cunctis consentientibus theatris? Quis mensibus in Arcadia tribus & decem vinctum? non Melæ fluminis filius? Quis eis canes à Caribus, quis à Scythis asinos immolari? non principaliter cum cæteris Apollodorus? Quis dum genitalibus insultat alienis, hæsisse in laqueis inuolutum? non commentarij vestri, non scenæ? tantum Arnobius. Existimarunt præterea veteres, Martem Iunonis filium solius, quæ cùm per vireta vagaretur, ex contactu & olfactu florum Martem conceperit: (si credere dignum est.) Alij ex Ioue & Enyo natum tradiderunt, id quod & Phurnutus tradit, & interpretatur. Homerus certè Iouem inducit lib. v. Iliad. dicentem, Martem ipsum ex se & Iunone natum, cùm à Diomede in ventre Mars vulneratus esset, & apud Iouem de Minerua & Diomede quereretur, & ab Hebe sorore lauaretur. Hoc autem vulnere exclamasse adeò Marte ait Homerus, quantum nouem aut decē milia hominum in bello proclamarent. Quin etiam idē Homerus ipsum Martem ab Otho & Ephialte, Aloëi filiis, valido ligatum nexu ex ære canit, XIII menses in vinculis fuisse: in quibus etiam fortè periisset, nisi Eurybœa Mercuriū monuisset, qui illum penè cōsumptum furto abstulit. Sed nos his missis, nostrum prosequamur institutum. Romani summo cultu Martem venerabantur, quòd existimarent parentem ipsum fuisse Romuli. sacerdotésq́; Salios illi attribuerunt, & carmina saliaria. ardentem verò eum effingebant, nunc in curru, nunc in equo, armatum cū hasta & flagello. tum illi etiā interdū gallum appingebant, ob militū videlicet vigilantiā: vel propter Alectryonis fabulā, Martis satellitis, in eā auē conuersi, vt in eius nominis festiuo libello Lucianus scribit, & Ausonius poëta vno penè versu attigit:

——Ter clara instantis Eloi,
Signa canit serus deprenso Marte satelles.

Isidorus Marte scribit nudo pectore effingi solere, quòd quisq́; in bello sine cordis formidine obiicere se debet. Acitani quoq́; gēs Hispana, vt Macrobius tradit, Martis simulacrū radiis ornatū maxima religione celebrabāt, Necyn vocates: vel vt alij legūt, Neton, vel Nicon. Sanè & νέικον Marte vocatū legimus, idq́; ex Empedocle docti quidā notat. Porrò & illi antiquitas lupū dicauit, vnde à Verg. & poëtis Martius est lupus cognominatus. Hinc iocus est Plauti in Truculēto, de ouib. patris diuēditis: Fuit, inquit, edepol Mars meo iratus patri, nam oues illius haud lōgē absūt à lupis. Thraces præterea & Scythæ Marte colebāt, apud quos præcipua bellorū est exercitatio. Statius Papinius lib. VII. Theb. Palatiū ædésq́; Martis apud Thracas finxit, ad quas Mercuriū mittit Iupiter, vt bellū excitet. hi Statij sunt versus:

Hic steriles delubra notat Mauortia sylvas,
Horrescítque tuens, vbi mille furoribus illi
Cingitur aduerso domus immansueta sub Aemo,

Ferrea

Syntagma X. 271

    Ferrea compago laterum, ferro arcta teruntur,
    Limina, ferratis incumbunt tecta columnis.
    Læditur, aduersum Phœbi iubar, ipsáque sedem
    Lux timet, & durus contristat sidera fulgor,
    Digna loco statio, primis salit impetus amens,
    E foribus, cæcúmque nefas, iræque rubentes,
    Exanguésque metus, occultísque ensibus astant
    Insidiæ, geminúmque tenens Discordia ferrum,
    Innumeris strepit aula minis, tristissima virtus
10 Stat medio, lætúsque Furor, vultúque cruento
    Mors armata sedet: bellorum solus in arcis
    Sanguis, & incensis qui raptus ab vrbibus ignis,
    Terrarum exuuiæ circum, & fastigia templi
    Captæ insignibant gentes, cælatáque ferro
    Fragmina portarum, bellatricésque carinæ,
    Et vacui currus, protitáque curribus ora.
    Pœnæ etiam, Gemitúsque adeò, vis omnis, & omne
    Vulnus vbique ipsum, sed non vsquam ore remisso
    Cernere erat, talem diuina Mulcifer arte
20 Ediderat, nondum radiis monstratus adulter
    Fœda catenato luerat connubia lecto.

    Hucusq; Statius. Sed enim Homerus duos Marti equos attribuit, Δῖμον, & φόβον, id quod & testantur grammatici. dicti verò ab eorum timore ac pauore. Quintus tamē Calaber in Paralipom. ab Homero in lib. VIII, quatuor nominat, natos ex Borea & Erinny, qui naribus igne efflarēt. nomina hæc sunt, Aethon, Phlogius, Combos, & Phobos. Porrò & deo & Marti veterū quidam canes immolabant, propter eius animalis audaciam. alij asinos, propter bellicum clamorē, vociferationémq; quod Phurnutus scribit. quinimò & vultur auis huic deo dicata putabatur, quòd cadauera lectetur, & belli prænuncia sit. Illud certe ridiculum, quod Herodotus scribit in quarto, Scythas Martis simulacrū statuisse Acinacem,
30 hoc est ensem, qua de re in calce primi Syntagmatis egi. Libet verò & Ammiani Marcel. verba ex XXXI lib. Hist. hic ascribere, de Scythis agētis: Nec templū, inquit, apud eos visitur, aut delubrū, ne tuguriū quidē culmo tectū cerni vsquā potest, sed gladius barbarico ritu humi figitur nudus, eúmq; vt Martē regionū quas circumeunt, præsulē verecundius colunt. Sanè Mars pro bello sæpe sumitur nō modò à poëtis, sed & cæteris scriptoribus: vt cùm scriptū legimus, incerto dubióve Marte pugnatū esse. Quinimò & pro ingenio & naturæ vi capitur: vt cū dicitur, suo Marte, & nostro Marte, M. Cicero: Hanc igitur partē relictam explebimus, nullis adminiculis, sed vt dicitur, Marte nostro. Idem: Rex ipse sua sponte, nullis commentariis Cæsaris, simulatq; audiuit eius interitum, suo Marte res suas recuperauit. Caius Iurecōs. Ne liceat potentioribus, iudiciariæ lites potius suo Marte decurre-
40 rēt. Item de iudiciis, Quo minus lis suo Marte decurrat. Pyrois Martis stella nūcupata est, vt ostēdit M. Cic. de Nat. deor. Hyginus, Apuleius, Martianus, alij, quòd ignita sit & ardes.

    Communis deus Mars appellatus est nō modò Latinis, sed & Græcis, qui dicūt ἄρης κοινός, & Homerus, ξυνὸς ἐνυάλιος. M. Cic. quoque sæpe Martem communem, nonnunquam & deū communem vocauit, vt Philip. XI. Sed vt cōcedam incertos exitus esse Belli, Marte communem, tamen pro libertate vitæ periculo decernendum. Liuius quoq; cùm inquit: Tum tuas vires, tum verò fortunæ, Martémque belli communem propone animo. Idem nec semel alibi, cæterísque scriptores in panegyricis. Sanè Seruius in octauo Aeneid. à Verg. dictum ait Herculem communem deum, quia Argiuus esset, & Græcos & Troianos de vno sanguinis fonte descendere: aut communis deus dicitur, vtriusque naturæ medius, id est,
50 inter mortalitatem & diuinitatem. Sunt enim numina quædam tantum cœlestia, aliqua tantum terrestria, aliqua media, quos Apuleius deos medioximos vocat. alij communem deum ideo dictum volūt, quia secundum pontificalē ritum idē est Hercules, qui & Mars. nam & stellam vnam habere dicuntur, & nouimus Martem communem dici. Sic Cicero, Martem deum communem: & Verg. dat Salios Herculi, quos Martis esse dubium nō est, quod & notat Macrobius. Porrò idem etiā Seruius lib. vndecimo Aeneid. super ea verba:

    z 4   In

In mediósque focos, & dis communibus aras.

Dei, inquit, communes sunt, vt alij dicunt, Mars, Bellona, Victoria, quòd ij in bello vtrique parti possunt fauere. Vt autem altioris scientiæ hominibus placet, dei communes sunt, qui ἄζωνοι dicuntur, id est, qui coeli certas non habent partes, sed generaliter à cunctis coluntur: vbique enim eos esse manifestum est. vt Mater deûm dicitur, quòd cum omnibus eius communis est potestas. Alij communes deos volunt, Solem, Lunam, Plutonem, Martem: hi enim apud omnes inueniuntur, & sunt in omnibus terris. Hæc ferè Seruius. hinc non mirum tibi videri debet, si & Euripides Plutonem vocauit communem deum, cùm agit de sepultura Argiuorum apud Thebas, in tragœdia Supplicum. Et Mercurius etiam communis deus vocatus est, vt est videre apud Aristotelem in 11 Rhet. ad Theodectem: μύνϙ ᾗ καλεῖται κοινὸς ἑρμῆς. Meminit & in votis Lucianus.

Pater etiam Mars in primis à Latinis & Romanis vocatus est, præter id quod Romuli pater fuerit, sed etiam quod dei ipsi hoc patris nomine vocarentur, vt in Iupitre, id est Ioue patre vidimus. nam vt ait Gellius, quod est in elisis, aut immutatis quibusdam literis, Iupiter, id plenum atque integrum est Iouis pater: sic & Neptunus pater coniunctè dictus, & Saturnus pater, & Ianus pater, & Mars pater: hoc enim est Marspiter. nam ita Marspiter dicimus, vt Diespiter, sic & Iupiter.

Gradiuus & Quirinus apud Latinos duo præcipua Martis nomina fuerunt: hoc quidem, dum tranquillus mitisque esset: illud, dum in armis sæuus. hinc etiam Romanos Martis duo præcipue templa habuisse legimus, alterum quidem, hoc est Quirini, intra vrbem, ad tranquillitatem custodiendam, & vrbis custodiam: alterum verò in via Appia, extra vrbem prope portam, quasi bellatoris, id est Gradiui, ad arcendos hostes. ergo Gradiuus, vt Festus scribit, Mars appellatus fuit, à gradiendo in bella vltrò citróque: siue à vibratione hastæ, quòd Græci dicunt κραδαίνειν, ἢ κραδάλλειν. vel vt alij dicunt, quia gramine sit ortus: quod interpretantur, quia corona graminea in re militari maximæ est honorationis. hæc Festus. Sanè quod Pompeius ait, quia gramine sit ortus: eruditi quidã in fabulam referũt, quam breuiter antè attigimus, quod Mars ex Iunone natus sit ex florum contactu. Sunt alij qui Gradiuum non Latinum, nec Græcum esse putant, sed Geticum vel Thracium vocabulum, quo bellicosus & fortis significetur. Gradiuus primam habet indifferentem: longam Vergilius, breuem Ausonius protulit. Vt,

Gradiuúmque patrem Geticis qui præsidet aruis, &c.

Quirinus autẽ Mars à Sabinis nũcupatus, à Quiri hasta, qua hic deus vti existimabatur.

Mamers Mars lingua Oscorum dictus est, vt Festus scribit: à Sabinis, ait Varro, à Mamerte, Mamerci, vel vt alij legunt, Mamerti, potius prænomen, quasi Martius, & Mamertini in Sicilia. lege Festum. Hesychius μάμερτον vocat Martem. Porrò Mamercus prænomen Aemyliæ familiæ fuisse legimus, de quo Car. Sigonius ex Plutarcho in Numa, & Paulo Aemylio sic ait: Mamercus fuit Pythagoræ filius, à quo Numa Pampilius rex filium Mamercum nominauit, qui auctor & princeps gentis Aemyliæ fuit. Meminit & Valer. Maximus, de prænominibus: si modò Valerij libellus ille est, & non potius Iulij Paridis.

Syluestrem deum Martem vocatum legimus, cui M. Cato de re Rust. aliquando rem sacram facit. vt cùm ager lustrandus est, & solitaurilia celebrat, ita precatur: Mars pater te precor quæsóque, vti sies volens propitius mihi domo familiǽque meæ: cuius rei ergò agrum, terram, fundúmque meum solitaurilia circumagi iussi. & paulò pòst: Mars pater, eiusdem rei ergò macte hisce soli lactentibus taurilibus esto. & item mox etiã, iisdem verbis. Sed & idem scriptor, cùm votum pro bobus facit, ita scribit: Marti Syluano in sylua interdius in capita singula boum votum facito.

Salisubsulus Mars ab antiquis Latinis dictus est à saliendo, subsultandóque, in bello scilicet: vnde & Salij. meminit Pacuuius apud Non. Marcel. Hinc illud Catulli à doctis aliquibus sic legitur:

In quo vel Salisubsuli sacra suscipiantur.

Videtur verò cognomen desumptum ab Homero, qui eundem deum ἀλλοπρόσαλλον vocauit, quem quidam interpretantur inconstantem, vt qui modò ad hunc, modò ad illum vertatur, deúsque & sit & habeatur communis, vt dictum est.

Cæcus Mars vocatus est, Verg. secundo Aeneid. Et cæco Marte resistunt: vel, inquit Seruius, epitheton est Martis, vel quoniam cæca nocte prælium gerebatur.

Syntagma X. 273

Θούριος ἄρης, Thurius Mars ab Homero appellatus, ab assultu citato. θοζεῖν enim est, cum impetu insilere. vnde hippothoros cantus,ad incitandos equos ad hinnitum,quod in Poëtis docuimus. Videtur & Suidas ex Aristophane θοῦρον Martem appellare,eadem ratione.
Marmessius Mars apud Lycophronem legimus,de quo interpres;Romana, inquit, lingua Barbaris ait,non contentus,aliis etiam Romanè scribit. Cœlius Rhod. Romani inquit, Bellaces Marmessos dicunt, sicuti memorat vel Diodorus, vel Dion:neque enim succurrit nunc ad fidem(ait ille)auctoritas.
Enyalius deus Mars dictus, ab Enyo deriuatum, id est, à Bellona vel sorore vel matre, nomen, quo Græci Latiníque vtuntur. Enyalium quidem, ait Macrob. inter Martis propria nomina. Item Plut. de Tranquillitate. Enyalium,inquit Dionys. Alicarn. Sabini, & ab eis descendentes Romani, Quirinum vocant, nequaquam certum habentes, Mársne sit ille,an alius quidam, similes cum Marte honores habens.alij enim de vno deo bellicorum certaminum duce, vtraqꝫ putant dici nomina: alij autem duobus ea diuis bellicis imposita,&c. Enyalium scribit Paus.Lacedæmonij vinctum pedicis ea ratione statuebant,ne quò ab eis recederet: vti ἀπτόρρυ νίκην, hoc est sine alis victoriam,Athenienses,ne posset euolare. De Enyo, in Bellona locuti sumus. At verò Ἰνάλιος dæmon marinus à Græcis dicitur, vt vel Suidas testatur.

Vltor Mars Romæ cultus,cuius templum Cæsar Aug. bello Philippensi pro paterna vltione suscepto vouerat. auct. Suet. alij.   Martial.
   Vltoris prima Martis in æde sedet.   Ouid. in Fast.
   Templa feres,& me victore vocaberis Vltor,
   Vouerat,& fuso lætus ab hoste redit.
Hinc & cùm recepisset à Parthis signa, Bisultor vocatus, à duplici victoria, quod ibidem idem poëta ostendit:
   Rite deo templúmque datum,noménque Bisultor,
   Emeritus voti debita soluit honor.
Dion in hist.libro LIII. scribit, Augustum Martis Vltoris construxisse in Capitolio templum, in quo signa & vexilla reponerentur,vt optima spolia Ioui Feretrio.
Tyrannus Mars prouerbio dicebatur antiquitùs, vt Hesychius & Suidas tradunt,de iis qui impotentes sunt, & supra modum elati atque indomiti. vnde etiam rex Mauors, hoc est ἄρης βασιλεύς, vel vt Orpheus in eius hymno, ἄρης ἄναξ: sumptum, vt Zenobius putat, à Timotheo Atheniensium imperatore,qui Rempub. contra Persas & Asianos tutatus est. Vide Erasmum. Sed & Homerus in hymno illum ita inuocat, ἀντιβίοισι τύραννε, id est, Violentis tyranne.
Aphneus Mars,hoc est ἀφνειὸς ἄρης cognominatus est in Arcadiæ monte Cresio : inde verò denominationem sortitus, vt Tegeatæ memorant, quòd cùm Aëropem Cephei filiam Mars compressisset,ipsa ex partu interiit:nihilo tamen minus infans defunctæ matri inhęrebat, & copiose manans ex maternis mammis lac vtcunque exugebat, quod ex Martis cultu fiebat.qua ex re Mars Aphneus, id est, diues cognominatus fuit:& puer Aëropus à matre nuncupatus. auctor Paus. in Arcad.
Theritas Mars, hoc est θηρίτας ψυχαλιος, cognominatus à Thero, quæ Martis nutrix fuisse dicitur. Ex Colchis autem Castor & Pollux huius dei simulacrum deuexère. hęc vetustior opinio,quam non secutus est Paus.ipse enim existimare videtur,ita denominatum, sicuti hominem militarem ac bellacem dicimus, non mitem ac clementem magis quàm θὴρ, id est,fera sit,quo pacto & Homerus Achillem leoni confert, & item alios feris aliis. Theritan Enyalium ait Hesychius à Laconibus vocari.
Gynæcothœan,hoc est γυναικοθοίαν Tegeatæ Martem in Arcadia erexerunt foro in medio: ea causa, quod Marpessa mulier vidua Tegeatis, cum mulieribus reliquis contra Lacedæmonios duce Charillo processere,& insidiis structis, opem viris ferentibus, Lacedæmonios vicerunt, eorúmq; ducem cepère. hinc ob victoriam Marti deo rem sacram seorsum à viris ferunt,& deo Epinicia obtulère:quinimo nec de sacrificatis carnibus viros impertiuère,statuámque deo in fori medio erexerunt,quem ideo γυναικοθοίαν vocarunt. auctor Paus. in Arcad.
Hesus Mars putatur à plerisque.   Lucanus in primo.
   Horrénsque feris altaribus Hesus.

Lactantius in primo: Galli Hesum atque Theutatem humano cruore placabant. M. Cicero in III. de Nat. deor. Qui si deus est, & Orpheus & Hesus dei sunt. hunc tamen ego locum emendaui, vt in Mercurio scripsimus, Rhesum.

Odrysius etiam, & Geticus, & Thracius Mars, à populis notissimis, feris & bellicosis, cognominatus est. vt illud est,

    Bella horrida Martis Odrysij. Et illud,
    Geticum moderatur Apolline Martem.

Apud Geronthras in Laconia Martis delubrum est, & lucus. Sacra ibi faciunt anniuersaria, quibus interesse foeminis est interdictum, vt scribit Pausan.

Bellipotens quoque à nostris Mars dictus est, quòd bello polleat: & Belliger, quòd gerat bella: & Armiger, quòd ferat arma. quin & Orph. ἰoπλoχαρὴς, hoc est, qui armis lætetur.

Armipotens etiam dictus: Ausonius,
    Quique truces belli motus ciet armipotens Mars.

Corythaix Mars ab Homero dicitur, hoc est galeam quatiens: sicut & galeam ornatam habens, κορυαίολος appellatus est.

Οὖλος Mars etiam dictus, quasi perniciosus, & ὀλετὴρ, & grauis, conturbatórque, quod notat Hesychius: licet hæc vox interdum contraria significet, hoc est mollem, & sanum, & integrum.

Sunt verò & alia permulta huius dei cognomina, seu epitheta, tum Græca tum Latina apud poëtas: quorum nonnulla breuiter hîc collecta subscribam, ex Homero in primis, & Orphei hymno, aliisque. ὀμβριμόθυμος ἄρης, qui & ὀβριμόθυμος. nam & ὄβριμος, & ὄμβριμος vocatur, hoc est magnanimus & potens.

Αἱμοχαρὴς, hoc est sanguinarius, qui sanguine gaudet. Homerus, & vt canit Orpheus in hymno, αἵματι ἀνδροφόνῳ χαίρων, id est, sanguine viricida gaudens. hinc & Vergilius lib. XII Aeneid.
    Qualis apud gelidi cum flumina concitus Hebri
    Sanguineus Mauors clypeo increpat, &c.

Χαλκάσπις ἄρης à Pindaro dictus, quod æreum scutum gerat: ab Homero verò in hymno φέρασπις, quasi nos scutiferum dicamus. Idem & χαλκοκορυστὴν dixit, id est ære armatum.

Δαὶ particula est intentiua, & auget plerunque in malam partem: vnde βριήπιος, latè sonans, Mars dictus, vt in Apollonium Rhod. grammatici notant. hinc & βριήρματος ἄρης ab Homero, quòd curru perstrepat, videlicet in bello. notissimū enim, veteres in bellis curribus esse vsos etiam falcatis. vnde & Pindarus χρυσάρματον dixit, id est aureum currum habentem Martem, in Pyth. quopiam hymno.

Χρυσοσίληξ ἄρης, Homero Mars vocatur, aureum flagellum habens: sed rectius videtur, auream galeam. πήληξ enim galea est.

Βροτολοιγὸς, καὶ μιαιφόνος ἄρης cognominatus, hoc est, mortalium interemptor & homicida, &, vt interpretatur Macrob. hominum necator. Cyrillus in quarto contra Iulianum Cæs. & Phurnutus, qui & hæc etiam addit, ἀλαλάξιος καὶ βριήπιος, vel vt aliqui legunt, μυώπιος à voce & strepitu, quo pugnantes in prælio vtuntur. vnde & Marti quidam asinum iugulant, eadem ratione vociferandi. Orpheus etiam in hymno βροτοφόνῳ, id est homicidam eadem ratione dixit, sicuti duo priora. Homerus in Iliad. quo loco Mineruam inducit, quæ manu Martem apprehendens, θοῦρον ἄρηα, id est impetuosum Martem inquit: ἄγριε ἄρε βροτολοιγὲ, μιαιφόνε, τειχεσιπλῆτα, quod & alibi repetit. & ab vtroque τειχεσιπλῆτης, hoc est murorum quassor & impulsor cognominatus, item ὃν nec vinci nec domari possit, ἀδάματος: à manuum viribus καρτερόχης: & magno robore, μεγασθένης, & ὑπέρμενθυς: quòd hasta polleat, λαρυσδρύης.

Ῥινότριχος ἄρης ab Hesiodo in Theog. vocatus, hoc est pellibus indutus, vel pellitus. ῥινότριχα grammatici scribunt βύρσαν φορᾷν.

Postquàm de Marte & Martis cognominibus pleraque diximus, nec eius vxorem silentio prætermittemus. Nerio, seu Nerione, Martis coniunx dicta est. Plautus in Truculento: Mars peregrè adueniens salutat Nerienem vxorem suam. Meminit & Martianus. Dictam Nerienem opinantur eruditi, quòd lingua Sabina virtus ac fortitudo ea voce significatur. vnde & Claudia familia Neronis nomen desumpsit. In cōprecationibus deorum immortalium, quæ ritu Romano fiebant, & Nerio & Neriene inuocabatur. Huius etiam deæ Licinius Imbrex mentionem fecit, in Neæra fabula, hoc versu:

Nolo

Syntagma X.   275

Nolo ego Neæram te vocent, sed Nerienem.
Item Ennius libro primo Annalium. Gellius lib. x 111 noct. Atticarum, disputat an Nerio, an Neriene dicendum. Citat illud Varronis ex satyra Menippea σκιαμαχία, vel κριομαχία, id est, ex vmbratili, vel arietum pugna: Neriene, Minerua, Fortuna, ac Ceres. Item ex 111. Cn. Gellij Annal. illud, Hersilam, cùm apud T. Tatium verba faceret, pacémq; oraret, ita precatam esse: Neria Martis te obsecro pacem dare, vt liceat nuptiis propriis & prosperis vti, quod de tui coniugis consilio contigit: & cætera, quæ multa disputat, de syllaba & deriuatione. Martianus verò ita in primo: Certúmque esse Gradiuum Nerienis Nerinæ coniugis amore torreri. Porphyrion quoque Pompo. in Comment. in Horatium: Maio, inquit, mense & item Martio religio est nubere, quòd in hoc mense de nuptiis habitum fuit certamen, & à Minerua Mars victus est, & obtenta virginitate Minerua Nerine, vel Neriene potius est appellata. hæc ferè ille.

BELLONA, ENYO.

Bellona, quæ & ab antiquis Duellona, vt duellum bellum, dicebatur, soror fuit & vxor Martis, vt ait Augustinus in Ciuit. dei. Suidas vxorem, & Placidus Lactantius: Claudianus poëta, sororem. Alij ex Enyo & Ioue Martem natum tradunt, vt in Marte traditum est. Dea hæc fuisse dicitur belli, quæ Marti in bella eunti currum & equos pararet, vt à Statio in Theb. canitur. Sanè Hyginus in fabulis, Bellonam inuenisse acum his verbis prodit: Bellone prima acum reperit, quæ græcè Bellone appellatur, hoc est, ἡ βελόνη. Enyo verò à Græcis dicta est. Idem Statius:

Tu Martia testis Enyo.

Et Martial. in secundo de Othonis morte:
Cùm dubitaret adhuc belli ciuilis Enyo.   Idem poëta alibi,
Nec te decipiat ratibus naualis Enyo.

Scribit Phurnutus de Enyo, quòd eam aliqui matrem, alij vt filiam, plerique vt Martis nutricem dixêre: in nullo differentes tamen. nam, inquit, Enyo quasi immittens, vel addens animum & virtutem pugnatibus, id est, ἐνιοῦσα vel κατ' ἀντίφρασιν, quòd neutiquã ἠπία καὶ ἐπιεικής, id est, æqua & mitis sit. Lycophronis interpres putat Enyo epitheton fuisse Iunonis: alibi tamen Gorgonum sororem. Hesiodus etiam in Theog. Phorcynos & Cetò filiam prodidit, Græarum sororem, cæterarúmque Phorcynidum: quod & interpres notat. Paus. ex carmine Homeri putat, Enyo vnà cum Pallade dea bellis præesse, & bella ipsa curare. dicta quasi ἐνιοῦσα, ab immittendo videlicet furorem, robúrque pugnantibus: vel quòd parum clemens sit. hinc & Enyalius Mars dictus est. & vt quidam interpretati sunt, ἐνιοῦς υἱόν, id est, Enyus filium. de Bellona verò Statius in Achillide,

Ecce nouam Priamo facibus de puppe leuatis, Fert Bellona nurum.
Idem in secundo Thebaid.
Nec magis ardentes Mauors, hastatáque pugnæ   Impulerit Bellona tubas.

Huius deæ sacerdotes, Acron in Horatij commét. appellat Bellonarios. hi se ipsi cultris feriebant, & proprio sanguine numen placabant, furentésque vaticinabantur: qua de re Tertullianus Septimius in Apologet. Lõgius, inquit, excurro, hodie istic Bellonæ sacratus sanguis de femore proscisso in palmulam exceptus, & suis datus signatis. Lactantius in primo Diuin. inst. Alia, ait, sacra Virtutis, quam eandem Bellonam vocãt, in quibus ipsi sacerdotes non alieno, sed suo cruore sacrificant. sectis nanque humeris, & vtraq; manu districtos tenentes gladios currunt, & efferuntur, & insaniunt. Tibullus sacra hæc ita describit:

Hæc vbi Bellonæ motu est agitata, nec acrem
Flammam, non amens verbera torta timet.
Ipsa bipenne suos cædit violenta lacertos,
Sanguinéque effuso spargit inepta deam.
Státque latus præfixa veru, stat saucia pectus,
Et canit euentus, quos dea magna mouet.

Scribit & alia pleraque Apuleius de his fanaticis.   Iuuenalis:
———Sed vt fanaticus, œstro
Percussus Bellona tuo diuinat, & ingens
Omen habet.   Horatius in primo Serm.
Hunc circumtonuit gaudens Bellona cruentis.   Lucanus in primo:

Tum

Tum quos sectis Bellona lacertis.
Sæua mouet, cecinere deos,&c.
Fingebatur furens dea flagello pugnans concire, eodē ita canente Lucano in septimo:
Sanguineum veluti quatiens Bellona flagellum.
Nunc cum face, nunc tuba bellicum canere. Romæ vicus Bellonæ fuit in alta semita, hoc est, in sexta vrbis regione, vt P. Victor scribit. Bellonæ verò templum in nona regione ante portam Carmentalem fuisse, idem est auctor: & ante templum Columella fuit, quæ bellica dicebatur, super quam hastam iaciebant bellum indicturi, vt scribit Festus. Non procul verò fuit à circo maximo. Ouidius in Fastis:
Hinc solet hasta manu belli prænuncia mitti, 10
In regem & gentes cum placet arma capi.
Appius Claudius auctor fuisse dicitur huiusce ædis cōdēdæ. quod & Ouid. ostēdit, canēs:
Hac sacrata die Thusco Bellona duello
Dicitur, & Latio prospera semper adest:
Appius est auctor, Pyrrho qui pace negata
Multum animo vidit, lumine cæcus erat.
Bellonæ ædem inter Martis & Apollinis quidam statuunt. nam & extra vrbem Victruuius huius deæ ædem construendam præcipit: quod alibi latius dicam. Dabatur etiam senatus apud ædem Bellonæ, plerunque è bello redeuntibus ducibus, & legatis exterarum gentium: quod ex historiis facilè colligitur, & in primis Liuianis, vt in v. Dec. M. inquit, 20 Pomp. Cos. Romam rediit, senatúsque extemplò ad ædem Bellonæ vocatus. Ma quidem Bellona à Carmanis vocabatur, in Antilabano, vt Strabo in xij. lib. scribit: vt verò Stephanus, à Lydis hoc nomine Ma Rhea nuncupabatur, vt in Rhea clarius prodidimus.
Thressa virago ab Ausonio appellata est Enyo, vbi de Gratiano Imperatore agitur:
——Bella, inquit, horrida Martis
Odrysij, Thressæque viraginis arma retractat.
Quare his cognominibus Mars & Enyo dicti sint, in Marte prodidi, quòd scilicet Thraciæ populi semper bellaces fuerint.

VICTORIA.

Victoriam nos in Martis Syntagmate adiunximus ea ratione, quòd Martem Vi- 30 ctoria, vt ait Seruius in 12 Aeneid. comitatur, eo loci, quo per hypallagen vult à Vergilio dictum,
Sin nostrum annuerit nobis victoria Martem, id est: Mars victoriam annuerit.
Victoria latinè, νίκη græcè, pro dea culta fuit, quam Hesiodus in Theog. Stygis & Pallatis filiam cecinit. Vnde mirum est, aliquos Acherontis illam potius, quàm Pallantis filiam dixisse. Scribit Phurnutus, Victoriam πάρεδρον, id est assistricem Mineruæ datam, quæ & in bello contra Gigantes opem tulit. Sunt qui tradant, paruulam adhuc Mineruam ab Ioue nutriendam traditam Pallanti Lycaonis filio, qui eam cum filia educauit: filiam adultam Minerua in deorum numerum retulit, & νίκην, id est Victoriā appellauit: se verò ab educatore Pallada dici voluit, vt Dionysius primo Hist. lib. scribit: licet diuersa alibi tradiderim. 40 Colebatur hæc ab antiquis dea, vt pluribus in locis Pausanias ostendit, & in primis in Attica. Romæ quoque ædicula fuit Virginis Victoriæ, prope ædē Victoriæ, vt Liuius scribit P. Victor in octaua regione: Fori Romani ædes, inquit, Victoriæ, cū alia ædicula Victoriæ Virginis, D. D. à Portio Catone seniore fuit. & ædes prope ædiculā, quam L. Posthumius ædilis curulis ex multaticia pecunia faciendam curauit. Cos. verò cum M. Attilio Regulo bello Samnitico dedicauit, vt in x. ab Vrb. con. ait T. Liuius: qui & in octauo lib. de secundo bello Pun. Victoriæ Templum etiam in Palatio fuisse ostendit. In Victoriæ templum Matrem deûm ex Pesinunte Phrygiæ oppido aduectam, delatam fuisse legimus, do nec ædes illi preciosis statuis & columnis, cæterisque ornamentis Romani construxere, in cuius dedicatione ædis Megalesia celebrata: Liuius, Cicero, alij sunt auctores. Dionysius 50 autem Alicarn. Victoriæ templum ab ipsis constructum fuisse Arcadibus in colle Auentino lib. Antiq. primo prodidit. L. Sylla bellis ciuilibus victor deæ victoriæ ludos instituit, quod M. Cicero & Ascon. Pædian. in Verrem scribunt. Ita verò ab antiquis Victoria effingebatur, vt in nummis antiquis & marmoribus cernere datur: alata, volans, coronam vel palmam proferens. Sic eam suo carmine pingit Prudentius irridens:

Vinc

Syntagma X.   277

Vincendi quæris dominam? sua dextera cuique est,
Et Deus omnipotens, non pexo crine virago,
Non nudo suspensa pede, strophióque recincta,
Nec tumidas fluitante sinu vestita papillas.   Claudianus quoque de laudibus Stiliconis
Ipsa duci sacras Victoria panderet alas,
Et palma viridi gaudens, & amicta trophæis,
Custos imperij virgo, quæ sola mederis
Vulneribus, nullúmque doces sentire laborem: & reliqua.

 Victoriæ statuam in Germania scribit Dion. lib. L V I. quæ vergebat ad hostes, subitò versam esse versus Italiā. Talem & in Iunonis templo in Olympia positam, describit Pausanias. Sed cum suis sacris literis Aegyptij Victoriam pingerent, aquilam formabant, quoniam ea auis cæteras aues superare solet. Porrò & eadem à Romanis in primis interdum cum lauro fingebatur: imò & laurus ipsa, vt palma, interdum Victoriam apud scriptores significat. vnde & literæ laureatæ dictæ, quæ victoriam significant: ita & fasces laureati. id quod colligimus cùm ex historiis, tum etiam ex Plinio. hinc & laureola corolla, vel etiam Christianis scriptoribus dicta. Marcus Cicero in secundo Epist. ad Cœlium: Velles enim, ait, tantummodo vt haberem negotij, quod esset ad laureolam satis. Idem ad Atticum lib. quinto: Bibulus in Amano cœpit Laureolam in mustaceo quærere. quæ dicendi figura videtur prouerbij vice prolata. id quod, vt rectè obseruauit Erasmus, sic meo iudicio non rectè exposuit. non enim de re parua dixisset Cicero, quoniam & se cum Bibulo taxasset, qui in Amano monte castra duxisset. Quin illud potius intelligi volebat, quod gloriā quæreret ex re iam confecta. Nam mustaceum ita à Catone in re rustica paratur, vt lauri folia confecto mustaceo supponantur: & ideo qui laurum quærit in mustaceo, quærit ex eo, quod ei subtus est, quasi dicat, ex reliquiis belli à Cicerone in Amano monte confecti, Bibulum triumphum quærere. Historia est notissima ex Familiaribus epistolis, ad Senatum & Catonem. Cùm essem hæc nostra editurus, allatæ mihi sunt Epistolicæ Cœlij quæstiones, quas ille Thomæ Calcagnino scripsit, in quibus de hoc Ciceronis loco eadem fermè, quæ ego prodidi, annotauerat. Sed nos iam ad Victoriæ cognomina transeamus.

 Victoriam Orpheus ad musæum ἡδύπνοον vocauit, quod scilicet suauis sit sermo, qui de victoria asseritur.

 Ἑτεραλκέα νίκην Homerus nuncupauit, hoc est, vtroque inclinantem. est enim dubia victoria. Meminit & Hesychius post alios. Lucianus in dialogo Philopatris, plura. hinc Homerus idem alibi ἀμφιέλισσαν νίκην etiam vocat, id est, dubiam & incertam victoriam. Dicitur & eadem ratione ἱπτάμενην & ἱπτόρρεπην Trimatius, antiquus poëta Latinus, & Ausonius Gallus, præpetem Victoriam dixerunt.

Dum dat vincenti præpes Victoria palmam: Trimatius Ausonius:
Tu quoque ab aërio, præpes Victoria lapsu.

Ita etiam Drepanus, in panegyrico ad Theodosium. Alij eadem ratione Volucrē dixere.

 Palmaris Victoria videtur cognominari ab Apuleio, lib. secūdo de Asino: Atria, inquit, longè pulcherrima, columnis quadrifariam per singulos angulos statibus, attollebant statuas Palmaris deæ. Cic. primo de Nat. deorum: Sed illa Palmaris quidem, quod qui non modò natum mundum introduxerit, sed etiam manu penè factum,

 Vitulam deam, Victoriam dici Piso putauit. cuius rei hoc argumentum protulit, quòd postridie nonas Iulias re bene gesta, cum pridie populus à Thuscis in fugam versus esset, vnde Populi fugia dicta sunt, post Victoriam certis sacrificiis fiebat vitulatio. quidam interpretati sunt, quòd potens esset vitæ tolerandæ, hinc illi pro frugibus sacra fiebant; quod obseruat Macrobius. Hyllus in lib. de Deis, Vitulam deam ait, quæ lætitiæ præesset: vnde etiam Vitulatio, & vitulari. Varro in lib. Rerum diuinarum ait, quòd pont. in sacris quibusdam vitulari soleat, quod græci παιανίζειν vocant. Titius verò vitulari interpretatus est, voce lætari, quidam de hac dea Vergil. intellexisse volunt, cùm cecinit:

Cùm faciam vitula pro frugibus, ipse venito.

 Vacuna quoque Victoria à Sabinis appellata, vt Varro in primo Rerum diuinarum ait: & ea maximè eos gaudere, qui sapientia vincunt. Hinc puto illud est Ausonij: Quas si solueris ô poëta nugas,   Totam trado tibi simul Vacunam.

De Deis Gentium.   A   Variæ

Variæ funt de hac dea apud fcriptores fententiæ, quas licet iu noftro de Anñis, menfibus & cæteris attulerim, hic tamen etiam repetendas duxi. Vacuna dea credita fuit, quæ vacantibus & otiofis præeffe putabatur: cui, à laboribus cum vacarent agricolæ, poft perceptos fructus & agrorum cultus, per hyemem facra faciebant. Ouid. fexto Faft.

Nam quoque cùm fiunt Antiquæ facra Vacunæ,
Ante Vacunales, ftántque fedéntque focos.

Sacra hæc Vacunalia dicebantur, quæ decembri menfe agebantur. meminit & Horatius huius, vt vetuftæ deæ, in Epiftolis:

Hæc ego dictabã poft templũ putre Vacunæ. quo loco Porphyrion ait: Vacuna apud Sabinos plurimum colitur dea, quæ eft fub incerta fpecie formata. quidam Mineruam, alij Dianam putauérunt: nonnulli & Cererem effe dixerunt, fed Varro Victoriam. hæc fermè ille. Virgo Victoria à Romanis culta, à Portio Catone pofita, vt fuprà dixi.

Cœligena Victoria etiam dicta, tefte Varrone de Ling. lat. his verbis: Victoria ab eo quòd fuperati vincuntur. vtrique teftis poëfis, quòd & Victoria & Venus dicitur Cœligena. Tellus enim, quòd prima vincta cœlo, Victoria ex eo: & ideo hæc cum corona & palma, quòd corona vinculum capitis, & ipfa à vinctura dicitur. Hæc Varro. Idem primo Rerum diuinarum: Vacunam deam Victoriam exiftimauit: & ea maximè eos gaudere, qui fapientia vincunt. idem & Porphyrion, vt modò eft dictum.

Ἄπτερος νίκη etiam, id eft, fine alis, & implumis ab Athenienfibus formabatur, vt eft apud Pauf. in Attica, cuius & ftatuam afcribit. Idem in Lacon. ait, Victoriam ideo ἄπτερον, id eft, implumem eos ftatuiffe, ne videlicet ex Athenis euolaret. Ita & Lacedæmonij Martem catenatum habebant, ne à fe fcilicet abfcederet. fcribit Heliodorus, ἄπτερον νίκην dextera malum punicum, finiftra Galeam tenere. Confiderandum tamen, ἄπτερον apud Græcos non implumem modò fignificare, fed etiam præpetem, & celerem, quod apud Homerum & Aefchinum notamus. Nec hoc Hefychium latuit. videtur tamẽ prior fententia hoc loco Victoriæ cõuenire. Appellata etiam fuit Victoria, id eft: νίκη, Minerua, vt dictũ eft fuprà.

Naphthe demum ab Aegyptiis Victoria dicebatur, vt Plutarchus docet. repete quæ in Venere diximus.

Incruenta etiam Victoria cognominata cùm ab aliis fcriptoribus tum à Liuio, in fecũdo ab Vr. con. Item alibi, nec femel. fic etiam non incruenta & cruenta dicta.

HERCVLES.

Herculis vitam iuuenis admodum compofueram, quam adultus non editurus eram. Tunc enim, quæ me ad fcribendum caufæ impulerant, ex duorum cariffimorum & illuftrium amicorum acerbo & immaturo interitu ceffauerant: in quorum gratiam, id quicquid eft, laboris fubiueram. Verùm inter tot meas, non dico exantlatas ærumnas, fed in ipfo earum euripo naufragus, & compulfus, cùm me Ferrariam quafi in portum recepiffem, à Cœlio Calcagnino, viro doctiff. & mihi fingulari beneuolentia à primis vfq; pueritiæ annis iunctiffimo, itémque à Muftio Auguft. à quib. multis fum beneficiis affectus, perfuafus, vt fcilicet Herculi I, noftro Principi aliquo me argumẽto infinuarent, hanc illi Herculis vitam vt mitterem, efficere: ex qua eius dei cognomina, vt plurimum eduxi, quibufdam duntaxat additis. Quare fi parcior ero in eis recenfendis, te ad eam legendam prouoco. Principiò igitur, variæ fuerũt de Hercule opiniones. Quidam plures hoc nomine fuiffe volũt, duos aliqui, tres nõnulli, alij duodecim: Varro quatuor & quadraginta collegit. Cic. fex tantum enumerat: Ex Ioue, inquit, & Licyto eft is Hercules, quem concertauiffe cum Apolline de tripode accepimus: alter traditur Nilo natus, Aegyptius, quem aiũt Phrygias literas confcripfiffe. Tertius, vnus ex Idæis dactylis, cui inferias Cretes afferunt. Quartus, Iouis & Afteriæ, Latonæ fororis, quem Tyrij maximè colũt, cuius & Carthaginẽ filiam ferunt. Quintus, in India, qui Belus dicitur. Sextus, ex Alcmena, quẽ Iupiter tertius genuit. hactenus M. Cicero. Libet hoc loco ex Hygino afcribere, quomodo Hercules genitus fuerit: ita enim inquit Hyginus in lib. Fabularum: Amphitryon cum abeffet ad expugnandum Oechaliam, Alcumena exiftimans Iouem coniugem fuũ effe, eum thalamis fuis recepit. Qui cum in thalamos veniffet, & ei referret quæ in Oechalia gefiffet, ea credens coniugem effe, cum eo concubuit. qui tam libens cum ea concubuit, vt vnum diem vfurparet, duas noctes congeminaret, ita vt Alcumena tam lõgam noctẽ admiraretur. Poftea cum nunciaretur ei, coniugem victorem adeffe, minimè curauit, quod putabat fe coniugẽ
suum

Syntagma X. 279

suum vidisse. qui, cum Amphitryon in regiam intrasset, & eam videret negligentius securam, mirari cœpit, & queri, quòd se aduenientem non excepisset. Cui Alcumena respondit: Iampridem venisti, & mecum concubuisti, & mihi narrasti quæ in Oechalia gessisses. Quę cum signa omnia diceret, sensit Amphitryon numen aliquod fuisse pro se: ex qua die cum ea non concubuit. quæ ex Ioue compressa peperit Herculem. Hactenus Hyginus: qui & totam ipsius Herculis vitam, & res gestas octo capitibus in eodem libro est complexus. Sed enim prisci viros omnes fortes, ac monstrorum domitores, Herculis nomine nuncupauere. Atque ea de causa factum est, vt multorum gesta vni Iouis & Alcmenę filio adscripta sint. Theologorum vetus fuit opinio per Herculem solem significari: vnde & illi duodecim certamina attributa sunt, quòd videlicet duodecim signa Sol toto anno permeat. Alij philosophum Herculem putauere, & idcirco illi clauam assignant, per quam philosophia significatur: & leonis pellem, per quam prudentia. quibus rebus Hercules animi monstra edomuit, & cogitationes vanas: quibus de certaminibus scripsisse Cleanthé, ait Phurnutus, nec ideo vbique senem delirum ac nugacem fuisse. Sed libet Dionysij Alicarnassei verbo ascribere: Verior, inquit, de Hercule sermo talis est. Herculem ducem fuisse omniú suæ ætatis optimum, validúmque exercitum habuisse, terras omnes inter Oceanú peragrasse: eos dominatus amouisse, si qui subditis populis grauiter ac tyrannicè imperarent, aut vrbs finitimos iniuria atque impotentia lædens: aut si qui essent homines immanes, & hospitum cædibus nefariis gaudentes, in eos regna legitima constituisse, gubernationésq; moderatas & humanitatis mores, ius deniq; æquabile omnibus inferens, tam græcis quàm barbaris, maritimis & mediterraneis. quin & in desertis locis vrbes condens, atque diuertens flumina, quæ campos inundarent, in montibus excidens, semitas in viis, & cętera quæ mortaliũ esse vsui arbitratus est. Hæc Alicarnasseus. Sed quid vetat, quæ Aelianus in IIII scribit, hoc loco apponere? quæ sunt de grati animi memoria relatu digna. ita enim prodit: Beneficiorum memor fuit, & gratiam retulit Theseus Herculi. nam cùm ipsum Aidoneus Molossorum rex vinxisset, quo tempore in gratiam Pirithoi, non vt nuptias pararet, regiam vxorem rapturus, eò se contulit: Hercules ad Molossos profectus, eum è vinculis liberauit, & propterea ille in honorem Dei aram erexit. Septem illi Thebani duces Pronacti gratiam retulere. cùm enim Pronax ipsorum causa interiisset, certamen in eius honorem instituere, quod aliqui in honorem Archemori ducis institutum fuisse putant. Hercules non oblitus est Nestoreæ liberalitatis. cùm enim Neleus detrectaret Herculem expiare, cæteríque filij præter Nestorem patri assentirentur, ipse capta vrbe, occiso Neleo & liberis eius, non solùm vni pepercit Nestori, sed etiam paterni regni dominum esse voluit. Athenienses publicè gratiam retulêre Herculis posteritati. nam quòd illorum auus Theseum beneficio affecerat, propterea Athenienses ipsos in Peloponnesum deduxere. Hercules remuneratus est trecentos & sexaginta Cleonæos, quorum opera aduersus Molionidas vsus fuerat, quique præclarè & fortiter ceciderant. nam eis Nemæos honores concessit, quibus ipse à Nemęis propter aprum agrorum vastatorem interfectum ornatus fuerat. Atque hæc quidem Aelianus.

Alcides igitur, vt ab hoc incipiam, Hercules cognominatus est, ab auo Alceo: siue ἀπὸ τῆς ἀλκῆς, id est, à fortitudine. Pindarus initio Alcidem nominatum, postea Herculẽ dicit, ab Ἥρα, quam Iunonem dicimus: quod eius imperiis opinionem famámq; virtutis sit cõsecutus. Proclus in Plat. Cratylo, Herculem ait Alcidem prius appellatũ, à mortalib. parentib. Pythia verò Ἡρακλέα vocauit, propter gloriam quam adeptus esset, & diuinitatẽ ex Iunonis affinitate, & cognatione, Phornutus verò, seu Cornutus, Herculem innuit vocatum, quòd τοὺς ἥρως κλείζειν, id est, quòd heroas gloria afficiat. siquidem Herculẽ, rationem esse ait, quæ in vniuersis existat, per quam natura fortis ac robusta sit. Inuictus & ἀπόρρητος, id est, insuperabilis, tribuens robur, & per partes fortitudinem. Antiqui enim heroas vocabant, & corpore & animo fortes ac viriles, & propterea diuini generis participes: &c. quæ ille scribit. Sed hunc tantum deum, & tam celebrem, audi quo pacto irrisus sit à Diagora, illo (vt puto) Melio. Is enim, cùm Herculem ligneum in penuria lignorum exusturus esset, ad illum per ludibrium dicebat: Age ô Hercules, tertium decimũ laborẽ subiturus tibi adesto, oblonium nobis cocturus, & sanè acceptũ illum in scandulas diffidit, deum irridés atheus, & cibaria excoxit. hoc quidem cùm alij, tum Epiphanius, vir & sanctus & doctus. In huius dei tutela est populus arbor. Physici enim Herculem tempus dicunt interpretantes: ideo populum ei aſſignari ἀλληγοεικῶς, quia bicolor ſit. & ſic partes temporis accipere poſſumus, id eſt, diei & noctis. Hęc Probus in comment. Vergilianis. Rerum tamen ſacrarum periti tradunt, in ſacro quod Herculi fiebat, ad aram max. in foro Boario, laurea coronatos id perficere: cùm tamen ita canat in octauo poëta,

—— Herculea cum populus vmbra,
Velauitque comas foliiſque innexa pependit.   & paulò pòſt:
Tum Salij ad cantus, incenſa altaria circum
Populeis adſunt euincti tempora ramis.   id quod Macrob. in Satur. 3. declarat.

Tirynthius Hercules nuncupatus, quod in Tiryntha vrbe ſit enutritus. τίρυνς Peloponneſi vrbs, dicta à Tirynthe filia Alō: quæ etiam Amphitryonis ſoror dicta fuit, vt ſcribit Stephanus. Thebanus etiam Hercules dictus, vt Arnobius ſcribit, in Oetæo dictum eſt.

Amphitryoniades Hercules dictus, quòd exiſtimatus ſit Amphitryonis filius. Propertius.
Amphitryoniades qua tempeſtate iuuencos
    Aegerat à ſtabulis ò Erithyia tuis.   & præterea Catullus, Falſiparens dixit:
Auſus Falſiparens Amphityoniades.

Cynoſarges Hercules cognominatus, vt meminit Herodotus, & Plut. quo de nomine licet in Hercule ſcripſerim, hoc tamen loco plura congeremus. Scribit in primis Suidas, quod Cynoſarges locus fuit Athenis, hac de cauſa Herculi conſecratus, Didymus Athenienſis, vel Diomus, vt Stephanus & Heſychius vocant, ad focum immolabat: cuius abreptam hoſtiam canis albus, qui fortè ibi aderat, in quendam locum attulit. cuius rei cauſa cū ingenti eſſet terrore affectus, deus illi reſponſum dedit, oportere vt Herculi ibi aram erigeret, vbi canis victimā depoſuerat. qua re factū eſt, vt à cane alba, vel veloce, vt ait Heſychius, locus Cynoſarges appellaretur. quo loco nothi, quíque tam ex patre, quàm ex matre ciues non eſſent, ſe propterea exercebant, quòd Hercules & ipſe nothus extiterit. Plato non à cane alba, ſed à Cynoſargo quopiam, Cynoſargen dictam ait. & inde quoque adagium deductum eſt, Ἰὼ ἐς κυνόσαργης, in infames atque ignobiles. plura de prouerbio Eraſ. De Cynoſarges templo, & Pauſanias in Attica, & Heſychius.

Buraicus Hercules cognominatus ab Achaiæ vrbe Bura, vbi & ſpecus, & fluuius eodem nomine extitere. quo in loco tabella, & talis ſeu taxillis vaticinia dabantur. Nam qui deum conſulebant, primum ante ſimulacrum dei preces effundebant: deinde quatuor talos, qui multi erāt apud deum, ſuper menſam iaciebant. in ſingulis autem talis, figuræ notatæ inerant. in tabella verò figurarum interpretationes inueniebātur, itaq; vaticiniū habebatur.

Thaſius Hercules etiam dictus, vt Herodotus ſcribit, eúmq; multa veneratione coluerunt. Legimus etiam eundem ab ipſis appellatum Seruatorem, hoc eſt σωτῆρα ἐκάλεν. quin & eius nomine publicam monetam inſcribebant, ἐκαλεῖς σωτῆρ@ ϑασίων, cuiuſmodi ſe vidiſſe teſtatur Rheuclinius. Herculis Thaſij ſimulacrum ſcribit Pauſ. in Eliacis, multáque de eo commemorat, quæ ego in præſentia prætermitto. vnum illud tantùm affero: Dedicarunt, inquit, & Thaſij, qui è Tyro, & reliqua Phœnice oriundi, ad Europam quærendam cum Thaſo Agenoris filio claſſe profecti ſunt, Herculem in Olympia æneum, ſuper ænea baſi: eius magnitudo eſt cubitū̄ x. dextera clauam, arcum læua tenet.

Chon Hercules Aegyptiorum lingua nuncupatus, qui cum Oſiride Italiam liberauit à tyrannide, & ab hoc Chone Hercule Aegyptio Italiam antiquitus vocatam prodidit Antiochus Xenophanis, & Chones Italię populos. & Chonem vrbem, cuius & Strabo meminit, & Stephanus.

Tyrius Hercules appellatus à Tyro Phœnicię vrbe illuſtri. huius ſcriptores multa tradidere, & præcipuè qui Alexandri geſta perſcripſere, Q. Curtius, Arrianus: qui & in ſecundo notatu digna multa de Tyrio, Aegyptio, & Argiuo Hercule notauit.

Herculis ex Tyro ſimulacrum ſua ſpōte rate delatum ferunt ad promontorium quoddam, inter Chios & Erethrios, & vtriq; ad ſe illud trahere certabant. id. fruſtra tentatum. nam dimoueri inde non poterat, donec Phormio ſenex piſcator cæcus factus eſt morbo, qui nocturno viſo monitus, iuſſit mulieres comas incidere, & exinde funem conficere: ſic fore, vt nauis ſequeretur. nobiles mulieres id facere abnuerunt. Threſſæ quædam libertæ paruerunt, & ex capillis contorta reſte, nauis ad Erethrienſiū vſq; vrbē ſecuta eſt, & viſus etiā Phormioni reſtitutus. quare deinceps ſimulacrū ſumma veneratione totius Græciæ & Ioniæ cultū eſt: & ei templū, quod ſolis Threſſis ingredi fas fuit, conditū eſt, & conſecratū.
Dorſenas

Syntagma X. 281

Dorſanes Hercules ab Indis, & Gigantis nomine appellatus, vt Megaſthenes tradit & Arrianus, item Heſychius. eoſdem & Belum appellaſſe, teſtis eſt Cic. Verùm de Belo in Ioue plura diximus.

Ogmion Hercules à Celtis dictus, vt Lucianus lepidiſſimo libello oſtendit. eum enim eloquentiæ ac prudentiæ deum exiſtimabant, itaque effingebant: ſenem penè decrepitũ, caluum, paucis capillis, coloratum, fuſcúmve & rugoſum, quales videlicet ſeniores nautæ marini: leonina pelle indutum, cum rhopalo, id eſt, claua dextra, ſiniſtra arcum tenétem, pharetra ex humeris dependente: catenulis verò ex auro & electro admodum tenuibus, linguæ ſuæ extremitate perforata, inſertis, maximam hominum multitudinem, non inuitam, ſed ſponte ſequentem, auribus alligatis trahentem. hac Galli effigie, & hoc nomine ſuum Herculem coluere.

Prodicius Hercules in officiis cognominatus à M. Tullio, ea ſcilicet ratione, quòd Prodicus Ceus ſophiſta antiquus, primus induxit ſuis ſcriptis, Voluptatem, vel (vt aliis placet) Vitium, & Virtutem, in ſolitudine Herculi adhuc puero apparuiſſe, vt vtrã vellet ſibi comitem vitæ aſſumeret. hæc turpi & deformi erat habitu, ſed genuino ac natiuo decore pulchra: illa ornatiſſimis veſtibus ac calceis induta. nihilominus ille Herculem dixit Voluptati Virtutem antepoſuiſſe. hinc ergo Prodicius Hercules: tametſi & pòſt idē plures ſcripſere, inter quos Xenophon, apis illa Attica, & Lemnius Philoſtratus.

Gylius Hercules cognominatus, quod Gylion plerique græcorum interpretantur leonem, vel ſuem. alij chœrogryllum, id eſt, porcum ſpinum: alij veſtis genus. Sunt & qui τỳ γύλιον per ε genus ſcribant militare, & vaſculum oblongum, in acutum deſinens, aptum militiæ, ad ſeruandos cibos. vnde γυλιαύχην is dicitur, qui collo eſt gracili & prælongo. Sed de Gyliauchene alibi dixi copioſius, & de Galeancone ex Hippocrate & Galeno &. Plut. in Mercurio dictum. Porrò de Gylio, in Poëtarum hiſtoria plura attulimus, in Carcini vita, ex Suida & Heſychio: aliiſque. Idæus Hercules cognominatus, ab Idæis dactylis, inter quos primus fuit. quinque verò fuere, quorum hæc ſunt nomina: Hercules, Pæon, Epimedes, Iaſius, & Idas, fratres. Hic ergo Hercules longe Amphitryonide antiquior: hic Olympij certaminis auctor. nam ex Ida in montem Olympum aufugiſſe traduntur, qua de re Pindari expoſitores multa.

παραςάτης, id eſt, adiutor, & præpoſitus Hercules nuncupatus, qui & προςάτης dicitur. huic Clymenus Cardis filius ab Hercule oriundus, ex Creta veniens, certamē inſtaurauit Olympicũ, quinquageſimo poſt cataclyſmũ Deucalionis anno arámq; ſtatuit, & Paraſtatę nomine appellauit, quòd poſt Pelopen Amphitryoni aſtitiſſet. Vide in Eliacis apud Pauſ.

Melius Hercules cognominatus, cuius variæ feruntur opiniones. quidam à pomis exiſtimant. alij ab ouibus, cum μῆλον vtrunque ſignificet. alij longe diuerſa prodidere. Sunt qui bouem tradant, cum Herculi eſſet immolandus, aufugiſſe: cum verò nihil eſſet quo res ſacra deo fieret, malum quatuor ſuppoſitis ramis pro pedibus, & duobus pro cornibus, in bouis formam, Herculi in ſacrificium oblatum eſt. Vnde in tenues & frugales, qui nomē quidem magnificum gerunt, ſed nullis pollent opibus, adagium factum eſt, Melius Hercules. Dicitur & Malum Herculis, vt ex Apollodoro Zenobius prodidit. Iulius autem Pollux, rem ita enarrat. ait enim in Bœotia de mali fructibus diuinam rem fieri, idque ea cauſa cõtigiſſe, quòd cum fortefortuna aries deo ſacrandus adduceretur, Aſopus fluuius adeò excreuit, vt adduci non poſſet. tum qui ſacra procurabant, malum maturum & pulchrum pro ariete accipientes, cui pro pedibus quatuor feſtucas, & pro cornibus duas affixerunt: atque eo modo rem ſacram perfeciſſe. proinde apud Thebanos & Bœotios moris id permanſit: vnde eſt μῆλοϑυσία Ἡρακλεῖ. Sed & μῆλον dicitur apud Heſychium, id eſt, Pomarius.

Victor Hercules cognominatus. Vergilius, Hæc limina, inquit, victor Alcides ſubiit. quod nomen licet ab eius crebris victoriis deduci poſſit, &(vt ait Varro) quòd omne animalium genus vicerit: nihilominus tamen in ſomnium refertur. Cum enim M. Octauius Herēnius mercaturam exerceret, idq; illi pro animi ſententia ſuccederet, decimã Herculi nõ dedit. Accidit autē, cum nauigaret, vt à prædonibus circumueniretur. ille, vt erat animo intrepido & forti, ſtrenuè ac animoſe pugnauit, atque ita piratarum manus euaſit. inſequenti verò nocte, ei viſus eſt adeſſe Hercules, in ſomniis, qui illum moneret, eum ſeruatũ fuiſſe ſua ope: quamobrem Octauius tãti beneficij haud immemor, area impetrata à magiſtratibus, Herculi Victori ædem poſuit, appoſita in rei teſtimonium & monumentum ſtatua, cum

De Deis Gentium.   A 3   inſcri

inscriptione. Quidam Victorem Herculem positum ab Euandro tradunt in foro Boario, qui & triumphalis diceretur, cuius & infra meminimus. P. verò victor Aedes, inquit, Herculis Victoris duæ, altera ad portam trigeminam, altera in foro Boario, cognomine rotunda & parua. Extat & adhuc antiqua inscriptio Aquini, HERCVLI VICTORI.

Inuictus etiam Hercules dictus, & pollens, vt antiquorum pleræque habent inscriptiones. Varro sic dictum putat, quòd animalium omne genus vicerit, vt modò dicebam. Lucretius, quòd omnia monstra animi.

Index Hercules etiã cognominatus est, cuius fanum ab Areopagitis constructum fuit hac ratione, quæ & ipsa in somnis refertur. Ferunt enim Sophoclem poëtam somniasse, se videre Herculem, sibi prodentem, qui tam grauem auream pateram ex æde surripuisset. quod vbi compertum, Indicis Herculis & nomen & templum est constitutum.

Dexter etiam Hercules cognominatus, & Amicus, hoc est propitius & fauens, idq; sumptum, quòd Deus lucri Hercules ab antiquis creditus sit, vt Probus Cornutus in Persium ostendit, in eo carmine:

O si sub rastro crepet argenti mihi seria dextro   Hercule.

Horat. verò lib. II. Sermonum ita inquit:

Illum ipsum mercatus arauit diues amico   Hercule.

Ea autem ratione his cognominibus appellatus est, ex fabula cuiusdam mercenarij coloni, qui assiduè Herculem deprecabatur (vt est à Porphyrione proditum) vt sibi aliquid boni præstaret: Hunc verò Hercules in somnis ad Mercurium duxisse visus est, qui occultum obseratumque thesaurum ostendit: quo effosso, ille illum ipsum agrum mercatus est, in quo mercenariam operam faciebat. Horat. ita rem explicat, his verbis:

Vt illi   Thesauro inuento, qui mercenarius agrum
Illum ipsum mercatus arauit diues amico   Hercule.

Quin & idem Hercules Incubo nuncupatus est, si eidem Porphyrioni stamus: quod scilicet thesauris incubaret. Sed & Hercules à Vergilio & Propertio Dexter alia ratione vocatus est, vt alibi ostendi.

Καλλίνικος θεὸς Hercules nuncupatus, hoc est, honestus & pulcher victor, de quo Artemidorus libro secundo Onirocriticon. Nam, inquit, Hercules cùm inter mortales esset, affectis iniuria defensor fuit, ac vindex: iis verò qui præter leges viuerent, aliísque iniurias inferrent, & iniqua agerent, iniquus fuit deus, ac malus. atque adeò hac ratione bonus est iis, qui certamen ineunt, vel iudicium, vel pugnam. hinc & καλλίνικος θεὸς vocatus est, apud Pindarum quoque in Olymp. celebratum est illud Archilochi carmen, χαῖρε καλλίνικε τἤβελλα ἄναξ ἡρακλῆς. cuius versus in historia Archilochi in Poëtis lyricis meminimus. lege & Pindari commentaria. Est verò & Callinici mentio apud Diog. Laërtium, in vita Diogenis.

Ipoctoni nomine Hercules colitur ab Erythræis, à bestiola vineis infestissima denominatus; quam illi Ipon vocant: quòd eos ab hoc bestiolæ genere liberarit.

Conopionis item nomine Hercules vocitatus, quod Oetæos à culicibus, quos illi Conopas appellant, tutatus est. Reperias aliquos, qui Cornopiona, non Conopiona legant: quod scilicet Cornopas fugarit, hoc est locustas, quas illi etiam παρνοπας, vel ἀκρίδας vocant.

Canopius Hercules, & Aegyptius cognominatus ad differentiam Thebani. Nota est historia Xenocleæ, quæ cum apud Delphos vates responsa daret, Herculi noluerit vaticinari, Iphiti cæde polluto. quare iratus Hercules, è fano tripodem asportauit. Xenocleam dixisse ferunt: Alius vtique Hercules Tirynthius, quàm Canopius. nam & Aegyptium aliũ, quàm Thebanum, ferunt: de quo Pomp. Mela lib. tertio, de Gadium promontoriis duobus agens. In altero, inquit, templum Aegyptij Herculis, conditoribus, religione, vetustate, opibus illustre. Tyrij condidere. Cur sanctum sit, ossa eius ibi sita efficiunt. Annorum, queis manet numerus, ab Iliaca tempestate principia sunt: opes tempus aluit.

Herculem Aegyptium vnum fuisse ex VIII deis Aegyptij asserunt, qui priores fuerunt XII deis. Vide Herod. in secundo.   Aegyptij etiam Herculis mentio est apud Arrianum lib. de hist. Alexandri secundo.

Polyphagus, & Addephagus, item Buphagus, & Buthinas Hercules cognominatus est, quòd multi cibi esset. Item Philopotis, quòd multum biberet. Orpheus quoque inter reliqua in eius hymno cognomina, Pamphagum vocat. de Addephago in nostris Nauigiis diximus. quin etiã legimus Herculem integrum Thiodamantis bouem comedisse: hinc Buthinas

Syntagma X.

thinas, παρὰ τὸ βοῦς κ) θύνειν, quod boues comederet. Sed rectius ἀπὸ τοῦ ferri quippe βοῦν, cō-
uiuiū & θοίνα cōuiuor significat. Sed & illi fulica, seu gauia atribuit antiquitas, propter vo-
racitatē & scyphum eidē dicarūt, propter potū. Sed hac de re in Hercule plus diximus.

Lacertosus etiam Hercules cognominatus, à robore videlicet, & lacertorum toris, vt
in nostro Hercule docuimus. hinc in poëmatis Priapeorum,

Phœbus comosus, Hercules lacertosus.

Lindius Hercules, vel Βούθοος cognominatus ea ratione, quòd Hercules aliquando boues
Lindio Thiodamanti surripuit, quorum vnum statim iugulasse scribit Philostratus, omni
adeo integrè vorasse, vt ne quidem ossa superfuerint. Interea Thiodamas Herculi conui-
ciabatur: verum mox cognito Hercule, Lindij ei aram statuerunt: quā ex re Βούθοον appellauere Tacrāq; Lindia, quæ conuiciis ac maledictis celebrabatur. vnde prouerbium fluxit.

Musagetes Hercules, seorsum ab Apolline etiam appellatus, quo de nomine in oratione
incerti auctoris de instaurandis scholis (quæ tamen Eumenij oratoris fuisse ex ipsa oratione colligitur) hanc historiam legimus. Aedem, inquit, Herculis Musarum in circo Flaminio
Fuluius ille Nobilior ex pecunia censoria fecit, non id modo secutus, quòd ipse literis &
summa poëtæ amicitia duceretur: sed in Græcia cùm esset imperator, acceperat Hercule
Musageten esse: hoc est, comitem ducemque Musarum. Tum ipse primus mouet signa, id
est, omnium Camœnarum, quæ ex Ambraciensi oppido translata sint, sub tutela fortissimi
numinis consecrauit, vt res quæ à mutuis operibus & præmiis suum onerariaque deberet,
Musarum quies defensione Herculis, & virtus Herculis voce Musarum, & huiusque illo.

Melampygos Hercules cognominatus, hoc est, vt quibusdam videtur, Cluniater:
id verò ei cognomen inditum, ex tali fabula. Passalus & Alcmon, seu Alcinon, fratres fuere, Memnonis filij, omni scelere inquinati, quib. olim mater prædixerat, vt à Nigritate ca-
uerēt. illi nil magis ab instituto destiterunt. accidit cū forte Hercules sub arbore fessus recu-
baret, vt hi fratres Herculi insidias tenderent. quòd præsentiens Hercules, viuos ambos cepit, per pedésque ligatos, à tergo suspensos claua gestabat: qui demissis capitibus, cù Herculis nigras nates viderent, maternæ monitionis memores, inter se tacitè submurmurabant.
quos audiēs Hercules, re intellecta, eo fertur cognomine vsque adeo delectatus, vt statim
vinculis solutos impunè abire permiserit. locus etiam vbi id contigit, Melampygos vocatus. Cætera in nostro videnda Hercule: nam de his fratribus variæ leguntur opiniones.

Monœcus Hercules ipse, & portus etiam nuncupatus, in ora Ligustica. Sic verò dictus, vt Seruius ait, quòd ibi fugatis cæteris omnibus solus habitauerit: vel quòd solus ipse
in Herculis templo coleretur, nec aliquis deorum simul. meminit Strabo. Vergilius,

Aggeribus socer Alpinis atque arce Monœci.

Triumphalis Hercules etiam cognominatus, qui in foro Boario positus, vt creditur, ab
Euādro, qui per triumphos triūphali habitu induebatur, quibus Romæ triūphus agebatur.

Astrologus Hercules est dictus, ait Festus, quòd eo die se flamis iniecit, quo futura erat
solis obscuratio.

Custos Hercules nuncupatus. Ouidius in Fastis,

Altera pars circi custode sub Hercule tuta est,
 Quod deus Euboico carmine munus habet. Nam Syllam ferunt eam posuisse ex
carmine Sibyllino. Meminit P. Victor in nona vrbis regione, quæ erat circus Flaminius:
Aedes, inquit, Herculi magno custodi circi Flaminij.

Sanctus Hercules dictus à Sabinis. Aelius apud Varronem hunc esse Sanctum ait à Sabina lingua, Herculem à Græca. hinc Propertius,

Sancte pater salue, cui iam fauet aspera Iuno,
 Sancte velis libro dexter inesse meo.
Hunc quoniam manibus purgatum sanxerat orbem,
 Sic sanctum Taciæ composuere Cures. Silius de eodem,

Et læti pars Sanctum voce canebant,
 Auctorem gentis. Ouidius in Fast.
Quærebam, nonas Sancto, Fidióne referrem,
 An tibi Semipater tunc mihi Sanctus ait:
Cuicunque ex illis dederis, ego munus habebo:
 Nomina terna fero, sic voluere Cures.

Hunc igitur veteres donarunt æde Sabini,
Inque Quirinali constituere iugo.

Plut. in causis: Quid est, inquit, quod sponsam Rom. introducentes, iubent dicere, Vbi tu Caius, ego Caia. post priorem expositionem, An magis (inquit) propter Caiam Ceciliam, honestam sanè mulierem, ac bonam, vni ex Tarquinij liberis collocatam, cuius in Sancti, id est σίκυπις templo, statua ex ære posita est. Inerant iam pridem & sandalia, & colus, pudicitiæ & industriæ suæ certa monumenta. Scribit etiam Fest. Pomp. Mediusfidius esse compositum & significare Iouis filium Herculem, quia Iouem Græci Ἄλα dicunt, nos Fidium pro filio. nam prisci sæpe d litera pro l vtebantur. Varronis verba hæc sunt: Vnde, inquit, subdio, Dius fidius, itaque inde eius tectum perforatum, vt videatur diuum, id est cœlum. Quidam negant sub tecto per hunc deierare oportere. Aelius Dium fidium dicebat, Dijouis filium, vt Græci Διόνυρον Castorem: & putabat hunc esse Sanctum à Sabina lingua, Herculem à Græca. Sanè Sanctum pro propicio, antiquos posuisse videmus. Tibullus de Iunone: At tu sancta faue. Catullus de Cupidine:

Sancte puer, curis hominum qui gaudia misces.

Idem de Venere:

Quem neque sancta Venus. Tibul. item de Genio:

Tunc precor insidos Sancte relinque focos. Porrò Sanctú quidam Pistium apud Alicarnas. Dionys. putauere, qua de re ego in Sango plura, & in Pistio Ioue: vbi etiam de Fidio opinionem meam recensui. Extat digna vt exscribatur Epigraphe, quæ hæc Herculis cognomina continet, quæ & græcè & latinè legitur. est autem huiusmodi:

HERCVLI PACIFERO INVICTO SANCTO SACR.
VOTO SVSCEPTO L. CORNELIVS L. F. PAL. TE-
RENTIANVS ET LEMNIVS LIBERTVS FECE-
RVNT. Græca verò hæc est:

ΤΥΧΗ ΗΡΑΚΛΕΙ ΘΑΛΛΟΦΟΡΩ ΙΕΡΩ ΕΥΑΓΕΣΤΑΤΩ Λ.
ΚΟΡΝΗΛΙΟΣ Λ. ΚΟΡΝΗΛΙΟΥ ΥΙΟΣ. ΠΑΛ. ΤΕΡΕΝΤΙΑΝΟΣ
ΚΑΙ ΛΗΜΝΙΟΣ ΑΠΕΛΕΥΘΕΡΟΣ ΕΠΟΙΗΣΑΝ.

Quo in loco illud obseruandum est, θαλλοφόρῳ positum pro pacifero, à ramo videlicet oliuæ, quod pacis symbolum est.

Briarei etiam nomine quidam Herculem appellauere, quod Pindari inter alios interpretes obseruant: vnde & Herculis columnæ, Briarei ab aliquibus dictæ sunt, vt in Herculis vita scripsimus.

Sardus etiam, qui filius dictus est Herculis, Hercules est appellatus: de qua re Pausanias in vltimo, vbi de Sardinia loquitur, sic ait: Primi in Sardiniam transmigrasse nauibus Libyes dicuntur, duce Sardo Maceridis filio, cui & apud Aegyptios & Libyas Herculis cognomen fuit. Sardus igitur, quæ Ichnusa insula prius vocabatur, de suo nomine Sardiniam appellauit, vt apud authores res est notissima.

Hippodotes Hercules cognominatus, vt scribit Pausan. cui templum Bœotij construxere, ea scilicet ratione, quod cum Orchomenij aliquando vsque ad eum locum venissent, Hercules noctu equos, qui ad eorum currus erant iuncti, colligauit: vnde & cognomentum deductum. Hesychius: Hippodites, inquit, Hercules in Onchesto cultus: vel vt alij putant, Thebis.

Rhinocolustes Hercules à Thebanis dictus hac causa. Cùm ab Orchomeniis præcones venissent ad exactionem quampiam, iis Hercules nares abscidit, à qua re illi nomen inditum est.

Manticlus Hercules vocatus, de quo sic in Messen. apud Pausan. legimus: μάντικλος, inquit, templum Messeniis fecit Herculis, quod extra muros fuit, nuncupatum ἡρακλῆς μάντικλος, quemadmodum Hammon in Libya, & in Babylone Belus. hic enim ab homine Aegyptio Belo, Libyæ filio, nomen habuit: Hammon verò, à pastore.

Πρόμαχος, id est propugnator Hercules, à Thebanis cultus, vt Pausan. docet, cuius simulacrum effecère Xenocritus & Eubius, Thebani artifices, ex candidissimo marmore. Positum verò fuit in Amphitryonis ædibus, hoc eodem cognomine à Tanagræis Mercurius cultus, vt in eo dictum est.

Alexicacos verò Hercules, hoc est expellens mala, vt interpretatur Macrobius, post

Syntagma X.   285

Apollinem etiam dictus. de hoc ita Lactantius lib. v. Diuin. instit. contra Hieroclem, vt puto, de Apollonio loquens: Stultum est igitur, id putare Apollonium noluisse, quod optaret vtique, si posset: quia nemo est qui immortalitatem recuset, & maximè cùm eum dicas & adoratum esse à quibusdam, sicut deum, & simulacrum eius sub Herculis Alexicaci nomine constitutum, ab Ephesiis etiam nunc honorari. Sed & Herculis Alexicaci Hesychius meminit, qui in Melita coleretur, vnde etiam μαλίτης vocabatur. Hic plura attuli, quoniam eius tantum in Herculis vita memineram.

Ceramynthes etiam Hercules cognominatus, quasi fata reiiciès, vt idem sit fermè cum Alexicaco. Palæmon quoque, Hesychio auctore, Hercules appellatus, quia in Olympiis cum Ioue obluctatus est.

Μίνντης ήρακλῆς eodem auctore Athenis dictus fuit, Menytes.

Sandes Hercules vocatus est à Persis, vt scribit Agathius secundo historiarum libro: ex Athenoclis & Berosi sententia.

Oliuarius etiam Hercules cognominatus Romæ, cuius P. Victor in vndecima vrbis regione meminit. eum enim non longe ab ara maxima & Portuni æde commemorat.

Charops, & Charopos (vtrunq; enim dicimus) Hercules cognominatus fuit, quòd truci ac minaci horrendóque fuerit aspectu, quasi dicas iracundè intuens. nam χέρα aliquando iram significat: vnde & leonem Aristoteles Charopon appellauit. id pluribus in editione nostri Herculis secunda diximus.

Χαλκιοκάρδιος ήρακλῆς à Theo. vocatus. 13 Edyll. quasi præcordia haberet & cor æneum ab eodem poëta ταυροφόνος, id est, Tauricida cognominatus est. Edyll. x v i i.

Μάλικα Herculem appellasse Amathusios, testis est Hesychius.

Τριέσπερος λέων, id est, Triuesper leo cognominatus est Hercules, à Lycophrone in Alex. si Isaacio credimus. Nota est fabula trinoctij concubitus Iouis & Alcmenæ, vel ex Plauto. Lucianus, vt solet facetè, si non potius ridens suos deos, eodem cognomine vocauit. Triuesperum etiam dicitur à Greg. Nazian. in libro contra Iulianum.

Ἐριδαντὰς ήρακλῆς à Tarentinis celebrabatur, vt notat Hesychius putauerim ipse à contentionibus & rixis compescendis dictum.

Clauiger Hercules à nostris dictus à claua gerenda, Ouidio & aliis: quo eodem nomine à claue nuncupatus est Ianus, vt in Iano dictum. Ropalos à Græcis, vt in eius vita ostendimus, claua dicitur. Orpheus verò in hymno, κλάδον ψυχρὶ πάλλων, id est, ramum in manibus vibrans dixit.

Melchratus Hercules nominatus à Phœnicibus proprio nomine. nam vt Philo & Eusebius ex Sachoniathone Byblio prodiderūt, Demaroon accepta vxore à Saturno genuit Melchratum, qui & Hercules vocatus est.

Oetæus quoque Deus Hercules cognominatus, ab Oeta monte, vbi se hominem incendio exuit, qua de re leguntur tragœdiæ, vnde est illud: Troia bis Oetæi numine capta dei: quod est à Propertio dictum. Arnobius lib. primo aduersus Gentes: Thebanus inquit aut Tyrius Hercules, hic in finibus sepultus Hispaniæ, flammis alter concrematus Oetæis. Idem in quarto: Cheronæus inquit Plut. qui in Oetæis verticibus Herculem post morborum comitialium ruinas dissolutum in cinerem prodidit. Sunt & illa, quæ in nostro Hercule legas: Chosmidetes, Phyllites, & Olympius: item Macistus Hercules, cuius templum commemorat Strab. lib. v i i i, inter Alpheum & Chelonatan. Stephanus Macistum vrbem esse Triphyliæ scribit, à Macisto fratre Phryxi denominatam.

Polyphron præterea Hercules à Theocrito cognominatus, id est, valde prudens, in eo Edyllio quod Hercules leonicida, id est, λιοντοφόνος inscribitur, quod sine principio legitur, σὺν δ' ἠός τι, βία τι πολύφρονος ήρακλῆος:

Filius huic vnà atque Polyphronis Alcidæ vis.

Gaditanus Hercules cognominatus, cuius non inerudita descriptio & templi & sacri legitur apud Silium Italicum lib. Punicorum tertio, quò deuicta Sagunto Annibalem scitatum oracula iuisse describit, & munera attulisse. ita enim canit:

  Vulgatum, nec cassa fides, ab origine fani
  Impositas durare trabes, solásque per æuum
  Condentum nouisse manus, hinc credere gaudent
  Consedisse deum, seniúmque repellere templis:

Tum

Tum queis fas & honos ad vti penetralia nosse,
Foemineos prohibent gressus, ac limine curant
Setigeros arcere sues, nec discolor vlli
Ante aras cultus, velantur corpora lino,
Et Pelusiaco præfulget stamine vertex
Discinctus, mox thura dare, atque è lege parentum
Sacrificam lato vestem distinguere clauo:
Pes nudus, tonsæque comæ, castúmque cubile
Irrestincta focis seruent altaria flammæ,
Sed nulla effigies, simulacráve nota deorum.   atque hactenus poëta Silius, qui & ærumnas & labores Herculis ibidem pauciss. verbis describit.

Nemeæus etiam Hercules nūcupatus. Sed ne te in re notissima detineam, Tertulliani tantummodo ex lib. de Coronis verba afferam: Hoc enim, inquit, superest, vt Olympius Iupiter & Nemeæus Hercules coronentur: & cætera, quæ de aliorum deorum coronis ridet Christianus eruditus scriptor.

Sunt & alia Herculis nomina, & cognomina, in hymno Orphei, quæ latinam interpretationem difficillimè admittant, & soli conueniant. vt illa:

Ὃς περὶ κρατὶ φορεῖς ἠῶ καὶ νύκτα μέλαιναν,
Δώδεκ᾽ ἀπ᾽ ἀντολίων ἄχρι δυσμῶν ἆθλα διέρπων.   hoc est:

Qui circumfers auroram, noctémque nigrantem,
Ortus in occasum bissex certamina serpens.

Item καρτερόχειρ, id est manu potens: ἀδάματος, id est indomitus: αἰολόμορφος, variformis: παντολυνάκτης, omnipotens: παντεύτευξ, cunctiparens, &c. Hesychius notat illum etiam Διαναίῳ ἀρκαλέω appellatum, ab Edessa vrbe nota: sed quam ob causam, non affert. Item ἄῤῥητος, id quod. & Orpheus, quasi dicas indictum & ineffabilem: quod epithetū & aliis quibusdam deis attribuit, vt Protogono. Apuleius lustratorem orbis appellauit, & purgatorem ferarum, & gentium domitorem. Legimus adhæc Saxanum Herculem, in inscriptione quæ visebatur Tiburæ: sicut & de Tricoso Hercule in Epigrammate hoc, quod in Rodulphi Pij cardinalis vinea videri potest, sic:

Almenæ Iouis & magni fortissima proles,
Tricosus subito post mea fata vocor.

B. Aegius. Possemus & alia plura cognomina Deorum ex diuersis marmoribus afferre: Sed his nos eatenus fidem habemus, quatenus cum aliquo antiquo scriptore cōueniunt. Quis enim simplici marmorariorum inscriptioni credere velit: qui apud veteres plerunque, vt etiā hac tempestate, indocti sunt & inerudici? Cur autem Saxanus & Tricosus Hercules vocetur, nō facile quisquam valet enūciare: nisi Saxanus Hercules à loco: & Tricosus à trica, id est pilosus: vnde & Melāpygus dictus est, vt alibi docuimus. vel quòd Tricones apud Antiquos morosi, & ad reddendū duri ac difficiles dicebātur. Lucilius in Sat.

Nec mihi amore hoc opus, nec Tricone vadato.

Sunt & qui Tricones interpretātur apud Capitolinum, de Vero Imp. pro gerronibus, siue rixatoribus: quales hi sunt, qui contentiones ac rixas auidius consectantur. Idem Lucilius:

Cotta senex crassi pater huius Paneti.
Magnus fuit tericonum, idem manus soluere nulli Lentius.

Quod etiam obseruat Nonius Marcellus.

HEBE.

Heben iure Herculi subiunximus, quòd ea Herculi nuptui sit tradita, cùm post Oetæ incendium in deorum numerum receptus est.   Catullus:

Pluribus vt cœli tereretur ianua diuis,
Hebe nec longa virginitate foret.   Martialis:

Nunc tibi Iuno fauet, nunc te tua diligit Hebe.

Seneca, Deus Alcides possidet Heben.   De Hebe ita fabulantur. Cùm grande conuiuium Apollo in domo patris Iouis Iunoni nouercæ parasset, & ipsa auide lactucas agrestes edisset, factum est, vt inde graui la fieret, cum eò vsque sterilis fuisset, peperit verò Heben: quæ quia formosa erat, pocillatrix ab Ioue suscepta est, & dea iuuentutis dicta

dicta. Hæc deinde cùm in deorum conuiuio pocula ministraret, & forte cecidisset, vestibus sublatis deis pudenda ostēdit, quare indignatus Iupiter, eam ab officio amouit, & Ganymedem eius loco substituit. Postremò Herculi in deos relato, vxor data est. hoc ex Seruio. Scribit Phurnutus, Coos iure prodidisse, Herculem cum Hebe cohabitasse, hoc est, cum iuuentutis dea, quòd scilicet integerrimus esset mente. nam vt manus iuuenum fortiores ad labores, ita senum ad consulendum animi meliores, Hebe quidem inde appellata, quod ἥβη pubertas sit, & lanugo, & eius ætatis dea existimata vnius Iunonis filia. Hesiodus de Iunone agens, eius tres filios hoc carmine commemorat, sic à me conuerso:

Hæc Heben peperit, Martémque, atque Ilithyiam. Vnde & Iunonia interdum à poëtis dicta. Ouidius:

Hoc illi dederat Iunonia muneris Hebe.

Homerus tamen in fine x i i Odyss. Iouis & Iunonis filiam scribit. Idem & apertè docet in Attica Pausanias. Cynosarges enim templum describens, subiungit: Aræ Herculis & Hebes, quàm Iouis & Iunonis filiam Herculi nupsisse arbitrantur. Scribit in quinto Iliad. Homerus, Heben, vt sororem Martem abluisse, vulneratum à Diomede, & curatum à Pæone medico. Ioui verò ante Ganymedem, Heben pocula ministrasse ferunt, vt Græcis Latinísque receptum est. Ridiculum est quod afferunt aliqui, cur Hebæ Ganymedem surrogauerit Iupiter. Cognominata est Hebe Iouis priuigna, & nurus, Ouidius:

Iuppiter his monitis priuignæ dona, nurúsque Præcipit.

Est autem Hebe pubertatis & adolescentiæ dea, & eius qui flos ætatis dicitur. vnde & Ephebus dictus, eius ætatis adolescens. Sicuti Hora Romanis dea, quæ Quirini vxor dicta fuit. Hinc vetus illud Ennij:

Téque Quirine pater veneror, Horámque Quirini. De qua & Ouidius in Metam. syllabam corripiens: Et priscum pariter cum corpore nomen Mutat, Horámque vocat, dea quæ nunc iuncta Quirino est. de hac in Horta actum est.

Agretius grammaticus eandem videtur facere Heben & Iuuentam: A Iuuēta, ait dea quæ Hebe grēcē dicitur, Herculis vxore, Iunium mensem appellatum, in libris priscorum se ait inuenisse. Idem & in Fastis Ouid. quod & in Annis & mensibus nostris, &c. commodius retulimus. Cic. quoque de Nat. deor. Iuuentas pro Hebe posuit. Pulchra & formosa Hebe cognominata est: apud verò Sicyonios dea dicta fuit, vt Strabo auctor est. Cœlestis etiam, à Propertio:

Nec sic cœlestem flagrans amor Herculis Heben,

Sensit in Oetæis gaudia prima iugis. Heben scribit Philostratus, deorum natu minimam ac maximam, quod videlicet per ipsam deam & dei ipsi iuuenes sint. D. Aur. Augustinus in 4. Iuuentas dea, inquit, quæ post prætextam excipiat iuuenilis ætatis exordia. Idē alibi: Iuuentas dea cum Termino deo Ioui noluit concedere in capitolio condendo. quā rem planius retulimus in deo Termino. M. Tul. primo de Nat. deor. Vt poëtæ quidem nectar & ambrosiam epulis apparant, & aut Iuuentatem, aut Ganymedem pocula ministrātes. Sanè hęc dea Iuuentas effingebatur ab antiquis, mulier formosa, ætate iuuenili, vestib. versicolorib. & floribus ornata, non absimilis deæ Floræ. Sed vir doctus Alciatus, hanc deā in suis Emblemat. duobus his deis Apolline & Baccho effinxit, hoc hexasticho.

Natus vterque Iouis, tener atque imberbis vterque,

Quem Latona tulit, quem tulit & Semele:

Saluete æterna simul & florete Iuuenta,

Numine sit vestro quæ diuturna mihi.

Tu vino curas, tu victu dilue morbos,

Vt lento accedat sera senecta pede. Digladiantur grammatici, Iuuentúsne an Iuuenta, vel Iuuentas dea sit: quæ hac in re ipsi statuunt, nos longè aliter posteà apud auctores inuenimus. nam & Iuuentus, & Iuuenta, pro dea capitur. Ouid. lib. 1. de Trist. ad Flacū:

Nectar & ambrosiam, latices, epulásque deorum

Det mihi formosa gnaua Iuuenta manu. Sed & Iuuentus interdum pro dea accipitur. T. Liui. Iuuentutis ædem in circo maximo Licinius Lucullus duumuir dedicauit: vouerat eam x v i annis antè M. Liuius Cos. quo die Asdrubalem exercitúmq; eius cecidit: idē censor faciendā eam locauit, M. Cornelio & Sempronio Cos. Huius quoq; dedicādæ causā ludi facti, & omnia cū maiore religione facta, quòd nouū cū Antiocho instabat bellū.

De

De Hebone verò Neapolitanorum deo floris ætatis, in Bacchi nominibus actum est.

χρυσοςέφαν@ Hebe, id est auream coronam habens, Hebe interdum cognominata est. Hesiod. in Theogonia, ἤβην τὴν χρυσοςέφανον. quo loco Scholiastes exponit ἐυμορφον, id est formosam, à corona scilicet muliebri ornamento, quæ compacta sit ex auro & preciosis lapillis.

καλλίσφυρ@ Hebe cognominata, hoc est, quæ honestos habet talos, id est pedes, à parte totum. Homerus λ 1 Odyss.

Καὶ ἔχει καλλίσφυρον ἥβην παῖδα Διὸς μεγάλοιο, καὶ ἥρης χρυσοπεδίλου. de Hercule loquitur: Et habet pulchros talos habentem Heben, filiam magni Iouis, & Iunonis aureos calceos habentis. Eadem ratione λευκόσφυρ@ ἥβη ab Theocrito etiam cognominata, hoc est albos talos habens Hebe: & perinde à parte totum, id est pedes.

πολυήρατ@ ἥβη à poëtis etiam vocatur: hoc est, à multis, vel multùm amata; propter eam ætatem quæ amabilis est. Adolescentiæ quippe ætas omnibus grata. Homerus in hymno Veneris, quo loco Tithonum iuuenescere facit, Auroræ rem gratam faciens.

Ganymeda etiam Hebe apud Phliasios cognominata est, de qua Paus. in Corinth. In arce cupressetum est, in quo vetustissimum templum. deam, cui id est dedicatum, prisci Ganymedam, recentiores Heben nominant. Cuius & Homerus mentionem fecit, vbi Alexandri & Menelai singulare certamen exponit. Eam quidem Oenochoon, id est. vini ministram appellat, quo loco facit descendentem ad inferos Vlyssem, vxorem eam Herculis esse dixit. At Olen poëta, eo carmine quo Iunonem exornat, scriptum reliquit, filios verò eam habuisse Marte & Heben. Habent huic deæ Phliasij honores multos: summum verò omnium, quòd qui supplices huc confugerint, cuiusuis criminis impunitatem consequuntur. quin & qui vincti antè fuerunt, ad eas arbores quæ in luco sunt, compedes suspendunt. dies verò festos quotannis celebrant, quos cissatomos, perinde ac si ederisecos dicas, appellant signum quidem neque in operto custodiūt, neque in aperto vllum ostendunt: atque eius rei religione sancitam causam quandam referunt.

SYNTAGMA VNDECIMVM
DE MINERVA, AD D. BARTHOLOMAEVM FERRINVM.

Dum Ferrine meam hanc tibi pararem,
Dono mittere nescius Mineruam,
Munus conueniens ratus futurum
Hoc nostrum tibi, qui tuo hoc iuuentæ
Flore, æqualibus omnibus peræquè,
 Virtute ac sapientia præires:
Sed proh sors fera, dura lex Anances,
Nondum imposta libello erat coronis,
Nec sinopide frons notata rubra:
Ferrino improba Parca cum recidit
Fila argentea. Læta, quo recepto,
Gratis Persephone suum Dianæ
Adonin sine lacrymis remisit,

SI, cùm de nobis optimè meritis est gratia referenda, Ferrine suauissim. ea potissim. referre debemus (si modò possumus) quæ illis conuenire videantur: quis non iure ac optimè me factum iudicet, quòd, cùm te omnium officiosissimum esse cognouerim. & (vt de alijs nunc sileam) nulla mihi tempora, etsi grauissima illa quidem, contingere, quò minus, quæ tuæ semper fuit cum prudentia summa humanitas, studium erga me tuum propensámque voluntatem omnibus officijs declarares, nullámque rem neque tam magnam, neque tam paruā putasti, quæ tibi aut difficilis, aut parum te digna videretur: omniáque
quæ

quæ in rebus non modò meis, sed cæterorum etiam amicorum agis, neque laboriosa tibi, sed etiam, honesta videntur: id quod nunquam ego prædicare desistam, nedum præ me ferre: Quare cùm pro tot tuis tantisque beneficiis gratiam nunc demum aliquam tibi referre statuissem, qui in hac florenti ætate prudentia ac ingenio ita præditus es, vt inter primarios eos connumereris, quibus prudentiss. ac sapietissimus Princeps noster HERCVLES Estensis sua arcana committat: putaui simul nostræ necessitudinis esse, méque in te beneuolentiæ, Mineruam prudentiæ ac virtutis deam creditam, & à me cum cæteris Gentium deis descriptam, in vulgus dare, vt sub tuo nomine appareat. Et quanquam scripta mea non ea sunt, quæ ad spem aliquam immortalitatis, vel posteritatis memoriam, quenquam rapere possint: non tamen committam, vt à quoquam ipse ingrati nomine accuser. Abs te enim (quæ tua est in omnes mansuetudo, & singularis modestia) nihil metuo. Accipe igitur hoc qualecunque est, quod tibi pro tot beneficiis munus rependo. Ex hoc quidem videas licet, non referendi voluntatem mihi, sed vires defuisse. Vtcunque tamen, tu eo animo hoc nostrum munus suscipe, vt ex tua Minerua, id est, ingenio tuo ac prudentia, aliquid in hoc splendoris ac lucis lector accipiat. Vale: & quarum rerum spe ad laudem vocaris, earum fructum indies opto ampliorem consequare.

MINERVA.

MINERVAM nostri, Græci ἀθηνᾶν, diuerso etymo nuncuparunt. hi enim quòd non indiguerit mammarum ablectatione, hoc est, ἄνευ θηλάζειν θηλάζω quippe lac sugo significat. nam ex patris capite adulta prodiit, à qua re etiam κορυφαγένην dicta est, vt pluribus suo loco docebimus: & quod sine matre edita, ἀμήτωρ vocata est, teste Polluce: & ἀμήτορος, teste Phornuto. Alij quasi ἄθρηναν dictam autumant, à præuidendi scilicet potestate, quòd sit prudentiæ præses. Plato deriuationem aliam attulit. Athenam ait quasi θεονόω, & inde ἀθεονόη, id est, quæ diuina cognosceret. plura idem in Cratylo. Alij ἀπὸ τῇ θλιβίᾳ, id est, seruire, & a particula priuatiua, quòd sola prudentia liberum hominem faciat: vt est illud M. Tullij ex Stoicorum sententia, Liberum esse neminem, nisi sapientem. Alij dictam volunt quasi Aetheroniá, ab æthere, quod Phornutus scribit: hinc Panathenæa, huius deæ maxima Atheniēsium celebritas, de qua Isocrates, Plutarchus Pausan. alij. Fuit & ἄθλωα tibiæ genus, vt Iul. Pollux scribit, quo Nicophelen Thebanum in Mineruæ hymnis vsum ferunt. Phurnutus & alias asfert ἀθληνᾶς deriuationes, adeò vt dicat difficile esse, eius etymologiam afferre: hoc est, δυσετυμολόγῳ eius nomen propter antiquitatem. nam & quidam ἀπὸ ᾽ρ ἀθρεῖν deducunt, quòd omnia colligat. Nostri verò, quos inter M. Tullius, Mineruam dictam volunt à minuendo, vel minando, quia prudentiæ dea sit, & belli. Festus Mineruam dictam ait, quod bene moneat. Hanc etenim & antiqui etiam pro sapientia ponebant. Cornificius verò dici ait, quòd fingatur pingatúrque minitans armis. De Minerua verò ita Arnobius lib. 3. Aristoteles, inquit, vt Granius memorat, vir ingenio præpotens atq; in doctrina præcipuus, Mineruam esse Lunam probabilibus argumentis explicat, & literata auctoritate demōstrat. eandem hanc alij ætherium verticem, & summitatis ipsius esse summam dixerunt. Memoriam nonnulli: vnde ipsum nomen Minerua, quasi quædam Meminerua formatum est. Isidorus verò in decimo: Mineruam, inquit, gentiles multis ingeniis prædicāt. hanc enim primam lanificij vsum monstrasse, hanc etiam telam ordisse. & colorasse lanas perhibent: oliuæ quoque dicunt inuentricem, & fabricæ, & multarum aliarum artium repertricem, ideóque illi vulgò opifices supplicant. Sed hoc poëticè fingitur. non enim Minerua istarum artium princeps: sed quia sapientia in capite dicitur esse hominis, & Minerua de capite Iouis nata fingitur, hoc est ingenium: ideo sensus sapientis, qui inuenit omnia, in capite est. Ideo & dea artium Minerua dicitur, quia nihil excellentius est ingenio, quo reguntur vniuersa. hæc penè totidem verbis Isidorus. Sed enim & Aristoteles, & Phornutus, aliíque, Mineruam ferunt tibias inuenisse, quas & abiecisse, propter oris deformitatem, dum eas inflaret, séque esset in aquis intuita. hinc Ouidius ait,

I procul hinc, dixit, non est mihi tibia tanti,
Vt vidit vultus Pallas in amne suos. id quod repetit & Claudianus, ne alios commemorem. Sed & aliarum bonarum artium eam inuentricem tradunt, vnde illi facta cognomina Ἐργάνης, & alia, vt paulò pòst dicemus. Scribit Proclus, & repetit Ficinus, auream fuisse apud Aegyptios Mineruæ epigraphen, id est, inscriptionem in eius templis: Ego sum quæ sunt, quæ erunt, & quæ fuerūt: velum meum reuelauit nemo: quem ego fructū peperi,

De Deis Gentium. B Sol

Sol est natus. Multa super hac re dicunt Platonici, qui Mineruã seu Pallada intellectilem prouidentiam esse prodiderunt, ac diuinitatem, sapienter simul atque potenter (vt aiunt ipsi) cœlestia exornantem, & quæ sub cœlo sunt producentem. Sed hæc non nostri instituti sunt. A Minerua Minerual formatur, quod & Mineruale dicitur, vt placet aliquibus, præmium quod magistris exhibetur, hoc est græcè Ἀθήναιον. id in 3. de Re rust. ostendit Varro. Meminit & Hieronymus in epistola Pauli ad Ephesios, innuunt Horat. & Ouid. vt notat Politianus. A Minerua quoque Mineruij versus, & Mineruium, id est, Mineruæ templum, cuius meminit P. Victor in nona vrbis regione. Fuit & Mineruium oppidum vetustum, de quo T. Liuius in v. Dec. Est & recens in agro Bononiens. vnde est ridiculum in vulgi sermone, in eo versari. Sed vt à Minerua Mineruium, ita ἀπὸ τ' Ἀθηνᾶς Athenæum deducitur, pro loco vbi homines literati cóueniunt, & de literarum ac disciplinarum studiis agunt, græcis, quorum est frequens vocabulum: sed & latinis. Locus præterea Romæ fuit, vbi discentes se exercebant, vt ait Dion histor. vbi etiam recitabantur versus & orationes, & cætera. Eius loci meminere & veteres Horatiani interpretes, item Lampridius, & Hieronymus. Locus est in secundo Herodiani, de quo plerique dubitant, vbi ait ille & græcè & latinè à Politiano: Commodi interfecti corpus vehiculo delatum, furtim missum in Aristæum. quidam emendant, Athenæum, coniectura ducti, quòd Aristæum in vrbe non fuisse elegant. Mineruam ait in primo Diod. aërem vocatam, & Iouis filiã dici, & virginem fuisse, quoniam aër ipse non corrumpatur, & sublimiorem locum teneat, quapropter ex vertice Iouis nata dicitur. Porphirius philosophus Mineruam virtutem solis existimabat, quę humanis mentibus prudentiam subministraret. ideóque ex capite Iouis prognata, id est, de summa ætheris parte edita ferebatur, vnde sit solis origo. Eadem Macrobius repetit. Sanè Hesiodus in Theogon. μῆτιν, hoc est consilium, siue prudentiam, Mineruæ matrem cecinit, quod & Phornutus refert. nam Metin cùm deuorasset Iupiter, inde mox deam ipsam Mineruam concepit, ac genuit, quamuis etiam in fine poëmatis, id est, Theogoniæ, alteram ex paterno capite ortam Mineruam fingat. Copiosè verò hanc fabulam est interpretatus Chrysippus, ille Stoicorum scriptor acerrimus, quem tamen Cl. Galenus impugnat, non vt medicus, sed vt philosophus, acutissimus, libro tertio de Hippocratis & Platonis decretis: quæ breuitatis causa ipse prætermisi. Sedenim & de Meti meminere etiam Christiani scriptores, dum rident gentium ineptias, & fabulamenta, vt Clemens, & Epiphanius, viri cùm doctrina, tum sanctitate insignes. Epiphanius enim, dum contra Hæreticos scribit, & Gnosticos præcipuè, inter cætera ita scribit: Introducunt, inquit, poëtæ Iouem, suam filiam μῆτιν deuorasse: infantem autem nemo vtiq; deuorarit, velut sanctus Clemens turpes deorum græcorum actiones irridens dixit. nam Metin deuorans, non infantem deuorare potuit, sed propriam genituram: & cætera, quæ abominanda Gnostici illi hæretici peragebant, quæ præfato pudore vir sanctus exequitur. Mineruæ autem nomine Marcus Cicero quinque nominat in tertio de Natura deorum. Primam, quam Apollinis matrem dixit: secundam, ortam Nilo, quam Ægyptij Saitæ colebant: tertiam, illam quam Ioue generatam, in Ioue dictum est: quartam, & Ioue natam, & Polyphe Oceani filia, quam Arcades Coresiam nominabant, & quadrigarum inuentricem ferebant: quintam, Pallantis, quæ patrem dicitur interemisse, virginitatem suam violare conantem, cui & pinnarum talaria affingebant. Hæc ex Cicerone. Arnobius quoque quinque commemorat, ex quibus prima non virgo, sed ex Vulcano Apollinis procreatrix: Nili altera proles, & quæ esse perhibetur Sais: Saturni tertia est, & quæ vsum excogitauit armorum: Iouis quarta progenies, quam Messenij Coryphasiam nuncupant: & quæ Corypallantem occidit patrem, incestorum appetitorem, est quinta. hac parte Arnobij codex deprauatus est, quare vide quæ paulò pòst in Coryphasia dicam. Effingebatur verò Minerua variis etiam modis, vultu in primis virili & truculento, teste Phornuto. Alij armis insignem, oculis toruam, & glaucis. cum hasta prælonga, & crystallino clypeo effecere: omniáque hæc mysticè, prudentis ac sapientis dicunt significare naturam. Pausanias verò in Attica, simulacrum Mineruæ in hunc propè modum effictum describit: Simulacrum inquit, ex auro & ebore constat, media eius galea sphingis species apposita, vtraque verò galeæ parte gryphes sunt exculpti. Simulacrum stat, veste podere, id est, ad talos demissa: Medusæ capite in eius pectore ebore inserto, & Victoria magnitudine quatuor cubitorum. in manu est hasta, ad pedes scutum iacet, iuxta hastam draco, &c. Huius

quidem

Syntagma XI. 291

quidem statuæ sic videtur Plinius meminisse, lib. 34. Phidias, inquit, præter Iouem Olympium, quem nemo æmulatur, fecit & ex ebore æquè Mineruam Athenis, quæ est in Parthenone astans. Alio modo ab Apuleio lib. 10. describitur. Capite, inquit, galeam gerens, contectam oleagina corona, clypeum attollens, hastam quatiens. Legimus & Mineruam sæpius stantem, sed & sedentem, cuius & Eustathius meminit. Perinam enim scribit mulierem quandam Aegypti, ipsam sedentem contexuisse: vnde, ait, Mineruæ sedentis statua fieri cœpta est. Notissimum est illud, eam peplo ornatam, frequenter effictam fuisse: & plerunque cum noctua, vt sæpe videmus, nunc ad pedes, nunc in capite: sed & cum dracone. Quare cùm in exilium iret Demosthenes, dixisse fertur, Mineruam tribus immanibus oblectari feris, noctua, dracone, populo: miror non etiam gallo dixisse. quippe Pausania tradente, in Eleorū arce galeæ Mineruæ gallus insidebat, quòd gallus pugnax auis sit. quinimmo & simulacrum eius legimus, quod cornicem præferebat. Notiora verò sunt, quàm vt pluribus explicem, Gorgona & ægida illi attribui. & in ipsa quidem ægidæ caput erat Gorgonis, linguam exerens: ideo quòd linguæ vsus, id est, sermonis, in omni re præstet, atque excellat. Si tamen plura velis, lege in 8 Aeneid. Verg. ibi:

 Aegidáque horrificam turbatæ Palladis arma,
 Certatim squammis serpentum, auróque polibat,
 Connexósque angues, ipsámque in pectore diuæ
 Gorgona, de secto vertentem lumina collo.

Nec eo loco Seruium legere pigeat. Sanè olea Mineruæ attribuitur, propterea quòd semper viret, & nescio quid glaucedinis habeat. & oleum, quod nihil contineat humidi admixtum, sed semper sincerum & ἀκίρμιον perseuerat: sic & virginitas, vt Phurnutus ait. Sunt qui huic deæ oleæ sertum assignent. quod hæc arbor pacis sit symbolum. nam & ideo arma inferri dicuntur, vt postea in pace viuatur. Scribit Plinius: Athenis quoque, inquit, olea durare traditur in certamine edito à Minerua, de quo ipsius & Neptuni certamine non modo Musæ & græcæ & latinæ sed & vtraque historia, plurima prodidere. Certe illud Pausanias tradit, oleam arsisse, cùm Medorum incendio vrbs Athenarum conflagrauit: & exustam, eodem die in duorum cubitorum proceritatem germinasse. Illud etiam mirum, scribit Plin. in oppido Troadis circa simulacrum Mineruæ, in eodem relicta sacrificia non putrescere. Sed iam his sic expositis, cognomina interpretari aggredior.

Pallas Minerua in primis dicta est, vel à Pallāte gigante occiso, vt scribit Seru. vel quod in Pallante palude orta est, vt Festus, vel ἀπὸ τȣ πάλλειν τὸ δόρυ, id est, à vibranda & concutienda hasta: vel à saliendo, & saltando in bello, vt Plato ait. nam vel se, vel aliquid à terra attollere, seu manibus quippiam efferre, πάλλειν & πάλλεϑαι dicitur, hoc est vibrare, agitare, & saltare. Alij à Pallante patre dictam volunt, quē illa interemerit, virginitatē suā vitiare conantem. Sed an geminos patres Minerua habuit? Arcades quidem fabulantur, Mineruam adhuc paruulam ab Ioue missam ad Pallantem Lycaonis filium, vt cum eius filia in eius ædibus educaretur: vbi cùm adoleuisset Minerua educatoris filiam in deorum numero cooptauit, victoriámque, id est, νίκην vocauit, se verò ab educatoris nomine Pallada dixit. Auctores Alicarn. Dionysius & Pausanias, vt etiam in Victoria repetam. A Pallade Palladion vocabatur, hoc est, Palladis simulacrum: quod Alij vnum è cœlo lapsum apud Athenas tantum fuisse, vt ait Seruius: alij duo volunt, Troianum & Atheniense. de Troiano Vergilius in secundo Aeneid.

 Omnis spes Danaûm, & cœpti fiducia belli,
 Palladis auxiliis semper stetit, impius ex quo
 Tytides, sedenim scelerúmque inuentor Vlysses,
 Fatale aggressi sacrato euellere templo
 Palladium, cæsis summæ custodibus arcis,
 Diripuere sacram effigiem, manibúsque cruentis
 Virgineas ausi diuæ contigere vittas: &c.

Palladium demum Romam delatum ferunt, qua de re præter Seruiū, Dionys. Alicarn. multa, inter quæ & hoc: Postea, inquit, capta vrbe inferiore, Sican dicunt, dominum arcis factum, sustulisse ex adytis & magnorum deorū sacra, & quod adhuc supererat Palladiū. nam alterum quidem Vlyssem & Diomedem, noctu ingressos Ilion, furto abstulisse aiunt: profectum de inde ex vrbe Aeneam, sacra ipsa secum ferētem in Italiam aduenisse. Arctinus

nus autem poëta, datum esse dixit Dardano ab Ione Palladium vnum, fuisséque ipsum, in Ilio, donec vrbs capta est, absconditúmque in loco inaccesso: exemplum autem eius ita adornatum, vt nihil ab exemplari differre videretur, ad fallendos insidiatores, in aperto fuisse positum, ídque Achiuos per insidias surripuisse. Hæc Alicarnas. quibus manifeste videmus Seruium deceptum, quæ de Mamurio confingit. Illud item de Palladio in Paralellis, quòd Ilus captus sit oculis, quòd Palladium ex incendio sustulisset, id quod deinde & Metello accidit eadem causa. minime enim licebat Palladium mortalium oculis conspici. & hæc ille ex Dercyllo, & Aristide Milesio recitat. Scribit & Strabo in sexto, in Ilio cùm Cassandra violaretur in templo, Palladiū sese auertisse. quo loco idem de Palladio & alia subdit, tum Romæ, tum Lauinij, & Luceriæ, &c. Scribit & Varro in libris quos de familiis Troianis scripsit, Nautiorum familiam Romæ fuisse, quæ Palladium custodiret, & sacra retineret: ex quo Nautes apud Vergilium inducitur in quinto Aeneid. Fuit & Athenis locus quidam iudiciorum, Palladium nuncupatus, de quo Demosthenes in oratione κατ' ἀριστοκράτους: Alter, inquit, iudiciorum locus in Palladio erat, vbi de cæde præter voluntatem, vímque vi repellendo illata quærebatur, &c. Meminit &, si satis recordor, Pausan. in Attica. Pollux quoque: Euersa, inquit, Troia à græcis, Athenas Palladium fuisse delatum. Phaleri verò habitatores, qui portus est iuxta Piræum, illos esse hostes arbitrati, in mari præcipites dedere. Acamas etiam dixerat græcos fuisse homines, qui Palladis simulacrum attulerāt: occisos itaq; oraculum vocauit ἀγνώστους, id est, ignotos, quòd cùm essent amici conterraneíque, tanquam ignoti periere. qua ex re in eo loco ob rei memoriam Palladium sacrum, & tribunal constructum fuit, vbi de cæde non voluntaria ius diceretur: quoniam Phalerei non nocendi, sed iuuandæ gratia patriæ, imprudenter tanquam hostes interfecissent. plura de hoc iudicij foro Paus. in Attica, quo loco Demophoontem primùm pœnas luisse prodidit, quod cum Phalereis Argiuos pepulerit: interimque Atheniésem quendam incautum à Demophoontis equo prouolutū, calcatum interiisse, atq; ideo Demophoontem pœnas dedisse. Sed iam plura de Palladio, quàm putarem.

Parthenos Minerua, id est, virgo, Athenis in arce, id est, Acropoli culta est summa religione, vnde & in ea templum Parthenon est dictum. Hinc & sæpe legas in Parthenone apud scriptores, etsi parum quandoque emendatè. Iuno quoque aliquando παρθένος nuncupata est, vt suo loco diximus. Sed enim à Partheno Minerua, herba Perdicion, id est quæ Vrceolaris herba à nostris vocatur, Partheniū appellata est. Vernula, scribit Plinius, charus Pericli Atheniensium principi, cùm is in arce templum ædificaret, repsissétque super altitudinem fastigij, & inde cecidisset, hac herba dicitur sanatus, monstrata Pericli in somno à Minerua: quare vocari parthenium cœpta est, assignatúrque ei deæ. hæc ex Plinij verbis.

Tritonia, vel Tritonis Minerua cognominata, vt notissimum est. Pausanias in Bœot. Triton torrens est, inquit, haud magnus, prope Alalcomenas in Bœotia, versus Libyam fluens, & ex Tritone palude in mare fertur, vbi tradunt educatam Mineruam, & non in Libya. Noster hic tamen Mela à Tritone Libyca dictam putat, his verbis Libyam describens: Super hunc sinum, inquit, ingens palus amnem Tritona recipit, ipsa Tritonis: vnde & Mineruæ cognomen inditum est, vt incolæ arbitrantur, ibi genitæ: faciúntque ei fabulæ aliquam fidem, quòd quem natalem eius putant, ludicris virginum inter se decertantiū celebrant. hæc Mela. Idem tradit & Herodotus, vt mox ostendam: sed & Lucanus poëta in nono, his versibus canit:

 Torrentem Tritonos addit illæsa paludem,
 Hanc (vt fama) deus, quem toto littore pontus
 Audit, ventosa perflantem littora concha:
 Hanc & Pallas amat, patrio quòd vertice nata
 Terrarum primam Libyen (nam proxima cœlo est,
 Vt probat ipse calor) tetigit, stagnique quieta
 Vultus vidit aqua, posuítque in margine plantas,
 Et se dilecta Tritonida dixit ab vnda.

Idem affirmat Isaacius Lycophrontis interpres, idē fabulosè innuit Aeschylus. vel quòd ab Ioue genita, & apud Tritonē educata fuerit. vel dicta, vt Sthenę placuit, quòd τριτομένη, id est, tertio die mensis genita fuerit. hinc etiam apud Athenienses tertius mensis dies Mineruæ fuit consecratus. vel quòd tertia nata sit ex Ioue, post Apollinē & Dianam. vel quòd

Syntagma XI. 293

ex Iouis capite edita sit. Bœotiorū enim lingua, vel Aeolicorum, τρειτώ, vel τριτὼ caput dicitur. vel quòd eadem sit & quæ & Luna, quæ tertia à coitu die apparere incipit. vel quòd nihil ab aëre differat, qui tertium est elemētum. Quapropter & Diodorus in primo air, Mineruam aëriā nominari. Euseb. in Preparatione euang. & ipse Tritoniam aëra vocauit: qui quòd ter in anno mutetur, tres quoq; habere dicitur qualitates, caliditatem, frigiditatem, & temperiem: ideo Tritonia appellata. nam τρίτον tertiū dicimus. Democritus quoque philosophus Pallada ideo Tritonida cognominatam prodidit, quòd tria hæc mortalibus fuerit elargita, βυλεύειν καλῶς, μείνειν ὀρθῶς, καὶ πράτ[τ]ειν δικαίως. hoc est, bene consulere, rectè iudicare, & iustè facere. Notant Apollonij interpretes in primo Argonaut. tres fuisse Tritonis nomine: vnam aiunt hanc in Bœotia, alteram in Thessalia, tertiam in Libya. Pausa. verò in Arcad. à suprà recitatis aliam affert opinionē. Scribit enim, Alipherenses in Arcadia (vetustum est id oppidum) maximè Pallada venerari, atque apud se genitā & educatam iactare, ex eóq; Lecheatæ Iouis aram extruxisse, vtpote, qui Pallada ibi ediderit, fontemque Tritonidem appellasse, sibíque cętera vendicasse, quæ de Tritone feruntur. Simulacrum etiā Mineruæ æreum fuisse apud eos, ab Hypatodoro fabrefactum: celebritatémque ibi habitam, in qua & Myiagro rem sacram agebant, quem deum in primo Syntagmate descripsi. Scribit in quarto Herodotus, Libycos dicere solitos, Mineruam Neptuni filiam & paludis Tritonidos: quæ cùm nescio qua causa à patre reprehēsa fuisset, ipsam se Ioui donasse, Iouem filiā asciuisse. quo loco idē scriptor exequitur & diē festum, & celebritatem quā propterea puellæ celebrābant, certamine quodam cruento: in quo quę morerentur, nō virgines reputabantur, & vna inter eas ipso certamine celebrabatur, ornabatúrque. Sed enim ne quid omittam, & dea hæc Tritogenia nuncupata est, de qua Sex. Pompeius: Tritogenia à ripa Tritonis fluminis dicta, quòd ibi primitus sit visa. Diodorus verò, Tritogeniam ideo ab Aegyptiis vocatam ait, propter tria anni tempora, ver, æstatem, & hyemem. Tres enim Aegyptij anni partes faciebant. Sed & triplicem Mineruam præferunt, quæ in Cratylum Platonis Procli scholia circunferuntur: primam πυγαίαν & νοθράν, secundam ἀρχικήν, tertiam ἀπόλυτον. quo loco multa, quæ ad antiquæ philosophiæ & theologia mysteria pertinent, explicantur. Nunc nos reliqua prosequamur. Apollonij interpretes in quarto, postquam de Tritone Libyæ vel Bœotiæ aliis consentanea scripsissent, tum & hoc subiungunt, οἱ, τὸ τρέμ ἄγαν τὸ φοβεῖσθαι τοῖς ἐναντίοις ποιοῦσα. Hoc est: Alij, quòd hæc faciat contrariis τρέμ, id est, timere. id quòd & Seruius in 11. Aen. Tritonia, inquit aut quasi terribilis, ἀπὸ τ̂ τρέμ, quod est timere: aut secundum Ircanum, &c. Hesychius etiam, τρειτογένειαν καὶ τρειτογρή Mineruam cognomine significare ait, ἀπὸ τ̂ τρέμ ἐμποιῶν τοῖς πολεμίοις, hoc est, ab eo quòd pugnantes timere faciat. & hoc & plura Phurnutus scribit: à quo & illud, eam dictam etiam ἀτρείτωνιν, quasi non teratur vllo labore. alij ad triplicem philosophiæ speculationem pertinere aiunt. Plutarch. tamen in Iside & Osiride, Pythagoricos scribit numeros & figuras honorare solitos nominibus deorum. Triangulum enim æquilaterum, Mineruam appellarunt Coryphagenem, & Tritogenean, quòd τρισὶ καθέτοισιν ἀπὸ τριῶν γωνιῶν ἀγομέναις διαιρεῖται: hoc est, Tribus lineis ad perpendiculum ductis, à tribus angulis diuiditur.

Στρατία, id est, militaris Minerua cognominata, quòd bello & militiæ præesset. vnde etiā dictus Iupiter Stratius apud Herodotū, vt in Ioue dictū est. Lucianus in Dialogis meretriciis, Stratiæ Mineruæ, id est, militaris meminit. Ἀστράταιαν etiam eandē nuncupatā legimus à Lacedæmoniis, cuius deæ templum fuit in Laconia: ideo sic nominatū, quòd illic Amazones vlterius, cùm in Græcia pugnarent, nō prodiuere. hanc verò potius Dianam Paus. ait.

Ἄρεια, id est, Martia Minerua ab antiquis culta fuit, quòd dux & gubernatrix existimaretur bellorum, & iustitiæ defensatrix, vt scribit Phurnutus. Proditum est, cum Orestes post matris cædem iudicium subiisset, in Ariopago causam dixisse: quo in loco Orestes absolutus à parricidio, Martiæ Mineruæ aram consecrauit, vt in Attica Paus. scribit: Ariopagus, inquit, id est, Martis vicus ea causa dictus est, quòd ibi ἄρης, id est, Mars cōdemnatus fuerit, cum Alirrhotion occidisset. quo loco etiam Orestes, quòd matrem interfecerat, iudicatus est: qui vt sententiæ pœnam effugeret, aram Minerue instituit, quæ ἀρ[ε]ίας Ἀθηνᾶς βωμὸς vocata fuit. Huic porrò deæ ex manubiis Marathoniis ædem Athenienses construxere.

Hippia, id est, equestris Minerua, vt Phurnutus ait, item Paus. in Attica, nec quidem semel: item Arpocration. sic verò nuncupata, quod currum instruxerit prima. hanc Isæus rhetor & Mnaseas Neptuni filiam fuisse tradiderunt, ac Polyphes Oceanitidis. Ἁλμιππον etiam

etiam vocatam scribit Phurnutus, quasi dicas equidomitricem.

Sthenias Minerua, hoc est robusta, colebatur apud Trœzenios. ferunt enim, cùm inter Mineruam & Neptunum contentio esset, vtrius ea foret regio, Iupiter statuit, vt amborū esset vrbs communis. hinc porrò factum est, vt Pallas & Sthenias & Polias cognominaretur: hoc est, & robusta, & ciuilis: Neptunus verò vt rex appellaretur. hinc etiam in Trœzeniorum nummis altera parte fuit Neptuni fuscina, seu tridens: altera verò os Mineruæ, vt à nobis alibi relatum est.

Glaucopis Athena, hoc est glauca oculos, vel cæsia Minerua cognominata fuit non modo à poëtis & scriptoribus, sed & in simulacris ita effingebatur. Scribit enim Paus. in Attica: supra Ceramicum & porticum regiam appellatam, templum fuisse Vulcani, cum Palladis simulacro, cui glauci erant oculi, iuxta Libycorum fabulam, qui Pallada ex Tritonide & Neptuno natam ferunt: & ideo glaucos oculos habere, vt etiam Neptunus habet. Alij sunt qui autumant, quòd ἢ γλαῦκος, id est, noctuæ oculos haberet, quæ auis etiam ei (vt dictū est) ascribebatur: ideo γλαυκῶπις est appellata. Alij putant ideo vocatam, quòd virtus illustris sit, & conspicua. Diodorus Siculus ab Aegyptiis ea causa Glaucopin appellatam prodit, non ea (inquit) quam Græci putant, quòd glaucos habeat oculos: sed quòd aër, quem Pallada antiqui credebant, glauci sit coloris. Scribit Gellius sic vocatam, nō tam quòd glaucos, id est, cælios oculos haberet, quàm quòd horrendo ac formidoloso esset aspectu. vnde & glauci, id est, cæsij leones & βασιλικοὶ traditur, quod & Phurnutus ait. Sunt & qui dracones eadem ratione Glaucopas nuncupent. Est & apud Stephanum in Alcomenio, ex Alcomene & Athenai de Hippobotæ filia Glaucopus, à quo Glaucopion, & Glaucopis. Cæsia porrò à veteribus dicta Minerua est, quasi Cœlia, vt docet Gellius in secundo. Auctor Priapeiorum Flauam appellauit, illo Scazonte:

Minerua flauo lumine est, Venus pœto. Naso in eleg.

Quid si præcipiat flauæ Venus arma Mineruæ?

Ventilet accensas flaua Minerua faces. Idem in Arte:

Si poëta est, Veneri similis: si flaua, Mineruæ. Quidā putant inepte à capillorū colore flauam Mineruam dici. Sed de flauo & glauco colore vide Gelliū: & si libet, nostrum Thilesiū. Sed enim & Minerua ab oculorum truculento aspectu, & acri intuitu γοργῶπις est cognominata, vt grammatici obseruant, ἀπὸ τ̄ γοργῇ ὄπις, id est, à terribili acriue aspectu.

Poliuchos Minerua cognominata, cuius ædes, vt Paus. scribit, in arce fuit Spartanorū. πολιοῦχοι enim communi genere, vt Suidas ait, dicuntur, qui ciuitatibus imperant, eisq́; moderātur: nos, deos tutelares dicere possumus, seu custodes. Hinc & Iupiter etiā hoc cognomine vocatus est, vt dictū est. Hinc Vitellius Cæsar patinā suam (vt ait Tranquillus) ob immēsam magnitudinē clypeum Mineruæ, ægida Poliuchi dictitabat. Poliuchi cùm alij, tum in primo Herodotus meminit. Valla tutelarē interpretatus est. Sed & Apollonius lib. 1. Argonaut. videtur hoc eodē nomine Dianā illo versu nuncupare: ἵφικλης ἀρτίπαις ὁ πολιοῦχος ἀρήτευγα.

Chalcioecus Minerua à Lacedæmoniis cognominata, cuius (vt Paus. in Lacon. ait) simulacrum æneum Gitiadas vir indigena confecit, simúlque in eandem versus edidit. Suidas, Chalciœcum Mineruam appellatam à Spartanis ait, quòd οἶκον χαλκοῦν: hoc est quòd ædem æream haberet: vel quòd Chalcidenses ex Eubœa exules eam construxerant. Meminit in primo Thucydides, nec semel Plutarch. diuersis in locis, item in Pausaniæ vita Aemylius Probus, & Stobæus ex Chrysermo, in secundo hist. sed & Aelianus in Varia hist. & Titus Liuius, & Apuleius. Sunt qui Polyuchon & Calcioecum eandem faciant. Mirum adhuc esse aliquos, qui apud Liuium Chalcionem legendum putent, & Chalcioniam apud Thucydidem latinum. Fuit & Minerua Chalcidica in vrbe Roma, in nona regione, si vera P. Victor prodit. Quidam nunc D. Mariæ esse arbitrantur, quod templum ab ea nomen adhuc seruat. quidam Mineruium. meminit, ni fallor, & Dion in hist. lib. l 1.

Hellotis Minerua nuncupata, quòd cùm Dorienses Corinthum vrbem cæpissent, ardérentque duæ sorores, Eurytion & Hellotis, in Palladis templum confugerint, vbi & interierunt. mox subsecuta peste oraculum redditum est, expiandos sororum manes arsarū. quare cessante pestilentia, templum Mineruæ Hellotidi construxerunt, & Hellotia celebritas instituta est. Alij ab ἕλος, id est, palude, quasi palustrem dicas. alij ab ἑλεῖν, id est capere; ab equo videlicet Pegaso, cui Pallas primū frenum imposuerit, plura his legas in comment. Pindari, in Olymp. Fuerunt & Hellotides coronæ ambitus ingentis è myrto, ab Europa dictæ

Syntagma XI.

dictæ, quam Corinthij Hellotida appellabãt. hinc & Hellotis Minerua: Athenæus auctor. κορυφγενη ἀθηνᾶ, Coryphagene Minerua à Plut. dicitur in lib. de Isi & Osiri, quod è Iouis capite orta putaretur. & vt ait poëta:

  Quæ de patrio vertice nata dea est. & Lucanus:
Hanc & Pallas amat, patrio quæ vertice nata est. Fabulantur verò, Vulcanum securi patris caput aperuisse, quod & Lucianus in Dialogis ridet, & Pindarus in Olymp. in Diagoræ Rhodij hymno: Cùm, inquit, Vulcani instrumento, id est, crea bipenne Pallas ex vertice patris prorumpens vehementer exclamauit, ita vt cœlum & tellus formidaret: quam fabulam plerique in allegoriam conferunt. Illud nunc tantum, quod idem tradit Plutarch. Pythagorici numeros & eorum figuras deorum appellationibus honestare solebant: nam triangulum æquilaterum vocabant ἀθηνᾶν κορυφαγενην, & τετραγενην, quoniam à tribus lineis ad perpendiculum ductis ex tribus angulis deducitur. Poëtæ quoque fabulantur, in Mineruæ natiuitate aureos hymbres pluisse. hinc illud Claudiani:
  Auratos Rhodiis hymbres, nascente Minerua,
  Induxisse Iouem perhibent.

Coryphasia etiam Minerua appellata est à Coryphasio promotorio, in quo Pylos vrbs condita fuit, vt Paus. tradit. Stephanus tamen, Coryphasion regiunculam Laconicam scribit, Pylo proximam. de Coryphasia Minerua sic in IIII. prodit Arnobius: Quid, inquit, arbitramur fore? desisterne illa Mineruam se dicere, cui Coryphasiæ nomé est, vel ex Coryphæ matris signo, vel quòd è vertice summo Iouis palmam ferens emicuit, atque armorum accincta terroribus, &c. Idem: Iouis (inquit) quarta progenies, quam Messenij Coryphasiam nuncupant. ex his Arnobij verbis corrigere facile possumus locum apud M. Tullium in III. de Nat. deorum, vbi quartam commemorat Mineruam, vt non Polyphe eius mater, sed Coryphe legatur. & ibidem pro Coresia, Coryphasiam legendum: tametsi etiã Coresiam Pallada legamus, vt paulò post dicam ex Stephano. De Polyphe non me præterit, quod suprà ex Isæo & Mnasea relatum est, ex qua & Neptuno orta dicitur Minerua.

Lyndia Minerua cognominata fuit in Rhodo insula, ab vrbe Lyndo. de hac Diod. Siculus inter cætera tradit, Danaum cum filiabus Lyndum appulisse ex Aegypto, extructóque Mineruæ templo statuam deæ ingentem dicasse. paulò post subdit: Cadmus Mineruã Lyndiã muneribus ornauit, in quib. olla fuit ænea, admodum conspicua, vetusto more fabrefacta. in ea literis Phœniceis tunc primum in Græciam delatis inscriptum erat, Rhodũ vastatum iri à serpentibus. lege Bibliothecam Diodori. Meminit & Strabo lib. XIIII.

Capania nominata Minerua, vt Pausanias tradit, Argis in gymnasio Cylabare, vbi eius fuit simulacrum: aut à Capaneo dicta, aut à curru qui κάπανα à Thessalis dicebatur.

Ophthalmitis, quæ & Optiletis, hoc est, ocularis Minerua, à Lacedæmoniis culta fuit. cuius ædem à Lycurgo constructam, prodit Pausanias, cùm ipsi Lycurgo oculorum alter ab Alcandro erutus fuisset, dum in Alpion locum confugisset: cui opem ferentibus Lacedæmoniis, reliquum seruauit. Plutarch. cùm in Lycurgi vita, tum in Apophtheg. Ophthalmidis non meminit, sed Optileten vocat. nam (inquit) apud illius regionis Doricos oculi ὀπτίλοι dicuntur. sed enim baculo Alcander Lycurgo oculum eruit, vt idem scribit Plutarchus, & à populo Lycurgo traditus, vt de eo supplicium sumeret. Sed Lycurgus nullo alio supplicio Alcandrum affecit: tantum sibi ministrare & famulari coëgit, & ex insolenti ac immani mansuetum probúmque reddidit.

ὀξυδορκὸς ἀθηνᾶς, id est, acutè videntis Mineruæ templum à Diomede positum fuisse, scribit Pausan. cùm ad Troiam pugnanti procul ab oculis Pallas caliginem depulisset, & inde factam appellationem, ab acutè scilicet videndo.

Cyparissia Pallas in Asopi vrbis Laconiæ arce templum habuit vt Pausanias scribit. idẽ & in Cyparissiis cultam, & templum habuisse, tradit in Messen. Stephanus verò: Cyparissea, inquit, Triphyliæ vrbs, quæ & Eranna vocabatur. vnde gentile nomen Cyparisseus, & κυπαρίσσια Minerua.

Alea Pallas cognominata fuit, quam Peloponnenses summa veneratione colebant, vt in Lacon. scribit Paus. ad quam Leotychides rex pulsus confugit, ob rem auarè administratam contra Alebadas. Meminit & Xenophon lib. VI. Hellenicòn. sed & Aleæ vetustissimum templũ Tegeates Aleus ædificauit: quo igni absumpto, alterũ Tegeatæ Scopæ Parij opera omnium magnificentissimum restituerũt. ab Alea Pallade, & Alæa festa dicta fuere.

Mineruæ

Historiæ Deorum

Mineruæ etiam Aleæ meminit Herodotus, qui historiam narrat, vt Lacedæmonij cùm oraculi ambage persuasi in Tegeatas, bellum intulissent, victi & capti plerique, compedes quos tulerant contra Tegeatas, pertulerunt, ac demum Herodoti quoque tempore in huius deæ templo suspensi pendebant. Eleam etiam Mineruam legimus apud Strabonem, & Domitium in Syluis Statij:

    Aut Eleæ lucis vidit Tegeæa sacerdos. & idem Statius in quarto Thebaidos:
    Templúmque Eleæ nemorale Mineruæ. Licet perperam plerique legant Altæ.

Μήτηρ, id est mater Minerua, & culta & vocata à mulieribus Elæis: quæ cúm viderent regionem desertam, ab hac dea impetrarunt, vt vnico concubitu virorum conciperent. quod cùm obtinuissent, deam ipsam Matrem nuncuparunt, & eidem templum posuerút: auctor Pausan. in Eliacis.

Telchinia Pallas, vt est apud Paus. à Telchinis cognominata creditur, qui è Cypro venientes Thaumessi parte incoluerunt in Bœotia, templúmq; de suo nomine deæ Palladi cõstruxerunt Nicolaus verò in libro π ἐθῶν, id est consuetudinũ: Telchines, inquit, homines nuncupati ex Creta fuerũt, sed & in Cypro habitarunt, vnde in Rhodũ migrarũt, primíque eã insulam detinuerunt. inuidi autẽ & fascinãtes erãt, artificésq; existentes priscorum opera imitabantur, Palladis Telchiniæ simulacrum primi erexerunt: vt si quis dicat βασκάνου ἀθηνᾶς, id est fascinatricis Mineruæ. hoc idẽ repetit Stobæus in sermone de Inuidia.

Βουδιᾶ ἀθηνᾶ, Budea Minerua ab vrbe Magnesiæ dicta, quæ à quopiam Budeo condita fuit: licet & alia Budaa Phrygiæ fuerit, meminit Stephanus. Alij putant, quòd cum humana prudentia excogitarit, boum opera humum colere, inde factũ nomen. atque ideo eadem ratione Boarmia à Bœotiis dicta fuit, quòd scilicet aptarit aratro boues: quod & apud Phauorinum legimus.

Achea Pallas cognominata, cuius templum, vt Aristoteles scribit, in Italia apud Daunios Apuliæ populos, in quo antiquitus fuisse tradit cùm alia, tum secures & enses, cæteráque Diomedis eiúsque sociorum arma. huius templi custodes canes fuisse perhibẽtur, qui Græcis adeuntibus blandirentur, cæteris mortalibus agrestes & feri. Accolæ longis ac pullis vtebantur vestibus, propterea quòd cum Diomedes eò delatus est, cum captiuis Troianis, loci opportunitate captus è naui descendens ad speculanda loca relictæ in nauium statione mulieres captiuæ Troianæ, ne in Græciam seruitum ducerentur Græcorũ vxoribus, naues incenderunt, & propterea ibi constitisse ferunt eo vtentes habitu.

Panachæis Minerua in Achaia culta fuit, cuius templum commune Achæis omnibus fuit, vt in Achaicis Pausan. prodit.

Pallenis Minerua, cuius Herodotus libro primo meminit, cùm de Pisistrati Athenarum tyranni reditu agit, in quo Amphylitus Acarnan vates, ornatus pompa sacerdotali, ita Pisistrato cecinit:

    Est nummus proiectus, item sunt retia tenta,
    Nocte meant thynni, claro sub sidere lunæ.

quod interpretans Pisistratus, in vrbem reuersus est. lege Herodotum. Meminit & Palladis quoque quæ in Pallenide coleretur, Euripides in Heraclidarum tragœdia. De Pallene Diana suo loco agemus. Fuit & χαλινῖτις Minerua in Chalcide, vt scribit Hesychius.

Χαλινῖτις, hoc est Frenatrix Minerua, vel vt Domitius interpretatur, Frenalis, dicta ἀπὸ τοῦ χαλινοῦ, id est freno. Colebatur verò à Corinthiis. nam Bellerophonti opem deam tulisse aiunt, eíque equum Pegasum, quem & infrenauerat, præbuit: huius deæ simulacrum ligneum fuit, vt Pausan. ait, præter faciem, manúsque, & imos pedes, qui ex lapide candido constabant:

Scirias Minerua, quæ & Sciras est cognominata, à Sciro vate Dodonæo dicta est, qui vetustissimum eius deæ templũ cõdidit: idem & loco in Attica nomẽ dedit. Scirus autem hic vates eo prælio cecidit, quo Eleusinij aduersus Erechtheũ regẽ depugnarunt. eo enim tẽpore ex Dodona venerat, sepultúsq; est prope torrentem, qui & ipse à Sciro appellatus est, vt Paus. scribit. Stephanus tamen, Scirũ quidem Atticæ locum tradit, & Scironidas petras à Scirone: vel potius à loco ipso. locus autẽ à Sciro heroe. Porrò in hoc loco, ait, meretrices prostare solebant. Similiter & Sciraphion locus, vbi κυβισταί, id est aleatores conueniebant: & σκίραφος, quod ἀπάτην significat, id est prodigum & κυβευτὴν, ab his qui in Sciro versabantur. Hesychius verò: Scias inquit, Minerua. Sciron aiunt Neptuni
fil. um

filium vxorem duxiſſe Salamina Aſopi. Strabo quoque in IX. de Attica loquens, & eius partibus & locis: Nam, inquit, à quorundam vocabulis heroum Sciras & Cychria dicebatur, vnde & Minerua Sciras appellatur. Et locus alter Atticæ Scira, ὄνλφα: & Epiſciroſis, ἐπισκίρωσις, quoddam ſacrificandi genus: & menſis Scirophorion. Illud certè obſeruaui, diſtinctè qui græcè hæc nomina ſcripſerunt, hæc per ſimplex ἰῶτα, illa per diphthōgum *ει* notaſſe: quamuis Stephanus & alij quidam confundant. Ergo illud rectè, qui Heſychium exſcripſit, σκιράφιον. Sed quod ſequitur, male, ἀρότρις. ibi enim, vt etiam notat aſteriſcus, legendum est ἀρότρις, qui vetus eſt notiſſimus, vt cū Strabone alij declarāt, qui de vetis ſcripſerūt: & ipſe in Aeolo, hoc est Syntagmate Neptuni retuli. Porrò & Scirrhada legimus, vt apud
10 Arpocrationē: Ἀθηνᾶν, inquit, συρρηλάδα τιμῶσιν Ἀθηναῖοι, Mineruam Scirrhada colunt Athenienſes.

Apaturias Pallas, id eſt, deceptrix, ſeorſum à Venere nuncupata eſt. Scribit enim Pauſanias, Aethrā compreſſam à Neptuno, quo in loco Apaturię Mineruæ templū, ab ea conſtructū: & pro Spheria inſulam Hierā vocauit, ſtatutūmq; eſt, vt Troezeniorū virgines ante nuptias zonam huic deæ ſoluerent. De Apaturiis celebritate in Venere plenius egimus.

Hygeia, id eſt, ὑγίεια Minerua ab Athenienſibus culta, cuius ſtatua in Acropoli ænea ſpectabatur, à Pericle poſita, quod ei in ſomniis dea oſtendiſſet, quomodo ſanaretur artifex tantum non conclamatus, qui in propylæorum conſtructione ex alto cecideraet. Memini ſuprà ex Plinio, in Partheno. Huius deæ meminit & Lycurgus orator, in oratione ὑπὲρ τῆς Ἱερείας. meminit & Pauſanias in Attica. item Val. Arpocration. Fuit & altera Hy-
20 giæ Mineruæ ſtatua in populo Atticæ Acharnis, quam Soſpitem interpretatus eſt Domitius. Porrò de Hygia Aeſculapij alibi, hoc est, & cum patre, & ſuo loco dictum.

Ilias Minerua cognominata eſt in Daulia, cuius templo canes alebantur: quibus id erat inſtituti ac moris, vt aduenientibus Græcis blandirentur: barbaris verò ſi adueniroet, latratu infeſti erant. Scribit Dion Chryſoſtomus in libro de bello Troiano, cùm Vlyſſes legatus de pace ad Troianos miſſus fuiſſet, Græcos à Troia abituros ſpopōdiſſe, ſe Mineruæ relicturos maximam ac pulcherrimam oblationem, cum hac inſcriptione, Hilaſterion, id eſt, ſacrum, Achiui Palladi Iliadi. ἱλαστήριον verò καθάρσιον θυσιαστήριον, id eſt, expiatorium, ſeu propiatorium, purgatorium ſacrificium. Mineruæ etiam in Ilio meminit Xenophon, ſtatim in principio Hellenicôn.

30 Singa Palladis nomē apud Phœnices, cuius nominis ſimulacrum Thebis Cadmus conſtituit, vt Pauſan. docet.

Craſtia Minerua templum habuit apud Sybaritas, de quo ſic Herodotus in v. Propè (inquit) Craſtin, Doricum capta Sybari extruxiſſe aiunt templum Mineruæ, Craſtiæ cognomine.

Laphrya Pallas cognominata legitur, vt notat in Lycophronem Iſaacius, quòd ex bello ſpolia ducat: quaſi dicas, Laphyria, quando ita græcè ſpolia dicuntur. de Laphrya Diana ſuo loco agemus.

Pilætis Minerua cognominata eſt, quòd in portis vrbium appingeretur. quin etiam & in ædium ianuis, veluti in ſuburbiis Mars: ea ſcilicet ratione ſignificantes, in vrbe & ædibus
40 prudentia opus eſſe: foris verò vt quæ eſſent, defenderentur armis bellóque.

Aethyia Minerua cognominata, quaſi αἴθυια, id eſt, mergus dicas: quòd cum prudentia nauigare oporteat, mergi exemplo. Mineruæ Aethyiæ meminit in Attica Pauſ. Cùm, inquit, ab Apollinis & Dianæ Agreſtis templo deſcendis, Pandionis heroum, id eſt, Pandionis herois templum occurrit, quem eo loco ſepultum iam diximus, quē Mineruæ Aethyiæ ſcopulum vocant. quo loco in græco & latino codice hoc nomen perperam ſcribitur, in græco enim ἴθυια, in latino verò ethyſia legitur: cùm in vtroque Aethyia legendum ſit. Rectius alio loco Pauſan. de eodem heroo Pandionis loquens: Ibi, inquit, Pandionem aduerſa valetudine extinctū, cui in Megaride tumulus ad mare adiacet, quem Athenis αἴθυιας σκόπελον, id eſt, mergi ſcopulum, vel (vt vertit Domitius) Gauiæ ſcopulum nuncupant.

50 Endarthyia, hoc eſt, ἐνδάρβυλα, hoc nomine culta à Megarenſib. vt ſcribit Heſychius, quoniam Minerua in αἴθυιαν, id eſt, in mergum conuerſa, ſub alis Cecropa occuluit, & in Megaram deduxit. hinc illi eſt cognomen: quod exiſtimaui cum ſuperiore conuenire. Sed cùm Phauorinus idem iiſdem verbis referat, vt ipſum eſt apud vtrumque, ipſe quoq; retuli.

Ἐργάνη Pallas cognominata, vt Theophilus ait, ex eo quòd ſit preſes muliebrium operum: Operaria latinè dici poteſt. Meminit Artemidorus libro 2. de Inſomniis, & Arpocration.

Aelia

Aelianus & Pauſ.hoc nomine tradunt primùm ab Athenienſibus nuncupatam. Diod. Siculus eo nomine vocatam ait, quòd plura inſtrumenta inuenerit ad diuerſas artes. eadem ratione & Mechanitis Minerua cognominata putatur, quòd excogitarit artes. hinc eſt etiam in prouerbiis græcis, σὺν ἀθηνᾷ. Illud quoq; obſeruat Heſychius, quod etiam Ὑγιείας à Samiis ſit dicta.

Σάλπιγξ Ἀθηνᾶς, hoc eſt, tubicinis Mineruæ cognomen Pauſan. commemorat: cuius templum Hegeleum poſuiſſe ait, qui Tiſſeni ſeu Tyrſeni potius filius fuit. Porrò ipſe Tyſſenus, Herculis & puellæ Lydiæ filius, qui primus tubam inuenit, vnde & Latini Tyrrhenorum inuentum tubam tradunt, qui aliquando à Græcis Tyrſeni appellati ſunt. qua ex re Hegeleus à tuba Mineruam Salpinga vocauit. Lege apud Pauſaniam plura in Corinth. Heſychius & Phauorinus Salpingis Mineruæ templum aiunt apud Argiuos fuiſſe.

Γιγαντοφόντιδα etiam vocatam legimus Mineruam hoc eſt Giganticidam, vt Phurnutus ait, id etiam in allegoriam transferens.

Νίκη ἀθηνᾶ, id eſt Victoria Minerua Athenis colebatur, cuius meminit Licurgus orator in ea oratione, quæ inſcripta eſt περὶ ἱερέας. Huius deæ ſimulacrum ſine alis erat, hoc eſt ἄπτερος, in dextra malum habens granatum: ſiniſtra verò κράνος, id eſt galeam, vt quidam interpretantur. ita verò culta fuit in acropoli, id eſt, Athenarū arce, vt in primo de Acropoli Heliodorus ſcribit, & Arpocration repetit. De Victoria quæ ſine alis, id eſt ἄπτερα ab Athenienſibus colebatur, actum eſt: & cum de Victoria ageremus, diuerſa recenſuimus.

Fuit & in arce Megarenſium νίκης ἀθηνᾶς ſacellum, & aliud item ἀιαντιδος, ab Aiace dictum, vt Pauſan. ſcribit. Meminit & νίκης Phurnutus, Extat in Hiſpania marmoreum hac inſcriptione, Palladi Victrici ſacrum: hic hoſtium reliquias profligauit Cato. vbi ſacellum miro artificio conditum, & æream Palladis effigiem reliquit.

Πολιὰς ἀθηνᾶ, quaſi tu dicas, ciuilis vel vrbana Minerua, dicta (vt innuit Pauſanias in Attica) quòd in Acropoli eſſet, quem locum eo tempore πόλιν, id eſt vrbem appellabant. Phurnutus autem non tantum Poliada, ſed etiam Ὁρυσίπολιν nominatam ait. Ferunt verò tum primum hoc cognomine dictam Mineruam, cùm (vt antè diximus) iam Iupiter ſtatuiſſet, vt promiſcuè Neptunus & Minerua Atticæ præſiderent. vnde ab vrbe ipſa Poliada vocarunt, & Stheniada, ſed Neptunum βασιλέα, id eſt regem. vnde & nummi eorum fuſcinam ſeu tridentem altera parte, & altera Mineruæ os habebant: quamuis alios auctores ſecutus ſuprà, idem de Trœzeniis tradiderim. ſcribit Strabo lib. 9 Poliadis Mineruæ templum in ſaxo vetuſtum fuiſſe, in quo lucis inextinctæ lychnus erat. idem Parthenon, quod Ictinum condidiſſe ferunt. hinc ab aliquibus lātini domina Pallas vocata eſt. Sed enim Pauſanias in Attica de Poliade & lychno alia. Callimachum enim, non Ictinū ait, qui marmor primus ſecuerit, vnde illi nomen κακυζότεχνον inditum. Scribit Heſychius, οἰκουρὸν ὄφιν, Poliadis Mineruæ cuſtodem draconem vocatum. & hic quidem vnum, alij verò duos aiunt in Erechthei templo: & hūc acropoleos, id eſt arcis cuſtodem, cui ex melle placentas offerebant, Poliadis Mineruæ peplum primos cōtexuiſſe legimus, Aceſeum Patarenſem, & Heliconē Cariſtium: de quibus in Prouerbiis legitur & hiſtoria. duas virgines vocatas Canephoras, quaſi dicas Ciſtophoras, huic deæ quotannis ſtatuebant quæ inſeruirent, de quibus plura Pauſ. Sed & alibi gentiū alia fuiſſe Poliadis Mineruæ templa legimus, inter quæ illud quod Policum ab ea nuncupabatur, apud Ilium. Fuit & Tegeatis Poliatidos Palladis templum, in quod ſemel in anno ſacerdos ingrediebatur. lege in Arcad. Pauſan.

Alipheræa Minerua cognominata eſt, vt Stephanus & Polybius ſcribunt. Ἀλίφειρα vrbs fuit Arcadiæ: hæc (vt Polybius tradit) in ſummitate collis arcem, & æneam Mineruæ ſtatuam longè à cæteris ſpecie ac magnitudine differentem habuit, quæ à quo, aut cuius ſumptibus, quóve tempore erecta fuerit, etiam apud eius loci incolas in dubio fuit, hoc inter omnes idem auctor conſtare ait, opus eſſe inter omnia opera Hecatodori & Soſtrati excellentiſſimum. hinc ergo ἀλιφειραία nuncupata.

Itonia, & Itonias, & Itonis Minerua, vt notat Stephanus, & ſi Feſto ſtandum, Itonida: qui ſcribit, Itonida Minerua à loco appellata. Itonea verò à T. Liuio, qui in 6. lib. 4. Dec. ſcribit, Ibi ſtatua regis Antiochi in templo poſita Mineruæ Itonææ iram accendit. Callimachus in Cereris hymno:

Syntagma XI. 299

Ὁρμενίδ᾽ αι καλίοντο. id est,
Cúmque ad Itoniados certamina Palladis ipsum
Ormenidæ inuitant.

Et Apollonius in primo Argon. Ἱερὸν Ἀθηναίης Ἰτωνίδος, hoc est, opus Palladis Itonidis. quo loco interpretes, Itoniæ Mineruæ scribunt templum fuisse in Coronia Bœotiæ, de qua nõ intelligit Apollonius: sed potius de Thessalica Itonia, cuius meminerit Hecatæus in primo histor. Strabo: Bœotij, qui venerant ex Thessalia, expugnata Coronæa, Itoniæ Mineruæ templum in plano condiderunt, eodem quo Thessalicum nomine. Armenidas verò in Thebaicis scripsit, Itonon Amphictyonis filium in Thessalia natum fuisse, à quo sit Ἴτων ciuitas, & Ἰτωνὶς Ἀθηνᾶ, id est, Itonis Minerua. Meminit & Alexander in primo Caricorum commentariorum, item Stephanus & Suidas. Pausan. in Attica, vbi de Pyrrhi regis victoria contra Antigonum agit, scribit, inter Larissam & Pheras Itoniæ Mineruæ positum fuisse templum. Citatur hoc Epigramma Pyrrhi apud Plutarch. item in vita Pyrrhi:

Hæc tibi dona refert clypeos Itonia Pallas,
Aeacides Pyrrhus, quos audax Galata in armis,
Et magnæ Antigoni bello amisere cateruæ,
Quæ quondam Aeacidis armorum gloria parta est.

Sic versu quidem heroico Domitius vertit, quod est elegiaco scriptum græcè.

Τοὺς θυρεοὺς ὁ μολοσσὸς Ἰτωνίδι δῶρον ἀθάνᾳ,
Πύρρος ἀπὸ θρασέων ἐκρέμασεν γαλατᾶν.
Πάντα τὸν ἀντιγόνε καθελὼν στρατόν, οὐ μέγα θαῦμα,
Αἰχμηταὶ καὶ νῦν, καὶ πάροσ, αἰακίδαι.

Papinius etiam in extremo secundo Thebaid. de Minerua loquens:

Siue Aonia diuertis Itone
Læta choris. Quo loco, Placidius:

Itone ciuitas Bœotiæ Mineruæ sacrata. vt ipse alibi ait,

Ducit Itonæos & Alalcomenæa Mineruæ
Agmina.

Bacchilides Mineruam Itoniam dicit. ab Itone ergo Mineruam oppido cognominauit, quod est in Macedonia, vbi eius antiqua fuit ædes, vicina Bœotiæ, in qua regnauit Anthonous Herculis filius, & Paphies.

Ithomia Pallas, ab vrbe Thessalica Ithome, cuius & meminit Homerus, vt docet Strabo libro 9. qui & Curalium fluuium scribit labentem παρὰ τὸ τ᾽ Ἰθωμαίας Ἀθηνᾶς ἱερὸν, id est, præter Ithomiæ Mineruæ templum, Peneum ingredi. Legimus & montem Ithomen, vt in Ithomate Ioue docuimus. quare apud Catullum quidam ita legunt:

Quod tibi si sancti concesserit incola Ithomi.

Quod tamen non recipit amicus nostras, pro Ithomi reponens Hymetti. Idem Catullus eodem poëmate:

Vnigenámque simul cultricem montis Ithomi.

Nonnulli tamen Ithini legunt. De Ictino quidem bis Strabo meminit: sed in carmine syllaba contumax repugnat. quare res amplianda, vt Ictini lychnus sit asbestos. Mirum est viros alioqui doctos, Itoniam & Ithomiam confundere, cùm diuersæ sint, vt est à me ostensum. Bembus quidem apud Catullum vbique Itoni legit, in dialogo ad Herculem Strozam: & duplicem facit, citato super hoc ex lauacro Palladis carmine Callimachi.

Ζωστηρία Ἀθηνᾶ. Zosteria Minerua cognominata, cuius meminit Hesychius. Pausaniæ verò in Bœot. ait, Amphitrionē statuas duas erexisse ligneas, cùm aduersus Eubæos & Chalcodontem pugnaturus arma indueret, quod veteres ζῶσαι, arma induere dicerent. & Homerum ait, Agamemnona Marti similem zona armorum, &c. Staphanus verò in libro de Vrbibus ζωστῆρα Atticæ esse Isthmum scribit, vbi ferunt Latonam zonam soluisse, cùm in paludem descendisset, vt lauaretur: quo in loco piscatores sacra Latonæ & Dianæ faciebant, & Apollini Zosterio. Tum & hoc subdit, quod in Locris Epicnemidiis etiam Minerua coleretur Zosteria.

Θαλλοφόρος Ἀθηνᾶ, hoc est Ramifera Minerua est cognominata, à ramis oliuæ, puto. huius in Symposio meminit Xenophon, qui in eius celebritate senes ait venustos eligi.

Ἀλαλκομενηΐς Ἀθηνᾶ, ab Alalcomeno dicta, vt est apud Stephanum, qui eius deæ statuam erexit:

erexit: non autem, vt Aristarchus putauit, παρὰ τὸ ἀλαλκεῖν, id est auxiliari. Alalceis enim vocaretur, quam tamen sententiam sequitur Phurnutus, qui eandem etiam appellatam ait ἀγελαία, ἀπὸ τῦ ἄγειν τὸς λαὸς, hoc est, ab agendo populos: vel ab, ἀγελαῖος, id est, armentis boum, quæ illi sacrificabant, vt indomita, vel vt alij tradunt, Agelea dicta est quasi ἄγουσα λέαν; hoc est, agens prædam. meminit Herodotus libro nono, & Homerus cùm alibi, tum in quarto Iliad. πρώτη ἡ Διὸς θυγάτηρ ἀγελάη. hoc est, Prima autem Iouis filia Agelea. Sanè idem Alalcomenus & vrbem à suo nomine dixit Alalcomenen, de qua intellexit Statius libro Thebaid. septimo.

Ducit Itonæos, & Alalcomenæa Mineruæ Agmina.

quo loco Lutatius Placidus grammaticus ita castigatè legendus: Alalcomena ciuitas est Bœotiæ, in qua regnauit Herculis filius. hinc Bacchylides græcus poëta fuit, quem imitatus est Horatius, &c. in qua nata est Alcmena Herculis mater, & in qua etiam colebatur Minerua. Porrò Aelianus etiam vocat Mineruam Alcomeneida. sic enim ait: In Cereris templo, quod est in vrbe, Aranea solitam texit telam ante simulacri faciem: Mineruæ etiam simulacrum, quæ Alcomeneis dicebatur, sponte sua combustum est, & alia eiusmodi complura.

Alcides Minerua cognominata à Macedonibus. T. Liuius libro secundo quintæ Dec. de Perse rege bellum aduersus Romanos suscipiente: Ipse, inquit, centum hostiis sacrificio regaliter Mineruæ, quam vocant Alcidem, confecto, cum purpuratorum & satellitum manu profectus Citium est, id Macedoniæ oppidum est.

Catuleana Minerua dicta, de qua Plin. trigesimo quarto Nat. histor. de Euphranoris Alexandro, id est Paride agens. huius est, ait, Minerua Romæ, quæ dicitur Catuleana, infra capitolium, à Q. Lutatio Catulo dicata. Sunt qui libentius Catulianam legant.

Musica Minerua etiam appellata fuit, de qua idem Plinius eodem libro trigesimoquarto, capite octauo. Demetrius, inquit, fecit Mineruam quæ Musica appellatur, quoniam dracones in Gorgone eius, ad ictus citharæ tinnitu resonabant.

Captam Mineruam quoque cognominatam legimus à Romanis, cuius delubrum fuit ad Cœlij montis radices: quæ cur ita vocaretur, varias in 3. Fast. Ouid. opiniones recitat. ita enim canit:

Cœlius ex alto qua mons descendit in æquum,
  Hic vbi non plana est, sed propè plana via est.
Parua licet videas Captæ delubra Mineruæ,
  Quæ dea natali cœpit habere suo.
Nominis in dubio causa est. Capitale vocamus
  Ingenium solers, ingeniosa dea est.
An quia de capitis fertur sine matre paterni
  Vertice cum clypeo prosiluisse suo.
An quia perdomitis ad nos captiua Phaliscis
  Venit & hoc signo syllaba prima docet.
An quod habet legem, capitis quæ pendere pœnas
  Ex illo iubeat furta reperta loco.
A quacunque trahas ratione vocabula, Pallas,
  Pro ducibus nostris ægida semper habe.

Addit & his aliam grammaticus Marsus suam opinionem, Captámque Mineruam fortè vocari posse ille existimat, quod captus locus ex Festi sententia, ad sacrificandum legitimè constitutus diceretur.

Nerine etiam Minerua, vel Neriene dicta fuit, si Porphyrioni Horatiano interpreti stamus: qua de re in Marte satis scripsimus.

Oleria Minerua appellata est, & Oleria festa, ab vrbe Olero, quæ in Creta fuit, vt Stephanus meminit.

Ἀνεμῶτις ἀθηνᾶ, id est Anemotis Minerua. hoc est ventosa, colebatur in ciuitate Methone, vbi & templum & simulacrum habuit, quod Diomedes dicasse fertur, vt Pausan. docet: dicta, quod ibi dea molestum ventum sedarit.

Cydonia Minerua, cognominata quidem de nomine vrbis Cretensi: templum verò à Clymeno Herculis Idæi nepote erectum fuit, vt apud eundem Pausaniam legimus.

Syntagma XI. 301

Ἀκρία Pallas dicta est Argis, vt Hesychius scribit, quod τινὶ τῆς ἄκρας, id est, quadam montis summitate constituta esset, à qua & Acrisius est denominatus. Est autem & Iuno, & Diana, & Venus eodem nomine Argis nuncupata, quod pari modo in eadem summitate, id est, ἐφ' ἄκρῳ sint positæ.

Colocasiæ Mineruæ templum fuit in Sicyone, vt est in 3 apud Athenæum, quo loco de ciborio & colocosia agit, ex Nicandri Georgico.

Ἐπιπυργῖτις ἀθηνᾶ, hoc est, turrium præses Mineruæ, sic vocata & culta in Abderis, vt Hesychius scribit. ἐπιπυργιδίαν Pausanias vocat in Corinth.

Ἀτρυτώνη ἀθηνᾶ, hoc est Illaboriosa, & infatigabilis vllo labore, vt Phurnutus, vel inuulnerabilis in bello Minerua: Hesychius & Phauorinus. Sed & Phlyenses Myrinusij, vt Paus. scribit in Attica, Mineruam Τιθρωνίην colebant interpretatur Domitius Almam.

Pœonia Minerua, id est, medica cognominata, cuius cùm alibi simulacra tum in primis in Attica Paus. commemorat, vt quidem apud Oropios in ara Amphiarai, item in Ceramico vnà cum Apolline Musageta.

Asia Minerua, id est, ἀσία ἀθηνᾶ, cuius templum Paus. ait fuisse in ruderibus, constructum verò à Castore & Polluce ex Colchis reuersis. nam & apud Colchos eodem nomine templum fuerat.

Hippolaitis Minerua dicta fuit, vt idem Pausanias tradit, ab vrbe Hippola, cuius ruinæ extabant Pausaniæ tempore. vrbis meminit & Stephanus.

Promachorma Minerua cognominata, quæ in monte Buporthmo templum habuit in insula Trierana, vt in Corinth. Paus. scribit.

Κελευθίας ἀθηνᾶς, hoc est, adhortantis Mineruæ simulacrum confecit Vlysses, postquam cursu superauit procos: Pausanias.

Agoræa Minerua, id est, forensis, à Lacedæmoniis culta. idem Pausanias.

Nedusia Minerua dicta, testibus Suida & Stephano, à loco vel vrbe Laconiæ. Strabo quoque tum libro octauo, tum vndecimo. Nedusiæ Mineruæ meminit, quam à Nedonte loco nomen habere ait. sed duplex quidem templum Nedusiæ his verbis idem Strabo facit, Præter Pheras autem, inquit, Nedon amnis per Laconicum labitur agrum, alter à fluuio Neda: Nedusiæ verò Palladis cognomento insigne templum habet. Est etiã in Pœassa Nedusiæ Palladis sacellum nobile, à Nedonte loco nomē assecutæ. hæc quidem in octauo. in vndecimo verò ita: Inter autem ædem Pœassæ parietina, Nedusiæ Mineruæ sacellum est, quod Nestor secundum eius à Troia reditum ædificauit.

Ambulia Minerua: vide in Ambulio Ioue.

Pariæ, id est, παρείας Mineruæ simulacrum sub diuo in Laconia describit Pausanias. Paniæ verò in gymnasio Cylabare posita fuit auctore eodem.

Axioppœna Minerua ab Hercule cognominata, cùm se vltus fuisset de Hippocoonte & filiis, qui illum expiare abnuerant, & Oeonum interfecissent, ipse Palladis Axiopœnæ templum in rei memoriam construxit. antiqui enim ποινὰς vltiones vocare, vt & nos consueuere: vide nostrum Herculem, vel Pausaniam, qui historiam pluribus exequitur.

Cyristis Minerua à Strabone commemoratur libro decimosexto. dicta à regione Cyristica, quæ Antiochensium agrum attingit, à septentrione verò Amanum montem. Huius regionis Tyndarus ciuitas fuit, Cyristicæ regionis arx. atque inde Cyristis Minerua ἀθηνᾶ κυρίστις appellata. Porrò & κυρρήστις Minerua à Cyrrho Syriæ vrbe nuncupata, vt ait Stephanus. quæ tamen eadem est, nisi quòd differunt Græca exemplaria, scriptura.

Σωτείρα, id est, seruatrix Minerua cognominata, teste Hesychio. Soteræ Palladi & Neptuno, ait Pausanias, Vlyssem in vertice montis Borei, reuersum à bello Troiano, templum condidisse. Sotera Pallas etiam à Galeno, aliisque antiquis medicis, antidotus quædam cognominata est. Legimus in Palladis Soteræ, quæ etiam Soteris dicitur, templo compedes, quibus vincti Lacedæmonij fuissent, suspensos fuisse: licet in exemplari Bapt. Leonis, pro Soteræ, solertis legatur.

Sunias Minerua frequenti cognomine fuit apud Græcos, denominata à promontorio Atticæ regionis. de qua sic Pausan. in Græcia, quæ ad continentem è regione Cycladum insularum & maris Ægæi adiacet, Sunium prominet, Atticę promontorium: quod simulac pernauigaueris, & portus & Palladis Sunaidis delubrum in promōtorij vertice existit.

Ληΐτις, id est, prædatrix Minerua nuncupata fuit, quoniam præesse credebatur prædæ,

De Deis Gentium. C quæ

quæ λιτὴ græcè dicitur. Phurnutus: Vel potius, ait quòd seruatrix bonorum sit, & populorum, ac ciuitatis quidem, & domus, & totius vitæ præsidem poëtæ fecere prudentiam: atque ob hanc causam & ὀρυσίπολις & πολιὰς etiam cognominata est, hoc est protectrix vrbiũ.

Ἀηδών, Aedon, id est, luscinia, Minerua à Pamphyliis nuncupata, vt scribit Hesychius & Phauorinus.

Narcæa Pallas cognominata est à Narcæo, Dionysij & Phiscoæ filio: qui deuictis finitimis est magnam adeptus potentiam, & deæ templum de suo nomine erexit, vt est à Pausania proditum.

Ἀρσενόμορφος Ἀθηνᾶ, sic à Græcis cognominata Minerua, quòd non muliebriter, sed viriliter nascatur, viriliq́ue sit animo: vt in primis in eo hymno legimus, qui ipsi deæ Polymiti à gentilibus canebatur:

Ἀρσενόθυμε, φίλοπλε, μεγαλόθυμε, ὀμβρυμοπάτρη,
παλλὰς τριτογένεια, &c.

Quæ omnia vides esse deæ epitheta.

Cranea Minerua, cuius in Phocaicis Paus. meminit. eius enim celebre fuit templum, viginti stadiis tantum distans ab Elatea.

Dymæa & Larisea Pallas, apud Achæos fuisse dicitur. hæc ita nuncupata, quod Dymæa vrbs distet trecentis stadiis à Lariso fluuio. lege Pausaniam.

Coresia Minerua, de qua Cicero libro tertio de Nat. deorum: Quarta, inquit, Minerua Ioue nata, & Polyphe Oceani filia, quam Arcades Coresiam nominant, & quadrigarum inuentricem ferunt, Stephanus verò ait, Corion locum esse in Creta, ἀπὸ κόρης τινὸς. vnde sit ciuis Coresius, & palus Coresia, καὶ Ἀθηνᾶς ἱερὸν κορυσίας, & Mineruæ templum Coresiæ, quam potius deductam ait à κόρη, quàm à Corio: vnde rectius fiat Corieus.

Agraule Minerua, Eusebius in quarto. Agraulos filia Cecropis fuit, & Mineruæ cognomen: Arpocration. Sanè latini videntur legisse Aglaurum, vt apud Ouidium in Metamorph. Populus etiam Athenis tribus Erechtheidos fuit ἀγραυλὶς, teste Stephano: qui & sine α aliquando ἀγρυλὶς vocatur. Porrò etiam tres Cecropis filiæ dictæ sunt à rebus, quæ augere faciant fructus, πανδρόσος, ἔρση, ἄγραυλος. & priores quidem à rore dictæ, tertia verò à rusticatione.

Lemnia Minerua Athenis cognominata, vt Pausanias scribit, quòd à Lemniis consecrata fuerit: Ex omnibus, inquit, Phidiæ operibus potissimùm spectabatur Palladis statua, quæ à consecrationis auctoribus Lemnia appellatur. Calydoniæ Mineruę tanta fuit religio, vt capitalem fraudem ausi, aut pecunia iudicati, qui ad illam confugissent, noxa pecuniáque exoluerentur. quod idem præstabatur Pergami in Asia si quis ad Aesculapij ædem confugisset, vt Polyhistor scribit Alexander.

Onca, hoc est, ὄγκα Ἀθηνᾶ, dicta apud Phœnices, vt Stephanus scribit. vnde Oncææ dictæ sunt Thebarum portæ. Citat Stephanus Euphorionem. Hesychius quoque Oncę Mineruæ meminit, aítque & portas Ogygias, id est, Thebanas significare. alibi tamen ὄγκαν Mineruam ait Thebis cognomen habere à loco, cùm ὄγκαν sit legendum. Fit enim valde verisimile, Cadmum ex Phœnicia hoc Mineruæ nomen in Bœotiam attulisse. Sedenim & Pindari interpres in Olymp. in hymno ad Theronem, super ea verba Pindari, quibus ait Mineruam continenter amare Semelen: Pallas vt dea indigena amat Semelen. Cadmus enim statuam ei erexerat, Oncis Bœotiæ vico, vbi & Oncæa Minerua colebatur. Cæterùm legimus etiam in Aeschyli tragœdia, quæ septem duces ad Thebas inscribitur, Ongeas quasdã Thebis denominatas fuisse portas, à Palladis cognomine Ongeæ iuxtà ædificato templo, sic appellatas. Onga autem apud Phœnicen dicta est Minerua, à quibus Cadmus traxit originem. hinc videmus Onca & Onga dici.

Ἀρακυνθὶς Ἀθηνᾶ, Aracinthis Minerua cognominata, teste Stephano, ab Aracintho monte Bœotiæ. meminit & Rhianus poëta in Fama:

Κλῦθι μοι Δίκτυον ἀρακυνθιὰς σύμπατέρεια, hoc est:
Audi me felix Aracinthias ab Ioue nata.

Ἄστυρις Ἀθηνᾶ Astyris Minerua colebatur, teste Stephano, in Astyra vrbe Phœniciæ, versus Rhodon. Astyrena verò Diana in Italia colebatur, vt idem ibidem testatur, & Strabo: vt plenius in Diana dicendum.

Ἀσσησία Ἀθηνᾶ, Assesia Minerua, de qua Herodotus in primo. Fuit verò Assesus terrę Milesiæ

siæ ciuitas, vt Stephanus scribit, ex Theopompi libro XXIIII. Herodotus: Vbi Asiæ Ionia bello ab Alyatte rege vexata, & segetes incensæ, fanum Assesiæ Mineruæ incendio est conflagratum.

Μινέρυης, quæ & μονογενὴς ἀθλωᾶ dicitur, Vnigena Minerua à nostris dicta, quòd ex solo Ioue nata est. Catullus:
    Vnigenámque simul cultricem montis Itho mi.

Gorgona Mineruam Cyrenenses, vt Græci grammatici notant: sed & hoc nomine eam Romani inuocabant. M. Tullius ad equites: Téque, inquit, Tritonia armipotens Gorgona Pallas Minerua, &c. De Gorgonum verò sororum fabula, non est meum hoc loco plurima quæ traduntur, hic congerere, præcipuè cùm græcis latinísque poëtis scriptoribus descriptæ legantur.

Λαοσσόος ἀθλωᾶ, hoc est, Seruatrix populorū Minerua cognominata, vt Phurnutus & Hesychius notât. Theocriti interpres in IIII Edyllio ait, λαοσσόος ἡ ἀθλωᾶ, quæ populū sequatur, vel seruans. Ἀλοσσόος quidem malum geniū, id est, cacodæmona significat, vel qui inuitus seruat.

Cissea cognominata Pallas cuius delubrum fuit celebre in arce Epidauri, vt est apud Pausaniam.

Ταυροβόρος ἀθλωᾶ dicta est, teste Suida in Andro. nam cùm Anius dedisset taurum Atridis, iussit, vt vbicunque è naui exirent, Mineruam consecrarent. & ita cùm nauigassent, in Andro constituerunt.

Scillutiæ Mineruæ templum, scribit in VIII Strabo, ad Scilluntem inter illustria numeratum fuisse: vnde σκιλλυντία ἀθλωᾶ.

Sais Minerua dicta Straboni in XVII: Sais inferioris regionis Ægypti metropolis, vbi Minerua colebatur, in cuius templo Psammetichi sepultura fuit. Meminit & Herodotus in secundo. Propertius:
    Mercurio Sais fertur Bœbeidos vndis
      Virgineum primo composuisse latus.

Dicitur & Saites Minerua. Scribit Stobæus in sermone qui de legibus & consuetudinibus inscribitur, quòd in Sai vrbe Ægyptia colebatur Minerua, quæ & Isis credebatur: ideóque Sphinges pro eius templis apponebantur, quoniam sacra deorum mystica esse, & ænigmatica conuenit.

Sicyonia Pallas, cuius templum apud Sicyonios côstruxit Epopeus Sicyonius, de Thebanis victor. Ferunt, cùm is perfecto templo deam rogasset, si gratum id haberet, aliquo ostenderet signo: tum in eo loco oleum copiose fluxisse.

Auxiliarem Mineruam, id est, αὐξιλιάρην coluere Romani, quòd Plutarchus ostendit, & Clitonymus in libro rerum Italicarum, qui ad illius αὐξιλιαρίας ædem Cassium Brutum confugisse produnt: tandémque ibi fame necatum, insepultúmque iacuisse.

Προνοίας ἀθλωᾶς τέμενος, vel vt Herodotus προνοίας ἀθλωαίης ἱερόν, hoc est (vt Valla aliquando est interpretatus) fanum Protemplaris Mineruæ, fuit apud Delphos, quod post Herodotum Hesychius etiam confirmat. Pausanias quoq; in Bœoticis, Mineruæ & Mercurij protemplares, id est, προνάους vocat, qui essent in templo Apollinis Ismenij: quorū alterum Phidias, alterum Scopas fecisse dicuntur. Ad hæc legimus apud Phurnutum & προνοίαν, id est, prouidentiam appellatam Mineruam. quin etiam & προνοίας ἀθλωᾶς, id est, Mineruæ prouidentiæ apud antiquos templa erigebantur. Vt etiam auctor est Pausan. in Phocaicis.

Μαγαρσία ἀθλωᾶ, Magarsia Pallas, vocata ab ingenti tumulo in Cilicia, vt ait Stephanus, apud vrbem Mallon. Arrianus in secundo de Alexandri histor. Alexander, inquit, Magarsum profectus, Mineruæ Magarsidi sacrificauit.

Μυγισία ἀθλωᾶ, καὶ μυγισαῖς, id est, Mygisia Pallas, vel Mygisais, vocata est à Mygisis vrbe Cariæ, cuius Hecatæus meminit in quarto Genealogiarum.

Ἀλκιμάχα ἀθλωᾶ cognominata in bello, à virtute videlicet. meminit Suidas. vnde illud, τυῷ ὑποτοπιας παλλάδος ἀλκιμάχας. hoc est, templum subtectæ Palladis Alcimachæ.

Σταθμία quoque cognominata Minerua, à Stathmios, quæ vox multa significat, sed in primis stationem, statiuam, stabulum, libram, alia: Hesychius.

Παραπεπλεγμένη, ἢ ἀναπεπλεγμένη ἀθλωᾶ, teste Polluce in secundo, vocata est, vbi de tonsoribus agit, id est, Minerua circumamicta, vel redemita. cognominata quoq;, vt Phurnutus scribit Δορυκινήτρα, quòd hasta ferire & stimulare diceretur. Et quòd cum Victoria assistrice

Gigantes vicerit, γιγαντοφόντις nuncupatur, eodem Phurnuto auctore.

Εὐπηχυν Ἀθήναν, hoc est boni cubiti, & perinde fortis, Mineruam vocat Rhianus poëta græcus eum canit, μᾶτε δ᾽ εὐπηχυν ἀθήνην, Ambitque Eupechin Athenan.

Legimus præterea & alia nonnulla Mineruæ cognomina, apud Hesychium præcipuè, & Phauorinum, aliósque græcos scriptores, quę omnia colligere difficile est. nam & vna Minerua ab Ægyptiis, vt Plato ait, dicta est. Hesychius, νικη. item ἰφιμεσία, Hephæstia, id est, Vulcania, ινάγι, ινωλίι, & quæ Bombulia dicebatur à Bœotiis. Agripha etiam, item μητάτολα vocata, & Mænalis à Pausania dicitur Minerua.

Armipotens, & Armisona vocatur à poëtis. Vergilius:

Tum numina sancta precamur Palladis armisonæ, &c.

Cicero ad Equites: Téque, inquit, Tritonia armipotens. &c. Statius etiam vocat Palladem littoream, illo Achil. carmine:

Palladi littoreæ celebrabat Scyros honorum

Fortè diem. Sed mihi potius ex tempore epithetum, quàm perpetuum cognomen esse videtur. nam Pallas præcipuè artium dea censebatur. vnde illud Vergilij,

Pallas quas condidit arces Ipsa colat.

In Scyro tamen eius templum littorale fuit. hinc & illud eiusdem Statij:

Placidíque super Tritonia custos.

SYNTAGMA DVODECIMVM
DE DIANA, LVNA, HECATE, ISIDE, AD
ILLVST. AC DOCTISS. HERCVlem Bentiuolum:

Memini illustrissime ac doctissime Hercules Bentiuole, superioribus nostris his libris tibi me pollicitum fuisse hoc de Diana Syntagma, quod in præsentia nomen vtcunque exoluo. Tu maiori volenti, quàm vires & valetudo præstare valeant, faue, vt soles. Vale.

Diana dicta est, si Macrobio stamus, ab Iana, D litera addita. Iana enim Luna est, etiam Varroni in libro de Re rustica. alij à Διὸς, hoc est Ioue, quasi Iouiana: Iouis enim filia. quidam & dictam credidere quasi Deuianam, quoniam venantes per deuia & siluas deuiare soleant, captantes feras. alij Diuianam vocant: hinc & Dianius locus, Dianæ consecratus dicebatur. est & Dianaria herba, quæ græce est artemisia, vt est apud Vegetium in mulomedicina. ἄρτεμις enim græcè diana, vt notum est, nuncupata, vt Plato docet, Διὰ τὸ ἀρτεμὲς καὶ τὸν κόσμον Διὰ τὴν δὲ παρθυλίας ἐπιθυμίαν: hoc est, propter integritatem & modestiam, propter virginitatis desiderium. vel forsitan quasi ἀρτὶ ἰοῦρα, id est, virtutis inspectrix & cōscia. vel dicta est ἀρτεμις, quasi ἄροτος, μισονύακτος, id est, quòd arationem vel coitum viri & mulieris odio habeat. Strabo verò in x1111 scribit, ἡ ἀρτεμις ἀπὸ τ᾽ ἀρτεμίας ποιεῖν. hoc est, Artemis dicta quòd integros faciat. vnde etiam Phornutus ait, huius rei causa καθ᾽ εὐφημισμὸν Artemin quidem ἀπὸ τ᾽ ἀρτεμῆς, ὃ ὀστὶ ὑγιὲς denominari. Macrobius tamen ad Lunam respiciens, ait, ἄρτεμις quasi ἀεροτέμις, quòd scilicet aëra secet. Diana tres connumerat M.Cic. in tertio de Nat. deor. primam Iouis & Proserpinæ filiam, quæ pennatum Cupidinem genuisse dicitur: secundam notiorē ait, quā Ioue tertio & Latona natā accepimus: tertiā esse traditur, mater Glauce, eam sæpe Græci Vpin paterno nomine appellant. hæc ille. Sed & Latini Opin prima producta, quasi Vpin, si nō mentimur, vocặt. Βῶλις verò Diana dicitur à Thracibus, vt Strabo & Phauorinus tradunt. eadem & Βῶσαρος, vt Hesychius tradit. ab Atheniensibus, βωδιδλα vocatur eius deæ celebritas. Tarentini autem Dianam Angeli nomine nuncupabant, vt idem scribit Hesychius. à Persis verò ζαρτις, id est, Zaretis: Arsilache, seu Orsilache, à populis Tauricæ regionis, vt Ammianus prodit. Διὰλα est à Chaldæis Luna nuncupata, vt notat Harpocration.

Syntagma XII.   305

cration. Asteroarche, ab Africanis Carthaginensibus, vt Herodianus prodit in historia. Existimarunt Dianam etiam antiqui furorem immittere. atque ideo in poëtica Horatius Iracundam nominat: & in Partu virginis Actius Sanazarius lib.tertio:

 Cedet & infestæ violentior ira Dianæ,

Dixit, cùm furentis morbū describeret. vnde etiam ἀρτεμιδολήπιες græci dicunt, & σεληνολήπιες, vt docet Macrob. Est etiā apud Græcos verbum σεληνιάζομαι, à Luna deductum, vt notant Grammatici, quod significat lunaticū esse: de quo genere morbi cùm alij multa, tum plura Galenus, à quo etiam Hippocratis verba corriguntur. Creditur verò ideo vocatus hic morbus, quòd furor non sit perpetuus, sed certis recurrat interuallis. Alij, quòd qui interlunio natus sit, hoc morbo tētari soleat: quod & innuere videtur Quintus Serenus poëta. Scribit Seruius, Virbij numen coniunctum Dianæ, cultū fuisse antiquis apud Ariciam. id quod cùm alij, tum vatū maximus Vergil. in Aen. octauo cecinit: & Seruius idem copiosè exponit, totámq; ibidem Hippolyti fabulam explicat. Fuit & Virbij cliuus prope Romā, vt Persius sexta Satyra innuit, & Probus seu Cornutus interpretatur, qui & ipse de Virbio paucis multa executus est. Scribit Sex. Pompeius, quòd iuuenilia fingebant Dianæ simulacra, quia ea ætas fortis est ad tolerandam viam. Diana enim, ait, viarum putabatur dea. Sed enim Dianæ imagines vario modo effingebantur. nam aliter vt venationum dea, aliter vt quieta & pacifica, aliter vt Luna. prima, nympharū habitu succincta, arcu & pharetra & iaculis armata: altera, vt virgo stās. Paus. in Cypselo, id est, arca, in qua Cypselus cōditus fuit, inter cætera Dianā alatā insculptā fuisse scribit, quę altera leonē, altera pantherā teneret: causam se ignorare, ipse fatetur. postrema bigis vecta, nūc vaccis, nunc equis bicoloribus trahentibus. Claudianus quidem graphicè Dianam his versibus describit:

 At Triuiæ lenis species, & multus in ore
 Frater erat, Phœbíque genas, & lumina Phœbi
 Esse putes, solúsque dabat discrimina sexus.
 Brachia nuda nitent, leuibus proiecerat auris
 Indociles errare comas, arcúque remisso
 Ocia neruus agit. pendent post terga sagittæ,
 Crispatur gemino vestis Cortynia cinctu,
 Popolite fusa tenus. motóque in stamine Delos
 Errat, & aurato trahitur circumflua ponto.

Porrò Dianæ coronam ex heliochryso attribuére scriptores, quia puella quædā Etesia eo flore eam coronare solita esset. Porrò vt Festus scribit, Hecate Diana & Luna & Proserpina eadem putabatur. Idem tradit Isidorus, qui & eas effingit ita,

 Quando etenim luna est, sublustri splendet amictu:
 Cùm succincta iacit calamos, Latonia virgo est:
 Cùm subnixa sedet solio, Plutonia coniux, Vnde & eas nos simul describemus, Proserpina excepta.

LVNA à lucendo nominata est, ait M. Cicero. Luna verò, ait M. Varro, quòd sola lucet noctu. itaque ea dicta Noctiluca, in Palatio: nam ibi noctu lucet templum. vel Luna sic dicta est, quòd luce luceat aliena, hoc est Solis: græcè eadem formè ratione σελήνη vocata παρὰ τὸ σέλας καὶ νέον, id est, à nouo lumine. Id cùm alij ostendunt, tum maximè Cleomedes. Nam, inquit, quòd lucem semper nouam habeat, σελήνη est nuncupata: & quòd sacra Dianæ adeuntibus præstet faces, sanè & σελασφόρος, item & φωσφόρος, id est, splendida, & lucifera etiā appellata est. Item quòd noctu in primis cernatur, νύκτια, & νυκτμήλος, vt Phurnutus meminit, hoc est Nocturna, & Noctiluca. Ouidius x v Metamorph.

 Nec par, aut eadem nocturnæ forma Dianæ. Horatius:
 Rite crescentem face Noctilucam.

Luna Endymionem amasse fabulis traditur, pastorem, vt poëtæ canūt: quare id fictum cùm alij, tum in primis Plinius in secundo Nat. hist. & Alexander Aphrodiseus in Probl. exponunt, & interpretatur idem etiam Arati interpres. ita enim: Endymionem, inquit, pastorem Luna amasse dicitur, seu quòd primus hominum cursum Lunæ inuenerit: vnde multos annos dormisse dictus est, quoniam nihil aliud in vita, nisi ei rei studuit, sicut Mnaseas in primo libro de Europa tradidit. siue quòd Endymionē amasse fertur: quia nocturni roris humor, qui siderum est, ipsius quoq; Lunæ, animandis herbarum succis insudatur, &

De Deis Gentium. C 3 pastor

pastoralibus prosit successibus. id verò contigisse tradunt in monte Latmo, vnde Latmius Endymion ipse dictus est. Luna, vt idem ait interpres Arati, bigas dicitur habere, siue propter velocitatem, siue pro eo quòd nocte & die apparet. ideo vnum equum album, & aliū nigrum habere dicitur. Porrò & interdum boum bigis etiam vehi fertur, propter Lunæ cornua. Festus hac de re ita: Mulus, inquit, vehiculo Lunæ adhibebatur, quòd tam ea sterilis sit, quàm mulus. vel quòd, vt mulus non suo genere & naturæ, sed equis cretur: sic ea Solis, nō suo fulgore luceat. Ad hęc & ælurus, id est, felis Lunę filius fabulosè dicitur, quòd lunæ sequatur naturam: vt Demetrius Phalereus in eo dicit, quod est περὶ ἑρμηνείας. Vnde etiam nos hodie quoq; experientia videmus, felium oculos sicut lunam immutari: hoc est, pupillam augeri & minui, iuxta lunæ cursum. Sanè & tibi hoc loco illud non reticuerim, Lunam marem & fœminam existimatam, atq; in primis ab Aegyptiis, vt apud Eusebium & Diodorum obseruamus. vnde & Orpheus in hymno ad lunā cecinit, θῆλυς τε καὶ ἄρσην: hoc est, & fœmina, másque. Sed quod vtroq; sexu dei existimarentur, Seruius docet in secūdo Aeneid. comment. & Macrob. in Saturn. ex Caluo Leuino, & Aristophane, vt in Venere Barbata & mascula docuimus. Porrò sicut Luna, ita & Lunus deus, & vocabatur & colebatur: vt auctor est Aelius Spartianus de Caracalla Imperatore. ait enim, ipsum dei Luni tēplum accessisse, quem deum miro cultu & veneratione Careni colebant, adeò vt qui Lunam fœmineo genere & nomine putaret nūcupandam, is addictus mulieribus semper inseruiret. Qui verò marem deum esse crederet, is dominaretur vxori, neq; vllas muliebres pateretur insidias. Hinc licet Græci, vel Aegyptij eo genere quo fœminā hominem, etiā Lunam deum dicebant, mysticè tamen deum intelligebant. Proditum quoq; est à Philochoro in Atthide, Veneri, quæ Luna eadem ratione putabatur, mulieres virili veste, viros muliebri sacra fecisse, id ipsum quod & Macrob. prodidit. Theon in commētariis in Aratum, cùm multa dixisset, quo modo à Sole Luna lumen acciperet, illud etiam subintulit: Ideo à tragicis, ait, Solis filia Luna vocata est. Hesiodus, Solem & Lunam Theiæ filios cecinit. Poëtarum communis opinio est, vt Iouis & Latonæ Apollo & Diana filij dicantur: & ille Latonius, & hæc Latonia dicatur. Luna à Scythis μηνῆλη, teste Hesychio dicebatur.

Benden Lunam & Dianam vocabant Thraces, teste Palæphato, Suida & Phauorino. vnde dicta sacra Bendidia, etiam ab Atheniensibus celebrata. Deam hanc eandem Thraces iidem βῆλαρον vocabant Hesychio auctore. βῖνδις verò cognominata est Διλογχος, à Cratino poëta in fabula Thracum, siue quòd ea dea duos honores sortita est, cœlestem scilicet & terrestrem: λόγχον enim sortem vocant. vel quòd duas lanceas, id est, λόγχας, cùm esset venatrix, ferre consueuerat. Sunt qui dicant, quòd duo lumina habeat: proprium quidem Lunæ, & Solis. hæc quidem Hesychius. Sed & de Bendidiis Plato, & in decimo Strabo, meminere. Xenophon lib. II. Hellanicon, βηνδιδεῖον vocare videtur Munychiæ Dianæ templū. Hinc est quòd ego libētius lib. VIII. Decad. IIII. T. Liuij legam (vbi passim legitur, Romanorum primū agmen extra saltum circa templum Mendidium castra loco aperto posuit) Bendidion: consentientibus etiā quibusdā antiquis codicibus. nā & Mendidia apud Strabonē corruptè legitur, vt ante me Politianus etiā annotauit. Quidam & κυβήλην nominant: quanquam etiā sunt qui Cybecan matrem deūm vocarint, alij Venerē, vt alibi ostēdimus.

Hecate, Diana, & Luna, à plerisque eædem existimatæ. At ego quæ à plurimis tum gręcis, tum latinis afferuntur, hic sub compendio, quātum memorię succurrerit, tibi subsignabo. Hecate primum, sic nuncupata, quod ἵκας, id est, longè radios iaciat, vt iam in Apolline attigimus. Hesiodus in Theogonia, Hecaten ait non esse Proserpinam, sed aliam, Asteries Latonæ sororis filiam, & Persei vxorem. quo loco notat Scholiastes, ideo eam ab Hesiodo laudari, vtpotè Bœotio. in ea enim regione Hecate colebatur, cui Iupiter vim ac potestatem in omnia concessit elementa, vnde & existimatur nuncupata. nam ἑκατὸν centum significat, quo numero Graij aliquando infinitum designant numerum: quia Hecate infinitas habere potestates crederetur. Ouid. in Metamorph.

Ibat ad antiquas Hecates Perseidos aras.

Perseis verò appellatur, quod Persei filia fuerit, & Asteries, vt ait Hesiodus in Theog. ideo sic & eam vocat Apollonius in Argon. sic & Statius in Theb. & eorum commēt. Musæus tamen Iouis & Asteries filiam ait, quam cùm amaret, compressit, & compressam Perseo tradidit, ex qua sola nata sit Hecate, quæ ideo μονογενὴς ab Hesiodo vocatur, & ab Apollonio in tertio Argon. quoniam vnigeniti sine fratribus plus honoris assequuntur, vt ait

idem

idem Hesiodi Scholiastes,& sint etiam ditiores,&c. Pherecydes verò Aristæi Pæonis filiã scripsit. Verùm in his quæ Orphica dicuntur, Cereris filia dicitur.

Καὶ τότε Δηιάνειραν ἁγνὴ τέκεν εἰπατέρεια. hoc est, Tunc Hecaten peperit Ceres è patre magno. Theocriti quoque commentatores in secundo Edyllio, inter cætera, quæ multa de Hecate scribunt. Iouem tradunt Cereri mixtum, Hecatem genuisse, robore & magnitudine præcellentem,quam sub terras pater misit, ad Persephonem inquirendã: & nunc eam vocari Artemin,& Phylaca,& Daduchon,& Phosphorõ,& Chthoniã.Illi iidem interpretes non multo pòst,alios aiunt dicere, Hecaten filiam fuisse Phere.r, filiæ Aeoli & Iouis, quæ à matre in triuiis abiecta fuerit,& à pastoribus Pheretis suscepta , & enutrita in triuiis : propterea dea existimata fuit, quę & ante portas, vt ait Aeschylus, statuebatur. vnde ego facile crediderim, Prothyræam denominatam, de qua agemus: & προπύλαιν, cuius meminit Hesychius. Paus. verò Propylæam Dianã in Attica in primis appellatam docet. Sed enim porrò Bachylides Hecatem Noctis filiam prodidit: ἰνᾶτα Δαδοφόρε νυκτὸς μεγαλωδύνη θύγατρ, Hecate faciferæ noctis & magnigremij filia. Ab Orpheo verò ταρταρόπαις ἱνάτη, hoc est Tartari filia dicta est. Sed simul hoc loco libet ex Græcis commentariis Hecates & Circes originẽ afferre.Circẽ igitur quidam Aeetæ sororẽ,quidã filiam dixere. hanc quidẽ Dionysius Milesius in primo Argon. filiam Aeetæ & Hecates Perseos, sororem verò Medeæ tradidit. Soli enim ferũt filios fugisse duos in illis locis Scythiæ, quibus nomina fuere Perseus & Aeetes. hos autem tenuisse eam regionem,& quidem Aeetem Colchos & Mæotas, Persea Tauricæ imperasse,& indigenã duxisse vxorem, ex eáq; filiam natam, cui nomen Hecate, quæ in venationibus esset fortis & virilis: & prima dicitur inuenisse mortiferas ac venenatas radices, & venenorũ peritissimam fuisse, & earũ rerum quæ medendi vim haberent. patrẽ verò hęc veneno sustulit, in Colchósq; profecta Aeetę patris sui fratri nupsit: id quod antè Apollonij interpretes, Diodorus etiam scriptũ reliquit: ex qua natę sint Circe & Medea. Circe verò Medea senior, matrẽ iis artibus superauit, ei nihilominus obsequẽs. Sed iã potius cætera de Hecate sequamur. A poëtis hęc etiã Triformis nominata,& Tergemina. Vergilius:

    Tergiminámque Hecaten,tria Virginis ora Dianæ.   Claud.
    Ecce procul ternis Hecate variata figuris.   Ouid.
    Ora vides Hecates in treis vergentia partes.   Idem:
    Túque triceps Hecate.   Vnde Paus. Præ cæteris,inquit, diis imprimis Hecaten colunt Aeginetę,cuius quotãnis initia celebrãt. Initiorum auctorem Thracẽ fuisse Orpheũ perhibent. maceria templũ ambitur: in eo ligneũ signũ factũ à Myrone, cuius vnicũ os, vti corporis trũcus. nam primus, vti ego existimo, Alcamenes Atheniẽsibus triplex fecit iunctis corporibus Hecates signũ , quã Epipyrgidiam illi appellant , iuxta inuolucris Victoriæ ædem positã. Quidam ad Lunæ triplicem naturã & formam referũt, hoc est , cum falcata est in cornua,& synodica,& cum media orbis parte διχότομ&, & ἀμφίκυρτος diuisa & gibbosa,& πανσέληνω, hoc est plena, vt res est nota. Alij referunt ad id quod scribit in Argon. Orpheus,quòd triceps sit Hecate. dextrum enim caput equi habere fingitur, sinistrum canis, medium hominis aggrestis: vnde & τρίμορφον Cornutus,& τρισκεφαλον eam vocauit. Artemidorus lib. secundo de Insomniorum iudicio , τριπρόσωπον eadem ratione dixit. iisdem etiam nominibus Charicides vsus est apud Athenæum in septimo. scribit Paus. Hecaten Aeginetas maximè coluisse, cuius sacra se ab Orpheo habuisse iactabant, intra cuius deæ septum ædis ξόανον, id est, simulacrum fuit vna facie , Myrionis opus. Verùm Alcamenes, vt Pausaniæ videtur, triformem fecit Hecatem, quam ait ἐπιπυργιδίαν vocabant,&c. Sed enim & Athenis locus fuisse fertur, qui Trigla dicebatur, vbi erat anathema, id est , oblatio Hecates deę Triglanthynę, quę & τρίγλαν@ dicta est. Plura Athenęus, qui & τρίγλαν ait huic deę consecratã, quod & Phurnutus. trigla verò piscis notissimus est. Illud porrò etiã notandũ, more fuisse, vt singulis mensibus locupletes Hecatę sacrificarent, panésque& alia in triuiis, ponerent,quę mox ab inopibus,& egenis raperentur, quę Hecates cœna dicebatur: auctores, Athenæus & Suidas. Ad quam cõsuetudinẽ alludit in primo τοξαριν dialogo Lucianus, vbi & de ouo lustrali etiam fit mentio: cuius & Apuleius, Ouidius Iuuenalis, alij meminere. quin & hanc deam veneficiis quidam præposuere, vt docet Phurnutus. Sed & luctu & mœroribus eã gaudere: vnde & illi tetra & horrida sacra impendebãt, nempe humanas hostias, illíq; sanguine humano litabãt: id quod alibi retuli. Sanè in Scholiis græcis in Platonis Cratylum, quæ Procli nomine circũferuutur, id asseritur, quod Hecate & Diana

C 4   eadem

eadem sit, idque ex Orphei sententia, cuius hi citantur versus:

Ἦλ' ἄρα δ' ἱμέρτη παιδὸς μέλη αὖθι λιποῦσα,
Ἄκτος διπλοκάμοιο κόρη προσεβήσατ' Ὄλυμπον,

Et reliqua: ne tam multa græca inculcem, quod tamen hac tempestate plerique libenter vsurpant: quam rectè, illi viderint. Huic deæ & canes antiqui tribuebant. Theocritus in Pharmaceutria, τᾷ χθονία δ' ἱμέρτα, τᾷν καὶ σκύλακες τρομέοντι. hoc est, Terrestri Hecatæ, quam & catuli metuunt. Tibullus:

   Sola feros Hecates perdomuisse canes.

Adnotant Theocriti expositores, à Theocrito id dictum, quoniam catuli auferrent Hecatæ cœnam. Scribit Sophron, & item Lycophron, à Diana canes iugulari. quin & speluncam fuisse Hecates in Zerantho, Lycophrô hoc senario cecinit, ζηράνθου ἄντρῳ τ' κυνοσφαγὲς θεᾶς: hoc est, Zeranthon est antrum Canisuoræ deæ. Zeranthion verò antrum in Samothracia Lycophron fuisse putauit. Nicandri interpretes tamen in Thracia, ad quercus Orphei fuisse putauit. Stephan. ζερινθος, ait, ciuitas & antrum Hecates in Thracia: & Lycophronis citat senarium. hinc & Zerinthia Venus dicta, vt Suidas docet, & nos alibi, hoc est in Venere, prodidimus. Verùm enimuerò si eadê Hecate & Diana sit, nô mirum illi attribui canes, vt venatrici. hinc Liuius Andronicus in hymno, vt est apud Terêtianû:

   Dirige odorisequos ad certa cubilia canes: versus est miurus.   Verg.
   Notior vtiam sit canibus non Delia nostris.

Porrò ait etiam Phurnutus, canes ideo Triuiæ sacratos, quòd illi iugulari solerent. Alij, propter venationem. quidam etiam attribuunt, quod & Proserpina putetur, cui canes, id est Furiæ ascriberêtur. Horat. in Serm. Viderat infernas errare canes. Vel quòd, vt ait poëta Vergilius:

   Nocturnis Hecate triuiis vlulata per vrbes

Ad hæc scribit Hesychius, simulacrum Hecates canem fuisse, vel quòd ei immolarentur canes: vel quòd ipsam nonnulli cum capite canino, hoc est, κυνοκέφαλον effingerent. Alibi idem auctor ait ἄργατίον Hecaten vocatam, & ab Atheniensibus Zean: in Mileto verò ὑπολαμπέραν, quòd subter splendeat. In Stratoniceorum quoque regione Staginis summo conuentu & celebritate culta fuit Hecate, vt Strabo ait in quartodecimo. Suidas, etiam Hecates phantasma, seu spectrum, secus describit quàm Orpheus: hoc est ingens sed cum capite humano. Porrò Hecate lignum etiam vocabatur in custodiis, ad quod delinquentes ac noxij ligabantur, flagellabantúrque. Sed nimius tibi videri possim, si de Hecate quæcunque notaui, ascribere voluero. quare ad alia iam transeamus.

Βριμώ, Brimo Hecate dea dicitur, cuius in tertio Argon. meminit Apollonius Rhodius, vbi inuocatam ait septies, eique hæc epitheta ascribit, κυρόβορον, νυκτιπόλον, & χθονίαν. quo loco interpretes scribunt, septies quidem inuocari, ideo quòd pharmacides, id est veneficæ mulieres Hecaten ita inuocent. Appellatur verò Βριμώ, propter horrorem dæmonis, & visiones atque spectra, quæ Hecathæa dicuntur. Sæpe etiam speciem mutare feruntur, vnde & Empusa vocatur, de qua nunc statim agemus. Sum admiratus his diebus, virum multæ lectionis, in ingenti & copioso Opere scripsisse, Βριμώ & ἰβριμώ nomina esse Cereris potius quàm Proserpinæ, seu Hecates, cum de hoc vel doceri potuisset à Io. Zeze in commentar. Hesiodi, & Phauorino, qui & fabulam recitat Mercurij amantis: qui cùm in venationem descendisset, voluerit puellæ violentiam inferre. illa verò in eum commota, & comminata, illum perterruerit: vnde sit appellata Βριμώ. βριμᾶσθαι enim est irasci, ac minari. Vel dicitur Βριμώ, παρὰ τ̂ βρόμου, τ̂ πυρὸς ἤχου: hoc est, à crepitu, ac ignis strepitu. Quin βρι particula est intentiua, vt βριθος & Βριμος Ἄρης, id est, latè perstrepens & potens Mars. Porrò & Brizò dea fuit, quæ vaticiniis per somnia præesse putabatur, vt alibi retuli.

Empusa dæmonis nomen. Hesychius: Spectrum, inquit, seu phasma specie dæmonis ab Hecate immissum, & vt nonnulli putant, vno pede vtens. Sed tamen Aristophanes Empusam subinde mutari in alias formas dixit, & eius interpres repetit. id quod & apud Lucianum in Commet. de Saltationibus traditur, cuius hæc sunt verba: Videbis igitur ipsos eodem in tempore subitò in aliam transmutari speciê, atque ipsum referre Proteû. Quin & Empusam exemplû conferre oportet, quæ sese in innumerabiles vertit formas. Nostro hoc têpore, quib. hoc phatasma muliebre apparuerit, audiuimus. Legi qui putarent, illud

regis

Syntagma XII.   309

regis Dauidis meridianum dæmonium, huiuscemodi terriculamentum significare. Sanè Empusa etiam aliquando numero plurium proferri videmus, vt in hoc Dionysij, vbi de hiaspide loquitur, χθριὼ ἐμπέσοισι καὶ ἄλλοις ἀδώποισι hoc est, Empusis inimicam, aliisque etiam simulacris. Quidam cum Hecate Empusam statuūt, id quod & Aristophanes alicubi significare videtur. Putat dictam Eustathius, quod vno incedat pede: alij duos quidem illi attribuunt: sed ferreum alterum, vt in Ranis Aristophanes. Sunt qui asininum tribuunt, Alia perplura legimus de huiusmodi phantasmatibus, quæ nunc tantum insinuasse sufficiat. Id vnum non reticuerim, quòd in quarto scribit Philostratus in vita Apollonij Tyanei, qui ait ex ipsius Apollonij sententia, Empusas, etiam Lamias vocari, & Mormolycias, quo loco & lepidissimam narrat historiam Menippi Lycij, qui Corinthi à Lamia amaretur: vbi de Lamiis & huiusmodi terriculamentis lectu digna & cognitu leges. De Lamiis Plut. & Dion Chrysost. in Libyca fabula, qui eas describunt: vnde suam deflexit Lamiam vir doctiss. Politianus. Porrò & Thebani Veneris Lamiæ templum erexerunt, de nomine Lamiæ amicæ regis Demetrij. Lamia etiam proprium nymphæ nomen, Sibyllæ matris: item nobilis familiæ, à Lamo scilicet. Sed de Lamiis alio loco copiosius dicam. Sanè & Demosth. Empusæ meminit; & Arpocration rhetor, item Eusebius contra Hieroclem, & in Apollonij Rhodij commentariis de Empusa & Hecate multa. Fuit & Empanda dicta paganorum dea quædam teste Festo.

Titanis Diana cognominata, vt notatum legimus in commentariis in Nicandrum. Orpheus etiam in hymno:

Τιτανὶς, βρομία, μεγαλώνυμε, τοξότι σεμνή.

Vbi obseruandum est, etiam ipsam vocari Bromian, vt Bacchus Bromius. Ennius apud Varronem, Titonis Triuia dederit stirpem Liberum. Titanis verò dicta, quòd eam genuit vnus ex Titanibus, vt in Plauto. Latona etiam Titanis, vt scribit Manilius. vocatur & Titania, vt Sol Titan. Ouidius: Dúmque ibi perluitur calida Titania lympha.

Ἀγροτέρα ἄρτεμις, vt Pollux in quinto, Venatrix Diana est, licet alij Agrestem transtulerint: & Domitius apud Pauf. Agrariam. Hesychius quidem montanam interpretatus est, id est, ὀρείαν ἄρτεμιν. Sed & Pollux, vt suprà, sic nuncupat à montibus. Quin & ὀρεστιάς, id est, quæ in montib. versetur, Phornuto vocatur. eadem etiā ἀγροτέρα Agroletera dicta est, & Agroeles. Alij quidè existimant, quòd Agræ fuerit regiuncula terræ Atticæ prope Nessum amnè, vnde nomen dea acceperit: & templum, vbi ferunt Dianam primam venatione exercuisse, cùm ex Delo illuc venisset, cuius deæ statua arcum tenebat. Pauf. Agroterę meminit, & Artemidorus lib. 11. Onirocriticon. Sanè cùm venationi Diana præesse crederetur, etiam ideo appellata fuit θηροφόνος, & θηρόφονος, hoc est Fericida. quinetiam hac eadem ratione Iul. Pollux lib. 5. sic nominatam ait: ἀγροτέρα ἄρτεμις, id est, venatrix, & κυνηγετικήν, hoc est venatoria: & φιλόθηρος, id est, sectatrix ferarū: & ὀρεία, id est, montana, ἀπὸ τ᾿ ὀρέων, id est, à mōtibus, & Idea, ab Ida: & δικτύννα, à retibus, & ἰοχέαιρα, ἀπὸ τᾶ τὰ θηρία βάλλειν, id est, quòd feras iaculetur: & multa alia nomina ἀπὸ θήρας, id est, à venatione deducta, quorū & nos hoc ipso Syntagmate meminerimus, prout se nobis obtulerint. Legimus & Agoream Dianam nuncupatam. Agroteram & Agoream in Olympiis memorat Pausanias Lucifera Diana dicta est, vt in secundo de Nat. deorum scribit Cic. φωσφόρος à Græcis, vt est apud Phurnutum. σελασφόρος etiam à Græcis, quòd in Attica Pauf. obseruauimus. Eadem & Selasia, id est, σελασία nuncupata, à loco Laconicæ regionis, vt Hesychius notat.

Hypomelathia Diana nuncupata est, vt docet Hesychius.

Euporia, Ἀπορία Diana in Rhodo, idem auctor: hoc est, facilis transitus.

Anaitis Diana quæ diceretur, vide in Venere, quæ & Anætis aliquando vocatur.

Parthenie Diana cognominata, proptereà quod ipsa virago sit existimata à getibus; vel vt alij magis credunt, à monte Arcadiæ Parthenio, in quo venationibus idoneo versaretur. vel à fluuio Parthenio, qui mediam perlabitur vrbem Amatriatam: sic dictus, quòd Diana virgo ibi venaretur. Stephanus auctor. de quo Val. Flaccus in quinto, Et satis tibi Tiphi negatum Parthenium. Callimachus in hymno, ἄρτεμι παρθενίη τιτυκτόπτε χέρσω μέθι: id est, Parthenie Tityoctene cui aurea zona refulget.

Pheræa Diana nominata ab Argiuis, qui eam ex Pheris Thessalica vrbe in suam aduexerunt, vt Pausan. scribit. Sed enim & Hesychius Pheræan cultā prodidit Athenis, deam hospitalem creditam, & ab aliquibus Hecate. Callimachus in Dianæ hymno prope finem meminit,

meminit, & quæ in ipsum Scholia leguntur:

Πότνια μυνιχία λιμενοσκόπε χαῖρε φεραία. id est,

Munichiæ & portus custos veneranda Pheræa.

At Pheræam Dianam apud Sicyonios describit Pausan. in Corinth.

Ecbateria Diana in Siphno insula, & culta & nuncupata, ait Hesychius.

Derrhiatis Diana cognominata, vt Pausanias scribit, à Derrhio non procul à Taygeto, cuius simulacrum sub diuo cõstitutum ait. huius deæ templum etiam Stephanus commemorat. ait enim Derrham, non Derrhium, locum esse Laconiæ: vnde sit nomen gentile Derrhæus, vel Derrheates. vnde Derrheatidis Dianæ templum.

Daphnea Diana nuncupata, cuius sacellum Pausan. scribit fuisse in finibus Spartiatarum, Strabo lib. 8. cùm de Alpheonia Diana egisset: ad Olympia, inquit, stadiis 80. distãs, huic deæ in Olympia annuus conuentus celebratur: sicuti & Elaphiæ, & Daphneæ. Tota enim hæc regio templorum Dianæ, Veneri & Nymphis dicatorum, refertissima est.

Χησίας Diana nuncupata à Callimacho in hymno ad deam ipsam à Chesio oppido Ioniæ, vt Stephanus ait: vt verò Scholiastes, ita appellata à promontorio Sami.

Lucina Diana, quæ parientibus fauere credebatur. Vergilius:

Casta faue Lucina, tuus iam regnat Apollo.

Varia tamen apud auctores sententia. Quidam enim Iunonem, vt est in Iunone dictum: quidam Dianam. Catullus in seculari carmine ad Dianam, sic ista iungit:

Tu Lucina dolentibus,

Iuno dicta puerperis.

Et similiter M. Cic. lib. secundo de Nat. deor. cuius verba placet hic subsignare, ne ea sæpius citare oporteat: Luna, inquit, à lucendo nominata sit, eadem enim est Lucina. itaq; vt apud Græcos Dianam, eámque Luciferam, sic apud nostros Iunonem Lucinam in pariendo inuocant. Vidi in aureo numismate apud Achillem Masseium, in postica facie inscriptum, cum Dianæ simulacro, facem ardentem habente, sic: DIANA LVCIFERA. B. Aegius. Quæ eadem Diana Omniuaga dicitur, non à venando sed quòd inter septem numeretur, tanquam à vagantibus Diana dicta, quia noctu quasi diem efficeret. Adhibetur autem ad partus, quòd ij maturescunt aut septem nonnunquam, aut (vt plerunque) nouem Lunæ cursibus: qui quia mensa spacia conficiunt, menses nominantur. Concinnéque, vt multa, Tymæus, qui cùm in historia dixisset, qua nocte natus Alexander esset, eadem Dianæ Ephesiæ templum deflagrauisse: adiunxit, minimè esse mirandum, quòd Diana cùm in partu Olympiadis adesse voluisset, abfuisset domo. Hactenus Cicer. Macrobius quoque vltimo Sat. lib. ait, Lunam humidam & aperire & relaxare, subdit: Hinc est quod Diana, quæ Luna est, ἀέρτομος dicitur, quasi ἀέρότομος, hoc est aërem secans. Lucina à parturientibus inuocatur, quia proprium eius munus est, distendere rimas corporis, & meatibus viam dare, quod accelerando partui salutare est. & hoc est, quod eleganter poëta Timotheus expressit, Διὰ λαμπρὸν πόλον ἄςροι, διὰ τ' ὀκυτόκοιο σελίνας. hoc est, Per splendidum polum astros, pérque accelerantem partum Lunæ. Sed iam de Lucina, reliquum instituti reddo. Dicta est Lucinia, vt Ouidius in Fastis docet:

Gratia Lucinæ dedit hæc tibi nomina lucus,

Aut quia principium tu dea lucis habes.

Parce precor grauidis facilis Lucina puellis,

Maturúmque vtero molliter aufer onus.

Reliquum de Lucina ex Iunone repete, nam Ilithyian statim tibi ascribam, quæ apud Græcos Lucina est.

Ilithyia Diana à plerisq; existimata, vt scribit Phurnut. Hinc Hor. in carmine seculari:

Rite maturos aperire partus,

Lenis Ilithyia tuere matres,

Siue tu Lucina probas vocari,

Seu genialis. Vergilius:

Casta faue Lucina, tuus iam regnat Apollo. Ouidius:

Præpositam timidis parientibus Ilithyiam.

Vnde Aristys puella apud Theocrit. in Daphnide, χαλεπὸν βέλος ἀλαθέως, difficile telum Ilithyiæ. Quare μογοστόκος etiam dicta est, vt notat Hesychius. vtitur item Theocritus.

hæc

hęc & βολωσία dicebatur, vt Gręci grammatici obseruant. Huic deæ dictamus, seu dictamnus (vtroque enim modo appellatur hæc herba) fuit dicata, quòd valde sit odorata & propterea ad facilem partū valere traditur. quin ea Ilithyia ideo coronabatur, vt apud Theonem in Arati commentariis legimus, & Phornutum. Idem & Zenodotus Mallotes, & suo carmine innuit Euphorion. Orpheus in primo hymno, quo loco & πϱοθυϱδίαν, quasi ianuæ præpositam, & vitæ ianitricem inuocat, eique deæ de styrace suffimentū adolet. Et quod Diana Ilithyia & Prothyræa eadem sit, ille idem Orpheus, in eodem hymno ita cecinit:
Ἄρτεμις εἰληθυια, ἠ ἐυσμνὴ πϱοθυϱδία: hoc est, Ilithyia, Diana, & casta Prothyræa, Sané & hymno qui κοινὸς inscriptus est, Prothyrea Hecate cognominatur, χαῖρ᾽ ἑκάτη πϱοθυϱδία μεγαδύναμε hoc est, Salue Hecate Prothyræa valde potens. Redeo ad Ilithyian, quam Pausanias in Attica ait templum Athenis habuisse: existimatámque ex Hyperboreis ad Latonam parturientem in Delum venisse, & inde ad alias gētes manasse, sub specie lupæ ex Hyperboreis, scribit in histo. animalium philosophus. Homerus autem in hymno ad Apollinem, cecinit Irin missam dearum iussu, inscia Iunone, ad Ilithyiam, vt laboranti iam per nouem dies Latonæ opem ferret: atque ita illius aduentu Latonam partu leuatam. Huic propterea Deliaci in primis sacrificabant, hymnósq; canebant ab Olene vate conditos. Eadémque de causa in Attica terra Ilithyia inter deas γυναικαλλίας collocabatur quę deæ generationi præesse putabantur. & ideo etiam Venus Generyllis dicta est, vt suo loco dicemus. Cretenses verò, qui gnossium agrum colebant, in Amniso genitam Ilithyiam arbitrabātur, Iunonis filiam. quin & Hesychius Ilithyian, Amnesiam etiam vocatam ait. Idem Paus. auctor est, apud Athenienses institutum fuisse, vt Ilithyiæ simulacra ad imos vsque tegerentur pedes. Fuit & Ilithyiæ apud Aeginenses templum vetustum, cuius simulacrum ita fuit effictum, vt à capite ad pedes tenuissimo esset panno contectum, & manum alteram in rectum porrigeret, altera facem teneret accensam: ea ratione, quòd partus dolores igni æquentur: vel potius, quòd in lucem partus efferre crederetur. Diodorus Siculus, quo loco Cretensium res tractat, diuersam Dianam & Lucinam facit. Lucinæ, inquit, data est parturientium cura, officiúmque eorum quę parturientes perferunt: vnde & in partus discrimine, & difficultate mulieres hanc præcipue deam inuocant. ad Dianam verò tradunt infantium ac ciborum curam pertinere: & reliqua quę idem scriptor executus est. Homerus etiam diuersam à Diana facit, & à Iunone, cùm Latonæ partum in hymno Apollinis describit. Pindarus quidem in Pythicis & ipse distinguere videtur, cùm Aesculapij matrē aureis sagittis Dianæ perdomitam canit, antequam cùm Ilithyia opus perficeret. idem in Nemeis Ilithyiam inuocat, in Sosigenis pueri Aeginetæ hymno, eámque parcarum ait assistricem, filiámque Iunonis. Diodorus quoque Siculus Lucinam, id est, Ilithyiam, Iunonis filiam scribit. item Hesiodus, qui de Iunone loquens canit, ἡδ᾽ Ἥβην καὶ Ἄρεα καὶ εἰληθυιαν ἔτικτεν. hoc est, Hæc Heben peperit, Martémque, atque Ilithyiam. Idem Pindarus in Olymp. ἐλευθὼ Ilithyiam vocauit, cùm eam & Parcas Apollo iubet assistere Euadnę parturienti. De eadem Eleutho meminit & Phurnutus, & Hesychius his verbis: Eleutho vna est Ilithyiarum, & Cereris cognomen apud Tarentinos, & Syracusanos. Ilithyiam sunt qui ἐυλύναν appellent, ceu cum Parcis si, vt Paus. ait in Arcadicis: Eulimon, inquit, (vt Amasæus exponit) quasi dicas Lanificam, appellat: candem esse innuens, quæ & Pepromene, hoc est fati sors dicitur. nam & Saturno antiquiorem memorat. Ilithyiæ templum in foro, & statuam habuisse Tegeatas, idem Paus. scribit, quę ἐνόκνασις ex historia vocabatur, quasi ingeniculata, vt parientes solent. Nam cum Nauplio filiam præcipitandam in mare Haleus dedisset, illa interea genibus incumbens, puerum enixa est, vbi delubrum mox cōstructum. Dicta verò est Ilithyia ἀπὸ τοῦ ἐλύεσθαι, hoc est ab euoluendo. Eleutho verò, παϱὰ τὸ ἐις τίκτουσας ἐλεύθειν: hoc est, quòd ad parturientes accedat. Sanè numero plurium Suidas Ilithyias protulit, deas parientibus assistentes: idem & Phurnutus, qui ideo plures Ilithyias & Amores fuisse scribit, quòd varij sint mulierum partus, & amantium desideria. Sed Hesychius ait, Ilithyias interdum deas significare, aliquando dolores. Singulariter verò poëta Iunonem in Argis posuit. Porrò & λοχία Diana etiam dicta fuit, à partu leuando scilicet, vt Artemidorus lib. 11. cap. vigesimoquinto docet.

Acrea Diana ab Hesychio appellata scribitur, quòd ἄκϱον mons apud Argiuos fuit, in quo Dianæ templum construxit Melampus, cum Prœtidas purgauit, eius rei gratia: Sophocles in Iphigenia. Sedenim & in eodem loco etiam Pallas & Iuno & Venus colebantur, quæ eodem etiam nomine appellan tur, vt in Pallade scripsimus.

Cory

Coryphæa Diana, à κορυφῆ, id est summitate, seu apice nuncupata. nam apud Epidaurios in summo montis templum habuit, auctor Paus. & propterea Coryphæa nuncupata, cuius Telesilla in suis poëmatibus meminit, vt in Poëtis scripsimus. auctor Paus. in Corinth.

Episcopos Diana, hoc est speculatrix cognominata, cuius templum in Elide fuit, Aristarchium vocatum: quod cùm expilasset Sambycus, et per annum cruciatus esset, in tormentis mortuus est. vnde prouerbiū, Sambyco grauiora pati: vt Plutarchus in Græcorū problematib. pluribus prodit.

Dictynna Diana cognominata, eadem apud Cretenses existimatur, quæ apud Aeginetas Aphæa ἀπὸ ἀ ἐφίοτς, id est deiectu nuncupata. Dictynna igitur, quæ & Britomartis, hoc est: dulcis virgo, est interpretata, Iouis et Charmes filia fuit, & Dianæ valdè chara: quæ Minoem regem amantem fugiens, vt Paus. ait, se in retia, quæ piscibus capiēdis erant extenta, proiecit. mox à Diana dea facta, à Cretensibus colebatur. Fabula elegantissimè in Ciri poëmate Vergiliano à Charme ipsa recitatur: ad quam legendam te inuito, ne hoc loco versus aduocem simul enim & de ea opiniones quæ feruntur, infelix Charme attigit. Sed & Dictynnam sibi Aeginetæ apparuisse asseuerabant. Dicta verò à retibus, quæ græcè δίκτυα dicitur. Illud obseruaui, apud quosdam non Britomartem, sed Critomartin appellari: quos crediderim in mendosos codices impegisse. Diodorus Siculus hāc fabulam sic fermè recitat: Britomartem, inquit, etiam Dictynnam dicunt, in creta genitam, ex Ioue et Charme filia Eubuli, Cereris filij. Hæc retia ad venandum inuenit, ex quo & Dictynna est cognominata. vtebatur verò consuetudine Dianæ: quæ res causam præbuit, vt quidem Dictynnā & Dianam eandem esse existimarent, quam deam sacris templisq; Cretenses coluere. Qui autem Dictynnam à rebus piscatoriis, quas fugerat, Minoë insequente concubitus gratia denominatam volunt, procul à vero esse videntur, non enim credendum deā Ioue natam, ad tantam egestatem compulsam: nec Minoa regem iustissimum, tam impium fuisse. hæc ferè Diodorus ex Cretensium theologia. Quidam Dictynnam dictam non è piscatorum retibus, sed venatorum potius, rati sunt: quod & magis verisimile videtur, cùm Dianam significet, vel Dianæ comitem. Græcus Pindari interpres in Pythiorum principio tradit, Apolline & Diana ex Latona natis, hanc in Dictynio Cretæ monte habitasse, illum in Lycia. Sanè Phauorinus & Dianam Britomartin vocatam ait: citátque Callimachi illud, ἀλλάφνον Βειτόμαρτιν ἰυσκοπον. Subdit & posteà oraculum Ioui datum, quod nasciturus esset ex Hecate, qui eum regno eiiceret. Pariente autem Hecate, assistentes puellas exclamasse Βίτον, id est bonū: hinc dicta est Britomartis. Phurnutus lib. de Deor. nat. ait Dictynnā dici ἀπὸ τῦ βάλλειν δίκορτας ἀκτῖνας: hoc est ab iaciendo huc radios. Δίκειν γὸ τὸ βάλλειν: δίκειν enim iacere est. vel ἀπὸ τ Δικυνῶτις τὴν δύναμιν ἀυτῆς εἰς πάντα τὰ ὑπὶ τ̅ γῆς: hoc est, quòd eius potestas pertranseat omnia quæ in terra sunt. hæc tantum Phurnutus. Crebra verò tum Græcis tū Latinis scriptoribus huius deæ mētio. Tibullus:

Pérque suas impunè sinit Dictynna sagittas.

Lutatius, seu Lactantius grammaticus commentario 9 Theb. Dictynna, inquit, ob id dicta Diana Britomartis filia, virgo Cretensis Dianæ à retibus piscatorum, (quæ græcè δίκτυα nominantur) à quibus huius corpus inuentum extractum est. Insula tamen Creta pestilentia laborauit, quam euadere penitus nequiuissent, nisi templum Dianæ instituissent, eámque Dictynnam vocassent à retibus. Statius:

Per te maternos mitis Dictynna labores.

Orthias Diana cognominata, in primis à Lacedæmoniis, cui & aram statuerant, ad quam (vt in Laconicis scribit Plutar.) pueri Spartiatæ cæsi totum diem, ad mortem vsque interdum verbera tolerabant. Pausanias verò, Limnæum locum fuisse prodit, in quo Dianæ Orthiæ sacellum fuit, vbi antiquitus homines ex oraculo sorte ducti mactabantur. quam rem vt diram, Lycurgus in puerorum flagella & verbera commutauit, vnde ara humano quidem sanguine conspergebatur. hoc simulacrum ex Taurica, vt alibi diximus, Iphigenia & Orestes deportarunt. Hæc & Lygodesmos dicitur, quod Lygi plantæ genere simulacrum inuolutum rectum fuerit. est autem λύγος vitex, vt notum ex Dioscorido, Plinio, & aliis Et de Orthia Diana Plutar. in libello περὶ ποταμῶν: si modò Plutarchi est, vbi περὶ γάγγα ποταμῶ. Orthiæ Dianæ & Orpheus in hymnis. meminit, & ego in primo de Poët. historia. Orthian scribit Hesychius denominatā, ab Arcadiæ regione, vbi eius templum erectum fuit. Sanè & Orthian & orthrian inuenimus: sed hanc à matutino

Syntagma XII.

tin o tempore,illam quòd recta esset.de Orthosia verò Diana alio loco agam.

Brauronia Diana cognominata,à Braurone Atticę populo,vt scribit Stephanus.Brauron verò heros fuit,vnde loco nomen Brauroniæ Dianæ fanū Athenis fuit in arce, cuius simulacrum Praxitelis opus fuit, vt ait Pausanias.Brauroniæ Strabo meminit, & Valer. Harpocration,& Herodotus.Apud Hesychium legimus, βραυρωνια celebritatē esse Dianæ, in Attica,in qua de capra sacra fierēt: vbi & Rhapsodi primùm Homeri Iliada cōcinuere.

Triuia Diana dicta est,quod in triuiis coleretur,vt ait M.Varro.Græci τριόδιον, & τριοδίτην eadem ratione vocant.Ex nostris quidam Triuiam appellatam tradunt, quòd in coelo, in terra,& apud inferos eius sit potestas.Phurnutus verò τριοδίτιν, καὶ τ τριάδ͡ων ἐποπίων cognominatā ait, à triplici eius mutatione,dum per coeli signa graditur. In commentariis Theocriti etiam illud legimus,Hecaten Iouis & Phereæ,Aeoli filiæ, filiam fuisse, quæ in triuiis à matre abiecta fuerit,& à Pheretis pastoribus & suscepta & nutrita fuerit. atque ideo & in triuiis culta & nuncupata:quòd in Hecate pluribus à nobis ostensum est. Varro:Diana ab eo Triuia dicta,quod in triuio ponitur ferè in oppidis gręcis:vel quòd vna dicitur esse,quę in coelo tribus viis mouetur,in altitudinem & latitudinem & longitudinē. Interpres item Arati,latinus,cur Triuia dicta sit,pluribus edisserit.Cleomedes verò in secundo de Mundo,triformen Dianā ideo ab antiquis existimatā scribit, quòd tres sint Lunę effigies, falcata,bissecta,& plena:& propterea ait Dianā triformē.Horat.Ter vocata audis,adimísq; letho Diua triformis. At quare triformis dicta,ex Orpheo & aliis suprà plura attulimus. De Triuia,id est,Proserpina,Vergil.Iam subeunt Triuiæ lucos,&c. Pro luna. Catullus:

Vt Triuiam furtim sub Latmia saxa relegans,
Dulcis amor gyro deuocet aërio. Idem:

Tu potens Triuia & notho es dicta lumine Luna. Chariclides apud Athenæum in septimo ait, Δέσποιν᾽ Ἑκάτη, τριοδίτι, τρίμορφε, τριπρόσωπε, &c. Vide quæ in Hecate multa scripsi,& si libet,huc confer.

Enhodia,hoc est ψοδία ἀερίμυς est cognominata: hoc est, viarum dea, vt Festus docet. vnde & eam virginem esse putabant, quòd via nihil pariat. id quod & diuus Augustinus tradit, & Arati interpres in Luna. Enhodiæ Dianæ & Artemidorus lib. secundo Onirocriticōn meminit. Scribit Phurnutus, non aliam ob causam ψοδίαν dici, quam qua Apollo Agyieus,de quo in Apolline egimus. Sanè & de ψοδία Mercurio iam actum est.

Leucophryne Diana apud Magnetes quidē maximè culta, sed cuius etiam apud Athenienses simulacrum esset, quòd à Themistoclis liberis positum ferunt, vt in Attica docet Pausanias. Magnesiis enim Themistocles Persarum regis beneficio imperauit, inde est dea Athenas aduecta. B.Aegius libentius scribit Leucophryenen.

Aphæa Diana dicta,cuius in Aegina templum fuit,vt ait Pausanias:& iam etiam in Dictynna dictum est.nam apud Aeginenses Aphæa fuit,qualis apud Cretenses Dictynna, & Britomartis. Aphæ & Hesychius meminit.

Saronis Diana cognominata est, quod eius deæ templum Saron in mare construxit. Verùm cùm aliquando ceruam insectaretur, in aqua summersus est, ibidémque sepultus: qua ex re ille & mari & deæ cognomentum,vt ferunt,dedit. Pausanias auctor.Eustathius tamen Saronicum sinum vel à flumine, vel à venatore dictum prodit,qui feram insequens in mare decidit: vel ἐπὶ Ϝοβγεαζ, quòd Scylla Nisi illic tracta sit. vel quòd olim querno nemore redimitus sinus Saronicus esset,ita appellante antiqua Græcia quercum, Plin. auctore.Hesychius verò Saroniam deam vocat,sed rem parum exprimit.

Laphria Diana nuncupata, cuius in primis templum Patris vrbe Achaiæ fuit, vt Pauf. pluribus scribit.eius statua in modum venantis ex ebore confecta fuit,& auro,quam Menæchmus & Suidas Naupactij confecerāt. Patrenses ab Augusto ex præda Calydonia acceperunt.cognominata verò à Laphrio viro Phocense,qui eā in Calydone erexerat.Sunt qui appellatam malint,quòd ipsius deę ira aduersus Ceneum singulis annis ἐλαφροτέρα fieret, id est, leuior ac facilior. Dum Laphriæ Patrenses sacra facerent in pyra, quæ circa aram structa erat, varias feras & aues iniiciebāt.Fuit & Laphria Mineruæ epithetō, vt apud Lycophronē scribit Isaacius. Porrò quidā nō à Laphrio denominatā tradunt,sed per syncopen quasi λαφυρείαν, quòd vt hæc,id est, Minerua ex bello spolia,ita Diana ferat capita, & ferarū spolia.Legimus & Misiam Dianā apud Pauf.& eius sacellū fuisse in Laconicis.Alibi tamen & Hieriā vocatam ait:nam apud Orestasium,templum hoc nomine habuisse tradit.

De Deis Gentium.   D   Ephesia

Ephesia Diana ab vrbe cognominata. Ephesiæ Dianæ templum scribit Pausin Achaicis struxerūt Crœsus, homo indigena, & Ephesus, Istri fluminis filius: à quo & vrbs & templum nomen obtinuit. alij tamen Amazonas struxisse tradunt, vt Pindarus & Dionysius Afer, & Strabo, aliíque. Theophilus autem cùm de Ephesu agit, primum quidem ab Epheso quodam dictam ait, ibi qui cauponam exercebat, id est, καπηλεύοντ@. Tum subdit: vel dicta ab Epheso Lydes Amazonis, quæ prima Dianam venerata est, & Ephesiam cognominauit. aliqui dicunt, cùm Theseus & Hercules propter Hippolytæ baltheum depugnarēt, vsque in Lydiam eas insecuti sunt, ad templū Dianæ, quam Διο]υνᾶναι αυτᾶς την σωτηρίαν, à qua re est Ephesus vocata, & dea ipsa Ephesia. Sed hæc fabulosa: & his si plura cupis, lege Eustathij commētaria in Dionysium, vbi de trunco seu stipite vlmi agit: & Callimachi hymnum in Dianam, vbi Amazones templum struxere. nunc ad historiam veniam. Templum Ephesiæ Dianę Amazones primùm incendisse, scriptum inuenimus, Syluio posthumo regnante. rursus verò incensum, quo tempore Socrates venenum ebibit. hoc Bap. Leo lib. septimo. Plinius verò ait, Dianæ templum CC & XX annis factum à tota Asia. totius templi longitudo fuit pedum CCCXXV. latitudo, CCXX. columnæ, CXXVII. à singulis regibus factæ, LX pedum. ex iis XXXVI cælatæ, vna à Scopa, operi præfuit Ctesiphon. Herostratus templum id incendit, vt ob aliquod saltem facinus nominaretur. id cùm ea nocte fieri contigisset, qua Olympias Alexandrum peperit, græcæ adulationi locum fecit vt diceret, desertum à dea templum, vt parturienti assisteret Olympiadi, & Magnus nasceretur Alexander. Strabo lib. quartodecimo: Dianæ Ephesiæ templum, ait, primus Archiphron mirè fabricatus est, postea maius fecit illo. sed cùm Herostratus quidā id incendio consumpsisset, aliud præstantius construxerunt, mulierum ornamentis, & multis opibus ad id collatis, refectísque prioribus columnis, quarum rerum testimonio sunt decreta tūc facta, quæ Artemidorus dixit Timæum Tauromintanum historicum ignorasse. & paulò post subiungit, ab eodem Timæo proditum, Dinocratem architectum templum consummasse, eum qui Alexandriam est in Aegypto architectatus. Tectum, inquit Plin. Ephesiæ Dianæ scanditur vite vna Cypria, quoniam ibi ad præcipuam altitudinem exeunt. Arrianus in primo hist. Alexandri beneficia commemorat in Dianæ Ephesiæ honorem collata. De hoc Dianæ Ephesiæ etiā templo, Lucas in Apostolicis actionibus multa: vnde D. Paulo à Demetrio negotium factitatum. quo loco Lucas & Theophylactus in prologo epistolæ Pauli ad Ephesios νεωκόρον Dianam Ephesi dixerunt. hoc est ædituam, & vt Latinus interpres exponit, cultricem. Porrò in Dianæ Ephesiæ annuo festo iuuenes primo flore ætatis, & virgines cultu nobili, ad templum cum pompa procedere solebāt, festúmque diem agere, & sponsalia mutuò inire. Sedenim vt Hesychius notat, Ephesij Elusian Dianā vocabāt.

Caryatis Diana, sic cognominata, vt Pausscribit in Lacon. à loco Dianæ & Nympharū sacro. Caryatidis verò Dianæ simulacrum sub diuo fuit, quo in loco annuas choreas Lacęnæ virgines agebant. Loci meminit Theopompus & Stephanus. Hesychius verò & loci, celebritatis, & templi: Dianæ verò Caryatidis, & celebritatis, Diomedes grammaticus & Probus meminere. itémque Theocriti commentatores, vbi agūt de Bucolici carminis inuentione: Quo tempore, tradunt, Xerxes in Græciam aduentaret, omnes deserta Laconia, metu barbarorum perterriti, in diuersas partes fugēre: & cùm virgines timore laterēt, ex hoc euenisse, vt eo die quo solitus erat chorus virginū Dianæ Caryatidi hymnum canere, nemo ad solenne sacrum inueniretur. tunc itaque pastores ex rure in vrbem conuenerūt, & ne ritus sacrorum interrumperetur, pastorali carmine composito deæ honorem celebrauerunt, vnde etiam βουκολισμὸς dictus. hæc illi fermè. Alia quæ de huius carminis inuentione feruntur, & fortasse potiora, non nostræ rei propositæ faciunt. Apud Caryum vel oppidum, vt quidam, vel χωρίον, id est, regiunculam, Castor & Pollux saltationis genus inuenere, quo postea in Dianæ honorem vsæ sunt Caryatides virgines, vnde & Græcis frequens verbum καρυατίζειν. Cuius meminit Lucianus in Dialogo de saltatione.

Lye Diana nuncupata à Siculis, vt amicus noster multæ lectionis, scribit, quoniam ea dea Siculos lienis morbo laborantes liberauit. quare factum est, vt rustica turba theatrum ingressa, victoriam caneret, quam Hiero de Syracusanis obtinuerat. hæc ille, & plura. Diomedes & Probus hoc Dianæ cognomentum non à liene deductum significāt; sed potius (vt elicimus) à verbo græco λύω, soluo & libero. Diomedis verba: Antequam Hiero Syracusas expugnaret, morbo Sicilia laborabat (vel, vt Probus ait, lue pecora interibāt) variis

& assi

Syntagma XII.

& assiduis cęremoniis Dianā placantes, finem malis inuenerunt, eandem Lyen cognominauerunt, quasi solutricem malorum, &c. Liuius lib: quinto, v. Decad: Luam deam commemorat: nescio an eadem sit cum Diana. ita enim ille: Edito ludicro omnis generis, clypeisque ęreis in naues impositis, cętera omnis generis arma cumulata in ingentem aceruum, precatus Martem, Mineruam Luámque matrem, & cęteros deos, quibus spolia hostium dicare ius fásque est.

Taurica, Thoantea, vel Thoantis, Orestea, Fascelis, Aricina, & Nemorensis, cognomina sunt Dianæ, quæ simul enarranda mihi videntur, quòd ex eadem penè fabula desumpta videntur: quæ fabula licet à pluribus tradatur, ego hic ex Seruij Grammatici secūdo ex sexto Aen. commentario sub compendio recitabo. Cùm Græci, inquit, in Aulidem venissent, Agamemnon Dianæ ceruum occidit ignarus. vnde irata dea, flatus ventorum remouit. quamobrē cùm nec nauigare possent, & pestilentia laborarent, oracula consulta dixerunt, Agamemnonio sanguine Dianam esse placandam. Ergo cum ab Vlysse per nuptiarum simulationē adducta Iphigenia in eo esset vt immolaretur, numinis miseratione sublata est, cerua supposita: & translata ad Tauricā regionem, regi Thoanti tradita, sacerdósque facta Dianæ: cùm secūdum statutam consuetudinē humano sanguine numen placaret, agnouit fratrem Orestem: qui accepto oraculo, carēdi furoris causa cū amico Pylade Colchos petierat. & cùm is occiso Thoante simulacrum sustulisset, absconditum fasce lignorum, vnde & Fascelis dicitur, (non tantum à face, cum qua pingitur, propter quod & Lucifera Diana, & φωςφόρος, & σιλασφόρος dicitur) Ariciam detulit. Sed cum pòstea Romanis sacrorū crudelitas displiceret, quanquā serui immolarentur, ad Laconas est Diana trāslata, vbi sacrificij consuetudo adolescētulorum verberibus seruabatur, qui vocabantur βωμονίκαι: quia aris superpositi contendebant, qui plura possent verbera sustinere. Licet nonnihil aliter in tragœdia Iphigeniæ in Tauris, Euripides fabulam recitet. non enim occisum Thoantem ait, sed à Minerua monitum, vt impunè cum simulacro Oresten & Iphigeniā in Atticā abire permitteret. At verò in sexto Seruius, de ramo aureo agens: Licet (inquit) qui de sacris Proserpinæ scripsisse dicuntur, quiddam esse mysticum affirmēt, publica tamen opinio hoc habet: Orestes post occisum regē Thoantē in regione Taurica, cū sorore Iphigenia fugit, & Dianæ simulacrum inde sublatum haud longè ab Aricia collocauit. in huius templo post mutatum ritum sacrificiorum, fuit arbor quædam, de qua infringi ramū non licebat: dabatur autem fugitiuis potestas, vt si quis ex ea arbore ramum effringere potuisset, cum fugitiuo eius templi sacerdote monomachia pugnaret. nam fugitiuus illic erat sacerdos, ad pristinæ imaginem fugæ. dimicādi autem dabatur facultas, quasi ad pristinī sacrificij reparationē. hæc Seruius. Sed nos iā seorsum hæc ipsa cognomina interpretemur.

Taurica igitur Diana ideo vocata, vt ex his quę hic, & in Tauropolo scripsimus, vidisti, & præterea ex Diod. Siculo. Scribit Ammianus Marcellinus in hist. à Tauricis populis Dianam nuncupari Arsilachen, seu Orsilachen. De Taurica meminit etiam Ouidius lib. tertio de Ponto. Thoantias autem, & Thoantea, à rege ab Oreste interfecto dicta. Silius:

Mille Thoanteæ sedes Fascellina diuæ.   Ouidius item:

Quique Thoanteæ Taurica sacra deæ.   Val. Flaccus in octauo:

Illa Thoanteæ transit deflexa Dianæ.

Orestea verò vocata ab Oreste. Ouidius:

Sacráque Oresteæ gemitu questúque Dianæ.   Idem:

Cultáque Oresteæ Taurica terra deæ.

Fascelis, & interdum Facelis Diana vocata fuit, vt ex Seruio diximus: & Facelina quoque, vt Probus ait. Appellata verò vel à fasce, vel à face vel ἀπὸ φακέλου, id est, à lignorū onere ac fasce: atque ideo nunc prima producta, nūc correpta ēnunciatur, vt ex his quos subdam versibus, facilè cognoscere datur. Silius:

Mille Thoanteæ sedes Fascellina diuæ.

Quanquam Silij hoc carmen quidam sic interpolant, Sedes Facelina Dianæ, propter illud Lucilij ex tertio Satyrarum, Et sæpe quod antè

Optasti freta Messanæ & Rhegyna videbis

Mœnia, tum Liparas Facelinæ templa Dianæ.

Quod ideo dictum videtur, non tantum propter id quod paulo antè ex Seruio recitauimus, quòd Orestes apud Ariciam Dianę simulacrum collocauit: sed ob id, quod Varro

De Deis Gentium.   D 2   lib.

316　Historiæ Deorum

lib. Diuinarum, & Cato de Originibus tradunt, quòd Orestes à nece matris dicitur purgatus apud Rhegium, quod à Taurica (vt puto) Taurocinum dictū est: & Rheginos, Taurocinos vocauit Cato in tertio de Originibus. nam eò (vt Probus etiam scribit) Orestem cum Iphigenia atque Pylade dicunt materna nece expiatum venisse: & diutius ibi visum esse ex arbore suspensum ensem, quem abiens Orestes reliquisse dicitur: cuius ensis & Cato & Varro meminerūt. Scribit etiam Donatus, quo tempore Orestes è Scythia cum Pylade fuerat reuersus, surrepto numinis simulacro, & lato in fasce lignorum, Fascelidē Dianam nuncupatam esse. atque adhuc de Fascelide, de qua & Hyginus in Astronom. poët. & in libro Poëticarum fabularum, Nunc de Aricina & Nemorensi Diana agamus. sic igitur culta & nuncupata à nemore Aricino, non multu à Roma distante. Suetonius Tranquillus in Caligula: Nemorensi regi, quod multis iam annis potiretur sacerdotio, validiorē aduersarium subornauit. Quod ideo ab ipso dictum est, quòd vt Strabo ait, qui ibi primus hostiam mactabat sacerdos, rex appellabatur: serui de honore certabant fugitiui: singulisque annis ei qui renuerat sacerdotium, certandum erat cum aliis, victor succedēbat, & hi appellabātur reges Nemorenses. Strabo καθίσταται γ ἱερεὺς ὁ γυμνῆς αὐτόχειρ τοῦ ὄρμβιβα, πρότερον Ἀγαμίπας ἀνήρ, ἔχων τὸ ξίφος δι' ὅπλου, κατὰ πᾶν τὸ ἄλσος ἱερεύων ἀμίνησι: Qui enim victimæ mactator prius extiterit, sacerdos instituitur, fugitiuus quidam vir gladium tenens, & insultus semper circumspectans, ad tutandum strenuè est paratus. Pausanias quoque in secundo eadem penè ait, vbi de Aesculapio agit, qui Hippolytum vitæ restituit. ait enim, ipsum post vitam restitutam in Italiam venisse, Ariciniisque imperasse, & ibi nemus Dianæ consecrasse, vbi etiam Pausaniæ tempore singularia fiebant certamina, & victor sacerdotium obtinebat: certamen libero nulli proponebatur, sed seruis tantum fugitiuis. hæc fermè Paus. Hinc igitur in Fastis, regnum hoc sacerdotium vocat Ouidius & in Arte:

　　Ecce suburbanæ templum nemorale Dianæ,
　　　　Partáque per gladios regna nocente manu.　　Item Martialis in 1 x.
　　Qua Triuiæ nemorosa petit dum regna viator.　　Val. Flaccus:
　　Solíque immittis Aricia regi.　　Silius:
　　Quíque immitte nemus Triuiæ.　　Lucanus in tertio:
　　Qua sublime nemus, Scythicæ qua regna Dianæ.　　Idem in sexto:
　　Parua Mycenææ quantum sacrata Dianæ
　　　　Distat ab excelsa nemoralis Aricia Roma.

Dicta autem Mycenæa Diana, à Mycene græca vrbe, ex qua Iphigenia illi mactanda, eius facta fuerat sacerdos, & cum fratre eius simulacrum asportauerat. Scythica etiam dicta, propterea quòd Tauri populi in Scythia fuerāt, vnde est ablata. sic post Lucanum, Solinus: Aricia Orestes oraculo monitus simulacrum Scythicæ Dianæ de Taurica extulerat, quod priusquam Argos peteret, cōsecrauit. Sanè cum sacrum nemoralis Dianæ instaret, id est, Idus Sextiles, ab vrbe facibus accensis in nemus Aricinum discurrebatur. Propertius in secundo,

　　Cum videt accensis deuotam currere tedis
　　　　In nemus, & Triuiæ lumina ferre deæ.　　Ouidius in Fastis:
　　Sæpe potens voti frontem redimita coronis
　　　　Fœmina lucentes portat ab vrbe faces:
De Diana loquens Aricina. Papinius in Syluis:
　　Iámque dies aderat, profugis cum regibus altum
　　　　Fumat Aricinum Triuiæ nemus, & face multa
　　　　Conscius Hippolytæ splendet lacus.

Porrò & Nemidis etiam Dianæ templum fuit in in Græcia, vt in octauo scribit Strabo. Iphigeniam Dianam cognominatam lego à Diodoro, Hesychio, & Pausania in secūdo: quam vt eandem esse crederem cum Tauropolo Diana, fabulæ quæ diuersæ tradūtur, faciunt. Herodotus quippe in quarto, de Tauris populis agens, & eorū moribus: Ita virgini, inquit, naufragos immolant, & quoscumq; Græcos illuc delatos, hoc modo. postquam preces peregerint, hominis caput claua feriunt, truncum corpus proturbant è rupe, vt fertur. Est enim in prærupta rupe templum positum. caput cruci affigi quidam, truncum sepeliri humo tradunt. Dæmonem, cui immolant, aiunt Iphigeniam Agamemnonis. hæc quidem fermè Herodotus. Sed vt rem prosequamur: Iphigenia, vt Phœdimus ait, Dianæ miseratione

tione in vrsam cōuersa fuit, cùm in Aulide mactanda esset: vel in taurū, vt Nicander scribit. Sunt qui in anum, vel in ceruam. Lycophronis verò interpres: Isaacius, rem hanc ita prodit: Cùm, inquit, Iphigenia ad aras mactanda staret, vrsa, vel cerua, vel anus, vel taurus per medias cucurrit Græcorum copias. qua re visa, vates sic iussit, quodcunq; illud fuerat, mactandū esse: Iphigenia autē quæ mactanda fuerat, in Scythiam delata, vbi Dianæ templum erat, & vrbs, in qua Græci immolabantur, qui fortè illuc peruenissent. quod tandiu obseruatum est, donec Orestes cum Iphigenia surrepto Dianę simulacro, quod è cœlo cecidisse credebatur, in Atticam deuenere, vbi ab Oreste, Palladis iussu & Iphigenię, templū Tauropoli Dianæ cognominatæ constructum fuit. Hæc fermè Isaacius. Fabulam quoque
10 Euripides in tragœdia Iphigeniæ in tauris copiosè exequitur. Tauropoliæ Dianæ meminit & Diod. lib. v. Idem & Tauropolia sacrificia Dianæ & Martis apud Amazonas vocari scribit. Strabo quoq; lib. XIIII. ait in Icaria insula templū Dianę fuisse, quod Tauropoliū à dea diceretur, id quod in XVI repetit: vbi fuit & oraculū. T. Liuius lib. quarto, v. Decad. Amphipolim cùm iam fama pugnæ peruenisset, concursúsq; matronarū in templū Dianę, quam Tauropolon vocant, ad opē expostendā fieret, &c. ταυροπολία, ait Hesychius esse, quæ in celebritatem Dianæ deferūtur. Phauorinus verò, Tauropolon (inquit) Dianā dixerūt, quoniam vt taurus τρέπεται omnia: vel quòd taurū Neptunus immiserit Hippolyto. furente œstro per omnem ferè terram: vel quòd Iphigenia è Scythia fugiēs, in Attica simulacrum Dianæ constituerit, & tauropolon Dianā appellauit. Dionysius Afer in situ Orbis, non à
20 gente tantùm sed à tauro, Tauropolon Dianam denominatā ait: quia, vt Eustathius, ea regio armentis abundet, quibus præsit dea: seu, quia Diana Luna credatur. quare & Tauropus dicta est, quòd sit vt taurus aspectu. Sanè Hesychius nō modò Tauropolam Dianā, sed & Mineruā vocat. ταυρώ quoque idem, in Tauris regione Dianā nuncupatam fuisse ait. Sed & Taurica dea, & Taurica sacra, ab eadem regione appellantur, vt paulò pòst dicemus.

Munichia Dianā Athenis culta, vt Paus. in Attica ostendit. meminit eius Callimachus in hymno, vbi interpres Scholiastes, Munichiam ait partem portus Piræi esse,

Πότνια μυνιχία λιμενοσκόπε χαῖρε.

Munichia ô custos portus salue veneranda.

De Munichio verò loco maritimo plura Strabo. meminit & Demosthenes pro Ctesi-
30 phonte. Hellanicus verò in secūdo Atthidos, Munichiam ait appellatam esse à Munichio rege, Pentaclei filio, qui & Dianæ Munichiæ templum erexit, in quo cùm Athenienses vrsam Dianæ sacram interfecissent, fames facta est: qua tum demum eos liberatum iri prædixit oraculum, cùm eorum quispiam deæ filiam sacrificasset. id quod Embarus ea conditione pollicitus est, si sacerdotium in sua familia perpetuò permansisset, & gentilitium fieret. quod cùm annuissent, exornatā filiam immolauit: qua ex re factum in eos est prouerbium, qui insani ac vecordes sunt, ἔμβαρός εἰμι, id est, Embarus sum. plura in prouerbiis Erasmus. Ab hoc facto, scribit Arpocration, mos inoleuit, vt inde virgines Dianæ Munichię & Brauroniæ consecrarentur ante nuptias, quæ puellæ ἄρκτοι, id est, vrsę ab eis vocarentur: à quibus & verbum quoq; deductum ἀρκτεύσαι, quo verbo vsus est Lysias & Euripides. ἀρκτεύσαι
40 autem δεκατεύειν, id est, decimare significat. Alij historiam aliter recitant. Puellas enim tradunt ornatas veste crocota, nec decimo anno grandiores, nec quinto minores immolari solere. nam cùm aliquando vrsam cicurem in Attica, quę cum hominibus versabatur, fratres quidam interemissent, quod sororem suā petulantius colludentem interemissent, Dianæ ira pestilentia in Attica grassari cœpit. vnde oraculum consultum, responsúmque est redditum, tum pestilentiam desituram, si virgines aliquas Dianæ mactarent pro vrsa. indéque factum verbum quod diximus ἀρκτεύειν. Pollux verò lib. quinto, ἀρκτεύειν, ait, τὰς παρθένους ἐλέγετο ἡμῖν ἀρτίως: decimari verò virgines dicebat populus Atticus. quem locum parum expressit, qui Pollucem nisus est latinæ consuetudini tradere. A Munichia & Munichion mensis Atheniensiū dicitur, in quo Munichia celebritas agebatur, vt in nostro scripsimus
50 de Annis & mensibus, &c. Huius præterea historiæ & mensis meminit Sophistes Libanius in ea declamatione, qua Dianam laudat: quam est operæprecium legere, quoties de Diana historiam amplius nosse volueris. multa enim in ea narrat parū protrita latinis.

Alphęa Diana, culta & nominata ab Elæis, vt docet Paus. Aiunt enim, Alpheum Dianę amore captum, eam precibus ad nuptias deflectere nequiuisse. quare ad insidias conuersus, noctu ei vim inferre tentauit, vnā cum nymphis eius comitibus. quas insidias Diana cùm sensisset, luto sibi ac Nymphis faciem illeuit. ingressus Alpheus, quæ nam Diana esset, minimè discernere potuit: quare illusus, abscessit. hinc Letrinæi Dianam Alpheam nominarūt: quam aliqui Alpheniam dixere: bene, an male, non statuo. Elæi verò Elaphiæam dixerunt, vel à ceruis, vt Pausanias existimat: vel ab indigena muliere, quam ferunt Dianæ fuisse nutricem. ἐλαφιδέα etiam Diana nuncupabatur, ab ictu ceruorum, & nece: sicuti & & à cæteris feris quæ ab ipsa in venatione occideretur, ϑηροκτόνϕ appellata fuit. Dicebatur & Elaphibolia, quo nomine culta est à Phocensibus. de qua hęc legitur historia. quòd cùm Phocenses à Thessalis obsiderentur, suasu Daiphanti principis pyram construxere, vt si quid durius accidisset, bona in ea omnia imponerent vnà cum mulieribus, id vnanimiter comprobantibus. qua pyra cō structa, in hostes exiuere, & victoriam obtinentes, anniuersarium Elaphiboliæ Dianæ Phocenses instituerunt, vt Pausanias pluribus recitat. hinc factum prouerbium, φωκίων ἀπόνοια, id est, Phocensium desperatio, de his qui magno animo ardua & supra vires aggrediūtur. historiæ præterea Plut. & Stephanus meminere. Sanè Alphæa Diana ἀλφειᾶν etiam dicitur, vt apud Pindarum notant interpretes in Pythiis: quo loco ποταμίαν ἀρτεμίδα. id est, fluuialem Dianam Pindarus vocauit, ob eādem causam. Alpheæ, & Elaphiæ meminit & Strabo libro VII. quo tamen loco Alpheonia vertit latinus interpres, cuius lucum ait ad ostium Alphei fuisse, & templum, & quæ in eo picturæ.

Cnagiam Dianam coluere Lacedæmonij, à Spartano Cnagio cognominatam, qui in bello apud Aphidnas gesto captus à Castore & Polluce, & Cretēsibus venditus, cum Dianæ simulacro in patriam aufugit: vnde nomen dea sortita est. Paus. in Laconicis: tametsi aliam ipse historiam libentius sequatur, quæ nihil ad rem nostram.

Triclaria Diana in Achaia culta, in cuius festo peruigilium celebrabatur quotannis, in eóque hominum fiebat immolatio, quæ inde sumpsit initiū. nam cùm in eius templo Menippus & Cometho nimia victi cupidine coiuissent, irata dea id piaculum exegit. Longa est apud Pausaniam in Achaicis historia. De Triglantina in Hecate egimus.

Pitho Diana cognominata est etiam, quod cùm Picus meus apud Hermolaum libro trigesimoquarto Nat. hist. legisset, qui id tantum innuit, ipse quid afferret amplius non habuit. ego in Corinthiacis, hoc est, libro secundo Paus. comperi, cuius hæc sunt verba à me exposita: Sacellum, inquit, Dianæ cognomine πείϑος, Hypermestra constituit, cùm patrem in iudicio vicisset, quod iudicium Lyncei causa effugit. de Pytho verò, id est, Suada dea, quæ Suadendi dea est, plura collegit Politianus, & ego nonnulla in Poëtices historia, & in hoc etiam vbi de singularibus deis egi.

Icaria Diana in insula Icaro colebatur, vbi deæ celebre templum fuit. scatebat verò capreis & leporibus præpinguibus hæc insula, quas feras qui capere ac venari cuperet, impetrata à sacerdotibus venia, venatores quotquot vellet ex iis capiebant: si veniam non impetrassent, vacui à venatione, & inanes redire dicebātur, atq; vt audaciores mulctabātur.

Didyma Diana à Pindaro cognominata in Pythiis, illo carmine, παρϑένϕ χωρὶ διδύμα: quod & comment. obseruant. Didyma verò, vt reor, quia cum Apolline ex Latona genita δίδυμα enim gemini dicuntur, vt nosti.

παιδοτρόφϕ, hoc est puerorum nutrix Diana appellata est, vt Diodorus notat: quod ad eam infantium ac ciborum, quos ea ætas postulat, officium pertinere putarent antiqui: qua, inquit, ex causa παιδοτρόφϕ vocabatur, cuius deæ templum apud Coronem fuit, vt in Messeniis scripsit Pausanias.

Pellenea Diana cognominata à Pellene vrbe notiss. de hac in Arati vita scribit Plut. eius simulacrum per alia tempora intactum mansisse: & cùm à sacerdote motum de loco afferretur, aspectum ita perstringere consueuisse, vt à nullo contrà aspici posset, sed ab eo oculos cuncti auerterent: nec hominibus modò visum horrori esset, sed propinquas quoque arbores, cùm portabatur, infœcundas redderet, & immaturos fœtus excuteret. quod cùm Arati tempore sacerdos extra tulisset, & ad Aetolos conuertisset, sic omnes consternauit, vt ne mente quidem consisterent. Fuit & in Attica Pallenidis Mineruæ fanum, vt in primo Herodotus scribit, cùm de Pisistrati reditu agit.

Hemeresia Diana apellata fuit, quoniam apud Clitorios Melampus quibusdam sacris & explationibus Prœtidas in Dianæ templo insaniā ac furore sanauit: id quod pluribus in secundo de Poëtarum historia sumus executi. Diana autem ideo cognominata, à māsuetudine, quam ἡμέρωσιν Clitorij ipsi nuncupant. Historia Arcadicis à Paus. exponitur.

Syntagma XII.   319

πολυβόαν@ Diana etiam vocata,& vt quidam etiam putant Proserpina,quæ & ita in sacris inuocabantur, πολυβοαν ἀρτεμ,πολυβοαν κύρα. tametsi quidam hoc loco κύραν non, Proserpinam,sed simpliciter puellam interpretantur,de Diana. Sic autem nuncupata à fimbriis, quibus vteretur:vel quòd multis ex locis audiretur,vt venatrix: vel quòd multo canum latratu frequentaretur,vel à multis sacrificiis:auctor Hesychius.

Εὐκλέα, Euclea Diana Thebis culta, cui & templum positum, vbi simulacrum fuit à Scopa factum,vt.in Bœot.scribit Paus. quo loco sepultas ait Androclian & Alcidan, Antipœni filias, cuius & historiam enarrat. Ante huius deæ ædem leonem ex marmore factum, positum fuisse ferunt. Miratus sum Domitium in Attica , quam ex Paus. in latinum conuertit,quid eo loco sibi vellet: Longè posterius templum,inquit, ὀυκλίας διαθέματι ipse de suo addidit,quam Romani Iustam appellat,&c. alij latinè Celebrem interpretati sunt. Eucleæ meminit & Sophocles. Eiusdem Eucleæ apud Bœotios & Locros ara & statua in foro dicata fuit.hæc in primis Diana credita:ab aliis Herculis & Myrtus filia.quæ cùm virgo interiisset , meruit vt ei nubentes priusquam cōuenirent,rem sacram facerent, vt in Aristide pluribus scribit Plutarchus.

Callistes Dianæ ædes fuit in summo tumulo, vbi sepulta erat Callisto. vnde factum est deæ cognomen , vt est apud Paus.in Arcad.

Auentina Diana cognominata , quòd in Auentino monte Romæ in primis coleretur. quæ & Auentinensis etiam à Val.Maximo appellata est, cum ait : Quisquis Auentinensi Dianæ immolasset,&c.nam Ser.Tullio regnante,à Latinis templum ibi conditum fuit.teste Liuio Sex.Pomp.Seruorum,inquit,dies festus existimatus Idib. Aug. quòd eo die Ser. Tullius natus serua,ædem Dianæ dicauerit in Auentino:cuius tutelæ sunt cerui, à quorum celeritate fugitiuos vocēt Ceruos. Dionysius tamen Alicarnas. videtur Ancum Martium huius templi auctorem facere.de Anco enim inter cætera ita: Post quæ Rex pecuniis quas contulerant vrbes ex omnes, extruxit Dianæ fanum in maximo Romæ collium Auentino collocatum,legésque in base ærea conscripsit. Decipiuntur, qui Ouidij illud interpretantur de Diana,quòd est:

Luna regit menses, huius quoque tempora mensis
Finit Auentino Luna colenda iugo.

Nam diuersum hoc fuit à Diana Auentina, vbi nūc est ædes Sanctæ Sabinæ. Liuius autem de æde Lunæ: Atrox,inquit, cum vēto tēpestas foret ex æde Lunç,quæ in Auētino est, rapta tulit.in summo enim dorso Auētini Lunæ ædes fuit In vestibulo huius templi ex vetusto ritu boū cornua affigebātur,cùm in cęteris Dianę templis ceruorū cornua. Causam Plut.in quæstionibus Romanis quærit, & recitat:Ferūt,inquit,in Sabinis Antroni Coratio boue insigni specie ac magnitudine natam fuisse.à vate deinde quodā monitū,si quis eam bouem in Auētino Dianæ immolasset, factum iri eius qui rem diuinam fecisset ciuitatem totius Italiæ imperio potituræ.homine re credita, vt bouē immolaret,statim Romā venisse.seruū interim Seruio regi clā rem omnē indicasse.illū è vestigio Cornelio sacerdoti imperasse,vt Antroni,antequā rē diuinā faceret, in Tiberi se ablueret,ritè præciperet : (sic enim eos qui litare vellēt,facere cōsuesse:)Antronē cupidè profectū lauisse, Seruiū interim occupasse,ac Dianæ bouē immolasse, & cornua tēplo affixisse.hoc Iuba monumētis mandauit,& Varro:nisi,quod Antronis nomen Varro nō prodidit:nec à Cornelio sacerdote, sed ab ędituo deceptū fuisse Sabinū dicit. Auētinę Dianę & Propertius in quarto meminit:

Phyllis Auentinæ quædam est vicina Dianæ.   Martialis:
Laudat Auentinæ vicinus sura Dianæ.

Astratea Diana sacellum habuit in agro vrbis Pyrrhichi,ideóque ibi positum, quòd inde Amazones contra Græcos præliantes vlterius non processerunt,vt & vox indicat.Eodem etiam loco Amazonius Apollo cultus:auctor Pausanias.

Issoria Diana Teuthrane & culta & dicta,vrbe Laconica,à Teuthrante condita:Paus. vbi Dianæ Issoriæ & Aeginææ templa fuere. Issoria, inquit Hesychius, Diana, & celebritas & locus in Sparta.meminit & Stephanus in Ἰσσωρ. Anysidora vero, alibi dicta.

Φιλομίρρξ, hoc est,adolescētum amatrix Diana cognominata,cuius sacellum fuit, vt scribit Paus.in via Siope euntibus ex gymnasio ad balnea,apud Elienses.

Cordaces Dianæ templum distabat, vt est apud Paus.per stadium à sepulchro procorū Hippodamiæ.sic autē vocata fuit, à saltationis genere, quod Pelopis socij propè deam ibi

D 4   existen

existentem duxere, ἐπινίκια canentes: hoc est, victoriæ carmina. Quod autem saltationis genus esset κόρδαξ, probè, vt puto, docuimus in primo de historia poëtarum, itémque quæ essent Epinicia.

Pyronia Diana dicta, cuius templum fuit in Arcadiæ monte Crathide: vnde ad Lernæa sacra antiquis temporibus ignem sumere solebant. à quo igne, vt reor, dea ipsa Pyronia nuncupata est.

Cedreatis Diana ab Orchomeniis ideo sic vocata fuit, vt Paus. auctor est, quòd eius simulacrum in ingenti esset cedro erectum. Considerandum verò apud Hesychium in vocabulo κεδρεᾶτις, an legendum sit κεδρεατίδος an ἀρεατίδος ἀρεύσιδος.

Heurippa à Pheneatis in Arcadia Diana cognominata, vt Pausan. scribit: cui templum ab Vlysse positum fuisse existimant, quòd videlicet amissos equos in eo loco inuenisset, qua ex re & cognomen factum, παρὰ τὸ εὔρειν τὰς ἵππους. Nuncupata etiam ἀνοξία à Rhodiis, vt notat Hesychius, quasi boni transitus.

Hymnia Diana ab ὕμνοις, id est laudibus appellata: cuius templum fuit in Orchomeniorum regione, parte læua montium Achisiorum. vide historiam apud Paus. in Arcad. vbi & cultum, & sacerdotum ritum planè perscribit.

Aethiopia Diana cognominata, teste Stephano, qui & eius varias opiniones recenset. Quidam enim sic appellatam putant à regiuncula quadam Lydiæ Ἀιθιοπίῳ nomine, vbi coleretur. alij, quòd cùm apud Aethiopas versaretur, eam Apollo abduxerit. nonnulli παρὰ τὸ αἴθειν ab ardore videlicet, quòd Luna sit, vt Callimachus ait. quidam, quòd ea Hecate sit, quæ facibus vti putabatur, vt Erastothenes prodidit.

Persia, quæ & Persea, seu Persica Diana nuncupata, de qua sic Diodorus: Colitur, inquit, & à Persis plurimùm Diana, cui mysteria instituerunt barbari: quæ, vt ait, ad suum vsque tempus Persea dicebantur. Sedenim dea hæc trans Euphratê colebatur summa religione & cultu, cui sacræ pascebantur boues, nullo custode. Erant verò tantùmodo signo deæ notatæ, hoc est face, vel lâpade. Harū vnius miraculū Plut. in Lucullo perscribit, quæ illi sacrificāti obtulit. Legimus, q̃ in Castabalis Persicæ Dianæ fanum fuit tãtę religionis, q̃ ibi dicatæ virgines (si credere dignū est) super prunas nudis pedibus ambularent, nullo nocumēto. id quod tamen dæmonū illusione ad montē Soractis Hirpinæ quædā familiæ ad Feroniæ templū cōtigisse solitū, tradunt auctores: Plin. Solinus, Seruius, alij. Paus. miraculum hoc à se visum tradit. Deam verò ait Lydis celebratissimā, Persicā fuisse, cuius celeberrima tēpla fuisse præcipuè in Hierocæsarea & Hypepis, in quibus sacella cum ara, cum quodā cinere haud sueto: vbi cùm res diuina fiebat, sacerdos cū lignis ingrediebatur, quæ aræ supponebat, & capiti Tiaram, & manu librum tenens, legebat barbaras quasdam suas precationes. Cornelius quoque Tacitus in lib. Ann. sic de hac re prodit: Altius Hierocæsarienses exposuêre Persicam apud se Dianam delubrum rege Cyro dicatum, & memorabantur Perpennæ Isaurici. multáque alia Imperatorū nomina, quæ non modò templo, sed duobus millibus passuum eandem sanctitatem tribuerunt.

Phylliada Dianam Callixenus apud Athenæum appellare videtur: sed quamobrem, non sanè compertum habeo. Sunt qui à foliis arborum, quod ea dea, hoc est Luna, etiam potestatem habeat eorum propter humorem. Cùm ego nihil ab antiquis didicerim, quisque quam velit sibi rationem vel afferat, vel confingat.

Corythallian etiam Dianam apud Athenæum in quarto appellatam inuenio: ad cuius templum pueri mares à nutricibus deferebantur. quidám sic appellatam arbitrātur, quòd κόρυς pueros dictos videmus. sunt qui κορυδάλλην laurum nuncupent.

Amphipyron quoque cognominari videmus Dianam à Sophocle in Trachiniis, ea videlicet causa, quod vtraque manu facem præferret. eadem & Hecate existimatur.

Ἰοχέαιρα, hoc est, sagittis gaudens Diana, à Græcis cognominata est, vel quòd dea bellica sit: vnde & Polemarchi Atheniensiū, qui principes erāt belli, sacris Dianæ & Martis Enyalij præerant: vnde armigerā ab Ouidio nuncupatā existimarim in Metam. propter arma venationis. vel quòd venationibus dea gauderet: quare & Venationū præsidem veteres putabāt. id quod ex eius plerisq̃ cognominibus Phurnutus in lib. de Deorum nat. ostēdit. Hoc verò ἰοχέαιρας epitheto, Orpheum & Homerum secuti plerique alij poëtæ vsi sunt.

Κυνηγέτην, id est Venatricem: & θηροκτόνῳ, id est Fericidam: & ἐλαφηβόλῳ, id est Ceruicidam: & ὀρεσίφοιτῳ, id est monticolam Dianam nuncupatam ait Phurnutus. Suidas etiā, & ἐλάφῳ dictam

Syntagma XII. 321

dictam ait, quòd scilicet ceruos venari crederetur, quos Græci ἴλλυς καὶ ἴλαφοι nuncupant. Theophilus Elaphebolon, à ceruorum insectatione dictam putat. Meminit Orpheus in hymnis eadem ratione & Elephia nominatur, cuius & Strabo meminit libro octauo. De Elaphibolia iam actum est. Hesychius etiam à feris cædendis, Dianam cognominatā scribit θηροφόνῳ καὶ θηρακτίνῳ. Dianæ præterea canes sacri fuere, quod Phurnutus ait. Diana in Arcadicis apud Paus. vbi de Megalopoli & Acacesia agit, venatrix ita describitur: Ceruina pelle velata, pendente ex humeris pharetra, altera manu lapidem, dracones duos altera sustinet, adiacet canis de venaticorum genere.

Lycæa Diana, est à lupis cognominata, à Trœzeniis, cuius ædes ab Hippolyto posita narratur, quòd inde lupos depulerit: auctor Pausanias.

Pergæa Diana vocata est, ab oppido Pamphyliæ Perga, de qua sic Mela Pomponius: Inter eos, inquit, Perga est oppidum: & Dianæ, quam ab oppido Pergæam vocant, templum. meminit & Strabo libro decimoquarto. Hanc eādem Stephanus Pergasiam vocat.

Elymaitis Diana, sic nuncupata, teste Porphyrio, & Hieronymo, quòd Elymais regio esset vltima Persarum ad Orientem, vbi templū fuit ditissimum Dianæ Elymaitidis. quod cùm Antiochus Epiphanes spoliare conatus fuisset, à templi custodibus, & vicinis circùm gentibus oppressus traditur, panicisque quibusdam terroribus in amentiam versus, demū morbo interiit. & hoc ei accidisse commemorant Polybius & Diodorus, quòd templum violare ac diripere conatus sit. Strabo quidem apud Elymæos Palladis ac Dianæ templum commemorat, quod Azara diceretur, ex quo decem milia talētorum ablata sint. hanc verò historiam recitat Appianus in Syriaco: & non Dianæ, sed Veneris templum Elymææ prodidit. ait enim, missum Popilium cum literis, vt nunciaret Antiocho, ne pugnaret in Ptolemæos: Antiochum deliberandi tempus poposcisse Popilium, virga circulum duxisse, & dixisse: intra hunc delibera. Rex stupefactus, statim abitionem parauit, Venerisque Elimææ templum spoliauit. tum demum ex valetudine tabescens, mortem obiit, nouem annorum filium relinquens.

Amarynthis Diana, quā & Amarysiam vocari putamus, de qua Paus. in Attica: Athmonenses, inquit, Dianam Amarysiam colunt. cuius causam cùm perquirerem, nihil apud interpretes certi comperire potui. Ego verò, ait Paus. ita coniectura colligo: Amarynthus in Eubœa est, vbi hanc Amarysiam colunt. nec minore pompa quàm Eubœi, eundem diem Athenienses celebrant: vnde Apud Athmonenses hoc nomen extitisse arbitror. hæc ille. Porrò & Steph. Amarynthum Eubœæ insulam prodit, à venatore Amarynthio nuncupatam: vnde fiat gentile Amarynthium, & Amarysium. citátque Paus. Vnde est Amarysia Diana, quæ & à nostris aliquando Amarusia dicta est. Strabo verò libro nono Amarynthum ait vicum fuisse apud Eretriam, vnde Amarynthia Diana. Fuisse autem apud priscos Eretrienses celebres, colligit ex columnæ vetustæ testimonio, quam in Dianæ Amarynthiæ templo antiquitus illi erexerant, cuius etiam inscriptionem adscribit. Huius deæ & T. Liuius libro quinto Decad. quartæ ita meminit: Sacrum, inquit, anniuersarium eo forte tempore Eretriæ Amarynthidis Dianæ erat, quod non popularium modò, sed Carystiorum etiam cœtu celebrabatur. Euphronius apud Phauorinum ait, quod in Amaryntho Colænis Diana coleretur, de qua alibi plenius agemus. Porrò & Cressa, & Cressica etiam cognominata cùm ab aliis, tum Callimacho & Diodoro.

Soluizona Diana, hoc est, λυσίζωνε cognominata est, de hac Apollonij interpretes: Soluebant, aiunt, primùm parientes zonas, & Dianæ dicabant: vnde eius etiam Athenis Soluizonæ phanum fuisse proditum est. Eadem ratione & Ilithyia Lysizonos nuncupatur, teste Phurnuto. hinc Theocritus:

ἔνθα ᾗ Ἀλεθυίαν ἐβώσατο λυσίζωνον;

Hic vbi Lucinam vocitabat Lysizonam.   in decimoseptimo

Edyll. Orpheus in hymno:

Λυσίζων. φίλοιςγε, κυνήγετι, λυσιμέριμνε,

Legimus & græcum epigramma de zona soluta. & Catullus noster de eadem re nec semel meminit, vt:

Quòd zonam soluit diu ligatam.   Idem alibi:

Quòd potuit zonam soluere virgineam.

Latini Virginensem deam pari ratione vocauere, vt alibi docuimus. Sed & soluere pudorem

dorem legimus dici, propter vincula castitatis, vt Seruius docet in quarto Aeneid. in eo:
Spemq; dedit dubiæ, soluitq; pudorem.

Quin & Homerus in Odyss. λύσει ἢ οἱ ζώνην dixit, id est, Soluit autem ei zonam. Sanè sunt qui zonam tum solui tradiderunt, cùm primum nuptui puella traderetur: quo modo Homerus & Catullus. alij verò, cùm primum puellæ pariunt, id quod Apollonij interpretes: vnde & Lysizonæ Dianæ templum apud Athenienses. Meminit & Lysizonæ Dianæ Hesychius. Sed &, quo loco Homeri dicitur, quemadmodum Neptunus Tyro Enipei amnis amore captam, priusquam Enipeo iungeretur, euirginauerit. id enim significare, ait Scholiastes inibi, λύων παρθενίην ζώνην. Sanè & Latini ita tradunt, vt est apud Festum: Cingulo noua nupta præcingebatur, quod vir in lecto soluebat, factum ex lana ouis: vt sicut illa in glomos sublata coniuncta inter se sit, sic vir suus secum cinctus vinctúsque esset, &c. Meminit idem in Cynxia Iunone.

Cnacalysia Diana à Caphyaris culta, cognominata verò à monte Caphyis propinquo, qui Cnacalos vocabatur: auctor Pausan.

Condyleatis Diana appellata à Condyleo loco, qui non plus stadio distat à Caphyis, vt idem scribit Paus. Huius tamen postera ætas cognomen mutauit, & pro Condyleatide ἀπαγχομένη vocitata est. nam pueri quidam pro templo ludentes, restem fortè inuentam collo imaginis Dianæ iniecere. Sed Dianam ferunt suspendisse iniicientes. id quod Caphyiatæ intelligentes, pueros ipsos quasi sacrilegos lapidauere: tum pòst euenit, vt eorum vxores morbo quodam correptæ abortirentur. Consultum super hac re oraculum, Pythia respondit, pueros sepeliendos, & quotanis eis sacra facienda. qua ex re ἀπαγχομένη Diana, id est strangulans, pro Condyleatide est nuncupata.

Sciaditis Diana à Scia vocitata, qui locus à Megalopoli tredecim stadiis distabat: cuius templum Aristodemus tyrannus, vt docet Pausan. condidisse dicebatur.

Angitas etiã Dianæ nomé, & fluuij nõ lõge à Pangæo decurrétis, vt Hesychius prodit.

Ἡγεμόνη ἄρτεμις; Hegemones Dianæ, id est ducis fanum stadiis quatuor ab Acacesio vrbe distabat, de qua in Mercurio Acacesio meminimus. nam Dianam Cereris, non Latonæ filiam, Aeschylus fuisse ait, Aegyptios imitatus: vt & Paus. refert. Porrò hæc de Hegemone Diana historia prodita est. Aristomelidas Orchomeniorum, qui in Arcadia fuere, tyrannus, Tegeatidis virginis à se vitiatæ custodiam Chronio commisit: quæ priusquam ad tyrannum reduceretur, præ metu ac pudore sibi manus intulit. Chronius per quietem à Diana excitatus, Aristomelidan occidit & Tegeam aufugiens euasit, atque ex ea reducis, id est ἡγεμόνης ἀρτέμιδος ædem cõsecrauit. Meminit & Hegemones Dianæ Hesychius, qui & Venerem hoc eodem nomine fuisse scribit. Sed enim & apud Lacedæmonios fuisse legimus δρόμον, id est cursus locum, in quo, ait Pausan. sua etiam tempestate adolescentes sese cursu exercere solebant. & à cursu discedentibus, Dianæ ἡγεμόνης appellatæ templum fuit, quæ scilicet ad pugnam deduceret.

Limniatidis Dianæ tẽplũ fuit apud Tegeates, ab ea vrbe 7 stadiis procul: decẽ verò ab eadẽ, Cnateidos Dianæ fanũ. Sanè hoc nomé apud Cor. Tacitũ lib. 4. ita legitur: Audite, iñquit, dehinc Lacedæmoniorũ & Messeniorũ legationes, de iure tẽpli Dianæ Limenitidis, quod suis à maioribus, suáq; in terra dicatũ, Lacedæmonij firmabant annaliũ memoria, vatúq; carminibus: sed Macedonis Philippi, cũ quo bellassent, armis ademptũ, ac pòst C. Cæsaris & M. Antonij sentétia redditũ, cótra Messenij veteré inter Herculis posteros diuisionẽ Pelopõnesi protulere, & cætera quæ sequũtur, medosa, nec ideo ascripta. At verò Artemid. lib. 2. vbi de deis agit, Dianã ait λιμνῆτιν dictã, & piscatoribus bene significare: à stagno videlicet nũcupata. Porrò & alicubi apud Paus. me legisse recordor, Limnæã etiã Dianã appellatã: nunc locus nõ succurrit. Nũc verò demũ mihi se offert. locũ esse in Corin. vbi ait, apud Sicyonios culta fuisse, templúq; habuisse, cuius tectũ collapsum vetustate esset, de statua verò se nihil habere. idem scribit Pausanias. Sed & in Scholiaste Euripidis in Hippolyto: λίμνην, inquit, gymnasium Trœzenis, vbi mirificè colebatur Diana. Vnde videri potest, Limneam dictam esse.

Lycaotidis Dianæ templum fuit in Lycoa vrbe, & eius item deæ æneum simulacrum in monte ad meridiem, vt in Arcad. Pausan.

Chitone Diana ab Atticæ populo, vel potius à tunica cognominata, quæ græcè χιτών dicitur: de hac Callimachus in ipsius deæ hymno:

Πότνια

Syntagma XII.

Πότνια πολυμέλαθρε, πολυπτόλι χαῖρε Χιτώνη: id est,
Vrbibus & domibus multis veneranda Chitone, Salue.
Et item in hymno Iouis meminit. Solebant enim vetetes infantium vestes ipsi deæ Dianæ suspendere. Stephanus & Chitonem hanc deam, & Chitoniam vocari ait, ex Menippi Byzantij sententia. Epicharmus in Sphinge, Chitoniæ quis concinat mihi melos. Athenæus libro quartodecimo, apud Syracusanos scribit peculiares fuisse Dianæ Chitoni ε (sic enim ipse legit) saltationem, & tibiarum modulum. Porrò, nisi mendum sit, Hesychius Dianam & κιθωνίαν vocauit. B. Aegius se ait vidisse Lauiniæ in Latio, inscriptionem hanc: VIRGIN. CHITONE SACR. hoc est, Virgini Chitone sacrum.

Oenoatis, ἀινωᾶτις Diana etiam cognominata est, vt Hesychius ait, ab Oeno Argiua. Oene ciuitas fuit agri Argiui, vt in primo Hecatæus apud Stephanum. Horus vocat Oenoé, vnde sit Oenoatis Diana, quæ à Prœto erecta fuerit.

Stymphalia Diana vocabatur, vt est apud Pausſ. à Stymphalo Arcadiæ vrbe, iuxta cuius deæ templi tectū Stymphalides aues fuisse fabulatur. Sed de his auibus in Hercule nostro plura diximus, & nobis lōgè plura Pausſ. Stymphaliæ etiā Dianæ Stephanus meminit.

Colænis Diana cognominata à Colæno viro, qui vt Myrrhinusij tradunt, rex fuit ante Cecropem, quod Pausſ. obseruat. Hellanicus autem, Colænum à Mercurio oriundum, ait ex oraculo Colænidis Dianæ templum cōdidisse: & Phænodemus in quarto. sed Euphronius in Amaryntho, Colænida ait fuisse appellatā, propterea quod Agamemnon ei sacrificauerit ex cera τὸν κόλον, id est, hircū sine cornibus: ita ego interpretor. Metagenes in Auris, meminit Colænidis: & Aristophanes in auibus. vnde locus nō amplius Colænis, at Diana Acāthia. Meminit & Suidas: qui præterea subdit, etiā hoc nomine genus volucris significari. Fuit & Diana Hesychio Colemis, quæ à Colemo nomē sortita est, nisi perperā legatur.

Coloena, κολόινα Diana etiam appellata, teste Strabone in decimotertio à lacu in Sardiana regione, qui Gygæus prius, mox κολὸν nuncupatus est. ibi sunt Hermi & Caystri campi: & templum fuit Dianæ Coloenes, quod maxima habebatur veneratione. in eius siquidē celebritate simiæ saltare ferebantur, qua in re suam non vult fidem Strabo astringere.

Opis, ὦπις, ἦ ὄπις, nomen Dianæ apud Græcos, vt testantur Callimachus & Macrob. qui ex Alexandri Aetoli poëtæ græci epigrammate, in libro qui inscribitur Musæ, hoc carmen citat:

Ἐμνήσω ταχέων ὦπιν βίβηντ ἰραν δίςων.

Scripsimus & ipsi in primo de Poëtarum historia, Hypingos, Vpingos, fortasse non male vocari cantica & carmina quæ Dianæ dicata fuerant. Dicti verò Vpingi, ab Vpi, ipsius Dianæ patre, cuius in tertio de Nat. deorum Cicero meminit. Vnde & Diana ipsa & Vpis, & Opis interdum vocata est, prima producta. Nam Ops Opis, pro Saturni coniuge, prima correpta profertur. Tibullus:

Idææ currus ille sequatur Opis.

Callimachus in Dianæ hymno, Vpis meminit. Οὖπι ἄνασσα εὐῶπι φαεσφόρε, &c.
Hoc est, Vpi regina pulchri aspectus, lucifera, &c. quo loco Glossema causas, cur Vpis Diana vocetur, habet. Sed ea præcipua est, à tribus puellis hyperboreis Vpi, Hecaerge, & Loxo: quæ Dianam & Apollinem aluere. à prima Diana nomen sumpsit; & reliquis duabus Apollo. vel Vpis dicta παρὰ τὸ ὀπίζειν, id est, à curandis parientibus. Idem Callimachus in hymno Deli:

Οὖπί τε, Λοξώ τε, καὶ ἐνὰιων ἑκαέργη: Id est,
Vpisque, Loxoque, & firma ætate Hecaerge.

Porrò & Palæphatus in libro ἀπίςων, Dianam (inquit) Thraces vocant Bendiam, Cretes Dictynnam, Lacedæmonij Vpin. Sed Vergilius cùm in quarto Georg. tum & in XI. Aeneid. Opin non Dianam, sed sociam comitémque Dianæ facit. vt in illo:
At Triuiæ custos iamdudum in montibus Opis. & paulò post,
Opis ad æthereum pennis aufertur Olympum.

Ops verò pro Rhea dicitur, Saturni coniunx, vt alibi notatum: licet & docti quidam, etiam Opis vocent Sane & Hecaerge Diana dicta, quod Pausſ. Herodotus aliique, & nos in Olenis vatis vita, de Poëtis lib. tertio, retulimus.

Coccoca Diana in Olympicis quare sit dicta, ignoratur. Pausſ.

Elusia Diana nuncupata ab Ephesiis scribit Hesychius. Me præterit, an eadem sit quæ
Lusia

Lusia Diana dicitur, de qua in Cerere Lusia actum est, & de qua etiam Callimachus meminit in hymno.

Chia Diana, ab insula Chio vocata, in qua posita & facta ab Anthermi filiis eius insulæ indigenis. de qua sic Plin. lib. XXXVI. Et in ipsa inquit, Chio narrata est operis eorum Dianæ facies, in sublimi posita. cuius vultu intrátes tristé, abeuntes exhilaratu putabant.

Neleidam Dianam nuncupatam legimus apud Milesios. Sic vero appellatam existimo, à Neleo, ex cuius filiis longè potentissimus fuit Phrygius. hi autem secesserant, relicta Mileto, Myuntem, dúmque ibi manerent, Pieria puella vehementer amata à Phrygio impetrauit, vt pax inter eos componeretur, quo Pieria cum puellis comitibus ad Dianæ Neleidis templum impunè quotannis proficisci posset. qua adepta, apud vtrosque, Milesios scilicet & Myuntios, illud inter nubentes emanauit: Sic amer, vt Pieriam amauit Phrygius. quod & in prouerbium deduxit Erasmus.

Priapinam Dianam commemorat Plut. in Lucullo. Scribit enim, post illam ingentem victoriam qua Lucullus Mithridatem omni maritima potestate priuauit, creditum esse, cœlestis numinis ope eam gloriam Pop. Ro. Lucullum peperisse. Ferunt enim, ait, Priapinæ Dianæ indignatione tam vastã Ponticos tempestatem inuasisse, quia hi spoliato templo, deæ quoque statuam abstulerant.

Delphinia Diana cognominata: repete quę in Delphinio Apoll. copiose disseruimus.

Astyrena Diana, vt scribit Strabo lib. XIII. nuncupata fuit ab Astyra, qui vicus fuit in regione Troiana, & lucus ipsius Dianæ. Sed enim Stephanus Astyrenam Dianam videtur ab Astyro Italiæ deducere: & Mineruam Astyrida esse vult, à Phœniciæ ciuitate circa Rhodũ. Ait enim: Astyra genere neutro, numero plurali, ciuitas Mysiæ apud Troada. Dicitur & singulari numero, Astyron. Fuit & vicus proximus Adramyttio, vt ait Strabo. Fuit & vrbs Phœnices circa Rhodum, in qua colebatur Minerua Astyris. Est & Bœotiæ, ad Potnias, vt Charax scribit in secundo. Est & regio Italiæ, cuius gentile Astyrenus, à qua Dianæ Astyrenes templum.

Bubastis Diana cognominata ab Aegyptiis, vnde & vrbi nomen, vbi conuentus quotannis agebatur in honorem Dianæ, vt Herodotus auctor est. Stephanus vero & Strabo: Bubastus, inquiũt, ciuitas Aegypti, quam Herodotus Bubastin per iota enũciat, vnde nomen gentile Bubastites, & vrbs Bubastitis, Bubastus autem & ciuitas & templum Dianæ, & nomos, id est præfectura Bubastites. Dicitur & Bubastius à Theopom. Aegyptij vero Bubaston æluron, id est felem nuncupant. Hæc Stephanus. Ouid. in Metamorph.

Sanctáque Bubasti, variisque coloribus Apis.

Bubastia sacra etiam Gratius in poëmate de Venatione memorat, de lino agens, ita canens:

Vix operata suo sacra ad Bubastia lino,
Velatur sonipes æstiui turba Canopi.

Panagæa Diana prouerbio dici solita, vt scribit in Prouerbiis Erasmus, de errabundis, ac impensius peregrinationibus amentibus, quod talis Diana fuisse dicatur. Sed cur Panagæa vocetur, non affert.

Elæa Diana, teste Strabone libro octauo, nuncupata ab Elos, qui locus quidam penes Alpheum à quibusdam dictus est. alij vrbem Laconicam dixere. Sunt qui maritimum oppidulum ita appellarunt. quidam circa Elos elorium siue paludem, vbi Dianæ Eleæ templum situm fuit, Arcadiæ subiectum. nam Arcades eius sacerdotium gerebant. Est apud Plutarchum in Græcorum problematis, Dianæ etiam templum insigne fuisse in Elide, quod Aristarchium nũcupabant, quod cùm Sambicus dirupuisset, tandem pœnas dedit: vnde prouerb. apud Elæos fuit: Δεινότερα σαμβίκυ παθεῖν, hoc est, grauiora Sambico pati: de iis qui grauia iustè patiuntur.

Σωτήρα Diana cognominata, salutarem latinè dicere possumus. Domitius tamen in Attica, Sospitem eleganter vertit. Huius diuersa simulacra & templa legimus: primum apud Trœzenios à Theseo erectum, ex victoria Asterionis Minois filij. simulacrum verò ita describitur, σωτῆρας ἀρτέμιδος, id est Sospitæ Dianæ. Cùm Mardonij Persæ exercitus milites agrum Megarésem populati, Thebas ad Mardonium ducem redire vellent, Dianæ numine noctem interuenisse, eósque locorum itinere ignaros aberrasse in partes regionis montanas. vbi cum hostilem exercitũ in proximo esse suspicarétur, sagittas emisisse

Syntagma XII.   325

fisse: quarum repercussu, quoniam rupes proxima gemitum edebat, ardentiores, vt aiunt, ad sagittandum facti sunt, putantes hostium corporibus sagittas contineri. Interea dies illuxit, hostésque subiere. qui cùm armati aduersus inermes ac sagittis vacuos dimicarent, multos ex his interfecere. cuius rei gratia Dianæ σωτήρας simulacrum erexerūt. Ibi & duodecim deorum imagines, quæ Praxitelis artificio attribuuntur: Dianā verò ipsam Strongylion effinxit, auctor Pausanias. Non salutis nomine tantū Dianam, sed & libertatis legimus. Nā, vt Artemidorus scribit in secūdo, Eleuthera Diana culta fuit à Lyciis cap. xxxv.

Sarpedoniæ Dianæ, ait Strabo libro quartodecimo, in Cilicia fanum fuisse, & oraculum: vbi numine perciti responsa dabant.

Orthosia Diana cognominata, cuius Pindarus in Olymp. meminit, & Hesychius. denominata verò ab Orthosio Arcadiæ monte: vel παρὰ τὸ ὀρθοῦν, id est, ab erigendo & subleuādo, quòd scilicet hæc dea parientibus opem ferat. Meminit præterea Lycophron, & Phauorinus, interprétesque Pindarici. De qua etiam Plutarchus in libello περὶ ποταμῶν, vbi de Caico Mysiæ flumine.

Coryphea Diana, sic cognominata, quòd in montis vertice templum haberet. Sunt qui Coryphæon montem dicant prope Epidaurum, in quo Diana coleretur: auctores Pausanias & Stephanus. nos quoque in Telesillæ vita docuimus, quòd Telesilla de hac dea carmen scripserit.

Magnesia Diana, nominata ab vrbe Magnesiæ, cuius meminit Vitruuius libro tertio, cum de sacris ædibus agit. ait enim, Pseudodipteri, cuius formam describit, exemplar Romæ non fuisse: sed Dianæ Magnesiæ, Hermogenis Alabandi.

χρυσαλάκατον Dianam Homerus, aliique poëtæ cognominant: hoc est, Colum auream habentem. Vide hymnum Homeri, in Venerem.

χρυσίνιος ἄρτεμις, vocata ab Homero & poëtis, quòd conspicua sit habenis aureis & pulchris, Iam sæpius dictum, aurum poni pro pulchro & insigni: vt Venus aurea, χρυσηλάκατος ἄρτεμις, & id genus multa.

Cercæa Diana vocata, quam celebrat in primis Arrianus in historia Alexandri Macedonis libro septimo. ait enim inter cætera, eius simulacrum relatum ex Asia Athenas, in Græciam, Alexandri iussu, quod antea fuerat à Xerxe rege cum aliis plurimis ablatum.

Μερόεσσα, Meroëssa Diana nuncupata: quidam à Meroe deducunt, quæ & vrbs & insula est, vel Aethiopica, vel Aegyptiaca. Est & Meroe, vt ait Stephanus, ad orientem, non longe à Daphne Antiochiæ, cuius gentile nomen est Meroæus, vel Merusius, nomen iuxta celebritatem. at Theopompus Merusium in xxxix Philippicorum regiunculam scribit esse: & qui eam incolunt, similiter Merusij dicuntur, & inde Meroëssa Diana. Abest autem hic locus à Syracusis stadia LXX. auctor Stephanus.

Gazoria Diana, culta & denominata à Gazoro vrbe Macedoniæ, vt idem scribit Stephanus. Gentile nomen à Gazoro, Gazorius: vnde Diana dicta.

Ἱππικὴ ἄρτεμις, id est, Equestris Diana, nuncupatur ab interpretibus Pindari in primo Nemeorum hymno, quo Chromium Aetnæum victorem in Nemeæis celebrat Pindarus. Scribunt quidam ἄρτεμιν τὴν διὰ τῶν ἱππικῶν: quo pacto, paulo ante notauimus & χρυσίνιον ab Homero nuncupari, quòd videlicet aureas habenas habeat.

Aristobula Diana, id est, optimè consulens nuncupata. Scribit Plutarchus in vita Themistoclis, quòd cùm in eum inuidia quadam Atheniēsis populus inuectus esset, ipse vt eum ad saniorem animum mentémque conuerteret, magis incitasse, offendissèque, cum Dianæ templum dedicauit, quam Aristobulam, id est, optimè consulentem appellauit, vt quæ optimè ciuitatis Græcorúmque saluti consuluisset. Subdit idem pòst: Fuit in Aristobulæ templo Themistoclis signum, idque ad nostram vsque permansit ætatem, &c. hæc Plutarchus. Aristobulæ deæ meminit Artemidorus in secundo. Sanè & ἀρίστην, & καλλίστην, id est, optimam pulcherrimámque Dianam cognominatam, ait Pausanias in Attica.

LATONA.

Latonam, quæ græcè Λητώ dicitur, cum Diana iunximus, quòd illius & Apollinis mater fuerit. Hæc autem Cœi filia traditur, vnde ab Orpheo in hymnis κοιαντὶς forma patronimica dicta est. διδυματόκος etiam cognominata, hoc est Gemellipara, propter Dianam & Apollinem liberos. Latonæ gallum gallinaceum in amore existimatum ab antiquis, ait Aelianus, quòd ei parturienti affuerit, & quòd etiam nunc parientibus adsit, eísque faciles

De Deis Gentium.   E   partus

partus efficiat. Sanè idem Aelianus alibi, hoc est lib. de Varia hist. quinto, de Latonæ partu ita propémodum scribit: Fama est, vitere in Delo oleam & palmas, quibus tactis Latonam, cum prius non posset párere, Dianam statim peperisse. qua de re cùm alij plures meminére, tum maximè Catullus in suo ad Dianam hymno:

> O Latonia maximi
> Magna progenies Iouis,
> Quam mater prope Deliam
> Deposuit oliuam.

Sed longè copiosius me scripsisse memini ex Græcis & Latinis scriptoribus, de hoc Latonæ partu, in mea quapiam Annotatione iuuenili: tametsi Hyginus lib. Fab. cap. LIII. nonnihil euariet in hac recensenda fabula: Tacitus quoque lib. tertio Ann. de eadem ita propémodum scribit: Primi omnium Ephesij adiére (de Tyberio principe loquitur) memorantes, non vt vulgus crederet Dianam atque Apollinem Delo genitos. Esse apud se Cenchrium amnem, locum Ortygiam, vbi Latonam partu grauidam, & oleæ quæ tum etiam maneat, adnisam, edidisse ea numina: Deorúmque monitu sacratum nemus, atque ipsum illic Apollinem post interfectos Cyclopas Iouis iram vitauisse. mox Liberum patrē bello victorem, supplicibus Amazonum quæ aram insederant, ignouisse. Auctam hinc concessu Herculis, cum Lydia potiretur, cæremoniam templo, neque Persarum ditione diminutú ius, post Macedonas dein nos seruauisse. hactenus Cornelius Tacitus. Culta verò fuit Latona, cum à Græcis, tum maximè ab Aegyptiis, cuius & celebre oraculum in Brute vrbe fuisse, legimus apud Strabonem in vltimo, & Herodotum in secundo, qui & ipsum copiose describit. Alibi tamen ait, Isin matrem Apollinis & Dianæ, hoc est Hori & Bubastis: sic enim eos Aegyptij vocabant, vt suis locis ostendimus. Latona verò eorum nutrix, quo loco ad oraculum ipsum describitur. Prima quoq, Latona censetur inter VIII deos, quos summo cultu venerabantur Aegyptij, & primos deos existimabant ante XII. qui & à Græcis & Romanis (vt iam dictum est) celebrabantur. Fuerunt & tertij dei nuncupati, qui à XII qui secundi fuerant, procreati putabantur. Nocturna Latona quare cognominata sit, Plutarchus & Eusebius in tertio Præparationis euang. ostendunt. Apud insulam Hyperboream, ad Oceanum, vbi natam Latonam ferunt, regia vrbs Apollini sacrata fuit: cuius ciues quòd quotidie cantu deum ipsum colerent, erat eorum nemo non citharista: quod Bap. Leo in septimo Architect. libro recitat. At cætera quæ fabulosa de Latona traduntur, ex poëtis leges. Sufficiat hæc tantum dixisse pro instituto nostro.

ISIS.

Quoniam Isin Diodorus Siculus, & Plutarchus, aliique eandem esse cum Luna tradidere, ideo & ipse in hoc Dianæ Syntagmate conscribam. Isin autem eandem cum Luna esse docent simulacra, vt Plut. ait, quoniam κεραοφόρα, id est, cornigera, ad Lunæ similitudinem effingebatur: & μελανοςόλος, hoc est nigris vestibus: quibus occultationem & adumbrationem eius significabant, in quibus desiderio & amore capta, solem sequi videtur: hinc quoque in amatoriis eadem inuocabatur: & ab ea amatoria, vt ait Eudoxus, subministrari dicebatur. Sed enim Isis certe credita est Aegypti genius: qui per sistri motum, quod gerere fingebatur in dextra, Nili accessum significabat: per situlam, quam sinistra retinebat, omnium lacunarum fluentium ostendebatur, vt in VIII. Aeneid. comment. Seruius docet, qui & eam ait terram Aegyptiorum lingua esse. Sed Horus Apollo Aegyptius, quem in Græcam linguam transtulisse creditur Philippus quidam, annum describens, ita propémodum de Isidis stella hæc prodit: Annum significare volentes, Isim, hoc est mulierem pingunt. hoc eodem signo Deum intelligi volunt. nam apud ipsos Isis stella est. Aegyptia lingua Sothis appellata: græca verò Astrocyon: tametsi alia quædam exemplaria astromyon legunt. Scribit Macrobius in Satur. Isis, inquit, cuncta religione celebrabatur, quæ sit vel terra, vel natura rerum subiacens Soli. Hinc est, ait, quod continuatis vberibus corpus deæ omne densetur, quia vel terræ, vel rerum naturæ alimēto nutritur vniuersitas. Sanè huiusmodi simulacrum repertum Romæ fuit, cùm ego ibi optimam vitæ meæ parte ingratis contererem. Vidi & nomisma vetustum Hadriani, in cuius tergo hæc ipsa effigies inerat, quod his diebus Saluiatus Cardinalis per octauium Pantagathum mihi ostēdit. Alij Isides duas fuisse volunt: id quod Picus meus in suis commentariis scriptum reliquit. Sunt qui nauiculā in sinistra illi imponant, eámq; coronatā abrotano dicant. alij in manu abrotanum

Syntagma XII. 327

tanum ipsum statuunt. Fuerunt qui deam Syriam eandem facerent cum Iside: sed ex lib. Luciani de dea Syria, facile redarguuntur. Alij Pallada, plerique Cererem: quod & in Iside & Osiride Plutarchus notat. hinc & Thermophoros cognominata est, vt Diod. scribit: nam & leges Aegyptiis statuit. Fabulam quidem vulgatam apud poëtas de Io, minus hic ascribo: eam cum ex Græcis tum Latinis lege, sed in primis apud Ouid. in Metamorph. & Luciani Dialogis. vnde Inachis appellatur, à patre Inacho fluuio. Propertius in primo:
 Argus vt ignotis cornibus Inachidos. Idé de sacris, quæ suo tempore Romæ agebātur:
  Atque vtinam Nilo pereat quæ sacra tepente
   Misit matronis Inachis Ausoniis. Idem & in secundo:
  Io versa caput primos mugiuerat annos,
   Nunc dea, quæ Nili flumina vacca bibit.

Quæ sacra Ouidius in Arte, & Iuuenalis & Iosephus & alij detestantur. Est apud Plutarchum proditū, Isin alios dixisse Prometheo natam, alios Mercurio: quorum hic grammaticam & musicam, Prometheus verò sapientiam & prouidentiam inuenit. In Hermopoli quoque Isin musarum primam, eandémque iustitiam & sapientiam vocarunt Aegyptij. Si verò de Iside plura cupis, totum Plut. librum de Iside lege. Sanè Isis, vt idem Plut. tradit, Myrionymos à nominum diuersitate nuncupata fuit. σόθις astrum Isis apud Aegyptios vocari, testis est Horus: vel Philippus potius, qui eum in græcum sermonem conuertit. Summam deam Isin vocat Apuleius in decimo de Asino: & esse ostendit vnam, diuersis tamen nominibus à diuersis nuncupari: quam partem, si modò breuiter scire cupis quę dea Isis ab antiquis crederetur, legere ne pigeat. ea si non locutionis candore, at certè te eruditione non vulgari iuuabit. Scribitur ab Aeliano in lib. de Animalibus, Copton vrbem esse Aegyptiam, in qua Isis coleretur eo cultu, quo aut coniuges, aut liberi à lugentibus afficiuntur. eóque loco quo Isis sic colitur, perniciosiss. & mortiferos esse scorpiones, qui morsu statim necent: quos vt vitent, omni diligentia ac arte student Aegyptij, & cùm aliis cautionibus, tum ad Isidis fanum capræ feræ omnibus tegumētis nud e inter scorpiones humi iacentes, ab illorum acerbitate integræ incolumésque permanent: ex quo fit, vt Coptitæ eius generis capras fœminas ad diuinitatē & religionem cōsecrent, & religiosiss. colant, & deæ ipsi Isidi gratissimas putent, mares verò immolent.

Τιθλυὴ, id est, nutrix Isis cognominata: & παραληψις, hoc est, susceptrix, vt ex Platone Plut. recitat, quòd dea ipsi fœmina, & totius generationis susceptrix crederetur.

Linigera Isis à nostris dicta est, quod eius sacerdotes lineas vestes induerētur. Ouidius:
 Nunc dea linigera colitur celeberrima turba. Idem:
  Vidi ego linigeræ numen violasse fatentem
   Isidis, Isiacos ante sedere focos. Iuuenalis:
  Qui grege linigero circundatus, & grege caluo.

Nam Isin ferunt intellectā Osiridis nece, caput totondisse: qua ex re & eius sacerdotes caput rasitare solebant. Sed de rasitatione capitis secundum morem Aegyptiorum, aliarúmq; nationum, Hebræis interdicta, longam annotationem confeci, atque ideo hic à me prætereunda. Illud etiam ab Aeliano proditum legimus, deę Isidis simulacra ab Aegyptiis effingi solita, vt quodam diademate aspidum coronarētur: illi verò Thermotin aspidē vocabant. Huiusmodi vetustum nomisma me vidisse recolo apud Augustinū Mustiū nostrū. Idem quoq; Aelianus, vbi de vulturibus agit, vulturē Iunoni sacrum fuisse ait apud Aegyptios, & eius volucris pennis Isidis caput redimi solere, & vestibulorum fastigia exornasse. Isidis pompam in Metamorph. his versibus describit Ouidius:
 Inachis ante thorum, pompa comitata sacrorum
  Aut stetit, aut visa est: inerant lunaria fronti
 Cornua, cum spicis nitido fulgentibus auro,
  Et regale decus: cum qua latrator Anubis,
 Sanctáque Bubastis, variísque coloribus Apis.
  Quíque premit vocem, digitóque silentia suadet.
 Sistráque erant, nunquámque satis quæsitus Osiris,
  Plenáque somniferis serpens peregrina venenis.

Hactenus Ouidius. Sed & Apuleius etiam longo ordine describit. Isidis quoque gesta in eius columna breuissimè descripta Diod. Siculus commemorat: Ego Isis sum, Aegypti
    De Deis Gentium.   E 2   regina,

regina, à Mercurio erudita: quę ego legibus statui, nullus soluet. Ego sum Osiridis, ego sum prima frugum inuentrix. Ego sum Hori regis mater. Ego sum in astro canis refulgens: mihi Bubastia vrbs condita est: Gaude Aegypte, gaude, quæ me nutristi. Plutarch. quoque in libro Isidis & Osiridis, pauimentum templi Isidis, inscriptum his literis refert: Ego sum quicquid fuit, est, & erit, nec meum peplum mortalium quisquam retexit. hoc est Græcè: ἐγὼ εἰμὶ πᾶν τὸ γεγονὸς, καὶ ὂν, καὶ ἐσόμενον, καὶ τὸ ἐμὸν πέπλον ἐδεὶς τῶν θνητῶν ἀπεκάλυψεν. Scribit & Cornelius Tacitus, Isin cultã fuisse quoque à Sueuorum Germanorum parte, eidémq; eos sacrificasse. Tacito ipsi parum compertum, vnde origo & causa peregrino sacro. signum apud eos Isidis deæ in modum liburnæ nauis figuratum fuit. Putarim ego id significasse, quod de Isidis nauigio in Nauigiis scripsimus: tametsi parum, vt dictum est, Cornelio compertum. Sed & Lucianus nauigationi præesse facit, in Dialogis deorum.

Atmis Isis etiam vocata fuit, id quod ex Epiphanij scriptis videmus: Si verò, inquit, de Iside sermonem facturus sum, quæ iam & Atmis & Io appellatur, filia quidẽ Aspidis Cappadocis, qui & Inachus vocatus est: eius actiones referre erubescam, &c. quæ de eius deæ impudentissimis sacris exequitur.

Isis Pelagia etiam cognominatur, vt datur intelligi ex marmore quodam vetusto, reperto in vinea Ioannis Pogij Pontificij quæstoris, extra portam Flaminiam. Item in alio marmore, in ædibus Fr. Quirini Pataui Isis Regina cognominata videtur. Sed has inscriptiones marmoreas breuitatis causa ascribere supersedeo. Et Isis Triumphalis in marmore, in domo Card. Cæsij Romæ: de quibus me monuit B. Aegius.

Isis Patricia etiam Romæ colebatur, cuius meminit P. Victor in regione v.

SYNTAGMA DECIMVMTERTIVM
DE VENERE, ADONIDE, VVLCANO, CV-
PIDINE, GRATIIS, AD C. V. PRO-
sperum Pasethum.

Ccipe & hoc alterum Prosper, V. C. Syntagma, in quo Venerem, Cupidinem, Adonim, Vulcanum, & Charites, qua potuimus breuitate complexi sumus. Iucunda, vt opinor, nec ingrata erit lectio: qua à laboribus publicis Pot. Tribunitiæ, & prælectionibus, possis aliquando, tanquam in diuerticulum (vt certè est) voluptatis recipere. Si vtcunque tamen, eodem animo nostra accipias, quo tua mihi frequentius exhibes, etsi non pares meas esse vires video: debes certè animum, non exile librare munus. quem si cernere queas, dicas, Quàm sunt imparia voluntati munera. Sed rectè factum est à magnis philosophis, qui magnanimitatem quidem in magna & ampla dando mentiuntur: sed ea plerunque bona voluntas, quæ parua sunt, maxima esse facit. Vale.

VENVS, ADONIS, VVLCANVS, CV-
PIDO, CHARITES.

Enus dea à latinis nuncupata, à græcis , generationis voluptatisque dea, & formæ, credita à gentibus: ideóque dicta Venus, quòd ad omnes res veniat: vel quòd per eam omnia proueniant. hęc fermè Cicero. Varro verò: Poëtæ, inquit, de cœlo quòd semen igneum cecidisse dicunt in mare, ac natam è spumis Venerem, coniunctione ignis & humoris, quam haberent, vim significantes Veneris, à qua vi natis dicta vita, & illud à Lucilio:

Vis est vita, vides, quæ nos facere omnia cogit.

Veneris antiquum non fuisse nomen, Cincius & Varro testes sunt, qui nec græcũ eius, nec latinum sub regibus fuisse, apud Macrobium testantur: quod mirum tamen videtur, cum Aphrodite toties Homero & Hesiodo nominetur. Sanè Cic. quatuor Veneres commemorat, in tertio de Nat. deor. Venus, inquit, prima Cœlo & Die nata, cuius in Elide delubrum

delubrum vidimus. Altera spuma procreata, ex qua Mercurio Cupidinem secundum natum accepimus. Tertia Ioue nata, & Dione, quæ nupsit Vulcano: sed ex ea & Marte natus Anteros dicitur. Quarta, Syria Syróque concepta, quæ Astarte vocatur, quam Adonidi nupsisse traditum est. hæc quidem totidem verbis M. Tullius. Venus à Græcis ἀφροδίτη, & ἀφρογενὴς nuncupata est, ab ἀφρὸς, id est, spuma, quòd ex Vrani, id est, Cœli testiculis & maris spuma ipsa nata fingatur. vide Hesiodi Theogoniam. Alij ἁλιγυνή, hoc est Saligenam, eadem ratione nuncupant, vt Plut. ait. Sunt qui παρὰ τὸ ἀφραίνειν, id est, insanire dictã arbitrentur: vnde Euripidis illud, τὰ μῶρα γὰρ πάντες ἀφροδίτη βροτοῖς id est, Nam stulta proxima Venus mortalibus: id quod etiam subinnuit Phurnutus. Aristoteles ideo Aphroditen appellatam
10 dicit, quòd seminis natura spumosa sit: id est, ἀφρώδες. qua etiam ratione ipsum semen album est, vt spuma. Sedenim Didymus Aphroditen dictam putauit, παρὰ τὸ ἁβρὸν ᾗ δίαιτα, hoc est, à mollitie vitæ, media litera in aspiratam versa in compositione: id quod & in simplicibus aliquando inuenimus, vt βρῆσω pro φρῆσω. Veneris etiam simulacra variis diuersísque modis antiqui effinxerũt: nunc puellam in concha è mari exeuntem, hoc est Anadyomenen: nunc vt mulierem, manu concham tenentem, rosis, floribúsque coronatam, pone quam Charites, & hinc & hinc Cupido & Anteros. Phurnutus illi etiã comites facit, Mercurium & Pithò, vt paulò pòst dicam. Curru etiam vectam aliquando legimus, columbis tracto, vt in sexto facit Apuleius: quod & Phurnutus interpretatur, propter columbæ puritatem & castitatem, proptérque oscula, vt in Peristeræ puellæ fabula, in hanc auem con-
20 uersæ, Lactantius grammaticus retulit. Alij cygnis vehi dixere, vt Horatius in tertio Odarum, item Quidius & Statius: hic in Epithalamio dicens, Amycleos ad frena citauit olores: ille in Metamorph.

Cypron olorinis nondum peruenerat alis.

Sed & Philostratus in Cupidinum imagine cum argenteo speculo effinxit, & cum sandaliis inauratis, cum aureis fibulis. Talem verò ego aliquando me vidisse rememor in vetustis quibusdam nomismatibus. Idem etiam Philostratus in secundo libro Imaginum, eam ex ebore in myrtetis effinxit. Plutarchus autem in præceptis connubialibus, Venerẽ scribit testudinem pede calcantem Eleis Phidiam effecisse, vt domesticæ custodiæ & silentij mulieribus symbolum esset. Idem Plut. in libro de Iside & Osiride, de hac Venere agés,
30 ita interpretatur: quòd virgines custodia indigeant, nuptas verò quòd deceat domus gubernatio, & silentium. Huiusce Veneris meminit & Pausan. in Eliacis libro secundo. Apud Sicyonios Veneris templum fuisse, idem Paus. in Corinth. scribit, in quo solæ ingrediuntur ædituua mulier, cui viri consuetudine est interdictum, & virgo quæ annuo fungitur sacerdotio. Λυτροφόρον eam, à lauacro quod portat, appellant, cæteris ab ipso duntaxat vestibulo omnibus Deam aspicere & venerari fas est. Eius effigiem sedentem fecit Canachus Sicyonius: is nempe qui & Didymeum Milesiis, & Thebanis Ismenium Apollinem fecit. Venus ipsa ex auro & ebore facta, capite apicem, qui polus dicitur gestat: manu altera papauer, altera malum tenet. victimarum illi omnium femora, præterquã suum, consecrant: partes alias iuniperi lignis adolent. verùm & dum femora torrentur, cum illis vna pedero-
40 tis folia incendunt. Nascitur pæderos herba intra septum aprico loco, neque alibi vspiam prouenit, ne in ipsa quidem Sicyonia. folia ei minora fagi, ilicis maiora: forma eadem ferè cum quercus folio. altera pars subnigra, alba altera, neque omnino dissimilis color ei qui in albæ populi foliis cernitur. Atque hactenus Pausan. ex Romuli Amasæi verbis. Qui & in Eliacis Vraniam, id est, cœlestem Venerem fuisse apud Eleos prodit, quæ pede altero testudinem premeret, Phidiæ opus. & ibidem etiam Pandemon, id est, popularem Venerem fuisse, quæ capro insideret, Scopæ opus: quarum rationem interpretandi Paus. aliis se ait relinquere. Describitur item Venus libro sexto & decimo ab Apuleio. Sanè phanum in Saxonia fuit, vbi tale Veneris simulacrum in Saxonum historiis fuisse legi. Stabat dea in curru nuda, myrto capite cincta, ardentem facem pectore, dextra mundi figuram,
50 sinistra mala aurea tria ferebat. pòst erant nudæ Gratiæ, nexis manibus poma gestantes, auersis inuicem vultibus dona conferentes. iugales quadrigæ aderant, gemini cygni, totidémque columbæ. At verò Scopas Pandemion Venerem & popularem vel communem arieti insidentem finxit. Mercurium etiam aliquando cum Venere erigere consueuerunt antiqui, quòd orationis ac sermonis suauitate amor, & amoris copula, nuptiǽque quodammodò condiri videantur. Hinc etiam Pitho, id est, Suadela cum Gratiis, vt diximus,

De Deis Gentium.

xithus, in eius deæ comitatu affingebatur, vt etiam à Phurnuto traditum est. ait enim, eas παρέδρους καὶ συμβώμους, hoc est assistétes, & in eisdem aris cum Venere coli. Cestum etiam cingulum, seu blatheum Veneri attribuerunt antiqui, varium & pulcherrimum, vt poëta Homerus in Iliade describit, de quo & Græci & Latini adeò multa nugati sunt. Ab hoc & nostri incestum deduxere. sic verò vocatus Cestus, veluti κόσμος, id est, ornatus: seu διακόσμημος, seu vt vulgata habent exemplaria, διαλυτμος, quòd vim variam habet & colligandi & constringendi. de cesto & in Cythereâ loquemur. Myrtus etiam Veneri arbor attribuebatur, vel propter quandam amoris conciliationem & naturam: vel quòd planta sit maritima, vnde nata sit Venus. Rosæ quoque illi dabantur, de quibus legitur in poëmatiis Vergilianis, elogiâ & Poëta & dea digna. Quin & fabulæ de rosa leguntur, vt in Centuria Miscellaneorum annotauit doctè Politianus, sed & Constantinus Cæs. in Geoponicis. Philyram etiam Phurnutus ait Veneri assignari, quòd apposita amorem inducat, & ad plectendas coronas sit idonea: quod ex Sapphico Horatij corroborari potest:
    Displicent nexæ philyra coronæ.
Phurnuti tamen codices non Philyra, sed φιλυτρων habent, vel φιλυτρην: quæ quoniam voces parum notæ sunt, ideo ego aliquando φοινίκα, id est, palmam legebam, propterea verba Varronis de Ling. Lat. de Venere Victrice, cui coronam & palmam assignare videtur. Nunc nihil statuo, imò illud N. L. quod in iudicijs antiqui solebant, ascribo. Cauebant etiam veteres ne Veneri buxum offerrent, vt scilicet πυγμην, id est, pugillatum & palæstra Veneream expiarent. Scribit Plato in Sympos. & repetit Phurnutus, quod amantium iuraméta à deis minimè rata esse iubetur. quod & poëta Naso scribit, & Tibullus his versibus:
    Nec iurare time, Veneris periuria venti
    Irrita per terras & freta summa ferunt.
Postremò sues & porcos Venus auersatur, propter sordes & immunditiam, vel propter Adonidis interitum. tametsi in Theocriti carmine dimetro inducitur Venus apro ignoscere qui Adonim puerum interfecerat, quòd is se nimio amore necem puero fecisse iurarit. Phurnutus in Cerere ideo à sue interemptum Adonim ait, quòd legibus semper sus nocere soleat. Eusebius libro tertio Præp. euang. Veneris fabulam ita exponit: Venerem inquit, dicunt generandi vim possidere, seminis & cupiditatis causam. mulierísque ei formam accommodant, propter generationem. pulchram effingunt, quia Phosphorus est, quæ pulcherrima est in cœlo stella. illi & Cupido assistit, propter cupiditatem. vbera & partes genitales obteguntur, quia seminis & nutritionis hæc membra causa sunt. nata verò è mari perhibetur, quod elementum humidum calidúmque est, & motu crebro spumas eijcit, quæ res est spermatis symbolum. Sanè ἀφροδίτης ἥρας, hoc est Veneris Iunonis vetus sacellum in Laconia fuisse perhibetur, qua parte Eurotas maximè stagnare consueuit, vbi matres pro nuptis filiis sacra facere solebant, vt in Lacon. tradit Paus. Sed nos ab his ad institutum iter accedamus. Pausanias in Bœoticis, tria in primis Veneris cognomina enumerat, Vraniæ, Pandemi, Apostrophiæ: quarum simulacra ait ex lignis nauium Cadmi, Harmoniam Cadmi vxorem constituisse, de quibus nos hic seorsum agemus.

Vrania, id est, cœlestis Venus: quidam sic appellari autumant ab οὐρανοῦ, id est, cœlo, ex cuius à Saturno amputatis testiculis, & in mare deiectis, vt dictum est, Venerem natam fabulantur. hinc & Cœligena vocabatur, vt Varro testatur. vel vt idem subiungit, quòd de cœlo semen igneum cecidisse in mare dicitur, ac natam è spumis Venerem coniunctione ignis & humoris. Alij potius ex puri & synceri amoris, quasi cœlestis, & à corporis illecebris alieni significatione dictam volunt. nam Plato, & à Platone alij, duplicem Venerem constituerunt, cœlestem & terrestrem. De hac ergo Vrania Venere cœlesti, Pausanias cùm alibi, tum præcipuè in Attica & Bœoticis, item Artemidorus libro secundo Onirocriticôn, & Lucianus cùm in Amoribus, tum in meretriciis dialogis, vbi ait huic deæ rem sacram fieri, & Hortensi Veneri. Existimat vir doctissimus Alciatus, in suis in Cornelium Tacitum, scholiis, eo loco quo de Paphia Venere agitur, vocem illam Venerianam, & reliqua, ita legi oportere: Vraniam, vnde Paphia Venus inquit, Vraniæ nomen sumpsit: & Pausaniam citat. Pausaniæ verò verba hæc in Attica leguntur: Non multum, inquit, à Vulcani templo Vraniæ Veneris ædes abest, Assyrij primum huius Vraniæ cultum instituerunt, quos Paphij in Cypro imitati sunt, ac Phœnices, qui Ascalonem in Palæstina tenent, à Phœnicibus Cytherij edocti eadem sacra susceperunt, quæ Ægeus Athenienisibus tradidit,

tradidit, quod eius deæ ira & se liberis caruisse (nullum enim vnquam suscepit) & sororibus male euenisse arbitrabatur. Statua quæ Pausaniæ ætate spectabatur, ex Pario erat marmore, opus Phidiæ. Sequitur eodem loco Pausan. De regione, inquit, quam Hortos appellant & Veneris templo, nullam ex antiquitate causam commemorant, ac nede Venere quidem, quæ iuxta templum posita est, quadrangulari forma, quali sunt Hermæ. epigrama tamen testimonium facit. Venerem cœlestem maximam esse Parcarum natu. eius autem simulacrum in hortis, opus fuit Alcamenis, cui sacra Nephalia celebrabant: ita appellata, quòd sobrij & abstemij ea celebrarent. Aegyptij quoq; Vrania Venerem coluere, teste Aeliano, qui de bobus agens scribit, in Aegypti vico Schussa nuncupato, non magno illo quidem, sed eleganti certé, quique in Hermopolitana nomo, id est, præfectura censebatur, Venerem religiosé & sanctiss. coli solitam, quam Vraniam appellabant. atque vaccâ etiam ideo venerabantur, quia affinitatem & conuenientiam cum dea ipsa habere existimetur: nam huiusmodi animal tanto impetu in Venerem incitatur, vt cum maris mugitũ audit, ad coitum vehementissimé inflammetur: & hæc quidem Aelianus. nomen quoq; quo vaccam nuncupabant, in Apideo recésui. Porrò scribit Hesychius, Scythas Vraniã, id est, cœlestem Venerem ἀρτιμπασαν, vel vt alij legunt, ἀρτιμπασσαν vocasse. De qua suprà in Vesta. Herodotus verò tradit in primo, Scythis, qui templum Ascalone Veneris deprædati fuerãt, deæ ira fœmineum morbum cum omni posteritate immissum: qua ex re Enarees, id est, execrati, cognominati sunt. Idem Herodotus in Thalia, Vraniam ait ab Arabibus vocari ἀλιλάτ. quare considerandum apud eundem in primo, an Alilat, an Alytta legedum; quo loco scribit: Mylitta Venus ab Assyriis nuncupata, ab Arabibus Alytta, à Persis Mitra. Vna Babyloniis hæc lex fuit, execranda quidem: nam mulieribus omnibus indigenis fuit communis, vt semel in vita ad Veneris templum desiderent, & cum externis viris consuetudinem haberent. Deinde & historiam subdit, de diuitibus, quæ vehiculis illuc deuehebantur, & alia quæ ridicula mihi videtur. Sané & Origines, ac item Arrianus, Vraniam deam hanc Arabum fuisse testantur. Sed enim & Babylonij Venerem Salambonem vocabant, vt est à Lampridio proditum. Omni planctu Syriaci cultus, & iactatione, Heliogabalus Imperator exhibuit. ζαλαμβὼ, vt Hesychius & Phauorinus tradunt, Venus à Babyloniis dicitur. Sed & περίβασω Venus vocatur: à quibus populis, non prodit idő Hesychius. Πάνδημος ἀφροδίτη, hoc est Pandemus & popularis Venus. Theocritus in Epigrammate simul meminit huius Pandemi & Vraniæ, de Chrysogonæ oblatione:

Ἡ κύπρις ἐ πάνδημος, ἰλάσκεο τὴν θεὸν εἰπὼν
Οὐρανίην, ἁγνῆς ἄνθεμα Χρυσογόνας.

Id est, hæc Venus haud Pandemia, diuam dicito placans Vranien, castæ oblatio Chrysogonæ. Sané & Pandemos quosdam dies nuncupatos legimus, quibus mortuis epulas publicé offerebant, vnde & illius nomen: de quibus beatus Epiphanius in Ancorato suo, libro sic appellato: Pandemis, hæc est popularibus diebus, cibaria quidem in totum exurũt, vina verò libant, nihil commodi mortuis ex hoc afferentes, imò potius seipsos lædentes: veruntamen coguntur à consuetudine, confiteri mortuorum resurrectionem. atque hæc quidem Epiphanius. Diximus hoc nomine Venerem ab Harmonie Cadmi constitutam. Apollodorus tamen in libro de Deis, Athenis ait sic vocari, quòd ad forum antiquum posita esset, in quo soleret πᾶν δῆμος, hoc est omnis populus ad conciones conuenire, quas ἀγορὰς vocabant. Nicander verò in tertio Colophoniacôn, apud Athenæum: Solonem ait πάνδημον ἱερὸν deæ Veneris constituisse ex pecunia prostitutarum: qua de re & carmina legũtur comici Philemonis. πάνδημον verò vniuersalem & publicum significat, vt scribit Arpocration. hinc Domitius in Pausan. Attica, communem Venerem est interpretatus. hanc deam Pandemon, Artemidorus in lib. de Somniorum interpretatione inter νοητὰς, id est, intellectiles connumerat quidam generationi & coniunctioni attribuunt. Pandemo rem sacram facit Lucianus in Dialogis amatoriis. Sed & Phurnutus ait: Venus Vrania Pandemus & Pontia vocatur, proptereà quòd in cœlo, terra & mari vim habere existimaretur. Hinc deprehendere potes eos hallucinari, qui apud Phurnutum legunt πανατρὶν, pro ποντίᾳ. Sed hi in codices inemendatos impegêre, vt in plerisque aliis. Fuit & apud Hermionenses Veneris ædes, cui Pontiæ, eidem & Limeniæ cognomina, quasi marinæ & opportunæ dicas, vt Pausanias auctor est.

Ἀποστροφία ἀφροδίτη, quam nos vertibilem Venerem dicere possumus, hæc tertia est, quæ ab

Harmo

Harmoniæ Cadmi vxore constituta fuit. Hæc eadem homines à sceleſtis & impijs operibus, & deſideriis parum æquis, maliſq; cogitationib. auertere putabatur: vnde & illi nomen inditum, quod in Bœot. ſcribit Pauſ. Idem tamen in Attica ἐπιϛροφίαν nominare videtur, quam ego Verticordiam latinorum facile crediderim: tametſi Domitius, Venerem curatricem interpretatus eſt, niſi forté ipſe ἐπιϛορίαν, non ἐπιϛροφίαν legere maluerit. Porrò quoniam hic de Verticordia meminimus, hic eam tibi ſubſcribemus.

Verticordia Venus. de hac ita Lactantius Cœlius grammaticus lib. Theb. v. Habet, inquit, Venus ignes cupiditatis, nunc odij ſecundum fidem ſacrorum, vel precationum Veneris Verticordiæ præcipuè, quæ rogatur vt amores iniiciat, & rurſum vt auferat. Si enim poteſtas eſt dandi, nihilominus ius eſt tollendi, & amore ſublato aut naturaliter odium reſidet, aut mittitur. vt Vergilius:

Quæ mihi reddat eum, vel eo me ſoluat amantem. atque hactenus ſuper ea Papinij verba:

Nec vultu, nec crine prior ſoluiſſe iugalem
Ceſton, & Idalias procul ablegaſſe volucres   Fertur.

Dicta verò Verticordia videtur, quod corda ad pudicitiam verteret. Valer. Max. libro octauo. Cùm ſenatus, inquit, libris Sibyllinis per decemuiros inſpectis cenſuiſſet, vt Veneris Verticordiæ ſimulacrum conſecraretur, quo facilius virginum mulierúmque mens à libidine ad pudicitiam conuerteretur, & ex omnibus matronis centum, ex centum autem decem ſorte ductæ, de Sulpitia Seruij paterculi filia, Q. Fuluij Flacci vxore, ſanctiſſima fœmina, iudicium fecerunt, cunctis caſtitate vt præferretur. Plinius Sulpitiæ huius lib. 7. Nat. hiſt. meminit, & huius hiſtoriæ: ſed Verticordiæ non meminit. Iulius verò Obſequens de hac dea his propè verbis: Aedem, inquit, Veneri Verticordiæ factam, cùm tres vno tempore Veſtales virgines nobiliſſimæ, cum nónullis equitibus Romanis inceſti pœnas ſubiere. Verticordiam circuſcribit Ouid. quarto Faſt. lib.

Cumæam veteres conſuluiſtis anum.
Templa iubet fieri Veneri quibus ordine factis,
Inde Venus verſo nomina corde tenet.

Murtia Venus à Romanis colebatur. quæ Myrtia prius dicta fuerat, vt eſt apud Pliniũ, à myrto ſcilicet Veneri dicata: iccirco & pro verbena in coniunctione Sabinorum & Romanorum electa fuit. Plinij verba ſunt ex XV. Nat. hiſtor. vt Hermolaus caſtigat. Quin, inquit, & ara vetus fuit Veneri Myrteæ, quam nũc Murtiam vocant. Idem tradit Plutar. in cauſis Romanorum. Murcea verò dea ſecordiæ, fuit alia à Murtia, cuius in quarto de Ciuit. D. Auguſtinus meminit: Deam, inquit, Murceam, quæ præter modum non moueret, ac faceret hominem (vt ait Pomponius) murcidum, id eſt nimis deſidioſum & inactuoſum. Feſtus: Murceæ deæ ſacellum erat ſub monte Auentino, qui antè Murcus vocabatur. T. Liuius libro primo: Tum quoque multis milibus Latinorum in ciuitate acceptis, quibus vt iungeretur Palatio Auentinus, ad Murceæ datæ ſedes. P. Victor in 11. regione vrbis ædem Murciæ conſtituit. Apuleius autem libro ſexto Met. cùm dixit Metas Murcias, Veneri dicatas intellexit, teſte Hermolao.

Aſtarte Venus: Aſtarte, vt ſcribit Theophilus, ſimulacrum Veneris, quæ colebatur à Sidoniis, aſtri figura: ipſum verò aſtrum Venerem putant, nomine ἐωσφόρος: & eam quoque Moabitæ colebant. Theologus verò ita: τί φήσω πρὸς τὸς τὴν ἐςάρτην προσκυνῶντας, ἢ τῷ χαμῶν βδέλυγμα σιδωνίων. id eſt, Quid dicam ad eos, qui ſe ad Aſtarten adoraturi inclinant, vel ad Chamum, abominationem Sidoniorum? Epiphanius contra hæreſes, de Sabellio agens: Adorauerunt, inquit, Beelphegor, & Chamos, & Aſtarten, & Muzuroth, & Neaſtho, & Beelzeboth, & reliqua gentium ſimulacra. De Aſtarte meminit & Aelianus, qui eam Syriam deam vocauit, id quod & Lucianus de dea Syria, quo libro varias opiniones recenſet. Artemidorus quoque Daldianus de Somniorum interpretatione, item Euſebius libro primo de Præparatione euangelica, capite ſecundo. Marcus Tullius Cicero tertio de Natura deorum. Tertullianus Septimius in Apologetic. & demum Hermolaus Barbarus in Plinij libro quinto, capite vigeſimoquinto. Quare magis mirum eſt, in Plauti Mercat. comment. ſcribere, ſe neſcire Aſtarten deam: quam & Diuus Auguſtinus in libro Iudicum, Iunonem eſſe putauit. Plutarchus in vita Marci Craſſi de prodigiis agens, quæ ipſi acciderunt in Syria, deam hanc

ita

Syntagma XIII. 333

ita deſcribit: Venus, inquit, ſeu Iuno, ab incolis dea nuncupata, quæ naſcentibus rebus principia conferre putatur, haud obſcuris ambagibus dignoſcẽda monſtrauit. Lucianus Syriam deam & Lunam videtur exiſtimare. Subdubitare me Herodianus facit, qui in hiſt. Anton. Heliogabalum ait Aſtroarchen deam, Lunam ſcilicet & Vraniam nuncupatam, Romam afferri iuſſiſſe: an Aſtroarche & Aſtarte eadem ſit. qua de re nihil ſtatuo. De dea porrò Syria ſi plura cupis, Luciani libellum legito, & octauo Metamorph. Apuleij. Fuit & Aſtarte Aethiopiæ inſula, vt Martianus in Nauigatione, id eſt, ωϛϱίπλω ſcribit, & Stephanus.

Anaitis Venus vocata à Perſis, vt in hiſtor. ſcribit Agathius, ex Beroſo & Athenocle Symmacho, qui Aſſyriorum Medorúmque res antiquiſſimas conſcripſerunt. Strabo libro duodecimo, de Zela agens vrbe, olim inſigni & ſacra: In ea, inquit, templum eſt Anaitidis, quæ ab Armeniis colitur. hoc in loco ſacra cum ſanctimonia maxima celebrabantur, & iuſiurandum de rebus maximis hic fiebat, &c. Idem Strabo lib. decimoquinto. de Cappadocia agens: Hæc, inquit, ſacra in Anaitidis & Amani delubris fiunt. nam & horum ibi delubra ſunt, & Amani ſtatua in pompã ducitur. & hæc ſe vidiſſe, ipſe ſcribit Strabo. In græco codice hæc nomina corruptè leguntur, hoc eſt, Naitidis & Omani. huius deæ ſacra Sacarum dicebantur, & dies feſtus Saca, quod eo die Cyrus rex Sacas deuicit & deleuit. Scribunt præterea alij, ei deæ antiquos dedicaſſe ex præſtantioribus, puellas quæ ibi proſtrarent: quæ deinde velut ſacræ viris tradebantur, eas accipientibus hilarè maritis. tale quiddam de Lydis etiam prodit Herodotus. Plin. lib. trigeſimotertio, cap. 4. Aurea ſtatua prima omnium, nulla inanitate, & antequam ex ære aliqua illo modo fieret, quam vocant Holoſphyraton, in templo Anaitidis poſita dicitur, quod in ſitu terrarum nomine hoc ſignificauimus, numine gentibus ſacratiſſimo. quo loco multa Hermolaus: libentius enim ille legit Anæitis. Sed quid dicam? Ille Dianam, non Venerem putat. Sed Hermolaus ſecutus Pauſaniam in Laconicis, qui in ancipiti eſſe tradit Cappadoces, & qui Euxinum accolunt, cuius ſimulacrum: & Lydos, quibus eſt ἀρτιμϛ ίϛρὸν ἀναίτιϛ. Sed & Plut. in vita Artaxerxis ita: (ne te Lapus fallat) Dianæ enim in Ecpatanis, quam Anæitin vocant, ſacerdotem legit, vt caſtam reliquam vitam degeret.

Amathuſia Venus celebri gręcis & latinis cognomine vocitata quæ & interdum Amathuntia dicta eſt. Catullus:

Nam mihi quam dederit duplex Amathuntia curam.

Vergilius in Ciri, vel quiſquis eſt, nam ineptè quidam negant:

Nam te iactari non eſt Amathuſia noſtri   Tam rudis.

Amathuſia verò ab inſula, vel vrbe potius, in qua ſumma veneratione colebatur, nuncupata eſt. de qua Vergilius:

Eſt Amathus, eſt celſa mihi Paphos, atque Cythera.   Catullus in annales Voluſij:

Nunc ò cœruleo creata ponto,
Quæ ſanctum Idalium, Vriósque apertos,
Quæque Ancona, Gnidúmque arundinoſam
Colis, quæque Amathunta, quæque Golgos,
Quæque Dyrrhachium Adriæ tabernam,
Acceptum face, &c.

Fuit verò ἰμαϐὲς Cypri ciuitas, vt Stephanus ſcribit, vetuſtiſſima, in qua Adonis Oſiris venerabatur: qui cùm Aegyptius eſſet, Cyprij & Phœnices proprium fecerunt. dicta eſt autem vrbs ab Amatho Herculis filio, vel à Cinyræ matre Amathuſa: alij ab Aeriæ filio, vt in Paphia Venere dicam.

Schœnida Venerem cognominatam ſunt qui credant, apud Lycophronem, quod obſeruat Hermolaus, à ſchœno, id eſt, ſcilla, quæ dentibus prodeſt, & eius cibo accendatur libido, quem ſecutus eſt Cœlius, hinc fortè Schœniculæ, vel vt Feſt. ait, ſcorta plebeia ac vilia, ab vnguento, quo vtebantur viliſſimo. Plaut. in Penulo, Miſero ſchœno delibutas ſchœnicolas ſordidas.

Dione Venus, & Dionæa vocata à matre: res eſt notiſſima. hinc apud Orpheum in Argon. Arete Alcinoo diſſuadet, ne Medea Colchis poſcentibus reddatur: Nam volentibus, inquit, ſoluere amores, hic valdè eſt ſuccenſa Dionæa Aphrodite, ϑυμαγει μάλα ϛ ϛφιδανὸια ἀφροδίτη. Vergilius: Sacra Dionææ matri.

Pythio

Pythionicæ Veneris templum & aram construxit Harpalus Macedo Alexandri satrapa, qui Pythionicen puellam amauit, & mortuæ monumentum πολυτάλαντον, hoc est sumptu multorum talentorum confecit, vt Possidonius scribit: vt verò Theopompus, templum & aram posuit cum huiusmodi inscriptione, πυθιονίκης ἀφροδίτης. Sed de hac Pythionice longe plura Athenæus lib. Dipnosoph. XIII.

Cytheræa, Cythereia, & Cytheris Venus, variatis interdum nonnihil syllabis, cognominata est à Cythera, in quam primùm (vt Festus scribit) concha delata est. Martialis:
    Leuior & conchis Gallæ Cytheriacis.

Pausan. & Lacon. Cythera insula est è regione Bœarum, quæ vrbs est in extremo sinus Bœotici, sic vocata à Bœo vno Heraclidarum, qui eam condidit, in ea ergò fuit sanctissimum Vranies templum Veneris, & templorum omnium quotquot in tota Græcia, vetustissimum, ipsius verò deæ simulacrum erat armatum. Hesiodi quoque interpres in Theogon. Cythera, inquit, est Cypri ciuitas, vocatur autem Cythera, vt Phurnutus ait, παρὰ τὸ κεύθειν καὶ κρύπτειν τὸ αἰσχρὸν: hoc est, ab occultando turpi, siue cupidine: vel, inquit, ἐκ τȣ̃ κύθεῳ quod hi prope mare nati sint, Venus scilicet & Cupido. Sed enim & Hesychius: Cythera, inquit, insula est Cretæ, & Thessaliæ ciuitas. quidam verò insulam Promalei aiunt. Promaleum autem Laconiæ promontorium. Cytheræa Venus iuxta Homerum quidem, non quòd Cytheris appulerit, sed quòd occuletur, quasi καθημένη. habet enim in se ipsa cestum, vinculum amatoriæ amicitiæ ἐξεργημένον, id est perficiens, & iccirco varium: vel, quòd amatores intra se amatorios affectus occulunt. hæc Hesychius fermè. Sed de cesto sumus etiam antè locuti.

Philomedea Venus frequenti cognomine nuncupata à Græcis poëtis à Cœli, id est Vrani Pudendis, ex quibus natam putabat. ea verò τὰ μήδεα græcè dicuntur, vnde etiam Aphrodite & Aphogenia, vt iam dictū est. Alij à risu dictā tradunt, vt Suidas scribit. μηδῶ enim rideo, id quod & Phurnuto placet. Ad hoc alludit noster Horatius lib. primo Carm.
    Siue tu mauis Erycina ridens. quo loco Porphyrion ait, hoc Homeri esse, secundum illud φιλομειδὴς ἀφροδίτη. Hesiodi tamen interpretes, & Phauorinus, φιλομηδὴς (aiunt) à pudendis Saturni deducit, & Bœotorum more. Nam Hesiodus plerunque ita locutus est, & in hoc nomine penultima per ει diphthongum scripsit, & μ duplicauit propter metrum. hic est Hesiodi versus:

ἠδὲ φιλομμειδέα, ὅτι μηδέων ἐξεφαάνθη. id est, Atque Philomedea, quod ex testiculis edita est.

Epitragiam Venerem Plutarch. in magnis Parallelis scribit vocatam, cùm Apollo Delphinius Theseo respōdisset, nauigaturo in Cretam, vt deligeret sibi nauigationis ducem Venerem, & ad mare capram immolaret, statim ea in marem est mutata, ἀπὸ τȣ̃ τράγȣ videlicet denominata ἐπιτραγία, id est ab hirco. id sexta instantis Munichionis, hoc est mensis Martij VI. contigisse, idem Plut. est auctor.

Pastophoros Veneris epitheton, quasi dicas ferens thalamum. παστὸς enim thalamum significat. hinc παστοφόρος ἀφροδίτη, quòd παστόν, id est thalamum curet.

Ἀνοσία ἀφροδίτη, καὶ ἀνδροφόνος, hoc est impia & homicida Venus cognominata. Nam vt Timæus prodidit, cùm in Thessalia à mulieribus quibusdam ob zelotypiam Lais occisa fuisset, quòd scilicet ab iuuenibus Thessalis ardentius amaretur, acubus percussa ligneis in æde Veneris. vnde postea factum est, vt ædes ipsa Veneris impiæ, hoc est, ἀνοσίας ἀφροδίτης nuncuparetur. Ostendebatur autem apud Peneum eius statua, hydriā lapideam continens: & hoc carmen:

Τῆς δὲ ποθ᾽ ἡ μεγαλαύχος ἀνίκητός τε πρὸς ἀλκὴν
Ἑλλὰς ἐδȣλώθη κάλλεος ἰσοθέȣ.
Λαΐδος, ἣν ἐτέκνωσεν ἔρως, θρέψε δ᾽ ἡ κόρινθος,
Κεῖται δ᾽ ἐν κλεινοῖς Θεσσαλικοῖς πεδίοις.

Cuius carminis hic fermè sensus, quòd magnifica ac virtute inuicta Græcia in seruitutem redacta sit forma diuinæ Laidos, quam Cupido genuit, & nutriuit Corinthus: ea verò iacet in Thessaliæ inclytis campis. Epigramma non illepidè à Leon. conuersum est:
    Inuictos potuit forma quæ vincere Achiuos,
    Istic eximiæ Laidos est tumulus.
    Cui patria est Ephyre, genitor deus ipse Cupido,
    Thessaliæ in campis nunc tamen illa iacet.

Syntagma XIII. 335

De Laide hæc & alia apud Athenæum leges. eadem ferè in Ἐρωτικῷ Plut. nisi quod templum ait appellatum ἀνδροφόνου ἀφροδίτης, id est, homicidæ Veneris. Pauſ. autem ipſe in Corinthiacis nonnihil diuerſa ſcribere videtur. ait enim, in Theſſaliam ab Hippophato, vel Hippoſtrato (vt alij tradunt) amatam, profectam eſſe. Porrò de Laide Ariſtophanis interpres, & Suidas, plura: & nos nonnihil in Melanide. nunc tantum quæ ad Veneris cognomen pertinere videbantur, attulimus.

Καλλίπυγος ἀφροδίτη, hoc eſt, vt ſic dicam, Pulchriclunis Venus. Fuit apud Barbaros templum Pulchriclunis Veneris, hac ratione conſtitutum. Fuerant agreſti cuidam filiæ duæ formoſæ, quæ inter ſe de natium ſeu clunium pulchritudine certarent. quæ cum in publicam viam veniſſent, adoleſcenti cuipiam inde eunti ſe oſtenderunt, vt is iudicaret, vtra eſſet καλλιπυγοτέρα, id eſt, pulchriorum natium. Iuuenis vtramque accuratè intuens, maiorem natu clunium ſpecie præſtare pronunciauit: eiúſque ſimul eſt amore correptus, & domum reuerſus, rem fratri ſignificauit: qui vrbe exiens, ad rem huiuſmodi viſendam prodiuit. hinc & ipſe ſimiliter alterius eſt amore captus: quare ambo fratres ambas ſorores, agreſtes puellas, etiam inuito patre vxores duxere. quæ mox fortunis affluentes, ἱερὸν τ῀ ἀφροδίτης καλλιπύγης, id eſt, templum Veneris pulchriclunis condidere, propterea quòd puellæ ipſæ à ciuibus Pulchriclunes, hoc eſt καλλίπυγοι dicerentur. hiſtoriam hanc in Poëtis ſcenicis attigimus, in Carcini vita. Eandem & Athenæus lib. duodecimo Dipnoſoph. ex Cercida Megalopolita in Iambis recenſuit.

Armata Venus, hoc eſt Græcè ἔνοπλος ἀφροδίτη, quæ ὁπλοφοροῦσα in primo ab Apollonio dicta, & ἱππολομῖνη à Pauſania. Armata ergo Venus à Lacedæmoniis culta fuit, de qua ſic in primis Lactantius tradit: Cùm, inquit, Meſſenios obſiderent Lacedæmonij, & illi furtim deceptis obſeſſoribus egreſſi, ad diripiendam Lacedæmonem cùm cucurriſſent, à Spartanis mulieribus fugati fuſique ſunt. cognitis autem hoſtium inſidiis, Lacedæmonij ſequebantur. his armatæ mulieres obuiam longius exiuerunt: quæ cùm viros ſuos cernerent parare ſe ad pugnam, quia putarent Meſſenios eſſe, corpora ſua nudauerunt. at illi vxoribus cognitis, ex aſpectu in libidinem concitati, ſicut erant armati, permixti ſunt vtrique promiſcuè (nec enim vacabat diſcernere) ſic iuuenes ab iiſdem antea miſſi cùm virginibus, ex quibus ſunt Parthenij nati: propter huius facti memoriam, ædem Veneri armatæ & ſimulacrum poſuerunt. hæc Lactantius. meminit & Pauſanias in Laconicis: qui inter cætera ait, Armatæ Veneris delubrum in templo antiquiſſimo fuiſſe in colle, in quo ſuperædificatum tabulatum erat Veneris Morphus, de qua in hoc dicturi ſumus. Meminit item armatæ Veneris F. Quintilianus, qui & hoc ait, inde argumenta declamationum antiquos deſumere ſolitos, cur armata apud Lacedæmonios Venus. Legitur hac de re epigramma Auſonij tale:

Armatam Venerem vidit Lacedæmone Pallas:
    Nunc certemus, ait, iudice vel Paride.
Cui Venus, Armatam tu me temeraria temnis?
    Quæ, quo te vici tempore, nuda fui. quod epigramma ex græco deſumptum eſt, quod ἀδέσποτον in quarto Græcorum epigrammaton legitur:

Παλλὰς τὰν κυθέρειαν ἔνοπλον ἀθρῶν ἰδοῦσα,
    Κύπρι, θέλεις οὕτως ἐς κρίσιν ἐρχόμεθα;
Ἡ δ᾽ ἁπαλὸν γελάσασα, τί μοι σάκος ἀντίον αἴρειν,
    Εἰ γυμνὴ νικῶ, πῶς ὅταν ὅπλα λάβω;

Legitur & alterum Iuliani Ægyptij ex Hyparchis, cuius ſunt hi duo extremi verſus:

Ὑμεῖς δ᾽ ἐν θαλάμοισι λακωνίδος ὅπλα κυθήρης
    Ἀζόμεναι παῖδας τίκτετε θαρσαλέης. hoc eſt:

Vos verò in thalamis Cythereidos arma Lacænæ,
    Dum pudet, audacem gignite progeniem.

Barbata Venus, & Maſcula, teſte Macrobio dicebatur, ſuper eo Vergilij verſu ex ſecundo Aeneidos:

Deſcendo, ac ducente deo flammam inter & hoſtes Expedior.

Idque Caluli ac Leuini auctoritatibus comprobat, & Ariſtophanis, qui ἀφρόδιτον, non ἀφρoδίτην hac deâ appellat. Sed planè & Ariſtoteles primo Elenchorū idē affirmat, eodē auctore Leuino, vbi de ſolœciſmo agit: hoc idem & Seruius grammaticus oſtendit. Iul. quoq; Firmicus eadē, vt puto, ratione biformē Venerē dixiſſe viſus eſt, lib. III. Quin & alios deos
pari

pari modo aliquádo à scriptoribus enũciatos videmus, hoc est mares & fœminas, vt iam in Luno & Luna scripsimus. Illud porrò scribit Suidas, Veneris statuam ideo effingi solitam cum pectine & barba, quod Romanis aliquádo mulieribus pestilens irrepsit pruritus, quem Græci (ait) κνῆφιν vocant: quo morbo cùm pili deciderent omnes, pectinum non erat vsus: (vt hoc tempore, quo scribimus hæc, morbus est, quo tam mares quàm fœminæ toto corpore glabri & depiles fiunt, qui morbus in primis ex Venerea contage debacchatur.) Quare mulieres tam deformi ac inuenusto morbo plurimùm angebantur. hinc Veneri vota facientes, deæ miseratione eis pili iterum succreuerunt: & propterea mulieres hac peste liberatæ, deæ simulacrum cum pectine posuere: eidémque deç simul barbam affinxere, vt dea mascula & fœminea instrumenta haberet, vt omnis generationis præses esse crederetur. Ideóq; superiora corporis cingulo tenus maris specié præferebat: reliquũ verò, id est inferiora fœminæ. Legimus quoque apud Thussas in Aegypto cornutã Venerem cultam, cui & vacca immolabatur, & in Nitriotica præfectura ouis, vt alibi repetam.

Genitrix Venus à Romanis culta, cuius meminit Macrob. Genitricis Veneris tẽplum Cæsar dicauit, vt Suet. scribit. Appianus & Dion. item Plin. lib. 36. Nat. hist. M. Varro magnificat Archesilaum, L. Luculli familiarem, cuius proplasticen pluris venire solitã ab artificibus ipsis, quàm aliorum opera. ab hoc factam Venerem genitricem in foro Cæsaris, & prius quàm absolueretur, festinatione dedicandi positam. Idem alibi Plinius eundem tradit Cæsarem Veneri Genitrici thoracem dicasse, factum ex margaritis Britannicis.

Cnidiam Venerem non Cnidij tantum coluere, sed totus fermè orbis, multáque eius templa habuere: quorum vetustissimum Veneris Doritidos cognominatæ, quam Dorida appellat Tatianus Assyrius. Secundum Acreæ, recentissimum Gnidiæ. Sed Gnidij ipsi Euplo eam nominabant: Scribit Athenæus XIII. Dipnosoph. Praxitelem sculptorẽ Gnidiam Venerem effinxisse ex forma Phrynes, quã efflictim amabat, atque etiã in basi Cupidinis, sub scenam theatri epigrãma inscripsisse. Sed tota Gnidiæ Veneris descriptio non aliunde petenda est, quàm ex Luciani Amoribus, quo loco eius deæ & templum & lucum & statuam egregiè elegantiss. scriptor est executus. Si quem piget illa quærere, hæc saltem nostri Plinij ex trigesimosexto libro breuissimè audiat. Praxitelis, inquit, ætatem inter statuarios diximus, qui marmoris gloria superauit etiam semet. opera eius sunt Athenis in Ceramico: sed ante omnia, & non solum Praxitelis, verùm & in toto orbe terrarum Venus, quam vt viderent, multi nauigauerunt Gnidum: duas fecerat, simúlque vendebat, alterã velata specie, quam ob id quidẽ prætulerunt optione, quorum cõditio erat, Coi, cùm alteram etiã eodem precio detulisset, seuerum id ac pudicũ arbitrantes. Reiectam Gnidij emerũt, immensa differétia famæ. Voluit eam postea à Gnidiis mercari rex Nicomedes, totũ æs ciuitatis alienum, quod erat ingens, dissoluturũ repromitten. omnia perpeti maluere, nec immeritò: illo enim signo Praxiteles nobilitauerat Gnidum. Aedicula eius tota aperitur, vt conspici possit vndique effigies deæ, fauete ipsa (vt creditur) facto. nec minor ex quacunque parte admiratio est. Ferunt amore captũ quendam, cùm deliuisset noctu, simulacro cohæsisse, eiúsque cupiditatis esse indicẽ maculam. Sunt in Gnido & alia signa marmorea illustrium artificũ, Liber pater Bryaxidis, & alter Scopæ, & Minerua: nec maius aliud Veneris Praxitelicæ specimen, quàm quod inter hæc sola memoratur. atque hæc Plinius, vt cæterorum plurima mittam. nam nihil omnino notius nec Græcis, nec Latinis.

Sicyonia Venus, à Sicyoniis & culta & nuncupata, cuius deæ templũ duæ tantũ mulieres ingredi solebant, quarum altera deæ antistes erat, tota vita cœlebs: altera & virgo ministra, quæ Lutrophora dicebatur: cæteri omnes pro foribus supplicabant. Deæ effigies sedentis ex auro confecta, Canachi opus, altera manu papauerum capita, altera malum tenebat, in summo capitis vertice poculum gestabat, sacrificia verò huic deç ex omni animantium genere præter sues: ex iunipero sacrum adolebatur, & herba pæderote, quæ fagi habet folia, sed minora, prini maiora, id est ilicis, querna specie, altera parte sub nigra, altera subalbida, qualia videlicet populnea. hæc Pausan. & Leon.

Κωλὰς ἀφροδίτη, hoc est, Colias Venus à Græcis, sed in primis ab Atticis colebatur de qua hæc ferè à Pausan. in Attica: Colias, inquit, promontorium Atticæ, XX. stad. ab vrbe distans, quo Medorum disiectam classem maris æstus detulit, vbi Coliados Veneris templum, & dearum quæ Genetyllides vocabantur, fuit. ab his nihil differre videntur deæ illæ, quæ à Phocaensibus in Ionia Gennaides appellabantur. Arpocration quoque deam à

promon

Syntagma XIII.

promontorio denominatam scribit, quod sit ex metaphora κώλυ, id est, membri nuncupatum. huius Demosthenes in Neæræ oratione meminit. Aristophanis verò interpretes Venerem Coliada ideo cognominatam ferunt, ab adolescente quopiam Attico qui à prædonibus captus, Veneris auxilio ab eorum manibus liberatus est. Prædonum enim principis vxor, vel vt alij scribunt, filia eius amore correpta, eum impunè abire permisit. Hinc Coliada Venerem à κώλοις, id est, membris solutis nuncupauit. Sunt qui tradant Coliada locum fuisse sic vocatum, quòd membrorum effigiem præ se ferret. Non desunt qui putent, ab Ione sacrificante appellatam, quòd cùm sacram rem faceret, eam hostiæ partem coruus abripuit, quæ Cole dicitur: & in eum locum deposuit, qui Colias posteà est appellatus. Lucianus in Amoribus nomen à promontorio deducit. Idem Strabo, & Hesychius, & Stephanus, qui κωλιὰς ita appellatum ait, quòd similis locus sit hominis κώλῳ, id est, membro. Fuit & ibidem Cereris templum πολύστυλῳ, id est, multis columnis ornatum.

ἐξ πόλεως ἀφροδίτη, hoc est, extra vrbem posita Venus. hæc Athenis fuit, vt testatur Plin. lib. trigesimosexto, his verbis: Alcamenen Athenienfem, quod certum est, Phidias docuit, in primis nobilem, cuius opera Athenienses complura in ædibus sacris posuere: præclarámque Veneris imaginem extra muros, quæ appellatur Aphrodite Exopolis.

Hortensis Venus, vel potius in hortis posita. græcè enim ἐν κήποις ἀφροδίτη. Lucianus in primo de imaginibus, & item secundo: Illud est, inquit, Veneri Gnidiæ, atq; ei quæ est ἐν κήποις. Idem Lucianus in dialogis meretriciis, Mater & Musarium: Pandemo, inquit, Veneri capiam candidam: Vraniæ verò, id est, cœlesti, & ei quæ in hortis, τῇ ἐν κήποις, vtrique iuuencã. Sic autem à loco, vt est apud Pausaniam in Attica, qui se nullam eius templi causam edidicisse ait. Sed nec de Venere quidem, quæ iuxta templum posita fuit, quadrangulari figura, &c. Ego putauerim ideo Venerem eam habuisse cognominis rationem, quòd, vt ait in primo de Re rustica Varro, Venus sit hortis præposita, propter generationem. Quin & Næuius, vt est apud Festum, Venerè pro oleribus posuit, vt Cererem pro pane, & Neptunum pro piscibus: dicens coquus, Edi Neptunum, Cererem, Venerem. Sed & Varro in lib. de Ling. lat. Vinalia, ait, rustica dicuntur ante diem duodecimum: vel, vt in calendario Maffeiano, XIIII. Vide nostrum Calendarium Basileæ impressum. Kl. Septembris. quod tum Veneri dedicata ædes, & horti eius tutelæ assignantur, ac tum sunt feriati olitores.

Praxis Venus cognomine, ab actione videlicet denominata, cuius ædes in Attica fuit, teste Paus. post Bacchi templum & simulacrum ex ebore.

ἑλικῶπις ἀφροδίτη, sic appellata Venus à nigris oculis, vt apud Pindarum in Pyth. obseruãt interpretes, in eius hymni initio, qui Xenocrati Agrigentino victori canitur, super ea verba, ἑλικωπίδος ἀφροδίτης. frequés omninò Græcis poëtis epitheton: sicut etiã illud ἑλικοβλέφαρος quod à superciliis pulchris & acuatis, teste Hesiodi commẽtatore super illud Theogoniæ.

Καὶ θέμιν αἰδοίην, ἑλικοβλέφαρόν τ' ἀφροδίτην,

Et pudibunda Themis, curuis ciliisque Aphrodite.

Curuis autem, id est, pulchris, vel à parte totum: vel sumpta metaphora à vitibus, in quibus helices & capreoli. Est & apud Homerum.

Nicophorus Venus, id est, victoriam ferens colebatur, teste Paus. in Corinth. quam ferunt ab Hypermestra dicatam. nam illa cùm patris imperium contempsisset, à patre fuit ad Lycei forum citata. putabat quippe eius salutẽ non modo periculosam, sed & infamem sibi futuram. qua ex re ab Arguiis absoluta, νικοφόρον ἀφροδίτην, id est, Venerem victoriam afferentem, denominatam dedicauit. Eadem Hypermestra & Dianæ cognomine Pithus, id est, Suadelæ, simulacrum eandem ob causam dicauit, quod scilicet Lynceum seruauerit, contra patrem Danaum. De Nicophoro verò Ioue, suo loco scripsi.

Catascopia Venus culta à Grçcis hac ratione fuit, quod in quo loco se Hippolytus exercere consueuerat, Phædra illum spectare & videre poterat. quare cùm ibi constructum templum fuisset, ab ea speculatione Venus Catascopia appellata est. auctor Paus.

Morpho est Venus cognominata apud Lacedæmonios. vetustissimum in colle ædificatum templum fuerat, in quo superconstructum tabulatum, Morphus Veneris sacellum: cuius simulacrum fuit sedens, in capite tegumentum habens, & ad pedes pedicas. Sunt qui historiam in Tyndarum referant, qui vinculis eiusmodi mulierum constantiam ac stabilitatem assimularet. nam quod Veneri ipsi Tyndarus vincula pedibus iniecerit, vt filiarum

De Deis Gentium.　　F　　oppro

opprobria vlcisceretur, parum à scriptoribus probatur. Pauf. Morpho hanc armatam legimus, vt suprà oftendimus. Quin etiam cæteros deos deasque lanceam tenentes effingebant itidem, significantes, omnes esse bellica virtute præditos, atque itidem esse debere ciues in sua R. P.

Migonitis Venus cognominata in Migonio, loco maritimo Laconiæ, vt ait Pauf. vbi templum Veneris fuisse scribit, quod ab Alexandro Paride factū tradunt. prope hoc templum Menelaus post Troiam captam annis VIII, Thetidi ac Praxidicæ erexit simulacra.

Symmachia Venus ideo appellata, quòd in bello etiam auxiliatrix sit. hanc Mantinenses summo honore coluere, vt in Arcad. Pauf. prodit, & quod in Actiaco bello Romanis affuerit.

Byblia Venus nūcupata, de qua Lucianus in eo qui est de dea Syria, ita meminit: Vidi, inquit, in vrbe Bybli templum ingens deæ Veneris, cognomine Bybliæ, in quo & ritus & ceremonias in Adonim peragunt. vbi & fabulæ reliquum exequitur: ne ego longior sim.

Elephantina Venus ab vrbe Aegypta denominata, vt putatur. Describitur Elephantina Venus à Philostrato in secundo de Imaginibus, item ritus & sacra, tum etiam habitus illius, & puellæ molles, quæ illi deseruiunt, & sacra canunt, tum præterea & alia multa.

Architis Venus apud Assyrios culta, vt Macrobius testatur, quæ olim magna veneratione viguit: mox à Phœnicibus culta, vnà cum Adonide, quem quotannis lugeri etiam sacra Hebræorum testis est historia, quo in loco multa Hieronymus. Simulacrum huius deæ in monte Libano fingebatur, capite obnupto, specie tristi, faciem manu læua intra amictum sustinens, lacrymæ visione conspicientium manare credebantur. quòd verò in Libano culta fuerit, docet etiam Musæus in pœmatio Herus & Leandri, & Lucianus de dea Syria. quo loco inter cætera fluuium ait ex monte Libano in mare deferri, fluuio nomen Adonis, qui quotannis cruore infectus in mare exit: ipsūmque mare, quà lapsus est, purpureum reddit. eo tempore Adonim ab Apro saucium fuisse, indigenæ, autumant. Cætera apud Lucianum lege. de Adonide verò seorsum egimus.

Erycina Venus cognominata ab Eryce monte Siciliæ, in quo Aeneas matri templum construxerat, vt Verg. canit:

Erycino in vertice sedem Fundabat Veneri Idaliæ.

Polybius in primo, in Erycis vertice planiciem fuisse scribit, vbi Erycinæ Veneris templum, quod sine controuersia omnium Siciliæ templorum locupletissimum atque ornatissimum fuit. Diod. Siculus Erycem ait Veneris & Butæ filium fuisse, qui mōti, vt etiam Seruius testatur, nomen dederit, & matri templum, quod tamen Aeneæ adscribit Vergilius. De hoc templo plura Diod. qui inter cetera & hoc ait, quòd à primordio eius templi nunquam per tot secula imminuta sit gloria, sed semper aucta. nam præterea quæ Eryx ipse, & Aeneas, Siculi ipsi & Athenienses deinde, ac demùm Romani multo honore & cultu illud honestarunt: & cætera, quæ idem scriptor exequitur. nonnulla etiam M. Cicero in Verrinis, déque Veneriis illi sacratis. Fuit & Romæ Veneris Erycinæ templū, vt Strabo in sexto testatur, eius & Ouidius in Fastis & Amoribus meminit. Liuius inquit lib. secundo, tertiæ Decad. Tum ædes votæ Veneri Erycinæ, ædémque Fab. Max. dictator vouit: quia ita ex fatalibus libris edictum fuerat, vt is voueret, cuius maximum imperium in ciuitate esset. Idem libro tertio: Interea duumuiri creati, Q. Fab. Max. & Attilius Crassus, ædibus dedicandis, Menti Attilius, Fabius Veneri Erycinę: vtraque in Capitolio est, canali vno discretæ. Altera fuit Romæ Venus Erycina ad portam Collinam, quam eodem Liuio auctore lib. decimo, quartæ Decad. eodem anno quo Aquileia colonia Latina in agro Gallorum est deducta: L. Portius, L. F. Licinus duumuir dedicauit: vota erat ab Cos. L. Portio, Ligustino bello. de hac Ouidius:

Templa frequentari Collinæ proxima portæ
Nunc decet, à Siculo nomina rege tenet.

Fuit præterea & Psophide Arcadiæ Erycinæ Veneris templum, vt Pauf. docet: quo argumento vtitur, eam vrbem à Sicula muliere nomen habuisse, quæ ibi Erycinam Venerem erexit. Erycinæ frequens est mentio. Catullus:

Spinosas Erycina serens in pectora curas. Horatius:
Siue tu mauis Erycina ridens, &c.

Argynnis Venus cognominata est, ab Argynno pueri nomine, de quo apud Atheneum
libro

Syntagma XIII.

libro decimotertio legimus, quòd puer fuerit ab Agamemnone rege amatus, qui cum frequentius nataret in flumine Cephiso, periit. quo in loco eum sepeliuit Agamemnon, ibidémque Veneris Argynnidos templum construxit. quam fabulam etiam inter Poëtas retulimus. hinc illud Propertij sanius intelligitur:

    Sunt Agamemnonias testantia littora curas,
      Qua notat Argynni poena natantis aquas.

Steph. quoque in lib. De vrbibus ἀργυνον ait filium fuisse Leuconis Athamantis, qui fuit Sisyphi, qui fuit Aeoli, Bœotium puerum, amatum ab Agamemnone: qui cùm in fluuium Cephisum ingressus esset, interierit: à quo Argennida Venerem denominauit. Dicitur & Argynnis. Aristophanes tamen ἀργύννας cum diphthongo protulit. hęc quidem Stephanus. Qua ex re eorum falsum esse patet figmentum, qui confingunt, Argynnum Dianæ indignatione summersum, quòd in eius contemptum esset ausus fretum ingredi, quod dea æstuosum fecisset, ob interemptam ceruam, sepultum in insula Arginusis. Et propterea Propertianum versiculum ita legunt:

    Qua notat Argynni poena minantis aquæ.

Plutarchus in eo qui inscribitur, ὅτι ἄλογα λόγῳ χρῆται, id est, quòd ratione irrationabilia vtantur, huius histori e meminit: sed pueri nomen Argæum, non Argynnum facit. vel altera, non eadem est fabula. Porrò & Herodotus Arginussam ait, cœlestem Venerem à Scythis vocari. Argempassam legit tamen Origenes lib. v I. ex eodē Herodoto, vt alibi ostēdi.

Victricem Venerem cultā à Romanis legimus, cuius ædem (si rectè remetior) Porphyrion fuisse ait in theatro Pompeij. meminit Plut. in ipsius Pompeij vita. Plinius libro octauo, de elephantis: Pompeij, inquit, altero consulatu, dedicatione templi Veneris Victricis, pugnauere in circo X X. aut vt quidam tradunt, X V I I. & cætera pulchrè. Superioribus annis Romæ effossum fuit marmoris frustū, in quo inscriptum erat, Veneris Victricis. Extat & apud priuatū Tifernatē Tiberimū, VENERI VICTRICI L. ARRONIVS, &c. Non equidem ausim statuere, an græcè hæc sit dicta Nicophoros Aphrodite. Vidi in vetusto Imp. Numeriani nomismate, in cuius tergo erat inscriptio, Veneri Victrici. Erat verò imago stolata, quæ dextra Victoriolam porrigebat, sinistra nescio quid hac forma Cælius noster putabat vmbilicum esse, qua specie apud Paphum colebatur, teste Tacito, vt docui alibi. Ego speculum esse arbitrabar, quo de speculo supra sum locutus. Sed B. Aegius, antiquitatis studiosissimus, putat tintinnabulum esse ad victoris claritatem indicandam significandámque. Varro quoque, si modo ad rem facit, de Ling. lat. Hinc comicos Victrix Venus: videlicet ne hæc non quòd vincere velit Venus, sed quòd vincere ipsa victoria. ab eo quod superati vincuntur. vtrique testis poësis, quod & Victoria & Venus dicitur Cœligena.

Melanis, quæ & Melænis, Venus cognominata fuit ideo, vt tradit Paus. in Arcad. quòd hominibus non omnino diurni concubitus, vt belluis, sed nocturni & abditi vt plurimum conueniant. Colebatur verò in primis à Corinthiis. Tradunt deam hanc per quietem Laidi nunciasse, futurum esse vt aliquando talentorum non paruam copiam compararet: id quod & non multo pòst euenit. Lege Athenæum, qui adeò eam formosam ait fuisse, vt pictores eam adirent, quo vel eius pectus & mammas imitarentur. Paus. verò in Corinth. ait, Cranion cupressorum nemus ante vrbem fuisse, in quo Bellerophontis lucus, & Veneris Melanidos templum ac Laidis monumentum, insculpta leæna, quæ prioribus pedibus ariete complecteretur. qua de re etiam Alciati extat epigramma, quod hic libenter ascripsi:

    Quis tumulus? cuia vrna? Ephyræ est Laidos. & non
      Erubuit tantum perdere Parca decus?
    Nulla fuit tum forma, illam iam carpserat ætas,
      Iam speculum Veneri cauta dicarat anus.
    Quid scalptus sibi vult aries, quem parte leæna
      Vnguibus apprensum posteriore tenet?
    Non aliter captos quòd & ipsa teneret amantes,
      Vir gregis est aries, clune tenetur amans.

Subiungit & hoc idem Athenæus, alterum esse in Thessalia Laidis monumētum. ipsam enim in Thessaliam accessisse ait, amore Hippostrati captam. Quidam non Hippostrati, sed Eurylochi, siue Aristonici scripserunt. alij Hippophati, quę inuidia ac zelotypia à Thessalis mulieribus occisa, vt in Anosia Venere relatum est. Sed de Laide satis. Scribit idem Pauf. in Bœoticis, Thespiis fuisse Melænidis Veneris templum.

Dexicreontis Venus in Samo colebatur, sic ab euentu nūcupata. nam Dexicreon quidam circulator, id est, ἀγύρτης & mendicus, Samias mulieres luxu ac petulantia perditas, sacris quibusdam ac piaminibus expurgauit: vnde Dexicreontis Venus denominata. alij Dexicreontem Nauclerum quempiam fuisse tradunt, qui cùm negotiandi gratia in Cyprum peruenisset, & onus in nauim esset impositurus, Venus iussit vt aquam tantummodo in nauim ipse inferret, statímque oram solueret. ille verò deæ paruit, aquam intulit. eúmque summa tranquillitate nauigaret, reliquis mercatoribus sitientibus propter ęstum, vnus ipse aqua abundabat, qua cæteris æstuantibus siti diuendita, magnam argenti copiam coëgit: qua & statuam deæ erexit, quam de suo nomine Dexicreontis Venerem appellauit. Plut. auctor in Quæstionibus.

Zerynthia Venus appellata est, vt Suidas ait, & Zerynthion & Zerynthon antrum, in quo canes sacrificabantur, vbi & Corybantum & Hecates mysteria agebantur, vt in Hecate copiosius retulimus, ex Lycophrone, & eius interprete Isaacio, itémque ex Stephano. Theophilus tamen & Phauorinus, Zerinphan Venerem & {η̃σίνφιον} antrum vocant. Puto autem mendum subesse. Sunt & Zerynthia littora apud Ouid. de Tristibus primo:

Inde leui vento Zerynthia littora nacta
    Threiiciam tetigit fessa carina Samon.

Alij licet aliter legant. Ouidio consentit Phauorinus. nam Zerinthium Thraciæ ascribit. Sanè & apud Hesychium lego Zerenen, hoc est, {ς̃ηρήνην} Venerē in Macedonia vocari.

Λαδωγυν̂ης ἀφροδίτη, Hesychius & Phauorinus tradunt Venerem nuncupatam Ladogenen, quòd propè Ladonem fluuium in Arcadia nata est.

Nephthe ab Aegyptiis Venus vocatur, quam & finem, seu mortem, alij Victoriam nuncupant, de qua Plutarch. in eo qui inscribitur de Iside & Osiride: quam & quinto loco natam ait, & cum Typhone coli. Hesychius tamen Venerem ait ἰθὼg ab Aegyptiis vocari: vnde Athyr mensis, qui in nostrum nouembrem fermè cadit. Est apud Epiphanium libro tertio aduersus Hęreses, Senephthe: putarim ego legendum Se Nephthe: Alij, inquit, Tithrambo, Hecaten interpretātes: alij Senephthy, alij Thormutidi sacra faciūt, alij Isidi.

Libitina Venus à Latinis existimata fuit, ea quæ sepulcris præesset, vt copiosè docuimus in nostris Sepulcralibus. Sed & hoc loco repetenda, & addenda quædam. Hæc quidem dea & ingredientibus in vitam, & egredientibus præesse iudicabatur. vnde etiam ὑπερβύσια Delphis cognominata: cuius etiam fuit statua, vt ex Plut. docuimus. nescio verò an hæc eadem sit, quam M. Varro Libentinam Venerem vocasse videtur, à Libendo denominatam. Meminit & Cicero de Nat. deor. Veneri Libentinæ lucus Romæ fuit, vt Festus ait. Fuit & Lubentia, cuius Plautus bis, vt puto, meminit: item Gellius in Atticis noct. & Apuleius. Sed & Horatius Libitinam vitare dixit, pro morte effugere, vt & eius interpretes testantur. Hinc libitinarij, de quibus in Sepulcralibus actum est. Seneca in sexto de Beneficiis, ait vota Libitinariorum, pro eo quod illi multos desiderent mori. Ab hac dea Libitinensis porta Romæ appellata fuit, cuius Lampridius meminit in Commodo.

Basilis Venus à Tarantinis vocata fuit, vt ait Hesychius. vnde & lusus quoddam genus, quo ij qui reges ac milites imitabantur, vtebantur: id est, cùm ducta sorte aliquis rex creatur, & imperat ei qui deinde simili sorte & ipse rex imperat, quod lusus genus inter Iustiniani leges quidam trahere nisi sunt, vt titulo de ludo aleæ, &c. nam Regindalia esse existimatur, quæ βασίλινδα græcè à Polluce, Suida, aliis dicta est. Etsi amicus meus Rhindalcha, à distortis naribus quasi Rhinochalca, libentius legere consueuerit: & nescio quo pacto ad cottabum transferre voluerit. Cum priore sentit Alciatus.

Ἐπιππ© ἀφροδίτη, id est, Equestris Venus, ab antiquis effingebatur. nam Veneris filius Aeneas, cùm occasum versus nauigasset, equum mox conscendit, & hac statua matrem deûm honorauit, vt Suidas scribit.

Elimæa Venus: Appianus in hist. Syriaca. vide in Diana Elimaitide, ex Hieronymo, & aliis. Fuit & Pyrenæa Venus, cuius templum in Gallia descriptione Strabo commemorat lib. quarto, à Pyrenæis montibus, vt videtur, nuncupata. quin idem Strabo Aphrodisium memorat Veneris Pyrenæę promontorium. meminit & Ptolemæus.

Syntagma XIII.

πόργνη ἀφροδίτη, id est, meretrix Venus cognominata fuit ab Abydenis, vt Pamphylus & Clearchus in mythicis tradunt. Nam cùm Abydena ciuitas fortè in seruitutem incidisset, meretricum arte liberata fuit. quare factum est, vt ciues in rei memoriam & monumentum, construxerint fanum πόργνης ἀφροδίτης. Pluribus ab Athenæo res exposita est, libro decimotertio. Cur non potius Meretrix Venus, quòd hæc prima, vt in historia sacra continetur, artem meretriciam instituit, auctórque mulieribus in Cypro fuit, vti vulgo corporum quæstum facerent, vt Lactantius & Seruius scribunt. D. verò Aurelius: Tres (inquit) Veneres: vna virginum, quæ etiam Vesta est:alia coniugatarum, alia meretricum, cui etiam Phœnices donum dabant de prostitutione filiarum, antequam iungerent eas viris. Iustinus & Lactantius Cyprias virgines hoc facere fermè scribunt. idem & Seruius. Strabo, Armenias & Assyrios. Herodotus, Lydos. Angilas & hoc in Africa factitasse, Solinus & Mela sunt auctores. qua enim nocte nuberent, fœminas prostituebant: quod & legimus quosdam hoc tempore facere, in Hispanis, Lusitanísue nauigationibus. Scribit Iustinus, Locrenses bello pressos vouisse, festo Veneris filias prostituturos, si victores fierent: id quod & alios fecisse mihi videor legisse. Adeò gentes ante lucem editam, in tenebris cæcutiebant, stultáque deis suis vota faciebant.

Sycensis Venus: Sycæ, quæ Punica ciuitas fuit, fanum Veneris fuisse proditum est, in quod se matronæ conferebant, atque inde procedentes quæstum dotis corporis iniuria contrahebant, honesta nimirum tum inhonesto vinculo coniugia iuncturæ. hoc fermè ex verbis Val. Max. in secundo.

Ἑταίρα ἀφροδίτη, id est, Amica Venus ab Atheniensibus colebatur, vt Apollodorus scribit. meminit & Hesychius. Sic verò appellata, quòd amicos & amicas coniungeret. Eualces verò in Ephesiacis prodidit, in Samo templa ædificata Veneri Hetæræ, quod & Athenæus repetit in Cœnis. De Ioue Hetærio, suo loco scripsimus. Sanè ἑταίρα vocabulum est, quod tam in bonam quàm malam partem accipimus, ita vt sodalem & meretricem significet. Sanè græci πώλους amicas nominant. nam meretrices, πώλους Veneris nuncupant, vt Hesychius notat. Nos, pullos, pueros etiam vocamus. Festus: Pullus Iouis vocabatur. Q. Fabius, cui Eburno cognomen erat, propter candorem, quòd eius natis fulmine icta erat. Antiqui puerum, quem quis amabat, pullum eius dicebant.

Idalia, & Acidalia Venus vocata: Idalia, ab Idalio Cypri nemore, de quo Verg. primo Aen. & Seruius, & Plinius. Acidalia verò, vt Seruius in eo Vergilij, At memor ille matris Acidaliæ. Acidalia, inquit, Venus dicitur, vel quia iniicit curas, quas Græci ἀκηδίας dicũt: vel certe à frõte Acidalio, qui est in Orchomeno Bœotiæ ciuitate, in quo se Gratiæ lauãt.

Golgia Venus, vocata fuit à ciuitate Cypri, sic à Golgo Adonidis & Veneris filio appellata, vbi colebatur Venus. Meminit in decimoquinto Idyllio Theocritus:

Δέσποιν᾿ ἡ γόλγον τε καὶ Ἰδάλιον ἐφίλησας,
Ἄπειναν τ᾿ ἔρυκα id est,
O dea quæ Golgon colis, Idaliósque recessus:
Sublimémque Erycem.

Quo in loco hæc eadem fermè interpretes. Stephanus verò: Golgi, id est, Golgoi, inquit, ciuitas Cypri, à Golgo duce Sicyoniorum coloniæ. Dicitur & Golgon neutro genere, vnde est Golgia Venus. gentile nomen Golgius, Golgia, & Golgeis Ionicè. Catullus Golgos numero plurium vsus est. tametsi ex nostris quidam Colchos scribere maluerunt, quos tamen in Plinij castigationibus Hermolaus docere potuisset. Catullus:

Quǽque regis Golgos, quǽque Idalium frondosam.

Meminit & Lycophron in Cassandra.

Pelagia Venus dicta, vt Artemidorus libro secundo de Insomniis ait, quam Marinam dicere possumus. vnde etiam ὑπονηρία, teste Hesychio, & Phauorino, dicitur. quin etiam eadem ratione ἁλιγενὴς, quasi dicas Saligena, vocatur. ad hæc & Hermionij, vt Pausan. scribit, Pontiam & Limeneiam coluêre, cui ante nuptias virgines, & viduæ, si nubebant, sacra facere consueuerant.

Cypris Venus frequenti cognomine dicta, vt ait Theophilus, quòd párere faciat, ὅτι κύην παρέχουσα: quòd & Phurnutus innuit, idémque ferè in Homerum grammatici dicunt. hoc est, veluti κύην παρέχουσα. vel quòd in Cypro colebatur, vnde & Cypria interdum dicta, Tibullus in secundo:

Et faueas concha Cypria vecta tua.

Item quòd in Cypro genita, κυπρογενής. vide Hesiodum, & Festum. Lactantius verò Venerem ait in Cypro primum omnium artem meretriciam instituisse, mulieribúsque suasisse, vt corpore quæstum facerent, ne sola videretur impudica. Seruius item & Iustinus scribunt, virgines in Cypro statutis diebus ad maris littus ire solitas, vt ex prostitutione dotalem pecuniam pararent.

Scotia Venus, cuius templum apud Aegyptios fuit, vt scribit Hesychius, à tenebris videlicet. Venus enim in tenebris & abdito peragenda.

Calua Venus ab euentu, culta à Romanis. nam vrbe à Gallis occupata, obsessi in Capitolio Romani, cùm ex mulierum capillis tormenta fecissent, ædem Veneri Caluæ consecrarunt. Lactantius auctor in primo Diuin.instit. Historiam copiose Vegetius Renatus in quarto de Re milit. recitat. & Caluam Venerem sub tecto nominare religio fuit.

Aurea Venus cognominata Latinis, & Græcis χρυσῆ, in primis Vergilio, Homeróque vt notat apud Latinos Seruius, & Eusebius x Præpar. euang. Homerus in hymno πολύχρυσῳ vocat. Pindarus verò in Pyth. ἀργυρόπεζαν id est, argēteos pedes habentē, vel albos & pulcros.

Syria Venus vt Diodorus Siculus scribit, cognominata, cuius verba vt sunt à Poggio expositæ, hæc sunt: Venus in Sicilia commorata est circa Erycem, in Cypro circa Cythera ac Paphum, in Asia autem circa Syriam: ob hásque peregrinationes Venerem tum Erycinā, tum Cytheream, tum Paphiam, tum Syriam incolæ appellarunt. hæc ille. Crediderim ego hanc deam Syriam esse. quare si videtur, cum ea, id est, Astarte, coniunge.

Paphia Venus nuncupata, vt Diodorus ait, quòd ipsa peregrinata sit circa Paphum. Est enim Paphus vrbs Cypri. Paphum & Palæpaphum Strabo celebrat: Paphum quidem ab Agapenore conditam Palæpaphum verò vetustiorem, Veneris templo illustrem. De Agapenore & Pausanias in Arcad. qui ipsum Ancæi filium scribit, Lycurgi nepotem, qui capto Ilio in Cyprum tempestate delatus est, & Paphum vrbem condidit, & fanum in vrbe opulentissimum. Plin. libro secundo: Celebre fanum habet Veneris Paphos, in cuius quandam aream non impluit. De vtroque, oppido & fano, poëta in primo Aeneidos.

Ipsa Paphum sublimis abit, sedésque reuisit
Læta suas, vbi templum illi, centúmque Sabæo
Thure calent aræ, sertísque recentibus halant.

Sunt qui tradant, quòd Aerias vetustissimum Paphiæ templum posuerit, & post eum filius Amathus Amathusiam Venerem denominarit. Sed libet hoc loco ascribere quæ Cor. Tacitus de Paphia Venere prodidit, lib. decimo octauo: Haud fuerit, inquit longum initia religionis, templi situm, formam deæ (neque enim alibi sic habetur) paucis disserere. Conditorem templi regem Venerianū, vel Vranum (vt castigauit Alciatus) vetus memoria, quidam ipsius deæ nomen id perhibent. fama recentior tradit à Cinara sacratū templum deámque ipsam conceptam mari huc appulsam: sed scientia artéque haruspicum accitum è Sicilia Myram intulisse, atque ita pactum, vt familiæ vtriusq; posteri cæremoniis præsiderent. mox ne honore nullo regium genus peregrinam stirpem antecelleret, ipsa quam intulerant, scientia hospites cessere. tantum Cinarades sacerdos consulitur: hostiæ, vt quisque vouisset, mares deliguntur. certissima fides hœdorum fibris: sanguinem aræ offundere vetitum, precibus & igne puro altaria adolent. nec vllis hymbribus, quanquam in aperto, madescunt. simulacrum deæ non effigie humana: continuus orbis, latiore initio, tenuem in ambitum metæ modo exurgēs. Et ratio in obscuro. hactenus Tacitus. Paphus, inquit Phurnutus, peculiare Veneris domicilium, Paphiæ nuncupatæ: fortè per figuram ἔλλειψιν, id est, defectum, ἀπὸ τ ἀπαφίσκειν, quòd decipere est. habet enim Venus iuxta Hesiodum, μειδήματα τ᾽ ἐξαπάτας τε hoc est, risúsque, deceptionésque. Iuxta verò Homerum, subdola verba animum quæ & fallunt sapientum. hoc est, πάρφασιν, ἥτ᾽ ἔκλεψε νόον κάτα πυκα φρονεόντων. Ne mirere, si in citando Phurnuto non edita exemplaria plerunque sequor. nam apud me est manuscriptus codex, illis & castigatior, & locupletior. Illud hoc loco tantum dixerim, hanc orbicularem in metam crescere: aliam, quam in Venere Vrania retulimus. quadrangularem Hermi ε in morem fuisse.

Acrea, Venus, cuius in Gnidia facta est mentio. Strabo de Cypro loquens, ait Carpasiam vrbem stadiis x x x versus insulas Carpasias esse, vbi & mons & promōtorium. mons summitas Olympus dicitur, vbi Veneris Acrææ templum. Fuit & Ascræa Venus, cuius
mentio

mentio est apud Pauf.in Corinth.Sunt qui scribāt,Acreæ Veneris templum mulieres nec videre,nec adire,fas fuisse: sicuti Eunosti fanum in Tanagra adeò mulieribus interdictum fuit, vt si quo infortunio aut vastitate Tanagræi opprimerentur, diligenter inquirerent, ne qua mulier consultò aut casu templo Eunosti appropinquasset.

Apaturias Venus: de hac ita in vndecimo scribit Strabo, vbi de Phanagoria agit, emporio apud Scythas Mœoticos: Phanagoriæ est, inquit, insigne Veneris Apaturiæ templū. id nomen interpretantur, fabulam quandam afferentes, quòd cùm gigantes Venerem adorti essent, illa Hercule inuocato, tamdiu in latebris quibusdā latitauit, donec sigillatim Gigantes excipiens dolo Herculi occidendos exhibuit. ἀπατάω quippe est fallo, & decipio. hinc est ἀπατόρον templum ipsum Veneris nuncupatum, vt prodit Stephanus. hinc & Apaturia celebritas, de qua sic Eusebius Pamphili in libro de Temporibus: Anno mundi circiter MMMMLXXX. Erechtheidarum imperio destructo, Atticorū principiū regni ad aliud genus translatū est,cùm Timœten prouocasset ad pugnam Xanthus Bœotius:& Timœte recusante, Melanthus Pyliensis Andropompi filius suscepisset singulare certamen, ac deinde regnasset.hinc & ἀπατούρια, id est, fallaciarum solennitas celebrabatur, quia ad Victoriam fraude processerat. Sed hāc historiam locupletius tibi ex Suida recitabimus. ἀπατούρια, inquit, celebritas Athenis celebrabatur, in qua Sitalci Thracū regis filius ciuitati ascriptus. quatuor autem dierum ea fuit.primā diem Δορπίαν appellabant, quod sodales ad vesperam in vnum coacti epularentur. secundum ἀνάρρυσιν, à sacrificando:nam Ioui Sodali & Palladi sacra faciebant. tertium κουρεῶτιν, id est, puellarem vocabant, quod scilicet pueros & puellas, id est, κόρους & κόρας sodalitati ascriberent. quartus dies ἐπίβδα dictus est. Horum autem dierū festorum talis causa fuisse dicitur.Bellum erat Atheniēsibus aduersus Bœotios de Celænis vico, qui in cōfiniis erat. Xanthus autem Bœotius Thymœten Atheniensium regem prouocauit: quo recusante, Melanthius Messenius à Periclymeno Nelei filio generis originē ducens, imperij causa pugnare sustinuit.quare cùm singulari certamine pugnarent, quidā hircina nigra pelle indutus, post Xanthij terga Melantho apparuit: ipsum igitur iniquē facere dixit, quod cum comite veniret. quo dicto, respicientem Xanthium interfecit. vnde & festum ἀπατούρια, hoc est deceptoria cognominata fuit: & Dionysij Melanægidos templū struxerunt, vt in Dionysij cognominibus recitauimus. Sunt qui Apaturia pro homopaturia dicta esse velint, quòd patres, vt liberos curiæ ascriberent, conuenirent: vt a, pro simul accipiatur. De Apaturiis Herodotus in primo. meminit & Xenophon in primo Hellinicōn, & Tertullianus: sed plenius Simplicius in Physicis Aristotelicis, itémque Hesychius, aliíque. Cognominata est etiam Pallas hoc nomine, vt in ea dictum est.

Melinæa Venus, dicta est à Melina vrbe Argiua, vbi colebatur, vt scribit Stephanus. Lycophron, τὴν καταρίαν τι Μελιναίαν θίον: id est,hanc Castaniámque Melinæam deam.

Cluacina Venus à Romanis culta,dicta(vt Plin.scribit.lib. decimoquinto) quod cluere antiqui pugnare dicebant. T. Liuius lib. tertio: Ac nutricem propè Cluacinæ ad tabernas licet in hoc loco sint qui non Cluacinam, sed Cloacinam legere malint : de qua suo loco. Plin. Quippe ita traditur, myrtea verbena Romanos Sabinósque, cùm propter raptas virgines dimicare voluissent, depositis armis pacificatos, in eo loco qui nunc signa Veneris Cluacinæ habet. Cluacinam porrò quidam Venerem armatam interpretantur, cuius templum non procul à foro fuit.

Anadyomene Venus cognominata, quæ ex mari exiret. Plin. libro trigesimoquinto: Venerem exeuntē è mari Diuus Augustus dedicauit in delubro patris Cæsaris, quæ Anadyomene vocatur, versibus græcis tali opere dum laudatur victo, sed illustrato. huius enim inferiorem partem corruptam qui reficeret, non poterat inuēniri. verùm ipsa iniuria cessit in gloriam artificis. Consenuit hæc tabula carie, aliáque pro ea Nero in principatu substituit suo, Dorothei manu. hæc Plin. Sed non modò poëtæ Anadyomenes meminēre, sed & philosophi. Plut.& Artemidorus libro secundo.

Ἀμβολογήρας ἀφροδίτης, hoc est Veneris senectam differentis : huius Veneris simulacrum Pauf. in Lacon. tradit à Spartanis ex oraculo erectum fuisse.

Mechanites etiam cognominata, eodem Pauf. teste. id nomen ei deæ & operibus eius conuenit: vnde & illa Polymechanos cognominata meretrix, à vario concubituum genere. Porrò & Minerua, eodem Pauf. auctore, in Arcadia culta eodem nomine fuit, quod artium & consiliorum inuentrix fuerit.

Phosphorus, Veneris stella matutina ἑωσφόρος, id est, Hesper, & Vesper, vespertina eadem. Cic. secundo de Nat. deor. Apul. Martianus, cæteri. Δελφατ verò à Chaldæis dicta.

Ἄλμος Venus dicta in Libya, vt Hesychius notat. Βαῶτις autem à Syracusanis, ἐλίμων in Cypro & Chalcedonia. alicubi & ὀρθάννης. Cyprij verò Venerem ἔγχειον vocabant, Gnossij ἀνθεῖαν, Syracusani κελλίσσαν: Carchedonij, id est Carthaginenses ἐπίκοος.μιλίτης etiam alicubi vocata Venus. atque hæc quidem ferè ab Hesychio & Phauorino. Porrò & τροφόροφος κουροτρόφος etiam cognominata, hoc est, Cupidinis nutrix.

Hospita etiam Venus, hoc est græcè Ἀφροδίτη ξένη, appellata ab Aegyptiis, vt Herodotus scribit lib. secundo. Nam cùm de fano Protei ageret, ita propèmodum scribit: In Protei inquit, Fano ædes est, quæ Veneris ξένης, id est hospitæ appellatur, quam Herodotus ipse coniectura ductus, existimauit Helenæ Tyndari filiæ, quæ apud Proteum ipsum diuersata fuerit, & eo nomine vocata. Historiam totam, si libet, lege apud historicum ipsum.

Momemphita Venus, & præfectura, id est nomos apud Aegyptios, de quibus Strabo libro decimoseptimo. Huic deæ sacrà vaccam alebant, quemadmodum Memphitæ Apim, & Heliopolitani Mneuin boues, quos pro deis nutriebant.

Aeneis præterea Venus, etiam ab Aenea nuncupata, vt Alicarnas. Dion. scribit in primo hist. Frugi demum Venerem dictã inuenimus, vt apud Festum: Fruginal, inquit, templum Veneris frugi, Frugutal Iouis. alij licet Frutinal legant apud Festum, dictum esse Veneris templum Frutæ. Et hucusque de Venere dictum sit: cui iurè Vulcanum & Adonim subdidimus, tum Cupidines & Charites subiungemus, vt totam tibi Veneris cohortem muneri mittam. Tacitus lib. 3. Smyrnæos ait Tiberio principi, Apollinis imperio, Stratonicidæ Veneri templum dicauisse.

CVPIDO.

Venerem, & eius cognomina plurima, quàm potuimus breuissimè descripsimus: nūc propositum sequentes ordinem, Cupidinem, hoc est Amorem subiungemus. Nam Latini, vt ait Seruius, Cupidinem vocant eo quòd faciat amorem. Sed Vergilius græcos imitatus, vno nomine vtrunque significat. Amorem dixit deum in illo:

Ergo his aligerum dictis affatur amorem.

Idque discreuit epitheto. Sed cum hæc perpetua non sit Seruij obseruatio (nam & Propertius ita cecinit:

Quicunque ille fuit, puerum qui pinxit Amorem)

Ne in re minime dubia plures afferam: ideóque nos indiscretè vtroque nomine hac Syntagmatis parte vtemur. M. Cicero primum in tertio de Natu. deorum, tres nomine Cupidinis enumerat, quorum primus, inquit, Mercurio & Diana prima natus dicitur, secundus Mercurio & Venere secunda: tertius quidem (inquit) est Anteros, Marte & Venere tertia genitus. hæc Cicero. Plato in Symposio scribit, Cupidinem natum ex Poro metidis, id est Consilij filio, & Penia, id est inopia: quod plerique omnes magno mysterio à Platone confictum prodidère. quæ si minus placeant, quæ à philosophis Platonicis tradūtur, vel prolixiora sunt, accipe quæ paucis Eusebius piè & religiosè scribit. Plato, inquit, in Symposio allegoricè pro paradiso Iouis hortos appellat, pro serpente deceptionem Peniæ, quæ Poro insidiata est: pro viro autem primo, quem Dei consilium atque prouidentia quasi nuperrimè natum filium produxit, Consilij filium Porum nomine posuit: & inde natus Cupido, Veneris obsequentior seruus, quia in Veneris natalitio festo die ortus erat. præter Eusebium lege & in quarto aduersus Epicureum Celsum, Origenem. Sed iam quæ cæteri Græci scriptores tradunt, afferamus: qui Cupidinem, cuius filius fuerit, variè enunciant. quidam enim (vt Græci tradunt Theocriti expositores, aliíque præterea) ex Chao & terra natum fabulantur, vt Hesiodus. Orpheus item ex Chao primum apparuisse, & Phaneta illũ appellare videtur: Simonides ex Venere & Marte, Acusilaus, ex nocte & Aethere: Alcæus, ex Lite & Zephyro: Sappho, ex Venere & Cœlo. Olen Lycius in hymnis, ex Ilithyia, id est Lucina natum cecinit. Sedenim quòd Mercurij filios crederetur, Eusebius & alij ideo traditum aiunt. quòd amandi vis & virtus orationi attribuitur. Vergilius in primo Aeneid. Venerem facit ita Cupidinem alloqui:

Nate meæ vires, mea magna potentia solus,

Nate patris summi. Vbi Seruius: Nate meæ vires, quia Venerea voluptas exerceri sine amore nõ potest. aut secundũ Simonidẽ, qui dicit Cupidinẽ ex Venere tantum esse

prog

Syntagma XIII. 345

progenitum:quanquam alij dicāt,ex ipsa & Marte alij, ex ipsa & Vulcano:alij verò Chaus & primæ rerum naturæ eum esse filium velint. Hesiodus Erota & Himerum,quo vtroque nomine Amor significatur, Veneris sectatores facit. quo loco Scholiastes philosophatur, differentiámque inter eos ponit. Erota enim, id est, Cupidinem, ex aspectu amare: ἵμερον verò: id est, desiderium post aspectu desiderare facere ait. vt si pulchrum inquit, librum aspicias, propter cultum & literas ames, & possidere cupias: ecce hic ἔρως est. Sed ἵμερος, post possessionem adeptam, illius discendi nascitur desiderium, & quæ in eo scripta sunt assequendi: & cætera, quæ ille scribit. transfert enim Amorem hunc, & Cupidinem, ad cætera quæque negotia. Cupidinem Psychen amasse, eámque sibi copulasse, fabula nar-
10 rat, quam lepidissimè Apuleius executus est in Metam. & Fulgentius in Mythol. ex græcis auctoribus est interpretatus. Meminit & Martianus, qui Psychen ait Apollinis & Endelechiæ filiam. Plures autem Cupidines antiqui scriptores, & poëtæ in primis finxêre, vt est apud Claudianum in Honorij & Mariæ epithalamio: item apud Papinium, à quo fortè Claudianus desumpsit. & ante hos Propertius libro secundo Eleg. cecinit:

   Obuia, nescio quot, pueri mihi turba minuta
      Venerat, hos vetuit me numerare timor.
   Quorum alij faculas, alij retinere sagittas,
      Pars etiam visa est vincla parere mihi.
   Sed nudi fuerant: quorum lasciuior vnus,
20 Et reliqua. Certè & illo suo dicendi filo Apuleius in decimo Cupidines cum matre Venere diuersos & lasciuientes describit. Phurnutus etiam plures ait Cupidines, propter scilicet πολυτροπίαν, id est, morum varietatem. Sed in Imaginibus pulcherrimè à Philostrato describuntur: Ecce, inquit, ἔρωτες, id est, Cupidines mala colligunt. quòd verò multi sint, ac innumerabiles, ne admireris. Nympharum enim filij sunt, mortalium genus moderātes: multíque ideo, quòd multa sint ea quorum mortales amore ducantur. Cœlestem autem Cupidinem diuina in cœlo facere tradunt: mox Cupidines ipsos pharetras ac sagittas aureas habere describit, omnésque nudos esse, nec quidem coronas in capite habere. satis quippe illis coma. Pennas cœruleas ac puniceas habent, nonnulli etiam aureas. Calathos porrò habent, in quibus poma deponunt. gemmis ornati sunt, smaragdis, sardonyce, &
30 margaritis, à Vulcano compositis. In arbores deuolant, sine scalis, ad poma legenda. Inter hos verò quatuor formosissimos esse scribit: duo inuicem malis se petunt, duo reliqui sagittis: non iratis quidem vultibus, quòd ita interpretatur. Principium amoris mittere poma, sagittas verò Amorem perficere. Addit & idem Philostratus luctam ipsorum Cupidinum, rem vtique iocosam: tum etiam de lepore quædam subdit, vt videlicet cadentia poma ambedunt, & vt insequantur Cupidines. Addit præterea de leporis natura multa, & de Venere, quorum pleraque iam in Venere retulimus. Sanè idem scriptor alio loco, Cupidines scribit frenis cygnos compescere, & eos regere: quódque dei pueri sint, qui libenter cum auibus ludant, & per stagnantes aquas eos agant, ac si essent in hippodromi stadio. Sed quo modo Cupido deus pingatur, pulchrè in Elegia à Propertio libro
40 secundo describitur, ex qua hi versus:

   Quicunque ille fuit, puerum qui pinxit Amorem,
      Nònne putas miras hunc habuisse manus?
   Hic primùm vidit sine sensu viuere amantes,
      Et leuibus curis magna perire bona.
   Idem non frustra ventosas addidit alas,
      Fecit & humano corde volare deum.
   Scilicet alterna quoniam iactamur in vnda,
      Nostráque non vllis permanet aura locis.
   Et meritò hamatis manus est armata sagittis,
50   Et pharetra ex humero Gnossia vtroque iacet.
   Antè ferit quoniam, tuti quàm cernimus hostem,
      Nec quisquam ex illo vulnere sanus abit.

Sic propertius. Apuleius quoque Cupidinem suo illo Milesio dicendi genere elegātissimè in Asino describit. Seruius etiam Honoratus in 1 Aeneid. Sanè, inquit, Cupidinis nomē ratione nō caret. nam quia turpitudinis est stulta cupiditas, puer pingitur: item quia imperfectus

fectus est in amātibus sermo, sicut in puero: alatus autē ideo, quia nihil amantibus leuius, nihil mutabilius inuenitur, vt apud Vergilium ipsa Didone probatur. Sagittas verò iccirco gestare dicitur, quia & ipse, vt illæ incertæ velocésque sint. In templo Aesculapij fuisse Cupidinis simulacrum, his verbis scribit in Corinth. In eo, inquit, fuit Pausiæ pictoris opus cupido abiecto arcu & sagittis lyram tenens. Plutarchus apud Stobæū, Quòd amor nō sit iudicium: Quamobrem, inquit, Cupidinem facem gestare, hoc est, πυρφόρον poëtæ tradunt, & plastæ ac pictores effingūt: quoniā quod ignis splendidū est, suauissimū: quod verò, καυστικὸν id est adustiuū, molestissimum. Sed postquam hæc attigimus, audiamus & Alexandrum Aphrodiseum in lib. Problematum (sint, non sint eius, quid ad nos?) qui hāc pulcherrimè est executus: cuius verba, ne hic prolixior sim, meo arbitratu interpolata recitabo. Problematis hoc est initium: Cur amantiū extremæ partes modò frigidæ sunt, modò calidæ: cúmq; in spem & desperationē causam retulisset, subdit: obq; hanc ipsam causam pictores Amorem nunc tristem pingunt & quiescentem, nunc volantem & ridentem. puerum verò mutabilem, quia cupido vehemens quidem est, nō tamen diuturna & perpetua. Item paulò post: Facem verò habere fingunt, atq; esse pennatū, quia amantium animi suspensi tolluntur, suntq; mutabiles ceu volucres. & mox: Tenet autem dextra gladium, vel vt alij habet codices, sagittam: sinistra verò pharetrā, & quamplurimas sagittas: quoniam à principio quidem ex vno oculorum radio amor oritur, qui radius sagittæ similitudinem habet. Quòd autē multas in pharetra sagittas habere videatur, quoniam amantes occultos emittunt radios. tum & illud sequitur: Nudum autem fingunt, quia absque medio desiderium est, manifestóq; euenit. neq; enim ob aliud quispiam amat quicquam, neq; clàm, neq; quod ignoret. quocirca & statuarij & artifices nonnunquam nudos deos & reges effingunt, vt eorum adapertas virtutes, & manifestas, nec occultas ostendant. Porrò non vnum Cupidinem, sed plures esse ferunt, quia diuersi rerum sunt amores. aliter enim atq; aliter amamus: vnde & Plato, multorum capitum esse belluam Amoré dixit. hæc quidem ex Aphrodiseo, meo (vt dixi) arbitratu excerpta. Sed & Phurnutus penè consimilia de Cupidine scribit. Idem scribit & Proclus in Sophista Platonis, vbi & illud ait, Cupidinem Sophistam etiam appellatum, & magum, dum generatione animas naturalibus rationibus mulcet, & allicit, adeò vt ægrè à generatione amoueantur. Multiceps verò quoniam sibi essentias vitásque multas vendicauit, per quas varietatem generationis disponit. Si minus hæc quæ adhuc scripsi, de Cupidinis imagine fecerint tibi, quæso & legas Moschi pulcherrimum poëma quod ἔρως δραπέτης, id est Cupido fugitiuus inscribitur, in quo Venus ipsum, eiúsque naturam ostendit. Legitur & Aeneæ Syluij, qui pius secundus Roman. Pontif. postea fuit, elegia, eodem picturæ argumento: itémque Marulli epigramma: quæ apud ipsos legas, ne nimius sim.   Fuit & in curia Octauiæ, vt scribit Plinius, Cupido fulmen tenens, cuius auctor nesciebatur. id affirmabatur, Alcibiadem fuisse principem forma in ea ætate: in cuius clypeo ita erat pictus. & memini hoc argumento ad Cœlium nostrum lusisse Cynthium. quin & fractum fulmen ipsum tenuisse Cupidinem, sic canente viro docto:

 Aligerum fulmen fregit Deus aliger igne,
  Dum demonstrat vti est fortior ignis Amor.

 Fuerunt & antiquis celebratæ statuæ Hermerotes, ex Mercurio & Cupidine confectæ: de quibus alibi meminimus. Sed iam de pictura satis.   Sedenim antiqui in gymnasiis Cupidinem inter Mercurium & Herculem posuere, eum amorem significātes, qui ex ratione & virtute nasceretur. Quinimmo & Samij gymnasium illi constituerunt, teste Athenæo. Ecloge legitur Ausonij poëtæ de Cupidine, ab heroinis patibulo crucis affixo: vt & meminit Lactatius, si rectè remetior. Verùm iā Amoris nomina interpretemur. Ammonius sanè & Phornutus, aliiq; Cupidinē his tribus nominibus vocatum tradunt, ἔρωτα, πόθον, & ἵμερον. Quos ait Pausanias in Attica, à Scopa effictos, tam specie inter se differentes, quàm operis artificio.   ἔρως igitur per omega, ipsum Cupidinem & flagitiosum amorem significat, hoc est Amores, vt dicimus, & notant grammatici. ἔρος verò per omicron, pudicum & bonum amorem significat. quod discrimen an rectè statuatur, non disquiro, cùm inter legendum apud idoneos auctores non ita ratum offenderim, vt illi præcipiunt. ἔρωτα autem dictum ait Plato, & Phurnutus, ab inquisitione amati. ἔρειν enim pro ζητεῖν, id est inquirere, capitur. Plotinus tamen ab aspectu & visione deduxit. ἔρως, ait, quasi ὅρασις.

ad

ad quam rem illud perbellé Propertij deducimus:
> Si nescis, oculi sunt in amore duces.

Scribit etiam Hesychius, quòd ideo cupido ὀμμάτιος, id est, oculeus vocatus sit, quòd ex aspectu amor concipitur. & in Achillis amoribus ὀμματοτυλόγχα dicta sunt. πόθος verò desiderium dictus, quòd amantes iis frui desiderent quæ pulchra venustáque visa sunt. Nam (vt nosti) ποθέω est desidero, & cupio rem proprie quæ absit, nec præsens sit. Vnde & quidam inde deductum volunt πόθον, quia amantes dilectos sæpe percontentur ac interroget, πόθεν ἔρχονται, καὶ ποῦ ἦσαν: hoc est, vnde vel venerint, vel vbi fuerunt. Scribit & Plin. Scopa fecit Venerem, & Pothon, Phaëthontem, qui Samothraciæ sanctiss. cæremoniis colebantur. Phurnutus & hoc ait, quòd dictus sit πόθος ab osculorum imitatione: vnde & ποππᾶς denominationem habuisse scribit.

ἵμερος autem dictus, vel quasi ἥμερος, id est, cicur & mansuetus, nec syluestris, tales enim Amor, dum sui compos est, homines efficit. quin & gentium quidem scriptores Ἵμερον ipsum Cupidinis fratrem ideo scripsere. vnde mirum etiam, quosdam sine afflatu in primo hoc nomen notare. Vel dictus, vt Phurnutus ait, ἀπὸ τοῦ ἱέναι, hoc est, ab incitando, quòd feratur ad ea quæ formosa sint.

Sed & πτερός, id est, alatus, vel pennatus à Platone in Phædro vocatur. hinc & Cicero de Nat. deor. eundem latinè pēnatum Cupidinem vocat. à Phurnuto verò πτερωτὸς dictus, quasi dicas volans & pennatus, quòd scilicet leues faciat, & amantium cogitationes vagas, & in auis modum ipse ideo volare videatur. Iuxta quam sententiam à nostris Aligerum cognominatum videmus, vt ante scripsimus.

Ergo his aligerum dictis affatur Amorem. & ab Orpheo πτερόρυτα.

Sagittarius etiam, id est, τοξότης Amor nuncupatus est, quòd amore capti ab aspectu, quasi vulnere à longe ferianturque, audeant formosos attingere: vel contrà, quòd ab aspectu formæ capite vulnerentur. τοξαλκὴς ab Orpheo ideo vocatus. Certè illud admirandum de Cupidinis telo legimus, quod in templo Dianæ apud Ephesum pependisse ferunt, nullis penitus laqueis mandatum: quod in septimo de Architectura Bap. Leo recitat.

Geminus Cupido cognominatus, non modò vt mater Venus Gemina, qua de re Plato in Symposio multa, quod scilicet cœlestis sit & terrenus: sed etiam propter geminum sexum. hinc Seneca in tragœdia.
> Quam vocat matrem Geminus Cupido.

Quin & alij non Geminos, sed (vt diximus antè) tres & quinque, & plures.

Tyrannus Cupido à Platone dictus est, quòd in generosos & nobiles animos bacchari & sæuire, tyrannidémque exercere videatur, id quod & Euripides illo versiculo, quem & Abderitæ deleri canebant, ostendit. σὺ δ᾽ ὦ θεῶν τύραννε κ᾽ ἀνθρώπων ἔρως. Id est, Túque ô deûm tyranne & hominum Cupido. quin etiam Proclus in Platonis sophista, Amorem magum appellauit, vt suprà dictum est.

Harpys deus à rapacitate Amor vocatus est. hac voce vsus est Parthenius in Crinagora, ἀμφοτέρους ὑπὸ ἴσας ἄγνυς ἴλυόεντο. Quin etiam fabulæ tradunt, Erinnyn furiam ab Amore amatam fuisse, vt impotentiam ac impetum significarent insanè ac deperditè amantium.

Phanes etiã dictus est Amor, quòd ex Chao primus apparuerit, quod Orph. & Lactantius aiunt. Macrob. tamen solem Phaneta interpretatur, quoniam quotidie φαίνεται νέος, id est, nouus appareat. meminit & Hermias in Phædro Plat. nec semel. Vt illud, τὴν φάνητα, ὅπερ ἐστὶ πέρας τῶν νοητῶν. id est, Phaneta, qui est finis intelligibilium deorum.

φλύαρος ἔρως, hoc est, nugax & loquax Cupido, Athenis cognominatus cultúsque fuit: & eodem cognomine Venus, vt est apud Arpocrationem.

Pharetratus à nostris Cupido cognominatus est. Ouid. in Eleg.
> Nullus amor tanti est, abeas pharetrate Cupido. Item vulgare illud:
> Cæcus & alatus, nudus puer, & pharetratus.

Socrates in Symposio Xenophõtis, inter alia multa quæ de Amore disputat, ideo Pharetratum dici ait, quod forma procul inspecta, amantem quasi sagittis quibusdam feriat.

πανδαμάτωρ ἔρως cognominatus, id est, omnium domitor, frequens est apud Græcos. Hinc notissimum est distichon:
> Perfringunt, penetrant, vrunt mea spicula fulmen,
> Scilicet hinc nomen est mihi πανδαμάτωρ.

Caunius Cupido vocatus, quòd in Cauno vrbe coleretur, vt ait Hesychius. Possumus & ab æstu deriuare, qui sit ex amore, vnde & illi ardentes faces attribuebant antiqui: vel quòd Amor καυνὸς homines reddat, id est difficiles & malos.

Ἀμφιθαλὴς ἔρως, id est, vndique germinans Cupido dictus, quòd mutuus sit & reciprocus amor. Aristophanes in Auibus & grammatici. tametsi ἀμφιθαλῆς etiam dicuntur, quibus vterque parens adhuc generat.

Sanctus Amor & Cupido à nostris sæpe dictus. Tibullus in II.
Sancte veni dapibus festis, sed pone sagittas,
Et procul ardentes hinc precor abde faces.   Catullus:
Sancte puer, cuius hominum qui gaudia misces.
Idem & Venerem sanctam ad Mallium vocat,
Quem neque sancta Venus molli requiescere somno,
Desertum in lecto cœlibe perpetitur.   Sed de Sancto aliàs plura.

Thespius præterea Cupido nuncupatus, à Thespiis, vbi colebatur, vt Strabo in nono, & Ouidius. M. Cic. in Verrem. quinetiam vt est apud Athenæum, ex Erexia, Cupidinea, quæ & Thespia vocata fuere, festa celebrabantur à Thespiis. de quibus & Plut. in Erotico: ex his enim sermonis originem sumit. In Helicone, inquit, apud Musas, ô Flauianæ, Thespiis Erotica agentibus: certamen enim agunt quinquennale, vt quidem Musis & Cupidini illustre & honoratum. Plinius libro trigesimosexto: Eiusdem, inquit, Praxitelis est Cupido, obiectus à Cicerone Verri, ille per quẽ Thespiæ visebantur, nũc in Octauiæ scholis positus. eiusdem & alter nudus in Pario colonia Propontidis, par Veneri Gnidiæ nobilitate, & iniuria. A damauit enim eum Alchidas Rhodius, atque in eo quoque simile amoris vestigium reliquit: vt in Venere retuli. Paus. verò in Bœoticis, de Thespio Cupidine multa refert. ait enim: Venerantur Thespienses maximè deorum omnium Cupidinem, cuius est signum vetustissimũ rude quoddã saxum. Qui primus tantos apud Thespienses præ cæteris Deis honores Cupidini habẽdos cẽsuerit compertũ certè non habeo. Nõ minore verò cultu Pariani, qui circa Hellespontum sunt, ex Ionia oriundi (Erythris nempe huc colonia deducta) at nostra ætate Romanis parent, eundem prosequuntur deum. Cupidinem certè vulgus hominum natu Deorum minimũ & Veneris filium putant. Lycius verò Olen, qui antiquissimos Græcis fecit hymnos, in Ilythiæ hymno matrem esse Cupidinis Ilythiam ipsam dicit. & qui post Olenẽ carmina fecerũt Pamphus & Orpheus, de Cupidine nõnulla versibus mandarunt suis, quæ Lycomedi initiis celebrandis cantarentur. Ego sanè quædam cognoui de homine qui sacras lampadas præferebat, quæ consultò reticeo. Hesiodũ quidem, vel quicunque is fuerit, qui à se scriptũ de origine Deorum carmen Hesiodi nomine ediderit, satis scio prodidisse, Chaos primùm, Terrã deinde, Tartarum & Cupidinẽ genitos. At Lesbia Sappho multa de Amore, & ea nõ satis inter se consentanea, cecinit. Thespiensib. ex ære Cupidinẽ elaborauit Lysippus, & ante eum è marmore Pentelico Praxiteles. Tum subiungit Paus. à quibus fuerit Cupidinis signũ ablatum, & restitutum. Dein & eos qui violarunt, malè eis euenisse, & cætera quæ scribit Paus.

Cæcus Cupido fingitur, hoc est τυφλός. Scribit in decimo Idyllio Theocriti interpres, super ea poëtæ verba, τυφλὸς δ᾽ ἐκ αὐτὸς ὁ πλῦτος, ἀλλὰ καὶ ἀφρόνιστος ἔρως: hoc est, Cæcus non modò Plutus, verùm etiam delirus Amor: Nota, inquit quòd antiqui duos cæcos dicebant, Cupidinem & Plutum, nam qui amat, cæcus est: Quid faciat, non videt vllus amans. nam deformem amat mulierem, quę illi videtur pulcherrima esse. hæc enim est cæcitas, sicut & Amor Cæcus. Cæcus ergo amor; cæcos efficiens, id est τυφλοποιός. facit nanque amantibus, quæ nõ sunt, pulchra videri. De Pluto alibi agemus. Plutarchus in libello de Captãda vtilitate ab inimico, ait à Platone Amorem cæcum dictum, quòd amantes in re amata cæcutiant. Sed quòd etiam oculatus dicatur, iam est ostensum.

Anteros nomen Cupidinis, amorẽ reciprocãtis. Et licet aliàs de Anterote scripserim, & de hoc Cœlij nostri libellus extet, nolui tamen non hic meminisse. Historia apud Paus. in Attica legitur de Timagora & Melete, à quorum miserando interitu statua & ara ab Atheniensibus Anteroti posita: quæ tamen historia diuersa videtur ab ea quam pluribus est Suidas executus. nam Meletus, non Meles, apud eum legitur: & amator, non amatus. Sed hoc tum in Symbolis Pythagoræ, tum in Poëtarũ dialogis planius ostendimus. Est & Melanippi & Charitonis alia de Anterote historia apud eundem Suidã, qui ambo mutuo
se sunt

Syntagma XIII.   349

se sunt amore prosecuti, vnde sit ἀντέρως nomen. Sed hanc ipsam historiam, si placet, longè copiosius descriptam, lege apud Aelianum lib. 11. de Varia historia. Eiusdem historiæ Charitonis & Menalippi meminit Athenæus lib. x111. Dipnosoph. vbi de versu elego agit, in quo pentameter aliquando hexametro præponitur. vt in illo oraculo, quod Dionysius Atheniensis cognomento Chalcus fecit, quod tale est:

Εὐδαίμων χαρίτων, καὶ μελοδυμῆν@ ἔφυ,
Θίας ἀγντέρως ἰφιμεδοίοις φιλότατ[@.

Fuerunt ad hæc in Eleorum gymnasio parte quapiam, Amoris & Anterotis imagines? Cupido quidem palmæ ramum manu tenebat, quē ab eo auferre Anteros nitebatur. quæ res ansam præstitit aliquibus vt non reciprocantis dei, sed auertentis magis crediderint. quos Seruius in quarto comment. Aeneid. Vergilianæ sequi visus, super ea poëtæ verba:

Tum si quid non æquo fœdere amantes
Curæ numen habet, iustúmque, memórque precatur.

Inquit enim: ἀντέρωτα inuocat contrarium Cupidini, qui amores resoluit, aut certè cui curæ est iniquus amor. Apud Platonem Socrates probrosum Amorem criminatur, quem dei, inquit, ἀντέρωτα, hoc est suffocationem veri amoris nuncupant: quem Proclus est interpretatus aliter, quàm à me exponitur, diuinum scilicet amorem, animas à corporibus abstrahētem. Anterotis porrò meminit & Cicero de Nat. deorum, vt suprà dictum est. Porphyrius quoque philosophus de Anterote apologum sic propemodum recitat: Cùm, inquit, Cupido infans parum coalesceret, Venus Themin deam consuluit. quæ Veneri responsum dedit, Cupidini Anterota necessarium esse, qui rependat vices, vt mutuam vicissim dent operam. Cui Venus acquiescens, Anterota, quasi Anticupidinem dicas, genuit: quo vixdum nato, Cupido adolescere cœpit, & alas pennásque explicare. quin quoties præsens Anteros adesset, Cupido formosior & procerior: absente illo, contrà accidere videbatur. Aliqui, inter quos Alciatus, Anterota amorē virtutis esse existimarunt, ipsúmque superare Cupidinem. vnde est carmen illud:

Aligerum, aligeróque inimicum pinxit amori,
Arcu arcum, atque ignes igne domans Nemesis.
Vtque aliis fecit, patiatur. at hic puer olim,
Intrepidus gestans tela miser lacrymat.
Ter spuit inque sinus imos (res mira) crematur
Igne ignis, furias odit Amoris Amor.

Atque hactenus de Cupidine. nunc subscribemus Adonin, & Gratias, quas Veneris & Amoris comites putauere gentes.

ADONIS.

Adonis, qui & Adon, deus à diuersis nationibus cultus, ea ratione Veneri est à nobis coniunctus, quoniam (vt scribit Seruius) eum Veneri ita veteres iungebant, vt Dianæ Virbium, Atyn Cybeli. Adoneus verò etiam à Pluto in Menech. dictus: sed ab Ausonio duobus in locis Bacchus dictus, de quo plura in eius dei Syntagmate diximus. Fuit verò Adonis Cynaræ Cypriorum regis filius, & eius filiæ Myrrhæ, cuius fabulam lepidissimè descriptam apud Ouid. videto in Metamorph. & apud Hyginum in libro Fabularum, qui eam Græca voce vocat Smyrnam, cuius allegoriam in tertio Mythologicōn Placiades Fulgentius exponit. Fabulantur præterea, vt Phurnutus scribit & interpretatur, Adonim sex menses apud Proserpinam, & sex alios apud Venerem fuisse: idque interpretātur quidam de frumentis & frugibus in terra satis, quarum rerum Adonis symbolum esse existimabatur, vt etiam in commentariis in Theocritum legitur. Dictum Adonim Phurnutus ait, ἀπὸ ὁ ἄδειν τοῖς ἀνθρώποις, id est, ab eo quod hominibus canat. Adonis apud Phœnices Gingres dictus, vt Democlides apud Athenæum scribit in quarto. vnde sunt Gingræ, & Gingrinæ tibiæ, quarum etiam Festus meminit. vnde etiam Pollucem lib. 1111. Idem Adonis Thamuz, vel vt D. Hieronymus, Thamus ab Hebræis vocatus est. In comment. in Iezechielē: Quin Thamus, inquit, mēse Iunio amasius Veneris pulcherrimus iuuenis occisus, & deinceps reuixisse narratur. eundem Iunium mensem eodem appellant nomine, & anniuersariam ei celebrant solennitatē, in qua plangitur quasi mortuus, & postea reuiuiscēs canitur. hæc Hieronymus. à Persis ἀβωβας, à Cypriis verò, γκβαυρα, vel (vt scribit Hesychius) πυγμαίων, imo etiam φόρκαλα vocatum legimus. Sunt qui duos Adonidis nomine fuisse putent,

De Deis Gentium.   G

tent, Cyprium alterum Byblium: qui, vt in plerisque deis gentilium fit, confunduntur. Stephanus in libro de Vrbibus: Amathus, inquit, Cypri ciuitas vetustissima, in qua Adonis Osiris colebatur, qui cùm Aegyptius esset, Cyprij & Phœnices propriũ fecerũt. De sacris Adonidis, & fletu, etiã métio est in sacris Hebræorũ literis, quo in loco plura D. Hieronymus, nec minus Macrob. in primo Satur. sed longè plura Lucianus in lib. de dea Syria: qui copiose eos sacrorũ ritus vel describit, vel potius ridet. Gratius poëta in lib. de Venatione,

    Flet adhuc, & porrò flebit Adonim,
    Victa Venus.

Hinc & Orpheus in hymno ab honore lacrymarum, qui illi impendebatur, λακρυότιμον nuncupat. Meminit & fletus huiusmodi cùm alibi Theocritus, tum in Idyll. XXIII. quod Adonidis epitaphium inscribitur. Adonia autem ea celebritas à Grecis vocabatur, de qua in historiis proditum, quòd cùm Athenis mulieres ea agerent, vrbe tota simulacra erigebantur, circúmque sepulcra & passim exaudiebantur fœminei planctus, quæ res sinistrum augurium Atheniensium classi in Siciliam proficiscenti fecisse exitus ostendit, vt pluribus Plutarchus in Alcibiade & Nicia docuit. de Adoniis & Ammianus Marcellinus lib. XXII. hist. Euenerat, inquit, iisdem diebus annuo cursu completo, Adonia ritu veteri celebrari. Quibus omnibus melius exponuntur versus illi ex X Metamorph. Ouidij:

    Quæstáque cum satis, & non tamen omnia vestri
    Iuris erunt, dixit, luctus monimenta manebunt.

Adonidis etiam templũ insigne Strabo lib. XVI. describit. Adonidis verò horti frequenti prouerbio celebrantur, de florentibus & infructuosis, cuius prouerbij etiam philosophi, Plato in Phædro, & Aristoteles meminerunt. Praxilla poëtria græca Adonidis leuitatem notauit in illo, cùm ait, ipsum apud inferos interrogatum, Quæ pulcherrima apud superos vidisset? respondisse ait, solem, cucumeres, poma. De Adonide, & hortis, Pausanias meminit. Hesychius item alterum prouerbium commemorat, quod est, ϕὐδὲν ἱερόν, hoc est, nihil sacrũ: quod ab Hercule tractum est, qui cùm primum vidisset Adonim, dixerit, Nihil sacrũ. vide præter Hesychium & Erasmum. Eusebius in Præparat. euang. & D. Augustinus in Ciuit. Dei, scribunt, antiquos allegoricè per Adonim significasse tum perfectos fructus, tum deciduos flores. Adonim interemptũ fabulę ferũt, apri dente inuidia Martis immisso. vnde & Venus suę semper est abominata, vt in Venere attigimus. Est in fabulis proditũ, Adonim à Venere inter lactucę folia occultatũ fuisse. Vnde est illud docti viri carmẽ.

    Inguina dente fero suffossum Cypris Adonin
        Lactucæ foliis condidit exanimem,
    Hinc genitali aruo tantum lactuca resistit,
        Quantum eruca salax vix stimulare potest.

Sed quod Adonis à Venere in lactucis sit occultatus, alij de Phaone Lesbio tradidere, vt planius in historia poëtarum, in Sappho prodidi. Scribit Phurnutus in Cerere, Adonim ideo à sue sublatum fuisse, quòd segetibus semper sus noceat, & eas vastare soleat. Seu huius animalis dens vomeris dentem significat, quo sub terra conduntur semina. Sanè legimus in XV Idyllio Theocriti, quòd sit τριφίλητος Adonis cognominatus: quæ verba ab interprete ita exponuntur, quòd à tribus deis Adonis amatus fuerit, Ioue, Venere, Proserpina. alij tamen τριφίλητος interpretatur pro πολυφίλητος. hæc enim particula τρὶς tam græcis quàm latinis in compositione sępe auget. sic etiam apud Homerũ ἀσπάσιος τριφίλητος dictũ est.

Risi apud virum doctum, Adonin positum pro Veneris cognomine. quis vnquam legit Venerem hoc nomine cognominatam? Numen quidem legimus Adonim Veneri iunctũ, vt Dianæ Virbium, vt Matri deũm Atyn, Mineruę Erichthonium. Hyginus quoque scribit in Astron. poëtico, Venerem cùm Proserpina ad iudicium Iouis venisse, cui earum Adonim concederet: quibus Calliopen à Ioue datam iudicem, quæ Musa Orphei mater fuit. itaque Calliopen iudicasse, vti dimidiam partem anni earum vnaquæque possideret. Venerem autem indignatam, quòd non sibi proprium concessisset, obiecisse omnibus quę in Thracia essent mulieribus, Orpheum, vt sibi quæq; appeteret, membráque eius discerperent. Extat demum Orphei hymnus, quem ille Adonidi cum suffimēto aromatum concinuit, in quo mysticè de Adonide multa. Sanè Lucianus Adonis etiam fluuij nomen esse ait, de quo & mira narrat. Est etiam hoc nomine piscis, cuius in primis Aelianus meminit, qui & exocœton eũ vocari ait, quod extra mare in arida cubet: Adonin verò dici, quòd nũc

humi,

Syntagma XIII.

humi, nunc in mari degat. sic, vt Adonis à deabus, terrestri altera, marina altera fuit amatus.

VVLCANVS.

VVlcanus deus existimatus à Gentibus, à Græcis ἥφαιστος appellatus, quasi φάος ἵστωρ, id est, luminis præses, addita *n*: vt Socrates apud Platonem exponit. vel vt Phurnutus ait, ἀπὸ τ᾽ ἥφθαι, id est, ab incendendo, nostri antiquitus Volcanum appellabant, quasi Volicanum, vt Seruius scribit. Varro: Ab igni iam maiore, inquit, vi ac violentia Volcanus dictus. Vulcanum ex sola Iunone natum canit Hesiodus, hoc carmine:

  Iuno Vulcanum nulli commixta in amore   Edidit.

Quem multi secuti sunt, inter quos Apollonius Rhodius in primo, quod eius planius ostendunt interpretes. idem & Ouidius. Lucianus in eo qui est de Sacrificiis: De Iunone, inquit, ferunt; nempe hanc citra virilem congressum subuentaneo conceptu grauidam, puerum edidisse Vulcanum, atque eum quidem non admodum fortunatum, verùm excusorem, & fabrum ærarium, quíque perpetuò tum igni tum in fumo versetur, ac scintillis oppletum: quippe cuius ars in fornacibus exerceatur. Tum autem, ne pedibus quidem integris. claudicare enim è ruina, cùm à Ioue præceps datus esset è cœlo. Quod ni Lemnij pro sua bonitate, eum dum adhuc ferretur in aëre, suscepissent, perierat Vulcanus. Hactenus Lucianus. at Isidorus: Ideo, inquit, fabrorum fornacis Vulcanum auctorem fuisse dicunt, quia sine igne nullum metalli genus fundi extendíque potest. Sedenim Homerus Vulcanum ex Ioue & Iunone natû scribit, quas opiniones Phurnutus de Nat. deorum explicat. & allegorias interpretatur. Vulcani plures fuere, vt notat M. Cicero in tertio de Nat. deorum. primus Cœlo natus, ex quo & Minerua Apollinem, eum cuius in tutela Athenas antiqui historici esse voluerunt. Secundus Nilo natus, Opas, vt Ægyptij appellant, quem custodem esse Ægypti volunt. Tertius ex tertio Ioue & Iunone qui Lemni fabricæ traditur præfuisse. Quartus Mænalio natus, qui tenuit insulas prope Siciliam, quæ Vulcaniæ nominantur. Seruius libro octauo Aeneid. Vulcanus, inquit, quasi Volicanus dicitur, quòd per aërem volet. Ignis enim è nubibus nascitur. vnde Homerus dicit eum de aëre præcipitatum in terras, quòd omne fulmen de aëre cadit: quod quia crebrò in Lemnum insulam iacitur, ideò in eam dicitur cecidisse. Claudus autem dicitur, quia per naturam nunquam rectus est ignis. Phurnutus & alias rationes affert, cùr claudus dicatur. At Ægyptiorum sacerdotes, teste Diodoro, affirmant Vulcanum primùm regnasse in Ægypto, ignísque inuentorem, quo beneficio Ægyptij ducem eum constituerunt. cùm enim arbor ictu fulminis in montibus conflagrasset, ligna propinqua hyberno tempore à flamma sunt comprehensa. qua ex re Vulcanum calore lætatum, deficiéte igne illi materiam addidisse ferunt, & eo modo aliis etiam igne ostendisse, tanquam à se inuentum. Lucretius tamen poëta fortuitò hoc accidisse canit. Eusebius quidem in Præp. euag. ignis virtutem Vulcanum appellatam dicit, & in forma hominis ei simulacrum constitutum, in cuius capite Pileus esset cæruleus, cœlestis symbolum voluolutionis. vbi integer sincerúsque ignis inuenitur: nam qui è cœlo in terram delapsus est, cùm imbecillior sit, materiáque indigeat, claudicans fingitur. Vulcani verò vxor Venus dicta est. Cincius tamen vetus rerum Romanarum scriptor apud Macrobium, Maiam dixit. Piso verò non Maiam, sed Maiestam ait. Quidam alij Gratiarum vnam illi attribuunt. nam inquiunt, quæ arte fiunt, gratiam habere oportet (vt alibi etiam diximus) & Venerem quandam, vt ait Phurnutus. Sed vt notat Stra. in primo, quæ perfecta & ad excellentiam fieri dicebatur, Vulcani opus, vt etiam Mineruæ, & Gratiarum, Musarúmque. Illud etiam subdit Phurnutus, quod ideo Mars dicitur Vulcani vxorem adulterio cognouisse, quia ferrum & æs igne domantur. ferunt præterea fabulæ, cùm Mineruam in capite gestaret Iupiter, Vulcano vsum fuisse ad ipsam edendam, vt etiá in Dialogis ante Phurnutû Lucianus scripsit. Sed iam cognomina & reliqua subiungamus. Lemnius deus Vulcanus dictus est. Vergilius in octauo:

  Hæc pater Aeoliis properat dum Lemnius oris.   Ouidius:
  Lemnius extemplo valuas patefecit eburnas.

Lemnius autem dictus, quoniam in Lemnum insulam cecidit, à Iunone propter deformitatem deiectus. alij ab Ioue dicunt, vt Phurnutus: quem aërem esse constat, ex quo fulmina procreantur. Ideo autem Vulcanus de femore Iunonis fingitur procreatus, quòd fulmina de imo aëre nascantur. quod & Lucanus innuit:

  Fulminibus terræ propior succenditur aër,

Pacem summa tenent.

Hæc eadem ratione Ouid. Vulcanum Iunonigenam vocauit. Ex Iunone enim vel mythicè, vel physicè gigni videtur. Scribit Seruius. Vulcanum è cœlo in Lemnum cecidisse: idque fingi ea ratione, quia Vulcanus videtur esse fulminis ignis, qui crebro in Lemno insula cadit. Quod verò ibi colatur notum est. Vnde illud in Priapeiis.

Tutelá Lemni dispares mouet gressus.   Item,
Tardo gratior æstuosa Lemnos.   Et illud,
Vulcanum tellus, Hypsipylæa colit.

Quia, vt notum est, in Lemno regnauit Hypsipyle: Statius, & Ouid. alij Lemniaca etiá stirps dicitur Vulcanus, ab eodem Ouidio in Meta. Philostratus in Heroicis de Philoctete, Lemnia gleba liberato: In Lemnum, inquit, cecidisse Vulcanus dicitur: Gleba quidem ipsa Lemnia insanos expellit morbos, sanguinis profluuium sistit, hydris serpentibus occurrit, eorúmque morsibus Galenus de simplic. medica. Vulcanum ait in Lemnum ideo existimatum in fabulis decidisse, quòd eius terra exusta esse videatur, in eáque parte nihil nasci nisi terrâ, quæ Lemnia vocatur à medicis: quæ quòd exempta sigillo signetur, græcè Sphragis, à nostris sigillata vocatur. Dioscorides signari signo capræ, & appellari ait Sphragida ægos, id est, capræ sigillum. Galenus verò ait: Sphragis vocatur, quòd Dianæ signum habeat à sacerdote impressum. tum etiam oppidum propè, quòd legitur Hephæstiada nuncupatum, quòd in eum locum Vulcanus ceciderit.

Mulciber Vulcanus, vt ait Festus, dictus est à mulcendo, id est, molliendo ferro. vocatur & Mulcifer, eadem causa Lucanus in primo, Ora ferox Siculæ laxauit Mulcifer Aetnæ. quin etiam eundem fabricæ Ferrariæ præsidem fecere, illíque festa, quæ Chalcea dicebantur ab Atheniensibus, instituta; de quibus & Pollux in septimo. hinc & ductor Ferreus vocari videtur in Priapeiis:

Ductor ferreus insularis, æquè
Laternæ videor fricare cornu.

Plautus in Amphit. Quò ambulas tu, qui Volcanum in cornu conclusum geris? alij licet non ductor, sed vectes legant, à vecte laternæ Phari. Ego quid sentiam in re tam obscœna, cur afferam nulla est causa. Sed enim & Vulcanalia Romani celebrabant, eísque tum feriæ, vt ait Varro, & eo die populus pro se in ignem animalia mittebant. Sextili verò mense agebantur, vt alibi docuimus: quo tempore Plinius Secundus, altero Plinio teste, lucubrare incipiebat. Finxere quidam poëtæ officinam habere, hanc autem tum in Lemno, tum in Vulcaniis insulis, aliísque locis, in quibus ignis æstuare solet.

Aetnæus deus dictus est Vulcanus: quin & nunc vulgo Aetna mons, Mongibelus vocatur, quasi Mulciber: quoniam sic Vulcanus appellatur, vt modò dictum est. Sanè non omittenda historia, vel potius dæmonis illusio, quæ à plerísque prodita est, de templo Vulcani in Aetna quod circunseptum fuisse ferunt, & arbores inibi consecratas. In eo ignis fuit perpetuus, & inextinguibilis. Canes ad templi & luci custodiam astitisse, qui adeuntibus castè & religiosè blandiendo associantes comitabantur, vti dei familiaribus. In sceleftos verò & contaminatos, si vel templum, vel lucum ingredi vellent, irruebant, & mordicus eos appetentes lacerabant, cæteris allatrabant.

Ignipotens etiam appellatus est Vulcanus, à Vergil. in octauo, & aliis, vel quia ipse ignis, vel eius inuentor; vel iuxta fabulas, quod cum Cyclopibus, Bronte, Sterope, & Pyracmone, seu Argo, fulmina Ioui fabricet, & deorum arma, vt Homerus, Hesiodus, Vergilius, cæteri, vnde hoc:

Ignipotens cœlo descendit ab alto.
Ferrum exercebant vasto Cyclopes in antro.
Brontésque, Steropésque & nudus membra Pyracmon.

Phthas Vulcanus nuncupatus ab Aegyptiis, vt De mysteriis Iamblichus ostendit. Sunt & qui à Memphiticis Aphthas appellatum scribant. Ego certe illud apud Ciceronem libro tertio de Natura deorum, quod supra citaui, Secundus Nilo natus Opas, vt Aegypti appellant, Phthas legendum crediderim. Prouerbium fuit apud antiquos, ηφαιστος σοι λελάληκεν, hoc est, Vulcanus tibi vaticinatus est, vt docet Suidas. Illud hoc loco notant grammatici, ita dici Aphthas pro Phthas, vt etiam astachys pro stachys, & alia nonnulla, A adiecta.

Syntagma XIII.

ἐλλὸς Vulcanus à Dorienſibus dictus eſt, vt ait Heſychius.

Κυλλοποδίων, teſte Theophilo, cognominatus eſt Vulcanus, quòd claudus eſſet. id enim κυλλὸς ſignificat. Eadē ratione & χαλίπης, vt notant Nicandri interpretes in Theriacis, qui & ipſum ideo χαλίποδα, & κυλλόποδα cognominatū tradūt à Catullo Tardipes ideo vocatus:

Scripta tardipedi Deo daturum.

Quare verò claudus dicatur, iam ſuprà dictum eſt.

Ἀμφιγύης quoque Vulcanus appellatus, in primis ab Heſiodo in Theogonia, item in Ergis, id eſt, claudus vtroque pede: vbi de Pandora agit. Item ab Homero in fine primi Iliad. quod & Cyrillus contra Iulianum in tertio notat.

Leguntur in Vulcanum hymni duo, alter Orphei, Homeri alter. in hoc κλυτόμητις, & κλυτοτέχνης cognominatur, hoc eſt inclyti conſilij & artis, quódque cum Minerua homines ex antris eduxit, vt in domibus habitarent: in illo diuerſis & variis nominibus inuocatur, χαιρόχης, id eſt, manu potens, & τεχνηλιῆτ@.

Pandoram non quidem deam legimus, ſed tamen à deo Vulcano Iouis iuſſu factam. nam vt Hyginus prodit, cùm Prometheus primus homines ex luto finxiſſet, poſtea iuſſu Iouis Vulcanus mulierem finxit. cui Minerua animam dedit, cæteríque dei alius aliud donum dederunt: ob ídque Pandoram nominarunt. Scribit Heſiodus, mulierem fuiſſe formoſiſſ. & à deis hæc habuiſſe munera, ſapientiam à Minerua, decorem à Venere, muſicam ab Apolline, à Mercurio eloquentiam. hæc ab Ioue in terram demiſſa fingitur, vt homines falleret ac deciperet: & Epimetheo fatuo Promethei fratri in vxorem eſt data. hanc igitur omnibus formæ, cultus ingenij, linguǽque dotibus cumulatam, Iupiter cum Pyxide pulcherrima illa quidem, ſed intus omne calamitatum genus abſcondéte, ad Prometheum miſit: qui recuſauit munus, & fratrem monuit, vt ſi quid ei muneris mitteretur, dum ipſe abeſſet, ne reciperet. Mox cùm Pandora rediiſſet, Epimetheo perſuaſit, Pyxidémque illi dono dedit. quam ſimulac aperuiſſet, omnia intus mala abſcondita & calamitates euolarunt: ſed ſola ſpes in pyxidis fundo remanſit. ad quam rem ſcriptores alludunt, & Eraſmus in prouerbio perſtringit, Malo accepto ſtultus ſapit. Sunt qui hanc primā mulierum fuiſſe tradant, vt Pauſ. in Att. Ariſtophanes tamen Pandoram pro terra cæpiſſe videtur, quòd ex terra videlicet omnia dona proueniant. Tertullianus Septimius in lib. de Coronis, ait Pandoram fœminarum primam coronatam fuiſſe à Charitibus, cùm ab omnibus muneraretur: vnde eſt appellata Pandora. De Pandora & Irenæus, vir ſanctiſſ. & doctiſſ. nec ſemel lib. ſecundo aduerſus Hæreſes, & in primis vbi de Paulo Apoſtolo agit. Palæphatus lib. Incredibilium, Pandoræ fabulam ſic interpretatur, quòd ex terra ipſa cùm formata eſſet, aliis fœminis ſimilem formam dederit, quòd videlicet diues mulier fuerit, quæ ſeſe exornare ſoleret, quoties ex ædibus prodiret: eóque ſe pigmento ornabat, quod è terra confectum erat. atque hæc quidem de Pandora.

Admonuit me, quod ſuprà de Pandora ſcripſi, vt & hoc loco aliquid de Prometheo & Epimetheo fratribus, Iapeti filiis, ſcribam, & licet Heſiodus eos commemoret in Ruſtica, nihilominus mihi potius viſum eſt ambos fratres ex Claudiani carminibus deſcribere. Atq; de Prometheo quidē in IIII Panegyrico cōſulatus Honorij Auguſti, ita ille canit:

    Diſce orbis, quòd quiſque ſibi quum conderet artus
    Noſtros, æthereis miſcens terrena Prometheus,
    Sinceram patri mentem furatus Olympo,
    Continuit clauſtris, indignantémque reuinxit.
    Et quum non aliter poſſent mortalia fingi
    Adiunxit geminas: illæ cum corpore lapſæ
    Intereunt: hæc ſola manet, buſtóque ſuperſtes
    Euolat. hanc alta capitis fundauit in arce,
    Mandatricem operum, proſpectuŕamque labori.
    Illas inferius collo, præceptáque ſummæ
    Paſſuras dominæ, digna ſtatione locauit.
    Quippe opifex veritus confundere ſacra profanis,
    Diſtribuit partes animæ, ſedéſque remouit.
    Iram ſanguinei regio ſub pectore cordis
    Protegit imbutam flammis, auidámque nocendi,

De Deis Gentium.

Præcipitémque sui rabie succensa tumescit,
Contrahitur tepefacta metu: quúmque omnia secum
Duceret, & requiem membris vesana negaret,
Inuenit pulmonis opem, madidúmque fluenti
Præbuit, vt tumidæ ruerent in mollia fibræ.
At sibi cuncta petens, nil collatura cupido,
In iecur, & tractus imos compulsa recessit:
Quæ velut immanes referat dum bellua rictus,
Expleri pascíque nequit, nunc verbere curas
Torquet auaritiæ, stimulis nunc flagrat amorum,　　　　　　　　10
Nunc gaudet, nunc mœsta dolet, satiatáque rursus
Exoritur, cæsáque redit pollentius hydra.

De Epimetheo verò alibi idem poëta Claudianus his versibus canit:
Nanque ferunt geminos vno de semine fratres.
Iapetionidas, generis primordia nostri,
Dissimili finxisse manu: quoscunque Prometheus
Excoluit, multúmque innexuit æthera limo,
Hi longè ventura notant, dubiísque parati
Casibus, occurrunt fabro meliore politi.
Deteriore luto prauus quos condidit auctor,　　　　　　　　20
Quem meritò Graij perhibent Epimethea vates
Et nihil ætherei sparsit per membra vigoris,
Hi pecudum ritu non impudentia vitant,
Nec res antè vident, accepta clade queruntur,
Et serò transacta gemunt, &c.

Potuissem & lõge plura de his fratribus afferre, quæ consultò prætermisi: nam & Phurnutus totam fabulam Promethei, & allegoriam est executus apud Græcos. Sed & Fulgentius in Mythologico, qui non ab aquila eius iecur corrodi, sed à vulture, idque perbellè interpretatus est. cui & Petronius Arbiter in his hendecasyllabis congruit:
Cui vultur iecur vltimum pererrat,　　　　　　　　30
Et pectus trahit, intimásque fibras,
Non est, quem tepidi vocant Poëtæ,
Sed cordis mala, liuor atque luxus.

Quin & Seruius grammaticus in sexta Ecloga totam hanc fabulam recitat, & interpretatur. Diximus præterea in Syntagmate de Sacrificiis, quo pacto Prometheus Iouem in parte sacrificiorum elusit. ossa enim pelle contecta, Ioui proposuit: quod Lucianus, & Hyginus pluribus tradidêre. Sed iam satis, ne te & me his nugis onerem.

CHARITES, GRATIAE.

Gratiæ, quas græci Charites vocant, tametsi à me pluribus sunt descriptæ in libello, Quomodo ingrati crimen effugiamus, pro instituto tamen & hoc loco nonnulla referenda sunt. Hæ quidem ab aliquibus Iouis & Eurynomes filiæ dictæ sunt, ab aliis Eurymedusæ, vel Eurydomenes: ab aliis Euanthes. Sunt qui Iunonis filias dicant, quidam Liberi patris & Veneris tradidêre, nonnulli comites. Orpheus in hymnis ad ipsas, quem concinuit cum thymiamate styracis, eas Iouis & Eunomies filias ait. Antimachus Aegles & Solis filias existimauit: quidam Eteoclis. & ideo in primis à Theocrito Eteocleæ vocantur in decimosexto poëmate, quoad χάριτες inscribitur. atque omnia hæc ab ipso Gratiarũ effectu nomina conficta esse videmus, vt græca eorum nominum interpretatione liquet. Pindari tamen expositores Eteocleas Gratias dictas fabulosè volũt, ab Eteocle Cephisi filio: qui primus, teste Hesiodo, Gratiis sacra fecerit. Paus. in Bœot. Eteoclen scribit Andrei & Enippes ex Leuconoe genitæ filium, Cephisi tamẽ creditum, primum Gratiis sacrificasse. Strabo Eteoclen Orchomeniorum regem primũ scribit Gratiarum templum extruxisse. eúmque propterea celebrat, quòd in accipiendis & erogandis gratiis, fuerit suapte natura propensus. Constantinus Cæsar libro Geoponicon vndecimo: Eteoclis, inquit, filiæ Charites saltantes ad æmulationem dearum, in puteum, extra choream euolutæ, delapsæ sunt. Sed Tellus earũ cladem miserata, plantas virides produxit, quæ hominibus iucundè, & earum
indu

Syntagma XIII.   355

inducunt memoriam: & duplici nomine nuncupatæ, Cyparissi scilicet, & Charites. & quidem Cyparissi, quòd similes & pariat ferántq; ramos & fructus: Charites verò & Gratiæ, propter delectationé, quòd ipsum etiam apud Heronem in libris de re Rustica Didymus scriptū reliquit. Ergo Charites, vt etiam Phornutus ait, ἀπὸ ᾗ χαρᾶς dictæ sunt, hoc est à lætitia. Sed & notissimo Græcorum adagio ταῖς χάρισιν ἀπλύδῃν, id est, Gratiis sacrificare, ij iubentur, qui tristes & soliciti sunt. Quinimo & Charitam Venerem Plin. x x x v. cap. x. dixit, pro ea quæ picturis & imaginibus est venustatis gratia. Gratias aliqui duas, alij tres, quatuor alij esse dixerunt: Duæ Gratiæ feruntur, quoniam promereri hoc decet, alios gratias referre cōuenit: hoc est, dare & reddere beneficium. & vt prouerbiū monet, χάρις χάριν τίκτει,
10 Gratiam Gratia parit. Quin & Lacedæmonios duas coluisse legimus, Clytam vel Clyto, & Phaennā, Taygetæ filias. Athenieses eas Auxō & Hegemona vocitarunt: quarum vtrarumq; nomina, si nostro sermone referre velimus, ex iis planè elucere videas, qualis futura sit gratia. Alij tres esse putauère, quòd cum fœnore referenda sit gratia. hinc illa auersa fingitur, quæ promeretur: ne videlicet beneficiū cùm exhibes, remuneratione spectes, sed tantum ad promerendum. quæ autē referunt, duæ sunt, quæ se recto lumine intuētur, quòd diligēs & accurata esse debet remuneratio, & duplicata. sic exponit Fulgentius, quòd omnis gratia cùm exit, exilis, cùm redit, onerata esse debet. Extant harū signa complura vetusta, quorū vnū fuit Romæ in ædibus Columnensiū, cū epigrāmate nō illepido, quod etiā habetur & legitur. Quòd quatuor esse ab aliquibus traditur, Horas respiciūt, & καιρὸς, qui dicun-
20 tur & à nostris tempora & partes anni. Atq; ea etiā ratione coronatas, vnā floribus fructibúsq; terræ, alterā spicis & frumēto, tertiā vuis pampinisq; & pomis, vltimā oliuis, cęterísq; similibus. Hinc apud antiquos Apollo fingebatur manu dextera Gratias gestare, quod ex anni partes è sole proueniāt. Macrobius putat, ideo Apollinē dextera Gratias gestasse, sinistra arcū & sagittas, quòd ad noxā sit pigrior deus, & prōptior ad salutē. Libet hoc loco altius aliquātō repetere, quæ de Horis annotaui. Horas Homerus ait cœli portis præesse, curámq; habere vt modò serenū, modò nubilū sit. à quibus videri possunt quatuor anni tempora, Horæ appellatæ, nō Græcis modò, sed & Latinis. Hor. de Ioue: Variísq; mundū Temperat horis. Ouidius Homerum imitatus, cum Iano foribus cœli ascripsit, ita Iano loquente primo libro Fastorum: Præsidio foribus cœli, cum mitibus Horis.
30 Hinc, vt Scholiastes Hesiodi scribit, ἀπὸ τ ὁρέωμεν, quod est custodire, dicuntur. Credebantur enim non modo Iouis aulæ custodes esse, sed & hominum acta obseruare: vnde & ὥρος custos dicitur. Plato in Cratylo: Horæ, inquit, Attica & prisca voce dicendæ. Horæ nanque dicuntur διὰ τὸ ὁρίζειν, id est, propterea quòd tērminent hyemem & æstatem & flatus, & qui sunt ex terra fructus. Macrobius verò Horas dictas ait, quòd Horus Apollo & sol dicatur. Orpheus in hymno:

Ὧραι θυγατέρες Θέμιδος καὶ Ζηνὸς ἄνακτος,
Εὐνομίη τε, Δίκη τε, καὶ Ἠρήνη πολύολβι, ἐαρινὰι,   hoc est:
Sunt Horæ natæ Themidis, summíque Tonantis,
Eunomiéque. Dicéque, Irene & valde beata, Vernantes.
40 Idem ait & Hesiodus. Sed quam Eunomien vocat Orpheus, ipse Eurynomen, ab ampla scilicet distributione. Dice ab iustitia, Irene à pace dicta. quin & Horæ pro deis cultæ, & eis templa à gentibus constructa, apud Paus. legimus. Olen verò vates antiquissimus à Xantho, ab Horis Iunonem enutritam, suis carminibus prodidit. P. Ouid. noster lib. Met. 11. Horas Solis asseclas cum aliis temporis partibus facit. ita enim canit:
A dextra læuáque Dies, & Mensis, & Annus,
Seculáque, & positæ spaciis æqualibus Horæ.
Idem verò in Fast. libro quinto, Floræ Horas comites facit. ita enim Flora ipsa ait:
Conueniunt pictis incinctæ vestibus Horæ,
Inque leues calathos munera nostra legunt.
50 Sed enim de Horis, quibus nox & dies distinguuntur, in libro de Annis mēsibus, &c. plenius diximus. Nunc illud tantum, Horas plerosque à Gratiis diuersas facere, in primísque Diodorus est Siculus, qui ita in Cretensium Theologia: Ex Ioue, inquit, Cretes natā volūt Venerem, Gratias, Lucinam, Dianam: & eas quas dicunt Horas, Eunomiam, Iustitiā, Pacem, Pallada, Musas. Idem paulò pòst: Gratiis inquit, Iupiter dedit, quæ ad oris speciem, ac partium corporis formā, decorémq; spectēt, insuper & beneficij & gratiæ retributionem.

tum etiam illud subiungit: Earum quas Horas appellant, datum est suum cuique munus, ad vitæ cultum & mortalium commoditatem. nihil est enim ad vitæ hominum felicitatem comparandam vtilius, aptiúsque quàm ἀνομία, δίκη, & εἰρήνη: id est, lex, iustitia, & pax. has Horas in Apollinis hymno Homerus, cum Gratiis choreas ducere canit, coram Ioue. Athenienses, cùm Horis sacra facerent, carnes non assabant, sed elixabant, vt Philochorus scribit: deas videlicet rogantes, vt æstus siccitatésque auerterent: id quod & sacrum ipsum indicabat. Ipsarum imagines Philostratus Lemnius exequitur in Imaginibus. Hoc tibi loco non est prætermittendum, quod de Horis scribit Hyginus in suis Fab. cap. CLXXXIII. Horarum, inquit, nomina hæc sunt: Iouis, Saturni filij, & Themidis filiæ Titanaide, Auxo, Eunomia, Pherusa, Caria, Odice, Euporie, Irene, Ortesiæ, Thallo. Alij auctores tradũt decem, his nominibus Auge, Anatole, Musia, Gymnasia, Nymphes, Mesembria, Sponde, Elete, Acte, & Hecypris, Dysis. Cætera quæ de Gratiis restant, iam proferamus. Eleos Gratias ita formasse legimus, vt vna rosam, altera talos, tertia myrti ramum manu præferret: quòd scilicet Gratia hilaris, amabilis, reciproca, hoc est vltro citróq; collata & virens esse debet. Gratiæ nudæ, id est γυμναὶ χάριτες, etiam prouerbio dicuntur: quia manifesta & clara debet esse vel gratia, vel retributio. id quod Stoici pluribus contendebant, ipsíque in libellis tum ad ingratum, tum in eo, Quomodo ingraticrimẽ sit effugiendum, ostendimus. Paus. in Bœoticis se ignorare fatetur, à quo Gratiæ primùm nudæ fuerint effictæ. vbi plura de Gratiis perscribit. Sanè & Iamblichus apud Stobæum: Gratias inquit, principes ingenuè proferant nõ tantum ex dolio, id est, ἐκ πίθου effundentes, vt poëtæ dicunt: nec eas ex eiusmodi aliis instrumentis introclusas: at nudas & reuelatas, atque ab externo aliquo velamine erga se inuicem habentes: & cætera. De capsulis, seu arculis Gratiarum, copiose alibi scripsi. Quidam tamen Gratias perspicuis vestibus ac splendidis indutas scripsere, quòd talis esse debet remuneratio: quin eas ideo Horatius solutis zonis cecinit. vel vt eius veteres interpretes Acron & Porphyrion exponunt, ea videlicet ratione, quòd inter se amici animos solutos ac nudos habere debent. παρθένοι, id est virgines ac puellæ Gratiæ vocantur, & alacres ac ridentes: quòd gratiã nulla fraude, nullo dolo, sed mundam ac puram esse conuenit. Decentes Gratiæ ab Horatio cognominatæ sunt, in illo:

Iunctæque nymphis Gratiæ decentes.

Mercurium insuper veteres Gratiarum ducem constituerunt, id profectò innuentes quòd nõ temerè, sed cũ delectu gratificari debemus: quod alibi docui ex variis scriptoribus. Quare autẽ Prœtidas dixerit Hesychius Charites, & διδαλαγῖνες, haud facilè dixerim. Veluti facillimũ illud, τρίζυγοι χάριτες, hoc est, Triiuges Gratiæ. Orchomeniæ sorores appellãtur, quòd apud Orchomenum Bœotiæ colerẽtur: atq; in eo lymphis se perfundere dictæ. Καλλιπάρηοι χάριτες, id est pulchrigenæ, ab Hesiodo in Theog. aliísque nuncupatæ. Gratiarum verò nomina varia traduntur. Clytan, vel Clyto, & Phaenam Lacedæmoniorũ diximus, Auxo & Hegemona Atheniensiũ. Hesiodus Euphrosynen, Aglaian, & Thalian. Homerus, Pasitheam vnam Gratiarum facit, quem secutus est Papinius libro secundo Theb.

Non hoc Pasitheæ blandarum prima sororum.

Quo loco Lactant. Pasitheam vnam esse inquit Gratiarum. Sed postquam incidimus in Pasitheæ mentionem, de ea hoc loco nonnihil agamus.

Mnesimachus comicus poëta, Pasitheam putauit Charitis sororem, vxoris Vulcani in Lemno, atque à Somno amatam: qui & ipse ea causa fertur in Lemno habitasse. Pasitheæ quidem & Homerus in Iliad. meminit. Hanc quidem Euphrosynam esse existimant. Hesiodus autem eam Nereidum vnã facit, dictam quòd omnibus esset admirabilis, vel quòd ad eam omnes properarent: hoc est, ὅτι παρὰ πᾶσι θαυμάζεται, ἢ ὅτι ἐπὶ πάντες θέουσι.

Fuit & Pasithoa nymphæ nomen, Oceani & Tethyos filiæ. Sed & Pasitheam quidam Cybelen vocari autumant, quasi πᾶσι θεοῖς μήτηρ, id est omnibus Deis matrem: illud ex Galliambo Catulli allegantes, Trepidantem eam recepit dea Pasithea sinu. Porrò & Suidas tres scribit sorores, filias Leontis fuisse: Pasitheam, Theopen, & Eubulen. Leos Orphei filium habuit Cylanthum, & filias tres, quas cum Attica laboraret pestilentia, vel potius fame, (ἱλιμώς, enim legitur, non ἱλοιμώς) in eius rei piaculum Leos, vel Leon) variant enim Græcorum exemplaria) filias proprias mactauit, & inde mox est ciuitas liberata: locus Leocorion, à patre & puellis: in Ceramico vocitatus est.

Aelian

Syntagma XIIII. 357

Aelianus verò x 11 de Varia historia, rem hanc ita prodidit: Leocorium, inquit, Athenis vocabatur delubrum filiarum Lei, Praxitheæ, Theopæ, & Eubulæ, quas fama est pro ciuitatis salute occisas esse, permittente patre Delphico oraculo. Dicebat enim, non posse vrbem seruari, nisi illæ iugularentur. Historiæ meminit Strabo, sed puellarum nomina non attulit. Item in Attica Pausanias. Sed & M. ipse Cicero libro de natura deorum tertio: Denique, ait, in Ceramico est delubrum Athenis, quod λεωκόρειον nominatur. & ita castigatè legendum. Locus est corruptus apud D. Hieronymum in Iouinianum, quem ipse emendare non ausim. Sed vt ad rem redeam. Scribunt nonnulli Pasitheam vnam Gratiarum, quæ tres sunt: ἀγλαία, vna, quæ nobis dici potest Maiestas, seu venustas, honestásve: Euphrosyna alia, quæ hilaritas, iucunditas, lætitiáque: Thalia tertia, festiuitas, lepiditásve, ac concinnitas. Obseruant quidam Græci, inter quos Proclus, quod θάλεια cum diphthongo scripta Musæ nomen est, & conuiuij epitheton: θάλια verò per iota simplex, Gratiæ nomen, & nymphæ Nereidos. Sed hanc aliqui Pasitheam, quasi dixeris vndique diuinam, quæ scilicet maiestatem, hilaritatémque ac lepiditatem in sese, & alias quoque complicet. Hermasianax & Proclus Pitho vnam ex Gratiis dixerunt. Sappho, vt legitur in Scholiis in Hesiodum, Pitho ait filiam Veneris: quo loco in ἔργοις, scribit Pandoram à Gratiis & Pitho ornari. Porrò quoniam statim ab initio dixi, Eurynomen ab aliquibus matrem existimatam Gratiarum, eam Phigalei Arcades non matrem, sed Gratiarum vnam, imò Dianæ cognomen putant, vt in Arcadicis Pausanias tradit, Oceani filiam, cuius & in Iliade ab Homero fit mentio, quæ vnà cum Thetide Vulcanum excepit abiectum. ipsum Homerum lege in sexto Iliad. Scribit etiam Phurnutus, Gratiarum vnam Vulcano coniunctam: ea fortasse, inquit, de causa, quòd quæ arte fiunt, opera ἐπὶ χάριτι dicuntur. Vnde apud Plinium, Venerem, quam Charita dicunt, legimus: quod alibi etiam dixi. Eurynomes meminit & Apollonius in Argonauticis. Demum omnem Gratiarum allegoriam si fortassis nosse velis, nostrum libellum legito, Quomodo quis ingrati crimen effugiat: in quo præterea de Gratiis multa, vt meus est mos, colligere studui.

Epigramma, cuius suprà memini, ascripsi, si minus eius tibi præsto sit exemplum:

 Sunt nudæ Charites, niueo de marmore: at illas
  Diua Columna suis ædibus intus habet.
 Par tribus est facies, qualem decet esse sororum:
  Par tribus est ætas, par quoque forma tribus.
 Grata Thalia tamen geminæ conuersa sorori,
  Implicat alternè brachia blanda soror.
 Euphrosynen dextra stupeo, Aglaiánque sinistra
  Miror, & implicitis brachia nexa modis.
 Iuppiter est genitor, peperit de semine cœli
  Eunomia, & Veneris turba ministra fuit.
 Inde alitur nudus placida sub matre Cupido,
  Inde voluptates, inde alimenta Dei.

SYNTAGMA DECIMVMQVARTVM
DE CERERE ET TRIPTOLEMO, AD NVN-
CIVM TRADVTIVM SVVM.

V M optimam ætatis meæ partem in vrbe Roma famulando gratis consumpserim, nullúmque inde seruitij fructum retulerim, præter inanem qualiscunque nominis vel dignitatis honorem, & articulorum totius corporis imbecillitatem, vt vides, qua ita affligor, vt non modò è cubiculo, sed nec etiam è cubili exire, aut pedem efferre detur: quare hac aduersa victus fortuna, tandem æger, & annis grauis, in patriam me contuli: qualiter verò hic fuerim acceptus, tibi non dixerim, qui & memor es diuini illius oraculi, ἄλλα πρηρύτερα δευτέρων, & cætera. quique ob tuam erga me beneuolentiam, omnia mea probè nosti. Tu enim quod potes, ipse ma-

num

num tuam mihi ad qualefcunque meas nugas defcribendas præſtus:nam cùm tantis ac talibus moleſtijs affi-
ciar,quomodocunque poſſum me ſuſtento: & non ceſſo,quin quotidie,cùm nonnihil remittunt dolores, aliquid mediter,& componam,vt in præſentia,qui ſub tuo nomine hoc ipſum Syntagma de Cerere edere con-
ſtitui, vt in vulgus appareat.Tu,quæ tua eſt,præcipua virtus γραμματίες ὀξυγράφε, hoc ipſum cum cæteris
exſcribas, vt ſtudioſis ſimul adoleſcentibus nonnihil opis afferamus. Vale.

CERES. TRIPTOLEMVS.

Eres dea à gerendis frugibus dicta,ait M.Cicero in ſecundo de Na-
tur.deorum,tanquam Geres:caſúque prima litera itidem mutata,vt
à Græcis.nam ab illis quoque Δημήτηρ,quaſi γημήτηρ nominata,hoc eſt
terra mater. Varro à creando deduxit, quem (vt videmus) Seruius
ſequitur in primo Georg. Fulgentius noua quadam opinione nuncupari putat, quod Græcè gaudium dicatur: & ideo frumenti eſſe
deam,quòd gaudij cauſam afferat.Ergo à χαρά ille deduxit, ſatis durè,ne inconditè dicam. Sed enim Δημήτηρ à Platone in Cratylo dici-
tur,quaſi διδουσαμήτηρ: hoc eſt,dans mater,ab ipſa videlicet alimentorum exhibitione. eadem etiam Doricè Δαμάτηρ,vt eſt in primis apud Theocritum, à Δᾶ, quæ & Δᾶς dicitur,hoc
eſt terra. Sanè Orpheus & poëtæ plerique Δηώ nuncupant, vnde Δηοῦς Proſerpina dicitur
ab Ouidio,& Auſonio,vt in Proſerpina dicam. Δηώ verò dici videtur ἀπὸ τοῦ δηεῖν, id eſt ab
inueniendo,vel quòd ipſa inuenerit,vel per ipſam nos pabula inuenerimus. Dea enim frugum eſt. Addit & Pauſ.Cererem ficum pomum Phytalo dediſſe, qua de re ſic agit in
Attica,cum Scironium campum deſcribit: In eodem, inquit, campo fama eſt Phytalum
Cererem hoſpitio ſuſcepiſſe:deámque, vt gratiam referret,plantam ficulnam dediſſe, cuius rei teſtem habeo inſcriptionem quæ in Phytali tumulo legitur:

 Hic ſitus eſt Phytalus,Cererem qui in tecta recepit,
 Heros,cui primùm quondam dea dulcia poma
 Monſtrauit:ficos nomen dixere priores.
 Aeternos Phytalus,ſic eſt ſortitus honores.

Atque hactenus Pauſanias. Græcos ſi mauis verſus, hi ſunt:

 Ἔνθα δ᾽ ἄναξ ἥρως Φύταλος ποτὲ δέξατο ſεμνὴν
 Δήμητραν, ὅτε πρῶτος ὀπώρας καρπὸν ἔφυτευ.
 Ἣν ἱερὰν ſυγχλῶ θνητῶν γένος ἐξονομάζει,
 Ἐξ οὗ δὴ τιμὰς φυτάλης γένος ἴοχον ἀγήρας.

Leguntur Scholia in Cratylũ Platonis ex Proclo, in quibus de Cerere dupliciter agitur.
nã ex Orpheo Rhea dicitur:ex Heſiodo verò Rheæ filia, vt ex Ouid. etiã in ſexto Faſt.&
Diodoro. Sed plura in ſcholiis habentur,quibus planè cõſonant Theologi. Sanè & Arnobius vir eruditiſſ.in quinto aduerſus Getes,Cererem matrẽ Iouis dicit, id eſt Rheã,his verbis: Quondã, inquit, Dieſpiter cũ in Cererẽ matre libidinibus improbis atq; incõceſſis cupiditatibus æſtuaret(nã genetrix hæc Iouis regioni eius ab accolis traditur) nec tamẽ au-
deret id quod procaci appetitione conceperat,apertiſſ. vi petere, & ingenioſas cõminiſci-
tur captiones,quib. nihil tale metuentẽ caſtitate imminueret genetricẽ, fit ex deo taurus,
& ſub pecoris ſpecie ſubſeſſoris animũ atq; audaciã celas,inſecuræ & neſciæ repentina im-
mittitur viſus res, agit inceſtus res ſuás,& prodita per libidinẽ fraude, intellectus & cognitus,euolat. At verò Cererẽ cũ Veſta deſcribit Phurnutus,terráq; ſignificare diuerſimodè
oſtẽdit. In huius quoq; deæ honorẽ ieiunia antiqui inſtituerũt:quin in eius celebritate ieiunium indicebatur,vel ab ea inſtituta fuere:vel ea cauſa, vt ab eius inuetis abſtinerent:vel
quod in penuria quadã, quo ſementẽ facere poſſunt homines, abſtinuiſſe dicitur,in ipſius
deæ honorẽ: & propterea eo tẽpore eius quoq; celebritas agebatur. alij propter filiæ de-
perditæ memoriã inſtituta ieiunia aſſerũt, atq; ideo verno mox tempore cũ luſu & lætitia
virides herbas eidem offerebãt,quaſi quòd filiam mater inueniſſet. Nuptias Cereris antiqui,vt Seruius in primo Georg.& Macrob.tradũt,celebrabant ſine vino, & Orci nuptiæ
dicebantur.id etiã innuit Plautus in Aulul. Cererin' Strobile has facturi nuptias? Qui ait
Strobilus. Sta.reſpõdes,Quia temeti nihil allatũ intelligo:Ita quoq; Græci ἐςία θύουσι, id eſt
Veſtæ ſacrificabat. plura tamen de hoc Cereris ſacro in Sacrificiis agã. Variis dein etiam
modis Cerés fingebatur. nam modò ſpicea corona ornata erat, vt in 4 Faſt.canit Ouid.

 Impoſuitque ſuæ ſpicea ſerta comæ:

Nunc

Syntagma XIIII.

Nunc mœsta cum lampade, seu face describitur. Sed & papauer illi attribuitur, vnà cum spicis:quod & Eusebius. vnde est illud Vergilij, Cereale papauer. interdum etiam matronali habitu, cum spicarum & papauerum manipulo:qualem me veterem vidisse recordor, dum Romæ agerem. Risum vix continui, cùm apud nescio quem legi, Cereris effigie in boue sedentem cum legione & seminum calatho, assistentibus agricolis, aliisque. Scribit verò Pausanias in Arcad. in Elaio Arcadiæ monte ante speluncam, aram Cereris fuisse, cui imponere consueuerāt ex domesticis arboribus fructus, tum fauos & lanam succidam, & huiusmodi alia oleo consperfa. simulacrum ligneum erat, lapidi insidens, mulieri simile cætera, præter caput equinum, altera manu delphinum, altera columbam tenens. in capite illius & draconum & aliarum ferarum imagines additæ, vestis ad pedes demissa. hoc verò simulacrum igni ferunt non obnoxium fuisse. Quin & eodem libro de alia Cerere ita propèmodum scribit: Ceres ipsa facem dextera præferat, læuam Heræ, id est, Despinæ admouet. Hera sceptrum & vas quæ Cista dicitur, genibus sustinet. Idem scribit Pausan. Aeschylum Aegyptios imitatum scripsisse, Dianam natam ex Cerere, nō ex Latona. Illud præterea traditur, quòd Iasius, vel Iasion (vtroq; enim modo legimus) amatus fuerit à Cerere, ex quorum concubitu Plutus natus, diuitiarum deus, de quo in Plutone agam. Iasij meminit Hesiodus in Theog. vbi interpres Zezes grammaticus fabulam & allegoriam explicat. Iasiona enim agricolam, Cererem verò terram interpretatur, quæ in Tripolo, id est, fertili loco, causa sit diuitiarum. & Hyginus in Astron. & Diodorus Siculus, item Isaacius & Eustathius. Ouid. in tertio Eleg.

Viderat Iasium Cretæa diua sub Ida,
 Figentem certa terga ferina manu. Idem nono Metamorph.
Queritur canescere mitis Iasiona Ceres, &c. Sed nos institutum ne deseramus, huiúsque deæ cognomina explicemus.

Ennæa Ceres, quæ & Ennensis dicitur, ab Enna Siciliæ vrbe nuncupata est, vbi summo honore colebatur. Cicero in Verrem cùm alibi, tum luculentissimè in sexta Actione, & in septima his verbis: Ennææ Cereris simulacrum tale fuit, vt homines cùm viderent, aut ipsam videre se Cererem, aut effigiem Cereris non humana manu factam esse, sed cœlo delapsam arbitrarentur. Meminit & Strabo. Carmen est in Priapeis:

Ennææ Cererem nurus frequentant.

Tametsi Aetnææ plerique legunt, vt etiam Aetnæa Ceres appelletur. Ennææ Cereris & Lactantius Diuin. inst. lib. secundo quoque meminit. & item Claudianus:

Ennææ Cereri proles optata virebat Vnica. Silius Italicus libro primo:
 Nec Cerere Ennæa, Phario nec vita colore.

Catinensis etiam Ceres dicta, ab oppido Siciliæ Aetnæ propinquo, vt ostendit Lactantius, ad cuius templum viris accedere non licebat. sacra quoque illi per mulieres ministrabantur, & per virgines perfici solita erant: eiúsque deæ simulacrum non modò tāgere, sed ne videre quidem maribus licebat, vt Alexander scribit. At nos cætera de Ennensi sequamur. Valer. Max. in primo tradit, cùm Gracchano interitu pollutum esset pulcherrimum in vrbe templum, Romani moniti Sibyllinis libris, vt vetustissimam Cererem placarent, Aetnam, (quòd sacra eius inde etiam orta credebant) x v viros ad eam propitiandam miserunt. Idem & Lactantius tradit: idem & Cicero de signis. Quidam tamen Ennam, non Aetnam potius scribunt, etsi Strabo oppidum Aetnam quoque ad radices montis Aetnæ constituat. Sacra quidem Cereris ex Græcia translata: ait Festus. Cicero pro Cornel. Sacra Cereris per Græcas semper curata sunt sacerdotes. & ibidem: Sacerdos illa quæ Græcum illud sacrum monstraret. Arnobius verò lib. 11. aduersum Gentes: Sacra, inquit, Cereris matris non quod vobis incognita essent ascita, paulo antè obtentum est vt Græca dicantur, nouitatem ipsam testificante cognomine, &c.

Flaua Ceres cognominata est sæpe à Latinis, à maturæ segetis colore. Tibul. in primo:
 Flaua Ceres, tibi sit nostro de rure corona
 Spicea. Ouid. tertio Eleg.
 Flaua Ceres tenues spicis redimita capillos, &c.
Quam elegiam totam, si vacat, legas. Verg. etiam primo Georg. eadem videtur ratione rubicundam appellasse.

At rubicunda Ceres, inquit, medio succiditur æstu.

Quidam

Historiæ Deorum

Quidam hanc Chloen Cererem græcis appellatam putant. Pauſ. in Attica, huius cognominis cauſam à ſacerdotibus petendam ait. hanc Sophocles in Oedipo Epicolono appellaſſe videtur Euchloen, cuius & pagum commemorat, ad quem Antigone & Iſmene Oedipi filiæ iuerant, ad accipiendas aquas pro patre expiando. τὰ δ' ἀχλόη Δήμοιτρος ἐς ἐπόψιμον ὕλαγμον μολόντα. id eſt: Hæc verò Euchleæ Cereris in ſpectabilem pagum profectæ.

Hermionenſis Ceres cognominata ab Hermione ciuitate, ex qua etiam fuit Laſus antiquus poëta, qui (vt Athenæus in decimo ſcribit) hymnum ἄσιγμον, hoc eſt ſine litera σ, in Cererem Hermionenſem concinuit, cuius initium fuit hoc, vt Heraclides Ponticus in tertio de muſica prodidit: Δήμοιτραν μέλπω, κόραν τε κλυμενόιο ἄλοχον. hoc eſt, Cererem cano, Proſerpinámque Plutonis coniugem.

Παμερασία Ceres in vrbe Heraclea vocabatur, vt ſcribit Heſychius.

Ἀνησίδωρα Δημήτηρ, id eſt, vt Domitius interpretatur in Pauſ. Attica, Ceres frugifera: quo etiam epitheto poëtæ noſtri eam appellant, vt Ouid. Eadem & ἀναξίδωρα, ſi Heſychio ſemper ſtandum. eadem & ζείδωρος, & βιόδωρος, vt eſt apud Artemidorum in ſecundo de interpretatione inſomniorum, quæ à vitæ muneribus ſunt deducta cognomina. Quidam tamen potius ζέιδωραν cum diphthongo in prima ſyllaba notant, & à ζέα frumenti ſpecie deriuant, quam ex noſtris quidam & ſemen vocant, ex quo optima conficiatur alica. Hinc & fœcundam interpretantur. Eadem Ceres & φερσβίος à ferenda vita cognominata, vt idem Artemidorus ſcribit. quanquam & prædicta nomina Telluri conuenire poſſunt, eodem auctore. quin & Homerus ita cecinit:

Καὶ θνητοῖσι βροτοῖσιν ὑπὸ ζείδωρον ἄρουραν.
Καρπὸν δ' ὑφέρει ζείδωρος ἄρουρα.

Fructúmque ferat fœcundius aruum.

Quod & notat grammaticus Zezes, qui ἀπὸ τοῦ ζέειν, id eſt caleſcere à ſole, denominari eam potius putat.

Πολυφόρβη Δημήτηρ ab Heſiodo in Theogonia vocatur, quo loco eam canit ex Ioue Perſephonem concepiſſe. πολυφόρβαν verò exponit Scholiaſtes, quòd omnia nutriat, hoc eſt, πάντα τρεφοῦσαν.

Proſtaſia Ceres nuncupata, colebatur in agro Sicyonio cum Proſerpina in Pyræo nemore. Hic per ſe viri feſta celebrabant, vt prodidit Pauſanias, veluti πυμφῶνα per ſe mulieres: quo in loco ſtatuæ erant Cereris, Proſerpinæ, & Bacchi.

Pelaſgis Ceres cognominata à Pelaſgo Dryopæ filio, qui (vt Pauſanias ait in Corinth.) ei deæ templum condidit, déque ſuo nomine nuncupauit. Sed enim & Argiui ipſi tradūt, Pelaſgum Cererem Argo profectam hoſpitio ſuſcepiſſe, ibíque à Chryſantide filia didiciſſe: quod in Attica idem prodit Pauſanias.

Κυρία Δημήτηρ, Cyria Ceres à Cnidiis vocata, quaſi vitæ domina, id eſt, τοῦ ζῆν κυρία: Cœlius, ſed & Δέσποινα ab Arcadibus dicta, vt putat Pauſan. quæ vox dominam etiam ſignificat, & reginam. Sed in hoc Proſerpina melius conſiderandum.

ἐν ἕλει, quaſi dicas in palude, Cereris templum & lucus fuit in Arcadia, quinque tantum à Megapoli ſtadiis diſtans, quò ingredi ſolis fas erat mulieribus, vt ait Pauſan.

Ποτηρόφος Δημήτηρ, id eſt poculifera Ceres, quæ in Achaia colebatur ἐπὶ τὴν ἀνθίαν χώραν, vt in ſecundo Achaicon. Autocrates prodidit, & repetit Athenæus. Sanè Nicander in Alexiph. Cererem canit poſt raptam Proſerpinam, potionem cyceonem ſibi ieiunæ paraſſe in oppido Hippothoontis, qua potione guttur madefecit ad Threſſæ Iambes cantus, quo loco multa Scholiaſtes Græcus in hunc fermè modum: Ceres, inquit, rapta filia, ieiuna illam perquirens huc illuc vagabatur, donec hoſpitio ſuſcepta eſt à Metanira vxore Hippothoontis, Neptuni & Alopes Cercyonis filiæ. Metanira igitur deæ menſam apparauit, vinúmque: quod aſpernata dea, ob amiſſam filiam, potionem ſibi cyceonem è farina iuſſit afferri, quam & hauſit. ſed Metaniræ ancilla Iambe deam mœrentem cernens, ridiculos quoſdam verſus meditata, vt exhilararet Cererē, cecinit, qui iambicis numeris conditi fuere: vnde volunt Iambi nomen fluxiſſe. hæc verò Iambe Echus filia fuit, & Panos, Thracia genere. Non ſum neſcius aliter ab aliis hanc fabulam recitari, & nomina etiam varia eſſe, quos ego in Poëtis ſecutus ſum.

Caberiam Cererem cognominatam tradit Pauſ. in Bœot. quo loco de Cabiris agit. Apud Dircē fontē Cereris & Proſerpinæ lucus fuit, quem ingredi nemo poterat, niſi eius
myſter

Syntagma XIIII. 361

myſteriis initiati ac inſtincti. Sed & nos ſeorſum de Cabiris, Telchinibus, Corybantibus ſuo loco tractauimus, vbi etiam de Cerere nonnihil. Alij à loco appellatam tradunt.

Styritis Ceres appellata fuit à Styris vrbe Phocidis, vt Pauſ.ſcribit, in qua celebre templum habuit.

Mileſia Ceres, de qua Lactantius in ſecundo. Nam cùm, inquit, ab Alexandro Mileti ciuitas capta eſſet, ac milites ad Cererem Mileſiam ſpoliandam irrupiſſent, omnium oculos repentè abiectus fulgor ignis perſtrinxit.

Rharias Ceres nuncupata, teſte Stephano & Suida, à Rhario campo Eleuſis Atticæ regionis. fuit enim Rharius pater Celei, qui genuit Triptolemum ex Meganira, vel Metanira: vtrúque enim legimus. à quo campus Rharius, in quo campo, vt Pauſan. ait, primùm ſemina iacta fuerunt, ibíque primùm fruges prouenere, & perinde Rharia Ceres appellata: id quod planius in Triptolemo referendum eſt.

Pylagora Ceres cognominata, teſte Strabone libro nono, à Pylis, quæ & Thermopylæ dicuntur, vbi VII ciuitatum conuentus Amphictyonum bis in anno fiebat, primo vere & autumno, & à loco conuentus ipſe Pylea dicebatur: & legatus qui conuentum indicebat Pylagoras, quòd ſcilicet conuocaret ad Pylas, Cereri autem Pylagoræ immolabant. ſedenim & in eodem Thermopylarum loco anguſto quindecim ſtadiorum, vbi vicus nomine Anchela, templum fuiſſe ſcribit Herodotus libro ſeptimo, Cereris Amphictyonidis, & ſedilia Amphictyonum, & Amphictyonis delubrum.

Homoloia Ceres cognomine dicta, & à Thebanis culta, vt pluribus oſtendimus in Ioue Homoloio. Repete quæ illic ſcripſimus ex diuerſis auctoribus.

Ἀλητρεία Δημήτηρ, Aliteria Ceres, vt in Ioue Aliterio diximus, quòd in publica fame ſeruaret molitores, ne farina diriperetur. παρὰ τὸ ἀλέω, molo, & erro: tametſi & Aliterius etiã in malà parte legamus, hoc eſt, pro ſceleſto & impio. Sed Plutar. plura, vt etiam in Ioue dictũ.

Tedifera Ceres, quæ & græcè Δαδέχω appellata eſt, propterea quòd cùm filiam Proſerpinam raptam quæreret facibus accenſis ex Enna, vel ex Aetna orbẽ circuiſſe dicta eſt, vt fabula eſt notiſſima Græcis & Latinis ſcriptoribus, quam & alibi attigimus. Vnde eſt illud:

    Et per tediferæ myſtica ſacra deæ.

De hac re & Fulgentius in Mythologico. Hanc etiam Proſerpinam mater Ceres cum lampadibus raptam quærere dicitur. vnde & lampadum dies Cereri dedicatus eſt, illa videlicet ratione, quòd hoc tempore cum lampadibus, id eſt, cum Solis feruore ſeges ad metendum cum gaudio requiratur. Sed de his daduchis varia traduntur. Quidam in Promethei celebritatibus, vt Hyginus, & Ariſtophanis interpres: alij in Vulcanalibus, vt Herodotus in octauo, & eiuſdem interpres, longe his plura traduntur à Beroaldo, & auctore prouerb. Eraſmo, & nos præterea in Sacrificiis.

Spicifera eſt Ceres cognominata. Manlius lib. ſecundo Aſtronomicōn:

    Spiciferæ eſt virgo Cereris.

Sic etiam Germanicus Cæſ. in Arateo carmine. Sanè Ceres ſpicea corona ab antiquis ornabatur. Ouidius in Faſtis de Cerere:

    Impoſuítque ſuæ ſpicea ſerta comæ.   Tibullus:
    Flaua Ceres tibi ſit noſtro de rure corona   Spicea.

Euſeb. 3. Præparationis euang. Spicas ait & papauer Cereri aſcribi.

Achæa Ceres appellata eſt, vt Suidas ait, ab eo luctu & anxietate, id eſt, ἄχω, quem habuit dum ἐζήτει, id eſt, Proſerpinam inquireret. Sed & Achæas ſolicitudines dictas, tradit Heſychius. Herodotus in Terpſichore, id eſt, in v. Gephyræos ait Athenas commigraſſe, cum Bœotiis ſuſpecti eſſent: Vbi, inquit, ſeorſum templa conſtruxerunt reliquis, cùm alia quædam, tum Cereris Achææ, & templum & orgia. Plut. quoque in Iſidis & Oſirid. lib. Et Bœotij, inquit, Achææ Cereris μύγαρα, id eſt, ædes mouent, eámque feſtiuitatem ἐπαχθῆ nominant, à quæſtu videlicet & gemitu deæ, ob raptum filiæ Proſerpinæ.

Ἐπιπολὴ Ceres ſic conſtituta in Lacedæmone colitur, vt Heſychius annotauit: in Corintho verò ἐπινοιδίς, hoc eſt, quæ rem domeſticam curet. Eadem & ἰνδώρα dicitur, hoc eſt, bona regina.

Ἐπωπὶς Ceres dicta eſt à Sicyoniis, vt ait Heſychius. ſed & ἐπωπὶς, quòd ſcilicet proſpiceret, & præſideret.

Eualoſia Ceres, hoc eſt ἐυαλωσία nuncupata, quòd magnas τὰς ἅλως, id eſt, areas faciat, & replet:

replicati Hesychius. cognominatur item ἀλωὶς, καὶ ἀλωὰς Δημίτηρ, vt in comment. Theocriti super ea verba, περὶ Δάματρος ἀλωάδος. Ab hac dicta τὰ ἁλῶα agricolarum festiuitas, quæ Athenis teste Philochoro ab agricolis celebrabatur, vt in Syntagmate de Sacrificiis dicetur.

Ompnia, id est, ὀμπνία Ceres dicta est, vt Hesychius scribit, quoniam ὄμπνιος fructum significat Cerealium ac frumentarium. item λωμός, id est, campum, vel pratum. In scholiis in Alexiph. Nicandri, Ceres Ompnia vocatur, ἀπὸ ἢ ὄμπνης, id est, à nutrimento. vnde etiam Omphalos dictus, id est, vmbilicus, quòd inde embryo nutriatur.

Situs, id est, σῖτος Cereris ara fuit. σῖτα enim vocabant, à cibariis videlicet. Vnde & sitarchia iureconsultis, aliisque: vel vt Athenæus ait, quòd σῖτυ, id est, frumenti & fertilitatis potestatem haberet. Hoc verò nomine à Syracusanis culta Ceres fuit. Meminit simulacri Cereris situs, Aelianus in primo de Varia historia, quo loco de edacibus loquitur. Iidem & Simalida. Porrò & Megalarti & Megalomazi Cereris statua fuit apud Bœotiæ scholium, quod ibi præstantes panes fierent.

Mallophorus, μαλλόφορος, vel μηλόφορος Ceres, id est, lanifera, cognomen est in Megaride, quod ea causa videtur esse inditum, quòd apud eos primùm oues nutrire cœperint. lanam enim μαλλὸν Græci vocant. quidam solo λ scribunt, qui & rectius facere videntur. Pausan. in Attica: Ad nauale verò, quod tempore etiam nostro Nisæa appellatur, vbi descendis, fanum Cereris μαλοφόρῳ, de qua cognominatione cùm alia referunt, tum illud. Maiores rem pecuariam cùm exercerent, nominarunt Cererem μηλοφόρον, quasi ouibus feracē. hæc Paus. Diximus verò, μᾶλον græce & malum & ouem in Hercule significare. quare hic non repetendum.

Amæa Ceres est nuncupata à Trœzeniis, vt Didymus scribit: Proserpina verò Azesia. vnde prouerbium, Amæa Azesiam accessit: cuius prouerbij Plut. & alij meminêre. fabula autem Proserpinæ à Plutone raptæ, & à matre Cerere perquisitæ. Illud mirum, quod scribit Hesychius, Cererem Azesiam vocatam, ἀπὸ τ᾽ ἀζαίνειν τοὺς καρποὺς, hoc est, à desiccandis fructibus. Sed & ἄμμας Ceres dicta, vt ostendit Hesychius. ait enim, hoc nomine dici nutricem Dianæ, & matrem & Rheam & Cererem.

Θεσμοφόρος, καὶ θεσμοθέτης Δημίτηρ, hoc est legifera Ceres & vocata & culta fuit. Vergilius:
 Mactant lectas de more bidentes
 Legiferæ Cereri.

Quod & Seruius non inscitè annotauit. nam ait: Leges enim dicitur Ceres ipsa inuenisse, nam & sacra ipsius Thesmophoria vocatur. Sed hoc ideo fingitur, quia ante inuentum frumentum à Cerere, passim homines sine lege vagabantur, qua feritas interrupta est inuento vsu frumentorum, postquam ex agrorum diuisione nata sunt iura. Hinc poëta:
 Prima Ceres vnco terram dimouit aratro,
 Prima dedit fruges, alimentáque mitia terris,
 Prima dedit leges, Cereris sunt omnia munus.

Thesmophoræ verò Cereris cum primis mentio apud Herodotum, & Orpheum in Argon. Scribit in Bœot. Paus. huius deæ ædes esse Cadmi domicilium, & nepotum. Hæc eadem Thesmophoræ nomenclatura Isis vocata est, vt nec semel est Diodorus testatus, quæ leges Aegyptiis statuisse fertur, quibus æquè omnibus iustitia seruaretur. nam eandē apud Aegyptios Isin & Cererem, & Lunam apud Græcos plerique putāt, vt alibi pluribus ostendemus. Thesmophoria verò festa apud Athenienses celebrabantur, vt est à Plutarcho traditum, in quibus Aegyptiorum more mulieres à cibis abstinebant, humique iacebant. meminêre horum sacrorum cùm poëtæ alij, tum Ouid. x. Metamorph.
 Festa piæ Cereris celebrabant annua matres,
 Illa quibus niuea velatæ corpora veste,
 Primitias frugum dant spicea serta suarum,
 Pérque nouem noctes Venerem, tactúsque viriles
 In vetitis numerant.

Plinius Natural. histor. libro vigesimoquarto. Non multum, ait, à salice vitilium vsu distat vitex, foliorum quoque aspectu, nisi odore gratior esset: sed Græci λύγον vocant, alij ἄγνον, quoniam matronæ in Thesmophoriis Atheniensium castitatem custodientes, iis foliis cubitus sibi sternunt. Aelianus auctor est, hagnon hanc serpentibus aduersari, ita scribens: In Atheniensium Thesmophoriis Atticæ mulieres hagni foliis cubilia substernunt, quòd serpentibus

Syntagma XIIII.   363

pentibus sit infesta, & quòd existimetur ab Veneris appetitione prohibere, vnde nomen hagnos traxisse videtur. Sed de iis sacris aliàs. Nec illud te lateat volo, Thesmophoron quoq; vocatū Dionysiū, ab Orpheo in hymnis. Sed & Stephanus scribit, etiā θεσμοφόρῳ Iouē cultum fuisse. ait enim, apud Drymian vrbem templum vetustissimum fuisse Διὸς θεσμοφόρῳ.

Thermesia Ceres cognominata, cuius deæ ædes fuit in finibus Hermionidis, ad mare, vt scribit Pausanias.

Chthonia Ceres appellata est ab Arguia puella Chthonia, quam ipsa dea Ceres ex Argolide secum Hermionem duxit, conflagrata domo, & Colonte, puellæ Chthoniæ patre, à quo dea ipsa spreta fuerat. Ab hac igitur Chthonia, ait Paus. in ciuitate Hermione Cereris Chthoniæ templum conditum fuit, & sacra Chthonia, quæ summa celebritate agebantur. Sanè & August. in 4. de Ciuit. dei, Cererem quoque terram à gentibus existimatā scribit: hoc ideò, quia Chthonia terrestrem significat. Porrò non ignorandum, deos deásque cognominari Chthonios, qui terrestribus præsunt, de quibus suo loco agemus. Sunt & dei Hypochthonij. Chthonia præterea sacra ab Hermionensibus celebrabantur æstiuo tempore, in quibus coronabantur como sandalo, sic nuncupato flore, quem facili cōiectura ex colore & magnitudine Paus. ipse hyacinthum flore esse putat. Apud hoc Chthoniæ Cereris templū fuit deæ Echus porticus, quæ mediocriter clamāti ter responsabat. Scribit Aristocles poëta in epigrammate, quod in sacrificio Chthoniæ Hermionēsis, à vetula imbecilli ad arā ex armento bos immolandus cornibus adducebatur, quē bouem decē alioqui viri robusti ac fortes attrahere nō poterant. Ex nostris quidā aliter recitant, boue in templum tractum præferocem à multis, inter quos, & vetula, & præclusis foribus, nullo negocio à vetula conficiːinde altera adducta similiter cōfici, & tres & quatuor, omnésq; pariter cadere.

Mysia Ceres cognominata, vnde & Myseion templum Cereris dictū, quod 59. stadiis à Pallene distabat, Achaiæ ciuitate. conditum autem fuerat à Mysio quopiam Arguio, vt est à Paus. proditū. At Phurnutus: Mysia, inquit, Ceres ab aliquibus dicta est, propterea quòd μυσίαν significat satiare, vnde etiam ait cōsentaneum esse, inde mysteria deduci, quæ in huius deæ celebritatibus inducebantur, de quibus alibi planius agendum. Mysiæ Cereris sacrum tale legimus. In eo septem operabantur dies, tertia à templo exactis viris, canibus etiam maribus pulsis, solæ mulieres peragebant. Alexander de Mysorum quidem continentia ac religione plura, Strabo libro septimo qui & eos ab esu animalium abstinere consueuisse prodit, & à deis & sacris θυστιβᾶς, & καπνοβάται ait appellatos, hoc est deorum cultores, & vt sic dicam funambulos, & quòd lacte vescerentur γαλακτοφάγους.

Erinnyis est cognominata Ceres à Talphusiis, vt Antimachus poëta in Thebaide cecinit, & Paus. ostendit. nam cùm Ceres filiam quæreret, Neptunus eius amore incensus, eam insequebatur: dea vt effugeret, in equam cōuersa, inter Oncei equas versabatur. quod aduertens Neptunus, & ipse in equum se conuertit, eámque iniit. dea in furias acta, Erinnyis ideo nomen sortita est, quòd scilicet Arcades ἐρινύειν dicant furore agi, atque indignari. Lycophron quoque in Alexandra eodem nomine nuncupat, & Callimachus: quo tamen Lycophronis loco, Isaacius interpres alias attulit deriuationes, παρὰ τὸ ἀρασαίνεσθαι, id est, quòd diras vel imprecationes exequatur. vel παρὰ τὸ ἐν ἔρᾳ καὶ ἐν τῇ γῇ ναίειν, hoc est, quòd in era, id est, in terra habitet. vel quòd in furiā mutata, à Neptuno cōpressa fuerit, Arionémq; equū pepererit. Fabulā in Georgicis Vergilij recitat Probus grāmaticus. innuit Ouid. in Meta. lib. 6.

Et te flaua comas, frugum mitissima mater,   Sensit equum.

Lactantius etiam grammaticus 6. Theb. comment. Neptunus, inquit, pater quorundam equorum fertur, Pegasi ex Medusa, Arionis ex Cerere. licet in vulgaris exemplaribus, ex Aere legatur, pro Cerere.

Lusia Ceres ab iisdem Thalphusiis nuncupata. nam ferunt in Ladone amne, post Neptuni congressum, se Cererem lauisse, ex qua re λουσία cognomen factum est ei. vide Paus. in Arcad. Sed & Dianam Lusiam vocatam legimus. Polibius lib 4. Aetolos ait cum exercitu versus Lusas iuisse. vbi cùm templo Dianæ appropinquassent, quod est inter Clitorium & Cynætam, quod velut asylum à Græcis habebatur, populari greges & armenta deæ, omnésque fani diuitias expilare voluisse: & reliqua, ne modum excedam.

Melænæ Ceres, id est, nigra cognominata: cuius antrum in monte Eluio ferunt, in quo colebatur, quod non plus 30. stadiis à Phigalia distabat. ex hac ergo Cerere Melæna, & Neptuno, tradunt Phigalei non equum genitum, sed quam Arcades dominam (id est,

De Deis Gentium.   H 2   Δέσποιναν

Μελαιναν vocabant. Sic autem Melænen vocatam aiunt, quòd nigra veste fuerit induta, ob indignationem cõtra Iouem, de rapta Proserpina. post eius enim raptum in antro ita delituit, vti ne deis quidem vbi lateret, esset compertum. Sed cùm Pan in Arcadia, cùm in aliis montibus venaretur, tum etiam in Eluio, in huius antro Cererem atra veste inductam conspexit, eámque rem Ioui detulit. Iupiter porrò ad Cererem Parcas dimisit, quarũ oratione persuasa Ceres, cum veste atra & mœrorem deposuit. rem pluribus exponit Paus. hinc & Leucippos vocata, cùm ab aliis, tum à Pindaro, quòd post inuentam filiã albis equis ad Iouem ascẽdit. hinc etiam ἰυρω nuncupata est post filiæ inuentionem: vnde & nomen illi: cuius etiam delubrum apud Hercynum amnem fuisse tradunt. Huius Cereris Phigalenses simulacrũ ita effinxêre, vt saxo insideret, muliebri figura, præter caput quod equinũ, atq; adeò cum iuba esset serpentibus & aliis feris ad caput alludẽtibus: reliquo corpore ad imos pedes tunica velato. altera manu delphinem, columbã altera præferête. Plura subdit Pausanias de ritu sacrorum, & de oraculo Phigalesibus dato, quæ breuitatis causa omitto.

Καρποφόρος, hoc est fructiferas, appellãt Tegeatæ Cererem & Proserpinam, quarum ædes & statuas iidem habuêre, vt est apud Paus. Sed & Ceres ἀγλαόκαρπος nuncupata est, vt est apud Orpheum. & ab eo alij vsurparunt, quòd latos & pulchros ferat fructus.

Eleusinia Ceres, dicimus & Eleusinias deas numero plurali, vt est apud Macrobium in somnio Scipionis. vbi Numenij historiã recitat. Eleusiniæ Cereris Phurnutus exponit interpretationem paucis, & ad eam Orpheus hymnum concinuit. Eleusis vt Suidas ait, Atticæ ciuitas fuit, ab Eleusinio Mercurij filio & Daeræ, vel vt Paus. ait, Ogygis denominata. Stephanus verò populũ Hippothoontis tribus existimat, vnde est Cereris & Proserpinæ Eleusiniæ templum & nomen deductum. quin & quòd simul eadem ara coleretur, ὁμοβώμιοι Græci nuncupabant, vt scribit Hesychius. Fuit & sub Cithærone apud Nysæos Cereris Eleusiniæ templum antiquissimum, & Proserpinæ, vt in Aristide Plut. ostendit. Verùm & in Sicilia Diana Eleusinia, & Iupiter colebatur, vt Hesychius tradit: & apud Iones quoque. Scribit Diod. Siculus in primo, Erechtheum Aegyptium in maxima annonæ penuria Atheniensibus frumenta attulisse: quo beneficio affecti, eum regem sibi Athenienses elegerunt. ille assumpto imperio, cæremonias & mysteria Eleusiniæ Cereris ab Aegyptiis translata Athenienses docuit. Addit & alia idẽ scriptor, vt hoc manifestius ostendat, veluti Eumolpidas ab Aegyptiis sacerdotibus traductos esse, & à pastophoris Ceryces, id est, præcones. Tanti autem primis illis temporibus Eleusinia sacra existimabantur, vt illis initiari Hercules præoptauerit. quam rem tamen minimè est assecutus, vt ait Paus. id enim Eumolpi legibus prohibebatur: nam initiari tantum indigenis licebat. atque ea de causa Eleusinia minora instituta fuêre in Herculis gratiam, quo scilicet ille initiaretur. Eumolpus quidem, non ille Trax celebratissimus, vt scribit Hister, sed alius, Herculem sacris initiauit; qui à Lycophrone μύστης vocatus est. Eleusiniæ quidem Cereris templum, apud Eleusin Atticam vrbẽ fuisse memoratur, vt Paus. Strabo, & cęteri testantur. Claudianus poëta:

    Sanctásque faces extollit Eleusis.

Vergilius Eleusinam matrem vocauit in illo:

    Tardáque Eleusinæ matris voluentia plaustra.

Quo loco multa Seruius. In Eleusi sacra arcana & mysteria celebrabantur, quæ somnio monitum ne explicaret, Paus. asseruit. & Philosophus Numenius in somnis est prohibitus, vt in Pythagoræ Symbolis docuimus. Adeò autem secreta atque arcana fuêre, vt vulgò prouerbium iactaretur in secretos, & tacitos, ἐξ τὰ Ἐλευσίνια. Facibus verò & tedis mysteria agebantur accensis, Cererem repræsentantes, quæ raptam filiam anxia quæsisset, imposito calatho cum sacris abditis, in curru Cistophoris virginibus vnà prodeuntibus. De quibus & Claudianus ita in raptu Proserpinæ:

    Iam mihi cernuntur trepidis delubra moueri
    Sedibus, & claram dispergere lumine lucem,
    Aduentum testata dei: iam magnus ab imis
    Auditur fremitus terris, templúmque remugit
    Cecropidum, sanctásque faces extollit Eleusis.
    Angues Triptolemi strident, & squammea curuis
    Colla leuant attrita iugis, lapsúque sereno
    Erecti roseas tendunt ad carmina cristas.

Syntagma XIIII. 365

In his sacris & agon celebris agebatur, cuius & Pindarus in Isthm. nec semel commentatores eius meminêre, in quo victores hordeaca corona ornabantur. hinc & Actæa Ceres, eadem sacrorum causa interdum nuncupata est, ex quo illud est Papinij:

    Túque Actæa Ceres, cursu cui semper anhelo
    Votiuam taciti lassamus lampada mystæ.

Sanè Hesychius ait, quod mysticè etiam Ceres est appellata ἀχθα, nisi fortè satius legeretur ἀθλα. Porrò etiam à multis queri video, qualia essent sacra Eleusinia: quod minus mirum sit cum arcana essent, & abdita, nec vulgari fas esset, vt Pausaniæ & Numenij exemplo docui. Sed quæ notaui, tibi afferam. Verba hæc sunt D. Gregor. Nazianzeni in sermone solennitatis Epiphaniorum: Neque nobis, inquit, virgo aliqua rapitur, nec Ceres vagatur, nec Celeos aliquos inducit, & Triptolemos, & dracones, & hæc quidem facit, & hæc patitur, pudet enim me, per diem dare noctis sacrificium, & pudorem facere mysteriorum. nouit hæc Eleusis, & qui tacendas res & silentio dignas spectant, hæc ille. Sed his longè plura leges apud Arnobium in quinto, vbi & hoc legimus: In istius inquisitionis errore Eleusinios etiam fines peruehitur fines. Pagi istud nomen est, regione in Attica constituti. qui illud temporis has partes incolebant, Terriginæ, quibus nomina hæc fuerunt, Baubo mulier, Triptolemeus capellarum Disaules custos, Euboleus porcorum, gregis lanicij Eumolpus, à quo & gens fluit Eumolpidarum, & ducitur clarum illud apud Cecropios nomen, & qui postea floruerunt caduceatores, hierophantæ, atque præcones. his subdit multa de Baubone deque eius potione cyceone, deque corporis parte nudata, vt deam exhilararet. Addit & super his carmina, & cætera Eleusiniorum arcana, quæ inde sumere in promptu est. Et perinde ad mysteria redeo, quæ maiora erant & minora, vt suprà meminimus, & Plu. ostendit, diuerso tempore actitata. Hæc cistis opertis deferebantur: vnde, quæ illa puellæ deferebant, dictæ sunt Canephoræ, id est, cistiferæ. in altera cistarum flores inerant, in altera spicæ: per illos ver, per has æstatem significabant. Theodoritus, in his. muliebrium naturam deferri solitam scribit: alij alia tradunt. Sanè & hæc mysteria, Orgia etiam interdum dicta sunt, tametsi vocabulum hoc ad Bacchi sacra magis conueniat, quæ (vt Seruius, & grammatici plerique obseruant) ad omnia ferè reliqua sacra referuntur. Sed certè Catullus in hoc significatu cepisse videtur, sic enim canit:

    Pars obscura cauis celebrabant orgia cistis,
    Orgia quæ frustra cupiunt audire profani.

Sed tamen etiã in his mysteriis Iacchus, id est, Dionysius vnà agebatur, vt palàm Plut. docet, & nos alibi pluribus. & id fascino, id est, virili membro, & vanno significabatur. vnde est illud Vergilij:

    Et mystica vannus Iacchi. Istiusmodi sacris interesse profanis & peregrinis nõ licebat. in quibus illud præcinebatur, ἕκας ἕκας ὅστις ἀλιτρός: id est, Procul procul quisque profanus. Porrò si plura cupis de myst. riis & Orgiis, legas Clementis Alexandrei, viri admirandi προτρεπτικὸν πρὸς Ἕλληνας, citatum etiam ab Eusebio in II. Præparationis Euang. in quo agit περὶ τ̃ ἀπορρήτων τελετῶν, καὶ κρυφίων μυστηρίων τ̃ πολυθεῶν πλάνης: hoc est, de arcanis sacrorum & abditis mysteriis erroris cultus multorum deorum. Sed caue ne te fallat latina Trapezuntij, vel Cretensis potius interpretatio. Disaules Celei frater mystica sacra Cereris apud Phliasios instituit, de quo plura Pausanias in Corinth. Homerus tamen nullam Disaulis mentionem facit in his versibus, quibus de Cereris mysteriis agit. ita enim canit:

    Mystica sacrorum diua didicere magistra,
    Triptolemus, Dioclésque simul frenator equorum
    Eumolpus, Celeúsque duces, populúsque parentes.

Cidaria Ceres colebatur à Pheneatis, multa religione, vt pluribus Paus. docet in Arcadicis. ait enim: Prope fanum Eleusinæ lapides eminent prægrandes duo, aptè alter alteri impositus: Petroma vocant. eos lapides vbi anniuersarij sacri, quæ maiora Mysteria nominant, dies appropinquant, disiungunt: atque inde literas educunt, quibus pompæ ritus, & quæ fieri oportet, omnia consignata sunt. Eum commentarium cum sacrificulis audientibus recitandum curarint, ea ipsa quæ consequitur nocte in pristinam sedem reponunt. Ad eam lapidum compagem compertum habeo, Pheneatarum multitudinem de maximis quibusque rebus iusiurandum concipere solitam. Saxo superiori operimentum imminet rotundo ambitu, in eo effigies Cereris Cidariæ seruatur: eam effigiem sacerdos

De Deis Gentium.   H 3   tanquam

tanquam personam indutus, statis, quæ mysteria maiora appellátur, diebus populares patrio quodam ritu virgis cædit. Venisse in hæc loca Pheneatæ Cererem dictitant, ante Naum, dum errabunda Proserpinam quæritaret: & iis qui se comiter ac liberaliter accepissent, legumina diuisisse omnia præter fabam. qua enim maximè de causa impurum legumen faba sit, arcanis commentariis mādatum est. Iam verò qui (vti Pheneatæ narrant) Cererem hospitio acceperunt, quique ei templum ad imam Cyllenem erexerunt, & initia Deæ instituére, quæ nunc etiam in officio permanent: Trisaules iis, & Damithales, nomina. Abest, quod diximus, phanum ab vrbe stadia propè decem.

Chamyna, vel Chanyna Ceres cognominata fuit ab Eleis, cuius varia fertur historia. quidam enim antiquum nomen deducunt ἀπὸ τχανῷ, vel potius χάνειν, id est, hiscere & hiare, quòd hiasse terram eo loco, quo Plutonis currus exiit, & rursus coiisse dicitur: sunt qui Chamynum, virum Pisæum Pantaleonti tyranno aduersarium, ab Eleis occisum ferant, cuius ex opibus templum deæ constructum fuerit. Quidam, alioqui vtraque eruditi lingua, non Chamynam, vt ego apud Pausan. & legunt & scribunt, sed Chanynam: parum memores, huius deæ eodem libro Ἀχαϊκῶν secundo mentionem factam. deinde quo pacto à Chamyno Chanyna deduci potest? nimirum χανεῖν verbum his erroris ansam dedit.

Patrensis Ceres colebatur apud Patras vrbē Achaiæ, de qua Paus. in Achaicis ait, quod in eius templo ex speculo oracula dabantur. Fons enim pro templo fuit, ex quo ægrotantibus salutem, vel mortem, oraculum significabat. Speculum funiculo alligatum, libramento quodam in fontem immittebatur, ita vt vix aquam attingeret: mox sacris quibusdam confectis, in speculo vel victurum, vel interiturum conspici dicebant.

Africana Ceres summo cultu & continentia celebrata à viduis mulieribus, de qua sic Tertullianus lib. 11. ad vxorem: Cæterùm, inquit, Africanæ Cereri viduas assistere scimus, durissi. quidem obliuione matrimonij allectas, in æternum viris, non modò toro decedunt. Sed & alias eis vtique ridentibus loco suo insinuant, adempto omni contactu, vsque ad osculum filiorum. & tamen durante vsu perseuerât in tali viduitatis disciplina, quæ pietatis etiā sanctæ solatia excludit. Item alibi: Fœminas verò Cereris Africanæ, cui etiam & sponte abdicato matrimonio adsenescunt. Exinde quo pacto masculorum vsque ad oscula filiorum inuenit diabolus post luxuriam castitatis perditricem.

Libyssa Ceres. Libycus campus in agro Argeo appellatus, quòd in eo primum fruges ex Libya allatæ sunt, quam ob causam etiam Ceres ab Argeis Libyssa vocata est. hæc Festus.

Deserta Ceres cognominata pro tempore & loco, vel quoniam deserta à filia: vtrunque ostendit poëta. nam de primo, lib. 11. Aeneid. ait:

Templúmque vetustum Deserte Cereris. de altero verò primo Georg.

Nec repetita sequi curet Proserpina matrem. alias Seruius etiam recitat opiniones.

Mycalessia Ceres appellata, quòd in Mycalesso Bœotiæ vrbe coleretur, cuius templum Hercules noctu & aperiebat & claudebat, vt Paus. scribit, & nos in Herculis vita retulimus. Alij à mari Mycalesse denominatam putant. Fama fuit, facile fructus legi, statuto tempore, si ante hanc deam primitiæ deponerentur, & toto anni tempore durare. Paus.

Montana Ceres id est, ἀγία Δυμήτηρ, in Phrygia colebatur, propè fluuium Sangarion : vt Hermogenes in his quæ de Phrygia scripsit, testatum reliquit, apud interpretes Apollonij libro secundo.

Ceres & Proserpina magnæ deæ vocatæ fuerunt, vt docet Paus. qui & illas Ἄνασσαι ab Eleis ait appellari. Hesychius verò & ipse Cererem aliis etiam nominibus nuncupat, vt μελαινίς, & ψοφυλίς. De Erisichthone verò Thessalo, qui cùm Cereris lucum succidisset, in eam miser famem deuenit, vt propriis membris non abstinuerit, fabulam Ouid. in VIII. Metamorph. enarrat.

TRIPTOLEMVS.

Triptolemum Cereri subdidimus, veteres imitati, qui idem fecére, vt Phurnutus & Ouid. in Fastis, & in Metam. De Triptolemo verò variè traditur. Siquidem Argiui, qui de vetustate cum Atheniensibus certabant, vt cum Phrygibus Aegyptij, Pelasgû apud se tradunt, Cererem Argos post raptam Proserpinam profectam, hospitio suscepisse, vbi Chrysanthis de filia eam certiorem fecit. mox Trochilum Cereris sacerdotē, ob Agenoris odiū ex Argis in Atticam aufugisse, ibiq; vxorem duxisse Eleusinen, ex qua Eubuleum Triptolemúmque liberos suscepisse ferunt. & hęc quidē Argiui. Athenienses verò Triptolemum

Syntagma XIIII. 367

lemum Celei filium, primum mitiores fructus coluisse contendunt. Musæus poëta (si hæc quoque Musæi poëmata credenda sunt) Triptolemum Oceano Terráque genitum cecinit. Sed Orphei versibus proditum est, Eubuleum & Triptolemum patre Dysaule fuisse ortos (sed enim hi versus Orphei non esse videntur.) quibus duobus, quoniam filiæ raptum indicarunt, Ceres frugum sationem dederit. Chœrilus Atheniensis poëta, fabulam Alopem docuit, in qua ait, Cercyonem ac Triptolemum fratres ex Amphictyonis filia genitos, quorum alterum Rharo: alterum, id est, Cercyonem Neptuno peperit. & quidem adhuc ex Pauf. Porrò & Suidas ita: Rharus, inquit, filium habuit Celeum, ex quo genitus Triptolemus. Sed cùm Rharus errantem Cererem, ac Proserpinam quærentem hospitio suscepisset, in huius beneficij gratiam Ceres Rhari nepotem Triptolemum frumenti culturam edocuit. hinc Rharius campus, in quo Pauf. scribit primum semina iacta fuisse, ibíque primum fruges prouenisse. Rharium quidem campum in Eleusine Stephanus reponit, vnde etiam sit Ceres Rharia appellata. Pamphus quoque poëta antiquissimus, cuius in Dialogis de Poëtis meminimus, cecinit, Cererem defatigatam, dum filiam Proserpinam perquireret, anili facie sumpta, supra puteum ἄνθιον nuncupatum, hoc est latinè floridum, confedisse: atque inde illam Celei filiæ, quòd Argiuam esse anum putassent, ad matrem deduxêre, eíque Meganira filium Triptolemum educandum tradidit. Seruius libro primo Georg. Eleusin, ait, ciuitas est Atticæ prouinciæ, non longè ab Athenis, in qua cùm regnaret Celeus, & Cererem filiam quærentem liberalissimè hospitio suscepisset, illa pro munere ostendit ei omne genus agriculturæ. filium etiam eius Triptolemum recens natum per noctem igne fouit, & per diem diuino lacte nutriuit, & eum alatis serpentibus superpositum per totum orbem misit, ad vsum frumentorum hominibus indicandum:

    Angues Triptolemi strident, & squammea curuis
    Colla leuant astricta iugis, lapsúque sereno
    Erecti, roseas tendunt ad carmina cristas.

Idem & Io. Zezes grammaticus in comment. in Hesiodi opera & dies, qui & allegoriam fabulæ explicat. Phurnutus Triptolemum Eleusinium ait à Cerere edoctum serendi rationem, per orbem terrarum monstrasse, vectum Cereris curru ab alatis serpentibus: Triptolemúmque nuncupatum, quasi qui terreret hordeum, τρείςελετ ὁ χλοι· Ἰαε enim hordea significant. Scribit præterea Hyginus, quo tempore Cernabuta rex Getarum erat, Cererem sua beneficia largitam esse hominibus: Triptolemúmque, cuius ipsa fuerat nutrix, in curru draconum collocatum (qui primus hominum vna rota dicitur vsus, ne cursu moraretur) iussisse omnium nationum agros circumeuntem semina partiri, quo facilius ipsi posteríque eorum à fero victu segregarentur. qui cùm peruenisset ad eum Getarum regem, ab eo primum hospitaliter acceptus: deinde non vt beneficus aduena & innocens, sed vt crudelissimus hostis insidiis captus, aliorum dum paratus est producere, suam penè perdidit vitam. Cernabutæ enim iussu, cùm draco vnus eorum esset interfectus, ne cum Triptolemus sensisset insidias parari, currus præsidium sibi constituere speraret, Cererem ferunt eò venisse, & erepto adolescenti curru, dracone altero subiecto, reddidisse, regémque pro cœpto maleficio pœna non mediocri affecisse.

H 4   SYNT

SYNTAGMA DECIMVMQVINTVM
DE DAEMONIBVS, GENIIS, LARIBVS, CAETERI'SQVE, AC DE PANE, THEmide, & Lamiis,&c. Ad Socinum Bentium Medicum & Philosophum.

Disertissime mi Socine Benti,
Antistes sapientiæ, & peritus
Artis Pergamex, simúlque Coæ:
Conscripsi tibi Dæmonas Pelasgi
Quos dicunt, Genios vocant Latini,
Ipsos multiplici subinde voce,
Et Manes, Lemurésque nuncupantes,
Et Faunos, Inuos, Lares, Penates,
Et quæ nomina colligo hoc libello.
Quæ si non fuerint bene explicata,
Tu, qui me Stygio additum tyranno
Sustentas medica frequenter arte,
Ignoscas rogo, deínque me tuere.
Sic sint prospera cuncta, liberíque
Maiores referant, auum, patrémque.

CVM permulta me Socine Benti aliàs semper deterruerunt, quo minus vobis magnis Philosophis mea scripta legenda mitterem: tum illud, quòd vos videam aliud dicendi genus amplecti, quàm ij faciunt qui mansuetiores Musas consectantur. Nihil enim vos, nisi quod ratio ipsa & natura suis legibus præscripserit, complectimini: nostrum verò totum scribendi genus in verisimili persuasione consistit, & veterum ac probatorum auctoritatibus innititur, plerunque hoc vel illud pro re & tempore probantes, Academicorum more, vt lector quam velit cunque partem, sententiámque apprehendere possit. Quare cùm superioribus diebus meum hoc institutum secutus, de Dæmonibus, cæteris eiusmodíque à gentibus deis habitis, Syntagma confecissem, visum est mihi hanc omnem partem legendam tibi mittere, vt cùm tibi de his, in tuis subtilioribus lucubrationibus agendum contigerit, vno intuitu collecta posses conspicere, & decerpta melius ac enucleatius tractata conscribere. Accipe igitur mi Socine, hoc nostrum, qualecunque est: vt vel hac saltem ratione & exiguo hoc munere intelligas, quòd præ me feram grati animi significationem, ob tot tantáque in me ac meos collata beneficia, vtcunque seruatam. Accipe inquam, ea lege, vt legas, & legendo ita castiges, vt mea tua esse videantur. Vale.

DAEMONES, ET CAETERI.

Aemonis vocabulum apud veteres latè desumptum esse videmus. nam & pro deis ipsis supremis, & pro cœlestibus atque aëreis persæpe obseruauimus. Nos primum de nomine agemus: deinde appellationes, vt institutum est nostrum, exponemus. Mittam nunc illa philosophis & theologis, qui sint, non sint, disputant. Nos Christianam pietatem sectates, nihil dubitamus. Dæmones igitur vocabulum putat in Cratylo Plato, ex Hesiodi sententia, quasi Δαίμονας dici, hoc est prudentes ac scientes, iuxta antiquum Græcorum sermonem: quo fit (ait Socrates) vt Hesiodus, cæteríque poëtæ permulti præclarè loquantur, quicunque aiunt, quòd postquam bonus aliquis vita functus est, maximam dignitatem præmiúmque sortitur, sítque Dæmon secundum sapientiæ cognomentum. ita & ipse assero, Dæmona, id est sapientem, omnem esse hominem quicunque sit bonus: eúmque Dæmonicum esse, id est, sapientē & felicē, viuentem atq; defunctū, rectéq; Dæmonē nuncupari. hæc fermè Socrates, seu potius Plato. Possidonius in lib. de Heroibus & dæmonibus, quia

Syntagma XV. 369

ex ætherea substantia partita atque diuisa qualitas illis est, ἀπὸ τ' δαίων, hoc est vrere, seu ἀπὸ τ' δαιμόνων, hoc est, μερίζομένων, id est, diuiso & partito, eos denominatos tradit. quod & Macrob. repetit in Sat. Eusebius nec Platonis, nec Possidonij sententiam suscipit, & Dæmonas ait dici παρὰ τὸ δαιμαίνω, quod exterreo & pauefacio significat. Pluribus tamen exemplis Steuchus Eugubinas, amicus meus, astruere nititur, hoc vocabulū in linguam Græcam ex Hebræa migrasse, à Shadaim: prioréque ablata syllaba, Daimones fieri. De dæmonū verò natura nihil ego statuo: sed nec loquar quidem, nisi quæ pia decernit religio, & patrum sententia, quæ malos omnes dæmones statuit: nec mihi hoc loco dicédum, quæ cùm alij prodiderunt, tum Proclus in Cratylo, & alibi de formarum & figurarum varietate deorum & dæmonum, quæ hominibus sæpissimè visæ dicuntur. nam & nostri, spectra & simulacra aërea esse docet. Plato in Philosopho, seu Epinomide, cùm de supremis deis locutus esset, ita subiungit: Deinceps verò sub his dæmones, genus aëreum, in tertia mediáque regione, qui interpretationis causa sunt, collocatos fatendum, orationibus colere gratia laudabilis intercessionis interpretationísque debemus, & reliqua. Idem in Symposio, dæmones inter deos & homines reponit. In Cratylo, vt dictum est, ex Hesiodi sententia homines in deos relatos statuit, & dæmonas vocat. Ita enim canit Hesiodus:

Αἶψα θ' ἑσσάμενοι παντῇ φοιτῶντες ἐπ' αἴαν. hoc est,

Aëráque induti tota tellure vagantur.

Varié tamen in Timæo statuere videtur: & Apuleius nōnihil interdum à Platone euariare videtur, vt pòst docebimus: Hierocles item in aureo commentario, aurei Pythagoræ carminis: angelos enim, & heroes, & genios statuit, mox deorum filios Heroas appellat: at verò Orpheus in hymnis, dæmona inter cætera vocat ipsum {ἵνα μέγαν πολυπλάγκτον} id est, Iouem magnum multistrepum. In pöemate verò ad Musæum, dæmonas ita distinxit, in dæmonas coelestes, aëreos, aqueos, terrestres, infernos, id est, subterraneos & circuitores, seu vagos. Hoc est, Δαίμονας οὐρανίους, καὶ ὑγρούς, καὶ χθονίους, καὶ ὑποχθονίους, ἰδὲ περιφοίτους, vel vt alij legunt, περιφάντης. Sed & Chalcidius in Platonis Timæum, Dæmonas ait cùm ætherios esse, tum aërios, tum terrestres: & cætera ferme quæ Platonici reliqui. Alij dæmonas ita distinguere maluerunt, in fabulosos, poëticos, & naturales: alij in angelos bonos & malos, vt Numenius & Proclus, Porphyriúsque: sanius hi quidem, sed viderint tamen, ne in vanas gentium superstitiones prolabantur. Philon autem Hebræus in libro de Mundo, ab his diuersa sentit: quia in re & illum nonnihil errare nostris quibusdam visum est. libet hoc loco Isidori verba ex VIII Etymol. ascribere: Dæmonas, inquit, à Græcis dictos aiunt, quasi δαίμονας, id est, peritos, ac rerum præscios. præsciunt enim futurorum multa: vnde & solent responsa aliqua dare. Illis quidem inest rerum cognitio plusquam infirmitatis est humanæ, partim subtilioris sensus acumine, partim experientia longissimæ vitæ, partim per dei iussum angelica reuelatione. Hic corporum aëriorum natura vigent. ante trāgressionem quidem cœlestia corpora gerebant: lapsi verò, in aëriam qualitatem conuersi sunt: nec aëris illius puriora spatia, sed ista caliginosa tenere permissi sunt, qui eis quasi carcer est vsqȝ ad tempus iudicij. Hi sunt præuaricatores angeli, quorum diabolus princeps est: & cætera, quæ idem Isidorus exequitur. Sed enim commune est Græcis & Latinis vocabulum Angelorum, qui Malachim ab Hebræis dicuntur. Existimauit Philon eosdem angelos Hebræis esse, qui gentium philosophis sunt dæmones. At nos plura mittamus, qui deos gentium referre & ridere tantummodo volumus, ne & nos fortassis in absonam aliquam gentilitatis opinionem incauti decidamus: à qua re maximè abhorremus, id tantum animo fixum ratúmque habentes, quòd Dei optimi maximi & seruatoris nostri religione permissum est, & placitum: nec secus quicquam, vnquam, vt à principio professi sumus: etiam si quid ignoratione & imprudentia lingua peccàret, nec id animo sentire, nec eloqui certum decretúmque habemus. Dæmones igitur à Latinis genij vocantur, de quibus hic agendum.

GENIVS.

Genius, vt D. Augustinus lib. septimo ex Varronis sententia ait, deus est, qui præpositus esse, ac vim habere omnium rerum gignendarum credebatur: quo modo videtur Cebes Thebanus philosophus in tabula suum posuisse senem dæmonia, id est, Genium, in primi circuitus porta. sed & alio modo Genius dicitur, deus naturæ cuiusque. Plutarchus Genium esse scribit, qui vnicuique mortalium insit, Vide ipsius Problemata. Censorinus, Genium deū ait, cuius in tutela, vt quisqȝ natus viuit: siue etiam, quòd vt generamur curat: siue

siue, quòd vnà gignitur nobiscum: siue etiam quòd nos genitos suscipiat ac tueatur. Certè à gignendo Genius appellatur. Festus, Genium esse scribit, qui vim obtinet rerum omnium gerendarum. Aufustius ait: Genius est deorum filius, & parens hominum, ex qua homines gignuntur: propterea Genius meus nominatur, quia me genuit. Alij Genium esse putauerūt vniuscuiusque loci deum. Seruius ita tradit, Genium numen esse, quod nobis nascentibus datur. Vergilius:

> Incertus Geniúmne loci, famulúmne parentis
> Esse putem. de serpente loquentes. Hinc Persius:
> Pingue duos angues.

Serpentis etenim imagine Genius interdum effingebatur, interdum puerili vel iuuenili forma: interdum etiam senis, vt apud Cebetem. Coronabatur verò platani foliis, vtpotè arboris genialis. Albius Tibullus poëta ita suis versibus exornat:

> Ipse suos adsit Genius visurus honores,
> Cui decorent sanctas florea serta comas.
> Illius è puro destillent tempora nardo,
> Atque satur libo sit, madeátque mero.

In vetustis nonnullis monetis Traiani, & Adriani, aliorúmque principum, Genius pateram dextra supra aram porricere, quae ara esset sertis ornata: laeua verò manu propendulum flagellum, vel simile quiddam tenere videbatur. Sedenim & in aliis Adriani inscriptionibus, talem epigraphen comperi: GEN. P. R. hoc est. Genio populi Romani. vbi imago cernebatur hominis militaris, cum veste ad cruris medium circumuoluta: dextera pateram in morem sacrificantis habebat, laeua cornucopiae. sed pro Principis arbitrio. Vnde & nos antiquariis, & harum rerum studiosis, nomismata mittamus, Genio res sacra fiebat mero ac floribus. Persius:

> Funde merum Genio. Horat. in Epistolis:
> Floribus & vino Genium memorem breuis horae.

Genius in Aulular. Plauti ita inquit: Huic filia vna est, ea mihi quotidie thure, aut vino, aut aliquo semper supplicat. Quid verò causae fuerit, vt merum Genio funderetur, nec hostia faciendum antiqui putarent, Varro causam explicat in eo libro, cui titulus est Atticulus, siue de numeris: & Censorinus Id moris, inquiunt, institutíque maiores nostri senserunt, vt cum die natali munus annale Genio soluerent, manum à caede ac sanguine abstinerent, ne die qua ipsi lucem accepissent, aliis demerent, Denique Delij Apollinis ψαύστης aram, vt Timaeus auctor est, & Cloacius, nemo hostiam caedit. haec illi. Addit & Censorinus, quod Genio facto neminem oportebat antè gustare, quàm eum qui fecisset. Horatius tamen ad Aelium Lamiam lib. tertio Carm. ita canit:

> Cras Genium mero Curabis & porco bimestri.

quo loco victima adhibetur. Quidam praeterea Genium omnium gignendarum rerum deum existimarunt. Genius, ait Censorinus, ita nobis assiduus obseruator appositus est, vt ne puncto quidem temporis longius abscedat, sed ab vtero matris acceptos, ad extremum vitae diem comitetur: Arrianus de Epicteto: Vt custodem, ait, adhibuit vnicuique proprium daemona. & tradidit ei custodiendum, custodem peruigilem & incorruptum, &c. Marcellinus lib. histor. XXI. Quod inter affuisse sibi squallidus existimabatur, & putabatur Genius esse quidam, tutelae salutis appositus, eū reliquisse mundo citius digressum. Ferunt enim theologi, in lucem editis hominibus cunctis, salua firmitate fatali, eiusmodi quaedam velut actus rectura numina sociari, admodum tamen paucissimis visa, quos multiplices auxere virtutes: & caetera, quae durus quidem scriptor, sed doctus tamen, exequitur. Alij demum Genios elemēta dixerūt: alij duodecim signa coelestia, cum Sole, & Luna. Quidam tres illos deos Capitolinos, Ioue, Iunonem, Mineruā putauére. Sed haec sunt à curiosis perquisita: nos ad reliqua descendamus. Euricles Socraticus philosophus, duplicem omnibus Genium attributū putauit, Empedocles quoq; & Menander, duos similiter Genios protinus vt in luce quis editus est, dari putarunt. Menandri hi sunt senarij:

> Ἅπαντι δαίμων ἀνδρὶ τῷ γιγνομένῳ.
> Ἅπαντος ἐπὶ μυσταγωγὸς τ Βίω.

Idem apud Lucilium in libro Satyrarum nono licere cognosci, ait Censorinus: bonum hunc, malum illum (vt reor) existimans. Malum deum suum iratum vocat Terētius: bonum

Syntagma XV.

bonum deum propitium suum Næuius vocauit, quo videlicet modo nostri bonum & malum angelum & custodem appellare consueuere. Græci ἀγαθοδαίμον, & ἀγαθοδαίμονα. malum verò: ἀλάστορα, παλαμναίῳ, & κακοδαίμονα. Hinc Valer. Maximus libro primo de Cassio Parmensi, qui existimauit ad se venire hominem ingentis magnitudinis, coloris nigri, squallida barba, & capillo demisso: interrogatúmque quisnam esset, respondisse, κακοδαίμονα. Ita & Plut. de Bruto, in eius vita, cum ei similiter apparuisset, Tuus sum (inquit) Brute Genius malus, id est, δαίμων κακός. meminit & Appianus, & Florus. Hoc loco non prætereunda est historia (an verò potius fabulam dixerim) de Genio, id est, dæmone, quam pluribus explicat Paus. in posteriore Eliacôn libro. nam cùm de Euthymo athleta agit, qui apud ciuitatem Temessanam in Italiam rediisset, & puella esset exposita sacrificanda heroi vni ex Vlyssis sociis, Euthymus se in templum duci iussit: ibi virginem conspicatus, primò misericordia commotus, deinde etiam amore incensus: ac puellam quidem si ab eo seruata esset, se in eius manum conuenturam, fidem dedisse. Armis igitur captis, cum Genio congressus, illum victum moenibus & agro excessisse: sublatúmque prorsus ex hominum coetu, in mare se demersisse. Fuisse memorant, ciuitate vniuersa foedissima calamitate liberata, maximè illustres Euthymi nuptias. Subdit idem Pausanias, se audisse, & ipsum Euthymum non diem obiisse, sed nescio quo pacto ad suam vsque ætatem illum viuere: & dæmonem ab Euthymo deuictum hac fuisse effigie, colore vehementer atro, cætera specie maximè formidabilem: amictus, lupi pellis erat. Plut. in eo qui περὶ εὐθυμίας, id est, de animi tranquillitate inscribitur. Idem de duobus Geniis affirmat. Scribit Censorinus, à nonnullis binos Genios in his duntaxat domibus, quæ maritæ essent, colendos creditum esse. Seruius grammaticus super ea Vergilij verba. Quisque suos patimur manes: Cùm (inquit) nascimur, duos Genios sortimur: vnus est qui hortatur ad bona, alter qui deprauat ad mala. nec incongruè dicuntur Genij, quia cum vnusquisque genitus fuerit, ei statim obseruatores deputantur. quibus assistentibus post mortem, aut asserimur in meliorem vitam, aut condemnamur in deteriorem: per quos aut vacatione meremur, aut reditum in corpora. ergo Vergilius Manes, Genios dixit, quos cum vita sortimur. Alij Iunonem & Genium singulis dederunt, quod pluribus ex diuersis auctoribus ostendit Politianus. Sed & cætera de Geniis prosequamur. Martianus lib. secundo de nuptiis Mercurij & Philolog. ita scribit: Sed quoniam, inquit, vnicuique superiorum deorum singuli quique deseruiunt, & illorum arbitrio, istorúmque comitatur (id est, coelitum & secundorum deorum) & generalis omnium præsul, & specialis singulis mortalibus Genius admouetur, quem etiam præstitem, quod præsint gerundis omnibus, vocauerunt. nam & populi Genio, cum generalis poscitur, supplicant, & vnusquisque gubernatori proprio dependit obsequium. Ideóque Genius dicitur, quoniã cùm quis hominum genitus fuerit, mox eidem copulatur. hic tutelator, fidissimúsque germanus, animos omnium mentésq; custodit. & quoniam cogitationum arcana sapere annunciat potestati, etiam Angelus poterit nuncupari. hos omnes Græci Dæmonas dicunt, ἀπὸ τ δαίμονας εἶναι. Latini Medioximos vocitarunt, qui quidem omnes minus lucidæ splendidæque naturæ, quàm illi coelestes, sunt: nec tamê ita sunt corpulenti, vt hominum capiantur obtutu. hæc fermè Martianus. Hinc & Tertullianus, vt puto, & deû, & hos spiritus, corporeos aliquo modo existimauit. Sed nos præterea sequamur. Apuleius in libro de Deo Socratis, Dæmonibus hâc definitionem attribuit, quem etiam secutus est D. Augustinus: Dæmones sunt, inquit, genere animalia, ingenio rationabilia, animo passiua, corpore aërea, tempore æterna. quam descriptionem cùm planius explicasset, monstrassétque hominis animam adhuc in corpore positam dæmona nuncupari, ideóque etiam dici εὐδαίμονας eos qui beati forent, & quibus bonus contigisset Genius: tum de Geniis quædam locutus subiungit, eos abiuratis corporibus suis Lemures, Laruas, Larésque vocari. vt etiam in deis Manibus dicturi sumus. Idem Apuleius præterea in lib. de dogmate Platonis: Dæmones, inquit, quos Genios & Lares possumus nuncupare, ministros deorum arbitrantur, custodésque hominû & interpretes, si quid à deis velint. Sed de custodibus paulo suprà actũ est. Alij nonnulli extitere, qui Genios animas quorumcunq; rationales, interpretati sunt: quo modo & per Geniũ alicuius iurare intelligunt, quòd maximum fuit apud veteres iuramêtũ per principis Geniũ iurare, vt planè Iuriscôsulti & Tertullianus ostêdunt. Suet. Tranquillus in Caligula ait, multos à Caligula supplicio affectos, qui per eius Genium peierauerant. Lactantius Firmianus libro 2. Diuin. inst. de dæmonibus agens, Geniorum, inquit, sibi

nomen

nomē assumūt, sic enim latino sermone dęmones interpretatur. Hos vtiq; Hermes Trismegistus κακίας ἐνεργούς, hoc est, angelos malignos vocauit. Aliquando tamen etiam simplici voce dicūtur πονηρούς vt CHRISTVS Dominus ad patrem in prece quotidiana appellat. Sunt etiā in genere angelorū, quos δυνάμεις, hoc est virtutes, vel potestates, Magi et sapiētes Chald. eorū appellāt: inter quos vt M. Psellus tradit, κοσμαγοὶ repositi sunt, quasi tu dicas mundum agentes. Sunt item qui ἀκόλαστα, hoc est, qui mulceri non permittūt animas illecebris & affectibus. Porrò Genius Genio alius alij præstare creditus est, virtute, sapientia, viribus. vnde est illud apud Plut. de Octauio Augusti & M. Antonij Geniis, quorum alterius, id est, M. Antonij, reformidabat alterū, hoc est, Octauij Augusti. Sed nec humiliora omittamus. Genius natalis deus nūcupari videtur à Tibullo poëta. nam cùm de Genio loqueretur, ita Elegiam ad Cherinthum claudit:

> At tu natalis quoniam deus omnia sentis,
> Annue, quid refert clámve palámve roget.

Demum à Genio Genialis dies vocatur, quoniam in die natali lætitiæ & hilaritati operam in primis dabant antiqui, & Genio indulgebant. vnde & cùm naturæ obsequimur indulgere Genio, & è contrario, defraudare Genium dicere consueuimus. vt illud, Genialis agatur iste dies: quòd scilicet, vt Laberius mimographus dicit, Genius generis deus sit, ventri qui pareat. Ad hæc, quoniam naturæ deus existimabatur Genius, Genialis lectus maritalis est appellatus, in quo opera detur generādis liberis. Sext. Pompeius: Genialis, inquit, lectus qui nuptiis sternitur, in honore Genij. Catullus in Epithal. Pelei & Thetidis:

> Puluinar verò diuæ Geniale locatur
> Aedibus in mediis.

Solemus quoq; dicere non modò homines natos bono vel malo Genio, sed & vrbes, & res cæteras: quin etiam libros. & propter id Val. Martialis non inconcinnè cecinit:

> Victurus Genium debet habere liber.

Quare iam satis de Geniis. deinceps Penates, & Lares, cæterámq; turbam eiusmodi deorum interpretemur.

PENATES.

PEnates dei qui dicebantur à Latinis, quo nomine à Græcis appellarentur non satis constat. Dionysius Alicarn. in primo hist. à diuersis eos scribit diuersis nominibus in græcam linguā cōuersos esse. Alij, inquit, patrios appellant, id est, παρώους: alij γενεθλίους. Fuēre qui πατρῷοι, quiq; μυχίοι. quidā & ἑρκεῖοι, alij & ἐφέσιοι: & horum vnusquisq; secūdum quod aliquid eos contingeret, videtur nomen dedisse. Sed enim Cassius Hemina, Samothracas deos eosdem existimauit, qui & Penates, & Magni dei: quod & Macrobius refert. Sed de Samothracibus idem qui suprà Dionysius Alicar. plura in eodem primo hist. ex Callistrato vetusto scriptore, itémque ex Satyro, & Arctino poëta prodidit, & nos in Cabiris nonnihil, Varro humanarum lib. 2. Dardanum refert deos Penates ex Samothrace in Phrygiam, & Aeneam ex Phrygia in Italiam detulisse. Alij Tarquinium Demarathi Corinthij filium, Samothracis religionibus mystice imbutum, vno templo: ac sub eodem Samothracas deos coniunxisse volunt. Scribit Varro de Ling. lat. quod terra & cœlum, vt Samothracum initia docent, sunt dei magni: & hi quos dixi, multis nominibus, nam neque quas Samothracia ante portas statuit, duas viriles species æneas, dei Magni: neque vt vulgus putat, hi Samothraces dei, qui Castor & Pollux. Sic hi mas & fœmina, & hi quos augurum libri scriptos habent, sic diuipotes sunt pro illo, qui Samothraces θεοὶ δυνατοί, hæc duo Cœlum & Terra, quod anima & corpus, humidum & frigidum. hæc verò de Samothracibus. Redeo ad Penates. Idem Varro, vt est apud Arnobium: Penates, ait, qui introrsus atque in intimis penetralibus cœli deos esse censet, quos loquimur, nec eorū numerum nec nomina sciri. hos Cōsentes & Cōplices Hetrusci aiunt, & nominant quòd vnā oriantur, & vnā occidant, sex mares, & totidem fœminas, nominibus ignotis, & miserationis parcissimæ, sed eos summi Iouis consiliarios ac principes existimari. Nec defuerunt qui scriberent, Iouem, Iunonem, ac Mineruam, deos Penates existere, sine quibus viuere ac sapere nequeamus, sed qui penitus nos regant, ratione, calore ac spiritu, Hyginus patrios deos Penates, id est, θεοὺς πατρῴους vocari tradidit: atque ideo à Vergilio dictum:

> Dei patrij seruate domum.

Item,

Syntagma XV. 373

Patriique Penates.

Nigidius libro decimonono de Deis requirit, num dei Penates essent Troianorum, Apollo & Neptunus, qui muros ei vrbi fecisse dicuntur:& num eos in Italiam Aeneas adduxerit. idem & Cor. Labeo in libro de Deis penatibus prodidit. Sunt tamen qui diuersos faciunt. Sed & θεὲς μεγάλες, id est, magnos deos apud Vergilium, Penates deos Macrobius interpretatur: alij alia, quæ ab eodem Macrobio traduntur. Idem tamen Nigidius rursus, vt refert Arnobius in tertio aduersus Gentes, in libro sexto exponit,& decimo, disciplinas Hetruscas sequens, genera esse Penatium quatuor: & esse Iouis ex his alios, alios Neptuni, inferorum tertios, mortalium hominum quartos dixit. Cæsius & ipse assequens, Fortunam arbitratur, & Cererem, Genium Iouialem, ac Palem: sed non illam fœminam, quam vulgaritas accipit, sed masculini nescio quem generis ministrum Iouis ac villicum. De figura verò eorum & forma, Timæus quidem historicus scribit eos lituos ferreos & æreos, & Troianum vas quoddam fictile fuisse, eáque in occultis & reconditis Lauini iacuisse sacra. Audiuisse verò se dicit ab incolis. hinc Varro de lingua Latina: Oppidum quod primum conditum in Latio, stirpis Romanæ Lauinium: nam ibi dei Penates nostri. Subdit Dionysius, imo Lapus in eius interpretatione (ea enim verba adeò mihi confusa videntur, vt per defectum græci codicis coactus sim ea interpolata hîc afferre.) agit igitur, in templo obscuro & humili, quod erat non procul à foro Romano, duas duorum Troianorum imagines se vidisse, duorum iuuenum sedentium, habentiúmque pila in manibus, vetera eius artis opera, quibus esset inscriptio, D. PENATES. Similésque vetustis in templis plerisque conspici iuuenes militari habitu,cultúque. addo ego, etiam in nomismatibus quibusdam antiquis adhuc huiusmodi imagines conspici. Porrò Macrobius, ædem deorum Penatium in ea parte Palatini montis fuisse ait, quæ Boream spectans, Velia dicebatur. Liuius item in quinto Decad. scribit: Aedes deorum Penatium in Velia de cœlo tacta est. Penates autem dicti sunt, vt M. Cicero dicit, à penu, siue ab eo quòd penitus insident, ex quo etiam penetrales dicebantur. hinc & Festus ait, Penetralia esse Penatium deorum sacraria. Vergilius:

Aeternúmque adytis effert penetralibus ignem.

Hinc & dei Penetrales dicti, Catullus:

Pubes Græca Penetrales deseruisse deos.

Macrobius Penates sic vocatos arbitratus est, quòd per eos penitus spiremus, per quos & corpus habeamus, & per quos rationem animi possideamus. Seruius grammaticus in eos Vergilij versus:

Aedibus in mediis, nudóque sub ætheris axe,
Ingens ara fuit, &c.

Penates ait omnes deos esse, qui domi coluntur. vnde & pro domibus ipsis sæpe ponuntur. Sanè legimus & publicorum & priuatorum penatium mentionem à scriptoribus habitam, vt à Liuio in tertio: quin & cœli,terræ, vrbium & ædium penates dictos annotauimus. Penatis etiam singulari numero Labeo Antistius dici putauit, quia pluraliter Penates dicantur: cùm & proportio etiam patiatur Penas dici, vt Optimas, Primas, Antias. Sed hæc nihil, vel parum, ad institutum: vt hoc ad curiositatem pertinet, Hirundinum genus deis penatibus & Veneri, quæ ipsa quoque è numero Penatium putabatur, charum existimatum esse ab antiquis, vt est apud Aelianum.

LARES.

Lares sunt dei domestici: vnde & Lares pro ædibus ipsis, vt etiam Penates dicti. hinc & Lar familiaris, qui ab antiquis,teste Plauto, in canis figura efformabatur. Plutarchus in Problemat. Cur, inquit, Laribus, quos propriè Præstites vocant, canis assistit, ipsi autem Lares canum vestibus vestiuntur. idem & Macrobius scribit. Causam exponit Plut. atque ideo valdè considerandum puto, quid tandem sibi Cornutus seu Probus grammaticus in Persij Satyris voluerit, cùm scribit: Succinctis Laribus, inquit, quia Gabino habitu cynomia, id est, canina pelle dei Penates formabantur, obuoluti toga supra humerũ sinistrum, & sub dextro. Larium mater Mania putata est, vt Varro & Macrobius scribunt. Ouidius in Fastis, Lares Mercurij & Laræ Nymphæ, quæ & Muta dicta est, filios ait: Lactantius & Ausonius, Larunda. De Lara verò, siue Larunda, hæc fabula narratur, quòd nympha hæc Tiberiona fuerit, cui ab Ioue lingua sit abscissa, quòd Iuturnæ cum Iouis coitum Iunoni

De Deis Gentium. I indi

indicasset. hanc Mercurio iussit, vt ad inferos deferret. inter eundum, forma puellæ illectus Mercurius, rem cum ea habuit: vnde nati sunt gemini Lares. Scribit Arnobius, Lares vicorum atque itinerum deos esse, ex eo quòd Græci vicos cognominant Lauras. Nigidius, modò tectorum domuúmq; custodes, modò Curetas illos qui occultasse perhibentur Iouis æribus aliquando vagitum, indigetes Samothracios, vt est apud Arnobium. Varro nunc Manes ait, vnde & eorum mater Mania: nunc aërios ait deos, & heroas: nunc laruas Lares dicit, quasi quosdam genios defunctorum. quin & quod Lares vicos & compita seruarent, in quorum honorem ludi compitalicij celebrabantur. Pilæ, ait Festus, effigies viriles & muliebres ex lana, Compitalibus suspendebantur in compitis: & hunc diē festum esse deorum inferorū, quos vocant Lares, putarunt: quibus tot pilæ, quot capita seruorum: tot effigies, quot essent liberi, ponebantur, vt viuis parcerent, & essent iis pilis & simulacris contenti. hæc Festus. Macrobius verò primo Satur. planius de his agit, de compitalibus agens: Restituti ludi, inquit, à Tarquinio Superbo Laribus ac Maniæ, ex responso Apollinis: quo præceptum est, vt capitibus pro capitibus supplicaretur. idque aliquandiu obseruatum pro familiarum sospitate, vt pueri mactarentur Maniç deæ, matri Larium, quod sacrificij genus Iun. Brutus Cos. pulso Tarquinio aliter constituit celebrandum. nam capitibus allij & papaueris supplicari iussit, vt respóso Apollinis satisfieret de nomine capitum, remoto scilicet scelere infaustæ sacrificationis. factúmque est, vt effigies Maniæ suspensæ pro singulorum foribus, periculum si quando imminerent familiis, expiarent: ludósque ex viis compitorum, in quibus agitabátur, Compitalia appellauerunt. Hactenus Macrobius. Fuit Larium ædes Romæ via sacra, teste Solino. quidam & in campo Martio ab Aemilio Rugillo prætore dicatam alteram statuunt. P. verò Victor vicum etiā Romæ Larium fuisse ruraliū prodit. Sed & Lares familiares fuerūt, vt ex Plauti Aulul. palā sit, qui & domestici dicebātur. Inuenio & hostiles Lares appellatos, quòd ab his hostes arcerētur, vt Alexan. ait. Solebāt verò pueri, cùm bullas deponerēt, Laribus eas suspēdere, vnde est illud Persij:
 Bulláque succinctis Laribus donata pependit.
 Meminit & Porphyrion, & Cornutus seu Probus, grammatici, Propertius lib. quarto:
 Mox vbi bulla rudi demissa est aurea collo,
 Matris & ante deos libera sumpta toga,
Inde verò Lares domicoli cœptos ait Seruius, quòd apud antiquos mortui domi sepeliebantur, quos vt deos domesticos venerabantur, vt in Sepulcralibus ostendimus. Fuerunt & Lares prestites nuncupati, Ouidio & Plutarcho testibus: licet in latino codice Plutarchi perperam Præsides pro Præstites legatur. nam in Græco rectè habet. Lares etiam coronari solitos legimus. Pli. Et iam tunc coronæ deorum honos erant, & Larium publicorum priuatorúmque, & sepulcrorum, & manium. Quin Plautus in Aulul. Larē familiarem loquentē facit, thure, vino, coronis sibi quotidie sacrificari. Ouidius etiam in Fastis:
 Lucifero subeunte lares delubra tulerunt,
 Hic vbi sit clara multa corona manu.   Iuuenalis in XII:
  Laribúsque paternis
 Thura dabo, atque omnes violæ iactabo colores.
Afferebantur & illis frugum primitiæ, quod Horatius aliíque poëtæ significant, sed ante alios Tibullus istis carminibus in primo, cùm his inquit:
 Vos quoque felices quondam, nunc pauperis agri
  Custodes, fertis munera vestra Lares: cum illis maximè,
 Sed patrij seruate Lares, aluistis & iidem,
  Cursarem vestros cum tener ante pedes.
 Neu pudeat prisco vos esse è stipite factos:
  Sic veteres sedes incoluistis aui.
 Tunc melius tenuere fidem, cum paupere cultu,
  Stabat in exigua ligneus æde deus.
 His placatus erat, seu quis libauerat vuam,
  Seu dederat sanctæ spicea serta comæ.
 Atque aliquis voti compos liba ipsa ferebat,
  Póstque comes purum filia parua fauum.
 At nobis ærata Lares depellite tela,

Hostiā

Syntagma XV.

Hostiáque è plena myſtica porcus hara.
Hunc pura cum veſte ſequar, myrtóque caniſtra
Vincta geram, myrto vinctus & ipſe caput.
Hæc Tibullus, Propertius libro quarto:
Parua ſaginati luſtrabant compita porci.

Nam compitalia in Larium honorem inſtituta & celebrata eſſe, etiam alibi dicetur. Fuerunt & Lares nuncupati Permarini, quorum eſt mentio apud Tit. Liuium x. lib. quartæ Dec. quibus Laribus ædem vouerat L. Aemilius Regillus, in bello contra Antiochum regem, prælio nauali, quæ x L. poſt annis dicata fuerit. Qui verò eſſent Lares Permarini, à doctis ambigi video, nec de his certi quippiam comperi. tatum ariolor, quod vt in domibus publicis priuatiſque ac compitis Lares antiqui, ita etiam nauibus ſuos Lares attribuiſſent, vnde ſint Permarini Lares. Sedenim & à Laribus Lararia vocata ſunt, ædiculæ, vbi Lares & dei priuatim colerentur, quorum mentio ab Helio Lampridio in Alexandro. Lararium tamen nō videtur ſatis, antiquum: in ædium enim deſcriptione à Victruuio non reponitur. Scribit Lampridius, Alexandrum Mammææ Seuerum in Larario ſuo habuiſſe CHRISTVM & Abramum, Orpheum & Apollonium. Fuére inter literatos, qui Lararia hæc exiſtimarint ſalutatoria cubicula appellari à Plinio. atque duo habuiſſe veteres Lararia, in quorum altero deos immortales, deis immortalibus progenitos: in altero diuos, qui ex hominibus in deorum numerum relati fuiſſent, veneraretur: quos vtroſque deos, prout ferebat occaſio, & ſalutabant, & floribus thuréque & cætero thymiamate, & interdum quoque victimis, aliiſque rebus ſibi ſuiſque propitios faciebant. Sunt demum qui ſcribant, huiuſmodi deos Lares apud Aegyptios quatuor fuiſſe, quorum hæc nomina, Dymon, Tychis, Heros, & Anachis. Exiſtimo hæc nomina corruptè legi, pro Dynamis, Tyche, Eros, Anance: id eſt, Vis, Fortuna, Amor, Neceſſitas. Porrò à Laribus laruæ dicuntur, vt nonnulli volunt, noxiæ inferorū vmbræ, Plau. in Amph. Nam hæc quidem ædipol laruarum plena ſunt. & alibi, Laruæ ſenem agitant. vnde laruatus, furens. Sed & larua perſona eſt, vt notiſſimum eſt. Sed de laruis plenius agendum in deis Manibus.

Sed iam omnem hanc dæmonum ſcenam patefaciamus, eóſque è latebris ſuis eruamus, atque è terra in primis: hoc eſt, quos dicunt Græci χθονίους, ὑποχθονίους, ἐποχθονίους & καταχθονίους: noſtri verò tum terreſtres tum ſubterraneos, & inferos. Epichthonios tamen Heſiodus cœleſtes intellexiſſe videtur, id eſt, ἐπουρανίους, ſi Proclo interpreti ſtandum: quanquam varius eſt alibi hos & Animales deos, & mortales vocatos aliquādo videmus. De animalibus deis Ariſtoteles in primis ſcripſiſſe traditur, vt Seruius grammaticus obſeruauit. Labeo & ipſe libros ſcripſit de deis animalibus, in quibus ait eſſe quædam ſacra, quibus animæ humanæ vertantur in deos, qui appellantur animales, quod de animalibus fiant. Hi autem ſunt dei Penates & Vitales ſic quidem Labeo. Sed Chthonios deos Artemidorus in libris Onirocriticōn memorat, eorúmque diuiſionem & nomina oſtendit. Quin & Hippocrates medicinæ princeps, in ſuis quibuſdam opuſculis Chthoniis & Hypochthoniis vota & ſacra ad expiationem facienda præcipit. Auctores item qui de re ruſt. ſcripſerunt, vt magicos & ſuperſtitioſos cæteros mittam. Prolixior enim ſim, ſi omnes hic complecti velim: cùm nonnulla tamen ſparſim hoc ipſo libro dicenda ſint, cùm ſe obtulerint. Tales verò fuére Satyri, Satyriſci, Panes, Paniſci, Syluani, Sileni, Fatui, Fatuelli, Fatuæ, Fatuellæ, Connumerantur & inter hos Ephialtæ, & Hyphialtæ: id eſt, Incubi, & Succubi. Ephialtæ, qui & Epialtæ: publica hos perſuaſio, vt Macrobius ait, opinatur quieſcentes inuadere, & pondere ſuo preſſos ac ſentientes grauare. Medici verò morbum eſſe aiunt, qui quieſcentes inuadit, Ephialtes autē dictus ἀπὸ τοῦ ἐφάλλεσθαι, quod homines inuadat & premat. Alij ab Ephialte quodam dictum volunt, de quo Homerus libro Odyſſ. vndecimo. Themiſon verò in ſecundo Epiſtolarum, πνιγαλίωνα & πνιγμονα, dicit ἀπὸ τοῦ πνίγειν, id eſt, à ſuffocando. Fit autem hic morbus, cùm redundans caput infeſtat euaporatio, ex voracitate & cruditate. plura leges apud Cœlium Aurelianum Siccenſem, qui latinè Incubonem vocari ait. Idem & Scribonius. Sed nos cætera ſequamur. Fuit item Pales, fuit & Faula, quam Verrius ſcortum Herculis fuiſſe ſcribit, vt eſt apud Lactantium, & Auguſtinum in ſexto de ciuitate Dei, & Macrobium in Saturn. Hanc Plutarch. Phabolam, ſeu Flauiam nuncupat, vt in noſtro Hercule ſcripſimus. Sedenim hos deos, deáſq; ſic colligit Martianus in Nuptiis: Panes, Fauni, Fines, Satyri, Syluani, Nymphæ, Fatui, Fatuæq;, vel Fantuæ, vel etiam Fanæ, à quibus ſana dicta

dicta, quòd soleant diuinare. Hi & hæ omnes post prolixum tempus moriebantur, vt homines: sed tamen vt præsciendi & incursandi & nocendi haberent præsentissimam potestatem. vnde sunt qui eiusmodi terriculamentis agerentur, à græcis νυμφολήπτοι, & à Latinis lymphati nucupati. hinc & Panici terrores, de quibus paulò pòst, hoc est in Pane agemus.

Satyri dicti sunt, vt Macrobius docet, veluti Sathuni, quòd sint in libidinem proni, παρὰ τὸ ὀθεῖν, quod membrum virile declarat. hos petulcos in libidinem fuisse, etiam D. Hieronymus in Pauli Thebæi vita testatur, & Eusebius in III. Præparationis euágel. eos omnem veneream virtutem ostendere ait. Satyros, ait Phurnutus, symbolum esse ἐνϛάσεως, id est, mentis excessus. dictos verò ἀπὸ τοῦ σαίρειν, id est, quòd ora aperiant. hos & Scirtos, id est, σκιρτηϛὰς, ἀπὸ τοῦ σκιρτᾷν, hoc est à saliendo nominauit. idem & σκυλλιᾶς, ἀπὸ τοῦ σκύλλειν, quod est furere & sæuire, appellauit: vnde & sæuus apud nos deduci potest. Satyri, quos nonnulli (vt Aelianus in Varia historia lib. III scribit) Tityros vocant: vnà cum Dionysio Chorum agebāt. id autem nomen sumpserunt à teretismatis, hoc est lasciuis cantibus, quibus Satyri oblectabantur. Satyri verò à simulato & ficto risu, & Sileni à dicacitate. σίλλον enim infamiam appellant, cum acerbo & molesto ioco. Vestis erat Silenis ex vtraque parte villosa: habitus verò totus plantationem, cuius auctor fuit Bacchus, vitium & palmitum densitatem significat, vt ait Aelianus. Porrò Seruius grammaticus Tityrum ait lingua Laconica arietem maiorem significare. Sedenim Satyros, scribit Paus. in Attica, se ab Euphemo Care accepisse, insulas esse quasdam, quæ Satyrides vocentur, quas Satyri incolunt. & eos esse hac forma: Pyrrhos, id est, ruffos esse, & caudas haud multo equinis minores intra clunes habere eos, cum illuc nautæ appulissent, ad nauim cócursu facto, nulla emissa voce in mulieres, quæ in naui erant, manus iniecisse. Nautas verò pauefactos, barbaram fœminam exposuisse. in eam Satyros irruentes, non eam tantum quæ à natura viris exposita est partem, sed aliam quamlibet petulantissimè appetiuisse. At verò Mela Pomponius, & Plinius in v. Nat. hist. hos animalia esse dixerunt quadrupedia, in subsolanis Indorum montibus, pernicissima, humana effigie. Solinus in simiarum genere reponit. A Satyris, poëmatis genus varium & maledicum, & petulans denominatum est, archææ Comediæ charactere compositum. Olim hæc ex variis poëmatibus constabat: quo genere apud latinos scripserunt, Pacuuius, Ennius, & Varro Menippeas. Nonnunquam interposita soluta oratione, vt sunt fragmenta quæ extant Petronij Arbitri. Lucilius verò versu hexametro aliud genus induxit, & eum secuti Horatius, Persius & Iuuenalis, & Turnus, & nostro tempore Philelphus: & vernacula Musa Lud. noster Ariostus, & Hercules Bentiuolus, alij. Satyra non à Satyris, sed à satyra lance, quæ referta variis multísque primitiis, deis inferrebatur: cuius lancis Vergilius meminerit. siue dicta à quodam genere farciminis: vt ait Varro, & Diomedes. alij à lege Satyra, cuius legis Lucilius meminit:

Per satyram ædilem factum qui legibus soluat.

Sed hæc non huius instituti sunt. Plura Diomedes & Festus grammatici, & demum per satyram Erasmus, & ipse in VI de Poëtarum historia dialogo tradidi. De Pane & eius cognominibus, seorsum agam.

Fauni, à fando dicti. Fauni, inquit Varro, dei Latinorum, ita vt Faunus & Fauna sint in his versibus, quos vocant Saturnios in syluestribus locis traditum est solitos fari, quo fando Faunos dictos, Hinc illud:

Versus quos olim Fauni vatésque canebant.

Vel Fauni, à Fauno Pici filio dicti: de quo Vergilius in septimo:

Hunc Fauno, & nympha genitum Laurente Marica,

——Accepimus.

Quo loco hæc propémodum Seruius: Quidam deus est Fatuellus, huius vxor est Fatua: iidem sunt Faunus & Fauna. dicti autē sunt à vaticinando, id est, fando, vnde & Fatuos dicimus, inconsideratè loquentes, Ergo poëta Faunę & Fatuę nomen quasi asperum fugit, & Maricam dixit. Idē tamen Seruius paulò pòst, ἀπὸ τῆς φωνῆς dictū Faunum scribit, quòd voce, non signis futura ostenderet. Extat carmen Horatij libro III. Carminum, ad Faunum:

Faune Nympharum fugientum amator, &c.

Vbi inter cætera Porphyrion ait, Faunum existimatum inferum ac pestilentem deum fuisse. De Fauno verò Lactantius ita scribit in primo: Sic, inquit, ante Pompilium Faunus in Latio, qui & Saturno auo nefaria sacra constituit, & Picum patrem inter deos honorauit,

Syntagma XV.

rauit,& sororem suam Faunam, eandémque coniugem sacrauit: quam C. Bassus Fatuam nominatam tradit, quòd mulieribus fata canere consueuisset, vt Faunus viris. Eandem Varro putauit Bonam deam, vt alio loco ostendi. Scribit Isidorus Hispalensis præsul: Fatuos, id est, mente captos, origine quidam dici putant à miratoribus Fatuæ Fauni vxoris fatidicæ: eósque primum Fatuos appellatos, quòd preter modum obstupefacti, vaticinium illius ad amentiam vsque admirarentur. Sané Romæ in insula Tiberina Fauni ædes fuit, cuius Ouid. meminit in Fast.

 Idibus agrestis fumant altaria Fauni,
 Hic vbi discretas insula rumpit aquas.

Idem & Vitruuius tradit. Probus Faunum tradit ædificia lucósque numinibus consecrasse, & ab eo Fana dicta. Liuius auctor est, Cn. Domitium Aenobarbum, & C. Scribonium ædiles, ex mulctatitia pecunia in insula ædem Fauno fecisse. Libet his nostris addere, quæ Pomponius Lætus scribit: Faunus, inquit, antiquissimus omnium regum in Latio fuit, qui Aboriginibus imperauit, homines more ferarum viuentes in mitiorem vitam redegit, lucos sacrauit, locis & vrbibus nomina dedit, ædificia erexit, templa ædificauit: quæ ideo à Fauno fana dicuntur, quòd pontifices sacrificado illic fantur. Faunus in Latio cultus deorum instituisse fertur. Quidam scribunt, ante Faunum Ianum imperasse, & cultum deorum demonstrasse. Fauni soror Fatua, vaticinatrix: ab ea vates, fatuarij dicuntur: Hæc traditur mulierum castissima, ideo eam Romani Bonam deam appellauére: cuius templum fuit in saxo Auentini montis, vnde ingressus maribus prohibebatur, & ei fœminæ tantum sacrificabant. Et hactenus Pomponius Lætus.

Syluanus: Syluani à syluis vbi versabantur denominati sunt, & Monticolæ & Syluestres cognominati. Syluanus deus, qui Cyparissum puerum amasse perhibetur. Puer hic Cyparissus mansuetissimam ceruam habebat, quam cùm Syluanus ignarus occidisset, puer est dolore extinctus, quem deus amator in cupressum arborem eius nominis vertit, & eam pro solatio portasse dicitur. Vnde poëta in Georg.

 Et teneram ab radice ferens Syluane cupressum.

Et Gratius in lib. Cynegeticôn:
 Et inculto Syluanus termite gaudens.

Hanc ita fabulam Seruius in Georgicis. In Aeneid. verò super hos versus:
 Syluano fama est veteres sacrasse Pelasgos,
 Aruorum pecorísque deo, lucúmque, diémque.

Sic scribit: Publica cæremoniarum opinio hoc habet, pecorum & agrorum deum esse Syluanum: prudentiores tamen dicunt, esse ὕλην θεόν, hoc est deum τῆς ὕλης. Hyle autem est fex omnium elementorum, id est, ignis sordidior & aër, item aqua & terra sordidior, vnde cuncta procreantur: quam Greci ὕλην, Latini materiam appellarunt, vnde Syluani nomen factum est. Est apud Aelianum de histor. animaliũ, Crathin Sybaritam cócubuisse cum capra, & inde natum puerum, qui caprina haberet crura, & humanam faciem, qui fuerit in deorum numerũ relatus, & Syluanus deus appellatus. fabulam Aelianus pluribus est exe-cutus. Visum est ex re ascribere, quæ ex Varrone desumpsit D. Augustinus libro sexto de Ciuitate Dei: Mulieri, inquit, fœtæ post partum tres deos custodes Varro commemorat adhiberi, ne Syluanus deus per noctem ingrediatur, & vexet, Eorúmque custodum significandorum causa tres homines nocte circumire limina domus: & primò limen ferire securi, postea pilo, tertiò deuerrere scopis, vt his datis culturæ signis, deus Syluanus prohibeatur intrare: quia neque arbores cæduntur ac putantur sine ferro, neque far conficitur sine pilo, neque fruges coaceruantur sine scopis. Ab his autem tribus rebus tres nuncupatos deos: Intercidonem, à securis intercisione: Pilumnum, à pilo: Deuerram, à scopis. quibus deis custodibus, contra vim dei Syluani fœta conseruantur. Hæc D. Augustinus. qui & in xv. de horum dæmonum lasciuia sic propemodum scribit: Et quoniam, inquit, creberrima fama est, multíque se esse expertos, vel ab eis qui experti essent, de quorum fide dubitádum non est, audisse confirmant, Syluanos & Inuos, quos vulgò Incubos vocant, improbos sæpe extitisse mulieribus, & earum appetisse & peregisse cócubitum: & quosdam dæmones, quos Dusios Galli nuncupant, hanc assiduè immundiciam & tentare & efficere, plures, talésque aseuerant, vt hoc negare impudentiæ videatur. Hæc quidem Aurelius Augustinus, quæ & ab Isidoro in VIII, sunt repetita. Cæterùm ne plura ego eiusmodi inculcem,

De Deis Gentium.   I 3   vnius

vnius Pici libros lege vel de Rerum prænotione, vel de Strigibus, in quibus plurima exempla collegit. Porrò Fauni, Satyri & Panes cognominati sunt semicapri & capripedes, à forma; de qua pluribus in Pane agam: Vocati etiam sunt à fistula Cicuticines. Gestare etiam dicebantur ferulas, vndè Narthecophori & Feruliferi dicti. Quin & liliis coronabantur, item ex harundine & ferula, vt Lutatius notat. Eosdem ex Acheruntia populo & marathro serta gestasse legimus. Nec illud te fugiat, prouectioris ætatis Satyros, Pausania teste, Silenos nuncupatos fuisse: dictos, vt Phurnutus ait, ἀπὸ τοῦ σιλλαίνειν, id est, ab irridendo, & oculis præcipuè. Eusebius III Præparationis euangelicæ, Silenum ait spiritalis motus symbolum fuisse, qui non parum vniuerso conducit, cuius caput propter caniciem candore fulgens cœlestis motus: Cæsaries verò, quæ inferioribus imaginis partibus apponitur, crassitudinem terrestris aëris significat. & paulò pòst irridens subiungit: Cur si motus spiritalis Silenus est, & motiuam virtutem significat, tum cœlestem candorem capitis, tum aëriam & crassiorem prolixitate ac densitate barbæ, & cætera. Illud te hoc loco latere nolim, quod est à Tertulliano nec semel proditum, & in primis aduersus Hermogenem, vbi sic ait: Nisi si Heleno illi apud Midam regem adseueraci, de alio orbe credendum est, auctore Theopompo. Idem in libro de Pallio: Vt, inquit, Silenus penes aures Midæ, aptas sanè grandioribus fabulis, & cætera. Quam fabulam Tertulliano copiosius Aelianus in III de Varia historia refert, quam breuitatis causa hoc loco prætermitto. Sed & Maximus Tyrius in sermone XXX ita ait, Silenum ebrium laqueis & vinculis constrictum, Midæ prædixisse varia & diuersa. vnde facile videre possumus, poëtam Vergilium argumentum suæ Eclogæ Sileni desumpsisse. Plut. in consolatione Apollonij: Ferunt, inquit, Silenum iam captum post venationem, percontanti, quidnam esset hominibus optimum, quidque omnium maximè optabile? primùm quidem nihil voluisse dicere, sed silentium tenuisse. mox ita locutum: Nasci hominibus non omnium omnino optimum, nec optimæ est particeps naturæ. optimum est enim omnibus, non nasci. sed post hoc est scilicet, genitos quàm celerrimè interire: quod & Plut. refert, & Aristotelem ait in Eudemo tradidisse, ipsius etiam verba apponens. Sed mehercule Plinius in septimi lib. Nat. histor. præfatione, paucioribus hanc ipsam sententiam explicat. Multi, inquit, extitere, qui non nasci optimum censerent, aut quàm ocyssimè aboleri. id quod & Lactantius Firmianus testatur. Hyginus quoque de Sileno & Mida fabulam explicat, cap. CXCI. Sed de hoc iam satis. Reliqua de Silenis, & aliis quæ proposui, subiungam. Mirabile illud in Pariorum lapidicinis proditum est, gleba lapidis vnius cuneis diuidentium soluta, imaginem Sileni intus extitisse, vt Plinius scribit. Sileni à Catullo Nysigeni cognominati sunt, cùm ait:

Cùm thiaso Satyrorum & Nysigenis Silenis.
Custos & famulus Bacchi ab Horatio dicitur, in Poët.
An custos famulúsque dei Silenus alumni.
Silenus Alcibiadis prouerbium fuit, de quo habes in Prouerbiis.

Σαυάδαι, & σαύδλαι Sileni à Macedonibus appellabantur, vt Amerias apud Hesychium & Phauorinum testatur. Sunt & qui σιφνίδοι, id est, assistentes dæmones dicti, qualis qui Socrati assistebat, de quo Plutarchus & Apuleius peculiari libro scripserunt, aliique. & item qualis Simoni Samaritæ mago, vt Eusebius notat. Ophioneum verò dæmonem Pherecydes prodidit, principê eorum fuisse, qui de cœlo lapsi sunt: quod & Platonicus Ficinus repetit in commentario Apologiæ Platonis pro Socrate. Sunt & Onosceli, qui dicuntur, asininis cruribus, vnde & illis nomen: qui & sese mares exhibere, interdúmque & leonis, vel canis, vel alterius animalis specie apparere feruntur. Hos eruditi quidam dæmones aiunt, in aquosa & arida, corporibus arescentibus frequentes apparere. Porrò ὀνοχήλην, Onochelon illudentes gentes Christum D. N. vocabant, & pingebant: vt Tertullianus, Suidas, alij tradunt. Sanè & in hoc genere dæmonum Isodætes fuit, cuius Hyperides orator in Phrynis oratione meminit, & Arpocration, & Suidas: sed & ab his Phauorinus. Erat autem hospitalis dæmon Isodætes, cui popularia sacra quædam muliebria peragi solebant. Fuêre & qui κόβαλα dicebantur. qui circa Dionysium esse credebantur, eodem Arpocratione teste, cum cæteris: Hesychio preterea, & Philochoro. Quin & Aristoteles in libro de Animalibus, Otum hoc nomine, hoc est κόβαλον, nominauit.

Fuit & Chrysios dæmon, quem quidam & Plutum nuncuparunt, & barbara Chaldæorum voce Mammona, vt in Pluto dicam. Eurynomus etiam dæmonis nomen, de quo ex Delphicis interpretibus Pausanias scribit, ipsum infernum fuisse dæmonem, qui mortuorum carnes absumeret, sic vt ossa solummodo relinquerentur. Effingebatur verò horrida ac terrifica specie, exertis dentibus, in vulturij pelle sedens, colore inter cæruleum, nigrúmque, qualis est musculorum color. μορμόνας à Græcis vocari scribit Hesychius, errantes & vagantes dæmones. Considerandum vtiq́, an Mormolycias potius legendum sit. nam Philostratus in Apollonij Tyanei vita tradit, Empusas & Lamias Mormolycias etiã nuncupari. Sed enim & μορμολύκειον, vel μορμολύκιον (vtrunque enim legimus) pro larua & persona sumitur. Quinetiam μορμώ, pro deformi & monstrosa muliere à Theocrito vsurpatur: pro larua verò, Apud Aristophanem grammatici interpretantur. In Zoroastris oraculis seu Symbolis, illud notandum est, dæmones vocari terrestres canes, hoc est, κύνας χθονίους, vt M. Psellus interpretatur: Ex terræ, inquit, gremiis prosiliunt κύνες χθόνιοι, nunquam verum corpus homini demonstrantes. Idem Zoroaster & θῆρας χθονίους, id est, terræ feras appellauit. & alibi manifestè dæmonem Terreum vocauit, vt cum dixit: Cùm videris venientem Δαίμονα πρόγειον, sacrifica lapidem μνίζηριν incantans. quibus in locis ipse mihi Psellus pleraque videtur non à superstitione aliena afferre. Est verò apud Persas Mnuzirin lapis, vt idem Psellus significat, vim habēs euocandi maiorem dæmona alterum. Soradij apud Indos dæmones crediti fuere, qui οἰνοποιοί Græcè dici possunt, à nostris vini fictores. Libantes nomen dæmonis, vrbem Temesen infestantis: qui ab Euthymo victus, niger & lupina pelle amictus apparuit, vt scribit Pausan. Sed vereor ne nimius sim, si hic plures colligere velim, cum toto hoc opere, vt res feret, de his dæmonibus agendum sit. Id tantum in præsentia non prætermittam, quod idem M. Psellus in peculiari de Dæmonibus libro, ex sententia magi cuiusdam Marci, sex eorum esse genera prodidit: quorum primum vocatum ait barbara voce Leliureon, in sublimiori parte aëris agentem: alterum, in proxima eiusdem aëris parte nobis propinqua: tertium, terreum genus esse: quartum, aqueum & marinum, quod in aquis maximè versetur: quintum, subterraneum, quod in visceribus terræ degat: sextum tenebrosum, quod omnino lucem refugit. Scribit præterea de his alia multa, quæ hoc loco referre non precium sit magnum operæ. Martius verò Narniensis lib. promiscuæ doctrinæ, & ipse ex magnorum sententia hanc dæmonum distinctionem esse tradit. Magorum, inquit, doctrina aliter quàm Christianitas dæmones taxat. dicit enim, orientales occidentalésque spiritus optimos esse de sui natura: nec nisi vi ad operationem mali coguntur, apparéntque in pulcherrima forma, ita vt eos putemus, quos fides Dei ministros narrat. Sed septentrionales meridionalésque in turpissima forma apparent, vt eos criminatores dicere possimus: id est, διαβόλους, de natura sui pessimi. nanque nisi coacti bonum operantur: & vt illi pulchritudine sui nos oblectant, ita hi & nigredine, & capitibus & hominū & brutorum & mortuorum plerunque terrificant. Dæmonium autem meridianum (cum ab incursu & dæmonio meridiano Dauid psalmographus sibi præcauendum petat) quale sit, facile intelligitur. Hactenus Martius. Sed nos de Dæmonio meridiano alibi in Empusa scripsimus. Quare porrò sit in vniuersum hoc omne dæmonum genus, docet in primis Eusebius de Præparatione Euang. & Aur. Augustinus, cùm in Dei ciuit. tum in eo maximè qui est de Potestate dæmonum.

Lamiæ quoque in hoc dæmonum genere censentur, quas & Mormolycias & Empusas aliquando dictas iam docui, & Striges à nostris. Lamiæ sint, nec ne, à me ne petas: tantum lecta recitabo, fides sit (vt ait Plinius) penes scriptores. Duris Libycorū lib. secundo, & Suidas & Phauorinus, Lamiam mulierem formosam fuisse tradunt, Beli & Libyes filiã, quam Iupiter adamauit, & ex ea filium suscepit: sed Iuno præ zelotypia filium perdidit: & Lamia præ mœrore deformata, alienos infantes rapere ac perdere dicitur. plura Phauorinus, & Aristophanis interpres meminit, & Alciatus in Parergis libro octauo. Dion quoq́, qui Libycam scripsit historiam, de Lamiis in hunc prope modum prodidit: Haud longè à littore maris curuū esse locū, arenosum, mari persimilem, in quo littora magna existunt, & arenosi aggeres in mari, circumuicina verò omnia deserta ferè manet. At si ibi fortè naufragi eiecti fuerint, feræ apparétes eos omnes qui vel peragrant, vel aberrãt, rapiūt: quarum natura & corporis figura talis habetur. Facies est mulieris, & formosæ quidé, vbera & pectora longè pulcherrima, quæ neq́ melius pictor possit effingere: color splendidissimus, gratia quædã & venustas ab oculis, & masuetudo in animū incidit, quoties aliquis eã spectarit. reliqua pars corporis dura, & infrangibilis, ob squammas cōfertas. inferiora sunt serpētis, vt ima pars in caput desinat serpentis, & quidem valde horrentis. hæ feræ alas non habent, quemadmodum Sphinges. neque enim loquuntur, vt illæ: neque aliam voce emittunt, sed solum sibila acutissima, quemadmodū dracones. terrestriū omnium hæ velocissimæ, vt nullum possit eas animal effugere. Cætera quidē animalia viribus expugnant homines, hę solum fraude ac deceptione. pectora aperiunt, & vbera ostentant: eum verò qui aspexerit, veneficiis quibusdam cogunt ad confabulationis desiderium. & hi quidem veluti ad mulieres accedunt, illæ intrepidæ manent, deorsum in humum sæpe respicientes, ornatum ac pudorem mulieris imitantes. atque ita eum qui propius accesserit, rapiunt: nanque manus sunt ferarum, quas aliquatisper occultant: cæterū serpens mordēs veneno interficit, cadauer ipsum comedunt serpens, & quod reliquum est feræ. atque hactenus Dion. fermè de Lamiis feris. quibus videmus eos & falli, & fallere, qui equinos Lamiis pedes attribuunt. Has & propheta Hierem. videtur agnoscere, cū ait: Sed & Lamię nudauerat mamas, &c. quanquam locus hic ab Hebræis aliter effertur. D. Hieronymus quædam ibi subinnuit. Porrò & Esaias Lamiæ cubile dixit. Hebræorum nonnulli Lamias, furias interpretantur. Scribit Picus, quosdā dęmonas incubos esse interpretatos, existimasseque superiores partes habere humana specie, inferiores belluinas. Lamias ineptè à laniando dictas putauit Isidorus. Hebræi Lamiam Lilith vocant, de qua monstra confingunt. Lamiæ præterea piscis genus, cuius Nicander in Glossis meminit, qui etiam Carcharia appellatur. piscis huius, Aristoteles, Plinius & Athenæus meminêre. Audio & hodie vocari à Massiliensibus Lamiam, & ingentis interdū magnitudinis inueniri, integrósque homines ab ea voratos aliquądo repertos. Sed hæc. nō nostri instituti sunt. Cęterum Philostratus & ipse multa in Apollonij vita de Lamia prodidit, quæ Menapum formosum iuuenem amare se simulabat, & quo modo larua ea esse in conuiuio à Apollohio sit deprehensa. Lamias præterea puerorum esse terriculamenta, vel ex Apuleio satis constat. Sunt qui Striges putent, quæ infantium in cunis sanguinem sugunt. quin & Horat. in Poëtica ideo dixit: Neu pransæ Lamiæ viuum puerum extrahat aluo. De Lamiis & Plato meminit in Politicis. Lamia etiam propriū nomen: vt Lamia Sibyllæ mater, quod in secundo de Historia poëtarū ostendimus. de qua præterea Plutarchus in eo, Quod oracula defecerūt, ita scribit: Postquā, inquit, sedimus in petra, quę in foro est, in qua fertur prima Sibylla sedisse, ab Helicone descedens, quæ à Musis fuerat educata. Quidā verò tradūt illā ad Meleona venisse, filiā Lamiæ, Neptuni filiæ. & hæc quidē Plutar. qui alibi Lamiā quoq; mulierem scribit amatā à Demetrio rege, ciuitatis perniciem à Comicis poëtis dictā. eam & Athenæus commemorat in Dipnosoph. Fuêre & ciuitates aliquot Lamiæ nomine, de quibus præter cæteros Stephanus in lib. de Vrbibus, vnde & Lamiacus sinus. Fuit & Romæ Lamiarū nobilis familia à M. Cicerone & Horat. in primis celebrata: sed quæ nihil ad Lamias istas faciat. Postremò & in historiis legimus, à Probo Cæsare multas Lamias in spectaculo inductas ac exhibitas fuisse. Hactenus de Lamiis.

THEMIS.

Themis dea, quæ Latinè fas dici potest, Cœli filia fuit. hinc ab Orpheo ὀυρανότης cognominata est. Hanc Græci fabulantur, Iouis nuptias fugientem, in Macedonia ab eo apud Ichnas, vt mox dicam, compressam fuisse, eandem alteram Iouę coniugem, ait Hesiodus in Theogonia. Ex hac natæ sunt in primis Iustitia, Lex, & Pax: hoc est, δίκη, εὐνομία, καὶ ἀρήνη. id quod etiā Pindarus in Olymp. in eo hymno qui Xenophonti Corinthio stadij cursori inscribitur. Themin deā, teste Festo, antiqui putabant eā esse, quæ hominibus præciperet id petere, quod fas esset: illāq; id esse existimabant, quod fas sit. nā θέμις apud Græcos fas significat. Ammiani certè verba leguntur lib. XXI, cognitione digna, quæ ideo hic ascripsi: Elementorū omnium spiritus, vtpote perennium corporum, præsentienti motu semper & vbique vigēs ex his quæ per disciplinas varias affectamus, participat nobiscum munera diuinandi: & substantiales potestates ritu diuerso placatæ, velut ex perpetuis fontium venis vaticina mortalitati suppeditāt verba, quibus numen præesse dicitur Themidis. quam ex eo quòd fixa fatali lege decreta præscire fas sit in posterum, quæ tethimena sermo Græcus appellat: ita cognominatā, in cubili, solióque Iouis vigoris viuifici. Theologi veteres collocarunt. Themis hoc modo describitur à Phurnuto. dea, quæ efficit, vt pacta & conuentiones inter nos fiant, & seruentur. hoc concinnius Græcè dicitur, θέμις δή, ἡ ποιοῦσα θέσεις ἐν μεταξὺ ἡμῶν, καὶ φυλάττεσθαι. Alij verò, Themin dicunt deorum esse: iustitiam, hoc est δίκην, hominum: qua de re plura Phauorinus. nam δίκη iudicat homines: Themis verò

Syntagma XV. 381

verò qua dei iudicant,& ipsa hominum fora soluit. Quidam & Themidis simulacrum his afferri consueuisse, qui antiquitus concionabatur, apud quod sederent, & verba facerent: id innuentes, iusta atque æqua ea esse debere, quæ dicerentur ab iis qui publicè ius dicerent. Certè & Aristides in oratione pro concordia Rhodiensibus conciones, inquit, senatúmque deorum antiquissima Themis cogit, &c. Deam hanc templum habuisse, innuit in Metam. Ouid. in Bœot. iuxta Cephisum, inibíque & oraculum habuisse, ad quod Deucalion & Pyrrha post diluuium pro reparatione humani generis citatū adiuere. Orpheus in eius hymno, eam hominibus primum oracula edidisse ait apud Delphos, & Pytho regnasse. Themis igitur ante Apolline in Delphis oracula reddidit. Quin illud obseruatum est, Neptunum ac Terram antè etiam responsa dedisse:& per se quidem Terram, Neptunum verò Pyrconem habuisse, qui subseruiebat: tum post hos Themidi datum oraculum, demum Apollini. Euripides in fabula Iphigeniæ in Tauris, chorum inducit laudantem Apollinem his verbis propemodum: Apollo, inquit, Themin terræ filiam repulit à sacratis oraculis, nocturna ipsa Tellus edebat oracula, quæ plerísque mortalibus & priora & futura, & quæcunque euentura erant, somni per obscura terræ cubitus dicebant, & cætera. Hanc verò deam peculiari hymno celebrat Orpheus, cum thuris suffimēto. Homerus autem in Apollinis hymno, Themidem ait Apollini nectar & Ambrosiam propinasse. Qui in Pindarum scholia scripserunt, inter multa quæ in Pythiis tradunt, & hoc aiunt: Pana oracula dedisse Arcadibus, mox in id oraculum venisse, in quo primum Nox oracula dabat, dein Themis. & demum regnante Pythone, Dionysius primus in tripode responsa reddidit: mox Pythone occiso, Apollo dedit Pythius, & vocatū Pythium oraculum, & Pythia vates, & Pythicum certamen, vt in Apolline pluribus ostendi. De Themide crebra mentio apud auctores, Pindarum, Strabonem, Hyginum, & Arati expositorem. Catullus:

Huc, inquit, addunt diui quàm plurima, quæ Themis olim
    Antiquis solita est munera ferre piis.

Ab hac & nymphas quasdam legimus denominatas, Themistiadas. Sanè eruditorum quidam Themides duas statuerunt, vetustiorem quidem alteram, alteram verò Euandri matrem, quæ & Nicostrata & Carmentis dicta est, de qua Eusebius in III. Præparationis Euang. Themis, inquit, quæ Latinè Carmenta vocata est, vaticinandi virtus, eò quòd statuta vnicuique præcinat. priorem Themin αἰδοίην vocat Hesiodus in Theogonia, id est, pudore dignam, vel pudibundam, in illo:

Καὶ θέμιν αἰδοίην, ἑλικοβλέφαρόν τ' Ἀφροδίτην.   hoc est:
Et pudibunda Themis, curuiciliísque Aphrodite.

Carmentis, quæ & Carmenta, & Nicostrata, & Themis dicta fuit, & in primis à Romanis culta, & Euandri mater credita. de hac Dionysius Alicarn. in primo histor. ait, Euandro & Carmenti quotannis sacra facta fuisse, Carmenti quidē sub Capitolio ad Carmentalem portam, Euandro verò in Auentino, à porta Trigemina nō procul. Romani ad hæc Carmentis vel sorores, vel comites, Porrimam & Postuertam, vt deas coluerunt, & illis rem diuinam faciebant, vt Ouid. in primis ostendit in Fastis. Sed Gellius lib. & cap. XVI. sic scribit: Difficilis partus auertendi gratia aras statuas fuisse Romæ duabus Carmentibus, quarum altera Postuerta nominata est, Prosa altera, à recti peruersíque partus & potestate & nomine. Ex quibus considerandum, an rectius Prosa, an Porrima legatur. Nec minus etiā illud notandum, Carmētas numero pluriū efferri, vt modò dicebam ex Gellio. Augustinus quoq; in quarto de Ciuit. dei lib. Ac sit alius, inquit, sed ipse scilicet Iupiter in deabus illis, quæ fata nascentibus canūt, & vocātur Carmētes. Plut. verò in Quæstionibus, de æde Carmētæ, vbi & Carmētalia mēse Ianuario celebrabātur. Martianus verò: Alij, inquit, huius generis homines in diuinādi vsum & prēscientiā procreati, vt Carmētis in Arcadia. hæc ab oraculis θεσπιῳδῶς Græcè dicta, teste Dionysio, Latinè Carmētis. hinc & Ouid. in Fastis:

Ipsa mone, quæ nomen habes de carmine ductum.

Εὔβουλος, hoc est consiliatrix, vel bene consulens, Themis à Pindaro cognominata est. Orpheus verò ad Musæum, sacram inspectricem hominum, id est, Hieroscopon nuncupauit, hoc est, δίμιν τ' ἱερόσκοπον ἀνδρῶν. Idē ad Naturā canens hymnum, eodē vocauit nomine.

Ἰχναίη θέμις cognominata est, teste Strabone, ab Ichnis græca vrbe, nō longe à Phyllo, vbi & Phyllæus Apollo appellatus. Stephanus vrbem ait Macedoniæ Ichnæ, quæ ab Eratosthene ἴχνα vocetur. Philetas aliam dicit, quæ per α scribitur. Themis autem cùm ab Ioue

perse

persequeretur, deprehensa fuit in locis, vbi impressa fuerant eius pedum vestigia. vnde locus ab insequendo καθ' ἴχνας, id est per vestigia dictus, quod Themis ipsa Ichnæa. Huius nominis Ichnææ meminit & Lycophron in Alexandra, & illius interpres Isaacius.

Themistys, vel Themistis dea videtur poni à M. Tullio in ea oratione quæ est in L. Pisonem, pro dea iustitiæ: quo loco Pisonem irridet Cicero, qui Cn. Cottam, L. Pisonem, Crassum, triumphi auidos vituperabat, & reprehendere solitus erat: Tu tantis, inquit, nationibus subactis, tantis rebus gestis, minime fructum laborum tuorum, præmia periculorum, virtutis insignia cõtemnere debuisti: neque verò cõtempsisti, licet Themiste sapientior, &c. Quidã hoc loco libentius Themite, vel Themide legũt. Themitos enim aliquando apud Græcos, pro Themidos scriptũ legimus. In commentariis à Phauorino collectis, obseruamus iuxta Doricos, Themis Themidos dici, & Themitos, vnde est θέμιτον, & ἀθέμιτον, id est fas & nefas, adiecto σ. θέμισ⊙, à quo formatur proprium nomẽ Themistius, & ἀθέμιστια, iniustitia, apud Homerum in Odyss. At verò Strabo libro septimo, vbi de Tomaris agit, ita fermè scribit: Apud Homerũ ait, melius esse τομίρας, quàm Themistas scribendum. nullo enim modo à poëta dici Themistas oracula, sed cõsilia & decreta ciuilia, & legum sanctiones hoc est, vt grecè ait, ποκιτεύματα καὶ νομοθετήματα. & paulo pòst subdit: Simplicius apud Homerum capere oportet Themistas abusiuè cõsilia, & ipsa diuinationis imperia & consultationes, ipsáque vaticinia, quemadmodum & decreta, quod ita græcè rectius: ἐμέρα δ' ἀπλούστερον δεῖ δέχεσθαι θέμιστας καταχρηστικῶς, καὶ βυλὲς, τα προςάγματα, καὶ τὰ βελέματα τα μαντικὰ, καθάπερ καὶ τα νόμιμα. Alij apud M. Ciceronem Themista legendum putant, pro Themi. nam Themis, aiunt, Themin facit, & Themista, in casu quarto, à quo rectus formatur Themista Themistæ, & ius ac iustitiam significare contendunt, eandémque consiliorum oraculorúmque præsidem esse: & proptereà Homerum θεμιστεύειν dicere, quod vaticinari & oracula dare significat: pro eo quod est leges ferre, & iura redᵈere, quod & Budæus obseruauit.

Fuit & Themisto, præter nympham, altera Athamantis vxor, de qua Hyginus in Fabulis, fabulam recitat, vt Græcos nunc auctores mittam.

PAN.

PAn Deus pastoralis, Inuus à Latinis dictus, teste Liuio & Macrobio. Hũc deum Arcades colebant, appellantes τὸν τῆς ὕλης κύριον, non syluarum dominum, sed vniuersæ substantiæ materialis dominatorem significãtes, vt ait Macrobius: cuius materiæ vis vniuersorum corporum, seu illa diuina, siue terrena sit, componit essentiam. Scribit Probus in commentar. Georgic. Vergilij. in eo versu, Pan ouium custos: Pana, inquit, Inuum latini interpretantur, cuius ex Arcadia religionem Italiæ fertur intulisse Euander. Sed creditur, propter duo argumenta, sub eius nomine & vocabulo Iupiter coli, id est, mundus: quorum vnum est, quod πᾶν græcè significat omne, id est, vniuersam naturam: alterum, quòd hinuli pellis qua tegitur varietas maculis imitatur stellas. Pan, Phurnutus ait, ideo dictus, quòd vniuersi Deus ipse putaretur. nam pars eius inferior hirsuta ac pilosa, hircináque, quod terræ asperitati conuenit: superior verò pars hominis est, quòd in æthere sit ἡγεμονικὸν mundi, quod vtique rationale est: & cætera, quæ ille exponit. Versari etiam pana tradidere in desertis, solitariísque locis, per id maximè eius solitudinem significabant. Vnus enim, & vnigenitus mundus est. Quin etiam ἐπίσκοπον, id est, speculatorem pecudum & armentorum dixère, eáque fortassè causa cornua etiam illi & fissas vngulas addidere. & fortè ob geminas auriculas, quidam & hunc Priapum putauerunt. Huius dei simulacrum caprina facie effingebant, rubro colore, hirtis cornibus, pectore sideribus radiante, infima sui parte hispida. & caprino pede: altera manu fistulam tenebat, altera pedum incuruum, Pan quoq́;, Seruius inquit, etiã Faunus appellatus est. Vergilius in sexto: Castrum Inui. Inui inquit, id est Panos, qui illic colebatur. Inuus autẽ latinè, appellatur græcè πᾶν. Item ἐφιάλτης græcè, latinè Incubus, itẽ Faunus, id est Fatuus, & Fatuellus. Dicitur verò ab ineundo passim cũ omnibus animalibus, In Bucolicis tamen idem ita scribit: Pan deus rusticus, in naturæ similitudinẽ formatus: vnde & πᾶν dictus est, id est omne. habet enim cornua in radiorũ solis & lunæ cornuum similitudine. Rubet eius facies ad ætheris imitationem. in pectore verò nebridem habet stellatã, ad stellarum imaginem. Pars eius inferior hispida est, propter arbores, virgulta, feras. Caprinos pedes habet, vt ostendat terræ soliditatem. Fistulam septem calamorum habet, propter harmoniam cœli, in qua septẽ soni sunt, septem & discrimina vocum. Rhabdon habet, seu virgam, id est pedum recuruum:

hoc

Syntagma XV.

hoc est, baculum, propter annum, qui in se recurrit, quia hic totius naturæ deus est. A poëtis fingitur cum Amore deo luctatus, & ab eo victus: quia, vt legimus, omnia vincit amor. Lasciuum etiam, & libidinosum hunc ipsum deum induxerunt, propter copiam spermaticarum rationum, & quæ commixtione ipsarum fiunt. Hinc & ipsum nymphas insequi dicunt. Sed & formosos pueros, vt est apud Theocritum. Describitur quoque his versibus à poëta Silio libro Punicorum decimotertio:

 Pan Ioue missus erat, seruari tecta volente
 Troia: pendenti similis Pan semper, & vno
 Vix vlla inscribens terræ vestigia cornu.
 Dextera lasciuit cæsa Tegeatide capra,
 Verbera lenta mouens festa per compita cauda,
 Cingit acuta comas, & opacat tempora pinus.
 Ac parua erumpunt rubicunda cornua fronte.
 Stant aures, summóque cadit barba hispida mento.
 Pastorale deo baculum, pellísque sinistrum
 Velat grata latus, teneræ de corpore damæ:
 Nulla in præruptum tam prona & inhospita cautes
 In qua non librans corpus, similísque volanti,
 Cornipedem tulerit præcisa per auia plantam.
 Interdum inflexus medio nascentia tergo
 Respicit, arridens hirtæ ludibria caudæ.
 Obtendénsque manum, solem inferuescere fronti
 Arcet, & vmbrato perlustrat pascua visu.
 Hic postquam mandata Dei perfecta, malámque
 Sedauit rabiem, & permulsit corda furentum,
 Arcadiæ volucris saltus, & amata reuisit
 Mænala, vbi argutis longè de vertice sacro
 Dulce sonat calamis, ducit stabula omnia cantu.

Hactenus consul & poëta Silius. Pan ergo, vt cætera expediam, secundũ fabulas amasse Syringam nympham dicitur: quam cùm sequeretur, illa, implorato Terræ auxilio, in calamum cõuersa est: quem Pan ad solatium amoris incidit, & sibi fistulam fecit. Extat apud Theocritum Panos fistula, miro carminum artificio confecta: quæ obscurissima cùm sit, & ænigmati penè par, exposita est ab Io. Pediasimo Chartophylace, quam etiam in latinum conuertit nõ infeliciter amicus meus A. Thilesius. Sed & huius dei amor & deliciæ Echo creditur, quæ nullius oculis est obnoxia, quod significare ait Macrobius harmoniam cœli. quam & deam poëtæ dixêre, de qua non solum veteres Græci & Latini plerique luserũt, sed nostri etiam temporis poëtæ. Vnum tantum Ausonij epigramma de Echus imagine, quod illius naturam exprimit, hoc loco afferam, quod est:

 Vane quid affectas, faciem mihi ponere pictor,
  Ignotámque oculis sollicitare deam?
 Aëris & linguæ sum filia, mater inanis
  Indicij, vocem quæ sine mente gero.
 Extremos pereunte modos à fine reducens,
  Ludificata sequor verba aliena meis.
 Auribus in vestris habito penetrabilis Echo;
  At si vis similem pingere, pinge sonum

De Echo & in Symbolis nonnihil dictum est. Pinum quoque arborem Pani attribuit Constantinus in libro vndecimo. Geoponicôn, vbi & fabulam exequitur Pitys puellæ, in hanc arborem mutatæ: aliter licet Phurnutus tradat. Sedenim Eusebius quoque in tertio Præparationis euangel. Pana vniuersi symbolum esse affirmari ait, cornua ei data propter solem & lunam: variam pantheræ pellem propter varietatem cœlestium, quod & Phurnutus repetit. Quidam porrò tradiderunt, Pana Iouis & ὕβρεως, id est, Contumeliæ filium. alij Mercurij & Penelopes. alij Penelopes quidem, & omnium procorum, & inde illi nomen Pan: vt Duris Samius prodidit. Epimenides verò, Iouis & Callistus Pana & Arcada filios geminos ait. Aristippus in Arcadico, vel quia fortè mundus à ventis omnibus perfletur, vel fortè vel forte etiam ob Emmelecam agrestem, & austeram quæ minus demonstrari possit.

Ἄγρειος, Pan deus appellatus fuit, id est agrestis deus, propterea quòd puerorum amator fuerit existimatus. eaque ratione illum pudendis arrectis effingebant, & cornutum, & à pudendis infra hircinū hispidūmq̃. qua de re in secundo de Poëtis, in Thamiridis vita scripsimus. idem & ἀγρεὺς ab Atheniēsibus vocatus, vt scribit Apollodorus apud Hesychiū.

Βίαρκυς, Biarceus Panos cognomen est, teste Suida, quasi vitæ necessaria curans. Vtitur Archias in epigram.

Ἐφιάλτης, Ephialtes, qui & Epialtes, id est incubus, dictus est Pan, teste Artemidoro in secundo Onirocriticôn. licet Aegineta Paulus, & alij, pro morbo capiāt, quo ingrauari nescio quo pacto videmur semisomnes: qua de re plenius suprà sum locutus. 10

Λυτήριος, Lyterius Pan dictus fuit, cuius sacellum apud Trœzenios celebre fuit. sic verò appellatus, quòd per quietem Trœzeniorum principibus famis, qua vrgebantur, Pan liberationem solutionémque docuerit. auctor Pausin Corinth.

Mendes nomen Panos apud Aegyptios, qui sub hirci effigie colebatur. lege Herodotum, Suidam & Diodorum. vnde etiam populi Mendesij, & Panopolitani. Legimus & hunc deum vnum ex VIII deis fuisse apud Aegyptios, qui XII priores fuerant apud Herodotum. Legimus & mulieres cum hircis coiisse.

Lycæus Pan cognominatus.   Vergil.
    Panos de more Lycæi.

In Lycæo, inquit Placidus Cælius grammaticus, templum fuit Panos, in quo natus asseritur. Pausan. verò in Arcad. in monte Lycæo & templum & lucum, & hippodromum ac stadium fuisse eius numini dicatum, vnde illi nomen. Iustinus verò ex Trogo libro 43. Lycæum quidem ait dici Pana, à Romanis verò Lupercum. ita enim scribit: In Palatini radicibus templū Lycæo quem Græci Pana, Romani Lupercum appellant, cōstituit, ipsum dei simulacrum nudum, caprina pelle amictum est: quo habitu nunc Romæ Lupercalibus decurritur. Hæc Iustinus. 20

Κρoβάτης, Cerobates cognominatus, teste Hesychio, siue quod cornua habebat quasi κεραβάτης: vel quòd basin haberet corneam, id est pedes.

    Arcadius deus Pan vocatus est.   Propertius:
    Arcadio pinus amata deo. 30
ham Pinea corona vtebatur.   Ouid. in Fastis:
    Pan tibi, qui pinu tempora nexa geris.   Thiles. tamen harundine, id est
syringa, Pana coronari putauit.   Vergilius:
    Pan deus Arcadiæ.   Ouid.
    Faunus in Arcadia templa Lycæus habet.   nam vt suprà dictum est,
Pan enim Faunus dictus est.   Idem Ouid.
    Pana deum veteres pecudis coluisse feruntur
    Arcades, Arcadiis plurimus ille iugis.

Capripes Pan cognominatus à poëtis, à Græcis ἀιγομηλὴς, & ἀιγιπαν, & numero plurium Aegipanes.   Propertius in tertio: 40
    Capripedes calamo Panes hiante canent.
Hyginus de Capricorno: Huius, inquit, effigies similis est Aegipani. Sed hæc notiora, tantum innuisse sufficiat. Dicitur & semicaper deus, ab Ouid. in Fastis & Metamorphos. vt est in illo:
    Sunt oculis nymphæ, semicapérve deus.

Mænalius etiam cognominatus, à monte Arcadiæ notissimo, in quo, vt Pausan. scribit, auditus est sæpe sibilans.

Tegeæus quoque dictus, à Tegea Arcadiæ.   Vergil.
    Adsis ô Tegeæ fauens.   Propert.
    Et calami Pan Tegeæ tui. 50

Lampeus Pan in Arcadia vocatus à Lampo monte, vel potius parte montis Erymanthi, vt Pausan. scribit, Pani dicato.

Ἀλιπλαγκτὸν etiam cognominatum legimus, quasi dicas Saliuagum Pana, quòd coleretur in promontoriis, quæ mari alluuntur, quod notant grammatici.

Σινόεις, id est Sinois Pan nuncupatus, à Synoe nympha, à qua Pan educatus fuit, vt Paus. docet

docet in Arcad. Colebatur autem iuxta Megalopolin.

Scoletas Pan, à Scoleta Arcadiæ colle denominatus, eodem auctore Pauf.

Nomius præterea Pan seorsum ab Apolline cognominatus, à montibus Nomiis, de quibus idem Pausa. In his montibus ad dextram Lycosuræ Panis Momij templum spectabatur, locúmque ipsum Melpæa à cantus suauitate fistulæ vocabant.

Συρικτης porrò Pan, id est, fistulator nuncupatus, vt ex Phurnuto didicimus: etsi vulgati codices συρτην habeant, id quod viam fecit doctis quibusdam hallucinandi, vt locum Phurnuti malè reponerent. A fistula igitur Syrictes cognominatus est. Iouis & Oeneidos nymphæ filium idem facit. Alij Vlyssis & Penelopes, alij Aetheris & Oeneidos, vel Nereidos. quidam Cœli & terræ. Sed quòd retulimus, eum natum ex Mercurio & Penelope, fabulæ ferunt, Mercurium in hircum mutatum, & amatum fuisse à Penelope, quæ cum eo concumbens Pana pepererit, & ipse Pan propterea hircipes fuit. Plato Pana sermonem interpretatur, ideóque Mercurij filius fingitur, quod & sermo biformis sit, verus scilicet, & falsus. Mox & subdit: Pan Aepolus biformis, Mercurij filius dictus in superioribus partibus læuis ac delicatus, ex inferioribus asper & hircinus. Alij demum Pana vocatum tradunt, quod ἀπ᾽ ὡρας, id est, Horæ sit signum, hoc est vniuersi, & ideo propriè Pan nuncupatus est. Sunt & alia quædam de Pane in commentariis in Theocritum, præcipuè in primo Idyllio, & item alia à Phurnuto in lib. de Nat. deor. Adhæc Pindari interpretes in Pyth. exordio, Pana tradunt oracula primum dedisse Arcadibus. Idem & Pausanias prodit. Sed id ait factum ex sacello quopiam, in quod per gradus aliquot ascendebatur: nymphámque Eratoea oracula edere solitam, quæ Erato non Musa fuerit, sed nympha, quæ Arcados Callistus filij consuetudine vteretur. In Parthenio Arcadiæ monte Panos templum fuit, in quo locus dictus Aula, quod velut asylum animalibus fuit. eò enim adire non audebant nec leones, nec lupi, dum ea consectarentur, sed protinus subsistebant, ipsáque animalia relinquebant: id quod & in Dianæ Aetoliæ luco factum fuisse fabulantur. Illud quoque de Pane Aegyptij sacerdotes & poëtæ quidam prodidêre, ipsum Deum se in flumen deiecisse, in piscem mutatum posteriore parte corporis, altera verò hirci: quo tempore Dei quidam in Aegypto propter subitum aduentum Typhonis se in varias figuras transformarunt, Mercurius in ibin: Apollo in auem threiiciam, id est, gruem: Diana in catum, id est, felem. idem scribit Manilius, & Hyginus in Astronomico poëtico: qui & hoc refert, Cùm Iupiter (inquit) Titanas oppugnaret, primùm obiecisse hostibus timorem, qui Panicus appellatur, vt ait Eratosthenes. Panicus quidem terror à Pane Deo dictus est, qui & numero plurium aliquando πανικα dicuntur, quorum & M. Cicero meminit in Epistolis cùm familiaribus, tum ad Atticum, Nam cùm Gigantes contra Iouem & deos pugnarēt, hic terror eis obiectus est, ad quam rem alludit Orpheus in hymno Panos, quem illi Deo cum variarum rerum suffimento concinuit, hoc versu:

Πανικον ἐκπεμπον οἰστρον ἐπὶ τέρματα γαίης   hoc est:
Terrarum in fines immittens panicon œstrum.

Panicos etiam terrores Phurnutus dici scribit, de repentinis, & sine ratione factis. Ita enim nonnunquam greges ac armenta pauere videntur, cùm sonitus aliquisue strepitus surgit in syluis, aut è speluncis, aut ex terræ cauernis. de his & Pauf. in Phocaic. Hic terror, inquit, panicus Gallos inuasit, qui Breno duce Delphos prædaturi accesserant. Terrores quippe nulla certa causa existentes, à Pane oriri produntur. hinc & poëta Silius lib. XIII. Punicorum, describit Hannibalem deterritum hoc Panos terrore, cùm ad vrbis mœnia accessisset, eam expugnaturus: vt paulo antè allatis poëtæ carminibus ostendi. Plutarchus quoque in libro de Iside & Osiride: Post, inquit, Osiridem à Typhone cæterísque coniuratis occisum, Panes ac Satyri, qui Chemin inhabitabant. id senserunt, déque eo quod gestum fuerat, turbas & tumultus facere cœperunt. quare factum est, vt repentini terrores, Panici deinceps appellarentur, ipsum lege Plutarchū. Porrò & Politianus totū XXXVIII. Miscellaneorum caput hac de re confecit. Sed & Theon in Arati comment. ἰχω, id est, sonitum hunc cochlea factum scribit. Plutarchus etiā in eo Quod oracula defecerūt, prodit. de Panis interitu, qui Tiberij Cæs. tempore accidit: existimatúmq; fuisse ab eius temporis philosophis, eum Pana interiisse, qui ex Mercurio & Penelope natus esset. id quod & Eusebius de Præparatione euang. repetit. Legimus porrò Numā Pompiliū, dum Inuo, id est, Pani sacrificaret, fagineum ramum gestasse, intonsis crinibus obuolutum.

De Deis Gentium.   K   SYNT

SYNTAGMA DECIMVMSEXTVM
DE FORTVNA MVLTIPLICIQVE EIVS
IMAGINE ET COGNOMINE, AD V. C.
Alexandrum Guarinum.

Ingens Herculei decus senatus,
Idémque Aoniæ pater cateruæ,
Vnus nam pote sustinere curas
Magni principis, & præesse rebus.
Idem & Rhetoricos doces colores,
Et priscos simul explicas poëtas.
Quare, quem tibi dedico libellum,
Quo Fortuna dea est relata paucis,
A tot si liceat vacare curis,
Hunc lima expolias seueriore,
Tentésque indice lydio rogamus,
Ne fallax dea ludat hinc & inde.

Eccum tibi de Fortuna libellum, Alexander Guarine, vir doctißime, quem contractioribus his brumæ diebus confeci. & ea de causa potißimum tibi à me dono datur, vt testis sit nostræ inter nos beneuolentiæ, à primis vsque adolescentiæ nostræ annis initæ, cùm sub sanctißimo viro ac doctißimo parente tuo, Bap. Guarino, bonis literis & moribus operam vtrique daremus. Cuius ego viri memoria, hac infirma valetudine & ætate adhuc recreor. & licet ego longo tempore peregrè profectus, à patria procul, varijs Italiæ vrbibus abfuerim, nihilominus cùm sese occasio offerebat, nostrum vterque mutuam inter nos operam dabat. Sed hæc omnibus notiora. In hoc certè libello videbis, quantas Fortuna vires sibi vendicet, in primis cùm de nobis vtranque paginam faciat. Tute certè virtute tua fultum, ac prudentia cognosces, trophæum tibi de Fortuna & quidem illustre erexisse. Me verò variis ac miris exemplis à Fortuna exagitatum, demum manicis compedibúsque vinctum, in triumpho ductum, omnibus amißis cùm Fortunæ bonis, tum amicis, ita vt penè destitutus videar: nec nisi vnus aut alter amplius mihi superest amicus. Sed querelas mittamus. Tu interea sumas hoc qualecunque est libelli, & boni equíque consulas. Nam si paria meritis referre non possum, grati tamen animi significationem hoc libello testatam relinquam. Vale.

FORTVNA.

Fortunam, Alexander Guarine vir doctißime (vt probe tenes) deam gentes credidêre. hinc illud Iuuenalis:
Sed te Nos facimus Fortuna deam, cœlóque locamus.
Plaut. in Pseud. Centum doctûm hominum cõsilia hæc deuincit dea Fortuna, atque hoc verum est: perinde vt quisque Fortuna vtitur, ita præcellit, atque exinde sapere eum omnes dicimus. Speusippus Philosophus Fortunam definiuit, motum ab occulto in occultum esse. Anaxagoras & Democritus, Stoicorúmq; nõnulli, Fortunam existimarunt esse causam humanę rationi minimè manifestã: at Plato ipse σὐμπίωμα φύσεως, ἢ προαιρέσεως esse statuit: hoc est, Symptoma vel accidens naturæ, vel electionis, & causam eorum quæ secundũ aliquod accidens fiunt. cui non dissentit Aristoteles. Proclus in Platonis Timæo, dæmonis potestatem putat, causas inter se diuulsas cõgregantem. M. Cicero de Diuinat. Quid est enim, ait, aliud sors, quid fortuna, quid casus, quid euentus, nisi cùm sic aliquid cecidit, sic euenit, vt vel non cadere atque euenire, vel aliter cadere atq; euenire poterit? Vnde & alij ita definiêre: Fortuua est accidentiũ rerum subitus ac inopinatus euẽtus. Pausanias in Achaicis, ex Pindari auctoritate fortunam scribit vnam esse Parcarum, & eam quidem sororibus potestate antecellere. Græcè verò Fortuna τύχη dicitur. Pausanias

Syntagma XVI. 387

nias in Messeniac. Fortunæ, id est, τύχης mentionem apud Græcos primùm ait carmine fecisse Homerum, qui in hymno ad Cererem, quem in præsenti non habemus, alias Oceani filias enumerans, cum puella Proserpina ludentes, & Tychen quoque ipsam, vt vnam ex Oceani filiabus, his versibus cecinit:

Λευκίππη, Φαινώ τε, καὶ Ἠλέκτρη, καὶ Ἰάνθη,
Μηλόβασίς τε, Τύχη τε, καὶ Ὠκυρόη καλλικῶπις. id est:
Leucippe, Phænóque, & Electra, & Ianthe,
Melobasísque, Tychéque, & Ocyroe pulcriocula.

Et nihil ille de Tyche, id est, Fortuna amplius. At verò Bupalus, qui templa construere, & animalia optimè effingere nouerat, omnium primus Fortunæ statuam Smyrnæis effecit, polum capite sustinentis, manúq; Amaltheæ cornu. Post hæc & Pindarus deam ipsam celebrauit, eámque Pherepolon nominauit. hæc fermè ex Pausania. quem quis mirari possit ita dixisse, cùm ante Homerum eius Orpheus meminerit in hymno, quæ Fortunæ cum thuris, id est, Libani thymiamate concinuit. Fuit adhæc & Aegeræ, quæ vrbs prius Hyperesia vocabatur, Fortunæ simulacrum ferentis similiter cornucopiæ: iuxta quam Cupido erat alatus. Qua ex re significari putat Pausanias, quòd ea etiam quæ ad amorem pertinent fortuna magis quàm pulchritudine & forma rectè soleant mortalibus succedere. Effingebatur quidem Fortuna, teste Lactantio libro tertio, cum Cornucopiæ, & gubernaculo, tanquam opes tribuere putaretur, & humanarum rerum regimen obtinere. Hinc & philosophi, eodem auctore, eius sexum mutantes, deum vocabant: & eandem modò fortunam modò naturam nominabant: quo loco & alia multa de Fortuna disserit. Eandem, vt Eusebius scribit, in pila sedentem veteres effingebant, & alas addebant. Ideo Horatius de Fortuna ita cecinit: Nunc tibi, nunc mihi benigna, laudo manentem, si celeres quatit pennas. Thebanus Cebes in Tabula ita effinxit: Sed mulier, inquit, illa quæ'nam est? quæ velut cæca atque insana, super lapide quodam rotundo consistere videtur? Fortuna, inquit, vocatur. ea autem non solum cæca, sed insana etiam, & surda est. Quæ'nam huius sunt partes? Obambulat, inquit, quocunque gentium, & aliis quidem facultates eripit, aliis tradit: ab eisque rursus aufert quæ tradiderat, atque aliis temerè tribuit. vnde hoc argumento facile declaratur, cur in rotundo lapide consistat: & cætera, quæ non illepidè subdit ille. Pittacus verò Fortunæ varietatem ita expressit, vt est apud Aelianum in Varia historia. Apud Mytileneos, inquit, scalam in templis extruxit, ad vsum quidem nullum idoneam, tantum vt donarij loco esset, latenter Fortunæ vicissitudinem significans, vt nescio quo pacto felices ascenderent, infelices autem descenderent. Artemidorus Daldianus in libro Onirocriticôn, Fortunam sedentem supra cylindrum aliquando, aliquando comptam ornatámque, aliquando incomptam sordidámque describit: & cum gubernaculo, vt iam diximus. talémque sæpe nos in vetustis nomismatibus, signísq; marmoreis vidimus. Iuuenem alibi idem Artemidorus mulierem Fortunam describit: cuius verba, quoniam & ad alios deos faciunt, hic subdidi: Mercurius, inquit, iuuenis & adolescens, Hercules iuuenculus, Iupiter vir, senex Saturnus, Dioscuri Gemini adolescentes: Spes virgo, Diana & Minerua. Spes quidem ridens, Diana casta facie, Minerua Gorgon intuens: Fortuna mulier iuuenis, vetus Vesta: Parcæ tres mulieres vestitæ, nudæ Horæ, lauantes Nymphæ. Hoc totum ille. Alij inter maris vndas velificantem finxêre Fortunam: alij in saxi vertice, montísve cacumine, ventis omnibus expositam. Plerique rotæ insistentem effinxêre. Certè Apelles cùm Fortunam ipse sedentem pinxisset, interrogatus cur id fecisset, Quia nunquam stetit, respondit. Apud verò Scythas sine pedibus fingebatur, vt manus tantum & pennas haberet. Fuêre & qui vitream, propter fragilitatem, vocauêre. Hebræorum verò prophetes Esaias, Fortunæ mensam poni solitam cecinit, vt est interpretatus D. Hieronymus: Qui ponitis, inquit, mensam Fortunæ, & libatis super eam. vel vt LXX exponunt: Qui paratis Fortunæ mensam, & impletis dæmoni poculum, vel mixtam potionê. quo loco Hieronymus: In vrbibus, ait, omnibus, & maximè in Aegypto, veterem fuisse consuetudinem, vt vltimo die anni & mensis, eorum qui extremus est, ponant mensam refertam varij generis epulis, & poculum mulso mixtum, præteriti anni & futuri fertilitatem auspicantes. Pausanias in Achaicis, ait Pindaro se fidem habere canenti, Fortunam Parcarum vnam esse, præstantissimámq; sororum. Idem in Bœot. Fortunæ sacellum fuisse, in quo ipsius deæ simulacrum esset, Plutum diuitiarum deum puerum tenentis,

tis.id quod innuere videtur,fortunam ipsam diuitiarum esse matrem atque nutricem.huius quidem simulacri manus & faciem Xenophon Atheniēsis, reliqua Callistonicus indigena effinxerat. C L. Galenus in suasoria (si legitimus liber est) Fortunæ, inquit, indicare nequitiam cum antiqui vellent, illam vel pingentes, vel fingentes, fœminæ specie formabant: non contenti, gubernaculum illi attribuebant: tametsi fœminea leuitas satis erat. orbem pedibus supposuerunt: tum etiam & cæcam, vt eius inconstantiam indicarent. Hæc ille fermè & cætera quæ sequuntur. Non desuêre & qui nostro tempore non insulse Fortunam in equo velocissimo constituêre, & currentem eam Fatum arcu intento insequi: Fortunæ instabilitatem pernicitatémque significantes, eámque fati vi semper agi. Sed enim de equestri Fortuna in hoc, suo loco agam.

Fuêre & qui eandem duplici facie formauêre, nigra altera, altera alba, bonam malámque significantes. alij eandem cum Occasione effinxere, hoc est capillatam fronte, occipitio caluam, alatam pedibus, pilæque insistentem, manu nouaculam tenentem, vt eam effinximus primo Syntagmate. Sed & Sophocles in Antigon.

φρόνει βεβαίως ἂν νιῶ ὑπὶ ξυρȣ̃ τύχης· hoc est,

Sæpe denuò nunc positus in nouacula fortunæ.

Sed nimius sim, si velim quæ legi, simul nunc cuncta complecti. Sed D. Augustinum par sit audire, ita in septimo de Ciuitate Dei scribentem: Fortunam certe deam, inquit, antiqui dixêre, non rationabili dispositione, sed vt temerè acciderit, sua cuique dona conferre. De hac Sallustius: Sed profectò fortuna in omni re dominatur, ea res cunctas ex libidine magis quàm ex vero celebrat, obscurátque. Seneca tamen, vt Stoicus, in Epistolis inquit: Nihil neque boni, neque mali dare potest Fortuna. valentior enim omni Fortuna est animus, qui in vtranque partem res suas ducit, beatǽque ac miseræ vitæ sibi causa est. atque ideo illud ab Iuuenale scribi putarim:

Nullum numen abest, si sit Prudentia: sed te
Nos facimus Fortuna deam, cœlóque locamus.

Et vt inquit Pausan. Nihil sine Fortuna fit: hoc est, μηδὲν ἄνευ τύχης. Certè Plinius de Fortuna ita argutè exclamat: Toto, inquit, mundo, & locis omnibus, omnibúsque horis, omnium vocibus Fortuna sola inuocatur, & vna nominatur, vna accusatur, vna agitur rea, vna cogitatur, sola laudatur, sola arguitur, & conuiciis colitur, volubilísque, à plerísque verò & cæca existimata, vaga, inconstans, incerta, varia, indignorúmque fautrix: huic omnia expensa, huic omnia feruntur accepta, & in tota ratione mortalium sola vtranque paginam facit: adeóque obnoxiæ sumus sortis, vt Sors ipsa pro deo sit, qua deus probatur incerta. hæc Plinius. At cur non & Pacuuianos versus hoc loco ascribimus, præsertim Fortunam commentantes, quos & ad Herennium Gallio, vel quisquis ille fuit qui ad eum Rhetorica scripsit, attulit? hi verò sunt:

Fortunam insanam esse & cæcam, & brutam perhibent philosophi,
Saxóque instare globoso prædicant volubili.
Ideo quò saxum impulerit sors, eò cadere Fortunam autumant.
Cæcam ob eam rem iterant, quia nihil cernat, quò sese applicet.
Insanam autem aiunt, quia atrox, incerta, instabilísque sit.
Brutam, quia dignum atque indignum nequeat internoscere.
Sunt autem alij philosophi, qui contrà Fortunam negant
Miseriam esse vllam, sed temeritate omnia regi, id magis
Verisimile aiunt, quod vsus reapse experiundo edocet,
Velut Orestes modò fuit rex, modò mendicus factus est.
Naufragio res contigit: nempe ergo haud Fortuna obtigit.

Et hæc Pacuuius. Hinc, opinor, illud inter adagia connumeratur, Fortuna Euripus: de inconstātia, & varietate rerum. Extat quoque vel Vergilij, vel alterius de Fortuna Asclepiadeum. item & alterum Annæi Senecæ, quibus dea hæc præclarè describitur. Nihil præterea vetat, quæ de eadē argutè quidē & doctè, vt solet, durè licet atque incomptè, scribit Martianus, afferre: Tunc etiam, inquit, omnium garrula puellarum, & contrario semper fluibunda luxu, leuitate pernix desultoria gestiebat, quā alij Fortem asserunt, Nemesímq́; nonnulli, Tycheáq; quamplures, aut Nortiam. Hæc autem quoniā gremio largiore totius orbis ornamenta portabat, & aliis impertiens, repentinis motibus conferebat, rapiens his

comas

Syntagma XVI. 389

comas pueriliter, caput illis virga comminuens, eisdémque quibus fuerat eblandita ictibus crebris verticem, complicatis in códylos digitis vulnerabat. dein & paulò pòst subdit: Hæc mox vt facta conspexit omniaq; gerebantur, in Iouis consistorio subnotari, ad eorum libros & pugillarem paginam cucurrit, & licentiore quadam fiducia, quæ cóspexerat inopinata descriptione corripuit, vt quædam repentè prorumpentia, velut rerum seriem perturbaret: alia verò, quę causarum ratio prospecta vulgauerat, quoniam facere improuisa non poterat, suis tamen operibus arrogabat. atque hactenus Martianus, de nomine, vi & potestate Fortunæ, eiúsque natura, eruditè, si minus eleganter, perscripsit. Quare iam satis de hac. nam de Fortuna multorū versus afferre possem, vt Beroaldi, & Baptistæ Carmelitæ. Sed & ego pastorali ac bucolico quodam meo poëmate adolescens satis multa lusi: quibus omnibus missis, nostrum prosequamur institutum. Multis est Fortuna cognominibus nuncupata. nam Bona Fortuna Romæ in Capitolio culta fuit, Mala in Exquiliis. de hac Cicero, de illa Plinius meminere. hæc Græcè κακὴ τύχη, vel φαύλη τύχη illa ἀντύχη, vel quod magis est in vsu, ἀγαθὴ τύχη vocata est, vt vel in Cebetis tabula videtur. Hæc & prospera dicta, & secunda, & læta: vt illa, tristis, sinistra, & læua. Agathes quidem Tyches statua Athenis fuit apud Prytaneum, quam miro exemplo adolescens deperibat adeò, vt eò demū vęsaniæ peruenerit, vt sibi ipsi manum consciuerit. Vidi antiquam Bonę Fortunę imaginem cum hac inscriptione, ΑΓΑΘΗΙ ΤΥΧΗΙ. Erat autem in solio sedens mulier stolata, subtristis, cuius dextræ dextram iungere videbatur adolescentula egregia forma ac liberali, quę ante illam stabat. Post verò matronam sedentem, puellula quædam manum supra scabellum tenere, & inniti videbatur. Huius picturę interpretatione esse arbitror, vt anus illa in scabello sedens præterita Fortunā significet, atq; ideo subtristis: formosa verò adolescētula, quæ dextrā dextræ iungit, præsente Fortunā denotat. at puellula, quæ pòst matrōnæ scabellū attingere videtur, futuri temporis Fortunā prę se fert, vtpote quæ ad maturā ætatem nondum peruenit: sed eiusmodi inscriptio in Græcis vetustis marmoribus frequēs reperitur. Memini quoq; me videre pulchram mulierē cum Cornucopiæ. quin etiam caduceū vidi, in cuius vertice alatus pileus erat, & vtrinq; duo cornucopię, caduceū ipsum complectebantur, idq; significare, eloquētię & doctrinę comite esse bonā fortunā, credebatur.

Aurea Fortuna in primis etiam nuncupata. hanc in cubiculis Imperatorum haberi solitam legimus. hæc & morituro ipso presente, trāsferebatur ad successorē: vnde factum est, vt auream alicui Fortunā dicamus. Hāc verò & Regiā Spartianus in Seuero nuncupauit.

Prænestina Fortuna appellata, & Prænestinæ sortes, de quibus hic agendum ex Marci Ciceronis verbis: Numerium Suffustium, vel Suffusium, vt Prænestinorum monumenta declarāt, virum admodum clarum fuisse accepimus. hic cum assiduis insomniis, etiámque minacibus, iuberetur certo in loco silicem excidere, perterritus dicitur sic, vt agere id incœperit ridentibus ciuibus. Sed præfracto saxo, erupisse sortes, quæ in robore forent insculptæ, priscarum literarum notis. Quin eodem quoque tempore mel ex olea fluxisse tradunt. & haruspicum monitionibus factum, vti ex eadem olea fieret arcula, & in ea reconditas sortes: ad quas præmonente Fortuna Romani Pont. accedebāt, & pueri manu commixtas educere solebāt. ac talis quidem Prænestinarum sortium origo traditur. Fani Pulchritudo & vetustas harum sortium, etiamnūm tempore Ciceronis nomē retinebat. Carneadem Clitomachus scribit dicere solitū, nusquam se fortunatiorem, quàm Pręnestę, vidisse Fortunam. Idem Cicero libro secundo de Diuin. prodidit. Legitur & hodie antiquum epigramma de Fortuna, quæ Prænestæ dicata fuerit, cuius hi primi versus:

Tu quę Tarpeio coleris vicina tonanti,
Votorum vindex semper Fortuna meorum,
Accipe quæ pietas ponit tibi dura merenti, &c. Lucanus in secundo:
Vidit Fortuna colonos Prænestina suos. Ouidius:
Et Prænestinæ mœnia sacra deæ. Silius:
Sacrísque dicatum Fortunæ Præneste iugis. Statius in Syluis,
Et Prænestinæ poterant migrare sorores.

Ideo verò sorores à Statio dictæ, quòd Prænestæ colerentur, sub duarum sororum effigie, hoc est, bonæ malæque Fortunæ. Suet. Trāquillus in Domit. Satis lętā, inquit, fœlicémque sortem, Prenestina Fortuna per nouenniū dedit, insequenti anno tristissimā reddidit. Habet, inquit Strabo lib. v, Præneste Fortunæ templū illustre, vnde certa edūtur oracula.

De Deis Gentium. K 3 Nor

Nortiam etiam Fortunam vocatam legimus, vt ex citatis Martiani verbis patet. Porrò & Sutrinorum deam Nortiã, ex Tertulliano, in deis Topicis iam dictum est. Est verò Sutrium, notissima vrbs Hetrusca. Sed & T. Liuius lib. VII ab V.C. Volsciniis, in quit, clauos indices numeri annorum fixos in templo Nortiæ Hetruscæ deæ comparere, diligens talium monumentorũ auctor Cincius affirmat. Quare cùm ita sit, nescio, vnde in mentem venerit literatis quibusdam, vt deam Hanc Horchiam potius quàm Nortiã appellandam scripserint. Fuit & Nursia dea Volscinensiũ, nisi nos fallant Tertulliani codices in Apologetico. Nortiẽ meminit & Iuuenalis in x. Nortia Thusco fauisset. licet codices & interpretes euariare videatur. quid ã enim non Nortiam, sed Nursiã, alij & Murciã legendũ putãr.

Equestris Fortuna cognominata & culta in vrbe fuit, cuius ædes à Fuluio Flacco posita fuit, vt Valerius Maximus & Lactantius scribũt. Liuius IIII. Dec. lib. decimo, historiam est executus: Cùm enim Fuluius Flaccus Celtiberos in Hispania fudit, ædem Fortunæ equestri, Ioui q́; Opt. Max. ludósque vouit. hinc detractis frenis equis, vt maiore vi atque impetu in hostes incurrerent equites Romani: quare victoriam obtinuit. Idem Liuius lib. secundo quintæ Decad. Q. inquit, Fuluius Flaccus Censor ædem Fortunæ equestri, quam proconsul in Hispania dimicans cum Celtiberorum legionibus vouerat, annos sex postquam vouerat dedicauit: & scenicos ludos per quatriduum, vnũ diem in circo fecit. eo verò studio faciebat, ne vllum Romæ amplius, aut magnificentius templum esset: magnum ornamentum se templo ratus adiecturum, si tegulæ marmoreæ essent. profectus in Brutios, Iunonis Laciniæ ad partem dimidiam detexit: id satis fore ratus ad tegendum, quod ædificaretur, &c. Fortunæ equestris ædem Systylon ad theatrum lapideum, Victruuius in tertio fuisse scribit. Quare id mihi mirum videtur, quod ait Corn. Tacitus in tertio, Romæ Fortunam equestrem non fuisse. Cùm enim, inquit, equites Romani pro valetudine Augustæ donum vouissent equestri Fortunæ, & eius cognominis nullũ tum Romæ esset, illud Antium misserunt, vbi eo cognomine colebatur. Tantum hoc monere volui, cum Tacitus alias diligentissimus antiquitatis fuerit.

Breuis Fortuna, quæ & Parua dicebatur. Huius ædes fuit Romæ à Seruio Tullio rege extructa, vt Plutarchus in Quæstionibus Romanis exponit. In hac æde signum sua prætexta ornatum dicasse ferunt, & longo tempore incorruptum mansisse.

Dubia etiam Fortuna cognominata, cuius vicus in Auentino, hoc est, in XIII vrbis regione, vt P. Victor tradit.

Propria, vel priuata Fortuna, hoc est, Idiæ, cognominata à Romanis fuit, de qua sic Plutarchus: Idiæ, hoc est, priuatæ Fortunæ delubrum in Palatio fuit.

Virgo Fortuna, hoc est παρθένος appellata fuit, eodẽ Plut. auctore, cuius ad fontem muscosum fanum fuit. de hac intelligit Arnobius libro secundo aduersus Gentes, cùm ait, Puellarum togulas ad virginalem desertis Fortunam.

Εὐέλπιδος τύχης, id est, Bonæ spei Fortunæ in magno angiportu ædem fuisse, idem qui suprà Plutarchus meminit, & in Quæstionibus, vbi interpres Bene sperans exposuit.

Masculæ quoque Fortunæ, id est, ἄρρενος τύχης ædiculam Romæ fuisse, idem prodit Plut. prope Veneris templum. qui & hoc ibidem ait: Ad hæc, inquit, & sexcenta alia honorifica Fortunæ cognomina; quorum Seruius rex bonam partem dicauit. Fuit & Fortunæ thalamus, cuius loci idem Plut. meminit: Quid est, inquit, quòd portam vnã θυρίδα, id est, fenestram appellant, apud quã Fortunæ thalamus qui dicitur, positus est? Problema est xxxv.

Cæca Fortuna cognominata fuit, vt ex Pacuuiano versu recitauimus. Cicero in Philip. Deinde obsecro vos P.C. quis hæc vestrũm non videt, quod Fortuna ipsa, quæ dicitur cæca, vidit? Idem in libro de Amicitia: Non enim solum ipsa Fortuna cæca est, sed eos etiam plerunque efficit cæcos, quos complexa est. Sed nõ modo à Latinis cęca dicta est Fortuna, verùm etiã à Græcis. Hinc Cebes: τυχή, inquit, nõ solũ τυφλή, id est, cæca, sed & insana, & surda, hoc est, ἀλλὰ καὶ μαινομένη, καὶ κωφή. Sed & Martialis cæcã nuncupat, & Plinius. D. verò Augustinus: Vt quid, inquit, colitur, quæ ita cæca est? Quo eodem capite, hoc est x viii. quarti libri de Ciuit. Dei, multa deam ipsam irridens attulit. Porrò & eadem caussa Apuleius exoculatam Fortunam vocauit. Nunc quis non vetet, multa de Fortunæ breuibus concludere? Libanius rhetor Christianorũ hostis, Fortunæ occultas insidias significare volens, λαθοῦσα Fortunæ dixit. Est verò Hyphalus, saxum sub salo occultum & cæcum, quæ Vergilius cæca saxa & latentia appellauit. καῖρος τύχης, id est, Fortunæ Euripus, æstuãs. Fuerunt plures Fortunæ

Syntagma XVI.

tunæ ædes Romæ, vt malę & detestatę in Exquiliis, Fortunę Fortis in ripa Tiberina, Equestris iuxta theatrum. Fuit & templum Fortunę breuis, hoc est paruæ, quæ & Pusilla ab aliquibus dicta est. Fuit & παρθένε, hoc est virginis Fortunæ. Aliud Primigeniæ, aliud Obsequentis ad Capenā portam. Fuit & Priuatæ, & Viscatæ, & Publicæ, & Virilis, & Bene sperantis, id est, ἐυελπιδῶς: & ἀποτροπαίας, id est, auertentis: & blandæ, hoc est μηλιχίας, licet μηλίας in Græco Plutarchi codice legatur: item Fortunæ dubiæ in Auentino, & Mammosæ in duodecima regione, & Barbatæ, & Muliebris, quibus ferè omnibus Seruius Tullius rex principium dedit, quod à Fortuna ipse ex seruo in regnum esset euectus: idem præterea rex prospiciens Fortunam ipsam in rerum occasionibus plurimum momenti habere in vtranque partem, quod Plutarchus & Plinius scribunt. de quibus omnibus, & de alijs nonnullis, prout vel rei vel memoriæ ratio suppeditarit, agemus. Ad hæc legimus, ædem Fortunæ in aurea domo struxisse principem Neronem, ex puro candido ac lucido lapide, adeò vt etiam nullis adopertis foribus intus esse lux inclusa videretur, vt pluribus paulò post.

Occasionem possemus & hoc loco ascribere, sed eam primo Syntagmate descripsimus: qua occasione & quidam Caluam fortunam dixêre.

Αὐτοματίατύχη, id est, Spontanea, vel vltronea Fortuna appellata, & culta à Siculis. nam cùm Timoleon ex Sicilia tyrannos eiecisset, ideóque ipsi multi inuiderent, quòd scilicet ab omnibus laudaretur, ipse, vt inuidiam declinaret, Fortunæ, quam αὐτοματίαν vocant, templum erexit: fassus, neque vi, neque prudentia sua, sed Fortunæ auxilio illa se perfecisse. Auctores, Plutarchus & Aemil. Probus. αὐτόματα enim ea Græcè dicuntur, quæ sponte sua mouentur & fiunt, vt machinæ quædam.

Seiæ Fortunę ædem scribit libro trigesimo Plinius, fuisse à Nerone constructam, quam Seiam appellatione dicebat. An verò hæc Seia esset, quā Augustinus ex Varrone ait præpositā, quàm diu segetes sub terra essent, cuius & Macrobius in Feriis meminit, & Plinius idem XVIII libro, vt antè docuimus, id est, in primo Syntagmate, nō planè conuenit: etsi quidam, qui se benè Romanas antiquitates docuisse arbitrantur, eandem faciant. nam locus Plinij, vnde illi sunt decepti, ita leg̀edus est capite vigesimosecundo libri trigesimisexti: Nerone principe, in Cappadocia repertus est lapis duricia marmoris, candidus, atque translucens, etiam qua parte fuluæ inciderant venæ, ex argumento Phengites appellatus: hoc construxerat ædem Fortunæ, quam Seiam appellatione dicebat, à Seruio rege sacratam, aurea domo complexus. quare etiam foribus opertis interdiu claritas ibi diurna erat, haud alio quàm specularium modo, tanquam inclusa luce, non transmissa. hæc Plinius. Sanè locum hunc Hermolaus ita castigat: Aedem Fortunæ, quā Sellam appellant: Vetusti, inquit, codices ædē Fortunæ, quā Seiani appellatione dicebat, hoc est: Nero princeps. Porrò mihi hoc loco magis satisfacit, quod idem scribit Plinius libro 8. c. 48. Seruij Tullij, inquit, prętextæ, quibus signū Fortunæ ab eo dicatę coopertum erat, durauere ad Seiani exitum: mirúmque fuit, nec defluxisse eas, nec terredinum iniurias sensisse annis DLX. De Seiana Fortuna & equo, Gellius & Suetonius. Ostenditur & nunc Seiani antrum in ora Campaniæ, haud procul Pausilipo. Cæterum de equo Seiani plura in prouerbiis leguntur.

Publica Fortuna Romæ culta in valle Quirini, quæ inter Exquilias fuit, & Quirinalem collem. meminit Ouidius Fastor. quarto:

Qui dicit, quondam sacrata est valle Quirini
Hac Fortuna die publica, verus erit.

P. Victor videtur In colle legere, non In valle.

Viscata, hoc est, ἰξευτική Fortuna, ab antiquis nominata fuit, cuius Romæ ædem fuisse accepimus: vti ab ea nos capiamur. hinc & à Seneca dictum, Viscata esse beneficia. Huius verò Hixeuteriæ Fortunæ meminit Plutarchus in Quæstionibus Romanorum, cuius hæc sunt verba à me expressa: Tum Fortunę ἰξευτικῆς templum est, quam Viscatam nominant. Vnde mirum mihi videtur, quòd in libro de Fortuna Romanorum, Budæus potius viscatricem, quàm viscatam transtulerit, quod nomen etsi ridiculum videtur, vt ait Plut. nō ab re tamen, si per translationem dicas, tenaciter attrahentis quicquid illi hæserit.

Virilis Fortuna, hoc est ἀνδρείας τύχη, culta & cognominata fuit, vt Plutarchus scribit de Fortuna Romanorum, Ancum Martium Romanorū regem virili Fortunæ templum erexisse: quòd ad victoriam plurimum Fortuna conferat. Dionysius verò Alicarn. libro Historiarum quarto, ait Seruium Tullium superatis Hetruscis, cum quibus XX annis continenter pugnauerat,rebus compositis duo templa Fortunæ construxisse, qua per omne vitæ tempus visus erat vti prospera:alterum in foro boario, alterum ad ripas Tiberis, ei quam Virilem appellauit. De sacro autem Virilis Fortunæ,Ouid.1111.Fast.

 Discite nunc quare Fortunæ thura virili
  Detis eò,gelida qui locus humet aqua.

In hoc verò templum ventitare solitas mulieres legimus,quæ nuptui dabantur:& corpore nudato,ne quo vitio aut labe essent affectæ, explorabantur. Scribit Plutarchus, Seruium regem Fortunæ regnum acceptum retulisse,quin vulgo etiam prædicabat, consuetudinem sibi esse cum Fortuna,eámque per fenestrã quandam ad se delabi in cubiculum solitam.& subdit:ab ipso rege in Capitolio fanum constructũ Fortunæ Primigeniæ,quam πρωτογενειαν Græci vocant.de qua illud esse,quod modò recitabam, crediderim:

 Tu quæ Tarpeio coleris vicina Tonanti.

Fuit & in colle Quirinali,de qua T.Liuius libro quarto de bello Maced. Aedes, inquit, Fortunæ Primigeniæ in colle Quirinali dedicauit Q.Martius Hala Duumuir ad ipsum creatus, vouerat eam x annis antè Punico bello P.Sempronius Sophus locauerat idem Censor.Meminit & in quintæ Decad.libro 3,in æde Primigeniæ Fortunæ, quæ in colle est,duo diuersa prodigia:palmam in area enatam, & sanguinem interdiu pluisse. Plutarchus Primigeniã ait Fortunã Romani coluerũt.causam hanc affert:An, inquit, Seruio ex Serua nato Romæ summa cũ laude & splédore imperari cõtigit,vt plerique ex Romanis existimãt?An illud magis,quòd Fortuna vrbi & imperiũ & origine præstitit? An altior quædam(inquit)ratio,& magis à natura,ex media deprompta philosophia:Fortunam scilicet rerum omniũ principium esse:Naturam verò τῇ τύχῃ,id est secundum Fortunã cõsistere?

Malam etiam Fortunam quidam vocauêre,cuius ædem in Exquiliis Romæ fuisse, apud mihi suspectum scriptorem legi.

Fortem Fortunam,quam φορτυναν τύχην Græci vocant,Romani coluêre,& à Tullio rege primum dedicatam fuisse legimus:tum & ab aliis postea.Fuit verò iuxta fluuium in hortis à Cæsare populo relictis, vt Plutarchus scribit. Sed longè ante hanc eius cellam, T.Liuius libro septimo tertiæ Decad,Romæ,inquit intra cellam ædis Fortis Fortunæ de capite signum,quod in corona erat,in manu sponte sua prolapsum. Idem T.Liuius libro x. ab V. C. Papyrium, ait, post triumphum de reliquo ære,quod in ærarium intulerat, ædem Fortis Fortunæ de manubiis faciendam locasse, prope ædem eidem deæ ab rege Seruio Tullio dedicatam.qua de re & Varro de Ling.lat,Dies,inquit, Fortis Fortunæ secundum Tiberim extra vrbem Romam dedicauit. Donatus in Phormione Terentij; Fortuna, inquit, dicta est res incerta: Fors Fortuna,euentus Fortunæ bonus. Idem & paulò post: Aliud Fortuna est,aliud Fors Fortuna.nam Fors Fortuna est,cuius diem festum colunt, qui in arte aliqua viuunt.huius ædes trans Tiberim est,dies autem Fortis Fortunæ festus octauo Calend. Quintiles agebatur, vt in antiquis Fastis, & apud Ouid.notauimus,cuius hi versus in sexto Fastorum leguntur:

 Quàm citò venerunt Fortunæ Fortis honores,
  Post septem luces Iunius actus erit.
 Ite deam læti Fortem celebrate Quirites,
  In Tyberis ripa munera regis habet.

Apud Non.Marcellum Actius poëta in Actyanacte, Fortunam à Forte distinguit. ita enim dicit,Quo captus modo Fortunáne an Forte reperiatur.Catullus seorsum enũciat:

 Agnoscam,cùm te reducem Fors prospera sistet.

M.Tullius in L.Pisonem: Sed omitto vt sit factus vterque nostrûm. Sit sanè Fors domina campi.magnificentius est dicere,quemadmodum gesserimus consulatum.Tibullus, Fors iuuat audentes. Sed enim hic Tibullus ad prouerbium respicit, quod est, Fortes Fortunæ: de quo Cicero secundo Tusc. Fortes enim non modò Fortuna adiuuat, vt est in veteri prouerbio,sed multo magis ratio.Ouidius secundo Fastorum.

 Audentes Fórsque Deúsque iuuat.

T.Liuius:Fortes Fortunam adiuuare aiebant. Est & in Vergilij carminibus.

Redux etiam à Romanis cognominata,& à Domitiano Cæs.in primis: vnde Martialis in octauo:

 Hic vbi Fortunæ Reduci fulgentia latè

Syntagma XVI.

Templa nitent. Claudianus item:
Aurea Fortunæ reduci si templa priores.
Ob reditum vouere ducum, non dignius vnquam
Hæc dea pro meritis amplas sibi posceret ædes, &c.

Multa præterea extant nomismata, illa quidem vetusta, diuersorum Cæsarum, in quibus & imago est, & inscriptio R E D V C I S Fortunæ.

Fortunam etiam cognominatam esse Huius diei, Cic. ostendit lib. de Legibus 2. & P. Victor in regione Palatij. Plin. lib. 34. c. 24. tametsi inibi mendū insit. nam cum inquit Plin. ad ædem Fortunæ huiusce deæ: reponendum est pro Deæ, Diei: quod & agnoscitur ex cardinalis Maffei codice manuscripto, vbi Die legitur, vt illud ex Georg.

Libra die, somnique pares vbi fecerit horas.

Monuit me huiusce rei suo scripto B. Aegius.

NEMESIS Rhamnusia & Adrastia, eadem diuersis de causis sic appellata, ideo & nos simul describemus. Plato in quarto de Legibus Dialogo, pulcherrimè deam Nemesin, quæ quid quenque facere deceat, ostendit, ita describit; Omnibus, inquit, præposita est Nemesis. iudici angelus, omnium huiusmodi consideratrix, quo loco Platonici interpretes multa subtiliter de hac dea. Sed & Ammianus Marcellinus his verbis: Dea est vltrix facinorum impiorum, honorúmque præmiatrix, arbitra rerum, regina causarum, quam theologi veteres fingentes Iustitiæ filiam, ex abdita quadam æternitate tradebant; omnia despectare terrena. Quæ verba ex Orphei ad Nemesin hymno desumpta videntur. Proclus verò in Hesiodum, Iustitiæ nunciam, non filiam scribit. quod & Plato, vt modò relatum, testatur: licet Ficinus, Iudicium pro Iustitia reposuerit. Pennas ideo huic deæ fabulosa vetustas aptauit, vt adesse velocitate volucri cunctis existimaretur. Eidem gubernaculum dedit, & rotam subdidit, vt vniuersitatem regere per elementa discurrens omnia non ignoraretur. Macrobius verò, Nemesin contra superbiam coli, esséque Solis potestatem arbitratus est. cuius hæc natura sit, vt fulgentia obscuret. & quæ sunt in obscuro illuminet: sic etiam Nemesis, nunc erectas mentium humanarum ceruices opprimere, & eneruare videtur: nunc bonos ab imo suscitans, ad bene viuendum extollit. Nemesis verò dicitur ἀπὸ τῆ ἑκάς῾ῳ διανεμήσεως, id est, à distributione quæ vnicuiq; fit. hoc Aristoteles, qui & in tertio ad Eudemum alia plura. Orpheus etiam deæ hymnum composuit. Hesychius Bonam Fortunam, hoc est ἀγαθὴν τύχην, Nemesin interpretatur: & Themin, id est fas. Plin. in 11. post aurem dextram, ait locum esse Nemeseos, quæ dea latinum nomen ne in Capitolio quidem inuenit. Idem lib. 28. Alij, inquit, Græcam Nemesin inuocantes, cuius ob id Romæ simulacrum in Capitolio est, quamuis latinum nomen non sit, Hinc nostrum illud est ad Cœlium;

Quæ nec adhuc Latium nomen sortita, rependat
Diua mihi pœnas, &c.

Nemeseos simulacrum Pompon. Mela, aliíque, in Rhamnunte Atticæ pago fuisse tradunt opus Agoracriti, vel Phidiæ. Hesychius: In Rhamnunte, inquit, Atticæ pago Nemeseos erecta fuit statua Δεκάπηχυ, id est, decem cubitorū, vnius lapidis, id est, ὁλόλιθῳ opus Phidiæ, in manu habens mali ramum. de hac eadem sic Strabo lib. nono. Rhamnus Nemeseos statuam habet, quod Diodoti opus plerique dicunt: aliqui verò Agoracriti Parij, quæ ex magnitudine pulchritudinéque perfecta magis ac magis est, & cum Phidiæ operibus æmulatione contendit. Plinius verò de Agoracrito Pario & Alcamene Atheniense agens: Certauére, inquit, inter se ambo Phidiæ discipuli, in Venere facienda: vicítque Alcamenes non opere, sed ciuitatis suffragijs, contra peregrinum suo fauentis. quare Agoracritus ea lege signum suum vendidisse, ne Athenis esset, & appellasse Nemesin. Id positum est in Rhamnunte pago Atticæ, quod M. Varro omnibus signis prætulit. Ausonius in Mosella:

Et Latiæ Nemesis non cognita linguæ.

Sed scribentem præstat audire Pausaniam hac de re in Attica: A Marathone, inquit, stadiis x L. Littorali via ad Oropum euntibus, Rhamnus decurrit. domicilia incolarum ad mare posita sunt. paulò inter continentem Nemeseos fanum est, quæ dea super cæteros deos aduersus superbos inexorabilis est: vt Barbaris quoq; qui in Marathona venerāt, huius deæ ira multū obstitisse videatur. nam Athenarū opes aduersus se cōtemnētes, iam tum Parium marmor acceperant, quod ad trophæum erigendum vehebāt. id marmor Phidias
excidit

excidit in deæ huius statuam. corona capiti apposita est, qua & cerui & Fortunæ (si Domitium interpretem sequamur: si verò græcum codicem, Victoriæ) parua signa continebantur. in manu altera erat ramus μηλέας, id est ex malo arbore: vel μελίας, id est ex fraxino. variant enim exemplaria: & perinde qui interpretati sunt, ancipites fuêre. Sed tamen & Eudemus huic imagini in Veneris specie formatæ, in dextra mali ramum dedit. sic & Suidas, in læua verò phiala, in qua Aethiopes efficti erant. cuius rei causam neq; ego (ait Pausanias) coniectura per me assequi potui: neque eorum opinio, qui se id scire putant, mihi probabilis visa est. Græcum extat tetrastichon inter græca Epigrammata, de hac ipsa Nemesi, quod ab Ausonio Gallo est ita traductum:

  Me lapidem quondam Persæ aduexere, trophæum   10
   Vt fierem bello, nunc ego sum Nemesis.
  At sicut Græcis victoribus asto trophæum,
   Punio sic Persas vaniloquos Nemesis.

Quod si græcè mauis, ita habe:

  Καὶ μάλθον πέρσαι Διὸς ἤγαγον, ὑπρα τροπαίον
   Στήσωνται νίκας, ἀμί ἡ νῦν νέμεσις.
  Ἀμφοτέρως δ' ἕστηκα, καὶ ἑλλήνωσι τροπαίον
   Νίκας, καὶ πέρσαις, τ᾽ πολέμων νέμεσις.

Legitur præterea & finis epigrammatis Theæteti:

  Sum victoria certè   20
   Nunc ego Erechthidis Assyriis Nemesis.

Extat & distichon, quo Nemesis effingitur cum freno & mensura cubiti: quo significatur, nihil sine mensura & freno agi oportere. Ipsum tale est:

  Ἡ νέμεσις προλέγω τῷ πήχει, τῷ τεχαλίνῳ,
   Μή τ' ἄμετρόν τι ποιεῖν, μή τ' ἀχάλινα λέγειν. hoc est,
  Prædico hac Nemesis norma simul, hisque lupatis,
   Non effrena loqui, & nil fieri absque modo.

Scio ab aliis aliter expressum. Ego non elegantiâ sed fidem sum secutus. Sed redeo ad Pausaniã, qui & hoc subdit: Neq; hoc Nemesis simulacrũ, neque aliquod aliud antiquum alas habebat, sed postea apud Smyrnæos simulacra alata fuerunt: & nisi Nemesi alæ additæ, veluti & Cupidini: quia huius deæ numen in his potissimum apparere autumant, qui amore capti sunt, vt in Aegereæ Fortunæ imagine suprà diximus. hinc Catulli illud: 30

  Ne pœnas Nemesis reposcat à te,
  Est vehemens dea, ledere hanc caueto.

Et in Narcissi fabula etiam ostendit Ouid. Sunt qui Nemesin Fortunam faciant, vt ex Marcellino suprà dictum est. Sic & Claudianus contra Alaricum, Ramnusiam:

  Sed dea quæ nimiis obstat Rhamnusia votis,
   Ingemuit, flexítque rotam.

Non desunt qui apud Hesiodum iustitiam interpretentur, cùm cecinit αιδώς καὶ νέμεσις. id est, Et Pudor & Nemesis homines reliquerunt, & ad immortalium cœtus ascēderunt. 40 ad quæ verba, illa Iuuenalis in sexta referuntur:

  Paulatim deinde ad superos Astræa recessit,
  Hac comite, id est pudicitia,

qui verus pudor est:

  Atque duæ pariter fugere sorores.

Sed cur & Pomponij Læti de Nemesi dea, verba ex Capitolino & Ammiano interpolata, non recitem? Is igitur lib. 2. Romani, inquit, profecturi ad bellum, Nemesi sacrificabant, & munus gladiatorium edebant: quod non sine ratione factum arbitramur. Virgo & Victrix Nemesis numen fuit, quo qui malefactis delinquebant, puniebantur: vnde victores Nemesin non frustra inuocabant. Romani enim semper iusta mouere arma: cæteræ nationes odio & maleuolentia, liuoréque, quòd imperium tantæ vrbis iustitia ageretur, tela in populum Romanum capiebant. 50

Nemesis, quam plerique existimauere esse vim Fortunæ, alij filiam Iustitiæ, alij vim quandam esse inter cœlestes discurrentem, prima rerum semina, quæ fatorum & sortium vires temperat atque emendat, rebus humanis trutinâ adhibens, è cœlóq; terrena despectans

ctans, nocentes punit, bonis præmia largitur: & cum sit velocissima, quia diu non permittit impios præesse atque grassari, alata fingitur à veteribus: & eius pedibus supponitur rota, cùm cicissimè discurrat. Sed tandem multitudine scelerum indignata, oculos iam diu ab rebus humanis auertit, & cum genitrice in remotiore parte cœli vltra terrarum regiones non reditura, renascentem orbem expectat. eadem Adrastia & Rhamnusia appellata, vt mox dicemus. Nunc & aliquid de Nemesis fabula afferamus. Nemesin Oceani filia & Noctis, canit in Theogonia Hesiodus. Nemesin verò Iouem amasse perhibent. Cùm ea auersaretur, dolis illam aggressus est, vt tradidimus in Castoribus, non opus est vt repetam. Demetrius Scepsius existimauit Nemesin Dianam esse, vt Suidas testis est. Legi postremò qui Nemesia, id est, νεμέσια apud Demosthenem interpretentur, parentationū sacra. Ego verò nō Nemesia, sed νεκύσια legerem libentius, de quibus in nostris Sepulcralibus egi pridem. Scribit Phurnutus, quod Nemesis ὄπις etiam dicitur, ἀπὸ τ λανθάνειν ὀπίσω, quòd scilicet occultet retro, & conseruet quæ à nobis facta sunt punitione digna.

Adrastea verò nuncupata. vel ἀπὸ τ ἀςθρῶ μοῖρα, καὶ Ἀρασμός. vel vt ait Phurnutus, παρὰ τὸ ἀεὶ δρᾶν, quasi ἀεὶ Ἀραςέα, quòd nihil eam impediat, nihil frustretur, nihil ea infectum relinquat. vel vt Pausanias ait ἀπὸ διδράσκειν, quod scilicet nemo nocens meritam pœnam vnquam effugerit, etiam si aliquando serius assequitur. Antimachus poëta ab Adrasto denominatam his versibus ait:

Est dea quam Nemesin dicunt, dea magna, poténsque,
Quæ bona cœlestum consensu cuncta deorum
Possidet huic primus sacratam condidit aram
Fluminis Aesapi gelidas Adrastus ad vndas.
Hic vbi nunc colitúrque, atque Adrastea vocatur.

Quam sententiam Strabo secutus est lib. 13. Alij ab Adrasto Myso, vt Pausanias docet, dictam existimant. Meminit & huius Adrasteæ Zenobius in Prouerb. seu Zenodotus, & Vergilius in Ciri, vbi Charme nutrix loquitur:

Vt scelere infando, quod nec sinat Adrastea,
Lædere vtrunque vno studeas errore parentem.

Sunt qui tradant ab eo loco, vbi Aegialeus Adrasti filius occisus fuit, Adrasteæ ædem conditã. Diogenes apud Stephanum ait, Adrasteã dictam esse ab eius nominis nympha, quæ ex Orestiadum numero vna fuit. Fuit & in Troiæ regione locus Adrastia nuncupatus, ab Adrastia filia Melissi, quæ ibi regnauit, vt Charax prodit lib.2. Hellanicorum. Fuêre, vt in Græcis Pausaniæ cõmentariis comperi, qui diuersam Adrasteam facerent à Nemesi: vt Euripides in Rheso tragœdia, qui eam Iouis filiam: O Adrastea, inquit, Iouis filia, amoue dictorum inuidiam. Menander tamen & Nicostratus, & Antimachus, aliíque eandem putarunt. Martianus de Adrastia ita quidem scribit: In senatu Iouis quædam fœmina Adrastia dicebatur, vrnam cœlitem superámque sortem irreuocabili raptus celeritate, torquebat, excipiebátque ex volubi'i orbe decidentes sphæras, peplo inflexi pectoris ἁμαρμένην. A Platone de Adrastia nonnihil Plotinus euariat, in libro de Prouidentia.

Rhamnusia etiã, vt docuimus, à pago Atticæ regionis nuncupata est Nemesis: vt illud:
Assensit precibus Rhamnusia iustis.   Lucanus:
Et tumidis infecta colit qua numina Rhamnes.   Claudianus:
Sed dea quæ nimiis obstat Rhamnusia votis
Ingemuit, flexítque rotam.

Repete quæ in Nemesi scripsimus. Dicitur & Rhamnusis, forma patronymica. Ouid. in decimoquarto:

Menorémque time Rhamnusidis iram.

Rhamnus autem, vt Stephanus scribit, populus est Atticæ in Aeantide tribu: dictus, quòd ibi Rhamnus plurima proueniat. est enim Rhamnus inter ruborum genera, vt notissimum est. Ferunt enim, teste Suida, primùm Veneris habitu erectam fuisse ab Erechtheo, qui Nemesin matrem habuisse fertur; atque ideo, quòd Veneris specie posita fuisset, ramum ex malo arbore manu tenebat.

Muliebris Fortuna etiam cognominata apud Romanos, id est, γυναικαρχὴν, vt Plut. scribit: cuius simulacrum, vt in quarto de Ciuitat. dei Aug. scribit, à matronis dedicatum fuit, & eo nomine appellatū: quod etiã locutū esse, memoriæ est cõmendatum; atq; dixisse non semel sed iterum, propter quod eam ritè matronæ dicauerunt. Id verò historici in Volumniæ & Veturiæ honoré ac memoriâ dedicatū prodidére, quæ anno post adeptam libertatem XVIII, cùm Coriolanus exul bellum patriæ intulisset, nec armis resisti posset, nec precibus, mulierū tamen lacrymis placatus est. ideòq; templū extructū Fortunæ muliebri, via Latina, quarto ab vrbe lapide: quod cùm dicaretur, bis locutū esse simulacrū ferunt: auctores, Liuius, Val. Alicarnass. Plin. de viris illust. Plutarchus quoq; de Fortuna Romanorū, ait, in huius tépli dedicatione simulacrū ita locutū: Piè me vrbis lege mulieres vrbanæ erexere. hoc est, vt ille græcè, ὁσίως με πόλεως νόμῳ γυναῖκες ἀστῆ καθιδρύσανται. Dionysius verò Alicarn. in octauo ita scribit, ὁσίῳ πόλεως νόμῳ γυναῖκες γαμεταὶ ἀνέθηκάν με: hoc est, Sancta ciuitatis lege fœminæ nuptæ me dicastis. quo loco historiam hâc omnem, & quo die ei sacram rem facerent matronæ Romanæ, plenè exequitur. Sanè ex Latinis quidam sic afferunt hanc deæ vocem, Ritè me matronæ vidistis, ritéque dedicastis. Sed & Lactātius in secundo affirmat, non semel, hoc Fortunæ simulacrum locutum fuisse. Addit & Festus, huius Fortunæ signum nefas esse attingi nisi ab ea quæ semel nupsit.

Obsequens Fortuna, eodem Plutarcho auctore, cognominata, quasi dicas indulgens: vel vt alij interpretantur, Clemens. In inscriptionibus antiquis legi hanc epigraphen, & adhuc legi Comi: Fortunæ Obsequéti Ord. Comens. Voto pro Salute Ciuium Suscepto. Obsequentis Fortunæ vicum P. Victor collocat in prima regione vrbis, in secunda verò vicum commemorat Fortunæ Respicientis: adeò mihi sapientes insanisse interdum videntur antiqui, qui Fortunam cæcam fingerent aliquando præteritos respicere, & nō potius Dei prouidentiam. Sed & ædē huius Respicientis Fortunæ in colle legimus fuisse Palatino: ni forte antiquarij decepti, pro vico ædem scripserint. Idem quidem P. Victor ædem etiam Rhamnusiæ in Palatio constituit.

Mammosa à Romanis etiā nuncupata est Fortuna, ob vbertatē, vt puto, & fœcunditatem. Nam & eius ædem non longe à capite Viæ nouæ reponit P. Victor, qui & vicū Mammosæ Fortunæ constituit in duodecima regione vrbis, quam Piscinam publicam vocat.

   Antiatem deam Fortunam vocamus.   Horatius:
   O diua gratum quæ regis Antium.

Quo loco Porphyrio ait. Antij templum Fortunæ donis fuisse opulentissimum. hinc nostro Hendecasyllabo & nos ad Saluiatum:
   Et virtute tua deæ Antiatis
   Conatus superare & hinc & inde.   Item ad Eremitam:
   Sed nunc diua agitatus Antiate.

Suetonius Antianā dicere videtur, vel potius Antiatenā. Codices enim variare videmus in Caligula: Monuerunt, inquit, & Antiatinæ Fortunæ, vt à Cassio caueret. Scribit Macrobius, se apud Antium vidisse promoueri simulacra Fortunarū, ad danda responsa. Id verò quod in Rudente Plautus ait, Vtinam nunc Fortuna Anatina vterer: ab anate aue desumptum est, quæ exit ex aqua nō madefacta. quod idem poëta declarat. nam subdit: Vt cùm exissem ex aqua, arerem tamen. Sed hic Plautinus iocus est, non deæ cognomen. Atque hactenus de Fortuna, à sene parum firmo tibi habe, Guarine doctissime: nec munus, sed voluntatem, rogo, metire.

Fortuna conseruatrix è Cippo vtrinque insculpto & inscripto, cum imagine mulieris Cornu copiæ in sinistra tenentis, dextra verò temonem habentis, Romæ. sic: NVM. DOM. AVG. in domo Marcelli Capisuci: SACRVM. FORTVNAE CONSERVATRICI HORREOR. GALBIANORVM. M. LORINVS FORTVNATVS MAGISTER. S. P. B. D. Ex altero latere imago est mulieris, dexterâ pateram vinum in ardentem aram iacientis, ac sinistra simpuuium ferentis, hisce cum verbis: NVM. DOM. AVG. SACRVM. GENIO CONSERVATORI HORREORVM CALBIANORVM. M. LORINVS FORTVNATVS MAGISTER S. P. D. D.

Fortuna stata & iam nuncupata est, vt planè cognoscimus ex hac inscriptione, quæ Romæ legitur:
GERMANICO CAESARE C. FONTEIO. CAPITONE COS. K. IAN. STATAE FORTVNAE. AVG. SACR. SEX. FONTEIVS. L. TROPHIMVS CN. POMPEIVS. CN. F. NICEPHOR MAG. VICIS ANDALIARI. REG. IIII. ANNI XVIII. DD.

SYNTAGMA DECIMVMSEPTIMVM
DE SACRIFICIIS, AMPLISSIMO PARTI AC
ILLVSTRIS. PRINCIPI, EPISCOPO
Portuensi, Car. Saluiato, Lilius Greg. Gyraldus, obsequentiss. Seruulus, S. P. D.

Ego equidem semper cum probatis doctrina & vitæ integritate viris ita sensi, & credidi, Deum Optimum Maximum publicè coli debere, & expedire, publicis patrum cæremoniis & institutis: priuatim verò pura tantum mente, ac incontaminata: nec plus sæpere quenquam sibi arrogare, quàm decreta & maiorum instituta per tot iam secula per manus subinde tradita permittunt. Quod cùm plerique aliàs, tum hac in primis nostrorum temporum fece seruare contempserunt, in varias sectas, falsáque & impia dogmata inciderunt, turbásque plurimas & dissidia in populis concitauerüt. qua ex re præter dissensiones passim & vulgo disseminatas, pacis quoque tranquillitatem & bonorum ciuiũ ocium ac quietem interturbat, sic vt indies magis magísque seditiones & schismata fieri videamus: vt nunc bella plusquã ciuilia, & cognatas acies mittam. Sed ista, quæ magis deflere & deplorare, quàm corrigere & emendare possumus, ipsi his moderanda & emendanda in præsentia mittamus, quibus hoc munus incumbit. Quin illud nos potius videamus (si vacat) exortas nunc quoque nouas esse in re literaria hæreses, quæ non minus adolescentum animos & ingenia exagitant, & quidem præclara & liberalia. Inter hos verò quidam sunt, qui sic palàm dictitant: Nihil omnino Latinè scribendum esse, cùm satis supérque ab antiquis omnia & scripta & pertractata sint: & desperandum esse, his demum diebus quenquam cõtingere posse ad eam dicendi & scribendi fœlicitatem, in qua antiqui excelluere. Alij sunt qui hoc non omnino probant, & scribendum quidem aiunt, sed eo duntaxat sermone, qui vernaculus Hetruscorum est, quémque alij ex regulis & arte constare, alij natiuum tantum & genuinum sibi & suæ nationi affirmant. atque ideo non modo historias, sed & disciplinas, & si Deis placet, philosophiam & res sacras, ac religionis mysteria in vulgarem & vernaculam linguam & consuetudinem conuertunt. Quibus vtrisque, si corporis mihi vires, vel manus saltem suppeterent (ita enim mihi hac de re instructa & parata est supellex.) sperarem me solidis & indissolubilibus argumentis validísque sententiis respondere posse, eorúmque ita diluere ac infirmare commenta, & planè cauillos, vt vel plerósque non sententiam mutare compellerem, vel saltem iuuentutem non deterrerent à lingua latinæ & græca vsu, quo minus earum perennibus, consuetísque studiis operam nauarent. Sed non diffido alios, & me longè doctiores, & magis firma corporis valetudine futuros, qui peruersis ac præposteris opinionibus sint responsuri, & in bonam viam reuocaturi: vt nonnihil certè iam præstitit Barthol. Ricius, in suis de Imitatione libris. Quare nunc ego his missis, ad te de variis & multiplicibus sacrificiorum gentium cæremoniis (quæ aliàs magis animi gratia, quàm ingenij viribus à me collecta sunt) mittere constitui, ea in primis ratione, vt nostri adolescentes his nugis potius oblectentur, & erudiantur, quàm tanto cum periculo velint vel de religione & sacris rebus loqui, vel vulgari sermone plusquam expediat studia sua prouehere. Accipe verò Saluiate maximè, maior future, reddita si sint merenti præmia: accipe inquam hæc nostra qualiacunque. & licet sint te minimè digna, at certè tibi sunt à me debita, cui quotidiana tua sunt, nec vulgaria beneficia: id quod expressius his hendecasyllabis sum testatus:

> Debebam tibi Saluiate præsul,
> Vitæ quod superest mihi imbecillis,
> Quòd victu & lare me foues benignus:
> Sed cum muneribus nouis subinde,
> Nunquam desinis optimè mereri,
> Me ingratum video interire coges,
> Et tu munificentior fereris.
>
> Vale: & quod facis, cadentem subleua.
>   De Deis Gentium.

L   DIST

DISTICHON, PRO ARGVMENTO.

Monstrat vbi, per quos, quæ, quomodo, quando, Libellus,
Sacra suis Gentes exhibuêre deis.

VONIAM deorum nomina & cognomina, eorúmque imágines, quantum imbecillæ vires corporis & ingenij tulêre superioribus tractatibus sum complexus, in hoc de Sacrificiis in vniuersum & per partes acturus, multa mihi præfandum duco, vt rem tibi totã maiore luce expediam: atque adeò in primis de templis, & sacris ædibus, de aris & simulacris, de sacerdotibus & celebritatibus, eiusmodíque cęteris breuiter collecta exponam. Sic verò exordiar.

Quis est qui neget, templa esse, vt sic loquar, deorum diuersoria? ad quę dei ipsi precibus ac mortalium votis exorati, diuertere quodammodo soliti putentur? Nam si quidem regibus & principibus, magnísque viris aliis apud nos fortè hospitaturis, in eorum gratiam domos nostras exornare solemus, vt maiore illos ac splédidiore quàm possumus apparatu suscipiamus: quid deis tandem immortalibus facere debemus, quos ad sacrificia & preces nostras inuocamus, & præsentes adesse cupimus? Et quanquam Zenonis dogma fuisse legamus, ἱερὰ θεῶν μὴ οἰκοδομεῖν, hoc est, templa deorum non ædificanda: & barbaros quosdam dicere solitos accepimus, eos impiè facere, qui deos ædium & parietum septis includerent, cum deis ipsis omnia sint patentia, mundúsque ipse, & omne hoc totum illis pro templo sit (id quod Persæ credebant, vt in hoc planius ostendam: Carmeli quoque incolæ nullum dei sui templum habuêre, nec Germani illi antiquiores, sed illi in monte tantummodo aras habuêre, hi lucos & nemora deorum suorum nominibus appellata:) nihilominus Romanos videmus, & Græcos, cæterásque minus barbaras ac feras nationes, maximam circa deorum suorum templa & fana curam diligétiámq; semper adhibuisse. Quare qui primi deis apud hos templa struxerint, variè proditũ inuenimus. Cùm enim primum homines (vt ait Trãquillus, & repetit Isidorus) exuta feritate rationem vitæ habere cœpissent, séque ac deos suos nôsse, cultum modicum ac sermonem necessarium commenti sibi, vtriusq; magnificentiam ad religionem deorum suorum excogitauerunt. Igitur vt templa illi domibus pulchriora, & simulacra corporibus ampliora faciebãt: ita eloquio etiam quasi augustiore honorãdos deos putauêre, laudésque eorũ & verbis illustrioribus, & iucundioribus numeris extulerunt. atq; hactenus ex Tranquillo Isidorus. Sunt tamen qui in Italia Ianum patrem primum templa struxisse tradiderunt, ideóq; veteri instituto in sacrificiis Ianum Latini perpetuò præfari solebant, vt in Iano dictum est. Alij Faunum, & ab eo fana appellata, vt Probus scribit. Martianus à Fana, quæ & Fatuella diceretur. quidã Iouẽ apud Cretenses primùm templa dicasse ferunt, atq; ob id inter deos primum ipsum locum fuisse sortitum. Lactantius Cretensium antiquissimũ regem Melisseum tradit: quin & Seruius ex Sulustio, Cretensibus religionem attribuit. Phœnices Vsonem quempiam, primũ simulacra igni & vento statuisse, & templa posuisse prædicant. Phoroneum alij, aut Meropem, vel Aeacum Iouis filium tradunt, vt Varro in Admirandis ait: quod & Arnobius in sexto. Sunt qui Dionysium, cũ Indos debellasset, templa struxisse, religionúmq; cultus inceptasse prodant. alij Cecropem primùm in Attica, Opi deę statuisse putant. Isidorus verò hunc ipsum Cecropem ait Iouem primùm appellasse apud Græcos, & simulacra reperisse, aras statuisse, victimas immolasse, vt alibi dixi. Alij nonnulli, vt aduersus Iulianũ Cæsarem scribit Gregorius Nazianzenus, Thraces volunt cæremonias inuenisse: immolare verò, Chaldæos: vel vt alij dicunt, Cyprios. Nonnulli Arcadas Ioui templa construxisse affirmãt. Aegyptij Isin ferunt, quæ sit legifera vocata, Ioui & Iunoni parentibus templa & sacerdotes instituisse. Sunt qui Phryges dicãt, qui deæ Phrygiæ Cybeli sacra & templa dicarint. Porrò plerique ex sepulcris initium templa sumpsisse arbitrati sunt, vt in Sepulcralibus his verbis ostendimus: Fuit inquam vsqueadeò sepulcrorũ antiquis cura, vt non aliunde templorum & sacrarum ædium originem deductam, diligentissimi scriptores tradant, Eusebius & Lactantius. qua de re & Clemens Alexãdreus in Protreptico sic scriptũ reliquit: Superstitio, inquit, templa condere persuasit. quæ enim prius hominum sepulcra fuerunt, magnificentius cõdita, templorum appellatione vocata sunt. nam apud Larisseam ciuitatem, in arce,

in

in templo Palladis, Acrisij sepulcrum fuit, quod nunc sacrarij loco celebratur: in arce quoque Atheniesi, vt est ab Antiocho in nono Historiarum scriptu, Cecropis sepulcrum fuit: in templo verò Palladis qua Poliadæ Græci appellant, iacet Erichthonius. Ismarus autem Eumolpi atque Dairæ filius, in Eleusine vnà cu Celei natabus sepultus: & reliqua, quæ multa Clemens colligit, & post eum Eusebius in Præpar. Euang. quæ in Latinis codicibus non habentur, atque ideò ex Græcis repetenda. eadem & in sexto Arnobius. Cæterùm ex Hetruscoru disciplina veteres, vt puto, moniti, nō deis omnibus, omni loco, templa ponenda cēsuēre. Nam qui pacis, qui pudicitiæ, qui bonis artibus præessent dei, eos intra mœnia collocādos putauerūt: qui verò voluptatibus, rixis, incediis, vt Venus, Mars, Vulcanus: eos excludere ex vrbibus solebant. tametsi hoc non ita ratum fuisse semper, ex historiis videmus. Vestam autem, Iouem & Mineruam, quos deos tutores vrbium ait Plato, in ipsarum medio, & arcium locabāt. Vitruuius: Aedibus, inquit, sacris, quorum deorum maximè in tutela videtur ciuitas esse, vt Ioui & Iunoni & Mineruæ, in excelsissimo loco, vnde mœniu maxima pars conspiciatur, areæ distribuantur. Neptunum ad maris littus statuebant, Ianum in excelsis montibus, quanquam & in foro. Aesculapium Romani in insula Tiberina reposuerunt, quòd ægroti maximè aqua indigeāt. alibi tamen extra vrbem templa habuit, vt ait Plutarchus, quòd ibi aër sit salubrior. Gratiarum verò templum ἱμπόλαν, hoc est, vt interpretantur plerique, in medio foro, & publico construi solitū, tradit Aristotel. in Ethicis, & eius interpres: id quod clarius in meo Libello qui inscribitur, Quomodo quis effugere possit crimen ingrati. Video præterea varias etiā templorū formas ab antiquis descriptas. nam Solis quidē ædem, Liberíque patris, rotundam veteres probarūt: Iouis verò, templa, quòd omniū rerum semina is deus patefacere credebatur, tecto esse oportere aiebat Varro perforato. Aedem Vestæ, quam cum terra eandē putabat, rotundam, ad pilæ similitudinem formabat. Cœlitibus, & superis alijs, à terra templa extare volebant: inferis deis sub terra, Chthoniis & terrestribus media ponebant sæpius. Sed de templorum & sacrarum ædium situ, si plura cupis, Vitruuium legito lib. primo, & item tertio & quarto, cuius inter cętera hæc sunt verba: Ioui Fulguri, & Cœlo, & Soli & Lunæ, ędificia sub diuo, hypæthráque construuntur: horum enim deorum & species & effectus in aperto mundo atque lucenti præsentes videmus. Mineruæ & Marti & Herculi ædes Doricæ fient. his enim deis propter virtutem sine delicijs ædificia cōstitui decet: Veneri, Floræ, Proserpinæ, Fontium nymphis, Corinthio genere constitutę aptas videbūtur habere proprietates, quòd his deis propter teneritatem graciliora & florida, foliisq; & volutis ornata opera facta, augere videbūtur iustum decorem. Iunoni, Dianę, Libero patri, cæterísq; deis, qui eadem sunt similitudine, si ædes Ionicæ constituētur, habita erit ratio mediocritatis, quod ab seuero more Doricorum, & à teneritate Corinthiorum temperabitur earum proprietatis institutio. Mercurio verò in foro, aut etiā vt Isidi & Serapidi, in emporio: Apollini, patríq; Libero, secundū theatrum: Herculi, in quibus ciuitatibus non sunt gymnasia, neq; amphiteatra, ad circum: Marti extra vrbem, seu ad campum: itémq; Veneri, ad portum. Id autem etiā Hetruscis aruspicibus disciplinarum scriptis ita est dedicatū, extra murum Veneris, Vulcani, Martis fana ideo collocari, vti nō insuescat in vrbe adolescentibus, seu matribus familiarū Venerea libido, Vulcaníque vi è mœnibus religionibus & sacrificiis euocata, ab timore incendiorum ædificia videatur liberari. Martis verò diuinitas cum esset extra mœnia dedicata, non erat inter ciues armigera dissensio. Sed ab hostibus ea defensa, à belli periculo conseruabat. Eadem ratione & Bellonæ ædes extra vrbem fuit, vbi Senatus dabatur fortibus ducibus, & qui strenuam operam nauassent. Cereri item extra vrbem, loco quo non semper homines, nisi per sacrificium necesse haberent adire, cum religione castę sanctísq; moribus is locus tueri deberet. Porrò vt plurimum templa ad orientem solem construere solitos veteres, scribit Lucianus. Sed quam in partem precantes obuerti solerent, & alibi retuli, & in hoc infrà repetam. Templa verò à contemplatu dicta sunt. Sed Varro templum dictum ait, à tuendo. Templum tribus modis dicitur, à natura, ab auspicio, à similitudine. à natura, in cœlo: ab auspiciis, in terra: à similitudine, sub terra. in cœlo, vt:

Contremuit templum magni Iouis altitonantis:

Item, magna templa cœlitum. in terra, vt, Scrupea saxa Bacchi templa. sub terra, vt, Acherusia templa alta Orci salueti. quāquam etiam Vitruuio, nec vno in loco, templum protecti parte & trabe quapiā sumatur. Dicuntur & ædes templa, & in plurali sacræ ædes.

tametsi etiam contra superstitiosas grammaticorum obseruationes, & sacra ædes in singulari apud idoneos auctores inuenimus, & simpliciter ædes pro domo: id quod & antea alij notarunt. Ab æde ædituus, ille qui ædes sacras curat, & tuetur: non æditumus, vt ait Varro, quamuis æditimum aliqui dixerint.

Templi partes quatuor dicebantur, sinistra ab oriente, dextra ab occidente, antica ad meridiem, postica ad septentrionem.

Varia verò de mundi dextera & sinistra à philosophis traduntur, & ab auguribus, quæ haud nostro instituto conueniunt. Tesca etiam, loca quædam agrestia alicuius dei. Accius: Lemnia quisquis es tu mortalis, qui in deserta & Tesca te apportes loca dicta, quod mysteria ibi fiant, aut tuentur: vnde prius Tuesca, post tesca facta, ait Varro. Tesqua nunc fermè dicuntur. Tesqua tamen Festus ait, loca esse augurio designata: Cicero aspera ait esse, & difficilia. Sed & templa fana dicta sunt, quòd (vt inquit Varro) Pontifices in sacrado fati sint, fanu. hinc profanum est, quod ante fanu, id est, coniunctu fano. hinc profanatu, quod in sacrario pollutum. Liuius libro decimo primę Dec. Inq; ea pugna Iouis Statoris ædem votam, vt Romulus ante vouerat: sed fanu tantu, id est, locus templo effatus, iam sacratus fuerat. & Festus à fando fana deducit, quòd fando consecrantur. vel à Fauno dicuntur, qui primus (vt Probus ait) Fana condidit. Martianus tamen fana dicta ait à Fatuis, quæ & Fantuæ, & Fanæ dicuntur, deis syluestribus, à quibus (inquit) fana dicta. Sanè Græci & ipsi templum ἱερὸν & νέως dicunt, sed & ναὸς: de quo Clinias ait, quod aliquando ἱναιον diceretur, Aικ το ςναιειν ἐν αὐτῷ τὸς θεὸς: hoc est, quòd in ipso dei habitarent. Notat & Pollux templum à Græcis dici σηκὸς, & τέμενος, aliísque nominibus: Sedenim & plerunque templa ab ipsis deorum nominibus appellata inuenimus, vt ab Iunone ἡραῖον, à Diana ἀρτεμίσιον, à Venere ἀφροδίσιον, à Marte ἀρήϊον, ab heroibus ἡρῶον, & eiusmodi alia. Obseruamus verò & lucos apud deorum templa consecrari solitos. Quin & lucos quidã dictos putauère, quod ibi lumina fierent religionis causa, à lucendo videlicet. Alij per cõtrarium dictu arbitrantur, quòd minime luceat, propter arborum vmbras opacas. Sed quòd luci numinibus sacrati essent, non modo gentium historia, veru & sacra declarat. Scribit Tacitus, Germanos veteres alia nulla deoru templa habuisse, quã lucos nemoráq; deorũ suorũ nominibus appellata. Notat & Seruius. Manes & heroũ animas, qui Lares vitales diceretur, lucos tenere. hinc & Vergilius in sexto dicit:

Nulli certa domus, lucis habitamus opacis.

Nec aliter lucos vnquam posuit Poëta, sine cõsecratione. Lucos quoque collucare Romano more oportere, docet M. Cato de Re rustica, formulámque ascribit: Porco, inquit, piaculo facito, sic verba concipito, Si Deus, si Dea, & reliqua: &c.

Asylum etiam templi quoddam genus fuit, ex quo nullus posset extrahi. Dictum Asylum, ait Seruius, quasi Asyrtum. Hoc autem non fuit in omnibus templis nisi quibus consecrationis lege cõcessum esset. Liuius etiam templum Apollinis Delij Asylum fuisse scribit. Primò verò apud Athenienses statutum est ab Herculis filijs, quos insequebantur hi qui fuerant à patre oppressi, sicut docet in sept. Theb. Statius:

Fama est defensos acie post busta paterni
Numinis, Herculeos sedem fundasse nepotes.

Hoc Asylum etiam Romulus imitatus est. Verg. VIII. Aeneid.

Hinc lucum, quem Romulus acer Asylum, &c. Item:
Et iam porticibus vacuis Iunonis Asylo, &c.

Sed de Asylo hoc, & qua vrbis Romæ parte, alibi plura notaui. Nunc cætera subdam. Quoniam verò, vt dictum est, inde extrahi non poterant confugientes, propterea etiam Græci ἀσύλους homines dicebant, à violentia tutos, & sacrosanctos: quales tribunos plebis, & pontifices. hinc & ἀσυλία ἀνδλακται, statua ad quã confugientes tuti fuerãt: vt Cæsarum, quod vel ex Iureconsultis liquet, ne historicos, aliósque scriptores nunc commemorem. Dicunt & Græci ἀσυλὴ vice aduerbij, hoc est tutò, vel vnde quis auferri nefas sit, vt in Asylo positus. Sic & Asylia, hoc est immunitas dicta, quæ ex sacris ædibus & aris, statuísque principum habetur. Quin & delubrum etiam aliquando pro templo sumptum est. Vergilius:

Principio delubra adeunt.
Idem:
Nos delubra deũ, miseri quibus vltimus esset,
Ille dies, festa velamus fronde per vrbem.

Scribit Varro lib. octauo Diuinarum, Delubrum alios existimare, in quo præter ædem
sit

Syntagma XVII. 401

fit area assumpta deûm causa, vt fuit in circo Flaminio Iouis Statoris: alios, in quo loco dei simulacrum dedicatum sit. & adiecit: Sicut locum in quo figerēt candelam, candelabrum appellatum: ita in quo deum ponerent, nominatum delubrum. hæc ex Varrone Macrobius. Seruius tamen, à diluendo delubrum dictum putat, lib. secundo Æneidos. ait enim: Delubrum dicitur, quod vno tecto plura amplectitur numina, quia vno tecto diluitur: vt est Capitolium, in quo est Iupiter, Iuno, Minerua. alij dicunt delubrum esse locum ante templum, vbi aqua currit à diluendo. licet alio loco idem dicat, delubrum ligneum simulacrum à libro, hoc est, raso ligno, quod ξόανον Græcè dicitur. Dicuntur & templa sacraria. Vergilius:

Et diri sacraria Ditis.

Seruius tamen ait, Sacrarium propriè locum esse in templo, in quo sacra reponantur: sicuti Donarium, vbi oblata imponuntur. Vocantur & Sacella, diminutiua forma, vt notum est. Vergilius:

Faciles nymphæ risere sacello.

Bidental dicebant antiqui, quoddam templum, quòd in eo bidentibus hostiis sacrificaretur, vt ait Festus, meminit Horat. in poëtica:

Minxerit in patrios cineres, an triste bidental
Mouerit incestus. Persius: Euitandúmque Bidental.

Ita verò institutum bidental traditur. Locum fulmine tactum acri studio procurabant maiores, sacerdotémque adhibebant, & fulminis vestigia dispersa colligebant: sacrísq; ibi peractis ara construebatur, in qua de bidente rem diuinam faciebāt, & locus Bidental vocabatur, quod violasse piaculum fuit. Fauissæ etiā, vt Festus ait, locus appellabatur, in quo erat aqua circa templa. Sunt qui putant, Fauissas fuisse in Capitolio cellis cisternísq; similes, vbi reponi erāt solita ea quæ in templo vetustate erant facta inutilia. idem ferme tradit Gellius lib. secūdo, capite decimo, ex Varronis sentētia. Solebāt porrò veteres sua templa inaugurare, id est, suis auguriis sanctiora reddere: & similiter profana facere, id est, exaugurare. vtrunque clarè ostendit T. Liuius lib. primo ab Vrbe cond. Et vt libera, ait, à cæteris religionibus area esset tota Iouis templíq; eius, quod inædificaretur, exaugurare fana sacelláq; statuit, quæ aliquot ibi à Tatio rege primùm in ipso discrimine aduersus Romulum pugnæ vota, consecrata, inaugurataq; postea fuerant, inter principia condendi huius operis mouisse numina ad indicandam tanti imperij molem traditur deos. Nam cùm omnium sacellorum exaugurationes admitterent aues, in Termini fano non addixere, & reliqua. Nunc & illud addendum, quod Seruius scribit: Nouimus, inquit, deis superis & inferis aras consecratas. Altaria verò esse superorum tantum deorū, quæ ab altitudine constat esse denominata. Ara, inquit Varro de Lingua latina, quòd areæ in vrbe puræ sint: à quo potest etiam ara deūm esse, quòd pura. nisi potius, ait, ab ardore, ad quem vt sit, fit ara. Idem tamen Varro lib. quinto Diuinarum dicit, aras primùm ansas dictas, quod esset necessarium à sacrificātibus teneri: hanc opinionem Macrobius est secutus, Vergilíq; etiam auctoritate cōprobat. At verò Isidorus: Aram, ait, à quibusdam vocatam, quòd ibi incēsæ victimæ ardeant. Alij ab imprecationibus, quas Græci ἀράς dicunt. Lactantius grammaticus libro Thebaid. septimo, tria fuisse in sacrificiis loca ait: per quæ expiationem facerent, scrobiculo facto inferis, aris terrestribus, cœlestibus extructis focis. vnde denominata etiā sunt altaria, ad quæ cùm sacrificabant, manus in altum porrigebant. At verò philosophus Porphyrius: Aras, inquit, & templa statuebant cœlestibus, terrestribus (hoc est Chthoniis) escharas, id est, focos: sic & heroibus. Subterraneis autē, id est, ὑποχθονίοις deis fossas, scrobésve, & quæ à Græcis dicuntur μέγαρα. Mūdo & nymphis, cæterísq; huiusmodi, antra dicarūt. Vnde est Homeri in decimotertio Odyss. antrum Nympharū, quod præclarè ipse est Porphyrius interpretatus. Ergo superis deis, vt etiam Festus tradit, à terra exaltatis aris: terrestribus, in terra: inferis, sub effossa terra, sacra facere consueuerunt veteres. Id quod apud Indos diu fuisse seruatū legimus, vt terrestribus deis in cauernis & specubus, Soli in sublimi sacrum facerent. Sanè quoniam βωμός Græcè ara dicitur, bomolochi inde dicti primùm quidam, qui è sacrificio epulas petebant. & quia nugaces ij fuerant, vocabulum deflexum est ad scurras, & parasitos. Porrò nonnunquam sine ara in nudo solo & pauimento sacra peregisse, Grȩcos compertum est. Eumæus apud Homerum, super escharam victimam fecit. Arabes arulam super aram constituebāt, Solíque in illa immolare & thura adolere solebant

lebant. has enim ad normam quadratas fuisse accepimus: sed & rotundas ipsi vidimus. Super aras verò sacra facturi, cespitem ex gramine, siue verbenas apponere soliti fuerant. Verbenæ enim in omnibus ferè sacris faustæ habitæ: has ex sacro loco decerpere oportebat. Ipsas etiam aras, quoniam & hæ peculiares deis fuêre, vt etiam victimæ, suorum numinum frondibus ornare par fuit: vt Ioui æsculo, Apollini lauro, Mineruæ olea, Veneri myrto, Herculi populo, Baccho hederá: sed & pampinis interdum, quin & ramis ficulneis plerunque his enim deus ipse, deuictis hostibus triumphasse fabulatur: Pani pino, cupresso Syluano & Diti, vel si quæ aliæ aliis deis conueniebant. tametsi ad aram maximam Herculi sacra qui faciebant, sola lauro coronari soliti à quibusdam traduntur. qui tamen Vergilij auctoritate conuincuntur, qui ita in octauo cecinit:

 Herculea bicolor cum populus vmbra
 Velauitque comas, foliisque innexa pependit.   & paulò pòst:
 Populeis adsunt euincti tempora ramis.

 Thraces & Iudæi pro lege habebant, in omnibus sacris hederâ coronari: Capadoces, Ambrosiâ. Apud Aegyptios vitibus hedera præferebatur. Druidæ Gallorũ nullum sacrum sine roboris vel quercus fronde, & visco conficiebant. Thraces non solum coronati, sed scuta & gladios hedera ornati, in solennibus libabant. Abrotonum Isidi sacris dicatum: Isiaci tamen absinthij marini ramum virgultis cæteris præferebant. Euripidis Scholiastes in Hippolyto scribit: Simulacrum Dianæ coronabatur tum dictamno, tum schino, id est, lentisco, tum loto. Ferunt enim, in Creta tantum dictamnum nasci. nam hoc citò partum educere existimatur: & propterea difficulter parientibus dictamnum datur, vt citò pariat. Aegyptij in Iouis pompa & magi myrica, Hermionenses hiacyntho in sacris coronabãtur: Parthi ex diuerso gramine coronata agna, odores incendebant. Ferunt Aegyptios agresti herba, id est, gramine manibus decerpto, adorasse, & papyri flore deos coronasse: eorum tamen rex Ptolemæus Heliochryso deos ipse coronabat. Vespasianus coronas ex cynnamono interrasili auro sæpe templis dicauit: apud alios autẽ fagi cortex religiosus fuit: non sic Thebis & Athenis. Nanque in Palladis templo haud facile quisquam hederã inuenit: ea verò hedera quæ fert racemos labruscæ modo, quam & similacem nominant, & arbores quæ nec feruntur, nec fructum ferunt, infaustæ omnibus habebantur sacris, & damnatæ religionis. Apud Persas non modò qui sacrificabat, sed & hostia, & qui sacris intererãt, festa ornabantur fronde. Indis contrà: nanque ex his coronatus sacrificabat nemo.

 Sed postquam de sacris ædibus & templis, arísque, & cæteris scripsimus, nunc congruè simulacra & statuas subiũgemus, & qui eas primi in templis statuerint, diuísue dicauerint, disquiremus: hoc licet variè tradatur. Quidã enim Telchines apud Rhodum deorum statuas primùm fecisse volunt: quidam Hetruscos, seu Tyrrhenos prædicant. Alij Cadmum Agenoris filiũ apud Græcos tradidêre. Sunt qui Armodij & Aristogitonis primas statuas positas prodant, qui tyrannidem ex Athenarum vrbe sustulissent. Alij Aegyptios tradũt, quod eorum reges id primi moliti sint: Sesostris, Amasis, Rhapsinates, Simandius. Diophantes Lacedæmonius, qui Antiquitatum libros quatuordecim scripsit, Syrophanem ait Aegyptium, hominem locupletissimum, filio superstitem, eius desiderio simulacrum domi constituisse, ad quod familiares confugerent, cùm domini iracundiam furorémque vitarent: quomodo veniam ab hero consecuti, herulis filij simulacrum defuncti floribus & coronis ac sertis, aliísque rebus ornabant. Sed quid multa hac de re colligimus? Vesanam ac stultam Semiramidis ambitionem apud scriptores notaui, quæ ad montem Mediæ, qui Bagisthenes diceretur, suam in petra effigiem decem & septem stadiorum insculpi iusserit, quam centum viri donis ac muneribus venerarentur assiduè, vt sacerdotes.

 Cætera hoc loco quæ de simulacris apud Eusebium, Athanasium, Porphyriũ, Plinium, & alios legimus, missa facio, vt sacrificia exequamur, quod nostrum est institutũ: tantummodo vnum hoc breuissimè addam, simulacra, seu signa illa & statuas appellemus. antiqui ex varia materia factitauêre, cæra, sale, vitro, omnis generis marmore, creta, argilla, auro, argento, ære, ferro, chalybe, plumbo, stanno, gemmis, lapillis: item & ex varij generis ligno, vt ex Plinio, Solino, Plutarcho, Pausania, Eusebio, aliísque obseruamus.

 Sed non ex omni quidem ligno simulacra veteres factitasse, obseruauimus: vt & Pausanias obseruat, qui se ait animaduertisse, has tantũ arbores sumi solitas, ebenum, cupressum, cedrum, quercum, similacem, loton, buxum. his radicem oliuæ in minoribus simulacris
                        addit

addit Theophrastus: Plinius vitem, qui in Populonia, ait, ex ea Iouis simulacrum vetustissimum tot æuis incorruptum se vidisse. Sed cùm non ex omni ligno Mercurius, vt etiam in prouerbio dicitur, fieret, præcipuè tamen ex thyia, quam Trogetem vocauit Homerus, fieri solebat. Atque hactenus de simulacris.

Nunc, vt rem totam complectar, sacerdotum & sacricolarum nomina breuissimè tibi commemorabo. quæ cùm apud Romanos, tum apud Græcos varia diuersáque fuêre. Verùm audiendus prius est Plato, qui in eo qui Ciuilis, vel de regno Dialogus inscribitur, ita statuit: Sacerdotum, inquit, genus esse, vt intelligat doceátque quo pacto donaria deis & sacra sint offerēda: item qua ratione vouendum sit, quidve boni sit à deis petendum, non enim omnia à deis temerè petenda: qua de re & gentes & nostri plura disseruêre, quæ huius non sunt instituti. Sacerdotum igitur nomina multa apud Grecos fuêre, de quibus iam sparsim toto opere meminimus, & Iulius Pollux in Onomastico lib. primo & octauo, hæc fermè collegit: ἱερεῖς, νεωκόροι, ζακόροι, ὕτται, τελεςαὶ, ἱδρυηγοὶ καθάρται, διεργαί: & quibus nominibus vsi sunt poëtæ, θυπόλοι. Sunt item qui in vaticiniis, & deorum oraculis reddendis fuêre, προφῆται, ὑποφῆται, μάντεις, θωμάντεις, χρησμωδοὶ, χρησμολόγοι, πυταγηςῆς, πυρφόροι. Sunt præterea ἐπαιςῆται, ἐξηγηςοδὶ, τελετάρχοι, χαλακορφυλακοδὶ, θυσυδία. aliíque.

Nunc quoque de Latinis nostro more breuiter scribamus, Christianorum & Hebræorum nomina missa facientes, vt professi sumus, ne misceamus sacra profanis, primúmq́; de pontificibus agamus. Pontifices, qui à Plutarcho in Numa γεφυροποιοὶ græcè dicitur, creduntur apud Romanos primùm è patriciis, à Numa Pompilio secundo rege constituti, & quatuor ab initio creati: & pòst cùm plebis potestas creuisset, quatuor alij ex plebe creari cœperunt. M. Valerio & Q. Apuleio Coss. Inter hos qui minores appellabantur, vnus erat maximus & re & nomine. hic sacra omnia exscripta habebat, & obsignata: hostias, dies, ad quæ templa res diuina esset facienda, cætera denique sacra tum publica tum priuata. Pontificum verò Max. electio ipsis Pontificibus pertinebat. Erat quidem Pont. Max. iudex ac vindex contumaciæ priuatorum magistratuum: minorum verò Pontificum maximus is dicebatur, qui primus in id collegium venisset: & minimus vocabatur, qui nouissimus. Pontifex verò vnde sit dictus, varie traditur. plurimi à ponte faciendo, in primísque sublicio: quibus & græca vox consentit, γεφυροποιὸς. hoc Varro, Alicarn. Plu. alij. Scæuola verò, quem plerique sequuntur, à posse & faciendo deduxit. Rex sacrorum, qui & Rex sacrificulus dictus est, à Romanis institutus, Iunio Bruto & M. Valerio primis Coss. cùm Roma reges exacti fuissent, vt Plu. in Quæstionibus tradit, propter sacra quædam, quæ per regem tantummodo celebrari decebat. Rex tamen iste Pont. Maximo subiectus erat. Huius vxor Regina sacrorum appellabatur, quæ quoties sacra faceret, ex malo punica virgam, quam Inarculum vocabant, infulæ loco deferebat. Hæc eadem Calend. omnibus Iunoni porcum, vel agnum in regia mactabat. Cætera quæ regi pertinerent, haud satis mihi adhuc comperta habentur. Athenienses certe & ipsi βασιλέα, id est, Regem sacrorum habebant, hac eadem religione ac potestate, qui sacris præerant Eleusiniis, Lenæis, & quæ lampada fiebant, & alia quædam.

Flamines quidam à Romulo primùm, quidam à Numa tres institutos dixerunt: potior tamen eorum videtur esse sententia, qui à Romulo primùm Dialem & Martialem flamines institutos tradidêre: mox, vt Varro asserit, Numa singulis deis flamines fecit, à quibus etiam deis nominauit, vt Dialis, Martialis, Quirinalis. & deinde aucta vrbe, Viminalis, Vulcanalis, Carmentalis, Falacer, seu Falacris, Palatualis, Furinalis, Pomonalis, & cæteri vsque ad x v numerum. Inter hos maximæ dignationis fuit Flamen Dialis, cùm cæteri discrimina suæ maiestatis haberent, minimæ verò dignationis, Pomonalis flamen fuit, quod Pomona leuissimo fructui agrorū præsideret, id est, pomis, vt ait Festus. Dicti autem flamines, à gestatione pileorum, quasi pileamines. quidam ab infulis, quas flammas appellabāt: vel à flammeis, notis. velaminis genere, quòd parum cōstat. Alij à filo lanæ, quo caput præcinctum habebant. Alij à filo quidē dictum: nam per æstatē, cùm propter æstum galerum gestare non possent, lini filis caput amiciebāt, Nudo quippe capite sub dio esse, flamini fuit religio. Hoc autem gestaminis genus etiam Apex dicebatur. Lucanus in primo:

Et tollens apicem generoso vertice flamen.

Meminit & Vergilius v i i i, & Seruius & Festus, & Augustinus i i de Ciuit. Dei: Nam etiam, inquit, flamines instituerunt, quod sacerdotū genus adeò in Romanis sacris, testātē apice, excelluit, vt tres solûm flamines haberentur. Val. Max. Sulpitio inter sacrificandum apex prolapsus est. Flamen Dialis insigni veste, & Curuli sella vtebatur, & albo galero. Flamini Diali iurare non licebat, iniurato credi oportebat: cui enim sacra credita essent, ei fidem non habere, nefas existimabant. hinc ex edito prætoris verba illa quæ leguntur: Sacerdotem Vestalem & flaminem Dialem in omni mea iurisdictione iurare nõ cogam. Iidem singulis idibus Ioui bouem mactabant. sub diuo vngi, vel sine interula esse. equo vehi, noctem ab vrbe abesse non licebat. Dialem coniuge defuncta Flaminio abire, bis connubio iungi nefas. Frumentum, farinam, carnem crudam, capram, equum tangere non licebat. Fabam nec tangere, aut nominare fas fuit. Tibias funebres audire, hederam attingere, aut annulum cum gemma, vel nodum habere, piaculum fuit. alia sunt multa apud auctores, Plutarchum, Gellium, & Festum, quæ Flaminibus religiosa erant, sed mihi superuacanea visa sunt, vt hoc loco recitem. Fuerunt præterea qui Curiales Flamines dicerentur. Sed Imp. & Cæsarum temporibus, qui in diuorum numerum redacti fuissent, noui Flamines creati fuerunt: vt C. Cæs. dictator, lege Antoniana, à M. Ant. lata, quòd M. Ciceronem secunda Philip. indignè tulisse videmus. & pòst alij, vt August. Antonianus, Marcianus, Aelianus, quod in historiis obseruamus. fuit quoque apud Romanos lex, si Flamen sacrû ritè nõ peregisset, aut aliquo modo insigniter deliquisset, vt Flaminio deiiceretur quomodo multos deiectos historia docet. Sedenim & si maximæ auctoritatis fuêre Flamines, Pont. tamen Maximo dicto audientes fuêre, vt cùm L. Metellus Pont. Max. non est passus Posth. Flaminem Martialem Cos. à sacris discedere. & P. Licinius, & ipse pont. Max. Q. Fabiû Pictorem, Præt. Flaminem Quirinalem non permisit ire in Sardiniam. Aliæ sunt historiæ. Porrò Flaminum ministri Flaminij dicti sunt, & ministræ Flaminulæ. Flaminum verò vxores, Flaminicæ dicebantur. hæc ita vnius viri vxores, vti Flamines vnius vxoris viri, id est monogami fuerût. Omnium porrò rerum sacrarû administri, Camilli antiquo Hetruscorû vocabulo dicebantur, vt plenius in Mercurio dictû est.

DE POTITIIS ET PINARIIS.

Pinarius & Potitius duo senes fuerunt quibus Hercules apud regem Euandrum ostendit qualiter se coli vellet, scilicet vt mane & vesperi ei sacrificaretur. Ab his factum est, vt Romæ Pinarij & Potitij Herculis sacerdotes appellarentur. Profectò itaque primo matutino sacrificio, cùm circa solis occasum essent sacra repetenda, Potitius prior aduenit, qui à potádo, id est ποτίζω, vel à πότος, seu πότιμος dictus fuit. Pinarius postea, extis iam redditis aduenit, quare iratus Hercules statuit, vt Sinariorum familia tantum ministra esset, epulantibus Potitiis, & complentibus sacra. vnde etiam Pinari j dicti sunt ἀπὸ ἡ πάνυς, id est, à fame: nam senem illum Pinarium constat alio nomine fuisse nuncupatum. hinc est, quod Vergilius tantum Potitij commemorationem facit:

Primúsque Potitius ibat.

Historiam T. Liuius in primo exequitur. Hoc modo hæ duæ familiæ, longo tempore Herculi rem sacram fecêre, donec auctore Appio Claudio gens Potitia, sacra Herculis in mancipia transtulisset, qua tempestate 12. familiæ eius fuerant, puberes omnes ad 30, intra annum cum stirpe extincti sunt. Postea empti de publico serui, officium exercuerunt. historiam hanc aliquanto secus Festus recitat. ait enim, Appium Claudium 50. millia æris, grauis his dedisse, si seruos publicos edocerent ritum sacrificandi: quo facto, Potitij cùm essent ex familia numero 12, omnes interierunt intra diem 30.

ARVALES Fratres. Acca Laurentia Romuli nutrix, consueuerat pro agris semel in anno scrificare, 12 eius filiis sacrificium præcedentibus. vnde cùm vnus mortuus esset, propter nutricis gratiam Romulus in vicem defuncti se succedere pollicitus est. vnde & ritus processit, cum 12 deinceps sacrificare & Aruales dici fratres: sicut Rutilium Geminum in libris Pontificalibus memorasse, ait Fulgentius ad Chalcidiû. Varro, Aruales fratres propterea dictos scribit, vt fruges ferant arua. Romulo verò in eo sacro Accam Laurentiam dedisse ferunt spiceam coronam, quæ vitta alba colligata fuit: id quod & Plin. testatur.

Augures, & eorum collegiû, summo in honore habitos legimus, non modò apud Romanos, sed & apud Græcos, & Barbaros plerósq. nã Chaldæos primùm, & Pisidas, ac Cilices, dein Hetruscos & Græcos, mox Latinos & Romanos augurâdi disciplina excelluisse accepimus. & Augures quidê tres prius Romæ fuêre, propter tres ipsius tribus, Luceres, Rhamnenses, Tacienses: mox vno addito quatuor extiterût. Sed cùm pòst plebs admissa esset

esset in partem honorum vrbis, quinque plebeij Augures creati, & patricij quatuor, atque ita nouem numero fuère, idque M. Val. & Q. Apuleio Coss. Romani igitur nihil nisi augurato inchoabant. Locum verò augurij ita fuisse legimus: Templum augur constituebat, versus orientem sedebat, capite velato erat, lituum, id est, incuruum baculum dextra manu tenebat, quo in coelo regiones diuidebat, & quæ auguria veniebant prædicebat. Si læua fuissent, quia parte est septentrio, felicia pronunciabat: illa pars propter altitudinē prospera putabatur. A dextra parte meridies, parum fausta & infelix credebatur, quia locus est depressus. plura Liuius lib. primo, Dionysius Alicarn. lib. secundo, Plut. in Prob. & in Vitis, Val. Maximus, M. Tullius de Diuinatione, Varro, & alij. Illud non ignorandū, quod Plut.
10 notatin Causis: quòd vbi sacerdotes in iudiciū acti, aut dānati forēt, alter substituebatur: Augures verò nō ita. nam quamdiu viuerēt, eodē ordine persistebant. causam ibidē ascribit.

Salios xi i Marti Gradiuo, vt ait Liuius in primo, legit Numa Pompilius. dicti verò, vel à Salio viro quopiam Samothrace, vel Mantineo: vel potius à saliendo, id est, saltando, id quod in comitiis facere quotannis Salij solebant. Sane nō Romani solùm in sacris quibusdam saltationibus & hyporchematibus vtebantur, sed aliæ omnes fermè nationes. nam vt scribit Athenæus, & Lucianus, deis peculiares suæ fuerunt saltationes. quin nulla sacra in Delo fiebant, quibus non esset adhibita saltatio: nec ab Orpheo ac Musæo vlla instituta sacra fuisse constat, sine saltatione. Indi manè & vesperi cum saltatione Solem salutabant. Longus sim, si velim omnes recensere.
20 Salij igitur, vt ad Romanos redeā, versicoloribus tunicis ornati, per vrbem tripudiantes carmina Saliaria appellata canentes pergebant, succincti æneis baltheis, togis nexis fibulis, quas trabeas vocabant, in capite pileos gestabant dictos apices, accincti gladiis, dextera lanceam aut virgam ferebant, læua peltam Thraciam, quòd Ancyle dicebatur: hoc est, circum ancisum, id coelo lapsum in Numæ regia existimatum, ad cuius formā 12 numero summa arte confecit Mamurius artifex, nulla alia mercede ex opere contentus, nisi quòd in fine sacri, Mamurij nomen accineretur. Lege cautum erat, vt Salij liberi essent, & indigenæ, & quorum vterque parens viueret, & cuiuscunque Fortunæ pauperes, aut diuites. Proditum historia est, Tullium Hostilium regem numerum duplicasse, & eorum perinde collegium adauctum. hæc ex T. Liuio in primo ab V. C. Plu. in Numa, Val. Maximo in primo, Dionys. Alicarn. in secundo, item & grammaticis Seruio & Acrone, aliisque.

Foeciales, & Patres Patratos ideò simul conscribimus, quòd Pater patratus ex Foecialib. vnus id muneris obire solebat. aliqui tamen seorsum describunt. Plut. quidē in Causis Ro. Patrē Patratum maximum haberi Foecialiū sacerdotū ait, qui foederibus faciēdis præerāt: & ille pater, & hi filij dicebātur. hos quoq; Plut. suo tēpore apud imperatores in precio fuisse ait. Foeciales autē dicti, quòd fidei publicæ inter populos præessent: vel à foedere faciendo, seu feriendo. Pater verò patratus, à patrando dictus, id est, à sanciendo foedere in quo tantū præesse putabatur. Per hos ergo fiebat, vt iustum conciperetur bellum, & vt foedere fides pacis cōstitueretur. hoc instituisse dicitur Numa, cum indicendū esset bellū Fidenatibus, quod scribit Pomp. cùm tamē corū vsum apud Liuium non videamus ante Hostilij
40 tempora fuisse. Plinius tamē, seu quicunq; alius fuit qui de Viris illust. scripsit, Ancū Martiū ait ius foeciale, quo legati ad res repetēdas vterētur, ab Equicolis trātulisse, quod prius (vt ferunt) Hessus excogitauit. Mittebātur autē Foeciales, priusquā bellū conciperetur, ad res repetēdas: & si nō impetrabāt, bellū postea indicebatur. Nam vnus foecialium, qui patrem patratū faciebat, ex ipsis foecialibus electū, sacris vestibus ornatus ad auctores iniuriarum procedebat: & priusquā vrbē intraret, ianitorē, vel alium quempiam obuiū alloquebatur imprecationibus quibusdā. inde in forum pergebat, & cur venisset edisserebat: tempus ad consultandum dies aliquot. vt alibi dicam, dabat. si per hos dies res infecta esset, deis coelestibus manibúsque inuocatis abibat, ad senatúmq; omnia referebat: senatus, quod iustum piúmq; foret, statuebat, Foecialémq; vt bellū indiceret, dimittebat. Quibus vteretur verbis, & qua cæremonia, à me alibi relatū est. Foecialium sacra violare nefas erat. Fabius cùm
50 violasset, vrbs ideo à Gallis capta credita. Nonius Marcellus: Foeciales inquit, apud veteres Ro. erāt, qui sancto legatorū officio ab his qui aduersùm Po. Ro. aut rapinis aut iniuriis hostili mēte commouerat pignora, facto foedere iure repetebāt: nec bella indicebātur. quæ pia vocabāt, priusquā fuisset quid Foecialibus denunciatū. Varro de vita Po. Ro. lib. secundo: Itaque bella & tardè & nulla licentia suscipiebat, quòd bellum nullum nisi pium putabant

bant geri oportere, priusquam indicerent bellum, iis à quibus iniurias factas sciebant, Fœciales legatos repetitum mittebant quatuor, quos oratores vocabant. alia præterea Nonius & Festus tradunt. nos hæc pro re satis.

De Gallis Magnæ matris Ideæ, cùm satis supérque in ipsius deæ descriptione, déque omni eius ferè cæremoniarum ritu dixerim, non est cur hoc loco plura repetam.

Duumuiri sacrorum à Tarquinio Superbo instituti fuerunt, qui soli sacros libros inspicerent, & Carmina Sibyllina: deinde cùm plebs creandos esse ex suis instaret, ex patriciis & plebeiis x creati sunt, & inde x v, qui eos libros inspicerent: atque ita ad x v viros sacrum deuenit, quibus & aliquando data cura corrigendorum fastorum. Sed si de his plura cupis, post cæteros nostrum secundum de hist. poëtarum dialogum, si vacabit, legito, quo loco de Sybillis abundè scripsimus.

De septemuiris Epulonũ sic à Pomponio scriptũ inuenimus: Veteres (inquit) Pōtifices, vt ait Cic. in 3. de Orat. propter multitudinẽ sacrificiorũ tres epulones esse voluerunt, vt ludorũ epulare sacrificiũ facerent. Id sacerdotium antiquũ fuisse cōstat: sed de ætate nondum mihi planè compertum. Epulonũ numerus auctus fuit, duóque tribus additi, adeò vt quinq; fierent epulones aliquo tẽpore: sed postea theatraliũ ludorum atq; Circensiũ ambitione ad vII vsq; producti. Excusabatur septemuiri Epulonũ filia à Vestali vocatione. Est Romæ pyramis Cæstij, in qua ita inscriptũ: Opus absolutum diebus cxxx. ex Testam. C. Cæstij Corn. Tri. pl. Septem Viri Epulonum. Epolonos, ait Festus, dicebant antiqui, quos nunc epulones dicimus. Datum est autem his nomen, quòd epulas indicendi, Ioui cæterísque deis potestatem haberent. vnde etiã sacræ mensæ dicebantur, de quibus Arnobius in secundo: Sacras, inquit, facitis mensas salinorum apposito, & simulacris deorum.

Titij sodales sacerdotes extra vrbem habitabant, & in tuguriis certa auguria seruabant, quoniam ad id deputati à Pont. erant. nomen inditum est ab auibus, vt Varro ait, quas in auguriis certis obseruare solebant. horum meminit & Lucanus:

    Et doctus volucres augur seruare sinistras,
    Septemuírque epulis festus, Titiíque sodales.

De Lupercis, copio se paulò pòst in Lupercalibus agemus: item de Popis, aliísque.

Tutulos, ait Varro in Pontificalibus, sacerdotes dici breuium deorũ. Numa verò Pompilius, & ipse de pontificalibus scribens, Tutulum dici ait pallium, quo sacerdotes caput tectabant, cùm ad sacrificium accessissent. sicut & Vergilius ait:

    Et capita ante aras Phrygio velatus amictu.

Lege ad Chalcidium Plac. Fulgentium.

Curionem etiam Romani interdum pro sacerdote posuêre. Curiones, inquit Varro, dicti sunt à curiis, qui faciunt vt in his sacra fiant. Festus: Curionũ æs, ait, dicebatur, quod Curioni dabatur ob sacerdotium curionatus. Arnobius lib. primo aduersus Gentes: Iupiter ille Capitolinus huiusmodi potestatem dedit, Curionem autem Pontifice maximum, quinimo Dialem, quod eius est, flamine isto iure donauit. & Ouid. in Fastis:

    Curio legitimis tunc Fornacalia verbis
    Maximus indixit. Curia etiã aliquando pro templo sumitur. id ostendit Ouid. qui locum vbi Cæsar occisus est, nunc templum, nunc curiam appellauit. Sed certè curia sacrata fuit. Videtur Dion. Alicarn. in 2. hos designare, cùm ait: Duces curiarum factos esse sacrificulos à Romulo imitato Græcorum consuetudinem, apud quos instituta fuêre prytanea, in quibus sacra fiebant ab iis qui prytanes dicebantur.

Cupentus porrò lingua Sabinorum sacerdos vocabatur, quod notat Seruius. hinc Vergilius lib. Aeneid. 12. videtur nomen deduxisse, cùm cecinit:

    Nec Di texere cupentum.

Postremò quoniã Orgeones, & Chalazophylaces, & Pyrphoros suprà memorauimus, & Latinis parum noti videntur, hoc loco exponã. Orgeones ergo dicebantur sacerdotes, qui deorum honori, aut heroum cōueniebãt: ab Orgiis, vt putatur, dicti: id est, sacris mysteriis. vel à verbo ὀργιάζω, id est sacrifico, & sacra instituo: vel quia inter sacrificandũ ὀρέγωσι τὸ χέρι, id est porrigant & extendant ambas manus. Putant alij, quod in Orgadibus, id est terris alicui deo sacris, vel lucis rem diuinam facerent. hi & Orgiastæ dicuntur.

Χαλαζοφύλακες verò sacerdotes à Græcis dicebãtur, qui grandines cũ instarẽt, speculãretur. hi enim agni vel pulli sacrificio auertere credebãtur. Sed si agnus vel pullus abfuisset,

    dig

Syntagma XVII. 407

digitum graphio ſtilóve feriebant, atque inde fuſo ſanguine litabant. hos autem à Cleone inſtitutos legimus.

πυρφόροι, id eſt, igniferi, ſacerdotes fuére, qui ante alios ignem in ſacrificiis inferebant. hi etiam in prima acie prodire cum face & corona ſolebant, nec à quoquam violari fas erat, vt feciales apud Latinos horum meminit & Pollux.

Paſtophori etiam apud Aegyptios & Graecos ſacerdotes legútur, dicti vel à παςῳ̑, id eſt, thalamo: vel à veſte, ſeu velo. Apuleius ſic Iſidis ſacerdotes vocat. Sed & Venus Paſtophoros vocata eſt, vt ſuo loco à nobis proditum eſt.

His ita de templis, aris, & ſacerdotibus, praemiſſis, eam tibi ſentétiam primùm ſubſignabo, quam de deorum hominúmve honore ac cultu protulit apud Alexandrum Calliſthenes Olynthius, auditor & propinquus Ariſtotelis. Cùm enim Anaxarchum, ſuadéte Alexandro audiuiſſet, vt diuinos honores oblatos ſuſciperet: tum mox ille, pulcherrimam diſtinctionem diuinorum humanorúmque honorum fecit, itaque definiit: Ad deos (inquit) Alexander, pertinent templa, ſtatuae, luci, ſacrificia, libationes, diuini item hymni: laudes verò hominum ſunt: & quidem ſalutari homines à ſalutantibus, & oſculari mos eſt: diuinitas autem, quoniam in coeleſtibus ſedem habet, neque fas eſt vt à mortalibus côtingatur, propterea adorationibus ſacrificiíſque colitur. Deis praeterea, ait, chori & paeanes, caeteráque id genus concinuntur: neque enim mirum videatur, quod alij aliis honores & cultus ſuperis inſtituti ſint, cùm & heroum quoque honores à deorum cultu differát. non itaque decet haec confundi, & mortalem quempiam per honorum excellétiam humanum ſuprà modum extolli. peſſimè enim id fieri videmus, ſi deis & hominibus par honor afferatur. Atque haec quidem apud Arrianum philoſophus Calliſthenes diſſeruit. Erant ergo, vt vides, apud gentes diſtincti honores & cultus: alij quidem deis, alij heroibus, & item alij hominibus. nam heroibus mos fuit rem ſacram ad occidenté verſus fieri, deis verò ad orientem: vt Pindari Graecus interpres notat, & ipſe in hoc alibi pluribus oſtendi.

Nunc verò attende, quae varia obſeruauerim de ſacrificiorum vocabulis. ne de re inſtituta, aliqua tibi (prout facultas tulerit) praetermiſiſſe videri poſſim. Neque enim ego nûc rem ad Platonis legem redigo, quin in Legum lib. octauo, ſingulos deos ſingulis anni diebus, totidémque ſacra fieri mandauit, vt vnus aliquis ſemper rex magiſtratibus deorum alicui, aut daemonum pro ciuitate, pro ſeipſis, pro rebus ſuis ſacrificaret. Sed ad inſtituta vt plurimum Romanorum & Graecorû deduco. Erat ergo ſacrificiû, quodcunq; erga deos officium, quod rité rei diuinae faciendae cauſa impendebatur. vnde & Sacrificare verbum quod (vt inquit Socrates in Euthyphrone) eſt munera deis offerre: vt vouere, à deis petere. Heraclitus verò ſacrificia medicaméta nuncupabat, quod à morbis animû expurgare poſſent. Sacrificium, inquit Iſidorus, eſt victima, & quaecunq; in ara crematur, ſeu ponuntur. omne auté quod deo datur, aut dedicatur, aut conſecratur. quod dedicatur, dicédo datur, vnde & appellatur. Hinc errat, qui conſecratione, dedicatione putant ſignificare. Immolatio ab antiquis dicta à mola, de qua ſuo loco agemus: vel, vt putat Iſidorus, quòd in mole altaris poſita victima caederetur. vnde & mactatio poſt immolationem erat, vt paulò pòſt oſtendam. Sed enim appellamus & ſacrificiû, ſacrû: vt ſacra facere: vt & illud quod dicitur, inter ſacrû & ſaxum, & rem ſacram, & rem diuiná, & alia, de quibus ſparſim ſuis locis agemus. Sunt & ſacrificia alia publica, quae pro populo fiebant: quae & popularia ſacra dicta ſunt, vt ait Labeo, quae omnes ciues faciebât. haec & certis familiis attributa fuerat, vt Fornacalia, Palilia, Laralia, vt ait Feſtus. Alia erát priuata, quae pro ſingulis hominibus & familiis agebátur, vt Varro & Feſtus docet. Fuerût item ſacra quae Peregrina dicebátur, de quibus Sex. Pomp. Peregrina, inquit, ſacra appellabátur, quae aut euocatis deis in oppugnâdis vrbibus Romae fuerát delata, aut quae ob quaſdá religiones per pace erát petita, vt ex Phrygia Matris Magnae, ex Graecia Cereris, Epidauro Aeſculapij, quae colebantur eorû more à quibus ſunt accepta. Ité alia ſtata erát ſacrificia, quae certis diebus fiebant, quae & Stata ſacra dicebátur, vt in primis apud poëtas videmus. Cato in ea quam ſcripſit de Lucio Vecturio, de ſacrilegio commiſſo, cum ei equum ademit: Quod, inquit, tu quantum in te fuit, ſacra ſtata, ſolennia, ſancta deſeruiſti. Feſtus, Macrobius & Lactantius grammaticus. Alia erant Solennia, quae omnibus annis praeſtari ſolerent, vt iidem tradunt. Haec eadem & Anniuerſaria dicebantur, quae annua ſacra à Vergilio in VIII. Aen. dicta ſunt. quo loco ſic Seruius: Annua, inquit, quae differre nefas: Anniuerſaria ideo non differuntur, quia nec iterari possunt. nam Calendaria, si qua fuerint ratione dilata, possunt repeti, nec piaculum eorum intermissione committitur. Cæremoniæ verò sunt, ritus sacrificiorum, à populis Italiæ dictæ: vel à carendo, vt alij putant. Vnde Valer. Max. imò M. Tullius, in ea oratione quæ de Aruspicum responsis inscribitur, nam ex ea sunt verba desumpta: Maiores statas solennésque cæremonias, pontificum scientia: bene gerendarum rerum auctoritatem, augurum obseruatione: Apollinis prædictiones, vatum libris: portentorum depulsa, Hetrusca disciplina explicari voluerunt. prisco etiam instituto rebus diuinis opera datur, cùm aliquid commendandum est, precatione: cùm exposcendum, voto: cùm exoluendum, gratulatione: cùm inquirendum, extis, vel sortibus: imperito cum solenni ritu peragendu sacrificio, quo etiam ostentoru ac fulgurum denutiationes procurantur. Quæ verba si quis rectè perpendat, totam fermè ratione votorum & sacrificiorum cóprehendunt, atq; ideò à me hic vbi sunt recitata. Illud etiam sanè significandum duco, quòd denariæ quædam dicebantur cæremoniæ, & tricenariæ, quibus sacra adituris decem continuis rebus, vel triginta certis quibusdã rebus carendum erat, vt Festus notat. Græci quoque, vt ex Polluce, aliísque colligimus, variis vocabulis rem diuinam vocitabãt: inter quæ hæc sunt. θυσία, quam Porphyrius & grammatici quidam dictam existimant, quòd mortalium primi ex combustis arboribus thymiasin, id est euaporationem & suffitu deis impendere solerēt, & à thymiasi thysiam deriuatam volunt: hinc & Orpheus hymnos deis cum thymiamate & suffitu cecinit. Quidam à θύω, hoc est sacrifico deducunt, vnde etiam thus. Sanè quidam thure primùm sacrificari cœptũ prodiderunt. Libanum quippe puerum legimus sacrificiis deditum, inuidia interemptũ, in cognominem plantam deũm miseratione mutatũ, qui Græce λίβανος id est thus dicitur. hinc & λιβροθύταις, ipsa thuris plata. Historiã latius explicat in Geoponico Heron, seu Cõstantinus. Arnobius tamen negat, apud vetustiss. thus in sacris fuisse, quod alibi dicã. A Thysia, Buthysia deducitur, quã voce & latini vsurpãt, vt Trãquillus in Nerone. Est & verbũ βουθύτειν, id est boue immolare, vel maiore vti sacrificio. quo verbo Aristophanes in Pluto vsus est. Grãmatici à βυ particula intentiua deriuãt, vt βόλιμος, βόσυκος, βόπεινα, cùm magnam famem, ficum & sitim significare volunt. Athysia etiam Acanaptisia Luciano dicitur, & Athenæo, quæ sine fumo sunt sacrificia, & perinde exigua: qualia sunt inopũ, quibus nõ esset victimarũ copia. Dicitur & sacrificia Orgia, quæ (vt Seruius scribit) omnia apud Græcos sacra significãt, vt cæremoniæ apud Latinos. sed abusiuè, inquit, sacra Liberi Orgia dicebãtur, dicta ἀπὸ τῶν ὄργης, id est à furore: vel ἀπὸ τῶν ὀρῶν, id est à montibus: nam præcipuè in montibus celebrabantur. Vergil.

 Qualis commodis excita sacris
Thyas, vbi audito stimulant Trieterica Baccho
Orgia, nocturnúsque vocat clamore Cithæron.

 Græci quidam Orgia dicta tradunt ἀπὸ τῶ εἴργειν, id est ab arcendo, quòd à sacris profani arceri debeant. hinc ὀργιάζω, & ὀργιάζομαι, rem diuinam facio: & ἐξοργιάζω, expio, & ad sacra suscipienda præparo. Sacrificium præterea ἱερουργία dicitur, τιλος & τιλετή, & numero plurali τὰ τίλη. vnde & τιλετὰ ἱερὰ sacra eximia, & quæ ampliora sunt, & sanctiora appellabantur. τιλετὴ quoque, pro mystica & sacra celebritate. quidam vtrunque ἀπὸ τῶ τιλεῖν deriuant, quod perficere ac impendere significat, quod in sacris multa impēduntur ac profunduntur, hinc & τιλετάρχης is dicitur, qui religionis alicuius est conditor, quo nomine CHRISTVS à Dionysio vocatur. hinc & τελιστήριον, locus vbi mysteria & sacra peraguntur. hinc Polyteles, qui multa: & Euteles, qui bene & frugaliter expendunt. Vocatur item sacrificium θύμα, θυηλή, ἱεράτευμα, aliísque multis nominibus, vt quæ deis propria & peculiaria, vt παμύλια Osiridis, θεσμοφόρια & Demetria Cereris, & Aphrodisia Veneris, Dionysia Bacchi, Panathenæa Mineruæ, cæteráque quæ his Syntagmatibus commemoraui. Atque hæc quidem de Græcis. Illud verò à Latinis quibusdam traditum inuenimus, victimam ab hostia differre: idq; volunt ab Ouid. in Fastis significatum his duobus versibus:

 Victima, quæ cecidit dextra victrice, vocatur:
 Hostibus à victis, (vel vt in aliis legitur, domitis)
Hostia nomen habet. Quod discrimen cùm alij, tum in primis Isidorus & Seruius videntur agnoscere, sed ab auctoribus certè confunduntur. Festus alicubi hostiam ab antiquo verbo hostio deriuat, quod est ferio, licet idem alibi ita scribat: Hostia sacrificium, quod Laribus immolabant, quòd ab illis Hostes arceri putabant. Cæsar de bello Gallico:
                Hostiæ

Hostiȩ omnibus locis immolabantur. Hostiæ, ait Isidorus, apud Veteres dicebantur sacrificia, quæ fiebant antequam ad hostem pergerent: Victimæ verò sacrificia, quæ post victoriam deuictis hostibus immolabantur. & erant victimæ maiora sacrificia, quàm hostiæ. Alij victimam dictam putauerũt, quòd vi ictus percussa cadebat: vel quod vincta ad aras ducebatur. hæc Isidorus. Athenæus porrò lib. Dipnosoph. VIII. plura ex pluribus auctoribus exequitur, cur & quomodo sacrificia instituta sint. Qui verò primus animal occiderit, Hyperbius dicitur, Martis filius: qui boues, Prometheus. Sed certe de Prometheo hȩc apud Hyginũ in Astronomico poëtico leguntur: Antiqui, inquit, cum maxima cæremonia deorum immortalium sacrificia administrarent, soliti erãt totas hostias in sacrificiorum consumere flamma. itaque cùm propter sumptus magnitudinẽ sacrificia pauperibus non contingerent, Prometheus, qui propter excellentiã ingenij miram, homines finxisse existimatur, recusatione dicitur ab Ioue impetrasse, vt partem hostiæ in ignem coniiceret, partem in suo consumerent vsu: idq; postea consuetudo firmauit. quod cum facile à deo, non vt ab homine auaro impetrasset, ipse Prometheus immolauit tauros duos: quorum primùm iocinora cum in ara posuisset, reliquam carnem ex vtroque tauro in vnum compositam, corio bubulo texit: ossa autem, quæ circum fuerunt, reliqua pelle contecta, in medio collocauit, & Ioui fecit potestatem, vt quam vellet earum consumeret partem. Iupiter autem etsi non pro diuina fecit cogitatione, nec vt deum decebat, omnia qui debuit ante prouidere, sed quoniã credere instituimus historiis, deceptus à Prometheo, vtrũque putans esse taurum, delegit ossa pro sua dimidia parte. itaque postea in solennibus & religiosis sacrificiis carne hostiarũ consumpta, reliquã, quæ pars fuit deorũ, eodem igne cõburunt. hæc Hyginus in Astronomico poëtico, & multo ante Hyginũ Hesiodus in Theogonia. ex quorum verbis facile intelligas, quod scribit Lucianus in dialogo Iouis & Promethei, cũ ait: Nã quibus me ipsum decepisti in distributione carniũ, ossa pinguedine obducta modò opponẽs, & meliorem partem tibi ipsi reseruas? & cætera. Legimus tamen primos Athenienses bobus in cibis nõ abstinuisse, vt Theon prodit. id etiam Paus. tradit in Eliacis, veteres solitos fuisse hostiam, per quam aliquis iurasset, nõ amplius inter edulia & cibaria homini apponere. vnde Homerus præconem inducit, aprum in mare proiecisse, per quem Agamẽnon iurauerat, Bryseida sui esse lecti expertem. Sanè notãdum est, antiquos totã victimã prius incendisse, vt suprà ostensum est. vnde illa sunt adhuc vocabula, Holocautoma, & Holocaustoma, & Holocaustõ. de quib. sic etiã Isido. Holocaustũ, inquit, sacrificium illud, qd̃ totũ igne consumitur, dũ offertur. Antiqui enim, dũ maxima sacrificia administrare solebãt, hostias totas in sacrorũ cõsumere flãma solebãt. Sed reliqua prosequamur de Hostiis.

Præcidaneæ hostiæ dicebantur, quæ ante solennia sacrificia pridie mactabantur. Festus: Præcidaneã porcam dicebãt, quàm immolare antè erãt soliti, quã nouam frugẽ inciderent. Idem. Præcidanea agna vocabatur, quæ ante alias cædebatur. Itẽ porca, quæ Cereri mactabatur, ab eo qui mortuo iusta nõ fecisset: id est, gleba nõ iniecisset. Cato quoque de Re rustica: Thure, vino, Iano, Ioui, Iunoni præfato: priusquã porcã fœminã præcidaneam immolari præcipit. quo facto, subdit postea, Porcã præcidaneam immolato, &c. Sed hac de re audiẽdus est Gellius: Præcidaneæ, inquit, hostiæ dicũtur, quæ ante sacrificia solennia pridie cædebãtur. Porca etiam præcidanea appellata, quam piaculi gratia ante fruges nouas fieri cœptas immolari Cereri mos fuit, si qui familiã funestam aut non purgauerant: aut aliter eam rẽ, quàm oportuerat, procurauerant. Sed porcã & hostias quasdam appellari vulgò, notum est. Ferias præcidaneas dici, id opinor à vulgo remotũ est, propter ea verba Attei Capitonis ex lib. v. quos de pontificio iure composuit: Coruncanio Pont. Max. feriæ præcidaneæ in atrum diẽ inauguratæ sunt, Collegium decreuit, nõ habendum religioni, quin eo die feriæ præcidanȩ essent, hæc Gellius. Videndũ an rectè apud Festum Præsa porca dicatur, pro præcidanea. Sed B. Aegius fortè præcisam legendum existimat. Festi hæc sunt verba: Præsa porca dicitur, vt ait Veranius, quæ familiæ purgandæ gratia Cereri immolabatur, quod pars quædam eius sacrificij fit in conspectu mortui, eius cuius funus instituebatur. Dicebatur etiã hoc genere sacri Piaculus Porcus, vt docui alibi ex Catone de Re Rust.

Succidaneæ hostiæ dicebantur, litera per morem compositi vocabuli in literam commutata, vt idẽ Gellius scribit: id quod & in Præcidaneis accidisse videmus. nam quasi succedaneæ & prȩcidanȩ appellatæ sunt. Et succedanȩ quidẽ dictæ, si primis hostiis litatum

M

non erat, aliæ post easdem ductæ hostiæ cædebantur, quæ quasi prioribus iam cæsis, luendi piaculi gratia subdebantur & succedebant, ob id succidaneæ nominatæ, litera i tractim, hoc est productè pronúciata. Audio, inquit Gellius, quosdam eam literam in hac voce barbarè corripere. Idem Gellius S.C. affert, quod factum fuit M. Ant. A. Posthumio Coss. tale, quod C. Iulius L.F. pont. nunciauit in sacrario in regia hastas Martias mouisse. De ea re ita censuerut, vt M. Ant. Cos. hostiis maioribus Ioui & Marti procuraret, quod ceteris deis, quibus videretur, placandis, vti procurasset, satis habendum censuerunt: si quid succidaneis opus esset, Robigus accederet. Hactenus S.C. Plautus in comœdia Epidicus inscripta, Men'piacularem oportet fieri ob stultitiam tuam, vt meum tergum stultitiæ tuæ subdas succidaneum. Illud de succidaneis scribit Seruius in VIII. Aeneid. cómen. In omnibus, inquit, sacris fœminini generis plus valere victimas: denique si per mare litare non poterat, succidanea dabatur fœmina: si autem per fœminam non litassent, succidanea adhiberi non poterat. Apud Aegyptios secus, quibus fœminam hostiam immolare fuit nefas. Barbaris quoq; circa mótem Caucasum, & apud Derbices Persicam gentem, Femineum animal victimam dare, aut eius carnibus vesci, sub graui documento vetebatur. Videtur Vergilius in III. Aeneid. succidaneum sacrificium innuere, cùm ait:

Rursum in secessu longo, sub rupe cauata,
Arboribus clausi circum atque horrentibus vmbris,
Instruimus mensas, arisque reponimus ignem.

Quo loco Seruius: Sanè sciendum, inquit, iterationem hanc fieri secundum ritum sacrorum. nam displicuisse prima, ex prodigiis indicatur. quidã etiam has auctas hostias dixerunt: quoniam cùm primis hostiis non litatum esset, tunc & aliæ addebantur, quoad litatum esset. Suet. circa Perusiam sacrificio non litante, augeri hostias imperauit. Legimus quoque, Paulum Aemilium sacrificantem non litasse, vsque ad XX hostiam. in XX verò prima apparuisse signa, quæ victoriam pollicebantur. hinc ad apud Græcos prouerbium factum, Δευτέρων ἀμεινόνων, quod in sacrificiis secunda meliora sint. nam vt dictum est, si priora non bona apparuissent, ad secunda conuertebantur meliora. meminêre & Plato & Hesychius.

Eximiæ hostiæ. Eximij, ait Macrobius, in sacrificiis vocabulum, non poëticum epitheton, vt aliqui putant, sed sacerdotale nomen est. Veratius, vel Veranius, vt aliqui legunt, in pontificalibus quæstionibus docet, Eximias dictas hostias, quæ ad sacrificium destinatæ eximebantur è grege: vel quod eximia specie, quasi offerendæ numinibus eligerentur. hinc Vergilius ait:

Quattuor eximios præstanti corpore tauros. quo in loco ait Macrobius, Eximios, quòd eximuntur: quòd verò lecti, præstantes corpore dictum est. Donatus quoq;: Eximia pecora dicûtur, quæ à grege excepta sunt ad vsus dominorum suorû, vt vberins pascâtur. Sed propriè eximij sunt porci maiores, qui ad sacrificandum excepti, liberius pascantur. Etenim boues qui ad hoc electi sunt, egregij, vel eximij dicûtur: & oues lectæ. vt Vergilius:

Mactant lectas de more bidentes. Idem:
Quattuor eximios præstanti corpore tauros. hæc Donatus.

Ambiguæ oues in sacris quæ dicerentur, Bebius Macer, qui Fastos dierum scripsit, ostendit. ait enim, Iunoni eas quæ geminas parerent, oues sacrificari cum duobus agnis, altrinsecus alligatis: & has ambiguas vocatas, quasi ex vtraq; parte agnos habentes. quam sententiam est secutus Placiades Fulgentius ad Chalcidiû. Varro tamen de Ling. lat. Abigenam bouem dictam ait apud Augures, quam circum aliæ hostiæ constituebãtur. Videtur innuere, quòd circum agerêtur: vt Ambustum, inquit, quod circum vstum est. & Abagium, quod adagium dicitur, litera mutata. Idem Varro alibi, Aruigem in hostiis scribit, quæ cornua habeant, & quorum exta veru coquantur, quod aliàs planius dixi.

Haruga, vel vt alij, Aruga, sine afflatu, ab ara, hostia est, auctore Donato. alij ab hara, in qua includebatur. apud Festum tamen legimus: Hariunga dicebatur hostia, cuius adhærentia inspiciebantur exta.

Cauiares hostiæ dicebantur, ait Festus, quod Cauiariæ, id est, pars hostiæ cauda tenus duceretur, & ponebatur in sacrificio pro collegio pontificum quinto quoque anno.

Prodigiæ hostiæ dicebantur, quæ consumebantur, vt Veranius & Festus scribunt. vnde & prodigi dicti. Prodigialis vero Iupiter etiam legitur, cui Plautus mola salsa & thure
compr

comprecari ait.

Bidentes hostiæ quæ dicerentur, variè proditum est. quidam oues tantum, alij & verres, alij alia. de quib. sic Seruius apud Macr. lib. v 1. Sat. De bidentium, inquit, numero dentium, quem grammaticus ille opinatus est, reprehendendus à me non est, cum ipse iam riseris: verum procurandum mihi est, ne illud obrepat, quod bidentes epitheton sit ouium, cum Pomponius egregius Attellanarum poëta in Gallis transalpinis hoc scripserit; Mars tibi voueo facturum, si vnquam rediero, bidète verre. P. verò Nigidius in lib. quem de extis composuit, Bidentes appellari ait, non oues solas, sed omnes bestias bimas: neque tamen dixit, cur ita appellarentur. Sed in commentariis ad ius pontificum pertinentibus legi Bidentes primo dictas, d litera ex superfluo, vt sæpe assolet, interiecta: sicut pro reire redire, & cætera. hinc idem, vt putatur, Seruius lib. quarto Aen. super eos versus:

Principio delubra adeunt, pacémque per aras
Exequirunt, mactant lectas de more bidentes. Bidentes autem, inquit, dictæ sunt hostiæ, quasi biennes, quia neq; minores aut maiores licebat hostias dare. sunt enim in bestiis, vel vt alij legunt, ouibus, duo eminentiores dentes inter octo, qui non nisi circa bimatum apparent, nec in omnibus, sed in his quæ aptæ sacrificiis inueniūtur. Prosequitur Seruius apud Macr. Ergo bidennes primum dictæ sunt, quasi biennes: & longo vsu loquendi corrupta est vox, & ex bidennibus bidentes dictę. Hyginus tamen, qui ius pontificum non ignorauit, in quarto lib. quos de Vergilio fecit, Bidentes appellari scripsit hostias, quæ per ætatem duos dentes altiores haberēt, per quos ex minore in maiorem transcendisse constaret ętatem. hoc idem quod Macrobius, Gel. antè dixerat lib. Noct. Attic. x v 1. vbi etiam fatui atque arrogantis grammatici rident insolentiam, putantes de ouibus tantum dici bidentes, propter eos Vergilij versus in v 1 1. vt puto Aen. Centum lanigeras mactabat ritè bidentes, hoc idem quod Gellius & Macr. non. Marcellus tradit de proprietatibus rerum.

Fuerunt & Ambaruales hostiæ, de quibus paulò pòst in Ambaruali sacro & Amburbio agemus.

Sed reliqua de hostiis breuiter afferamus. Trebatius lib. primo de religionibus, Hostiarum in primis genera duo fuisse docuit: alterum, in quo voluntas Dei per exta disquirebatur: alterum, quo sola anima deo sacrabatur. vnde & animales hostias vocabant, id quod retrò copiosius ostendam. In his ipsis hostiis, vel animalibus, vel consultatoriis, vt ait Macrobius quædam fuêre, quæ Iniuges hostiæ vocabantur: id est, quæ nunquam domitæ ac iugo subditæ fuerunt. Harum & Vergilius meminit:

Nunc grege de intacto septem mactare iuuencos
Præstiterit, totidem lectas de more bidentes.
Et vt iniuges euidentius exprimeret, adiecit:
Et intacta totidem ceruice iuuencas.

Manilius Chrestus in lib. quem de Deorum hymnis scripsit, ait Mineruæ iniuges boues sacrificari solitas, id est, iugum quæ nunquam tulerunt: illa videlicet causa, quòd & virginitas iugum nesciat maritale, & virtus nunquam sit iugo prementi subiecta. Idem quod & Placiades Fulgentius repetit, in eo quem scripsit lib. ad Chalcidium. Cætera quæ de hostiis dici possent suis locis in Deis ascripsimus. Quare iam par est, vt transeamus ad sacrificiorum & celebritatum pleraque nomina, quorum apud auctores frequens est mentio, vt nostro studio harum rerum studiosis inquirendi laborem in tui gratiam adimamus, atque ab Amburbio exordiemur.

Igitur Amburbium quod & Amburbale sacrum dicebatur, sacrificiū fuit, quoties vrbs lustrabatur. id verò fuit mos fieri, cum prodigium aliquod vrbi minari videretur, & tædis aut victimis expiari conueniret, nonnunquam & sulphure & aqua. Sed & ouis combustis vrbem vel totam, vel partem lustrabant: vnde etiam Nouendiale sacrum institutum fuit, quod dupliciter actum apud Romanos obseruauimus. vno modò, cùm defunctis parentabant, séque lustrabāt, vt in Sepulcralibus docui: altero, cum prodigium aliquod accidisset, quod nouendiali sacro expiare solebant, vt est frequenter cùm apud alios, tum maximè apud Liuium obseruatum. ita verò perficiebatur, vt video doctis placere. Nouem dies assiduè deis sacrum faciebant, quod sacrum indici solebat vel à Pont. Maximo, vel à Prætore vrbano, ex senatus decreto. Fuerunt & Nonalia sacra, quæ nonis celebrarentur: vnde & appellata, vt M. Varro meminit.

De Deis Gentium.   M 2   Solit

Solitaurilia sacra fuêre, quæ singulo perfecto lustro per Censores celebrari mos fuit, ad lustrandam vrbem, sue, oue, & tauro: aut verre, ariete & tauro: qui circum vrbem ducebantur, túmq; multa religione lustrum condebatur. vt ferè sint, qualia ϼιϐήσια à Græcis fieri consueuêre. M. Cato de Re rust. Agrum lustrare sic oportet, Imperans solitaurilia circumagi cum diuis volentibus, quódque bene eueniat, mando tibi Mani, vt illa solitaurilia, fundum, agrum terrámq; meam quota ex parte, siue circumagi, siue circumferenda censeas, vti cures lustrare: & cætera. Festus: Solitaurilia hostiarum trium diuersi generis immolationem signant, tauri, arietis, verris, quod omnes integri solidíq; corporis sint: solum enim lingua Oscorum significat totum, & solidum. hæc Festus. sed & Græci ὅλον dicunt totum: & integrum. Porrò de solitaurilibus meminit Liuius, Asconius, Quintilianus, aliíque.

Ambaruale sacrum, ad arua & segetes lustrandas, multa prece & cæremonia celebrabatur. Pomp. Fest. apud Macrobium: Ambarualis hostia, ait, quæ rei diuinę causa circum arua ducitur, ab his qui pro frugibus faciunt. quod voluit Vergilium in apotheosi Daphnidis significasse, cùm ait:

Et cùm lustrabimus agros. & in primo Georg.
Térque nouas circum fœlix eat hostia fruges.

Ambaruale, ait Seruius sacrificiũ, quod arua ambiat victima: sicut Amburbale, vel Amburbium sacrificium, quòd vrbem circuit & ambit victima. Dictum verò ab am, antiqua particula, quæ circum significat: vt Amburbia etiam, b litera interposita ad cõsonantiam, vt etiam Ambio & Ambitus. Porrò Ambaruale sacrum, nisi de porca fœcunda & grauida, aut vitula fieri consueuerat. Fuit autem Ambaruale sacrum, vt modò dicebam, cùm arua & segetes solenni victima lustrabantur. nam victimam maturis frugibus ter circum arua ducere conueniebat, vt in Cereris sacris infrà dicam, omnésque post clamantes sequebantur: ex quibus vnus querna corona ornatus cum solenni saltatione composito carmine Cereri decantabat laudes. ac postquam vino & lacte libasset, antequam fruges meterent, porcam Cereri immolabant: quæ, vt dictum est, præcidanea dicebatur. Agri præterea ita quoque plerunque lustrabantur. Iunoni & Iano vina prius libabant, mox Martem patrem aduocabant, vt sciens volénsque propitius adesset sibi & familiæ. mox peracto sacro, agrum lustrabant: id quod M. Cato de re Rust. plenius est executus. Græcos quoque vrbes lustrasse accepimus, edoctos ab Epimenide Cretensi, binis ouibus nigri & candidi velleris, dimissis ex vrbe pagóve quò ire vellent, liberè sequentibus eas custodibus: qui vbicunque procubuissent, illas propitio deo immolabant. At verò Galli hominem saginatum per annum, festo die extra vrbis pomœrium lapidibus obruebant: itaque lustrari vrbem putabant. Hinc etiam annotamus, anathemata à Grecis dici sacros eiusmodi homines, qui ad vrbium lustrationem expiationémve deis manibus & inferis deuoti mactabãtur, si qua lues aut calamitas ingrueret, quam tali hominum internecione Deis placatis sedatum iri putabant. ad quæ sacra Diuus Paulus alludens, ad Romanos scribit: Optarem ego ipse anathema esse: id est, quod Greci dicũt ἀναθεματίζεσθαι, hoc est execrari & exterminari à Christo, modo sic illis prosim. Certè & D. Hieronymus notat vocem hanc anathema propriam esse Iudæorum, & pro corporali occidione & detestatione, seu execratione desumi. Vtitur hac voce & alibi D. Paulus, hoc est ad Corinthios & Galatas: item & in libris Mosis. Non me præterit & quæ ab aliis scribũtur, qui modò pro seiunctione quadam & deuotione sumunt, modò pro oblatione, & iis donariis quæ deis tholis & templis offeruntur, ἀπὸ τ ἀνατίθεναι dicta, hoc est à seponendo, vel suspendendo. Hinc Prudentius contra Marcionem:

Organa, & externi laudant anathemata regni.

Sed illud Greci per ε à verbo ἀναθέμεν, id est, execror, hoc per η scribunt. Certè & LXXII interpretes in Deuteronomio, & alibi hac voce vsi sunt. Est & vulgata Pythagorę sententia apud Stobæum, θυσίαι μὲν ἀφρόνων πυρὸς τροφή, τὰ δ᾽ ἀναθέματα ἱϵροσύλων χορηγία: hoc est, Sacrificia imprudentum, ignis alimentum: anathemata verò, id est, oblationes sacrilegorum, impensa & chori inductio. Sed ad nostra redeamus. Si oues lustrarentur, alia à supradictis ratio fuit, nam pastor summo diluculo aqua oues inspergebat, & sulphure, herbáque sabina, & lauro, igne succensis, circumcirca ouilia suffibat, cúmque sacro carmine milio & libo cum lacte & sapa Pali deæ sacra faciebat. Hoc suffimento pecora piari, & morbos depelli, & tabem putabant. Scribit in Hippia maiore Plato, quòd qui expiabant antiqui, Macariæ Herculis filiæ sacram rem faciebant, atque in primis pro re profana. Si verò exercitus lustrandus

Syntagma XVII. 413

dus esset apud Romanos, in campo Martio exercitus instruebatur, & sue, aut hirco, oue & tauro lustrabatur. Milites ipsi lauro coronati, rem diuinam faciebant, sub diuo: & hunc lustrandi morem Seruium regem primum instituisse ferunt, & Armilustrum nuncupasse: in hoc illud maximè obseruare consueuisse accepimus, vt ij qui hostias ducerent, bonis & faustis nominibus appellati eligerentur. ex hac enim re certa omnia prosperi vel sinistri euentus veteres captabant: quae superstitio & nostros plerosque hodie quoque inquinat. Alij hanc exercitus lustrationem ita peragebant, suem, ouem, taurum, qui puri essent, ter circum acies instructas praecedente pompa ducebant, Martique deo immolabant. Aliae porrò lustrationes non Romani modò, & Graeci, sed & Hebraei, Aegyptij, & Persae, aliaéque nationes: quae tamen omnes ad easdem referri queunt, nisi pro regionis & loci vel instituto & consuetudine, vel rerum copia.

Lustralia sacra appellabantur, quae quinto quoque anno id est, lustro peragebantur. aliquando tamen lustralia, pinguia significat, quo modo interpretatur Lactantius grammaticus lib. secundo Thebaid. in Noctis hymno:

> Lustraliáque exta
> Lacte nouo perfusus edet Vulcanius ignis.

Lustralia, inquit, pinguia; nec possumus quinquennalia accipere, cùm constet anniuersarium sacrum dicatum fuisse. Lustralia ergo pecora sunt, quae per quinquennale tempus deuota sacrificiis nutriuntur, & ideo pinguia. Seruius quoque 8. Aeneid. super ea verba:

> Vescitur Aeneas simul, & Troiana iuuentus
> Perpetui tergo bouis, & lustralibus extis.

Lustralibus, inquit, aut pinguibus, moris enim fuerat completo lustro pingues victimas offerre censores: aut certe de quinquennali boue, id est, perfectae aetatis. nam & Homerus βοῦν ὡριταίνετα dixit. Sanè lustratio quae fiebat post funus, praeclarè tribus versibus à poëta in sexto Aeneid. exprimitur, post iusta Miseno peracta. Idem inquit:

> Ter socios pura circumtulit vnda,
> Spargens rore leui, & ramo felicis oliuae,
> Lustrauítque viros, dixitque nouissima verba.

In quibus versibus nihil est otiosum, sed omnia ex prisca religione desumpta. nam cùm omnis expiatio, seu expurgatio ad superos pertinere crederetur ternarium numerum superis sacrum adhibuit. Quin & verbo apto lustrationi vsus est, quod est Circumfero. vnde & Plaut. Pro laruato te circumferam: id est, purgabo. codices vulgati non pro laruato habent, sed pro Cerito. Imò ipsa lustratio, vt Seruius docet, a circumlatione dicta, vel tedae, vel victimae, in quibusdam vel sulphuris. Iuuenalis:

> Cuperent lustrari, si qua darentur
> Sulphura cum tedis, aut si foret humida laurus.

Tum & aquam spargit poëta, quae sordes abluat, ramo felicis & festae oliuae: licet lauro potius id fieri soleret, vt dicit Donatus, & cósentit Seruius, sed Verg. mutauit propter Augustum: nam quo die natus erat Augustus, nata in palatio laurus erat, ex qua triumphantes coronabantur. & ideo ne lustratione lugubri videretur adhibere, mutauit in felicem oliuam. Sanè & aqua marina purgationes factas apud antiquos, & hodie fieri à Mauris, aliisque multis audiui. De mari Proclus, vt alio loco dictum, & M. Cicero de parricidis agens, in culeo insutis: Non sic in flumen abijcere, ne cùm delati essent in mare, ipsam polluerent, quò caetera quae violata sunt, expiari putantur. Meminit & Aristophanis interpres. Nam, inquit, moris fuit expurgare profanatos, si ad mare deferantur, & abluantur. At res haec notior est. hinc etiam illud Catulli ad Gellium:

> Suscipit ô Gelli, quantum non vltima Tethys,
> Nec genitor Nympharum abluit Oceanus,

Insani quoque homines expiantur porco in primis. Id etiam Plautus in Menech. ostendit. Nunc ipso naturae deo mihi responde adolescens, quibus hic preciis Porci veniunt, sacres, sinceri? numum à me accipe: iube te piari De mea pecunia; nam equidem insanum esse te certò scio. & paulò pòst: Hercle certò non sanus satis, & mox: Iube, si sapis, porculum afferri tibi. Ad hoc facit illud Horatij in Sermonibus:

> Immolet aequis Hic porcum Laribus. Idem & Varro confirmat lib. 11. de Re rust. Illud etiam fuit purgationis genus per Oscilla, cuius meminit Vergilius in secúdo Georg.

De Deis Gentium.   M 3   Oscil

Oscilla ex alta suspendunt mollia pinu.

De quibus copiosè in primis Hyginus & Seruius. Oscilla verò ab ore cillendo, id est, mouendo dicta, si Seruio stamus. alij ab osculo diminutiuum volunt oscillum, vt à baculo bacillum. Santra tamen vetus scriptor: Oscilla, ait, quod oscillant, id est, inclinant, præcipitésque in os ferantur. at verò Cornificius: Oscellantes, inquit ab eo quod os celare sint soliti personis, propter verecundiam, qui eo genere lusus vtebantur. Causa autem eius iactationis proditur, vt Festus scribit, quòd Latinus rex prelio, quod ei fuit aduersus Mezentium Ceritum regem, nusquam apparuerit, iudicatúsque est Iupiter factus Latiaris: itaque per sex eos dies feriatos liberos, seruósque requirere eum non solum in terris, sed etiam qua videretur cœlum posse adiri per oscillationem, velut imaginem quandam vitæ humanæ, in qua altissima interdum ad infimum, infima ad summum efferuntur. Hyginus autem in Fabulis, vbi de Icaro agit, oscillationem ait celebritatem fuisse apud Athenienses, qui cùm pestilentia laborarent, consulto oraculo responsum est, vt diem festum celebrarent Oscillationis, ad expiationem Icari & Erigones. Nec desunt, qui exemplum Græcorum Italicos secutos putent. quod illi quóque, vt interfecto Icaro Erigone filia eius dolore impulsa suspendio perierit: quas neces vt expiarẽt Attici, oraculo moniti, Oscillorum celebritatem instituerunt. vt Seruius & Hyginus, & in Aratum Grammatici pluribus retulerunt. Prudentioribus tamen placuisse legimus, sacra Liberi patris ad animæ purgationem pertinere, hinc & ei deo Mystica vannus Iacchi: nam vanno & cribro fit granorum purgatio. Omnis autem purgatio, aut per aquas, aut per ignem fit, aut per aërem, sicut & in sexto canit poëta:

Aliæ panduntur inanes
Suspensæ ad ventos, alij sub gurgite vasto,
Infectum eluitur scelus, aut exuritur igni.

Qua de re alibi nonnihil retuli, & ibi plura Seruius. In purgationibus præterea notamus oua adhiberi solita, & sulphura, tedas, lauros, & similia, vt ex Plinio, Iuuenale, Ouidio, Apuleio, poëtis cæteris colligimus. Fuit & expiationis apud Grecos alia ratio in pestilentia, aut fame, aliáve calamitate, maiori ve aliquo discrimine, qua hominem abiectum perquirebãt, quem caricis, placentis, caseóque alliciebãt, eum septies virgis quibusdam ad pudenda verberabant, tum demum fouca confossa cremabant, cineres in mare proiiciebant: eo sacro arbitrati vrbem expurgari, Catharmon id appellãtes. Meminit Isaacius apud Lycophronem, item Hipponax in Iambis. Quidam & Anathema vocant, vt paulò antè ostendi, Apollonius verò Tyaneus, vt est apud Philostratum & Eusebium, non minus tetra expiatione vsus in Ephesi pestilentia est. nam mendicum senem lapidibus obrui præcepit, vt eam auerteret. Historia est nota. hanc fermè expiationem, seu deuotionem potius, fecisse Abderitanos certis diebus, innuit Ouidius in Ibin:

Aut te deuoueat certis Abdera diebus,
Saxáque deuotum grandine plura petat.

Morem insuper fuisse legimus expiandi purgandíque classem, id quod & in libro de Nauigiis scripsimus, in littore maris altaria posita marinis vndis alluebantur, omnísque circunstabat multitudo linguis fauens. tum sacerdotes in mari stantes, sacrum faciebant, térque per classem scaphis circumuecti, sacra piamina ferebant, ducibus & nauarchis vnà annauigantibus, ipsáque piamina attollentibus, vt ab exercitu totáque classe infelicia cuncta auerterentur, ac depellerentur. Alium puerorum expiandi morem antiquis fuisse, demonstrat Persius Satyra secunda:

Ecce auia, aut metuens matertera cunis,
Exemit puerum, frontémque atque vda labella
Infami digito & lustralibus ante saliuis
Expiat, arentes oculos inhibere perita.

Sed & Græci solebant pro infantibus sacrificare, quinta à partu die, quam rem in Truculento Plaut. argutissimè his Dinarchi verbis ostẽdit: Quin deis, inquit, hodie sacrificare pro puero volo ascititio. Addit Phronesiũ meretrix, Imo hercle verò quinto die, quod fieri oportet, censeo. Hunc autem more expiandi Plato in Theæteto dilucidè declarat, quo loco sic Socrates loquitur: Hanc prolem, vt videtur, qualiscunque sit, vix demũ genuimus: post partum verò, vt moris est, quinta die ab eius natali, solennia celebrantes, circulo cursim

sim circumferre debemus, præcauetes ne nos fallat, si fortasse educationi digna no sit, sed inanis ac falsa: num censes natum tuum omnino alendum, nec vllo modo abiiciendum? an forte reprobatum videns primogenitum tuum, non moleste feres de medio tolli? hactenus apud Plat. Socrates. Quibus verbis planum videmus, quod obscurum apud Plautum videbatur. Sed & fuit nostris, hoc est Latinis lustricus dies, quo lustrare infantes solebant antiqui, & nomina imponere fœminis quidem vi i i, maribus i x die, vt Macrob. Festus & Plut. ostendunt: vnde etiam dea Nundina à nono die dicta, vt alibi docui. Sed & Hebræi peritomen, id est, circumcisionem suam, v i i i die vt plurimum, vt nos sanctam absolutionem, quod græcè baptisma appellamus, facere consueuerunt. Porrò expiatio, seu purgatio de nece hominis quæ fiebat priscis, scribitur à Pausan. in Attica: Cùm, inquit, Theseus Pallantis filios interfecisset, Trœzena profectus est purgationis causa: hoc est τοῦτο εἰδὼς, ἐς Τροζῆνα ἔρχεται καθαρσίου ἕνεκα. ne forte te decipiat Domitij interpretatio. Meminit item alterius eiusdem Thesei purgationis, ob cædem quam de latronibus fecerat, à Phytalij nepotibus. Item in Corinth. narrat Apollinis & Dianæ expiationem, de Pythonis morte. de his etiam sæpe apud auctores leges: vt apud Herodotum in primo de Adrasto, qui ea causa ad Crœsum regem iuerat, vt expiaretur, & incautè regis filium interemit. Nota est historia. nihil omnino notius apud auctores, si quis nece aliqua pollutus esset, bis septies se inundationibus vestésque aqua abluere solebat: vnde etiam sæpe legimus huiusmodi expiationes apud flumina factas. Fuit & in hoc genere expiaminum, vt Varro de Ling. lat. docet, piacularis hostia, cù quid cù piaculo factù esset. Varronis verba: Prætor, inquit, qui tum factus est, si imprudes fecit, piaculari hostia facta piatur. Dicimus & piaculare sacrù, & piaculare sacrificiù vtrunq; apud Liuium legimus. hinc & Piacularis Romæ porta appellata fuit, propter piacula quæ ibi fiebant: vel vt Cloacius ait, quòd piaculù ibi solueretur piandi, vel propiciandi causa. Lege Festum, à quo & illud proditum est: Piatrix dicebatur sacerdos, quæ expiare erat solita: quam quidem alij vocabant simulatricem, alij sagam, alij expiatricem. & Piamenta etiam dicebantur, quibus in expiando vtebantur, siue purgamenta. Demùm Epimenides Phæsto vrbe Cretensi oriundus, expiationum carmina composuit, & de his librum versibus edidit, vt in decimo Strabo, aliique prodidere. Sed iam nonnihil de celebritatibus & festis tum Romanorum, tum Græcorum afferamus.

DE CELEBRITATIBVS, ET FESTIS.

Sed & nonnihil iam de Romanorũ & Græcorũ celebritatibus & festis afferamus, vt intactũ tibi nihil mittamus. incipiámq; à Latinis feriis, de quibus ita Plin. Feriis Latinis, ait, in Capitolio quadrigas certasse, victore absinthiũ bibisse, quod eo maiores arbitrarentur sanitatè honorificè dari. Latinas verò ferias, inquit Varro, à Latinis populis dici, quibus ex Albano monte carnẽ petere cũ Romanis ius erat. Plura de his in Ioue scripsi: Arnob. lib. I. vbi de Cęremoniarũ mutatione agit: In Albano, inquit, antiquitus monte nullos alios licebat, quã niueitauros cã doris immolare, nonne istu more religionémq; mutastis, atq; vt rufulos liceret dari senatus cõstitutũ sanctione? De hoc sacro & Alicar. plura, hoc autẽ Latinarũ sacrificiũ, Latiar vocabatur, vt Macr. ait in Sat. M. Cic. ad Q. Fratrẽ: De nostra, ait, Tullia spero cũ Crassipede nos confecisse: dies erat duo, qui post Latinas erãt religiosi, cæterũ cõfectũ erat, Latiar erat, exiturus ad vi i i idus Aprilis (sposalia Crassipedi prębui. Sicut verò Latiar dicebatur, ita & Palatiar, sacrificiũ quod in Palatio fiebat: Festus. Alij Palatuar legũt, vnde & Palatualis flame, qui ei deo cõstitutus erat, in cuius tutela Palatiũ esse credebatur.

Palilia, vel Parilia, Palis deis solennitas, dies vrbis Romæ natalis fuit, x i kalend. Maij, vt planius infra ostendam, & in primo quoque libro vbi de Pale actum est.

Matralia, Matris Matutæ, Iunio mense, peragebantur. de his in nostris Fastis sum locutus, in his liba rusticana sumebantur, nec ad ea sacra ancillis accedere licebat. Matronalia verò kalend. Mart. agebantur, vt Horat. Ouidius, & Acron ostendunt, & Plut. & Festus. Fuerunt & Meditrinalia, à dea Meditrina: de qua suo loco ex Varrone & Fasto actum est.

Megalesia, Magnæ matri Non. Aprilis agebantur: Ouid. Varro ait, quod ipsa accersita ex libris Sibyllinis, ab Attalo rege Pergami prope murum Megalesion, in templum eius deæ, vnde aduecta Romam: quod copiosius traditum est in ipsa dea.

Opalia, deæ Opi mense Decembri fiebant: Varro, Macrob. Cætera in Opis descriptione repete.

Angeronalia quæ essent, in ipsa dea Angerona explicui, vbi & de Consentijs.

Quinquatria, quæ & Quinquatrus, Mineruæ dies, x v kal. April.

Minusculæ verò idus Iul. Festus. Sunt qui Munusculæ legant, à muneribus.

Cerealia: vide retrò, vbi de Cerere agemus.

Populifugia mense Iunio à Romanis celebrabantur, vt docet Macrobius. Varro: Iunio, inquit, mense dies Populifugia videtur denominatus, quòd eo die repentè tumultu fugerit populus. non multo enim pòst hic dies, quàm decessus Gallorum ex vrbe & qui tum sub vrbe populi, vt Ficuliates, ac Fidenates, & finitimi alij, contra nos coniurauerunt. aliquot huius diei vestigia fugæ in sacris apparent, de quibus rebus antiquitatum libri plura referunt, ait Varro. Mense Iulio, ex calendario Masseiano: vbi Poplifugia, sine u ante l: vti etiam Poblicola, pro Publicola. B. Ægius.

Fornacalia x 11. Kal. Mar, à Fornace dea, de qua in primo actum est.

Hilaria lætitiæ celebritas, v 111. Kal. April. Vide nostros Fastos. horum meminit Macrobius, & Vopiscus in Aureliano.

Lemuria sacra, sedandis Lemuribus Remi, mense Maio celebrata, vt Ouid. & Porphyrion tradunt, & ego alibi plura.

Quirinalia, x 11. Kal. Maij, quæ & feriæ Quirini dictæ. Ouidius & Varro.

Regifugium, v 1 Kal Aprilis. sacrum verò v 1 Kalend. Iulij: Ouid.

Terminalia, mense Februario: de quibus alibi, hoc est in termino, plura.

Feralia dicta, cùm ferebant epulas ad sepulcra: Varro, & plura infrà, cùm de inferorum sacris agemus, vbi etiam de Februis, & alijs.

Liberalia, quæ & Bacchanalia & Dionysia, Festus, Macrobius hæc & Orgia dicta fuere. Sanè Liberalia & Bacchanalia non eodem tempore fiebant. nam Liberalibus togæ pueris dabantur, x v 1 Kalend. April. vt Ouid. in 111 Fastorum, & ipse in meo Calendario notaui. Horum M. Cicero nec semel meminit ad Atticum, & alibi: Liberalia, inquit Varro, dicta, quòd per totum oppidum eo die sederent sacerdotes liberi, & anus hedera coronatæ, cum libis & foculo pro emptore sacrificarent. Bacchanalia verò singulis mensibus agebantur, quæ sublata fuerunt à Posthumio Cos. propter dedecus. Porrò in Græcis inuenio, Dionysia tripliciter Athenis celebrata fuisse: prima quidem per agros, mense Posideone: altera Lenæa, eo mense qui ideo Lenæon dictus est, de quo in nostro de Annis & temporibus, &c. tertia Dionysia, mense Elaphebolione celebrabantur.

Equiria, ab equorum cursu dicta, ait Varro: hæc Ouid. duplicia commemorat, in Martio scilicet, & Aprili.

Compitalia, vt Festus ait, festa quæ in compitis agebantur. Varro, Laribus compitalia diem attributum ait, vbi viæ competunt. compita: & tum ibi sacrificabatur, quotannisque is dies concipiebatur, ideóque inter conceptiuos dies relatus, hinc & ludi compitalitij nuncupati, de quibus in Laribus actum est abundè.

Consualia, Conso deo celebrata dicta quòd cùm feriæ publicæ ei deo in circo ad aram eius ab sacerdotibus fierent, & ludi illi, virgines Sabinæ raptæ fuêre, x v 11. Kal. Septem. In Conso plura dicta sunt.

Furinalia, seu Furnalia, deæ Furinæ festa, vt in primo dictum, v 1 Calen. Septembris. Quidam Deam Furinam duplici r, enunciant.

Vulcanalia mense Sextili agebantur. vide Vulcanum.

Vortumnalia, à Vortumno dicta, cuius feriæ, ait Varro, mense Octobri, & hoc lege in Vertumno.

Apollinares ludi prius in certo tempore celebrati, post à Licinio Varro Præt. lege lata, 1111. Non, Quintilis celebrati, boue aurato, capris duabus albis auratis: Macrob. & Seruius in v 1. Æn, Hos ludos Laureatû populo spectasse, Festus scribit, stipe data pr o cuiusq; copia.

Caprotinæ Non. Quintil. dictæ, quòd eo die in Latio Iunoni Caprotinæ mulieres sacrificabant, & sub caprifico faciebant, ipsius arboris lac offerentes. quin & è caprifico virgam adhibebant, vt ait Varro. Plura sunt à me in Iunone relata. Ancillarum hic dies festus fuit Caprificia nuncupata, ab arbore caprifico, sub qua sacrum fiebat. plura Macrobius: Plutarchus tum in Romulo, tum in Camillo, & itê in Parallelis. Plinius verò initium Caprificiorum Vulcano sacrum fuisse ait, ita scribens: Vindemiæ mellis Attici signum dedere Caprificiorû die, Vulcano sacrum. Plerique putât, Caniculares dies Caprifici dies

esse

Syntagma XVII.

esse. Notius verò est, hunc diem ab Ouid. in Arte notatum esse, in illo:
> Porrige & ancillæ, qua pœnas luce pependit
> Lusa maritali Gallica veste manus.

Laurentinalia, x. Kal. Ian. celebrabantur, vt docui in Fastis. M. Cicero ad Brutum: In eóque sum maiorum exemplum secutus, qui hunc honorem mulieri Laurentiæ tribuerūt, cuius vos pontifices ad aram in Velabro sacrificium facere soletis. alij Laurentalia libentius legunt, de quibus & Festus. Varro: Feriæ publicæ Laurentinæ, is dies, quem diem quidam in scribendo Laurentalia appellant, ab Acca Laurentia nominatus, cui sacerdotes nostri publicè parentant sexto die qui Acca dicitur, &c. Porrò & quidam Larentalia absque u in prima syllaba enunciant. alij duas faciunt, quod planius in Flora notauimus.

Faunalia, in quibus Fauni sacrum Non. Decembr. celebrabant. Horat. in Odis, & eius interpretes: plura ipse in Dæmonibus.

Mercatorum dies festus idus Mart. vt Festus scribit. Idem & seruorum dies festus, idus Sextilis.

Agonalia inferius à me commemoranda, ariete agebantur, v. Idib. Ian. Numa Pompilio auctore. de his & Ouid. Hæc & Agonia dicuntur, & duplicia erant: altera quidem Ian. altera XII Kal. Maias celebrata, vt planius in Calendario ostendi.

Carmentalia à Carmente dicta, vt suo loco ostensum est. hæc verò annis singulis à matribus familiâs XVIII. Kal. Feb. fiebant: in quibus aliquid scorteum, aut sua morte peremptum attulisse, piaculum fuit.

Robigalia VII. Kalend. Maias, vt in Fastis notauimus, celebrabantur. alij licet VI. kal. scribant. De Robigo deo in primo abundè dictum est, atque ideò hic repetere superuacaneum est. Oue & cane Robigo deo sacrum agebatur, vt infrà ostēdam. Floralia quo pacto, quáve cæremonia celebrarentur, in deæ Floræ descriptione copiosè disserui. hæc verò IIII. Kalend. Maij agebantur. quidam tamen VI. Non. Maij, scribunt.

Fordicidia, inquit Varro, à fordis bobus dicta sunt. Bos forda, quæ fert in ventre, quòd ea die publicè immolabantur boues prægnantes in curiis. Complures à fordis cædendis, Fordicidia dicta autumant. hæc & Fordicalia dicta fuêre, & x VII. kalend. Maias celebrabantur. Fest. & Ouidius.

Lupercalia Romanorum celebritas, xv. kalend. Mart. (licet aliter alij scribāt) celebrabantur. in his capræ candidæ immolabantur, vel vt alij tradunt, canes. Februatus is dies, teste Varrone & Censorino, dicebatur. Februalia sacra ad expiandos manes fiebant, græcè λύπερα dicta, à Pane Lycæo, deo Arcadico, qua de re in eius descriptione plura dixi. nunc illud tantum: Hæc sacra à Lupercis celebrabantur, quorum varia fertur institutio, vt à Plut. In Romulo pluribus traditur. Magis illa recepta est, quæ de Euandro Arcade rege proditur, qui ex Arcadia profugus. in Latio Palatium tenuerit, nudósque ibi iuuenes hoc sacrum per ludum & lasciuiam primùm agere instituerit, quam & Iustinus commemorat ex Trogo. Quidam fabulosè in Herculem & Faunum referunt, vt in Fastis Ouid. Alij in Romulū & Remum, qui cum Quintiliis & Fabiis in lucta cùm essent, abactores pecorum, vt erant nudi, insectati sunt: & recuperata præda, id sacrum instituerunt. quod idem recitat Ouid. Sunt qui tradant, quod Romulus Remúsque Amulio cæso fœdati cruore vultus, nudátis gladiis & succinctis vestibus, ab Alba ad Ruminalem ficum vsque cucurrerint. Varia quoque de nomine tradantur. Plerique enim à lupis, qui λύκοι græcè dicuntur, nomen deducunt, quòd scilicet lupi arceantur à stabulis. alij à lupa non miti, quæ abiectis infantibus pepercerit: vnde & Luperca dea est auctore appellata Varrone, vt scribit Arnobius. Iustinus verò ex Trogo lib. XLIII. Lycæum, ait, quem Græci Pana, Romani Lupercum appellant, qua de re plenius in Pane dixi. Alij tradunt, quod ludicrum ipsum, seu templum Lupercal diceretur in specu sub monte Palatino, quod & poëta innuit, cùm ait:
> Et gelida monstrat sub rupe Lupercal. Ouidius de Romuli lupa nutrice:
> Illa loco nomen fecit, locus ille Lupercal,
> Magna dati nutrix præmia nomen habet.

Lupercal, ait Liuius, ludicrum in mōte Palatino. Quare & ego ad Riccium in Hendec. cùm me ludis & spectaculis interesse ob infirmam valetudinem non posse dixissem:
> Hinc qua me ratione cogitare
> Putas, perpetuò esse me grabato

Damn

Damnatum, atque triennium iacere.   & paulò pòst:
Nec quos ferre folet iocos Lupercal.

Nec defunt, qui auctore Fabio, Lupercal dicant vocatum esse, quasi luere, id est purgare per capram. nam vt iam dictum, de capra in primis sacrum fiebat. sed enim ea Lupercis fuit præcipua veneratio, vt quæ minus fœcundæ mulieres haberentur, minúsque fœtus ederent, ad lupercos confugere solerent, qui capris direptis tergoribus, eisque succincti, circum antiquum oppidum, hoc est Palatium discursabant, loris coriísve occurrentes, verbera incutientes. His fœminæ vltro obuiam prodibãt, facilem eo verbere partum sibi sperantes. Hinc Ouid. in Faſtis:

Excipe fœcundæ patienter verbera dextræ;
Iam focer optatum nomen habebit aui.   Et Propertius:
Verbera pellitus setosa mouebat arator
Vnde licens Fabius sacra Lupercus habet.

Plura Plutar. in causis Romanis.   Iuuenalis in molles & pathicos:
Nec prodest agili palmas præbere Luperco.

Diu verò Lupercorum superstitio Romæ durauit. Nam & Iul. Cæsaris téporibus fuit, cùm M. Anton. in his voluit regium diadema illi imponere. historia est nota. plura Plutar. iu M. Anton. & Cæsaris vita. Id moris in Lupercalibus seruabant, vt nobiles adolescentes sibi faciem sanguine inficerent, & alij occurrerent cum lana, lacte madida, id tabum abstergentes, Romulum scilicet & Remum imitantes: nónunquam & laruis personísque obtecti id sacrum peragebant, quo pacto & nos eo anni tempore personis inducti cursitantes insanire solemus. Scribit Festus, Fabiani & Quintiliani appellabantur Luperci, à Fabio & Quintilio, eorũ præpositis. Ouid. tamen in secundo Faſt. Fabios Remi ait socios, & Quintilios Romuli: qui dum sacrificarent Fauno, cæsa capella, & à pastoribus nunciatum esset, pecora parte diuersa abacta, in hostes exiuerunt. & prior Remus recepta præda cum Fabiis rediens, exta & viscera capellæ immolatæ absumpsit, & ossa tantummodo Romulo seruauit. Quare commotus Romulus indoluit, quòd Quintilij sui neglecti fuissent, & tantum Fabiis licuisset: à qua, aiunt, licentia Licentes Fabij posthac appellati fuêre, & in Lupercalib. principes habiti. hinc illud Propertij paulò ante citatum:

Vnde licens Fabius sacra Lupercus habet.   & Ouid. de Romulo:
Risit, & indoluit Fabios potuisse, Remúmque
Vincere, Quintilios non potuisse suos.

Sed tamen si quis Licens pro licentioso interpretabitur, me iudice, non insulsè expofuerit. Sunt quoque qui Licens illud Propertium Lyceus legant. & certè ego vetusta vidi exemplaria, quæ eam lectionem adhuc seruent.

Lucaria festa dicebantur, quæ in luco à Romanis celebrabantur, qui lucus permagnus erat inter viam Salariam & Tiberim, pro eo quòd victi à Gallis fugientes è prælio, ibi sese occultauerunt: Festus. Lucar verò æs dicebatur, quod ex lucis captabatur. alij erogationem quæ in lucis fiebat: & lucaris pecunia, quæ in luco erat data. Plutar. tamen in Probl. Lucar, præmium fuisse scribit, quod in spectaculis impendebatur. Lucaris meminit Cor. Tacitus, libro primo.

Fontanalia, quo anni tempore fierent, vt mihi incompertum est, ita Varrone & Festo testibus describuntur, quorum hic; Fontanalia, ait, fontium sacra, vnde & Romæ Fontanalis porta. ille verò, à Fonte dici tradit, quòd eo die feriæ ab eo, cùm in fontes coronas iaciebant, & puteos coronabant. Hæc verò, vt in Calendario Maffeianorum, fiebãt IIII. idus Octob. vt me monuit B. Aegius.   Tubilustria, quæ & Lustria dicta fuêre, celebritas fuit apud Romanos, qua tubæ sacrorum in atrio Saturio expiabantur, mense Martio. Varro auctor, id sacrum agna fiebat, teste Festo. Tubilustria, vt Ouid, ostendit XIII. Kal. Iunij peragebantur:

Proxima Vulcani lux est, quam lustria dicunt:
Lustrantur puræ, quas facit ille, tubæ.

Armilustrum, & Armilustria vocata, vt Varro & Festus tradunt: in quibus Ancylia per vrbem deferebantur, Armilustrum alibi scripsi à Seruio Tullio institutum. alij tamen à Numa tradunt,   Aquilicia quoq; sacra à Romanis fieri solita legimus. Cùm in magna siccitate aqua esset euocãda, quod cùm alibi, tum præcipuè apud Tertullianũ est videre, qui
ait

ait ea Ioui immolari, in Apologetico. Hinc & sacerdotes, qui à Ioue aquam eliciebant Aquilices dicebantur, eodem aduersus Martionem autore. De Nudipedalibus verò sacris, cùm & per vota fiebant, vel populo denunciarentur, alibi memini me scripsisse.

Vinalia duplicia fuêre, vt Varro, Plin. Festúsque ostendunt: altera vinis degustandis, IX. Kal. Mart. vel Maias, vt in calendario Maffeiano. Cùm vina pura esse putabantur, quo die Ioui nouum linum libare mos fuit, quod ex dolio hauriebatur in vase: altera vinalia fuêre, in quibus Flamen Dialis vindemiam auspicabatur: maturis vuis, vinum legere, & vindemiã fieri iubebat: quibus diebus agnam immolabat, intérque cæsa & porrecta vinum legebat: quo tempore & ex fano Veneris vinũ affatim effundebant. fuit etiam veteri lege sancitum, vt Flamen Martialis diceret diem veteri vino libando medicaminis causa. inde vsurpatum verbum, Nouum vetus vinũ bibo, nouo veteri morbo medeor. Vnde Meditrinæ nomen deæ, cuius sacra Meditrinalia, & dies Meditrinalis, vt alibi diximus. In primitiis etiam pomorum noua vetera esse dicebant, & alia ex optabant noua ominis causa. Fuerunt & Rustica vinalia XII. Kal. Sept. vt Varro ait: vel XIIII, vt ex Festo & veteribus Fastis in nostro de Annis & mensibus cæterísque docuimus: quo die Veneri ædes dicata fuit, & horti eius tutelæ assignati, & tum fuêre olitores feriati. de his Varro in primo de re Rust. ita tradit: Mineruam & Venerem venerari oportere, quarũ vnius procuratio oleri, alterius hortorũ: quo nomine rustica vinalia instituta. Sed quod hortis præesse Venus putaretur, plura in hortésí Venere dixi. hę quidę vinaliorũ ferię, sed ádis & leniędis tępestatibus solénes habebatur. His etiã nouũ vinũ in vrbẽ ferre, & in vinariis cellis cõdere moris fuit. Sed & apud Tusculanos cautũ lege fuit, ne quis nouũvinũ antequã vinalia calarẽtur, in vrbẽ inueheret. quin & hodie in cõsuetudine est in Latio, in oppidísq; vrbe proximis, ne quis vindemiã inchoet nisi publico edicto promulgato, quo vindemia indicitur. Porrò & Romanis vino & nouis frugibus vesci non licebat, priusquã sacerdos primitias libasset: Græcis ante vernũ æquinoctiũ vite incidere, ante autunale vuã gustare nefas habebatur. sed & προτρυγια celebritas Dionysio peragebatur, & neptuno, vt scribit Hesych. Nos interpretari possumus, Ante vindemia. hinc & stella Protrygitis, de qua alibi ex Critol. actũ est.

Septimontium festum Romanorũ inueni nuncupatum, cum septimus collis vrbi esset additus: in cuius celebritate in locis septem sacrum factum fuisse, testis est Varro, Palatio, Suburra, Velia, Fagitali, Cœlio, Oppio, & Cespio. quo die per vrbem vehiculis vehi, criminosum habitum fuit. Plura affert Plut. in Causis Romanis. Et Festus, & Suetonius in Domitiano: qui Septimontialem diem nominat, in quo Domitianus epulum senatui, equitíque panariis, plebei sportellis cum obsonio distributis dedit.

Fuit & Maiuma celebritas apud antiquos, quæ (vt vox ipsa declarat) mense Maio peragebatur. Quidam recentiorum Iurecoss. eam celebritatem esse tradit, qua etiam nõnulli hodie vtuntur, dum in principio mensis Maij, qui sine fronde aliqua virente incedunt, mactã defiunt, vel postibus affigunt frondes & ramos. De qua imperatores Arcad. & Honor. ita in Codice Iustiniani statuerunt, his verbis: Clemẽtiæ nostræ placuit, vt Maiumæ prouincialibus reddantur: ita tamen, vt seruetur honestas, & verecundia castis moribus perseueret. Suidas verò Maiumas, non Maiuma vocat: aítq; celebritatẽ Romæ fuisse, qua apud Hostiam sese aqua marina inuicẽ permadefaciebant. Verùm pòst Anastasius Imperator Constantinopoli sublatam esse voluit, & in aliud tempus, hoc est in Augusti mense fieri permisit, ob Gallorum victoriam. De Maiuma etiam diximus in primo Syntagmate. Charista Ro. Græca voce Festum vocauere, quo cognati & consanguinei conuenire solebant, & inuicem mutua dona dare. Ouid. in Fastis:

Proxima cognati dixere Charistia patres.

Et venit ad socios turba propinqua deos.

Hæc autem fiebant XI. Kal. Mart. Val. Max. lib. secundo: Conuiuium, inquit, solenne maiores nostri instituerunt, idque Charistia appellauerunt (etsi aliqui Eucharistia legunt, qua voce nostri altaris sacrificium & corporis Domini nuncuparunt) Subdit Val. Præter cognatos & affines nemo interponebatur, vt si qua inter necessarias personas querela esset orta, apud sacra mensæ & inter hilaritatem animorum, fautoribus concordiæ adhibitis tolleretur. Sed iam & Græca sacra, & celebritates, quantum pro tempore succurrerint, tibi commemorabo, in primísque ab Hecatombe exordiar.

Hecatombe celebre Gręcorũ sacrificiũ fuit, qua voce & Latinos interdũ vsos videmus.

Iul.

Iul. Capitolinus: Tantum, inquit, sane lætitiæ in Balbino, qui plus timebat, vt Hecatomben faceret, quod tale sacrificium est. Centum aræ vno loco construuntur cespititiæ, ad eas centum sues, centum oues mactabantur: inde si Imperatoris sacrificium fieret, centum leones (vel vt aliqui legunt, oues, quod parum mihi placet) centum aquilæ, & cætera huiusmodi animalia centena feriebãtur: quod quidem etiam Græci quondam fecisse dicuntur, cùm pestilentia laborarent, & à multis Imperatoribus id celebratum cõstat. hæc fermè Capitolinus. Igitur fuit hoc sacrum interdum centũ boum: sed & ouium interdum, & caprarum, & suũ. Fuerunt & qui ex omni genere hoc sacrũ peragerent, qui etiã ὀσκιοψ, id est opacum & vmbrosum nuncuparunt. Sunt qui cẽtum pedum victimarum dixerint. ab hoc & Hecatombæus mensis à Lacedæmoniis, in quo & festa Hiacynthia fiebant. quo de mense certiora attulimus ex variis auctoribus in nostro de Annis mensibus & cæteris. Hinc & Iupiter & Apollo Hecatombæus dicti, & Hecatombæa celebritas. Sunt qui Hecatomben ita describant, sacrificium non simplex, nec vulgare, sed sumptuosum & splendidum, vtpote quod ex centum victimis constaret: vt etiam χιλιμβη, ex mille bobus, seu victimis. Alij abusiuè dictum putant, vt finitum pro infinito numero ponant, vt cùm dicimus ἱκατὸψ ζυγα ναῦψ, hoc est multorum iugorũ nauem. Inuenimus & Βόηρωρψ sacrificiũ quoddam, ex centũ ouibus & boue vno. Alij & Βυάρχψ dicunt, vt notat Hesychius. Sane quidam nõ à victimarum numero, sed quod centũ Peloponnesi vrbes id sacrum facerent: vt Hecatombe à sacrificantiũ numero dicatur, nõ hostiarum. Hac quoque ratione qua Hecatombe dicitur, & διεκοτόβεια, & poëticè ἱνικοτόβεια sacrificia, ex xx bobus dicuntur.

Βυφονια festiuitas quædam fuit apud Athenienses, quæ in Diipoleis, id est Iouis Polei honore agebatur. in his bos mactabatur ab eo qui ex re Βυφίν⊙, id est bouicida dicebatur: qua de re in Ioue Polieo satis multa attuli. Sacrum istud ob vetustatem desitum, nomen tantummodo retinuit. Siquidẽ cũ prius bos cæderetur, mox popanon pro boue offerebant: popanon ipsum, id est placentam nuncupantes bouem, vt ex Hesychio didicimus. De Buphoniis verò meminit in Nebulis Aristoph. καὶ κυκλίδε, καὶ Βυφονίων. Et Cecidæ, inquit, & Buphoniorum. de Cecida in Poëtis egimus, qui Dithyramborum poëta fuit. de Buphono verò plura in Attica Paus. Sed si rem copiosius scire cupis, Aelianũ legito, qui in octauo Variæ historiæ hanc rem planè describit, & Buphonia & Diipolia vocari ait.

Διιπόλια peruetusta Athenis celebritas fuit: sic vocata quòd Ioui Polieo perageretur, vt alibi scripsi. Sed quoniam, vt dixi, peruetusta fuit: hinc Aristophanes pro prisco & obsoleto διιπολιώδη posuit, vt obseruant grammatici.

Fuerunt & Pandia festa Ioui cõsecrata, de quibus cùm alij, tum & Theodoritus in oratione de Martyribus & sacrificiis.

Μηλοσφαγια sacrificia apud Græcos fuêre, quæ ab ouibus iugulandis nuncupata fuêre. μᾶλα quippe, vt notum est, pecora dicuntur. Hesychius auctor.

Hysteria sacra quæ de sue fiebant, vt in Veneris sacrificiis planius tradetur.

Anthisteria celebritas, quæ in Anthisterione mense agebantur: in qua, vt à Latinis in Saturnalibus, serui conuiuiis liberalib. excipiebantur, quib. peractis prouerbium emanauit, Ite foras Cares (id est καροὺθ θυραζε, quasi dicat, serui) nõ amplius Anthisteria, vt etiam in Annis & mensibus nostris dictum. Fuit & prouerbium alterum, ἐκυατὸς μετ' ἀνθιεήρια, hoc est, hedera post Anthisteria: cum serius quippiam sit, & post tempus. Existimant enim plerique, Dionysio Anthisteria dicata fuisse, in quibus & κιτῆοφ'ροι, id est hederigeri introducebantur. hæc & Pythœgia, & aliis nominibus appellata fuerunt. Ambrosia quoque Dionysij festum, apud Iones in primis, quæ Lenæa & Choæ dicebantur.

Anthesphoria festiuitas fuisse traditur, quæ in Proserpinæ honore fiebat, sic verò appellata à legendis floribus, nam cum à Dite est rapta, floribus legendis intenta erat: vt ex Ouid. & Claudianj carminibus liquet in primis. quinimò etiam θυγαμια eidem, hoc est nuptiarum celebritas, cùm Diti nupsit, celebrabatur.

Gamelia solennitas nuptialis, & mensis Gamelion, in quo Iuno Gamelia culta. Gamelia verò mense Ianuario celebrabantur, quod planè ostensum est in nostro de Annis & mensibus, &c.

Anacalypteria, ἀνακαλυπθήρια dies festus fuit post nuptias, cum spõsa reuelabatur, vt ab omnibus conspiceretur: tametsi munera etiam significant, quæ eodem die sponsæ exhibebantur: nõ his dissimilia, quæ Repotia à nostris dicta sunt. Sanè & ἀνακαλυπθήρια, vt in Græcis
comm

commentariis inuenimus, munera etiam significabant nouæ sponsæ allata, dicta ἀπὸ Ϝαρακαλύπϩω, à reuelando: quoniam huiusmodi dona eo die, quo sponsa reuelabatur ab amicis, domesticis & ipsi sponso conferebantur, quæ eadem ab ὄπωπα, id est, video; ὀπλήρια, & ἀπροςφθέγγομαι id est, alloquor, προσφθεγκήρια vocabantur: tametsi nonnulli προσφθεγκήρια eadem quæ διαπαρθίνια, id est, ea quæ pro ablata virginitate dabantur, esse putent. Dicuntur eadem & ἐπάυλια & ὀπίςερπα.

Ἁλᾶα, τὰ, numero plurium, vt ferè cetera, festiuitas fuit agricolarum Athenis, quæ subuectis ex agris frugibus in honorem Cereris & Bacchi celebrabatur, vt Philochorus prodit. sic verò dicta, quòd in areis, quæ Græcè ἅλως dicuntur, præcipuè moras traherent homines. vnde & Cererem ἁλωᾶδα nuncupatam legimus, quæ & ἁλωὶς, & Euhalosia cognominata, vt in Cerere planius diximus.

Elaphebolia festa celebrabantur mense Februario ab Atheniensibus, in quibus cerui Dianæ Elaphaboliæ sacrificabantur: vnde & mensis ipse Elaphebolion dictus.

Theoxenia celebritas & sacrificium, quod omnibus simul deis exhibebatur: Pollux & Hesychius auctores. Sed plura leges in commentariis Pindaricis, qui ea instituta tradunt à Dioscuris, à deorum hospitalitate & commercio appellata. in his verò quoniam & ludi agebantur, præmium victorum chlæna, seu chlamys erat.

Apaturia festiuitas fuit apud Athenienses, meminit Xenophon in primo Hellenicôn: quanquam & alibi agerentur. hanc quatriduò celebrari solitam, proditum legimus. Quomodo verò instituta fuerit, in Venere tradidimus: inde repete. Apaturia etiam inter prouerbia memorat Erasmus: profectus ad Apaturia rediit Thergelione, id est, Aprili: licet ipse Maio interpretatus sit. historiam in fabula Acharn. Sitalcis Thraciæ regis filij, qui in ea, id est, Apaturiis vrbe donatus fuit, irridet. In his prima dies δόρπεια, altera ἀνάρρυσις, tertia κυρεῶτις, extrema ἐπίβδα dicebatur.

Ἐμπλόκια celebritas fuit apud Athenienses, in qua mulieres plexis capillis procedere solebant: Hesychius. Cotyttia festa barbarica fuerunt, quorum meminit Horat. & Verg. in poëmatiis, quæ à Cotytto dea denominata: de qua in ipsa dea etiam egimus. De Bendidiis quoque sacris ibidem meminimus, & item in Bende Diana.

Pammilia celebritas etiam fuit, de qua in Osiri actum est.

Ἀνάκεια solennitas fuit, quæ in honore Castoris & Pollucis fiebat. nam Anaces ipsi dicti sunt, vt in nostris Nauigiis, & in Dioscuris tradidimus, & in ἄναξ Apollo.

Διαβατήρια, τὰ, sacrificia dicebantur, quæ in transitu aliquo fiebant, παρὰ τὸ διαβαίνω, id est, transeo, eadem forma Diabateria dicta sunt, qua etiam Nicèteria. Plut. in Lucullo, ἔθυσε τὰ ἀρρητὰ διαβατήρια: Sacrificauit, inquit, Euphrati diabateria, hoc est, sacra pro transitu.

Nephalia apud Græcos fuisse sacrificia legimus, quæ sine vino celebrarentur, vt docet Iul. Pollux vnde & verbum νηφαλίζειν, hoc est eiusmodi sacris vti. Suidas ait, apud Athenienses Nephalia exhibita fuisse Mnemosynæ, Auroræ, Soli, Lunæ, Veneri Vraniæ, & nymphis. in hoc autem sacrificio non vinum, sed aquam mulsam libabāt. Paus. tamen ait, Eleos thure cum tritico melle subacto, additis oleæ ramis, aras suffire solitos, & vti vino: solis autem nymphis, καὶ ταῖς Δεσποίναις, id est, Cereri & Proserpinæ, vinum minime libare consueuisse, nec ad aram omnium deorum. verùm de Cereris sacris alibi plenius egi. Sunt & qui hoc sacrum Dionysio interdum & Erechthei filiabus exhibitum tradant, vt testatur Philochorus. Sanè hoc sacrificij genus ἄοινον etiam appellabatur, hoc est absque vino: vt è contrario οἰνόσπονδον, in quo vinum libatur. Fuerunt præterea Nephalia ligna arida quæ in sacrificiis prima incendebantur, vt etiam ἄκαπνα, id est, non fumida.

Helenophoria festum apud Athenienses, in quo mysteria agebantur, sic appellata ab Helenis, id est, cistis, quæ vimine contextæ erant: vt Iul. Pollux in vltimo docet. habebant verò ansas salignas. similes & nos hodiè habemus in domesticis vsibus. De Mysteriis verò alibi plura, & de Eleusiniis diximus.

Oschophoria celebritas, seu festum Athenis fuit, cuius apud auctores, & in primis Plut. crebra est mentio. In Oschophoriis pueri ingenui pubescentes eligebantur, qui ferrent ὄσχας, id est, ramos ac palmites cum suis racemis, in templum Mineruæ Sciriados. Fuit & Athenis locus Oschophorion nuncupatus, à Phalero non procul, vbi Mineruæ templum fuit. Hesych. & Nicandri interpres in Alexiph. ab his Oschophorica carmina dicta, quorum in primo de Hist. poëtarum egimus.

Pyanepsia celebritas apud Athenienses, à pyanis fabis nuncupata, dicata Apollini: hæc verò Panopsia à cæteris Græcis dicebantur, & in Octobri mense agebantur: qui ideo Pyanepsion vocabatur, vt planius ostendi in libro de Annis & mensibus ac cæteris. in Pyanepsiorum celebritate, vt Suidas ait, iresione fuit ramus oleæ implexus lanis, obuios vndique fructus habens, qui olim ponebatur ante ianuam in honorem Apollinis. hunc ferebat puer, & affigebat foribus Apollinis. Variè autem institutum ferunt. sed eorum præcipua est sententia, qui in Theseum referunt. Multi decipiuntur in hac historia recensenda, qui parum accuratè eam ex Plutarcho, Suida, & aliis animaduerterunt.

Ἀπαρχαῖα festa dicebantur, cùm primitiæ deis offerebantur, vt Grammatici tradunt.

Metagetnia festiuitas in honorem Apollinis Metagetnij celebrabatur, secundo Græcorum mense, vt alibi pluribus docui. Fuerunt & sacra Carnia, Carnio Apollini dicata, vt in Apollinis cognominibus planius est patefactum.

Boedromia celebritas apud Athenienses fuit: hæc excursioni cuidam similis erat, & mensi Boedromioni nomen dedit, qui in sextilem, id est, Augustum nostrum coincidit, vt ostensum est in lib. de Annis & mensibus cæterisque: quo loco historiam sumus executi, quare instituta, & vnde dicta.

Munychia sacra Dianæ fuere, quæ in mense Munychione agebantur, qui nostro Martio conuenit, vt ex Græcis scriptoribus palàm est.

Thargelia festus dies apud Athenieses fuit, Apollini & Dianæ sacer, à quo mensis Aprilis denominatus, vt in Annis & mensibus cæterisque copiosius proditum est. in hoc verò mense duos homines immolabant, vnum pro maribus, alterum pro fœminis. hos Pharmacos, id est, medicos vocabant, & saginatos in custodia publica asseruabant. est verò Thargelos olla quædam, in qua antiqui fructuum primitias coquebant. Miror viros quosdam doctos Thargeliona februarium potius quàm Aprilem putasse : vt minus his succensendum sit, qui Maium tradidere.

Scira, vulgo, celebritas fuit peculiaris Atheniensium, in qua vmbracula & scenæ fiebant, quæ eo nomine dicerentur, ferè vt similis esset Scenophegiæ Hebræorum. Certè à scenis vltimus Atheniensium mensis, id est, Maius, Scirophorion nuncupatus fuit, vt copiosè monstrauimus in Annis & mensibus. Porrò hi falli videntur, qui in Martium referunt.

Plynteria festa erant Cereris, qui dies inter nefastos repositi fuerunt. Scribit Pollux libro octauo, in Plynteriis à Solone permissum tria iurare numina, Icesion, Catharsion, & Hecaesterion, quæ sunt Iouis cognomina: hoc est, supplicem, expiatorem, & depulsorem. Xenophon libro primo Hallenicôn tradit, in Plynteriis Mineruæ templum etiam claudi solere, & aliquid omnino facere piaculum fuisse, in summa etiam necessitate.

Οἰνιστήρια, Oenisteria, quasi dicas Latinè Vinalia, celebritas fuit, quam Athenis pubescentes Ephebi peragebant, antequam lanuginem comámve attonderent. Herculi verò vini certam mensuram inferebant, & libabant, hisque qui conuenerant propinabant. meminère Pollux & Hesychius.

Θύια Thecenia apud Athenieses Bacchi sacrificia dicebātur, & deus ipse Θύιος, vt notat Hesychius: nos Thyonæi & Thyonianû vocamus, vario licet etymo, vt dictum est alibi.

Trieterica festa Bacchi notiss. quæ Latinè Triennalia dici possunt, Latinis & Græcis æquè vsurpata.

Aletides sacrificia quædam Atheniēsium, pro Icaro & Erigone, quæ oscillis agebantur: de quibus iam egimus. Cùm enim, vt inquit Hyginus, in finibus Atheniensium multæ virgines sine causa suspendio sibi mortem conscisceret, propter Erigonem, habito ab Apolline oraculo sacrificium solenne instituerunt, quod publicè priuatimque faciebant, & id Aletides appellabant, quòd Erigone cum cane ignota & solitaria patrem Icarum mendica persecuta sit, quas Græci ἀλήτιδας nominant: & ἀλήτης, mendicus, vagus, & erro dicitur.

Εἰσιτήρια dies celebris & festus Athenis fuit, in quo omnes qui in magistratu erant, procedebant, vnde & nomen fuit. Hanc verò anni primam diem Athenienses existimabant. meminit Demosthenes in oratione παραπρεσβείας.

Encænia, orum, festum dedicationis, puta templi, quo modo nostri accipiunt: & Hieronymus & Augustinus, & cæteri, Euangelicum exponunt, vnde ἐγκαινίζω, innouo.

Χύτροι, Chytri festum fuit apud Athenienses percelebre, in quo omne seminum genus in olla coquere solebant, Dionysio & Mercurio operantes, vt Theopompus scribit. principium

pium huius sacri à Deucalione vsq; per manus traditum fuit. Ferunt enim illū, & qui cum eo fuerant, semina ita coxisse in olla, vnde festum exortum & appellatum est. nam chytra ollam significat. nec ex coctis quicquā gustabāt, sed Dionysio & Mercurio Chthoniis offerebant pro mortuis. Sunt qui hoc eodem peracta die affirment, quo & Choes agebātur, idque XIII decembris. Lege Suidam. Chytra etiam basij genus, vt in Annotationibus scripsi. Chytrinda verò conuiualis ludus fuit, vt tradit Hesychius, qui puerorum lusum esse ait. Ex his quispiam sedet in medio, quē circumcirca pueri cōcursantes, illū eò vsq; versant, donec ille aliquē apprehēdat ex eis, qui deinde sedere cogatur. Meminit Pollux, & Suidas.

Lampadum dies, qui & τὰ ὑπὶ λαμπάδι, hoc est festum quod ad lampada fiebat. De hoc verò ita legimus, quòd lampadum celebritas triplex fuerit apud Athenienses, Ἀθήναια, Ἡφαίςεια, & Προμήθεια: hoc est, Mineruæ, Vulcani, & Promethei. citat Istrum Suidas, qui perscripserit, Athenienses cùm sacra facerent, Vulcano lampada excogitasse, & ob eius rei memoriam perpetuos illi deo ludos cōsecrasse, in quibus semper esset lampadum vsus: vt quoque gratias referrēt prudentiss. artium inuentrici Mineruæ, & item Prometheo, primo suprema literarum memoria artium variarum inter homines propagatori. sanxeruntq; vt pariter in illorum sacris eādē lampade posteri vterentur: sed hac de re plura Erasmus in Prouerb.

Monophagorum celebritas fuit apud Aeginenses, quam copiosè describit in Quæstionibus Græcis Plut. ait enim, cùm in bellum Troianū profecti essent multi Aeginetæ, pauci tamen diuersis de causis inde rediere. quare, inquit, clam quisque domi suæ comiter excipientes, ipsimet in conuiuiis ministrabant, nec alienum quenquam admittebant. hoc igitur imitantes, Neptuno rem diuinam facere solebant, & thyasos exercebant, XVI dies silentio inter se conuiuia celebrantes, solenne festum dirimebant, & ex eo μονοφάγοι appellabantur, hoc est solitariè vescentes. Monophagi etiam apud Athenæum dicti, qui seorsum ab aliis esitarēt: quo more veteres, diuerso à Romanis, qui vnà cum amicis palàm discumbebant. vnde cœna dicta, διὰ τὼ κοινωνίαν. hinc Iuuenalis Satyricè carpit: Quis, inquit, fercula septem Secretò cœnauit auus?

Ephestria Thebis festa fuerunt, ob Tiresiam constituta, in quibus ipsius simulacrum virilibus vestimentis exuebatur, & muliebrib. induebatur: móxque illis ademptis, iterum virilia imponebant, alludentes ad ipsius Tiresiæ fabulam, de qua poëtæ & Græci & Latini adeò multa. Dicta verò sunt ἐφέςρια ἀπὸ τῆ ἐφερίδος, id est, à superiore veste, qua induebatur.

Ascolia festa fuisse legimus apud Atticos, quibus inter vtres saltantes bacchabantur: vnde & ab vtribus nomina sumpsere. Meminit poëta Vergilius in Georg. cum ait:

Vnctos saliere per vtres. Quam rem hic parcius attigi, quoniam in quarto de Poëtarum historia Dialogo fusius exposui.

Fuerunt & quæ ὠμοφάγια dicebantur, de quibus post Græcos Arnobius lib. v. aduersus Gen. Bacchanalia etiam, inquit, prætermittemus inania, quibus nomen Omophagiis græcum est, in quibus furore mentito, & sequestrata pectoris sanitate circumplicatis vos anguibus atque vt vos plenos dei numine ac maiestate doceatis, caprorum reclamantium viscera cruētatis oribus dissipatis. hæc ille. Omophagia autē dicta, quasi dicamus crudiuora.

Nestea celebritas etiam fuit apud Græcos, in qua ieiunium seruabant, vt Aelianus in quinto de Varia historia prodidit. ait enim, cùm Tarentini obsiderentur à Romanis, & fames expugnabiles fecisset, Rhegini decreuerunt decimo quoque die inediam sustinere, & Tarentinis alimenta permittere. id cùm fecissent, Tarentini obsidione illa liberati, & calamitatis memores, festum agunt, quod Nesteam, hoc est ieiunium appellant.

Hiacynthia in Laconia celebrabantur, in Apollinis honorem, ob Hiacynthum puerum ab eo amatum, cuius fabulam Ouid. in Metamorph. copiosè exequitur: vt nunc grammaticos mittam, inter cætera & hoc Ouid.

Annua prælata redeunt Hiacynthia pompa. τευθίβα, quæ τρυχίλυα interdum legimus (nisi nos scriptura fallat, vel diuersa significent: nam & τευθίλυα etiam offendimus) sacrificia dicebantur dei Enyalij, id est, Martis, quæ tribus animalibus cum testiculis, id est, non castratis fiebant, vt obseruat Hesychius: vel vt alij tradunt, his tribus, sue, ariete, tauro, id est, κάπρῳ κριῷ, ταύρῳ. ferè Romanis Solitaurilibus similia, vt iam dictum est.

Δωδεκαΐδες, hoc est, duodenaria sacrificia, à græcis nuncupata, quæ ex duodecim animalibus fiebant. Fuit & festum apud Athenienses, quod Δωδεκάτιον vocabant: quod & χίας, vt Hesychius notat, appellabant. meminimus & nos in Fastis. Dicebatur & Δωδεκαΐς, vt quidam putant, à duodecim mensibus.

Theophania celebritas fuit, quæ Delphis agebatur, cuius Herodotus in primo meminit. De nostris verò Theophaniis hic nihil agendum, quæ & Epiphania dicuntur.

Diasia etiā Milichij Iouis festa fuere, Athenis celebrata, vt Suidas & Lucianus in Charidemo docent. meminit & Aristoph. dicta ἀπὸ τοῦ διαπυγίζειν αὐτοὺς ἄχρις τὰς ὥρας. Scribit Hesychius, Diasia celebritatem fuisse Athenis, quę cum quadam tristitia ageretur. De Eleutheriis sacris in Eleutherio copiosè dixi: de quibus etiam Theodoritus in oratione de Martyribus. Item de Diipoliis sacris ibidem.

Ἀπὸβωμα sacra fuerunt apud Græcos, quæ in altari peragi non solebant, sed in plano solo, vel pauimento.

Ἐπικαύστρια. Hypecaustria, vt scribit Plut. in Quæstionib. apud solos Mineruæ sacrificantes vocabant, quòd ibi multa sacra & mysteria fierent ad auertenda mala.

Diamastigosis solennitas fuit maxima apud Lacedæmonios, cuius cùm alij meminere, tum Tertull. in Apologet. & in lib. ad Martyres: Nam, inquit, hodie apud Lacedæmonios solennitas maxima est Diamastigosis, id est, flagellatio: in quo sacro ante aram nobiles quoque adolescentes flagellis affliguntur, astantibus parentibus & propinquis, & vti perseuerent adhortantibus. qua de re & ego alibi, & Philostratus in vita Tyanei Apollinis, & Nazianz. Greg. & Lucian. in Anacharsi.

Panathenæa Athenarum & Mineruæ in primis festa, quæ singulis quinque annis celebrabantur: quæ & Magna sacra appellabantur. primus Erichtonius, Vulcani & Mineruæ filius ea instituit. Postea Theseus cùm in vnū cōgregasset tribus vnāq; vrbem fecisset: in hac celebritate neq; senes, neq; ignobiles, neq; viri certabāt, sed pueri tantū: victori ex olea corona præmiū dabatur. Hęc partim ex Aristophanis cōmentariis, partim ex Suida, aliisq;

Panhellenia sacra totius Græciæ, Panionia totius Ioniæ, vti etiam Panbœotia, de quibus Strabo, Suidas, Arpocration, & alij plerique.

Sed infiniti penè sit laboris, omnia sacrorum genera recensere, quæ ante veram Christi lucem, tenebris illusa antiquitas peragere solebat. Quare ad publica alia quædam me accingam, vt hac te rerum varietate nonnihil oblectem, si minus lepore ac facundia ex ingenij & virium imbecillitate queam.

SVPPLICATIONES, LECTI-
STERNIA.

FVerunt ad hæc quæ sacrificiis coniungerentur, & quæ inter ea commemorari non ab re fuerit, supplicationes & lectisternia, quę ad templa & puluinaria deorum, vel ob lætitiam, vel ad auertendam deorum iram peragerentur: in quibus plerunque senatores ac patricij cum coniugibus & liberis, ad delubra & aras procedebant, nonnunquam omnes tribus & ordines etiam Pont. Maximo præeunte: sed & aliis persæpe modis. In his enim & pueri ingenui, & libertini, ac item virgines omnes coronati, & lauream præferentes, cum pompa thensas & fercula deûm deferentes, tum & sacro carmine supplicare, & deûm pacem exposcere solebant. Lectisternia verò & puluinaria iuxta deorum aras statuebantur, cum aliis ornamētis: quin & frondes virentes & odorifera, ac flores omnis generis, & verbenæ ante deûm ædes & in ipsis templis sternebantur. has supplicationes & huiusmodi cętera à Po. Ro. frequenter celebratas in historiis legimus, nunc tot dierum numero, nunc demum ad L. vsque diem comperio. Illud autem obseruatum ab antiquis videmus, vt quoties supplicationes aut lectisternia indicerentur, à iurgiis & litibus abstinerent, & vinctis vincula demerent Scribit etiam Festus quòd ædiles per supplicationes muratam addebāt ad puluinaria. Fuit autem murata, potio quæ in sacris adhiberi solita fuit. quin & in XII tabulis cauebatur, ne mortuo traderetur: quod & Varro primo Antiquitatum libro scripsit. Supplicationes Vergilius eo loco in quarto innuit:

Simul diuûm templis indicit honorē. Quo loco ait Seruius, Iussit fieri supplicationes & mox: Ferię inquit, legitimæ sunt, aut indictæ. Indici autem dicuntur, quia paupertas maiorum ex collatione sacrificabant: aut certè de bonis damnatorū, vnde & supplicia dicuntur. idē & Isidorus in sexto & meminit Festus: Supplicationes, quæ sunt de bonis passorū supplicia. Sallustius: In suppliciis deorū magnifici. hinc & Sacrum dictū, venerabile, & execrabile: quia sacræ res de bonis execrandorum fiebant. Isidorus lib. v. Supplicium, inquit, propriè dicitur, nō qui quoquo modo punitur, sed ita damnatur, vt bona eius cōsecrentur, & in

& in publicum redigantur. nam supplicia dicebantur supplicaméta.& supplicium dicitur, de cuius damnatione delibatur aliquid deo: vnde & supplicare. Idem & in fine sexti libri Etymol. Nec hic te lateat volo, quoties apud antiquos aliquid consecrabatur de bonis alicuius cōdemnati, qua religionis cæremonia id fieri soleret. Coss. id, aut Imperatorum iussu fiebat: foculum accendi videbatur, vbi præco cum tibicine verbis priscis & solennibus præeunte Pont. Max. carmen maledicum velato capite sacrum perficiebat. Idq; iussu populi fieri conuocata concione mos fuit. aliàs irritam fieri consecrationem censebatur. Deuotiones verò & euocationes paulò pòst etiam exequemur. Nunc quoniam de lectisterniis meminimus, quorum crebra est mentio, & in his plerosque falli videmus, hic ex Liuio pauca ascribenda. Is lib. v. ab v. c. ita prodit: Grauis, inquit, pestilénsque omnibus animalibus æstas excepit vrbem, cum insanabili pernicie: quando nec causa, nec finis inueniebatur, libri Sibyllini ex S. C. aditi sunt. Duumuiri sacris faciundis, Lectisternia tunc primum in vrbe Romana facta per dies vııı. Apollinem, Latonémque & Dianam, Herculé, Mercurium, atque Neptunum, tribus quæ amplissimæ tum apparari poterant, stratis lectis placauere: priuatim quoque id sacrū celebratum est tota vrbe, patentibus ianuis, promiscuóq; vsu rerum omnium in propatulo posito, notos ignotósque passim aduenas in hospitiū ductos ferunt, & cum inimicis quoque benignè & comiter sermones habitos, iurgiis & litibus temperatum. vinctis quoq; dempta in eos dies vincula religioni deinde fuisse, quibus eam opé tulissent, vinciri. Quidā putant, epulū Ioui in Capitolio lectisterniū dici: quod parum probatur. Lectisternia, inquit Seruius in xıı. Aen. dicuntur, vbi in templo homines sedere cōsueuerunt. Notamus lectisternium in Capitolio sic celebrari solitum: stratis tribus lectis conuiuiū tribus deis apponebatur, Ioui, Iunoni, & Mineruæ. Ioui simulacrū in lectulo reponebatur, Iuno verò & Minerua in sellis, ea ratione quam alibi retuli. sic appositis epulis, nō dei, sed vıı ipsi epulones celebrabāt. T. Liuius lib. vıı. ab v. c. Eo nihil dignū memoria actū, nisi quod pacis deū exposcēdæ causa tertiò tum post conditā vrbem lectisterniū fuit.

Expositis supplicationibus, & lectisterniis, iam deorum Euocationes, vrbiúmq; Deuotiones, & sese pro patria deuouentiū ritus, quibúsque hęc cæremoniis fierent, apud Romanos in primis, ostendā. Verrius Flaccus auctores ponit, quibus credat, in oppugnationibus ante omnia solitū à Romanis sacerdotibus euocari deum, cuius in tutela id oppidum esset. Problema etiam legimus Plutarchi, cuius hoc est lemma: Cur deum illum, cuius in tutela vrbem esse dicunt siue masculus is est, seu foemina, & quærere & nominare nefas esset? hoc enim ita esse, religione confirmant: Valerium Soranum male periisse dicētes, quòd numinis nomen efferre ausus esset. An quod Latinorum quidam monumentis tradiderunt, euocationes quasdam ac deorum veneficia esse putauerunt: quibus quoniam ipsi hostium deos euocare; & ad se traducere consueuissent, ne idem ipsi paterentur, magnopere verebantur. quemadmodum Tyrij statuis vincula iniiciunt, & reliqua. Alibi quoque recitauimus, à Lacedæmoniis Martem catenatum, ne à se vocaretur: & νίκην ἄπτερον, id est, sine alis Victoriam, ne ab Atheniensibus aufugeret.

Sed iam nos harum vtráque, id est, euocationis & deuotionis, recitemus Macrobij verbis ex lib. ııı. Satur. Constat, inquit, omnes vrbes in alicuius dei tutela esse: morémque Romanorum arcanum & multis ignotum fuisse, vt cum obsiderent vrbē hostiū, eámque iam capi posse confiderent, certo carmine euocarent Tutelares deos, quod aut aliter vrbē capi posse non crederent: aut etiam si posset, nefas existimarent deos habere captiuos. nam propterea ipsi Romani & deum, in cuius tutela vrbs Roma esset, & ipsius vrbis Latinū nomen ignotum esse voluerunt. Sed dei quidem nomen nonnullis antiquorum licet inter se dissidentium libris insitum, & ideo vetustas res persequentibus, quicquid de hoc putatur, innotuit. Alij Iouem crediderunt, alij Lunam. Sunt qui Angeronam, quæ digito ad os admoto silentium denunciat. Alij autem, quorum mihi fides videtur firmior, Opem Consiuam esse dixerunt. Ipsius verò vrbis nomen etiam doctissimis ignoratum est, cauentibus Romanis, ne quod sæpe aduersus vrbes hostium fecisse se nouerāt, idem ipsi quoque hosti li euocatione paterentur, si tutelæ suæ nomen diuulgaretur. Mox idem scriptor subdit, ex lib. quinto Rerum reconditarū Sammonici Sereni, euocationis & deuotionis formulam, quam ex Furij vetustissimo lib. ille excerpsit. Est autem hoc carmē, quo Dei euocabantur: Si deus, si dea est cuius populus ciuitásq; Carthaginēsis est in tutela, téque Maximo, ille qui vrbis huius, populiq; tutelā recepisti, precor, venerónque, veniámque à vobis peto, vt vos

populum ciuitatémque Chartaginensem deseratis, loca, templa, sacra, vrbémque eorū relinquatis, absque his abeatis, eique populo ciuitatíque metum, formidinem, obliuionem iniiciatis, proditíque Romā ad meósque veniatis, nostráque vobis loca, templa, sacra, vrbs, acceptior probatiórque sit: mihi quoque Populóque Romano, militibúsque meis prępositị sitis, vt sciamus, intelligamúsque. Si ita feceritis, voueo vobis templa ludósque facturum, Subiungit idem in eadem verba hostias fieri oportere, auctoritatémque videri extorum, vt ea promitteret futura. At verò Liuius in v. ab v. c. Dictator Camillus, ait. ita è Veiis deos euocauit: Tuo, inquit, ductu Apollo Pythice, tuóque numine instinctus, pergo ad deledam vrbem Veios, tibíque hinc decimam partem prędę voueo. te simul Iuno regina, quę nunc Veios colis, precor, vt nos victores in nostram tuámque mox futuram vrbem sequare, vbi & dignum amplitudine tua templum accipies. hæc Liuius. Deuotio verò vrbium & exercitus ita fieri solebat. Post deorum euocationem, ea verò à Dictatore, vel Cos. vel Prętore, vel Imperatore fiebat, his propè verbis: Dis pater, siue Iouis manes, siue quo alio nomine fas est nominare, vt omnes illam vrbem Carthaginem, exercitúmque, quem ego me sentio dicere, fuga, formidine, terrore compleatis, quíq, aduersus legiones, exercitúmque nostrū arma telaque ferent, vti vos eos exercitus, eos hostes, eósque homines, vrbes, agrósque eorum, & qui in his locis regionibúsque, agris vrbibúsque habitant, abducatis, lumine supero priuetis, exercitúmque hostium, vrbes agrósque eorum, quos me sentio dicere, vti vos eas vrbes agrósque, capita ætatésque eorum deuotas consecratásque habeatis, illis legibus, quibus quādoque sunt maximè hostes deuoti: eósque ego vicarios pro mea fide magistratúque meo, & pro populo Romano, exercitibus, legionibúsque nostris do, deuoueo, vt me meámque fidem, imperiúmque, legiones exercitúmque nostrū, qui in his rebus gerundis sunt, benè saluos sinatis esse. si hæc ita faxitis, vt ego sciam, sentiam, intelligā, tunc quisquis votum hoc faxit, vbi faxit, rectè factum esto, ouibus atris tribus. Cum Tellurem dicebat, manibus terram tangebat: cum Iouem dicebat manus ad cœlum tollebat: cum votum recipere dicebat, manibus pectus tangebat. hæc ex Macrobio. In historiis autem legimus, huiusmodi deuotiones factas non modo in Italia, sed & extrà: quinimmo & poëtam Vergilium sub poëtico quodam inuolucro has innuisse, docti viri obseruant. vt cùm cecinit,
 Excessere omnes adytis, arísque relictis,
 Dei quibus imperium hoc steterat. & item cùm ait,
 Ferus omnia Iuppiter Argos Transtulit.
 Deuotiones etiam singularium personarum factas, ex historiis obseruauimus. vt cum se duo Decij, pater & filius pro populi Rom. victoria deuouerunt: & Q. Curtius. Sed & apud Græcos Codrus pro Atheniensibus, & Menoeceus pro Thebis se deuouerunt, itémque pro Celęnis Anchurus. Vnam ego vel alteram ex latinis afferam, in primísque ex Liuio, qui lib. octauo ab v. c. ita scribit: Cùm collegā litasse Decius intellexisset, sibíque omnia læta, nisi quod caput iecinoris à familiari parte cæsum aruspex ostendisset, alioqui acceptā deis hostiā esse: Atqui, inquit, benè habet, si à collega litatū est. tum instructo exercitu, M. Valeriū Pont. magna voce inclamauit: Deorū, inquit, ope Valeri opus est: agedum Pont. publicus Pop. Ro. præi verba, quibus me pro legionibus deuoueam. Pont. eum togam prætextam sumere iussit, & velato capite, manu subter togam ad mentum exerta, super telum subiectum pedibus stantem, sic dicens: Iane, Iupiter, Mars pater, Quirine, Bellona, Lares, Diui Nouensiles, Dei Indigetes, Diui quorum est potestas nostrorū hostiúmque, Deíque Manes, vos precor, veneror, veniā peto, feróque, vti pop. Ro. Quiritiū vim victoriámque prosperetis, hostésque Po. Ro. Quiritiū terrore, formidine, mortéque afficiatis: sicut verbis nuncupaui, ita pro Rep. Quiritium exercitu, legionibus, auxiliis, Pop. Ro. Quirit. legionés, auxiliáque hostiū, mecum Deísque Manibus Telluríque deuoueo. hactenus deuotio. Subdit Liuius: Mox incinctum cinctu Gabino, armatum in equum insiluisse, pugnasse acerrimè, tandem cōfossum, inter confertiss. hostiū stragem, suis victoriā reliquisse. Porrò nec illud te ignorare oportet, quod historiæ suæ adiiciendū Liuius putauit. Licere Cos. Dictatoríq, & Prætori. cū legionēs hostiū deuoueat, non vtique se, sed quē velit ex legione Romana scriptū ciuem deuouere si is homo, qui deuotus est, moritur, probè factum videri: ni moritur, tum signū v I I pedes altum, aut maius in terram defodi, & piaculū hostia cędi. vbi illud signum defossum erit, eo magistratū Ro. descendere fas non est. sin autem sese deuouere nolet, sicuti Decius deuouit, ni moritur, neque suum neque publicum diuinum parè faciet.

Syntagma XVII. 427

faciet. Qui sese deuouerit, Vulcano arma, siue qui alij diuo vouere volet, siue hostia, siue quo alio volet, ius esto. telo, super quod stans Cos. precatus est, hostem potiri fas non est. si potiatur, Marti vouet, auribus piaculum fieri. hæc Liuius. Sunt qui hæc extrema Liuij verba emendent, Solitaurilibus piaculum fieri. Extant & aliorum super hoc opiniones, quæ nec mihi dignæ visæ sunt vt referatur. De solitaurilibus verò paulò supra dictum est. Fuerunt nec multù absimiles deuotionibus Execrationes, quæ verbis quibusdam diris, ac imprecationibus quapiámque cæremonia fieri solebant, diuersæ quidem diuersis locis. hàc vnam ego in præsentia ex Sallustij Catilinario, pro exemplo adducam: Fuêre, inquit, ea tempestate qui Catilinâ oratione habita dicerent, cùm ad iusiurandû populares sceleris sui adigeret, humani corporis sanguinê vino permixtû in pateris circumtulisse. inde cum post execrationê omnes degustauissent, (sicuti in solennibus sacris fieri cōsueuit) aperuisse consiliû suũ. atque eo dictâ rem fecisse, quo inter se magis fidi forent, alius alij. Hæc Sallustius. M. Cic. pro Sextio: Exierunt malis ominibus atq; execrationibus duo Vulturij paludati. Extat execratio, quæ Diræ inscribitur, in Vergilianis poëmatiis, nō inelegans, dignáque vt eis ascribatur. Scribit T. Liuius de bell. Pun. lib. VI, Acarnanes à XXV ad XL. annos coniurasse, nisi victores, se non redituros: qui victus acie excessisset, eum ne quis vrbe, tecto, mensa, lare reciperet: diram execrationem in populares, obtestationémq; quàm sanctiss. potuerunt aduersus hospites composuerunt. Similis execratio & obtestatio in Paulum à Iudæis facta legitur, in Actis Apostolicis. Inuenimus & execrabile carmen dictum, apud Liuium in primo de bell. Macedonico: Præeuntibus, inquit, execrabile carmē sacerdotibus. Hinc & publicæ dicebantur execrationes, vt Athenis fuisse ait Cic. lib. III. de Off. Si quis viam erranti non monstrasset. De Diris porrò, quæ dicebantur, in Furiis egimus.

Sed & par videtur, vt formulam quoque cæremoniarum Fœcialium & Patris patrati hoc loco ascribam, idque breuius quàm potero, magisque distinctè, nam de vtrisque suo loco actum est. Forma igitur feriendi per Fœcialem fœderis huiuscemodi fuit, vt ex Liuij accepimus. Fœcialis regem Tullium ita rogauit: Iubésne me Rex cum Patre patrato populi Albani fœdus ferire? iubente rege: Sagmina, inquit, te Rex posco. Rex ait, Puram tollito. Fœcialis ex arce graminis herbam puram attulit, postea Regem interrogauit: Rex, facísne tu me regium nuncium Pop. Ro. Quiritiúmve? Rex respondit, Quod sine fraude mea Po. Ro. Quiritiúmve fiat, facio. fit ergo tunc fœdus, multísq; id verbis peragit legibus inde recitatis: Audi, inquit, Iupiter, audi Pater patrate Po. Albani, audi popule Albane, audi, vt illa palàm prima postremáve ex illis tabulis cérave recitata sunt, sine dolo malo, vtiq; ea hodie rectissimè intellecta sunt, hic illis legibus Po. Ro. prior nō deficiet: si prior defecerit publico cōsilio, dolo malo, in illa die Iupiter ita Po. Ro. ferito, vt ego hūc porcū hodie feriā: tantóq; magis ferito, quātò magis potes, pollósq;. Vbi id dixit, porcū saxo silice percussit. Eodē modo pars altera suũ sacerdotē, suũmq; dictatorē peregit. Et hæc quidē formula Romanorum & Latinorũ. Sed alia fuit apud Græcos, quæ vel ex vnius Homeri III. Iliad. rhapsodia luculētissimè describitur. nā cū Menelaus & Paris singulari certamine rem confecturi essent, iuramentũ primũ describit inter Græcos & Troianos sancitū. Mox in castra Priamus & Antenor descēderunt, vbi Agamemnon & Vlysses etiā ipsi astitere. Præcones verò cratere vinū miscuere, & manibus aquā deder ũt. Tum rex Agamemnon ense agnorũ pilos incidens, fœdus sanxit, & præcones Græci & Troiani vtriq; suis distribuere. inde palmis manibus ad cœlū locutus est Agamemnon: Iupiter pater max. optime, qui in Ida coleris, túq; Sol qui cūcta vides, cunctáq; audis, vos Fluuij ac Tellus, & qui subter punitis homines qui periuria iurāt, vos omnes testes sunto, seruato iurameta, si quidē Menelaũ interfecerit Alexāder, Helenā ipse & eius opibus potiatur; si verò Menelaus Alexandrũ, vt Troiani cũ Helena omnia restituant, & Græcos debito afficiāt honore, eorúmq; posteros. si verò Priamus & filij abnuerint, eo casu iusta arma mouebo, nec abscedam nisi cōfecto bello. quibus dictis, agnos ense iugulauit, & palpitantes humi deposuit; & vinū ex cratere poculis exhauserunt, reliquũ & sacrum perfecerūt; & reliqua. At verò cum Fœcialis bellũ indicit, hac cæremonia vtebatur. Fœcialis hastā ferratā præustam, aut sagmineam ad fines eorum quibus bellũ indicebat, deferebat, nec minus puberibus tribus præsentibus adiiciebat: Quod populi priscorũ Latinorũ, hominēsve prisci Latini aduersus Po. Ro. Quiritiũ fecerunt, deliquerunt, quòd Po. Ro. bellũ cum priscis Latinis fieret, ob eam rem ego Po. que Ro. populo priscorũ Latinorũ hominibúsve, Latinis bellũ indico, facióq;. vbi dixerat, hastā in fines eorũ emitte emittebat, ex quo bellum iustū esse intelligebatur. Cincius in lib. tertio de Re milit. Fœcialem Po. Ro. bellum indicentem hostib. telumq; in agrū eorū iaciēte, hisce verbis vti scripsit: Quod populus Hermundulus: & cætera, vt suprà vide Gellium lib. x v i. cap. i i i i.

Patris autem Patrati opera & auctoritas exigebatur ad patrandū, id est sanciēdum iuramentum, vbi Fœciales de fœderibus cōuenerant. Creauit quidem M. Valerius primus Fœcialis Sp. Fusium primum Patrem patratū eo bello, quod Tullius Hostil. cū priscis Latinis gessit, verbena caput capillósque cingens: alias præterea partes, scilicet repetēdi Patri patrato dedit Ancus Martius, eum more ab antiquissima Equicolorum gente repetens. eius rei formula antiquissima est huiusmodi: Legatus, idémque Pater patratus, vbi ad fines eorū venit antè res repetūt, capite velato filo: lanę id velamen est. Audi Iupiter, inquit, audite fines cuiuscūque sint gentis, numina audiāt fas ego sum publicus nuncius Pop. Romani; piè iustéque legatus venio, verbis meis fides sit. Peragit deinde postulata, inde Ioue testem facit: Si ego iniustè impiéque illos homines, illásque res dedier Pop. Romano mihique exposco, tum patria cōpote me nunquam sinas esse. hæc, cū fines suprà scandit: hæc, quicunque ei primus vir obuius fuerit: hæc portā ingrediens, hæc forum ingressus, paucis verbis carminis cōcipiendique iurisiurandi mutatis. Si nō reddebantur quæ expostebat, diebus tribus & x x x (tot enim solennes erant) peractis, bellum ita indicebat: Audi Iupiter & tu Iuno, ac Quirine, deíque omnes cœlestes: vos terrestres vósque inferni audite: ego vos testor, populúmque illum (quicūque est nominabat) iniustū esse neque ius persoluere. Sed de istis rebus in patria maiores natu cōsulemus, quo pacto ius nostrum adipiscamur; Cum his nunciis Romam ad cōsulendum redibat. Cōfestim Rex, Dictator, Cos. siue quis alius senatū habere posset, ex his fermè Patres verbis cōsulebat: Quarum rerū, litium, causarum, condixit Pater patratus Pop. Ro. Quiritium, Patri patrato priscorum Latinorum, hominibúsque priscis Latinis, quas res nec dederunt, nec fecerunt, nec soluerūt, quas res fieri, dari, solui oportuit, dic (ei dicebat, quem primum sententiam rogabat) quid censes? Tum ille: Puro pióque duello quærendas censeo. eorum qui aderant in eandem sententiam ibant. Bellum erat consensu fieri solitum, ac Fœcialis iniectu hastæ. vt dictum est, bellum indicebat. Hanc repetendi cæremoniam, clarigationem dictam, Seruius ostendit & libro nono & x. Aen. Nam cùm Vergilius dixisset,

Et iaculum intorquens dimittit in auras: ibi ait Seruius, Hoc de Romanorum solennitate tractum est. cum enim vellent bellum indicere, Pater patratus, hoc est primus Fœcialium, proficiscebatur ad hostium fines, & præfatus quædā solennia, clara voce dicebat, se bellum indicere propter certas causas, aut quia socios læserant, aut quia nec abrepta animalia, nec noxios reddiderant. & hæc Clarigatio dicebatur, à claritate vocis. post clarigationem hasta in eorum fines emissa, indicebatur pugnæ principium. quod locupletius repetit in x, ibi, Tū certare odiis, & res rapuisse licebit. vbi inter cætera & hoc subdit idem Seruius; Clarigatio autem dicta est, aut à clara voce, qua vtebatur Pater patratus: aut ἀπὸ ἁ κλήρῳ, hoc est à sorte. nam per bellicam sortem inuadebant agros hostium. vnde κληρόνομοι dicuntur, qui iure sortiuntur bona defuncti, id est legitimi hæredes. Hinc & Arnobius lib. secundo contra Gentes: Cum paratis bella, signum monstratis ex arce, aut fœcialia iura tractatis per clarigationem repetitas res raptas. Sed iam de his hactenus.

Nec postremò ab instituto nostro alienū videtur, condendæ vrbis ritū cæremoniámue ascribere, quam & M. Portius Cato in Originū libris est executus. Cōditores enim ciuitatum tantū in dextra vacca intrinsecus iungebant, & cincti ritu Gabino, seu Sabino, hoc est, togæ parte caput velati, parte succincti, tenebāt stiuam incuruam, vt glebæ omnes intrinsecus caderent. & ita sulco ducto, loca murorū designabant, & aratrū suspēdentes circa loca portarum: vnde territorium dictum est, quasi terribouiū, hoc est tritum bobus & aratro, idem repetit Seruius lib. v. Aen. Varro quoque in his qui sunt de ling. Lat. Oppida, inquit, cōdebant in Latio Hetrusco ritu: id est, iunctis bobus tauro & vacca, interiore aratro circumagebant sulcum, hoc faciebant religionis causa, die auspicato, &c.

Fuit & Farreatio, seu cōfarreatio genus sacrificij, quod inter virū & vxorem fiebat in signū coniunctionis inter eos: dictū à farreo libi genere, quod ex farre fieri solebat, vt ait Festus, vel à verbo, vt quidam putant, Cōfarreo, quod nō est in vsu. vnde quoque diffarreatio, in signum dissolutionis connubij. Plinius libro decimooctauo: Quin, inquit, & in sacris nihil religiosius cōfarreationis vinculo erat, nouéque nuptæ farreum præferebant.

Cor.

Cor. Tacitus libro quarto: Nam patricios confarreatis parentibus genitos tres simul nominari, ex quibus vnus legeretur vetusto more, neque adesse, vt olim eam copiam, omissa confarreandi assuetudine, aut inter paucos retenta.

Operæprecium me facturum putaui, si quædam altius de sacrificiis repetam, quæ per se curiosos lectores iugi mea lectione nonnihil detineant. Et perinde à Proclo philosopho exordiar, philosopho non minus Academico quàm Peripatetico. is in libro de Sacrificiis, ita propémodum scribit: Sacerdotes per mutuam rerum cognationem & sympathiam in vnum conducebant, & per repugnantiã repellebant, purificantes quæ oportebat, sulphure atque bitumine, aquam aspergentes marinam. Sulphur enim purificat propter odoris acumen, aqua verò marina propter igneam portionem. atque iidem animalia deis in deorum cultu congrua adhibebant, cæteráque similiter. quamobrem aliis atque similibus recipientes, primùm potentias dæmonũ cognouerunt, videlicet eas esse proximas rebus actionibúsque naturalibus, atque per hæc naturalia quibus propinquant, in præsentiam conuocarunt: deinde à dæmonibus ad ipsas deorum vires actionésque processerunt, partim quidem à docentibus dæmonibus addiscentes, partim verò industria propria interpretantes quæ conuenirent symbola, in propriam deorum intelligentiam ascenderunt. ac denique posthabitis naturalibus rebus, actionibúsque, ac magna ex parte dæmonibus, in deorum se consortium receperunt. Et hæc fermè Proclus: quo libro multa ea de re comminiscitur, quæ ego vt superstitiosa nimis prætereo. Sed Porphyrius Tyrius philosophus, ipse primos scribit qui deis sacrificare cœperunt, non animalia, sed herbas primùm florésque, deinde & arbores sacrificasse, aromatáque suffumigasse. Quin & Lycurgus ex herbis, & iis rebus quæ parabiles essent, sacrificia instituisse dicitur, ne quãdo ex difficultate sacra omitterentur, vel differre necesse esset. sed & Cecropem legimus Iouem ὕπατον nuncupasse, eíq; nihil omnino animatũ sacrificasse, sed pemmata, seu bellaria indigena. ea autẽ Atheniẽses πέλανοι vocitabant, vt Pausanias scribit in Arcad. πέλανος verò, vt Didymus ait, placẽta fuit ex flore farinæ confecta, sacrificiis accommodata: quæ sic appellabantur ἀπὸ τ πεπλατυῶσθαι, vel διὰ τὸ φανερὸν εἶναι. Euripides in Oreste, ἀργολικὸν πέλανον dixit, spumam circa Orestis furentis os concretam. Commentatores in primo Apollonij Argon. panes interpretari videntur parum mundos, nec planè confectos. Sed & lacrymæ quoque aridæ & coactæ, & thuris & gummi, πέλανοι dicuntur, vt Suidas ait: & obolus, qui mercedis causa vatibus dabatur. Inuenimus etiam morem fuisse Iliacis temporibus, vt nec thure, nec costo, sed cedri & citri fumo deos adolere solerent. quosdam & rore marino, & iunipero: alios βραδὺ quapiam herba sacrificasse legimus. Pythagoram etiam animatis rarius sacrificasse, qui eius vitam perscripsere, prodiderũt. Qui verò primi animalibus vesci cœperunt, id frugũ penuria fecisse, ait Porphyrius. Tribus autẽ de causis deis sacrificadũ cẽsuere theologi gentiũ, vt veneremur, vt gratias referamus, vt ab ipsis necessaria petamus, & mala propellamus. Ad hẽc autẽ perficiẽda votũ animi satis esse existimabãt: cui & addi posse credebãt quẽda ex frugibus munuscula. Animalia verò mactare nefas ducebãt: etsi id licuisse videmus per Hebrẽorũ leges.

Theologi igitur qui dicebantur apud gentes, Deo nihil quod ex materia esset, offerendum statuebat, quod ipsi Deo ab omni prorsus materia secreto, subitò nõ fieret impurum: quapropter neq; ei sermo vocalis satis accommodatus esse videtur, neq; etiã ex animo sermo intimus, propterea quòd animi quadã inquinatus affectione putaretur: sed puro silentio, puróq; animi affectu Deũ illi colendũ arbitrabãtur. quẽ Aegyptij, vt Iamblichus scribit, Icton, & primũ exemplar appellabãt: qua de re & in Pythagoræ Symbolis super ipsius silentio plura scripsimus. Porphyrius quoq;, oportere ait coniunctos similésq; Deo iam affectos homines, ad Deum mẽtis ectasin, ac eleuatiõe, velut sacram quandã victimam dedicare, quæ quidẽ ipsamet diuina laus est & salus: & in qua Dei cõtemplatione, omnis affectus ex parte sacrificiũ verè compleri ac perfici asseruit. Filiis autẽ Dei, quos & deos intelligibiles vocabat, laudes iam ex ipso quoq; sermone adhibẽdas censebat, atq; vnicuiq; ipsorũ iusta primitiarũ oblationẽ faciendam, ex iis rebus quas ipsi mortalibus largiri dicebantur, vel quæ eos nutrire & conseruare putabantur. Sic agricolæ primitias earũ frugũ quas colligebãt, offerebat. Quare ex antiquis pleriq; disputabãt, nõ debere animalia mactari, quin etiã & ab eorũ esu abstinendũ esse. sic peripateticus Dicæarchus, antiquos Græcos prodit nullũ animal occidisse, vt qui proximè deis geniti essent, & perinde natura optimi, adeò vt eorũ ætas aurea vocaretur. Sic & gymnosophistæ, præter reliquã temperãtiã atq; sanctimoniã quã habuisse testantur auctores, Bardesanes, Porphyrius & Philostratus, aliíq;, animalib.abstinebant: sic & Essæi, gens sancta existimata apud Hebræos, vt Philon, Iosephus, Egesippus & Eusebius produnt, multis animalibus abstinebant. antiqui præterea Aegyptiorum sacerdotes, vt Chæremon Stoicus, Porphyrius & Hieronymus tradunt, animalibus plurimùm abstinebant. quin etiã multa velut diuina venerabantur. Sed quid multa congero? Iniquè fert Porphyrius, suo tempore multos etiã philosophiç studiosos, gloriam potius inanē quàm diuinitatē colentes, ante statuas prouolui, eáque obire sacra quæ minimè illos deceret. Sed enim ego nõ hæc in manus sumpsi, vt rectè nécne id factũ esset monstrarē, sed vt gentiũ potius superstitionē multiplicem ostenderem: & vt ea volentibus vel expedere vel redarguere, ad manus paruo labore præstò forēt. Et licet ante me hac eadem de re quidã scripserint, ita tamen cõcisè ac ieiunè id tractarũt, vt nõ multa ex iis possis excerpere. in iis etiã pleraque offendi, quæ longè secus sint, quàm ab eis prodētur. Nec quisquã me hoc scripsisse putet detrahendi studio. nã & ideo ipsorũ nomina cõticui, errata tantũ castigaui. Sic mecũ agat alius, sum etenim homo. Quare iam institutũ exordiar.

Et antequam ad sacrificia particularia deueniam, prius quædã in vniuersum afferam, quæ ad præsentem tractationē cõueniunt: in primísque illud quod Plutarch. Numæ Pōpilio ascribit, vt deos adoraturi sedeãt, quod & vice prouerbij vsurpatur. Significat verò vota certa cõcipere oportere, & in ea quæ optima sunt persistere ac perseuerare. quidam tamen aliũ putant habere sensum. quod eos qui sacris operantur, oportet nõ obiter, ac velut aliud agētes hoc facere, sed vacuos ac totos rei diuinæ vacare, ac intētos esse. Vnde cũ Pontifex sacra aggrediebatur, præcones clamabãt, Hoc age: quod planius in Symbolis Pythagorę dixi. Sed vt & verbis Ciceronis vtar, nec diis immortalibus semper eosdē, atq; aliàs alios solebant venerari, & precari, vt scilicet res & tempus exposcere videbatur. Sanè nec deis omnibus eadem conueniebãt, nec vni omnia sacra, vt cum alij, tum Eusebius & Lactatius, & in primis Nazianzenus Gregor. aduersus Iulianũ Cæs. Nec eodem, inquit, modo, vt sacerdotibus videtur. nam alicubi, vt apud Lindios, pium est Buphagum, id est Herculem execrari, quod in dei cedere honorem creditur, si in eum multa conuicia dicantur; vel apud Tauros hospitum mactatio, vel apud Lacedæmonios puerorũ super ara re flagellatio: vel Phrygibus piũ est, sub tibiarum cantu concidi, aut saltationibus effœminari, sicut aliis puerorũ turpis amor, nonnullis etiã scortari; aut quæcũq; habēt mysteria, ne sigillatim cuncta enumerem. Quare nũc præstat audire Apollinis oraculum de cultu & sacrificiis deorum, quod Porphyrius in lib. Responsorum, & Eusebius in quarto Præparationis euang. ascripserunt, variis de causis. hoc autem latinè expressum tale est:

    Hæc age, qui nutu diuorum ingressus amice es
    Huius iter vitæ: mactanda est hostia cunctis
    Multa deis, seu qui terram, seu qui mare vastum,
    Aëra seu qui habitant, latum seu qui æthera, seu qui
    Alta colunt cœli, seu qui infima regna barathri.
    Quæ quibus obseruanda modis sint, singula dicam:
    Tu memori commissa animo mea dicta teneto.
    Terna quidem diuis cœlestibus hostia, & ipsa
    Candida mactanda est: terna & terrestribus, atque
    Alta eadem, gaudent porrò, & capiuntur apertis
    Terrestres aris; foueas cum minima contrà
    Exposcant atro imbutas inferna cruore,
    Nec placeat nisi quæ terræ mandetur humata
    Victima. mel verò Nymphæ, atque liquentia vina,
    Offerri lætantur. at ignem accendier aris,
    Quæ circum volitant terram, sibi numina quærunt,
    Imponíque atrum corpus, tum thura, simúlque
    Iniiciet salsas fruges, & dulcia liba
    Hæc facito, verum quibus est data cura profundi,
    His ipso semper fer sacra in littore, totum
    Porricéque in fluctus animal cœlestibus autem
    Extremas reddes partes, atque igne cremabis.
    Quod superest, propone tibi, dapibúsque reserua,

Syntagma XVII. 431

Sudet odoratis crassisque vaporibus aër. Et hoc quidem oraculum ita Porphyrius est interpretatus. Cum igitur terrestres & inferni dei sint, atras illis quadrupedes offerendas Deus iubet. modus autem differt. Nam terrestribus super aras, infernis verò in scrobibus & foueis mactandas esse victimas præcipit; aëreis autem volatilia dicit offerenda, corporibus holocaustis & sanguine ad aram circumfuso. Volatilia etiam deis marinis, sed vina in fluctus porricere mādat. ita omnibus deis, præterquam terrestribus, volatilia immolari poterant: sed marinis solummodo nigri coloris volatilia. Quare cæteris alba offerenda sunt, cœlestibus verò & æthereis bestiarum, quas albas esse præcipit, & conseruandas extremitates, reliquas autem partes comedendas. ex his enim solummodo comedere oportebat, ex aliis verò minimè: ita quadrupedes & terrestres terrestribus sacrificanda fuerāt: simile etenim simili gaudet. Sus porro, terrestre animal est, & idcirco Cereri gratissimum. Atra verò, quia & terra naturaliter tenebrosa & opaca. Tres autem simul, quoniam terrestris corporis tria sunt symbola: & super aras terrestribus, quoniā super terram versantur. Cæteris deis idcirco volatilia sunt offerenda, quoniam vniuersè mouentur: in motu enim semper maris aqua est. eius atræ sunt hostiæ, quoniam & cæruleus color est aquarum, Alba verò aëreis: lucis enim aër susceptibilis. Cœlestibus autem & æthereis extremitates consecrandas iubet, quoniam leuiores reliquo corpore sunt. Quorum sacrificiis communicare fas erat: quia cum cæteri dei arcere mala solere putarent, cœlestes bona mortalibus largiri credebant. Hæc ferè ex Porphyrio & Eusebio. Fuit etiam Pythagoreorum vel symbolum, vel ænigma, Superis impari numero sacrificandum, paria autem inferis: vt alibi diximus. Sanè & Lucianus in eo qui est de Sacrificiis, varia esse sacrificia prodit, pro etiā personæ sacrificātis qualitate: Agricola, inquit, de boue rem diuinā facit, opilio de agno, æpolus de capra. est qui thus, qui liba & placēta offert. Et si pauper sit, deis litat, dextrā tantummodo exosculās. At verò cū immolāt, primò victimā sertis coronāt, explorāntq; antè num legitima sit, & apta, ne fortè sacrificet quæ religio admittat: tum ad arā deducunt, & ante dei simulacra iugulabāt, voce cōueniēte & tibiis & sacris. Sedenim Valerius Max. Plutarchus & Seruius, aliiq; scribūt, apud antiquos nō solū publicè, sed & priuatim nihil gerebatur, nisi auspicio prius sumpto: quo ex more plerunq; & sacrificia captatis auguriis peragebatur. Sed in sacrificiis ritè celebrādis maiorē nullam cæremoniā fuisse videmus, quàm nihil sibi cōscire, bonos ac pios esse. vnde Plautus in Rudēte, Arcturū cœleste sidus inducit dicentē;

Atque hoc scelesti in animum inducunt suum,
Iouem se placare posse omnibus hostiis:
Et operam & sumptum perduunt. atque id ideo
Fit, quia nihil ei acceptum est à periuriis.
Supplicij facilius si qui pius est à deis supplicans,
Quàm qui scelestus est, inueniet veniam sibi,
Idcirco moneo vos ego hæc, qui estis boni,
Quique ætatem agitis cum pietate & cum fide,
Retinere porrò post factum vt lætemini.

Hæc quidem Arcturus, vel Plautus potius; quibus planè cognoscimus, bonos ac pios esse debere, qui deis immortalibus essent sacra ministraturi. Dein vt hæc ritè peragerentur, obseruatio penes Pontifices fuit. Qui duo in primis hostiarum genera esse statuerunt: vnum, in quo deûm voluntas per exta disquirebatur: alterum, in quo sola anima deis sacrabatur. vnde & aruspices, has Animales hostias vocabant. Vtrunque hoc hostiarum genus sacrorum peritissimus Vergilius suo carmine ostendit, & primo quidem illud quo voluntas numinum per exta monstrabatur;

Mactat, inquit, lectas de more bidentes. Et mox;
In pecudúmque reclusis
Pectoribus inhians spirantia consulit exta.

Alterum illud, in quo hostia animalis dicebatur, quoniam eius tantum anima sacrabatur, significat, cùm inducit Entellum victorem Eryci mactare taurum. nam vt explicaret animalis hostiæ causas, ipso animæ vsus est nomine:

Hanc tibi Eryx meliorem animam pro morte Daretis, Persoluo.

Quod verbum, vt etiam Macrobius notat, pertinebat ad nuncupata vota. Animalem hostiam idem poëta in illo significat,

Sangui

Sanguine quærendi reditus, animáque litandum Argolica. nam & animam, id est hostiæ nomen posuit : & litare, quod significat sacrificio facto numen placare & impetrare, vt planius infrà ostendam.

Sanè & Seruius lib. 11. Aeneid. ait: Animales hostiæ hæ sunt, quæ tantum immolantur. Alibi sanguinem in aras tantum fundi solitum, ostendit Vergilius: vt,

Sanguinis & sacri pateras. & alibi corporis partem: vt,

Extáque salsos Porriciam in fluctus. alibi integras victimas: vt,

Et solida imponit taurorum viscera flammis. quod græcè sacrificium holocaustoma, & holocaustum, & holocautoma vocatum videmus: quòd videlicet tota igni absumeretur. Obseruabant præterea antiqui in sacrificiis, vt antè aduersos deos placarēt, & postea propitios inuocarent: quod Vergilium seruasse Grammatici notant. vt in illo,

Nigram Hyemi pecudem, Zephyris felicibus albam. Sic etiam Dido in IIII Aen. nuptura primum Cererem placat, quæ nuptias est execrata, propter filiæ raptum: & Apollinem, qui vxoris expers fuit. placat Liberum patrem, qui nisi raptum habere potuit coniugem: sic Iunonem conciliat, cui vincla iugalia curæ, & matrimoniorum dea & regina. Lege, & Vergilij versus perpéde, videbis ipsum sacrorū diligētissimū & peritissimū. Vt me plerúque, pudeat, pigeátque, nos in nostris sacris adeò cōniuere, ne cæcutire dicā. Sed præstat aliena & vetera recensere, quàm nostra nostris frustra & surdis exprobrare.

Victimæ antiquis hæ frequentes fuere, ouis, sus, bos, capra, gallina, & anser: quas cum immolabant, nisi puræ integræque fuissent, & lectæ ad rem diuinam, minus proficere putabant. Fuit quidem priscis opinio, vt ex hœdis potius & agnis hostiæ fierent, quàm ex cæteris: quia hæ mites & cicures essent. nam gallinacei, sues, & tauri, animo magis abundare videntur. Ideo etiam ouilli pecoris hostiam maximam, non ab amplitudine, sed quia animi esse placidioris viderent, pontifices dixerunt. Sunt igitur qui scribant, sex tantum animalium genera in sacrificiis veteres adhibuisse: quorum sententiam nos nec approbamus, nec refellimus. nam apud auctores plura inuenimus, sed varijs in locis & ricibus. Aiunt ergo illi veteres, altiles duas afferri solitas, gallinam & anserem : licet Aristophanes in Auibus, omnibus ferme deis suas aues attribuat: quadrupedia quatuor, ouem, suem, capram, bouem. at qui angustiori forent patrimonio, qui nec bouem possent sacrificio inferre, farinacea ex massa hunc conficiebant, & bouis vice immolabant: vnde & septimus bos est dictus. Sanè in sacris plerunque simulata pro veris accipiebantur. hinc cum de ijs animalibus quæ inuentu difficilia essent, sacrificium faciendum foret, ea de pane vel de cæra effingebantur, imò etiam de aliqua alia re. hinc Vergilius,

Sparserat & latices simulatos fontis Auerni.

Nam & in templo Isidis aqua sparsa de Nilo dicebatur. Idem obseruat Seruius secundo Aeneid. comment. vnde in Priapeiis Aristagoras villicus,

De cæra facta dat tibi poma deus.

Id quod & Græcos factitasse notaui. nam Cyziceni nigram bouem quotannis cùm immolare solerent, & obsidione pressi talem inuenire nō possent, frumentaceam effinxere, eóque pacto sacrum perfecere. Athenienses quoque in Iouis Milichij id aliquando efficere, vt ex Thucydide in Ioue retulimus. Sed vt sequar de victimis, Philo Hebræorum doctiss. quandoque solum Mosem quinque pura instituisse in sacrificiis tradit: ex auitio quidem genere duo, columbas & turtures: ex quadrupedibus tria, ouem, bouem, capram, & sicut Hebræi sue abstinebant, ita gentes ex eo maximè rem diuinam fecere. Aegyptij Lunæ & Libero suem immolabant, reliquis deis boues, vitulósque & anseres: capras verò & hircos non attingebant. contra Britanni nec leporem, nec gallinā, nec anserem quidem ad epulas adhibebant, nec deis etiam sacrificabant. Romani Pontifices certè maximam hostiam, vt dixi, ouilli pecoris dicebant, non ab amplitudine corporis, sed ab animo & natura placidiore, vt inquit Festus. Fuerunt porrò & aliæ victimæ, sed diuersarum nationum, & gentium. nam vt canit Ouidius,

Placat equo Persis radijs Hyperiona cinctum,

Ne detur celeri victima tarda deo.

Palumbos etiā in sacrificiis adhibitos legimus. hinc Plautus in Penul. Nos palumbē ad arā vsque duximus. Sed institutū prosequamur. Eligebātur ergo hostiæ, & ex grege secernebantur, quæ ideo & lectæ & eximiæ dicebantur. atque hæ quidem maiores, & vberius

depa

Syntagma XVII. 433

depastæ, non claudæ, non morbosæ, non alio quouis modo vitiosæ: fu tura enim cognosci antiqui non posse existimabant, nisi ex sacra victima, quæ præterea fixam aurem, vel caudam aculeatam, aut linguam nigram non haberent. Et quoniam sic victimę eximebantur, & seligebātur, factum est vt etiam Legere verbum sacrorum diceretur. Numa Pompilius, deos fruge coli, & mola salsa supplicari instituit: vnde & Immolo verbū pro sacrificio deductum creditur. quæ quidē mola ex farre, sale & aqua componebatur, sine qua mola nullum sacrificium ratum fieri censuit. atq; id far nisi tostum fuisset, ad rem diuinam non esse purum statuit. ideo & Fornacalia, & religiosas ferias, quibus far in fornacibus torrebatur, obseruari iussit. quin & Fornax dea, vt in primo Syntagmate dictum est: quòd farris genus ador & adoreum dicebatur, & vulgò semen, vt Isidorus ait, etiam dictum: & Edor quondam appellatū, ab edendo, quia eo primo vsi sunt homines: siue quia in sacrificiis ipsius generis panes ad aras offerebantur. vnde & Adorea sacrificia ait dici: quāquam Adorea pro gloria & victoria etiam capitur. Farina præterea, ex qua mola cōficiebatur, horna, hoc est, huius anni esse debebat. Gręci verò ὀλόχυτας molas ex hordeo & sale in sacris cōfectas adhibebant. Homerus, ὀλόχυτας προβάλοντο, id est, molas porriciebant. hoc Homeri interpretes & Phauorinus tradunt. Gręci ergo non far, sed hordei primitias, libáque & placentas ex hordeo offerri, hordeúmq; sale inspersum in primis aræ infundi, satius duxere: sine quo, saluis cæremoniis, nullum sacrum fieri fas putabatur. Hinc etiam qui eiusmodi primitias colligebant, apud Opuntios, vt Plut. notat, Crithologis fecere nomē. Megaris verò, dum ad Terei sepulcrum sacrum fiebat, pro hordeo calculis vtebantur. Dianæ autem Propylee Eleusinię mulieres nullam, nisi ex ibi nato hordeo, molam cōficere fas fuit. Sed & proprij quibusdam deis panes erant dicati, de quorum nonnullis Athenæus & Pollux libro sexto, vt sunt Obeliophori in Bacchi celebritatibus: Pelani omnibus deis communes, quos paulò suprà scripsi. Bos etiam placētę nomen, cornuta Apollini, Dianæ, Hecatæ, & Lunæ attributa. Popana etiā, & Prothymata, in sacris, & Aesculapio in primis, vt docet in Pluto Aristophanes, adhibebantur: Melittuta verò Trophonio. Arister etiam, & Hygica, molæ species traduntur. Sed in Fornacalibus, qui non fuerant feriati, quíque in sua tribu, vt erat constitutum, sacrum non fecissent, in Quirinalibus sacrificio expiare cogebantur; idcirco Quirinalia stultorum ferias dictas inuenimus. Omnibus quoque ferè deis, vt pòst ostendemus, suæ victimæ & sua sacra constituta fuere, quæ pręterire & transgredi fas non erat. Nanque aliena hostia alius deus placari non credebatur: quippe non eadē Ioui & Neptuno, Iunoni & Cereri victima assignabatur, vt paulò pòst patebit. Sed nec hoc perpetuò ratum, & vbique. Neptuno plerique de nigro tauro rem sacram faciebant. Trœzenij de fructuum primitiis: Græci aliquot de cruribus taurorum: Vlysses ariete, apro & tauro litauit. Athenis autem, licet octauo die cuiusque mensis Neptuno sacrū fieret, non tamen de tauro semper neque Apollini semper de tauro Græci, sed multiplicis generis victima sacrificabant. nanque Homero teste, vnus tauro, alius ariete, aliquis hirco sacrum fecit. ex bobus verò, vitulis & pecudibus laudatissimæ vitulæ ad deorū placamenta habebantur. Idcirco Ioui à flamine omnibus idibus bos cādidus, & ex agro Falisco, aut Meuania immolabatur: illos enim ad sacra saginabant, & deorum suppliciis seruabant. Bos autē qui iugo subactus fuisset, purus nō putabatur. Fœtus bouis tricesimo die, pecudis septimo, suis verò decimo à partu, idonei sacris, ac puri putabantur. Creditum quoque, bouem quinquennalem insignem Ioui victimā esse, & pecudes bimas sacrificio maturas. Solonis quidem lege de boue nulli deo sacrificari licebat, quia animal putaretur innocuum, & colonū. Tantę autē venerationis veteribus fuit, vt æquè capitale censeretur bouem, ac ciuem, necasse. Aegyptij boues ruffas Typhoni mactare soliti fuere. Arabes, pingues ac saginatos camelos in ara Ignoti Dei sacrificabāt: nupturæ virgines camelis deos propitiabant. Heroibus tauro, capro, & ariete litabant. Sunt qui tradant, Pythagoram præter sua instituta, bouē quādam Musis & Ioui gallū albū immolasse: quod vix crediderim, propterea quæ de eo in Symbolis retuli. Romani magna religione hostias explorabāt, itémque magna superstitione Aegyptij, vt in sequentibus ostēdemus. Græci, an tauri puri essent, farina, an capri, ciceribus, capræ verò aqua frigida explorabāt: si enim hæc gustare noluissent, id sacrū minus deis gratū arbitrabātur. Vlcerosam quoque victimā veteres reiiciebant. quin & vlcerosos augures de cœlo seruare minimè fas fuisse, notaui: quòd vlcus pollutio, ac corporis diminutiō quę jā censeatur, vt Plut. scribit. Ad hæc & Ruminales hostias nisi bidentes essent, omnęs non puras esse

De Deis Gentium.   O

esse affirmabat. Sed hoc locupletius declarauimus, dum de hostiis bidentibus locuti sumus.
Proditum vero memoriæ est, à suilli pecoris genere immolandi initium Romæ primum factum, eo argumento, quòd sus fœderibus & sponsalibus adhiberetur. Hinc & Varro lib. secundo de Re rust. Porci, inquit, qui à partu decimo die habentur puri, & ab eo appellantur ab antiquis sacres, quòd cum ad sacrificia idonei primum dicuntur. itaq; apud Plautum in Menechmis, eum insanum putat, qui vt pietur in oppido Epidamno, interrogat, Quanti hi porci sunt sacres? Idem Plautus in Rud. Sunt domi agni & porci sacres. hinc etiã sunt, Nefrendes sues, de quibus sic Fulgentius ad Chalcidium: Diophantus Lacedæmonius, qui de sacris deorum scripsit, ait, apud Athenas Marti solere sacrificari sacrũ quod ἑκατομφόνια appellabatur. Si quis enim centũ hostes interfecisset, Marti de homine sacrificabat apud insulam Lemnum, quod sacrificatũ est à duobus Cretesibus & vno Locro, sicut Sosicrates scribit. Sed posteaquã hoc Atheniensibus displicuit, cœperunt afferre porcum castratum, quem Nephrendẽ vocabant, quasi sine renibus. Et apud Romanos scribit Siciniũ Dentatũ centies & vicies pugnasse singulari certamine, cicatrices habuisse supra quadragintaquinque, post tergum nullam. coronas accepisse vigintisex, armilas CXL. & istum primum sacrum fecisse Marti. hactenus Fulgẽtius. Sed de Dentato, quanquam parum ad rem facit, Plinius & Solinus, aliiq; nonnihil euariant: Nefrendes, scribit Festus, arietes dixerũt, quòd dentibus frendere non possunt. alij dicunt, Nefrendes infantes esse nondum frendẽtes, id est, frangentes. Liuius: Quem ego nefrendem alui, lacteã immulgens opem. Sunt qui Nefrendes testiculos dici putent, quos Lanuuini appellant nebrundines, Græci νέφρες, Prænestini nefrones. hæc Festus: qui quamuis nefrendes arietes dicat, Varro tamen Fulgetio suffragatur, vt qui porcos scribat significare, qui lactentis nomine amisso, nondũ fabam frendere, id est, frangere possunt. Sed & in initiationibus Cereris sus mactabatur. Et quamuis in sacris ipsius deæ vinum adhibere nefas esset, in hoc tamen sacro de vino libasse, pontificales libri non vetabant: quam quidem suem immolari ab eo qui mortuo iusta fecisset, crimen admitti putabatur. Deorum quoq; matri nullum sacrum, nisi de porca fieri, quidam prodidere: & lustrari exercitũ. Scribit Aelianus Aegyptiis persuasum esse, sues Soli & Lunæ inimiciss. esse: & semel tantum, cum festos dies agunt, eos Lunæ singulis annis dicasse: alias verò nunquam nec huic ipsi, nec cuiquam deorum sacrificasse: id propterea facientes, quia execrandos & detestandos existimabant, vt Iudæi quoque. quod & pluribus Plut. in Symposiacis est executus. Subdit etiam Aelianus, in mysteriis Athenienses sues immolasse, propter perniciem quam segetibus sues inferunt. Eudoxus verò ait, Aegyptios ab immolandis suibus abstinuisse, quòd postquam sementem fecissent, eorum greges ad proterendam & proculcandam frugum sationem, & depellendam in altiorem humum, & humidiorem, immittere solerẽt, vt hac quasi occasione obducta terra semina, ab auibus minus infestarentur. hæc ferme Aelianus. In Mysia præterea Abretani Iouis templum fuit, in quo sues comesse aut mactasse scelus erat: idem & apud Phœnicas, quibus per omne tempus, vt Iudæis etiam, suibus abstinere per leges cautum fuerat. Proditum tamen est, in Thessalia Veneris fanũ fuisse, & aliud in Sida Pamphyliæ, & in Aspendo, & Argis, in celebritate quæ Hysteria dicebatur, in quibus præter instituta moresq; aliorum sues mactare licebat, cum in ceteris nullo modo fas esset. Aristophanes tamen in fabulis, suum plerunq; & porcorum sacrificium commemorat. Notat & Galenus in commentariis Chirurgiæ Hipp. γλυκέαν à græcis vocari suẽ, vel porcum in sacrificio, blanda scilicet voce: vt quoque simiam, καλλίαν, eadem ratione. atque hac in re Callimachi versus citat. Solum apud Thussas in Aegypto, vbi Venus cornuta colebatur, vacca illi immolabatur, & in Nitriotica præfectura ouis. Astris porrò & Stellis legimus volucres dicatas, anseres Isidi, Lunæ taurũ, Iunoni agnum, Veneri columbam. Græci Mineruæ iuuencam sæpe indomitam auratis cornibus mactarunt. Victimas quoque de piscibus aliquando legimus factas. Bœotij, vt scribit Athenæus, Copaidas anguillas, à lacu sic vocatas, coronatas, molaque perfusas deis immolabãt. Idem & piscatores scribit ex thynnis, quem maximum cepissent, Neptuno immolare solitos, & sacra ea Thynnæ appellasse. Mnaseas etiam Atergatidis deæ sacra piscibus fieri prodidit, cum veris & coctis, tum simulatis ex auro & argento. Phaselitæ quoque in Lycia piscium salsamenta quotannis patrio ritu deis suis offerre solebant: idque sacrum institutum, quod Lacius Argiuus à pastore Cylabra campum emisse ad ædificandam vrbem piscium salsametis fertur, potius quàm farina, vel melle. Quin etiam & aruspicinam Lycios exercuisse,

Athe

Syntagma XVII.

Athenæus ex Polycharmo prodit, ex piscibus & futura prædixisse. Porrò & mullum piscem, id est, triglam, vt alibi dixi, Proserpinæ, ac item Dianæ sacrarunt antiqui, & citharon Apollini, Mercurio bocas, Libero patri cittulum, apuam Veneri, Neptuno pompilũ:quem & sacrum piscem quidam vocauere, vt pluribus Athenæus exposuit, & Aelianus. Porrò & id obseruauimus, mullum barbatulum non attingi à sacrificãtibus sacerdotibus, nec à fœmina Argolica Iunonis sacerdote. Sed nec mustelam sacerdotes esitant, vt idem ait Aelianus, quòd ore pariat. Caius Caligula eò vesaniæ processisse traditur, vt sibi tãnquam numini sacro phasianos, phœnicopteros & pauones mactari iusserit. Sed hæc portenta sacrorum mittamus, cætera dicamus. Vinum in plerisque omnibus sacris penè libabatur, In nuptiis Cereris, vt alibi dictum, non adhibebatur. Vinum nouum Baccho dare fas fuit, frugum primitiæ Cereri. sed hæc gustare, aut vesci his prius quàm sacerdotes, minimè fas fuit. Scribit Festus, Sacrima appellatum mustum, quod Libero patri sacrificabãt pro vineis & vasis & ipso vino conseruandis: sic vt præmessum de spicis, quas primùm messuissent, Cereri sacrificabant. In sacris verò deæ Ruminæ inferre vinum, expiatione dignum fuit: quippe illi sacrum facientes, hostiæ lac, nõ vinum spargebant. Et in sacris Bonæ deæ, quam Floram perperam quidam vocant, cum vinum libabant, lac esse dicebant. Vestæ quoque non vino, sed de Numico flumine, vt ait Seruius, libabãt:quibus diebus, mense Iunio molæ frumentariæ, & asini sertis & pane coronabantur. Ad huius templũ iuxta forum, nisi nudo pede accedere non conueniebat:sicut in æde Dianæ apud Cretenses, quam Britomartin nominabant, de qua in Dictynna abundè locuti sumus. Proditum quoque memoriæ est, Romulum nunquam vino in sacris, sed lacte libasse. Quinetiã Athenieses Mnemosynę, Aurorę, Soli, Lunę, Vranię, & Nymphis nõ vino, sed aqua melle diluta sacrificasse, vt in sacris Nephaliis, iam dictũ. Vbi autẽ in sacris vina libare deis necesse fuit, ex greca & imputata vite, seu fulmine tacta, aut quę vulneratis pedibus calcata, vel immũditie polluta fuerat, aut iuxta quã homo laqueo pepẽderat, quæq; circumcisis vinaceis profluxerat, vina libare deis infaustũ erat, sed ex iis tantũ vitibus vuisq; fertilibus laticis, qualẽ, vt canit Poëta.

    Pateris libamus, & auro,
Inflauit cum pinguis ebur Tyrrhenus ad aras,
Lancibus & pandis fumantia reddimus exta.

Pythagoræ quoq; Symbolum fuit, Ne deis libaris ex imputatis vitibus: vt planè ibi exposui. vinum verò antequam funderet sacerdos, prius simpullo ligneo propinabat, vel fictili, quod & simpuuium vocatum video. Iuuenalis Satyra v 1,

    Simpuuium ridere Numæ, nigrúmque catinum.

Hinc simpullatrices mulieres sacris deditæ, vt Festus ait. erat autem simpullum, in sacrificij apparatu haud cyatho dissimile. Huius meminit Cicero in tertio de Legibus, & Plinius libro trigesimoquinto. Vocatur etiam Sympinium. Arnobius, agens de vino in sacrificiis: Date quæso, inquit, deis immortalibus vt bibant, scyphos, brias pateras, sympiniáque depromite. Idem paulò pòst: Operæpreciũ est etiam verba ipsa depromere, quibus cum vinum datur, vti ac supplicare consuetudo fuit: Mactus hic vino inferio esto. Inferio, inquit Trebatius, verbum ea causa additum, eáque ratione profertur, ne vinum omne omnino quod in cellis atque apothecis est conditum, ex quibus illud quod effunditur promptum est, esse sacrum incipiat, & ex vsibus eripiatur humanis. Addito ergo hoc verbo, solum erit quod inferetur sacrum, nec religione obligabitur: vt inferium videlicet vinum dicatur sacrum, quod deis infertur. Sanè & Varro, Depesta, ait, dicta etiam nunc in diebus sacris Sabinis vasa vinaria, in mensa deorum sunt posita. Apud antiquos scriptores Græcos inueni appellari poculi genus Depestam, quare vel inde radices in agrum Sabinum & Romanorum sunt profectæ: quod vinum dabant vt minutatim funderent, à guttis Guttum appellarunt:quòd sumebant minutatim, à sumendo simpullum nominauere. In huiusce locum in conuiuiis è Græcia successit Epichysis, & cyathus: in sacrificiis remansit Guttus & Simpullum. hæc Varro. Sed & hodie guttum habemus in cõuiuiis, Gottum tota Venetia nuncupantes. Epichysi vtitur & Plautus in Rudente: Præterea, inquit, sinus, epichysis, cantharus, gaulus, cyathus. Sanè græci σπονδεῖα vasa dicebant, à σπένδω, id est, sacrifico dicta, in quibus deis vina libabant. σπονδεῖς verò, huiusmodi sacerdotes vocabantur. Et quoniam in sacris morosa & cunctabunda voce vtebantur, inde spondæus pes, sacris maximè aptus dictus est : & ἀπόσπονδα, cum vino sacrificia peracta. Thasij vino liba-

De Deis Gentium.   O 2

libaneo, odore thuris, deis prolibabant.& apud Asopum in æde Eumenidum mulso libare, & pro coronis, floribus vti permissum fuit. Sanè Seleucus apud Athenæum libro secundo, negat veteres vini copiam, aut deliciarũ quippiam in sacrificiis inferre solitos, cum tamen θοίνας, & θαλίας, & μέθας deis impenderent:& quidem θοίνας, quòd vino vterentur: θαλίας, quòd vescerentur: μέθας verò, quòd μετὰ τὸ θύειν, post sacrificia hilares fierent. Epicharmus etiam apud eundem corruptos mores notat, ac mutatam frugalem illam in sacris obseruantiam. Ex sacrificio, inquit, epulum, ex epulo facta est potatio, ex potatione comus, ex como facta est θυσία, id est, ludus: ex θυσίας iudicium, ex iudicio condemnatio, ex condemnatione compedes, sphacelus, & mulctatio. Hæc ille. Quid, inquam, si hoc tempore viueret Epicharmus, de nostris nunc sacris diceret? Nundinas, non sacra appellaret. Sed nos nostra mittamus, vetera sequamur.

Victimæ plerunque maiores auratis cornibus procedebant, minores coronatæ offerebantur, vt planius non multo pòst dicam. Obseruabant etiam, vt si vinum hostiæ infundendum foret, molam aut fruges in caput spargerent, ordine præpostero: si verò, cum hostia ad aras ducebatur, vehementius fuisset reluctata, inuitàq; altaribus admoueretur, vel si aufugisset, vel percussa mugitum dedisset: aut in aliã corporis partem, quàm oporteret, cecidisset: piaculare sacrum, & triste auspicium facere credebatur, quasi quòd inuitis Deis offerri videretur: quæ verò fugisset hostia, vbicunque eam nacti fuissent, mactari oportebat, ne maius piaculum fieret. Iones tamen contra instituta morésque sacrorum tunc maximè hostiam litare, & deis gratam fieri putabant: cum inter immolandum taurus mugitum dedisset. Existimatum etiam antiquis est, funestam familiam, seu hominem funere pollutum, nec publica sacra facere, nec ædes deorum dedicare posse, nisi in lemuralibus & parentalibus, vt suo loco dicemus. Notauimus suprà in Succidaneis, fœmininas hostias potiores apud Romanos fuisse. apud Aegyptios tamen vetitum fuit, fœminam hostiam immolare. Barbaris quoque circa montem Caucasum, & apud Derbices Persicam gentem, fœminam victimam fuisse, aut eius carnibus vesci, sub graui documento vetebatur. Si tamen primis hostiis non litassent, aut primum sacrum negligentia vel casu non rectè initum aut curatum foret, illud denuò augeri, & victimas succedere ad expiandos deos permittebatur, donec ritè perlitatum esset. Illud non omiserim, Romanos consueuisse pro rebus quas citò expedire volebant, ætate gradioribus hostiis: vbi verò rem augere vellet, seu produci, iuniore victima sacrificasse. Nec vnam vnquam hostiã duobus deis, aut incertis, sed certo immolare solitos: quia vtri deo res diuina faciẽda esset, facile vt dignosceretur: superisq; deis impares & albas, inferis verò pares & nigras obtulisse. Veteres etiam illud obseruabant, vt si pro infantibus immolandum foret, non grandis, sed minor hostia mactaretur: obseruatúmque est in deorum Manium sacris, auersa ac tristia auspicia, & dira magis fausta esse. Itaque in his non litare potius quàm litare est. Animalia præterea sacrificiis congrua, integra atque insecta, quæ à græcis ἄρτια & ἄτομα dicebantur, legebantur: καὶ μὴ ἐμπηρα, hoc est non curta, seu mutila. nam & Solon philosophus dicere solebat, ἔμπηρα ἀφιλῆ. Sacrificiorum etiam quædam τριθετα, hoc est adiecta, seu apposita dicta legi, quorum in Areopagitico meminit Isocrates: quæ non erant indigena & patria. Fuere & quæ Dorophorica, & quæ Apolytrotica, quæq; Apoplectica, atque Athyta nuncupata fuere. Item quæ Ἀνιτευθ͂τα, hoc est, in quibus non erat litatum, vel quæ dira sacra ab aliquibus dicuntur. Porrò sicut hostiæ puræ ac integræ parandæ fuerant, sic & sacerdotes, qui sacra facturi erant, nisi tales fuissent, & ipsi à sacris arcebantur. Id Plinius in septimo declarat, de M. Sergio agens: & Seneca libro quarto Declam. de Metello loquens, & Dionys. Alicar. libro secundo hist. quo loco agit de sacerdotibus à Romulo constitutis.

Par etiam fuerit, ritus & cæremonias subsignare. nam singulis ferè deis sua sacra instituta fuere, quæ transgredi aut præterire nefas ducebatur. neq; deos omneis eisdem semper sacris, sed alios aliis ritibus, cæremoniisque placari, toto hoc de Deis opere docui: quæ tamen in omni sacrificio solennia seruari in vniuersum solita, quásue cæremonias custodiri, hic tibi collecta perscribam.

Sacerdos in omnibus sacrificiis ritè celebrandis, antequam deis immolaret, aut rem diuinam faceret, quibusdam se prius sacris præparabat. vnde Græcis verbum frequens ἐξοργιάζω, quod est, ad cultum sacrorum se expiare. Inter hæc erat corporis ablutio. vnde & Aeneas ex ritu deos precaturus, ait in secundo Aeneid.

Donec

Syntagma XVII. 437

Donec me flumine viuo Abluero.

Tum etiam à Venere abstinebat, vt ad celebranda sacra lautus ac mundus accederet. Legimus Numam Pompiliū, cum pro frugibus faceret, esu carnium & Venere abstinuisse: & Iulianum Cæsarem, & si Procopio credimus, Iustinianum, oleribus leguminibúsq; contentum sæpe coenitasse, ob religionem. eos item qui initiandi essent Isidis sacris, dies x parcere carnibus & vino. Quin & Aegyptios festis quibusdā diebus ieiunia seruasse: id quod & Hebræos adhuc obseruare animaduertimus. Aquæ quidem aspersione corporis labem tolli, & castimoniam præstari putabant, præterque Mysos & Essæos, aliósque qui ob religionem animantibus abstinebant, vt suprà dictum est: coelibémque vitam agebāt, qui Abij & Anymphi dicti fuere. Constat sacerdotes Matris deûm Samia testa sibi virilia amputasse, atque illos qui maxima sacra obibant, vt in casta religione manerent, & procul à mulierum contagio vitam agerent, herbis quibusdam euirari, & virilitatem amittere: vtque nulla nisi sacrorum maneret cura, nudique & vacui religioni ac pietati intenderent. cunctarum se rerum dominio abdicare. quod iure pontificio veteri caueri quidam putant, illis verbis: Ad diuos adeunto castè, pietatem adhibento, opes amouento. qui secus faxit, Deus ipse vindex erit. Quam castimoniam apud exteros quoque seruatam notauimus. Quippe in Thesmophoriis, matronæ Athenienses vt Venerem cohiberēt, foliis viticis cubilia substernebant. nonnulli garo ex pisciculis, qui squamam non haberent (quòd incendia libidinum reprimere feruntur, & irritos conatus facere venereos) in sacris vsi fuere: quòd Agesilaus putabat, deos non minus religiosis operibus, quàm sacrificiis castis delectari: quod & Rex & poëta Iudæus ante illum monuerat. Legimus præterea, hierophantas Atheniensium postquam in sacerdotium cooptati erant, vt castè sanctéque sacrum facerent, cicutæ sorbitione se castrauisse: Aegyptios verò sacerdotes negotiis omissis, mulieribus nūquam indulsisse, carnibúsque & vino abstinuisse. Itémq; Gymnosophistas adeò abstinentiæ studiosos fuisse, vt pomis solum oryza & farina alerentur. In Creta quoque, vt Euripides testatur, quos vocabant Iouis prophetas, non modò carnibus, sed ne coctis quidem vesci solitos fuisse: & Indorum Magos proditum est, qui ad solis sacerdotium promoti fuerāt, carnibus abstinuisse, & nunquam sub tecto fuisse, sed lineis velatos sub diuo vitā egisse. Quin etiam obseruatum antiquis inuenimus, vt qui rem diuinam facturus esset, ad suas leuādas culpas, se in primis reum dicere solitum, & noxæ poenituisse, & admissa fassum, vultúsque summisisse, & ad omnem modestiam finxisse: quod vtinam & hodie perseueraret in nostris, inter quos plerique nulla reuerentia ac modestia sacra obeunt. Sed & vestibus sacerdotes amicti erant sacris, vt ex Romanis historiis didicimus, ne nūc Hebræos afferamus. Sed & Platonis verbis videmus: Nam, inquit, in sacrificiis & celebritatibus pulchra veste, aureísque coronis ornatus sacerdos rem diuinam facit. Sacerdos autem qui victimam faciebat, pura in veste, & candida, plerunque intextili tela, nec maioris operis quàm menstruæ: nonnunquam in purpura & auro: triumphales viri, & qui amplissimos honores adepti fuissent, in triumphi ornatu, aut in prætexta, lotis manibus, & fronde coronati, sancti & venerabiles, nudis pedibus, tonsa coma, ad rem diuinam accedebant. idque iam à Pythagora traditum, sed à Iudæis Lacedæmonij obseruarūt, qui nudis pedibus adorandum sacrificandúmque censuerunt. Sed de nudipedalibus, in Annotationibus dictum est. Pura autem & religiosa vestis dicebatur, vt Festus ait, & Seruius, qua rem diuinam facturi festo vtebantur die. ea quidem erat soluta omni vinculo, nullis maculis, nec aliquo squallore obsita, nec funesta, aut fulgurita. Caper & Hyginus in illos Vergilij,

Fontémque ignémque ferebant

Velati lino, & verbena tempora vincti.

Quo loco non lino, sed limo legendum aiunt. Limum enim vestem fuisse dicunt, in extremo sui purpuram limam, id est, flexuosam habentem: vnde nomen accepit. Aliqui tamen malunt limbum legere potius quàm limum. Sanè Aegyptij laneas vestes in deorum templa non inferebant: hinc & linigeri dicti. Sic ergo instructus sacerdos ipse, vel præco publicus, sacra præcedens clamabat: Hoc age. ac voce populum excitabat, virgáque turbam summouebat, quæ commentaculum dicebatur: & silētium indicebat, ne mala aliqua vox obstreperet, néve quid triste audiretur: & sacris fauere, & attentos esse iubebat. hinc Vergilius ait in tertio, Fida silentia sacris. Vnde & græcè mysteria dicta, ab occludēdo ore, id est, μύειν τὸ στόμα. licet aliter Phurnutus putet, vt in Mysia Cerere retuli. Hinc etiam dicere

De Deis Gentium.   O 3

cere solebant, Pascito linguam, teste Festo. De silentio plura dixi in Symbolis Pythagoræ. Seclusa sacra dicebātur, quæ Græcis dicebantur mysteria, vt docet Festus. Initiationes vocat Cicero, Liuius, aliiq; Sunt & qui opertanea sacra huc transferint, quorū & Plinius meminit, in quibus gallinæ nigræ nō videbantur puræ. Dici verò videtur opertanea, quòd seorsum ab hominū cōspectu & in operto fieret: vel quòd mystica essent, & ἀπόῤῥητα. In deorū ergo sacrificiis taciturnitate ac silentio opus fuit, & vt intētis essent animis. Si enim opus faciente sacerdos inter sacra videre cōtigisset, temerari & pollui putabatur. Ideo ei custos dabatur, qui sacra inspiceret: & alter, qui linguis fauere iuberet. Propterea etiā & mali ominis verba vitabantur. hinc Seruius lib. IIII. Mactat, ait, verbum sacrorū fuisse κατ᾽ εὐφημισμόν, id est, per bonū omen dictū, vt adolere, Nam mactare proprie est, magis augere. Vergilius,
    Mactant lectas de more bidentes.
Quoties enim aut thus, aut vinum super victimam fundebatur, dicebant, Mactus est taurus, thure vel vino: hoc est, cumulata est hostia, & magis aucta: id quod & Isidorus libro decimo scriptum reliquit. Apud Græcos autem ad sacrificium accessurus sacerdos, hoc primùm præfari solitus fuit, τίς τῇδε; hoc est, Quis hic? Qui verò intererant sacris, referebāt, πολλοὶ κἀγαθοί, quod est dicere, multi & boni. Quin & illud etiam in sacris dictum obseruant scriptores, quod & legitur apud Callimachum in hymnis, ἑκὰς ἑκὰς ὅστις ἀλιτρός. Quod & similiter Vergilius vsurpauit, cum ait:
    Procul hinc, procul este profani,
Nam polluti homicidio, aut humano infecti sanguine, cæterique eiusmodi, à sacris arcebantur: nó ve aras contingerent, aut sacrificio interessent, publicis legibus prohibebantur. Sanè apud Græcos legimus, sacra quædam ἀβέβηλα nuncupata, in quibus interesse profanis haud fas fuerat: vti βέβηλα, ad quæ etiam profani admittebantur. & quia à quibusdam sacris mulieres innuptas, aut seruitio pressos, vel ære coemptos abesse oportebat, ideo in sacrorum apparatu lictor præfari solebat: Hostis, victus, mulier virgo exesto. At in Chæronea sacerdos lorum tenens pro ædibus sacris Matutæ, id est, Leucotheæ, clamitabat: Seruum non ingredi, non seruam, non Aetolum, nō Aetolam. iis enim sacrificio adesse eo loci non licebat. Apud Magos, qui essent lentiginosi, tanquam deis inuisi, ab aris summouebantur: Item qui elati reuixerant, quibúsq; viuentibus exequiæ factæ fuissent, velut profani à sacris propellebantur. Apud Germanos, iis qui scutum amisissent in acie, sacris interesse haud licebat: & apud Aegyptios, subulcis omnibus templa interdicta fuere. Itē menstruatis Hebræis, & fœtis, post XL diem, & qui impetigine deformes essent. Apud Scythas quoq; qui hostem nullum interfecissent in acie, in solennibus libare non poterant: reliqui initiati interesse sacris non prohibebantur. Romani sacerdotes cum adorarent, rem diuinam facturi, capita velabant: Græci aperto erant capite. Sanè quòd Romani velarent capita, præter Vergilium & Plutarchū in Caulis, ita Festus: Saturnij, inquit, dicebātur, qui castrum in cliuo Capitolino incolebant, ybi ara dicata ei deo ante bellum Troianum videtur, quia apud eam supplicāt apertis capitibus. Nam Italici, auctore Aenea, velabant capita: quòd is cum rem diuinam faceret in littore Laurentis agri Veneri matri, ne ab Vlysse cognitus, interrumperet sacrificium, caput adoperuit, atque ita conspectum hostis vitauit. hoc idem Plut. pluribus, & alia. Seruius verò nō Vlyssem, sed Diomedem ait, iussum Palladium reddere: qui cum implere pararet, Aeneam sacrificantem inuenit. hinc Nautes Palladium accepit, atque inde mos velandi capitis. id quod Helenus Aeneæ prædicit libro tertio Aeneid.
    Purpureo velare comas adopertus amictu.
Macrob. autem in tertio Sat. ex Balbi sententia, apud aram Maximam obseruant, ait, ne lectisternium fieret: vbi etiam aperto capite omnes sacra fecisse tradit. quod fiebat, ne quis dei habitum imitaretur: nam ibi ipse operto capite erat. Varro ait, Græcum hunc fuisse morem, vt scilicet græco ritu sacrificaretur in ara Maxima, hoc & amplius addit C. Bassus, idcirco hoc factum fuisse, quia ara Maxima ante aduentum Aeneæ in Italia constituta est, qui hunc ritum velandi capitis inuenit, vt supra dictum est. Scribit Numa in pontificalibus, Tutulum vocari pallium, quo sacerdotes caput tegebant, cum ad sacrificium accessissent. hoc idem ad Chalcidium Fulgentius. Vergilius:
    Et capita ante aras Phrygio velatus amictu.
Quare verò Saturno aperto capite sacra fierent, vt veritatis cultori, & honori, pluribus Plut. in Quæstionibus: licet sint qui scribāt, ne sacerdotis animus à sacris auerteretur, quod
                                                                                                & su

Syntagma XVII. 439

& suprà tactum. Dexteram dein ad os ferebat, séque in orbem circumagebat, vt erat à Numa institutum: de qua in sacris, quæ diuersimodè fiebat, vertigine, locupletius in Symbolis disserui. Tibicines præterea & citharœdi in sacrificiis adhibebantur, qui præcinerent, monerentque ne aliud ageretur, néve exaudiretur: quibus & ius fuit in æde vescendi, id quod prisca religione seruatum est. Tibiæ verò quibus in sacris vtebantur, ex buxo fuerant: quæ autem in ludis, ex tibia asininæ osse, aut ex argento confectæ erant. Sed de multiplici tibiarum genere, in Poëtarum historia scripsi, cum de scena agerem. Aegyptij in sacris non tibias, sed cantus adhibuere. Hostia ergo si maior erat, auratis cornibus plerunque immolabatur. S.C. extat de ludis Apollinaribus primùm faciendis, quod Macrobius recitat primo Satur. In quo Decemuiri præceptum fuit. vt Græco ritu hostiis sacrum facerent, Apollini boue aurato, & capris duabus albis auratis: Latonæ boue fœmina aurata. Ludos in circo populus coronatus spectare iussus est. hinc Ouidius ait,

 Indutáque cornibus auro
 Victima, vota facit. & alio loco:
 Blandis indutæ cornibus aurum
 Conciderant ictæ niuea ceruice iuuencæ.

Iuuenal. Frontémque coruscat, dixit: propter scilicet cornua aurata. Ascanius in decimo Aeneid. apud Vergilium,

 Et statuam ante aras aurata fronte iuuencum
 Candentem, paritérque caput cum matre ferentem,
 Iam cornu petat, &c.

Quo loco Seruius: Quæ Ioui conueniret victima, perbellè exponit. Si minor hostia esset immolanda, illius de fronde coronabatur, cui sacra fiebant: laneáque insula & candida vitta circundata, ante aras nullo vinculo ligata sistebatur. neq; enim in sacris vinctum quid esse debet, vt notat in tertio Aeneid. Seruius. licet Iuuenalis in duodecimo ita scribat:

 Sed procul extensum petulans quatit hostia funem,
 Tarpeio seruata Ioui, frontémque coruscat:
 Quippe ferox vitulus templis maturus & aræ, Spargendúsque mero, &c.

Et Isidorus ab aliquibus victimam vocatam tradit, quòd vincta ad aras ducebatur, vt suprà dictum est. Sed hoc ad ferociam victimæ dictum est, dum duceretur: vel vt alij exponunt, referentes ad tempus ante sacrificium, quo ligatæ fuerant. Scribit enim Seruius, in ratione sacrorum, quòd par est & animæ & corporis causa. nam plerunq; quæ non possunt circa animam, fiunt circa corpus: vt est soluere, vel ligare, cum non possit anima per se, ex cognatione potest. ergo Helenus apud Poëtam bene,

 Vittásque resoluit Sacrati capitis. Item illud,
 Vnum exuta pedem vinclis in veste recincta.

Quoties quoque victima reluctabatur, vt dixi suprà, ostēdebat se improbari. vnde aptè Vergilius in decimo,

 Et statuam ante aras aurata, &c. & alibi,
 Et ductus cornu stabit sacer hircus ad aram. Lucanus,
 Discussa fugit ab ara Taurus.

Hinc & Ammian. hist. libr. XXIIII, Abundè ratus post hæc Iulianus prosperitates similes aductare, complures hostias Marti parabat Vltori: & ex tauris pulcherrimis decem, ad hoc perductis, nondum aris admoti voluntate sua nouem procubuere tristissimi: decimus verò, qui diffractis vinculis lapsus, ægrè reductus est, mactatus ominosa signa mōstrauit. Contrà verò apud Senonas: nam lucum sacrum venerabantur, quem nisi vinculo ligatus ingredi nemo poterat. qui si fortè prolapsus corruisset, attolli minimè licebat, sed per humum reptare conueniebat. In Scythia quoque Marti sacrum fieri solebat, in quo victima primis pedibus ligata ad aram sistebatur, cui laqueum collo iniiciebant, ac baculo circunducto strangulabant sine precatione & votis.

Sed & aqua in sacris adhibebatur. nam & expurgari adeuntes ad sacra solitos aquæ inspersionibus legimus: in qua torrem ex altari, vbi rem diuinā fecissent, priùs extinxissent, quæ Chernips diceretur. Scribit Seruius in quarto Aeneid. quòd qui superis sacrificabant, abluebantur. Vergilius:

 Donec me flumine viuo Abluero

O 4   Qui

Qui verò deis inferis, afpergebantur: vt illud,
Spargens rore leui, &c.

Aquam autem Romani de fonte Iuturnæ, qui circa Numicum labitur, in omnibus facris adhibebant, vt in XII Seruius scribit, inspergebántque. Eam verò aquam super terram posuisse, piaculum ac triste omen erat. Ideo vas lato ore, & fundo angusto, in quo hauriretur, ne stare posset, in sacris adhibebant: quod vas, Donatus & Seruius futile vocant. & de eodem ita Lactantius lib. octauo Theb. Futile, inquit, vas est quoddam lato ore, fundo angusto: quo vtebantur in sacris deæ Vestæ, quia aqua ad sacra in terra non ponebatur: quod si factum esset, piaculum erat, vnde excogitatum est vas, quod stare non posset, sed si positum esset, statim funderetur. vnde & homo commissa non retinens, futilis dicitur: & contrà non futilis, bonus consiliis. Licet quidam eruditi, hoc vas cadum etiam & scyphum dixerunt: illúdque manibus tenere oportebat, quod quidem Flaminicæ virgines sacrorum ministræ, aut Vestalium famulæ, & nonnunquam pueri flaminum ministri, quos Camillos appellabant, vt dictum est alibi, patrimi & matrimi omnes coronati tenebant manibus. Ex hac Iuturnæ aqua ægros curari, & bonæ valetudini restitui, ex Varrone alibi recitaui. Apud Athenienses verò aqua sumebatur ex Callirrhoe fonte, magnæ religionis in maximis sacris, & sponsalitiis cæremoniis: in quibus aliam adhibere, nefas habebatur. In Delij Apollinis templo præcipua aqua fuisse fertur, sacrificantium vsui accommoda: quam ad alios vsus hausisse, magni criminis instar erat. Græci in sacrificiis & expiaminibus, Eleutheri aquam frequentes adhibebant. Trœzenij, ex Hippocrene: Persici reges ex Choaspe, quam peregrè profecturi secum etiam ferebant: Arabum reges ex Euleo, qui ortus à Medis, præcipuo nitore fluit. Præ cæteris verò Aegyptij, tãti Nili aquã fecere, vt cum hydria ad templum humeris ferebatur, omnes procumberent: & sublatis manibus, deis gratias agerent, nimirum cum & fluuium ipsum deum existimarent, Iouem etiam ipsum appellantes, vt in Ioue traditum est. Ferunt & Babylonios reges ex Nilo & Istro aquas inter gazas cõdere assueuisse, vt hoc argumẽtũ suæ magnitudinis ostẽderent, cum per tot spatia terrarũ tótque inuias regiones aduexerent. Mox sacerdos Romanus, lanea infula velatus, & fronde coronatus, puráque veste indutus, aram manibus tenens (nã nisi manu teneretur, non litari putabatur) sacra peragebat. Vergilius quarto Aeneid.

Talibus orantem dictis, arásque tenentem
Audiit omnipotens. Idem libro sexto,
Talibus orabat dictis, arásque tenebat.

Aram tamen tangere pellex, lege Numæ vetabatur: si tetigisset, solutis crinib. agnum cædere iubebatur. tum sacerdos versus ad orientem, (matutinum quippe tempus sacrificiis idoneum existimabant antiqui: nam deos tunc assidere templis, & matutinis salutationibus ad esse opinabantur: Magorum Persarum exemplo, quibus mos fuit primo semper diluculo deis canere hymnos, laudésque Solémque oriẽte venerari) meditato & solenni precationis carmine, verbis priscis ex annalium vetustate erutis, numina & deos precatus, vota effundebat: quam precationem plerúque ter repetebat. Indi verò & Gymnosophistæ in meridie, & vbi multum diei processerat, immolare deis solebant. Meridialem, inquit Festus, veteres hostiam atram appellabant, quam meridie immolabant.

Trismegistus Mercurius censuit, vt adorantes medio die se conuerterent ad austrum, occiduo ad occasum: si verò primùm orietur Sol, in ortum. Fuit & Apollonij Tyanei opinio, summo diluculo cum deis versari: procedente mox die, de deis loqui oportere. Moses autem & Hebræi occidentem Solem spectare consueuerunt. Alibi à me est obseruatum ex Græcis in Pindarum commentariis, ad orientem deis sacra fieri, heroibus verò ad occidentem. Porphyrius quidem philosophus, templorũ statuas & ingressus orientẽ spectare debere statuit, vti adeuntes in occasum cõuersi, & in simulacrorũ ora, id est, ὑπηλέως preces effunderent. Lucianus etiam templa condi ad solem orientem veteres consueuisse asserit. hinc Vitruuius libro quarto de sacrarum ædium positione idem scribit, vti ædis signum quod erit in cella collocatum, spectet ad vespertinam cœli regionem. Sed enim infula, quam dixi ex lana alba & cocco fuit instar fasciæ, plerunque lata, nonnunquã tortilis & rotunda, ex qua vittæ, quæ & teniæ dicebantur, hinc & inde diffluebant. Sanè piaculum incepto sacro committebatur, si aliquo modo sacrificium interrumperetur, quod Vergilius in tertio Aeneid. de Heleno ostendit, cum ait,

Ne qua

Ne qua inter sanctos ignes in honore deorum,
Hostilis facies occurrat. Idem & octauo,
Audax quos rumpere Pallas
Sacra vetat, raptóque volat telo.

Vbi Seruius: Cum ludi Circenses Apollini celebrarentur, & Annibal annunciatus esset circa portam Collinam ingruere, omnes raptis armis cócurrunt. reuersi postea, cum piaculum formidarent, inuenerunt saltantem in circo senem quendam, qui cum interrogatus dixisset, se non interrupisse saltationem, ductum est hoc in prouerbium: Salua res est saltante sene. quod tamen in tertio Aeneid. nonnihil euariat: atque item Festus, qui senem illum Pomponium appellat. Porrò & intermissione piaculum committebatur, quod alibi notaui, vt in eo Poëtæ,
Annua quæ differre nefas.
Vbi piaculum fieri ait intermissione anniuersariorū. Sed sacrificiorū reliqua afferamus.
Principium precationis à Iano & Vesta fieri solebat, quæ in omnibus sacris præcipua numina habebantur: de quibus suis locis abundè sum locutus. In votis enim nuncupandis perpetuam hi meruere præfationem. Et de Iano quidem Fabius Pictor libro primo: Vinum, inquit, & far primus illos docuit Ianus, a l sacrificia & religionem magis, quàm ad esum & potum. primus enim aras & pomœria & sacra docuit, & ob id illi in omni sacrificio perpetua præfatio præmittitur, fárque illi ac vinum primò prælibatur. Illos tamen qui ad aram maximam sacrum faciebant, alium quàm Herculem deum aduocare non decebat. Cui verò deo sacrum fuerat constitutum, id moris fuit, vt post ipsum reliqui inuocarentur, vt volentes & propitij votis & precationibus adessent. Domitianus tamen Mineruam genitricem, & Ant. Heliogabalus suum deum præponi mandauerunt. In Peloponneso Melissa nympha, quæ vsum mellis illis dedisse credita est, in sacrorum præfatione adhibebatur. Sanè & cuique Deo sua carmina, suǽque precationes, quas sacricolarum simplicitas nunc orationes & collectas vocat, institutæ erant, quæ conceptis verbis efferebatur: & ne quid præpostere fortasse diceretur, aliquis præire solitus fuit. id quod ex scriptoribus, & in primis Liuio sæpe notauimus. Sanè alij aliter has preces offerebant, & propterea particulam ascribam ex Arnobij lib. secundo, aduersus Gentes: Neque, inquit, quod Magi spondent commendatitias habere preces, quibus emollitæ nescio quæ potestates, vias faciles præbeant, ad cœlum contendentibus subuolare: neq; quod Hetruria libris in Acheronticis pollicetur, certorum animalium sanguine numinibus certis dato diuinas animas fieri, & à legibus mortalitatis abduci, &c. Qui hoc loco Acherontici libri, Aruntij dicuntur à Seruio, vt in Tagete dictum est. Precibus peractis, & rite deis deprecatis, sacerdos qui rem diuinam faciebat, se ad dexteram voluere, & circumuertere solebat manúmq;, priore digito in dictum pollicem residente, ori admouere: deinde sedere, velut deis ratas preces habentibus. Galli verò, se ad lævam vertere putarunt religiosius esse. Sed plura de hac in sacris vertigine, in Symbolis Pythagoræ recitaui. Græci post effusas preces, manus osculabantur: quod honoris etiam gratia factitatum, apud Homerum & alios obseruaui. id quod nunc est in frequenti non sacrorum modò, sed & profanorum etiam vsu. Certè & victrices imperatorum dexteras milites deosculari, ob fortia aliqua facinora solitos legimus. Illud præterea quoque annotaui Romanos factitasse, vt fanum aliquod prætereuntes, manum labris & ori admouerent, tanquam deos venerarentur, quòd Deo maximè silentium conueniat. Vinum antequam sacrificulus simpullo circumferret, vt astantes pariter libarent, tum setas inter cornua victimæ manu excerptas, tanquam prima libamina in ignem mittebat. id quod & Vergilius non ignorauit, cum cecinit in sexto Aeneid.
Et summas carpens media inter cornua setas
Ignibus imponit sacris.
Mox victimarius obliquum cultrum ferreum, oblongum, id est, secespitam, à fronte ad caudam victimæ ducere, & se ad orientem vertere solebat, quod in sacrificio habebatur primum. hinc ait Verg. in XII,
Illi ad surgentis conuersi lumina solis,
Dant fruges manibus salsas, & tempora ferro
Summa notant pecudum, paterísque altaria libant,
Et cætera, quæ cū summa sacri cęremonia à Poëta dicuntur. Est autem secespita, gladius
manu

manubrio eburneo, rotundo, solido, iuncto ad capulū auro argentóque, fixus clauis æneis, ære Cyprio, quo flamines, flaminísque virgines, pōtificésque ad sacrificia vtebantur. Suet. in Tib. Nam & inter pontifices sacrificanti simul, pro secespita plumbeum cultrum subiiciendum curauit. Dicta autem secespita, à secando: auctor Festus. Hinc etiam seciuum libum dictum fuit, quod, eodem teste, secespita secaretur. Alij secespitam securim, alij dolabram æneam & cultellum putauere. quin & scena, securis an dolabra fuerit, ambigitur: quam Cincius in lib. qui est de verbis priscis, dolabram dixit pontificiam. Liuius in Lydio: Corruit quasi ictus scena, haud multo secus. quibus verbis videtur scena & secespita eadem fermè esse, nisi codices mentiantur. Erat apud Delphos hoc in more, vt cultro quo deis immolabant, de nocentibus etiam supplicium sumerent. Persæ & Cappadoces non gladio, sed stipite hostias mactabant. Romani etiam interdum malleo. apud Homerum etiam querno trunco. Adeò varia sacrificandi religio fuit gentibus. Quod verò suprà primum in sacrificio haberi diximus, id ita intelligebamus: primam sacrificij partem fuisse deis libare, secundam immolare, tertiam reddere, quartam litare. Sanè nec hoc loco prætereundum est, libare & litare verba esse sacrorum, & vtrunque à Græcis desumptum, à λείβω videlicet, & λιτομαι. his tamen vt Latini nostri sunt vsi, in hoc differunt, quòd libare, vtcunque sacrificare est, imò leuiter & modestè tangere, vt ferè in sacrificiis solemus. hinc & ad alia transfertur. Vergilius,

Oscula libauit natæ.

Litare verò est ritè sacrificare, & impetrare: id quod ex auctoribus facilè colligimus. Plinius lib. octauo de vitulo: Quamobrem, inquit, victimarum probatio in vitulo, vt articulum suffraginis contingat, breuiore non litat. Hoc quoque notatum, vitulos ad aras humeris hominum illatos non ferè litare, sicut nec claudicante, nec aliena hostia deos placari, nec trahere se ab aris, Suet. Tranquillus in Cæsare: Dein pluribus hostiis cæsis, cum litare non posset, introiit curiam spreta religione. Vergilius,

Sacrísque litatis Indulge hospitio.

Lucanus Hetruscum Aruntem inducit:

Neque enim tibi summe litauit
Iupiter hoc sacrum. Martialis,
Non quæcunque cadit hostia cæsa litat.

Plautus in Pœn. Si Hercule istuc vnquam factum est, tum me Iupiter faciat, vt semper sacrificem, nec vnquam litem. Nihil enim sacris mancum, vt antè dictum est, nihil monstrosum conueniebat. nam si viscera pallerē, tetrísque maculis suffusa apparuissent, si iecur tabidum, si pulmonum fibræ defuissent, si sine corde vel præcordiis victima, non litandum veteres gentium sacerdotes existimarunt. Hinc succidaneæ hostiæ, de quibus iam actum est: vnde & litatio dicta, & perlito verbum. T. Liuius libro primo, v. Decad. Quòd caput iecinoti defuisset, tribus bubus perlitasse nequiuit, senatus maioribus hostiis vsque ad litationē sacrificari iussit. Præter libo & lito, sunt & alia verba quibus in sacris veteres vtebātur: vt lego, vnde & lectæ hostiæ, quod ita verbū esse Seruius ait verbū esse sacrorū: & immolo, à mola, qua hostia inspergebatur, vt iam dictum: & similiter macto, & adoleo. Operor itē est verbum sacrorū, vnde operata iuuentus à Vergilio, & operatus in herbis. Sunt & alia penè innumerabilia: sed nos potius de Sacrificiis sermonem cœptum cōtinuemus. In quocunque sacro id fieri mos fuit, vt faces adhiberentur ex tedæ ligno, quas faces nisi mares ferre fas fuit, aliás neminē: & igne accēso super aras (neqꝫ enim sine igne vllū sacrificium fieri licebat) tum victimam immolare succinctos ministros sacerdos iubebat: qui victimarij & cultrarij à nōnullis, & popæ dicti sunt, Quidā & agones vocant. Lactātius in quarto Theb. Sacerdotum, inquit, consuetudo talis est, vt aut ipsi percutiant victimas, & Agones appellantur: aut sic tenentes cultrum, alter impingat. ideo dicit Statius,

In vulnus cecidere greges.

Quin & victimatores dicuntur: de quibus Vergilius,

Supponunt alij cultros.

Hi autem victimam supra verticem, plerúque in fra iugulū feriebant, idq́ue pro dei vel animalis ratione. Indi quidē nō iugulare, sed præcluso spiritu victimā necare assueuerūt, ne quid de sacro deperiret, né ve quid mancum Deo offerre viderentur. Græcis autem id moris fuit, vt in primo Apollonij interpretes docent, si cœlestibus deis victimam immolarent

Syntagma XII. 443

iacent, sic hostiæ caput statuere, vt cœlum spectaret: si verò inferis, ne despiceret terram. Porrò ministris quidem, nisi iussi essent, mactare non licebat: ideo succincti nutum imperiumve expectantes, Agon, id est, Agone, dicebant. Seneca libro tertio Partitionum Belles, inquit, deridebat hæc Asinius Pollio: Filius, inquit, ceruicem porrigat, carnifex manum porrigat: deinde respiciat ad patrem, & dicat, Agon? quod fieri solet in victimis, hæc Seneca. Sed & Ouidius primo Fastorum pulchrè his versibus ostendit.

Nominis esse potest succinctus causa minister.
Hostia cœlitibus quo feriente cadit.
Qui calido strictos tincturus sanguine cultros,
Semper agátne rogat, nec nisi iussus agit.
Pars quia non veniant pecudes, sed agantur, ab actu
Nomen Agonalem credit habere diem.
Vel quia præuisos in aqua timet hostia cultros,
A pecoris lux est ipsa notata metu.

Hoc est, ἀπὸ τῆς ἀγωνίας. Varro quoque ab hac voce Agon dictos ait dies Agonales. Succinctos etiam hos ait. vnde & Agonalia, quæ statiuæ feriæ fuerūt, quibus Ian. V, Id. Ianuarij aries mactabatur. Sanè Agonia, quæ & Agonalia dicta fuere, sacrificia fuerūt, quæ in agonibus, id est, montibus fiebant. Agonus mons Quirinalis, & porta Agonensis, porta Collina: Pompeius auctor. Varro à Salio dici ait Agonia, qui Agonenses dicentur. Agonia quædē priora Ianuario mense fiebāt, altera verò Aprili, vt ostēdimus in Fastis. Porro & Agonius deus, præses rebus agēdis fuit, vt Festus docet, & dij Agonij fuēre, vt in Mercurio annotauimus. Sed quod victimarij succincti dicatur, preter iam dicta & Propertius innuit, cū ait,

Succinctique calent ad noua sacra popæ.

Suet. in Caligula. Astante, inquit, Caligula vnus popparum Aelius Spartianus. Percussit hostiam popa, nomine Antonius. Transiuit & nomen hoc, vt sacerdos quoque in nomen propriū. M. Cic. in oratione pro Milone, Licinij Popæ meminit. hac & in Antiquitatibus vidi, eiusmodi popas victimarios succinctos: inter quos his diebus, vnum peruetustum ex ære, quem è ruinis prope viam Flaminiam effossum ostendit mihi Frāciscus Fantinus, nostræ ciuitatis canonicus. Apud Delphos Hosioter is dicebatur, qui hostiam immolaret, vt Plut. scribit. Quinque autem Hosioteres sacri erant, & cum prophetis multa agebant, & simul sacris operabantur, séque ex Deucalionis genere ortos arbitrabantur: Nicolaus Damascenus in gentium Synagoga, quod & Stobæus repetit in Sermone de iustitia: In Pīdaliis, inquit, gente Indica, nō qui sacerdos esset, sed qui in præsentia haberetur prudentiss. hostiam mactabat: nec à deis nisi iustitiam rogabat. Sed redeo ad institutum. Interim cæsa victima alij vasa, vt cruorem exciperent, cadenti hostiæ supponebant, quæ propriè σφαγῖα dicebantur græcè: alij victimam decoriabant, aliáque peragebāt. mox aruspex, flamen, aut sacerdos cultro ferreo viscera & exta rimabatur, & extispicium fiebat, hoc est, per exta deos consulebat, & an perlitatum esset attentè explorabat, & tunc exta reddi dicebantur, cum probata aræ supponebantur, vt notat Seruius Vergilius secundo Georg.

Lancibus & pandis fumantia reddimus exta.

Sunt autem exta, quæ numero plurium tantum dicuntur, licet & extum legatur apud auctores, Celsum & Plin. quæ in victimis interiora extant: vt cor, pulmo, lien, & iecur, quoniam super interiora intestina extent. Plin. vno nomine præcordia dici exta lib. trigesimo Nat. hist. dixit. Festus: Exta (ait) dicta, quòd ea deis prosecentur, quæ maximè extent, emineántque. Ab extis diuinationem etiam M. Cic. lib. 1. de Nat. deor. factam fuisse ostēdit Idē & in primo de Diuinat. hinc vocati extispices, diuinatores per exta, ac sacerdotes. Idē Cic. secundo de Diuinat. Artificiosa diuinationis illa ferè genera ponebas extispicū. Nom Marcellus Varronem citat: & licet pleræq; nationes extispice & aruspice vterentur: apud Galatas tamen non aruspex, sed philosophus aderat, sine quo apud eos sacrum non fiebat. Lusitani, vt scribit Strabo in tertio, exta inspectantes, nihil concidebat, ex lateribus fibras prospiciebant, & contrectantes ventura coniectabant: ex intestinis quoq; hominum maximè captiuorum diuinationes captare solebant, sagis velantes. inde vbi plaga infligebatur, ab intestinis sub aruspice primùm ad hominis casum vaticinabantur. Veteres quoque Græci hœdorū, agnorū, vitulorúmque inspectis intestinis, futura prædicebant. & hoc quidem Iauſ. Cyprij etiam & suū intestinis & extis ariolabantur. solus Thras, Ilus canū extis vatici vaticinabantur, quod ex eius simulacro, quod in Olympia fuit, colligebatur: ad cuius humerum dexterū obsidere videbatur mustelus, & canis hostia bifariam sectus, iecurque ostendens penes ipsum iacebat. Obseruabant & flammam aruspices, quæ ex crematis victimis edebatur, vt scribit Didymus. Item bilem, quomodo humorem eiacularetur. Vesicam præterea, ore laxo colligato igni imponebant: & quo illa pacto disrumperetur, & quam in partem totiꝰ fudisset, adnotare cōsueuere. Colligebantur porrò, & ex hostiarum cauda vaticinia. nam igni inflexa difficultatem rei indicabat, vel belli: extensa & deorsum corruens, cladem futuram. Si verò in altum erecta fuisset, victoriæ indicia præ se ferebat. Scribit Lactantius in quinto. Theb. commen. super ea verba,

  Et in nullis spirat deus integer extis: 10

Fuit, inquit, quoddam in extis signum, quod Deus appellabatur: quod si integrum apparuisset, propitium numen ostendebat: sin verò dimidium, iratum significabat numē, aut certè non præsens, hæc autem Prosecta exta dicebantur, vt idem ait Lactantius, cum reddebantur inspecta, verbo sacrificantium vsus est poeta: particulæ enim minutæ membrorum omnium prosectæ dicuntur in sacris, quæ inferuntur aris. Lucanus:

  Si pectora pleno
  Sæpe dedi, haui calido prosecta cerebro.   Statius
  Vbi aduerso dederat prosecta sonanti.

Nonius verò ait, Prosecta exta, quæ aris dabantur, ex fibris pecudum dissecta. Licinius Macer in Ornithogonia: 20

  Vulgari costa vapore,
  Cum virgis prosecta focum.

Val. Flaccus tertio Argonaut,

  Tunc piceæ mactantur oues, prosectáque partim
  Pectora per medios, partim gerit obuius Idmon.

Hæ quidem sacrificiorum particulæ videntur etiam Præficiæ, à præsecando dici. de quibus Arnobius lib. septimo, ridens antiquorum superstitiosa sacrificia, his verbis agit: Quid si omnes has partes, quas præficias dicitis; accipite dei amant, súntque illis gratæ, vel voluptatis alicuius, vel dulcedinis sensu, &c. Sed præstat hoc loco pleraque eiusmodi nomina vsurpata in gentiū sacris, semel cōmemorare: quæ idem Arnobius his verbis colligit, nā cùm de totis & integris victimis egisset, ridens: Quid, inquit, sibi reliqua hęc volunt,30 Magorum cohærentia disciplinis, quæ in sacrorum reconditis legibus pontificalia restituere mysteria, & rebus inseruere diuinis? Quid, inquam, sibi hæc volunt, Apexabo, issicia, silicernia, longauo, quæ sunt nomina & farciminū genera, hircino alia sanguine, comminutis alia inculcata pulmonibus? quid tedæ, quid næniæ, quid offæ? non vulgi, sed quibus est nomen appellatióque peniæ: ex quibus quod primum est, in exiguas aruina est miculas, at illa minutim insecta de more: quod in secundo situm est, intestini est porrectio, per quam proluuies editur, succis perexiccata vitalibus? offa autem penita est, cum particula visceris cauda pecoris amputata. quid polimnia, quid omenta, quid palasea, siue vt quidam cognominant, plasea? ex quibus est nomen omenti pars quædam, quo receptaculaventrium circumrecta finitur. Vobis cauda est plasea, filigine & sanguine delibuta.40 Polimnia porrò sunt ea, quæ nos proles verecundius dicimus, à vulgaribus autē assolent cognomine testium nuncupari. Quid fitilla, quid frumen, quid africia, quid gratilla, catumeum, conspolium, cucubula? ex quibus duo quæ prima sunt, pultium nomina, sed genere & qualitate diuersa: series verò quæ sequitur, liborū significātias cōtinet. & ipsis enim non est vna eademque formatio: nō enim placet carnem strebulam nominare, quæ taurorum è coxendicibus demitur, pulpamēta non assa, quæ in verubus exta sunt, animata prius & torrefacta carbonibus, nō salsamina denique, quæ sunt vna cōmixtio, quadrimis copulata de frugibus non similiter fendicas, quæ & ipsæ sunt diræ, quas plebis oratio illa solet, cū eloquitur, nuncupare; non ratione eadē erūas, quæ sunt prima in gurgulionibus capita, quæ deiicere cibos & referre naturæ struminatoribus * sæculis, non magmenta, nō augmina,50 nō mille species velamen sanguinū, vel fitillarum, quibus nomina indidistis obscura, vulgóque vt essent augustiora fecistis. Idē paulo pòst: Quæ causa, quæ ratio est, vt caro strebula separatim, ruma, cauda & plasea separatim, iræ solæ, noménque solum augmentorum adiiciatur in causam? Tum subiungit exclamans: O deorū magnitudo mirabilis, ō
                              nullis

Syntagma XVII.   445

nullis hominum comprehensa, nullis intellecta naturis: si quidem, vt prosint, testiculis pecudum redimuntur, & rumis: neque prius iras atque animos ponunt, nisi sibi adoleri paratas conspexerint naenias, offasque redemptas. hactenus ex Arnobio. Ad reliqua sacrorum redeo. Sanè ars aruspicina hoc etiam habebat, vt & thuris motus, & crepitus, & fumi agitatio, & flexus aruspex ipse colligeret: quoniam haec primum signa aut testabantur extorum promissis, si bona fuissent: aut si contrà, refringebantur, vt testatur liber de Thuris signis, haec Lactantius in quarto Theb. Illud etiam obseruandum, quod pluribus contendit Arnobius, thus in sacris non esse rem vetustam, sed nouellam. nam neque, ait, temporibus (vt perhibetur) heroicis quidnam esset thus, scitum est: neque genitrix & mater superstitionis Hetruria opinionem eius nouit, aut famam. Mox neque Romulum nouisse, neq; Numam, ostendit: quod ex Apuleio ipse etiam alibi docui. Extis porrò inspectis, ex omni viscere & membro primitias partésque defectas farina farris inuoluêre, & in calathis sacrificanti offerebant: & tunc hostia perfecta dicebatur. Has sacerdos aris imponens accensis, igne comburebat. hoc enim in omni sacrificio seruabatur, vt de singulis oblatis, aut Deo immolatis, particulas tanquam libamina adolerent: in ignem mittebant, addito igni thure & costo, aliísque odoramentis, prout sacrum ferebat, & ritus. Illud etiam notauimus, quod in maritimis sacrificiis exta in fluctus iactabantur. vnde illud,

Porricit in fluctus. Silius in XVII,
Cui numen pelagi placauerat hostia taurus,
Iactáque caeruleis innabant fluctibus exta.

Sanè exta veru assa apponebantur. At verò arietis, non veru coeta, sed elixa in olla, apponebantur: alias ritu praepostero sacrum peractum censebatur. Varro de Ling. latina: Haec sunt, ait, quorû in sacrificiis exta in veru coquuntur, quas & Actius scribit, & in Pontificiis libris videmus. Scribit Arnobius in secundo, vbi de ceremoniarum mutatione agit: Cum, inquit, Romulo Pompilióque regnantibus, percocta plané ac madida cremarentur deis exta, nónne rege sub Tullo semicruda caepistis, & leuiter cremata porricere, prisca obseruatione contempta: tantum Arnobius. At verò in hostiis eam dicabant Aruigem, quae cornua habebat: quoniam is cui oui mari testiculi dempti, & ideo vt natura versa veruex declinatur: sed etiam coxas cum inguinibus cnissa, quam & cnissarion dicebant, id est adipe operientes comburebant. κνῖσα enim propriè in sacrificiis nidor, euaporatio & aruina dicitur. Hinc Lucianus de Sacrificiis, ἀναρπαστιὸν κνίσαν, id est, insurgentem nidorem, vel ascendentem, dixit: quod & κνισάριον vocatur. censebatur enim haec pars preciosa praecipuè, & propter incessum, & quia inde semen genitale deducitur. Sic victimarum quidem viscera, licet nunquam ablata, elixa per sese fiebant: vinúmque aris postea fundebatur, & tunc Porrici hostia dicebatur: de quo verbo in sacris vsurpato Macrobius in Sat. Ex quo emanauit illud, Inter caesa & porrecta. M. Tullius ad Atticû: Ne quid, inquit, inter caesa & porrecta, vt aiunt, oneris mihi addatur, aut temporis. Meminit & Varro de Ling. lat. & ego de Annis, mensibus, &c. & Erasmus in prouerbiis. Ex reliquis autem hostiae partibus seu membris coenam apparabat, quibus, qui sacris interfuissent, vesci licebat. De quibus ex legis praescripto ad domesticos portiunculam afferre, & impartiri fas fuit: extraneos adhibere nefas fuit. id quod & Hebraeis praeceptum erat. Vescebantur verò stantes, cum panibus rotundis, in deorum honore adhibitis. nam in sacris aedibus simul epulari & sacrum fieri obseruatum est: mensae enim in templis ararum vicem praebebant. Sed quoniam nisi peracto sacrificio eo vesci licebat, illud ideo prouerbio iactatû est, Haud immolata sacra saepe deuorat. in intemperantes, & ventri deditos. quales apud Hebraeos fuere Heli filij, quorum nota est historia. At Aegyptij sacerdotes immolata victima caput abscindebant, illúdque diris & carminibus execrati, in flumen deiiciebant, cum solenni precatione: vt si quid aduersi eis immineret, in caput illud redundaret. Sed plenius de omni hoc sacrificandi ritu Aegyptiorum paulò pòst agam. Apud Graecos ex caesa victima nonnunquâm, capite & ventre excepto, caetera dabantur deis, lingua verò praeconibus: Deis, qui iucundi ab aliquibus, ab aliis placidi & mites latinè nuncupati sunt, à Graecis θεοὶ μειλίχιοι, sacra nocturna fieri solebant apud Myoneam vrbem, in môtis excelsi vertice, in quibus omnes hostiarum carnes ante solis exortû absumi oportebat. Nunc & ex qua materia in sacris ignis faciendus esset, aliquid dicendû est. Nam & in hoc religiosam vetustatem fuisse videmus. In sacris ignem ex olea, lauro, vel crassioris corticis quercu, aut cuius caudex cauus fungosúsque foret, accendere

cendere, vel adolere nefas fuit. Hæc etenim ligna ominosa sunt, & detestata: quem ignem in sacris subdita face accendebat, eum partim ex fumo quos globos volueret, quantúmve se attolleret, vt pauló ante dicebam: partim ex flamma, si lucidior, aut obtusior, & qua specie foret, ij qui Capnomantes dicebantur, plerunque obseruabant. superstitiosum id quidem. Si autem extincto & mortuo carbone sacrificaretur, neglectæ religionis signum, & perniciosum putabatur. Persis ligna arida dempto cortice sacrificio apponere mos fuit, oleúmq; superfundere, & pinguem aruinam. Et hoc locupletius, vbi de Persarum instituto seorsum agam. Elienses alba populo in sacris Iouis semper vsi fuere, ex quo Hercules Ioui sacrificanti eam attulit. Apud Siculos in colle Vulcanio, iuxta stagnum, dum sacrum fieret, sarmentorum fasces super aras sua sponte ignem concepisse, & nullo flante anhelitu incendium fecisse fabulati sunt. sicut de Seleuco proditum est, qui cum Ioui in Pella victimam immolaret, ligna aris imposita vltro arserunt: & de Egnatia nympha inter nymphas iam retuli. Seruius in x i i. Aeneid. super ea poëtæ verba,

Qui fœdera fulmine sancit:

Post alia. Certe (inquit) quia apud maiores aræ non incendebantur, sed ignem diuinum precibus eliciebant, qui incendebant altaria. Vt minus mirum sit, quod de Ioue Elicio legimus. Sane & ad facienda fœdera, vt Seruius idem docet, aqua & ignis adhibebátur. Vnde & contrà, quos arcere volebant à consortio, eis aqua & igni interdicere solebant: id est, rebus, quibus consortia copulabantur. Sed & in captandis auguriis sacerdotes prius, & aruspices, qui nunc (inquit Plutarchus in Problem.) augures, luminaria semper aperta habere voluerunt, nec operculo imposito claudi. rationem pluribus ille & causam affert. Apud Scythas verò, cùm sacrum Marti fieret, hostiarū carnes ossibus ipsarum adurebantur. Lusitani ignitis lapidibus sacrificiorum carnes coquere solebant: iidem ex immolata hostia, vt paulo ante dixi, nihil concidebant, sed extis tantummodo perspectis vaticinabantur. Iasides, licet ex omni incenderent aras, spinas tamen asparagi, aut stramina in sacris cremare nefas habebant. Thisetæ, & Argyni, ossa victimę tantum in ignem mittebāt, & deflagrabant, ipsi carnibus vescebantur. Sane solebant partes de immolatis victimis dare præsentibus, & absentibus mittere, quæ μερίδια à Græcis dicebantur, & Missa interdum à Latinis. Strobula, inquit Festus, Vmbrorum lingua appellabantur partes carnium sacrificatarum. Non hoc loco reticuerim, quod est ab Isidoro proditum libro x i. Sacra spina est, inquit, vna pars spinæ, quam Græci ἱερὸν vocant, id est, os sacrum, quoniam primum infante concepto nascitur: ideóq; & hostia id primum deis suis dabatur, vnde & sacra spina dicitur. hæc ille. Apud Lacedæmonios in publica visceratione primi Reges fuere, quibus duplum quàm cæteris dabatur, priuilegióque honoris præter libamina immolatorum quoque animalium coria. Delphis id moris fuit, vt immolantes victimas, exclusis cæteris, vescerentur, ad quam extraneos admittere nefas erat: cōtrà in sacris Hecates, qui sacrum fecerat, de sacrificio vesci nō licebat, quod & Plutarchus in Symposiacis testatur. De cœna quæ huic deæ in triuiis apponebatur à gentibus, suo loco, hoc est in Hecate, plane scripsi. In epulo Iouis, quod in Capitolio septemuiri Epulonum celebrabant, Iupiter in lectulum, Iuno & Minerua in sellas ad cœnam inuitabantur. ex quo illud colligit Valerius Maximus, quòd viri antiquitus in lectulis duntaxat, mulieres verò in sellis discumberent. Porrò inter vescendum victimarum carnes, laudes deis canere tam Latini quàm Græci solebant, his quibus sacrificium factum fuisset: quod apud Vergilium de Hercule diligenter obseruatum videmus. nam & psallere in numerum, & hymnos canere, chorúmque agere apud auctores veteres consueuisse annotamus: tum etiam saltantes à læua dextrorsum, mox à dextera læuorsum choream ducebant. Erant & diuersa hymnorum genera, de quibus in primo de Poëtica & poëtarum historia Dialogo pluribus egimus, quæ hic non est vt repetamus: illic enim ex græcis & latinis scriptoribus recensuimus. Scribit Plutarchus, suo tempore Romanos peractis votis deos deuenerari, & in templis sedere ac permanere consueuisse: Re demum diuina, & cæremoniis peractis, sacerdos ILICET proclamabat, quasi eos diceret iam abire licere, qui sacris interfuissent. Græcis verò & Aegyptiis id concinebatur, quod Apuleius ostendit in sua Metamorphosi, λαοῖς ἄφεσις, hoc est populis missio. vnde & nostri, Missam hostiam esse concinunt. Atque hactenus quidem de sacrificiis in vniuersum.

DE

Syntagma XVII.

DE INFERORVM SACRIFICIIS.

Cæterùm hac parte huius Syntagmatis de inferorum victimis ac sacrificiis agere proposui, tametsi in nostro de Sepulcralibus & vario sepeliendi ritu pleraque sum complexus: Operis tamen ratio requirit, ne eam hoc loco intactam relinquamus. atque ab hoc exordiar: Antiquorum fuisse sententiam, viuos superorum deorum esse, mortuos ad deos Inferos pertinere. iuxta quam opinionem locutus est Poëta libro vndecimo Aeneid.

    Nos iuuenem exanimem, & nil iam cœlestibus vllis.
    Debentem, vano mœsti comitamur honore. & idem in XI.
    Vos ô mihi manes
    Este boni, quoniam superis auersa voluntas.

Superis siquidem omnia deberi putabant antiqui, donec viuerent: ideo, quia (vt dicunt physici) cum homo nascitur, sortitur à Sole spiritum, à Luna corpus, à Marte sanguinem, à Mercurio ingenium, à Ioue desiderium, à Venere cupiditatem, à Saturno humorem: quæ omnia singulis extinctos reddere existimabant. At nos hæc mittamus, qui Deo tantum debemus quicquid sumus: rideamúsq; has sapientum ineptias, & vanam religionem. Romanis consuetudo fuit, vt polluti funere, non sacrificarent superis. Si tamen contingeret, vt vno eódémque tempore, & funus faceretur quis, & cogeretur dare operam sacrificiis, laborabat ille, vt antè sacra compleret, quàm funus agnosceret. Vnde & Horatius Puluillus in Capitolij dedicatione, cum ab inimicis filius extinctus nunciaretur, ait, Cadauer sit: nec voluit funus agnoscere, donec templum dicasset, ne sacrum intermitteret. Iuxta quem morem & alias habemus historias. Sed & poëta Maro ita Aeneam inducit:

    Aeneas, inquit, quanquam socijs dare tempus humandis
    Præcipitant curæ, turbatáque funere mens est,
    Vota deûm primo victor soluebat eoo.

Quin etiam qui de pietatis generibus scripserunt, primum locum in sepultura esse voluerunt. Vnde cum pontificibus nefas esset cadauer videre, magis tamen nefas fuit, si visum insepultum reliquissent. Vnde etiam genus sepulturæ fuit, puluéris vel glebæ iniectio, vt in Sepulcralibus copiosè retuli. Verum enimuerò iam sacra defunctorum instituta exponere exordiar. Scribunt interpretes Apollonij in primo Argon. cum sepulcrum Dolopis Mercurij filij interpretantur, quòd mortuis in occasu solis iusta peragebantur, cœlestibus verò in solis ortu: Entomáque mortuis iugulari, quibus capita amputarentur. alij ἔντομα dicût, ᾧ quæ generare non poterant, mortuis ac inferis dicarentur: veluti deis cœlestibus, quæ essent cum testiculis & coleata: hoc est, ἄγοντα τοῖς ἀγίνοις ϑύρχα, ἢ τοῖς ἐγκείσις. Itaque victimarum capita statuebant, vt ea in terram conuersa haberent: quod copiosius in commentariis Apollonij legitur, & Phauorini. Sed iam par est, vt sacrû deis infernis apponã, quod à peritissimo sacrarum cæremoniarû vate lib. v I. Aeneid. descriptû est. ita enim ille:

    Quatuor hic primum nigrantes terga iuuencos
    Constituit, frontíque inuergit vina sacerdos,
    Et summas carpens media inter cornua setas,
    Ignibus imponit sacris libamina, prima
    Voce vocans Hecaten, cœlóque herebóque potentem:
    Supponunt alij cultros, tepidúmque cruorem
    Suscipiunt pateris: ipse atri velleris agnam
    Aeneas matri Eumenidum, magnǽque sorori
    Ense ferit, sterilémque tibi Proserpina vaccam:
    Tum Stygio regi nocturnas inchoat aras,
    Et solida imponit taurorum viscera flammis,
    Pingue superque oleum fundens ardentibus extis.

Atque hæc quidem poëta, in quibus illud in primis obseruandum videtur, ipsum poëtam visum esse summo artificio & verborum proprietate. primùm atri coloris iuuencos, tum vina inuergit ex ritu sacrorum: quippe fundo, vergo, & inuergo, verba in sacris fuerunt. de quibus sic obseruât periti, vt Fundere sit supina manu libare, vt in quarto Aeneid.

    Media inter cornua fundit,

Quod fiebat in sacris superûm. Vergere verò, seu Inuergere, est conuersa in sinistram partem manu ita fundere, vt patera conuerteretur: quod in infernis fiebat, qua infusio-

ne si victima non stupuisset, apertè probabatur. Statius libro sexto Theb.
>Spumantésque mero paterae verguntur, & atri
>Sanguinis, & rapti gratissima cymbia lactis.

Tum & illud etiam notandum, ex caeremoniarum instituto, quod ait, & summas setas inter victimae cornua carpsit, & igni imposuit: quod etiam antè annotaui. Illud quoque non praetereundum, quod ait, Voce vocans Hecaten: quòd propriè dictum est voce, non verbo, & quibusdam mysticis sonis. nam in huiusmodi sacris variè nomina inuocabantur, quod apertè Lucanus expressit: vt,
>Latratus habet illa canum, gemitúsque luporum,
>Quod strident, vlulántque ferae, quod sibilat anguis,
>Exprimit & planctus, fractaéque tonitrua nubis:
>Tot rerum vox vna fuit.

Sed & illud non simpliciter à Vergilio dictum, Supponunt cultros alij: ex eadem disciplina prolatum est. nam dum victimas caederent, secespitam, id est, cultrum superponebat. sicut & illud, Inchoat aras: quod, vt Seruius ait, verbú sacrorú fuit, & perficere denotabat.

Sanè in fine sacrorum illud etiam dicere alta voce solebant, SALVE AETERNVM, VALE AETERNVM. quod & poëta Vergilius in Pallantis funere Aeneâ protulisse ait,
>Salue aeternùm mihi maxime Palla,
>Aeternúmque vale.

De quibus verbis Varro in Logistoricis ait, ideo mortuis Salue & Vale dici, non quòd valere, aut salui esse possint: sed quòd ab iis recedimus, eos amplius nunquam visuri. Hinc etiam ortum ait Seruius, vt etiam maledicti significationem interdum Vale obtineat. vt Terentius, Valeant qui inter nos dissidium volunt: hoc est, ita à nobis discedant, vt nunquam ad nostrum reuertantur aspectum. Ergo ea ratione Vale mortuis dicebatur, quasi à nobis recedentibus. Porrò & Statius lib. v. Theb. Archemori exequias describit, qui item in quarto Tiresiam inducit ferale sacrum facere. ita enim canit:
>Tum fera caeruleis intexit cornua sertis,
>Ipse manu tractans, notaéque in limine syluae.
>Principiò largos nouies tellure cauata,
>Inclinat Bacchi latices, & munera verni
>Lactis, & Actaeos hymbres, suadúmque cruorem,
>Manibus aggeritur, quantum bibit arida tellus.
>Trunca dehinc nemora aduoluit, moestúsque sacerdos
>Treis Hecatae, totidémque satis Acheronte nefasto
>Virginibus iubet esse focos: tibi rector Auerni,
>Quanquam infossus humo, superat tamen agger in aruis.
>Pineus, hunc iuxta cumulo minor ara profundae
>Erigitur Cereri, frondes atque omne cupressus
>Intexit plorata latus, iámque ardua ferro
>Signati capita, & frugum libamine puro
>In vulnus cecidere greges.

Quo loco Lactantius quaedam his sacris conuenientia, quae ipse missa facio. Item quae Silius Italicus libro XIII Punicorum, vbi Scipionem inducit similiter patri apud Auernum huiusmodi ferale sacrum peragere, Autonoe Grynea phoebade monente. Ita enim canit, ne Graecos nunc inculcem:
>Inducit iuuenem, ferróque cauare refossam
>Ocyus vrget humum, atque arcanum murmur anhelans,
>Ordine mactari pecudes iubet. acer operto
>Ante omnes taurus regi: tum proxima diuae
>Caeditur Enneae casta ceruice iuuenca.
>Inde tibi Alecto, tibi nunquam laeta Megaera
>Corpora lanigerûm procumbunt lecta bidentum,
>Fundunt mella super, Bacchíque & lactis honorem.
>Sed iam ad alia, quae dicenda restant, properemus.

Romae in campo Martio Teronti locutus fuit, vbi Ditis & Proserpinae ara fuit. locum
quidam

quidam dictum volunt, quod ibi Tiberis tereret. Quin & ideo Tiberim ipsum Rumonem & Serram vocatum fuisse ait Seruius, quasi ripas ruminans & exedens. & in aliqua etiã vrbis parte Tereotus dictus, eo quod ripas terat. In hoc ergo loco Inferis deis sacra fiebant, & ludi à loco denominati Terentini instituti, de quibus plura scripsi in nostro de Annis & mensibus. cum enim multa portenta fierent, & murus & turris qui erant inter portam Collinam & Exquilinam, vel vt alij dicunt Gabiusam, de coelo tacta essent, ideóque decemuiri Sibyllinos libros adiissent, & renuntiatum esset, vt Diti patri & Proserpinæ ludi Terentini tribus noctibus in campo Martio fierent, & hostiæ furuæ immolarentur: Terentus, inquit Festus, locus fuit in campo Martio, quo in loco ara Ditis patris in terra occultabatur, hinc & ludi Terentini. Ausonius poëta:

Trina Terentino celebrata trinoctia ludo.   Stat. Papinius in Syluis,
Aut instaurati peccauerit ara Terenti.

De hac etiam ara Val. Max. & Censorinus, & alij. ad hanc ter annis singulis accessum placandis Manibus patêre. idque ideo mundum patêre dicebatur, post scilicet Vulcanalia, & mense Octobri & Nouembri: quod fuit tertio Kalen. septemb. & quarto Non. octobris, & tertio Idus nouemb. id quod etiam ex Festo alibi recitaui. Cùm autẽ in Italia humanis capitibus prius Ditem placarent, mox ab Hercule moniti hominum simulacra pro victimis dederunt. Obseruatum quoque fuit, vt sterilibus iuuencis & pecudibus, ac vino & melle, lacte & sanguine Diti sacra fierent. tametsi in inferiis vina Numæ lege libare vetitum fuerit aliquando, iuxta illud, Vino rogum ne respergito. Et aras quidem Inferorum, quæ plerunq; geminæ fuerunt & pares, quas nigris vittis aut cæruleis ornabant, & cupresso: cúmque pecudes immolarent, spirantem cruorem in effossam terram mittere solebant, & vinum & lac & mel vná infundebant, seu potius (vt dictum est) inuergebant, visceráque cæsæ victimæ ter circum aras ducebant, igne accenso. Hoc piaculari sacro inferos euocari arbitrabantur. Inualuerat etiam mos, vt infernis deis sacra facturi pares victimas, eásque sinistra immolarent: & cum manes expiandi essent, pocula libaret, aut in sepulcrum conuersa manu inuergerent. In his sacris litasse, piaculum fuit. Nigras, vt dictum est, hostias immolabant, & vina spargebant: quinetiam & vasa in ignem immittere solebant, & viscera igni imposita oleo conspergebant, vt facilius cremarentur. Nam cum Diti sacra exhibebant, omnia simul in eis absumi & perdere volebant. Ligna è sepulchris eruta atro igni apponebant. Neque oriente luce ac sole, vt deis superis, sed vel noctu, vel post meridiem, decrescente die, hostiam mactare fas fuit, capite eius ita constituto, vt terram, non coelum spectaret, quod & iam antè dictum est. Nec in huiusmodi inferorum sacris corpus abluebat, qui sacrum peragebat: sed lotione omissa, ramo tantummodo leuiter inspergebatur. Est Fabij Seruiliani Pontificis Maximi disciplina traditum, vt atro die manibus parentare non liceret, ne infesti Manes fierent: quia atro die, nec Ianum, nec Vestam præfari licebat. Fuit etiam illud parentationis genus à pontificibus sancitum, quod fuit per iniectionem pulueris, aut glebæ, quo cadauer inhumatum expiabatur: qua de re supra, & in Sepulcralibus abundè. quo loco & de Libitina & libitinariis, déque Epitymbia Venere, omníque sepeliendi ritu scripsimus: quæ inde, si vacat, repetenda sunt. Fuerunt & apud Romanos defunctorũ piamina, Februa appellata, quòd Sabinorum lingua februum purgamentum significaret: vel vt alij volunt, à feruore, quoniam adoledo & flammis feruentibus fierent. Vnde & Februarius mensis, de quo abundè dixi in libro de Annis, mensibus, &c. eo enim mense populus februabatur, id est, purgabatur. per XII enim dies februa celebrabantur: hisq; diebus pro impetranda mortuorum animabus quiete, omnis populus piaculis sacrificiisq; circa sepulcra accensis facibus cæreisq; intentus erat. hæc Festus. Fuit & antiquis silicernium, vt Donatus scribit. Coena & deis manibus inferebatur: vel quòd eam silentes cernant vmbræ, id est, vmbræ possideant: vel quòd qui inferunt, cernant, sed non degustent. nam de his quæ libantur inferis, quisquis ederit, vel biberit, funestabatur: aliter licet Festus & Nonius tradant. hic quidem, funebre conuiuium silicerniũ ait: ille, sarciminis genus quo funesta familia purgabatur. Silicernij meminit Terentius, Cecilius, & Varro. Legimus apud Eleos, Plutonis templum fuisse, quod semel tantum patefieri solebat: & quamuis patêret, nulli tamen introire licebat. Sicyonij quoq; semel quotannis Eumenidum, prope Asopum fluuium, diem & sacrum peragebãt. Ad hæc & Græcis id moris fuit, vt paucis à morte diebus feralia sacra impenderent. Idque obseruatum, vt corpore

De Deis Gentium.   P 3   reliq

reliquo cremato, plerunque digitum, membrúmve, aut capillos seponerent, quibus tanquam cadaueri iusta persoluerent, ac parentarent. Fuit & ἐναγισμα apud Argiuos sacrificij genus, quod defunctis exhibebatur. nam cum aliquis cognatorum aut familiarium defunctus fuisset, statim post luctum Apollini sacrificabant: post verò trigesimum diem Mercurio. mortuorum enim corpora vt à Tellure, sic animas à Mercurio suscipi putabant. Apollinis autem sacerdoti hordeum dantes, carnem pro eodem accipiebant, ignémque quasi pollutum extinguentes, & rursus accendētes, carnem coquebant: quod sacrū Encnisma appellabant. Plutarchus auctor in Prob. Philostratus in Heroicis, in Neoptolemo sacrerum & inferias scribit: quas Thessali ad Achillis sepulcrum peragebant: quos vt legas moneo. Ego, ne immensum crescat Opus, huiuscemodi multa praetereo, & praecipuè ex poëtis, Homero, Apollonio, aliis. Porrò varia ac diuersa parentationum genera apud diuersas nationes fuere, vt copiosè ostendi in Sepulcralibus. Hic addam, quae in illo nos praeteriere. Plataeenses manibus peremptorum ciuium dabant inferias, tum praecedente tibicine, vehicula lauro & myrto fusca cum coronis sequebantur, tum lactis vini & olei libationes succedebant. mox Princeps indutus purpuram, seruis eiectis, taurum ante pyram immolabat: Iouémque ac Mercurium deueneratus, eorum matres qui pro patria occubuissent, ad coenae epulas conuocabat, cratere libans vinum, idque se defunctorum Manibus propinare affirmabat, atque ita apud eos fiebat expiatio. Longior sim, si in persoluendis inferiis funerum propria cuiusque nationis aut gentis instituta, caeremoniásque persequi velim. Lemuria, quae ab aliquibus Lemuralia dicūtur, Romani deis inferis instituerunt, ad placandos in primis Remi manes. Vnde & quidam Lemuria, quasi Remuria dicta putauére, vt ait Porphyrion. Sed ipse de Lemuribus in Daemonum Syntagmate disserui. Nunc id tantum addam, quòd dum celebrabantur inferiae, deorum aedes clausae iacebant. in Lemuralibus quidem fabam noctu iacere solebant, Lemures se ex domo eiicere clamantes: quam tamen fabam nigram esse oportebat, ipsámque lotis manibus & pede nudo per ora versare, & post terga reiicere, aerísque tinnitum facere, vtque Lemures fabis redempti domo abirent, nouies orare: idque Maio mense tribus noctibus fieri, donec solutis religione animis, Manes expiatos ducerent. In parentalibus assumere fabas, vsus obtinuit: sicut in peruigiliis cicer, & ad ferales coenas lentésque & offas ad sepulcra illorum ferre, quibus parentare ius erat, quae & feralia à ferendis epulis dicta putantur, vt ait Festus: seu à ferendis pecudibus, quas in defunctorum sepulcris super nuda silice apponebant. in his coenis praeter legumina & apium quoque apponi solitum obseruaui, quòd contra ebrietatem facere existimetur. Ouidius certè ostendit sacra feralia & parentalia non multum preciosa requirere. ita enim ait:

 Est honor & tumulis animas placare paternas,
  Paruáque in extructas munera ferre pyras,
 Parua petunt Manes, pietas pro diuite grata est
  Munere, non auidos Styx habet ima deos.
 Tegula porrectis satis est vallata coronis,
  Et sparsae fruges, paruáque mica salis.
 Ináque mero mollita Ceres, violaeque solutae,
  Haec habeat media testa relicta via. Et idem mox:
 Hanc quia iusta ferunt dixere Feralia lucem,
  Vltima placandis Manibus illa dies.

Sed quoniam feralia prima breui hoc loco effertur, ego piacula reposui eo libentius, quòd bene doctus amicus asseruit codicem se vidisse, qui ita habet.

Praeterea in funeralibus libatio duabus rebus expediebatur, vt scribunt Lactantius & Seruius. vnde Vergilius ait,   Duo lacte nouo, duo sanguine sacro: Quòd alterum eorum alimonium sit vitae retinendae, alterum virium continendarum, quia vita hominum his rebus viuatur. eámque propterea sepulturae commendare solebāt, vt societate parta curationis lucis amissae posteritas defectionis honoretur. Vnde & flores sparguntur in honorem mortuorum. Vergilius: Purpureos spargam flores.

Quin & defunctorum vmbris, coronis, frugibus sparsis, micis salis, vino, violis & floribus, vt etiam Ouidius in Fast. testatur; sed & epulis, vt dictum est.

His à me sic expositis, videor operaepretium facturus, si seorsum aliqua ascripsero, vt
                    quàm

Syntagma XVII.

quàm variæ fuerint & diuersæ gentium cæremoniæ in suis placandis & adorandis numinibus, intelligas. Atque ab Aegyptiis exordiar: de nostris enim, id est, Christianorum, & de Hebræorum sacrificiis, à principio libri sum professus, me nihil nisi parergôs allaturum.

Igitur Aegyptiorum mos fuit, antistitem in suis sacris Pontificem habere, apud quem reliqui sacerdotes initiarentur, non sigillatim cuique deorum quos Aegyptus colebat, sed simul & gregatim. primus verò eorũ Pontifex dicebatur, quẽ penes summa fuit rerum sacrarum. is vbi defunctus erat, in demortui loco filius subrogabatur. id quod etiam Hebræis diuina lege præceptũ fuit. Aegyptij ergo sacerdotes, cùm alias hostias, tum boues explorabãt, essent idonei ad sacrificia, qua lingua essent, quos pilos in cauda haberent, & alia insuper quædam signa obseruabãt, vt Herodotus scribit: quæ si affuissent, & mũda essent, cannabo alligabant cornua, & sphragitide terra sigillum imprimebant. aliis enim victimis, nisi prius sic signatis, in re diuina qui vterentur, pœna capitis tenebantur. Talem verò sacrificandi ritum habebant. Pyra ante aram statuebatur, in qua immolata hostia adolebatur: dein libato vino supra pecudẽ contra templũ deo inuocato, cui sacrum fiebat, & victimæ caput auferebãt, illúdq; in forũ deferebãt. vbi si negotiatores externi, in primísq; Grẽci affuissent, illis vendebãt: sin minus, in flumen abiiciebant. capútq; ipsum his potissimũ verbis execrabãtur: Si quid fortè esset, quod vel sacrificantibus, vel Aegypto nociturum esset, vt id omne in caput ipsum cõuerteretur. hic quidẽ mos Aegyptiorum fuit, hic ritus, vt de capite sacrificatæ victimæ ne ederẽt. Habebant & hoc instituti Aegyptij, vt ieiunarent, vt nostri & Hebræi, pridie celebritatis, aut festi, ἣν πρηγερίῃ, vt Græci dicunt: & vbi obdormiuissent, bouem immolabant, eámq; corio exuebant: & tota aluo euacuabant, & expurgabãt: intestina intra ventrẽ cum adipe relinquebant, crura truncabant, & extremos lumbos armósq; ac ceruicẽ. his peractis, reliquũ bouis corpus stipabant panibus puris, & melle, & vua passa, & ficis, & thure myrrháq; & aliis odoramentis. vbi hæc fecissent, ac inferstitissent, adolebãt: multúmq; olei & vini infundẽtes, ieiuni perseuerantes antequã rem diuinã facerẽt, dum adolebatur sacrificiũ, verberabantur omnes (qua de verberatione statim agã) postea epulabãtur, & ex reliquiis dapes struebãtur, proponebantúrq;. Sciendũ tamen, Aegyptios ex nulla alia pecude sacra fecisse, præterquam sue, boue, vacca, vitulo, & ansere. Flagellatio verò, seu verberatio, quã Aegyptij facere post sacrificiũ soliti fuerant, ab Herodoto lib. 11. his ferme verbis describitur: In vrbe, inquit, Busiri, quem diem festum Isidi agãt, superius à me dictũ est. Verberabantur enim post sacrificium cuncti, sane multa hominum milia: qua autem causa verberẽtur, non est mihi fas dicere. hæc Herodotus. Hoc ideo attuli, vt eam flagellationem agnoscas, quã hi qui religiosi Monachi & confratres dicuntur, facere cõsueuerunt, Disciplinam appellantes: & simul vt Xenophanis physici dictum illud melius intelligas, qui cum Aegyptios ita se verberãtes ac lugentes in suis his sacris videret, dixit, Si deos hos esse creditis, quibus sacra facitis, quid lugetis? Sin autem eos homines putatis, quid eis rem diuinam facitis? Sed & alia quæpiam de Aegyptiorum sacris Plutarchus in lib. Isid. & Osirid. affert, quo loco multa, cur lineis vestibus vterentur in sacris, cur ieiurarent, cur & sale abstinerent: ne quæ Diod. & Iamblichus scribunt, inculcem.

Agedum & quẽ de Persarum religione & deis proditum legimus, perstringamus. Persæ nec statuas, nec aras erigebant, nec templa, vt aliàs dixi. sacrificabat verò in loco aliquo excelso, vt videmus etiam Palæstinos fecisse: quod ex sacra Iudæorum historia cognoscimus, & vt in Carmelo deo dictum est, ne hic multa congeram. Cœlum Persẽ, ait Strabo, Iouem putabant: quẽ, vt Herodotus & Origenes testantur, cœli circulũ, vel gyrum vocabant, vt in Iouis Syntagmate ostendi. Solem colebant, quem Mithran nuncupabant: de quo quàm multa tradatur, in Apolline est à nobis relatum. Colebant item Lunã, & Venerem, & Ignem, & Tellurem, & Ventos, & Aquã. sacrificabãt inquam in loco aliquo excelso, & mundo, cum imprecationibus, coronatámq; hostiã mactabant. cum verò Magus, qui sacrificio præerat, membratim carnes in singulos quosq; diuisisset, abibãt omnes, nulla deis parte relictã: nõnihil hac in re à Græcis & Hebrẽis differẽtes, qui pro re & instituto aliquãdo totam victimam adurebant, (quod nostri à Grẽcis holocaustum dicunt) & nonnunquã distribuebant, vel epulabantur, vt ostensum est. Sed illud ita Persæ agebant, quòd deos existimarent nihil præterea velle, præter animæ hostiã. Aliqui, vt docet Strabo, præcordiorum partem igni imponebant. Sed enim igni & aquæ præsertim rem sacram faciebant: igni quidem, arida ligna imponẽtes cortice adempto, & aruina superiniecta, & adipe: deinde infuso

infuso oleo succendebant, nihil inspirantes, sed ventilantes: illud interea identidem repetentes, φαγίτω πῦρ κύριη. Quòd si quis inspirasset, aut mortuum quicquam cœnúmve in sacrum ignem immisisset, morte plectebatur. tanta adeò veneratione sacrum ignem prosequebantur. Aquæ verò sacra hoc modo peragebant. ad lacum, vel flumen, vel fontem accedebant, & scrobem faciebant, ibíque hostiam iugulabant, cauentes ne quid proximè aquam sanguine contingeretur: ac si id accideret, omnia polluerentur. postea immolatis carnibus super myrto lauróque impositis, eas Magi virgis subtilibus cremabant, & imprecationibus quibusdam factis, oleum lacte & melle mixtum inspergebant, non in ignem, neque in aquam, sed super terram: imprecationes per multum tempus faciebant, fasciculum virgarum tenuium ex myrica tenentes. atque hoc de Persarum institutis legi. Sedenim in Cappadocia, vbi maxima fuit magorum multitudo, qui ab igne Pyrethi vocabantur, & permulta Persarum deorum fana, non cultro, sed stipite quodam mactabant, tanquam malleo verberantes. Fuerunt autem Pyrethia septa quædam ingentia, in quorum medio ara erat. in ea Magi cinerem multum & ignem inextinguibilem seruabant, quò quotidie ingressi imprecationes faciebant, per horam ferè ante ignem, virgarum fasciculum tenentes, & τιάρας περικείμενοι πίλητας: hoc est, vt Gregor. Tifernas est interpretatus, Filtraceis, infulis velati, ex vtraque parte dependentibus, adeò vt vittæ labra cótegerent. hæc in Anaitidis & Amani delubris fiebant. nam & horum ibi delubra fuerant: & Amani quidem statua in pópa deducebatur. Atque de his iam satis. Nec hoc loco omittemus sacra quæ deæ Syriæ, seu illa Atergatis, seu Astarte, seu quæcunque alia illa fuerit, quæ in Hieropoli vrbe fiebat. Cum primùm igitur vir quispiã illuc venisset, caput & supercilia tódebat: mox ouem mactabat, & in frusta cócidés conuiuabatur. Ouis vellus humi sternebat, & super eo genibus flexis procúbés, pedes & caput suo ipsius capite imponebat: & precibus petebat, vt sacrificiũ numini acceptũ esset, seq; ei in posterũ maiora daturũ pollicebatur. his peractis, caput & sociorũ coronabat, & proficiscebatur, toto itinere frigida lauás & bibens, humíq; cubans. neque lectum fas conscendere, donec iter perfectum esset. Qui autem ita peregrinatur, à certis in vrbibus assignatis hospitium assumebant: qui doctores ab Assyriis vocabantur, quoniam omina & oracula illis interpretabantur. Addit & Lucianus alia quædam sacra, & eorum ritus, quæ ridenda potius quàm referéda mihi visa sunt. Tum & illud quoque, omnes compungi & inuri notis quibusdam, alios quidem in manus volam & in ceruice, alios stygmatis inustos, &c. quæ multa Lucianus refert.

 Quamuis in superioribus, dum sacrificandi ordinem in vniuersum descripsimus, de omni ferinè Romanorum cæremonia pro virili attigimus: nihilominus nunc quoque visum est studiosis talium rerũ conducere, seorsúmque eadem prope petere, & omissa quædam addere. Incipiam verò ab hoc, quòd in pontificũ libris cautũ fuisse legimus, quod & M. Tullio visum fuit vt in libro secundo de Legibus repetere. hoc illud est: Ad diuos adeunto castè, pietaté adhibento, opes amouento: qui secus faxit, Deus ipse vindex erit. Separatim nemo habessit deos, néve nouos: sed ne aduenas, nisi publicè adscitos, priuatim colunto. Cóstructa à patribus delubra habeto. Lucos in agris habento: & Larũ sedes, ritus familiæ patrúmque seruato. Diuos, & eos qui cœlestes semper habiti coluto: & ollos, quos in cœlũ merita vocauerint, Herculem, Liberũ, Aesculapiũ, Castorem, Pollucé, Quirinum: ast olla, propter quæ datur homini ascensus in cœlum, Mentem, Virtutem, Pietaté, Fidem, earumque laudum delubra sunto: Nec vlla vitiorum sacra solennia obeunto. Feriis iurgia amouéto, eásque in famulis operibus patratis habeto: itáque, vt ira cadat, in annuis anfractibus descriptũ esto. Certásque fruges, certásque baccas sacerdotes publicè libanto. Hoc certis sacrificiis ac diebus, itémque alios addes. Vbertatem lactis fœtúsque seruanto: idque ne cómitti possit ad eam rationé, cursus annuos sacerdotes finiunto: quæq; cuiq; diuo decoræ gratæque sint hostiæ, prouidento. Diuísque aliis alij sacerdotes, omnibus pótifices, singulis flamines sunto. Virgines Vestales in vrbe custodiunto igné foci publici sempiternũ, Quóque & priuatim, & publicè modo, rituque fiat, discunto ignari à publicis sacerdotibus. Eorũ autē genera sunto duo: vnum quod præsit cæremoniis & sacris, alterum quod interpretetur fatidicorũ & vatum effata incognita: cũ Senatus populúsque asciuerit, interpretes autē Iouis opt. max. publici augures signis & auspiciis postea videto, disciplinam tenento. Sacerdotes vineta virgetáque, & salutē populi auguranto: Quique agent rem duelli, quique populare auspicium, præmonéto, ollíque obtemperanto: Diuorũ íque
iras

iras prouidento, ollisq; parento: Cœlíque fulgura regionibus ratis temperanto: vrbémque
& agros & templa liberata & effata habento. Quæque augur iniusta, nefasta, vitiosa, dira
defixerit, irrita infectáque sunto. Quique non paruerit, capitale esto. Fœderum, pacis, belli, induciarum, oratores, fœciales, iudices ne sunto. Bella, disceptatio, prodigia, portenta ad
Hetruscos & aruspices, si senatus iusserit, deferunto: Hetruriæque principes disciplinam
docento. Quibus diuis creuerit, procuranto: iidémque fulgura atque ostenta pianto. Nocturna mulierum sacrificia ne sunto, preter olla quæ pro populo ritè fient: Néve initianto,
nisi vt assolet, Cereri græco sacro. Sacrum commissum, quod neque expiari poterit, impiè
commissum est: quod expiari poterit, publici sacerdotes expianto. Ludis publicis, quod sine curriculo, & sine certatione corporum fiat, popularem lętitiam in cantu & fidibus & tibiis moderanto, eámq; cum diuûm honore iungūto. Ex patriis ritibus optima coluto, præter Ideæ matris famulos, eósque iustis diebus, ne quis stipem cogito. Sacrum, sacróve commendatum qui clepserit, rapseritque, patricida esto. Periurij pœna diuina, exitium: humana, dedecus. Incestū pontifices supremo supplicio sanciunto. Impius ne audeto placare donis iram deorum. Sanctè vota reddunto. Pœna violati iuris esto. Quocirca ne quis agrum
consecrato. Auri, argenti, eboris sacrandi modus esto. Sacra priuata perpetua manento.
Deorum Maniumiura sancta sunto. Hos leto dato diuos habento. sumptum in ollos, luctúmque minuunto. Et hactenus ex Pontificum lib. M. Cicero, ex quibus Romanæ religionis & cultus summam percipimus. Nihilominus seorsum alia subiungemus. Scribit ita
Lactantius in tertio Commentariorum in Thebaid.

Primo inter, &c. Primò, inquit, est sanguine libare, deinde immolare, tertiò reddere, quartò litare. Dionysius verò Alicarnass. in septimo Histor. ita clarius: Post pompam,
inquit, Coss. & sacerdotes, quibus licebat, & aruspices, lotis manibus se sacra & pura circumpurgantes aqua, fruges Cereales capitibus victimarum inspergentes, postea precibus
votísque nuncupatis immolare ministros iubebant. Horum verò alij quidem supra hostiam stantes, rectè tempora feriebant: alij cadentibus supponebant sphagidas, id est, cultros. & post hæc eas excoriates, & membratim diuidentes, primitias ex omni viscere, quos
ex omni alio membro excipiebant, quas farris farina inuoluentes afferebant sacrificantibus in canistris, qui eas aris imponentes succendebant, & vinum infundebant aduersum
purificata. Hæc fermè Dionysius: qui & hæc ipsa propè eadem Græcorum fuisse, ex Homero pluribus ostendit. Sanè quoniam de canistro & hic & alibi in sacris meminimus,
sciendum, quòd in ipso sacrificio canistrum deferebatur cum hordeo, corona & cultro,
& igne. id quod festiuè licet Aristophanes in Pacis fabula rideat, iuxta tamen sacrorum
ritum exequitur. Sed institutum sequamur. Igitur ab Ioue exordiemur.

Triumphantes Ioui Capitolino candidum taurum auratis cornibus mactabant. Seruius in decimo Aeneid. super ea Ascanij facta Ioui vota,

Et statuam ante aras aurata fronte iuuencum
Candentem, pariterque caput cum matre ferentem. Iuuencum, inquit, secundum Romanas cæremonias dixit. Ioui enim de tauro non immolabatur, nisi cum triumphi nomine, de sue, vel tauro fiebat: quod tamen ideo admissum fuit, quia non tantum Ioui, sed aliis deis qui bello præerant, sacrificabatur. Hæc Seruius. hinc Iuuenalis:
Duc in Capitolia magnum,
Cretatúmque bouem. id est, album. Seneca in Medea:
Primus septriferis colla tonantibus
Taurus celsa ferat tergora candido. Tonantibus, inquit, Ioui & Iunoni. Atteius
Capito, antiquitatum diligentiss. scriptor: Ioui, inquit, tauro, verre, ariete immolari non licet. Labeo libro LXXVIII affirmat, nisi Neptuno, Apollini & Marti, taurum non immolari. Sed & principio anni Coss. iniuges iuuencos mactabant, cum consulatum inibant.
Quot verò idib. Idulis, hoc est, agna alba à Flamine Ioui, vt inquit Festus, cędebatur. Ouid.
Idibus alba Ioui grandior agna cadit. Kal. Febr. Ioui tonanti bidens victima fiebat:
Idibus verò Ianuarij, veruex. Legi & qui Flaminis vxorem scribat, omnibus nundinis Ioui
arietem mactasse. Prodigiali Ioui mola salsa & thure sacrificabatur. Varia certè plerunque victima Ioui offerebatur, pro cognominis diuersitate. aliter enim Elicio, aliter Fulminatori, vel Tonanti. Ioui præterea in veste candida sacrificabatur.

Iunoni de tauro albo antiqui rem sacram faciebāt, sed de iuuēca potius docti autumant.

Seneca

Seneca in Medea,
   Lucinam niuei foemina corporis intentata Iugo placet.
Id est, iniugis: vbi foemina pro vacca sumitur, sic & Vergilius,
   Vritque videndo Foemina.   Iuuenalis tamen,
   Niueam Reginæ ducimus agnam, dixit.   Sed & Aelianus scribit, quòd cum Samiis aurum furto sublatum ouis inuenisset, Mandrabulus Samius Iunoni ouem consecrauit. Pauo insuper, & anser, huic deæ dicati. De pauone fabula apud Ouid. in Metamor. & Athenæum. De ansere, T. Liuius in Capitolina obsidione, indicat. Tametsi Martialis libro nono, Velium Domitiani comitem inducat, Marti anserem vouisse: qua de re eius pulchrum legimus epigramma,
   Dum comes Arctoi, &c.   In omnibus etiam Cal. Regina sacroru, id est regis sacrorum vxor, porcam vel agnam Iunoni immolabat: eidem mulieres Cal. Martiis flores & coronas offerebant.   Caprotinæ etiam huic deæ dicatæ fuerunt, itémque caprificia sacra ancillarum, de quibus antè planè bis actum est.
   Neptuno Taurum nigrum sacrificabant.   Vergilius:
   Taurum Neptuno, taurum tibi pulcher Apollo.
Homerus in Odyss. ταύρους παμμέλανας, hoc est, tauros valdè nigros. quo loco interpres: Tauros, inquit, propter maris violentiam: nigros verò, propter aquæ colorem, ex maris profundo. Idem ferè scribit Phurnutus, vt in Neptuno retulimus, apud quē & illud legimus, καὶ δύουσι αὐτῷ ἀσφαλάκους πολλαχῆ: id est, Eidem deo sacrificāt asphalacos vbique. quidam talpas interpretati sunt, quasi quòd ἀσφαλᾶς, tutò terræ fundamenta & ædificia consistere faceret: vnde & Asphalius ipse cognominatus sit, vt pluribus in Neptuno ostendi. Pindarus in Olymp. ταύρῳ ἀργῷ illi ascribit: quidam album interpretantur, propter maris spumas: alij non album, sed florentem, seu nitentem, aut procerum interpretantur. Ego velocem expono; nam & sic canes cognominatos videmus. Sed de hac voce cùm alibi tum in Argiphonte Mercurio plura dixi.   Quare quicúque Neptuno cādidos tauros attribuūt, hi in sacrificiis parū antiquitatis scij esse videntur. Sanè & Pindari interpretes Neptuno nigros tauros mactari prodiderunt. Sed & Tempestati nigrā pecudem Maro attribuit. ait enim:
   Nigram hyemi pecudem, zephyris felicibus albam.
   Porrò & hoc in nostris Nauigiis obseruauimus, veteres mare ingressuros, Neptuno & fluctibus sacra fecisse: & plerunque hostiam ipsam, nonnunquam cruda exta proiecisse. quod & Scipionem, cum nauim in Africam conscensurus esset, fecisse, testis est Liuius.
   Ridiculum est quod Baptista Leo scribit lib. septimo, ex sophista Ph. In Isthmo solitos Neptuno & Soli formicas immolare.
   Plutoni, hoc est Diti patri de nigra pecude rem diuinam faciebant, eidémque pocula mixta mero & lacte libabant, Tibullus:
   Interea nigras pecudes promittite Diti,
      Et niuei lactis pocula mixta mero.   Horat. lib. secundo Carm.
   Non si tricenis, quotquot eunt dies,
   Amice places illacrymabilem
   Plutona tauris,   Vergilius in sexto Aeneid.
   Tum Stygio regi nocturnas inchoat aras,
   Et solida imponit taurorum viscera flammis,
   Pingue superque oleum fundens ardentibus extis.
   Obseruant periti sacrorum, & cum his grāmatici, quòd sterilibus pecudibus, & iuuencis, ac vino, melle, lacte, sanguine, Diti sacra fieri sunt solita: quāquam Numæ legibus deis inferis vina libare vetitum esset, ita enim ille statuit: Vino rogū ne respergito. Sed aliud est Diti rem sacram facere, aliud rogum respergere.
   Dionysio, hoc est Baccho, hircum, seu caprū mactabant, quòd hoc animalis genus maximè vites rodat, vnde illud est:
   Vite caper morsa Bacchi mactatus ad aras
   Dicitur vltoris, &c.   Vergilius in Georg. secundo:
   Baccho caper omnibus aris
   Cæditur, & veteres ineunt proscenia ludi.   & mox idem:
   Ergo ritè suum Baccho dicemus honorem,

Carmin

Syntagma XVII.

Carminibus patriis, lancésque & liba feremus,
Et ductus cornu stabit sacer hircus ad aram,
Pinguiáque in verubus torrebimus exta colurnis.
Hinc etiam Prudentius contra Symmachum:
His nunc pro meritis Baccho caper omnibus aris
Cæditur, & virides discindunt ore chelydros. Ouid. in Fastis,
Rode caper vites: tamen hinc cum stabis ad aras,
In tua quod spargi cornua possit erit. Qua de re & græcum legimus Eueni carmen, quod an Ouidius æmulatus sit, an græcus Euenus Ouidiū, eruditi quidam ambigunt. Politianus tamen à græco latinum desumptū affirmat, nec transmarinam illam græci poëtę Venerem Ouidium attigisse. Euenum poëtam certè antiquiorem Ouidio, in Poëtarum historia recensui. Sed & Phurnutus hunc sacrificandi morem describit, & interpretatur: cum in Attica agricolæ vtres dispergere solerent, saltantes inter eos; quem ritum elegantiss. est in Georg. Vergilius executus: quæ celebritas ab vtribus ἀσκωλία dicebatur, vnde & verbum ἀσκωλιάζειν: qua de re in Mecænatis vita in Hist. poëtarum disserui. His addit Phurnutus Phallos, & Phallogogia. Sed enim & Tibullus in VII primi lib. Eleg. de Bacchi & Osiridis sacris elegantissimè lusit. Martio etiam mense liba & mella Baccho offerebantur, quod idem Tibullus ostendit:

Sic, inquit, venias hodierne tibi dum thuris honores,
Libaque Mopsopio dulcia melle feras. Sanè æquè græcis ac latinis Trieterica Bacchi sacra dicuntur, hoc est Triennalia. Ouid.
Ibat vt Aonia referens Trieterica Baccho. Idem in Metamorph.
Tempus erat, quo sacra solent Trieterica Bacchi
Sithoniæ celebrare nurus, nox conscia sacris,
Nocte sonat Rhodope tinnitibus æris acuti. & Vergilius:
Bacchatur, qualis commotis excita sacris,
Thyas, vbi audito stimulant Trieterica Baccho Orgia. & Statius:
Da Paruenium Trieteride multa, Instaurare diem.

Apollo, qui & Phœbus à græcis & latinis, à Persis Mithra dictus est, tauro in primis placabatur. vnde poëta Vergilius:
Taurum Neptuno, taurum tibi pulcher Apollo.
Ludis quoque Apollinaribus à Romanis, ex carminum Sibyllinorum religione boue aurato & capris duabus albis auratis, XVIII Augusti placabatur: & Latona, fœmina boue aurata, quod in hoc alibi planius dixi. Alij equo, hoc est, celerem deum celeri victima, tradunt. Lactantius in primo. Ouid. in Fastis:
Placat equo Persis, radiis Hyperiona cinctum.
Scribit Strabo lib. X I, vbi de Massagetis loquitur: Ab iis, ait, solis victimam equum mactari. Herodotus etiam à Scythis idem fieri tradit. Philostratus verò in Heroicis, refert Palamedem græcis præcepisse, vt orienti Soli candidum equum mactarent. Parrhasij tamen in Arcadia Apollini Epicurio, id est, auxiliari, aprum sacrificabant: Apollini Pythio, Pæani, & Agyieo, pro reconciliatione patris & filij, sacrificium facit Aristophanes in Vespis. quod fabulosè licet, ex ritu tamen sacrorum descriptum est.

Aesculapio de capra res diuina in primis fiebat, quoniam capra nunquam sine febre esse dicitur: salutis verò deus Aesculapius. Sed & gallus illi immolabatur, vt est alibi à medictum. Sunt qui gallinas scribant, & has quidem rostro nigro, nigrísque pedibus, & digitis imparibus. Si enim luteo essent rostro, vel pedibus, impuræ putabantur ab aruspicibus. Et quanquam in symbolo Pythagoræ, quod est (Gallum nutrias, ne tamen sacrifices) pleraque attuli de galli gallinacei sacris: hic tamen quædam, quæ me illic præterierant, ex varia lectione collecta, ascripsi. Non tantum ergo gallus Aesculapio dicatus fuit, & Marti, & Nocti: sed & Ioui, Cybeli, & Mensi interdum. Est & apud Plut. in lib. Isid. & Osiridis, vbi de Anubi agit, & Hermanubi: Ad hunc, inquit, inferiora, sicut ad illum superiora pertinent: quapropter illi candidum gallum, huic croceum immolant. Sed Pyrrhus quoque rex, cum splene laborantibus mederetur, albo gallo sacrum peragebat. Porrò non modò Aristophanes in Pluto, quomodo sacra fierent, & sanarentur ægroti in templo Aesculapij, docet, sed & Philostratus in vita Apollonij Tyanei, & alij plerique.

Mercu

Mercurio, vt aliis deis, cætera immolabantur: sed lingua ei dicabatur. nam vt in commentariis in Apollonium Rhod. legimus, antiquis mos fuit, vt cum cubitum irent, vinū libarent, & victimarū linguas Mercurio sacrificarent. idque naturali ratione factum aiunt: quādoquidem Hermes, id est Mercurius, sermo putabatur, cuius sit organū ac instrumentum lingua, quæ decenter Mercurio, dum somnus instaret, sacrificabatur: quin & ipse somni deus credebatur, vt in eius dei descriptione plenius ostensum est. Huiusce ritus meminit Apollonius in primo Argon. quin & Homerus ait, γλώσσας ἐν πυρὶ βάλλον, id est, linguas in igne iaciebāt. Direchidas autē historiam affert de Alcathoo Pelopis, qui ob necē Chrysippi ex Megaris aufugit, & cū leone certare contigit, linguámque eius cōsecrare. Sed & Philochorus in libro περὶ θυσιῶν, linguas ait optimā esse corporis parte. Hinc & Homerus dixit, ἀλλ' ἄγε τάμνετε γλώσσας, Sed age cædite linguas, præco: quod est, linguis fauete. Maiæ, quæ Mercurij mater fuisse perhibetur, Romani mense Maio suem prægnantem immolabant.

 Vulcano cum sacrum fiebat, omnia igne absumebantur: id quod Proteruiam dicebāt, vt alibi planè ostendi. Nam nisi victima, & quodcunque superesset, igni datum fuisset, sacrificium pollui putabatur:

 Marti à Romanis October equus immolabatur in campo Martio, Idib. Octob. summa religione: id quod copiose in lib. de Annis & mēsib. & c. docui, Plutarchi quoque codicem tum græcum tum latinum castigaui. Colebatur & à Carmanis Mars, cui quòd equis carerent, eorúmque inopia in bello asinis vterentur, asinum sacrificabant, vt Strab. in x v scribit. id à Scythis fieri ait Arnobius, Apollod. citans. Quin etiā inter Carmanos nemo vxorem ducebat, nisi prius hostis caput amputatum, ad regem detulisset. Latini lupum & picum Marti dicabant. Lusitani hircum, Galli Cisalpini verrem, diuerso quique consilio & ritu, ita vt Phaselitæ de piscibus salitis Marti rem diuinam facerent, vt etiam in Symbolis prodidi. Iliud etiā instituti apud Lacedæmonios annotatū legi, cum ipsi aliquo stratagemate victoria potiti essent, Marti bouem immolabāt: si verò aperto Marte vicissent, gallum, id quod ab eis nō sine ratione fiebat, quòd pluris æstimabant incruentam victoriam, quàm cruentā. Iidem porro Marti Enyalio canem mactabant Lacedæmonij, vt ait Paus. in Lacon. Scribit enim, ephebos Lacones, cum pugnam essent inter se inituri, Marti canis catulum immolasse, deo scilicet validissimo victimam validissimam & cicurè dicare se arbitrantes. Subdit idem, catulos nō sacrificari à Græcis: Colophoniis exceptis, qui catellam nigram nocturno tempore immolabāt Triuiæ. Quare mirum est, quosdam Enodio deo scripsisse potius, cum Mercurius eo cognomine dictus sit. Sed præterea quæ hic & alibi sparsim attuli, nunc breuiter tibi ostendam, de canibus apud alios secus quàm Pausanias tradit, sacrificatum fuisse. Nam Sabæi & Thraces, vt canit Ouid. canes immolabant:

 Exta canum, inquit, Triuiæ vidi libare Sabæos,
 Et quicunque tuas accolit Aeme niues.

 Romanos etiam in Lupercalib. canē immolasse, iam dictum est. Item in expiationibus quibusdā, & ad placādum caniculæ sidus, frugibus inimicū, canes ruffæ adhibebātur: quod sacrum Canariū augurium nuncuparunt. Græci verò περισκυλακισμὸν vocabāt, quòd ex catulis sacrum fieret, vt Plutarchus scribit. Durè quidam interpretati sunt circumcatulationem. Pro frugibus quoque & pecoribus, vt rubigo auerteretur, lactenti catulo sacrū conuenire existimabāt: idque Rubigalibus. vt in primo Syntagmate dictum est, & infrà dicetur. Catulos etiā recens editos tā in Adicialibus, quàm deorū cœnis sæpe adhibitos fuisse, Plauti fabulæ indicio sunt. nā catulos lactantes adeò puros putósque veteres existimarūt ad cibum, vt etiā placandis numinibus, vt ait Plinius, hostiarum vice vterentur. Thrasyllus etiā vates ex canum extis vaticinari solitus erat. Sed nec sementem Latinis administrari, nec oues tonderi, nisi catulatio, id est ex cane sacrum prius fieret, vllo modo licuit. Quin & apud Bœotios, ait Plutarchus, expiatio fieri solebat, cane per mediū in duas partes dissecto* exire idē & Caribus, vt quibus exta canis deis offerre mos fuerit: vnde factū sit prouerbiū, Caricū sacrificium. nā pro hirco canē mactabant: auctores Diogenianus, & Hesychius, & Arnobius. Viuas præterea canes cruci affigi à Romanis, atque inter ædes Iuuetatis & Sumani quotānis ansere insidēte deferri, vulgo proditū fuit, quæ crux ex sambuco fiebat. Quare cū ex canib. tot sacra peracta legamus, mirū est à Pausania dici, quæ paulo antè notaui & quæ Plutar. omnis antiquitatis diligentissimus obseruator in eo Problem. scribit, in quo agit, Quid est quòd sacerdotē, id est Flaminē Dialem cane & capella

illud

Syntagma XVII. 457

adeò Romani abſtinere voluerūt, vt non modò attingere, ſed ne quidem appellare liceret: in quo Problem.cum multa de capra & cane dixiſſet, demum & illud ſubinfert: Etſi veteres hoc animal omnino impurum eſſe putauerunt. Cœleſtium enim deorum nulli prorſus canis conſecratus eſt, ſed Chthoniæ Hecatæ cœnæ dimiſſus in triuiis piaculi locum obtinet:& cętera: quæ ſubdit. Quare iam ſatis de ſacris ex cane, harum rerū curioſis attulerim.

Herculi Romæ in ara Maxima bos ſacrificabatur, ſumpta conſuetudine, de qua latè T. Liuius, & Ouid. & Dionyſ. Alicarn. Sed & Vergil.lib.Aeneid.VIII. Apud hanc aram Herculis dum ſacra fiebant, dúmque ſacrificabatur, omnes capitibus apertis, & non velatis eſſe oportebat, cum cæterorum deorum ferè operto capite ſacra peragerentur, quod planius antè retuli. Sed & ſedentes in his ſacris epulabantur, cum in aliis ſtantes id facerent. Porrò quo modo manè & veſperi ſacra huic deo in ara Maxima fierent à Pinariis & Potitiis, iam ſuprà relatum. Scribit Plutarchus in Quæſtion. Cum Herculi res diuina fieret, nullus alius Deus vocabatur, nec intra mœnia canis apparebat. qua de re in Herculis vita ſum locutus. Decima præterea Herculi dabatur, vt pluribus idem Plutarchus oſtendit in cauſis Romanis. Sed hac de re audi Varronem: Herculi, inquit, decima data ab eo eſt, quòd ſacrificio quodam ſanatur, id eſt, vt fani lege ſit:id dicitur pollutum, quod à porriciendo eſt fictum. dum enim ex mercibus libamēta proiecta ſunt Herculi in aram, tum pollutum eſt: at tum profanum dicitur, id eſt, perinde vt ſit fani factum. Itaque vbi olim fano conſumebatur omne quod profanum erat, vt etiam fiebat, quod pop. Rom. vrbis quotannis faciebat, cum Herculi immolaret publicè iuuencum. hæc Varro. Porrò ab hoc ſacro pollucere verbum factum eſt, vt idem Varro teſtatur in Satyr. Maiores ſolitos decimā Herculi vouere, nec decem dies intermittere, quum pollucerent. Legimus & M.Craſſum, & Lucullum, & Syllam eiuſmodi decimas Herculi, & pop. Rom. perſoluiſſe. Mulieribus ſacris adeſſe, & rem diuinam facere ferè deis omnibus licebat: Herculis tamen ſacrificio adeſſe, vel exta tangere, aut veſci, aræ've admouere manus, aut ſolennia videre, religio fuit. cauſam Plutarchus recenſet. Apud Lindum Herculi cum conuiciis ſacra agebantur, vt Lactantius Firmianus in primo de Inſtit. & ipſi in vita Herculis diximus. vnde prouerbium, Lindia ſacra. Silius Italicus ſacrum Herculis Gaditani, & eius cæremonias luculenter eſt executus in exordio ſtatim libri tertij Punic. id quod & ipſe in Hercule retuli. Lucianus quoque in fine τῶν ἱερῶν, ſacrum Herculi fieri deſcribit ex pyra accenſa, quod in rei memoriam fiebat illius interitus. Apud Sicyonios, ſcribit Pauſ.in Corinth.in Herculis, inquit, quidem ſacro traditum à Phæſto Herculis filio morem retinent. Is enim cum in Sicyoniam veniſſet, animaduertit Herculi tanquam Heroi parentari. indignè verò ferès diuinos illi honores non haberi, inſtituit, quod adhuc à Sicyoniis ſeruatur, vt iugulati agni ad aram pernas adurerent: carnium verò parte vna nō aliter quàm victimarum ſoliti eſſent, veſcerentur, altera Herculi tanquam Heroi parentarent. Feſtorum verò dierum, quos in Herculis honorem agitabant, priorem ὀνομάτων, ἡρώλακαν alterum vocabant. atque hæc quidem Pauſ. Plura de Herculis vel ſacris, vel diuerſarum gentium inſtitutis, collegit Alexander libro ſecundo cap. XIIII. Sed cum non probet veterum ſententiam, & quæ prodit pleraque confundant, & aliter ipſe quædam, quàm ab ipſo tradunturː ea tibi ſuperſedeo aduocare. locum oſtendo: fides ſit penes auctorem, eum ſi legere placuerit.

Ceres dea frugum, cui in primis ſpicas antiqui dicabant, & ex eis coronas. Sed de porca res ſacra fiebat, vt alibi dictum. Huic & frugum primitiæ offerebantur. Quin & menſe Aprili cum lampadibus & tedis accenſis, ſacerdotes in veſtibus albis mactata porca ſacrum peragebant. Ouidius:

    Prima putatur
    Hoſtia ſus meruiſſe mori, quia ſemina pando
    Eruerit roſtro, ſpémque interceperit anni.   Idem alibi:
    Prima Ceres grauidæ gauiſa eſt ſanguine porcæ,
    Vlta ſuas merita cæde nocentis opes.

Sanè porcum, vilè admodum apud Platonem Socrates victimā facere videtur, in lib.de Legibus: In arcanis, inquit, audiendę ſunt eiuſmodi fabulæ à quàm pauciſſimis, qui quidem non porcum, ſed precioſam quandam ramámq; victimam ſacrificauerint. Idem & Proclus repetit. Cereris nuptiæ ſine vino celebrabantur, & Orci nuptiæ (quod Seruius ſcribit) dicebantur. vnde Plautus in Aulular. Cererin' Strobile hi ſunt facturi nuptias? Qui? quia

De Deis Gentium.   Q   temeti

temeti nihil allatum intelligo. Cùm tamen, vt inquit Aelianus in XII, vinum Pramneum deæ Cereri dicatum esset. Cereris sacra hæc Thesmophoria græcè dicebantur, vt pluribus in Thesmophoro Cerere scripsi. Eadem & Διμήτρια. In his sacris Athenienses Πλωγμα commemorabant, quod demùm teste Hesychio Απαύλωγμα nuncupatum fuit, hæc ferè describuntur in X Metamorph. ab Ouidio:

    Festa piæ Cereris celebrabant annua matres,
    Illa quibus niuea velatæ corpora veste,
    Primitias frugum dant spicea serta suarum,
    Pérque nouem noctes Venerem, tactúsque viriles
    In vetitis numerant: & reliqua.   Idem alibi: 10
    Annua venerunt Cerealis tempora sacri,
      Secubat in vacuo fœmina virque thoro.
    Flaua Ceres tenues spica redimita capillos,
      Cur inhibes sacris commoda nostra tuis?

Sed non sine piaculo præterimus poëtæ ex primo Georg. versus. ita enim canit:

    In primis venerare deos, atque annua magnæ
    Sacra refer Cereri: lætis operatus in herbis,
    Extremæ sub casu hyemis, iam vere sereno,
    Tunc agni pingues, & tunc mollissima vina,
    Tunc somni dulces, densæque in montibus vmbræ,   20
    Cuncta tibi Cererem pubes agrestis adoret:
    Cui tu lacte fauos, & miti dilue Baccho,
    Térque nouas circum felix eat hostia fruges.
    Omnis quam chorus & socij comitentur ouantes,
    Et Cererem clamore vocent in tecta: neque ante
    Falcem maturis quisquam supponat aristis,
    Quàm Cereri torta redimitus tempora quercu
    Det motus incompositos, & carmina dicat.

Quo loco grammaticus Seruius ostendit, aliud esse Cereris sacrificium, aliud Orci nuptiis. in hoc enim vinum non inferebatur, in illo vtique. Legimus præterea, sæpe quoque 30 litatum Cereri lacte, vino & melle, sine victima. Scribit Phurnutus primo vere, cum primùm herba viridis apparere cœpisset, tum primùm herbam ipsam antiquos solitos fuisse Cereri dicare. Tum pòst etiam subiungit, de sue prægnante sacrificium illi factum, propter terræ fertilitatem conceptúmque facilem. Sed & papauer huic deæ offerebatur, quod nõ sine ratione factum ait. nam papauer ipsum cum rotundum sit, & turbinatum, terram significat: eius verò inæqualitas, valles ac montes significare videtur: quæ intra sunt granula multiplicia, hominúmque & animalium multitudinem denotant. Adiicit idem Phurnutus alia quædam, quæ breuitatis causa præterij, nec nostro satis conducunt instituto. & Ouid. in IIII Fast. ita cecinit:

    Illa (nempe Ceres) soporiferum paruos initura penates   40
      Colligit agresti lene papauer humo.
    Dum legit, oblito fertur gustasse palato,
      Longámque imprudens exsoluisse famem.

Verg. Georg. 1.
    Nec non & lini segetem, & Cereale papauer.

Vbi Ser. Cereale, inquit, vel quod est esui, sicut frumentum: vel quo Ceres vsa est, ad doloris obliuionem. Probus ibidem: Cereale, ait, quia in segete nascitur. Plinius tamen lib. 19. cap. 8. Candidi papaueris semen, ait, tostum in secunda mensa, cum melle apud Antiquos edebatur. hoc & panis rustici crusta inspergitur, adfuso ouo inhærens, vbi inferiorem crustam apio gytque Cereali sapore condiunt. Porrò vt Græci Διμήτρια Cereris sacra 50 dixere, sic & latini Cerealia, vt Varro docet. Cereris sacra ex Græcia, scribit Festus, multi ex Attica dicunt, propter sacra Eleusinia: alij ex Enna Siciliæ vrbe, quod M. Cicero & Val. Max. assentiri videntur, vt copiosè in Ennensi Cerere docui.

Proserpinæ sterilis victima attributa fuit, quia nec ipsa vnquam peperit. Macrob. ex sententia Cor. porca, Quidam super hoc & illud Martialis in sexto interpretantur:

                                                                   Exol

Syntagma XVII.

    Exoluit votis hac te sibi virgine porca.
  Certè Vergilius in sexto cecinit,
    Sterilémque tibi Proserpina vaccam.   & Aur. Prud. in 1. contra Symmachum:
    Rapta ad Tartarei thalamum Proserpina regis,
    Placatur vaccæ sterilis ceruice resecta.
  Mineruæ taurus albus immolabatur interdum. Romę verò in Quinquatriis prima dies sine cæde & victima fuit, quòd eo die in lucem deam editam putabant: in cæteris autem victimas cædere solebant. At verò Tubilustrio, qui eorum dies vltimus fuit, & quo tubæ lustrabantur, de agna res diuina fiebat. Lege Varronem, & alios. Iuuenalis:
    Niueam reginæ ducimus agnam,
    Par vellus dabitur pugnanti Gorgone Maura: Id est, Palladi, quæ Mauritana Gorgone, capite Medusæ vsa à poëtis fingitur. Athenienses annua solennia Mineruæ tauris & agnis celebrare solebant, vt ait Alexander. In quadam Africæ parte puellæ absque victima, fustibus inuicem decertantes, sacrum Mineruæ peragere solebant.
  Diana cerua placabatur: hæc enim ei victima pro Iphigenia data fuisse creditur. Et quanquam ex aliis possem multa afferre, hoc tamen sacrum leges in Euripidis tragœdia, quæ Iphigenia in Aulide inscribitur, & quæ in Tauris. alij licet diuersa tradant, vt in ipsa dea exposui. & vt ait poëta:
    Quæ semel est triplici pro virgine cæsa Dianæ,
    Nunc quoque pro nulla virginitate cadit.
  Sabæi verò & Thraces extis canum, vt paulò antè dixi, Dianam placabant: Ouidius:
    Exta canum Triuiæ vidi libare Sabæos,
    Et quicunque tuas accolit Aeme niues.
  Idibus Augusti Romæ facibus accensis ab vrbe in nemus Aricinum discurrebāt, in quo nemore Dianæ Nemorensis appellatæ celebre templum erat. Quò ego sæpe animi gratia cum amicis sum profectus, cum Romę gratis optimam ætatis partem consumerem. De his sacris, Idibus (vt dixi) Sextilibus celebratis, sic ait Propertius:
    Cum videt accensis deuotum currere tedis
    In nemus, & Triuiæ lumina ferre deæ.   & Statius in Syluis:
    Iámque dies aderat, profugis cum regibus altum
    Fumat Aricinum Triuiæ nemus.   & idem paulò pòst,
    Omnísque pudicis
    Itala terra focis Hecatæas excolit Idus.
  Sed hac de festiuitate, eiúsque certamine, plura in deæ cognominibus relata sunt.
  Lunæ taurus mactabatur, quia similia videntur cornua tauro. Lactant. in primo: Isidi deæ Aegyptiorum, quæ & Luna putabatur, ab aliquibus Ceres, vt in ea actū est, anser mactabatur, iecúrque illi apponebatur, vt Herodotus & Ouid. testantur, tametsi Macrobius, aliíque nonnulli asserant, Aegyptios thure & precibus deos placasse. De Isidis pompa, & sacerdotibus linigeris, rasísque eorum capitibus, aliàs in ipsius deæ descriptione actum est. Sed & Claudianus poëta: Sic numina Memphis
    In vulgus proferre solet: penetralibus exit
    Effigies, breuis illa quidem, sed plurimus infrà
    Liniger, imposita suspirans veste sacerdos,
    Testatur sudore deam, Nilotica sistris
    Ripa sonat, variósque modos Aegyptia ducit
    Tibia, submissis ad mugit cornibus Apis.
  Eadem fermè Apuleius in Asino aureo: sed longè plura habes in Plutarchi libro de Iside & Osiride.
  Hecatę deę, vt iam dictum est, canis immolabatur, diuersimodè quidem. nonnulli enim Proserpinam existimantes, ei de cane sacra faciebāt, vt Plut. scribit, & Lycophronis interpres, citans illud Sophronis in Mimis, ὁ γὰρ κύων βαυκίσας λύει τὰ φάσματα: hoc est, canísque baubans dissipat phantasmata. Quin & Caniuora dea dicta est ab ipso Lycophrone, id est, κυνοφάγος θεός, vt in Hecate diximus. Plut. etiam in causis: Cur, inquit, Genetæ nuncupatæ soli canem Romani immolant. Et paulò infrà in eodem ait: Vt igitur Hecatę Gręci, sic Romani Genetæ, pro his quę domi nascūtur, canē immolāt. qua de dea nō multo pòst scribā.

Veneri albas columbas dicabant veteres, & ideo Aeneas apud poëtam maternas appellat aues. Rem autem diuinam mense Aprili apud Romanos Veneri ex rosis & floribus faciebant mulieres, myrto coronatæ. Et quamuis sus inuisus Veneri dicitur, sues tamen legimus etiam apud Græcos Veneri immolatos, vt est apud Athenæum comprobatū ex Antiphanis, Callimachi & Zenodoti scriptis. Idē præterea Athenæus ait, ab Argiuis suem Veneri sacrificari, cuius sacrificij celebritas à suibus ὑςήρια nuncupabatur. Est & græcis prouerbium, suem immolauit: hoc est, ἀφροδίτη ὗν τέθυκας vbi quis offert id munus, quod minimè gratum sit. Inuisus quippe Veneri sus propter Adonis necem, vt in eo copiosè traditum. Qua verò cæremonia Paphiæ Veneri sacrificaretur, in eius descriptione ostendi. Veneri cornutæ apud Tussas gentem Aegyptiam, vaccam immolari solitam, iam dictum est. Astartem cùm alij, tum Theophylactus Venerem interpretatur, in Comment. Oseæ.

Saturno Romani, vt Macrobius in primo Sat. scribit, sacra faciebant more græco, capite aperto. Alibi dicit, ritu peregrino, & capite aperto. Sed quanquam hanc rem pluribus suo loco ex diuersis auctoribus explicui, hic etiam nihilominus ex Plutarcho in causis Romanorum, breuiter repetam: Quid est, inquit, quòd Saturno capite aperto immolant? An quòd velandi capitis ritum Aeneas tradidit? Saturni verò sacrificium peruetustum est. An illud potius, quoniam deis cœlestibus immolantes velantur: Saturnum verò terrestrē & chthonium esse arbitrantur? An quòd veritatis oculi, obscurari que non potest? veritatis autem parentē ac deum Romani Saturnum habent. Sed enim Festus ait, Saturno furuum bouem, id est, nigrum immolabant. at verò Cyrenæos euinctos tempora coronis, ex ficu recenti Saturno sacra fecisse proditum est, mellitásque placentas mutuò misitasse. Aborigenes autem, Italiæ indigenæ, humana hostia placabant: id quod postea ab Hercule in simulacra & effigies Argeas immutatum fuit, & luminibus splendoribúsque celebrata. vnde & cærei ideo in Saturnalibus mittebantur, vt Macrobius scribit: & sigilla fictilia passim vendebantur, vnde etiam Sigillariorum nomen. Sed quòd humana victima Saturnus placaretur, apud varias nationes, pluribus Eusebius de Præparatione euang. Clemens Cyrillus, Plutarchus, aliíq; permulti prodiderunt. Sed & alij quoq; dei, dæmonésq; ac heroes: quin & in sacris Hebreorum literis harum abominationū est facta mentio, in quibus & ipsi interdū prolapsi, & proprios etiā filios iugulabāt, & in ignes mittebāt, vt planè ex lib. Carminū regis Dauidis, & qui in eū commentarios iam trium linguarū condiderūt, colligimus. Carthaginenses Saturno quidem filios sacrificabant. vnde cum aliquādo obsessi essent ab Agathocle rege, putarunt sibi Saturnū iratū ea causa, quòd clàm liberorum loco coemptis infantibus, & educatis, illi sacrificassent. quare vt factū expiarent, ducentos nobiliorū ciuiū filios publicè immolarunt. Quin etiam cum ad Himeram Gelo Carthaginenses debellasset, pacem & fœdus cum eis hac conditione fieri voluit, vt inter cætera subscriberent, ne filios sacrificarent. Nota est historia apud Plut. Sed nefanda & execranda hæc sacra mittamus.

Rhea, quæ & Cybele, & Deorum mater, aliísque multis nominibus vocabatur, sacerdotes castratos, qui Galli dicebantur, habebat, vt in cognominibus iam pluribus est declaratum. Deæ huic proprio suo sanguine litabant. Magnæ verò matri de porca sacra fiebant. Moretum quoq;, quod edulij rusticani genus fuit apud antiquos, eidem offerebant, vt in Fastis docet. Moretum carmine Vergilius composuit elegantiss. vt nosti, quod puer ipse olim sum interpretatus. Moretum & Seruius vir lōgè doctiss. teste Macrobio, composuit. Sed & Columella lib. de re rust. vltimo, moreti confectionē docuit. Hęc & alia pleraque in eo nostro puerili commentariolo dicebam, quod mihi è manibus extorsit Bernard. Barbuleius, cui plurimum literæ & literati debent, nedum ego, quem fratris loco habeo.

Vestæ, vel deis si quando Vestales virgines sacra libarent, vel rem diuinam facerent, eo cultu ornatúque vt erant, & vittatæ peragebant: album tamen præterea vestimentū, quod suffibulum vocabatur, oblongum & prætextum, & quadrangulum in capite sumebant, fibuláque subnectebant: tum casta mola & sale tuso in ollam fictilem misso, mox in aquam iniecto, sacra faciebant: calicibúsq; fictilibus, quos cullulos dicebant, Vestæ & deis libabāt. Alexander lib. v. cap. XI. Sed de Vestalibus in Vesta plura legito, & quæ in hoc retuli. Illud hoc loco non omiserim, quod ab Hesychio scriptum est, morem fuisse Græcis, vt Vestæ primitias facerent. atq; inde prouerbium exortum, quod prætermisisse miror Erasmū, A Vesta incipiens: hoc est, ἀφ' ἑστίας ἀρχόμενος. Profertur verò à cursoribus circa sacra Gynęceę deę, quam & Plut. in causis Romanorum duobus capitibus nominare videtur: licet in altero, ro, id est, priore, interpres male exposuerit. nā pro Gynæcea Floram reposuit, in altero verò Gynæcea pro Geneta legitur: cui lectioni græcus codex suffragatur. Nec præterea legimus, quòd de cane fecerint, vt certè Plut. ait. Diuersa ergo Gynæcea à Geneta, quam & Genesiam nescio qua ratione quidam dixerint. Et licet de Gynęcea, id est, Bona dea locutus sim in Rhea & Magna matre, in Saturni Syntagmate, hic tamen quę Plut. in causis scripsit afferam. Quid est, inquit, quod deæ Gynæceæ, quam Bonam deam nominant, omni florum genere sacrum exornantes mulieres, in domum myrtos non important, præsertim cum ambitiosius cunctis germinum ac florum varietatibus vti soleant? An illud est, quod à fabulatoribus dicitur, Flauij diuinatoris vxorē fuisse? quæ cum vino clam copiosius vteretur, deprehēsa myrteis virgis ac flagris à viro cæsa fuisse dicitur. Inde factum est, vt myrtus in eius ædem non inseratur: vinum tantum, cum mulieres ei libant, lac appellant? An verò, quod cùm à multis aliis, cum verò rebus venereis, castæ ac purę sacrum illud obeunt. Non solum enim viros excludunt, sed cum solenne sacrum faciunt, quicquid masculum est, domi exigunt. myrtum igitur quasi Veneri dicatam, religiosam habent. Nam quam nunc Murtiam Venerem nominant, antiquitus (vt videtur) Myrtiam appellare consueuerant. Hactenus Plut. Hoc verò sacrum Damium vocabatur, teste Festo. Plura alibi retuli. Hic illud tantum, quod Pomp. Lætus de Sacerdotiis ait, ascribam: Fauni soror Fatua, vaticinatrix. ab ea vates Fatuarij dicuntur; hæc traditur mulierum castissima, ideo eam Romani Bonam deam appellauere. cuius templum est in saxo Auentini montis, vnde ingressus virorum prohibetur, & ei fœminæ tantum sacrificant. Hæc ille. Illud tamen obseruandum, quòd non in monte Auentino hæc sacra, sed in ædibus vel pontificis, vel alterius probati ciuis & patricij, vt contigit, cùm ea Clodius polluere tentauit: quod plane in eius Deæ descriptione tradidi.

Iano sacra fiebāt ex libo, quod ab eo Ianual antiqui dicebant. erat enim placētæ genus, itē ex mola, quę farina horna & sale miscebatur: interdū verò thure & mero. Hinc Ouid.
Iane tibi primùm thura merúmque fero.

Sed & ad melioris anni omen solebant veteres Kal. Iani caricas & cariotides & mella tum deo, tum amicis & propinquis elargiri, vt dulces dies anni à dulcibus rebus auspicarentur. Sed & stipes & pecunias largiebantur: id quod & hoc ipso tempore ab aliquibus obseruari videmus. Huic quoque Agonalia quidam attribuerunt, de quibus in hoc ipso ante scripsi, quo die Iano aries mactabatur. Ouid.
Ita rex placare sacrorum
Numina lanigeræ coniuge debet ouis.

Notauimus aliàs, in anni exordio, in principio Ianuarij, solitos Rōmanōs bene auspicari. Nūc visum est addere, quæ Lucianus scribit in Pseudologista: In anni (inquit) exordio, nempe die tertia à magna noua luna, cum Romani pro more majorū ipsi precationes pro toto anno faciūt, & sacra iuxta cæremonias sacrificādi à Numa rege institutas, in eo videlicet die, dei votis precibúsq; vacent. Meminit & Pli. in Panegyrico, itémq; historiographi.

Pales dea pastorum, vt primo Syntagmate ostensum est. Ab hac dea Palilia, quæ & literæ immutatione Parilia vocata fuere. hæc XI Kal. Maij celebrabantur, qui Romæ dies natalis fuit: de quo Genethliacon carmen legitur non illepidū P. Marsi, & aliorum. Varię verò eo die fieri solebāt purgationes & expiamina, quorū in quarto Fast. meminit Ouid.
Alma Pales faueas pastoria sacra canenti.
Prosequor officio si tua facta meo.
Certè ego de vitulo cinerem, stipulámque fabalem,
Sæpe tuli plena februa tosta manu.
Certè ego transilui positas ter in ordine flammas,
Virgáque rorales laurea misit aquas. & Propertius:
Annuáque accenso celebrate Parilia fœno. Persius verò ait,
Fumosa Parilia fœno. Fiebant & alia plura à pastoribus. Ouilia enim, oues & pecudes, purgabantur fumo ex sulphure, rosmarinúmque ac herbam sabinam & laurum cremabant. Item liba ex milio, & lactis mulctralia in deæ ipsius honorem offerebāt. Tibullus:
Et placidam niueo spargere lacte Palem. Ouidius:
Et tepido lacte precare Palem.
At si de Pale plura cupis, præter ea quæ in primo lib. dixi, lege Dionysium Alicarn. in De Deis Gentium.

primo, & Seruium in Georg. Plutarchum, Varronem, cæteros.

Telluri terræ deæ mense Aprili Romani bouem fordam, id est, grauidam mactabant, vaccasque prægnantes, ex quibus vitulos à ministris exectos maxima virgo cremabat. Horatius tamen secundo Epistol. tellurem porco placari solitam canit: quo loco Porphyrion ait, porcum pro porca positum. Quin & Ouidius ait,

   Placentur frugum matres, Tellúsque, Cerésque,
   Farre suo, grauidæ visceribúsque suis.

Sunt qui nigras victimas Telluri attributas scribant. Et quoniam, inquit Cœlius noster, terra per inertiam desidere ac torpere in se ipsa dicitur, huius rei gratia putatur à sedentibus Opi sacrū fieri cōsueuisse. si quādo verō terra mota esset, rituales Hetruscorū libri sue fœta ostentū procurare solebat. & Arnobius ridēs sacrificia, ita scribit in septimo: Telluri, inquiūt, matri scropha ingēs immolatur fœta, at Mineruę virgini, virgo cęditur vitula, &c.

Pani deo hircus coleatus sacrificabatur, qui quidem hircus ad specum agebatur in quo Pan ipse diuersari putabatur, vt docet Lucianus. Pani verō Lycæo, in Lupercalibus, canis immolabatur, vt ait Plutarchus quoniam gregis amicus & custos est canis. Alij capram albam dicunt: nonnulli hircum, ex cuius corio Luperci sacerdotes flagella conficiebant, nudique per vrbem fœminas feriebant, qua de re in Lupercalibus actum est.

Syluanum verō lacte placabant, vt Horatius in eo ostendit:

   Tellurem porco, Syluanum lacte piabant.

Licet & porco interdum placari legerim. Iuuenalis,

   Cædere Syluano porcum, quadrante lauari.

M. Cato de Re rust. Marti Syluano in sylua interdius in capita singula boum votum faciebant. nam Martem Syluanum appellarunt. Mulieri ad eam rem diuinam adesse non licebat. Id verō fiebat ex adore & larido & vino. Vide Catonem. Priapo naturæ & hortorum deo asinus hostia fuit, propter membri virilis amplitudinem, Lactantius fabulam narrat, & Ouid. in Fast.

   Cæditur, inquit, & rigido custodi ruris asellus,

Sed non hoc illi perpetuum. nam in Theocriti epigrammatibus, huic deo ab Aepolo de vitula fit sacrum, & de hirsuto hirco, & saginato agno. Quare aliud est proprium & peculiare sacrum, aliud pro re & tempore & persona. Sic in Priapeiis, puer domini florentis agelli, poma Priapo offert. Sanè Theophylactus in commentariis Oseę ait, mystas initiatos huic deo Priapo sacrificasse, quem Beelphegor dictum ait, qui mares viderentur fœmellæ fuisse, quæ cymbalis vtentes, fœmineisque vlulatibus triuia circuibant.

Fauno res diuina nonis Decemb. de hœdo & vino fieri solebat. Horatius tertio lib. carm. ad Faunum ipsum canit:

   Si tener pleno cadit hœdus anno,
   Larga nec desunt Veneris sodali
   Vina crateræ, vetus ara multo
   Fumat odore.   & mox,
   Cum tibi nonæ redeunt decembres.

Hæc verō celebritas Faunalia dicebatur, vt Acron, Porphyriónque consentiunt. Alij agno etiam Fauno litatum dixere.

Terminum pluribus in primo Syntagmate scripsi: & quanquam ibi de sacris quæ antiquitus illi inferebantur, pleraque retuli, quæ tamen tunc præteriisse videri possum, hic ascribam. Ara deo Termino statuebatur à dominis vtrinque, lignáque concisa foco imponebantur, & canistro fruges igni inspergebantur, tum demum puella fauos mellis porrigebat: alij & vina. itaque holocaustoma fiebat. Obseruatum est, Numam regem statuisse, ne ex re animata res sacra Termino fieret: id quod pluribus Plut. scribit, & ante eum Dionys. Alicarn. Ouidius tamen illi agnam & porcam in secundo Fast. immolari prodidit: item Horatius, cum cecinit:

   Vel agna festis cæsa Terminalibus.

Vbi Acron: Terminaliorum inquit diem institutum, vt per epularum festiuitatem cæsis agnis fines seruari faceret. plura de Terminalibus Festus, & Macrobius. Aliud ab his Termini sacrificium, Aur. Prudentius poëta contra Symmachum attulit. ita enim canit:

   Et lapis illic

Syntagma XVII.   463

  Si stetit antiquus,quem cingere sueuerat error
  Fasceolis,vel gallinæ pulmone rogare,
  Frangitur,& nullis violatur Terminus extis.
Rubigo deo, qui & genere fœminino Robigo dicebatur,ad arcendam ex segetibus robiginem sacrificium veteres faciebant, vt in primo Syntagmate scriptum est. mense enim Aprili,extis canis & ouis placabant. Ouidius in Fastis:
  Flamen in antiquæ lucum Robiginis ibat,
  Exta canis flammis,exta daturus ouis.
Hæc verò offerebantur cum thure & vino
Rumina dea,de qua in primo Syntagmate scripsi: huius deæ hostiæ lacte inspergebantur, nec vinum adhibebatur.Plut.id fieri putauit, propter ficum Ruminalem,sub qua Romulus rumam, id est, mammam suxit: vel quòd vinum minus conuenire existimatur infantibus. Vide Plut.Probl.& quæ alio loco notaui.
Quæ ventis sacra facta legerim, vide in Aeolo:id est, in Neptuni Syntagmate.
Nocti deæ gallus sacrificabatur,& nocturno tempore.Ouidius in Fastis,
  Nocte deæ noctis cristatus cæditur ales,
  Quòd tepidum vigili prouocat ore diem.
Statius verò Papinius libro secundo Theb.nigras ei hostias cum lacte offert, in Noctis hymno.ita enim canit: Nigras tibi nigra litabunt
  Electa ceruice greges,lustraliáque exta
  Lacte nouo perfusus edet Vulcanius ignis.
Legitur & adhuc hymnus Orphei ad Noctem, cuius suffimentum faces. eius hoc est principium, meis verbis:
  Te Nox ô genitrix hominúmque deûmque canemus,
  Nox genesis cunctis,quam & Cyprin iure vocemus,   Audi diua,beata, &c.
Fortunæ virili mense Aprili thura adolebant,& cum melle papauera,& lacte, quod sacrum & Veneri commune fuit. Fortunam verò Lacedæmonij, vt etiam prouerbio est celebratum, admota manu inuocabant: id significantes, sic quidem deos inuocari debere, vt simul & nos quoque nostram addamus operam, alioqui nostra frustra esse vota.
Enyus,id est,Bellonæ sacra non bestiarum victima, sed suo ipsorum sacerdotum cruore peragebantur.gladios enim districtos vtraque manu tenentes, humeros sibi ac lacertos fanatici feriebant, hócq; sanguine Deis litari,& crimina expiari arbitrabantur:ita tamen, vt pro sanguine & vulneribus stipes ac pecunias captarent, vt in eius deæ descriptione plenius retuli. Atque hactenus de Gentium sacrificiis.
  FVRIARVM, quas Erinnyias, & Eumenidas, & Semnas deas vocabant,sacrum huiusmodi Sophocles in Oedipo Epicolono fieri docet: Manus ac digitos ex profluente aqua abluebat,qui sacra facturus:& in cratere ansato, ouis nouellæ vellere obtecto,mellitâ aquâ ad choas & libamina reponebat,quę prima aurora sobriis humi ter fundebat,térq; insuper nouę ramos oliuæ ibi deponebat:tum demũ preces verbis cõceptis ipsis Furiis effundebat.
Pacis sacrificium poëtarum festiuiss.exequitur copiose Aristophanes,in eius deę nomine fabula.nam cum primũ canistrum descripsisset,cum hordeo, serto, cultro,& igne:tum subdit, qui sacra faceret,canistrum sumpsisse,aram circuisse, faculam intinxisse,mox preces ipsi deæ effudisse:O grauiss.regina dea, veneranda Pax,domina chororum,regina nuptiarum suscipe sacrificium nostrum: & cætera, quæ ibi leguntur. Pòst victimam facit ex oue, sed non ante conspectum deæ: quoniam ea non cæde lætatur, nec eius cruętabatur ara:at seorsum iugulabatur, & pedes offerebantur, ignisque ex scissis lignis incendebatur: tum assabantur cætera viscera, vt iam in aliis diximus, & præcipuè ex Homero diuersis ex locis. Illud quoque notamus, nautas seruatos ex periculis maritimis, deis marinis sacrificasse: quod notissimum est ex poëtis. Sed & Vergilius:
  Votáque seruati soluent in littore nautæ,
  Glauco, & Panopeę, & Inoo Melicertę.
Sed nihil impedit, quin in hoc de vario sacrificandi ritu gentium Syntagmate id ascribam,quod à me est breuiss.collectum, & excerptum cùm ex aliis,tum maximè ex his scriptoribus,Lactantio Firmiano, Macrobio,Cicer. Platone in Minoë, Dionys. Alicar. Orosio,Diod.Siculo,Eusebio, Luciano,Cyrillo,Tertulliano,Plinio,Suetonio, Solino, Mela,

Q 4   Proc

Procopio, Alexandro, aliis. Si enim nationum ac gentium sacra, institutáque ue sacrorũ scrutari, & Barbaros externósque ritus recensere libuerit, quàm impia atque nefanda eorum sacra inueniemus? Atque vt ab his exordiar, Tauri Scythiæ pro hostiis Dianę aduenas immolabant, præsertimque naufragos: & quos (vt inquit Athanasius) prouidentia eripuerat, hos ipsi iugulabant. alij postquam è bello redierant, captiuos per centurias diuidebant, & ex singulis vnum sumentes, tot Marti iugulabant, quot ex vnaquaq; centuria delegissent. Scribit Procopius, apud Thulitas, id est Thulæ insulæ habitatores, suo tempore, hoc est Iustiniani Imperatoris, victimarum potissimam fuisse, virum quempiam, quem primum in prælio cepissent, Marti sacrificasse, vt quem deorum maximum ducerent. Sed ea, inquit, est apud hos immolandi consuetudo, vt non solum hostiam mactent, sed in arbore viuam hanc prius suspendant, indéque inter senticeta & vepres proiectam, sic variis ac miseris modis excruciando conficiunt. Legimus item paucis antè annis, ab Hispanis nautis orbem lustrantibus insulam repertam, quam ipsi à Corolo Carolinam dixere, in qua frequentes visebantur statuæ æneæ suorum numinum, quæ intrinsecus cauæ, manibus iunctis passísque fuerant, in quibus infantes & puerulos quos deis illis suis immolabant, includere solebant, & crudelissimè incendebant, in caueis statuarum & simulacrorum igne accenso, & ære calorem concipiête: & hæc quidem hoc tempore. vt minus mirum videatur, quod à Mose & Hebræis prophetis scriptum legimus & in primis in Deuteronomio, capite duodecimo: Omnes abominationes quas auersatur Dominus, fecerunt, deis suis offerentes filios & filias, & comburentes igni. Quo loco interpretes, cùm alia multa tradunt, tum illud, quod simulacra illa erant ex ære Cyprio, aliísque metallis ignita, & succensa. Vt cætera mittã, quæ traduntur: ad nostra redeo. In Asia Laodicæi Mineruæ virginem mactabant, Arcades Ioui Lycęo puerum: plerique iuxta Boristhenem, væcordi animo homines victimas dare, & in deorum sacrificiis humanis ossibus adolere solebant. Blemyę, Cymbri, Galli, Dryidæ, & Germani, statis diebus humanis hostiis litare, & captiuorum cruore adolere aras solebant: tunc maximè deos propitiari arbitrantes, cùm per cruciatum hominem excarnificassent: ex pœnis & hominum suppliciis diuinationes & auguria captantes. Fuit quoque apud Phœnices & Carthaginenses nimis diu obseruatum, vt infantes qui Principum filij essent, sorte ductos, regio ornatu Saturno immolarēt hostias: & quem sors morti destinarat, morti subtrahere non licebat. Quare multorum ciuium largis fletibus deplorata fuere funera. Hinc Imilce Annibalis vxor, cum Aspar eius esset mactandus filius, apud Silium in calce quarti libri Punicorum dolens ait;

 Quæ porrò hæc pietas, delubra aspergere tabo?
 Heu primæ scelerum causæ mortalibus ægris,
 Naturam nescire deum; iusta ite precari
 Thure pio, cædísque feros auertite ritus:
 Mite & cognatum est homini Deus, hactenus oro
 Sit satis, ante aras cæsos vidisse iuuencos.
 Aut si velle nefas superos, fixúmque, sedétque,
 Me me quæ genui, vestris absumite votis,
 Cur spoliare iuuat Libycas hac indole terras?

Et cætera. Ab istis verò sacris cùm desiuissent, postea victi ab Agathocle, deos proptereà subiratos arbitrati, quod antè etiam diximus, vt numen placarent, c c nobilium filios mactasse feruntur ad aras. Adeò cæca mortalitas, sub religionis nomine, ad infandas cædes præceps agebatur. Id quod etiam à Rhodiis & Cretensibus factitatum comperimus, vt hominem epulis grauatum ac pueros impuberes, festis diebus, Saturno & ipsi mactarent. In Chio & Salamine mos per multa secula viguit, vt Diomedi & Dionysio homines discerptos iugularent. Eiusdémque Dionysij templum in Arcadia fuit, in quo puellæ ad aram diflagellabantur ad necem; sicut & Spartæ in ara Orthię Dianæ, pueri. Quinetiam alij ingenti simulacro viminibus intexto, & viuis hominibus oppleto, ac igne succenso, ipsis fœdum in modum exanimatis, maximum holocaustoma deis suis offerre putauerunt. Boiis & Celtis, purgato capiti hostis capite, caluariam auro cælare, & in eo poculo solennibus libare religiosissimum erat. Proditum est, Aristomenem Messenium Ioui, quem Ithomatęn appellabant, c c c simul homines, in quibus Theopompus fuit, vno sacrificio mactasse: & Lacedæmonios eò vesaniæ processisse, vt Marti humana victima litarent.

Galatæ

Galatæ & Massagetæ, non aliter deos rite consuli arbitrabantur, quàm iugulato homine apud aras deorum: ex cuius casu, tum ex membrorum laniatu, & sanguinis fluxu futura diuinabant. Cymbri noxios homines seruatos, sudibus affixos, deis pro hostiis dabant. Galli, præter Hesum & Theutatem, quos deos humano cruore placabāt, grauioribus morbis aut periculis affecti, ad placandas deorum aras aut homines immolabant, aut se immolaturos vouebant: ad cuius aram etiam grandæuos ætate, victimarum loco prosecabant. Lusitanis vetus mos fuit, ex hominum intestinis exta prospicere atque inde omina & vaticinia captare, abscissasq; captiuorum dextras pro munere deis offerre. Thraces Zamolxin, quem maximum suum deum putabant, non alia ratione propitium sibi fieri arbitrabantur, quàm si ad aram facili lancearum ictu homo cōcideret, eam optimam & deis gratissimam victimam opinati. Germani quoque ritu barbarico, Mercurio humano cruore litare religiosissimum putabant. Idem etiam fecisse Senones traditur, qui cæso publicè homine, infanda sacra statis diebus celebrabant, his portentis expiari delicta credentes. Persis etiam, ad habendas suis deis gratias, viuentes iuuenes, eósque adhuc spirantes sub terra defodere, assuetum fuit: quem etiam morem Græcis inoleuisse accepimus, vt in anniuersaria celebritate Baccho viuos homines sacrificarent: quique ita fuisset immolatus, maximam inter suos probitatis ac religionis laudem ferebat. Longum esset exequi, qui Taurorum populorum mores fuerunt, vt apud aram hominem sisterēt, & post solennes quasdam preces hominis, caput eius claua feriebant, crucíq; illud affigebant: truncum porrò corpus ex ingenti rupe in præceps dabant. id quod cum Leucadiis commune fuisse quidam tradunt, qui in Apollinis Leucadij sacro, ad auertandam deorum iram, hominem de montis specula deiicerent, & in mare præcipitem deuoluerent. Fuit & id moris Albanis, vt hominem sacris initiatum qui sanctitate polleret, diu asseruatum, & opiparè saginatum, apud aras sisterent, eúmque furiali carmine excantatum, deuotúmque, additis quibusdam precationibus, cum aliis victimis immolarent. Tantáque animorum fuit insipientia, támque præceps libido imperiti vulgi, ante verbum diuinum corporatum, vt omnes ferè mortales in templis coire, & nefandis libidinibus immisceri, ac pudendis genitalibus sacra facere, quod procreationis seminaria forent, nefas non putarent: quod abundè in Venere, & Priapo, aliísque deis ostendi. Quin & Britannis longo tempore morem fuisse accepimus, vt coniuges & nurus nudas, & quodam herbarum succo delibutas, ad templa ducerent, & ita supplicarent, captiuorúmque sanguine deis litarent. At verò Corinthi supra mille prostitutas in templo Veneris assiduè degisse, & inflammata libidine quæstui meretricio operam dedisse, velut sacrorum ministras deæ famulari solitas, memoriæ est proditum. Hic tibi mitto sacratas Lydias & Cyprias libidines. Piget verò, pudétque referre, Romanos rerum dominos, quibus fœdera, leges & sacra exteris dare nationibus imperium fuit: quanto in errore, & quàm tetra caligine versatus fuerit victor ille gentium populus, & totius dominator Orbis, omni superstitioni obnoxius: fascinos & mutinos, nedum Iunones & Genios quotidie sibi asciscendo, & obscœna numina adoptando: qui etiam extra ordinaria sacra, ex fatalibus libris facere coactus, Græcum & Græcam, totidémque Gallos in foro boario, ad placandas deorum iras, sub terras viuos defodere veritus non fuerit. licuítque illi diu in sacris hominem interimere, & deis immolare: adeò vt Saturnum & ipse, & Latialem Iouem, humana placaret hostia. cuius simulacrum, dum sacrificarent, humano sanguine proluebant: donec Cn. Cornelio Lentulo, P. Licinio Crasso Coss. S. C. cautum fuit, ne nouam inducere religionem, néve hominem immolare, aut humano sanguine litare liceret. Sed iam de his satis. Quare nos CHRISTO gratias agamus, qui nos à tam fœdis immanibúsque sacris exemptos, salutifero Eucharistiæ sacrificio instituit, quo Deo patri quotidie litamus: Qui cum patre & spiritu sancto viuit & regnat, per infinita seculorum secula, Amen.

SYNTAGMATIS DEORVM GENTILIVM XVII, ET VLTIMI FINIS.

AVTORVM, QVIBVS TOTO HOC
Opere L. Gyraldus vtitur, Catalogus.

Acestor
Acron
Actius Sannazarius
Acusilaus
Aelianus
Aelius Stilo
Aemylius Probus
Aeneas Sylvius
Aenopides
Aeschylus
Agatharchides
Agathias
Aglaosthenes
Agreras
Agretius grammat.
Albricus
Alcæus
Alciatus
Alexander ab Alex. siue Neopolitanus
Alexander Aphrodis.
D. Ambrosius
Ammianus Marcell.
Ammonius
Amphitheus
Anacreon
Anaxagoras
Anaxarchus
Annius
Anthes
Antimachus
Antipater
Apollodorus
Apollonius
Apollophanes
Apostolius
Appianus
Apuleius
Archematus
Archeus
Aratus, eiusque Interpres
Archilochus
Arctinus
Arethus
Aristagoras
Aristarchus
Aristides Miles.
Aristippus
Aristodemus
Aristophanes
Aristoteles
Armenidas
Arnobius
Arpocration
Arrianus
Artemidorus
Asclepiades
Asconius
Athanasius
Athenagoras

Athenæus
Athenocles
Atteus Capito
Aufustius
D. Augustinus
Ausonius
Autocrates
Bachilides
Bandelus
Baptista Leo
Baptista Mantuanus
Beda
Beroaldus
Bebius Macer
Bembus
Berosus
Bessarion
Boccatius
Boëthius
Budæus
Cælius Aurelianus
Cæcilius Minutianus
Cælius Calcagninus
Cælius Rhodiginus
Cæsar
Caius Iurisconsultus
Callixenus
Calias
Callimachus
Callinus
Callisthenes
Callistratus
Capitolinus
Carbilius
Cassiodorus
Cassius Hemina
M. Cato
Catullus
Cebes Thebanus
Censorinus
Cephisiodorus
Cesellius
Chalcidius
Charax
Chares Mitylenæus
Charicides
Charon Lampsac.
Cheræmon
Cherilus
Chrysermus
Chrysostomus
Chrysippus
Cicero
Cincius
Claudianus
Cleanthes
Clearchus
Clemens Alex.
Clemens Pont.
Cleomedes
Clinias

Clitonymus
Cloacius
Columella
Conon
Constantinus Cæsar
Cornelius Labeo
Cornelius Tacitus
Cornificius
Cornutus
Cratinus
Cratinus iunior
Crinitus
Critolaus
Cresias
Cyprianus
Cyrillus Alex.
Dantes Algerius
Democlides
Democritus
Demosthenes
Demostratus
Dicearchus
Didymus
Dinarchus
Diodorus Siculus
Diodorus Sinopæus
Diogenes Laert.
Diogenetus
Diogenianus
Diomedes grammat.
Dion
Dionysius Afer
Dionysius Halicarn.
Dionysius Milesius
Diophantus
Dioscorides
Domitius
Donatus
Dracon Corcyræus
Drepanus
Durides
Duris Samius
Egnatius
Empedocles
Ennius
Ephorus
Epicharmus
Epiphanius
Erasmus Rot.
Eratosthenes
Esaias propheta
Eualces
Euclides
Eudoxus
Euhemerus
Eumelius
Euphorion
Euphronius
Euripides
Eusebius
Eustathius

Fabius Pictor
Fabius Quintilianus
Festus
Firmicus
Florus
Frontinus
Fulgentius
Galenus
Gaza
Gellius
Georgius Valla
Germanicus Cæsar
Gilius
Granius
Greg. Nazianzenus
Harpocrates
Harpocration
Hecatæus
Heliodorus
Helius Lampridius
Hellanicus
Heraclitus
Heraclides Pont.
Hermes Trismegistus
Hermesianactes
Hermippus
Hermogines
Hermolaus Barbarus
Heron
Herodianus
Herodotus
Hesychius
Hesiodus
Hieremias propheta
Hierocles
D. Hieronymus
Hippocrates
Homerus
Horatius
Hyginius
Hyllus
Hyperides
Iamblichus
Ioannes Annius
Ioannes Zezes
Ion
Iosephus
Irenæus
Isaacius Zezes
Isidorus
Isocrates
Isæus
Ister
Iuba
Iulianus capitolinus
Iulianus Cæsar
Iulius Firmicus
Iulius modestus
Iulius Obsequens
Iulius Pollux
Iulianus Aegyptius

Iustin

Cathalogus.

Iustinus	Nicanor	Posidippus	Synesius
Iuuenalis	Nicephorus	Possidonius	Syrianus
Labeo	Nicostratus	Priscianus	Tacitus
Lactantius	Nigidius	Probus grammat.	Tarquitius
Laertius	Nisus Chius	Proclus	Tarrhæus gram.
Lampridius	Nonius Marcellus	Procopius	Tatianus
Lasus Hermion	Numenius	Prodicus	Telechides
Leon philosoph.	Nymphiodorus	Propertius	Telesarchus
Leonicus	Olen Lycius	Prudentius	Terentius Comicus
Libanius	Origenes	Psellus	Terentius Varro
Licinius Imbrex	Orpheus	Ptolemæus	Tertullianus
Liuius Andronicus	Ouidius	Pythagoras	Themison
Liuius Patauinus	Pacuuius	Quintilianus	Theocritus
Lucanus	Palephatus	Q. Calaber	Theodoretus
Lucas Euangelista	Pamphus	Q. Curtius	Theognis
Lucianus	Paniasis	Rhabanus Hebræus	Theon
Lucilius	Parmeniscus	Rhianus	Theophilactus
Lucretius	Parrhasius	Riccius	Theophius
Luctatius	Parthenius	Ruellius	Theophrastus
Lycurgus orator	Paulus Aegineta	Ruffinus	Theopompus
Lysimachus	Paulus Apostolus	Sachoniachthon	Thomas Morus
Lycophron	Paulus Diaconus	Salustius	Thucydides
Macrobius	Pausanias	Sammonicus Serenus	Tibullus
Manethus	Pecellides	Santra	Timæus Tauromin.
Manilius	Pediasimus	Sceptius	Timosthenes
Marcellus	Persius	Scopas	Timotheus poëta
Marlianus	Petronius Arbiter	Sedulius	Timotheus theolog.
Marsilius	Phauorinus	Sempronius	Tiresias
Marsus	Phænodemus	Seneca	Trebatius
Martialis	Pherecides	Serenus	Trimatius
Martianus	Pherenicus	Seruius gram.	Trapezontius
Marullus	Phestus	Sextus Clodius	Tyberianus
Massurius Sabinus	Philarchus	Sidonius	Tyrius philosophus
Maximus Tyrius	Philemonax	Silius Italicus	Phalerius Antias
Megasthenes	Philochorus	Simonides	Valerius Flaccus
Menander	Philon Byblius	Simplicius	Valerius Max.
Menechmus	Philostratus	Sisides	Valerius Probus
Menippus	Phœdimus	Socinus	Valerius Soranus
Merula	Phornutus	Socrates	Valturius
Meragenes	Picus Mirandula	Solinus	Varro Vegetius
Merasthenes	Pindarus	Sophocles	Velleius
Methodius	Plato	Sophronius	Vergilius
Minutianus	Plautus	Sosibius	Verrius Flaccus
Minutius Fœlix	Plinius	Sosicrates	Vibius Sequester
Mnascas	Plotinus	Sostratus	P. Victor
Mnesimachus	Plutarchus	Sozonemus	Victruuius
Mombritius	Polemon	Spartianus	Villius
Moses Aegyptius	Polyanthus	Speusippus	Vlpianus
Musæus	Politianus	Statius	Vopiscus
Myrsilus	Polybius	Staphylus	Xanthus Lydius
Myrtilus	Polycharmus	Stesimbrotus	Xenagoras
Naugerius	Polymantes	Stephanus	Xenophon
Nazianzenus	S. Pompeius	Stesichorus	Zenobius
Nearchus	Pomponius Lætus	Steuchus Eugubinas	Zenodotus
Nehumius	Pontanus	Stobæus	Zezes grammar.
Neoptolemus	Porphyrius philosop.	Strabo	Zoroastres.
Neuius	Porphyrion Horatij interpres	Suetonius	
Nicander		Suidas	DIAL

DIALOGISMVS VNICVS LAVREN-
TII FRIZZOLII SOLIANENSIS AD CLARISS. V. ACHIL-
lem Bochium equitem Bononien, De Lilij operibus déque
eius vita breuiter.

INTERLOCVTORES.
EMPTOR ET BIBLIOPOLA.

VM superioribus diebus Ferrariam venisses Achilles Bochi eques ornatiss. téque ad Lilium Greg. Gyraldum vnà cum Io. Baptista Pigna contulisses, ac cum eo de multis variisque rebus esses collocutus, rogasti eum, vt iuberet aliquem amanuensium suorum, vitæ suæ capita, vt sic dicam, exscribere, habere enim aiebas in animo eam velle te literarum monimentis posteritati commendare, quod cùm tibi ipse, sicut & sui ipsius effigiem, qua Academiam tuam exornare cupiebas, vt aliis plerisque, abnegasset, ego qui tunc ibi aderam, tui pro singulari virtute, pro dignitate tua, ac sapientia (tametsi ignotus tibi) obseruantissimus, quæque de eo colligere potui, vt eo præsente me rogasti, nunc ad te mitto, ne eius ipsius Lilij modestia meáque negligentia te ab honesto ac laudabili huiuscemodi instituto deflectat, & eo maxime cum me tibi gratum facturum existimem, Vale ac Dialogismi collocutores emptoré cum bibliopola attende.

EMPTOR.

Nunquid habes noui mi lepidissime Bibliopola? BIBLIOP. Nihil præter quosdam Lilij Gregorij Gyraldi annotationum Dialogismos, expectabam quidem Iouij historias, ac conuersum in Latinum Pausaniam, aliáque nonnulla. EMP. Tu interim ne graueris hos mihi Dialogismos ostendere, BIB. quid obstat? en accipe & lege. E. nunquid Lilium hunc nosti? B. noui & quidem vt magis neminem. E. nunquid aliud præter quàm has annotationes composuit? B. plura quidem. E. Et quonam titulo circunferuntur? B. Dicam si rectè inscriptiones meminero, primùmque mihi suppetit eum edidisse syntagma quoddam de musis, dein Herculis vitam, tum demum Sepulcralia, & de vario sepeliendi antiquorum ritu. Transtulit postea è Græco in Latinum, quin corruptum emendauit potius, ac amissum bibliothecis restituit, Symeonis Sethi medici Antiochesis libellum περὶ τροφῶν δυνάμεων, hoc est de facultate cibariorum. Sed prius hymnos quosdam heroico carmine cõscriptos, & alia quæpiam ediderat. Dedit postea librum de Nauigiis, in quo de nauium inuentu, earũ generibus & de nauigandi ratione plurima nõ indigna scitu connumerat. Sequitur post hæc alius liber quẽ de Annis, mensibus, diebus & horis cõposuit, cui subdidit antiquos fastos, hoc est calendaria, tum Græcè tum Latinè. Collegit præterea decem dialogis Græcorum & Latinorum antiquorum omnium poëtarum vitas opus ingens & varium. Scripsit deinde Parænesim aduersus ingratos cui subiunxit remedium De crimine ingrati & nomine vitando. Sed ne ipse ingratus cuiquam videri posset, sicut de antiquis Græcis & Latinis omnibus poëtis benemeritus erat, historiam duobus dialogis De poëtis nostrorũ temporum confectam superiori anno edidit, ac vnà cum iis epistolam heroico carmine conscriptam eiusdem ferè argumenti, vbi agit de incommodis, quæ in direptione passus fuerat Vrbana, cum qua exhibuit & Progymnasma aduersus literas & literatos, quod iuuenis confecerat declamando. EMP. Nunquid plura? B. Nunc meminero, hem exciderat volumen illud ingens de Deis gentium quod ante duos dialogos de poëtis nostrorum temporum composuit, septemdecim syntagmatibus distinctum, in quo deorum omnium nomina, cognomina, in quibus colerentur templis, status, cæremonias congessit. E. In eo plurimum quidem puto inesse eruditionis, B. non id ego iudicarim, vnum illud scio, nobis æra meruisse. paucis verò ante diebus exiit eiusdem quidam libellus, in quo antiquorũ ænigmata ac Pythagoræ symbola puer collegit, ac interpretatus est: ea nescio quo fato in manus hominum deuenerint, sed puto ab amicis extorta. Nunc verò has annotationes dedit, quæ apud me venales his diebus extitere. quid verò tibi de his videtur? E. Rectè quidem, sed nonnulla me tamen cepit admiratio, quòd cùm præter alios Latinos auctores Ciceronem maximè & Vergilium meritò extollat, & imitandos præcipiat, ex annotationum harum capitibus parum vel nihil videam super eos ab ipso annotatum. B. Sui mihi consilij rationem sæpius aperuit. Amicos habet quamplures Ciceronianos, & ex his præcipuè, qui Ciceronis animam in se more Pythagorico transfusam putent, quique super

omni

omni Ciceronis verbo fortè ogganniuerint, ne annotauerint aliquid dicam. Maluit igitur annotationes suas perire, quàm eos quos amat, & quibus aduersari noluit, offendere. De Vergilio verò alia est ratio, sed huic ferè consimilis. E. Beasti me mi Bibliopola. Sed Lilius an vestras est, & Ferrariensis? B. Et quidem nostras, & Ferrariensis. E. Quot annos natus? B. Tres & septuaginta. Natus est enim Lilius Greg. Gyraldus iste, vt ex eo sæpius audiui hic Ferrariæ, Anno à verbo Dei corporato MCCCCLXXIX. Idibus Iunij, sub Herc. 1. Estensi Ferrarien. principe. E. Et quibus nam parentibus? B. Ingenuis scilicet, patre Gyraldo, quod cognomen fuerat antiquum maiorum suorum, matre verò Sancta. E. Perge quæso aliqua de eo. B. Is puer prima elementa à M. Vergnanino & Luca Ripa grammaticis Rhegiensibus didicit: mox adolescens sub Bapt. Guarino, viro doctissimo atque optimo, bonis literis operam dedit. dein peregrè profectus est, & Carpos primum ad Albertum Pium Carporum, necnon & Ioan. Franciscum Picum Mirandulæ principes, apud quos nactus librorum copiam, multa legendo collegit. Fuit & hoc tempore Mediolani, vbi per annum sub Demetrio Chalcondylo publicè ibi docente, ac in vtraque lingua eruditissimo, Græcis literis operam nauauit. Deinde Mutinæ cum Rhangoniis Comitibus mansit, donec Romam se contulit: vbi ipse tantisper fuit cum Herc. Rhangonio Card. amplissimo, dum Cæsariani milites vrbem diripuerunt. in qua quidem vrbis direptione multa passus, Hercule immaturo interitu vnà cùm ampla librorum cæterarúmque rerum supellectile erepto, omni spe & facultatibus spoliatus, se ad Picum recepit. Sed heu, ecce Picus à fratris filio vita & Mirandula impiè priuatus est. Ille Picus, inquàm, qui (vt te audiuisse puto) semper honestissimè vixerat: qui non doctrina modò, qua omnes longè superabat, sed morum sanctitate lumen quasi cæteris extinctis elucebat, tam indignè trucidatur. Lilius verò pedibus æger, multo grauiora ab ipsis coniuratoribus quàm in Vrbana passus direptione, vix, rebus omnibus iterum exutus, eorum manus euasit. tandem in patriam reuersus, cum Manardo & Cælio Calcagnino, viris doctissimis, ac veteribus amicis aliquot annos coniunctissimè vixit. sed eo magis articulari morbo afflictatus à Manardi interitu, nunquam suis pedibus iuit: cæterum mula vel sella curuli vehebatur. Sed tanta, ingruente bruma, vis morbi creuit, vt neque vehi amplius neque stare posset. Sedebat igitur in lectulo, ac scribebat aliquid semper, vbi Deorum gentium ac Poëtarum nostrorum historiam contexuit. Tandem ab atrocissimo articulorum morbo oppressus, abhinc ferè sexennio decumbit, omni manuum ac pedum cæterorúmque membrorum priuatus munere: vt non modò ori manus admouere, sed nec se absque famuli obsequio, ac tantillum quidem in grabato excutere possit. E. Doleo quidem acerbissimo eius casu: sed dic quæso mi optime Bibliopola, nunquid habet in manibus quod edere velit amplius? B. Habet schedas multas, & opisthographorum libellorum volumina: verùm cùm ea ipse euoluere nequeat, ob infirmas manus, iacent cùm eo, ac cum situ blattisque luctantur. Scribit quandoque epigrammata, vbi amicis gratias agit, aut si ab eis vel epitaphia vel alia huiuscemodi elogia efflagitantur. E. Quid est quod de eius versibus nihil agis? Plura apud eum carmina esse, cum quotidie ferè aliquid scribat, opinor. B. sic est, vt inquis. & vt mihi ab eo sæpius audire contigit, sua carmina in tres tomos distinxit: iuuenilia, senilia, & sacra, quæ ipse Herculi 1. principi huic nostro dicauit. E. Nunquid est aliud quod me de eo audire fas sit? B. Est quidem, quod te audire non displiceat, eius modestiæ & grauitatis amplum testimonium, Epitahium quod ipse in paruo suo sepulcro conscribi iussit, quod tale est:

D. M.

Dialogismus.

D.   M.
Quid hospes astas? tymbion
Vides Gyraldi Lilii,
Fortuna utramque paginam
Qui pertulit: sed pessima
Est usus altera, nihil
Opis ferente Apolline.
Nil scire refert amplius
Tua, aut sua: in tuam rem abi.

LILIVS Greg.Gyrald.Proton.A post.mortalitatis memor, Ann.ag. LXXII.V. S. P. Cur.   MDL.

Spirat verò adhuc Lilius (ut eius verbo utar) non uiuit, séque adeuntibus peramanter exhibet, & memoria pollens locos perdifficiles auctorum omnium explicat. E. Id audire mihi pergratum fuit, tibíque gratias ingentes habeo. sed quanti constant hi Dialogismi? quanti alios uendidisti? B. Drachma herculea. E. Carioris hercle quàm putaram. sed drachmam accipe, ego mecum Dialogismos auferam.   Tu vale.

ELOGIVM TVMVLI ALPHONSI
Maianthi Ferrarien. per Lilium.

ALPHONSO Maiantho adolescenti forma & moribus egregiis, ingenuarúmque artium studioso, & in primis Philosophiæ, ac Medecinæ, quibus & vtriusque linguæ bonis literis dum assiduus operam nauat, in febriculam incidit, quam subsecuta dysenteria suo scalari anno absumptus est, heris bonísque omnibus sui desiderium relinquens: Mœstissimi parentes filio charissimo, quod ab eo sibi optabant, iusta bustúmque peregerunt, pro dura fatorum lex.

Vixit annos XX. Menses II. obiit mense Nouembri.   M D LI.

Eiusdem,
Maianthi tumulus monet uiator,
Vt nequid nimis optimum putemus.

EIVSDEM.

Dum Maianthe vacas puer Camœnis,
Artes ingenuas secutus omnes,
Et præuertere dum paras iuuentam,
Vt aquus senibus fores docendo:
Parca candida fila nere visæ
Te quarto (heu miser) abstulere lustro:
Et tanta indole spéque decidisti.
I, speres nihil hic tibi viator.

FINIS.

Series chartarum.
a b c d e f g h i k l m n o p q r s t v x y z,
A B C D E F G H I K L M N O P Q.
Omnes sunt terniones, præter Q quaternionem.

LVGDVNI,
Excudebat Iacobus Faurus.

RERVM ET VERBO-
RVM IN HISTORIA DEORVM
Gentilium L. Gyraldi memorabilium
INDEX.

A Badir 44.41
Abaris vates 197.55
Abatos insula 187.55
Ab-hen-veruach haccados, nomé duodecim literarum 9.23
Abeona dea 51.10
Abigena bos auguribus quæ 46.42
Abraxas 68.9
absinthium Latinis ferijs bibi solitum 415.4
acacalis nympha 158.51
Acacus 259.37
Acamarchis 157.45
Acapnatisia sacra 408.28
Acheloides Sirenes 15.45
Acheron 188.10
Achores deus muscarum 46.30
Val. Acilius 29.31
Acmon, Idæus dactylus 64.33, & 118.55
ἀκμολίτε 282.40
Acronis in Horatium locus emendatus 51.22
Actæon Aristei filius 64.33
Actæus 26.44
Acte 356.12
Adad Assyrijs nomen summi dei 10.24, & 60.1
Adargatis dea 60.52
Adelphi vnde dicti 196.36
Adeona, dea adeundi 51.50
ᾅδης Pluto 168.16, & 169.26
adoleo, verbum sacrorū 441.40
Adonai nomen pro quo enunciant Hebræi 8.16
Adoneus Bacchus, nō ab Adonai 249.32
Adonia sacra 350.11
Adonis fl. 350.53

Adonis veneris comes 349.36, vnde dictus ib. 46. in lactucæ folijs abditus 350.31. Λαυριβώτμε cur dictus 350.9
τριφίλατος 350.40
Adonidis horti 350.20
Ador & Adorea sacrificia 433.12
adoratio 11.5
adrastia 157.29, 393.13 vnde dicta 395.14
Adrianus deus 61.35
ædes & ædituus 400.1
Aega nympha 157.37
Aegæo deus maris 150.19
Aegeria nympha 150.17 dea prægnantium & parientium 50.8
Aegipan 384.39
Aegle 157.41
Aegyö vrbs Siciliæ 74.18
Aegyptij vnde linigeri dicti 4.7.50. quomodo victoriā pingere soliti 2.7.11
Aegyptiorum de Dijs opinio 11.30. mos in sacris faciendis 451.4
ἀιβάλης 73.2
Aello 183.47
Aelures fabulosé Lunæ filius dicitur 306.7
Aenus mons 95.31
Aeoliæ insulæ 165.10
Aeolus Iouis filius 164.6 Hippotades ibid. 17, & 165.31. cur ventorū deus fictus 165.7
Aeoli duo 165.18
Aeneas de indiges 22.34
aer corruptus in templo Apollinis conclusus 211.48
ærarium Romani cur in æde Saturni esse volue-

rint 121.23. quid in eo as seruarint ibid.31
Aeropus 273.39
Aesa parca 180.53
Aesculapius medicinæ inuentor 217.48. vnde dictus 218.8. à quo nutritus. ibid.13. fulmine ictus 219.19. eiusdem simulacra varia ibid. 7
Aescul. ἀγλαὴρ 221.49 & γλαῦκος 222.8
ἀπαλεξίκακος 223.1
Archagetes 221.53. Aulonius 222.54. Aes Veneris nomine nuncupatur 257.5. αὐξιθαλὴς 223.2
Aescul. καθοτὴρ 222.26. Coronides 221.11. Cotylæus 222.46
Aescul. Epidaurius 121.36 ἀπομάλιος 222.36. Gortynius 222.30. Hagnitas 222.4. Opifer 222.52 Pæon 222.34. Pergamenus 222.1. Phœbigena 222.6 Salutifer 222.50. Triccæus 222.9
Aesculapij filiæ quatuor 220.14. insignia, & cur ei tribuantur 220.52
Aesculapio de quo sacrificatum 455.43
Aesculapij tres 218.3
Aesculapij delubrum in Antone 222.54
Aeternitas dea 57.14
Aethiopum de dijs & eorum cultu opinio 11.19. eis vt semper liberi fuerint, à quo concessum ibid.43
Aetna, mongibelus 352.33
Aeuiterni dij qui 22.9
Africia 444.43

Africus ventus 166.30
Agapenor 342.25
ἀγαθῶ δαίμονος poculum quale 51.42
ἀγαθδει nomē apud Iudæos 10.25
ἀγαθὸς δαιμο, Iouis filius 123.17
Agdus lapis 125.29
Agenoria dea quæ 50.22
Agla, nomen Dei τετραγράμματον 9.58
ἀγλαός 357.9
Agnodice puella 218.18
Agno nympha 96.40 & 158.33
ἀγνος vitex 362.18
ἀγνῶν calūniæ socia 18.22
Agones in sacris qui 443.17
Agonia & Agonalia 442.46, & 417.15
Agonij dei 295
Agonius deus 50.30
Agoracritus Parius 393.43
Agraule Minerua 302.24 ἀγριος 64.27
agricolarum duces, dij sedentes 21.2
Agyiea, loca 298.5
Aidoneus rex 279.15
ἀίσιον 95.20
Aius deus Rom. 56.16 vnde sic dictus 47.47
Alabandus deus vnde sic dictus 62.18
Alalcomena opp. 300.40 ἀλκαῖος 114.42
Alastores qui 26.45
Albunea dea historia 67.13
Alcamenes Phidiæ discipulus 393.44
Alcides 279.40
Alcmena ex Ioue Herculem

INDEX.

Iam genuit 279.5
Alecto 182.33
Alectryó in Gallum mutatus 170.40
Aletides, sacrificia 422.43
Ἀλευρον & Ἄλφιτον quid differant 215.22
Alexáder Macedo, XI.I I Græcorum deus 22.17
Alexandri Maced. historiæ scriptores 97.8. liber ad matrem de sacrificandi ritu 11.16
Alexandri ab Alexandro error 58.9
ἀλεξίκακοι 28.5
ἀλεξίκακοι Ζεὺς 84.26
Ἀλεξάνδα dea 19.42
ἀλυτάρχαι seu ἀλυτρονόμοι θεοί, qui 28.20
ἀλιτροι 331.20
Ἀλίνον μέλος 147.13
Aliphæira vrbs 298.4
Ἀλλα, dei nomen apud Arabes 10.24
Almon fl. 125.37
Ἁλῶα, festa agricolarum 362.2, 421.7
Altaria vnde dicta 401.39
Altis apud Pindarū quid 87.6
alui purgatio à quo inuenta 218.6
Amalthea nympha 157.22. Melissei filia & Iouis alumna 7.49, & 87.23
Amaltheæ cornu 157.31
Amanus deus 59.27, & 61.13
Amarynthus 321.29
Amata Vesta 133.13
Amathius 333.36
Ambaruałia sacra 412.17
Ambiguæ oues in sacris quæ 410.41
Ambrosia festa 420.44
Ambullij Castores 164.9
Amburbale sacrum quale 412.17
Amicitia dea 32.26. eiusdem imago ibid. 29
Ammiani Marcellini locus expositus 28.13
Amor deus 344.17. cur tristis pingatur 346.13
Amphiaraus deus, & eius historia 62.32
Amphictyon Atheniens. rex 244.1
Amphictyonum conuentus vbi, & quotics fieri soliti 151.14
Amphilochus vates pro

deo cultus 64.13
Amphitheatra ouali forma 161.17
Amphithoe 157.46
amphittryoniades 162.28
Amphitrite 146.31
Amphitryon 178.50
Ἀμνητὶς 129.41
Amyclæ opp. 208.42
Amymone Nauplium peperit 140.5
Anacalypteria 420.55
ἀναρραφεις 343.19
Anaitis Venus 61.32
ἀναξ vnde dictum 105.42
Anaces 162.53
Anathemata, sacra 412.34
ἀνάθεμα & ἀνάθημα quid differant 412.46
Anatola 356.11
Anaxagoræ opinio de deo 14.19
Anaximandri Milesij opinio de Deo 13.45
Anaximenis opinio de Deo 13.50
Anchurus Midæ filius in voraginem se conijcit 83.14
Ancillæ nomen vnde deductum 28.31
Ancillæ à senatu Rom. manumissæ 111.14
Anculi & Anculæ qui 28.30
Ancylæ 405.23
Andira 132.16
Angelia Mercurij filia 250.17
Angeli Hebræis qui 369.41
Angerona 41.48
Angeronalia 416.1
Angeronia dea silétij 48.36, & 55.6. inde anguilla inuidiæ nota 40.2
Aniger fl. 154.34
anima pro hostia in sacris 431.50
animalia sacrificiis congrua quæ 113.7, 432.19
ἀνίερα non mutila esse oportuisse 436.57
Anna Perenna dea 57.2. Romæ quo mense culta ibid.11
Anno quid egerit, vt deus haberetur 59.15. ab a uibus, quod ea sedocuerat carmen contemptū & opinione falsus sua ibid.16
Anteros 348.49

Anthesphoria sacra 177.45, 420.46
ἀνθεστήρια festa 42.18, & 420.18
Ansitiæ vestes 147.24
Antias dea 396.27
Antinoꝰ ab Adriano Cæ. deus factus 67.54
Antiphilus Apellis æmulus 38.15
Antisthenis Atheniensis opinio de Diis 14.35
ἀντίθεον qui 28.32
Antra quibus dijs dicata 401.46
Anubis 264.50
Anxur, Terracina 112.51
Aonia 218.54
Ἀπαι dei qui 28.17
ἀπαφροῦμαι 342.46
Aparctias 166.33, & ibid.41
Apaturia festa 237.15. dierum quatuor, & qui singuli dicti 34.18, & 421.23
Apex pro pileo flaminis 403.52
Apesas, Apesantius Iupiter 90.1
Apexabo 444.33
Ἀφροδίτη Ἀνδρα 213.6
ἀφροδίσιον 400.22
ἀφροδίτη 329.4
Apia dea Scythis quæ 45.21
Apis qualis deus 172.46
Apis bos 173.54
Apis taurus, & eius consecrandi ratio 179.15
Apis post mortem Serapis dictus 173.9
Apidis sacra à Cambyse violata 174.49. ab Ocho ibid.51
Apium feralib. apponi solitum cur 450.32
Apollo deus ἐπιγραμμάτων 21.28. vnde dictus 191.3. à quibus deus factus 13.31. cur gratias dextra gestare fingatur 155.22. cyclopas interemit 218.1. quatuor artium præses 189.47
Apol. Abæus 210.11. ἀκερσικόμης 211.9. acesius 191.48. Acræphius 211.26. Actæus & Actiacus 206.54. Aegletus 215.34. ἀιγυπτιος 193.35. Aeneas 203.30. Agræus 197.39. Agyieus 207.54. ἀλεξίδαμος 215.21. ἀλεξίκακος

191.42. Amazonius 214.47. Amycleus 208.41. ἄναξ 205.32. Aphetor 212.54. Arcitenens 213.52. Argyrotoxus 213.44. ἀρπαλόδημος 197.29. Astypalæus 216.16. Auricomus 213.55
Apollo Beles 204.47. Βοηδρόμιος 203.46
Apollo Carneus 210.29. Cassius 216.15. Cataon 215.44. καταιβάσιος 99.25. κερδόος 197.2. χαιτίεις 214.3. χοροπαιός 214.16. chrysaor 214.5. χρυσήνιος 258.30. chrysocomes 213.55 Chrysotoxus 213.50. Cillæus 215.49. Cirrhæus 216.2. clarius 205.45. clytotoxos 213.51. Cœlispex 194.53. Comæus 211.42. Coryphæus 209.14. κυρηφόρος 193.33. Cous 212.32. crinitus 114.2. Cynnius 209.5. Cynthiꝰ 193.6, & 200.24. Cytinus 209.1
Apollo Daphnæus 209.7. δικαιηφόρος 214.39. Delius 191.52. Delphicus 195.48. Delphinius 195.15. Desadiotes 206.18. Dicæus 206.34. Didymæus 200.28. Διονύσιος 215.42
Apollo εἰλάτιος 211.33. ἑῷος 205.4. Enholmos 213.9. ἐξηγητής 14.11. Eutrelites 211.21, & 215.47. Epactius 207.9. ἐπιβατέριος 206.9. Epidelius 193.10. Epicurius 195.10. ἐπιμήλιος 197.28. ἐπίσκοπος 104.37. ἐπιπόντιος 104.34. Erisatheus 216.12. Erithybius 203.27. αὐριάλος 216.19. αὐγυράσφυρος 205.14. ἐμφιδρομος 204.45
Apollo Genitor 210.55. Gergithius 212.14. Geruntius 210.19. Grynæus 215.12
Apollo Halæus 211.31. He caergus 205.91. Hecatebeletes 204.52. Hecatobæus 201.4. Heliopolitanꝰ 216.38. Helius 214.6. Horus 203.47. Horius 204.6. Hyacinthides 212.19. Hylata 209.29. Hyperionides 204.20. Hylius 207.39
Apollo ἴδιος 191.52. Illeus

215

INDEX.

215.33. Intonsus 211.15. Ismenius 196.35. Ixius
215.27.
Apollo Larissenus 214.42
Lathræus 215.29. Latous
215.1. Leschenorius 214.
11. Leucadius 207.19. Li-
bystinus 192.33. Lithesius
210.17. λοίμιος 191.50. Ly-
cegenetes 194.31. Ly-
cius 193.43. Lycoctonus
194.24. λυκωρεὺς 194.48
Apollo maleaticus 204.
41. malloeis 204.38. ma-
ζous 215. 40. marmari-
nus 215.19. ματαράγγης
219.7. μυσαγέτης 204.36.
musagetes 215.14. muri-
nus 203.39. myricæus
208.32. myltes 210.51
Apollo Νάπαιος 197.32. &
214.23 Nomius 197.24
Apollo Oetosyrus 216.33.
Opsophagus 195.8. Or-
chestes 214.15. οὔλιος 192.
25
Apollo Pæan 191.52 Pa-
gasæus 205.25 Pala-
tinus 206. 40 παρνοπί-
ων 213. 36 Parrha-
sius 207.46 Pasparius
203. 45 pastor ab Am-
phryso 197.34 Pa-
taræus 208.19 πατρῶος
197.5 φατριμάγετος 204.
31 Phanæus 193.15. Phi-
lalexander 213.40
Apollo Philesius 202.39
Phœbus 193.26 Phil-
læus 214.54 Phyxius
214.17. Platanistius 264.
12 πολιεὺς 197.29 Po-
lius 214. 44 Porno-
pion 203. 27 προόψιος
214.37. Prostaterius 196.
24 Ptous 196. 46. Py-
thius 195.51, & 197. 42.
πύρκοος 192.52
Apollo Salganeus 215. 11.
Selinuntius 215. 10
Smintheus 202.51 So-
sianus 216.36. Spo-
dius 195.12 Stobæus
214.50 Styracites 215.
31. Synhodus 217.20
Apollo Tarrhæus 215.4
Tegyreius 209.38 Tel-
chinius 216.54, & 210.22.
Telmissius 214.27, Tem-
brius 209.30 Thearius
204.15 Thecmius 216.
27 Temenites 212.10
Theoxenius 207. 30
Thornax 214.34 Tym-

bræus 214.36 Thyrxeus
206.12 Tilphosius 214.
Tortor 204.18 Toxo-
phorus 213.54 Tragius
215.24 Triopius 196.24
Apol. Τριχαῖος & ζωντήρχης
216.20
Apollinis amica, & cy-
gnædi 190. 11 insignia
190.18. nominum acro-
stichia 217.34
Apollini quæ immolari
solita 655.29
Apollinares ludi 416.46
ἀποκρηνωνμι 191.28
ἀπομπομπαῖος θεοὶ qui 28.1
ἀποποπαῖοι 28.7
Apelles falsò accusatus,
& quomodo calumniā
descripserit 38.5
Appiades deæ quæ, & quot
24.33
Appiani locus restitutus
89.52
Appius Claudius templi
Bellonæ auctor 276.12
Apuleij locus expolitus
145.4, & 201, & 277.40,
332.39
Aquæ sacrificandi mos a-
pud Persas 452.4
aquæ usus in sacris 439.51
religio 440.3
Aquila cur Ioui dicata
72.18 ales calidissima
ibid.25
Aquilicia sacra 418.54
Aquilo 166.41
Ara & altare quid diffe-
rant 401.34
ara pinguis Virgilio quæ
67.46. placabilis ibid.
49.
aræ Amphiarai descri-
ptio 64.3
aram tangere quibus ne-
phas 444.33
aræ deorum incognito-
rum quomodo & à qui-
bus erectæ 29.47 inde
Arbis fl. 99.54
arbores quæ quibus deis
dicatæ 402.5
Arcapes Eleos vincunt
62.28
Arcesilai opinio de Deis
16.19
Archelai physici de deo
opinio 14.12
Archias Aristechmi filius
222.28
Archigalli qui 125.18
Arcitenens deus 213.52
arctos stella 158.19

Ἄπυλον quid 317.39
Arculus deus arcarum
51.9
Areopagum iudicium
270.12
ἀρετὴ & λογχὴ quid differāt
29.41
Ἄρης unde dictus 270.10.
Epitheta lege in Marte
Argentum lunæ nomine
nuncupatur 257.5
Argentinus deus, pecuniæ
filius 39.20
Argestes leuconotos 166.
14
ἀργὸς 260.1 pro veloce
454.23
Arginnus puer 338.55
Argyra nympha 158.14
ἀργυρᾶ pro pulchro 241.7
Ariadnæ chorus 233.23
Arimanes pluto 170.16
Aristæchmius Archiæ pa-
ter 222.28
Aristæus deus à quo factus
92.15.26. eius historia
64.13
Aristoclia nuptiarum die
amantum manibus dis-
cerpta 73.35
Aristophanis locus 259.
45 eiusdem prouerb.
χρήτε βες expositum
25.21
Aristophani ὑπηλυδένη
quid 420.31
Aristotelis testamentum
98.12
Aristotelis Stagiritæ opinio de Deo incerta 15.
36. in multis sibi contrarius ibid.
Aristotelis pontici opi-
nio de deis 16.15
Armilustrum à Seruio re-
ge institutum 413.3, &
418.52
Arnobii locus dubius
67.10
Arriani locus emendatus
248.53
ἄρουρα 370.10
Arsinoë Aesculapij mater
221.20
ἄρτεμις Diana 310.35 unde
sic dicta 304.39
ἀρτεμιδίαντα mulieres
191.30
ἀρτεμίσιον 400.22
Aruales fratres 404.44
Aruiges hostiæ 410.47
Aruina 444.36
Aryngus deus 44.1
Aruspices quid obseruare

soliti in sacris 444.5, &
445.4
Aruspicij disciplinæ in-
uentor 67.7
Ascolia festa quæ & vndè
423.31, & 455.14
Asia nympha 158.47
Asinus pro Apideo da-
tus Aegyptiis ab Ocho
174.50
ἄσχαρα θεοὶ 24.48
ἀσκεφάλαιος quid 454.20
Astaroth 68.17
Astarte dea 58.50, & 61.29
& 332.44
Asterie ins. 193.4
Astræa iusticiæ mater 30.
40
Astyra opp. 214.22
Asylum vnde dictū 400.
34
Asylia quid ibid.
Atabulus ventus 165.51
Atabyrius Iupiter 89.53
mons ibid.43
Atergatis Pliniana quæ 59.
52.
Ἀτὴ dea quæ 58.10
Athenæi locus restitutus
239.41
Athenienses Iones dicti
197.20
Athenienses ignoti dei cul-
tores 20.45
Athenis iudicia rerum
etiam inanimatarū ex-
erceri solita 94.5
ἀθήνη vnde dicta Minerua
289.15
Athyr mensis 340.29
Athysia 408.28
Atlantides qui, & eorum
de diis opinio 11.2
Atropos 379.52
Attes interitus 123.8
M. Attilij votum ad Ioue
Statorem 78.7
Ἀτύσεος 112.29, & 244.11
Auerruncus deus & auer-
runcare 54.15. inde
Auernus Lacus 188.22
nunc Doliola dictus
ibid.32
Auge 356.11
Augila qui, & eorum de
diis opinio 11.9
Augures 404.51, & 446.
20
Augurij locus 405.3
Augustini locus variè le-
ctus 21.19 codex emen-
datus 35.36
Augustinus Mustius 317.

August

INDEX.

Augusti Cæs. somnium de Ioue irato 76.11
Aurora ἠριγένεια 224.11 autea 223.13
Aurora crocea 224.5 ῥοδοδάκτυλος ibid. χρυσόθρονος ibid. 9
Aur. ἰασιόπεπλος 224.7 ὀρθρογενής ibid.21 ἡμέρα ibid.22
Aur. λαμπαδοφόρος 223.30 λαμπροφόρος 224.26. Lutea 223.51
Aur. Memnonis mater 223.47. Pallantias 223.24 Præuia 224.13 Pudoricolor 224.17
Aur. Rhododactylos 224. 14 Roscida 223.54. Tithonia ibid.39
Ausonij Galli locus expositus 51.14, & 56.10, & 249.3
Ausonij lapsus in syllabæ quantitate 37.37
auri penuria Romæ & in Græcia 308.50
Aurum Solis nomine nũcupatur 257.4
λωτιφάγοι quæ 391.20
Auxesiz dea, & eius historia 63.36
Αὔξω 35.10

B

Baal 102.6
Bapt. Leo reprehensus 454.33
Bacchanalia 416.22
Bacchus Iouis & Semeles filius 231.21 cur Dionysius dictus 233.54 à quibus deus constitutus 123.10
Bacchus ridiculus succuba 232.45 membratim discerptus 235.23
Bacchus Acratophorus 242.20 Adoneus 249.32 Aegobolus 245.51 Actynetes 247.19 Ἀλεαντήρ 243.37 ἀκρωρείτης 247.51 ἀμφιέτης 247.41 Antheus seu Anthias 247.21 Asalaminius 248.39
Bacchus Bacchepæ 236. 21. Bactes 248.2 Bassareus 245.10 Bimater 235.46 Briseus 247.53 Bromius 245.41 Brusinus 248.25 Bugenes 246.51
Bacc. Calydonius 244.11 Cephalen 236.45 Choopotes 239.33 χορεύτης

248.16 Colonatas 247. 11. Consitor viæ 247.33 Corymbifer 238.15 Cresius 237.7
Bac. Διμήτωρ 235.46 Διόνυσος 243.51 ὁμαλός ibid. Dufarces 241.36
Bac. Edonius 246.44. Eleleus 246.3. Ἐλευθέρ ibid. 25 enorchus 237.38. ἐπιλήνιος 236.55 Eraphiotes 240.37. Erebinthius 237. 50 ἐσθλήμερος 240.43 Eubulus 244.6 Euergetes 246.50 Euies 244.20
Bacc. Gorgyieus 247.54
Bacchus Hebon 243.51 Hedereus 248.13 Hyalicus 247.12 Hyos, 239.12 Hygiates 237.32
Bacchus Iacchus 239.54 Ignigena 246.12 Iobachus 236.24 Isodætes 246.18 Iyngies ibid.33
Bacchus λαμπτήρ 243.15 Laphystius 246.48 Lenæus pater 236.49 Libenus 248.48 Liber pater 234.8 Licnites 248. 42 Lycus 236.31 Ligyreus ibid.18 Limnæus 246.40 Lyäus 236.25
Bacchus Mænoles 240. 32. Mæonius 236.15. Maronæus 239.47 mæares 247.2 Melanægis 237. 9. meliastes 236.12. Melpomenos 247.8, Methymnæus 239.14. μίτρας 248. 28 Mitrephorus 236. 27 Morychus 237.44
Bacchus Nartecophorus 245.36 Nyctelius 247. 15
Bacchus Omadius 248.23 Omphacites 243.44 Oreos 247.29 Osiris 241.38 ὀρθώσιος 248.30
Bacchus ὠμηστής 248.19 Pericionius 247.37 Phausterius 239.31 Phleon Polites 245.39 & Phylus 243.50 προτρύγαιος 242.10 Problastus 237.48 Protryges 243. 44 Psila 247.19 ψευδάνωρ 248.13 ψυδρεύς ibid.16
Bacc. Rectus 244.1
Bacchus Sabazius 238. 20 σωτήρ 237.35 Staphylites 243.14 Sycites 238.2
Bacchus ταυροφάγος 241.17.

240.52.Taurophagus 241.47 Ταῦρος 248.19 τελεστής 236.5 Thyonius 234.50 Thyrsites 243.30 τριετηρικός 235.23
Bacc. Vitisator 247.55 Zagreus 246.18
Bacchi cognominum acrostichis 249.10 descēsus ad inferos 232.31 simulacra 233.11 templum Romæ nũc quod 233.30 ministri qui 233.19
Baccho cur mulieres tributæ 234.35 cur item cornua 241.4 quæ offerri solita 234.49
βάζυξ quid 44.40
Babyce ciuitas quæ 59.53
baptisma 471.45
B.Barbuleus 104.42
Basilea magna mater 131. 33
Bassaris 245.16
Βᾶσις 248.26. Βάσσαρ 245.15
Βῆλος, Iupiter 82.36
Bebo 243.13
Βηλάν 304.51 βηλδάλα ibid. 51, & 306.53
Beelphegor 102.7
Beelzebub deus muscarũ 46.35, & 171.52
Bellona Treiia virago 176.21. belli dea 275.14
Bellona acim reperit 275.19
Bellonæ sacerdotes & sacrificia 275.38 effigies 276.3
Bellonæ quid immolari solitum 463.50
Bellum indicendi formula 427.50
Belus, Hercules 278.48
Belus deus, & eius historia 101.18
Beli responsum Seuero Imperatori datũ 101.51
Beneficium, deus 51.44
Berecynthia mater 119.32
Berosus auctor suspectus 101.40
Bessas deus 68.14
βιωρύγιμος qui 27.49
Bidentes hostiæ 411.2
Bidental 401.15
Bocatij error 151.37
Βοηδρόμια festa 269.49, & 422.13
Bolina nympha 159.23
Βῶμοι & Βωμολόχοι 401. 51
βούβωσιν 315.22

Bona dea 217.2, & 119.49
Bonæ deæ sacra à P.Claudio violata 128.7
Bonæ deæ de quibus sacra fieri solita 161.6
Bonus deus in Arcadia cultus 51.38
Boni euentus dei imago, seu descriptio 51.33
Bootes quomodo ad astra relatus 175.33
Boreas ventus 165.31, & 166.41
bos forda quæ 417.16
Boues quales & quando sacrificio apti 433.39
Βουπλήγηξ 420.21
Βούτυχ & Βωτυχία quid 408.25
Brachmanarum opinio de Deo 16.6
Brauron heros 313.2
Briareus, Hercules 284.31
Βρωμία vnde dicta 308.34
Briseis vnde dicta 248.5
Britomaris 312.39
Βέλτυ ibid.32
Βεῖσα & Βεῖδω 247.54
Βεῖσα 368.39
Brizo dea insomniorum 368.37
Βρομιοι 245.3
Brumalia festa 245.46
Brutorum Rom. moneta 305.40
Bubastis 324.34
Bubona dea boum 54.14
Bucolici carminis inuentio 314.39
Budæ reprehẽsus 371.49
Budæ emendatio in Ouidio dubia 41.43
Bupalus primus fortunæ effictor 57.9
Busiris opp. vnde sic appellatum 174.27
Buxus Veneri ingrata 330.19

C

Cabiri dei qui 25.28 & quot ibid.42
Caeæ dea Caci soror 41.1
Caducei cur duobus draconibus implicati fingantur 27.54
Cæcias ventus 166.30, & ibid.41
καιρός deus 37.14. eius imago ibid.25
Callirhoë 244.13
Callisthenes, Aristotelis auditor 407.10
Callisthe

INDEX.

Callistho nympha 158.9
Calumnia dea à quib. culta & eius imaginis descriptio 38.12
Cambyses in Aegypto templum Cabirorũ destruit 25.33
Camillus templũ Iunoni Reginę dedicauit 109.9
Camillus, κάμιλλΘ quid 262.42
Camilli flaminum ministri 440.13
κάμιλοι, καμιλίναι 119.2
Canarium augurium 456.39
Candaules 91.1
Canis albus, symbolum fidei 31.37
Canes Hecatę tributi 308.5. crucifigi soliti ubi 456.51
Canistrum in sacrificio adhibitum 453.31
Canopus deus 62.46
κάνατρα 295.34
Capitolium quando conditum, & quoties incensum 74.50
Capnomantes qui 446.4
Caprotinæ nonæ 111.26
Caprotinæ 416.49
Carpathos 148.5
Cardea, dea cardinib. pręposita 53.47
Caria, Chrysaoris dicta 92.6
Carmenta dea, Themis 381.29.48
Caria vnius horarum nomen 356.10
Carmentalia 417.18
Carmelus deus & mons 59.23
Carna dea antiquis Romanis culta 43.44
Carnea sacra 210.29
καρπιστήριον 314.49
Cassandrę templum in Italia 135.7 (91.19
Casius Iupiter, mõs, vrbs
Cass. Brutus fame necatus 303.35
Cassotis nympha 157.51
Castalius fons 229.13
Castimonia in sacrific. veterum lege sancita 437.10, inde
Castor Hippodamus 160.44
Castores Amiclæi 164.23
Apheterij 164.21, ἀτρόπαιοι 163.41

Castorum historia 160.31
ædes olim, hunc D. Cosmi templum 161.40
καθαρθείαν 25.25
καταρτιβαείαι 99.24
Catius deus qui, & vnde sic dictus 50.41
Catharmos 414.31
Cato eludis Floralibus abire iussus 42.26
Catonis iocus in abligurritorem bonorum 54.4
locus expositus 268.23 & 409.37
Catulli locus emendat. 341.44. expositus 47.10 & 365.19. varie lectus 299.35
Catumen 444.44
Cauiares vel Cauiariæ hostiæ quæ 410.52
Cea insula 92.4
Cecrops diphyes dictus 107.30. primus in Græcia religionis autor 12.34
Cecropis filiæ 302.27
Celebritas, Solis filia 17.39
Celeno 183.47
Cenchrea 145.14
Cerastæ furiæ 182.4
Cerberus Medusæũ monstrum 187.20
Cercalia 416.4
Cæremonia vnde dicta 10.48
Cæremoniæ quid 408.2
Ceres, & eius historia 353.7
Ceres dea ex quinta regione cœli 17.38
Ceres Achea 361.43. Africana 366.22. ἀγλαόκαρπος 364.15. agricolarum dea 22.10. Aliteria 361.22 ἀλωίς 362.1. Amea ibid. 22. ἀναξιδώρα & ἀνησιδώρα 360.12
Ceres βισήρορος 360.14
ceres caberia ibid.54, καρ ποφόρΘ 364.14, catinensis 319.35, chamyna 366.9, chthonia 363.7, κυελία 300.36, cidaria 365.47
ἱκμαῖα 361.50
ceres Ἰουλώ 361.25
deser ceres Eleusinia 364.17
εὐλή 360.39
Ennæa 361.53, Erinnyis 363.33, Eualosia 361.55, Euchloos 360.3

ceres flaua 359.49
frugifera. 360.12
Ceres Hermonieùs 360.6, Homoloia 361.20
Ceres Legifera 361.28
Leucippos 364.7, Libyssa 366.30, Lusia 363.47
Ceres Mallophorus, 361.14. Melæna 363.53. Mileſia 361.5, Montana 366.40, Mycalesia ibid. 36. Mysia 363.23
Ceres Omphia 362.4
Ceres Patrensis 366.17, Pelasgis 360.32, ῥυσίβιαι 360.18, πολυπύφορΘ 360.26, πότνια 360.41. Prostasia 360.29. Pylagora 361.13
Ceres Rharias 361.8
Rubicunda 359.15
Ceres σιτώ 362.8. Spicifera 361.36. Styritis 361.3
Ceres Tedifera 361.25. Thermesia 363.5. Thesmophoros 362.28
Ceres ζειδώρα 360.14
Cereris effigies 358.53
in Cereris sacris vinum non semper libare licitum 434.24-435.9
Cereri sacra ex quibus fieri solita 457.42
Cerei paschalis consecratio, ex ignis vestalium ceremonia accepta 133.51
Certamen in honorem pro vacti cur, & à quibus institutum 279.28
Ceruisiæ inuentor Bacchus 231.44
Cestus Veneris 330.2
Cethegus Suadæ medulla dictus 45.31
ubiquinus 257.45
Chalazopylacesqui olim 406.54
Chamus Aegyptiorum deus 12.1
Chaus descriptio 135.21
χόλα, ira 285.17
Charites 354.39
Charō deus infernus 186.45. portitor 187.3. nauita ibid. 6. Porthmeus 187.3
χέρμα apud Celsum 83.12
Charbas ventus 166.42
Charybdis 150.41
Chernips in sacris quid 439.33
χιλιάμβη 420.14

Chiron centaurus Saturni filius 238.24
χάρων vnde dicta 134.55
Chloris dea quæ sit Ouidio 41.32
Chon Hercules 280.41
Chorus ventus 166.51
Christus χρισίδωχΘ 408.42 vnde sic Græcè appellatus 8.16
Christiani primitiuæ ecclesiæ sine imaginib. 18.55
Chrysaoris 92.3
Chryſippi Cilicis opinio de Deo 14.37
χρεύσιν 258.29
Chthonia sacra 363.14
Chytri festum 422.54
Chytrinda ludus 423.6
Cicero Platonis opinionem de diis imitatus 15.26
Ciceronis locus varie lectus 231.13 & 239.8 & 262.3 & 212.19 emendatus 260.54 & 295.22 & 352.50 expositus 48.44 & 137.30
Cic. prouerbium expositum 277.9
cinis immobilis contra uentum 112.28
Circe soror Medeę 307.17
Circenses 141.55
Circius ventus ab Augusto cultus 165.49
Circumcisio 415.8
Circumfero verbum lustrationis 413.1
Clatigatio quid 428.28
Clarus vrbs & mōs 205.46
Claudia virgo Vestalis 128.46
Claudiani locus 117.21 & 394.36
Cleanthis assij Stoici opinio de deo 14.32
Clemētia dea à quib. culta 36.2
Cleobis 124.17
Cleomedes athleta pro deo cultus 63.33
Cleostratus serpenti immolatus 93.10
Cloacina dea quæ 53.53
Clotho 179.50
κνίση 336.4
κνίσα & κνίσαμα quid 441.30
coccyx mons, cuculus Iupiter 107.49
cocytus 188.20

ã 3 cœlib

INDEX.

cœlibatis hasta 111.39
Cœlij calcagninij obitus 189.28
cœlum primus attlantidum deus 12.4
cœlum à quib. in x v I. regiones diuisum 17.24
cœli filij qui dicti 13.90
cœna vnde dicta 423.25
collina dea 41.46
collucare quid 400.31
κῶλον 323.20
colona quid 246.53
columbæ aues Veneris 460.1
commentaculum quid 437.52
comus deus côuiuiorum 46.9
côcordia dea, & eius cultus qualis 33.30
confarreatio 428.51
compitalia 374.20 & 416.34
conisalus deus obscœnus 61.37
consentes dei in prima parte cœli 17.28,& 371.49
consentia sacra 21.30
conspolium 444.44
consualia 141.55
consus à Neptuno alius 142.15
coníj templum à L. Greg. visum 142.6
contumeliæ fanum Athenis 40.38
κόραξ 320.2
κόρη proserpina 177.48 & 243.45
coresius 302.22
Cor. Taciti, loc. mendosus 322.39 alius emendatus 330.49
cornua veterib. in poculorum vsu fuisse 241.22
coronæ in sacris quib. frôdibus fieri solitæ 401.2
coronarum inuentor Ianus 136.7
Corone, oppidum 216.29
coronis dea 63.29
corope & corype 209.18
corybantes etiam Curetes dicti 26,14,28.10.38
cybeles ministri 122.33
vnde sic dicti 27.44
κοροβαντικεν quid 27.45
corycium antrum 154.30
corynthus Apollo deorû antiquissimus 216.29
coryphasia 180.46
cotys dea 179.36

cottytia festa 421.26
cotytto 179.13
κυβέβη 343.20
κραδίης 271.24
κράτης vnde dictus 241.24
cremona quando exusta 56.47
crenis nympha 158.21
crephagenetus deus Thebæorum 65.33
cretensesvnde Telchines dicti 27.3
κρόνος .vide Saturnus
κροβύλοςρον 119.27
crotonis vrbis ambitus 112.11
cubus cybelæ deæ dicatus 122.25
cululli in sacris qui 470.50
cumina dea quæ 47.34
cupentus 406.45
cupido aliger 347.20 ἀμφιπτάλης 348.4 Anteros 348.48
cup. cæcus ibid. 40. caunius 348.1
cup. Harpys 347.38 Geminus ibi.28 multiceps 346.30 ὁμοιότερος 347.3 παιδαλιπτερος 347.52 Phanes ibid.41. pharetratus ibid.48
Sagittarius ibid.3 Sanctus 348.7 Sophista 346.28
cup. Thespius 348.14. τοξαλκής 347,25 τυφλὸς 348,40. Tyrannus 347,33
cupidinis imagines 345.26 inde. à quibus descriptæ 346,23
cupidines tres 34 4.33 multi cur 345.11
cupressus Plutoni sacra 168.37
curetes dei qui 15.55 vnde sic dicti 26.7 multarum rerum ad vitam necessariarum inuêtores. ibi.34
curiones pro sacerdotibus 406.34
cura 16.21
curis 111.34
cyane nympha 159.7
cyathus 435.52
cybele vnde dicta 122.17
à quibus dea facta 13.28
cybele Atheniensi. 154.44
dea turrita 130.20
enthea 124.47
Isodroma 130.17
cyb. mater Phrygia 130.44 montana 128.28 my

gdonia mater 130.37 Pasithea ibid.13
cyb. φιλοστρομνής 124.49
cybele πυργοφόρος 130.30 turrigera 122.13 & 34 τυμπανίδουσα 124.49
cybele templum 128.30 mysteria 124.17
cybelæ de quibus sacrificatum 460.37
cyclopes Vulcani ministri 352.43
cyllenius ignis 258.51
κύλλος 353.3
κύλλοι qui dicantur 257.30
cylonium scelus 21.1
cymachiû terræmotu sub aquis obruta 146.12
cymothoë 153.31
cynocephalus 265.27
cynosarges Athenis vnde sic dictus 280.18
cynosura quæ 264.22
cynthius Io. Bapt. Gyraldus professor Ferrariæ 189.30
cynthos quid 129.37
cynthus ins. 193.5
cyparisi, Gratiæ 355.1
cyparissus in cupressum mutatus 377.35

D

DActyli dij qui, & cur sic dicti 27.12 inde
Dædala festa 99.40 & 115.31
Dæmon Ophioneus 378.41 chrysios ibid.54
Dæmonis vocabulû quâ latè sumptum 368.42
Dæmones futurorû præscij 369.33 κάβαλοι 378.51 κύριοι χθόνιοι 379.10
Dæmonesmedioximi 371 38 μόριμοι 379.4 Onoscheli 478.43 παίδερον 378.59 Soradij 379.51
Dæmonû genera 369.35 379.22 natura ibid.44
Dagon, Ægyptiorum Deus 11.1.& 95.16
Demia dea,& eius historia 63.36
Damnaneus Idæus 27.14
Daps quomodo facienda 82.18
Daulis nympha 158.10
Dayyan dei nomen 9.46
Deæ Appiades quæ , & quot 24.33 materæ quæ 24.17 potniades seu mænades 25,4
Deæ Syriæ sacra 452.19

Decima cur Herculi data 457.14
Decij deuotio pro exercitu Ro. 426.39
Δήμη 358.18
Δήμας 206.30
Διλέφη 344.2
Delos ins. 193.2
Delphicû oraculû quinquies destructum ac restauratum 196.8
Delphinus 195.18
Delubrum 400.31
Δημήτηρ vnde dicta 358.19
Δημήτρια 458.3
Democriti de deo opinio 13.53
Demosthenis loc. emendat. 395.10
Dentium euulsio à quo inuenta 218.6
Deois, proserpina 178.12
Depellentes dij qui 28.8
depesta in sacris poculû 435.44
Decreto dea Syrorû 59.36. filia Semiramidis ibid.47
Desiderij regis edictum 113.17
Δτριμοι θεοί 28.25
Deuerra dea 54.34.& 377.47
Deuotio vrbium & exercitus quibus verbis fieri solita 426.11
δίως Iupiter 82.36
Dexicreon 240.3
Dextera auguria infausta 405.7
Dextræ iunctæ fidei signum 41.18
Deus in extis quid 444.11
Deus nome vnde dictum 10.27
Deus in montib. olim inuocari plurimum solitus 103.11 quomodo publicè ac priuatim colêdus 397.14
Deus ynus tantum, non plures 7.36
Dei nomen cur ineffabile 8.46. omnibus ferme nationibus tetragrâmatum 10.18
Dei virtute omnia ali ac sustentari 7.43
Deo nomen nullum inditum 20.18 & cur ibid. 27
Deum solo silentio etiam colendum 429.42
Dij anthelij 206.17
auiter

INDEX.

æuiterni qui 23. 9 animales 375. 31 ἄϋπνοι qui 17.53 & 24.48 & 272. 4
dij Cabiri vnde sic dicti 25.31 certi & incerti 20. 43 cælites 21. 14. secundi. ibid. 16. maiorū gentium, ibid. 26. communes 272.6 consentes qui & quot 21.31 curetes qui 25.55
Dij diuipotes 24. 14 Samothraces ibid. 15
Dij emissarij qui 28.1 indigetes 22. 45 Lucrij qui 39.40
Dij marini ψελιοι 146.46 ἀγυιάλιοι ibid.50. nixi, præsidentes parientium nixibus 48. 49 nouensiles qui & quot 23. 45 inde 224.38
Dij patellarij vnde sic dicti 23.38 penates 87.43 πατρῷοι 372.54 peregrini seu ξενικοί ab Atheniēsibus etiam culti 21.9
Dij salutigeri qui 36. 45 selecti 23.10. non ijdem qui consentes 23. 21 Semones 23. 23 sumanes 23.45
Dij Topici qui 58.42 Tutelares qui 41.11
Dij in singulis membris qui crediti 19.22
dij nullis cognominib. culti apud Pelasgos 21.8
Deorum Gentilium diuisio ex Martiano Capella 17.23 ex Varrone ibid.26
Deorum cognomina à paruis plerunque rebus sumpta, vt muribus, culicibus, &c. 303.23
Deorum inferorum officia varia 185.26
Deorum multitudo vnde nata 13.22 origo Græcis quando cognita 13. 18. simulacra cur instituta 18.21
Deos adoraturum sedere oportuisse 430.21
Deis omnibus ædes, habita loci ratione, positæ 399.7
singulis suos ritus & cæremonias fuisse 437. 47
Deis superis super aras sacrificandum 431.3
Diana dea, & eius historia 304.33 à quib. dea facta 13.29
Dian. Acrea 311.52 Aethiopia 319. 17 ἀγροτέρα 309. 26 Alphæa 317. 53 Amarynthis 321.27 Amphipyros 310.46 Aphea 313. 35 Aricina 316.9 Aristobula 325. 42 Astratea 319.46 Astyra 324.19 Auentina 319.18
Diana Βίλωτια 311.1 Braeuronia 313.2 Bubastis 324.27 Caliste 319.18 Cedreatis 320.7 Caryatis 314.35 Cercæa 325.27 Chelia 310.14 Chia 324.3 chitonia 322.54 χρυσαλάκατος 325. 22 χρυσήνιος 325. 24 Cnacalysia 322. 13 Cnagia 318. 18 colænis 323. 16 condyleatis 322.15 cordace 319. 54 coryphæa 312.1 & 325. 15 corythallia 320. 42 κνωγία 320.54
Daphnea 310.10 Delphinia 195.19 Diania 324.18 Derriathis 310.6 Dictynna 312.8 didyma 318.37
diana ἐλαφηβόλος 318. 15 & 320.54 Elæa 314.41 Elusia 325.55 Elymaitis 321.14 Enhodia 313.26 Ephesia 314.1 Euclea 319.6 fascelites 315.19 & 315.45 Gazoria 325.35
Diana hegemon 322.26 hemeresia 318.52 Heurippa 320.10 ἱππία, equestris 325.38 hymnia 320.14 diana Icaria 318.33 Ilithyia 310.47 Ἰοχέαιρα 320.48 Iphigenia 316.48 Issoria 319.49
Diana Laphria 313.45 Leucophryne 313.31 Limniatis 322.38 λοχία 311.50 Lucina 310.16 Lycea 321.9 Lycaotis 322.51 Lye 314.50 λυσιζώνη 321.43 dian. magnesia 315.19 μήφαρα 325.30 ματροτάκος 310.55 munichia 317.25 mycenæa 316.32

diana Meleis 324.6 dian. Oenoatis 323.10 Opis 323.28 ὁρσιλοχίας 370.55 Orestea 315.42 Orthias 312. 43 Orthosia 325.10
diana παιδοτρόφος 318.40 Panagea 324.38 Parthenie 308.47 Pellenea 318. 40 Pergea 321.11 Persia 320.22 Pheræa 309.53 φιλομέιραξ 319. 52 φωσφόρος 309.41
Phyllis 320. 39 Pitho 318.26 πολύβωτος 319. 1. Priapina 324.13 προθυραία 311. 5 Pyronia 320.4
diana Saronis 313.38 Sarpedonia 325. 8 Sciaditis. 312.23 Scythica 316. 33 Selasia 309. 41 συτράγα 314. 49 Stymphalia 323.3
diana Taurica 315.7 Tauropolos 317.10 ὑπερόπτος 320.54 Thoatea 315. 38 Titanis 309.19 Triclaria 318.22 Triuia 313.7
diana Virginēsis dea 321. 55 Vpis 323.28
dianæ effigies variæ 305. 17 epitheta à venatione sumpta 309.16
dianæ quæ victima tributa 459.15.
dianæ tres 304.47
dianaria herba 304.38
διαβατήρια sacrificia 421. 32
διαβόλη dea 33.12
diabolus, dæmonum princeps 369.19
diagoræ melij error de deo 8.1 scomma in Herculem 279.50
diamastigosis festū 424.13
diasia festa 424.4
Δια dea 30.32
dictæus Iupiter vnde dictus 82.44
dictamnus cur dianæ dicata 311.1
dictynna 311.3
didonis pater, Assyrius 101.28 genealogia ibid.
didymū oraculū 200.34
dies ἀκύλυπα 194.33
dies genialis 372.14
dios præcipue religiosi qui nam fuerint 186.1
diespiter Iupiter 80.7
διπολία 94.12

dijpolia sacra 410.30
dindymene Cybele 215. 43
diodorus Siculus, in quo libro nugari desierit 22. 18 eiusdem latina versio aduertēda 112.50 locus restitutus 89.53 sententia de deo 11.11
diogenis Apolloniatæ opinio de Deo 11.11
diogenis Lertij locus in Aristotelis testamento emendatus 110.42
dionysia 416.19
dionys. Areop. de nominibus diuinis Ecclesiæ vsitatis cōsulendus 10.13 quomodo deū definiat 7.50
dionysij tres 131. 3. quinque ibid. 13
Διὸς 73.53
Sub dio, quid 73.54
dioscuri 162.3
Diræ furiæ 184.43
Dis pater 168.15
Discordia dea, & eius descriptio varia 34.45
Dithyrambus Dionys. 235.13
Diuinationum species & nomina. 198.31 (24.14
Diuipotes dei qui et quot
Diuites auari ouib. aureo vellere, & capricijs in rupib. ortis simil. 230.23
Diuitijs cor nō apponendum 175.43
διονίκεια, festum 423.53
Doliche 100.12
Domiducus deus, coniugibus domum ducendis præses 54.39
Domitius deus 54.41
Domus structura à Vesta inuenta 134.6
Δόκανοι Dioscurorum forma 161.31
δοσμιτάτας quos vocent Græci 111.50
δοσνία. 343.18
δάφκιν τιμή dea 25.23
Draconum natura 120.5
δρέπανον 129.16 (63.49
Drimachus Chiis cultus διεσκόντικοι 28.16
Dryades 151.14 & 152.5
Druydarum superstitio 68.53
δυὰς Theologis qd 11.1
Dusij, dæmones 377.53
Dquumuiri sacrorum qui 406.6

ā 4

INDEX.

E

Eaus 224.8
Ebrietas baccum comitatur 231.48
Ebrietatis signū quis depinxerit 231.49
ἐκατηκόλος ζεὺς 86.33
ἐκνεφίας dea quæ 58.39
ἐκατομφόνια 434.9
ἐκπύθως quid 55.31
Echidna nympha 158.23
Echo Panosamica 383.34
Echus imago 385.50
Ecphanti Syracusani opinio de Deo 15.46
Edessa ciuitas 59.53
Edusa dea eduliorum 47.54
Egeria nympha 160.8
Egnatia nympha 160.10
Ehie, nomen Dei τετραγράμματον 9.48
εἰλαπίνη quid 82.23
εἰμαρμένη 181.1
ἐκκλησία celebritas 422.35
El, Eloha, nomē Dei quale 9.42
Elaphebolia festa 421.12
Elei ab Arcadib. victi 62.27
Elei Arcadas vincūt 91.31
ἐλελεῦ, exclamatio bellica 246.5
Elete 356.12
Eleutinia 198.1. explicari prohibita 364.42. quæ fuerint 365.7
Eleusis, ciuitas 364.19
Eleutheria festa 97.46
ἐλευθέρια dea à Græcis culta 39.9
Eleutho 311.58
Elicius Iupiter vnde dictus 80.43
ἐλίβατοι 214.36
ἔλωρ vnde dictus 101.19
Elymais regio 321.14
Empedoclis Agrigentini opinio de Deo 15.6
Emplocia festa 411.25
ἐμπολῶ 263.19
Empusa 324 tempore authoris visa.
Encænia, festum dedicationis 422.52
ἐγκώμιον quid 450.2
Endymionis fabula 305. 49 cur Latmius dictus 306.1
ἐντας ἵμαντα 198.18
ἐνθύμιος 311.43
Enenthius deus 59.28
Euhyas vnde dictus 244.

27
Enneaterides quatuor Delphis 199.35
Ennij locus apud Cic. expolitus 158.31
ἐνόδια quæ 237.41
ἐνόπνια 214.32
ἐντομα 447.31
Enyo belli dea 275.19
ἔως 223.18
ἐπακρία festa 361.48
Epaphus, Apis 174.33
Ephebus vnde dictus 287.20
Ephestria festa 423.27
Ephesus vnde sic vocata 314.9
Ephialtæ qui 375.43
ἐπίβδα 343.21
ἐπίβολα Calumniæ pedissequa 37.24
Epichtonidij 3, 5.30
Epichysis 435.52
Epicuri Athen. opinio de Deo 15.47
Epidaurus Æsculapio consecrata 218.49 & 221.41
Epies deus 59.34
Epigraphæ herculis cognomina cōtinens 284.20
Epimedes 20.55
Epimenides autor ararū diis incognitis erectarū 20.47
Epimetheus 354.13
Epiphanij locus emendatus 340.28
Episcirosis 297.3
Epulonum septemuiri 406.12
Equiria 416.32
ἥρα Iuno vnde dicta 105.51
ἡρακλεῖα 82.3 & 107.39
ἥσιον 400.22
Erasmus notatus 90.47
Erasmi error 150.7. 198. 20, 277.19, & 421.21 ab Erasmo adagia omissa 460.53
Erato nympha 385.20
ἔρεγμ quid 87.36
Erebinthinus Dionysus 237.52
ὀρθιακός 237.51
Erechteus rex Atheniens. deus 62.40
ἐερσηὴν 363.57
Erisichton 366.45
ἐερσεύς 263.1
ἐρμαδίων statuæ 259.30
ἐρμαῖ πετροι 259.33
ἐρμαῖ ἀμφιδύται ibid.50

ἠρῶον 400.23
ἔρως ἱμερος quid differant 345.4
ἔρως 346.50 ἔρωτες ibid.51
erumnæ in sacris 444.50
Erycina Venus 338.17
Erinnyes tragicæ 181.31 55
ἐραύχα 341.21
Eteocles 354.48
Eteliæ venti 166.47
Ethnicorum superstitiosa de diis opinio in singulis membris 19.21
Exaugurare 401.28
Execrationum ceremoniæ 427.6
Exequiarum descriptio 448.25
exercitus lustrandi ratio Romæ 412.55
Expiationis ratio tempore famis aut pestis 414.27
Exta & extispicia quæ 443.41
ἔσοδε, Dei nomen apud Tyrrhenos 10.23
escharæ 401.45
ἑστία. vide Vesta
Eua à Bacchantibus inuocata 244.51
εὐδαιμονία dea, & eius imaginis descriptio 38.35
bonus Euentus, agricolarum deus 22.4
Euentus poëta græcus Ouidio antiquior 455.9
eugion 116.54
Euhadnes deus Astrologiæ interpres 59.35
Euhemeri error de Deo 7.55
Eumenides 182.54 σιμνὰι dict. 183.10 scelerum vltrices 181.55
Eunica 157.49
Eunomia 356.10
Euocationis deorū tutelarium formula 425.52
εὐνωχίαι 239.26
εὐρυφθήν, quid & vnde sic dicta 53.1
Euphrosina 357.10
Euporiæ 356.10
Eurus 166.43
Euryclias 198.15
Eurypylus furore correptus 23.23
Eusebius quomodo Deū definiat 7.50
Eusebij Latina versio aduertenda 122.53. falsa quo loco 365.40

Eusebij locus correctus 265.7
Euteles quis 408.44
Euthimus Genium dæmona armis deuicit 371.13

F

Fabij, licentes vnde dicti 418.28
Fabulinus deus 48.19
Fagutal sacrum quale 81.24
Falacer deus 58.7
Fama dea, & eius descriptio 40.8
Fana vnde dicta 375.55 & 377.16, 400.18
Fascinus pro priapo 252.43
Fatua dea 127.10
Fatui & fatuæ pro Faunis 376.47
Fatum à parcis & sortibus quid differat 180.6
Fauislæ 401.22
Faula Herculis scortum à Romanis culta 42.4
Fauna dea 127.7
Faunalia 417.11
Faunus Latij rex 377.13
Fauno quà de re sacrificatum 461.34
Fauni qui 376.40
Fauonius ventus 156.31
Fauor deus, & eius descriptio 52.47
Fauores dij qua parte cœli sint 17.28
Febris dea cur à Romanis culta 49.45
Februa quæ 449.41
Felium oculi, vt luna, immutantur 306.9
Feralia 416.20
Ferentina dea 68.5
Feretria, quid 76.34
Feriæ legitimæ & indictæ 424.50
Feronia dea 67.20. vrbs 112.52
Ferrum & chalybs Martis nomina nuncupantur 257.4
Fessonia dea defessis iuuandis 51.36
Festi locus emēdatus 48.49. Fēdicæ feriæ 444.49
Fides dea à quib. culta, & de eius imagine 31.3 inde cur à Vergilio cana dicta 31.35
Fidius 79.7
Filicernia 444.34
Fitilla 444.43
Flamines 404.22
Flam

INDEX

Flaminij, & flaminicæ 404.12
Flaminibus quæ religiosa fuerint 404.3
Flora dea 42.10. agricolarum deus 22.11
Floralia quãdo celebrari solita 41.34
Flumina cornuta 241.30
Fluuij ταύρωποι 241.13. μεγαυχέες ibid.
ãn focis sacra fieri solita quæ 401.45
Fœciales, & eorum munus 405.31
Fœcialiũ cæremoniæ in feriẽdo fœdere 417.23
Felicitas dea 38.35
Fœminæ nubẽtes prostitui solitæ vbi, etiam hoc tempore 341.12
Fontanalia festa 418.42
Forculus, deus forib. præfectus 53.46
Fordicidia 417.26
Foria, quid 208
Forina dea ibid.
foriolus, quid ibid.
Formidinis deæ imago 48.2
Fornacalia sacra 416.12, & 433.9
Fornax dea 41.34
Fortuna dea 386.42 ex vndecima cœli regione 17.45
Fortuna antias 396.17. ἀυτοματία 391.16 aurea 439.29
Fortuna bona, & eius simulacrum 389.11
For. cæca 390.43. Calua 391.15. Cõseruatrix 396.42
Fort. Alia 390.32 Dubia ibid.
Fortuna equestris 390.10 ἀυλαία ibid.
Fortuna fortis ibid.
Fortuna mala 391.23. mãmosa 396.24. mascula 390.39. muliebris 495.53. Nortia 390.1. Obsequens 396.15
Fort. Prænestina 389.32
Fort. Rhamnusia 391.40 redux 391.53
Fort. Stata 396.50, & 58.12 Seia 391.22
Fortuna virgo 390.34. Virilis 391.52 Viscata 391.45
Fortuna rerum omnium principium 391.21
Fortuna incõstãtia 388.17

inde simulacrũ Romæ locutum 96.7. variæ descriptiones, sac imagines, & à quibus depicta primũm 395.30 inde
Fortunæ quid immolari solitum 463.26
Frãciscus fantinus 443.28
Fraus cur dea facta 17.41 eius imaginis descriptio 38.8
Frons Genio consecrata 19.37
Fructuosa dea 43.10
Frugutal 344.18
Frumen 444.43
Fulgẽtius castigatus 190.25
Fulgora dea quæ 52.1
Fulmina in imo aëre oriũtur 351.54
Fuluius Flaccus 390.42
Fuluius Nobilior Roscholas instaurar 283.13
Fũdo, verbum sacrorum 447.51
Funere pollutos non potuisse sacrificare ibid. 16
Furiæ βλοσυρώπιδες 183.3. canes Stygiæ 184.27. cerastæ 182.4. ὑπατόπεζοι 183.2. Importunæ 185.1 luctificæ 185.1. obscœnæ volucres 184.53. ὁρματη̃ναι 152.10. Palestinæ deæ 183.17. ὀλιγαίωνες 183.3 Tartareæ sorores 182.6 virgines 181.38
Furijs quid immolari solitum 463.35
Furor, furiarũ frater 185.5
Furoris descriptio 293.19
Furina dea quæ 51. 185.7
Furinalia 416.41
L. Furius æde Iunoni monetæ nouit 110.4
Furti ac doli inuẽtor Mercurius 255.54
Futile, vas sacrũ, & qua forma fuerit 440.7

G

Agnæus vetus 165.52
Galeancones qui 155.20
Galeni locus de templo pacis Romæ illustratus 33.15
Galeotæ qui 241.51
Gallicus ventus 166.41
gallus cur Marti appingatur 270.39. cur Mercurio tributus 256.45. Latonæ amatus 325.54. Mineruæ tributus 291.11

Gallus fl. 151.49
Galli olim Mercurij cultores 261.3
Galli sacerdotes qui 131.13, & 116.3
Gamalia festa 420.50
γαμήλιον 107.31
Gabrinus ventus 166.31
Gazis Syrorũ regina 61.11
A. Gellij locus variè lectus 43.13 interpollatus 47.3 corrigendus 381.43
Πλούταρχε 51.10
Gemini Castor & pollux 164.6
Genetæus Iupiter 88.31
Genialis dies 372.14. lectus ibid.19
Genita, vel Gynæcca dea 127.46
Genius, 369, 90, vnde dictus, ibid. 2 aliusalio formæ 372.7. deus ex quinta regione cœli 17.38
Genius Bruti & Cassij 371.3
Genio indulgere 372.15 defraudare ibid. per Genium principis iurare 371.52
Genij effigies 370.9. sacrificia 370.21. Genij 58.45 Varroni qui 16.29
Genij ἀληλώματα 372.6. κωμηναί 371.5
Genij locorũ 372.14. quot vnicuique dati 370.50
Genius dæmon ab Euthimo armis deuictus 371.13 γενυφίλιοι 403.19
Gerania mons 154.51
Germanorũ nomen vnde sumptũ 59.9. eorundem vetus theologia 12.30
Glabrionis statua prima aurea in Italia 33.1
Glauc deus maris 149.24
Gleba Lemnia quibus medeatur 352.11
Glissas vrbs 93.18
Gnidus Veneris signo à Praxitele nobilitata 336.30
Gnosticorũ hæreticorum princeps Iao 239.18 γνώθι σεαυτὸν vnde orta sententia 100.5
Golgi 341.40
Gorgones 155.17
Græ nymphæ ibid.42
Græcorũ cæremoniæ in feriendo fœdere 427.37 mos in supplicando 19.41

Grãmatici interpretes reprehẽsi 414.45
Graτιαι Μινδίαι 356.50
Gratiæ deæ, & quæ 354.35
Gratiæ decentes 356.28 Etσοκλές 3.4.45. Orchomeniæ sorores 356.41. παιδιαὶ 356.27. τερπνοί 365.54
Gratiæ quot 355.7
Gratilla 444.15
L. Gregorij hendecasyllabum in spectacula à suo Duce edita 137.15
Greg. Nazianzeni locus corrigendus 46.31
guttus poculum 439.45 γύλιος quid 281.21 γυναικὸς ἅρμα 213.6 gytheum vrbs Lacon. 94.37

Hæreses huius tẽporis in religione & re literaria quæ 397.22
Hamadryades 151.15, & 152.5
Hammo Iupiter 97.2
Hannum, Dei nomen 9.48
Harpyiæ 183. 43, ναφλόμυγο 184.33, canes Iouis 184.10 diræ ibid.39
Harpocrates deus silentij apud Ægyptios 55.33
hastæ veterum regum diadema 68.36
haruga hostia 410.42
Haruspicinæ inuẽtor, Tages 66.40
Hebe καλλίσφυρος 288.5 χρυσότριχος 288.2, cœlestis 287.30, Ganymeda 288. 14, Herculis vxor 286.47. inde, Iunonia cur dicta 287.9. λευκώπυγος 288.9, ῥοδοπυγας 288. 11, pulchra & formosa 287.29
Hebo deus 241.52
Hebræorum infamõe mentum, de septuaginta duobus Dei nominibus 10.43 inde.
Hecale 95.10
Hecatombe, sacrificium 113.45 & 419.55
Hecatombæus Iup. 84.48
Hecate 306.41 Perseis cur dicta ibid.51 λαμπαδησία 307.3, θυρὲα 308.34 μυνοφρυγές 124.20, ἐνυαλητηρίαν 308.28 τριλυκτός 307.46, tergemina & triceps 307.26

τελη

INDEX.

ιιλίκρυος & Ιουτικλαρος
ibid 40
Hecate victima quæ tri-
buti solita 419.49
hedera ἀκροδρυον 248.13.
Baccho cut sacra 23.11
Helenæ mater quæ 162.13
Helenophoria 421.45
Heliades 216.16
Helicon 227.31
Heliogabali dei historia
16.16
Helice nympha 157.37
Helice terræmotu cósu[s]
-sa 141.23
Hellotia festa 294.52
Heraclidis Pótici opinio
de Deo 16.17. item He-
racliti 14.16
Heræus Lycaonis F. 243.
39
Hercules ἀλεξίκακος 286.
22. addephagus 282.52
Ægyptius 282.49. ἀλεξί-
μωρος 286.12. Alcides
279.40. Alexicacos 284.
55. Amicus 282.12. Am-
phitrioniades 280.12. A-
strologus 293.7
Herc. Briareus 294.31. Buphagus 282.52. Buthinas
ibid. Buriacus 280.48
Hercules ναυπρητος 282.2 ἱ
Canopius ibid. 41 καρ-
πόφαγος 280.22. χαυνια-
κός 285.20 Charopus
ibid. 16. Chon 280.41. Ce
ramynthes 285.8. κανε-
βωχιε πρέσβυς 285.31.
Claviger ibid. 29. Cono-
pæus 293.25. Conopion
232.38. custos 283.39. Cynosarges 280.16
Hercules dexter 282.12.
Dorsanes 281.1. dux opti
mus 279.15
Hercules Edessæus 286.
23. ἐπιλάρκειος 285.27. fal-
sipareus 280.15 fauens
282.12
Herc. Heros 279.46. Hip-
podorus 284.39. Gadita-
nus 285.47. Gylius 281.19
Hercules, Idæus dactylus
27.10, 281.25. Index 282.
8. inuictus 282.5. Ipoôo-
nus 282.36
Hercul. Lacertosus 283.4
lindius 282.7. máticlus
284.47. melampygos
283.31, & 286.37. melius
281.4. monœcus 283.31.
musigetes 213.12
Hercules Nemæus 286.12

Hercul. Oeteus 285.36. O-
gmius 281.4. Oliuarius
285.14.
Hercul. Palæmon 285.9.
Pamphagus 282.54. παρα-
στάτης 286.23. παραιβά-
της 281.30. Hercul. phi-
losophus 279.11. polypha-
gus 282.52 polyphron
285.45. prodigius 281.11.
πρόμαχος 284.51 propi-
tius 284.12
Herc. rhinocoluftes 284.
44. Sanctus 283.44. Sur-
dus 284.34. Saxanus 286.
35. Sol 279.9.
Herc. ταυρόφαγος 285.21. thasius 280.33 Tirynthius
heros 280.9. τετράκτυρ-
λέων 323.7. Tricolus 286.
35 Triumphalis 283.35.
Tyrius 280.45 Victor
281.47. à suis sacris mu-
lieres arcet 128.15
Herculestempus 279.55
Herculis effigies 279.21,
& 281.5
Herculis cognomina epi
graphe contenta 284.20
Herculis generatio qua-
lis 278.49
Herculis lignei decimus-
tertius labor 279.52
Herculis sacra colentes
populo coronati 280.3
eiusdem vita à L. Grego
rio composita 238.32
Herculi quæ sacrificari
solita 457.6. decima ei
data ibid.
Hercules mercenarium
se deprecatem, in som-
nis ad Mercurium duce-
re visus est 280.20
Hercules multi & quot à
quibus numerétur 278.
42
Hercules Bentiuolus, eru
ditus princeps 230.26
Hercules Estésis dux Fer-
rariæ ybi sacra Clemen-
tiæ fecerit 36.2
Hercules Contrarius co-
mes 269.26
Herc. Rangonius discipu
lus Lilij Gregorij 118.30
Hermonthis opp. 400.30.
lex 100.33
Hermæ statuæ quæ 259.
12
Hore, Mars ea dea 58.10
Hermetis Trismegisti sen
tentia de Diis explicata
11.22

Hermogenis rhetoris pa-
rœcia 84.42
Hermolai Barbari error
198.23
Herodiani locus emēda-
tus 290.5
Herodoti locus emenda-
tus 280.20
Herbes qui, & vnde dicti
16.29, & 72.24
Herostratus templum E-
phesium incendit vt no-
tus esset 314.16
Hesiodus ante Herodotū
quandiu 13.17. vbi inter-
emptus 102.25
Hesiodi loc. expl. 95.34,
& 99.4, & 152.47, 181.5,
337.36. versio emendata
45.45
Hesychij error 362.25
locus dubius 40.45. emē
datus 64.3, & 211.10, &
212.53, & 267.28, 297.6,
& 319.5, 326.9, 378.52. hia
cynthos 129.8
Hierapolis 59.52
Hieroni Siciliæ tyranno
quid responderit Simo-
nides. de Deo 17.8
D. Hieronymi locus cor-
ruptus 357.7
Hilaria 416.13
Hippocratia festa 142.17
Hippona dea equorum
45.51
Hirpini populi 171.31
hirudines Penatibus cha-
ræ 373.41
Hoc age, clamari solitū
in sacrificijs 430.20
holocaustum quid 409.31
Homerus quandiu ante
Herodotum fuerit 13.17
Homoloia porta Thebis
93.4
Honori sacrificantes cur
caput aperiebant 29.22
Honorum diuinorum ac
humanorum differen-
tia 406.21
Hora dea 287.41
horarum nomina 356.9
Horatij hymnus edi[s]en-
dus 256.5. locus expositus
51.12, & 73.53, 137.28, 340.
38, 380.25, 387.22, 413.54
Horta dea, vxor Romu-
li, & vnde sic dicta 50.
32
Herus Ægyptijs quis 251.
14
Horus Apollo 203.47, &
326.22

hospitalis Iup. summa re-
ligione cultus 88.39
hostia aliena alius deus
non placatur 431.3
hostia animalis quæ 431.
44. maxima 432.47. por-
fecta 445.23
Hostia vnde dicta 408.51
hostiæ mactandæ ritus
441.44, & 442.52. 4
hostiæ auratæ immolari
solitæ 439.8
hostiæ eximiæ quæ 410.
29. præcidaneæ 409.34.
succidaneæ ibid. 53
hostiæ quomodo an puræ
essent exploratæ 433.
51. quomodo legi solitæ
431.55
hostiarum genera quot
411.27, 431.42
hostilina dea 42.4
hostire veterib. quid 42.4
hyacinthia festa 423.45
hyades 156.18
hye & hyeris 238.29
hyes, Ieus xenicus 21.12
hygeia dea à Græcis culta
36.43 eius simulacrum
223.4
hygini codex ab Arnobio
dissentiones 232.49
hyle quid 377.34
hymenæi historia 116.26
hymni in sacris cantari
soliti 446.42
hypatos vrbs 93
hypecauītra sacra 424.11
hyperion 131.25, & 204.20
ὑρίεια sacra 420.37, &
460.6

I

Iacchus 239.54
Iadalboth 69.10
ianuæ vnde dictæ 137.23
labe carminis iambici
inuentrix 360.49
Ianus qua parte cœli si-
tus 17.28. cur in sacrificijs primus inuocari so-
litus 398.34
Ianus bifrons & biceps
136.11. Consuiuius 137.37,
& 138.10. claviger 137.
36. elulius 137.37. gemi-
nus 136.16
Ianus Iunonius 137.26, &
138.13
Ianus Latij rex 135.16. matutinus 138.19. pater 138.
22. Patulcius 137.37. πρέσ-
βυτερος 138.24. quadrifrons
136.29. Quirinus 138.12
σήμων deus 438.11. Ver-
tumnus

INDEX.

tumnus 138.30. eius templū Romæ 136.52. quoties reclusum, & recludendi ratio 137.55
Iano quibus de reb. sacra fieri solita 461.24
Iani numero plurali 137.19
Iani Pānonij error 113.2
Iao Gnosticorum hæreticorum princeps 139.18
Iapix ventus 166.30
Ialius 27.9. & 359.15
Icmæus Iupiter 92.19
ιατρεια 102.50
Ictos Aegyptijs quid 429.44
Idæa mater 128.19 quomodo Romam aduecta 129.7
Idæi dactyli qui 27.4. eorum nomina ibid.9
Idæi dactyli quinque 281.26
Idas 27.10
Idothea 147.37
Iω παιδε, vox precantium Apollinem 192.8
ieiuniū Cerealib. indictum 358.44
Iehoua quomodo enunciandum 8.29
Iesu nomen tetragrammatum apud nos præcipuum 10.15
Iesus Christus verus σωτὴρ 98.6
Ignis maximus deorum habitus 68.47 à Vulcano quomodo inuentus 351.32
ignis Vestæ quotannis renouari solitus 133.51
ignis sacer perpetu⁹ à quibus nationibus seruatus 334.24. quibus lignis cō strui solitus 445.53
igni & aqua cur interdici solitum 446.18
Ilicet, verbum vltimum sacrorum 446.50
Ilithyia 310.47
ἱμπης 346.49. & 347.11
Immolo, verbum sacrorum 442.39
immoládi initiū Romæ à qua hostia factū 434.2
Impudentiæ fanum Athenis 40.39
Inachis 327.6
Inæculus 405.53
inaugurare 401.26
incedo verbum Iunoni proprium 109.46

inchoare, verbum sacrorum 448.15
incubo morbus 375.50
Indi arborum cultores 68.19
indigetes dij qui, & vnde sic dicti 22.45
indigitamenta quæ 41.25
indigitare 22.49
infantium ac puerorum terriculamenta 185.48
infantibus quoto die nomē imponi solitū 49.43
inferium vinum 435.39
infula 440.51
initiationes 458.2
inopia, impedimentū ad virtutem 118.22
intercido, deus 54.18. & 377.47
Inuidia dea, & eius imaginis descriptio 39.43
Inus dolores 150.4
Inuus 382.26
Io sacra Romæ 327.7
io triumphe, vox acclamantium militū 236.7
Iphigenia in Tauris quæ 316.48
ipos 382.37
Irene 356.10
Iris deorum nuncia ad lites 265.54 ἀερόπτις 266.30. aerea 266.20. δ'Αβρα 266.26. harpiarum soror 184.20. Imbrifer arcus 266.22. ποδήνεμος ὠκύπους 266.31. Thaumantias seu Thaumantea 266.8
Irminsul, Saxonum deus 69.3
ἰωγός & ιωγή quid differāt 29.41
Isis Aegyptiorum dea, Luna 11.34. 326.34
Isis, atmis 328.11
Isis patritia ibid.11
Isis Pelagia ibid.15
Isis proserpina 172.3
Isis Linigera 327.32. nocturna 326.27. τελεια 327.30
Isidis gesta 327.54
Isidis simulacrum Romæ repertum 326.51
Ismenus fl. 196.38
Isicia 444.33
Isthmus Corinthi 143.48
Italia Saturnia dicta 119.13
Ιταλικα festa 89.25
Ithyphallus 251.49
Itōn opp. 299.9

Iudæorum de deis sententia, seu theologia 11.28
iudices inferorum 187.29
iudicia de securi & alijs rebus inanimatis vbi exercita 94.4
iugatinus deus 54.36
Iulius Cæsar Mercurio supplex 254.36
Iul. Pollucis locus malè versus 317.48
Iunius Aquila 252.53
Iuno dea, tellus, & aer credita 105.28. eiusdem statuæ & imagines. ibid.37 qua parte cœli sita 17.30
Iuno acrea 114.52 ἀγοραῖος 113.22. alea 114.37. ammonia 115.46. ἀνθρωπος 112.44. anthia 114.13. & 116.22. argiua 113.44. auerna 178.8
Iuno bona 109.3. βοῶπις 115.47. Bunea ibid.4. Iuno Calendaris 110.52. Candrena 115.10. Caprotina 111.11. χηρα 108.12. Chthona 92.7. Curis 111.34. cinxia 108.35. Citheronia 115.22. Cypra 115.55
Iuno Dirphya ibid.10. domiduca 54.40. & 108.21
Iuno egeria 107.6. Europia 115.50. Iuno februalis 111.6. feronia 112.29. fluonia 124.47. fulgura 108.46
Iuno Gabina 116.7. gamelia 107.26
Iuno Hoplosmia 114.42 ωπιχηλεια 114.5
Iuno Imbrasia 113.32. & ibid.39. inferna 168.22. & 178.10. Ipnusia 115.18. iterduca 108.21. iuga 107.8
Iuno lacinia 112.5. λενκωλενος 114.49. Lucina 106.35. & 310.16
Iuno magna 108.48. matuta 110.40. moneta 109.50. Iuno Natalis 106.53. nouella 110.53. νυμφενομενη 108.17
Iuno opigena 106.52
Iuno παρθενος 108.9. & 115.12. Pelasga 114.7. Phary gæa 115.6. φυγοστολη 112.44. πρόδρομος 122.44. Populona 108.42. profunda 178.9. prosymna 114.27

Iuno regina 109.6. Σκυνθιας 116.18. & 250.12
Iuno Samia 115.27. socigena 108.40. Sospita 110.15. Stygia 178.7
Iuno Telchinia 16.55. & 115.51. telea 107.37. Tropæa 112.5
Iuno vnxia 108.27. Υπερχειρια 106.31. Zeuxidia 111.55. zygia 107.14
Iunonis nutrices tres 114.29. cognomina triplicia 108.9
Iunoni quo animali sacrificatum 453.55
Iupiter in prima parte cœli regnans 7.25. vnde sic dictus 70.34. à quibus Deus factus 13.31. cur oliua coronari solitus 73.1
Iupiter abretanus 103.23. adultus 81.1. Aegyptius 84.33. Aetneus 100.25. Aenesius 95.30. & 98.5. ἀγοραῖος 99.10. ἀγνοῦς 83.21. ἀγρότερος 99.14. ἀλαλαγετος 76.19. ἀθλιος 75.52. ἀλυκοψ 104.26. & 29 ἀλαςευς 80.4. altissimus 92.49. altius 87.5. alumnus 82.11. alysius 84.24. ambulius 94.33. ammon 96.18. anthesmius 93.46. ἀντιασυος 73.47. arbitrator 81.45. auxurus 97.19. ἀποδιοστης 90.1. ἀπήμιος 80.38. aphesius 94.23. απρμυς 46.34. & 86.35. Aristæus 92.15. Asatrius 95.13. Arbitrator 81.45. Atbius 99.53. Arboreus 91.47. Areius 87.10. ἀργυνοτορης 75.32. Asbameus 102.38. Ascræus 86.7. Asius 100.1. Asfabinus 97.9. Ασροπαίος 75.44. atabyrius 89.39. athous 91.33
Iup. Bagæus 102.31. βαφυ-ζωνος 76.20. Belus 101.16. Biennius 100.5. βουληφορος 76.16. & 76.16. Iupiter Capitolinus 74.47. cappotas 94.37. Caræus 84.52. Iupiter Casius 89.51. & 91.19. κασιος 81.18. carabates 99.21. κελαινίσος 94.28. Cenæus 93.38. centumpeda 81.6. κεραυνιος 86.42. Cænius 75.48. Charmō 100.36. Chrysaoreus 91.51.

Citha-

INDEX.

Cithæronius 99.31. Comyrius 102.33. *pulveteus* 98.31. *καςυρτως* 75.20. 76.11
Iupiter Crangus 103.49. *αἴνειος* 86.40. custos 74. 34. Cynetheus 102.45
Iupiter Dapalis 82.16. 94. 45. Diespiter 80.8. Dictæus 82.44. Dodonæus 89.5. Dolichæus 100.11. Dryminius 103.49
Iupiter ecelides 104.13. *ἐλατηρεύς* 82.22, & 94. 45 elacatæus 102.27. Eleus 84.52. eleutherius 97.24. Elicius 80.43. Eneümus 9.28, & 99.5. *ἐλιπόδης* 9.47. *ἐνόργυας* & *ὀργνίς* 79.5. *ἐπάκιος* 103.11 Epheltius 79.42. *ὀμβρίας* 104.10. epicarpius 104.10. *ἐπίκαρπιος* ibid. *ἐπωπεκίδιος* 104.9. epidotas 93. 40. *ἐπιτρίτος* 104.4. *ἐπιταρίτιος* ibid. *ἐπίκλοπος* 11. *ἐπωδελίῳ καὶ ἐπιδέξιος* 104. 16. *ἑρκειος* 9. 15. euanomus 94.35. *εὐφήμιος* 10. 15. *εὐρίας* 103.51. *εὐηγήτης* 76.2, *ἐξάκεστορς* 103.50
Iupiter *γαμήλιος* 74.52. ferretrius 70.29. fulminator 75.28. genethlius 94. 45. Gyrapsius 103.10
Iupiter Hecaleius 95.20. Hecatombæus 84.48. Heliconius 93.13. Hellenius 94.10. Herceus 87.3. Hermōchites 100. 30. *ἑρπαπος* 79.50. *ἱκέσιος* 96.53. lucetius 102.49. homogynus 94.40. homolpius 92.53. *ἱκεσίας* 8. 2. Hymettius 93.10. Hynnæus 94.39. Hypatus 94.25. Hyperdexius 84.46. *ὑπερφερεταῖος* 77.7. *ὑψίδοντρος* 76.11. *ὑψηγής* 92.49
Iupiter Icmæus 92.19. Idæus 83.2. Imperator 74.14. infernus Pluto 168.21. inuentor 82.41. inuictus 74.17. Ichumenius 89.21
Iupiter labradeus 94.1. 89.26. lapideus 79.31. laprius 103.37. larissæus

98.43. Latialis 77.13. liberator 97.24. lucetius 80. 19. lyceus 95.41. lycoreus 100.34
Iupiter mæmactes 87.30. malexus 100.40. mandragoras 103.21. *μαντεύς* 104.17. marnas 102.43. *μαξως* 104.11 mechaneus 102.29. medineus 104.7. meliſſæus 87.22 *μειλίχιος* 104.20 meſſapeeus 99.17. *μαντικὸς* 103.42. milichius 83. 51. *μυαγρότης* 84.29. *μυάγρος* 86.20
Iupiter nemetes 102.13. *νηλυγενής* 103.37. nicæus 74.9. *νικηφόρος* 86.47
Iup. Olympius 85.9. *μόριος* 80.34. omnipotens 73. 39. opitulus 82.5. optimus max. 73.43. & 75.17 *ὁρίος* 100. 45. *ὁρσινεφής* 76.20. *ὄμβρος* 74.28, & 103.45
Iupiter *ξένιος* 88.23
Iupiter *πανανχης* 87.17 Pallátius 104.7. *παγκρατής* & *παγκρατής* 104.12 panhellenius 94.17. Panomphæus 85.41. parnethius 93.10. panoptes 104.9. *παντοκράτωρ* & *παγκράτης* 73.41. Pappa seu Pappæus 73.22. Pater 73.9. *πατήρ ἀνδρῶν τε θεῶν τε* 73.18. *πατρῷος* 73.10. *φίλιος* 79.47. phratrius 84.19. phylicus 85. 39. phryxius 92.34. Piſeus 85.36. Piltius 79.18. pistor 78.18. *πλήξιππος* 8. 44. Pluuius 80.33. polieus 93.53 Prædator 81. 49 prodigialis 81.16. promantheus 103.49
Iupiter Rex 73.52
Iupiter Saotas 93.18. Salaminius 103.9. Sardelsius 91.49. Scotinas 94. 30. Scyllius 100.17. *σωτήριος* 77.5. Semaleus 93.11. *Σόκραπις* 104.20. Syllanius ibid. *στήνιος* 98.25. *στηνίς* 98.3. splachnotomus 94.48. Stanius 102.34. Stator 77. 41. *σταυρός* 84.15. *στεφάνιος* 75.52. *σθενιος* & *στοιχαῖος* 77.42. *στοφαῖος* 86.11. 295.41. Stygius 171.43
Iupiter Taminæus 100. 18. Taramis 103.36. Tara

tæus 91.16. Tarpeius 75. 19. *τυροπαῖος* ibid. 38. *τέλειος* 82.3. & 95.1. Temilius 100.3. Terminalis ibid. 45. *τερπικέραυνος* 10.16. Tigillus 82.7. Tomarios seu tinarios 101. 9. tonās & fulgens 75.54 Triphylius 91.28. *Τριοφθαλμος* 93.35. Tropæuchus 77.5, & 89.33 Trophonius 90.35. Vedius 81.30. Veſſurus 103.29. Victor 73.55 vimineus 81.22. vltor 82.26
Iupiter cum Alcmena, Amphitryonē ſimulans concubuit 278.51
Iouis cognomina seu epitheta 77.15 inde. nomina Græca monoſyllaba quot 82.16. filij qui dicti 13.12. inſolentia 89.46. potentia quanta 70.51 inde. ſimulacra varia 71. 51 inde. templum ab Adriano Athenis ſtructū 94.18
Iouis Fidij ſimulacrum 79.34
Ioui quæ animalia immolari ſolita 453.35 vnde tot templa conſtituta ſint 12.42
Ioues trecenti 7.49, & 70.37 inde
iuramenta amantium irrita 30.10. Rhadamantia qualia 187.40
iurandi formula in ſanciendis fœderibus 78.37 in Ius vocandi auris velli catione mos 19.32
Iuſtitia dea, & eius nomina ac cultus 30.31
iuſtitiæ imago 30.44
Iuſtiniani locus expoſitus 340.44
Iuſtini hiſtorici locus ēmendatus 61.22
Iuturna nympha 50.11, & 159.27
Iuuenalis locus expoſitus 34.20, & 45.54. & 179.23 & 259.11. & 388.24 varie lectus 390.8
Iuuentas dea cur nulli cedere dicta 45.4
iuuentas Ioui non cedit 287.36. eius effigies ibid. 39
iuuentutis ædes 287.52
Iynx 146.34

L

L Abith 134.13
Labre Lydis quid 91.5
Lacedæmoniorum dij terè armati, & cur 18.43
Lacheſis 179.51
Lactantij error 141.22 locus parum caſtigatus. ibid. locus correctus 170.6 inde
Lactantij in v 1 Theb. locus correctus 363.44
Lactucina dea 41.53
Laidis forma Græciæ per niciosa 334.40. monumētum 339.43, & 340.2
lampadum celebritas 423.9
Lampridij locus expoſitus 50.24 emendatus 59. 29
λαμπαδεία feſtum 243.16
Lamia 309.9
lamiæ, dæmones 37.41
lamiarum figura 379.52
lamiæ vocabuli alia ſigni ficata 380.1 inde
λαοῖς ἄςοιτ 446.52
Laperſa Caſtores 164.11
λαργνος 313.53
Laphyſtius Iupiter 90.22 mons ibid. 30 Bacchus 90.53
Lar militaris in ſecunda parte cœli 17.30 cœleſtis ibid. 36
Lares 209.14. inde 373.45. & 374.23
Lares dij qua parte cœli ſint 217.28
larium figura 373.46
lararium 375.12
lararia antiquorum duplicia ibid. 17
Larentiam ac Laurentiā vnam fuiſſe 42.46
Lariſſa opp. 98.35
Larua 186.15
Laruæ Varroni qui 162.9
Larundæ fabula 373.54
Laſtaurus 242.51
Latinæ feriæ quæ, & vnde dictæ 77.12. & 415.23
Lateranus deus 51.14
Latiar 415.40
Latium vnde dictū 139.16
Latona ſeu *λητοῖς* 141. cur *δολομήστης* dicta 82.53. *λαθά* Theologis quid 11.2
Lauerna dea furum 51.10
Lauinium pro Lanuuium falſò ſcriptum 430.46
Laurentinalia 417.4
laurus pro victoria 77.13
Lautia

INDEX.

Lautia, quid 88.51
F. Leander Bononien. Lilij Greg. amicus 113.19
Lebene Cretensium vrbs 222.14
λнχθνα ſacrif 114.6
lectæ hoſtiæ 442.39
lectiſternia quæ 424.39 & 425.8
Lema quid 120.55
Lemnus crebris fulminib. acta 352.3
Lemnus mater deûm 132.11
Lemures 186.14 inde
lemuria 416.15
lemuria quæ 450.20
Lenæ Bacchæ 237.5
Leocorium 357.6
λοχχι 214.11
Lethe fluuius 288.33
Leuana dea quæ 47.36
Leucippi de rerum primordio ſententia 15.4
Leucothea 150.2
Leucothoë dea quæ 54. 45
lex Athenis de Lupis occidendis 194.24 Babyloniorum execranda 331. 22. Platonis de terminis 88.41. de ſorore ducenda in vxorem 242.10
λυίs 302.1
λιτapai 183.9
libare 442.15
libatio quibus verbis fieri ſolita 435.38. in funera lib. duabus rebus facta 450.50
Libentina dea quæ 48.41
Liberalia feſta 416.12
Liber, agricolarum deus 22.10. cur Panhellinos dictus 94.28
Libera, Venus 234.45
Libera, Proſerpina 177.21, & 178.17
libri elephantini Romanorum 121.32 lintei 110.17
Libertas dea à quibus culta 38.54
Libethra opp. 228.48
Libitinam vitare 340.48
Libs ventus 166.30
licens quid 418.33
Lilius Greg. Gyrald. iam ſenex hoc opus ſcribit 57.20. familiaris Leoni, Adriano & Clementi Pontificibus 118.22. ſacris Chriſti initiatus 10. 10. ſæpe ad fontē Iuturnam deſcendere ſolitus 159.41, morbo articulari continuè afflictus 70. 27 quem Deum profiteatur 7.30
Limētinus deus liminib. præſes datus 53.46
limus 437.47
λιτά, Iouis Iceſij filiæ 53.27
literæ laureatæ 177.14
litare volētium mos 319. 40, & 442.13
λυθιολα 63.45
Liuij locus emendatus 36. 48. variè lectus 23.17. correctus 53.54, & 390.3 294.45, & 306.36, & 50. 47. expoſitus 137.6
Lolliorum familia nobilis 253.52
λοχχος 306.12
Longauo 444.24
Lotus nympha 158.53
Lua dea 315.5
Lucani locus expoſit. 183. 21, & 444.15
Lucaria feſta 418.35
Luciani locus expoſitus 409.23
Lucina 310.16
Lucullus primus fœlicitati ædem conſtruit 38.41
lucivnde ſic dicti 400.24
Lucus Titanis in Sicyonia 204.23
ludi Apollinares 192.41. compitalitij 374.8. Florales qui 42.25. magni ſeu Romani 141.54. Terentini 449.4
Luna dea, & vnde dicta 305.39, & 305.43 Epipyrgidia 307.34 Solis filia 306.25
Lunæ victima quæ tributa 459.35
Lunus deus 306.15
Lupercalia 111.8, & 417. 30. vnde dicta ibid. quā diu durarint 418.16
Lupercus 384.24
lupus Apollini ſacer 194. 29 cur Marti dicatus 270.48
Luſtralia ſacra 413.12
Luſtria feſta 418.46
luſtrādi arua ritus 412.21
lux vnde dicta 193.52
Lycaonia inſ. 220.42
Lycaonis fabula 95.44
Lycobas annus 194.35
Lycophos 193.51
Lycorea opp. 100.34
Lycus 26.44
λυχ 312.51, & 362.52
Lympha ſylueſtris dea ex quarta cœli regione 17. 36 dea agricolarū 22.14
λυσιοι θεοί 28.5
λυσιωδοι qui ibid. 17
Lyſizona Diana 47.9
Lyſſa dea 182.14

M

MA, Bellona 276.21
Macaria Herculis filia pro Athenienſi rep. morti deuota 38.50
μακωμ, dei nomen 9.45
Macrobij locus elucidatus 239.22
mactare, verbum ſacrorū 438.9
mæmacterion mēſis quintus Athenienſ. 87.30
Mæonia, Lydia 236.17
magna mater, 123.50, χαλκόκροτος dicta 126.44. me tragyttes 129.54
Maia 127.30, & 255.8
Maiuma quæ ſint 42.36
Maiuma celebritas 419. 34
μάλα, & eius deriuata 100.41
μαλλόν 362.16
malum Punicū vnde natum 123.38
mala Punica concordiæ ſignum 34.29
Mamercus Aemyliæ familiæ prænomē 272.35
Mamercus Pythagoræ filius 272.37
Mammon deus 171.55, & 176.18
manalis lapis, oſtium orci 185.45
Manaſſes rex quinquefor mis 136.49
mandragoritis 103.22
manes dij 185.37
Mania, Lariū mater 373. 52, & 374.6
μανίαι 183.4
Manichæorum de Deo opinio 102.22
Maphronio inſidiatori clemēs eſt Hercules Ferrariæ dux 36.4
Marcellini locus dubius 175.4 correctus 101.38
M. Marcellus tēplum Honoris renouauit 35.3
Mare ἀγάρροος & πολυφλοίσβος 141.9
Ma-Rhea 132.24
Maria dea 67.22
mariforium 78.23
Maro quid 239.49
Marpeſſa mulier 273.48
Mars, ſeu Mauors & Mamers deus 270. 2. qua parte cœli ſedē habeat 17.39. à quibus deus factus 13.26
Mars ἀδάμαστος 272.45 ἀλλοπρόσαλλος 272.51 ἄναξ 273.31. Aphneus ibi. 35 armiger 274.11. βοατιλιὺς 273.31. bellipotens 274.10 Biſultor 273.23. βελεκίνος 274.30. βροτάρχος 274.31. βροτοκτόνος ibid. 41. βροτολοιχὸς ibid. 37
Mars cæcus 272.54. καρτερόμοχμρ 274.46 χαλκαςπις ibid. 18. χαλκοκορυςθι ibid. 29. χρυσεομαρις ibid. 33. χρυσοπηληξ ibid. 35. comunis 271. 42. κορυναιόλος & Corythaix 274.14. Enyalius 273.8 Geticus 274.4. Gradiuus 272.18 Gynæcothœas 273.74 αιμοχαρης 274.23. Heſus 273.54 ὁπλοχαρὴς 274.11. ὑπὸρμαχβης ibid. 46. μαγαθύμνς ibid. μιαιφόνος
Mamers 272.33 Marmeſſus 273.4
Mars νέανος, & Necys 270. 46. Odryſius 274.4. ὀβριμοθυμος ibid. 21. ὃλοι ibid.16. pater 271.4 φόβηστρος 274.29. Quirinus 272.32. ῥινότμρος 274. 47
Mars Saliſubſulus 172. 47. ſylueſter ibid. 40. ταχυπλήκτης 312.1. Theritas 273.41 Thracius 274.4. Thurius 273.1. tyrannus ibid.29 vltor ibid.18. volucer 164.1
Mars pro bello & ingenio 271.4
Marſpiter 272.16
Martis equi 271.12
martis patria 270.19 parētes ibid. 26. effigies ibid.36
marti de quib. ſacrificatū 456.16
Marſyas 134.10
Martialis locus expoſitus 112.10, & 221.2
Martianus linguæ nitoris & ſyllabarum quantitatis negligens autor 173.50

āā Maſar

INDEX:

Mafaris pro Baccho 247.
2
mater deûm quæ 126.18
  Almone flu. ablui folita
  125.38
mater deûm, Andirina
  132.16 κυβήλη 130.10
  Pefinuntia 131.45
matris deûm facerdotes
  & facra turpia 125.30
materæ deæ quæ 24.17
mathmon Hebræis quid
  176.23
matralia 415.47
Matuta dea 54.44
Medeæ templû viris in-
  gredi nefas 127.43
μηδέα 103.47
medicû de ægroto vatem
  eſſe oportere 219.16
medicorû & aliorû ſcri-
  ptorû differêtia 368.29
medioximi dæmones 371.
38
meduſa 155.17
Meditrina, dea medendi
  49.37
mediusfidius quid ſignificet 284.7
Megæra Tartarea 182.43
  & 184.43
megaleſia, ludi 129.25 &
  415.51
μέγαρα 401.46
melampygos locus 283.
29
Melanthus Meſſenius
  237.11
Melchratus 285.33
Melia nympha 152.47
melinoë 159.10
Meliſſa, Meliſſei F. ma-
  gnæ matris ſacerdos 12.
  39
Meliſſeus primus in Cre
  ta religionis autor 12.37
meliſſæus Iuppiter 87.22
melitta 151.4
Mellona dea quæ 41.32
membris ſingulis quos
  deos tribuerint Ethnici
  19.22
Memnon 223.34
Mena, dea menſtruorum
  49.10
Mendes, Pan. 384.14
Meneſtratus, thoracis æ-
  nei inuentor 93.21
Mens dea à quibus culta
  30.14
menſæ ſacræ 406.21
menſis Delphinius 195.29
menſib. ſingulis deus præ
  ſes tributus 21.40

Meon rex 122.51
Mephitis, dea tetri odo-
  ris 55.46
mercaturæ deus 255.31
mercurius ſermonis deº,
  & vnde dictus 254.23
idem malè Cynoſurius
  à quibuſdam dictus 264.
  21 Acaceſius 258.36 A-
tlantiades 264.5 ἀγώ-
νιος 263.32 ἀερογάως 261.
11 ales, & alipes 263.53
Alychmius 264.25
ἄμυντος 259.48 ἄγλως
θέων 251.12 Anubis 264.
50 Arcas, & Arcas puer
257.32 ἀργειφόντης 259.53
caducifer 257.36 Caſ-
millus 262.34 κορδύλιο-
τος & κορδύλας 263.18
κήρυξ θεῶν 257.43 χαμέ-
ρπης 264.6 χθόνιος 261.39
& 261.44 κλέπτης 263.
18 κοινός 256.13 commu-
nis 272.10 κελεφόρος 262.
6 χρυσόρραπις 258.19
Cyllenius 257.27 διάκο-
νος 258.16 διάκτορος 262.
23 ἐγλυοποιὸς 266.1 ἐμ-
πολαῖος 263.18 ὁριό-
νιος ibid. 1 ἀγγέλος
258.15 γαλιάγκων 264.
15 Gorgon 303.7
Harpedophorus 260.
27 ἡγεμόνιος 263.15
Hodius 263.9 Maiu-
gena 264.5 μηλοσσὸς
262.54 Nomius 263.31
Nomocriates 262.30
νωμίκρατος 264.35
Parammon 263.46
Perſeus 264.41 φι-
λάφης 264.18 Phlyſius
264.35 πομπαῖος 261
39 Poſygius 262.30
πρόμαχος 262.13
Pronæus 262.18 Pro-
pyleus ibid.16 ψιθυρι-
ϛὴς 264.11 ψυχοπόμπ-
πος 256.26 πυλαῖος
261.39 ὀφθιοπλίγμη
263.50 Strophæus
260.28 ταμίας τῶν
ψυχῶν 261.38 Te-
gezus 264.1 tetrago-
nus 259.3 τετράμηνι-
γος 265.40 Tropho-
nius 265.34
Mercurij virga 258.3
imago 255.14.27 &
256.22 cur alata 254.
33
Mercurio cur gallus tri-

butus 256.45 quæ im-
  molari ſolita 456.1
Mercurij quinque 254.39
  quatuor ibid.48
Meſchias 8.7
Metagetnia ſacra 422.10
μετάνοια calumniæ pedi-
  ſequa 38.31
Metis, Mineruæ mater
  290.23
Μίδη quid 261
τὰ μύδια 334.23
μυλοεργύλια, feſta 420.35
μυσηαγύρτης 129.54
Mileſium oraculû 200.
35
μίλιχια 243.22
Mimon 26.44
minerua agricolarû dea
  22.13 vnde ſic dicta
  289.32 quo die genita
  292.54.24 an geminos
  patres habuerit 291.35
  Achea 296.24 Acria
  ſeu Acriſia 301.1
  Aedon 302.4 Aethyia
  297.41 Agelea 300.4
  Agorea 301.24 Agrau-
  le 302.24 αἰανθὶς 298.
  21. Alalcomeneis 299.55
  alcides 300.17 Alci-
  macha 303.49 Alco-
  mencis 300.15 Alea
  ſeu Elea 295.51 Ali-
  pherea 298.45 Ambu-
  lia 94.34, 301.33 Anx
  motis 300.51 Apatu-
  rias 297.11 Aracinthis
  302.48 Armiſona & Ar
  mipotens 304.9 ἄρμα
  293.45 ἀροθύμιος 302.
  9 Aſia 301.15 Aſſelia
  302.55 Aſtrateia 293.
  42 Aſtyris 302.52
  ἀτρυτώνη 301.9 auxi-
  liaris 303.34 Axiopœ-
  na 301.36 Budea Βυδλα
  296.19 Calydonia 301.
  32 Capania 295.33 ca-
  pta 300.27 Catuleana
  300.21 κηλωθία 301.
  22 Chalcicœcus 294.
  38 χαλινῖτις 296.42
  Ciſſea 303.15 Cælia
  294.21 Colocaſia 301.
  5 Coreſia 301.19 κορυ-
  φαγένη 295.2 Corypha-
  ſia 295.16 Cranea 301.
  15 Craſtia 297.32 Cy-
  donia 300.54 Cypariſ
  ſia 295.47 Cyriſtis 301.
  40 δαμασίππα 293.55
  δημιουργέα 303.55 Dy-
  mæa 302.17

Eudarthyia 297.50 Epi-
  pyrgitis 301.7 ἐργάτις
  298.5 εὔιππος 304.2
  flaua 294.23 Giganto-
  phontis 298.13 Glauco-
  pis 294.8 γοργῶπις 294.
  29 Hellotis 294.49
  Hippia 293.53 Hippo-
  laitis 301.18 Hygeia
  297.15 Ilias 297.22
  Itonia 298.51 λαοσσόος
  303.12 Laphrya 296.35
  Lemnia 302.30 λυιτὶς
  301.55 Lyndia 295.27
  Magaria 303.44 mater
  290.8 μονεργὸς 303.4
  muſica 300.24 Narcæa
  302.6 Nedulia 301.25
  Netine 300.47 Oleria
  ibid.49 Onca 302.36
  Ophthalmitis 295.35
  Pæonia 301.12 Pallas
  291.31 littorea 344.
  Pallenis 296.34 Pana-
  cheis ibid.32 Paria
  301.34 Parthenos 292.
  27 πολιὰς 298.25 Po-
  liuchos 294.31 Proma-
  chorma 301.20 πρόνοια
  303.37 Pyletis
  297.38 Scirias 296.47
  Stenias 294.2 ϛρατεῖα
  293.40 Scillutia 303.
  20 Sicyonia ibid.31
  Sotera 98.15, 301.45
  Stathmia 303.51 Sunias
  301.51 ταυροβόλος 303.17
  Telchinia 296.11 trian
  gulus æquilaterus 293.
  37 triplex ibid.25 Tri-
  tonia 292.35 Vnigena
  303.4 Zoſteria 299.45
  Mineruæ ſimulacra 290.
  48 inuêta 289.40 olea
  291.20
mineruæ quid immolari
  ſolitû 112.19 gallus cur
  tributus 291.11
mineruæ quinque, & quæ
  290.36
Mineruâl quid 290.4
miſericordia dea Athe-
  nienſibus 40.34
miſericordiæ templû &
  cultus 35.45
minos quæſitor 187.33
Mintha nympha 159.5
Minthe Plutonis pallacę
  169.49
Minuſculæ 416.3
Minurios deus 50.22
Mithras Perſis & Alexan
  drinis pro ſole cultus
  12.16, 201.7, 202.35
mithr

INDEX

mithræ sacra 102.46.inde, à Commodo polluta 102.17
mithræ initiari volentiũ cruciatus 102.15
mixobarbarum, dictio explicata 249.10
Minuãrtin quid 379.15
modi Carnei 210.33
μαχαίρας ζών 84.29
molæ compositio 433.6
μυλίζω 237.44
Momus, Deus reprehensionis 45.37
monachorũ disciplina, ab Aegyptiis sumpta 451.33
Monogrammi dij à quo dicti 15.52
μονόχητω qui 432.22
monophagorum celebritas 423.17
mons Saturnius 119.13
morbus Gallicus ex Venerea contage ortus 336.6
moriæ quid fuerint 86.21
Morpho, venus 337.51
mors dea, & eius effigiei descriptio 49.21
morta, parca 130.18
mortuorũ sacra qua parte cœli fieri solita 447.29
mos veterum tesseras hospitibus dandi 88.45
Moses quomodo cornutus visus 141.16
motacilla auis 246.38
Mulciber ex quarta cœli regione Deus 17.36
mundus Cereris 185.52
munichia sacra 422.17
muratæ quid 414.46
murcia, dea desidiæ 50.17
mures in Ida sacri 103.19
musæ comites Apollinis cur dicantur 225.51
musæ Aonides 227.52. Aganippides 228.17 Ardalides 229.42. Camœnæ 227.29 Castalides 229.6 Citheriades 228.3.Corycides 229.19.Helicomades 227.31 Hiantiæ sorores ibid. 55 Isides 228.13. Libethrides 228.43 Lygiæ 229.29 Mæonides ibid.48 Mnemosynides ibid.16 & 229.32 nymphæ227.8 Olympiades 229.31 Parnasides 227.38 Pegasides 228.17 Pierides ibid.

5 & 229.19 Pimpleę, Pimpleades 228.52 Thespiades 228.34 virgines 227.17 tres 224.44 quatuor ibid. 45. quinque ibi.45 septem, ibid. 47 nouem 229.1 musarum duo genera 224.31 ædes in circo Flaminio 282.14 singularum nomina: & inuenta 225.1 & 226.29 ordo 225.55
musica hydraulica 228.26
Mustaceum quomodo paretur 277.32
Mura Larum mater 253.7
mutunus deus 253.7
mydrus quid 79.15
Mygdonia mater 130.37
Myiagrius deus muscarũ 46.15
myrica planta vetustissima 208.34
myrtus cur Veneri tributa 330.7
mysteria vnde dicta 437.54
mystes, sacerdos 210.53

N

N L. antiquorum literæ, in iudiciis 330.28
Nænia, dea funerũ 49.13
næniæ 444.35
Naiades 151.15 & 153.36
vnde dictæ 153.36
ναΐς 400.19
Napeæ 152.2
Naphte 278.27
Narcissus defunctis conuenieus 168.46
νάρθηξ 245.28
Nascio vel natio dea quæ 48.20
Natagai à Tartaris quoddã pro Deo numen confictum 68.28
nationes omnes Iouem constituisse deum 70.45
naues ac classes expiandi ratio 414.39
Nautiorũ familia à Troianis profecta 292.11
necessitas dea 51.45
necessitatis filiæ 180.40
neda nympha 96.3
nefrendes sues quæ 434.8
Neleus & liberi eius à quo & cur occisi 279.32
Nemea 102.13
νέμοντο Demostheni quid 395.10
Nemesis dea 393.13
Helenæ mater 162.13

cur alata fingatur 493.53
Nemestrinus deus 429
Nephalia sacra 421.47
Nephthe 340.25
νηφάλιος ζώς 84.33
Neptunalia 140.44
Neptunus Aegæus 145.25 Alphæus 143.34 Canobus 146.49 Canobius 145.27 Cenchreius 145.23 Consus 141.54 κρεοβότης 146.2 κυαικεχαίτης 141.12. & 145.37 Damæus 141.35 deus liquidus 139.44 Domatites 144.48 Elysius 141.41 ἱπποκράτης 145.40 ἱππάκος 146.19 ἱππιος 144.6 Epoptes 145.16 Erechtheus ibid.31.Eresius 141 52 ὄφρυρκος 146.19 Eurybabis ibid. 8 ἴσθμιος ibid.21 κυρξιδίας seu κυρξιαλιπος ibid.14 λυθροφόρος ibid.16 τεχνίτης 141.1 γαιήοχος 145.50 ἐλικώνιος ibid. 19 Helicotius 144.21 ἱππίως 142.48 Hippocronius 143.31 Isthmius ibid. 48 Mesopontius 141.52 μιλίχιος 141.7 νίμφευος 144.27 νυμφαγέτης 146.1 Onchestius 141.20 ὀρνιθίαυας ibid. 4. Pelagæus 143.41 Petræus 144. 8 Phythalmius ibid.37 ψοντομέδων 141.42 Portunus 144.51 Proselystius 141.24 rector pelagi ibid. 43 Samius 143. 55 σωσίχθων 145.49 σωτήρ 144.43 Tænarius 141.30 ταυρεός ibid. 15 Tenedius ibid.47 δυαλάχης 145.50 τινακτεραίης ibid. 40 τελεινωγέτας 141.6 τελευτός 140. 55. & 140.26
Neptunus vnde dictus 139.21
neptuni filij qui dicti 13.15 & 140.17 imago ibid.28 neptuno cur fuscina tributa 141.2 quādo, à quibus & qua hostia sacrificabatur 433.33
nereus deus marinus 147.13
nereides 151.15 censu 140.38 quinquaginta 152.23
Nerio martis vxor 274.50
Nestea celebritas 423.40
νυκτέρια Straconi quid 87.3

vnde lege Victoria nicon 26.46
Nicostrata dea 381.34
nihil aquã quãm pretiosius ac religiosius Aegyptiis 440.22
Nisyreus neptun. 144.27
noctiluca 30.40
noctua Baccho inuita, & cur 231.52
nodotus vel nodinus deus 41.51
nomen Dei ἀγράμματον 10.17
nomẽ τετραγράμματον seu quatuor literarũ quod 9.7
Nomina duodecim & quadraginta duarum literarum quæ 8.55 9.14 & inde.
nomina βλάσφημα abominanda 171.12
Nomion Apollo 190.3
Nomius deus 64.27
notus ventus descriptus 166.22
nouenarij numeri potentia & virtus 24.2
nouediale sacrum 411.48
nouissiles dei qui & quot 23.45 inde
nox Amphilyce 193.53 dea omnium antiquissima 57.25
Nocti deæ quid immolari solitum 463.15
Numa Pomp. procuradi fulminis scientiam quomodo edoctus 48
Numeria, dea numerãdi 50.54
Numeriani nomismatis signum 339.27
numerus digitorum Iani explicatus 135.38
Nuridina dea 315.7 & 49.4
nuptiæ cur Maio & Martio mẽsib. nefastæ 275.10
in Nuptiis dij quinque inuocari soliti 117.43
νύξ dea 30.20 mundi opifex 72.4
νυκτέλια 247.14
nymphæa lauacra 151.22
Nymphæ 150.45 Amniades 154.53 Anigrides ibid. 33 Caberides ibid. 11.Cythariades ibid. 24 committiæ 157.17 Corycia 154.30 κρηναίαι 157.37
Nymphę Dodonides 154.
ãã 2   13 Eph

INDEX

18. Ephydrides 152.19
ὑτίων 151.26
Nymphæ faciles 151.46
Heliades 155.7 Heroides ibid.14 ἱππιχυες ἱππίδες 151.50 Ionides 154.15
Ismenides ibid. 39. Lemoniades 151.33 limnades ibid.39 limniacæ ibid.45 Lusiades 155.3 Lydiæ 227.11 Meliæ 153.47 Mycalesides 156.52 Naucelides 151.55 Nereides, vel Nerinæ 152.22 Nyseides 234.6 Nysiades 176.15 Oceanides 152.13 Oreſtiades 151.19 Ordemniades 151.29 Pactolides ibid.54 Phaëtontiades 155.7 ποταμίδες 153.44 Proseïenides 156.50 Pterides 155.5

Nymphæ seriades ibid.4 Sphragitides 154.25 Sithnides ibid.44 Telhiniæ 26.55 Themistiadæ 155.16 Thysiades 156.41 Tiberiade 151.54 Vraniæ 151.23 nymphæ quæ Iouem aluerunt 96.3 nympharū genera 151.10 νυμφαγωγός 376.30 Nyſa vrbs 234.1 Nyſus liberi nutritius 227.45
νις ἀρχηκὴ dea 57.25 eius imago seu descriptio ibi.43
epitheta seu cognomina ibidem 53.5

O Ccasio dea 37.14 eius imago ibi.25
Occator deus 41.26 oceanidū dum nympharū nomina 152.52
Oceanus 148.13
Oceanus ἀπαλλαρχίος 147.19 βαθυδίνης 147.20 ταυρόκερως 21
Octauius Herennius Herculi victori ædem ponit 181.49
Octauius Pantaguthus 326.53
Ocypete 183.47
Oculi felium vt Luna immitantur 306.9
Oebalij fratres 162.44
Oeniſteria celebritas 422.35
Oſtæ 444.35

Ogenus deus perpetus tuus 46.54
Ogoas deus apud Caras 64.20
ὠὸν Bacchus 240.27
olea cur Mineruæ tributa 291.20
olympias ventus 166.32
olympiorū inſtitutor 85.10
Omenta 444.40
ὁμόθραυοι qui 28.23
ὄμμα quid 93.7
ὁμωνύμα dea vbi culta 33.30
omophagia festa 423.35
Onca seu Onga 302.36
oncheſtum 141.40
ὀνόσκελι 378.43
Onoscelia ex aſina & filio Martis nata 46.5
ὤον quid 162.36
Opalia festa 130.53. & 415.54
operis huius vſus 82.30
operor, verbum sacrorū 441.40
Opertanei dii in prima parte cœli 17.28
opinari esse hominum, Dei scire 20.41
Opinionis imago descripta 49.48
Opis vel Ops 130.50. 313.27
Opis Diana 323.28 Parca 181.1
Ops Cousi 131.2
Ops dea 43.20
Ops, Rhea 121.2
ὄπμνοι 295.40
oraculi capiendi à Mercurio ritus 251.19
Orbona dea cur à Romanis culta 49.52
Orcus pro Plutone 170.41
Orci nuptiæ & Cereris sacrificium quid differant 458.29
Orcini liberti 170.51
Oreades nymphæ 151.14. & 247.19
Oreſtes quod simulacrū ex Taurica attulerit 112.30
Orgeones qui 406.48
Orgia sacra 265.26. & 408.30 vnde dicta ib. 31, & 10.53
Ormenus 26.43
Ormisdas & Oromasdas 202.22
Ornea sacra 253.19
Ornithias ventus 166.43

Orpheus nec Ciceroni, nec Aristoteli satis notus 81.19. eius locus emendatus 145.8
ὄρη, dei nomen apud Magos 10.24
Orthana 61.38
Ortelic 356.10
Ortigie inſ. 193.4
Orthophoria 411.50
Oscilla quæ, & vnde dicta 414.55
osculatio manuum in sacris 141.38
Osiris Ægyptiorum deus alter 241.14
Osiris, Bacchus 241.38 vnde dictus 242.11
Osiris Serapis 172.33
Osiridis nomina 242.43
Ossilago, dea solidatrix ossium 49.8
oua in purgationibus adhiberi solita 414.25
oues æneæ 89.43
oues Dianæ 320.25
Ouidius an sit Euenum Græcum imitatus 455.9
Ouidii locus expositus de deis Appiadibus 24.28 item alii 57.22, & 59.38 inde 75.11. & 137.29 & 183.18, & 207.22, & 319.26 restitutus 221.12 varie lectus 246.9, & 450.45
ἄθνον 367.30
ἄιος 192.29
ἀλοχύται 431.14
ὀχαρις Atlandidum deus 12.4

P

Paean Apollo 191.52
πωλαϕίαν 297.50
Pederos herba 329.40
Pæon 27.9, & 222.34
Pagasæ 295.270
Palæmon 149.53
Palæstinæ deæ furiæ 183.17
Palæstra, filia Mercurij 255.44
παλαιομανθέσται 28.20, & 26.45, & 18.30
Palæsca, seu Plasea 444.41
Palatiar 415.43
Pales dea quæ 43.35 filia Iouis 17.39
Palicus deus 67.30
Palilia, vel parilia festa 415.45
Palladium quid, & quot 291.41

Pallas, lege Minerua
πάλλειν 294.34
Palmyrius 63.10
Pammilia festa 421.19
pammiliorum celebritas 141.30
Pammyles deus 253.16
Pan, Arcadiæ deus 384.29. & 382.28 cur ab Amore victus fingatur 383.2
Pan ἀγριωπός 384.19 ἄγρευς ibid. ἁπλοδύνη- ος ibid. 53 Biarceus ibid.6 Capripes ibid.39 κερασϕόρος ibid.27 Ephialtes ibid.8 ὑπιομηλος 384.41 Faunus 384.35 Lampeus ibid.51 Lycæus ibid.18 Lyterius ibid.11 Mænalius ibid.46 Mendes ibid.14 Nomius 385.3 Scoletas ibi.2 semicaper 384.43 Sinois ibid.55 συρικτὴς 385.6 Tegexus 384.48
Panos fistula 385.30 effigies 181.36
Pani deo quibus hostiis immolatum 462.13
Panathenæa 424.19 vnde dicta 289.27
Panda dea quæ, & vnde sic dicta 51.6
Pandemus Venus & dies 331.30
Pandia festa Ioui consecrata 420.33
Pandora non dea, sed à Deo facta 352.14, 131.21
πανδρύσος dea consolationis 45.34
Pāhellenia sacra 42.46
Panici terrores qui 385.39
Panionia festa 144.24
Panomphæus Iupiter vn de dictus 85.43
papauer Cereri tributū cur 359.1
Paphus 342.22
Papinij locus expositus 164.42
Pappas 123.54
παπαδιαμφρός 150.49
Parcæ tres, & quæ 179.39 ἀμετρωνυτα 181.27 lanificæ ibid.20 tetricæ ibid.25
Parcarum nomina tria 180.3 generatio bis facta ab Hesiodo 180.6
In Parentalibus fabis vſi veter

INDEX.

veteres 430.18
Parilia quibus hostiis fieri solita 461.40
Parmenidis opinio de Deo 14.48
Parnopes ter in Sypilo monte deleti, non vno tamen modo 203.32
ὀρθπτης 213.39, & 281.40
Parrhasij in Horat. error 216.34 eiusdem locus emendatus 134.15
Parricidæ quomodo purgari soliti 413.45, & 415.10
Parthenium herba 292.31
Parthenon 291.27
Partunda dea pariétum 20.17
Paschillus Romæ de bello Imp. & Galliæ regis 137.15
Pasithea 27.130.13, & 197.8
P. Passetus 195.3
πάσχη 334.37
Pastophori sacerdotes 407.6
Pater, Filius, & Sp. S. non tres dij, sed vnus 8.11 pater patratus, & eius officium 405.36, & 428.3
Patricij dij qui 25.16
Pauentia dea 48.4
Paulus a D. P. ab Hercule Ateste duce hospitio susceptus 137.10
Pauor deus à quo constitutus 53.29
Paupertas dea, & eius descriptio 56.32
Paupertas Erinnys 181.14
Pausanias reprehensus 387.12, & 456.53
Pausaniæ liber vndecimus nondum editus 100.20 versio examinata 132.9 emendata 216.24, & 63.47, & 297.41, & 376.4 varius 394.5
Pauniæ ebrietatis signum depicta 331.49
Pax dea à quibus culta 2. eius imago, ibid. 20 eiusdem dea ibid. 3 Paci quid immolari solitum 463.40
pecora piandi ac lustrandi ritus 412.50
Pecunia dea, & quando cudi cœpta 39.14
pelani, Ioui offerri soliti

93.33, & 429.25
Pellonia, dea apellendorū hostium 50.27
Penates dij qui 21.32, & 372.30 quæ in parte cœli siti 17.28 vnde sic dicti 373.15 penatiū genera quatuor 373.8 effigies, ibid.
Penestia 183.34
Penita 444.38
παρσεμϕύη parca 131.18
perdrix contumeliæ indicium 40.4
Persica dea quæ 47.10
Pertunda dea ibid. 10
Pericionius, vnde deductum nomen 247.39
Perina Ægyptia 291.5
Periphallia, Priapi festa 251.44
ὀρφανόν parca 436.29
perlico 442.16
Persarum de diis sententia 12.14 mos in sacrificiis 451.40 inde
Persephone 177.3
Perisij locus expos. 374.25 & 28.9
Pesunntia dea 131.45
ibid. 55
Petrasancta, olim fanum Feroniæ 453.18
Petronij locus illustratus 10.30
πάλης 274.36
Phaëton 103.25, & 297.41
Phallouitroboli quid 251.46
Phallus Priapus 251.37
phantasma quid 268.5
Phaselita 62.41
Phasianæ dea 132.6
Phauorini menda 340.18
Pherecydis opinio de deo 14.14
Pherusa 356.10
Pherephatte 177.39
Phidiæ Minerua 291.1
Philelphus in versione Xenophontis reprehensus 133.6
ϕίλα dea 52.46
Philo Byblius 21.52
Philonis error de dæmonibus 369.30
Philosophorum opiniones de Deo ex Tertulliano 36.19
Philotis ancilla 131.7
Philyra nympha 178
Philyra Veneri iuncta 330.12
Phlegeton 88.28

ϕλύαρ vel ϕλύβαρ 244.42
Phœbeius oscen coruus 190.30
Phœbus Apollo 193.26
Phœnicū dij loculis nummarijs referri, & cur 38.44
Phorcys, deus marinus 140.9
ϕορμίζω dea 58.27, & 344.1
Phrygia mater 132.4
ϕῶγος, Calumniæ anteambulo 38.26
Phurnuti Aldinus codex erroneus 258.44, & 218.16, & 344.49 locus male repositus 385.6 emendatus 331.51, & 61.4 restitutus 244.36
Phytalmios Iupiter à quo dictus 24.41
Phyxius Iupiter 92.34
ϕύσιμον 28.5
Phœnix sacerdos 415.24
pigmenta ibid. 26
pica auis Baccho sacra 236.10
Picumus deus, auspicijs coniugalibus præses 54.24
Picus Saturni filius, deus 54.5
Pierides Musæ 225.19 vnde dictæ 228.5
Pietas dea, & eius incomparabile exemplum in Rom. muliere 32.21 pietas dea 10.50 pileū gestare, olim libertatis indicium 39.11
Pileati fratres, Castor & Pollux 164.31
Pilumnus, deus 54.20, & 377.47
Pinarij 404.11
Pindari locus expositus 18.25, & 454.22
Pindari Scholiastes Germanus notatur 246.41
pinus Cybelæ dicata 130.32 Pani tributa 384.47
Pisæus Iupiter vnde dictus 85.26
Pisæi duodecim dij Græcorum deportati 22.19
pisces potius qualis 69.32 inde
pisces sacrificare quibusdam dies, & quando soliti 434.48
Pithiū oraculū vnde sic appellatum 382.21

Pithodea 45.21
Pitho, Diana 318.16 Veneri cur iuncta 329.55, & 357.16
Platonis opinio de Deo 15.23 locus explicatus, 115.34, & 344.38
Plauti locus expositus 396.37 locus expol. 270.48, & 410.8, & 414.51 emendatus 413.32, & 49.12
Pleiades 156.29
Plinius quando lucubrare incipiebat 352.31
Plinij sententia de Deo ridicula 16.40
Plinij locus castigatus 86.5 restitutus 391.26 varie lectus 300.21
Plumbum Saturni nomine nuncupatur 252.3
Plutarchus reprehensus 456.54
Plutarchi interpretatio emendata 165.38 locus expositus 17.23, & 36.27, & 255.18, & 410.8, & clytopolos 55.47, & 127.31, & 333.27
Plutarchi error 256.47 eiusdem versionis locus falsus 374.32, & 461.1
Pluto vnde sic dictus 169.3
Pluto ex tertia regione cœli deus 173.5
Pluto Aidoneus 169.41 axiocerses 170.14 Iupitor Chthonius, 170.34 Clymenus 170.22, clytopolos 168.32, dux Erebi 171.49 Eubulius 170.8 Febrius 171.49 Lageras 170.12 Lepræus 170.32 Iupiter Niger 171.39 Quietalis 171.42 rector profundi 171.50 Soranus 171.32 Stygius ibid. 41 Summanus ibid. 1 Vedius vel Veiouis ibid. 49
Plutonis historia 168.15 oraculum de Trinitate 171.16
Plutoni cur clauis tradita 169.11 cur galea. ibid. 17
Plutoni quæ animalia immolari solita 454.35
Plutus à Plutone diuersus deus 175.13 cur cæcus fingatur ibid. 39 ibid.

āā 3

INDEX.

ibid. 48
Plynteria festa 422.30
poculum κυαθὸς λάμυρος quale 51.40
poena deus 51.44
Poëtarum opiniones de Dijs incerta 17.3 commenta de dijs à Romanis veterib. reiecta 18.12
Polymnia 444.39
Polyuchus 294.31
polluere 4.7.20
pollux αλκοδης 160.44
Amycleus 164.23
πῶλοι Veneris 341.16
Polympuus qui 262
polyteles quis 408.43
Pomona dea 43.5 Vertumni vxor 139.1
pompei dij qui 28.2
Pomp. magnus vbi sepultus 91.23
pomi discordiae inscriptio 35.13
ὀμιξε ιυ oratione Dominica qui 372.3
pontifices qui, & quomodo constituti 403.19
Pópaeoi 441.46
Popanos 420.24
Popilij legati Rom. libertas in Antiochum 321.23
populifugia festa 416.5
populonia dea quae 51.1
porca praecidanea quae 409.36
porcos sacrificare, quos, quib. deis & quando solitum 434.23 inde
portici quid 445.35
porticus Athenis tres celebres 97.38
portius Cato aedis Victoriae dedicator 276.43
Portunus deus portarum 145.11 deus marinus 249.52
Posthumius Liuius Fidenas 111.16
Postuerta dea vnde sic dicta 48.54
Potina dea potionis 47.54
potitij 404.29
potniae Boeotiarum vrbs 25.7
Posniades deae quae ibid. vires 146.49
Praeficiae in sacris quid 444.26
Praenestinae sortes 339.52
praestites Lares 373.47, & 374.33

Praxidice dea seu dea, & eius historia 46.40
Praxitelis Venus Cnidia 336.23
precatio Ciceronis ad Iouem statorem 77.41 Romuli ad eundem ibid. 4
precationes & carmina ante sacrificia fieri solita 440.38, & 441.14
precum dearum descriptio 53.10, & ibid. 23
prema dea quae 47.16
priamus statuâ Iouis trioculi vbi habuerit 93.77
priscorum erga deos cultus vani ac stulti 68.32 inde
priapus, vrbs 250.43 ficulnus truncus 252.7
deus naturalis membri. 25.24, & 250.11 Agricola deus 251.19 Bacchi comes 251.6 Auiflupor 251.24 Bonus dęmon seu genius ibid. 34. custos ruber 252.14 fascinus ibid. 43 Ithyphallus 251.49
Lamplacenus 253.21 Muto vel mutunus 253.7
Orneates ibid. 17 Phallus 251.57 sol ibid. 18
Typho 252.33
Priapi ortus 250.22
Probi locus in Georg. emendatus 64.43
Prodici Cei Hercules 281.12 opinio de Deo 14.25
prodigiae hostiae 410.54
Πρόθυρα, δια 21.35 vestibulares, & praetructores appellari ibid.
Pronax quorũ causâ interijt 279.29
Pronopius Apollo, culiciarius dictus 103.36
Prometheus 353.37
Propertij locus expolitus 318.29, 339.4, & 14
Prosa vel Prorsa dea quae 48.54
prosecta exta 444.13
proserpina dea 41.19, & 106.35 vnde dicta 177.1 quo loco rapta 178.29
Proserp. Azotia 178.4 & 462.23
Axiotria 178.46
χθονία 177.48
ulos ibid. 49
Cotytto 179.13
Ἅϊγξα ibid. 7

Deois 178.12 Αλκαίνετα ibid. 48 Ἰλιγξ 179.5 Locrensis 178.36 μυσγίνεια 179.10 νυχία ibid. 12 ωδληγιρρην 319.1 ωγαστηρ bu 179.4 Rapta diua 178.29 eius sacra 177.41 fanum Locris 178.37 festa messe celebrata 176.44 initiationis ritus 177.29 victima quae tributa 112.7
προσγενεια διαζ qui 28.20
Proiumnus 232.52
ωοπιλιαια quae 95.8
Proteruiam fecisse, Catoni quid 54.3
Protagorae Abderitae opinio de dijs 15.17 error de Deo 7.55
Proteus deus Marinus 147.14 Ambiguus 148.22 Carpathius ibid. 4 caeruleus ibid. 22 mutans vultum ibid. 23 Pallenius ibid. 3. Phalgraeus 142.4 Pharius ibid.
Χερρυρία sacra 419.26 ωσγυντρίχες filiae Iani 13.50

PROVERBIA.

Adonidis horti 350.20
Amoea Azotiam accessit 361.25, & 178.5
Sic amer, vt Pieriâ amauit Phrygius 324.11
ἀμύντορ@ λαβύπιον 228.50
Apaturia redijt Thergelione 421.21
ωρθιε συκελέγκυς 352.52
αίικις τὸ λαρίνω 464.44
A Vesta incipiens 460.54
βαδίζειν ἀριθμόν ἰμιεπίλεγιν νον 109.47
ναρεξ ὁβρε[], non amplius anthisteria 420.40
Caricum sacrificium 456.50
μελιες ἰν συλιγω 27.18
τὸς χιρας αντλησαν 355.5
χείρι χείρα νίπτει ibid. 9
χρησίαν διας 25.51
Cicerinum ius 237.43
Cimmeriae tenebrae 268.32
νομή ιερμὸς 256.17
ποιδοθε λαμπις 110.55

Deos pedes laneos habere 120.3
Δευτέρων ἀμυνόμεν 410.26
ἐν ὀλύμπῳ ἐμὶ 317.36
ἰυ ὀλυμ 213.11
Erebinthinus Dionysus 237.52
ἱερντ᾿ ἀμύθιε 259.50
fortuna Euripus 388.48
γυμναι χαρτες 179.30
Hedera post Anthesteria 410.42
Inter caesa & porrecta addere 445.36
ἰδὶ ἐς καννοῦσιρυς 280.26
iudicium Rhadamanteum 187.41
Laureolam in mustaceo quaerere 277.18
Lyndia sacra 457.27
malo accepto stultus sapit 357.27
malum Herculis, vel melius Hercules 281.39
Mercurius quadriceps 259.26
non ex omni ligno Mercurius 403.2
Narthecophori multi, pauci verò Bacchi, ab Erasmo omissum 145.32
non nasci optimum 378.24
Neptuni filij 140.20
noui Simonem & Simonme 27.2
Ollaris Deus 25.21
Panagra Diana 324.38
Phocensium απωτια desperatio 318.12
Rapta Cotyttijs 179.30
sacra nondum immolata deuorat 445.45
sacrificium Phaselitarũ 61.41
salua res est saltante sene 441.8
Sambico pati grauiora 324.47
ἀσψιμις ναντυλικος 149.22
Silenus Alcibiadis 378.37
Pylea 361.15
Veneri suem immolare 460.7
In vino veritas 233.8
Prouidêtia dea quae 30.9
Prouidentiae aedes 19.52
Psapho magnus Deus ab auibus vocatus 59.42
Psila

INDEX.

Psila 247.19
ψαύςτε 264.13
Psyche Endelechiæ filia 345.11
Ptolemæus Apellem cētum talētis donat 58.19
Pudicitia dea Romæ duplex 56.8
pudor, Atheniensibus dea 40.34 eius descriptio 40.48
puerorum expiandorum ratio 414.50
Pullus pro puero 387.27
Pura dea quæ 41.28
Pyanepsia sacra 422.1
pyleones 106.8
Pyrethia 134.37
Pyrethi & Pyrethia quæ 452.11
Pyrois equus solis 216.54
Pyrois 271.40
Pyrphori qui olim 407.3
Pythia vates 298.2
Python draco occisus 212
de Pythone physica interpretatio 199.19
Pythagoræ de Deo opinio 143
Pythagoræ ἱχθύαλλα 55.31
Pytho verbū 199.7
Pythones non subire corpora vt responsa dent 298.12
ψίξα 214.19

Q

Q Litera nulla Sabinis 111.57
Quies dea Romanis culta 50.13
Quinarius numerus cur Mercurio tributus 257.11
Quinquatria 459.6, & 416.2
Quirinalia 416.17 cur stultorum feriæ dicta 433.29
Quirinus deus Romanorum, & eius historia 66.23
Quirinus qua parte cœli sedeat 17.30

R

Ramus oliuæ symbolum pacis 84.29
Reddi in sacris quid 443.58
Rediculus deus à redeuntibus hostibus dictus 5.6
religio quid, & vnde dicta 10.42

religio vana qua homines dij facti sunt, vnde irrepserit 19.9
Regifugium festū 416.18
Regindalia, ludus 340.45 rebus etiam perniciosis nomina deorū olim imposita 50.3
Rex sacrificulus, & eius officium 403.31
Rex insuentium 168.25
Rhabbeni Hebræi doctoris ad Antonium expositio nominis ηζνγραμμάτου 8.36
Rhadamantus Gnosius 187.7
Rhamus Atticæ populus 395.48
Rhea 122.1 à quibus dea facta 13.28 Antea 130.45 Ma 247.2. Phanane 132.6
Rheæ de quibus litatum 470.37
Rhegium vnde Tauroci num dictum 316.2
Rhet. ad Herennium, Gallionis 188.35
Rhodus aliquando Telchinis vocata 26.40
Rindalcha 340.46
Ritus simulacrum à Lycurgo erectum vbi 51.47 eiusdem encomium ibid.51
ritus præcipui sacrificiorum 436.52 inde
Rhodus aliquādo telchinis vocata 26.40
Robigalia 437.21
Robigus, agricolarū deus 22.11
Roma in cuius dei tutela fuerit, ignotum alijs 425.44
Romani olim plusquam centum. & septuaginta annis sine imaginibus deorum 19.1, & 68.38 quid de dijs verbiū captarū facere soliti 24.7
Romani vbi bellum indicere soliti 427.50
Romanorum religio ac ceremoniæ 452.33 inde
Romanis quis velandi capitis in sacris, author 438.54
Romulus cur pro Roma dictus 66.38
Rubigo & robigo an differant 44.5
Rubigus deus 43.51
Rubigo deo quæ immo-

lari solita 461.4
Rumina, vel Rumia dea quæ 47.43
Rumīnæ deæ quid offerri solitum 463.10
Runcina dea 42.6
Rumina dea quæ 41.30

S

Σαβάζειν quid 238.22
Sabazius deus 238.30
Sabisdeus 97.14
Sacerdos sacra facturus quid obseruarit 436.52
sacerdotis cuiusdam Ægyptij callidū commētum 62.52
sacerdotem quid scire oporteat 403.8
sacerdotes aram manu tenere soliti 440.17 item in ara circumagere se 439.1 Iludis rati 327.37 poticij & pinarij 404.29
sacerdotum nomina Græca 403.11 vestes in sacrificijs quales 437.32
sacerdotes puros esse oportuisse 436.43
sacra execranda ac veneranda quæ 424.53
sacra piacularia quomodo obseruabantur 436.13 seclusa 438.2 operatanea
sacrorum infernorū descriptio 447.35
sacrorum ritus vniuersales 436.52
in Sacris aqua adhiberi solita, & quæ 439.51 nihil vinctum esse, ibid. 25 salutationibus vti vetores 405.14 quibus verbis silentium indici solitum 437.51 succi slaneis fœminæ potiores 436.23 quibus vino libari solitum 439.9 inde
Sacrarium & Sacellum 401.11
sacres porci vnde dicti 434.4
sacri feralis descriptio 448.26 inde
Sacrū quid 435.32
sacrificandi Dianæ Perficæ ritus 320.31
sacrificandi naufragos ritus apud Scythas 316.51
Sacrificium nullum sine

igne fieri licitum 442.43
sacrificium quid 407.31
sacrificij partes 442.31
sacrificia interrumpi piaculare 440.54
sacrificia Lyndia 183.11
post Sacrificia osculari manus solitum 441.38
sacrificia publica & priuata quæ 407.42 quibus de rebus principio instituta 429.7
sacrificia simulata pro vetis sæpe accepta 431.31
sacrificia veterum frugalia 436.3 vnicuique pro qualitate personæ facienda 431.21
sacrificiorum tempus matutinum 440.54
in Sacrificijs de singulis partibus primitias igni cōburi oportuisse 445.11 deos aduersos prius placandos fuisse 432.10 quibus hominib. interesse prohibitum 438.22
Sacrificaturos pios bonósque esse oportuisse 431.30
Saturnus ex qua regione cœli deus 18.48
Sadai, Dei nomen 9.42
Saga 415.25
Sagaritis nympha 159.15
Sagitta Abaris 197.55
Sais Minerua 353.22
Salacia 140.12
Salaminus quis 27.13
Salij duodecim sacerdotes 405.12 Liberi & indigenæ ibid.16
Salmacis nympha 158.28
Salue æternum, verba sacrorum 448.36
Saluiatus cardinalis 326.53
Saluis dea 17.18. à Romanis culta 36.43
Samothraces dij 373.34
Samus insula 113.27
Sāchuniathon Berytius, primus Phœnicum scriptor quando vixerit 11.49
Sancire verbum vnde ortum 66.3
sanctitas quid 10.50
ää 4 sanctus

INDEX.

Sanctus pro propitio 284. 13
sancus deus 17.47
sangus deus, idem qui & Hercules 65.41
sanitatis symbolū ab Antiocho datum militib. quale 537.5
Sarapidis simulachrum à quo & quando Alexandria eiectum 173.12
Sardessus vrbs 91.49
Sardus insula 284.37
Saron deus Marinus 149.38
Saturnalia sacra 121.3
Saturnus à quibus Deus factus 13.18 cœli filius 118.46
Saturno cur aperto capite immolari soliti 460. 12. cur veritatis pater factus 29.50
Saturnus Oenotriam vitiauit 133.36
Saturnus ἀγκυλομήτης 121. 41. Ἀιδονεύς 121.36 falcifer 120.12 γενάρχης 121.76 μαιευτής ibid. 36 vitilator ibid. 51
Saturni effigies 120.48
Saturni lacryma Pythagoreis quid 121.1
Satyra vnde dicta, & eius inuentores 376.26
Satyri nonpedes, cicuticini & narthecophori 378.4. vnde dicti 119.31.376.5
φαλλοί Sileni 378.38. eorum vestis 376.15 pasbantia & in muliere lasciuia ibid.23
in Saxonia Veneris fanū 229.46
Saxoniæ veterum deus, columna lignea 69.2
σκίπερον 376.10
σκίμβος ibid
σκης gladius 442.8
sæpe nummi cur in Iouis tributum 72.3
sceptra veterum regum, hasta 68.36
Sebussa Ægypti vrbs. 331.9
σκηνοβατικός 412.16 faiæ. Deiæ de. homin[um] 20.41
Sciron ventus 166.51 & 265.12
Scirophorion 297.4
σκυροφόρια sacra 297.4

Scirus vates & locus 296. 48
Scylla 150.32
Scyphius equus 142.29
Secespita gladius sacrorum eiusque forma 441.58
Securi Dei 41.51
σκνίψ 400.21
Seia dea, quando segetia dicta 41.19
σέλας sol 216.17
selecti dij qui 23.16
σελυνοδαίμονες 191.30
σελυνοδαικτία 305.5
σελυνιάζειν verbum Græcis quid signet ibid.6
σελήνη ibid. 43
Semhammemphoras dictum omen Iehuæ 9.5
σεμίδει qui 21.22
Semiramidis vesana ambitio 402.43
Semones nij qui 23.13
Seneca à veneno liberatus 97.11
Senecæ locus expositus 340.29.453.43 & 454.1
senonas Lucum coluisse 239.46
Sentinus deus consuum 47.18
septemuiri Epulonum 406.12
septimotium festum 419.28
Serapis 172.1
serapis Aesculapius creditus 172.30
sermo ad quid homini datus 258.43
serpentes in tutela Aesculapij 210.11
serræ & claues à Iano inuentæ 449.47
seruator 98.17
sorui fugitiui à ceruis dicti 319.22
Seruij error 111.32 & 291.51
Sicilia Cereri & Liberæ sacra 178.29
Sicinius Dentatus quoties pugnarit 454.13
sidera, quomodo lauata crediderint Ethnici 199.25
Sigaleon deus 360
Sigillarij vnde dicti 460
signa quæ quibus membris exhibeantab Ethnicis 1943
signis cœlestibus qui aut que Deus præsint ibid.

tus 21.45
Signum ebrietatis quis depinxit 231.49
Silanus vocabulum, parum multis cognitum 140.15
silentio solo Deum esse colendum qui asserant 429.41
Silenus custos & famulus Bacchi 378.35 captus quid responderit 378.21
Sileni, Nysigeni ibid. 33 Oholceli ibid. 43 ωφελήμονες ibid. 39
Sileni qui ibid.7
Silicernium quid 449.50
Silij locus expositus 315. 48
Simonidis Cei poetæ Lyrici sententia de Deo Hieroni Siculo exposita 117.7
Simpullum quid 435.34 vnde dictum ibid. 48
simulacra ex qua materia facta 402.49
singa Pallas 297.50
Σινώπευς 104.20
Sinistra auguria, fausta 405.5
Sirenes 151.24 & 155.45
σιταρχία 32.8
Sminthæ 203.4
σῶκος Mercurius 263.15
Sipylus mons 203.32
Sol, Apollo 190.17
Sol magnæ matris filius 131.25
Sol Phaethon 207.41 cur leonis vultu pingatur 201.12 vnde sic dictus 191.8
Solis equi quatuor 216.51
Solem Ægyptij qua re significarint 141.22
soles multi 191.29
solemnia sacrificia, quæ 407.33
Soltnus ferè omnia à Plinio suppilatus 32.38
Solini locus variè lectus 46.24
solitaurilia sacra 411.1
Somnus deus 266.33
Somnifer scyphus æreus 268.54 ferreus 268. 48 igneus 268.47 λίθινος 268.51 mortis frater 266.51 & mortis imago 267.8

Somnus, noctis filius 266.46
Somni alæ 267.41 cornu ibid.21 descriptio ibid.36 domus 268.27 filij tres 267.51
somnia cornea ibid. 36 vana 268.46
somniorum genera ibid. 33 inde
Somnium ταναίφρων 267.51
Soractes mons & deus 171.26
Sosipolis deus 62.26
σώτειροι, Castores 163.17
Sozomeni interpretatio emendata 200.47
Spes dea à quibus culta 31.44 eius effigies qualis ibid 15
Speusippi sententia de Deo 15.42
σφαγία 442.35
Sphragis ægos 312.28
spicæ, Iunonis flores 112.2
spina sacra 446.40
Spinensis deus 42.8
Spintharus Corint. architectus 199.46
spolia opima quot & e quibus dijs sulpta 76.42
σπονδεία vasa, & σπονδαῖοι 435.52
stamnos quid 102.36
Stannum Iouis nomine nuncupatur 257.4
Stata dea 48.12
Stathmios vox polyjema 303.51
Statilinus deus qualis 48.15
Statij locus illustratus 10.29 162.41 emendatus 128.13.296.6.300.9.389.50
statuæ Hermerotes 346.42
statuarum inuentores 402.4
Stephani de Vrb. locus emendatus 94.15.114.42 & 264.21.36
στέφανος ζεὺς 174
στίχε 253.50
Stoicorum opinio de Deo 26.8
Strabo reprehensus 272.30
Straboni locus emendatus

tus

INDEX.

...tus 306.30. versio emendata 318.16. locus emen-
datus 333.12
Stratonicus cythareodus
63.17
Strenua, vel Strenia dea
50.19
striges dæmones 379.42
strobula quid 446.29
Strophades insulæ 184.
21
Styx palus 187.45
Suada seu Suadela dea
45.21
Subigus deus in nuptijs
47.14
subsolanus ventus 166.
19
succidaneæ hostiæ & quo-
do adhiberi soliti 410.
12
sues Antonianæ 213.8
Suetonij locus expositus
137.5 variè lectus 396.
34
suffibulum 460.48
Suidas malè à quibusdam
intellectus 135.48
Suidæ locus emēdatus 61.
41. dubius 356.53
Sulpitia Rom. sanctissi-
ma 331.20
suminanus Pluto 171.1, &
186.12
sumanes dij 23.43
Sunium 301.53
supernas 166.41
supplicationes vnde di-
ctæ 424.52
Sutrium 399.2
Syluano quæ sacrificari
solita 462.18
Syluani qui 377.22 mu-
lieribus improbi ibid.
51
Σύβη Dei nomē epud Per-
sas 10.22
Syrij cur piscibus absti-
neant 60.3, & 14
Syrochus ventus 166.28
σιτωνικὸν sacrum 420.8

T

Tacita, silentij dea
55.6
Taciti locus incertus
399.22
tædæ 444.35
Tænarus 141.30
Tages deus apud Hetru-
scos 66.40
Tamynæ 100.18
Tanais dea 62.21
Tarantæus Iupiter 92.
10
Tarayipus deus à quibus
cultus 61.45 Oenoma-
nus à plerisque dict⁹ 62.
4. Portharius filius 62.5
Tarpeius mons 75.5
Tarphe oppidum 115.8
L. Tarrhæi grammatici
scripta 215.6
Tarsos Iupiter 84.39
Tarsos D. Pauli patria
ibid. 42
ταυγία 141.15
Tartari, Nabagai, numen
ab ipsis confictum, pro
Deo colunt 68.28
Taurocinum oppidum
316.2
Taurus draconem genuit
& taurum draco, vbi
177.28
taurus παμφάλαιος 141.10.
quid significet 242.50
Telchines dij qui 26.39,
& 210.24
τέλεια 27.38
τέλειον poculum 95.11
τέλεια qui 107.38
Telesphorus Deus 65.37
τελεταί, τέλεα, & τέλεια ἱερὰ
114.4, & 408.38
Tellus dea ex quinta re-
gione cœli 77.38 ma-
gna mater 126.36 Ops
131.10
Telluris deæ historia
43.11
Telluri qua de re sacrificatum 462.2
Tempestas dea 57.20
templum Beli in medio
Babylonis 101.46 con-
cordiæ Romæ quando
& à quo conditum 33.
38. Iouis Statoris qualis
formæ fuerit 78.14
Ephesiæ Dianæ quoties
incensum 314.12 Liber-
tatis à quo & quando
conditum 39.1 Tel-
luris, Romæ à quo con-
ditum 43.22
templi boni euentus reli-
quias etiam hodie Ro-
mæ videri 51.34
templi partes 400.5
templa Alia à Xerxe in-
censa 100.38
templa deorum diuerso-
ria 398.14 ex sepulcris
olim condita 398.59
extra vrbes quæ condita
399.9 plurimum ad o-
rientem versa 499.47.
& 400.46
templa præterentes quid
facere soliti 446.42
vnde dicta 399.49 tem-
plorum optimi cōdito-
res 398.34 variæ formæ
399.20
temulentia Bacchum co-
mitatur 231.48
Tenes deus, at quo eius historia 69.30
tenus 141.47
τέρας σημεῖον qui 28.22
Terentus Romæ quid
448.51
Terminalia festa quando
celebrari solita 45.19,
& 416.19
Terminus 119.5 à quo
primum deus constitu-
tus 44.12 cur nulli ce-
dere dictus ibid. 37
termino quibus hostijs sacra facta 462.43
terra dea 131.17
terra Lemnia 252.15
terræ filij qui 13.9
terracina Anxur 112.51
Tesca vel tesqua 400.9
tessera hospitalis quæ 88.
47
Thetys 141.17
τερραγράμματον nomen
quod 8.27. eiusdem no-
minis ratio ibid. 49
Thalassi dei historia 117.
28
Thaletis opinio de Deo
13.40
θάλεια & θαλία 357.11
Thallo 356.10
Thamus Veneris amasius
349.51
Thargelia festiuitas 422.
19
Thexnia sacrificia ibi. 39
Theagenes athleta pro
deo cultus 63.33
Thebei soli nullū deū mortalem venerati 65.36
Theia solis mater 191.24
Themis dea 380.38 nym-
pha 157.22 θέσμια di-
cta 381.50
ἱερὸμνήμονες 381.52 ἰχνὴς
381.53
Themidis figura seu de-
scriptio 380.52. templū
381.5
Themides duæ ibid. 27
Themis tis dea 382.4
θεμιστεύειν Homerō quid
ibid. 23
Theocriti locus explica-
tus 119.2, 268.18, 308.5.

Styx difficilis 58.11
Theodori Oetheil...
...
Cyrenaic...
de Deo
Theognissi...
Theophania festa 424.1
...nōmen tetragramma-
tum 10.11
...vnde ductum nomen
10.31
...cur 10.25
...ho iidem
...incerti 10.26
...10.16
Theoxenia festa 287.34,
& 421.14
Therapnæ fratres 191.17
thesauri custodes dra-
cones 176.8
thesmophoria 302.15
Thetis nympha mater A-
chillis 158.1
Theutates Mercurius Gal-
lis cultus 260.45
A. Thilesius 383.34
Thilea nympha 96.38,
& 18.39
...183.21
...173.1 ὁμολόγος 214.19
Thoth 260.39
...tetragramma-
ta 10.12
Thracceas ventus 166.43
...165.1
Thressa virgo 276.23
Thucydidis locus emen-
datus 75.1, & 294.16
Thus in sacris non res vse-
rata 445.8. vnde dicta
408.8
Thyella 181.47
tymbræ significata 112.30
Thyoneus Bacchus 84.51
thyrsus quid 131.31
θύρια vnde dicta 408.16
Tibia & Tibicines in sa-
cris 439.3
tibiæ Gingrinæ 349.48
Timoleon quomodo in-
uidiam declinarit 391.17
timor deus Lacedæmoni-
bus cultus 48.16
tirrhenorū mare 165.38
Tirynthius heros 280.9
Tisiphone 183.34
Titan 204.82
Titanaidæ 356.2
Titan solis frater qua ratione vocatus 205.23
Titanes à Titœa matre
131.18 vnde sic vocati
14.6

Titea

INDEX.

Titea dea 134.18
Tithonus 143.33
tirij fodales 406.43
Tolofe in Hifpania Capi-
tolium 276.23
Tomarus mons 104.19
tomuri vates ibid.23
Topici dij qui 58.43
Toxeus 213.39
trabea 404.12
Thraces philofophi vel
bati in morte 97.52
tribon 223.38
tribunal Athenis delphi-
nium 123.43
τρικτύα facra 423.48
Trieterica 455.19
trigla 397.47
Trinitas à Platone, ipfo
oraculo monftrata 172.13
Triphon quid 350.40
Triphylius Iupiter 91.28
Triptolemus & eius hi-
ftoria 258.49
Tripus, Apollinis, & eius
forma 109.42
Triton 82.36
tritonū defcriptio 148.42
tritones hac ætate vbi vi-
fi 149.4
triuia Proferp. 313.10
triumphus vnde dictus
124.6
trophonius 214.43, &
286.34
trophonij Iouis oraculū
290.2
tubilustrio, dies quinque
iocundus 459.8
tubilustria festa 414.46
tutulæ ancilæ 111.18
tutelares dij 58.41
tultina dea quæ 41.2
tutuli in facrificijs, quid
148.51
tutuli facerdotes 406.29
Tychon deus 62.19
Tyndaridæ 160.39, &
161.28
Typhon 151.14, & 213.13
gygas 60.28
Venere V.
V Acca impetuofæ in
Venerem 331.11
Vacuna dea vacandi 50.
52, & 278.2
Vagitanus deus infantū
vagientium 47.12
vale æternum, verba fa-
crorum 448.43
valetudo dea 17.45
Vallæ locus emendatus
35.16
Vallonia dea 42.46

M. Varronis Terentij opi-
nio de dijs 16.11
Varronis locus malè à
quibufdam correctus
171.36
vatum fuperftitioforum
nomina 198.29
vaticanus deus vnde fic
dictus 47.28
ve in compofitione vis
81.30
veneratio 11.5
venti tres tantùm Anti-
quis noti 166.11, à quib.
culti 166.14
Ventorū nomina vulga-
ria 166.28 inde
verbena in facris fauſta
140.25
verberatio Ægyptiorum
in facris 452.12
veritas dea quæ, & variæ
eius formæ 19.42, inde
bene Vertat, & malè ver-
tat, vnde fumpta 138.48
Vertumnus, qualis deus
21.25, & 138.36
Venus agricolarum dea
21.13, vnde dicta 328.45
à quibus dea facta 13.26
Venus Acidalia 341.30
crea 342.5, Æg. 344.
3, Æneis ibid.16 Ama-
thufia 333.29, ἀνασσυρο-
μένη 343.59, ἀμφιπολις 343.7,
Anadyomene 343.43, A-
naïtis 333.9, ἀτελής 334.
39, Apaturias 343.5, A-
poftrophia 331.55, Ar-
chitis 338.17, Argynnis
338.55, ἀγριώπις 342.4,
Armata 331.20, Aftar-
te 331.41, Αὐρέα 342.13,
Venus Bafilis 340.42 By-
blia 338.11, καλλιπύγος
335.7, Calua 342.9, Ca-
ſtafcopla 337.48 Cluaci-
na 342.28, Cnidia 336.
20, Colligena 304.42,
Colias 336.11, Cypria &
Cypris 341.51, Cytherea
334.6, Dexicreontis 346.
4, Dionea 333.52,
Venus Elephantina 338.
14, Elima 340.52, Ἐπι-
ρωγος 354.10, ἐπιστοφία
341.48, Epitragia 334.
32, equeftris 340.49, Erycina 338.28, ἑταίρα
357.1,
Venus Frugi 344.17, Geni-
trix 336.14, Golgia 341.
34
Venus ἱμερόεσσα 341.49

ἱλαέντη 337.13, ἱλαστήρ-
ριος ibid.35, ἱππαγρέτα 341.
21, καλλίπυγος 335.20, Hor-
tenfis 337.17 hofpita
344.8
Venus Idalia 341.30
Venus Ladogenes 340.23
Libitina 340.31
Venus Mafcula 335.49.
Mechanitis 343.52. Me-
lanis 339.36. Melinæa
343.44, Migonitis 338.
5, Momemphita 344.
13 Morpho 337.51, mur-
tia 332.29, Nephthe 340.
25 Nicophoros 336.41
Venus νικηφόρος 341.37,
Paphia 341.21, Pafto-
phoros 334.37, Pelagia
341.47, Philomedea 334.
22, poeta 294.14, Poly-
mechanos 342.53, πρώτη
341.1 Pyrenæa 340.33,97
thionica 334.1
Venus Schœnis 343.47
Scotia 342.7 Sycenfis
341.17, Sicyonia 336.43
Stratonicida 344.21.
Symmachia 338.8, Syria
342.16
Venus Verticordia 12.7.
Victrix 339.20. Vrania
330.40
Venus Zerinthia 308.15,
& 340.14
Veneris fimulacra 329.
13, fanum cur extra mu-
ros pofitum 399.38
Veneris vmbilici forma
339.28
Veneris Paphiæ religio,
templum & forma 342.
33
Veneri victima quæ tri-
buta 460.1
Veneres quatuor 328.54
Vergo, & Inuergo, verba
facrorum 447.51
Vefpafianus vbi vafa tē-
pli Hierofolym. repofue-
rit 3.8
Vefta Rhea ac terra 132.
21, ἐστία 134.47, Thra-
cia ibid.19
Veftæ imago 134.51
Veftæ facerdotes fex 133.
10
Veftæ de quibus facrifi-
candum 460.46
Veftalium fupplicium
133.36
Veftis religiofa qualis
437.42
Veftes Anthinæ feu Da-

mafcenæ 147.24
Victima ab hoftia an dif-
ferat 449.1 vnde dicta
419.29
Victimæ antiquis frequē-
tiores quæ 432.19
Victimis ad aram ducen-
dis quid obferuatum
436.12
Victimarij miniftri fuc-
cincti 442.45
Victoria dea 276.30 à
quibus dea facta 273.
ἀμφιώκης 277.34, ἐλευ-
θέριος 279.19 Cœligena
277.13 ἐγερσίνη ibid.32, ἀθανάτη ibid.
30 incruenta 278.29
Palmaris 277.40 Præ-
pes ibid.37 Vacuna
ibid.53 Vitula dea
ibid.44 volucris ibid.
39
Victoriæ effigies 276.51
victoriæ virginis templū
276.43
Vinalia feſta 419.4
vinum in quibus facris libari folitum 433.9
quale ibid.23
vini loco, qui potius in
quibus locis reperti 237.
55
vinum vt oderit aliquis,
ratio 231.53
violentia dea 51.45
Virbij numen 305.11
Virginenfis dea Romanis
culta 47.8
Virginia Auli filia Pudi-
citiæ plebeiæ Romæ arā
dicat 36.22
virgo, in cœlo iuftitia
30.17
virgines vbi proftitui folitæ antequam nuptui
darentur 62.24
virgines veftales primæ
133.14 tonderi folitæ
ibid.28
virgines hodie in clauſtra
inuitas coniici 135.13
Viriplaca, dea Romæ cō-
iugibus placandis præ-
pofita 31.40
virtus dea eū, & à quibus
culta 28.39
virtutis variæ imagines
29.29, templum cur an-
te Honoris pofitū à Ro.
29.17
vitulæ ad deorum placa-
menta laudatiſſimæ
431.38

vitulari

INDEX.

vitulari & vitulatio quid 277.49
Vitunnus deus 47.18
Virgilius sacrorum peritissimus 431.16
Virg. locus ecclesiastis repugnans 284.4
Virgilij locus explicatus 19.31,14.55,25.9,44.48, & 48.5,56.51,& 64.42, 67.25,&67.46,8.15,,82. 43,85.21,88.6,109.43, 112.5,165.3,166.10,186. 9,187.2,188.23,197.22, 211.5,277.51,308.18,& 23,310.16,313.20,365.34, 372.21,577.27,400.29, 406.46,410.16,411.32, 413.25,423.32,424.48, 431.46,432.11,435.26, 438.52,442.41,&443. 39,447.6,447.36,453. 36. correctus & expolitus 437.44. variè expositus 76.45
ulmus arida viridi vite operta, amicitiæ etiam post mortem indicium 52.44
umbilicus orbis 200.8

volatilia quibus deis immolari fas 431.5
Volsinius 139.2
Volturna dea ibid.5
Volumnus & Volumna dij nuptiales, vnde sic dicti 50.43
Volupia dea, & eius figura 48.35
Vortumnalia 416.44
vouere quid 407.33
Vrania, Venus 248.52
Vranus, cœlum deus omnium 118.51
vrbis condendæ ritus apud veteres 628.42
vrbes omnes in alicuius dei tutela fuisse 425.40
Vrotalt, Bacchus 248.50
Vulcanalia sacra 352.29, 416.43
Vulcanus deus ex quinta regione cœli 17.38,351. 3. cur claudus fingatur ibid.29, Aetnæus 352.34 κλυτοροίτης & κλυτοτέχνης 353.10. κυλλοποδίων ibid. 2. ductor ferreus 352.23. Ἰλαός 353.1. Igniportens 352.42. Iunonigena ibid.

2. Lemnius 351.48. Mulciber 352.20. Phthas & Aphthas ibid.48. Tardipes 353.4. τυχοδίωτος ibid.13
Vulcano quid immolari solitum 456.13
Vulcani tres 351.10
vulnerum alligatio à quo inuenta 218.4
Vulturnus ventus 166.28
vxores vnde dictæ 108.32

X

Xanthius Bœotius 137.10
Xenia vnde dicta 88.48
Xenocraris Chalcedonij opinio de dijs 15.19
Xenophanis opinio de Deo 14.45
Xenophontis versio emédata 133.5 eiusdem de Deo opinio 15.53
Xerxes oraculum Didymæum expertus 100.42

Y

Υ litæ effigies & symbolum 36.52 inde ὕλη quid Theologis 11.3
ὑφαλος 390.53
ὕπνος lege Somnus.
ὑπόλυψις calumniæ socia 38.23
ὑπόπτερα 85.46

Z

Zamolxis deus à Græcis cultus 65.8
ζαυδρας 61.30
ζᾶς & ζῆνα 360.16.24
Zenonis opinio de Deo 14.39. dogma de templis non ædificandis 198.19
Zephyrus deus 46.11, & 166.31
Zerinthion 308.11
Zetes & calais 207
ζεὺς, vnde dictus Iupiter 82.36
ζῶ vnde dictus Iupiter 70.35
ζιμί Dei nomen apud populos nuper repertos 10.25
Zoana 99.41
ζωογόνοι dij qui 24.38
Zoroastris dij tres 102.18
ζωσαδή 299.47
Zython decoctio 231.44

FINIS.

www.ingramcontent.com/pod-product-compliance
Lightning Source LLC
Chambersburg PA
CBHW071620230426
43669CB00012B/2003